Manual do DEFENSOR PÚBLICO

Teoria e Prática

Aluísio Iunes Monti Ruggeri Ré

Coleção
MANUAIS DAS CARREIRAS
Teoria e Prática
Coordenação: **Paulo Lépore**

Manual do DEFENSOR PÚBLICO

Teoria e Prática

4ª Edição
Revista, atualizada e ampliada

2019

EDITORA JusPODIVM
www.editorajuspodivm.com.br

EDITORA *Jus*PODIVM
www.editorajuspodivm.com.br

Rua Território Rio Branco, 87 - Pituba - Salvador/BA. CEP: 41830-530
Tel: (71) 3045.9051
• Contato: https://www.editorajuspodivm.com.br/sac

Capa: Ana Caquetti

ISBN: 978-85-442-2699-5

Dedico esta obra aos meus Amores Eternos:
o meu pai ***João Batista Ruggeri Ré*** *e a minha*
mãe ***Isabel Cristina Iunes Monti Ruggeri Ré***

AGRADECIMENTOS

Agradeço à minha Família pela compreensão e carinho e ao seu mais novo membro, meu sobrinho, João Francisco, pela alegria trazida e inspiração.

Agradeço, mais uma vez, à minha namorada Daniela Furquim Baqueta, pela compreensão e companheirismo.

Agradeço, sem limites, ao amigo e Colega Paulo Lépore pela oportunidade e pelo crédito em mim depositado.

Agradeço aos (às) Colegas Marcia Regina Garuti, Daniela Sollberger, Vitore André Zilio Maximiano, Gustavo Augusto Soares dos Reis, Luciana Rocha Barros V. Alvarenga, Juliana Spuri Bernardi, Ana Simone Cota Lima, Tatiana Aparecida Bordão, Genival Torres Dantas Júnior, Vanessa Pellegrini Armênio, Juliana Araújo da Silva L. Machado, Victor Hugo Albernaz Júnior, Luis Gustavo Fontanetti, Bruno Ricardo Miragaia, Roberta Marques Benazzi, Juliana Garcia Belloque, Daniela Skromov, Carolina de Melo Teubl Gagliato e Kathya Beja Romero, pelo aprendizado constante, pela confiança aplicada e pela amizade sincera.

Agradeço à amiga e competente Paula Carolina Barboni Dantas, pelas indicações das fontes de Psicologia e sugestões feitas.

Estou grato ainda pela primorosa ajuda vinda de Maira de Almeida e de Amanda da Silva, que, da querida Ribeirão Preto, se envolveram nesse projeto com dedicação e zelo.

Agradeço também à Defensoria Pública do Estado de São Paulo, a minha Instituição, da qual tenho muito orgulho e amor, pelos seus integrantes, pelo seu perfil, pela sua presença social, pela sua vocação emancipatória e pelo modelo aberto de desenvolvimento.

Agradeço, por fim, à amada Cajuru e seus munícipes pela infância rica e feliz, bem como por prover nossa sociedade de quatro Defensores Públicos.

Além de mim, nasceram por lá Luis G. Fontanetti, Maria Fernanda Elias e Leandro Pires.

AGRADECIMENTOS

APRESENTAÇÃO DA COLEÇÃO

Caro amigo leitor,

É com grande satisfação que apresentamos a *Coleção Manuais das Carreiras: teoria e prática*.

Em conversas com nossos alunos "concurseiros" e "oabeiros" que estão na batalha pela aprovação, e também com os que já lograram êxito nos concursos ou no exame de ordem e estão iniciando a atividade profissional, percebemos a necessidade de obras que aproximassem a teoria da prática profissional.

Quem está no começo da trajetória de estudos ou já está próximo à aprovação muitas vezes tem dificuldades para direcionar os estudos e alcançar sucesso no concurso almejado ou no exame de ordem. O motivo é claro: falta uma compreensão sobre a carreira desejada que permita um estudo preciso e eficiente.

Em nome do aprendizado teórico, na maioria dos casos as faculdades e os cursos preparatórios acabam por não conferirem a devida atenção para a prática profissional.

Não por acaso muitos candidatos passam pela primeira fase, normalmente uma prova objetiva, formulada com testes, mas não conseguem a aprovação nas fases subsequentes, que envolvem questões subjetivas, peças profissionais e até mesmo prova oral.

Com exceção das provas objetivas, todas as outras exigem conhecimento sobre a prática profissional. A segunda fase do exame de ordem coloca o candidato na condição de advogado, e as provas de concursos também questionam o candidato como se ele já pertencesse à carreira. Por exemplo, nas provas orais dos concursos para delegado de polícia civil é comum os examinadores perguntarem: "Fulano, se o Sr. já fosse Delegado de Polícia Civil, o que faria na situação tal?". Para trazer respostas a perguntas como essa é que idealizamos esta coleção.

Ademais, a dificuldade na atuação profissional se torna mais evidente logo após a aprovação. Ainda que a maioria das carreiras públicas conte com escolas de formação, o tempo de dedicação a esse tipo de estudo acaba não sendo o ideal. Pior é a situação do aprovado no exame de ordem, que é lançado ao mercado de trabalho sem qualquer experiência prática.

Entretanto, vale destacar que os livros desta coleção não são meros manuais práticos. Eles são mais do que isso.

Nossos autores trabalham com a teoria imprescindível para a atuação na carreira estabelecendo, a cada tema, ligação com a prática profissional. Por isso a coleção se chama Manual da Carreira: teoria e prática. O leitor não encontrará um rol de peças profissionais colacionadas a esmo. Todas as petições e manifestações podem ser compreendidas à luz da teoria desenvolvida em cada capítulo.

Além disso, trabalhamos com outros elementos que potencializam o melhor aproveitamento da leitura. Temos as seguintes ferramentas: a) Fluxograma (normalmente aplicável para a visualização dos procedimentos); b) Passo a passo (com indicação das providências ou fases da atuação profissional em determinada matéria ou situação prática); c) Peça/Manifestação profissional (que engloba os documentos técnicos de atuação da carreira) e; d) Questões de concursos ou do exame de ordem (que auxiliam na aprovação para ingresso na carreira ou para aferição do conteúdo apreendido em cada capítulo).

Assim, a coleção se dirige a dois públicos: os leitores que almejam a carreira, e os que já estão na carreira, mas buscam conhecimento sobre a teoria aplicada na prática.

Para realizarmos os ousados objetivos desta coleção, selecionamos membros de destaque em cada uma das carreiras, e que não mediram esforços para transferirem aos livros toda a bagagem profissional que possuem.

Esperamos que apreciem nossos livros. Todos foram pensados e realizados com a dedicação, o profissionalismo e o zelo que nossos amigos leitores merecem.

Boa leitura. Prazerosos e eficientes estudos. Sucesso.

Cordialmente,

Paulo Lépore

(Coordenador da Coleção Manuais das Carreiras: teoria e prática)

"Coleção Manuais das Carreiras: teoria e prática. Imprescindível para quem almeja a carreira. Indispensável para quem busca aprimoramento".

NOTA DO AUTOR

A vida defensoral, apesar do cimento jurídico-positivista que robotiza algumas carreiras e instituições, tem ou deveria ter – sempre – uma alma, uma alma rica e complexa, a qual se alimenta de conhecimentos e diretrizes multidisciplinares. E para caminhar nessa multifacetária trilha, há que ter ideologia o Defensor Público.

Uma ideologia no sentido positivo/construtivo da expressão – e sempre legítimo. O termo "ideologia" possui uma vasta lista de sentidos e significados. Muitos positivos, outros negativos, a depender dos contextos, do momento, dos discursos e dos atores – que valoram e são valorados.

Mas a ideologia aqui delineada, aquela que envolve a carreira defensoral, é ligada ao acesso à Justiça, esta entendida como o campo do justo no mais amplo, aberto e extenso sentido. Uma "Justiça" livre dos puros grilhões do Direito e dos seus dogmas positivistas, mas também ligada aos aspectos sociológicos, filosóficos, psicológicos, artísticos e literários, dentre muitos outros.

Aliás, o atuar do Defensor é de ruptura, inexoravelmente, o que requer desse profissional a máxima criatividade e poder de inovação, os quais não encontrarão na pedreira jurídica, ainda escorada nos pilares do patrimonialismo das relações negociais e do patriarcalismo das relações pessoais. E a condição para que isso ocorra é a alimentação, pelo Defensor, de uma ideologia crítica, uma ideologia de transformação e empoderamento sociais.

Por isso, e apenas por isso, é que esta obra não é exclusivamente teórica e prática, mas também "almática" ou "ideológica", voltada efetivamente à provocação constante daquele que pretende ingressar ou se manter na carreira da Defensoria Pública, e à reflexão acerca do seu papel nesse sistema.

Aluísio Iunes Monti Ruggeri Ré

SUMÁRIO

LISTA DE ABREVIATURAS **19**

CAPÍTULO I - FUNÇÃO E CARREIRA DO DEFENSOR PÚBLICO **23**

1. Introdução e breve reconstrução histórica da função e da carreira 23
2. Fundamento constitucional da carreira 42
3. Leis de regência da carreira 70

CAPÍTULO II - PRINCÍPIOS INSTITUCIONAIS DA DEFENSORIA PÚBLICA **75**

1. Introdução e modelo de assistência jurídica adotado no Brasil 75
2. A Defensoria Pública como Instituição Democrática e essencial 102
3. Autonomia institucional 114
4. Estrutura administrativa e modelos de gestão 132
5. Atribuições dos Defensores Públicos 140
6. As garantias do Defensor Público 152
7. As prerrogativas 161
8. A Defensoria Pública da União 167
9. A Defensoria Pública do Distrito Federal 174
10. As Defensorias Públicas dos Estados 177
11. Passo a passo da atuação do Defensor Público no exercício de suas atribuições quanto à melhor medida 182
12. Fluxograma 184
13. Modelo de parecer 184
14. Questões de concursos 188

CAPÍTULO III - A ATUAÇÃO DA DEFENSORIA PÚBLICA NO CAMPO DOS DIREITOS HUMANOS E NO COMBATE À DISCRIMINAÇÃO **193**

1. Uma questão de identidade institucional 193
2. A implementação dos direitos sociais 214

3. A defesa das igualdades e das diferenças 223
4. O combate à discriminação pela cor da pele 226
5. O combate à violência estatal 234
6. A aplicação da lei antimanicomial 243
7. Um olhar especial às pessoas em "situação de rua" 248
8. A proteção da pessoa com deficiência 258
9. O combate à discriminação por orientação sexual 263
10. A implementação dos direitos da mulher e o combate à violência de gênero 269
11. A defesa da mulher no cárcere 280
12. A defesa do idoso 287
13. Passo a passo da atuação do Defensor Público na proteção dos direitos humanos 288
14. Fluxograma 289
15. Modelos 290
    I) Ação Civil Pública diante da crise no Centro de Detenção Provisória de Ribeirão Preto 290
    II) Ação Civil Pública no caso do *outdoor* homofóbico, sendo coautor o Defensor Público Victor Hugo Albernáz Júnior 302
    III) Ação individual declaratória de direito ao transporte gratuito 315
16. Questões de concursos 320

CAPÍTULO IV - A ATUAÇÃO NOS CAMPOS PENAL, PROCESSUAL E DE EXECUÇÃO PENAL 325

1. As funções do Direito Penal e sua adequação constitucional 325
2. O trabalho defensivo na dosimetria da pena 338
3. Por um sistema verdadeiramente acusatório 358
4. A ampla defesa e o contraditório: participação e influência 364
5. A atuação na fase pré-processual 374
6. A defesa em busca da legítima e isenta instrução penal 382
7. O convencimento judicial 395
8. A execução digna da pena 405
9. A efetivação dos direitos do preso rumo à liberdade 416
10. Passo a passo da atuação do Defensor Público no processo penal 420
11. Fluxograma – Processo Penal (Procedimento ordinário) 421
12. Modelos de Revisão Criminal e de Agravo em execução 422
    I) Revisão Criminal 01 422

II) Revisão Criminal 02 ... 424
III) Agravo em execução ... 427
IV) Modelo de *Habeas Corpus* ... 431
V) Modelo de esquema para sustentação oral em apelação (em condenação por latrocínio) ... 437
13. Questões de concursos ... 438
13.1. Direito Penal ... 438
13.2. Direito Processual Penal ... 440

CAPÍTULO V - A ATUAÇÃO DA DEFENSORIA PÚBLICA NOS CAMPOS CIVIL E PROCESSUAL CIVIL ... 443

1. A efetividade dos direitos da personalidade ... 443
2. A concretização da equidade: a boa-fé objetiva ... 445
3. A atuação no contexto da solidariedade e da afetividade familiar ... 449
4. Por um processo civil efetivamente constitucionalizado e satisfativo: a quarta onda renovatória ... 455
5. A justiça gratuita ... 480
6. A efetividade da tutela jurisdicional cível e sua variabilidade ... 482
7. A tutela da posse, os abusos e a usucapião ... 503
8. O resgate do crédito: o direito ao pagamento parcelado ... 522
9. Passo a passo da atuação do Defensor Público na colheita de informações e no processo civil ... 528
10. Fluxograma – Processo Civil (Procedimento comum ordinário) ... 529
11. Modelos ... 530
I) Contestação ... 530
II) Contestação com preliminar de incompetência relativa ... 535
III) Embargos à execução ... 538
IV) Impugnação ao cumprimento de sentença ... 540
V) Exceção de pré-executividade ... 541
VI) Embargos monitórios ... 544
VII) Justificativa em execução de alimentos ... 546
VIII) Embargos de terceiro ... 547
IX) Apelação ... 549
X) Agravo de instrumento ... 554
XI) Agravo retido (extinto pelo Novo CPC) ... 561
XII) Embargos de declaração (para forçar o prequestionamento) ... 561

XIII) Agravo regimental ou interno ... 563
XIV) Agravo nos próprios autos (art. 544, CPC) ... 564
XV) Embargos infringentes: tal recurso foi extinto pelo Novo CPC, que criou uma forma inovadora de julgamento, quando houver deliberação não unânime, nos termos do artigo 942 do Novo Código de Processo Civil. ... 565
XVI) Recurso especial – modelo I ... 565
XVII) Recurso especial – modelo II ... 571
XVIII) Modelos específicos criados pelo Código de Processo Civil de 2015 ... 579
12. Questões de concursos ... 583
12.1. Processo Civil ... 583
12.2. Direito Civil ... 584

CAPÍTULO VI - A ATUAÇÃO DA DEFENSORIA PÚBLICA NOS CAMPOS DO CONSUMIDOR, ADMINISTRATIVO E TRIBUTÁRIO ... 587
1. Planos de saúde ... 587
2. Serviços públicos essenciais ... 595
3. A responsabilidade civil do Estado ... 603
4. Os limites ao poder de tributar ... 609
5. Passo a passo da atuação do Defensor Público na defesa do consumidor e em face da Administração ... 611
6. Fluxograma 05 – Administrativo e consumidor ... 612
7. Modelos ... 613
I) Ação declaratória sobre planos de saúde ... 613
II) Agravo de instrumento com fundamento no princípio da precaução ... 629
8. Questões de Concursos ... 634

CAPÍTULO VII - A ATUAÇÃO DA DEFENSORIA PÚBLICA NA TUTELA COLETIVA . 639
1. A legitimidade ativa da Defensoria Pública e seus meios de informações ... 639
2. A defesa do polo passivo desorganizado ... 651
3. A tutela coletiva dos direitos à moradia e à urbanização ... 660
4. Passo a passo da atuação do Defensor Público na tutela coletiva ... 666
5. Fluxograma – Tutela Coletiva ... 667
6. Modelos ... 668
I) Agravo de Instrumento em ACP ... 668
II) Termo de Ajustamento de Conduta dentro do Processo, elaborado em conjunto com o Defensor Público Victor Hugo Albernáz Júnior ... 679

III) Ação civil pública sobre o caso dos cupins 681
7. Questões de concursos 694

CAPÍTULO VIII - A ATUAÇÃO DA DEFENSORIA PÚBLICA NA INFÂNCIA E NA JUVENTUDE 697
1. A doutrina da proteção integral responsável 697
2. A pontuação das responsabilidades 716
3. A proteção à ampla convivência familiar 729
4. O direito penal juvenil 759
5. A aplicação das medidas socioeducativas 763
6. A execução das medidas socioeducativas 764
7. Passo a passo da atuação do Defensor Público no processo de apuração dos atos infracionais 777
8. Fluxograma – ECA (Processo de apuração de ato infracional) 778
9. Modelos – Manifestação na execução da medida 779
10. Questões de concursos 780

CAPÍTULO IX - ASPECTOS DA ATUAÇÃO DO DEFENSOR PÚBLICO DA UNIÃO 785
1. Introdução 785
2. Atuação cível e previdenciária 792
3. A atuação criminal federal 801
4. Passo a passo da atuação do Defensor Público da União 806
5. Fluxograma– Defensor Público da União 806
6. Modelo – Ação civil Pública 807
7. Questões de concursos 813

CAPÍTULO X - ÉTICA DO DEFENSOR PÚBLICO 817
1. Introdução 817
2. Os deveres 827
3. As proibições e os impedimentos 835
4. Passo a passo da atuação serena do Defensor Público 836
5. Fluxograma – Ética do Defensor 843
6. Modelos – Recomendação da Corregedoria-Geral 844
7. Questões de concursos 845

CAPÍTULO XI - A FORMAÇÃO HUMANÍSTICA DO DEFENSOR PÚBLICO 849
1. Introdução 849
2. A visão axiológica 849

3. A visão sociológica 853
4. Os meios alternativos de resolução dos conflitos 878
5. Passo a passo da atuação do Defensor Público no atendimento multidisciplinar 886
6. Fluxograma - Formação humanística (psicologia da pacificação) 887
7. Modelos 888
   I) Termo de ajustamento de conduta: pacificação coletiva 888
8. Questões de concursos 889

BIBLIOGRAFIA 893

LISTA DE ABREVIATURAS

ACP – Ação Civil Pública
ADECON – Ação Declaratória de Constitucionalidade
ADIn – Ação Direta de Inconstitucionalidade
ADPF – Arguição de Descumprimento de Preceito Fundamental
Ag – Agravo
AgR – Agravo Regimental
AI – Agravo de Instrumento
AIME – Ação de Impugnação de Mandato Eletivo
ANADEP – Associação Nacional dos Defensores Públicos
ANATEL – Agência Nacional de Telecomunicações
ANEL – Agência Nacional de Energia Elétrica
ANVISA – Agência Nacional de Vigilância Sanitária
AP – Ação Popular
Ap. – Apelação
APADEP – Associação Paulista dos Defensores Públicos
Art. – artigo
c.c. – combinado com
CADE - Conselho Administrativo de Defesa Econômica
CBPC – Código Brasileiro de Processos Coletivos
CC/02 – Código Civil de 2002
CC/16 – Código Civil de 1916
CCJ – Comissão de Constituição e Justiça
CDC – Código de Defesa do Consumidor (Lei n. 8.078/1990)

CF – Constituição Federal

CF/88 - Constituição da República Federativa do Brasil de 1988

CG – Corregedoria-Geral

CGDP – Corregedoria-Geral da Defensoria Pública

CLT – Consolidação das Leis do Trabalho (Decreto-Lei n. 5.452/1943)

CNJ – Conselho Nacional de Justiça

CNMP – Conselho Nacional do Ministério Público

CP – Código Penal (Decreto-Lei n. 2.848/1940)

CPC – Código de Processo Civil

CPP – Código de Processo Penal

CSDP – Conselho Superior da Defensoria Pública

CSDPESP – Conselho Superior da Defensoria Pública do Estado de São Paulo

CSM – Conselho Superior da Magistratura

CSMP – Conselho Superior do Ministério Público

CTN – Código Tributário Nacional (Lei n. 5.172/1966)

Dep. - Deputado

Des. – Desembargador

DJU – Diário Oficial da Justiça da União

DOU – Diário Oficial do Estado

DP – Defensoria Pública ou Defensor Público

DPE – Defensoria Pública do Estado

DPG – Defensoria Pública-Geral

DPU – Defensoria Pública da União

ECA – Estatuto da Criança e do Adolescente (Lei n. 8.069/1990)

IBDP – Instituto Brasileiro de Direito Processual

IC – Inquérito Civil

LACP – Lei de Ação Civil Pública (Lei n. 6.347/1985)

LAP – Lei da Ação Popular (Lei n. 3.717/1965)

LICC – Lei de Introdução do Código Civil (Decreto-Lei n. 3.657/1942)

Min. – Ministro

MP – Ministério Público

MP/SP - Ministério Público do Estado de São Paulo

MPU – Ministério Público da União
NLACP – Nova Lei de Ação Civil Pública (a partir do PL n. 5.139 de 2009)
PA – Processo Administrativo
PL – Projeto de Lei
PLC – Projeto de Lei Complementar
PL n. 5.139 de 2009 – Projeto de Lei número 5.139 de 2009
PROCON – Fundação de Proteção e Defesa do Consumidor
RE – Recurso Extraordinário
Rel. – Relator
REsp – Recurso Especial
STF – Supremo Tribunal Federal
STJ – Superior Tribunal de Justiça
TAC – Termo de Ajustamento de Conduta
TJ – Tribunal de Justiça
TJSP – Tribunal de Justiça do Estado de São Paulo
UERJ – Universidade do Estado do Rio de Janeiro
UNESA – Universidade Estácio de Sá
USP – Universidade de São Paulo

CAPÍTULO I

FUNÇÃO E CARREIRA DO DEFENSOR PÚBLICO

1. INTRODUÇÃO E BREVE RECONSTRUÇÃO HISTÓRICA DA FUNÇÃO E DA CARREIRA

A antiguidade presenciou algumas normas de equalização das desigualdades jurídicas **entre fortes e fracos.** O direito mosaico, o hamurábico, o cristão, o grego e o romano continham regras de Justiça social e de equidade.

Com efeito, **do direito mosaico** colhemos algumas regras de isonomia das partes perante os juízes de Moisés, conforme nos relata o professor Jayme de Altavista: "no cotejo dessa constituição político-religiosa do Velho Testamento, encontramos normas jurídicas que influíram não somente no direito que a sucedeu, como no direito moderno. (...) Moisés estabeleceu a lei para todos: 'E no mesmo tempo mandei a vossos juízes, dizendo: Ouvi a causa entre vossos irmãos e julgai justamente entre o homem e seu irmão e entre o estrangeiro que está com ele'." (l, v. 17).

Não atentareis para pessoa alguma em juízo, ouvireis assim o pequeno como o grande: não temereis a face de ninguém, porque o juízo é de Deus; porém a causa que vos for difícil, fareis vir a mim e eu a ouvirei. (l, v. 17). Juízes e oficiais porás em todas as tuas portas que o Senhor teu Deus te der entre as tuas tribos, para que julguem o povo com juízo de justiça. (16, v. 18). Não torcerás o juízo, não farás acepção de pessoas, nem tomarás peitas; porquanto a peita cega os olhos dos sábios e perverte as palavras dos justos. (16, v. 19).

A justiça, a justiça seguirás; para que vivas possuas a terra que te dará o Senhor teu Deus. (16, v. 20)."[1] Ainda, valores sociais de solidariedade já eram proferidos por Moisés: "Quando entre ti houver algum pobre de teus irmãos, em alguma de tuas portas, na tua terra que o Senhor teu Deus te dá, não endurecerás o teu coração, nem fecharás a tua mão a teu irmão que for pobre (15, v. 7)." [2]

Após, **Hamurabi,** já no prólogo de sua codificação, anuncia seus objetivos, dentre eles, estabelecer certa igualdade entre os fortes e os combalidos, o que representa umas das primeiras regras voltadas ao benefício dos mais vulneráveis: "quando foi pronunciado o alto nome de Babilônia; quando ele a fez famosa no mundo e nela estabeleceu um duradouro reino cujos alicerces tinham a firmeza do céu e da terra, — por esse tempo Anu e Bel me chamaram, a mim Hamurabi, o excelso príncipe, o adorador dos deuses, para implantar justiça na terra, para destruir os maus e o mal, para prevenir a opressão do fraco pelo forte, para iluminar o mundo e propiciar o bem-estar do povo." [3]

Porém, **a necessidade de uma assistência jurídica** aos cidadãos necessitados, enquanto litigantes, nasce com o surgimento do chamado **processo extraordinário romano**, quando o Império assume o serviço judiciário e passa a disponibilizar, às partes, o Magistrado, dentre os integrantes de seus quadros, com perfil público e indeclinável.

De fato, segundo indica Cretella Júnior, "três períodos abrange a história do processo civil romano, compreendendo cada um seu sistema processual típico: o processo das ações da lei; o processo formular; e o processo extraordinário." [4]

Bem verdade, muito antes do Estado se apoderar da Jurisdição, "os particulares faziam justiça com as próprias mãos. A vítima dum delito, desprezando qualquer regra disciplinadora, tomava a iniciativa de praticar a justiça. É **a fase da vingança privada** não regulamentada. Mais tarde o fortalecimento do Estado é tal que assegura a imposição de regras. É a fase da vingança privada regulamentada. Num período mais adiantado, a vingança privada, regulamentada ou não, vai sendo deixada de lado, **passando para mãos do Estado,** única entidade a quem é permitido distribuir justiça."[5]

Com efeito, na primeira fase, **nas chamadas "ações da lei"**, "cabe ao autor providenciar o comparecimento do réu a juízo, sem a intervenção da autoridade

---

1 DE ALTAVISTA, Jayme. Origem dos direitos dos povos. 3ª. ed. São Paulo: Edições Melhoramentos, 1963, p. 19

2 DE ALTAVISTA, Jayme. Origem dos direitos dos povos. 3ª. ed. São Paulo: Edições Melhoramentos, 1963, p. 21

3 *In:* DE ALTAVISTA, Jayme. Origem dos direitos dos povos. 3ª. ed. São Paulo: Edições Melhoramentos, 1963, p. 30

4 CRETELLA JUNIOR, José. *Direito Romano.* 20ª. ed. Rio de Janeiro: Editora Forense, 1997, p. 408.

5 CRETELLA JUNIOR, José. *Direito Romano.* 20ª. ed. Rio de Janeiro: Editora Forense, 1997, p. 413.

judiciária ou de seus auxiliares. Segundo a Lei das XII Tábuas, o réu é procurado pelo autor que, se o encontra na rua, lhe dirige as *palavras especificas* (*verba certa*), chamando-o ao tribunal (*in jus vocatio).* O réu é obrigado a atender à citação e, se não a atende, o autor arranja testemunhas e o prende (*igitur en capito*). Se o demandado foge, o autor tem o direito de empregar a força ("vis"), prendendo-o e torcendo-lhe o pescoço (*obtorto collo*). No entanto, há contemplação para os demandados velhos ou doentes que têm o direito de ser conduzidos em liteira ou cavalo, por conta do autor."[6] Notemos, portanto, **a primeira ação afirmativa processual adotada em benefício dos idosos e doentes de Roma**, considerados hipossuficientes e, por isso, dignos dessa discriminação positiva:

"Se alguém é chamado a Juízo, compareça; Se não comparece, aquele que o citou tome testemunhas e o prenda; Se procurar enganar ou fugir, o que o citou pode lançar mão sobre (segurar) o citado; **Se uma doença ou a velhice o impede de andar, o que o citou, lhe forneça um cavalo**; Se não aceitá-lo, que forneça um carro, sem a obrigação de dá-lo coberto; Se apresenta alguém para defender o citado, que este seja solto; O rico será fiador do rico; para o pobre qualquer um poderá servir de fiador; Se as partes entram em acordo em caminho, a causa está encerrada."[7] Porém, como se nota, já na primeira fase do processo romano **podemos identificar sinais das desigualdades fundadas no aporte econômico.**[8]

---

6 CRETELLA JUNIOR, José. *Direito Romano.* 20ª. ed. Rio de Janeiro: Editora Forense, 1997, p. 414.

7 MEIRA, Sílvio A. B. *Histórias e fontes do direito romano.* 1ª. ed. São Paulo: Saraiva, 1966, p. 90.

8 "A concatenação do processo só se efetiva pelo comparecimento das partes diante dos magistrados. As partes seguem com grande exatidão o que a lei determina, não se admitindo a interferência de representantes. As *legis actiones* confirmam o denominado *princípio da não representação,* repelido, como já vimos, pela mentalidade romana. O autor, pessoalmente, sob pena de nulidade, deve formular sua pretensão empregando palavras solenes e certas (*verba certa*), às quais o réu opõe outras palavras. Aos cestos feitos pelo autor responde o réu com outros gestos correspondentes. Se o réu nega (*infitiatio*), a causa é entregue ao juiz, palavras exigidas, confessa que o autor está com a razão (*confessio; indefensio*) e o processo não se concretiza. O magistrado reconhece o direito do autor, entregando-lhe o que é por ele pleiteado: *addicit.* Se o réu nega (*infitiatio*), a causa é entregue ao juiz, árbitro legal escolhido livremente pelas partes e instituído pelo magistrado. Nos processos denominados *lites,* o *judexé* instituído pelo magistrado trinta dias mais tarde, segundo determina a *Lex Pinaria,* que data mais ou menos do início da era republicana. Diante do *judex* travam-se os combates judiciários. Se um dos litigantes não comparece, é esperado até meio-dia. Se o faltoso não comparece, o juiz prolata a sentença a favor do que compareceu, pois quem se esquiva ao processo *in judicio* nunca tem razão. Presentes, ambas as partes expõem suas pretensões. É a *causae conjectio* (GAIO, IV, 15). Um relato contraditório é feito, no início, pelos advogados. É a exposição da causa (*peroratio causae*). No processo das *ações da lei,* o juiz pode condenar a uma soma em dinheiro, por exemplo a uma multa de 25 asses, no caso de violência leve (*injuria*). No antigo direito, ao contrário do que acontecia no direito clássico, as condenações nem sempre são pecuniárias, podendo recair sobre a própria coisa (*ad ipsam rem*). Pronunciada a sentença, a parte vencedora tem de providenciar-lhe a execução." Tanto a *manus injectio* como a *pignoris capio* são meios de execução do direito, tendentes a assegurar a concretização de situação jurídica já reconhecida pela lei, costume ou por um julgamento. É uma via de execução dirigida contra a pessoa do *judicatus,* ou seja, em princípio, daquele que foi condenado a pagar uma certa quantidade de metal (*aes*) ou que confessou uma dívida em dinheiro. A execução é feita sobre a pessoa do condenado e não sobre seus

Na segunda fase do processo romano, no chamado "processo formular", ainda com traços privados de ação e impulso, "o comparecimento do demandado, segundo o que determinava a Lei das XII Tábuas, neste passo ainda em vigor, competia ao demandante. Apenas deixa de existir o emprego de violência, substituído agora por uma ordem do pretor que dirige contra o réu recalcitrante uma *actio in factum,* sancionada por uma multa. Nova recusa do réu é considerada como delito e, como tal, punido. *In jure* é a fase que se desenvolve diante do magistrado.

O autor do modo mais simples possível expõe suas pretensões e requer a fórmula desejada. É a *postulatio.* A seguir, notifica o réu. É a *editio actionis.* Notificado, pode o réu seguir dois caminhos: *confessar* (*confiteri*) ou *negar* (*infiteri*). No primeiro caso, temos a *confessio in jure;* no segundo caso, temos a *infitiatio.* Ao autor cabe o ônus da prova (*actori incumbit onus probandi*), ao réu defender-se, alegando o que julga seu direito, inclusive a *exceptio* (*in excipiendo réus fit actor*). A prova testemunhal influi no julgamento. De posse de todos os elementos o juiz prolata a *sentença,* na presença das partes. Se o caso for complexo, obscuro (*non liquet*), o juiz abstém-se de julgar, sendo substituído (*translatio judici*). O juiz romano difere do juiz moderno, funcionário nomeado pelo Estado, dentre pessoas especializadas, que conhecem o direito. Em Roma, o julgador é um particular que, não conseguindo formar uma ideia exata sobre a controvérsia, pode eximir-se do julgamento. Presta, então, o juramento *sibi non liquere,* ou seja, afirma que *a questão não é clara.*"[9]

Já na terceira fase evolutiva do processo romano, no chamado "processo extraordinário", o Imperador assume a função jurisdicional e, consequentemente, o dever de disponibilizar um corpo de Magistrados públicos, agora com caráter indeclinável, voltado à apreciação das lides. "O *processo extraordinário* tem sua fonte no hábito do imperador, desde o início do império, em julgar pessoalmente os processos, desprezando por completo as formas tradicionais, bem como as normas jurídicas em vigor, confiando aos funcionários imperiais a tarefa de julgarem os litígios entre particulares, quando se referissem direta ou indiretamente à administração. Assim, o prefeito das colheitas delibera sobre

---

bens, como em nossos dias. Os *judicati,* na época das XII Tábuas, respondem pessoalmente (*capite*) no momento da execução do julgamento. Mais tarde se abranda tal estado de coisas e a *legis actio per manus injectionem* passa a ser usada com mais frequência. *Manus injectio* ou *apoderamento* (*injecto* = lançamento, arremesso; *manus* = da mão) é o processo solene e formalista que consiste no aprisionamento ou agarramento do devedor recalcitrante por parte do credor. O magistrado autoriza o credor a deitar a mão sobre o devedor e levá-lo preso, caso não pague a quantia devida, imediatamente, quando tal soma é reclamada oralmente. Se a dívida não é paga nos 60 dias posteriores à *manus injecto,* o devedor pode ser morto ou vendido *trans Tiberim* como escravo." CRETELLA JUNIOR, José. *Direito Romano.* 20ª. ed. Rio de Janeiro: Editora Forense, 1997, p. 415

9 CRETELLA JUNIOR, José. *Direito Romano*: 20ª. ed. Rio de Janeiro, Editora Forense, 1997, p. 425/427.

as causas referentes aos negociantes e armadores; o prefeito da cidade resolve as questões referentes aos maus tratos infligidos às crianças e aos escravos, bem como os casos de desapossamentos violentos; o prefeito do pretório julga os casos mais graves."[10]

Com efeito, instaura-se uma nova fase do processo romano, cuja intervenção do Estado se faz mais presente e intensa. "Neste período, não são os magistrados simples particulares, indicados pelas partes, como no antigo direito. São agentes categorizados, pertencentes ao Estado e dispostos em *escala hierárquica.* **O processo romano perde aos poucos seus traços *privatísticos,* caminhando num sentido *publicístico.* É a *estatização* do processo.**"[11]

Aliás, como efeito direto e imediato dessa mudança, desenvolveu certa complexidade e tecnicidade no processo, quando a postulação e os pleitos probatórios passaram a exigir conhecimentos mais específicos e alheios aos cidadãos leigos em geral. "A oralidade do processo é substituída por outro sistema em que prevalecem os atos escritos, redigidos pelos auxiliares da justiça e pelos advogados. Neste período, os advogados constituem uma classe prestigiada, numerosa, reunida em corporações e com prerrogativas especiais. Enfim, a *gratuidade* desaparece, havendo, então, as *custas processuais* (*sportulae*), pagas aos serventuários da justiça e aos advogados."[12] **Nasce aqui, portanto, a necessidade da assistência jurídica e da justiça gratuita.**

Realmente, "as formas esquisitas do antigo processo romano nada nos surpreenderão, se nos lembrarmos de que o direito antigo a religião, a lei, o texto sagrado, e a justiça o conjunto de ritos. O demandista procede judicialmente contra alguém, com a lei, *agit lege.* Pelo enunciado da lei, apodera-se do adversário. Mas tome cuidado: para ter a lei a seu favor, torna-se indispensável conhecer-lhe os termos e pronunciá-la rigorosamente. Quando troca por certa palavra por outra, a lei deixa de existir, e já não o pode defender. Gaio narra a história de certo homem a quem o vizinho havia cortado as vinhas; e o *facto* era verdadeiro e o homem pronunciou a lei, mas como, onde dizia árvores, o homem nomeasse videiras, logo perdeu a questão."[13]

Bem da verdade, já no final da fase formular do processo, florescia a necessidade da representação técnica em juízo e **surgia o embrião histórico da Defensoria Pública.** "Na época das *legis actiones,* ninguém pode agir em nome de outrem. *Nemo alieno nomine lege agere potest* (GAIO, IV, 82). Naquela época,

10 CRETELLA JUNIOR, José. *Direito Romano*: 20ª. ed. Rio de Janeiro, Editora Forense, 1997, p. 435.

11 CRETELLA JUNIOR, José. *Direito Romano:* 20ª. ed. Rio de Janeiro, Editora Forense, 1997, p. 436.

12 CRETELLA JUNIOR, José. *Direito Romano:* 20ª. ed. Rio de Janeiro, Editora Forense, 1997, p. 436.

13 COULANGES, Fustel de. *A Cidade Antiga - Estudo sobre o culto, o direito e instituições da Grécia e de Roma.* 8ª. ed. Lisboa: Livraria Clássica Editora, 1965, p. 293.

a própria pessoa é que deve executar os gestos e pronunciar as palavras solenes, comportando este princípio raríssimas exceções, como em matéria de tutela (*pro tutela*). No processo formular, algumas pessoas podem agir em nome de outras — *alieno nomine* —, mediante as chamadas fórmulas com *transposição*.

A fórmula entregue pelo pretor recomendará ao juiz que pronuncie a condenação em nome da parte que comparece, caso o direito lhe seja reconhecido. Neste sistema, há pessoas que intervém em nome alheio, que agem *alieno nomine*, seja como querelantes, seja como querelados, mas não se pode falar ainda em *representação*, porque a condenação não é proferida em nome do interessado — *dominus litis* — mas em nome da pessoa que intervém em seu nome. Fórmulas com transposição são entregues a pedido — *sumere judicium* — aos tutores, aos curadores, aos *defensores, (...)*[14], cujas funções e papéis serão ainda mais fortalecidos e utilizados na fase seguinte do processo extraordinário.

Em suma, o tema da equalização das possibilidades das partes na demanda sempre esteve em pauta entre os juristas. Isso porque são inerentes à ideia de jurisdição **a imparcialidade e a isonomia dos litigantes**, no objetivo de garantirem o prestígio da Justiça e de seus provimentos. Ora, a partir do momento em que o Estado reserva para si a responsabilidade da solução das lides e da pacificação social, ele deve fazê-lo da forma mais legítima possível, sob pena de descrédito institucional e inefetividade de suas decisões. Diante dessa premissa, é automática a conclusão de que o exercício da Jurisdição requer legitimidade de seus instrumentos e da própria Instituição incumbida em disponibilizá-la.

Por seu turno, **essa legitimidade depende, inexoravelmente, da isonomia das partes e da dialeticidade dos procedimentos.**[15] Em outras palavras, se cabe ao Estado a produção de um resultado justo, no sentido axiológico do

---

14 CRETELLA JUNIOR, José. *Direito Romano:* 20ª. ed. Rio de Janeiro, Editora Forense, 1997, p. 439.

15 "A absoluta igualdade jurídica não pode, contudo, eliminar a desigualdade econômica; por isso, do primitivo conceito de igualdade, formal e negativa (a lei não deve estabelecer qualquer diferença entre os indivíduos), clamou-se pela passagem à igualdade substancial. E hoje, na conceituação positiva da isonomia (iguais oportunidade para todos, a serem propiciadas pelo Estado), realça-se o conceito realista, que pugna pela igualdade proporcional, a qual significa, em síntese, tratamento igual aos substancialmente iguais. A aparente quebra do princípio da isonomia, dentro e fora do processo, obedece exatamente ao princípio da igualdade real e proporcional, que impõe tratamento desigual aos desiguais, justamente para que, supridas as diferenças, se atinja a igualdade substancial. O juiz, por força de seu dever de imparcialidade, coloca-se entre as partes, mas equidistante delas: ouvindo uma, não pode deixar de ouvir a outra; somente assim se dará a ambas a possibilidade de expor suas razões, de apresentar suas provas, de influir sobre o convencimento do juiz. Somente pela soma da parcialidade das partes (uma representando a tese e outra, a antítese) o juiz pode corporificar a síntese, em um processo dialético. É por isso que foi dito que as partes, em relação ao juiz, não têm papel de antagonistas, mas sim de 'colaboradores necessários': cada um dos contendores age no processo tendo em vista o próprio interesse, mas a ação combinada dos dois serve à justiça na eliminação do conflito ou controvérsia que os envolve." (GRINOVER, Ada Pellegrini. DINAMARCO, Cândido Rangel. CINTRA, Antônio Carlos de Araújo. *Teoria Geral do Processo*. São Paulo: Malheiros, p. 55).

termo, e não de um privilégio pessoal ou corporativo, então deve ele prezar pela legitimidade social de sua atividade ou de seu poder/dever jurisdicional.

Eis a base ontológica da isonomia e, por consequência, da assistência jurídica. **Esta, por sua vez, tem a sua razão de existir atribuída a dois pressupostos, um de índole social e outro de perfil técnico.** Primeiro, no fato da jurisdição ser um serviço, embora público, mas dispendioso. Então, as diferenças sociais e organizacionais[16] dos litigantes poderiam refletir nas possibilidades jurídicas e, por consequência, na isonomia entre eles.

Os professores Mauro Cappelletti e Bryant Garth indicam as mazelas advindas das diferentes possibilidades dos litigantes: "pessoas ou organizações que possuam recursos financeiros consideráveis a serem utilizados têm vantagens óbvias ao propor ou defender demandas. Em primeiro lugar, elas podem pagar para litigar.

Podem, além disso, suportar as delongas do litígio. Cada uma dessas capacidades, em mãos de uma única das partes, pode ser uma arma poderosa; a ameaça de litígio torna-se tanto plausível quanto efetiva. De modo similar, uma das partes pode ser capaz de fazer gastos maiores que a outra e, como resultado, apresentar seus argumentos de maneira mais eficiente. Julgadores passivos, apesar de suas outras e mais admiráveis características, exacerbam claramente esse problema, por deixarem às partes a tarefa de obter e apresentar as provas, desenvolver e discutir a causa."[17]

A segunda premissa fundante da assistência jurídica reside no fato de que a jurisdição requer acesso técnico, em razão de suas fórmulas, inclusive. A própria natureza multidimensional e complexa da jurisdição exige de seu meio de acesso algo profissional.

Com efeito, a complexa dimensão jurídica, especialmente as matérias ditas "de ordem pública", já seria suficiente a justificar a qualificação desse acesso. Os aspectos psicológicos, sociológicos e éticos, extra ou intrajudiciários completam o universo multiforme da jurisdição. Portanto, a técnica de sua provocação

16 Vale a pena ressaltar que a Professora Ada Pellegrini Grinover atribui um conceito amplo ao termo "necessitados": "existem os que são necessitados no plano econômico, mas também existem os necessitados do ponto de vista organizacional. Ou seja, todos aqueles que são socialmente vulneráveis: os consumidores, os usuários de serviços públicos, os usuários de planos de saúde, os que queiram implementar ou contestar políticas públicas, como as atinentes à saúde, à moradia, ao saneamento básico, ao meio ambiente etc. E tanto assim é, que afirmava, no mesmo estudo, que a assistência judiciária deve compreender a defesa penal, em que o Estado é tido a assegurar a todos o contraditório e a ampla defesa, quer se trate de economicamente necessitados, quer não. O acusado está sempre numa posição de vulnerabilidade frente à acusação." GRINOVER. Ada Pellegrini. *Consulta da Associação Nacional de Defensores Públicos.* Disponível em: <http://www.anadep.org.br>.

17 CAPPELLETTI, Mauro; CARTH, Bryant. *Acesso à Justiça.* Porto Alegre: Sérgio Antônio Fabris, 1998, *passim.*

resta justificada. Enfim, o exercício da jurisdição, desde os primórdios, sempre impôs a inclusão da questão da assistência jurídica na pauta, de forma que são questões indissociáveis, ao menos enquanto subsistir a desigualdades entre as partes.

Realmente, "os primeiros esforços importantes para incrementar o acesso à justiça nos países ocidentais concentram-se, muito adequadamente, em proporcionar serviços jurídicos para os pobres. Na maior parte das modernas sociedades, o auxílio de um advogado é essencial, senão indispensável para decifrar leis cada vez mais complexas e procedimentos misteriosos, necessários para ajuizar uma causa. Os métodos para proporcionar a assistência judiciária àqueles que não a podem custear são, por isso mesmo, vitais."[18]

Em suma, **foram as transformações ocorridas durante o processo civil romano que coloriram o instituto da assistência jurídica com tons de fundamentalidade**. Mais especificamente, vale repetir, quando o juiz deixa de ser escolhido pelas partes para dirimir o conflito e este passa a ser agente do Estado (do Império), a disparidade se evidencia. Ora, se no primeiro momento, eram as próprias partes quem elegiam seus julgadores, numa relação horizontal de condições, as circunstâncias mudaram quando o Imperador assumiu a organização da Magistratura, subtraindo dos litigantes essa escolha, o que tornou a relação mais verticalizada e as diferenças mais claras.

Outrossim, com a evolução desse processo, nascem as custas e despesas judiciais, o que tornou a questão da igualdade das partes um tema de primeira grandeza.[19]

ATENÇÃO Nesse momento, **surgem as primeiras formas, ora privadas, ora públicas, de assistência jurídica aos plebeus,** ainda que não constantes ou institucionalizadas.

De fato, "em Roma, firmado na igualdade perante a lei, foi assentado o preceito de 'dar advogado a quem não possuísse meios para constituir patrono', atri-

18 CAPPELLETTI, Mauro; CARTH, Bryant. Acesso à Justiça. Porto Alegre: Sérgio Antônio Fabris, 1998, *passim.*

19 "Inicialmente, observamos que o Código de Hamurabi (1700 a.c.), embora não tratasse expressamente da atuação da defesa, previa a necessidade de conferir tratamento especial aos carentes de recursos, já que seus enunciados mencionavam que Hamurabi não permitia que o forte oprimisse o fraco, garantindo que cada homem oprimido pudesse comparecer diante dele, que seria o rei da Justiça. Note-se que, nos tempos primitivos, a Justiça era garantida por natureza, já que as normas eram simples, sendo aplicados pelos juízes patriarcais, chefes de família e anciãos. Todavia, a partir do momento em que começou a existir remuneração em muitos casos foram criados mecanismos de garantir a defesa dos pobres, como em Roma, v.g., tendo sido de Constantino (288-337) a primeira iniciativa de garantir o patrocínio gratuito dos necessitados, que veio a ser inserida na legislação de Justiniano (483-565)." (BRITTO, Adriana. *A evolução da Defensoria Pública em direção à tutela coletiva. In: A Defensoria Pública e os processos coletivos".* Rio de Janeiro: *Lumen Juris,* 2008, p. 3).

buindo-se a Constantino (288 – 337) a primeira iniciativa de ordem legal, que veio a inserir-se na legislação de Justiniano (483 – 565), de conceder *patroni* ou *advocate* a quem não possuísse haveres para o exercício de defesa de direitos seus. Assim, o Livro I, Título XVI (*De officio Proconsulis el legati*), § 5º, e o Livro III, Título I (*De Postulando*), § 4º do Digesto encarregavam o Pretor de dar defensor ao litigante sem condições materiais – quer dizer, pecuniárias – de arcar com os gastos do processo, como forma de proteção especial conferida aos desafortunados." (Digesto, Livro III, Título I ("De Postulando"). § 4º: "Disse o Pretor: 'Se não tiverem advogado, eu lhes darei'. E não só com estas pessoas quis o Pretor mostrar tal humanidade, como também se tivesse alguma outra que por certas causas, ou excessiva influência de seu adversário, ou medo, não encontrasse patrono."[20]

A partir de então, **o modelo público de Jurisdição passou a ser refletido nos demais Estados Ocidentais.** Com efeito, **"a Inglaterra,** desde a governança de Henrique II (1135 – 1154), mediante a ampliação e o fortalecimento dos júris e juízes itinerantes, mantém o patronato desinteressado dos pobres, mormente após as *actiones in forma pauperies*, preceituadas no exercício de Henrique VII (1457 - 1509), que, fundadas em princípios de caridade cristã, ofertavam a gratuidade de justiça. Com parecença, **na França**, a contar dos reinados de São Luiz IX (1227 – 1270) e Carlos IV (1316 – 1378), de cujas lavras decorreram, volve o amparo especializado dos pecuniariamente desventurados.

Os Estados Sardos (Gênova, Montferrato, Nice, Piemonte, Sabóia, Saluces e Sardenha) ergueram uma organização legal de assistência jurídica oficial, compreendendo a instituição, 'junto a cada jurisdição, de um advogado e um solicitador dos pobres, incumbidos de defendê-los e fiscalizar as prisões, pagos pelo Estado e considerados funcionários públicos' (José Cândido de Albuquerque Mello Mattos, Assistência Judiciária), regulamentada sob os primados de Amadeu VIII, em 1477, e Victor Amadeu, em 1560.

Com efeito, **a Espanha**, na administração dos reis católicos Fernando de Aragão e Isabel de Castela, estruturou o sistemático labor de protetores estipendiados às expensas públicas. Simetricamente, Portugal, com a transposição da castelhana Siete Partidas, procedendo as Ordenações Afonsinas (1446), Manoelinas (1521) e Filipinas (1603), para o Direito lusitano, por obra de D. Diniz, dedica peculiar resguardo aos substancialmente desprovidos." [21]

Aliás, **os reflexos do Direito Romano são sentidos por toda Europa.** Após a Idade Média, com os julgamentos da Igreja e as penas aplicadas aos não cris-

20 DE MORAES, Guilherme Peña. *Instituições da Defensoria Pública.* 1ª. ed. São Paulo: Malheiros Editores, 1999, p. 89/90.

21 DE MORAES, Guilherme Peña. *Instituições da Defensoria Pública. 1ª*. ed. São Paulo: Malheiros Editores, 1999, p. 91.

tãos, seguida dos Estados Absolutos, a Europa assiste à necessidade de um processo mais dialético e democrático. Demais disso, já na Era Iluminista, isso não passou despercebido por Cesare Beccaria:

> "são frutos que se devem à luz deste século; mas poucos examinaram e combateram a crueldade das penas, e a irregularidade dos procedimentos criminais, parte principal da legislação e tão descuidada em quase toda a Europa; pouquíssimos foram os que, remontando-se aos princípios gerais, invalidaram os que têm as verdades conhecidas, o curso demasiado livre do poder mal dirigido, que deu, até o momento, um vasto e autorizado exemplo de fria atrocidade.
>
> E, sem embargo, **os gemidos dos fracos**, sacrificados à cruel ignorância e à opulenta indolência; os bárbaros tormentos multiplicados com pródiga e inútil severidade; crimes não provocados ou quiméricos; a desolação e os horrores de uma prisão, aumentados pelos mais cruel verdugo dos desgraçados – a incerteza -, deveriam inquietar os magistrados que orientam as opiniões das mentes humanas." (destaque nosso)[22]

Vale mencionar a informação prestada por José Soares de Arruda, da Faculdade de Direito do Largo de São Francisco, em 9 de setembro de 1919, quando da inauguração da Assistência Judiciária Acadêmica (AJA), entidade que, a partir de 1947, passou a denominar-se Departamento Jurídico XI de Agosto, ao lembrar que "em 22 de janeiro de 1851, **a França** estabeleceu, junto de cada Tribunal de Apelação, das Cortes de Cassação e do Conselho de Estado, um *bureau* de assistência judiciária, composto de um representante fiscal, de um delegado do prefeito e de vários outros membros, os quais eram nomeados, ora pelos próprios Tribunais ou pelas Cortes, ora pela Ordem dos Advogados."[23]

Nesse contexto, naturalmente, considerando que as Ordenações do Reino Português constituíram as primeiras fontes do Direito brasileiro, a tendência europeia acaba por deixar intensos reflexos por aqui.

Conforme destaca Guilherme Peña de Moraes, "no Brasil o instituto tem suas origens lançadas nas Ordenações Filipinas, trazidas a lume em 1603, através das quais, como compêndio positivo sistematizado, Felipe II (1578 – 1621), monarca da Espanha e Portugal, substituiu as anteriores, vigentes desde 1521. Com efeito, e face da dispendiosa administração da justiça colonial, como dispunha o Livro III, Título LXXXIV, § 10, do citado diploma, cujo vigor perdurou até os estertores de 1916 por força da Lei de 20 de outubro de 1823, **os desafortunados que desejassem valer-se do patrocínio judicial sem pagar careciam de enunciar em audiência a circunstância da miserabilidade e orar pela alma do rei**

22 BECCARIA, Cesare. *Dos delitos e das penas.* São Paulo: Editora CD, 2002, p. 16.

23 SCHUBSKY, Cássio. *Apud* ARRUDA, José Soares de. *Direito de todos. In: Escola de Justiça.* São Paulo: Imprensa Oficial, 2010.

D. Diniz: 'Em sendo o agravante tão pobre que jure não ter bens móveis, nem de raiz, nem por onde pague o agravo, e dizendo na audiência uma vez o *Pater Noster* pela alma do Rei D. Diniz, ser-lhe-á havido como que pagasse os 900 réis, contando que tire de tudo certidão do tempo, em que havia de pagar o agravo.'" (destaque nosso)[24]

Ainda, "cumpre ressaltar que do Alvará de 16 de fevereiro de 1654, da Lei de 6 de dezembro de 1672 e, ainda, do Alvará de 5 de março de 1750 constavam disposições relativas ao arrimo, em juízo, dos economicamente aflitos."[25]

Nessa linha evolutiva, fato que vale a pena deixarmos registrado data de 31 de outubro de 1791, quando "**José de Oliveira Fagundes**, advogado da Santa Casa de Misericórdia do Rio de Janeiro, foi nomeado pela Alçada Régia para defender os 29 inconfidentes, liderados por Joaquim José da Silva Xavier, presos nas cadeias daquela cidade."[26]

Merece, por oportuno, sulcar aqui no texto nossas homenagens a **Joaquim Aurélio Barreto Nabuco de Araújo**, Ministro da Justiça até 1866 que, como o responsável pela implementação da assistência judiciária no Brasil, defendeu: "as nações mais civilizadas, como a França, Bélgica, Holanda e Itália, já têm estabelecida a assistência judiciária. Por que o Brasil não há também de atender a esta necessidade, que tanto interessa à moral, como à liberdade individual e ao direito de propriedade?"[27]

Nos primeiros anos da República, "o art. 176 do Decreto nº 1.030, de 14 de novembro de 1890, previu o início dos trabalhos para a organização de um serviço de assistência judiciária no Distrito Federal (Rio de Janeiro, à época): 'O Ministro da Justiça é autorizado a organizar uma comissão de patrocínio gratuito dos pobres no crime e cível, ouvindo o Instituto da Ordem dos Advogados, e dando os regimentos necessários'." [28]

Por oportuno, devemos citar o pioneirismo do Centro Acadêmico XI de Agosto, da Faculdade de Direito do Largo São Francisco (USP), ao inaugurar,

---

24 DE MORAES, Guilherme Peña. *Instituições da Defensoria Pública.* 1ª. ed. São Paulo: Malheiros Editores, 1999, p. 92. Ainda as Ordenações, no Livro III, Título XII, § 2º, consoante nos informam Humberto Peña de Moraes e José Fontenelle Teixeira da Silva, "dispunham que os pobres estavam relevados de depositar a caução em caso de ser argüida a suspeição, dispensados, neste caso, de juramento, mas precisando provar o seu estado de pobreza, por meio de testemunhas". In: DE MORAES, Guilherme Peña. Instituições da Defensoria Pública. 1ª. ed. São Paulo: Malheiros Editores, 1999, p. 93.

25 DE MORAES, Guilherme Peña. *Instituições da Defensoria Pública.* 1ª. ed. São Paulo: Malheiros Editores, 1999, p. 93.

26 DE MORAES, Guilherme Peña. *Instituições da Defensoria Pública.* 1ª. ed. São Paulo: Malheiros Editores, 1999, p. 93.

27 DE MORAES, Guilherme Peña. *Instituições da Defensoria Pública.* 1ª. ed. São Paulo: Malheiros Editores, 1999, p. 93.

28 SCHUBSKY, Cássio. *Direito de todos. In: Escola de Justiça.* São Paulo: Imprensa Oficial, 2010, p. 22.

em 1919, seu serviço de assistência jurídica que, em 1947, viria a se chamar Departamento Jurídico XI de Agosto: "no dia 9 de setembro de 1919, tinha início a história do mais longevo serviço de assistência judiciária gratuita não governamental de que se tem notícia na América do Sul."

> "Naquele dia, idealizada por um diminuto grupo de estudantes da Faculdade de Direito do Largo de São Francisco, era fundada a Assistência Judiciária Acadêmica (AJA), embrião do **Departamento Jurídico XI de Agosto**. Sob os auspícios do Centro Acadêmico, já uma das mais importantes agremiações estudantis do País, fundado em 1903, a AJA nascia para atender à população pobre de uma São Paulo ainda distante da metrópole que o futuro iria desenhar. (...)" Segundo o próprio Centro Acadêmico, quando lançara a ideia: "muitos infelizes que se veem arrastados à barra dos Tribunais, sem que os caprichos da fortuna lhes proporcionem meios para o contrato de um advogado que com sua causa, a causa de sua liberdade, mais se identifique, teriam nessa instituição benfazeja, mantida ao calor fecundo e criador do coração da mocidade acadêmica, um braço forte, sincero e desinteressado para ampará-los, um coração e uma inteligência para sentir por eles e por eles clamar a justiça devida".[29]

Porém, foi somente com a **Constituição Federal de 1934** que o instituto recebeu o *status* constitucional, em capítulo dedicado aos direitos fundamentais, cujo dispositivo determinava que a União e os Estados concederão aos necessitados assistência judiciária, criando para esse efeito, órgãos especiais assegurando, a isenção de emolumentos, custas, taxas e selos (art. 113, item 32). Notem que, já naquela época, o Constituinte fazia sua opção pelo modelo público de prestação do serviço, não obstante o uso do termo "judiciária", mas de cuja culpa ele fica isento, uma vez que o processo civil ainda estava preso aos grilhões do chamado processualismo científico, desenvolvido no final do século XIX, cujas formas, fórmulas e ritos eram tidas como intocáveis, fins em si mesmas, com total indiferença à satisfação do direito material em jogo, o que tornava o caminho burocrático ao Poder Judiciário quase que obrigatório.

Conforme veremos, vale a pena adiantar, com o advento da doutrina instrumentalista do processo, já em meados do século seguinte, as formas perdem a hegemonia e a efetividade da tutela, voltada à satisfação do direito material, assume o centro do debate científico, o que acabou por resultar, em última análise, na busca por uma tutela jurídica, em sentido amplo e integral, dos direitos no conflito, com prioridade na sua pacificação. Em suma, já na primeira Constituição Democrática, o Brasil demonstra sua preferência pelo modelo público de prestação.

Porém, naquela ocasião, não passou de um projeto logo ceifado e a falta de assistência jurídica institucionalizada ficou, por muito tempo, a afastar os bra-

29 SCHUBSKY, Cássio. *Direito de todos. In: Escola de Justiça.* São Paulo: Imprensa Oficial, 2010, p. 32 e 36.

sileiros dos seus direitos processuais mais elementares. Aliás, essa moléstia jurídica é relatada em nossa literatura.

No livro Olga, Fernando Morais revela que a jovem militante comunista, de origem judaica, após ter sido presa durante o governo de Getúlio Vargas, não teve acesso à defesa técnica: "as visitas permitiam também que o presídio fosse arejado por notícias de fora. Foi num dia de visitas que se soube que o homem que prendera Olga e Prestes, Josué Torres Galvão, fora assassinado com cinco tiros por um soldado, no próprio quartel da Polícia Especial. Menos de 24 horas depois do crime, o assassino, Hernani de Andrade, chefe de um grupo de capturas, se suicidaria misteriosamente. Em surdina, diziam os visitantes, a notícia que corria é que os dois haviam se desentendido sobre quem ficaria com a recompensa de 100 contos de réis prometida por Filinto Muller para o policial que prendesse Prestes. E foi também num dia de visitas que Olga Benário ficou sabendo que o governo estava firmemente decidido a deportá-la para a Alemanha. **O Instituto dos Advogados tentava designar um advogado de seu Departamento de Assistência Judiciária, Dyonisio da Silveira, para defendê-la, mas este recusou-se a aceitar o encargo**." (destaque nosso)[30]

A **Carta Outorgada de 1937**, por sua vez, foi omissa, mas o legislador do **Código de Processo Civil de 1939**, de forma exauriente, acaba por regulamentar o instituto da justiça gratuita, já referido, conforme anotado, na Constituição Federal Democrática revogada. E ele o fez dos seus artigos 68 a 79, com ampla regulação procedimental para sua concessão judicial.

A assistência judiciária retoma seu assento constitucional com a **Constituição de 1946**, o que corrobora seu perfil democrático, no artigo 141, parágrafo 35, ao dizer que o Poder Público, na forma que a lei estabelecer, concederá assistência judiciária aos necessitados, também expondo sua preferência pelo modelo estatal de prestação. Após, em 1950, a Lei n. 1.060 é promulgada com o escopo de regulamentar os institutos da justiça gratuita e da assistência judiciária, sendo que o artigo 1º é claro em atribuir ao Poder Público o dever de implementar e gerir este serviço, "independentemente da colaboração dos Municípios e da Ordem dos Advogados do Brasil", que receberam o título de meros colaboradores.

Posteriormente, **a Constituição Federal militar de 1967**, com o objetivo de tornar este serviço público ainda mais distante da realidade social e ineficaz, utiliza de frase vaga e sem sujeito, em voz passiva, para tentar elidir a responsabilidade estatal, porém em vão, uma vez que a assistência jurídica integra as próprias estruturas públicas do Brasil, sendo a ele inerente.

30 MORAIS, Fernando. *Olga*. 6ª ed. São Paulo: 1986, p. 194/195.

Vale registrar que, "durante a vigência do texto de 1969, o Presidente João Baptista de Oliveira Figueiredo, em 16 de abril de 1984, encaminhou ao Congresso Nacional a Mensagem n. 35, de 1984-CN (n. 100/84, na origem), o texto de uma Proposta de Emenda Constitucional, acrescentando e suprimindo dispositivos da Constituição Federal então vigente, oportunidade em que vários congressistas apresentaram emendas àquela PEC, propondo a convocação de uma Assembleia Nacional Constituinte, com eleições diretas.

Nessa conjuntura, **o deputado fluminense Darcilio Ayres** apresentou emenda ao § 32 do art. 153, propondo a sua ampliação, **numa tímida tentativa de previsão da Defensoria Pública em nível nacional**, pois indicava que a assistência judiciária será prestada pela União e os Estados, com órgãos especiais e cargos organizados em carreira, dotados de autonomia administrativa e financeira, dispondo de dotação orçamentária própria, na forma a ser estabelecida em lei complementar, segundo projeto que redigíramos. Infelizmente, preocupado com a possibilidade de ser aprovada, naquela ocasião, não só a Constituinte, **mas também, e principalmente, a eleição direta, o Presidente Figueiredo solicitou a retirada da sua Proposta**, esvaindo-se, assim, uma oportunidade para se institucionalizar, mais cedo, a Defensoria Pública."[31]

No campo infraconstitucional, a Lei n. 1.060/1050 regulou a concessão de "assistência judiciária" aos necessitados.[32] Porém, "coube aos Estados-membros criarem órgãos governamentais específicos para a prestação da Assistência."[33]

---

31 DE MORAES, Guilherme Peña. *Instituições da Defensoria Pública.* 1ª. ed. São Paulo: Malheiros Editores, 1999, passim.

32 "Estabeleceram os §§ 1º e 2º do art. 5º (L. 1060/50) que, uma vez deferido o benefício da assistência judiciária (diga-se Justiça Gratuita, haja vista a equivocada menção ao instituto), o juiz determinaria ao serviço de assistência judiciária a indicação de advogado a patrocinar a causa do necessitado, nos mesmos moldes do que constava do art. 68 do Código de Processo Civil de 1939. A diferenciação com os textos anteriores está na menção expressa de que aludido serviço de assistência judiciária era organizado e mantido pelo Estado, a sinalizar a ratificação do dever estatal a formatar uma instituição pública responsável por garantir a assistência judiciária àqueles desprovidos de recursos. Entretanto, a prestação da assistência judiciária não excluía o patrocínio da causa através de advogado indicado pela Ordem dos Advogados do Brasil, haja vista que, pelos termos do § 2º do art. 5º. da Lei 1.060/50, assegurava-se que, se no Estado da Federação não existisse serviço de assistência judiciária, por ele mantido, a indicação (de Defensor) caberia à OAB, por suas Seções Estaduais, ou Subseções Municipais." BORGE, Felipe Dezorzi. *Defensoria Pública: uma breve história.* Disponível em: <http://jus.com.br/>

33 "Minas Gerais - 1947, São Paulo - 1947, antigo Distrito Federal - 1948, antigo Estado do Rio de Janeiro - 1954, Pernambuco - 1954, antigo Estado da Guanabara - 1958, Rio Grande do Sul - 1965). Veja-se que, no Estado do Rio de Janeiro, a Lei nº 2.188/1954 concebeu os primeiros cargos com a denominação de Defensor Público, então vinculados à Procuradoria Geral de Justiça. (...) Com o advento da Constituição Federal de 1967 e da Emenda Constitucional de 1969, respectivamente, os artigos 150, § 32 e 153, § 32, transferiram para a legislação ordinária a responsabilidade de delinear um paradigma para a assistência judiciária no Brasil, pois não revelaram, como nas Constituições de 1934 e 1946, se a ajuda haveria de ser prestada pelo Estado ou não. Mas, sob a égide da Lei 1.060/50, em que firmado ulteriormente o dever de o Estado prestar a Assistência Judiciária, aludidas normas constitucionais encontraram seus

Contudo, finalmente **o Texto Magno de 1988** fornece guarida à Defensoria Pública em seu colo, com previsão expressa que a ela cabe a implementação e a gestão do serviço público de assistência jurídica, integral e gratuita, aos necessitados, em sentido amplo[34], na medida em que o artigo 134 faz referência ao artigo 5º, inciso LXXIV, o que é o bastante para se concluir acerca do **modelo público** adotado, e reiterado pelo Supremo Tribunal Federal, quando do julgamento das Ações Diretas de Inconstitucionalidade por Omissão acerca da ausência da Instituição no Estado de Santa Catarina, oportunidade em que o Egrégio Pleno, por maioria, julgou procedente pedido formulado em duas ações diretas, ajuizadas pela Associação Nacional dos Defensores Públicos da União e pela Associação Nacional dos Defensores Públicos, para declarar a inconstitucionalidade do art. 104 da Constituição do Estado de Santa Catarina, que autorizava a prestação de serviços de assistência judiciária pela Ordem dos Advogados do Brasil, em substituição à Defensoria Pública.[35]

Se não bastasse, **a Constituição Federal ainda insere o adjetivo "integral" para qualificar a prestação**, quando se curva à atual tendência instrumentalista e satisfativa da Justiça na tutela dos direitos materiais, mormente daqueles sociais e coletivos, o que reforça a interpretação publicista do formato idealizado. Essa é a tônica do modelo adotado.

Após o amparo constitucional, **algumas leis passaram a prever a intervenção pontual da Defensoria Pública**: "em termos de legislação federal, temos a Lei 8.069, de 13.7.90 (Dispõe sobre o Estatuto da Criança e do Adolescente e dá outras providências), a qual, através do art. 141, garante o acesso de toda

preceitos. Por sua vez, a União, através do art. 34 do Decreto-lei 1.003/1969, instituiu a Assistência Judiciária Oficial em favor da defesa das praças das Forças Armadas nos processos criminais, então a cargo de advogado de ofício (embrião da atual Defensoria Pública da União). A Constituição do Estado do Rio de Janeiro de 1975, seguindo a evolução legislativa daquele Estado, inovou o cenário constitucional de época para conceber, em seu texto, a Assistência Judiciária como órgão do Estado, então incumbido da postulação e da defesa dos direitos dos juridicamente necessitados. Em capítulo intitulado 'Assistência Judiciária', ficou estabelecida a integração da Assistência Judiciária como estrutura política do Estado, cujo Chefe institucional era o Procurador-Geral da Justiça, e o ingresso na carreira dar-se-ia mediante concurso público de provas e títulos. Somente em 1977, com a Lei Complementar 06 do Estado do Rio de Janeiro, organizou-se a assistência judiciária daquele Estado, institucionalizando a Defensoria Publica como órgão, apartando suas atribuições e subordinação ao Chefe do Ministério Público, haja vista a criação do cargo de Defensor Públi-co-Geral do Estado (...)." BORGE, Felipe Dezorzi. *Defensoria Pública: uma breve história,* cujo texto original cita as obras: OLIVEIRA, Maria Beatriz Bogado Bastos de. A Defensoria Pública como garantia de acesso à justiça. Revista da Defensoria Pública do Rio de Janeiro, n.16, ano 12: Rio de Janeiro, 2000, p.329.; SILVA, José Fontenelle Teixeira da. História da Defensoria Pública/RJ. Disponível em: <http://jus.com.br/>

34 A Professora Ada Pellegrini Grinover atribui um conceito amplo ao termo "necessitados": "existem os que são necessitados no plano econômico, mas também existem os necessitados do ponto de vista organizacional." GRINOVER. Ada Pellegrini. *Consulta da Associação Nacional de Defensores Públicos.* Disponível em: <http://www.anadep.org.br>

35 ADI 3892 e ADI 4270.

criança ou adolescente à Defensoria Pública. O §1º, do mesmo artigo, assegura a prestação de assistência jurídica às crianças e adolescentes que dela necessitarem, através de Defensor Público ou advogado nomeado."[36]

Posteriormente, com o escopo de dar fiel cumprimento ao Texto Maior (CF, artigo 24, XIII), é promulgada **a Lei Complementar nº 80**, de 12 de janeiro de 1994, de caráter nacional, que regulamenta a Defensoria Pública da União e a Defensoria Pública do Distrito Federal e Territórios, bem como estabelece normas gerais para a Defensoria Pública dos Estados."[37]

No ano de 2004, quando da aprovação da Reforma do Judiciário, a **Emenda Constitucional nº 45** acresce o segundo parágrafo ao artigo 134 para, finalmente, consagrar a autonomia funcional, administrativa e orçamentária das Defensorias Públicas Estaduais.

Vale mencionar, por oportuno, o importante processo de criação da **Defensoria Pública do Estado de São Paulo**, em razão de peculiaridades especiais, tais como o grande engajamento dos movimentos sociais paulistas somado à determinação e ao credo ideológico de um grupo seleto de Procuradores do Estado, que já exerciam as funções de assistência jurídica aos necessitados, mas tinham a importante convicção que somente uma Instituição específica e realmente autônoma seria capaz de prover a Justiça paulista, e indiretamente a Justiça nacional, do perfil democrático, participativo e desburocratizado.

Consigno a empolgada manifestação sobre o nascimento da Defensoria Pública paulista e suas estreitas relações com a sociedade civil: "é possível sonhar

36 "O texto da Lei 8.457, de 4.9.92 (Organiza a Justiça Militar da União e regula os seus Serviços Auxiliares), através do §2º do art. 26, disciplina as medidas a serem adotadas, perante as Auditorias da Justiça Militar da União, na hipótese de falta, sem motivo justificado, de representantes da Defensoria Pública nos dias de sessão. O art. 69, versa sobre a manutenção de representantes da Defensoria Pública da União junto à Justiça Militar. O art. 70, trata das atribuições dos membros da Defensoria Pública perante a Justiça Militar. O art. 92, trata da presença de um Defensor Público na Integração do Conselho Superior de Justiça, nomeado pelo Presidente da República, dentre os membros da Defensoria Pública da União. O art. 103, dispõe sobre a permanência do atual quadro de Defensores Públicos da Justiça Militar, na forma da legislação anterior, até que seja organizada a Defensoria Pública da União. O texto do Dec. 761, de 19.2.93 (Aprova a Estrutura Regimental do Ministério da Justiça e dá outras providências), através do encaminhamento de expediente de interesse da Defensoria Pública, bem como do desenvolvimento de estudos relacionados com a Defensoria Pública." FERENCZY, Peter Andreas. *Considerações sobre aspectos da evolução da Defensoria Pública*. Revista dos Tribunais: 1995. Vol. 722, p. 76.

37 "De fato, 'o Projeto de Lei Complementar 145/93 (Mensagem 034/93), de autoria do Poder Executivo Federal, na data de 4.6.93, em tramitação junto às Comissões da Câmara dos Deputados (Organiza a Defensoria Pública da União, do Distrito Federal e dos Territórios e preserve normas gerais para sua organização nos Estados), em linhas gerais objetiva regulamentar o disposto no (antigo) parágrafo único do art. 134 da Constituição Federal, abrangendo tópicos essenciais como: organização administrativa, órgãos, subdefensoria, composição, membros, conselho superior, corregedoria geral, competência, criação, quadro de carreira, ingresso, admissão, concurso público, nomeação, lotação, promoção, inamovibilidade, direitos, férias, afastamento, prerrogativas, deveres e impedimentos, entre outros'." FERENCZY, Peter Andreas. *Considerações sobre aspectos da evolução da Defensoria Pública*. Revista dos Tribunais: 1995. Vol. 722, p. 76.

de olhos abertos? Esta experiência está acontecendo na Defensoria Pública do Estado de São Paulo: criada pela Constituição, mas só instalada, efetivamente, em São Paulo, graças a uma grande mobilização social, a Defensoria Pública nasceu com a promessa de promover acesso à justiça, (...), com o combate à pobreza como fenômeno político, e que, portanto, só pode ser desafiado se abrirmos os olhos para o que os olhos não podem ver: que a pobreza só acontece quando não há espaço para a participação política."[38]

Aliás, esse processo genealógico é muito bem descrito pela **Ouvidora-Geral da Defensoria Pública bandeirante Luciana Zaffalon:** "o serviço destinado à população necessitada de São Paulo estava, antes da criação da Defensoria Pública Paulista, a cargo da Procuradoria de Assistência Judiciária – PAJ, vinculada à Procuradoria Geral do Estado, sendo a instituição encarregada originalmente apenas da consultoria jurídica e da defesa judicial do próprio estado, contra o qual um de seus 'órgãos' internos (PAJ) havia muitas vezes de atuar quando incumbido desse papel de assistente judiciário dos necessitados. (...) Representantes de diversas entidades e movimentos da sociedade politicamente organizada, mobilizadas pelo que denominaram como *fragilidade do acesso à justiça,* advinda da inexistência da Defensoria Pública no Estado de São Paulo, lançaram, em 24 de junho de 2002, o 'Movimento pela Defensoria Pública'"[39], sendo que, em dezembro de 2005, a Assembleia Legislativa aprovava o Projeto de Lei Complementar nº 18/2005, cuja sanção executiva data de 09 de janeiro de 2006. É sancionada a Lei Complementar Estadual nº 988/2006.

Dalmo de Abreu Dallari lamenta a criação tardia da Instituição, mas vislumbra bons frutos no futuro. "Embora a capital paulista tenha sido a primeira do Brasil a instalar, em 1919, um serviço de assistência jurídica gratuita, via Departamento Jurídico do Centro Acadêmico XI de Agosto, o Estado de São Paulo foi o penúltimo a instalar a Defensoria Pública, quase 20 anos depois de promulgar a Constituição de 1988.

É profundamente lamentável saber que São Paulo, que se orgulha de ser o centro econômico do Brasil, deixa em plano inferior a busca de construção de uma sociedade justa, pacífica e fraterna. Na realidade, grande parte da população paulista é sensível às exigências éticas e jurídicas, como o respeito à dignidade humana de todos e a observância dos direitos e das obrigações consagradas na Constituição e nas leis. Mas, infelizmente, a concentração de riqueza tem também consequências muito negativas. Como tem ficado evidente

38 LOUREIRO, Carlos Aciron. In: CARDOSO, Luciana Zaffalon Leme Cardoso. *Uma fenda na Justiça.* 1ª. ed. São Paulo: Editora Hucitec, 2010, p. 273.

39 CARDOSO, Luciana Zaffalon Leme Cardoso. *Uma fenda na Justiça.* 1ª. ed. São Paulo: Editora Hucitec, 2010, p. 105.

em muitas ocasiões, a supervalorização da riqueza material estimula o egoísmo e gera arrogância e insensibilidade ética.

E, assim, muitos do que, por exercerem grande influência nas decisões políticas, poderiam contribuir para a prevalência dos valores e padrões de uma sociedade democrática procedem em sentido oposto, procurando obter mais vantagens pessoais e hostilizando os que trabalham pela prevalência do Direito e da Justiça. Em conclusão, apesar do egoísmo e da postura antiética de grupos privilegiados, a consciência das exigências de justiça vem crescendo. Um sinal disso é o fato de que, apesar de todas as resistências, São Paulo finalmente acabou criando a Defensoria Pública, cumprindo obrigação constitucional."[40]

No ano de 2009, é promulgada a Lei Complementar nº 132, que alterou a Lei Complementar 80/94, para reafirmar o modelo público adotado, bem como estabelecer regras relativas à autonomia institucional e, ainda, fomentar as funções da Defensoria Pública no Brasil.[41] Por derradeiro, **em 2012, é aprovada a Emenda Constitucional nº 69** que desvincula a Defensoria Pública do Distrito Federal da competência e da gestão da União. Em 2013, promulgou-se a **Emenda Constitucional n° 74**, que concede autonomia administrativa, funcional e orçamentária à Defensoria Pública da União.

Em 2014, é aprovada a festejada **Emenda Constitucional n° 80,** a qual reforça a autonomia institucional, ratifica a essencialidade ou a fundamentalidade da Defensoria Pública no Sistema de Justiça, consigna, conforme já defendíamos nesta obra, o caráter permanente da Instituição, impõe ao Poder Público a obrigação de instituir as Unidades da Defensoria Pública em todas as Comarcas do Brasil – cujo dever deverá ser cumprido em oito anos –, além de trazer para o corpo do Texto Maior a legitimidade ativa e a responsabilidade da Defensoria para, ao promover a integral assistência jurídica, atuar na defesa dos interesses individuais e coletivos em sentido amplo.

A proposta de Emenda à Constituição é de autoria dos parlamentares Mauro Benevides, Alessandro Molon e Andre Moura. No Senado, a matéria teve o apoio de 59 Senadores que, se não bastasse, deliberaram pela quebra do interstício regimental entre os dois turnos de votação, diante da relevância do tema, e aprovaram-na em um único dia (20 de maio).

Segundo o Presidente do Senado, "este é um grande momento para o parlamento federal. O Senado valoriza a missão primordial da Defensoria Pública,

40 DALLARI. Dalmo de Abreu. *In: Escola de Justiça.* São Paulo: Imprensa Oficial, 2010, p. 108.

41 "Para o Presidente da Associação Nacional dos Defensores Públicos, André Castro, "a LC nº 132 foi uma das maiores conquistas legislativas para a Defensoria Pública brasileira. A democratização da instituição, a ampliação e valorização das funções institucionais e das atribuições dos Defensores Públicos estão sendo os alicerces para tantas outras conquistas. "Disponível: <http://www.defensoriapublica.mg.gov.br>.

de prestar assistência jurídica gratuita e de qualidade àqueles que não podem pagar por isso. Ao fortalecer a independência da Instituição, criamos a condição para termos no Defensor Público um agente de transformação social. Este é um compromisso do Senado com uma maior justiça social no país. E entendemos que o aprimoramento da Defensoria é essencial para alcançarmos este fim."

Na Câmara, o Plenário já havia aprovado a proposta, em sessão extraordinária no dia 19 de fevereiro de 2014, por 392 votos favoráveis, duas abstenções e nenhum voto contrário.

Após, em 25 de fevereiro, a Comissão Especial responsável por analisar o texto da PEC aprovara, também por unanimidade, a redação final da matéria. O texto foi votado em segundo turno na Câmara, em 12 de março, sendo aprovado por unanimidade.

Após chegar ao Senado, a PEC foi remetida à Comissão de Constituição, Justiça e Cidadania, onde foi aprovada no dia 16 de abril. Finalmente, em 20 de maio, a aprovação pelo Plenário da Casa, em dois turnos, sendo encaminhada para a promulgação pelo Congresso Nacional.

No sentido de reforçar a autonomia da Instituição, com reconhecimento do modelo público de assistência jurídica, além de deixar claro que a atividade do Defensor Público não se confunde com a Advocacia, o Constituinte cria a Seção IV (Da Defensoria Pública), do CAPÍTULO IV (DAS FUNÇÕES ESSENCIAIS À JUSTIÇA), que integra, por sua vez, o TÍTULO IV (DA ORGANIZAÇÃO DOS PODERES).

Além disso, o artigo 134, *caput*, passou a ter a seguinte redação:

> "A Defensoria Pública é instituição permanente, essencial à função jurisdicional do Estado, incumbindo-lhe, como expressão e instrumento do regime democrático, fundamentalmente, a orientação jurídica, a promoção dos direitos humanos e a defesa, em todos os graus, judicial e extrajudicial, dos direitos individuais e coletivos, de forma integral e gratuita, aos necessitados, na forma do inciso LXXIV do art. 5º desta Constituição Federal.

Notem que os princípios trazidos expressamente pela PEC já existiam nos níveis legal e doutrinário, não em termos constitucionais. Agora, está sulcado na Constituição Federal do Brasil.

Vale quiser que, pelo texto, a Defensoria Pública não é apenas "instrumento" democrático, mas "expressão" desse regime. Em outros termos, a Defensoria Pública, nesse sentido dado pelo Constituinte, passa a ser reconhecida como um meio e um fim da própria Democracia. Ou seja, ela não apenas funciona como instrumento de acesso a direitos, mas é, ontologicamente, um direito fundamental da sociedade em geral, não apenas daquela parcela mais vulnerável, mas de toda ela, que elegeu o regime democrático como aquele que prioriza a participação, emancipação e equiparação sociais.

Além disso, o então criado parágrafo quarto do artigo 134 dispõe que "são princípios institucionais da Defensoria Pública a unidade, a indivisibilidade e a independência funcional, aplicando-se também, no que couber, o disposto no art. 93 e no inciso II do art. 96 desta Constituição Federal", aliás com a inserção de garantias equivalentes àquelas atribuídas ao Ministério Público, que também conta apenas com a aplicação analógica do artigo 93 (CF, art. 129, § 4º – Aplica--se ao Ministério Público, no que couber, o disposto no art. 93) e tem autonomia administrativa ou de gestão (CF, art. 127, § 2º).

Enfim, o dispositivo acaba por promover, em níveis constitucionais, a tão esperada e salutar equiparação das Instituições públicas que compõem o sistema de Justiça, é dizer, uma equiparação entre Magistratura, Ministério Público e Defensoria Pública, vale ressaltar, em benefício dos próprios jurisdicionados, especialmente daqueles mais necessitados, ao promover a chamada "equiparação das armas" acusatórias e defensivas.

Se não bastasse, a PEC impõe, no artigo 98, que:

> "o número de defensores públicos na unidade jurisdicional será proporcional à efetiva demanda pelo serviço da Defensoria Pública e à respectiva população; que "no prazo de 8 (oito) anos, a União, os Estados e o Distrito Federal deverão contar com defensores públicos em todas as unidades jurisdicionais (parágrafo primeiro)"; e que "durante o decurso do prazo previsto no § 1º deste artigo, a lotação dos defensores públicos ocorrerá, prioritariamente, atendendo as regiões com maiores índices de exclusão social e adensamento populacional (parágrafo segundo)."

Vale destacar que tal expansão significa a essencialidade concreta e prática da Instituição, que deverá estar presentes em todas as Comarcas do Brasil no prazo fixado.

Trata-se de política pública vinculada, pois o próprio Constituinte subtraiu do Executivo a discricionariedade desse investimento.

Enfim, em definitivo, o novo texto investiu o Defensor Público da missão de verdadeiro agente político de transformação social, por todas as Comarcas do Brasil. Reconhece-o como essencial ao sistema Justiça, especialmente nas regiões mais pobres e vulneráveis do Brasil. Um fundamental passo no sentido da real, integral e emancipatória Democracia.

Porém, não nos iludamos, pois a história continua e muito há de ser feito para a afirmação e reafirmação da Defensoria Pública no Brasil.

2. FUNDAMENTO CONSTITUCIONAL DA CARREIRA

Tradicionalmente, o primeiro tema que vem a lume quando se pretende analisar o papel da Defensoria Pública é o relativo ao acesso à Justiça, como uma espécie de premissa automática ou natural de hermenêutica institucional.

Quando muito, fala-se preliminarmente em dignidade da pessoa humana. No entanto, o equívoco metodológico consiste em séria inversão do fim pelo meio, das metas pelos instrumentos, dos valores pelas garantias. Com efeito, "Justiça", "dignidade", "assistência" constituem meios, instrumentos para o atendimento, em última instância, **do valor supremo: a pessoa.**[42]

Bem verdade, talvez absoluta, qualquer Instituição que se disponha a assumir a responsabilidade de ser Democrática deve conhecer e compreender, em profundidade e necessariamente, **a pessoa, o seu fim maior e ente mais nobre**, sob pena de incorrer em demagogias e discursos meramente retóricos. Daí nossa preocupação inicial.

Pois bem. Com esse cinzel em mãos, vamos à lapidação dessa construção teórica realmente fundante e sem prescindência. **A pessoa ostenta uma individualidade única, produto de sua própria existência, seus sentimentos, sua história, sua família, suas angústias, seus medos e suas expectativas**. Ela é digna de um tratamento não degradante, humilhante ou constrangedor, mas tolerante e adequado às suas condições e riscos conscientemente assumidos. Digna de cuidado e assistência. Porém, antes de tudo e de qualquer ação ou serviço, ela precisa ser muito bem entendida e compreendida.

Evidente, a pessoa requer cuidado. Para Leonardo Boff, tudo que tem vida, tudo que pode um dia sofrer ou padecer é digno de atenção e que "o cuidado se encontra na raiz primeira do ser humano, antes que ele faça qualquer coisa. E, se fizer, ela vem acompanhada de cuidado e imbuída de cuidado. Significa reconhecer o cuidado como um *modo de ser* essencial, sempre presente e irredutível a outra realidade anterior. É uma dimensão frontal, originária, ontológica, impossível de ser totalmente desvirtuada. Um modo de ser não é um novo ser.

É uma maneira do próprio ser de estruturar-se e dar-se a conhecer. O cuidado entra na natureza e na constituição do ser humano. O modo de ser cui-

42 Bobbio já indicava a dificuldade na definição os direitos humanos, talvez pela ausência de abordagem, primeiro, sobre o que é o "humano": "há três modos de fundar os valores: deduzi-los de um dado objetivo constante, como, por exemplo, a natureza humana: considerá-las como verdades evidentes em si mesmas; e, finalmente, a descoberta de que, num dado período histórico, eles são geralmente aceitos (precisamente a prova do consenso). O primeiro modo nos ofereceria a maior garantia de sua validade universal, se verdadeiramente existisse a natureza humana e, admitindo-se que existisse como dado constante e imutável, tivéssemos a possibilidade de conhecê-la em sua essência: a julgarmos pela história do jusnaturalismo, a natureza humana foi interpretada dos mais diferentes modos, e o apelo à natureza serviu para justificar sistemas de valores até mesmo diversos entre si. Qual é o direito fundamental do homem segundo a natureza? O direito do mais forte, como queria Spinoza, ou o direito à liberdade, como queria Kant? O segundo modo - o apelo à evidência - tem o defeito de se situar para além de qualquer prova e de se recusar a qualquer argumentação possível de caráter racional: na realidade, tão logo submetemos valores, proclamamos evidentes, à verificação histórica, percebemos que aquilo que foi considerado como evidente por algum, num dado momento, não é mais considerado como evidente por outros, em outro momento. BOBBIO, Norberto. *A era dos direitos.* Tradução: Carlos Nelson Coutinho. Nova edição. Rio de Janeiro: Elsevier: 2004, p. 26.

dado revela de maneira concreta como é ser humano. Sem o cuidado, ele deixa de ser humano. Se não receber cuidado, desde o nascimento até a morte, o ser humano desestrutura-se, definha, perde sentido e morre. Se, ao largo da vida, não fizer com cuidado tudo o que empreender, acabará por prejudicar a si mesmo e por destruir o que estiver à sua volta. Por isso, o cuidado deve ser entendido na linha da essência humana."[43]

Nós preferimos o termo **"centro íntimo da pessoa"** ao termo "essência", por entendermos ser o primeiro mais sugestivo e menos abstrato e geral. Nesse sentido, defendemos que a pessoa possui um centro pessoal axiológico intangível, mas variável conforme as necessidades, as condições e as opções de cada uma.

Pedimos vênia pelo casuísmo, mas, nesse caso, bem ilustrativo. Por exemplo, é razoável que um ator de televisão esteja mais exposto à imprensa especulativa ou que um político esteja mais vulnerável à imprensa cômica, do que um cidadão desconhecido. É aceitável uma crítica musical pela comissão julgadora de determinado concurso de calouros. São situações nas quais as próprias pessoas, conscientes, assumem os riscos de certa humilhação ou exposição toleráveis e inerentes às suas funções ou aos papéis assumidos, desde que dentro de uma razoabilidade.

É como se vivêssemos em um plano onde transitássemos por vários "campos de ataque", com círculos concêntricos. Quanto mais nos afastamos do nosso centro íntimo, ainda que variável, mais estaremos suscetíveis a violações. Como pássaros que saem dos ninhos para as aventuras mundanas. Quanto mais afastados do ninho, mas vulneráveis às presas. Agora, até mesmo essa flexibilização da intangibilidade deve ser equânime e individualizada, conforme as condições pessoais e as escolhas de cada um.

Por exemplo, a crítica ao técnico da seleção brasileira de futebol não deve ser igual àquela dirigida a uma jovem atleta iniciante da ginástica olímpica. Ambos se expõem, mas os efeitos devem ter variantes pessoais. O primeiro está naturalmente muito mais preparado e seguro para receber uma crítica mais severa que a segunda. Agora, **o centro íntimo individual, mesmo variável, é a tábua rasa da vulneração**. É o escudo jurídico, o cuidado necessário para uma vida digna.

Então, por "centro íntimo" entendemos o núcleo sentimental e prospectivo de cada pessoa para uma vida digna. Eis a extensão desse princípio constitucional, que clama por definição exata, para não restar banalizado e inoperante.

Cumpre-nos sulcar nesse ponto o texto que, apesar das variantes circunstanciais, conforme acima referido, certa uniformidade entre todas as pessoas é

43 BOFF, Leonardo. *Saber cuidar.* 18ª ed. Rio de Janeiro: Editora vozes, 2012, p. 38/39.

inegável, do que decorre, aliás, **a universalidade dos direitos humanos**. "Além das dificuldades jurídico-políticas, a tutela dos direitos do homem vai de encontro a dificuldades inerentes ao próprio conteúdo desses direitos. Causa espanto que, de modo geral, haja pouca preocupação com esse tipo de dificuldade. Dado que a maior parte desses direitos é agora aceita pelo senso moral comum, crê-se que o seu exercício seja igualmente simples. Mas, ao contrário, é terrivelmente complicado.

Por um lado, o consenso geral quanto a eles induz a crer que tenham um valor absoluto; por outro, a expressão genérica e única 'direitos do homem' faz pensar numa categoria homogênea. Mas, ao contrário, os direitos do homem, em sua maioria, não são absolutos, nem constituem de modo algum uma categoria homogênea.

Entendo por 'valor absoluto' o estatuto que cabe a pouquíssimos direitos do homem, válidos em todas as situações e para todos os homens sem distinção. Trata-se de um estatuto privilegiado, que depende de uma situação que se verifica muito raramente; é a situação no qual existem direitos fundamentais que não estão em concorrência com os outros direitos igualmente fundamentais. É preciso partir da afirmação óbvia de que não se pode instituir um direito em favor de uma categoria de pessoas sem suprimir um direito de outras categorias de pessoas.

O direito a não ser escravizado implica a eliminação do direito de possuir escravos, assim como o direito de não se torturar implica na eliminação do direito de torturar. Esses dois direitos podem ser considerados absolutos, já que a ação que é considerada ilícita em consequência de sua instituição e proteção é universalmente condenada."[44]

ATENÇÃO **De fato, no seu âmago, as pessoas são iguais.** Ora, se todos possuem um núcleo mínimo de atenção e cuidado, não podemos olvidar dessa universalidade.

Afinal, diz a canção: "somos todos irmãos da lua; moramos na mesma rua; bebemos no mesmo copo; a mesma bebida crua; o caminho já não é novo; por ele é que passa o povo; farinha do mesmo saco; galinha do mesmo ovo; mas nada é melhor, que a água; a terra é a mãe de todos" (*Irmãos da lua*, de **Renato Teixeira**).[45]

---

44 BOBBIO, Norberto. *A era dos direitos*. Tradução: Carlos Nelson Coutinho. Nova edição. Rio de Janeiro: Elsevier: 2004, p. 40/41.

45 Aqui, vale a pena a consignar que a ideia original de inclusão das letras musicais nos textos jurídicos, especialmente de direitos humanos, com a consequente criação de um diálogo entre a arte e a ciência foi do brilhante, estudioso e vocacionado Defensor Público Gustavo Augusto Soares dos Reis, cujas escritas,

Porém, uma ressalva se impõe. De modo geral, **as pessoas possuem, de um lado, condições e necessidades e, de outro, objetivos, projetos, expectativas e sonhos. O ideal de igualdade incide, em regra, no primeiro campo**, ou seja, na seara das condições mínimas a uma vida digna[46] à pessoa para que:

"[...] seja respeitada como gente. Que viva como gente. Que sonhe como gente. Que sinta o que é ser gente. Que brilhe e não morra de fome. Que sorria e ande vestido como gente. Que não precise sujeitar-se a pedir esmola. Que tenha casa para morar. Escola para estudar. Saúde para dar. Que possa amassar o pão. Que tenha pão para comer. Que sinta como é bom ser gente, porque 'gente é pra brilhar, não pra morrer de fome."[47] Nesse aspecto, a universalidade dos direitos fundamentais e a isonomia de tratamento são primordiais.

Porém, **no segundo campo, dos planos, sonhos e ambições, é o direito às diferenças, ao pluralismo, que deve prevalecer**. Para isso, o Defensor Público deve conhecer muito bem a pessoa a quem presta seu atendimento.

Realmente, temos defendido que, quanto maior a legítima invasão das esferas de realidade, de expectativas, de planos da pessoa, mais qualificado restará o serviço de assistência jurídica. De fato, restamos premiados no X Congresso Nacional dos Defensores Públicos com a seguinte tese: *A dimensão quântica do acesso à Justiça:*

ATENÇÃO **A Defensoria Pública no Brasil deve prestar uma assistência jurídica potencializada e qualificada na defesa dos direitos fundamentais, mormente em situações de vulnerabilidade, segundo a equação: valoração dos direitos envolvidos e peculiaridades do caso concreto.**

E afirmo que "é preciso alto grau de sensibilidade para a valoração do interesse supostamente violado ou ameaçado; exige-se atenção e paciência na colheita do maior número de dados conexos ao problema apresentado e; por derradeiro, tem o Defensor Público a responsabilidade de criar, desenvolver e

desde já, recomendo para aquele disposto a conhecer, com completude e autenticidade, as diretrizes institucionais da Defensoria Pública no Brasil.

46 "A meta central das Constituições Modernas, e da Constituição de 1988 em particular, pode ser resumida, como já exposto, na promoção do bem-estar do homem, cujo ponto de partida está em assegurar as condições de sua própria dignidade, que inclui, além da proteção dos direitos individuais, condições materiais mínimas de existência. Ao apurar os elementos fundamentais dessa dignidade (o mínimo existencial), estar-se-ão estabelecendo exatamente os alvos prioritários dos gastos públicos. Apenas depois de atingi-los é que se poderá discutir, relativamente aos recursos remanescentes, em que outros projetos se deverá investir." (MELLO, Celso de. *In* ADPF nº 45, STF).

47 Caetano Veloso, 1998. Citada em: CAOVILLA, Maria Aparecida Lucca. Acesso à Justiça e Cidadania. Editora Universitária Argos, *passim*..

operacionalizar as mais variadas medidas jurídicas adequadas à satisfatória solução da questão ao seu crivo submetida."

Exatamente por isso, por reputarmos a pessoa, na sua individualidade, como detentora de necessidades diversas, é que outorgamos interpretação extensiva à expressão "necessitados", contida na Constituição Federal quando se refere aos titulares de assistência jurídica.

De fato, são variados os aspectos de vulnerabilidade a serem equalizados pela implementação da assistência jurídica, sob pena de manutenção do *status a quo* das injustiças, exclusões e marginalizações socais, culturais, raciais, dentre outras. Aliás, tal perspectiva está no encalço da interpretação proposta pela professora **Ada Pellegrini Grinover: "existem os que são necessitados no plano econômico, mas também existem os necessitados do ponto de vista organizacional.**

Ou seja, todos aqueles que são socialmente vulneráveis: os consumidores, os usuários de serviços públicos, os usuários de planos de saúde, os que queiram implementar ou contestar políticas públicas, como as atinentes à saúde, à moradia, ao saneamento básico, ao meio ambiente etc. E tanto assim é que afirmava, no mesmo estudo, que a assistência judiciária deve compreender a defesa penal, em que o Estado é tido a assegurar a todos o contraditório e a ampla defesa, quer se trate de economicamente necessitados, quer não. O acusado está sempre numa posição de vulnerabilidade frente à acusação."[48]

Com razão a professora da Universidade de São Paulo. De fato, há grupos vulneráveis, cujas condições independem dos aspectos socioeconômicos, mas que clamam pela intervenção de uma Instituição autônoma, com fins representativos, para a necessária equalização. Por exemplo, as crianças e os idosos em situações de risco são dignos de assistência, pois são "necessitados biológicos" em circunstâncias desfavoráveis.[49]

Agora, é de rigor uma advertência: **muita energia se gasta com a definição do princípio da dignidade, mas pouco se reflete sobre a pessoa, o seu verdadeiro fim.** Poucos se aproximaram desse núcleo ou fazem esse corte epistemológico, pelo menos para premissas axiologicamente úteis.

Talvez **Miguel Reale** e **Hannah Arendt** são alguns dos poucos que o fazem. O primeiro por fidelidade a Kant e a segunda, a seu turno, por ter sofrido, na pela, a ameaça ao seu "centro íntimo", quando do holocausto nazista. E breve síntese, **o primeiro fala em valor-fonte** de todos os valores e **a segunda expõe os fundamentos da condição humana.**

48 GRINOVER. Ada Pellegrini. Consulta da Associação Nacional de Defensores Públicos. Disponível em: <http://www.anadep.org.br>

49 artigo 98 do ECA; artigo 43 do Estatuto do Idoso.

Segundo leciona **Miguel Reale**, "o homem não é uma simples entidade psicofísica ou biológica, redutível a um conjunto de fatos explicáveis pela Psicologia, pela Física, pela Anatomia, pela Biologia. No homem existe algo que representa uma possibilidade de inovação e de superamento. A natureza sempre se repete, segundo a fórmula de todos conhecida, segundo a qual tudo se transforma e nada se cria.

Mas o homem representa algo que é um acréscimo à natureza, a sua capacidade de síntese, tanto no ato inspirador de novos objetos do conhecimento, como no ato constitutivo de novas formas de vida. O que denominamos poder *nomotético* do espírito consiste em sua faculdade de outorgar sentido aos atos e às coisas, faculdade essa de natureza simbolizante, a começar pela instauração radical da linguagem."[50]

Aliás, sobre esse poder de criação da pessoa, destaca **Hannah Arendt** que "a tarefa e a grandeza potencial dos mortais residem em sua capacidade de reproduzir coisas – obras, feitos e palavras – que mereceriam estar e, pelo menos até certo ponto, estão confortáveis na eternidade, de sorte que por meio delas os mortais pudessem encontrar o seu lugar em um cosmo onde tudo é imortal exceto eles próprios. Por sua capacidade de realizar feitos imortais, por poderem deixar atrás de si vestígios imorredouros, os homens, a despeito de sua mortalidade individual, atingem a imortalidade que lhes é própria e demonstram sua natureza 'divina'.

A diferença entre o homem e o animal aplica-se à própria espécie humana: só os melhores (os *aristoi*), constantemente provam serem os melhores (*aristeuein*, verbo que não tem equivalente em nenhuma outra língua) e que 'preferem a fama imortal às coisas mortais', são realmente humanos; os outros, satisfeitos com os prazeres que a natureza lhes oferece, vivem e morrem como animais."[51]

Para Arendt ainda, "a condição humana compreende mais que as condições sob as quais a vida foi dada ao homem. Os homens são seres condicionados, porque tudo aquilo com que eles entram em contato torna-se imediatamente uma condição de sua existência. O mundo no qual transcorre a vida *activa* consiste em coisas produzidas pelas atividades humanas; mas as coisas que devem sua existência exclusivamente aos homens constantemente condicionam, no entanto, os seus produtores humanos.

Além das condições sob as quais a vida é dada ao homem na Terra e, em parte, a partir delas, os homens constantemente criam suas próprias condições,

50 REALE, Miguel. *Filosofia de direito.* 20ª ed. São Paulo: Saraiva, 2002, *passim.*

51 ARENDT, Hannah. *A condição humana.* 11ª ed. Tradução: Roberto Raposo. Rio de Janeiro: Forense Universitária, 2010, p. 23.

produzidas por eles mesmos, que, a despeito de sua origem humana e de sua variabilidade, possuem o mesmo poder condicionante das coisas naturais. O que quer que toque a vida humana ou mantenha uma duradoura relação com ela assume imediatamente o caráter de condição da existência humana.

Por isso os homens, independentemente do que façam, são sempre seres condicionados. Tudo o que adentra o mundo humano por si próprio, ou para ele é trazido pelo esforço humano, torna-se parte da condição humana. O impacto da realidade do mundo sobre a existência humana é sentido e recebido como força condicionante."[52]

Porém, bem da verdade, entendemos que **as condições da pessoa podem ser essenciais ou não para a preservação, cada uma, do seu "centro íntimo" em um contexto dinâmico e mutável.** De fato, **a pessoa evolui ou regride.** Disso não podemos olvidar.

Com efeito, a pessoa, a partir de expectativas, sonhos, medos e traumas, passa a estabelecer relações, ainda enquanto feto, seja consigo mesma, seja com terceiros. Nas primeiras, temos a interface com seu inconsciente (ego e superego) ou com seu consciente.

Em termos gerais, a primeira é objeto da psicanálise, enquanto que, a segunda, é tema da psicologia. "Em outras palavras, o homem leva dentro de si mesmo a sua certeza, a certeza de sua existência; o mero funcionamento da consciência, embora talvez não possa garantir uma realidade mundana dada aos sentidos e à razão, confirma indubitavelmente a realidade das sensações e do raciocínio, isto é, a realidade dos processos que ocorrem na mente.

Estes não diferem dos processos biológicos que ocorrem no corpo e que, quando deles ficamos cientes, podem também convencê-los de sua realidade operativa [*working*]. Na medida em que até os sonhos, o mundo da consciência é suficientemente real. O problema é apenas que, tal como seria impossível inferir da ciência [*awareness*] dos processos corporais a forma real de qualquer corpo, inclusive o nosso, também é impossível apreender a partir da mera consciência [*consciousness*] das sensações, na qual a pessoa sente seus sentidos e mesmo o objeto sentido se torna parte da sensação, a realidade com todas as suas formas, coloridos, contornos e constelações.

A árvore vista pode ser suficientemente real para a sensação da visão, da mesma forma que a árvore sonhada é suficientemente real para o sonhador enquanto dura o sonho, mas nem uma nem outra podem jamais vir a ser árvore real."[53]

---

52 ARENDT, Hannah. *A condição humana.* 11ª ed. Tradução: Roberto Raposo. Rio de Janeiro: Forense Universitária, 2010, p. 10.

53 ARENDT, Hannah. *A condição humana.* 11ª ed. Tradução: Roberto Raposo. Rio de Janeiro: Forense Universitária, 2010, p. 350.

Doutra banda, à sociologia, à política e à ética cabem a análise das relações externas. **Ouso dizer que todas essas relações são dinâmicas e se desenvolvem segundo formas dialéticas de produção**, talvez pela própria **metodologia hegeliana**, mas com premissas não tão bem delineadas ou perceptíveis, justamente diante das condições pessoais de cada um, que acabam por condicionar as teses e antíteses a cada energia, pensamento ou ação produzida pela pessoa.

A partir dessa premissa prejacente, no campo da ética, jamais uma conduta pode ser julgada ou valorada sem que tal dinâmica dos opostos seja considerada. Outra conclusão, quase que automática, é que toda pessoa está em constante desenvolvimento e que jamais deve ser tida como um "ser" definido e acabado, mas como um "estar" em permanente transformação e conformação, frente às variantes de cada contexto ao qual está inserida. Por isso, o objeto do direito penal é a conduta, a ação, jamais o agente, a pessoa.

O problema, porém, é que seus operadores, em regra, a avaliam sem contextualizá-la, sem a devida compreensão do desenvolvimento de seu agente, suas relações internas e externas. E, quando o fazem, é para prejudicar o sujeito. Na dosimetria da pena, por exemplo, raramente o fator "personalidade do agente" é aplicado para beneficiar o condenado.

É pertinente dizer que nada mais faz Zaffaroni que apresentar aos seus leitores essa dinâmica do desenvolvimento humano, no seu aspecto social, quando prega a atenuante da **coculpabilidade**, segundo a qual a sociedade e o meio concorrem na idealização da conduta delituosa. Não que as desigualdades sociais justificam o crime, mas não podem ser simplesmente ignoradas ou aplicadas *in malam partem*, como é recorrente nos juízos criminais, onde a pobreza e a cor geram predisposições condenatórias.

De fato, onipotente, a pessoa evolui. É evidente. Ela está em constante fazer, produzir, conforme variados fins. Para Hannah, "se se considerarem somente os eventos que levaram à era moderna e se refletir exclusivamente sobre as consequências imediatas da descoberta de Galileu, que devem ter atingido as grandes mentes do século XVII com a força coerciva da verdade autoevidente, a inversão de posições entre a contemplação e a fabricação, ou melhor, a eliminação da contemplação do âmbito das atividades humanas significativas é algo quase natural.

Parece igualmente plausível que essa inversão tenha promovido o *homo faber*, o produtor e fabricante, em vez do homem como ator ou do homem como *animal laborans*, à posição mais alta entre as possibilidades humanas. E, realmente, entre as principais características da era moderna, desde o seu início até o nosso tempo, encontramos as atitudes típicas do *homo faber*: a instrumentalização do mundo, a confiança nas ferramentas e na produtividade do fazedor de objetos artificiais; a confiança na oniabrangência da categoria meios-fim, a convicção de que qualquer assunto pode ser resolvido e qualquer motivação humana reduzida ao princípio da utilidade; a soberania, que conhece todas as coisas dadas como material e toda a natureza como 'um imenso tecido do qual podemos cortar qualquer pedaço e tornar a coser como quisermos' (Henri Bergson, *Évolution créatrice. 1948*, p.157)."[54]

Enfim, **é com essa visão de pessoa, dotada de um centro intangível, possuidora de certas condições e expectativas e digna de cuidados essenciais que introduziremos, a partir de agora, os temas "acesso", "Justiça", "assistência integral" e "devido processo legal" nesse discurso, sempre com vista aos necessitados, ou seja, com certa funcionalidade e eficiência.**

Pois bem, Constituição Federal de 1988 não está destituída de um contexto, aliás, de importante e nobre contexto. No campo idealista, para que possamos entender o trato da pessoa na atual conjuntura neoconstitucional do Brasil, reputamos relevante rápido resgate histórico-filosófico.

O **racionalismo** (René Descartes), dos séculos XV e XVI, inspirou o **positivismo científico** (Auguste Comte – século XIX) e, no Direito, em última análise, o **processo de codificação** e a pretensão de purificação da norma (Hans Kelsen). A primeira constituição escrita, em seu formato moderno, é a americana, que inaugura **a Era Constitucionalista.**

Aliás, a partir do pensamento e das palavras de Rui Barbosa, Paulo Bonavides situa a origem desse modelo estatal: "a origem de seu constitucionalismo, longe de situar-se às margens do Sena, conforme afirmou, era anglo-saxônica e americana: tinha um manifesto perfil britânico, quando exercitou no Império, e um semblante americano, quando o introduziu nas instituições republicanas. Deitava, por conseguinte, suas raízes na liberdade inglesa, 'que nunca se separou da Bíblia e da Cruz', consoante asseverou. Volvia-se contra 'o artefato francês da escola jacobina' e elegia por base do regime 'o produto anglo-americano'. Por isso, pôde escrever (Rui Barbosa): 'Nossas origens constitucionais, porém, senhores, não se acham nas antigas democracias pré-cristãs, que diluíam o indivíduo no Estado, nem na democracia anticristã do século XVIII, que resumia povo nos bandos faciosos.

De estirpe reside nos longes imemoriais da liberdade inglesa: e nessas Constituições a soberania popular tem seu corretivo necessário nas declarações de direitos e na supremacia da lei, obtida mediante uma organização da Justiça que as Repúblicas europeias não conheceram. O saxônio dizia: *Rex sub lege*. O ame-

54 ARENDT, Hannah. *A condição humana.* 11ª ed. Tradução: Roberto Raposo. Rio de Janeiro: Forense Universitária, 2010, p. 381.

ricano diria: *Populus sub lege*. A lei, sancionada pelo soberano, limitava a coroa. A lei, feita pelo povo, modela a democracia."[55]

Porém, após **o resgate kantiano da pessoa**, outros aspectos, os sociais, os econômicos, os axiológicos e os políticos entram em pauta (Ferdinand Lassalle, Konrad Hesse, Carl Smith). De uma concepção estática (Hans Kelsen), o dinamismo e a abertura (Peter Häberle) tornam-se inerentes à hermenêutica e à aplicação das Constituições. Quando a ontognoseologia kantiana se encontra com o contexto das duas grandes guerras mundiais e com seus efeitos, os direitos fundamentais invadem o cerne normativo, com tez de universalidade, no chamado **fenômeno neoconstitucional.**

Outrossim, a partir dessa abertura pluralista e axiológica, a utilização dos princípios e dos métodos de ponderação é quase que necessária, levando a doutrina a célebres embates teóricos (Ronald Dworkin *vs.* Hart), sendo que ainda se busca a definição mais legítima da expressão **Justiça** (John Rawls), mesmo que, para alguns, vivemos em plena **crise hermenêutica** (Lenio Luiz Streck). É desse processo jusfilosófico e social e da busca teleológica da existência humana, sob o prisma científico-constitucional, que emerge a pessoa como o centro do pensamento pós-moderno.

Já na seara realista, ela é produto da conjectura histórico-política, nacional e internacional, da segunda metade do século XX. Neste período pós-guerra, os direitos humanos são resgatados e positivados nos sistemas global e regionais, ocasião na qual **o ser humano e sua sobrevivência passam a ingressar o núcleo das preocupações e reflexões pós-modernas.**

Em paralelo, tanto na Europa quanto na América Latina, **as ditaduras e os regimes de exceção** ocuparam parte do cenário político de vários países e, como consequência, as liberdades públicas e os direitos sociais e políticos, bem como aqueles de abrangência coletiva, assumem o centro do cenário jurídico mundial (Constituições Italiana, Espanhola e Portuguesa).

Soma-se a isso **o contexto social extremamente desigual e marginalizante do Brasil.** A concentração de renda; a presença de uma elite, antes agrária depois industrial-urbana, que resiste em permanecer no poder, cooptando-o; o elevado analfabetismo; os altos índices de mortalidade infantil; a precariedade do atendimento à saúde; a elevada e não controlada inflação; os exorbitantes juros e lucros dos bancos; a histórica e arraigada corrupção em todos os níveis e escalões públicos são algumas questões que desenham o cenário socioeconômico do Brasil antes, durante e após a Assembleia Constituinte. "Quero ver quem paga; pra gente ficar assim."[56]

55 BONAVIDES, Paulo. *Constituição Aberta*. 3ª ed. São Paulo: Malheiros Editores, 2004, p. 171.

56 Música *Brasil*, de Cazuza / Nilo Roméro / George Israel.

No ano de promulgação da Constituição Federal, Eduardo Matarazzo Suplicy publicou a obra "Da distribuição da renda e dos direitos à cidadania", onde expõe seu conceito de democracia, tão caro naquele momento, em contraste com a realidade brasileira do final da década de 80: "é sempre bom lembrar que a democracia é o governo do povo, para o povo e pelo povo. É o sistema de governo em que os governados estão continuamente influenciando a escolha e as decisões dos governantes.

É o regime político baseado nos princípios de soberania popular e da distribuição equitativa do poder. É o regime de governo que se caracteriza, em essência, pela liberdade do ato eleitoral, pela divisão dos poderes e pelo controle da autoridade, isto é, dos poderes de decisão e de execução.

É a aceitação e a prática dos princípios de igualdade de direitos, de oportunidade e de tratamento. Se pensarmos que um dos objetivos normalmente enunciados pelos que governam o País é o da construção da democracia, que esta tem de fazer sentido tanto do ponto de vista econômico, quanto político, observamos que o poder de votar, no mercado, ou seja, de emitir sinais em função do poder aquisitivo dos diferentes segmentos da população, é extraordinariamente dispare. A renda média do 1% mais rico, em 1986, era 150 vezes a renda média dos 10% mais pobres. Se no âmbito das decisões de mercado a situação tem muito pouco a ver com a democracia, com qualquer sentido de igualdade de direitos, é importante perguntarmos sobre qual o poder dos segmentos mais pobres, particularmente daqueles que sofrem discriminação por serem negros, de influenciar as decisões do Poder Público, a nível municipal, estadual e federal, em comparação ao dos segmentos mais ricos."[57]

Após, denuncia: "as disparidades de rendimentos no Brasil constituem uma das razões pelas quais os indicadores socioeconômicos estão aquém do que seria de se esperar pelo nível de renda *per capita*, da ordem de 2.000 dólares anuais, em 1987, alcançado pelo país. Assim, a esperança de vida ao nascer do brasileiro, segundo a Fundação IBGE, evoluiu de 42,74 em 1940, para 45,90 em 1950, 52,37 em 1960, 52,67 em 1970, 60,08 em 1980 e 64,5 anos em 1985. A taxa de mortalidade infantil para cada 1.000 nascidos vivos evoluiu de 118.13, na década de 1950/60, para 116,94 na de 1960/70, 87,88 na de 1970/80, 82,4 no período 1975/80 e 67 em 1985. A taxa de analfabetismo entre as pessoas de 15 anos ou mais passou de 51% em 1950, 39% em 1960, 33% em 1970, 23% em 1980, para 20,7%, em 1985, o que representava 17.284.056 pessoas, ligeiramente menos do que os 18.146.977 que não sabiam ler e escrever em 1970.

---

57 SUPLICY, Eduardo Matarazzo. *Da distribuição de renda e dos direitos à cidadania.* São Paulo: Editora Brasiliense: 1988, p. 14.

O progresso lento de tais indicadores pode ser constatado quando comparados, por exemplo, aos de Cuba, hoje também na faixa de renda *per capita* em torno de 2.000 dólares anuais. Ali, segundo o Anuário Estatístico de Cuba de 1987, a esperança de vida ao nascer, que era de 62 em 1960, passou a 67 em 1965, 70 em 1970 e 75 anos em 1985.

A taxa de mortalidade infantil para cada 1.000 nascidos vivos progrediu de algo em torno de 60 a 70, segundo estimativas imperfeitas do final dos anos 50, para 38,7 em 1970, 19,6 em 1980, 16,5 em 1985, e 13,3 em 1987. A taxa de analfabetismo, dentre os de dez anos e mais, que era de 23,6% em 1953, baixou para 3,9% em 1961 e praticamente zero hoje.

Os três indicadores são próximos dos alcançados por países industrializados de renda *per capita* superior aos 10.000 dólares anuais, como os Estados Unidos e a República Federal da Alemanha, onde a expectativa de vida é de 75,5 anos, a mortalidade infantil, respectivamente, 11 e 10, em 1985, e a taxa de analfabetismo também próxima de zero. Dentre os países em desenvolvimento que alcançaram indicadores socioeconômicos bastante significativos, em que pese caracterizado por sérias restrições à liberdade política, está Cingapura: em 1985, renda per capita de 7.420 dólares, expectativa de vida ao nascer de 73 anos e mortalidade infantil de apenas 9 para cada 1.000 nascidos vivos.

Aqui voltamos ao exemplo do que aconteceu na Favela JK, com Lucimar Maria da Silva e cerca de 300 famílias, cada uma com um problema sério, e que pode vir a ocorrer em cada uma das 1.594 favelas cadastradas no município de São Paulo em 1987. De 1973 a 1987, enquanto a população paulistana cresceu 59.89%, a favelada cresceu 1.039,86%. Os paulistanos, nesses 14 anos, passaram de 6.600.693 para 10.554.107, enquanto os moradores de favelas passaram de 71.840 para 818.872. Em 1987, 7,76% dos paulistanos estavam morando em favelas."[58]

---

58 SUPLICY, Eduardo Matarazzo. *Da distribuição de renda e dos direitos à cidadania.* São Paulo: Editora Brasiliense: 1988, p. 15. "Lucimar Maria da Silva, negra, tem 33 anos, cinco filhos, é chefe de família e morava, até maio de 1988, na Favela JK, no Itaim-Bibi, um bairro de classe média e alta de São Paulo. O pai das três primeiras crianças já não vinha ajudando mais no sustento das mesmas e o pai das duas seguintes, ainda que na mesma favela, também não vinha contribuindo, pois constituiu outra família e mal estava conseguindo dar conta desta nova. As duas meninas mais velhas, de 15 e de 12 anos, vinham se revezando no horário de escola para ajudarem a cuidar dos meninos de 8 e 6 anos, e da menina de 2 anos, para que a mãe pudesse trabalhar. Lucimar vinha trabalhando em serviços de limpeza, diariamente das 6,30 às 15,30 horas, no próprio Itaim, ganhando 9 mil cruzados mensais, próximo do salário mínimo, equivalente a 60 dólares em maio de 1988, com os quais lutava para sustentar os cinco filhos no barraco onde não pagava aluguel. Afinal, ali ela se encontrava há 21 anos. Tendo nascido em João Pessoa, na Paraíba, de lá veio com seus pais, primeiro para o Rio de Janeiro, quando tinha dois anos e, posteriormente, para São Paulo, com 12 anos. Seu pai, falecido, era guarda-noturno. Sua mãe, hoje com 57 anos, Isaura Maria da Silva, foi uma das primeiras a formar a Favela JK. Até hoje também trabalha como faxineira. Neste maio de 1988, exatamente quando o governo promovia comemorações relativas aos 100 anos de Abolição da escravatura, a vida de Lucimar passou por grandes transtornos. Por determinação da Prefeitura de São Paulo e com apoio judicial, a Favela JK, localizada na Avenida Juscelino Kubitschek, no Itaim-Bibi, foi demolida. A maior parte de seus moradores, cerca de 300 famílias, inclusive a de Lucimar Maria da Silva,

E conclui o autor, com certo ceticismo: "Em que medida atendem aos objetivos de construção da democracia, de uma sociedade mais justa e com maior igualdade de direitos? De fato, os interesses econômicos sofisticadamente coordenados como por exemplo das grandes empresas de engenharia e construtora de obras civis, capazes de se articular na agilização de levantamento de fundos junto a organismos financeiros internacionais, têm um peso considerável nas decisões de como se destinam os recursos públicos.

Antes para a construção dos túneis, do complexo viário que vai atender prioritariamente os que andam de automóvel, os que da zona Sul, demandam ao centro da cidade, do que para servir as necessidades de habitação, educação, saúde e transporte público melhor e mais barato para a população mais pobre e numerosa. Esta coordenação de interesses costuma se iniciar desde dispendiosa campanha eleitoral de candidatos eleitos, generosamente financiada pelos que depois se tornam participantes dos projetos públicos."[59]

Nesse ponto, merece destaque a seguinte constatação do contexto social brasileiro à espera da Constituição Federal e de uma assistência jurídica integral e eficiente: "é tempo de inquirir pela identidade destes setores postos à margem da sociedade. Quem são eles? A pergunta beira as raias da afronta, uma vez que ante a evidência não é lícito questionar, basta ver. Os mencionados grupos estão aí à mostra, em escancarada nudez: os sem-terra, os sem-casa, os favelados, os presos, os negros, as prostitutas, os homossexuais, os economicamente fracos, os menores infratores, os menores abandonados, os índios, os idosos, os desempregados, os aposentados, as vítimas, todos eles divorciados da prática do direito estatal para constituírem, no sugestivo dizer de Boaventura de Souza Santos, uma nova ordem, o 'direito de Pasárgada'.

---

foi removida para o Conjunto São Nicolau, da Cohab, em Vila Prudente, localizada a 28 km daquele local. Alguns para o Conjunto Sítio Conceição, em Guaianazes, a 75 km, outros para suas terras de origem, Alagoas, Paraíba ou Bahia ou para áreas diversas na própria Capital paulista. Dos autos do processo, consta que aos moradores da Favela JK será dado o direito de preferência para se transferirem para o Conjunto Habitacional, Jardim Arpoador, localizado no km 19 da Rodovia Raposo Tavares, que fica relativamente mais perto do Itaim-Bibi, mas que só estará concluído por volta de dezembro de 1988. Este caso, tipicamente, ilustra o precário grau de cidadania da população mais pobre no Brasil, particularmente a população negra, que normalmente se encontra em proporção maior nas favelas, no sistema penitenciário, em instituições fechadas que cuidam de menores abandonados ou infratores, como a Fundação do Bem-Estar do Menor-Febem, do que seria de se esperar por sua participação no conjunto da população. São ainda fortíssimos os efeitos de três séculos de escravidão e de cem anos de ausência de medidas efetivas que pudessem reverter, em profundidade, um estado de coisas decorrente da inexistência das devidas oportunidades educacionais, de habitação, e de vida saudável para os negros ou seus descendentes. Estes constituem praticamente a metade da população brasileira, ou 44,34% em 1980, segundo o Censo da Fundação IBGE (uma proporção que vem aumentando, pois era de 35,8%, em 1940; 41,0%, em 1950; e 38,2%, em 1960" (SUPLICY, Eduardo Matarazzo. *Da distribuição de renda e dos direitos à cidadania.* São Paulo: Editora Brasiliense: 1988, p. 11/12.

59 SUPLICY, Eduardo Matarazzo. *Da distribuição de renda e dos direitos à cidadania.* São Paulo: Editora Brasiliense: 1988, p. 19.

O índice do Brasil no ranking do desenvolvimento humano – 0,739 -, alusivo à 59ª posição na lista das nações, é mais do que suficiente para ilustrar o quadro da miséria da população. *(Programa da s Nações Unidas para o Desenvolvimento. Relatório de 1992.)* Assim, a distância entre a ordem dos Códigos e a ordem de Pasárgada é abissal, cindindo a relação indispensável entre Estado e Sociedade, criando um inconcebível hiato entre a própria Constituição e seus beneficiários.

Este 'buraco negro' social tem múltiplas causas, cabendo à instituição da Defensoria Pública, que em si engloba a assistência jurídica, o papel de combater uma delas, a falta de intermediação entre o Poder Público e a Pessoa como membro da Sociedade capacitando o 'nadifúndio' (Termo cunhado pelo poeta pantaneiro Manoel de Barros, querendo significar o lugar dos nadas; em nosso contexto, o lugar dos homens e grupos que não são, que foram reduzidos a nada) a pleitear seus direitos fundamentais perante os órgãos competentes."[60]

Porém, não desanimemos caros Defensores Públicos, reais ou potenciais, já que o projeto constitucional ainda estava apenas a iniciar naquela ocasião. Hoje, passadas mais de duas décadas, consideramo-lo sólido e coerente, mesmo que ainda distante da realidade. Eis nossa missão e relevante desafio. **Saciar a fome de Justiça da sociedade excluída do Brasil.**

De fato, a carga social do texto constitucional é imensa, ainda que carente de efetividade, mas muito densa. Ela decorre da chamada **segunda geração dos direitos humanos,** embora não desconhecemos a crítica de parcela da doutrina em relação a essa teoria geracional (Flávia Piovesan e A. A. Cançado Trindade). Porém, optamos pela manutenção das chamadas gerações por questões meramente didáticas.

"O individualismo e o abstencionismo ou neutralismo do Estado liberal provocaram imensas injustiças, e os movimentos sociais do século passado e deste especialmente, desvelando a insuficiência das liberdades burguesas, permitiram que se tivesse consciência da necessidade da justiça social."[61] Finalmente, temos nosso modelo de Estado: Democrático de Direito.[62]

---

60 DE CARVALHO, Pedro Armando Egydio. *A Defensoria Pública: um novo conceito de assistência judiciária.* Revista dos Tribunais: 1993. Vol. 689, p. 303.

61 "Conforme nota Lucas Verdú, que acrescenta: 'Mas o Estado de Direito, que já não poderia justificar-se como liberal, necessitou, para enfrentar a maré social, despojar-se de sua neutralidade, integrar, em seu seio, a sociedade, sem renunciar ao primado do Direito. O Estado de Direito, na atualidade, deixou de ser formal, neutro e individualista, para transformar-se em Estado material de Direito, enquanto adota uma dogmática e pretende realizar a justiça social'. Transforma-se em Estado Social de Direito, onde o 'qualificativo social refere-se à correção do individualismo clássico liberal pela afirmação dos chamados direitos sociais e realização de objetivos de justiça social'. Caracteriza-se no propósito de compatibilizar, em um mesmo sistema, anota Elias Díaz, dois elementos: o capitalismo, como forma de produção, e a consecução do bem-estar social geral, servindo de base ao neocapitalismo típico do *Welfare State*." DA SILVA. José Afonso. *Curso de direito constitucional positivo.* 22ª ed. São Paulo: Malheiros Editores. 2003, p. 115.

62 "A Constituição portuguesa instaura o Estado de Direito Democrático, com o "democrático" qualificando o Direito e não o Estado. Essa é uma diferença formal entre ambas as constituições. A nossa emprega a

Por oportuno, vale a pena a menção, com a vênia do leitor diante da extensão do texto citado, porém relevante, à **descrição histórica da evolução dos direitos sociais** por Bobbio: "os direitos sociais sob forma de instituição da instrução pública e de medidas a favor do trabalho para os 'pobres válidos que não puderam consegui-lo', fazem a sua primeira aparição no título I da Constituição Francesa de 1791 e são reafirmados solenemente nos artigos 21 e 22 da Declaração dos Direitos de junho de 1793.

O direito ao trabalho se tornou um dos temas do debate acalorado, apesar de estéril, na Assembleia Constituinte francesa de 1848, deixando, todavia, um fraco vestígio no artigo VIII do Preâmbulo. Em sua dimensão mais ampla, os direitos sociais entraram na história do constitucionalismo moderno com a Constituição de *Weimar.* A mais fundamentada razão da sua aparente contradição, mas real complementaridade, com relação aos direitos de liberdade é a que vê nesses direitos uma integração dos direitos de liberdade, no sentido de que eles são a própria condição do seu exercício efetivo.

Os direitos de liberdade só podem ser assegurados garantindo-se a cada um o mínimo de bem-estar econômico que permite uma vida digna. Quanto ao cristianismo social, no documento já citado da Pontifícia Comissão *Justitia et Pax*, reconhece-se honestamente que 'nem sempre' ao longo dos séculos a afirmação dos direitos fundamentais do homem foi 'constante' e que, especialmente nos últimos dois séculos, houve 'dificuldade', 'reservas' e, às vezes, 'reações' por parte dos católicos à difusão das declarações dos direitos do homem, proclamadas pelo liberalismo e pelo laicismo."[63]

---

expressão mais adequada, cunhada pela doutrina, em que o "democrático" qualifica o Estado, o que irradia os valores da democracia sobre todos os elementos constitutivos do Estado e, pois, também sobre a ordem jurídica. A democracia que o Estado Democrático de Direito realiza há de ser um processo de convivência social numa sociedade livre, justa e solidária (art. 3º, I), em que o poder emana do povo, e deve ser exercido em proveito do povo, diretamente ou por representantes eleitos (art. 1º, parágrafo único); participativa, porque envolve a participação crescente do povo no processo decisório e na formação dos atos de governo; pluralista, porque respeita a pluralidade de ideias, culturas e etnias e pressupõe assim o diálogo entre opiniões e pensamentos divergentes e a possibilidade de convivência de formas de organização e interesses diferentes da sociedade; há de ser um processo de liberação da pessoa humana das formas de opressão que tão depende apenas do reconhecimento formal de certos direitos individuais, políticos e sociais, mas especialmente da vigência de condições econômicas suscetíveis de favorecer o seu pleno exercício." DA SILVA. José Afonso. *Curso de direito constitucional positivo.* 22ª ed. São Paulo: Malheiros Editores. 2003, p. 116

63 "São feitas referências especialmente aos 'comportamentos de precaução, negativos e por vezes hostis, de condenação' de Pio VI, Pio VII e de Gregório XVI. Mas, ao mesmo tempo, percebe-se que uma mudança de rumo iniciou-se com Leão XIII, em especial com a encíclica *Rerum novarum*, de 1891, na qual, entre os direitos de liberdade da tradição liberal, afirma-se com força o direito de associação, com atenção especial para as associações dos operários – um direito que é a base daquele pluralismo dos grupos sobre o qual repousa e do qual se nutre a democracia dos modernos em contraposição à democracia dos antigos (que chega até Rousseau) -, e, entre os direitos sociais da tradição socialista, dá-se destaque especial ao direito ao trabalho, que para ser protegido em descanso, à proteção das mulheres e das crianças – invoca

Em outra ocasião, **Norberto Bobbio** descreve este momento do século passado, segundo as necessidades da pessoa, quando destaca os reflexos no direito humanitário internacional: "a passagem ocorreu do homem genérico - do homem enquanto homem - para o homem específico, ou tomado na diversidade de seus diversos *status* sociais, com base em diferentes critérios de diferenciação (o sexo, a idade, as condições físicas), cada um dos quais revela diferenças específicas, que não permitem igual tratamento e igual proteção.

A mulher é diferente do homem; a criança, do adulto; o adulto, do velho; o sadio, do doente; o doente temporário, do doente crônico; o doente mental, dos outros doentes; os fisicamente normais, dos deficientes, etc. Basta examinar as cartas de direitos que se sucederam no âmbito internacional, nestes últimos quarenta anos, para perceber esse fenômeno: em 1952, a Convenção sobre os Direitos Políticos da mulher; em 1959, a Declaração da Criança; em 1971, a Declaração dos Direitos do Deficiente Mental; em 1975, a Declaração dos Direitos dos Deficientes Físicos; em 1982, a primeira Assembleia Mundial, em Viena, sobre os direitos dos anciãos, que propôs um plano de ação aprovado por uma resolução da Assembleia da ONU, em 3 de dezembro."[64]

Paulo Bonavides, a seu turno, também procede a esse resgate histórico: "dentro da Sociedade liberal, os direitos fundamentais eram os direitos da liberdade, traçados segundo uma imagem isolante e individualista, pertinente à liberdade pessoal, à propriedade, à inviolabilidade do domicílio e da correspondência, às liberdades de opinião, assembleia, reunião e crença religiosa, entre outras.

Tinham, pois, todos esses direitos uma função delimitadora, defensiva, específica, de resistência ou oposição ao Estado. Eram, para assim dizer, concebidos primacialmente nessa linha clássica do pensamento liberal como direitos subjetivos públicos, de defesa, tendo-se em vista as eventuais acometidas do Es-

---

a contribuição do Estado." (Através de vários documentos, encíclicas e mensagens natalinas célebres, como os de 1942 e 1944, de Pio VII, a Constituição Pastoral *Gaudium et spes* do Concílio Vaticano II, o famoso discurso de Paulo VI dirigido ao Secretário Geral da ONU, cem anos mais tarde chega-se ao documento recentíssimo, datado de primeiro de maio deste ano (1991), a encíclica *Centesimus annus*, que reafirma solenemente a importância que a Igreja atribuiu ao reconhecimento dos direitos do homem, tanto que, como já foi observado, o parágrafo 47 contém uma iluminadora 'carta dos povos que estão reformando os seus ordenamentos deem à democracia um fundamento autêntico e sólido mediante o reconhecimento explícito dos direitos humanos'. O primeiro desses direitos é o direito à vida, ao qual se seguem o direito a crescer em uma família unida, o direito a amadurecer a própria inteligência e a própria liberdade na busca e no conhecimento da verdade, o direito a participar do trabalho, o direito a formar livremente uma família; e, por último, mas fonte de todos os direitos precedentes, o direito à liberdade religiosa. BOBBIO, Norberto. *A era dos direitos.* Tradução: Carlos Nelson Coutinho. Nova edição. Rio de Janeiro: Elsevier: 2004, p. 207/208.

64 BOBBIO, Norberto. *A era dos direitos.* Tradução: Carlos Nelson Coutinho. Nova edição. Rio de Janeiro: Elsevier: 2004, p. 64.

tado contra a liberdade e a propriedade. O conceito dos direitos fundamentais produzia um *status negativus* para a liberdade humana, que era vista por uma única dimensão: a de seu conforto com o Estado. Esses direitos legitimavam-se mediante as teses abstratas da liberdade e da igualdade."[65]

Outrossim, é crucial sulcarmos o presente trabalho com as pertinentes palavras dos professores italianos **Mauro Cappelletti e Bryant Garth**: "o conceito de acesso à justiça tem sofrido uma transformação importante, correspondente a uma mudança equivalente no estudo e ensino do processo civil. Nos estados liberais 'burgueses' dos séculos dezoito e dezenove, os procedimentos adotados para solução dos litígios civis refletiam a filosofia essencialmente individualista dos direitos, então vigorante. Direito ao acesso à proteção judicial significava essencialmente o direito formal do indivíduo agravado de propor ou contestar uma ação.

A teoria era de que, embora o acesso à justiça pudesse ser um 'direito natural', os direitos naturais não necessitavam de uma ação do Estado para sua proteção. Esses direitos eram considerados anteriores ao Estado; sua preservação exigia apenas que o Estado não permitisse que eles fossem infringidos por outros. O Estado, portanto, permanecia passivo, com relação a problemas tais como a aptidão de uma pessoa para reconhecer seus direitos e defendê-los adequadamente, na prática.

Afastar a 'pobreza no sentido legal' – a incapacidade que muitas pessoas têm de utilizar plenamente a justiça e suas instituições – não era preocupação do Estado. A justiça, como outros bens; o sistema do *laissez-faire*, só podia ser obtida por aqueles que pudessem enfrentar seus custos; aqueles que não pudessem fazê-lo eram considerados os únicos responsáveis por sua sorte. O acesso formal, mas não efetivo à justiça, correspondia à igualdade, apenas formal, mas não efetiva."[66]

---

65 "De uma parte, fortaleciam o princípio da estabilidade jurídica; doutra parte, porém, apagavam o princípio da estabilidade social, deliberadamente menosprezado ou esquecido. Mas, em verdade, foi o princípio do Estado social, desde a Constituição de Weimar, onde já se achava implícito, que revolucionou as Constituições do século XX, provocando a aparição dos chamados direitos sociais. A primeira onda de teorização desses direitos, anterior ainda à II Grande Guerra Mundial, transformou-se num instrumento de luta, correspondendo a uma fase afirmativa e libertadora. A importância dialética dessa fase é tão acentuada, que as analogias com o período de caracterização revolucionária dos antigos direitos da liberdade – os da fase liberal – se manifestam patentes. Os novos direitos não só reabilitavam o Estado, senão que emergiam por únicos capazes de emancipar a Sociedade. Proclamando a dimensão social do Homem como o valor mais alto, ao redor deles lavrava o mesmo fervor com que anteriormente se vira afirmar o princípio individualista de reconhecimento da anterioridade e superioridade do Homem sobre o Estado, conforme se inferia dos chamados direitos da liberdade pertencentes à categoria clássica dos direitos fundamentais" BONAVIDES, Paulo. *Constituição Aberta.* 3ª ed. São Paulo: Malheiros Editores, 2004, p. 183/184.

66 CAPPELLETTI, Mauro; CARTH, Bryant. *Acesso à Justiça.* Porto Alegre: Sérgio Antônio Fabris, 1998, *passim.*

Após, relatam a passagem do Estado Liberal para o Estado Democrático de Direito, fundado no bem-estar dos cidadãos. "À medida que as sociedades do *laissez-faire* cresceram em tamanho e complexidade, o conceito de direitos humanos começou a sofrer uma transformação radical. A partir do momento em que as ações e relacionamentos assumiram, cada vez mais, caráter mais coletivo que individual, as sociedades modernas necessariamente deixaram para trás a visão individualista dos direitos, refletida nas 'declarações de direitos', típicas dos séculos dezoito e dezenove.

O movimento fez-se no sentido de reconhecer os direitos e deveres sociais dos governos, comunidades, associações e indivíduos. Esses novos direitos humanos, exemplificados pelo preâmbulo da Constituição Francesa de 1946, são, antes de tudo, os necessários para tornar efetivos, quer dizer, realmente acessíveis a todos, os direitos antes proclamados. Tornou-se lugar comum observar que a atuação positiva do Estado é necessária para assegurar o gozo de todos esses direitos sociais básicos."[67]

É nesse contexto e com essa prospecção emancipatória que é promulgada nossa Constituição Federal. Aliás, sua ideal interpretação não prescinde desse resgate, sob pena de ineficácia e banalização. O Supremo Tribunal Federal, aliás, há muito, já identificava a tez do Estado Brasileiro.[68]

Pois bem. É nesse patamar que o direito à assistência jurídica deve ser alocado e explorado. A **Barbosa Moreira** coube a pioneira missão de contextualizar a previsão constitucional, quando critica a manifestação do constitucionalista Manoel Gonçalves Ferreira Filho: "É chegado o momento de ver que tratamento deu ao assunto a Carta de 5.10.88. Como salta aos olhos, o elenco de franquias nela consagrado no Capítulo II do Título II é muito mais extenso que o tradicio-

---

67 "Não é surpreendente, portanto, que o direito ao acesso efetivo à justiça tenha ganho particular atenção na medida em que as reformas do *welfare state* têm procurado armar os indivíduos de novos direitos substantivos em sua qualidade de consumidores, locatários, empregados e, mesmo, cidadãos. De fato, o direito ao acesso efetivo tem sido progressivamente reconhecido como sendo de importância capital entre os novos direitos individuais e sociais, uma vez que a titularidade de diretos é' destituída de sentido, na ausência de mecanismos para sua efetiva reivindicação. O acesso à justiça pode, portanto, ser encarado como o requisito fundamental – o mais básico dos direitos humanos – de um sistema jurídico moderno e igualitário que pretenda garantir, e não apenas proclamar os direitos de todos." CAPPELLETTI, Mauro; CARTH, Bryant. *Acesso à Justiça*. Porto Alegre: Sérgio Antônio Fabris, 1998, *passim*.

68 "Enquanto os direitos de primeira geração (direitos civis e políticos) – que compreendem as liberdades clássicas, negativas ou formais – realçam o princípio da liberdade e os direitos de segunda geração (direitos econômicos, sociais e culturais) – que se identifica com as liberdades positivas, reais ou concretas – acentuam o princípio da igualdade, os direitos de terceira geração, que materializam poderes de titularidade coletiva atribuídos genericamente a todas as formações sociais, consagram o princípio da solidariedade e constituem um momento importante no processo de desenvolvimento, expansão e reconhecimento dos direitos humanos, caracterizados, enquanto valores fundamentais indisponíveis, pela nota de uma essencial inexauribilidade."MS 22.164, Rel. Min. Celso de Mello, julgamento em 30-10-1995, Plenário, DJ de 17-11-1995.

nalmente contigo, sob a rubrica 'dos direitos e garantias individuais', nas precedentes Constituições. Nada de mais natural que se reencontre nele a previsão expressa (em termos ampliados) do direito em foco, a cujo respeito de todas as que se sucederam nos últimos sessenta anos, só a Carta fascistoide de 1937 animou-se a silenciar.

Surpreende que se ponha em dúvida ter a matéria 'tal relevância que deva ser incluída entre os direitos e as garantias individuais'; e mais ainda que se acrescente: 'Colocando-se no mesmo artigo, lado a lado, direitos como o da expressão do pensamento e o da assistência judiciária, corre-se o risco de desvalorizar o primeiro, supervalorizando o segundo'. Basta pensar na eventualidade de que pessoa desprovida de meios se sinta lesada ou ameaçada no seu direito à expressão do pensamento e queria reclamar da Justiça a correspondente proteção: se não puder contar com a franquia de que estamos cuidando, a que ficará, na prática, reduzido aquele direito? Essa trivial reflexão evidencia que não são tão distantes, afinal de contas, os planos em que uma e outro acham lugar adequado para se inscrever, e que a vizinhança (relativa) do inc. LXXIV em nada desvaloriza, no art. 5º, o inc. IV."[69]

Após, Barbosa Moreira faz importante observação quanto à inovação do Constituinte ao substituir o termo "judiciária" por "jurídica", ao qualificar a assistência: "A grande novidade trazida pela Carta de 1988 consiste em que, para ambas as ordens de providencias, o campo de atuação já não se delimita em função do atributo 'judiciário', mas passa a compreender tudo que seja 'jurídico'. A mudança do adjetivo qualificador da 'assistência', reforçada pelo acréscimo do 'integral', importa notável ampliação do universo que se quer cobrir.

Os necessitados fazem jus agora à dispensa de pagamentos e à prestação de serviços não apenas na esfera judicial, mas em todo o campo dos atos jurídicos. Incluem-se também na franquia: a instauração e movimentação de processos administrativos, perante quaisquer órgãos públicos, em todos os níveis; os atos notariais e quaisquer órgãos públicos, em todos os níveis; aos atos notariais e quaisquer outros de natureza jurídica, praticados extrajudicialmente; a prestação de serviços de consultoria, ou seja, de informação e aconselhamento em assuntos específicos, como objeto de outras disposições constitucionais."[70] Aliás, "a nova expressão traduz este lento e custoso evoluir histórico do 'atendimento casuísta' ao resguardo dos direitos de grupos".[71]

69 MOREIRA, José Carlos Barbosa. *O direito à assistência jurídica. Evolução no ordenamento brasileiro de nosso tempo.* Revista *Ajuris nº 55,* p. 69/70.

70 MOREIRA, José Carlos Barbosa. *O direito à assistência jurídica. Evolução no ordenamento brasileiro de nosso tempo.* Revista *Ajuris nº 55,* p. 71.

71 "A assistência judiciária, com efeito, encamparia em seu horizonte os casos judiciais, relativos a quem não pode suportar no processo o gravame das curtas e da contratação de um causídico, enquanto o con-

Outrossim, vai além o autor ao destacar o papel da Defensoria Pública no projeto constitucional inaugurado em 1988: "na linha de um Estado social (e não mais liberal, que só protege os indivíduos-átomos), a Pessoa surge como protagonista de sua história, como participante de seu grupo, como molécula a um tempo estruturada (as limitações de tempo e espaço) e estruturante (sua liberdade exercida na convivência com os outros)."[72]

O jurista **Peter Andreas Ferenczy** também expõe sua expectativa: "Após quase cinco anos da data da promulgação da Constituição Federal de 1988, em cujo texto encontra-se inserido, através do art. 134, a importância da Defensoria Pública à função jurisdicional, podemos observar a relevância e o destaque da Instituição, no sentido de viabilizar-se o exercício da função protetiva do Estado, assegurando a assistência jurídica aos cidadãos carentes de recursos financeiros.

Diante da evolução das elaborações legislativas quanto às previsões legais, bem como das construções pretorianas e doutrinárias que envolvem o tema, pode-se concluir que, paulatinamente, os menos favorecidos economicamente começam a vislumbrar horizontes a obtenção da tutela jurisdicional. A instrumentalização da Defensoria Pública é fator preponderante, no sentido de assegurar o efetivo acesso dos cidadãos carentes de recursos financeiros à Justiça."[73]

Aliás, grande parte da doutrina aguardava ansiosa a implementação da Defensoria Pública: "a Defensoria Pública, como instrumento do regime democrático e instituição essencial à administração da justiça e como sendo o órgão que

---

ceito de assistência jurídica integral conotaria uma amplidão maior, abrangedora também dos interesses de grupos desfavorecidos, postulados em Juízo ou fora dele. O adjetivo composto – 'jurídico integral' – é revelador de uma dupla finalidade do dispositivo em exame: a) a assistência transcende o Juízo, não se contenta em ser 'judiciária'; é jurídica, isto é, efetiva-se onde estiver o Direito; b) a assistência é integral, ou seja, não se esgota na parte, na unidade, mas visa integrar as seções e facetas de um todo, visa, em uma palavra, coordenar os diversos grupos sociais, desintegrados do conjunto por sua marginalização." DE CARVALHO, Pedro Armando Egydio. *A Defensoria Pública: um novo conceito de assistência judiciária.* Revista dos Tribunais: 1993. Vol. 689, p. 303.

72 "Por conseguinte, qualquer postulação da Pessoa Pobre perante o Poder Público, através de um mediador jurídico, sempre se fará a título de sua cidadania, de suas relações na comunidade, em suma, de seu coexistir com os outros membros do grupo marginalizado. Neste cenário, a perspectiva ora formulada, com fulcro em evolução histórica já pressentia nos textos de lei citados, propugna a ultrapassagem do atendimento inerme e individualista de uma Assistência Judiciária de casos, para cometer a esta instituição, agora com o nome constitucional de 'Defensoria Pública', o encargo de contribuir na restauração da brecha entre Estado e Sociedade, resgatando na ordem jurídica o valor do grupo e da comunidade marginalizada, onde germinam os direitos e onde o Oprimido pode atingir seu verdadeiro estatuto de ser inconfundível e realizar as potencialidades a que foi destinado." DE CARVALHO, Pedro Armando Egydio. *A Defensoria Pública: um novo conceito de assistência judiciária.* Revista dos Tribunais: 1993. Vol. 689, p. 303/304.

73 FERENCZY, Peter Andreas. *Considerações sobre aspectos da evolução da Defensoria Pública.* Revista dos Tribunais: 1995. Vol. 722, p. 75.

tem a missão constitucional de atuar em favor de grande parcela da sociedade, entra neste contexto para defender a ordem jurídica, a exata aplicação da lei, o cumprimento das disposições constitucionais, tendo como objeto, como instrumento, o cidadão, criminoso ou não, individualmente considerado, cuja defesa retrata um interesse público. (...) A Defensoria Pública e os outros instrumentos que visem a diminuir as desigualdades sociais são da mais alta relevância para o equilíbrio social."[74]

> "A Defensoria Pública é, sem dúvida, o grande baluarte do Estado de Direito, pois sua função precípua é a luta de neutralizar o abuso e a arbitrariedade emergentes da luta de classes (...). No sentido de manter o equilíbrio, pelo menos em relação ao aspecto jurídico, entre os 'donos do poder' e os oprimidos, é que a Defensoria Pública se impõe como instituição essencial ao Estado de Direito, a fim de enfrentar o desenvolvimento desigual entre as classes sociais (...)."[75]

"Valorizar a Defensoria Pública, outorgando-lhe efetiva autonomia funcional, administrativa e financeira, reconhecida pela Emenda Constitucional n. 45/2004, alçando-a ao patamar do Ministério Público e da Magistratura (instituições com as quais forma um triângulo equilátero, em expressão de Amélia Soares da Rocha), reconhecendo sua importância num agrupamento de prioridades que abarque por igual a segurança, a saúde e a educação, constitui um dever impostergável de todo governante que se insurge contra as desigualdades e persiga, compromissado com os objetivos maiores do Estado Brasileiro, o bem-estar de todos e o desenvolvimento humano e social, pautando suas políticas públicas pela promoção de uma sociedade livre, justa e solidária.

A não ser assim, ter-se-á tão somente o discurso supérfluo dos que, em sua acentuada miopia intelectual, são incapazes de perceber o alcance de uma assistência jurídica integral e gratuita, prestada judicial e extrajudicialmente, tal como o define a Lei Maior, a milhões de pessoas necessitadas, sem acesso à ge-

---

74 VIANNA, Guaraci de Campos. *In:* FERENCZY, Peter Andreas. *Considerações sobre aspectos da evolução da Defensoria Pública.* Revista dos Tribunais: 1995. Vol. 722, p. 79.

75 "Surge a Defensoria Pública, guardiã impar do progresso humanitário, para aconselhar, postular e defender direitos daqueles que, em termos de América Latina, se costuma designar como *los olvidados* (...). Como representante dos interesses da classe economicamente oprimida, o Defensor Público tem ainda o dever de amparar moralmente seu assistindo, principalmente quando em confrontação com adversário integrante da classe dominante, esclarecendo a razão social e econômica do conflito, e a possibilidade de o mesmo fazer valer seus direitos perante a lei, com a garantia de igualdade formal preconizada pela Constituição Federal (...). O campo de batalha do Defensor Público não se acha inserido no autoritarismo ou na prepotência. Seu instrumento de luta não se revela pelas armas ou pela violência. Ao contrário, a missão do Defensor Público se norteia pela razão, pela lógica e pelo equilíbrio, de modo a que seus atos traduzam conceitos de sentido universal, onde a verdadeira Justiça seja praticada em toda sua extensão." GALLIEZ, Paulo Cesar. *In:* FERENCZY, Peter Andreas. *Considerações sobre aspectos da evolução da Defensoria Pública.* Revista dos Tribunais: 1995. Vol. 722, p. 80.

neralidade dos bens e dos serviços básicos para uma vida decente, que carregam consigo como um estigma, um ferrete, o labéu da hipossuficiência, do baixo nível de instrução, da míngua de perspectivas de ascensão social, e para as quais a plena igualdade de direitos, bem como o princípio da dignidade humana, fundamento este da própria república federativa, são postulados de uma utopia que se pretende seja real."[76]

A importância da atuação da Defensoria Pública, aliás, é reiterada por **Maria Tereza Sadek** quanto discursa sobre a relevância social do sistema de Justiça: "a avaliação do significado dessa identidade constitucional é mais bem apreciada quando se contrasta os textos legais com a realidade. A distância entre os dois universos chega a ser abismal.

Os direitos consagrados na Constituição são frequentemente considerados 'letra morta', mera formalidade. O país real apresenta extraordinários indicadores de desigualdade e de exclusão. Nessas circunstâncias, ganha ainda mais relevo o papel da Defensoria Pública. De sua atuação depende a efetivação dos direitos e, em consequência, a concretização da cidadania e da inclusão de extensos setores nos bens coletivos."[77]

Contudo, **a identidade entre a Constituição Federal e as funções institucionais da Defensoria Pública** não se esgota no combate à desigualdade social e à marginalização. A sobreposição é muito maior. É estrutural. Para a concretização do projeto constitucional, a implementação e o fortalecimento da Defensoria Pública ganham tez de fundamentalidade.

Realmente, nesse contexto neoconstitucional, o Estado Democrático de Direito se caracteriza mais pela consagração e pela efetivação dos direitos fundamentais que propriamente pela simples participação popular durante os processos eleitorais periódicos. Eis importante efeito do resgate humanista kantiano, no campo teórico, e dos desastrosos regimes totalitários do século findo, no campo prático. Aliás, o principal símbolo desse processo é a eleição da dignidade da pessoa humana como núcleo ético fundante e básico dos Estados Ocidentais, com aguda tendência universalista.

---

76 "Nobres os que, no exercício quixotesco de sua função, malgrado a ausência de condições, a mesquinhez de vencimentos, a insuficiência de servidores (e aqui me permito objetar, toda excepcionalidade guardada, a contratação nestas circunstâncias de advogados privados), armam-se da 'serena coragem' de que nos fala a Oração do Defensor, da autoria de Paraguassú Eleres, e assumem com a obstinação dos justos e a rebeldia dos insubmissos a responsabilidade de universalizar, efetivar e cotidianizar os direitos e garantias individuais, melhorar os índices de desenvolvimento social, levar a cabo programas de educação em direitos humanos, expandindo uma atenção otimizada aos que dela dependem cabalmente e a encaram, por isso mesmo, como derradeira instância de defesa e asseguramento da cidadania, confiando em sua aptidão para lhes tornar acessível a Justiça e salvar as barreiras dominantes, erguidas pela potestade e pela prepotência dos mais fortes." LEAL, César Barros. *A Defensoria Pública como instrumento de efetivação dos direitos humanos.*

77 SADEK, Maria Tereza. *A Defensoria Pública no Sistema de Justiça Brasileiro.*

ATENÇÃO Nesse contexto, **a Defensoria Pública se apresenta como a principal Instituição para a concretização desse projeto humanista pós-moderno.**

Não por acaso, a Lei Complementar n. 80/94 restou alterada em 2009 justamente para constar que ela se apresenta como expressão e instrumento do regime democrático (art. 1º) e tem por objetivos a primazia da dignidade da pessoa humana, a afirmação do Estado Democrático e a prevalência e efetividade dos direitos humanos (art. 3º-A).

Outrossim, definiu-se como função institucional a defesa integral dos direitos, individuais e coletivos, dos variados grupos sociais vulneráveis (LC 80/94, art. 4º, XI), contra o próprio Estado, inclusive (LC 80, art. 4º, § 2º), a partir de um modelo público (§ 5º) e satisfativo (LC 80, art. 4º, X), bem como interdisciplinar (LC 80, art. 4º, IV) de assistência jurídica.

Nesse ponto do discurso inaugural, reputo sobremodo importante a indicação do liame temático entre a Constituição Federal de 1988 e o papel atual da Defensoria Pública no Brasil. A partir de um prisma multifocal, consideramos o Constituinte um possuidor de preocupações pluridimensionais e de uma carta axiológica ampla, mas bem definida.

Por isso, a Carta Maior ostenta um rol extenso de elementos citados e reiterados por todo o seu corpo normativo constitucional, desde o Preâmbulo[78] até as disposições finais e transitórias. Já naquele, a Assembleia Constituinte indica o modelo de Estado neonato como Democrático. Sem que adentremos no seu

78 "A hermenêutica do espírito procura a ideia fundante, a concepção básica que encontra sua expressão ou incorporação na Constituição. É nessa concepção básica, por detrás da multiplicidade das normas constitucionais, que descobrimos a unidade de seu sentido. 15 O Preâmbulo das Constituições costuma indicar elementos importantes dessa concepção básica, a ideia fundante do texto constitucional. Assim é que, segundo o Preâmbulo da Constituição de 1988, o povo brasileiro, por seus representantes, procurou instituir um Estado Democrático, destinado a assegurar o exercício dos direitos sociais e individuais, a liberdade, a segurança, o bem-estar, o desenvolvimento, a igualdade e a justiça como valores supremos de uma sociedade fraterna, pluralista e sem preconceitos, fundada na harmonia social e comprometida na ordem interna e internacional com a solução pacífica das controvérsias; isso mais os princípios fundamentais do respeito à dignidade da pessoa humana e a cidadania, do art. 1º, e os objetivos fundamentais constantes do art. 3º, especialmente o de constituir uma sociedade livre, justa e solidária, é que oferecem a ideia-síntese da concepção básica da Constituição que há de orientar a compreensão de todas as suas partes e normas. (...) O Estado Democrático de Direito destina-se a assegurar o exercício de determinados valores supremos. 'Assegurar' tem, no contexto, função de garantia dogmático-constitucional; não, porém, de garantia dos valores abstratamente considerados, mas do seu "exercício". Este signo desempenha, aí, função pragmática, porque, como objeto de 'assegurar', tem o efeito imediato de prescrever ao Estado uma ação em favor da efetiva realização dos ditos valores em direção (função diretiva) de destinatários das normas constitucionais que dão a esses valores conteúdos específicos. Os valores supremos, expressamente enunciados, são: os direitos sociais, os direitos individuais, a liberdade, a segurança, o bem-estar, o desenvolvimento, a igualdade e a justiça." DA SILVA. José Afonso. *Comentário Contextual à Constituição. São Paulo: Malheiros Editores, passim.*

conceito, a Lei Complementar nº 80/94 assevera que é objetivo da Defensoria Pública a afirmação do Estado Democrático de Direito (art. 3º-A, II).

Ainda, afirma o Constituinte que o Brasil está destinado a assegurar o exercício dos direitos fundamentais, na busca pela substancial igualdade, sendo que pode contar com a intervenção da Defensoria Pública, a qual almeja exatamente a prevalência e a efetividade desses direitos (art. 3º-A, III) e o combate às desigualdades sociais (art. 3º-A, I). Outrossim, como cerne da nossa pauta ético-axiológica, a dignidade da pessoa humana é eleita em 1988 e reiterada em 2009, quando da alteração da LC 80/94 (art. 3º-A, I), a partir de um *status* primário de análise, esforço e aplicação.

De fato, **a identidade ontológica entre os valores constitucionais e as funções da Defensoria Pública é de clareza solar.** A Constituição Federal garante o direito ao acesso à informação (art. 5º, XIV) e eleva sobremodo o exercício da cidadania (art. 1º, II), sendo que é função da Instituição em pauta a prestação de orientação jurídica (art. 1º, LC 80/94). Com efeito, não é preciso dizer que o exercício da cidadania não prescinde do acesso a orientações técnicas.

Nos felizes dizeres do Defensor Público Wagner Giron, "a adequada compreensão do fenômeno social atreito à histórica exclusão da vasta maioria da população do sistema de justiça no País, só é possível de ser alcançada com a conscientização de como o conceito de *cidadania,* para essa mesma maioria populacional, excluída dos mecanismos de efetivação de seus direitos, foi rudimentarmente construído ao longo do tempo, a ponto de até hoje *cidadania* representar uma palavra vã, sem qualquer significado, para a grande massa de pessoas pobres que habitam esta pátria.

Só assim, com a necessária demarcação das dificuldades que a sociedade brasileira tem enfrentado para desenvolver um efetivo projeto de nação, que abarque a realização dos direitos fundamentais de todos – e não apenas de parca parcela de sua população – se é possível criar as condições básicas para o efetivo enfrentamento da tormentosa exclusão jurídica até hoje, nos albores do século XXI, tão cotidiana entre nós. (...) Daí ser impossível falar-se em universalização do acesso à justiça sem enfrentarmos a instante necessidade de fortalecermos as Defensorias Públicas, reconhecendo-as como instituições autônomas, (...)."[79]

Além disso, vale destacar e sempre alimentar a função sociológica da Defensoria Pública, qual seja, criar, ampliar e fomentar **as redes sociais**, consideradas como tais as redes de integração e comunicação sociais, hoje vistas como riquezas imateriais das comunidades (**capital social**), tão importantes quanto

---

79 DE LA TORRE, Wagner Giron. *A capacidade postulatória dos Defensores Públicos.* Disponível em: < http://www.apadep.org.br>.

os meios de riqueza material (capital material). De fato, a Defensoria Pública deve exercer relevante papel nessa seara, pois ela tem condições e legitimidade de criar frentes ativas de fomento dessas redes sociais, como forma de fortalecimento e emancipação social. A educação em direitos, o projeto "Defensores Populares", a assistência jurídica às associações de bairros, os espaços institucionais abertos (o momento aberto no Conselho Superior; as Conferências Estaduais), por exemplo, são mecanismos úteis nessa específica empreitada.

> "Muitos autores têm introduzido outras variáveis nas análises da pobreza, pois tornou-se, inclusive, praticamente consensual que um conjunto amplo de elementos exerça grande influência sobre as condições de vida. (...) Esses ativos seriam compostos por capital físico – acesso à moradia, posse de bens duráveis, capital humano – educação e experiência profissional, assim como por capital social – participação em entidades associativas e atividades políticas, acesso à informação."[80]

Enfim, em termos de combate à pobreza e atuação institucional, não podemos olvidar da multidimensionalidade desse fenômeno, sendo que, tanto o indivíduo, quanto o grupo social devem ser considerados, em termos técnicos, pelos **capitais físico e social**, sendo esses dois aspectos priorizados pela Defensoria Pública.

Se não bastasse, o Constituinte prevê o direito de ação e de defesa em um contexto de processo devido, participativo e dialético (art. 5º, XXXV, LV, LIV), sendo que coube à Defensoria Pública a missão de permitir e qualificar o exercício desses direitos, quando titulares pessoas carentes (arts. 3º-A, IV; 4º, I, V, X, LC 80/94), seja na hipótese de ameaça, seja na lesão aos direitos, porquanto sua intervenção se impõe para a "preservação e reparação" dos mesmos (art. 4º, XVIII). Se não bastasse, o Texto Maior condena qualquer modalidade de conduta discriminatória (art. 5º, XLI), sendo que à Defensoria cabe a proteção jurídica das pessoas em situações de ameaças ou de práticas discriminantes (art. 4º, XVIII).

Outrossim, como respostas aos abusos da ditadura, especialmente contra presos, a Constituição Federal impõe a individualização da pena, reconhece a presunção da inocência e veda a prisão provisória ilegal ou desnecessária, com previsão de regras processuais garantistas (art. 5º, XLVI, LVII, LXV, LXVI, LXVIII), impondo a lei à Defensoria Pública o dever de assegurar acesso a tais direitos aos pobres (LC 80, art. 4º, V, IX, XIV), com prioridades comuns na tutela dos direitos humanos (CF, art. 4º, II; art. 5º, §§ 2 e 3; LC 80/94, art. 3º-A, III; art. 4º, III e VI).

Mas, o paralelismo não se esgota por aí. O Brasil optou por um modelo pacificador de solução dos conflitos (CF, Preâmbulo e art. 4º, VII), ao passo que a De-

80 MARQUES, Eduardo. *Redes sociais, segregação e pobreza*. Editora Unesp, 2010.

fensoria Pública, responsável pela prestação de assistência jurídica, e não judiciária, tem, como premissas básicas, suas funções voltadas, prioritariamente, ao diálogo, à aproximação e às formas não conflituosas de solução das controvérsias (LC 80/94, art. 4º, II, IV e § 4º).

Também, a partir do modelo social de Estado moldado para o Brasil (CF, arts. 6º e 193), a Defensoria Pública foi pensada com e para esse fundamento (LC 80/94, arts. 1º e 4º, X), como instrumento afirmativo de política pública voltada à persecução da substancial isonomia e ao combate à pobreza e à exclusão.[81] Com efeito, o Constituinte elege a educação (arts. 205 e 215) como principal meio emancipatório, em uma sociedade composta por variados níveis de núcleos afetivos harmônicos, dignos de cuidados (Ex. as famílias, art. 226, § 5º), em ambientes não violentos (art. 226, § 8º) e zelosos com seus frutos (art. 227), com seu meio (art. 225), com seus vulneráveis (art. 227, §2) e seus idosos (art. 230). Nessa linha, coube à Defensoria a difusão e conscientização dos direitos humanos (LC 80/94, art. 4º, III; art. 4º-A, I), dentre eles os culturais (LC 80, art. 4º, X), o combate à violência em variados campos (LC 80, art. 4º, XVIII), bem como a proteção da infância, das pessoas deficientes e dos idosos (LC 80, art. 4º, XI), sem descuidar do meio ambiente (LC 80, art. 4º, VII e X), a partir de um regime democrático e participativo de gestão (LC 80, art. 4º, XXII).[82]

Sobre essa identidade Constituição-Defensoria, o Defensor Público **Gustavo Augusto Soares dos Reis** pondera que "à Defensoria Pública não incumbe, sozinha, salvar o mundo de todas as injustiças. No entanto, à medida que a Constituição Federal de 1988 estabelece como um dos objetivos da República erradicar a pobreza e a marginalização e reduzir as desigualdades sociais e regionais (art. 3º, inciso III), tal escopo mostrar-se-ia mera retórica se não se previsse sequer um órgão estatal (e com autonomias) que instrumentalizasse o direito de acesso à justiça - único capaz de garantir a cidadania que, para Hannah Arendt, é o direito a ter direitos."[83]

---

81 "A tutela jurisdicional dos direitos de pessoas desprovidas de recursos materiais fomenta a combate às desigualdades sociais. Além da proteção à lesão de direitos individuais, ao Judiciário escoam demandas coletivas por melhores condições de vida da população, em aspectos como saúde, educação, moradia etc. A efetivação dos direitos individuais e coletivos, por meio da assistência judiciária gratuita, suplanta os limites do direito formal, do arcabouço jurídico que proclama a igualdade perante a lei e a proteção do Estado aos mais pobres. A letra fria da lei esquece-se com o calor da vida real. A consolidação da democracia brasileira, a partir da promulgação da Constituição Federal de 1988, consagra como essenciais à Justiça os serviços desenvolvidos pela Defensoria Pública da União e dos Estados." (SCHUBSKY, Cássio. *Direito de todos. In: Escola de Justiça.* São Paulo: Imprensa Oficial, 2010)

82 Aliás, a partir dessa normativa, corrobora-se a interpretação extensiva da expressão "necessitados", que transborda o mero aspecto socioeconômico. Com razão Ada Pellegrini: "existem os que são necessitados no plano econômico, mas também existem os necessitados do ponto de vista organizacional." GRINOVER. Ada Pellegrini. *Consulta da Associação Nacional de Defensores Públicos.* Disponível em: <http://www.anadep.org.br>.

83 REIS, Gustavo Augusto Soares dos Reis. Artigo: *A importância da Defensoria Pública em um Estado Democrático e Social de Direito.* Disponível em: <http//:www.defensoria.sp.gov.br>

Por derradeiro, o presente texto merece receber as palavras do Eminente Min. **Celso de Mello** que, com perspicácia e solidez, ponderou: "A Defensoria Pública, enquanto instituição permanente, essencial à função jurisdicional do Estado, qualifica-se como instrumento de concretização dos direitos e das liberdades de que são titulares as pessoas carentes e necessitadas. É por essa razão que a Defensoria Pública não pode (e não deve) ser tratada de modo inconsequente pelo Poder Público, pois a proteção jurisdicional de milhões de pessoas – carentes e desassistidas –, que sofrem inaceitável processo de exclusão jurídica e social, depende da adequada organização e da efetiva institucionalização desse órgão do Estado.

De nada valerão os direitos e de nenhum significado revestir-se-ão as liberdades, se os fundamentos em que eles se apoiam – além de desrespeitados pelo Poder Público ou transgredidos por particulares – também deixarem de contar com o suporte e o apoio de um aparato institucional, como aquele proporcionado pela Defensoria Pública, cuja função precípua, por efeito de sua própria vocação constitucional (...), consiste em dar efetividade e expressão concreta, inclusive mediante acesso do lesado à jurisdição do Estado, a esses mesmos direitos, quando titularizados por pessoas necessitadas, que são as reais destinatárias tanto da norma inscrita no art. 5º, LXXIV, quanto do preceito consubstanciado no art. 134, ambos da CR.

Direito a ter direitos: uma prerrogativa básica, que se qualifica como fator de viabilização dos demais direitos e liberdades – Direito essencial que assiste a qualquer pessoa, especialmente àquelas que nada têm e de que tudo necessitam. A significativa importância jurídico-institucional e político-social da Defensoria Pública."[84]

Em suma, negar importância à Defensoria Pública é negar a própria Constituição Federal, o próprio Estado Brasileiro. Eis sua essencialidade: "quais os grandes traços da *Defensoria Pública constitucional*? (...) *O que significa tal essencialidade?* Não se trata, obviamente, de uma compulsoriedade de atuação em qualquer procedimento judicial – as demais funções essenciais também não operam sempre.

Muito acima disso, a essencialidade constitucional da Defensoria transmite dignidade e transcendência à instituição, significando o reconhecimento da relevância, no Brasil, da advocacia voltada para os necessitados, que compõem a grande maioria da população. Consequentemente, recai sobre a União e os Estados o indeclinável dever jurídico de manterem Defensorias Públicas fortes e bem equipadas, aptas ao eficiente desempenho das suas atividades constitucionais. E mais. Estamos diante de uma cláusula aberta, de grande valor hermenêutico. Conforme escrevemos alhures, a cláusula da essencialidade deve ser vista

84 ADI 2.903, Rel. Min. Celso de Mello, julgamento em 1º-12-2005, Plenário, DJE de 19-9-2008.

como poderosa chave hermenêutica em favor do aprimoramento institucional da Defensoria, aparecendo dessa forma como princípio fundamental para a interpretação das questões envolvendo a instituição."[85]

Aliás, é essa essencialidade institucional que foi finalmente estampada no texto constitucional pela Emenda 80/2014: "A Defensoria Pública é instituição permanente, **essencial** à função jurisdicional do Estado, incumbindo-lhe, como expressão e instrumento do regime democrático, fundamentalmente, a orientação jurídica, a promoção dos direitos humanos e a defesa, em todos os graus, judicial e extrajudicial, dos direitos individuais e coletivos, de forma integral e gratuita, aos necessitados, na forma do inciso LXXIV do art. 5º desta Constituição Federal" (artigo 134).

É o processo democratizante do Brasil em plena consolidação.

3. LEIS DE REGÊNCIA DA CARREIRA

Utilizamos aqui a expressão "leis de regência" para nos referir às regras definidoras do regime jurídico ao qual está submetido o Defensor Público.

De início, destacarmos que esse **conjunto normativo** é integrado por normas constitucionais (Constituição Federal e Constituições Estaduais), uma Lei Complementar, de caráter federal e nacional (Lei Complementar nº 80/94), Leis Complementares Estaduais, os Estatutos dos Servidores Públicos, da União e dos Estados, as Deliberações do Conselho Superior, os Atos Normativos (da Defensoria Pública-Geral, da Corregedoria-Geral) e, finalmente, as Portarias Internas.

A **Constituição Federal**, já no Preâmbulo, projeta "um Estado Democrático, destinado a assegurar o exercício dos direitos sociais e individuais, a liberdade, a segurança, o bem-estar, o desenvolvimento, a igualdade e a justiça como valores supremos de uma sociedade fraterna, pluralista e sem preconceitos, fundada na harmonia social" e estabelece os fundamentos político-sociais desse Estado, no artigo 1º (a cidadania; a dignidade da pessoa humana; o pluralismo político). Ademais, impõe que o Estado prestará "assistência jurídica integral e gratuita aos que comprovarem insuficiência de recursos" no rol inaugural dos direitos e garantias fundamentais (artigo 5º, LXXV), sendo que faz referência expressa a tal direito ao apresentar a Defensoria Pública como função essencial à Justiça (artigo 134).[86]

---

85 DE SOUSA, José Augusto Garcia. *A nova Lei 11.448/07, os escopos extrajurídicos do processo e a velha legitimidade da Defensoria Pública para as ações coletivas. In: A Defensoria Pública e os processos coletivos".* Rio de Janeiro: *Lumen Juris*, 2008, p. 228.

86 Art. 134. A Defensoria Pública é instituição permanente, essencial à função jurisdicional do Estado, incumbindo-lhe, como expressão e instrumento do regime democrático, fundamentalmente, a orientação jurídica, a promoção dos direitos humanos e a defesa, em todos os graus, judicial e extrajudicial, dos

Aliás, para a consecução desse desiderato, vale adiantar, público, o Constituinte distribui as competências administrativa e legislativa entre os Entes Federados. Em linhas gerais, cabia à União a organização administrativa da Defensoria Pública da União e da Defensoria Pública do Distrito Federal e Territórios[87], sendo que aos Estados é atribuída a obrigação de instituírem as Defensorias Públicas Estaduais.

Quanto à competência legislativa, por promulgação de Leis Complementares, a União goza de exclusiva atribuição para instituir a Defensoria Pública da União (art. 48, IX), privativa para legislar sobre a Defensoria Pública dos Territórios (art. 22, XVII), restando aos Estados e ao Distrito Federal a atribuição de legislarem, a partir de normas específicas inspiradas na Lei Complementar Nacional (LC 80/94), sobre suas Defensorias Públicas (art. 24, XIII).

Por oportuno, vale destacar que a iniciativa de lei de organização das Defensorias Públicas é, sempre, do Chefe do Poder Executivo (art. 61, § 1º, II, "d").[88]

Por oportuno, devemos lembrar que, apesar do silêncio do Constituinte, as medidas provisórias não podem estabelecer regras sobre a Defensoria Pública,

---

direitos individuais e coletivos, de forma integral e gratuita, aos necessitados, na forma do inciso LXXIV do art. 5º desta Constituição Federal. (Redação dada pela Emenda Constitucional nº 80, de 2014) § 1º Lei complementar organizará a Defensoria Pública da União e do Distrito Federal e dos Territórios e prescreverá normas gerais para sua organização nos Estados, em cargos de carreira, providos, na classe inicial, mediante concurso público de provas e títulos, assegurada a seus integrantes a garantia da inamovibilidade e vedado o exercício da advocacia fora das atribuições institucionais. (Renumerado do parágrafo único pela Emenda Constitucional nº 45, de 2004) § 2º Às Defensorias Públicas Estaduais são asseguradas autonomia funcional e administrativa e a iniciativa de sua proposta orçamentária dentro dos limites estabelecidos na lei de diretrizes orçamentárias e subordinação ao disposto no art. 99, § 2º. (Incluído pela Emenda Constitucional nº 45, de 2004) § 3º Aplica-se o disposto no § 2º às Defensorias Públicas da União e do Distrito Federal. (Incluído pela Emenda Constitucional nº 74, de 2013) § 4º São princípios institucionais da Defensoria Pública a unidade, a indivisibilidade e a independência funcional, aplicando-se também, no que couber, o disposto no art. 93 e no inciso II do art. 96 desta Constituição Federal. (Incluído pela Emenda Constitucional nº 80, de 2014)

87 Art. 48. Cabe ao Congresso Nacional, com a sanção do Presidente da República, não exigida esta para o especificado nos arts. 49, 51 e 52, dispor sobre todas as matérias de competência da União, especialmente sobre: IX - organização administrativa, judiciária, do Ministério Público e da Defensoria Pública da União e dos Territórios e organização judiciária e do Ministério Público do Distrito Federal; Art. 21. Compete à União: XIII - organizar e manter o Poder Judiciário, o Ministério Público do Distrito Federal e dos Territórios e a Defensoria Pública dos Territórios (redação dada pela EC 69/12).

Art. 25. Os Estados organizam-se e regem-se pelas Constituições e leis que adotarem, observados os princípios desta Constituição. § 1º – São reservadas aos Estados as competências que não lhes sejam vedadas por esta Constituição.

88 Art. 61. A iniciativa das leis complementares e ordinárias cabe a qualquer membro ou Comissão da Câmara dos Deputados, do Senado Federal ou do Congresso Nacional, ao Presidente da República, ao Supremo Tribunal Federal, aos Tribunais Superiores, ao Procurador-Geral da República e aos cidadãos, na forma e nos casos previstos nesta Constituição. § 1º – São de iniciativa privativa do Presidente da República as leis que: II - disponham sobre: d) organização do Ministério Público e da Defensoria Pública da União, bem como normas gerais para a organização do Ministério Público e da Defensoria Pública dos Estados, do Distrito Federal e dos Territórios.

uma vez que sua regência é feita por leis complementares, cujo teor se afasta, necessariamente, das medidas provisórias (art. 62, § 1º, III). Nesse sentido, foi muito feliz na sua colocação Frederico Rodrigues Viana de Lima: "embora não tenha havido previsão textual e direta – como ocorreu com o Poder Judiciário e com o Ministério Público (art. 62, § 1º, I, "c") -, o regime jurídico das medidas provisórias impede indiretamente que elas sejam editadas para tratar da organização, da carreira e da garantia dos membros da Defensoria Pública da União, uma vez que tais matérias somente podem ser tratadas por meio de lei complementar (...)."[89] Pela mesma razão, somente essa espécie normativa pode dispor sobre Defensoria Pública dos Estados e do Distrito Federal.

Pois bem. A partir das diretrizes constitucionais, às Leis Complementares coube a definição dos regimes jurídicos de cada carreira de Defensor Público. **A Lei Complementar nº 80/1994** tem natureza mista. Realmente, é federal quando organiza e estabelece a normativa aplicada à Defensoria Pública da União e, ainda, nacional, quando acolhe normas gerais sobre as Defensorias Públicas do Distrito Federal e dos Estados.

Além das normas constitucionais federais e estaduais, cada Instituição possui sua lei orgânica própria que, porém não esgotam todas as questões relativas à Carreira. **A Defensoria Pública da União** é regida pela Lei Complementar n. 80/94, que contém regras gerais de princípios institucionais nos artigos 1º a 4º-A, e outras regras específicas sobre a organização administrativa da Instituição até o seu artigo 51.

Ademais, segundo dispõe seu artigo 136, quanto à carreira de Defensor Público da União, aplica-se, subsidiariamente, a Lei nº 8112/90, o Estatuto dos Servidores Públicos Federais. Por fim, quanto aos procedimentos administrativos disciplinares, se insuficientes as regras estatutárias, o interprete deve recorrer aos ditames do Código de Processo Penal. Se a omissão ocorrer no bojo dos demais procedimentos administrativos, aplica-se o Código de Processo Civil.

A **Defensoria Pública dos Territórios** tem sua organização administrativa regulada nos artigos 52 a 96 da Lei Complementar nº 80/94, com o mesmo sistema integrativo aplicável à Defensoria Pública da União.

Após **a Emenda Constitucional nº 69, de 2012, a Defensoria Pública do Distrito Federal** é regida pelas mesmas regras gerais contidas na LC nº 80/94, previstas para as Defensorias Estaduais, mas deve editar seu Estatuto próprio. "Sem prejuízo dos preceitos estabelecidos na Lei Orgânica do Distrito Federal, aplicam-se à Defensoria Pública do Distrito Federal os mesmos princípios e regras que, nos termos da Constituição Federal, regem as Defensorias Públicas dos Estados (art. 2º, da EC 69/2012).

89 DE LIMA, Frederico Rodrigues Viana, *Defensoria Pública.* 2ª ed. Salvador: Juspodivm, 2012, p. 85.

Por sua vez, **a Defensoria Pública dos Estados** possui certas nuanças. Para a efetivação do disposto no § 1º do artigo 134 da Constituição Federal, a Lei Complementar nº 80/94 estabelece normas organizacionais gerais, previstas nos artigos 97 a 135, além daquelas regras inaugurais (artigos 1º a 4-A), aplicáveis a todas as Defensorias. Outrossim, leis complementares estaduais trazem as regras específicas de cada Instituição Estadual, sendo complementadas pelos Estatutos dos Servidores Públicos Estaduais, bem como pelos Códigos de Ritos pertinentes, conforme acima exposto.

No âmbito interno, o poder normativo é atribuído aos Conselhos Superiores, como instrumento de gestão democrática das Defensorias Públicas, cujas decisões colegiadas são formalizadas em deliberações.[90]

Nesse ponto, três observações são relevantes. Primeiro, este poder normativo é endoativo, é dizer, somente pode gerar efeitos à carreira, internamente, não a terceiros. No caso dos Estados, por exemplo, não obstante a autonomia administrativa da Defensoria Pública, consagrada expressamente na Constituição Federal, após a Emenda Constitucional nº 45 (artigo 134, § 2º), que lhe garante a gestão livre e independente dos elementos materiais e pessoais que lhes pertence, não se autoriza a decisão normativa extensiva a terceiros não integrantes da Instituição. De fato, a autonomia administrativa nos remete à ideia de gestão que, naturalmente, indica a possibilidade de auto-organização dos elementos internos ou já apoderados pelo órgão ou ente. Em outras palavras, a Defensoria Pública do Estado, ainda que autônoma, não goza da faculdade de intervir em elementos de outros entes públicos ou de particulares.

Outro ponto relevante tangencia a questão da aplicação dessas deliberações. Com efeito, o ato normativo do Conselho Superior, como ato administrativo, deve se submeter à lei. Ou seja, este poder normativo não é soberano e ilimitado, porquanto sua aplicação é legalmente hierarquizada, sob pena do seu aplicador ou interprete incorrer em ilicitude, abuso ou improbidade.

Por derradeiro, cumpre-nos destacar que a competência do Conselho Superior não obsta a expedição de atos normativos por outros órgãos da Defensoria Pública, desde que afetos às suas competências. Por exemplo, pode a Corregedoria-Geral expedir recomendações aos Defensores Públicos sobre questões relativas às suas atividades, quando essas estiverem diretamente ligadas à qualidade do serviço prestado aos usuários, ao menos, até que o Conselho Superior regulamente a matéria.

---

90 LC 80/94: art. 10. Ao Conselho Superior da Defensoria Pública da União compete: I - exercer o poder normativo no âmbito da Defensoria Pública da União; art. 102. Ao Conselho Superior compete exercer as atividades consultivas, normativas e decisórias a serem previstas na lei estadual.

CAPÍTULO II

PRINCÍPIOS INSTITUCIONAIS DA DEFENSORIA PÚBLICA

1. INTRODUÇÃO E MODELO DE ASSISTÊNCIA JURÍDICA ADOTADO NO BRASIL

O modelo de assistência jurídica está umbilicalmente ligado ao modelo de Estado e ao tipo de tutela jurisdicional priorizado. Com efeito, Estados Liberais têm a tendência de adotar modelos privatistas e individualistas de assistência jurídica, além de prioridades tutelares meramente ressarcitórias. Doutra banda, Estados Democráticos priorizam os modelos públicos de assistência jurídica, prestada e gerida por Entes Estatais, responsáveis pela oferta de soluções estruturais e de tutelas inibitórias diante das ameaças ou das megaviolações de direitos fundamentais, mormente dos direitos sociais e coletivos.

Historicamente, a doutrina tem indicado os modelos possíveis de assistência jurídica. Chamamos de **modelo privado-individualista** o prestado pelo sistema *Judicare,* adotado nas reformas da assistência judiciária na Áustria, Inglaterra, Holanda, França e Alemanha Ocidental, no qual "a assistência judiciária é estabelecida como um direito para todas as pessoas que se enquadrarem nos termos da lei. Os advogados particulares, então, são pagos pelo Estado.

A finalidade do sistema *judicare* é proporcionar aos litigantes de baixa renda a mesma representação que teriam se pudessem pagar um advogado. O ideal é fazer uma distinção apenas em relação ao endereçamento da nota de honorários: o Estado, mas não cliente, é quem a recebe. No moderno programa britânico, por exemplo, um requerente, verificada a viabilidade financeira e de mérito de sua causa, pode escolher seu advogado em uma lista de profissionais que concordaram em prestar esses serviços. A lista é extensa, uma vez que a remuneração para a assistência dada pelo advogado é suficiente para atrair quase todos os profissionais."[1]

Porém, **tal modelo não é satisfatório, mormente em Estados voltados à concretização dos direitos sociais, como o Brasil**, pois o modelo acima ostenta tez nitidamente individualista. "A despeito das realizações importantes dos esquemas de assistência judiciária, tais como os da Inglaterra e da França, o próprio sistema de assistência judiciária tem enfrentado muitas críticas. Tem-se tornado lugar comum observar que a tentativa de tratar as pessoas pobres como clientes regulares cria dificuldades.

O *judicare* desfaz a barreira de custo, mas faz pouco para atacar barreiras causadas por outros problemas encontrados pelos pobres. Isso porque ele confia aos pobres a tarefa de reconhecer as causas e procurar auxílio; não encoraja, nem permite que o profissional individual auxilie os pobres a compreender seus direitos e identificar as áreas em que se podem valer de remédios jurídicos. É, sem dúvida, altamente sugestivo que os pobres tendam a utilizar o sistema *judicare* principalmente para problemas que lhes são familiares – matéria criminal ou de família – em vez de reivindicar seus novos direitos como consumidores, inquilinos, etc.

Ademais, mesmo que reconheçam sua pretensão, as pessoas pobres podem sentir-se intimidadas em reivindicá-la pela perspectiva de comparecerem a um escritório de advocacia e discuti-la com um advogado particular. Sem dúvida, em sociedades em que os ricos e os pobres vivem separados, pode haver barreiras tanto geográficas quanto culturais entre os pobres e o advogado. Ademais, é evidente que a representação através de profissionais particulares não enfrenta as desvantagens de uma pessoa pobre frente a litigantes organizacionais. Mais importante, o *judicare* trata os pobres como indivíduos, negligenciando sua situação como classe.

Nem o sistema inglês, francês ou alemão, oferece, por exemplo, auxílio para 'caso-teste' ou ações coletivas em favor dos pobres, a menos que elas possam ser justificadas pelo interesse de cada indivíduo. Dado que os pobres encontram muitos problemas jurídicos como grupo, ou classe, e que os interesses de cada indivíduo podem ser muito pequenos para justificar uma ação, remédios meramente individuais são inadequados. Os sistemas *judicare,* entretanto, não estão aparelhados para transcender os remédios individuais."

1 CAPPELLETTI, Mauro; CARTH, Bryant. *Acesso à Justiça.* Porto Alegre: Sérgio Antônio Fabris, 1998, *passim.*

Além desses problemas, o modelo *judicare* não viabiliza um ambiente institucional e uma intervenção mais estratégica e sistematizada de um ente dotado de unidade e independência. De fato, como prepondera o individualismo na atuação dos Advogados, diretamente remunerados pelo Estado, inexiste uma responsabilidade institucional, mas mera vinculação bilateral entre profissional e cliente. Contudo, no atendimento das numerosas demandas, a atuação do Advogado resta isolada e pontual, sendo que, não raras vezes, depende do voluntarismo de colegas para desincumbir-se de todas as suas atribuições. Mas, nada institucionalizado, senão no quase improviso que, a longo prazo, não se sustenta e acaba prejudicando os usuários. Em recente estudo, a jornalista Aline Pinheiro, no Portal Conjur, informa um crise na "assistência judiciária" da Inglaterra, cuja causa passa pelos cortes de recursos do Estado.

"O número de pessoas desamparadas na Justiça Criminal da Inglaterra vai aumentar. A partir de sexta-feira (7/3), passou a valer uma nova política de não cooperação entre os advogados que vai deixar muitos réus tendo que se defender sozinhos perante um júri. Os criminalistas decidiram que, quando se tratar de assistência judiciária, só vão atender aqueles casos que se encaixarem na sua agenda e não mais cobrirão buracos deixados pelos colegas.

Tradicionalmente, os chamados *barristers*, que são os advogados qualificados para representar os clientes durante os julgamentos, trabalham em cooperação. **Como a lei exige que o *barrister* seja autônomo e o proíbe de se associar a outros advogados, eles dependem do coleguismo para dar conta de todos os casos.** Quando há conflitos na agenda — por exemplo, dois julgamentos de clientes diferentes marcados para o mesmo dia —, o advogado repassa um deles para um colega participar em seu lugar.

O trabalho em equipe sempre permitiu que nem julgamentos tivessem que ser adiados e nem que as partes ficassem sem apoio profissional durante uma audiência. O esquema funcionou muito bem até sexta-feira, quando os profissionais anunciaram que não mais existiria cooperação para casos encaixados na assistência judiciária. Nos processos de defesa de carentes, quando os honorários são pagos pelo governo, os criminalistas vão passar a só atender aquilo que a sua agenda permitir.

À primeira vista, pode parecer que os profissionais decidiram um virar as costas para o outro. Mas, na prática, não é nada disso. A categoria está unida para pressionar o governo a desistir dos cortes dos honorários para assistência judiciária, anunciados no final de fevereiro. Agindo dessa forma, eles pretendem forçar o adiamento de julgamentos ou deixar que o juiz tenha de desacelerar o ritmo da audiência para explicar ao réu leigo os procedimentos jurídicos e de que maneira ele pode se defender. Nos dois casos, o resultado é o mesmo:

a Justiça fica mais lenta, o carente acaba tendo de se contentar com uma defesa amadora e o jurisdicionado, no geral, suporta o custo da lentidão judicial.

A política de não cooperação não tem data para acabar. Segundo comunicado da associação de advogados criminalistas da Inglaterra, a prática deve ser revista de tempos em tempos e seus efeitos, discutidos. Pode durar semanas ou meses. Vale ressaltar que o fim do coleguismo vale só para os casos de assistência judiciária. Quando o cliente é particular e paga pela sua defesa, um advogado vai continuar cobrindo o buraco deixado pelo outro."[2] Enfim, falta lá uma Instituição uma e autônoma.

O modelo privado-coletivista, do Advogado remunerado pelos cofres públicos, "tem um objetivo diverso do sistema *judicare*, o que reflete sua origem moderna no Programa de Serviços Jurídicos do *Office of Economic Opportunity*, de 1965 – a vanguarda de uma 'guerra contra a pobreza'. Os serviços jurídicos deveriam ser prestados por 'escritórios de vizinhança', atendidos por advogados pagos pelo governo e encarregados de promover os interesses dos pobres, enquanto classe. (...) É claro que esse objetivo não excluía o auxílio a indivíduos pobres para defender seus direitos.

Contrariamente aos sistemas *judicare* existentes, no entanto, esse sistema tende a ser caracterizado por grandes esforços no sentido de fazer as pessoas pobres conscientes de seus novos direitos e desejosas de utilizar advogados para ajudar a obtê-los. Ademais, os escritórios eram pequenos e localizados nas comunidades pobres, de modo a facilitar o contato e minimizar as barreiras de classe. Os advogados deveriam ser instruídos diretamente no conhecimento dessas barreiras, de modo a enfrentá-las com maior eficiência. Finalmente, e talvez mais importante, os advogados tentavam ampliar os direitos dos pobres, enquanto classe, através de casos-teste, do exercício de atividade de *lobby*, e de outras atividades tendentes a obter reformas da legislação, em benefício dos pobres, dentro de um enfoque de classe. Na verdade, os advogados frequentemente auxiliavam os pobres a reivindicar seus direitos, de maneira mais eficiente, tanto dentro quanto fora dos tribunais.

As vantagens dessa sistemática sobre a do *judicare* são óbvias. Ela ataca outras barreiras ao acesso individual, além dos custos, particularmente os problemas derivados da desinformação jurídica pessoal dos pobres. Ademais, ela pode apoiar os interesses difusos ou de classe das pessoas pobres. Esses escritórios, que reúnem advogados numa equipe, podem assegurar-se as vanta-

---

2 PINHEIRO, Aline. Artigo *Atrito entre governo inglês e advogados prejudica cidadãos.* Revista Consultor Jurídico, 8 de março de 2014. Vale a pena anotar, por medida de Justiça, que tal texto foi-me enviado pelo Defensor Público Gustavo Augusto Soares dos Reis, consignando minha gratidão.

gens dos litigantes organizacionais, adquirindo conhecimento e experiência dos problemas típicos dos pobres."[3]

Contudo, **mesmo esse sistema não está imune às críticas.** "As desvantagens ou limites do sistema das equipes de advogados provêm de sua grande agressividade e capacidade de criar tais advogados. É evidente, em primeiro lugar, que a maior repercussão e melhor resultado aparente dos casos-teste e das iniciativas de reformas legais, podem na prática levar o advogado de equipe a negligenciar os interesses de clientes particulares. Sem dúvida, os advogados de equipe precisam diariamente decidir como alocar melhor seus recursos limitados entre casos importantes apenas para alguns indivíduos, e casos importantes numa perspectiva social.

É possível que os indivíduos sejam ignorados ou recebam uma ajuda de segunda classe. (...) Provavelmente, um problema ainda mais sério desse sistema é que ele necessariamente depende de apoio governamental para atividades de natureza política, tantas vezes dirigidas contra o próprio governo. Essa dependência pressupõe que uma sociedade tenha decidido que qualquer iniciativa jurídica para ajudar os pobres é desejável, mesmo que signifique um desafio à ação governamental e às ações dos grupos dominantes na sociedade."[4]

Diante das carências dos sistemas privados acima, nasceram **modelos públicos-difusos, não institucionalizados.** "Alguns países escolheram, recentemente, combinar os dois principais modelos de sistemas de assistência jurídica, depois deterem reconhecido as limitações que existem em cada um deles e que ambos podem, na verdade, ser complementares.

A Suécia e a Província Canadense de Quebeque foram as primeiras a oferecer a escolha entre o atendimento por advogados servidores públicos ou por advogados particulares, embora seja preciso mencionar que os programas têm ênfases diversas. O sistema sueco inclina-se mais para o modo de operação do *judicare,* uma vez que os advogados públicos devem manter-se, essencialmente, através dos honorários pagos pelo Estado em benefício dos indivíduos assistidos, enquanto em Quebeque os escritórios de advocacia são mantidos diretamente pelo governo sem que se leve em conta quão bem sucedidos eles sejam na competição com sociedades de advogados particulares. Em Quebeque, consequentemente, os escritórios públicos podem ter menos tendência a privilegiar apenas disputas individuais e, mais provavelmente, poderão mobilizar os pobres e advogar por eles, como grupo. (...)

---

3 CAPPELLETTI, Mauro; CARTH, Bryant. *Acesso à Justiça.* Porto Alegre: Sérgio Antônio Fabris, 1998, *passim.*

4 CAPPELLETTI, Mauro; CARTH, Bryant. *Acesso à Justiça.* Porto Alegre: Sérgio Antônio Fabris, 1998, *passim.*

Reconhecendo essas vantagens, os reformadores de muitos países, incluindo a Austrália, a Holanda e a Grã-Bretanha auxiliaram a implementar sistemas nos quais centros de atendimento jurídico suplementam os esquemas estabelecidos de *judicare.* São particularmente notáveis, por sua crescente importância, os 'centros de atendimento jurídico de vizinhança', da Inglaterra. Esses centros estão localizados em áreas pobres, sobretudo ao redor de Londres. Seus *solicitors* assalariados (e alguns *Barristers*) realizam muitas das tarefas desempenhadas pelos advogados de equipe dos Estados Unidos. Eles têm, cada vez mais, procurado tratar os problemas trazidos até eles não apenas como assuntos individuais, mas também como questões da comunidade. O trabalho deles, não obstante alguma hesitação inicial por parte da *Law Society,* tornou-se reconhecido como 'um ramo essencial integrante dos serviços jurídicos'. A instituição americana do advogado "advogado do interesse público" constitui um esforço a mais para dar aos interesses difusos as vantagens com que contam os grupos permanentes. As sociedades de advogados do interesse público variam muito em tamanho e especialidades temáticas a que atendem. O tipo mais comum é uma organização de fins não lucrativos, mantida por contribuições filantrópicas."[5]

No entanto, **mesmo esse modelo misto não é eficaz se pensarmos na necessidade de uma assistência jurídica institucionalizada,** voltada mais à tutela preventiva, que curativa dos direitos dos necessitados.

Diante dessa fraqueza, surgiram **os modelos públicos institucionalizados,** não tão diluídos na sociedade, mas concentrados em Entes independentes e autônomos. "O êxito dos advogados do interesse público nos Estados Unidos e as óbvias restrições financeiras sob as quais eles precisam atuar estimularam a criação de novas instituições, subsidiadas pelo governo, para servir ao interesse público. Os serviços existentes de advogados públicos, que já estudamos, representam uma dessas soluções. Entre essa solução oficial (governamental) e a fórmula privada de advogados do interesse público existe uma nova e importante instituição norte-americana, que tem sido chamada de Assessoria Pública. A ideia consiste em usar recursos públicos, mas confiar na energia, interesse e fiscalização dos grupos particulares.

O exemplo mais bem sucedido desse tipo de solução, até hoje, foi o **Escritório de Assessoria Pública**, estabelecido nos Estados Unidos, em decorrência das disposições da lei de Reorganização Ferroviária Regional, de 1973, para auxiliar as comunidades e usuários das ferrovias na colocação de seus interesses em audiências públicas. Essa repartição organizou as comunidades para reconhecer e afirmar seus direitos; sua função tem sido investigar, auxiliar, mobili-

5 CAPPELLETTI, Mauro; CARTH, Bryant. *Acesso à Justiça.* Porto Alegre: Sérgio Antônio Fabris, 1998, *passim.*

zar e, por vezes, subsidiar grupos que, de outra forma, seriam fracos defensores dos interesses dos usuários das ferrovias.

Essa assessoria pública tem sido muito eficiente em virtude de seu *status* de independência, orçamento adequado e uma equipe sensível e bem treinada. Resta saber, naturalmente, se outras instituições do mesmo tipo seriam capazes de evitar pressões políticas e permanecer suficientemente independentes. A grande e nova virtude dessa instituição é que ela pode auxiliar a criar grupos permanentes capazes de exercer pressão e, dessa forma, reivindicar seus próprios direitos, através de procedimentos administrativos e judiciais."[6]

Atualmente, **sob um prisma metodológico de atuação das Instituições incumbidas da prestação da assistência jurídica, definimos, basicamente, dois modelos:** um **modelo pacificador/restaurativo/teleológico**: normalmente público, baseado na psicologia do "ganha-ganha" ou no chamado enfrentamento positivo, coletivizado e preventivo dos conflitos de interesses, num contexto de "assistência jurídica restaurativa".

Doutra ponta, um **modelo demandista/judicializante/pragmático**, geralmente privado, fundado na psicologia "da guerra" ou no chamado enfrentamento negativo, litigante, individualista e *a posteriori* do conflito de interesses.

O Brasil, segundo a Constituição Federal e a legislação conexa, bem como na linha da interpretação do Supremo Tribunal Federal, adotou este primeiro modelo de assistência jurídica. Com efeito, o Constituinte optou por um modelo pacificador de solução dos conflitos (CF, Preâmbulo e art. 4º, VII), sendo que coube à Defensoria Pública a prestação de assistência **jurídica**, e **não judiciária,** cujos esforços ficam voltados, prioritariamente, ao diálogo, à aproximação e às formas não conflituosas de solução das controvérsias (LC 80/94, art. 4º, II, IV e § 4º).

Realmente, **o modelo adotado no Brasil é público e institucionalizado**, na medida em que refuta a política corporativista, demandista ou simplesmente judiciária de atendimento, mas opta por uma política preventiva e informativa de atuação, por meios jurídicos-sociais, dotada de métodos multidisciplinares e participativos de prevenção e de solução de conflitos, bem como de uma gestão democrática, com objetivos e metas dialeticamente definidas. De fato, o Brasil opta por um modelo de afirmação do direito de acesso à Justiça em benefício das chamadas "minorias" (não em termos de quantidade, mas de poder), com declarado foco no interesse público à efetiva e substancial igualdade.

Podemos dizer, portanto, que **o Brasil adota um modo bem peculiar e próprio ao conjugar a forma dos chamados "advogados de equipe" (ser-**

---

6 CAPPELLETTI, Mauro; CARTH, Bryant. *Acesso à Justiça.* Porto Alegre: Sérgio Antônio Fabris, 1998, *passim.*

vidores públicos), com a forma da "assessoria pública", ambas típicas dos Estados Unidos da América, mas com tez própria, a partir da instituição da Defensoria Pública.

De fato, do primeiro paradigma, o Brasil aproveita a estratégia de defesa do indivíduo, enquanto integrante de um grupo ou exposto a certa condição, com a primazia das formas preventivas de solução dos conflitos e informativas de direitos, sendo que colhe do segundo modelo o formato de tutela coletiva da população necessitada, conforme acima citado.

> **ATENÇÃO** Realmente, **o Brasil adotou um modelo de enfrentamento público e estrutural da histórica exclusão e marginalização dos necessitados**, e não um formato pontual, isolado e individual de mera assistência judiciária.

Em outros termos, adotamos mais que um singelo serviço público, mas uma **política jurídico-institucional**, dotada de filosofia e estratégia próprias, não assistencialista, de combate à pobreza e à exclusão.

Segundo esclarece o Defensor Público Gustavo Reis: "**Transformação social. Esse é o escopo de uma Defensoria Pública** e é em razão dele que a expressão assistência jurídica integral e gratuita melhor se coaduna com os objetivos da República. Em modelos de assistência judiciária prestada por advogados privados – obviamente que se insiram num sistema de mercado, como hodiernamente – o acesso à justiça limita-se a garantir às pessoas necessitadas os meios para que invoquem a tutela do Estado-juiz. Aqui, o acesso à justiça, para ser garantido, prescinde da organização de um aparato estatal a quem caiba a prestação do serviço (bastam os recursos públicos destinados à remuneração dos advogados).

Ocorre que – sobretudo em países terceiro-mundistas, em que o índice de analfabetismo e a carência de informações são altíssimos - o sistema de assistência judiciária prestada por advogados privados pressupõe que as pessoas conheçam seus direitos e, diante de eventuais violações, procurem-no. Quem atua com alguma proximidade com as pessoas desfavorecidas se surpreende a cada dia com o (ditatorial) grau de alijamento intelectual a que são submetidas. (...) Portanto, a Defensoria Pública de modo algum visa garantir apenas o direito de acesso à assistência judiciária. Almeja ainda contribuir, na medida do possível, para a emancipação social, inclusive por meio de atuação extrajudicial. (...)

É imperioso dizer que essa atuação extrajudicial, pode-se dizer, abrange tanto a promoção da mediação de conflitos - atividade ligada à chamada terceira onda de acesso à justiça -, que auxilia sobremaneira para o desafogamento do Poder Judiciário, como a orientação jurídica e a educação em direitos. Note-se que essas três atividades extrajudiciais se imbricam com a noção de cidadania, pois que atuam como uma função pedagógica: auxiliam as pessoas a cada vez mais aprenderem a resolver eventuais conflitos de forma pacífica, o que só pode ser alcançado com a plena consciência de seus direitos, e que viver em sociedade significa respeitar o outro."[7]

Aliás, sobre a educação em direitos, como direito público coletivo da coletividade e atribuição/dever da Defensoria Pública, sua função emancipatória e o seu (adequado) manejo institucional, **Antônio Alberto Machado** apresenta precisa observação. "O acesso, a conquista e, consequentemente, a efetivação dos direitos humanos fundamentais, de maneira radical e universalizante, implica necessariamente a transferência de recursos materiais (renda, prestações, assistência etc.), bem como a transferência de poder, ou seja, o 'empoderamento' das vítimas ou oprimidos, de modo que haja uma real transformação nas suas condições materiais de vida.

E tudo isso depende muito de uma efetiva educação para o direito e para a justiça. Isto é, o acesso a uma ordem jurídica justa supõe, como estratégia de luta, a chamada 'educação para os direitos'. E essa educação é um processo complexo que se faz em vários campos de atuação. Implica, portanto, a difusão e a conscientização dos direitos; a organização dos seus titulares (movimentos, comunidades, grupos, associações etc.) para a defesa e reivindicação de direitos nos tribunais e fora deles; apoio e estímulo ao surgimento de lideranças comunitárias; e bem assim a luta pela efetivação 'expansiva' e 'intensiva' dos direitos humanos fundamentais.

A educação para os direitos humanos, no fundo, é uma educação para a democracia. E, na medida em que essa educação se volta para a radicalização de direitos fundamentais em todas as suas dimensões, ela exibe um indiscutível 'potencial subversivo' (Óscar Correas), ou transformador, no sentido da libertação das vítimas oprimidas por condições de vida materialmente injustas.

Mas, é importante frisar, a educação em direitos, de que por vezes se encarregará a Defensoria Pública, deve ser levada a efeito de maneira horizontal, isto é, sem a pretensão de liderança e muito menos sem qualquer relação de tutela para com os educandos. Educar é emancipar, promover, e não dirigir ou tutelar. A educação para os direitos não pode ser feita de maneira vertical, de cima para baixo, mas, isto sim, por meio de alianças (parceria), numa relação dialógica de troca, a troca dos saberes, pois o consumidor da justiça educa-se para o direito, mas o próprio educador educa-se também para o exercício de uma cultura jurídica diferente, desvelada pela prática, pela luta e pela observação dialética

7 REIS, Gustavo Augusto Soares dos Reis. Artigo: *A importância da Defensoria Pública em um Estado Democrático e Social de Direito.* Disponível em: <http//:www.defensoria.sp.gov.br>.

da realidade. Na terceira tese sobre Feuerbach, Marx já advertia: 'o educador também precisa ser educado'.

O papel da Defensoria Pública, por destinação constitucional, é a defesa dos necessitados. E essa é uma questão importante, pois, em tema de acesso à justiça, de educação em direitos e de democracia, coloca a atuação da Defensoria Pública na perspectiva dos vitimizados (pobres, negros, índios, mulheres, crianças, idosos, portadores de deficiência etc.). E a perspectiva das vítimas é a perspectiva da libertação, que supõe o uso do direito como instrumento de emancipação daqueles para quem a liberdade nunca passou de uma simples promessa.

O direito é mesmo a expressão da liberdade, dizia Carlos Cóssio. Para esse jurista latino-americano, o direito é um 'contínuo de liberdades e um descontínuo de interdições'. E a liberdade aqui, dizia Roberto Lyra Filho, deve ser entendida como 'libertação'. Logo, pode-se concluir - com Carlos Cóssio e Lyra Filho –, que o direito autêntico é mesmo um 'contínuo de liberdades' e uma 'somatória de libertações'.

Reflexões dessa natureza colocam a Defensoria Pública diante do dilema de definir o uso que fará do direito, definindo com isso a sua própria identidade histórica. Assim é que a Defensoria Pública poderá fazer um uso emancipatório do direito como instrumento da libertação humana e da democracia substancial; mas, poderá fazer também um uso simplesmente 'calibrador' do direito, politicamente trivializado, no campo tradicional do assistencialismo jurídico, indiferente aos grandes problemas políticos. A opção entre um e outro modelo de atuação é um desafio histórico por meio do qual a Defensoria Pública definirá concretamente a sua identidade e o seu papel."[8]

Enfim, o Brasil adota o modelo de assistência jurídica como serviço essencialmente público, cuja execução ocorre pelo próprio órgão público autônomo, **a Defensoria Pública,** ou indiretamente, a partir de convênios firmados com outros Entes ou Instituições, públicas ou privadas, mas cuja gestão permanece com aquela, que tem atribuições administrativas autônomas (diante do Poder Público) e discricionárias (diante dos particulares) para a escolha dos terceirizados, a definição das metas e prioridades, prezando pela qualidade, eficiência e continuidade do serviço. Aliás, é preciso lembrar que a prestação da assistência jurídica pelo Defensor Público é indeclinável. É dizer: se o interessado for considerado "necessitado" e sua pretensão viável, segundo um juízo mais flexível e desburocratizado, ele tem direito à assistência. Por outro lado, é um dever da Instituição como um todo, enfim, do Estado.

Aliás, prestação desse serviço é contínua e indeclinável. Eis a importância de um modelo público gerido por uma Instituição democrática, independen-

8 Disponível em: http://avessoedireito.com/

te e específica, como o é a Defensoria Pública. A literatura nos relata, em obra inspirada na realidade política brasileira, que quando Olga Benário recorreu ao serviço de assistência jurídica da época, não público, mas foi-lhe negado o atendimento. Tudo bem que o Brasil passava por regime de exceção, a ditadura Vargas, mas, de qualquer forma, o serviço foi-lhe tolhido. Por isso, ainda, temos conosco que **a Defensoria Pública é instituição permanente**, apesar do silêncio do Constituinte quanto a esse adjetivo.

Destarte, no livro Olga, Fernando Morais nos revela que a jovem militante comunista, de origem judaica, após ter sido presa durante o governo de Getúlio Vargas, não teve acesso à defesa técnica: "as visitas permitiam também que o presídio fosse arejado por notícias de fora. Foi num dia de visitas que se soube que o homem que prendera Olga e Prestes, Josué Torres Galvão, fora assassinado com cinco tiros por um soldado, no próprio quartel da Polícia Especial. Menos de 24 horas depois do crime, o assassino, Hernani de Andrade, chefe de um grupo de capturas, se suicidaria misteriosamente. Em surdina, diziam os visitantes, a notícia que corria é que os dois haviam se desentendido sobre quem ficaria com a recompensa de 100 contos de réis prometida por Filinto Muller para o policial que prendesse Prestes. E foi também num dia de visitas que Olga Benario ficou sabendo que o governo estava firmemente decidido a deportá-la para a Alemanha. O Instituto dos Advogados tentava designar um advogado de seu Departamento de Assistência Judiciária, Dyonisio da Silveira, para defendê-la, mas **este recusou-se a aceitar o encargo**."[9] (destaque nosso)

Por oportuno, vale a pena resgatarmos que a história constitucional brasileira sempre manifestou preferência pelo modelo público. De fato, após Vargas, a assistência "judiciária" retoma seu assento constitucional com a **Constituição de 1946**, o que corrobora seu perfil democrático, no artigo 141, parágrafo 35, ao dizer, como havia dito **em 1934**, que o Poder Público, na forma que a lei estabelecer, concederá assistência judiciária aos necessitados, também expondo sua preferência pelo modelo estatal de prestação e de gestão.

Finalmente, o **Texto de 1988** fornece guarida à Defensoria Pública em seu texto, com previsão expressa que a ela cabe a implementação e a gestão do serviço público de assistência jurídica, integral e gratuita, aos necessitados, na medida em que o artigo 134 faz referência ao artigo 5º, inciso LXXIV, o que é o bastante para se concluir acerca do modelo público adotado, e reiterado pelo Supremo Tribunal Federal, quando do julgamento das Ações Diretas de Inconstitucionalidade por Omissão acerca da ausência da Instituição no Estado de Santa Catarina, oportunidade em que o Egrégio Pleno, por maioria, julgou procedente pedido formulado em duas ações diretas, ajuizadas pela Associação Nacional dos De-

9 MORAIS, Fernando. *Olga*. 6ª ed. São Paulo: 1986, p. 194/195.

fensores Públicos da União e pela Associação Nacional dos Defensores Públicos, para declarar a inconstitucionalidade do art. 104 da Constituição do Estado de Santa Catarina, que autorizava a prestação de serviços de assistência judiciária pela Ordem dos Advogados do Brasil, em substituição à Defensoria Pública.[10]

Se não bastasse, a Constituição Federal ainda insere o adjetivo **"integral"** para qualificar a prestação, quando se curva à atual tendência instrumentalista e satisfativa da Justiça na tutela dos direitos materiais, mormente daqueles sociais e coletivos, o que reforça a interpretação publicista do formato idealizado.

Ademais, é relevante a atenção para a mudança das expressões que qualificam a assistência: não mais "judiciária", mas "jurídica". **Ada Pellegrini, Cândido Dinamarco e Cintra** destacam a transformação dos qualitativos da assistência na Constituição Federal de 1988. "Para a efetivação da garantia, a Constituição não apenas se preocupou com a assistência judiciária aos que comprovarem insuficiência de recursos, mas a estendeu à assistência jurídica pré-processual. Ambas consideradas dever do Estado, este agora fica obrigado a organizar a carreira jurídica dos Defensores Públicos, cercada de muitas das garantias reconhecidas ao Ministério Público (art. 5º, inc. LXXIV, e/c art. 134).

Além de caracterizar a garantia de acesso à justiça, a organização das Defensorias Públicas atende ao imperativo da paridade de armas entre os litigantes, correspondendo ao princípio da igualdade, em sua dimensão dinâmica." (...) Pode-se dizer, pois, sem exagerar, que a nova Constituição representa o que de mais moderno existe na tendência universal rumo à diminuição da distância entre o povo e a justiça." Após, concluem que "a institucionalização da Defensoria Pública constitui séria medida direcionada à realização da velha e descumprida promessa constitucional de assistência judiciária aos necessitados. A constituição fala agora, mais amplamente, em 'assistência jurídica integral e gratuita', que inclui também o patrocínio e orientação em sede extrajudicial ("advocacia preventiva")."[11]

Porém, engana-se o incauto leitor que imagina que essa mudança qualitativa da assistência tem apenas um sentido técnico-jurídico. O significado da alteração é ainda maior. "O legislador constituinte de 1988, sem dúvida, trouxe ao povo brasileiro um diploma marcado pela preocupação com a efetivação da cidadania, dando um passo à frente à democracia, através da garantia do acesso à justiça para a população com menor poder de renda, proporcionando assistência jurídica integral e gratuita.

Dada a abrangência do conceito de assistência jurídica, eis que a sua finalidade deve ser a de prestar auxílio aos cidadãos, tanto no aspecto consultivo, como preventivo e de orientação na dirimição de conflitos de interesses por

10 ADI 3892 e ADI 4270.

11 GRINOVER, Ada Pellegrini. DINAMARCO, Cândido Rangel. CINTRA. Antônio Carlos. Teoria Geral do Processo. São Paulo: Malheiros, p. 82 e 221.

meio de conciliação ou mesmo pela participação no contraditório, nas diversas esferas jurídicas, para o restabelecimento da tutela dos seus direitos, a Constituição estabeleceu que é a Defensoria Pública o órgão que exercerá essa função, por ser uma instituição essencial à função do Estado, '[...] incumbindo-lhe a orientação jurídica e a defesa, em todos os graus, dos necessitados, na forma do art. 5º, LXXIV.' (Brasil, 1988, art. 134). Dessa forma, a Defensoria Pública age como instrumento de justiça, capaz de desempenhar a função jurisdicional do Estado, não atuando somente em face do Poder Judiciário, mas como uma das formas de acesso a ele.

Assim, é função da Defensoria Pública a prestação de assistência jurídica e não somente judiciária, possibilitando melhor desenvolver o acesso à justiça da população carente, como a assistência jurídica preventiva e a assistência jurídica curativa, sobre as quais serão abordados pontos destacados. Ao cidadão deve ser esclarecido sobre seus direitos e sua condição na vida da nação, possibilitando-lhe alcançar o acesso à justiça em toda a sua plenitude, com previsão legal insculpida no artigo 4º, da Lei Complementar n. 80/94, ou seja, as Defensorias Públicas, por meio de seus Defensores, deverão atuar como:

- O **aconselhamento jurídico** – as Defensorias devem dispor de serviços que possibilitem aos cidadãos a informação sobre qualquer assunto que diga respeito à sua condição de sujeito de direitos, ou cidadão do mundo; mediante convênios com instituições públicas, governamentais ou não governamentais, entidades, universidades, clubes de serviços e outros. Podem-se formar equipes de ação para a atuação frente aos problemas da população, possibilitando o pleno exercício da cidadania;
- A **informação jurídica** – somente órgãos bem estruturados e com finalidades específicas podem desenvolver um trabalho de informação jurídica para a população. E nesse aspecto, a atuação poderia ser alargada para além das pessoas carentes. Para se ter o efetivo acesso à justiça, todos os cidadãos deveriam ser contemplados com um programa que envolvesse a informação jurídica, sem distinção;
- A **atuação extrajudicial** – na atuação extrajudicial, os conflitos serão resolvidos antes mesmo de buscar a via judicial, por meio de acompanhamento do Defensor Público e equipes de apoio, se necessário, para que seja restabelecido ao cidadão o seu direito de forma mais célebre e eficaz, desafogando, inclusive, o judiciário."[12]

12 Ainda, "uma das atribuições da Defensoria Pública é a assistência jurídica curativa, para reivindicar em juízo os direitos ao economicamente carente, que não tem condições de pagar um advogado. Essa modalidade é limitada, pois não tem cunho informativo, nem mesmo educativo, apenas busca resolver um

Aliás, é o que **Kazou Watanabe denomina de "assistência jurídica em sentido amplo"**. "Na acepção ampla, tem o sentido de assistência jurídica em juízo ou fora dele, com ou sem conflito específico, abrangendo serviço de informação e orientação, e até mesmo de estudo crítico, por especialistas de várias áreas do saber humano, do ordenamento jurídico existente, buscando soluções para sua aplicação mais justa e, eventualmente, sua modificação e inclusive revogação. Mais adequado seria chamar-se, serviço de semelhante amplitude, de 'assistência jurídica', em vez de 'assistência judiciária'.

Além desses aspectos, Kazuo Watanabe inova bastante a respeito da questão, trazendo uma nuança do que chama assistência jurídica *lato sensu* que, mesmo depois da Constituição de 1988, não vem sendo suscitada ou percebida por outros autores, mas que deve ser considerada ao se buscar garantir mecanismos de efetivação da assistência jurídica:

'E mais do que isso, supõe também um permanente estudo crítico da legitimidade do ordenamento jurídico, a ser feito a níveis, oficial e particular, principalmente daquelas legislações que atingem interesses de grande número de cidadãos e por isso tendem a gerar conflitos de caráter coletivo. A nível oficial, o serviço constitui uma assistência jurídica *lato sensu* e deve ser desempenhado, principalmente, pelos organismos aos quais esta afeto o serviço de assistência judiciária'."[13]

Realmente, "O acesso à Justiça é um fator elementar à afirmação da dignidade humana, e a consolidação de mecanismos que garantem esse acesso é fundamental para a construção de um verdadeiro Estado Democrático de Direito. Nesse contexto, o papel da Defensoria Pública é mais do que relevante; é imprescindível para garantir a legitimidade da organização institucional do sistema de justiça. Para isso, é importante que a atividade do Defensor Público não seja compreendida sob uma perspectiva reducionista, como mero advogado de hipossuficientes, mas como verdadeiro agente distribuidor de cidadania (...). Entender o Defensor Público como personagem catalisador de um processo de

problema jurídico que já aconteceu e que poderia ter sido evitado se o indivíduo estivesse informado. Essa forma é oportunizada ao cidadão somente quando um processo já está tramitando no Fórum e precisa de defesa, ou quando é necessário ingressar com ação judicial para o restabelecimento de direitos. Assim, a distribuição da justiça não é realizada de forma a atender as necessidades da população, e o Estado é o principal responsável por esse desajuste." Cita ainda a professora: "Deste modo, a distribuição da justiça à sociedade civil, através da viabilização do acesso desta a uma nova ordem jurídica justa, e não simplesmente aos tribunais, deve ser objeto principal do Estado, no que concerne à implementação de políticas públicas de acesso à Justiça, porque o *locus*, onde encontramos os principais obstáculos para a efetivação da justiça é o espaço onde se encontram as instituições públicas, que no caso, são aquelas que fazem parte da administração da justiça. Castro Júnior, 1998, p. 132." CAOVILLA, Maria Aparecida Lucca. *Acesso à Justiça e Cidadania.* Editora Universitária Argos. *passim.*

13 BRITTO, Adriana. *A evolução da Defensoria Pública em direção à tutela coletiva. In*: "A Defensoria Pública e os processos coletivos". Rio de Janeiro: *Lumen Juris*, 2008, p. 3.

transformação social, e não como advogado, revela a importância de se construir o acesso à Justiça através de uma Defensoria Pública fortalecida e atuante permite a construção de mecanismos eficazes de prevenção e resolução de conflitos."[14]

Em outras palavras, mas na mesma sintonia: "a expressão assistência jurídica, como é sabido, não é sinônima de assistência judiciária. É mais ampla que esta, pois abrange não apenas a defesa em juízo, mas todas as formas de serviços jurídicos, judiciais e extrajudiciais. Essa evolução do conceito de assistência judiciária para assistência jurídica é uma decorrência do movimento pela ampliação do acesso à justiça e permite uma correlação entre as diferentes ondas desse movimento.

Assim, essa vertente extrajudicial da assistência jurídica permite a prestação de orientações (informação em direito), a realização de mediações, conciliações e arbitragem antes da propositura de ações judiciais (resolução alternativa de litígios), entre outros serviços. Trata-se, também, de adequações desses serviços à tendência de desjudicialização e desburocratização, uma outra faceta do movimento pelo acesso à justiça. (...) O conceito de integralidade da assistência jurídica está mais diretamente relacionado com a extensão subjetiva e objetiva do serviço.

Do ponto de vista objetivo, todas as matérias e áreas jurídicas devem ser tratadas pelo conjunto de profissionais encarregado de prestar o serviço. Naturalmente, tendo em vista a crescente especialização verificada em todas as áreas do conhecimento humano, e o direito não é exceção, o corpo de profissionais deve combinar uma formação generalista com a existência de órgãos especializados."[15]

Como já dissemos, mas vale repetir, **a vinda da Defensoria Pública era, há muito, aguardada:** "a Defensoria Pública, como instrumento do regime democrático e instituição essencial à administração da justiça, e como sendo o órgão que tem a missão constitucional de atuar em favor de grande parcela da sociedade, entra neste contexto para defender a ordem jurídica, a exata aplicação da lei, o cumprimento das disposições constitucionais, tendo como objeto, como instrumento, o cidadão, criminoso ou não, individualmente considerado, cuja defesa retrata um interesse público. (...) A Defensoria Pública e os outros instrumentos que visem a diminuir as desigualdades sociais são da mais alta relevância para o equilíbrio social."[16]

---

14 BOTTINI, Pierpaolo e DE VITTO, Renato Campo Pinto. *Apud* BRITTO, Adriana. *A evolução da Defensoria Pública em direção à tutela coletiva. In:* A Defensoria Pública e os processos coletivos". Rio de Janeiro: *Lumen Juris*, 2008, p. 3.

15 CASTRO, André Luís Machado. BERNARDES, Márcia Nina. *Construindo uma nova Defensoria Pública. In:* A Defensoria Pública e os processos coletivos". Rio de Janeiro: *Lumen Juris*, 2008, p. 110.

16 VIANNA, Guaraci de Campos. *In:* FERENCZY, Peter Andreas. *Considerações sobre aspectos da evolução da Defensoria Pública.* Revista dos Tribunais: 1995. Vol. 722, p. 79.

Com o perfil constitucional adotado em 1988, outra não poderia ser a postura do Constituinte que não a previsão da Instituição que seria, de uma forma ou de outra, a própria realização de seus ideias. Como consignamos alhures, a identidade entre a Constituição Federal e as funções institucionais da Defensoria Pública não se esgota no combate à desigualdade social e à marginalização. A sobreposição é muito maior. É estrutural. Para a concretização do projeto constitucional, **a implementação e o fortalecimento da Defensoria Pública ganham tez de fundamentalidade.**

Por outro lado, **a partir do viés axiológico dos bens jurídicos eleitos pelo Estado Brasileiro como fundamentais à sociedade**, vale a pena sulcar a seguinte observação, de cunho criminológico. Se é certo que o modelo público de acusação, concretizado a partir da implementação de uma Instituição forte e independente - o Ministério Público - constitui, há algum tempo, o formato ideal de exercício do direito à persecução penal do Estado, não é menos correto dizer que o modelo público de defesa, pela Defensoria Pública, adquire tez de essencialidade ao Estado Democrático e Social de Direito.

De fato, se é público o direito de punir, igualmente os são os direitos ao devido processo legal e à assistência jurídica integral. Destarte, imaginem se todas as ações penais fossem atribuídas às vítimas do delito ou aos seus sucessores. Certamente, considerando a natureza dos bens jurídicos violados, a sociedade restaria desguarnecida e vulnerável. Note o interesse público nessa resposta estatal, com o fim último de proteger a paz social, que também é o objetivo final do devido processo legal, na sua concepção instrumentalista de tutela satisfativa dos direitos.

Evidente, se, em tese, a paz social é garantida com a retribuição penal diante do evento delituoso, ela também não dispensa, talvez com relevância maior e de perfil mais preventivo, em absoluto, uma boa e integral assistência jurídica. Ora, ilustrativamente, não são poucos os casos de crimes motivados por litígios cíveis mal resolvidos. São muitos os casos de homicídios praticados por credores frustrados que optaram pela reação privada violenta a uma resposta estatal, quiçá por descrédito na Justiça ou, ainda, de seus meios de acesso. Em suma, se é interesse do Estado a garantia da paz social, que ele a busque com meios legítimos, públicos e preparados para um enfrentamento eficaz de seus obstáculos e riscos, de preferência, preventivamente.

Bem verdade e fundamental observação, a atual criminalização social e racial, no Brasil, somada à precariedade do sistema carcerário e à violência policial, tem fomentado a implementação e o fortalecimento de organizações criminosas de dimensões jamais vistas. Outrossim, a estratégia do confronto, não da pacificação, tem colaborado com esse processo. Basta olharmos os confrontos entre policiais militares e tais organizações nos anos de 2006 e 2012. Dessa forma, **a Defensoria Pública se apresenta como importante agente de pacificação social, pois trabalha contra o encarceramento endêmico e estrutural**, bem como **preza pelo resgate ressocializador da pena privativa de liberdade**, jamais implementado.

Quiero citar finalmente, lo que dijo el sociólogo Löic Wacquant, cuando nos visitó para dar una conferencia en nuestro Centro de Estudios para la ***Defensa Pública*** *- CEDeP- el 5 de marzo del 2001: "Penalizar la pobreza y criminalizar a los pobres, tratar los problemas sociales con la policía, los tribunales y el sistema carcelario, equivale a establecer una dictadura sobre los pobres. Utilizar la prisión como mero depósito para eliminar una pequeña fracción de pobres, lo cual no resuelve para nada el problema, que sirve solamente como una especie de teatro moral que los políticos utilizan para ocultar el hecho de que no están haciendo nada en vez de solucionar el problema.*

En realidad para salvaguardar la responsabilidad política que les cabe por el problema, para simular que están haciendo algo. Esta política es una invitación al desastre social..." Es decir, una invitación a crear una sociedad en fundamental contradicción con la idea de una sociedad democrática. La penalización de la pobreza es en definitiva, un abandono del proyecto de sociedad democrática, y nos compele a los defensores y defensoras públicas a redoblar los esfuerzos para sustituir el círculo vicioso de violencia por un círculo virtuoso de convivencia pacífica. Un mundo mejor es posible.[17]

Vale a pena consignarmos as ponderações do então **Ministro Relator da Ação Direta de Inconstitucionalidade por Omissão nº 4270, a Sua Excelência Joaquim Barbosa,** sobre a não implementação da Defensoria Pública no Estado de Santa Catarina. "Confira-se, por fim, a dura realidade vivenciada pelos detentos do Estado de Santa Catarina, os quais, além de conviverem com as péssimas condições estruturais dos presídios daquela unidade da Federação, não contam, ao contrário daqueles recolhidos em unidades prisionais de outros Estados ou da União, com defensores públicos lotados nas próprias penitenciárias e centros de detenção. Essa realidade, que poderia ser facilmente alterada com a criação da defensoria pública, tem impacto direto sobre a regularidade da execução penal, gerando, como consequência, o indesejável fato do encarceramento ilegal ou por tempo que excede o do regular cumprimento da pena.

Colho do relatório final do Mutirão Carcerário realizado pelo Conselho Nacional de Justiça no Estado de Santa Catarina entre 13 e 22 de julho de 2011, subscrito pela juíza coordenadora Soraya Brasileiro Teixeira: '26. O mais grave

17 CORIOLANO, Mario Luis. *Defensa pública y derechos humanos-Banco de Datos sobre torturas y otros tratos o penas crueles, inhumanos o degradantes.* Disponível em: <http//:www.anadep.org.br>

problema de Santa Catarina é a ausência de Defensoria Pública Estadual, optando o Estado, em sua Constituição Estadual, pela assistência jurídica a pessoas carentes através da nomeação de advogados dativos.

A falta de Defensores Públicos na execução penal gera gargalos que atravancam e conspiram contra a melhora do sistema. A ausência de ao menos um Defensor Público em cada unidade prisional dificulta e obstaculiza a veiculação de demandas, reclamações e providências em condições de impor ao Poder Judiciário um substrato que resulte numa ação coordenada para a cobrança de responsabilidades. Essa situação gera uma crise aos direitos do homem. Dos benefícios concedidos durante o Mutirão Carcerário impressiona o elevado número de benefícios que ensejaram expedição de alvará de soltura, implicando na liberação imediata de 1087 vagas no sistema prisional'."[18]

De fato, a banalização dos direitos fundamentais, a falta de processos criminais efetivamente democratizados e os elevados punitivismo e encarceramento acabam favorecendo o aumento da violência. Causa e efeito. Numa abordagem sociopolítica crítica, ao analisar recente pronunciamento de parlamentar brasileiro, o Professor da USP Conrado Hübner reafirma essa constatação, por muitos ignorada. Segundo ele, anunciou o Deputado: "'Vagabundos, pondera ainda, deveriam 'pagar por seus pecados'. Por isso, os presídios brasileiros seriam 'uma maravilha' e o Complexo Penitenciário de Pedrinhas, onde alguns presos foram decapitados semanas atrás, 'a única coisa boa do Maranhão'.

Dessa amostra se pode deduzir o que pensa o deputado sobre tantos outros temas. Ele sabe para quem está falando e por qual breviário deve rezar para se eleger. Suas frases de efeito imoral são combustível para toda sorte de recalque homofóbico, sexista, racista, elitista, policialesco, enfim, para todo o arsenal de recursos opressores estocados na cultura brasileira. A filosofia da discriminação dá voto. Invocada com raiva e fé, ainda elege e reelege.

O parlamentar do PP é a expressão mais caricata, se não repugnante, do primitivismo. Fosse apenas um lembrete pedagógico de um país que um dia existiu, ou representasse só um reduto de filhos bastardos da ditadura, não causaria maior dor de cabeça. Mas quando notamos que ele é somente a versão mais antipática de um Brasil que ainda nos espreita da esquina, ou de uma mentalidade que continua a se manifestar nos jornais, na família e no trabalho, é sinal de que o confronto não pode ser evitado. Há muito em risco para ficar em silêncio.

Que o seu repertório de ideias fixas constitui uma brutalidade moral e uma aberração jurídica, isso não é mais novidade. Antes disso, porém, trata-se de um monumento de desonestidade intelectual. Ignora as abundantes provas sobre a

18 (<http//:www.stf.jus.br>)

motivação homofóbica de centenas de crimes de ódio anualmente praticados por todo Brasil. **Ignora a relação causal, já demonstrada por tantos pesquisadores nacionais e estrangeiros, entre o encarceramento em massa e o agravamento da violência.** Prisões brasileiras há muito não cumprem suas funções publicamente anunciadas - prevenção, dissuasão, ressocialização. Poucos se dão conta, contudo, de que prisões cumprem perigosas funções extraoficiais, e elas invariavelmente agradam ao primitivo: o incentivo à demagogia, a repressão da pobreza, o endurecimento da violência estatal. Isso já é saber convencional nas ciências sociais, mas a política mostra-se impermeável a essas velhas constatações"[19] – (destacamos).

Aliás, evidente, não por mero acaso, nem por uma infeliz coincidência, que o Estado de Santa Catarina já identifica a existência de organizações criminosas, nascidas da precariedade do sistema carcerário e de sua falência, somado isso ao elevado nível encarceramento e à ausência de efetiva assistência jurídica aos denunciados e aos presos. "Desde a tarde de segunda-feira (12), Santa Catarina registra ataques a ônibus, bases da Polícia Militar e Polícia Civil e veículos particulares em pelo menos 13 cidades. Autoridades do Estado investigam a hipótese de que as ações criminosas estejam relacionadas às denúncias de maus-tratos em presídios. No primeiro dia dos ataques em Santa Catarina, a Polícia Militar registrou quatro ocorrências.

Em Florianópolis, criminosos atearam fogo em dois ônibus, nos bairros Sacos dos Limões e Canto do Lamim. Segundo a Polícia Militar, nas ocorrências o fogo foi controlado. Além disso, um carro da Polícia Civil também foi incendiado, em frente à Delegacia de Polícia, no Bairro Saco dos Limões. Em Blumenau, um ônibus foi incendiado. No segundo dia, foram 16 ataques. Em Florianópolis, dois contêineres, dois ônibus e o carro de um policial militar foram incendiados.

Os prédios de uma delegacia e uma central de videomonitoramento da PM foram atingidos por disparos. Em Palhoça, na Grande Florianópolis, uma base da Polícia Militar foi alvejada por tiros. Em Blumenau, criminosos atiraram contra a guarita do Presídio Regional e atearam fogo a um ônibus. Em Criciúma, um motociclista disparou tiros contra o Presídio Santa Augusta, dois ônibus foram incendiados e um foi apedrejado. Em Navegantes, dois ônibus foram incendiados. Em Itajaí, um carro foi incendiado. No terceiro dia, foram 14 ataques. Em Florianópolis, um ônibus foi incendiado no bairro dos Ingleses, no Norte de Florianópolis. Dois veículos que estavam estacionados na rua também foram atingidos.

O prédio de uma escola foi destruído por um incêndio. Uma base da polícia também foi alvo de uma tentativa de incêndio. Em Tijucas, na Grande Floria-

19 MENDES, Conrado Hübner. Reféns do bolsonarismo. Jornal O Estado de São Paulo. Disponível em: http://www.estadao.com.br/noticias/impresso,refens-do-bolsonarismo,1140280,0.htm

nópolis, três ônibus foram incendiados. Em Gaspar, um ônibus foi incendiado. Balneário Camboriú, a base da Guarda Municipal foi alvo de tiros. Em São José, na Grande Florianópolis, a central de videomonitoramento da PM foi atingida por três disparos. Em Itajaí, cinco carros e um ônibus foram incendiados. No quarto dia de ataques, até as 23h30, oito ações foram registradas. Em São José, três ônibus que estavam na garagem de uma empresa foram incendiados. Em Florianópolis, criminosos atearam fogo em um ônibus. Na madrugada em Palhoça, criminosos atearam fogo em dois ônibus.

O motorista e o cobrador de um deles tiveram ferimentos leves. Também em Palhoça, um automóvel foi incendiado. É o primeiro registro de ocorrência durante o dia. Pela manhã, em Itajaí, um veículo particular e um ônibus foram incendiados. Em Itapema, durante a tarde, um ônibus foi incendiado e um criminoso foi baleado pela polícia. Em Criciúma, um adolescente atirou contra um carro de polícia e foi atingido na perna. No quinto dia de ataques, até as 11h30, seis ocorrências foram registradas. Em Itapema, um ônibus de uma empresa de turismo foi incendiado. Em Tubarão, criminosos jogaram coquetéis molotov contra o carro de policial militar aposentado e o guincho de uma empresa que presta serviço para a PM. Em Palhoça, dois criminosos jogaram pedras contra um ônibus de transporte coletivo, no bairro Pachecos. Em Itajaí, um carro foi incendiado em Itajaí, no bairro Cidade Nova. No final da manhã, em São José, um ônibus foi incendiado."[20]

Bem verdade, **o abandono jurídico e a fome por Justiça incomodam, rebelam e jamais perecem.** Portanto, se a paz social é bem de maior nobreza, a assistência e a Defensoria Pública ganham tons de essencialidade, ao menos, no modelo de Estado acolhido em 1988 que, não consiste apenas em "unir formalmente os conceitos de Estado Democrático e Estado de Direito. Consiste, na verdade, na criação de um conceito novo, que leva em conta os conceitos dos elementos componentes, mas os supera na medida em que incorpora um componente revolucionário de transformação do *status quo.*

E aí se entremostra a extrema importância do art. 1° da Constituição de 1988, quando afirma que a República Federativa do Brasil se constitui em *Estado Democrático de Direito,* não como mera promessa de organizar tal Estado, pois a Constituição aí já o está proclamando e fundando. A Constituição portuguesa instaura o *Estado de Direito Democrático,* com o "democrático" qualificando o Direito e não o Estado. Essa é uma diferença formal entre ambas as constituições. A nossa emprega a expressão mais adequada, cunhada pela doutrina, em que o "democrático" qualifica o Estado, o que irradia os valores da democracia sobre todos os elementos constitutivos do Estado e, pois, também sobre a ordem jurídica.

20 Disponível em: < http://g1.globo.com/sc/santa-catarina/noticia/2012/11/cronologia-dos-ataques--em-sc.html> Acesso em 16 de novembro de 2012.

A democracia que o Estado Democrático de Direito realiza há de ser um processo de convivência social numa sociedade livre, justa e solidária (art. 3º, I), em que o poder emana do povo, e deve ser exercido em proveito do povo, diretamente ou por representantes eleitos (art. 1º, parágrafo único); participativa, porque envolve a participação crescente do povo no processo decisório e na formação dos atos de governo; pluralista, porque respeita a pluralidade de ideias, culturas e etnias e pressupõe assim o diálogo entre opiniões e pensamentos divergentes e a possibilidade de convivência de formas de organização e interesses diferentes da sociedade; há de ser um processo de liberação da pessoa humana das formas de opressão que tão depende apenas do reconhecimento formal de certos direitos individuais, políticos *e* sociais, mas especialmente da vigência de condições econômicas suscetíveis de favorecer o seu pleno exercício.

É um tipo de Estado que tende a realizar a síntese do processo contraditório do mundo contemporâneo, superando o Estado capitalista para configurar um Estado promotor de justiça social que o personalismo *e o* monismo político das democracias populares sob o influxo do socialismo real não foram capazes de construir. O certo, contudo, é que a Constituição de 1988 não promete a transição para o socialismo com o Estado Democrático de Direito, apenas abre as perspectivas de realização social profunda pela prática dos direitos sociais, que ela inscreve, e pelo exercício dos instrumentos que oferece à cidadania e que possibilita concretizar as exigências de um Estado de justiça social, fundado na dignidade da pessoa humana."[21]

Em outra oportunidade, José Afonso da Silva pondera, especificamente sobre o modelo adotado. "O Estado prestará assistência jurídica integral e gratuita aos que comprovarem insuficiência de recursos. Esta é cláusula que contém uma imposição constitucional. Não se diz que o Estado 'poderá prestar', ou que 'deverá prestar'. Diz-se que ele tem a obrigação de realizar a prestação determinada na norma constitucional.

Aqui temos uma daquelas prestações positivas do Estado, que há de traduzir-se em uma ação afirmativa, mediante políticas adequadas ao cumprimento da imposição constitucional. A omissão gera a possibilidade do exercício da ação de inconstitucionalidade por omissão, a fim de obrigar o Estado (Poder Público) a realizar na prática a imposição constitucional. A própria Constituição prescreve a organização dos meios necessários a tal fim, quando, no art. 134, prevê as Defensorias Públicas com incumbências de orientação jurídica e de defesa, em todos os graus, aos necessitados, na forma do inciso ora em comentário. (...)

A assistência integral e gratuita aos que comprovarem insuficiência de recursos vem configurada, relevantemente, como direito individual no art. 5º, LXXIV. Sua eficácia e efetiva aplicação, como outras prestações estatais, constituirão

21 DA SILVA. José Afonso. *Curso de Direito Constitucional Positivo.* São Paulo: Malheiros, 2008, *passim.*

um meio de realizar o princípio da igualização das condições dos desiguais perante a Justiça. Nesse sentido é justo reconhecer que a Constituição deu um passo importante, prevendo, em seu art. 134, a Defensoria Pública como instituição essencial à função jurisdicional, incumbida da orientação jurídica e defesa, em todos os graus, dos necessitados, na forma do art. 5º, LXXIV."[22]

ATENÇÃO Bem verdade, **a assistência jurídica se apresenta como direito fundamental de maior valor,** pois consiste, muitas vezes, no acesso aos outros direitos humanos, mormente em benefícios daqueles que mais necessitam.

Nesse sentido, já decidiu a Corte Interamericana de Direitos Humanos:

El artículo 25 de la Convención establece que "toda persona tiene derecho a un recurso sencillo y rápido o a cualquier otro recurso efectivo ante los jueces o tribunales competentes, que la ampare contra actos que violen sus derechos fundamentales reconocidos por la Constitución, la ley o la presente Convención, aun cuando tal violación sea cometida por personas que actúen en ejercicio de sus funciones oficiales." El artículo 25 de la Convención también consagra el derecho de acceso a la justicia. Al analizar el citado artículo 25 la Corte ha señalado que éste establece la obligación positiva del Estado de conceder a todas las personas bajo su jurisdicción un recurso judicial efectivo contra actos violatorios de sus derechos fundamentales.

Y ha observado, además, que la garantía allí consagrada se aplica no sólo respecto de los derechos contenidos en la Convención, sino también de aquéllos que estén reconocidos por la Constitución o por la ley. La Corte ha señalado, asimismo, en reiteradas oportunidades, que la garantía de un recurso efectivo "constituye uno de los pilares básicos, no sólo de la Convención Americana, sino del propio Estado de Derecho en una sociedad democrática en el sentido de la Convención", y que para que el Estado cumpla con lo dispuesto en el artículo 25 de la Convención no basta con que los recursos existan formalmente, sino que los mismos deben tener efectividad, es decir, debe brindarse a la persona la posibilidad real de interponer un recurso que sea sencillo y rápido. Cualquier norma o medida que impida o dificulte hacer uso del recurso de que se trata constituye una violación del derecho al acceso a la justicia, bajo la modalidad consagrada en el artículo 25 de la Convención Americana.[23] (destaques nossos)

Em 2010, **o Defensor Público Paulo Maycon Costa** teve a oportunidade de defender a tese da relevante atuação da Defensoria Pública na efetivação dos direitos humanos. "No tocante à tutela dos direitos humanos, é importante a implementação de uma Instituição Pública e independente para se contrapor,

22 DA SILVA. José Afonso. *Comentário contextual à Constituição Federal.* São Paulo: Malheiros, 2010, *passim.*

23 Corte Interamericana de Derechos Humanos. *Caso Cantos Vs. Argentina. Sentencia de 28 de noviembre de 2002 - Fondo, Reparaciones y Costas.*

muitas vezes, ao próprio Estado, como medida de paridade de armas, na linha ativa, o que atenderia à necessária isonomia das possibilidades e das condições das partes, já referida, há tempo, por Cappelletti e Garth:

'Daí porque, muitos países, sobretudo o Brasil, construíram um sistema de assistência jurídica necessário a viabilizar o efetivo acesso à justiça, essencial para a realização do direito humano de proteção judicial. Isso porque, na maioria das vezes, imputa-se ao próprio Estado a responsabilidade pela violação dos direitos humanos.' E somente o Estado, na posição de defensor, por meio de uma Instituição específica, será capaz de se contrapor ao poder do próprio Estado, contra abusos perpetrados em detrimentos dos direitos humanos.

Trata-se, em síntese, de uma medida para efetivação da proteção aos direitos humanos, que, na presente quadra da história, depende de instrumentos dessa natureza para sua implementação. (...) Disso depende, a propósito, a redução da pobreza. Essa que resiste e contribui para a injustiça social no País. A Defensoria Pública, como órgão permanente do Estado, traduz a presença do poder público na defesa dos cidadãos, com o escopo de promover a dignidade humana, a redução das desigualdades e a consolidação da democracia, na esteira do que prevê o novo art. 3º-A, da Lei Complementar 80 de 1994. (...) Registre-se que a missão da Defensoria Pública, enquanto órgão essencial à função jurisdicional do Estado, transcende a tradicional participação em processos criminais voltados à defesa do réu carente.

Em verdade, soma-se a essa missão, a precípua tarefa de proteger os direitos humanos, orientando a população sobre os seus direitos e deveres, no afã de promover cidadania e a diminuição da pobreza. Será realizada por meio de uma carreira de Estado, a de Defensor Público, cujo ingresso se dará por meio de concurso de provas e títulos, ou seja, à maneira da seleção dos magistrados e dos membros do Ministério Público. E o exercício da função será perpetrado sob a batuta da inamovibilidade. Além disso, o constituinte proibiu ao Defensor, expressamente, o exercício da advocacia fora das suas atribuições institucionais, a teor do art. 134, § 1º, da Lei Fundamental do Brasil.

Em resumo, observa-se que o modelo brasileiro de assistência jurídica prestada pela Defensoria Pública se aproxima daquele preconizado pelo *Neighbour Law Centers*, sobretudo porque os integrantes da carreira da Defensoria estão voltados exclusivamente à defesa do povo brasileiro que reclama o amparo jurídico necessário à condigna posição de ser humano, e, sobretudo, uma igualdade jurisdicional material. Essa assistência, deveras, reclama prerrogativas específicas aos defensores, pois defendem camadas significativas da população, muitas sem recursos e desprovidas de qualquer cidadania."[24]

---

24 DA SILVA, Paulo Maycon Costa. Tese: *Legitimidade precípua da defensoria à tutela jurídica dos direitos humanos.* Disponível em: <http//: www.anadep.org.br>

Não é outro o discurso dos **Defensores Públicos André Castro e Rafael Português.** "Em recente decisão, o Supremo Tribunal Federal (STF) reconheceu o acesso à Defensoria Pública como um direito fundamental, por ser o instrumento de garantia dos direitos das pessoas carentes.

A Defensoria Pública propicia, de forma pública, profissional e equânime, a universalização dos direitos. É política pública obrigatória, parte do processo civilizatório brasileiro, acostumado a sonegar direito e acesso a todas as minorias e excluídos. A própria Organização dos Estados Americanos (OEA) aprovou, por unanimidade, duas resoluções recomendando a todos os Estados-membros a adoção do modelo público de assistência jurídica, como o exercido pela Defensoria Pública no Brasil."[25]

Outrossim, sobre a defesa institucionalizada e estrutural dos direitos, assim manifesta os Defensores Públicos André Castro e Rafael Português: "A própria atuação do advogado privado vulneraria a defesa do necessitado, pois o profissional não goza de prerrogativas instituídas por lei para atuação da Defensoria Pública, como prazos processuais em dobro, requisição gratuita de documentos, intimação pessoal com vista dos autos, titularidade para propor ação coletiva e independência funcional.

Os Defensores Públicos têm, por obrigação constitucional, dedicação exclusiva à profissão – com proibição de advogar – e passam por concurso público com alto grau de dificuldade. Sua atuação não se restringe a feitos judiciais, tendo compromisso funcional com educação em direitos, mediação de conflitos, defesa coletiva e discussão de políticas públicas para a população hipossuficiente."[26]

Os autores se referem às Ações Diretas de Inconstitucionalidade por Omissão 3892 e 4270, ambas de relatoria, conforme dissemos acima, do Ministro Joaquim Barbosa, cuja Suprema Corte entendeu que a instituição da Defensoria Pública pelo Estado é obrigatória diante do modelo adotado, pois constitui direito fundamental das pessoas vulneráveis.

"O Plenário, por maioria, julgou procedente pedido formulado em duas ações diretas, ajuizadas pela Associação Nacional dos Defensores Públicos da União - ANDPU e pela Associação Nacional dos Defensores Públicos – Anadep, para declarar, com eficácia diferida a partir de doze meses, a contar desta data, a inconstitucionalidade do art. 104 da Constituição do Estado de Santa Catarina e da Lei Complementar 155/97 dessa mesma unidade federada. Os dispositivos questionados autorizam e regulam a prestação de serviços de assistência judi-

25 CASTRO, André Luís Machado de. DE SOUZA, Rafael Morais Português. Artigo: *Retrocesso e corporativismo.* Agosto de 2012. Disponível em < http://www1.folha.uol.com.br>.

26 CASTRO, André Luís Machado de. DE SOUZA, Rafael Morais Português. Artigo: *Retrocesso e corporativismo.* Agosto de 2012. Disponível em < http://www1.folha.uol.com.br>.

ciária pela seccional local da Ordem dos Advogados do Brasil - OAB, em substituição à Defensoria Pública. (...)

No mérito, observou-se o fato de a lei complementar adversada resultar de iniciativa do Poder Legislativo, o que seria suficiente para a declaração de inconstitucionalidade formal, tendo em conta a regra constante do art. 61, § 1º, II, d, da CF ("Art. 61. A iniciativa das leis complementares e ordinárias cabe... § 1º São de iniciativa privativa do Presidente da República as leis que: ... II – disponham sobre: ... d) organização do Ministério Público e da Defensoria Pública da União, bem como normas gerais para a organização do Ministério Público e da Defensoria Pública dos Estados, do Distrito Federal e dos Territórios") e o princípio da simetria. Acrescentou-se que os dispositivos em comento também violariam os artigos 5º, LXXIV, e 134, *caput* — este último em sua redação original —, ambos da CF. Consignou-se que possíveis dúvidas a respeito do atendimento ao comando constitucional teriam sido esclarecidas pela LC 80/94, que disporia sobre normas gerais obrigatórias para a organização da Defensoria Pública pelos Estados-membros.

Asseverou-se, ainda, que o modelo catarinense não se utilizaria de parceria da OAB como forma de suplementar a Defensoria Pública ou suprir eventuais carências desta, mas, naquele ente federativo, a seccional supostamente cumpriria o papel designado à Defensoria — lá inexistente —, ao indicar advogados dativos. Enfatizou-se que o constituinte originário não teria se limitado a fazer mera exortação genérica quanto ao dever de prestar assistência judiciária, porém descrevera, inclusive, a forma a ser adotada na execução deste serviço, sem dar margem a qualquer liberdade por parte do legislador estadual. O Min. Celso de Mello registrou que o Estado de Santa Catarina incorreria em dupla inconstitucionalidade: por ação — ao estabelecer essa regra na sua Constituição e ao editar legislação destinada a complementá-la —; e, por inércia — uma vez que decorridos mais de 22 anos sem que criada a Defensoria Pública naquela localidade."[27]

Aliás, merece consignarmos as ponderações do então Ministro Relator da Ação Direta nº 4270, **Joaquim Barbosa**. "À primeira vista, é muito pouco provável que se possa afirmar que o cidadão catarinense esteja plenamente satisfeito com a prestação de assistência judiciária por meio de advogados dativos indicados pela seção estadual da Ordem dos Advogados.

As cifras apresentadas pelo Governo do Estado e pela própria OAB sugerem, apenas, que a proporção de advogados dativos em relação à população total do Estado seria maior em Santa Catarina do que em outros estados nos quais foi

27 Disponível em <http//:www.stf.jus.br>.

criada a defensoria pública. Esses números não trazem, entretanto, qualquer possibilidade de juízo seguro sobre a qualidade dos serviços efetivamente prestados, até porque não existe comparação possível em razão da inexistência de defensoria naquele Estado.

Não se pode ignorar, também, que, enquanto o defensor público integrante de carreira específica dedica-se exclusivamente ao atendimento da população que necessita dos serviços de assistência, o advogado privado convertido em defensor dativo certamente prioriza, por uma questão de limitação da jornada de trabalho, os seus clientes que podem oferecer uma remuneração maior do que aquela que é repassada pelo Estado, a qual observa a tabela de remuneração básica dos serviços de advogado.

Essas observações sugerem que a questão da criação de um serviço de assistência judiciária não pode ser vista apenas sob o ângulo estatístico e muito menos da perspectiva da mera economia de recursos. Veja-se, a título de exemplo, o fato de que a defensoria dativa organizada pelo Estado de Santa Catarina com apoio da seção local da OAB não está preparada e tampouco possui competência para atuar na defesa de direitos coletivos, difusos ou individuais homogêneos dos hipossuficientes e dos consumidores, atribuição que hoje se encontra plenamente reconhecida à defensoria pública (incisos VII e VIII do art. 4º da LC 80/1994, na redação da LC 132/2009).

Note-se, também, que a ênfase do modelo catarinense na assistência jurídica prestada sob o ângulo do apoio ao litígio judicial deixa de lado todos os esforços que vem sendo empreendidos por várias organizações no sentido de consolidar a cultura da resolução extrajudicial de disputas. A defensoria pública como instituição do Estado encontra-se apta para atuar nessa frente, linha de ação essencial para reduzir a quantidade de processos e tornar mais ágil o funcionamento da justiça (inc. II do art. 4º da LC 80/1994, na redação da LC 132/2009)."[28]

Na contramão da evolução sociológica, política e jurídica do modelo de assistência, no Estado de São Paulo, a Ordem dos Advogados do Brasil, a partir de proposta do Deputado Campos Machado, sugeriu a aprovação de lei que transferiria a gestão do Fundo Assistência Judiciária ao Governo Estadual, em manifesta inconstitucionalidade diante da violação ao modelo público, já ratificado no Supremo Tribunal Federal e à própria autonomia da Defensoria Pública.

Nesse sentido, manifesta o Advogado José Carlos Dias: "O projeto de lei do deputado Campos Machado representa verdadeira investida contra a Defensoria, despojando-a de primordial fonte de recursos. Tramita na **Assembleia Legislativa de São Paulo o projeto de lei complementar nº 65/2011**, de au-

---

28 Disponível em <http//:www.stf.jus.br>.

toria do deputado Campos Machado, que, atendendo a pedido do presidente da seccional paulista da Ordem dos Advogados do Brasil, transfere a gestão do convênio de assistência judiciária, hoje administrado pela Defensoria Pública, à Secretaria de Estado da Justiça. O convênio foi concebido em 1984, durante o governo Montoro, como minha proposta, na qualidade de secretário da Justiça.

O serviço de assistência judiciária era prestado pela Procuradoria de Assistência Judiciária (PAJ), integrada à Procuradoria-Geral do Estado. Por mais dedicados que fossem seus integrantes, e efetivamente o eram, não dispunha a PAJ de um número de procuradores que pudesse dar resposta à demanda. Os juízes, principalmente no interior do Estado, nomeavam advogados dativos. A situação criou clima de insatisfação na categoria, que realizou greves, enquanto muitos magistrados impunham indevidas multas aos defensores que se insurgiam contra tais nomeações. A situação nos presídios era de total abandono em termos de assistência legal, forçando o Estado a contratar excepcionalmente advogados pela Fundação Estadual de Amparo ao Trabalhador Preso.

A proposta do convênio foi elaborada de forma a permitir que os que tinham acesso à Justiça colaborassem com um percentual das custas devidas para garantir que as pessoas carentes também fossem defendidas por profissionais remunerados. Os advogados não seriam compelidos a fazer esmola de seu trabalho, nem os pobres a se submeterem à humilhação de aceitá-la.

A iniciativa do parlamentar também retira da Defensoria a gestão desses recursos. Com o advento da Constituição de 1988, o programa de redemocratização do país incluiu uma posição clara no sentido de que a Defensoria Pública é a instituição que deve prestar e coordenar a política de assistência jurídica aos necessitados. A adoção do modelo público partiu da premissa de que o Estado, que dispõe de um juiz para julgar e de um promotor para acusar, deve também aparelhar a sociedade de meios para que a defesa se faça por profissional concursado e com dedicação exclusiva. São Paulo, em razão de forte resistência corporativista, foi um dos últimos Estados em que a instituição foi criada e instalada."[29]

29 Nos últimos cinco anos, a Defensoria Pública deu seus primeiros passos, a sua atuação já confirmou o acerto do constituinte e aponta para a necessidade de reforço de seus quadros, que contam com apenas 500 profissionais. A solução concebida há mais de 25 anos como um mero paliativo acabou, lamentavelmente, cristalizando-se, criando a falsa impressão de que caberia ao Estado perpetuar um modelo de remuneração de advogados dativos, em vez de fortalecer uma instituição pública apta a completar o tripé da Justiça. A Defensoria Pública não concorre com a OAB no atendimento aos reclamos jurídicos da população carente. A parceria é salutar e pode ser mantida até que o Estado disponha do número adequado de defensores. À Defensoria Pública deve caber a gestão de convênio entre as entidades, como decorrência de sua atribuição constitucional. Assim, o projeto de lei, além de pecar pela inconstitucionalidade, representa verdadeira investida contra a Defensoria e o interesse público, despojando-a de sua primordial fonte de recursos e impedindo seu indispensável crescimento. Celebro mais uma vez o nome

Cito ainda: **"Garantir assistência jurídica à população é dever do Estado. A Defensoria Pública vem realizando importante trabalho.** É órgão relevante para o Estado e para os cidadãos. Com o mesmo intuito, hoje, até onde sei, todos os grandes escritórios possuem parcela de atendimento *pro bono* [gratuito]. Entretanto, é insuficiente para alcançar todos os que dele necessitam. Daí ser a Defensoria Pública algo essencial, absolutamente necessário para cobrir essa carência. É um direito do cidadão! Aquilo que o particular oferece não suficiente. Não tenho levantamento, mas sei que existem, sim, escritórios de advocacia que oferecem auxílio. Nem tanto para indivíduo, mas mais para instituições beneficentes. É uma faixa de benefícios, porém, insuficiente. Cabe ao Estado complementar essa missão – e deve cumpri-la bem."[30]

Por derradeiro, no ano de 2009, foi promulgada a Lei Complementar nº 132, que alterou a Lei Complementar 80/94, para reafirmar **o modelo público adotado**, bem como estabelecer regras relativas à autonomia institucional e, ainda, fomentar as funções da Defensoria Pública no Brasil. Restou positivado que "a assistência jurídica integral e gratuita custeada ou fornecida pelo Estado será exercida pela Defensoria Pública" (art. 4º, § 5º). Para o Presidente da Associação Nacional dos Defensores Públicos, André Castro, "a LC nº 132 foi uma das maiores conquistas legislativas para a Defensoria Pública brasileira. A democratização da instituição, a ampliação e valorização das funções institucionais e das atribuições dos Defensores Públicos estão sendo os alicerces para tantas outras conquistas."[31]

Hoje, felizmente, tanto o modelo público, quanto a Defensoria, desenhados no decorrer do finado século, são realidades no Brasil, cujo processo de afirmação está ainda mais fortalecido e fundamentado. Avante!

2. A DEFENSORIA PÚBLICA COMO INSTITUIÇÃO DEMOCRÁTICA E ESSENCIAL

Não foi, em absoluto, gratuita nossa investigação inicial da **pessoa, a qual a colocamos, em pré-compreensão deste estudo, como valor supremo e fim último do Estado Democrático**, em todos os seus aspectos e frentes de ação e intervenção. Dissemos e reiteramos, agora, que qualquer Instituição que se disponha a assumir a responsabilidade de ser Democrática deve conhecer e

de Franco Montoro por ter sido um dos primeiros defensores públicos de São Paulo e pelo estímulo para que se organizassem num serviço independente com administração autônoma e com as mesmas características que juízes e promotores apresentam na organização do Estado." DIAS, José Carlos. Disponível em: <http://victorhugoalbernazjr.blogspot.com.br/>.

30 ROTENBERG, Naum. *In: Escola de Justiça*. São Paulo: Imprensa Oficial, 2010, p. 172.

31 Disponível: http://www.defensoriapublica.mg.gov.br.

compreender, em profundidade, a pessoa, o seu fim maior e ente mais nobre, sob pena de incorrer em demagogias e em discursos meramente retóricos.

Por isso, **a Defensoria Pública, ontologicamente, deve estar mais próxima da sociedade que do próprio Estado**, considerado na sua totalidade, do Poder Judiciário, inclusive. Bem verdade, vemos a Defensoria Pública como o principal elo entre a sociedade, especialmente sua parcela mais vulnerável, e o Estado, o Poder Judiciário, ainda burocratizado, elitizado e distante das transformações sociais. De fato, **o Poder Judiciário e o próprio processo, historicamente, foram pensados para atender aos anseios da elite, do proprietário, do patriarca, do credor.** Vide nomenclatura das ações clássicas: ação reivindicatória, ação divisória, ação demarcatória, ação de nunciação de obra nova, ação de arresto, ação de sequestro. Não temos ação de moradia, ação de saúde, ação de qualificação educacional, por exemplo. **O sistema judiciário é elitista.** Por isso, talvez, é que o Constituinte utiliza a expressão "assistência jurídica", ao invés de "judiciária", já que desta árvore, exclusivamente, não podemos esperar bons frutos à grande massa miserável e ávida de Justiça.

Aliás, muito feliz a professora **Maria Aparecida Lucca**, nas colocações abaixo: "a população brasileira e de baixa renda tem dificuldades em concretizar, na prática, o efetivo acesso à justiça. A justiça brasileira parece distanciar-se cada vez mais dos pobres e oprimidos, quando na realidade são eles os que mais precisam dela para a proteção de seus direitos. A morosidade da justiça brasileira é fator preponderante, principalmente quando se fala em cidadão carente, porque é beneficiário da assistência judiciária gratuita, consequentemente um espectador em potencial do restabelecimento da tutela jurisdicional do Estado.

As formalidades e solenidades são outro aspecto que atrapalha a vida da população carente quando se fala em acesso à justiça. Cada vez mais a suntuosidade e a ostentação envolvem os edifícios nos quais se instalam os Fóruns e Tribunais, acarretando em inibição, receio e até mesmo medo de bater às portas do Poder Judiciário para reclamar de seus direitos. O jurisdicionado vive distante da realidade socioeconômica do juiz e não encontra sintonia com o procedimento do julgador, muito distante da sua realidade social. As palavras difíceis, a forma aperfeiçoada, a elegância na maneira de se pronunciar e vestir são fatores que inibem a própria desenvoltura do chamado cidadão de direitos. Essas barreiras criadas causam, no cidadão, o descrédito na justiça, uma vez que a complexidade, o custo e a lentidão no andamento dos processos levam a crer que a justiça não é destinada para os indivíduos pobres, mas somente àqueles que têm poder econômico para custear as despesas judiciais e os honorários de um bom profissional da área jurídica.

Para Wolkmer, o Poder Judiciário é elitista e, por ser caro, moroso e de difícil acesso, está cada vez mais inviável: 'O certo é que nos horizontes da cultura positivista e dogmática, predominante nas instituições políticas brasileiras, o Poder Judiciário, historicamente, não tem sido a instância marcada por uma postura independente, criativa e avançada em relação aos graves problemas de ordem política e social. Pelo contrário, trata-se de um órgão elitista que, quase sempre, ocultado pelo 'pseudoneutralismo' e pelo formalismo pomposo, age com demasiada submissão aos ditames da ordem dominante e move-se através de mecanismos burocrático-procedimentais onerosos, inviabilizando pelos seus custos o acesso da imensa maioria da população de baixa renda' (Wolkmer, 1994, p. 89-90)."[32]

Realmente, **não é incauta nossa afirmação. A Defensoria Pública ostenta, como nenhuma outra Instituição, identidade e legitimidade social.** Notem a euforia da comunidade de Itaquera, quando da instalação da Unidade da Defensoria Pública Paulista no local. Pela contemplação publicada, parece até a chegada de um hospital em região de pós-guerra ou algo parecido: "Fácil acesso pela Estação Dom Bosco e com várias linhas de ônibus que passam pelo local. O novo prédio da Unidade é quase três vezes maior que o edifício anterior e atende aos critérios de acessibilidade, possuindo rampas e banheiros exclusivos para pessoas com deficiência. O local também conta com um fraldário e uma brinquedoteca. Com a nova estrutura, o atendimento foi ampliado, não havendo mais limitação de senhas. Diariamente cerca de 120 pessoas procuram a Unidade de Itaquera da Defensoria, onde oito Defensores Públicos do Estado atendem casos da área cível, de família e infância e juventude."[33]

Vale, por oportuno, menção **ao Projeto de Lei Complementar nº 28/2007,** que buscou a efetiva democratização da Instituição, de autoria do Governo Federal, a quem aplaudimos, a partir de estudos da Secretaria de Reforma do Judiciário (Ministério da Justiça), que deu origem à Lei Complementar nº 132/2009, a qual altera a LC 80/94 e que, dentre outras novidades, prevê, a nível Nacional, a Ouvidoria-Geral da Defensoria Pública dos Estados, nos artigos 105-A e seguintes e impõe, por exemplo, que o cargo de Ouvidor-Geral seja ocupado, necessariamente, por cidadão não integrante da carreira e indicado pela sociedade civil (art. 105-B): "O Ouvidor-Geral será escolhido pelo Conselho Superior, dentre cidadãos de reputação ilibada, não integrante da Carreira, indicados em lista tríplice formada pela sociedade civil, para mandato de 2 (dois) anos, permitida 1 (uma) recondução".

Ontologicamente, **a Instituição Ouvidoria cumpre dois importantes papéis.** "Sua história vem a demonstrar que o instituto tem duas faces. Uma de-

32 CAOVILLA, Maria Aparecida Lucca. *Acesso à Justiça e Cidadania.* Editora Universitária Argos. *passim.*

33 Notícia do jornal do Bairro: Disponível em: <http://www.omelhordobairro.com.br>.

las se revela através do trinômio transparência, fiscalização e responsabilidade da administração pública. Ou seja, numa vertente interna que sujeita comportamentos através do controle externo da administração pública, tornando-a mais transparente. A outra, refletindo sua vertente democrática como valor que deve irradiar-se por todo o ordenamento jurídico brasileiro, assegura a participação da população, como direito, tanto na participação direta na administração da coisa pública, como no direito de contar com essa independência e autonomia para fazer valer outros direitos e, por isso, legitimando a própria Administração Pública."[34]

Aliás, **para a Defensoria Pública, essa participação social é muito bem vinda, pois ela tem a consciência de seu perfil democrático e de sua missão.**[35] "A Defensoria Pública é um instrumento essencial à realização do direito fundamental de acesso à Justiça e defesa jurídica. Melhorar seu desempenho e sua forma de organização foi meta perseguida durante a elaboração do projeto de Lei. Como instrumento, portanto, seu fim é a prestação de um serviço jurídico de qualidade, posto que o simples exercício formal da defesa dos necessitados, apenas para evitar nulidades ou alimentar estatísticas, seria a própria negação dos direitos fundamentais que a Defensoria deve proteger.

A organização da atividade da Defensoria Pública deve ser desenhada com base em uma estrutura mais horizontal e democrática, que permita a participação dos defensores e dos assistidos nesse processo contínuo e permanente de aprimoramento e ajuste da instituição. Nesse sentido, o Projeto propõe a criação dos direitos assistidos. Inspirado nas várias propostas sobre direitos dos usuários de serviços públicos, o Projeto enumera direitos básicos,

34 BESSA, Renata Tavares da Costa, *"O direito a uma Ouvidoria independente e a responsabilidade internacional do Estado Brasileiro.* Tese exposta no X Congresso Nacional dos Defensores Públicos.

35 "A Defensoria Pública, enquanto instituição permanente, essencial à função jurisdicional do Estado, qualifica-se como instrumento de concretização dos direitos e das liberdades de que são titulares as pessoas carentes e necessitadas. É por essa razão que a Defensoria Pública não pode (e não deve) ser tratada de modo inconsequente pelo Poder Público, pois a proteção jurisdicional de milhões de pessoas – carentes e desassistidas –, que sofrem inaceitável processo de exclusão jurídica e social, depende da adequada organização e da efetiva institucionalização desse órgão do Estado. De nada valerão os direitos e de nenhum significado revestir-se-ão as liberdades, se os fundamentos em que eles se apoiam – além de desrespeitados pelo Poder Público ou transgredidos por particulares – também deixarem de contar com o suporte e o apoio de um aparato institucional, como aquele proporcionado pela Defensoria Pública, cuja função precípua, por efeito de sua própria vocação constitucional (...), consiste em dar efetividade e expressão concreta, inclusive mediante acesso do lesado à jurisdição do Estado, a esses mesmos direitos, quando titularizados por pessoas necessitadas, que são as reais destinatárias tanto da norma inscrita no art. 5º, LXXIV, quanto do preceito consubstanciado no art. 134, ambos da CR. Direito a ter direitos: uma prerrogativa básica, que se qualifica como fator de viabilização dos demais direitos e liberdades – Direito essencial que assiste a qualquer pessoa, especialmente àquelas que nada têm e de que tudo necessitam. Prerrogativa fundamental que põe em evidência – Cuidando-se de pessoas necessitadas (...) – A significativa importância jurídico-institucional e político-social da Defensoria Pública." (ADI 2.903, Rel. Min. Celso de Mello, julgamento em 1º-12-2005, Plenário, DJE de 19-9-2008.)

como a informação sobre a tramitação do processo e a localização e o horário de funcionamento dos órgãos de atuação. Também é previsto o direito à qualidade e eficiência no atendimento, que servirá ainda como norma - princípio para inspirar uma gestão mais racional dos recursos humanos e financeiros. Outro direito de grande importância é a defesa por defensores públicos distintos, quando verificada a existência de interesses antagônicos ou colidentes entre os destinatários das suas funções.

Tome-se como exemplo uma situação muito frequente: uma pessoa juridicamente necessitada procura a Defensoria para mover uma ação relativa à posse ou ao direito de vizinhança. O réu, no entanto, também não pode pagar por um advogado e precisa dos serviços da defensoria. Nestes casos, a lei determina que um outro órgão de atuação da defensoria, previamente incumbido dessa função (chamado princípio de defensor natural, e que consta expressamente do Projeto) fique responsável pela sua defesa.

Essa situação já é realidade em vários Estados e sua efetivação esbarra, em geral, no numero insuficientes de defensores públicos. Com o objetivo de aprimorar a relação da Defensoria com seus assistidos e cuidar da observância de seus direitos, o Projeto cria a Ouvidoria-Geral da Defensoria Pública. Essa proposta surge uma tendência internacional de aprimoramento dos serviços públicos e estreitamento dos canais de comunicação com a população, buscando sobretudo aumentar a eficiência da atividade. Para a administração da Defensoria, essa será uma importante ferramenta para analisar a instituição a partir de um ângulo específico e bastante importante: o do usuário do serviço."[36]

Sobre esse perfil democrático, reputo relevante sulcarmos o presente discurso com os relatos da Ex-Defensora Pública-Geral do Estado de São Paulo **Cristina Guelfi Gonçalves**: "Ao me tornar Defensora, pude dar prosseguimento ao trabalho com o qual estava realmente envolvida. Na PAJ, éramos cerca de 350 procuradores envolvidos nessa atividade. Destes, 87 fizeram a opção pela Defensoria, dentre os quais há vários ex-estagiários do Departamento Jurídico. Com a criação da Defensoria, percebemos que qualquer porta que se abra para a prestação da assistência jurídica dá razão a uma enorme demanda reprimida.

Apesar de atendermos, todos os dias, a um grande contingente de pessoas, sabemos que ainda há uma enorme parcela da população que não tem consciência dos seus direitos, nem sequer sabe que esses direitos estão sendo cotidianamente violados, não sabe que existe um órgão que pode resolvê-lo, algumas vezes de forma bastante simples. São coisas pequenas, mas que causam grandes transtornos para muita gente, como a emissão de um documento, por exemplo.

36 CASTRO, André Luís Machado. BERNARDES, Márcia Nina. *Construindo uma nova Defensoria Pública. In:* A Defensoria Pública e os processos coletivos". Rio de Janeiro: *Lumen Juris*, 2008, p. 117/119.

Daí a importância de uma ação proativa dos defensores e de qualquer profissional envolvido com a prestação de assistência jurídica.

Não basta ao defensor ficar só em seu gabinete, trabalhando em seus processos. Isso é muito importante, obviamente, mas é apenas uma parte da questão; há outro trabalho, fundamental, que é ir às comunidades carentes, realizar uma série de atividades em escolas públicas, em associações de bairro, conversar com a população, sentir as suas necessidade e compartilhar, de forma simples, o nosso conhecimento técnico. (...) Nesse cenário de muito trabalho e pouca recompensa, quem escolhe prestar assistência jurídica gratuita como profissão é movido por um 'algo mais'. Ao contrário de instituições mais tradicionais, nas quais tudo está muito bem assentado, construído e acabado, há muito trabalho a ser feito na Defensoria paulista (e de todo Brasil). Esse é um grande desafio, uma oportunidade única para fazer uma instituição diferente.

Muitos defensores são jovens movidos pelo ânimo de agarrar esse desafio e começar do zero. Temos a marca do novo, de uma instituição em formação, composta em sua maioria de pessoas com menos de 30 anos. Isso nos dá características especiais: vibração, garra, disposição para fazer algo diferente. Não queremos repetir os mesmos erros de instituições encasteladas, viciadas. Queremos trilhar um caminho mais próximo da comunidade.

Nosso objetivo é atender à população carente, de forma proativa, nas comunidades, nas ruas, atingindo as pessoas a que temos de atender, mantendo contato com elas e entendendo a sua realidade. (...) E é esta chama que me move todos os dias: o fato de poder fazer a diferença, de levar um pouco de cidadania, de esclarecimento àquelas pessoas carentes não só de justiça, mas carentes de tudo. É saber que posso, com o direito, transformar essa realidade social."[37] (destaque não original)

ATENÇÃO

A **Defensoria Pública não é fenômeno meramente jurídico, mas também sociológico, psicológico e político.** Disso o Defensor Público há ter a consciência e a responsabilidade.

Já dissemos outrora, no X Congresso Nacional dos Defensores Públicos, em Natal/RN, no ano de 2011, no contexto do que defendemos ser **a dimensão quântica do acesso à justiça**, especialmente no manejo da tutela jurisdicional, que "é preciso alto grau de sensibilidade para a valoração do interesse supostamente violado ou ameaçado; exige-se atenção e paciência na colheita do maior número de dados conexos ao problema apresentado e; por derradeiro, tem o Defensor Público a responsabilidade de criar, desenvolver e operacionalizar as

37 GONÇALVES, Cristina Guelfi. *In: Escola de Justiça.* São Paulo: Imprensa Oficial, 2010, p. 313/315.

mais variadas medidas jurídicas adequadas à satisfatória solução da questão ao seu crivo submetida."[38]

Eis o ônus de sua essencialidade. A essencialidade de algo decorre diretamente das finalidades primordiais para as quais ele foi idealizado dentro de certo sistema. No Brasil pós-1988, foram elevadas ao *status* de essenciais aquelas Instituições voltadas à concretização dos seus objetivos fundamentais e à afirmação permanente de seu cerne intangível, os institutos elencados num rol intocável eleito pelo constituinte originário, as cláusulas pétreas. Não é por outra razão que as Instituições chamadas essenciais à Justiça ou ao próprio Estado Democrático são consideradas permanentes, insuscetíveis de extinção ou redução constitucional. São, portanto, cláusulas pétreas por extensão. Ora, se o Estado e a Instituição são democráticos, está última se torna inelidível, especialmente se foram idealizados pós regimes totalitários. Nesse caso, a fundamentalidade é ainda maior.

"Em um passado não muito distante, a luta do povo brasileiro era que o Estado reconhecesse alguns direitos fundamentais. O país viveu por décadas um período de ausência do Estado de Direito, em que violações de direitos humanos aconteciam com respaldo constitucional. Neste contexto, quando finalmente se convocou uma Assembleia Constituinte, a nação se encheu de esperanças de que, com a positivação de uma série de direitos, teríamos a imediata construção de uma sociedade mais justa.

A realidade nos mostrou que a luta por modificações legislativas é apenas o primeiro passo para a efetivação de direitos. O grande desafio, atualmente, é solidificar as instituições democráticas capazes de propiciar a concretização do que foi anunciado pela Constituição de 1988. Um dos maiores nós a ser desatado é a questão do acesso à Justiça. (...) Não há dúvidas de que todas as instituições do mundo jurídico têm um papel relevante na construção do acesso à Justiça. No entanto, é certo que, **a Defensoria Pública tem um papel diferenciado.** A Defensoria é a instituição que tem por objetivo a concretização do acesso à Justiça, ou pelo menos do acesso ao Judiciário, sendo, portanto, vital no processo de efetivação de direitos."[39]

"O processo de consolidação do regime democrático no Brasil vem ocorrendo simultaneamente à sobrevivência de um quadro social marcado por iniquidades profundas. Este é expresso pelo convívio de um arcabouço jurídico-institucional bastante moderno.

---

38 RÉ, Aluísio Iunes Monti Ruggeri. *Dimensão quântica do acesso à Justiça.* Disponível em: <http//:www.anadep.org.br>

39 BASTOS. Márcio Thomaz. *I Diagnóstico da Defensoria Pública – 2004.* Disponível em: <http//:www.defensoria.sp.gov.br>

A Constituição Federal de 1988 estabeleceu uma série de direitos individuais e coletivos. Porém, os mecanismos de cumprimento existentes não garantem seu pleno exercício por uma grande parcela da população. Neste momento, em que o Brasil já consolidou sua democracia eleitoral, surge o desafio de avançar rumo à consolidação de uma democracia plena, que garanta a completa cidadania civil e social a toda a população, em todas as camadas sociais. Esta urgência se expressa na necessidade tanto de transformação das instituições já existentes, como da construção de novas.

As instituições devem assegurar, a qualquer cidadão, as condições necessárias à busca da efetividade de seus direitos estabelecidos por lei, através de provimento do Poder Judiciário. A garantia de acessibilidade ao Poder Judiciário se torna inócua em diversas situações. A falta de condições materiais de boa parte dos cidadãos impede o exercício do direito de ação e do direito de defesa. Isso se deve, em grande parte, à impossibilidade de obtenção, por esta parcela da população, de serviços de orientação jurídica e de defesa processual, por profissional habilitado. Esta parcela de indivíduos não tem acesso a informações sobre seus direitos e os mecanismos institucionais para garanti-los. Somado a este fato, o sistema processual brasileiro tem características extremamente excludentes.

A possibilidade de utilização de inúmeros recursos e incidentes processuais torna a tramitação dos processos judiciais extremamente morosa. Isso restringe o pleno gozo da justiça àqueles indivíduos que dispõem de menos recursos para suportar o pagamento dos custos processuais. A criação de mecanismos para permitir que qualquer pessoa possa pleitear seus direitos, independentemente de seus recursos materiais, é um fator fundamental para consolidar um regime democrático. Neste sentido, são fundamentais as discussões sobre a garantia da assistência jurídica integral à parcela da população carente de recursos. O papel essencial de possibilitar o acesso universal à Justiça é exercido pelas Defensorias Públicas. Seu fortalecimento institucional, assim, torna-se imprescindível."[40]

Para **Sadek,** que merece nossos sinceros cumprimentos, "uma das principais marcas da Constituição de 1988 é sua prodigalidade no reconhecimento de direitos individuais e coletivos. Por esta razão, chegou a ser identificada como a Constituição Cidadã. A realização desta cidadania implica instituições encarregadas de garantir a efetivação dos direitos. Dentre estas instituições destaca-se a Defensoria Pública. (...) A universalização do acesso à justiça depende, pois, de um órgão público encarregado de garantir que os direitos formais não sejam letra morta, ou um conjunto de ideais, sem nenhum reflexo no cotidiano.

40 LOPES, Carlos. *I Diagnóstico da Defensoria Pública – 2004.* Disponível em: <http//:www.defensoria.sp.gov.br>

A igualdade democrática efetiva-se na atuação da Defensoria Pública. A assistência jurídica àqueles que não têm condições de pagar um advogado rompe as barreiras impostas pela estrutura econômica. Ou, em outras palavras, impede que a igualdade de todos perante a lei seja contaminada pelas desigualdades econômica e social. Por outro lado, a prestação de assistência jurídica integral e gratuita aos que não possuem recursos é condição básica para a solução de controvérsias de forma pacífica. Desta forma, o papel das Defensorias é absolutamente essencial para a realização de um Estado Democrático, assentado em princípios igualitários."[41]

Por derradeiro, importante consignarmos que a Defensoria Pública do Estado de São Paulo tem sua atuação balizada por **planos bienais de gestão e execução de suas funções**, que, por sua vez, são definidos a partir de **Conferências Estaduais,** precedidas de Conferências Regionais, nas quais a sociedade civil participa com apresentação de suas propostas, que integrarão, necessariamente, a pauta e os processos decisórios futuros da Instituição (art. 7º, § 3º, LCE nº 988/06). "Todas as diretrizes convergem para a construção coletiva e democrática de uma atuação e reflexão crítica da Defensoria Pública do Estado de São Paulo, com a finalidade de alcançar os objetivos que ensejaram o seu surgimento."[42]

Acerca da vinculação da Defensoria Pública aos ditames aprovados pela sociedade civil, vela a pena registrarmos a manifestação da Coordenação do Núcleo Especializado de Cidadania e Direitos Humanos no Procedimento Administrativo NCDH nº 022/2010:

"A Defensoria Pública do Estado de São Paulo se caracteriza e se distingue pelo fato de que as decisões de conveniência e oportunidade relativas às prioridades de sua atuação decorrem da vontade da sociedade civil organizada, manifestada no Plano Anual de Atuação, conforme previsto na Lei Complementar Estadual nº 988, de 9 de janeiro de 2006, cuja observância é indubitavelmente mandatória. Vejamos:

A primeira menção da Lei Orgânica a respeito do Plano Anual de Atuação encontra-se logo no artigo 6º, inciso III, e § 3º, da LC 988/06, que estabelece ser 'direito' das pessoas que buscam atendimento na Defensoria Pública, 'a participação na definição das diretrizes institucionais da Defensoria Pública e no acompanhamento da fiscalização das ações e projetos desenvolvidos pela Instituição, da atividade funcional e da conduta pública dos membros e servidores', o que se dará, entre outros mecanismos, pelo Plano Anual de Atuação.

---

41 SADEK, Maria Tereza. *I Diagnóstico da Defensoria Pública – 2004*. Disponível em: <http//:www.defensoria.sp.gov.br>

42 Plano de atuação 2012-2013. Disponível em: <http//:www.defensoria.sp.gov.br>

Como se vê do texto legal, o planejamento estratégico da Defensoria Pública do Estado de São Paulo (...), passa, necessariamente, pela participação social, não podendo ser definida a partir do que a Administração entenda como de maior ou menor relevância, em face das condições estruturais e conjunturais que se apresentem.

Deverás, ao citar que as pessoas têm 'direito' à participação na definição das diretrizes institucionais, mostra-se evidente que a lei criou uma obrigação jurídica, a qual tem, no polo ativo, um grupo indeterminado de pessoas e, no polo passivo, a própria Defensoria Pública.

Trata-se de um direito de natureza difusa, mas que obriga a Instituição a obedecer aquilo que a sociedade fixou como prioridade institucional, na forma do Plano Anual de Atuação, tirado das Pré-Conferências e da Conferência Estadual da Defensoria Pública.

Como decorre, resta patente que o referido Plano não é meramente consultivo, servindo apenas como uma sugestão de atuação, a ser ou não abraçada pela Defensoria Pública. Ao contrário, vários dispositivos da Lei Orgânica revelam, com clareza, que se trata de um roteiro de atuação institucional a ser obrigatoriamente seguido pela Instituição e por seus integrantes.

A seriedade com que a Lei Orgânica tratou do tema é inegável, a ponto de o artigo 164, ao estabelecer os deveres dos membros da Defensoria Pública do Estado, determinar que a eles incumbe 'observar fielmente o plano anual de atuação, aprovado pelo Conselho Superior' (inciso XIX), cabendo ressaltar a inclusão do advérbio de modo no corpo da sentença, tudo a indicar que o Plano deve ser o norte a ser seguido quando das escolhas dos rumos institucionais, sem possibilidade de desvio.

Aliás, apenas para constar, é preciso salientar que a obrigação acima prevista alcança todo e qualquer membro da Defensoria Pública, não apenas aqueles que estejam atuando em órgãos de execução, vinculando, inclusive, os atos e decisões dos integrantes da Administração Superior, que não pode ir de encontro aos projetos e diretrizes previstos no Plano.

Por fim, tanto se mostra obrigatório o cumprimento do Plano Anual de Atuação que o artigo 9º da LC 988 chega a vincular a produção da proposta orçamentária da Defensoria Pública à observância daquele, justamente para garantir a chegada dos meios materiais para a consecução das metas traçadas pela sociedade civil organizada."

Entendemos que essa é a forma de gestão que melhor se adequa à natureza, à alma da Defensoria Pública, que se propõe democrática. Aliás, não basta uma gestão aberta e não verticalizada, a Defensoria Pública e o Defensor Público devem ostentar comportamentos democráticos.

Não por acaso, a Corregedoria-Geral da DPESP expediu a **Recomendação nº 03**, na qual orienta "aos Coordenadores Regionais e Auxiliares da Capital, Região Metropolitana e Interior que **não instalem placas, cartazes ou avisos que façam referência ao artigo 331 do Código Penal (crime de desacato)**, ou que retirem as porventura hoje existentes, considerando que tal conduta é constrangedora ao usuário e pode inibi-lo de formular eventuais críticas e sugestões para a melhoria dos serviços."[43]

Por derradeiro, cumpre-nos considerar que **a Defensoria Pública pode ser considerada uma Instituição Nacional de Direitos Humanos**, embora não seja obrigada a seguir, estritamente, os termos da Resolução nº 1992154, de 3.3.92, da Comissão de Direitos Humanos da ONU que estabelece os chamados ***"Princípios de Paris"***, pois ela possui outras atribuições e ostenta autonomia em sentido amplo. Porém, podemos adotar alguns desses princípios no sentido de efetivamente lapidar a tez democrática da Instituição. "Os princípios de Paris foram redigidos durante os primeiros encontros internacionais das Instituições nacionais de Direitos do Homem em Paris, em 1991.

Eles foram adotados pela Assembleia Geral das Nações Unidas em 1993. (...) **Uma instituição nacional deve ter, entre outras, atribuições para:**

a) apresentar ao Governo, Parlamento, ou outro órgão competente, em caráter consultivo, opiniões, recomendações, propostas e relatórios nas seguintes áreas: I – matérias referentes a assuntos legislativos ou administrativos, assim como a organização judicial, objetivando preservar e ampliar a proteção dos direitos humanos; II – qualquer situação de violação a direitos humanos que resolva examinar; III – preparação de relatórios sobre a situação dos direitos humanos; IV — chamar a atenção do governo para qualquer situação de violação aos direitos humanos;

b) promover e assegurar a harmonização entre preceitos nacionais e internacionais, e sua efetiva implementação;

c) encorajar a ratificação de instrumentos internacionais, e assegurar sua implementação;

d) contribuir para os relatórios que os Estados têm de elaborar;

e) cooperar com a ONU e seus órgãos, bem assim com instituições regionais e nacionais, com atuação em direitos humanos;

f) assistir na formulação de programas para o ensino e a pesquisa em direitos humanos, e participar de sua execução em escolas, universidades e círculos profissionais;

43 Disponível em: <http//:www.defensoria.sp.gov.br>

g) dar publicidade aos direitos humanos e aos esforços de combater todas as formas de discriminação, em particular de discriminação racial, aumentando a conscientização pública, especialmente através da educação e de órgãos da imprensa;"

Ainda, **"dentro de sua estrutura de operação, a instituição nacional deverá:**

a) livremente considerar quaisquer questões incidentes em sua área de atribuição, sejam elas submetidas pelo Governo, ou independentemente de aprovação de autoridade superior, quando apresentadas mediante proposta de seus membros ou de qualquer peticionário;

b) ouvir qualquer pessoa ou obter qualquer informação e quaisquer documentos necessários, para exame de situações dentro de sua área de competência;

c) dirigir-se à opinião pública, diretamente ou através de órgão de imprensa, particularmente para dar publicidade a suas opiniões e recomendações;

d) reunir-se em caráter regular, e sempre quando se fizer necessário, com a presença de seus membros, devidamente convocados para tal;

e) estabelecer grupos de trabalho entre seus membros de acordo com suas necessidades, e instituir seções locais e regionais, para auxiliá-la no cumprimento de suas funções;

f) manter consulta com outros órgãos, jurisdicionais ou não, responsáveis pela promoção e proteção dos direitos humanos (em particular defensores do povo "ombudsmen", mediadores e instituições assemelhadas);

g) Em face do papel fundamental desempenhado pelas organizações não governamentais para expansão do trabalho das instituições nacionais, desenvolver relações com organizações não governamentais devotadas à promoção e proteção dos direitos humanos, ao desenvolvimento econômico e social, ao combate ao racismo, à proteção de grupos particularmente vulneráveis (especialmente crianças, trabalhadores migrantes, pessoas portadores de deficiências físicas e mentais), ou a áreas especializadas."

Além disso, sobre aos métodos de recepção de demanda e de atendimento, a Resolução prescreve: "os casos podem ser trazidos à sua presença por indivíduos, seus representantes, terceiros, organizações não governamentais, associações sindicais ou qualquer outra organização representativa.

Em tais circunstâncias, e sem prejuízo dos princípios estabelecidos acima referentes aos outros poderes da comissão, as funções confiadas a elas devem ser **baseadas nos seguintes princípios**:

a) buscar acordo amigável através da conciliação, ou, dentro dos limites prescritos em lei, através de decisões vinculantes, ou, quando necessário, em caráter confidencial;

b) informar a parte peticionária sobre seus direitos, em particular dos remédios disponíveis, promoção seu acesso aos mesmos;

c) ouvir qualquer queixa ou petição ou transmiti-las para qualquer outra autoridade competente dentro dos limites prescritos em lei;

d) fazer recomendações às autoridades competentes, especialmente através de proposições de emendas ou alterações às leis, regulamentos e práticas administrativas, notadamente se tais normas tiverem criado as dificuldades encontradas pelos peticionários para fazer valer seus direitos."[44]

Na verdade, tais princípios servem como diretrizes a serem observadas no bojo dos processos de decisões da Defensoria Pública, no sentido de se fomentar a aproximação da sociedade e de sua pauta ética mínima, os direitos humanos, cuja proteção é objetivo institucional. "São objetivos da Defensoria Pública: a primazia da dignidade da pessoa humana e a redução das desigualdades sociais (I); a afirmação do Estado Democrático de Direito (II); a prevalência e efetividade dos direitos humanos (III)" (art. 3-A, LC 80/94).

3. AUTONOMIA INSTITUCIONAL

Por oportuno, a mesma resolução da ONU, que estabelece os "Princípios de Paris", sobre as Instituições de Direitos Humanos, faz referência à indispensável autonomia: "a Instituição nacional terá uma infraestrutura que permita a condução das atividades de modo harmonioso, em especial com recursos adequados. O propósito desses recursos é permitir à instituição ter pessoal e ambiente de trabalho próprios, de modo a ter independência do Governo e a não ser sujeita a controle financeiro, o que poderia afetar sua independência."[45]

A autonomia institucional pode ser administrativa, funcional e orçamentária. Todas as Defensorias Públicas[46] devem gozar de autonomia, embo-

44 Disponível em: <: http://www.dhnet.org.br>

45 Disponível em: <: http://www.dhnet.org.br>

46 Notem que a PEC 358/2005 continha regra que visava a prever a concessão expressa de autonomia às Defensorias da União e do Distrito Federal: "§ 3º Aplica-se o disposto no § 2º às Defensorias Públicas da União e do Distrito Federal." **Tal PEC foi aprovada via EC 74/14.**

ra a Constituição Federal, desde 2004, só contemplasse as Estaduais, no artigo 134, § 2º, inserido pela aprovação da **Emenda nº 45**, na Reforma do Judiciário: "Às Defensorias Públicas Estaduais são asseguradas autonomia funcional e administrativa e a iniciativa de sua proposta orçamentária dentro dos limites estabelecidos na lei de diretrizes orçamentárias e subordinação ao disposto no art. 99, § 2º", cujos termos foram estendidos à Defensoria Pública do Distrito Federal, por força do artigo 2º da Emenda Constitucional nº 69/2012: "sem prejuízo dos preceitos estabelecidos na Lei Orgânica do Distrito Federal, aplicam-se à Defensoria Pública do Distrito Federal os mesmos princípios e regras que, nos termos da Constituição Federal, regem as Defensorias Públicas dos Estados."

Agora, finalmente, a **Emenda Constitucional n. 74/13** acrescentou o terceiro parágrafo ao artigo 134 para instituir a autonomia da Defensoria Pública da União e transportar, para o Texto Maior, a autonomia da Defensoria Pública do Distrito Federal, a qual já havia sido estabelecida quando da promulgação da **Emenda Constitucional n. 69/12**, conforme acima consignado.

Portanto, a emancipação institucional ocorreu, de fato, para a DPU, ao prever a EC 74 que "aplica-se o disposto no § 2º às Defensorias Públicas da União e do Distrito Federal.

Ou seja, à Defensoria Pública da União foram garantidas as autonomias administrativa, funcional e orçamentária, desligando-a da estrutura do Poder Executivo Federal, do Ministério da Justiça, como outrora ocorria.

Por ser pertinente, vale consignar que, no ano de 2015, a Presidência da República propôs a ADI 5296 para que o STF declarasse inconstitucional a EC nº 74/2013, por um suposto vício de iniciativa do projeto de emenda constitucional (PEC). O julgamento da liminar, que já contava com 8 (oito) votos, sendo 6 (seis) contra e 2 (dois) favoráveis, foi interrompido após pedido de vista pelo Ministro Dias Toffoli.

Segundo noticiou-se, "a ADI, ajuizada pela presidência da República, questiona a Emenda Constitucional 74/2013 com o argumento de que a norma teria vício de iniciativa por ser de origem parlamentar. Consta no texto que apenas o chefe do Poder Executivo poderia propor alteração no regime jurídico dos servidores públicos. Em voto proferido no dia 8 de outubro, a relatora do caso, ministra Rosa Weber, disse que as emendas à Constituição Federal não estão sujeitas às cláusulas de reserva de iniciativa previstas no artigo 61 da Constituição. O entendimento foi seguido por cinco ministros. A relatora argumentou que as restrições são destinadas à propositura de leis ordinárias e complementares e não às emendas constitucionais, cuja propositura é regida pelas normas estabelecidas no artigo 60 do texto constitucional. A ministra ressaltou também que, das 89 emendas constitucionais promulgadas até junho deste ano, quando concluiu seu voto, 63 tiveram origem em proposta de iniciativa parlamentar. De acordo com a ministra, 24 emendas constitucionais tratam de assunto que estaria sob reserva de iniciativa do Executivo ou do Judiciário. Rosa Weber destacou ainda que o artigo 64, parágrafo 4º, da Constituição, não proíbe o poder constituinte de aprimorar o desenho institucional do Estado. 'Os modelos institucionais estabelecidos são sempre passíveis de reconfiguração com vista a seu aperfeiçoamento e adequação à sociedade complexa e multifacetada contemporânea, desde que observadas as garantias constitucionais procedimentais e matérias que visam a impedir a deturpação do próprio mecanismo e a preservação da essência da Constituição', ressaltou" (Cf. http://www.conjur.com.br, com acesso em 26 de fevereiro de 2016).

A autonomia administrativa consiste na autogestão. Na aplicação direta de suas receitas, na contratação de serviços e na gestão de pessoal. "Portanto, à Instituição é constitucionalmente outorgada a gestão dos meios administrativos necessários para assegurar-lhe o desempenho de sua finalidade e a organização administrativa própria. Logo, como ilação da autonomia administrativa, dentre outros, cabe à Defensoria Pública: praticar atos próprios de gestão, organizar os serviços auxiliares, decidir sobre a situação administrativa e funcional de seu pessoal e elaborar seus regimentos internos."[47]

Com efeito, "autonomia administrativa de um órgão ou entidade é precisamente sua capacidade efetiva de assumir e conduzir por si mesmo, integralmente, a gestão de seus negócios e interesses, respeitados seus objetivos e observadas as normas legais a que estão subordinados. A autonomia administrativa é, pois, incompatível com toda e qualquer espécie de interferência externa na direção e condução dos assuntos e questões do órgão ou entidade e exclui toda subordinação, hierarquização ou submissão. Ela não é autonomia política, claro, de que gozam apenas as entidades estatais, mas é independência, no sentido rigoroso do termo, no campo que lhe é próprio e já definido por lei."[48]

Além disso, "os atos administrativos emanados da Instituição são autoexecutórios, não estando sujeitos a um juízo de prelibação por parte de qualquer outro órgão ou Poder. Devem obediência, unicamente, aos parâmetros constitucionais e legais que regem a matéria e delimitam o espectro de ação. Com isto, é assegurada maior mobilidade à Instituição, em muito contribuindo para a efetividade de sua própria atividade finalística."[49]

47 DE MORAES, Guilherme Peña. *Instituições da Defensoria Pública*. São Paulo: Malheiros Editores, *passim*.

48 AZEVEDO, Eurico de Andrade. *Apud* GARCIA, Emerson. *Ministério Público. Organização, Atribuições e Regime Jurídico*. Editora Atlas, 2009.

49 O autor se refere ao Ministério Público, mas cujo raciocínio é aplicável à Defensoria Pública. GARCIA, Emerson. *Ministério Público. Organização, Atribuições e Regime Jurídico*. Editora Atlas, 2009.

Uma interessante questão relativa à autonomia administrativa refere-se à impossibilidade de contratação temporária de "defensores", como já ocorreu nos Estados do Rio Grande do Norte e Espírito Santo.

Quem nos relata é **o Defensor Público Manuel Sabino Pontes:** "para fazer frente à necessidade de se fornecer assistência jurídica aos carentes, alguns Estados optaram pela contratação, através de processo seletivo simplificado, **dos chamados 'defensores temporários'**. Foi o caso, por exemplo, do Espírito Santo e do Rio Grande do Norte. No caso do Espírito Santo, o Conselho Federal da Ordem dos Advogados do Brasil ingressou no Supremo Tribunal Federal, em 20 de junho de 2000, com a Ação Direta de Inconstitucionalidade 2229. Além da ofensa ao art. 134 da Constituição Federal, que exige concurso público para o acesso ao cargo de Defensor Público e do não enquadramento da espécie nas hipóteses de contratação temporária, ainda se extrai da inicial o seguinte e importante fundamento:

'(...) O regime jurídico das funções essenciais à administração da Justiça, sua relevância sob o ponto de vista constitucional, afasta a possibilidade do seu exercício por pessoas sem o mínimo de garantias, sem um mínimo de independência. A natural busca por parte dos contratados da renovação de seus contratos, prevista no art. 2°, da lei impugnada, retira-lhes a isenção cuja função exige.' Ao decidir a questão, seguindo por unanimidade o voto do Ministro Carlos Velloso, a Suprema Corte estabeleceu que "a Defensoria Pública é órgão permanente que não comporta defensores contratados em caráter precário."[50]

Ou seja, **a autonomia administrativa é limitada**. Ademais, é preciso termos a consciência que o serviço deve ser de excelência, e **não prestado no improviso ou de forma anódina,** sob pena de incorrermos em demagogias e cairmos no mais sinistro descrédito.

Como efeito direto dessa autonomia, impede-se que a Defensoria Pública esteja vinculada as Secretarias de Estado. Segundo o Supremo Tribunal Federal "a EC 45/2004 outorgou expressamente autonomia funcional e administrativa às defensorias públicas estaduais, além da iniciativa para a propositura de seus orçamentos (art. 134, § 2º): donde, ser inconstitucional a norma local que estabelece a vinculação da Defensoria Pública à Secretaria de Estado. A norma de autonomia inscrita no art. 134, § 2º, da CF pela EC 45/2004 é de eficácia plena e aplicabilidade imediata, dado ser a Defensoria Pública um instrumento de efetivação dos direitos humanos."[51]

---

50 PONTES, Manuel Sabino. *Inconstitucionalidade da utilização pelo Estado de meios Alternativos à Defensoria Pública.* VII Congresso Nacional dos Defensores Públicos, Cuiabá/MT, 2008.

51 ADI 3.569, Rel. Min. Sepúlveda Pertence, julgamento em 2-4-2007, Plenário, DJ de 11-5-2007.

Outro efeito direto da autonomia administrativa consiste na liberdade da Defensoria Pública firmar convênios com Entidades várias que se disponham a prestar assistência jurídica, sem exclusividade da Ordem dos Advogados do Brasil como conveniada, conforme estabelecia a legislação paulista, declarada inconstitucional pelo Supremo Tribunal Federal. "O Tribunal, por maioria e nos termos do voto do Relator, Ministro Cezar Peluso (Presidente), conheceu da ação como Arguição de Descumprimento de Preceito Fundamental, julgando-a, em parte, procedente, para declarar a ilegitimidade ou não recepção do artigo 234 e seus parágrafos, da Lei Complementar Estadual Paulista nº 988, de 9 de janeiro de 2006, e declarar constitucional o artigo 109 da Constituição do Estado de São Paulo, desde que interpretado conforme a Constituição, no sentido de apenas autorizar, sem obrigatoriedade nem exclusividade, a Defensoria a celebrar convênio com a OAB-SP, contra o voto do Senhor Ministro Marco Aurélio, que julgava procedente o pedido como Ação Direta de Inconstitucionalidade."[52]

Na ocasião, **o jurista Virgílio Afonso da Silva** assim manifestou: "Na medida em que à Defensoria Pública do Estado de São Paulo não é garantida uma real autonomia para definir quem, e sob que condições, desempenhará as atividades supletivas de defesa judicial dos necessitados, já que é a Ordem dos Advogados do Brasil, Secção São Paulo, que detém a última palavra a esse respeito, parece não haver outra alternativa que não a de concluir que essa Defensoria não é, de fato, autônoma.

Em suma, na medida em que a Defensoria Pública do Estado de São Paulo não tem a real faculdade de denunciar o convênio a qualquer tempo, pois, como o art. 109 da Constituição Estadual não permite que ela celebre convênio com outras instituições que não a OAB, isso implicaria uma paralisação de um serviço que tem como finalidade realizar um direito fundamental, conclui-se, então, que, nesse aspecto, o mencionado art. 109 coloca a Defensoria Pública em uma posição de clara submissão à Ordem dos Advogados dos Brasil, o que é incompatível com a autonomia constitucional garantida às defensorias. (...)

Ora, se direitos fundamentais devem ser realizados na maior medida possível, sofrendo apenas as restrições estritamente necessárias dos pontos de vista fático e jurídico, e se não há nenhum fundamento plausível para a exigência de convênio exclusivo com a OAB, prevista pelo art. 109 da Constituição do Estado de São Paulo, então este artigo constitucional impõe restrições fáticas e jurídicas desproporcionais, sendo portanto inconstitucional.

As exigências de garantia de autonomia das defensorias, de um lado, e de máxima realização possível do direito fundamental à assistência jurídica aos

52 STF, Ação Direta de Inconstitucionalidade nº 4163-1.

necessitados, de outro, podem ser combinadas de várias formas. As únicas que, com certeza, não atendem a essas exigências são aquelas baseadas em modelos rígidos e exclusivistas. Quanto mais as formas públicas e privadas de prestação desse serviço puderem ser combinadas de forma eficiente e garantidora de autonomia para a defensorias públicas, mais as exigências constitucionais poderão ser atendidas com eficiência."[53]

Após, conclui: "os argumentos aqui defendidos basearam-se nos dois seguintes pilares: (1) O conceito de autonomia não é compatível com uma situação em que a Defensoria Pública do Estado de São Paulo não apenas está compelida a se conveniar com a OAB, mas também com uma situação na qual a última palavra sobre os termos dos convênios, especialmente os honorários, é exclusivamente desta última. (2) O direito fundamental à assistência jurídica gratuita aos necessitados deve ser realizado da forma mais ampla possível, diante das condições fáticas e jurídicas existentes. A exigência de convênio com a Ordem dos Advogados do Brasil é uma forma menos eficiente (em razão dos atuais custos) de realizar esse direito e não há nenhuma justificativa para que essa opção convênio exclusivo seja preferida às outras."[54]

Felizmente, **o Supremo Tribunal Federal colocou uma pá de cal na questão.** Conforme foi noticiado, "a Procuradoria-Geral da República questionava a constitucionalidade do artigo 109 da Constituição de São Paulo e do artigo 234 e de alguns parágrafos da lei complementar, relativos ao Convênio da Defensoria com a OAB/SP, cuja interpretação previa, "sem dúvida", a exclusividade para a OAB na prestação de assistência jurídica gratuita suplementar no Estado, de acordo com o Presidente do STF e Ministro Relator do Processo, Cezar Peluso. Seu voto, acompanhado pelos outros Ministros, entendia que esse posicionamento é inconstitucional.

A Defensoria paulista vinha celebrando diversos outros Convênios para a prestação de advocacia gratuita, dado que seu quadro de 500 Defensores não é suficiente. Além de Convênio com a OAB, prestavam assistência advogados ligados a outras Organizações, como o Instituto de Defesa do Direito de Defesa (IDDD), Instituto *Pro Bono* e Faculdades de Direito. Por isso e pelo fato de esta ação ser de grande importância para o modelo de assistência jurídica gratuita, questão de interesse direto na histórica reivindicação pelo devido acesso à justiça, o Instituto de Direito de Defesa, o IDDD posicionou-se perante o STF há mais de um ano em relação a esta Ação, colocando-se a favor do pleito da Procuradoria-Geral da República. Solicitou ingresso no Processo como *amicus curiae* ao lado da Defensoria Pública do Estado e da Associação Nacional dos Defenso-

53 DA SILVA, Virgílio Afonso. Disponível em: <http//:www.conectas.org.br>

54 DA SILVA, Virgílio Afonso. Disponível em: <http//:www.conectas.org.br>

res Públicos (Anadep), entre outras organizações, sendo que só a Defensoria e a Anadep foram aceitas como parte.

A Diretora-Presidente do IDDD, Marina Dias, e o Conselheiro do Instituto José Carlos Dias, ex-Ministro da Justiça e ex-Secretário de Justiça do Estado de São Paulo, estiveram presentes à sessão plenária do STF, prestando sua solidariedade à Defensoria Pública do Estado. Em sua sustentação oral, a Defensora Pública-Geral, Daniela Sollberger, citou o Convênio do IDDD e agradeceu o apoio dado pelos integrantes do Instituto para as atividades da Defensoria."[55]

Vencida a Ordem dos Advogados do Brasil[56], Seccional de São Paulo, a Entidade passou a concentrar seus esforços em outra frente, porém, igualmente fadada ao malogro diante dos recentes julgados do Supremo Tribunal Federal, que dão conta do modelo público da assistência jurídica e da autonomia da Defensoria Pública, conforme já nos referimos. Realmente, a partir de manobras políticas, a Seccional Paulista conseguiu enviar para a Assembleia Legislativa o projeto de lei que visa a passar a gestão do Fundo de Assistência Judiciária (FAJ) à Secretaria de Justiça. Uma aventura. Uma postura coorporativa que não se sustenta.[57]

---

55 Fonte: http://www.iddd.org.br/Noticias.aspx?Id=461

56 De fato, embora vencida, a Ordem dos Advogados do Brasil não desiste. Após a decisão do Supremo Tribunal Federal, foi proposta o Projeto de Emenda Constitucional nº 184/2012, que pretende dispor, no parágrafo único do artigo 133: ""A orientação jurídica e a defesa, em todos os graus, dos necessitados, nos termos do art. 5º, LXXIV, é de competência concorrente da Advocacia, na forma de convênio a ser estabelecido entre a Ordem dos Advogados do Brasil e o Poder Público, assegurado remuneração digna aos advogados participantes". Com fundamento que não se sustenta, pois o modelo público já foi ratificado pela Suprema Corte, justifica o Advogado Ricardo Sayeg: "que mais de 50.000 advogados participam, com profundo denodo, solidarismo, dedicação e patriotismo, do convênio de assistência judiciária em favor da orientação jurídica e defesa, em todos os graus, dos necessitados. Expõe o Advogado e Professor Ricardo Sayeg que essa tarefa sagrada dos Advogados vem sendo praticada diante da incapacidade da defensoria pública atender, plenamente, toda população. É uma ação, por parte da Advocacia, de defesa anônima e eficiente da sociedade civil. A assistência judiciária pela Advocacia aos necessitados é absolutamente necessária. Segundo o Professor Sayeg a melhor assistência jurídica possível para o maior número de pessoas em situação de hipossuficiência só se dá através da competência concorrente da Advocacia regulada mediante convênio da OAB com o Poder Público. A ação isolada da Defensoria não é suficiente para suplantar essa atividade necessária. Conforme ele, o convênio de assistência judiciária não é em defesa dos Advogados e nem reserva de mercado. O convênio de assistência judiciária é defesa dos pobres e da população hipossuficiente." Com respeito e com a devida vênia, pura demagogia. O que se busca, bem verdade, é reserva de mercado. Além disso, se aprovada, tal alteração certamente será considerada inconstitucional, pois, vale repetir, o modelo brasileiro é público.

57 É digna de nota a manifestação da Advogada paulista candidata à Presidência da Seccional local, com o título "A advocacia paulista não vai se deixar enganar!", em oposição à atual gestão, na qual ela denuncia a quimera d'ursiniana: "D'Urso plantou esta semente há tempos e a vem regando com todo o cuidado. Lembram-se quando ele, no ano passado, peregrinou pelas subsecções do Estado apresentando um projeto de lei que transfere para a Secretaria da Justiça os recursos hoje destinados a Defensoria Pública? Diziam aqui e acolá que ele seria o autor do projeto e que uma vez ungido a Secretario da Justiça, o convênio persistiria. Mas sequer se fala se com a OAB/SP, nos moldes atuais, do qual dependem um grande número de advogadas e advogados do Estado, seria mantido. Não há dúvidas de que se esta história

Sobre o tal projeto, assim manifesta o Ex-Ministro da Justiça José Carlos Dias: "a Defensoria Pública não concorre com a OAB no atendimento aos reclamos jurídicos da população carente. A parceria é salutar e pode ser mantida até que o Estado disponha do número adequado de defensores. À Defensoria Pública deve caber a gestão de convênio entre as entidades, como decorrência de sua atribuição constitucional. Assim, o projeto de lei, além de pecar pela inconstitucionalidade, representa verdadeira investida contra a Defensoria e o interesse público, despojando-a de sua primordial fonte de recursos e impedindo seu indispensável crescimento."[58]

Aliás, sobre os Fundos que custeiam a prestação dos serviços de assistência jurídica em todo o Brasil, cabe às Defensorias Públicas Estaduais geri-los, com autonomia administrativa. No Rio Grande do Sul, o Tribunal do Estado considerou ilegal a decisão do Magistrado que determinava o pagamento de honorários à Advogado dativo, por ele nomeado, sem a intervenção da Defensoria Pública, porém a suas expensas, ou seja, pelo Fundo de Aparelhamento da Defensoria Pública.

"Os honorários advocatícios devidos ao defensor dativo devem ser pagos pelo Estado e não pelo Fundo de Aparelhamento da Defensoria Pública. Foi o que decidiu a 6ª Câmara Criminal do Tribunal de Justiça do Rio Grande do Sul, ao manter liminar que livrou o Fadep deste ônus. O acórdão é do dia 27 de setembro. Cabe recurso. A questão chegou ao TJ-RS por meio de um Mandado de Segurança impetrado pela Defensoria Pública estadual. O Defensor Público--Geral, Nilton Leonel Arnecke Maria, contestou decisão que mandou a entidade honrar os honorários devidos a advogado nomeado pelo juiz num processo-crime que tramita na Comarca de Ibirubá. Disse que ela contraria normas expressas do Tribunal de Justiça do Estado — Atos 030/2008-P/TJRS e 031/2008-P/TJRS —, que fixam as regras relativas ao pagamento de honorários advocatícios pelo Fadep. O relator do caso, desembargador Aymoré Roques Pottes de Mello,

---

balança "corações e mentes" de muitos colegas. Pena que ela não se sustenta! (...); o projeto de lei é, segundo parecer do nosso colega advogado Celso Malerba, inconstitucional, ou seja, não tem a menor chance de ser transformado em lei (quem quiser ler o parecer, basta pedir que o encaminharemos). E, ainda, seu candidato tem que ganhar. Em outras palavras e recorrendo a um dito popular, o ex-presidente D'Urso está oferecendo as advogadas e aos advogados do Estado de São Paulo nada mais nada menos do que um "pastel de vento". Sobre a inconstitucionalidade do projeto-de-lei, o nosso colega Celso Malerba explica: "é possível sustentar que, caso aprovado e sancionado, a "Lei Complementar" nº 65/2011 (o projeto) terá elevada chance de ser declarada inconstitucional se for submetida a uma Ação Direta. A Jurisprudência do STF, de modo uniforme, sustenta que a sanção do Chefe do Executivo não tem o condão de sanar o vício de iniciativa do projeto de lei". Diante do exposto, está claro que a Defensoria Pública do Estado de São Paulo buscará a impugnação do projeto de lei do Deputado Campos Machado por meio da Ação de Inconstitucionalidade, se aprovado. (...) Como se percebe, mesmo sem ir muito a fundo nos desdobramentos possíveis, é que essa ideia, que segue sendo 'vendida' como genial, pois devolveria o convênio da Defensoria Pública aos advogados, se assemelha mais a uma fantasia. (Rosana Chiavassa - Oposição de verdade!)

58 DIAS, José Carlos. Disponível em: http://victorhugoalbernazjr.blogspot.com.br/

lançou mão dos mesmos argumentos empregados na ocasião em que concedeu a liminar para ratificá-la.

Ele se baseou no disposto no artigo 5º, inciso LXXIV, da Constituição Federal, que diz: 'O Estado prestará assistência jurídica integral e gratuita aos que comprovarem insuficiência de recursos'. Igualmente, reconheceu os Atos emitidos pela Presidência do TJ-RS. 'Assim, o Fadep, cujos recursos são destinados a apoiar supletivamente os trabalhos desenvolvidos no âmbito da Defensoria Pública, não pode suportar o pagamento dos honorários devidos pelo Estado aos defensores dativos nomeados', concluiu a Justiça gaúcha."[59]

Além da autonomia administrativa, **a funcional** é sobremodo relevante, pois permite que a Defensoria Pública defina, internamente, as rotinas dos Defensores Públicos no cumprimento de suas atribuições, bem como a forma de assistência jurídica a ser prestada, com vista à melhor e mais acessível prestação do serviço, sem qualquer ingerência externa. Recentemente, a Corregedoria-Geral da Defensoria Pública Bandeirante foi instada por um Magistrado, que noticiava a negativa dos Defensores Públicos quando solicitava a presença dos mesmos às audiências criminais caso ausentes os Advogados constituídos pelo próprio denunciado. Indevida pretensão.

Diante da provocação, a Corregedoria-Geral assim manifestou. "Com efeito, o caso narrado na presente representação extrapola a seara da individual conduta funcional do Defensor Público para tocar na questão da autonomia institucional da Defensoria Pública do Estado, que se divide em autonomia funcional e administrativa. Em suma, a questão em pauta é, sobretudo, Institucional. Pois bem. Nesse contexto, autonomia funcional significa a faculdade que a Instituição possui para definir sua forma de atuação, sua atividade-meio, para se atingir suas finalidades constitucionais, sua atividade-fim, que é, acima de tudo, a defesa do necessitado, a partir da disponibilização do serviço público de assistência jurídica, integral e gratuita, nos termos do artigo 5º, inciso LXXIV, da Constituição Federal.

Eis ai a melhor interpretação do artigo 134, § 2º do texto Maior, ao dispor que "às Defensorias Públicas Estaduais são asseguradas autonomia funcional e administrativa (...)". Portanto, não cabe a qualquer outro Órgão, Instituição ou Poder pretender indicar ou determinar a forma com que a Defensoria Pública Estadual deverá cumprir seu mister, mormente quando não envolver interesses de pessoas necessitadas, como no caso em tela. Nesse contexto, reza a Lei Complementar Estadual que "são princípios institucionais da Defensoria Pública do Estado a unidade, a indivisibilidade e a independência funcional" (art. 4º).

59 Disponível em: < http://www.conjur.com.br>

Ora, em absoluto, não deve ser interesse da Defensoria Pública Estadual, imbuída de atribuições sobremodo nobres, especialmente diante de presentes e agudas desigualdades sociais, a mera atuação suplementar e curativa da Advocacia privada.

De fato, se é certo que cabe à Defensoria Pública a defesa da pessoa acusada criminalmente que não constitui Advogado, independentemente de suas condições socioeconômicas, não é menos correto afirmar que a mera constituição de defesa técnica privada, pelo réu, por si só, já afasta a atuação da Defensoria Pública, uma vez que afastado se estará qualquer fator de vulnerabilidade, salvo previsão expressa em contrário.

Portanto, o modelo público de Defensoria Pública visa ao atendimento jurídico de pessoas necessitadas, em termos econômicos ou processuais, as quais não se apresentaram naquela provocação incauta.

Em outros termos, a atuação da Defensoria Pública fora deste âmbito implica desvirtuamento de sua vocação oficial, passando o Defensor a intervir em prol de pessoa que não é hipossuficiente, salvo na hipótese de expressa previsão legal, como há, por exemplo, no Código de Processo Penal, ao regulamentar o procedimento preparatório para o plenário do júri, a partir de dispositivo de constitucionalidade questionável, que determina: 'se a falta, sem escusa legítima, for do advogado do acusado, e se outro não for por este constituído, o fato será imediatamente comunicado ao presidente da seccional da Ordem dos Advogados do Brasil, com a data designada para a nova sessão.

Não havendo escusa legítima, o julgamento será adiado somente uma vez, devendo o acusado ser julgado quando chamado novamente (§ 1º). Na hipótese do § 1º deste artigo, o juiz intimará a Defensoria Pública para o novo julgamento, que será adiado para o primeiro dia desimpedido, observado o prazo mínimo de 10 (dez) dias (§ 2º)' (Art. 456, com redação dada pela Lei nº 11.689, de 2008). Portanto, inexistindo previsão legal expressa, carece de fundamento a exigibilidade de intervenção suplementar da Defensoria Pública."

ATENÇÃO Além disso, como efeito da autonomia funcional, **a capacidade postulatória do Defensor Público decorre, exclusivamente, de sua posse no cargo**, o que dispensa inscrição em órgãos de classe.

Realmente e evidente, "A capacidade postulatória do Defensor Público decorre exclusivamente de sua nomeação e posse no cargo público" (art. 4º, § 6º, LC nº 80/94, inserido pela LC nº 132/2012). Porém, a OAB insiste em advogar tese contrária.

"Esse entendimento é corroborado por recente parecer subscrito pelo professor Celso Antônio Bandeira de Mello que, respondendo consulta formulada pela Associação dos Defensores Públicos de São Paulo, assim averbou: "(...) ou se considera que a lei ordinária lei nº 8.906, de 04 de julho de 1994, isto é, o Estatuto da Ordem dos Advogados do Brasil é norma da mesma hierarquia da Lei Complementar nº 80 de 12.01.94, com redação atualizada que lhe confere a Lei Complementar 132, de 07.10.2009, ou se considera que esta última é lei de hierarquia superior. Ao entender-se que são uma e outra leis de equivalente hierarquia, o critério para solver o conflito é, pois, o da sucessividade; ou seja: prevalece a norma posterior. Neste caso, a disposição segundo a qual 'a capacidade postulatória do Defensor Público decorre exclusivamente de sua nomeação e posse no cargo público' evidentemente prepondera sobre a norma que estatui que a atividade de advocacia no território brasileiro e a denominação de advogado são privativos dos inscritos na Ordem dos Advogados do Brasil.

A entender-se, de outra sorte, ou seja, que não são normas de igual hierarquia, mas que, como sustentam muitos, as leis complementares são superiores às leis ordinárias, novamente solver-se-á o conflito com a prevalência da lei reguladora do exercício de cargo de Defensor Público sobre o Estatuto da OAB. Ou seja: nem em uma, nem em outra hipótese considerar-se-á obrigatório que o Defensor Público esteja presentemente inscrito na OAB para exercer sua capacidade postulatória. Em suma: nenhum dos critérios de interpretação mencionados concorrem em prol da norma residente na lei nº 8.906, de 04 de julho de 1994, mas ambos abicam na conclusão oposta."[60]

---

60 "5 De toda sorte, o tema pode ser ainda abordado com socorro em outro critério de reconhecimento e solução de conflitos normativos. A saber: o direito positivo pode criar espécies normativas distintas, outorgando a elas campos de incidência próprios, caso em que haver-se-á de indagar como solver uma contradição entre tais regras jurídicas quando em pauta o confronto entre espécies diversas consideradas paralelas, ou seja: não hierarquizadas. Este seria justamente o caso das leis complementares em confronto com leis ordinárias, para aqueles que não vêm entre elas uma hierarquia natural, mas simplesmente, um campo de incidência diverso. Ainda aqui, contudo, a solução no caso vertente, persistiria sendo aquela que foi apontada.
Deveras, como foi inicialmente visto, a Constituição do País, que é Lei Suprema, estabeleceu no § 1º do art. 134, que lei complementar nacional disporá sobre normas gerais de sua organização (das Defensorias Públicas) nos Estados, e o § 2º dispôs que as Defensorias Estaduais gozariam de autonomia funcional e administrativa. Destarte, o que diz respeito a tais órgãos públicos fica, *'ex vi constitutionis'*, sob a égide de lei complementar. Donde, a partir do instante que lei complementar (Lei Complementar nº 132, de 07.10.2009) estabeleceu que 'a capacidade postulatória do Defensor Público decorre exclusivamente de sua nomeação e posse no cargo público', nunca poderia prevalecer disposição contrária proveniente de lei ordinária. Eis, pois, que não há critério interpretativo algum que milite em desfavor do reconhecimento de que a sobredita capacidade postulatória prescinde da presente vinculação à OAB.
6 Pode-se finalmente abordar a questão por um último ângulo. A saber: a disciplina dos Defensores Públicos federais – residente na mesma Lei Complementar 132 que expediu também as normas gerais para a disciplina de quaisquer Defensorias – dispõem em seu art. 26 e no art. 71 que ' o candidato, no momento da inscrição, deve possuir registro na Ordem dos Advogados do Brasil, ressalvada a situação dos proibidos de obtê-la, e comprovar, no mínimo, dois anos de prática forense'. De seu turno a Lei Complementar estadual de São Paulo, nº 988, de 09 de janeiro de 2006, que 'organiza a Defensoria Pública do Estado e institui o regime jurídico da carreira de Defensor Público do Estado, estabelece em seu artigo

Aliás, o Tribunal de Justiça de São Paulo tem ratificado essa autonomia. "A propósito, corroborando estas induções, a 2ª Câmara do E. Tribunal de Justiça, em acórdão da lavra do eminente Des. Fabio Tabosa, por unanimidade, no julgamento da apelação cível nº 0016223-20.2009.8.26.0032, chamada a se confrontar com o tema, em data recente, assim pontificou: 'Processual. Defensoria Pública. Capacidade postulatória. Defensor desligado da OAB/SP. Irrelevância. Lei Complementar n° 132/2009.

Suficiência da nomeação e posse no cargo público correspondente. Preliminar dos apelados rejeitada. (...) Por fim, arguiram os apelados nulidade no tocante à capacidade postulatória do Curador Especial, que teria cancelado seu registro na Ordem dos Advogados do Brasil em 27 de agosto de 2010 (data anterior à interposição da apelação), requerendo em face disso a anulação (*sic*) da peça recursal (fls. 161). É o relatório. Apreciada preliminarmente a nulidade suscitada pelos apelados posteriormente às contrarrazões, não lhes assiste razão.

Conforme recentemente noticiado pela imprensa, é fato que diversos Defensores Públicos do Estado de São Paulo solicitaram seu desligamento da Ordem dos Advogados do Brasil com fundamento na Lei Complementar n° 132/2009 (que alterou a Lei Complementar n° 80/1994). Com efeito, a última passou a prever, acrescentando dentre outras coisas os §§ 6º e 9º ao art. 4º da primeira, que 'a capacidade postulatória do Defensor Público decorre exclusivamente de sua nomeação e posse no cargo público' e que 'o exercício do cargo de Defensor Público é comprovado mediante apresentação de carteira funcional expedida pela respectiva Defensoria Pública, conforme modelo previsto nesta Lei Complementar, a qual valerá como documento de identidade e terá fé pública em todo o território nacional.'

Sendo assim, a inscrição dos Defensores Públicos na Ordem dos Advogados do Brasil não é mais condição para sua atuação em juízo, ficando superadas com

97: 'são requisitos para a posse: I inscrição na Ordem dos Advogados do Brasil. Assim, ambos os diplomas reputam necessário para aceder ao cargo de Defensor Público que o interessado possua aptidão profissional de advogado, ou seja, a habilitação para tanto, que é conferida a partir da inscrição no álbum profissional. Sem embargo, como reiteradamente foi dito, a teor do §6º do art. 4º da Lei Complementar 132, de 07.10.2009, que estabeleceu normas gerais das defensorias públicas: 'A capacidade postulatória do Defensor Público decorre exclusivamente de sua nomeação e posse no cargo público'. Não se pode considerar existente contradição entre os artigos em apreço. Com efeito, não é critério aceitável de hermenêutica presumir que um artigo desmente o contido em outro no mesmo texto. Assim, a intelecção correta é a de que ambos estão reportados a coisas diversas. Ou seja: um deles, o que demanda inscrição na OAB, está volvido a um requisito de capacitação profissional, aptidão técnica, a ser demonstrada no instante da admissão, feito o que, está cumprido o necessário. O segundo deles, confere capacidade postulatória e a faz depender tão só, ou seja, 'exclusivamente', como ali está dito, à nomeação e posse no cargo. Donde, para atuar em juízo (ou extrajudicialmente) na defesa dos interesses a seu cargo, o Defensor Público nada mais necessita senão estar investido nas funções que lhe correspondem. Ou seja: não necessita permanecer inscrito na OAB." (parecer datado de 08.07.2011, disponível em< http://www.apadep.org.br>).

isso as previsões dos arts. 3º, § 1º, e 4º, caput, do EOAB (Lei n° 8.906/94), o que aliás é perfeitamente compatível com a distinção entre as atividades e com as atribuições naturais do cargo de Defensor Público, cuja investidura pressupõe de resto a qualificação de bacharel em Direito e verificação da aptidão pessoal em concurso público específico. De se recordar, em adendo, que os arts. 133 e 134 da Constituição da República preveem em paralelo a Advocacia e a Defensoria Pública como instituições essenciais à Justiça, não atrelando o exercício da segunda à habilitação para o exercício da primeira."[61]

No que toca **a autonomia orçamentária ou financeira**, cabe à Defensoria Pública apresentar sua proposta, de acordo com a Lei de Diretrizes Orçamentárias, sendo que "o Poder Executivo procederá aos ajustes necessários para fins de consolidação da proposta orçamentária anual" (art. 99, §4º, CF), como ocorre com o Poder Judiciário e com o Ministério Público (art. 127, § 5º, CF), sendo que os recursos devem ser repassados até o dia 20 de cada mês, em duodécimos (art. 168, CF).

No que se refere às Defensorias Públicas dos Estados e do Distrito Federal, incide o artigo Art. 97-B da LC nº 80/94, inserido pela LC nº 132/2009, que dispõe: "a Defensoria Pública do Estado elaborará sua proposta orçamentária atendendo aos seus princípios, às diretrizes e aos limites definidos na lei de diretrizes orçamentárias, encaminhando-a ao Chefe do Poder Executivo para consolidação e encaminhamento ao Poder Legislativo.

Se a Defensoria Pública do Estado não encaminhar a respectiva proposta orçamentária dentro do prazo estabelecido na lei de diretrizes orçamentárias, o Poder Executivo considerará, para fins de consolidação da proposta orçamentária anual, os valores aprovados na lei orçamentária vigente, ajustados de acordo com os limites estipulados na forma do caput. (§ 1º); Se a proposta orçamentária de que trata este artigo for encaminhada em desacordo com os limites estipulados no caput, o Poder Executivo procederá aos ajustes necessários para fim de consolidação da proposta orçamentária anual. (§ 2º); Durante a execução orçamentária do exercício, não poderá haver a realização de despesas que extrapolem os limites estabelecidos na lei de diretrizes orçamentárias, exceto se previamente autorizadas, mediante a abertura de créditos suplementares ou especiais. (§ 3º).

Os recursos correspondentes às suas dotações orçamentárias próprias e globais, compreendidos os créditos suplementares e especiais, ser-lhe-ão entregues, até o dia 20 (vinte) de cada mês, na forma do art. 168 da Constituição Federal. (§ 4º); As decisões da Defensoria Pública do Estado, fundadas em sua

61 Julgado citado em: DE LA TORRE, Wagner Giron. *A capacidade postulatória dos Defensores Públicos.* Disponível em: < http://www.apadep.org.br>.

autonomia funcional e administrativa, obedecidas as formalidades legais, têm eficácia plena e executoriedade imediata, ressalvada a competência constitucional do Poder Judiciário e do Tribunal de Contas. (§ 5º);

A fiscalização contábil, financeira, orçamentária, operacional e patrimonial da Defensoria Pública do Estado, quanto à legalidade, legitimidade, aplicação de dotações e recursos próprios e renúncia de receitas, será exercida pelo Poder Legislativo, mediante controle externo e pelo sistema de controle interno estabelecido em lei. (§ 6º).

Na concessão da liminar na ação de descumprimento de preceito fundamental - **ADPF n. 307, sobre a autonomia institucional e orçamentária da Defensoria Pública do Estado de Paraíba**, consignou o Ministro Relator Dias Toffoli: "A permanência das defensorias públicas como vinculadas administrativa, funcional e financeiramente ao Poder Executivo dificultava o seu desenvolvimento institucional, a exemplo do injustificado corte dos recursos financeiros do órgão. Nestes casos, os maiores prejudicados são aqueles que efetivamente necessitam dos serviços da instituição, os desprovidos de recursos financeiros suficientes à sua orientação jurídica e defesa em juízo. Dessa forma, o § 2º do art. 134, introduzido pela Emenda Constitucional nº 45/2004, criou condições para a plena realização da função à qual está vocacionada a Defensoria Pública. Isso porque somente com a plena autonomia funcional, administrativa e financeira é possível à Defensoria dar concretude à garantia prevista no art. 5º, inc. LXXIV, da Constituição Federal. Portanto, o art. 134, § 2º, da Constituição Federal constitui disposição densificadora do dever do Estado de prestar assistência jurídica aos necessitados e do direito que a estes corresponde. Sem dúvida, trata-se de norma estruturante do nosso sistema de direitos e garantias fundamentais, sendo também pertinente à organização do Estado, restando configurada ofensa a preceito fundamental. (...)

O corte perpetrado pelo Governador representou drástica redução da proposta de orçamento da Defensoria Pública, inclusive para valor inferior ao montante do exercício de 2013. Contudo, estando a proposta orçamentária da Defensoria compatível com os limites estabelecidos na lei de diretrizes orçamentárias, nos termos do art. 134, § 2º, da Constituição Federal, não era dado ao Chefe do Poder Executivo, de forma unilateral, reduzi-la ao consolidar do projeto de lei orçamentária anual.

Em tais casos, este Tribunal tem afirmado a inconstitucionalidade de medidas que representem a subordinação da Defensoria ao Poder Executivo, por implicar violação à autonomia funcional e administrativa da instituição. Assim, o Tribunal reconhece eficácia plena e aplicabilidade imediata ao art. 134, § 2º, da Constituição Federal."

Naquela ocasião, consignou-se ainda o princípio da paridade ou equivalência das Instituições jurídico-democrática: "Outrossim, neste Supremo Tribunal Federal já foram proferidas diversas decisões monocráticas concessivas de liminar em casos análogos ao presente, em que chefes do Poder Executivo, quando da consolidação do PLOA, promoveram reduções nas propostas orçamentárias do Poder Judiciário ou do Ministério Público."[62]

Outra batalha legislativa relevante, ligada à autonomia orçamentária, porém sem um final feliz, ocorreu com a tramitação **do Projeto de Lei Complementar 114/2011**, que previa que os Estados destinassem até 2% de seu orçamento para a Defensoria Pública. Para nossa decepção, contudo, no final de 2012, o projeto recebeu veto presidencial, mesmo após "ter sido aprovado com o apoio unânime de todos os partidos políticos e todas as bancadas no Senado Federal e na Câmara dos Deputados, além de ter recebido manifestações favoráveis do Ministério da Justiça e da própria Casa Civil recomendando a sanção integral".

"Entre as alterações relevantes trazidas por este projeto está a criação de um percentual de até 2% da receita corrente líquida dos estados, exclusivamente, destinado ao investimento nas despesas de pessoal da Defensoria Pública."[63] Contudo, o veto surpreendeu todos.

---

62 Disponível em: http://www.stf.jus.br.

63 "Histórico do projeto de lei. O Projeto de Lei foi apresentado pelo Senador José Pimentel (PT/CE) em maio de 2011, sendo aprovado em definitivo pelo Congresso Nacional em apenas um ano e seis meses, com o apoio unânime dos partidos políticos, tanto no Senado como na Câmara dos Deputados, tramitando em regime de urgência nas duas Casas Legislativas. Na justificativa do Projeto, o Senador José Pimentel esclarecia que "com o advento da autonomia funcional e administrativa da Defensoria Pública dos Estados, bem como da iniciativa de sua proposta orçamentária, tornou-se indispensável estabelecer que a gestão dos seus recursos seja expressamente submetida à disciplina da Lei de Responsabilidade Fiscal, reformando os artigos correspondentes e explicitando os instrumentos de compatibilização com a nova ordem." Por se tratar de Projeto de Lei Complementar, foi necessária a aprovação por maioria absoluta (art. 69 da CF) do Congresso Nacional, passando obrigatoriamente pelos plenários das duas Casas Legislativas. Em julho de 2011, a Comissão de Constituição e Justiça do Senado aprovou, por unanimidade, o parecer do Senador – e presidente da Comissão – Eunício Oliveira (PMDB/CE), com uma emenda de redação. O relator observou que "com o advento das autonomias financeira e orçamentária das Defensorias Públicas dos Estados, tornou-se indispensável estabelecer que a gestão dessas instituições também seja expressamente submetida à disciplina da LRF. Ou seja, trata-se de dissociar o orçamento da Defensoria Pública dos Estados do orçamento do Poder Executivo, individualizando-se as responsabilidades e, com isso, ressaltando-se a autonomia e a independência da instituição." Na Comissão de Assuntos Econômicos do Senado, o Projeto foi distribuído para o Senador Clésio Andrade (PMDB/MG), cujo parecer integralmente favorável foi aprovado por unanimidade, em novembro de 2011. O parecer ressalta o fato de "as medidas preconizadas visam a assegurar às Defensorias Públicas Estaduais o exercício pleno de suas autonomias constitucionalmente garantidas, com responsabilidade na gestão fiscal." Encaminhado ao plenário do Senado, foi aprovado por unanimidade o requerimento de urgência para o Projeto e, ainda no mês de novembro de 2011, a matéria foi aprovada em Plenário com o apoio unânime dos Partidos Políticos que integram aquela Casa Legislativa. Remetido à Câmara dos Deputados, os líderes partidários – encabeçados pelo Deputado Federal ACM Neto (DEM/BA) - apresentaram requerimento de urgência, que foi aprovado em Plenário por unanimidade, em maio de 2012. Em junho de 2012, a Comissão de Constituição, Justiça e de Cidadania da Câmara aprovou, por unanimidade, o parecer do Deputado Alessandro Molon (PT/RJ), segundo o qual o projeto trata de "dissociar o orçamento da Defensoria Pública

Por derradeiro, **merece críticas o Enunciado nº 421 do Superior Tribunal de Justiça** que diz não caber condenação de honorários advocatícios em benefício da Defensoria Pública Estadual, quando vencido o Estado, diante de suposta confusão: "os honorários advocatícios não são devidos à Defensoria Pública quando ela atua contra a pessoa jurídica de direito público à qual pertença."[64] Porém, o STJ perdeu de vista, ao editar a norma, a autonomia orçamen-

---

dos Estados do orçamento do Poder Executivo, individualizando-se as responsabilidades e, com isso, ressaltando-se a autonomia e a independência da instituição." Na Comissão de Finanças e Tributação da Câmara (CFT), a relatoria foi avocada pelo seu Presidente, Deputado Antônio Andrade (PMDB/MG), cujo parecer integralmente favorável ressaltava a "não implicação da matéria em aumento de despesa ou diminuição da receita ou da despesa pública, não cabendo pronunciamento quanto aos aspectos financeiro e orçamentário públicos do Projeto." Após ter sido debatido em algumas sessões da CFT, por fim a matéria foi aprovada por unanimidade, em outubro de 2012. Acrescente-se que, durante a tramitação na CFT, o Ministério da Justiça, através da Secretaria de Reforma do Judiciário – apresentou a Nota Técnica nº. 302/2012, manifestando-se favorável à aprovação integral do Projeto. Também o Ministério da Fazenda apresentou Nota Técnica favorável ao projeto, sugerindo a inclusão de outros dispositivos não relacionados à organização da Defensoria Pública e que, por essa razão, não foram acolhidos pelo relator na CFT, Deputado Antônio Andrade." Disponível em: <http//:www.anadep.org.br>, acesso dia 20 de dezembro de 2012 e dia 22 de novembro de 2012.

64 "A tese começou a se cristalizar em 2004. Após decisão da Segunda Turma entendendo que o Estatuto da OAB concede a todos os advogados, inclusive aos defensores públicos, o direito a honorários, o Estado do Rio Grande do Sul propôs os embargos de divergência no recurso especial 566.551, alegando que tal decisão divergia do entendimento da Primeira Turma sobre o assunto. O ministro José Delgado, relator do caso, votou pelo acolhimento, reconhecendo indevida verba honorária à Defensoria Pública do Estado em face de condenação contra a mesma pessoa de direito público. "A Defensoria Pública é mero, não menos importantíssimo, órgão estadual, sem personalidade jurídica e sem capacidade processual, pelo que se denota a impossibilidade jurídica de acolhimento do pedido da concessão da verba honorária advocatícia, por se visualizar a confusão entre credor e devedor", afirmou, na ocasião, ressaltando, à época, decisão no mesmo sentido já tomada pela Primeira Seção. Em 2008, a Primeira Turma corroborou tal entendimento, ao julgar o Resp 1.052.920, interposto pela Defensoria Pública do Estado do Mato Grosso do Sul, após decisão do Tribunal de Justiça estadual decidir contrariamente. "Embora a Emenda Constitucional 45/2004 tenha conferido às Defensorias Públicas autonomia funcional e administrativa, esta condição não alterou o entendimento de que a Defensoria Pública é órgão público do Poder Executivo, desprovido de personalidade jurídica própria, o que a impede de pleitear honorários advocatícios", afirmou o desembargador. No recurso especial, a Defensoria Pública argumentou que possui legitimidade ativa para cobrar, través do Fundo Especial para o Aperfeiçoamento e o Desenvolvimento das Atividades da Defensoria Pública - Funadep, os seus honorários advocatícios. Ao votar pelo provimento, o ministro Teori Albino Zavascki, explicou ser inaplicável, ao caso, o instituto da confusão, previsto no artigo 381, do Código Civil de 2002. "Isto porque é o Município, e não o Estado, que figura como devedor da verba honorária no caso em comento", afirmou. As mesmas considerações voltaram à baila no julgamento do Recurso Especial 1.108.013, em que um cidadão do Rio de Janeiro, assistido pela Defensoria Pública, pretendia obter medicamento para tratamento de "hepatite crônica por vírus C". A ministra Eliana Calmon votou pelo provimento do recurso. "Na relação jurídica processual contra o poder público ou por ele iniciada, em que um dos polos se encontra um juridicamente necessitado, surge o cenário propício ao aparecimento da confusão, no que toca aos honorários advocatícios, a depender da sucumbência", explica. Segundo a relatora, no caso de vitória do necessitado assistido pela Defensoria Pública, há que se averiguar se o derrotado porventura não é o ente público da qual ela é parte, pois configurada essa situação, é indiscutível que o credor dos honorários advocatícios será em última análise também o devedor. "A contrario *sensu*, sendo a Defensoria Pública integrante de pessoa jurídica de direito público diversa daquela contra qual a atua, não haverá coincidência das características de credor e de devedor em uma mesma pessoa, ou seja, de confusão , como por exemplo quando a Defensoria Pública Estadual atua contra Município ou a da União contra Estado membro e assim por diante.", concluiu." (<http://www.stj.gov.br>)

tária da Instituição, que dispõe de orçamento próprio, estanque do orçamento fazendário.

Pois bem. A Emenda Constitucional 80/14 também teve por escopo reforçar a autonomia institucional, mormente a administrativa, da Defensoria Pública. Para isso, trouxe no parágrafo quarto do artigo 134 que "são princípios institucionais da Defensoria Pública a unidade, a indivisibilidade e a independência funcional, aplicando-se também, no que couber, o disposto no art. 93 e no inciso II do art. 96 desta Constituição Federal". Tais dispositivos regulamentam temas administrativos relativos ao Poder Judiciário, com alguns aspectos também aplicáveis ao Ministério Público (artigo 129, parágrafo quarto, CF), que agora incidirão também sobre a Defensoria Pública e suas rotinas e atos de gestão, "no que couber", segundo leis complementares nacional e estaduais que, em cada Instituição, regulamentará ou não cada matéria.

De outra forma, nesse contexto, podemos classificar as novas normas referidas no artigo 134, cada uma delas, em normas **de incidência compatível e imediata (ou aplicabilidade imediata, segundo clássica divisão de José Afonso da Silva); de incidência compatível, mas condicionada (à regulamentação legal); e de incidência incompatível.**

Pois bem. Podemos adiantar que a norma do artigo 96, II, da CF, que se trata da iniciativa de lei, no caso da Defensoria Pública, a ser exercida pelo Defensor Público-Geral, é de incidência compatível e imediata. Ou seja, os representantes de cada Instituição já poderão encaminhar projetos legislativos às respectivas Casas Legislativas, mesmo sem regulamentação legal. Enfim, trata-se de relevante instrumento de concretização da autonomia institucional.

O artigo 93, por sua vez, possui normas variadas e de todas as três classificações.

O inciso I trata-se dos concursos públicos de ingresso nas carreiras e do período mínimo de 3 (três) anos prévios de atividade jurídica. Apesar das divergências quanto ao citado prazo, entendemos que tal dispositivo é norma de incidência compatível e imediata, podendo os editais dos concursos públicos para o cargo de Defensor Público já condicionarem o ingresso ao cumprimento do período mínimo de atividade jurídica, cuja regulamentação pode assemelhar-se às regras já aplicáveis à Magistratura e ao Ministério Públicos, segundo as respectivas diretrizes definidas pelos seus Conselhos Nacionais (CNJ e CNMP).

Na verdade, tal regra, nascida com a EC 45/04 (a Reforma do Judiciário), parte do pressuposto de que o exercício de funções essenciais – e de inegável interesse público – requer mais maturidade e certa experiência jurídica.

O inciso II, a seu turno, trata das regras administrativas e básicas dos concursos de promoção dos juízes por entrâncias. São regras de incidência compatível e imediata, desde que feitas as necessárias adaptações segundo as regras internas, com exceção das alíneas "d" e "e", que dependem de regulamentação legal para cada Defensoria Pública (incidência compatível, mas condicionada). De fato, tratam-se de normas que limitam direitos subjetivos, embora entendo que não sejam de natureza disciplinar, mas que estão cobertas pela garantia da reserva de lei.

O inciso III também se refere à promoção, mas agora ao Tribunal que, no caso da Defensoria Pública, equivale aos níveis mais elevados ou especiais. Vale destacar aqui que, no Brasil, esses níveis mais elevados (ou especiais) podem ou não ter atribuições diferenciadas, por exemplo, limitadas à atuação nos processos que já estejam no Tribunal. Essa variedade depende do grau de verticalização em cada Instituição. Por exemplo, na Defensoria Pública do Estado de São Paulo inexiste diferença de atribuições segundo o nível do cargo. Na Defensoria Pública do Estado do Rio de Janeiro, por outro lado, os níveis mais elevados têm suas atribuições restritas aos processos nos Tribunais.

O inciso IV diz respeito à preparação do Membro antes do vitaliciamento – para os Magistrados – ou da confirmação na carreira – para os Defensores Públicos. Entendemos compatível com a Defensoria Pública, desde que guardadas as devidas especificidades.

O inciso V trata dos limites remuneratórios dos Ministros e Magistrados do Poder Judiciário. Pois bem, entendemos que o sistema remuneratório da Defensoria Pública, pela própria estrutura da carreira, não se adequa às regras dessa norma, mas deve atenção aos limites previstos no artigo 37, inciso XI, da CF. Então, o inciso V seria uma norma de incidência incompatível.

Já o inciso VI diz respeito às regras de aposentadoria, o qual remete o intérprete às regras do artigo 40 da CF, que incide naturalmente sobre a carreira de Defensor Público (norma de incidência compatível e imediata).

O inciso VII exige que o Juiz resida na respectiva Comarca, salvo se tiver autorização administrativa para ter domicílio diverso. A norma busca aproximar o Membro das carreiras essenciais ao público atendido, especialmente para empoderá-lo dos costumes e do contexto socioeconômico local. Tal norma é compatível com a Defensoria Pública e, além disso, tem incidência imediata.

Agora, o inciso VIII prevê a remoção, a disponibilidade e a aposentadoria do Membro por interesse público, as quais somente podem ocorrer por votação absoluta dos órgãos superiores de cada Instituição. Na verdade, tal regra flexibiliza a garantia funcional da inamovibilidade, mas não se confunde com o regime disciplinar ou é alheio a ele. Destarte, entendemos que se refere à decisões administrativas fundadas em motivos diversos das infrações funcionais, sendo dispensável o ilícito administrativo, bastando outros aspectos que justificam a supressão do Membro do seu campo de atuação. Pois bem. Entendemos que tal norma não é plenamente incompatível com a Defensoria Pública, mas depende de previsão legal específica, que traga ainda as hipóteses taxativas que autorizam a aplicação de medida tão extrema (norma compatível, mas condicionada).

O inciso VIII-A estende as regras da promoção aos pedidos de remoção e de permuta. Pois bem. Entendemos que tais regras, com as devidas adaptações, podem recair sobre a Defensoria Pública, salvo a previsão da alínea "e" do inciso II, que dependeria de previsão legal expressa.

Já o inciso IX apresenta a regra da maior publicidade possível nos julgamentos do Poder Judiciário, sejam eles judiciais, sejam administrativos, com temperos inerentes à intimidade e ao interesse público. Entendemos que a publicidade deva ser a regra no âmbito da Defensoria Pública, sendo que tal norma reveste-se da roupagem "incidência compatível e imediata". Ou seja, dispensa-se lei, mas é prudente que seja aprovada norma interna que regulamente os casos de sigilo e o procedimento de decretação.

O princípio da motivação das decisões está no inciso X, compatível, desde já, com a Defensoria Pública que, por integrar a administração pública em sentido amplo, apesar da sua autonomia institucional, deve motivar seus atos e decisões.

O inciso XI é incompatível com a Defensoria Pública.

Agora, o inciso XII tem sua compatibilidade ligada à própria essencialidade da Instituição. Ora, se a Defensoria Pública é essencial e possui funções essenciais, é natural que suas atividades sejam ininterruptas.

Os incisos XIII e XIV, que tratam, respectivamente, do número de Membros e da delegação de atos não decisórios, parecem-nos compatíveis com o modelo de Defensoria Pública, mas a incidência deles estaria condicionada à previsão legal.

A distribuição imediata de processos (inciso X) é imediata e integralmente compatível com a Defensoria Pública, feitas as devidas adaptações de exegese.

4. ESTRUTURA ADMINISTRATIVA E MODELOS DE GESTÃO

A Defensoria Pública é considerada órgão independente e autônomo. Ela apenas integra a estrutura do Poder Executivo, mas não está a ele vinculada. A Defensoria Pública possui governo (política institucional) e administração (estrutura organizacional) próprios.

Para **Hely Lopes Meirelles**, governo "ora se identifica com os Poderes e órgãos supremos do Estado, ora se apresenta nas funções originárias desses Poderes e órgãos como manifestação da Soberania. A constante, porém, do Governo é a sua expressão política de comando de iniciativa, de fixação de objetivos do Estado e de manutenção da ordem jurídica vigente. O Governo atua mediante atos de Soberania ou, pelos menos, de autonomia política na condução dos negócios públicos."[65] De fato, a Instituição possui suas próprias metas, que podem ser distintas dos objetivos definidos pelo Ente estatal a qual pertence. É decorrência direta da sua autonomia funcional.

Doutra banda, **a Defensoria Pública goza de administração independente, pratica atos de gestão, independentemente da intervenção Estatal.** "Em sentido formal, é o conjunto de órgãos instituídos para consecução dos objetivos do Governo; em sentido material, é o conjunto das funções necessárias aos serviços públicos em geral; em acepção operacional, é o desempenho perene e sistemático, legal e técnico, dos serviços próprios do Estado ou por ele assumidos em benefícios da coletividade. Numa visão global, a Administração é, pois, todo o aparelhamento do Estado preordenado à realização de serviços, visando à satisfação das necessidades coletivas.

A Administração não pratica atos de governo; pratica, tão somente, atos de execução, com maior ou menor autonomia funcional, segundo a competência do órgão e de seus agentes. São os chamados atos administrativos, que, por sua variedade e importância, merecem estudo em capítulo especial. Comparativamente, podemos dizer que governo é atividade política e discricionária; administração é atividade neutra, normalmente vinculada à lei ou à norma técnica. Governo é conduta independente; administração é conduta hierarquizada.

O Governo comanda com responsabilidade constitucional e política, mas sem responsabilidade profissional pela execução; a Administração executa sem responsabilidade constitucional ou política, mas com responsabilidade técnica e legal pela execução."[66] De fato, **a Defensoria Pública ostenta governo e administração próprios.**

Ontologicamente, ela é considerada **"órgão independente".** São aqueles "colocados no ápice da pirâmide governamental, sem qualquer subordinação hierárquica ou funcional, e só sujeitos aos controles constitucionais de um Poder pelo outro. Por isso, são também chamados órgãos primários do Estado. Esses órgãos detêm e exercem precipuamente as funções políticas, judiciais e quase judiciais, outorgadas diretamente pela Constituição, para serem desempenhadas pessoalmente por seus membros (agentes políticos, distintos de seus senadores, que são agentes administrativos), segundo normas especiais e regimentais."[67]

---

65 MEIRELLES, Hely Lopes. *Direito administrativo brasileiro.* São Paulo: Malheiros, *passim.*

66 MEIRELLES, Hely Lopes. *Direito administrativo brasileiro.* São Paulo: Malheiros, *passim.*

67 MEIRELLES, Hely Lopes. *Direito administrativo brasileiro.* São Paulo: Malheiros, *passim.*

Para Guilherme Peña de Moraes, "a Defensoria Pública, sob o espectro da organização da Administração Pública, consiste em órgão, embora funcionalmente independente, vinculado ao Poder Executivo. Com efeito, exsurge da conjugação dos elementos genéricos de constituição dos órgãos, em consonância com a nomenclatura oferecida por Marcello Caetano, o fato de a Defensoria Pública ser qualificada como um órgão público de tipo institucional. Logo, a Defensoria Pública equivale a uma Instituição, conquanto os agentes públicos que a constituem, cuja conduta é pautada por preceitos formais ou tradições informais comuns, no exercício das atribuições conferidas à unidade técnica-funcional que compõem, almejam a consecução de um fim primário único, representado pelo acesso dos hipossuficientes e econômicos à Justiça, reputado como relevante e necessário pela totalidade de membros da sociedade, independentemente dela participar ou não.

ATENÇÃO Entrementes, acerca da classificação dos órgãos públicos, a Defensoria Pública, com pertinência aos distintos critérios, é qualificada como órgão central, independente, de autoridade, composto, colegiado e obrigatório.

Quanto à esfera de ação, consiste em um órgão central, pois exerce a atribuição de que é constitucionalmente incumbida em todo o território da entidade estatal em cuja estrutura administrativa é contida, de sorte que a Defensoria Pública da União atua, em todo o território nacional, junto à Justiça Federal, ao passo que as Defensorias Públicas dos Estados prestam assistência jurídica junto às Justiças Estaduais, no âmbito do respectivo território estadual.

No que concerne à posição estatal, consoante já deixamos consignado, em acolhimento ao escólio de **Hely Lopes Meirelles,** representa um órgão independente, porquanto a Defensoria Pública, integrada à estrutura constitucional do Estado, é informada pelo princípio constitucional da independência funcional, (...) No que tange à natureza da atribuição, corresponde a um órgão de autoridade, pois lhe é deferida a faculdade de efetivar atos de natureza jurídica que afetam a esfera de particulares, não sendo instituída de maneira auxiliar, dispensável ou substituível.

Com referência à estrutura, é reputada como órgão composto, porque é constituída por uma pluralidade de centros de atribuição que, sob a coordenação dos órgãos de administração superior e de forma sistematizada, exercem atividades-meio distintas e atividade-fim, consistente na prestação da assistência jurídica aos parcos de recursos, idêntica.

Relativamente à atuação funcional, equivale a um órgão colegiado, já que, sendo constituída por agentes públicos múltiplos, cuja validade dos atos por estes praticados é vinculada à obediência a determinado procedimento administrativo a eles inerente, é representada, judicial e extrajudicialmente, pelo Defensor Público-Geral.

Por fim, em atenção à obrigatoriedade de existência, como já dissemos alhures, é qualificada como órgão obrigatório, conquanto a instituição da Defensoria Pública não é reduzida à discricionariedade da Administração Pública, mas advém de imposição constitucional."[68]

Nas palavras de Emerson Garcia, sobre o Ministério Público, mas cuja ideia se aplica aqui, "diversamente da concepção clássica de órgão, não é mero plexo de atribuições, que integra e compõe um corpo principal, com feição nitidamente acessória. O *plus* em relação ao mero órgão administrativo reside nas múltiplas vertentes de sua autonomia, permitindo que a Instituição esteja desvinculada de qualquer estrutura hierárquica, inexistindo subordinação em relação a autoridade estranha aos seus quadros.

Quanto às pessoas jurídicas de direito público, o *minus* reside na ausência da personalidade jurídica, atributo não ostentado pela Instituição, mas que não se erige como óbice à defesa de suas prerrogativas em juízo, pois dotada de personalidade judiciária. O *plus,* por sua vez, residia na inexistência de supervisão por qualquer outra autoridade estranha aos seus quadros, situação recorrente na administração pública (vide art. 19 do Decreto-Lei nº 200/1967, que trata da supervisão ministerial sobre a administração federal, quer direta, quer indireta)."[69]

ATENÇÃO

Os Defensores Públicos, por sua vez, são agentes políticos, pois atuam, no exercício de suas atribuições, de sua atividade-fim, com independência funcional, cujo parâmetro único é, de fato, a defesa efetiva e satisfativa dos interesses dos usuários, em todas as instâncias viáveis.

"**Os agentes políticos** exercem funções governamentais, judiciais e quase judiciais, elaborando normas legais, conduzindo os negócios públicos, decidindo e atuando com independência nos assuntos de sua competência.

São as autoridades públicas supremas do Governo e da Administração na área de sua atuação, pois não estão hierarquizadas, sujeitando-se apenas aos graus e limites constitucionais e legais de Jurisdição. Em doutrina, **os agentes políticos têm plena liberdade funcional,** equiparável à independência dos juízes nos seus julgamentos, e para tanto, ficam a salvo de responsabilização civil por seus eventuais erros de atuação, a menos que tenham agido com culpa grosseira, má-fé ou abuso de poder.

68 MORAES, Guilheme Peña de. *Instituições da Defensoria Pública.* 1ª ed. São Paulo: Malheiros Editores, 1999, p. 160/161.

69 GARCIA, Emerson. *Ministério Público. Organização, Atribuições e Regime Jurídico.* Editora Atlas, 2009.

Realmente, a situação dos que governam e decidem é bem diversa da dos que simplesmente administram e executam encargos técnicos e profissionais, sem responsabilidade de decisão e de opções políticas. Daí por que os agentes políticos precisam de ampla liberdade funcional e maior resguardo para o desempenho de suas funções.

As prerrogativas que se concedem aos agentes políticos não são privilégios pessoais; são garantias necessárias ao pleno exercício de suas altas e complexas funções governamentais e decisórias. Sem essas prerrogativas funcionais os agentes políticos ficariam tolhidos na sua liberdade de opção e de decisão, ante o temor de responsabilização pelos padrões comuns da culpa civil e do erro técnico a que ficam sujeitos os funcionários profissionalizados."[70]

Além disso, atualmente, os agentes políticos devem ostentar um atributo essencial: **sensibilidade social.** De fato, as **manifestações sociais de 2013** demonstraram, como jamais se viu, que a sociedade quer ser ouvida e participar ativamente das decisões políticas fundamentais, o que exige desses agentes o papel de conexão entre sociedade e Estado. "Os gritos das ruas ainda está por ser totalmente compreendido em seu fenômeno massivo, mas está claro que é um recado de novos tempos; um recado para instituições de Estado, governantes, partidos, sindicatos e políticos (**agentes políticos**) se sintonizem com o que clama o povo (...)".[71]

Como dissemos, **a Defensoria Pública ostenta governo e gestão.** Atualmente, a doutrina indica **dois modelos básicos de gestão**: os modelos burocráticos e os modelos democráticos. "O modelo burocrático tornou-se o alvo das mais ásperas críticas.

O modelo burocrático weberiano foi considerado inadequado para o contexto institucional contemporâneo por sua presumida ineficiência, morosidade, estilo autorreferencial, e descolamento das necessidades dos cidadãos (Barzelay, 1992; Osborne e Gaebler, 1992; Hood, 1995; Pollitt e Bouckaert, 2002). Dois modelos organizacionais e um paradigma relacional foram apresentados como alternativas ao modelo burocrático.

A administração pública gerencial (AGP) e o governo empreendedor (GE) são modelos organizacionais que incorporam prescrições para a melhora da efetividade da gestão das organizações públicas. O movimento da **governança pública (GP)** se traduz em um modelo relacional porque oferece uma abordagem diferenciada de conexão entre o sistema governamental e o ambiente que circunda o governo. O modelo burocrático weberiano é um modelo organi-

70 MEIRELLES, Hely Lopes. *Direito administrativo brasileiro.* São Paulo: Malheiros, *passim.*

71 Revista *Caros amigos.* Edição 196/2013, p. 19.

zacional que desfrutou notável disseminação nas administrações públicas durante o século XX em todo o mundo.

O modelo burocrático é atribuído a Max Weber, porque o sociólogo alemão analisou e sintetizou suas principais características. (...) Nesse modelo, o poder emana das normas, das instituições formais, e não do perfil carismático ou da tradição. A partir desse axioma fundamental derivam-se as três características principais do modelo burocrático: a formalidade, a impessoalidade e o profissionalismo. A formalidade impõe deveres e responsabilidades aos membros da organização a configuração e legitimidade de uma hierarquia administrativa, as documentações escritas dos procedimentos administrativos, a formalização dos processos decisórios e a formalização das comunicações internas e externas. As tarefas dos empregados são formalmente estabelecidas de maneira a garantir a continuidade do trabalho e a estandardização dos serviços prestados, para evitar ao máximo a discricionariedade individual na execução das rotinas."[72]

Dois modelos democráticos se destacam hodiernamente: **o modelo gerencial e o modelo de governança pública. No tocante ao primeiro,** algumas diretrizes são relevantes, a partir de estudos de Osborne e Gaebler (1992): "governo catalisador — os governos não devem assumir o papel de implementador de políticas públicas sozinhos, mas sim harmonizar a ação de diferentes agentes sociais na solução de problemas coletivos; governo que pertence à comunidade — os governos devem abrir-se à participação dos cidadãos no momento de tomada de decisão; governo competitivo — os governos devem criar mecanismos de competição dentro das organizações públicas e entre organizações públicas e privadas, buscando fomentar a melhora da qualidade dos serviços prestados.

Essa prescrição vai contra os monopólios governamentais na prestação de certos serviços públicos; governo orientado por missões — os governos devem deixar de lado a obsessão pelo seguimento de normativas formais e migrar a atenção na direção da sua verdadeira missão; governo de resultados — os governos devem substituir o foco no controle de *inputs* para o controle de *outputs* e impactos de suas ações, e para isso adotar a administração por objetivos; governo orientado ao cliente — os governos devem substituir a autorreferencialidade pela lógica de atenção às necessidades dos clientes/cidadãos."[73]

Por sua vez, **o modelo de governança pública** idealiza uma gestão mais horizontal e participativa. "Teorias do desenvolvimento tratam a governança como um conjunto adequado de práticas democráticas e de gestão que ajudam

72 SECCHI, Leonardo. Modelos organizacionais e reformas da administração pública. Disponível em < http://www.scielo.br>

73 SECCHI, Leonardo. Modelos organizacionais e reformas da administração pública. Disponível em < http://www.scielo.br>

os países a melhorar suas condições de desenvolvimento econômico e social. (...) A interpretação de governança adotada neste artigo é a derivada das ciências políticas e administração pública, como um modelo horizontal de relação entre atores públicos e privados no processo de elaboração de políticas públicas (...)," e que "disponibiliza plataformas organizacionais para facilitar o alcance de objetivos públicos tais como o envolvimento de cidadãos na construção de políticas, fazendo uso de mecanismos de democracia deliberativa e redes de políticas públicas."[74]

Particularmente, **entendemos que os modelos democráticos mais se adequam ao perfil e aos fins da Defensoria Pública**. Aliás, essa opção ficou evidente com a promulgação da Lei Complementar nº 132/2009, especialmente por trazer os objetivos da Instituição e os direitos dos usuários. **"São objetivos da Defensoria Pública:** I – a primazia da dignidade da pessoa humana e a redução das desigualdades sociais; II – a afirmação do Estado Democrático de Direito; III – a prevalência e efetividade dos direitos humanos; e IV – a garantia dos princípios constitucionais da ampla defesa e do contraditório" (art. 3-A, LC 80/94).

Ainda, **são direitos dos assistidos da Defensoria Pública**, além daqueles previstos na legislação estadual ou em atos normativos internos: I – a informação sobre: a) localização e horário de funcionamento dos órgãos da Defensoria Pública; b) a tramitação dos processos e os procedimentos para a realização de exames, perícias e outras providências necessárias à defesa de seus interesses; II – a qualidade e a eficiência do atendimento; III – o direito de ter sua pretensão revista no caso de recusa de atuação pelo Defensor Público; IV – o patrocínio de seus direitos e interesses pelo defensor natural; V – a atuação de Defensores Públicos distintos, quando verificada a existência de interesses antagônicos ou colidentes entre destinatários de suas funções." (art. 4-A).

Em geral, **os modelos modernos de gestão pública prezam pela eficiência e satisfação.** "O princípio da eficiência exige que a atividade administrativa seja exercida com presteza, perfeição e rendimento funcional. É o mais moderno princípio da função administrativa, que já não se contenta em ser desempenhada apenas com legalidade, exigindo resultados positivos para o serviço público e satisfatório atendimento das necessidades da comunidade e de seus membros."[75]

Sobre aquela alteração legislativa, ela dispõe que, "na organização e planejamento do serviço, devem ser priorizadas as regiões com maiores índices de exclu-

74 SECCHI, Leonardo. Modelos organizacionais e reformas da administração pública. Disponível em < http://www.scielo.br>

75 MEIRELLES, Hely Lopes. *Direito administrativo brasileiro*. São Paulo: Malheiros, *passim*.

são social a adensamento populacional. Essa orientação visa, justamente, levar a assistência jurídica integral e gratuita para as comunidades mais carentes, onde esse serviço se faz mais necessário.

A atuação da Defensoria Pública induz efeitos muito maiores do que a solução jurídica em si. Por meio de seus serviços é possível assegurar objetivos de grande relevância para a coesão social e o desenvolvimento humano, como a garantia de sobrevivência através das prestações de alimentos, indenizações a vítimas de acidentes que tenham perdido sua fonte de sustento, garantia do direito fundamental à moradia e à saúde, entre tantas outras coisas. É imperativo, portanto, que as localidades mais afetadas tenham acesso a esses serviços de forma prioritária."[76]

Nessa senda, o artigo 15-A foi incluído no corpo da Lei Nacional e diz: "a organização da Defensoria Pública da União deve primar pela descentralização, e sua atuação deve incluir atendimento interdisciplinar, bem como a tutela dos interesses individuais, difusos, coletivos e individuais homogêneos."

Outrossim, nessa visão participativa, a Lei Nacional passa a prever a **Ouvidoria-Geral** nas Instituições Estaduais, com atribuição para: "I – receber e encaminhar ao Corregedor-Geral representação contra membros e servidores da Defensoria Pública do Estado, assegurada a defesa preliminar; II – propor aos órgãos de administração superior da Defensoria Pública do Estado medidas e ações que visem à consecução dos princípios institucionais e ao aperfeiçoamento dos serviços prestados; III – elaborar e divulgar relatório semestral de suas atividades, que conterá também as medidas propostas aos órgãos competentes e a descrição dos resultados obtidos; IV – participar, com direito a voz, do Conselho Superior da Defensoria Pública do Estado; V – promover atividades de intercâmbio com a sociedade civil; VI – estabelecer meios de comunicação direta entre a Defensoria Pública e a sociedade, para receber sugestões e reclamações, adotando as providências pertinentes e informando o resultado aos interessados; VII – contribuir para a disseminação das formas de participação popular no acompanhamento e na fiscalização da prestação dos serviços realizados pela Defensoria Pública; VIII – manter contato permanente com os vários órgãos da Defensoria Pública do Estado, estimulando-os a atuar em permanente sintonia com os direitos dos usuários; IX – coordenar a realização de pesquisas periódicas e produzir estatísticas referentes ao índice de satisfação dos usuários, divulgando os resultados. Parágrafo único. As representações podem ser apresentadas por qualquer pessoa, inclusive pelos próprios membros e servidores da Defensoria Pública do Estado, entidade ou órgão público (art. 105-C)."

76 CASTRO, André Luís Machado. BERNARDES, Márcia Nina. *Construindo uma nova Defensoria Pública. In:* A Defensoria Pública e os processos coletivos". Rio de Janeiro: *Lumen Juris*, 2008, p. 117/119.

A Defensoria Pública, como Instituição Democrática, deve incorporar meios eficazes de participação social, com inclusão de propostas da sociedade civil nos processos decisórios, e o devido monitoramento dessas propostas, com frequentes retornos aos proponentes, a partir de um modelo dialético, inclusivo e pluralista de construção e expansão.

5. ATRIBUIÇÕES DOS DEFENSORES PÚBLICOS

Atribuição é o conjunto de competências de determinados órgãos, cargos e funções, segundo a organização administrativa e funcional na qual estão alocados, cujo objetivo é dividir os papéis de cada um, para o cumprimento das finalidades institucionais, o que faz surgir um sistema de respeito ou deferência às atribuições alheias e, como consequência, um funcionamento harmonioso do todo.

Quanto às atribuições legais, crucial e essencial uma observação. Atenção. Nessas hipóteses, **para o Defensor Público atuar é absolutamente prescindível nomeação, designação ou solicitação judicial ou de outra natureza, uma vez que a sua atribuição decorre da lei e somente dela.** Desta feita, Juiz não nomeia ou designa Defensor Público para exercer seu ofício no processo judicial ou fora dele, pois sua obrigação decorre de previsão legal.

Não são raros os casos de despachos judiciais de designação ou de nomeação de Defensor Público ou da Defensoria Pública para atuar. Equívoco e, em certos casos, abuso. Nessas hipóteses, **jamais deve o Defensor Público constar que "aceita" a nomeação ou a designação**, mas deve consignar a observação, quantas vezes forem precisas, de que suas atribuições são legais, não judiciais.

Sugerimos o seguinte texto: **"*data venia,* mas a atuação da Defensoria Pública ou de seu órgão de execução, o Defensor Público, decorre diretamente da lei, a única fonte de suas funções e atribuições. Portanto, incabível qualquer designação ou nomeação judicial. Diante disso, passo a manifestar por exclusiva determinação legal ...".** Pelo mesmo motivo, não cabe ao Juiz cessar eventual nomeação ou designação do Defensor Público.

As **atribuições funcionais podem ser legais ou administrativas**, sendo essas divididas em gerais e específicas. A definição das atribuições específicas decorre diretamente **da garantia da inamovibilidade**. De fato, o Defensor Público não pode ser afastado dos atendimentos e dos processos a ele naturalmente submetidos.

O Defensor Público paulista Julio Grostein, contudo, ao tecer primorosos comentários à Lei Complementar Estadual (SP) n. 988/06, muito bem expõe a questão do Defensor Natural e os seus reflexos para o membro da carreira:

"Trata-se de princípio com dupla faceta: é garantia ao mesmo tempo do usuário do serviço e do Defensor Público atuante.

Sob o prisma do destinatário do serviço, permite que ele tenha a sua pretensão examinada e tutelada juridicamente pelo Defensor Público com atribuição para aquele caso, seja do ponto de vista territorial, seja do ponto de vista material. Torna proibida, por via reflexa, a escolha de um determinado Defensor Público para que o assista juridicamente. Do mesmo modo, fica defesa a escolha, por qualquer órgão superior da carreira (o Defensor Público-Geral, inclusive), de um determinado órgão de execução (Defensor Público) para a tutela de uma específica demanda, ressalvados os casos autorizados no caput do art. 163 da LCE 988/06, dentre os quais o motivo de interesse público.

Sob a ótica do Defensor Público, o princípio em tela se mostra como uma segurança para que exerça suas atribuições, como órgão de execução natural, em conformidade com os critérios territorial e material de fixação de seu cargo."[77]

No tocante às atribuições legais, são funções institucionais da Defensoria Pública e, portanto, atribuições de todos os Defensores Públicos, dentre outras: I – prestar orientação jurídica e exercer a defesa dos necessitados, em todos os graus; II – promover, prioritariamente, a solução extrajudicial dos litígios, visando à composição entre as pessoas em conflito de interesses, por meio de mediação, conciliação, arbitragem e demais técnicas de composição e administração de conflitos; III – promover a difusão e a conscientização dos direitos humanos, da cidadania e do ordenamento jurídico; IV – prestar atendimento interdisciplinar, por meio de órgãos ou de servidores de suas Carreiras de apoio para o exercício de suas atribuições; V – exercer, mediante o recebimento dos autos com vista, a ampla defesa e o contraditório em favor de pessoas naturais e jurídicas, em processos administrativos e judiciais, perante todos os órgãos e em todas as instâncias, ordinárias ou extraordinárias, utilizando todas as medidas capazes de propiciar a adequada e efetiva defesa de seus interesses; VI – representar aos sistemas internacionais de proteção dos direitos humanos, postulando perante seus órgãos; VII – promover ação civil pública e todas as espécies de ações capazes de propiciar a adequada tutela dos direitos difusos, coletivos ou individuais homogêneos quando o resultado da demanda puder beneficiar grupo de pessoas hipossuficientes; VIII – exercer a defesa dos direitos e interesses individuais, difusos, coletivos e individuais homogêneos e dos direitos do consumidor, na forma do inciso LXXIV do art. 5º da Constituição Federal; IX – impetrar habeas corpus, mandado de injunção, habeas data e mandado de segurança ou qualquer outra ação em defesa das funções institu-

77 GROSTEIN, Julio. Lei orgânica da Defensoria Pública do Estado de São Paulo – Comentários à Lei Complementar Estadual n. 988/06. Editora Juspodivm, 2014.

cionais e prerrogativas de seus órgãos de execução; X – promover a mais ampla defesa dos direitos fundamentais dos necessitados, abrangendo seus direitos individuais, coletivos, sociais, econômicos, culturais e ambientais, sendo admissíveis todas as espécies de ações capazes de propiciar sua adequada e efetiva tutela; XI – exercer a defesa dos interesses individuais e coletivos da criança e do adolescente, do idoso, da pessoa portadora de necessidades especiais, da mulher vítima de violência doméstica e familiar e de outros grupos sociais vulneráveis que mereçam proteção especial do Estado; XIV – acompanhar inquérito policial, inclusive com a comunicação imediata da prisão em flagrante pela autoridade policial, quando o preso não constituir advogado; XV – patrocinar ação penal privada e a subsidiária da pública; XVI – exercer a curadoria especial nos casos previstos em lei; XVII – atuar nos estabelecimentos policiais, penitenciários e de internação de adolescentes, visando a assegurar às pessoas, sob quaisquer circunstâncias, o exercício pleno de seus direitos e garantias fundamentais; XVIII – atuar na preservação e reparação dos direitos de pessoas vítimas de tortura, abusos sexuais, discriminação ou qualquer outra forma de opressão ou violência, propiciando o acompanhamento e o atendimento interdisciplinar das vítimas; XIX – atuar nos Juizados Especiais; XX – participar, quando tiver assento, dos conselhos federais, estaduais e municipais afetos às funções institucionais da Defensoria Pública, respeitadas as atribuições de seus ramos; XXI – executar e receber as verbas sucumbenciais decorrentes de sua atuação, inclusive quando devidas por quaisquer entes públicos, destinando-as a fundos geridos pela Defensoria Pública e destinados, exclusivamente, ao aparelhamento da Defensoria Pública e à capacitação profissional de seus membros e servidores" (art. 4º, LC 80/94).

Merece referência **a classificação das atribuições em típicas e atípicas,** esboçada por Guilherme Peña de Moraes.[78] Segundo ele, são **típicas** as atribuições legais vinculadas à defesa, em sentido amplo, das pessoas necessitadas ou de grupos delas, cujas circunstâncias demonstram o estado de vulnerabilidade econômica ou organizacional. Doutra banda, são **atípicas** as atribuições do Defensor Público, cuja atuação não requer, necessariamente, a demonstração da situação de "necessitado", sendo suficiente a vulnerabilidade meramente processual, como ocorre com os casos de réus em ações penais que, citados pessoalmente, não constituem Advogados; ou então com as hipóteses de curadoria especial.

Sobre essa forma de atuação, reputamos crucial maior aprofundamento. Destarte, **curadoria especial não se confunde com representação proces-**

78 MORAES, Guilheme Peña de. *Instituições da Defensoria Pública.* 1ª ed. São Paulo: Malheiros Editores, 1999.

sual. O Código de Processo Civil dispõe "o juiz dará curador especial: I – ao incapaz, se não tiver representante legal, ou se os interesses deste colidirem com os daquele; II – ao réu preso, bem como ao revel citado por edital ou com hora certa. (art. 9º).

Aliás, é atribuição da Defensoria Pública a atuação em curadorias especiais. É uma espécie de função atípica da Instituição, que visa mais a garantir a tutela do processo e de sua regularidade, que exatamente a tutela jurídica da parte.

Dessa forma, ela não consiste em representação da parte ou em suprimento de capacidade, processual (*ad processum*) ou material. Mesmo no caso do artigo 72, I, do CPC/2015, a representação do incapaz continua sendo do representante legal (no caso de colidência) ou de outro parente, o representante judicial (na hipótese de inexistência de representante legal).

Merece citação o fato do CPC/2015 trazer expressamente que a função da curatela especial será exercida pela Defensoria Pública (art. 72, § único).

Aliás, o instituto da curadoria especial se distingue da figura da representação, processual ou material, da parte.

Aliás, **recomenda-se que, na hipótese do artigo 72, I, primeira parte, do CPC/2015 (inexistir representante legal), o curador especial exija a nomeação de algum parente próximo ou de um terceiro para atuar como curador da parte naquele processo (representante judicial),** ou seja, especialmente para aquela circunstância, enquanto não for regularizada a representação legal do interessado, em ação de guarda, tutela, adoção ou curatela.

Então, o que se deve distinguir, vale repetir, é a figura do curador especial da figura da representação, em quaisquer de suas formas. É isso.

O Defensor Público paulista Julio Grostein, contudo, ao tecer primorosos comentários à Lei Complementar Estadual n. 988/06, apresenta diferente e interessante classificação das atribuições funcionais do Defensor Público. "Entendemos, em realidade, que uma nova perspectiva sobre as atribuições institucionais da Defensoria Pública permite uma melhor compreensão acerca dos seus alcances, bem como permite uma visão global do feixe de funções institucionais.

Não negamos a validade da classificação tradicional (típicas x atípicas), que tem o mérito de reconhecer que a atuação da Defensoria Pública não está fundada somente na necessidade econômica, podendo decorrer da necessidade organizacional. Porém, sustentamos que tal distinção não se justifica quando examinadas as funções institucionais à luz de todas as barreiras ao acesso à justiça, nos termos formulados pelo Projeto de Florença (Mauro Cappelletti e Bryant Garth).

Propomos, então, uma nova classificação das atribuições institucionais: classificação à luz dos obstáculos ao acesso à justiça.

Parte-se do seguinte pressuposto: todas as atribuições institucionais da Defensoria Pública são típicas, pois refletem mecanismos de superação dos obstáculos ao acesso à justiça. Constituem, em suma, ferramentas que podem ser agrupadas conforme as ondas renovatórias de Cappelletti e Garth.

As três ondas renovatórias vislumbradas por Cappelletti e Garth, no bojo do Projeto de Florença, serviram de plataformas jurídico-processuais para a superação dos três obstáculos ao acesso à justiça, por eles identificados.

E a Defensoria Pública, enquanto Instituição claramente voltada à garantia do acesso à justiça, tem, necessariamente, todas as suas atribuições voltadas, em maior ou menor medida, à superação dos três obstáculos vislumbrados por Cappelletti e Garth.

É por essa razão que entendemos razoável agrupar as diferentes atribuições institucionais sob o prisma da teoria do acesso à justiça, do seguinte modo:

Atribuições Institucionais

- Ligadas aos obstáculos econômicos;
- Ligadas aos obstáculos organizacionais;
- Ligadas aos obstáculos processuais (enfoque do acesso à justiça)"[79]

Sobre as primeiras, pontua: "O primeiro obstáculo ao acesso à justiça (obstáculo econômico) indica a existência de uma **necessidade econômica** que, evidentemente, é superada pela prestação de assistência judiciária, assim compreendida como o estabelecimento da atividade/serviço estatal de representação judicial da população carente, aliada, se possível, à concessão de gratuidade de justiça (isenção de despesas processuais).

A prestação do serviço público de assistência judiciária é uma das atribuições da Defensoria Pública, nela, contudo, não se esgotando.

Realmente, muitas atribuições da LCE 988/06 estão assentadas na necessidade econômica e se destinam, por isso mesmo, a superar obstáculos econômicos ao acesso à justiça.

Trata-se da atribuição precípua da Defensoria Pública, vez que sua criação decorreu da necessidade de garantir que os hipossuficientes do ponto de vista financeiro também pudessem tutelar seus direitos em juízo. Representa, em suma, o primeiro passo rumo ao acesso à justiça pleno e, por isso mesmo, tais

79 GROSTEIN, Julio. *Lei orgânica da Defensoria Pública do Estado de São Paulo – Comentários à Lei Complementar Estadual n. 988/06.* Editora Juspodivm, 2014, p. 98/100.

atribuições institucionais se identificam com os primórdios da criação da Defensoria Pública no Brasil."[80]

No tocante às segundas, diz o Defensor: "Ocorre que a **vulnerabilidade organizacional** nada mais é do que o segundo obstáculo ao acesso à justiça, ante o reconhecimento da existência de grupos socialmente vulneráveis.

Como se pode perceber, a necessidade organizacional é o fundamento para a atuação da Defensoria Pública na defesa de interesses difusos, coletivos e individuais homogêneos.

Do mesmo modo, a vulnerabilidade social é o fundamento para a intervenção da Defensoria Pública em favor de pessoas (individualmente) que se encontrem em situação de necessidade sob o ângulo organizacional.

De fato, a vulnerabilidade social não fundamenta apenas a atuação em demandas coletivas, pois configura a base doutrinária para a atuação da Defensoria, por meio de ação individual, em favor de pessoa socialmente vulnerável."

Quanto à terceira modalidade de atribuições, destaca: "É neste sentido, portanto, que se costuma denominar este terceiro obstáculo de obstáculo processual, ao qual corresponde a terceira onda renovatória.

Este enfoque (obstáculo processual) examina questões estruturais impeditivas do acesso à justiça, ultrapassando a análise de temas internos ao processo judicial. Propõe-se, em realidade, uma reforma de institutos visando, justamente, garantir vantagens à sociedade por meio de mecanismos não necessariamente judiciais.

Com efeito, o terceiro obstáculo é dito processual ante a constatação de que o meio processual em si mesmo configura um verdadeiro obstáculo, superável por uma reforma ampla dos institutos e instituições jurídico-processuais. Em consequência, afirma-se que tais reformas devem necessariamente passar por uma desburocratização das demandas, o que realça a importância dos meios alternativos de soluções de controvérsias. (...) É neste contexto de superação de obstáculos processuais que muitas atribuições institucionais da Defensoria Pública do Estado de São Paulo podem ser classificadas. De fato, é bastante razoável relacionar muitas das atribuições do art. 5º da LCE 988/06 aos obstáculos processuais, uma vez que tais atribuições podem ser enquadradas, em alguma medida, à terceira onda renovatória.

80 GROSTEIN, Julio. *Lei orgânica da Defensoria Pública do Estado de São Paulo – Comentários à Lei Complementar Estadual n. 988/06.* Editora Juspodivm, 2014, p. 98/100.

Separamos tais atribuições afetas à terceira onda renovatória em três grupos: - Mediação e conciliação extrajudicial; - Educação em direitos; - Participação sociopolítica."[81]

Nessa linha de definição das atribuições dos Defensores Público aos obstáculos de acesso à Justiça, ou em outras palavras, às condições que impediriam o cidadão a defender os seus direitos, acrescentamos a situação dos **"necessitados circunstanciais" (vulnerabilidade circunstancial)** que, independentemente das condições econômicas que ostentam, ou suas famílias, por circunstâncias fáticas, geralmente provisórias, estão impedidos de custear os serviços de advocacia privada ou ainda de acessar tais serviços.

Destarte, pensem naquelas pessoas internadas compulsoriamente ou involuntariamente por supostos transtornos mentais ou, então por drogadição ou alcoolismo. Ainda que as famílias sejam economicamente confortáveis, tais pacientes, em regra, não têm acesso a valores ou aos próprios serviços, cujas necessidades são supridas pelos serviços disponibilizados e monitorados pelas próprias clínicas, mas autorizados pelas famílias que, na maioria das vezes, protagonizam as internações.

Portanto, a atribuição funcional de visitação e fiscalização desses espaços decorre da situação dos chamados "necessitados circunstanciais". Nessa linha, cabe ao Defensor Público "comunicar-se, pessoal e reservadamente, com seus assistidos, ainda quando esses se acharem presos ou detidos, mesmo incomunicáveis, tendo livre ingresso em estabelecimentos policiais, prisionais e de internação coletiva, independentemente de prévio agendamento (artigos 44, VII; 89, VII; 128, VI, todos da LC 80/94).

Sobre esse tema, vale a pena registrar a notícia de novembro de 2014, quando a Defensoria Pública do Estado de São Paulo teve marcante atuação. "A Defensoria Pública obteve na última quarta-feira (17/12) uma decisão judicial que determinou a interdição da clínica Voltar a Viver, comunidade terapêutica para o tratamento de dependentes químicos localizada em Cajamar, na região metropolitana de São Paulo, por maus tratos e tortura contra pacientes. A Justiça proibiu o recebimento de novos pacientes, sob pena de R$ 50 mil para cada ingresso; deu prazo de 30 dias para a entrega de todos os internos aos familiares ou a remoção para outras unidades, sob pena de multa diária de R$ 50 mil; determinou fiscalizações semanais pela Vigilância Sanitária e a exclusão do site da clínica em 48 horas.

Em inspeção no dia 09/12, o Núcleo de Cidadania e Direitos Humanos da Defensoria Pública e o Conselho Regional de Fisioterapia e Terapia Ocupacio-

81 GROSTEIN, Julio. *Lei orgânica da Defensoria Pública do Estado de São Paulo – Comentários à Lei Complementar Estadual n. 988/06.* Editora Juspodivm, 2014, p. 98/100.

nal constataram diversas irregularidades e violações de direitos humanos. Pacientes relataram sistemática prática de maus tratos e tortura, violências físicas e psicológicas, como enforcamento, socos e chutes, aplicados como forma de punição.

Um interno afirmou que foi agredido e teve o nariz e um dedo quebrados, e clavícula e costela trincadas, sem receber atendimento médico. Segundo relatos, a maioria dos internados involuntariamente (a pedido da família) chega à clínica por meio do "resgate", procedimento em que a pessoa é enforcada e tem pernas e braços amarrados – caracterizando crime de sequestro e cárcere privado. No dia 28/11, agressões a um interno foram o estopim de uma rebelião, que culminou na fuga de vários pacientes e violências posteriores aos recapturados, em represália.

Há relatos também do uso de um coquetel de medicamentos que faz os pacientes dormirem por dias e da aplicação de castigos de isolamento. Foram encontrados quartos pequenos ocupados por nove beliches, algumas quebradas e com colchões em mau estado, e armários insuficientes. Havia apenas um vaso sanitário funcionando e um chuveiro com água, para cerca de 80 internos.

A inspeção encontrou três adolescentes no local, de 13, 15 e 17 anos, violando-se a legislação, pois esse tipo de instituição só pode receber adultos, e desrespeitando direitos básicos previstos no Estatuto da Criança e do Adolescente. Também não há um procedimento de pedido de alta para o paciente deixar o local; apenas informa-se aos internos e à família que a saída implicaria quebra contratual, o que obrigaria ao pagamento de multa de 20% do contrato (que custa mais de R$ 36 mil).

A pedido do Defensor Público Raul Carvalho Nin Ferreira, Coordenador do Núcleo de Cidadania e Direitos Humanos, a Juíza Adriana Nolasco da Silva, da 1ª Vara Judicial de Cajamar, também inspecionou a comunidade terapêutica, no dia 16/12, determinando a remoção de alguns internos, por temores de represálias por terem falado com a Defensoria.

Após ingressar como litisconsorte ativo (participação como autora) na ação civil pública que já tramitava contra a comunidade terapêutica, ajuizada pelo Ministério Público, a Defensoria pediu a interdição do estabelecimento, que foi deferida. Nesta quinta-feira (18/12), a instituição solicitou a instauração de um inquérito policial para investigação da prática de tortura no estabelecimento.

As comunidades terapêuticas são regulamentadas pela Resolução-RDC nº 29/2011 da Agência Nacional de Vigilância Sanitária (Anvisa). São serviços de tratamento a pessoas com transtornos decorrentes do uso, abuso ou dependência de substâncias psicoativas. Visam a oferecer um ambiente protegido, técnica e eticamente orientado, cujo principal instrumento terapêutico é a convivência com outros pacientes, para resgate da cidadania, reinserção social e reabilitação física e psicológica.

A responsabilidade por esses locais deve ser de profissional de nível superior. Não há prescrição de medicamentos, mas são admitidas pessoas usuárias de remédios controlados, desde que tenham as prescrições de seus médicos particulares. Para ser admitido ao local, o paciente deve passar por prévia avaliação médica. Recomenda-se que apenas pacientes com comprometimento leve ou moderado sejam aceitos" (Cf. http://www.defensoria.sp.gov.br).

Especificamente, "**aos Defensores Públicos Federais** incumbe o desempenho das funções de orientação, postulação e defesa dos direitos e interesses dos necessitados, cabendo-lhes, especialmente: I – atender às partes e aos interessados; II – postular a concessão de gratuidade de justiça para os necessitados; III – tentar a conciliação das partes, antes de promover a ação cabível; IV – acompanhar e comparecer aos atos processuais e impulsionar os processos; V – interpor recurso para qualquer grau de jurisdição e promover revisão criminal, quando cabível; VI – sustentar, oralmente ou por memorial, os recursos interpostos e as razões apresentadas por intermédio da Defensoria Pública da União; VII – defender os acusados em processo disciplinar; VIII – participar, com direito de voz e voto, do Conselho Penitenciário; IX – certificar a autenticidade de cópias de documentos necessários à instrução de processo administrativo ou judicial, à vista da apresentação dos originais; X – atuar nos estabelecimentos penais sob a administração da União, visando ao atendimento jurídico permanente dos presos e sentenciados, competindo à administração do sistema penitenciário federal reservar instalações seguras e adequadas aos seus trabalhos, franquear acesso a todas as dependências do estabelecimento independentemente de prévio agendamento, fornecer apoio administrativo, prestar todas as informações solicitadas, assegurar o acesso à documentação dos presos e internos, aos quais não poderá, sob fundamento algum, negar o direito de entrevista com os membros da Defensoria Pública da União (art. 18, LC 80/94).

Quanto aos **Defensores Públicos Estaduais e do Distrito Federal**, a organização da Defensoria Pública "deve primar pela descentralização, e sua atuação deve incluir atendimento interdisciplinar, bem como a tutela dos interesses individuais, difusos, coletivos e individuais homogêneos" (art. 106-A, LC 80/94), sendo atribuições dos mesmos, sem prejuízo de outras atribuições estabelecidas pelas Constituições Federal e Estadual, pela Lei Orgânica e por demais diplomas legais, a orientação jurídica e a defesa dos seus assistidos, no âmbito judicial, extrajudicial e administrativo (art. 108, LC 80/94), especialmente, "II – participar, com direito a voz e voto, dos Conselhos Penitenciários; III – certificar a autenticidade de cópias de documentos necessários à instrução de processo administrativo ou judicial, à vista da apresentação dos originais; IV – atuar nos estabelecimentos prisionais, policiais, de internação e naqueles reservados a adolescentes, visando ao atendimento jurídico permanente dos presos provisórios, sentenciados, internados e adolescentes, competindo à administração estadual reservar instalações seguras e adequadas aos seus trabalhos, franquear acesso a todas as dependências do estabelecimento independentemente de prévio agendamento, fornecer apoio administrativo, prestar todas as informações solicitadas e assegurar o acesso à documentação dos assistidos, aos quais não poderá, sob fundamento algum, negar o direito de entrevista com os membros da Defensoria Pública do Estado (ou do Distrito Federal)", conforme parágrafo único do artigo 108, LC nº 80/94.

As atribuições administrativas podem ser gerais e especiais. As primeiras tratam das áreas de atuação da cada Defensoria Pública (cível, criminal, infância e juventude, fazenda pública, etc.), com a respectiva classificação: 1º defensoria pública da Regional de Ribeirão Preto; 5º defensoria pública da Regional da Infância e da Juventude da Capital; 9º defensoria pública da regional Criminal da Capital; por exemplo.

As **atribuições administrativas específicas** detalham, em maior grau, as primeiras, podendo estabelecer os tipos de demandas tratadas ou os processos judiciais vinculados a certos Ofícios Judiciais. Segundo o parágrafo 1º, do art. 2º da Deliberação nº 143/09 do Conselho Superior da Defensoria Pública do Estado de São Paulo (CSDPESP), "entende-se por atribuições específicas a atuação conforme foros regionais, varas judiciais, números de autuação de processos e outros elementos que possam delimitar o âmbito de atividade dos Defensores Públicos dentro de suas atribuições gerais."

Por exemplo, o Anexo I da mesma Deliberação (nº 143/2009, do CSDPESP), define as atribuições administrativas gerais, segundo a natureza da defensoria pública:

> "Art. 1º. **São atribuições funcionais da área cível:** I. atuar em processos de natureza cível, inclusive acidentes do trabalho, registros públicos e defesa do consumidor, exceto os de competência das áreas de família e fazenda pública, promovendo, respondendo e acompanhando ações judiciais no interesse de assistidos, em todas as fases e atos do processo civil; II. instruir procedimentos oriundos do Atendimento Inicial, promovendo a análise da viabilidade da ação e conferência da documentação pertinente para o ajuizamento das ações; III. promover a mediação de conflitos e tentativa de conciliação; IV. prestar orientação jurídica e atender pessoalmente ao público; V. atender aos assistidos ou pessoas por estes indicadas, a fim de prestarlhes esclarecimentos sobre o andamento dos casos a cargo da Defensoria Pública, podendo solicitar informações ou novos documentos; VI. formular pedidos de expedição de certidões ou outros documentos em favor de assistidos ou para a devida promoção dos direitos destes; VII. impetrar manda-

dos de segurança ou promover a ação rescisória; VIII. promover educação em direitos; IX. promover a defesa dos direitos difusos, coletivos e individuais homogêneos, judicial e extrajudicialmente; X. atuar no Juizado Especial Cível e no Juizado Especial de Violência Doméstica e Familiar contra a Mulher; XI. substituir Defensor Público em razão de férias ou outras formas de afastamento.

Art. 2º. **São atribuições funcionais da área de direito de família:** I. atuar em processos de natureza de direito de família e das sucessões promovendo, respondendo e acompanhando ações judiciais no interesse de assistidos, em todas as fases e atos do processo civil; II. instruir casos oriundos do Atendimento Inicial, promovendo a análise da pertinência da ação e conferência da documentação pertinente para o ajuizamento das ações; III. promover a mediação de conflitos e tentativa de conciliação; IV. prestar orientação jurídica e atender pessoalmente ao público; V. atender aos assistidos ou pessoas por estes indicadas, a fim de prestar-lhes esclarecimentos sobre o andamento dos casos a cargo da Defensoria Pública, solicitando informações ou novos documentos; VI. formular pedidos de expedição de certidões ou outros documentos em favor de assistidos ou para a devida promoção dos direitos destes; VII. impetrar mandados de segurança ou promover a ação rescisória; VIII. promover educação em direitos; IX. promover a defesa dos direitos difusos, coletivos e individuais homogêneos, judicial e extrajudicialmente; X. atuar no Juizado Especial de Violência Doméstica e Familiar contra a Mulher e no Juizado Especial Criminal, para promoção das medidas protetivas de urgência; XI. substituir Defensor Público em razão de férias ou outras formas de afastamento.

Art. 3º. **São atribuições funcionais da área da fazenda pública**: I. atuar em processos de natureza de direito público, promovendo, respondendo e acompanhando ações judiciais no interesse de assistidos, em todas as fases e atos do processo civil; II. instruir casos oriundos do Atendimento Inicial, promovendo a análise da pertinência da ação e conferência da documentação pertinente para o ajuizamento das ações; III. preparar minutas de ações iniciais de direito público e remeter às Unidades competentes, se o caso; IV. promover a mediação de conflitos e tentativa de conciliação; V. prestar orientação jurídica e atender pessoalmente ao público; VI. atender aos assistidos ou pessoas por estes indicadas, a fim de prestar-lhes esclarecimentos sobre o andamento dos casos a cargo da Defensoria Pública, podendo solicitar informações ou novos documentos; VII. formular pedidos de expedição de certidões ou outros documentos em favor de assistidos ou para a devida promoção dos direitos destes; VIII. impetrar mandados de segurança e promover a ação rescisória; IX. promover educação em direitos; X. promover a defesa dos direitos difusos, coletivos e individuais homogêneos, judicial e extrajudicialmente; XI. substituir Defensor Público em razão de férias ou outras formas de afastamento.

Art. 4º. **São atribuições funcionais da área criminal:** I. atuar em processos de competência de Varas Criminais em todas as fases e atos do processo penal; II. promover a queixa-crime em casos de ação penal de natureza privada; III. prestar orientação jurídica e atender pessoalmente ao público; IV. entrevistar os assistidos antes dos atos judiciais a fim de orientá-los quanto a seus direitos, sua situação processual e para a obtenção de elementos de fato para a elaboração da tese de defesa; V. visitar unidades penais de custódia de presos provisórios; VI. impetrar *habeas corpus* e interpor recursos, acompanhando-os em todas as fases do processo; VII. atuar em processos de Juizado Especial Criminal e no Juizado Especial de Violência Doméstica e Familiar contra a Mulher, em favor do réu e da vítima; VIII. atuar em procedimentos administrativos e judiciais relacionados a flagrantes e inquéritos policiais; IX. formular pedidos de relaxamento de flagrante e liberdade provisória; X. promover educação em direitos; XI. promover a defesa dos direitos difusos, coletivos e individuais homogêneos, judicial e extrajudicialmente; XII. substituir Defensor Público em razão de férias ou outras formas de afastamento.

Art. 5º. **São atribuições funcionais da área do júri:** I. atuar em processos de competência do Tribunal do Júri em todas as fases e atos do processo; II. prestar orientação jurídica e atender pessoalmente ao público; III. entrevistar os assistidos antes dos atos judiciais a fim de orientá-los quanto a seus direitos, sua situação processual e para a obtenção de elementos de fato para a elaboração da tese de defesa; IV. visitar unidades penais de custódia de presos provisórios; V. impetrar *habeas corpus* e interpor recursos, acompanhando-os em todas as fases do processo; VI. atuar em procedimentos administrativos e judiciais relacionados a flagrantes e inquéritos policiais; VII. formular pedidos de relaxamento de flagrante e liberdade provisória; VIII. promover educação em direitos; IX. promover a defesa dos direitos difusos, coletivos e individuais homogêneos, judicial e extrajudicialmente; X. substituir o Defensor Público em razão de férias ou outras formas de afastamento.

Art. 6º. **São atribuições funcionais da área de execução criminal:** I. atuar em processos de execução criminal, promovendo integralmente os direitos dos sentenciados hipossuficientes, em todas as fases e atos do processo; II. prestar orientação jurídica e atender pessoalmente ao público; III. visitar unidades penais de custódia de presos condenados e de assistidos internados em razão de medida de segurança; IV. formular pedidos de natureza administrativa ou judicial em vista do resguardo da dignidade fundamental da pessoa presa ou internada; V. promover a defesa administrativa de presos em sindicâncias para apuração de faltas disciplinares; VI. atuar em feitos da Corregedoria dos Presídios; VII. acompanhar a execução de penas e medidas alternativas, promovendo os direitos de apenados nessa situação; VIII. impetrar *habeas corpus* e interpor recursos, acompanhando-os em todas as fases do processo; IX. promover educação em direitos; X. promover a defesa dos direitos difusos, coletivos e individuais homogêneos, judicial e extrajudicialmente; XI. substituir Defensor Público em razão de férias ou outras formas de afastamento.

Art. 7º. **São atribuições funcionais da área de infância e juventude:** I. atuar em processos e procedimentos relacionados à infância e juventude de natureza não infracional nas fases pré-processual e processual; II. atuar em processo e procedimentos relacionados à infância e juventude de natureza infracional, nas fases de conhecimento e execução, promovendo a defesa de jovens hipossuficientes, em todas as fases e atos do processo; III. prestar orientação jurídica e atender pessoalmente ao público; IV. entrevistar os assistidos antes dos atos judiciais a fim de orientá-los quanto a seus direitos, sua situação processual e para a obtenção de elementos de fato para a elaboração da tese de defesa; V. impetrar habeas corpus e interpor recursos,

> acompanhando-os em todas as fases do processo; VI. atuar em procedimentos administrativos e judiciais; VII. participar de audiências de oitiva informal e formular pedidos de liberação de adolescentes; VIII. visitar unidades de internação de adolescentes e jovens em conflito com a lei e orientá-los sobre sua situação processual; IX. visitar entidades de acolhimento; X. formular pedidos de natureza administrativa ou judicial em vista do resguardo da dignidade fundamental da pessoa internada ou abrigada; XI. acompanhar a execução de medidas socioeducativas, promovendo os direitos dos adolescentes e jovens nessa situação; XII. promover educação em direitos; XIII. promover a defesa dos direitos difusos, coletivos e individuais homogêneos, judicial e extrajudicialmente; XIV. manter interlocução permanente com os Conselhos Tutelares da região; XV. manter interlocução permanente com as equipes técnicas das unidades de internação e de acolhimento; XVI. substituir Defensor Público em razão de férias ou outras formas de afastamento."[82]

Em suma, é sobremodo importante a definição exata das atribuições de cada Defensor Público, pois tal processo é condição inafastável para a aplicação da garantia da inamovibilidade do Membro da carreira, bem como para a concretização **do princípio do Defensor Natural, um direito do usuário.**

6. AS GARANTIAS DO DEFENSOR PÚBLICO

As garantias do Defensor Público são direitos institucionais, não vinculados à sua pessoa, mas ao seu cargo e às suas atribuições, com o fim de garantir-lhe segurança no exercício de sua função, para que goze de condições mínimas de cumprimento de seus deveres funcionais. **São garantias institucionais do Defensor Público a independência funcional, a inamovibilidade e a irredutibilidade de vencimentos.**

A **independência funcional** do Defensor Público não é absoluta, mas encontra cercos legais nas funções (art. 4º, LC 80/94[83]), objetivos (art. 3º-A, LC

82 Disponível em < http://www.defensoria.sp.gov.br>

83 Art. 4º São funções institucionais da Defensoria Pública, dentre outras:
I – prestar orientação jurídica e exercer a defesa dos necessitados, em todos os graus;
II – promover, prioritariamente, a solução extrajudicial dos litígios, visando à composição entre as pessoas em conflito de interesses, por meio de mediação, conciliação, arbitragem e demais técnicas de composição e administração de conflitos;
III– promover a difusão e a conscientização dos direitos humanos, da cidadania e do ordenamento jurídico;
IV – prestar atendimento interdisciplinar, por meio de órgãos ou de servidores de suas Carreiras de apoio para o exercício de suas atribuições;
V – exercer, mediante o recebimento dos autos com vista, a ampla defesa e o contraditório em favor de pessoas naturais e jurídicas, em processos administrativos e judiciais, perante todos os órgãos e em todas as instâncias, ordinárias ou extraordinárias, utilizando todas as medidas capazes de propiciar a adequada e efetiva defesa de seus interesses;
VI – representar aos sistemas internacionais de proteção dos direitos humanos, postulando perante seus órgãos;

80/94[84]) institucionais e nos direitos dos usuários (art. 4º-A, LC 80[85]). Aliás, eles decorrem **de três elementos básicos**, quais sejam, o modelo público e indeclinável de assistência jurídica adotado, o princípio do Defensor Natural e a própria unidade da Instituição.

VII – promover ação civil pública e todas as espécies de ações capazes de propiciar a adequada tutela dos direitos difusos, coletivos ou individuais homogêneos quando o resultado da demanda puder beneficiar grupo de pessoas hipossuficientes;
VIII – exercer a defesa dos direitos e interesses individuais, difusos, coletivos e individuais homogêneos e dos direitos do consumidor, na forma do inciso LXXIV do art. 5º da Constituição Federal;
IX – impetrar habeas corpus, mandado de injunção, habeas data e mandado de segurança ou qualquer outra ação em defesa das funções institucionais e prerrogativas de seus órgãos de execução;
X – promover a mais ampla defesa dos direitos fundamentais dos necessitados, abrangendo seus direitos individuais, coletivos, sociais, econômicos, culturais e ambientais, sendo admissíveis todas as espécies de ações capazes de propiciar sua adequada e efetiva tutela;
XI – exercer a defesa dos interesses individuais e coletivos da criança e do adolescente, do idoso, da pessoa portadora de necessidades especiais, da mulher vítima de violência doméstica e familiar e de outros grupos sociais vulneráveis que mereçam proteção especial do Estado;
XIV – acompanhar inquérito policial, inclusive com a comunicação imediata da prisão em flagrante pela autoridade policial, quando o preso não constituir advogado;
XV – patrocinar ação penal privada e a subsidiária da pública;
XVI – exercer a curadoria especial nos casos previstos em lei;
XVII – atuar nos estabelecimentos policiais, penitenciários e de internação de adolescentes, visando a assegurar às pessoas, sob quaisquer circunstâncias, o exercício pleno de seus direitos e garantias fundamentais;
XVIII – atuar na preservação e reparação dos direitos de pessoas vítimas de tortura, abusos sexuais, discriminação ou qualquer outra forma de opressão ou violência, propiciando o acompanhamento e o atendimento interdisciplinar das vítimas;
XIX – atuar nos Juizados Especiais;
XX – participar, quando tiver assento, dos conselhos federais, estaduais e municipais afetos às funções institucionais da Defensoria Pública, respeitadas as atribuições de seus ramos;
XXI – executar e receber as verbas sucumbenciais decorrentes de sua atuação, inclusive quando devidas por quaisquer entes públicos, destinando-as a fundos geridos pela Defensoria Pública e destinados, exclusivamente, ao aparelhamento da Defensoria Pública e à capacitação profissional de seus membros e servidores;
XXII – convocar audiências públicas para discutir matérias relacionadas às suas funções institucionais.

84 Art. 3º-A. São objetivos da Defensoria Pública: (Incluído pela Lei Complementar nº 132, de 2009).
I – a primazia da dignidade da pessoa humana e a redução das desigualdades sociais;
II – a afirmação do Estado Democrático de Direito;
III – a prevalência e efetividade dos direitos humanos; e
IV – a garantia dos princípios constitucionais da ampla defesa e do contraditório.

85 Art. 4º-A. São direitos dos assistidos da Defensoria Pública, além daqueles previstos na legislação estadual ou em atos normativos internos: (Incluído pela Lei Complementar nº 132, de 2009).
I – a informação sobre:
a) localização e horário de funcionamento dos órgãos da Defensoria Pública;
b) a tramitação dos processos e os procedimentos para a realização de exames, perícias e outras providências necessárias à defesa de seus interesses;
II – a qualidade e a eficiência do atendimento;
III – o direito de ter sua pretensão revista no caso de recusa de atuação pelo Defensor Público;
IV – o patrocínio de seus direitos e interesses pelo defensor natural;
V – a atuação de Defensores Públicos distintos, quando verificada a existência de interesses antagônicos ou colidentes entre destinatários de suas funções.

De fato, a liberdade do Defensor Público se encontra, uma parte, na forma, outra, na matéria. **Não há espaço para escusa ou negativa de prestação, se a medida for cabível.** A adoção do sentido da atuação não é decisão discricionária, mas vinculada à assistência jurídica mais adequada e satisfativa, o que obriga o Defensor Público a informar a Defensoria Pública-Geral na hipótese de abstenção, mas motivada e tempestivamente. Realmente, na forma, **o Defensor pode manusear o instrumento que mais se adequa à tutela do direito violado.**

De fato, os deveres funcionais dos Defensores Públicos devem sempre ser conjugados com as atribuições institucionais da Defensoria Pública e, sobretudo, com os interesses dos assistidos, em face do caso concreto. Portanto, **pode o Defensor Público abster-se de interpor recurso, desde que tal medida indique ter caráter meramente protelatório e em nada contribua para a mais efetiva defesa dos interesses do usuário,** até porque, em suas atividades, os membros da Defensoria Pública devem zelar pelo prestígio da Justiça, assim como racionalizar e simplificar os procedimentos.

ATENÇÃO Contudo, havendo interesse jurídico prevalente, **nada desobriga o Defensor Público de cumprir o dever de esgotar as medidas e recursos cabíveis** na defesa do que procura os serviços da Instituição.

Em ouras palavras, o Defensor Público somente pode deixar de recorrer se houver fundadas razões, de fato ou de direito, que o leve ao entendimento de que não haverá qualquer possibilidade de a suposta medida lograr êxito.

É nessa senda que dispõe a Lei Complementar nº 988/2006, do Estado de São Paulo. "São prerrogativas dos membros da Defensoria Pública do Estado, além daquelas definidas na legislação federal: deixar de patrocinar ação, quando manifestamente incabível ou inconveniente aos interesses da parte sob seu patrocínio, comunicando ao Defensor Público superior imediato as razões do seu proceder, podendo este, se discordar fundamentadamente das razões apresentadas, propor a ação ou designar outro Defensor Público para que o faça (art. 162, VII)."

Em suma, **os motivos e as convicções pessoais não podem prevalecer face do dever maior de defesa dos interesses legais e legítimos do usuário dos serviços da Defensoria Pública,** razão de ser da Instituição, insculpida na Constituição da República e nas leis orgânicas, nacional e estadual. Portanto, entendemos, no exercício da profissão de Defensor Público, fica em segundo plano o convencimento pessoal sobre a legalidade ou justeza da medida, se houver a mínima viabilidade ou possibilidade jurídica da pretensão trazida pelo usuário. Destarte, **não pode o Defensor Público se recusar a defender uma mãe presa, demandada em ação de adoção,** meramente por entender que ela, supostamente, não teria condições de cuidar de sua prole.

Contudo, **cabe ao Defensor Público escolher a melhor medida a ser manuseada,** segundo as circunstâncias fáticas. Realmente, cabe a ele decidir, por exemplo, se recorre de imediato ou primeiro apresenta pedido de reconsideração, desde que, nesse caso, mantenha-se atento ao prazo recursal, pois tem o dever de esgotar as instâncias (arts. 45, II e VII[86]; e 129, II e VII[87], ambos da LC 80/94). Também, no caso de um adolescente internado por sentença, o Defensor Público pode avaliar se apela ou apresenta *habeas corpus*, salvo na hipótese de patente ilegalidade, quando o remédio heroico se apresenta mais eficaz e célere.

Quanto à matéria tratada, a amplitude é maior, pois há uma gama enorme de métodos interpretativos, raciocínios lógicos e aspectos possíveis. Porém, há **teses** presumidamente adequadas, como as teses institucionais, as recomendações dos Núcleos Especializados e as orientações da Corregedoria-Geral. Contudo, se as especificidades do caso recomendar, elas podem ser afastadas, sendo de bom juízo que esta construção diagonal seja motivada e transmitida ao usuário, apenas para seu conhecimento, porém, advertimos, não cabe a ele a decisão acerca das medidas e teses a serem manuseadas pela Defensoria Pública.

A independência funcional coloca esse poder/responsabilidade nas mãos do Defensor Público.

Sobre esse tema da harmonização da independência funcional com a prestação de uma assistência jurídica adequada e efetiva, **o Defensor Público do Estado de São Paulo Carlos Weis**, enquanto Corregedor-Geral, emitiu feliz parecer, que peço vênia para citá-lo, em considerável extensão, não por acaso ou gratuitamente, mas pela pertinência e precisão: "é certo que a Constituição Federal erigiu um sistema em que foi previsto o direito fundamental à assistência jurídica, concomitantemente à criação de uma garantia institucional para a efetivação de tal direito, qual seja, a 'Nova Defensoria Pública', tudo para que o cidadão tivesse meios de exigir a realização de seus direitos, dentre os quais aqueles que são exercidos contra o Estado, na figura do Poder Executivo. Em decorrência, havia

86 Art. 45. São deveres dos membros da Defensoria Pública da União:
II - desempenhar, com zelo e presteza, os serviços a seu cargo;
VII - interpor os recursos cabíveis para qualquer instância ou Tribunal e promover revisão criminal, sempre que encontrar fundamentos na lei, jurisprudência ou prova dos autos, remetendo cópia à CorregedoriaGeral.

87 Art. 129. São deveres dos membros da Defensoria Pública dos Estados:
II - desempenhar com zelo e presteza, dentro dos prazos, os serviços a seu cargo e os que, na forma da lei, lhes sejam atribuídos pelo Defensor PúblicoGeral;
VII - interpor os recursos cabíveis para qualquer instância ou Tribunal e promover revisão criminal, sempre que encontrar fundamentos na lei, jurisprudência ou prova dos autos, remetendo cópia à CorregedoriaGeral.

que se dotar a Defensoria Pública dos meios que a tornassem autônoma em relação àquele ente contra o qual muitas vezes opera, sem o que estaria em risco a própria realização do direito a uma assistência jurídica 'integral'. (...)

Neste aspecto, a liberdade de atuação do Defensor encontra balizamento na finalidade de seus atos, os quais devem ser consentâneos com os objetivos institucionais e constitucionais da Defensoria Pública, quais sejam 'a orientação jurídica e a defesa, em todos os graus, dos necessitados, na forma do art. 5º, LXXIV' (artigo 134). (...) Daí poder-se concluir que, diferentemente do advogado liberal, o Defensor Público não atua unicamente fundado em sua liberdade profissional, eis que está jungido à realização das atribuições institucionais da Defensoria Pública. (...)"[88]

Por fim, conclui:

"I - Autonomia e independência funcional são conceitos diferentes. As autonomias são atributos da Defensoria Pública, significando a condução dos próprios negócios sem qualquer subordinação a outro órgão, nos exatos limites da lei e tendo em vista à plena realização das atribuições institucionais, constitucionalmente atribuídas ao órgão. Decorrem da necessidade de a Instituição criar suas políticas de atuação de modo independente em relação ao Poder Executivo, tendo em vista a configuração contemporânea dos direitos econômicos, sociais e culturais.

II - A independência funcional, por sua vez, é garantia do(a) Defensor(a) Público(a) e refere-se ao conteúdo de sua atuação no exercício de seu cargo, relacionada à liberdade no exercício da profissão, própria de sua condição de advogado (público), vinculada, porém, aos mandamentos legais relativos às atribuições institucionais da Defensoria Pública.

III – A independência funcional não é absoluta. Sujeita-se à vinculação da atividade dos(as) Defensores(as) Públicos(as) com a finalidade constitucionalmente estabelecida para a existência da Defensoria Pública e, no caso paulista, às atribuições institucionais estabelecidas no artigo 5º, assim como aos deveres previstos no artigo 51, ambos da Lei Complementar Estadual n. 988, de 9 de janeiro de 2006. O alto grau de discricionariedade que caracteriza a atividade de Defensor Público somente se dá para potencializar as possibilidades de realização das atribuições institucionais.

IV – A independência funcional não afasta o Defensor Público do dever de cumprir as determinações relacionadas à organização formal do trabalho e gestão da Instituição, observada a hierarquia administrativa prevista em lei,

88 Parecer nº 02, Corregedoria-Geral da Defensoria Pública do Estado de São Paulo, Disponível em < http://www.defensoria.sp.gov.br>

traduzindo-se no respeito às rotinas administrativas e às determinações administrativas da Defensoria Pública-Geral, bem como da Segunda e Terceira Subdefensorias-Gerais.

V – As teses institucionais somente possuem natureza vinculante se claramente constituírem o único caminho a seguir tendo em vista as atribuições legais da Defensoria Pública, prevalecendo a independência funcional sempre que o membro da Instituição, a seu próprio juízo, entender que outra via levará ao melhor atendimento do destinatário do serviço, justificadamente.

VI – O(A) Defensor (a) Público(a) pode deixar de propor ação ou de recorrer. No primeiro caso, deve levar a decisão ao 'superior imediato', conforme a hierarquia administrativa da Defensoria Pública. Em ambos os casos, sua atitude deve ser fundamentada em convicções de natureza técnica, quando o agir for manifestamente incabível ou inconveniente aos interesses da parte, juízo esse que se sujeita à análise correicional, dentro de parâmetros de razoabilidade e diante das peculiaridades do caso concreto."[89]

---

89 Fundamentos: "muito se avançou na interpretação que as Nações Unidas vêm dando às obrigações estatais em matéria de direitos econômicos, sociais e culturais, notadamente a partir da atividade do Comitê sobre Direitos Econômicos, Sociais e Culturais, cujo Comentário Geral n. 3 (de 14.12.1990) discorre sobre 'A natureza das obrigações dos Estados-partes (artigo 2º, parágrafo 1º, do Pacto Internacional dos Direitos Econômicos, Sociais e Culturais).' Decorre que o Pacto é interpretado como encerrando 'obrigações de conduta' e 'obrigações de resultado', especialmente porque impõe várias obrigações de efeito imediato, em especial a de estabelecer as metas e as etapas concretas pelas quais os direitos previstos serão, progressivamente, alcançados. Assim, em contraposição à noção de que a 'realização progressiva' dos direitos econômicos, sociais e culturais afasta sua exigibilidade, a interpretação do Pacto é no sentido de que a primeira obrigação estatal é a de 'adotar medidas', isto é, planejar apropriadamente as políticas públicas tendentes à realização daqueles.

É o que esclarece o item 9 do Comentário Geral: O conceito de realização progressiva constitui o reconhecimento do fato de que a realização plena de todos os direitos econômicos, sociais e culturais geralmente não será possível de ser alcançada em curto prazo. Neste sentido, a obrigação difere significativamente daquela contida no artigo 2º do Pacto Internacional dos Direitos Civis e Políticos, que incorpora uma obrigação imediata de respeitar a assegurar todos os direitos relevantes. No entanto, a realização paulatina, ou ,em outras palavras, progressiva, é prevista pelo Pacto Internacional dos Direitos Econômicos, Sociais e Culturais e não deve ser interpretada como supressora do caráter obrigatório de todo conteúdo significativo.

De um lado é necessário um mecanismo de flexibilização, refletindo as realidades do mundo real e as dificuldades envolvidas por qualquer país no assecuramento da realização plena dos direitos econômicos, sociais e culturais. De outro, a frase deve ser lida à luz do objetivo geral, com certeza a *raison d'être* do Pacto, que é estabelecer claras obrigações para os Estados-partes com respeito à plena realização dos direitos em questão. Assim, impõe-se uma obrigação de mover-se da forma mais expedita e efetiva possível rumo àquele objetivo. Ademais, qualquer medida deliberadamente retrocessiva em tal sentido iria requerer a mais cuidadosa consideração e precisaria ser completamente justificada em referência à totalidade dos direitos estipulada pelo Pacto e no contexto do pleno uso do máximo de seus recursos disponíveis.' (...)

Igualmente, o Comitê reconheceu a existência de 'obrigações centrais' (*core obligations*), no sentido de garantir a satisfação de um mínimo de direitos essenciais. Assim, no caso de um Estado-parte em que um significativa parcela de sua população esteja desprovida de alimentos básicos, ou atendimento médico

Aliás, nós vemos a relação entre o Defensor Público e o Usuário a partir de uma imagem que vem a ilustrar muita coisa. É em um ambiente amplo, mas totalmente escuro e inóspito. O Defensor, ao centro, avista, de muito longe, uma pessoa se dirigindo a ele com uma pequena vela em mãos, na qual contém uma pequena chama, mas a ela muito nobre e bem transportada, em um caminho, além de escuro, de pedras. Mas, ela chega até o Defensor Público e entrega-lhe aquela chama. **Eis a responsabilidade da Instituição: "a curatela da chama recebida".**

O Defensor Público, no encaminhamento daquele pleito, tem a independência funcional para optar pelos melhores caminhos a serem trilhados na tutela da chama, desde que a fomente e não a apague.

De fato, nosso cuidado deve ser ainda maior que aquele dispensado pelo próprio interessado, pois ostentamos conhecimento técnico, garantias e prerrogativas funcionais, bem como deveres legais, previstos direta (art. 45 e 129, LC 80/94) e indiretamente (art. 4-A, LC 80/94) no desempenho do cargo.

---

primário, ou das formas mais básicas de educação e habitação, reconhece-se seu malogro em cumprir com as obrigações decorrentes do Pacto Internacional dos Direitos Econômicos, Sociais e Culturais.

Além disso, o Estado deve demonstrar seu empenho em cumprir com os direitos sociais elementares, mesmo que os recursos não sejam suficientes e que conjunturas econômicas desfavoráveis levem a tanto, eis que tais circunstâncias não elidem os deveres assumidos, subsistindo o dever estatal de relatar os esforços que vem fazendo e as dificuldades encontradas.

Por fim, o Comitê tem deitado vista sobre a justiciabilidade dos direitos econômicos, sociais e culturais, buscando informações dos Estados-partes quanto à introjeção dos direitos derivados do Pacto em sua legislação interna e à existência de mecanismos judiciais capazes de ordenar seu cumprimento perante a Administração.

No plano regional americano, cumpre destacar o artigo 1º do Protocolo de *San Salvador*, que complementa a Convenção Americana de Direitos Humanos da OEA, já traz uma distinção entre direitos econômicos, sociais e culturais de aplicação imediata e os de realização progressiva, contribuindo para o refinamento deste universo de direitos, a fim de que se perceba com mais acuidade a natureza específica de cada obrigação estatal e do modo mais eficaz de se exigir seu cumprimento.

O esforço em garantir a justiciabilidade dos direitos sociais também tem se dirigido a dar maior precisão e clareza aos textos internacionais dos quais se originam, a fim de que se possa deles extrair direitos subjetivos individuais, coletivos ou difusos, dedutíveis judicial ou internacionalmente. Disso resulta uma tentativa de se encontrar alguns parâmetros que possibilitem avaliar se um Estado está cumprindo as obrigações decorrentes dos tratados internacionais sobre a matéria, o que passa pela identificação de quais normas de direitos sociais são exequíveis imediatamente, como assinalado pelo 'Princípio no 8', extraído da reunião realizada em *Maastricht* em junho de 1986, organizada pela Universidade de *Limburg,* pela Comissão Internacional de Juristas e pelo Instituto *Urban Morgan da Universidade de Cincinnati (Ohio).* Nesta direção, a verificação atenta da legislação internacional revela que há casos em que direitos econômicos, sociais e culturais são fruíveis imediatamente, enquanto que, em contrapartida, há alguns direitos civis e políticos que não o são.

Em tal contexto, mostra-se evidente que a 'orientação jurídica e a defesa, em todos os graus, dos necessitados', incumbência da Defensoria Pública segundo previsão constitucional, implica inexoravelmente conflito entre os interesses juridicamente protegidos das pessoas destinatárias dos serviços públicos, com os do Estado, polo passivo da relação advinda da positivação dos direitos econômicos, sociais e culturais. (...)" Parecer nº 02, Corregedoria-Geral da Defensoria Pública do Estado de São Paulo, Disponível em < http://www.defensoria.sp.gov.br>

Não por acaso, o Conselho Superior da Defensoria Pública Bandeirante aprovou a Deliberação nº 40, de 2007, onde consta o compromisso assumido pelo Defensor Público, quando da posse no cargo: **"Prometo, pela Defensoria Pública, respeitar a Constituição Federal, atuar em prol dos direitos humanos e servir ao povo do Estado de São Paulo, prestando assistência jurídica aos necessitados, defendendo os seus direitos, promovendo o acesso à Justiça e cumprindo os deveres inerentes ao meu cargo. Assim o prometo!"**

Quanto ao uso das teses institucionais ou das recomendações expedidas, entendemos que elas impõem uma presunção de adequação e pertinência, porém, conforme o parecer acima, não elidem a possibilidade de serem afastadas diante das peculiaridades do caso concreto, **mas sem exonerar o Defensor Público dos seus deveres de motivação e informação.**

Nessa senda disse o Defensor Público paulista Davi Depiné Filho, quando do V Encontro dos Defensores Públicos paulistas, "é óbvio que nenhuma tese institucional deve ou pode ser utilizada quando isso prejudicar, na visão do próprio Defensor, dentro da sua independência funcional, o interesse do assistido. Mas a tese deve, sim, nortear a atuação do Defensor quando for a melhor estratégia em sua própria visão."[90]

A inamovibilidade é, a um só tempo, uma garantia do Defensor Público e um direito do usuário de ser assistido pelo órgão de execução natural, de forma impessoal e livre de designações *ad doc*. Com efeito, ao Defensor Público significa que ele poderá exercer suas atribuições com independência funcional para a adoção da medida mais satisfativa em cada caso, contra quem quer que seja, sem o risco de sofrer com remoções arbitrárias, salvo se incorrer em falta disciplinar e, após regular processo administrativo, a normalização do serviço exigir a aplicação da penalidade de remoção compulsória.

Vale a atenção ao fato de que essa modalidade de pena administrativa tem incidência vinculada, é dizer, somente é admitida se a regularização ou a eficiência do serviço o exigir. "Os membros da Defensoria Pública da União são inamovíveis, salvo se apenados com remoção compulsória, na forma desta Lei Complementar" (art. 34, LC 80/94). "A remoção compulsória somente será aplicada com prévio parecer do Conselho Superior, assegurada ampla defesa em processo administrativo disciplinar" (art. 36). "Constituem infrações disciplinares, além de outras definidas em lei complementar, a violação dos deveres funcionais e vedações contidas nesta Lei Complementar, bem como a prática de crime contra a Administração Pública ou ato de improbidade administrativa. Os membros da Defensoria

90 Disponível em <http://www.defensoria.sp.gov.br>.

Pública da União são passíveis das seguintes sanções: (...) III - remoção compulsória" (art. 50, § 1º, III). "A remoção compulsória será aplicada sempre que a falta praticada, pela sua gravidade e repercussão, tornar incompatível a permanência do faltoso no órgão de atuação de sua lotação" (art. 50, § 4º).

E, "os membros da Defensoria Pública do Estado são inamovíveis, salvo se apenados com remoção compulsória, na forma da lei estadual" (art. 118, LC 80). "A remoção compulsória somente será aplicada com prévio parecer do Conselho Superior, assegurada ampla defesa em processo administrativo disciplinar" (art. 120, LC 80).

Atritos entre Defensores de uma mesma Unidade, entre estes e membros de outros Órgãos (Magistrados ou Promotores de Justiça) ou outros agentes públicos são exemplos de situações que indicam a pertinência da aplicação da penalidade da remoção compulsória, desde haja proporcionalidade e razoabilidade na decisão. Ao nosso sentir, a simples crítica da opinião pública ou midiática não autoriza a incidência desta pena, sob o risco de banalização da prerrogativa em tela.

Por exemplo, a aguda hostilidade pública contra um Defensor Público que atua em defesa de um suposto delinquente, por si só, jamais justificaria a imposição da remoção involuntária.

O cidadão tem a segurança de que será atendido pelo Defensor Público previamente designado para o ato. Isso não significa que estão proibidas substituições entre Defensores, formal ou informalmente, diante do princípio da unidade, mas sempre de forma prévia e impessoal. **A unidade**, por sua vez, decorre do fato de que o usuário é representado pela Defensoria Pública que, a seu turno, é presentada pelos Defensores Públicos, como órgãos de execução. **A representação da Instituição somente cabe ao Defensor Público-Geral.**

"São atribuições do Defensor Público-Geral, dentre outras: representar a Defensoria Pública da União judicial e extrajudicialmente" (art. 8º, II, LC 80). "Ao Defensor Público-Geral do Estado compete dirigir a Defensoria Pública do Estado, superintender e coordenar suas atividades, orientando sua atuação, e representando-a judicial e extrajudicialmente" (art. 100, LC 80).

A irredutibilidade dos vencimentos representa uma garantia ao Defensor Público, também ligada à sua independência funcional, bem como um instrumento de segurança no exercício das atribuições. É uma garantia na medida em que traz tranquilidade ao Defensor no exercício de suas atribuições funcionais. O simples fato de saber que a ele não se imporá sanção desta natureza caso adote uma ou outra medida assegura-lhe estabilidade econômica e, consequentemente, independência.

7. AS PRERROGATIVAS

As prerrogativas funcionais **têm o propósito** de qualificar o serviço público de assistência jurídica prestado pela Instituição incumbida desse papel, a Defensoria Pública, e partem da premissa de que é uma função sobremodo complexa, volumosa e pluridimensional. Eis a tônica do tema.

Donde, não são privilégios pessoais dos Defensores Públicos, mas uma forma de discriminação positiva, vinculada aos cargos, cujas atribuições são os atendimentos de milhares de necessitados, seja nos seus interesses individuais, seja nos coletivos. Portanto, não ficam, em absoluto, na prescindência.

Conforme **Paulo Galliez**, "as prerrogativas da intimação pessoal e do prazo em dobro têm enorme alcance prático no cotidiano dos defensores públicos, sendo indispensáveis à preservação da qualidade dos serviços prestados aos assistidos e jurisdicionados. Sem dúvida alguma, pode-se afirmar que sem essas prerrogativas o trabalho da Defensoria Pública - que já é difícil - tornar-se-ia inviável."[91]

Anteriormente a 2009, a regulamentação legal das prerrogativas do Defensor Público estava contida, parte na Lei nº 1.060/50, parte na Lei Complementar Federal nº 80/94, além daquelas previstas nos respectivos Estados.

> ATENÇÃO
>
> Com o advento da **Lei Complementar nº 132/09, toda a regulamentação das prerrogativas funcionais passou a residir na Lei Complementar nº 80/94,** nos seus artigos 44 (DPU) e 128 (DPE).

Ou seja, as prerrogativas que estavam previstas na lei ordinária de 1950 passaram a constar na lei complementar, no Estatuto Nacional da Defensoria Pública.

Essa alteração, mais que uma adequação legal, uma vez que matérias institucionais exigem lei específica de *quorum* especial, representa uma conquista rumo à efetiva autonomia.

Pois bem. "São prerrogativas dos membros da Defensoria Pública do Estado, dentre outras que a lei local estabelecer (art. 128):

Receber, inclusive quando necessário, mediante entrega dos autos com vista, **intimação pessoal em qualquer processo e grau de jurisdição ou instância administrativa, contando-se-lhes em dobro todos os prazos (I)".**

Aliás, segundo o Supremo Tribunal Federal, "a prerrogativa dos membros da defensoria pública dos Estados, consistente no recebimento de intimação pessoal em qualquer processo e grau de jurisdição (LC 80/94, art. 128, I), abrange a inti-

91 GALLIEZ, Paulo. *Princípios Institucionais da Defensoria Pública. Lumen Juris. Passim.*

mação de acórdão proferido em *habeas corpus* pelo STJ. Com esse entendimento, a Turma deferiu, em parte, *habeas corpus* para anular certidão de trânsito em julgado de acórdão do STJ, cuja intimação do defensor público se dera pelo Diário Oficial. Afastou-se, no entanto, a pretensão de o defensor ser intimado pessoalmente da designação da data relativa a julgamento de *habeas corpus*, dado que esses julgamentos realizam-se sem a inclusão do feito em pauta (CPP, art. 664)."[92]

"O Tribunal *a quo* asseverou que não houve intimação pessoal do defensor público para que ele apresentasse as contrarrazões do recurso de apelação. Logo, conforme o art. 5º, § 5º, da Lei n. 1.060/1950 e o art. 44 da Lei Complementar n. 80/1994, é prerrogativa da Defensoria Pública a intimação pessoal, e sua não realização acarreta a nulidade absoluta. Assim, a Turma cassou os atos posteriores à sentença e determinou o retorno dos autos à Corte de origem para que seja regularizada a intimação da Defensoria Pública, oportunizando-se a apresentação de contrarrazões à apelação. Precedentes citados: REsp 476.471-RS, DJ 3/11/2003; REsp 808.411-PR, DJ 10/4/2006, e REsp 793.362-RS, DJ 11/6/2007."[93]

Porém, "Intimação pessoal do Defensor Público. Ofício encaminhado ao Defensor Público-Geral e recebido por servidor do órgão. Intimação pessoal configurada. (...) Configura-se razoável, para fins de intimação pessoal, proceder-se à inequívoca ciência da Defensoria Pública, por intermédio de ofício ou mandado, devidamente recebido, competindo à Instituição organizar a atuação de seus membros, sob pena de burocratizar o processo, em total desrespeito à efetividade e celeridade da Justiça. Aplica-se, por analogia, o entendimento desta Corte segundo o qual a entrega de processo em setor administrativo, formalizada a carga por servidor do órgão, configura intimação pessoal. Havendo intimação pessoal da Defensoria Pública estadual para a sessão de julgamento da apelação criminal, não há que se falar em nulidade no acórdão prolatado."[94]

Aqui, por oportuno, deve-se registrar decisão relevante do STJ acerca da prerrogativa da intimação pessoal, com vista dos autos, mesmo que o Defensor Público tenha tomado conhecimento da decisão em audiência: "*HABEAS CORPUS* SUBSTITUTIVO. NÃO CABIMENTO. ECA. ATO INFRACIONAL EQUIPARADO AO DELITO DO ART. 35 DA LEI N. 11.343/2006. SENTENÇA PROFERIDA EM AUDIÊNCIA. APELAÇÃO. INTEMPESTIVIDADE. INTIMAÇÃO DA DEFENSORIA PÚBLICA NA PRÓPRIA AUDIÊNCIA. DESCONSIDERAÇÃO DA MANIFESTAÇÃO DE VONTADE DO MENOR EM RECORRER. ILEGALIDADE MANIFESTA. 1. Não é cabível a utilização do *habeas corpus* como substitutivo do recurso adequado. 2.

92 HC 80.104-RJ, rel. Min. Maurício Corrêa, 13.6.2000.

93 REsp 1.035.716-MS, Rel.Min. Luiz Fux, julgado em 20/5/2008.

94 HC 99.540, Rel. Min. Ellen Gracie, julgamento em 4-5-2010, Segunda Turma, DJE de 21-5-2010"

Ainda que presente o defensor público na audiência em que foi proferida a sentença, a intimação da Defensoria Pública para a interposição de recurso concretiza-se com a entrega dos autos com vista. Trata-se de prerrogativa atribuída a seus membros, por legislação específica, no intuito de preservar os interesses daqueles que, reconhecidamente, encontram-se impossibilitados de contratar advogado particular. 3. No caso dos autos, a sentença foi proferida em audiência. Vinte dias após, o magistrado encaminhou o processo à Defensoria Pública para apresentação de razões recursais. Ocorre que o Tribunal de origem declarou a intempestividade do apelo, porque adotou como termo a quo do prazo recursal a data da audiência na qual foi proferida a sentença. **A decisão não foi correta, porquanto a intima**ção da Defensoria Pública para interpor recurso se dá mediante a entrega dos autos com vista. 4. Não obstante o Estatuto da Criança e do Adolescente tenha adotado o sistema recursal do Código de Processo Civil (art. 198 do ECA), que não prevê momentos distintos para a interposição de recurso e para o oferecimento das respectivas razões, a negativa de reconhecimento à manifestação da vontade de recorrer expressada pelo menor implica violação à ampla defesa, bem como ao princípio da proteção, consagrados pela Constituição da República e pela Lei n. 8.069/1990. 5. **Mesmo que se tenha a audiência em que foi proferida a sentença como marco inicial para a interposição de recurso, o apelo, ainda assim, não pode ser maculado pela intempestividade.** *In casu*, o menor manifestou expressamente o desejo de recorrer contra a sentença por termo nos autos. Contudo, somente após vinte dias, os autos foram remetidos à Defensoria Pública, que apresentou razões em seguida. O Tribunal de Justiça de São Paulo não conheceu do recurso, como já salientado, ao argumento de que o prazo para recorrer se teria iniciado no dia da audiência, quando foi proferida a sentença. Dessa forma, a apelação foi reputada intempestiva, porque o órgão julgador considerou como data de interposição o dia em que o defensor público juntou aos autos as razões recursais, desconsiderando a anterior irresignação do adolescente. Seguindo a linha de que a negativa de reconhecimento à manifestação da vontade de recorrer expressada pelo menor implica violação da ampla defesa, o paciente teria, sim, interposto o recurso no prazo legal, por meio de sua manifestação registrada nos autos. Por óbvio, o menor não possui capacidade postulatória, razão pela qual os autos necessitam ser encaminhados à defesa técnica para o oferecimento de razões. 6. Seja porque a intimação da Defensoria Pública para a interposição de recurso se concretiza mediante a entrega dos autos com vista, seja porque não pode ser ignorado o desejo de recorrer manifestado pelo menor, consignado em termo nos autos, certo é que deve ser afastada a intempestividade e determinado o conhecimento da apelação pelo Tribunal de origem. 7. *Habeas corpus* não conhecido. Ordem concedida de ofício, para determinar que o Tribunal de Justiça de São Paulo conheça da Apelação n. 0001368-05.2012.8.26.0073 e proceda ao respectivo julgamento de mérito." (STJ, Habeas Corpus n. 269.213, Sexta Turma, Relator Ministro Sebastião Reis Junior, j. 04 de setembro de 2014).

Quanto ao prazo em dobro, "a jurisprudência desta Corte é no sentido de que o prazo em dobro previsto na Lei 1.060/1950 é prerrogativa concedida unicamente aos defensores públicos, não sendo extensível aos beneficiários da justiça gratuita assistidos por advogados, como no caso, de sua livre escolha."[95]

Além disso, "II - não ser preso, senão por ordem judicial escrita, salvo em flagrante, caso em que a autoridade fará imediata comunicação ao Defensor PúblicoGeral;

III - ser recolhido à prisão especial ou à sala especial de EstadoMaior, com direito a privacidade e, após sentença condenatória transitada em julgado, ser recolhido em dependência separada, no estabelecimento em que tiver de ser cumprida a pena;

IV - usar vestes talares e as insígnias privativas da Defensoria Pública;

VI – **comunicar-se, pessoal e reservadamente, com seus assistidos**, ainda quando estes se acharem presos ou detidos, mesmo incomunicáveis, tendo livre ingresso em estabelecimentos policiais, prisionais e de internação coletiva, independentemente de prévio agendamento; (Redação dada pela Lei Complementar nº 132, de 2009).

VII - **ter vista pessoal dos processos** fora dos cartórios e secretarias, ressalvadas as vedações legais;

VIII – examinar, em qualquer repartição pública, autos de flagrantes, inquéritos e processos, assegurada a obtenção de cópias e podendo tomar apontamentos; (Redação dada pela Lei Complementar nº 132, de 2009).

IX - manifestar-se em autos administrativos ou judiciais por meio de cota;

X - **requisitar** de autoridade pública ou de seus agentes exames, certidões, perícias, vistorias, diligências, processos, documentos, informações, esclarecimentos e providências necessárias ao exercício de suas atribuições;"

Conforme citado, é prerrogativa do Defensor Público, como instrumento de efetividade para o desempenho de suas atribuições funcionais, sejam individuais, sejam coletivas, **a requisição** de documentos, provas e outras providências necessárias.

Ocorre que, **a Lei Complementar paulista n. 988/06 prevê a requisição apenas em face de órgão estaduais**. Diante disso, pergunta-se: o poder de requisição do Defensor Público do Estado é mais limitado?

95 AI 242.160-AgR, Rel. Min. Dias Toffoli, julgamento em 28-2-2012, Primeira Turma, DJE de 10-4-2012.

Diz a lei local: "São prerrogativas dos membros da Defensoria Pública do Estado, além daquelas definidas na legislação federal: IV - requisitar, a quaisquer órgãos públicos **estaduais**, exames, certidões, cópias reprográficas, perícias, vistorias, diligências, processos, documentos, informações, esclarecimentos e demais providências necessárias ao exercício de suas atribuições, podendo acompanhar as diligências requeridas" (art. 162).

A resposta é negativa, por óbvio. O poder de requisição é amplo e pode ser exercido diante de todas as esferas de governo. Ocorre que, pelo pacto federativo, não poderia uma lei estadual impor uma obrigação em face de órgãos federais ou municipais. Contudo, o poder de requisição é amplo e indispensável ao pleno exercício das atribuições funcionais.

De fato, a LC 80/94, que tem natureza nacional, e não meramente federal, não contém nenhuma limitação. É "prerrogativa dos membros da Defensoria Pública do Estado: "requisitar de autoridade pública ou de seus agentes exames, certidões, perícias, vistorias, diligências, processos, documentos, informações, esclarecimentos e providências necessárias ao exercício de suas atribuições" (art. 128).

Aliás, **a Deliberação nº 139, de 06 de novembro 2009, do Conselho Superior da Defensoria Pública de São Paulo**, que regulamenta o procedimento administrativo de tutela coletiva, dispõe que "na condução do procedimento administrativo, o órgão da Defensoria Pública poderá, sem prejuízo de outras providências inerentes à sua atribuição funcional, ouvir pessoas, requisitar informações, requisitar exames periciais e documentos **de autoridades, órgãos e entidades da Administração Pública direta e indireta, da União, do Estado e dos Municípios,** fazer ou determinar vistorias e inspeções, acompanhar buscas e apreensões, designar e presidir audiências, bem com expedir notificações e requisições, a qualquer pessoa, órgão ou autoridade, nos limites de sua atribuição funcional."

"XI - **representar a parte, em feito administrativo ou judicial, independentemente de mandato**, ressalvados os casos para os quais a lei exija poderes especiais;"

"Não se exige do defensor público procuração para que interponha pedido de revisão criminal, mesmo que não tenha participado da defesa dos ora pacientes no anterior processo em que acabaram de ser condenados. O art. 16, parágrafo único, da Lei n. 1.060/1950 não fez ressalva quanto à revisão criminal para o exercício da assistência judiciária. Assim, a Turma concedeu parcialmente a ordem para que o Tribunal de Justiça aprecie o pedido de revisão criminal proposta pela Defensoria Pública, com prévia comunicação aos pacientes de que irá julgar referido pedido. Precedente citado: HC 24.815-PE, DJ 1º/12/2003."[96]

96 HC 24.812-PE, Rel. Min. Paulo Gallotti, julgado em 16/9/2004.

"XII - deixar de patrocinar ação, quando ela for manifestamente incabível ou inconveniente aos interesses da parte sob seu patrocínio, comunicando o fato ao Defensor PúblicoGeral, com as razões de seu proceder;

XIII - ter o mesmo tratamento reservado aos Magistrados e demais titulares dos cargos das funções essenciais à justiça;

O art. 4º da LC 80/94 dispõe da **capacidade postulatória do Defensor Público que, mais que uma prerrogativa, é uma consequência inafastável da autonomia institucional."**

"A capacidade postulatória do Defensor Público decorre exclusivamente de sua nomeação e posse no cargo público (§ 4º - Incluído pela Lei Complementar nº 132, de 2009)."

Vale referência à decisão da 2ª Câmara do E. Tribunal de Justiça, em acórdão de Des. Fabio Tabosa, acolhido por unanimidade, no julgamento da apelação cível nº 0016223-20.2009.8.26.0032: "Processual. Defensoria Pública. Capacidade postulatória. Defensor desligado da OAB/SP. Irrelevância. Lei Complementar n° 132/2009. Suficiência da nomeação e posse no cargo público correspondente. Preliminar dos apelados rejeitada.

(...) Por fim, arguiram os apelados nulidade no tocante à capacidade postulatória do Curador Especial, que teria cancelado seu registro na Ordem dos Advogados do Brasil em 27 de agosto de 2010 (data anterior à interposição da apelação), requerendo em face disso a anulação (sic) da peça recursal (fls. 161). É o relatório.

Apreciada preliminarmente a nulidade suscitada pelos apelados posteriormente às contrarrazões, não lhes assiste razão. Conforme recentemente noticiado pela imprensa, é fato que diversos Defensores Públicos do Estado de São Paulo solicitaram seu desligamento da Ordem dos Advogados do Brasil com fundamento na Lei Complementar n° 132/2009 (que alterou a Lei Complementar n° 80/1994). Com efeito, a última passou a prever, acrescentando dentre outras coisas os §§ 6º e 9º ao art. 4º da primeira, que **"a capacidade postulatória do Defensor Público decorre exclusivamente de sua nomeação e posse no cargo público"** e que "o exercício do cargo de Defensor Público é comprovado mediante apresentação de carteira funcional expedida pela respectiva Defensoria Pública, conforme modelo previsto nesta Lei Complementar, a qual valerá como documento de identidade e terá fé pública em todo o território nacional.

Sendo assim, a inscrição dos Defensores Públicos na Ordem dos Advogados do Brasil não é mais condição para sua atuação em juízo, ficando superadas com isso as previsões dos arts. 3º, § 1º, e 4º, caput, do EOAB (Lei n° 8.906/94), o que, aliás, é perfeitamente compatível com a distinção entre as atividades e com as atribuições naturais do cargo de Defensor Público, cuja investidura pressupõe de resto a qualificação de bacharel em Direito e verificação da aptidão pessoal em concurso público específico. De se recordar, em adendo, que os arts. 133 e 134 da Constituição da República preveem em paralelo a Advocacia e a Defensoria Pública como instituições essenciais à Justiça, não atrelando o exercício da segunda à habilitação para o exercício da primeira."

De qualquer forma, capacidade postulatória do Defensor Público é legal, pois seu regime jurídico é estatutário, o modelo é público de assistência jurídica, prestado pela Defensoria Pública, que goza de autonomia funcional. Ora, se a Instituição não se submete ao próprio Estado que a criou, pergunto se há excrescência maior que obrigar o Defensor Público, seu órgão de execução, a se vincular a uma autarquia?

8. A DEFENSORIA PÚBLICA DA UNIÃO

À Defensoria Pública da União incumbe a prestação de assistência jurídica aos necessitados acerca das matérias suscetíveis à jurisdição do **Poder Judiciário da União** (Justiça Federal, Justiça do Trabalho, Justiça Eleitoral, Justiça Militar, Justiça Eleitoral) em todas suas instâncias, bem como daquelas de competência da **Administração Pública Federal**, seja direta, seja indireta, não obstante a redação do artigo 14 da LC nº 80/94, que se refere apenas à "União", cujo termo merece interpretação extensiva para abranger toda administração federal, conforme igualmente leciona Frederico Rodrigues Viana de Lima.[97]

Diz o dispositivo: "a Defensoria Pública da União atuará nos Estados, no Distrito Federal e nos Territórios, junto às Justiças Federal, do Trabalho, Eleitoral, Militar, Tribunais Superiores e instâncias administrativas da União (*caput*). A Defensoria Pública da União deverá firmar convênios com as Defensorias Públicas dos Estados e do Distrito Federal, para que estas, em seu nome, atuem junto aos órgãos de primeiro e segundo graus de jurisdição referidos no *caput*, no desempenho das funções que lhe são cometidas por esta Lei Complementar (§ 1º). Não havendo na unidade federada Defensoria Pública constituída nos moldes desta Lei Complementar, é autorizado o convênio com a entidade pública que desempenhar essa função, até que seja criado o órgão próprio (§ 2º). A prestação de assistência judiciária pelos órgãos próprios da Defensoria Pública da União dar-se-á, **preferencialmente**, perante o Supremo Tribunal Federal e os Tribunais superiores (§ 3º).

Sobre o último parágrafo, uma observação se impõe. A norma diz que a DPU atuará preferencialmente junto aos Tribunais Superiores, **não exclusivamente,**

97 *Defensoria Pública*. 2 ed. Salvador: *Juspodivm*, 2012, p. 109.

podendo as Defensorias Públicas Estaduais exercerem suas funções perante tais instâncias extraordinárias, ainda que de natureza federal, sob pena de violação do princípio do Defensor Natural, inclusive, sendo obrigatória a intimação dessas Defensorias, sob pena de nulidade absoluta, pois "é prerrogativa da Defensoria Pública a intimação pessoal, e sua não realização acarreta a nulidade absoluta."[98]

Nem se diga que o princípio da unidade justifica essa pretensa exclusividade, pois, conforme sabemos, a unidade é de cada Defensoria Pública, ou seja, dentro de cada Instituição. É uma ideia inerente à atuação dos Defensores Públicos enquanto representantes de uma Instituição, de cada uma das Defensorias Públicas. "Sendo um conjunto de normas fundamentais e interdependentes, a Defensoria Pública opera como um todo, sem facção ou fragmento. Se houvesse a ruptura de qualquer princípio, não haveria sistema e nem existiria unidade. A unidade consiste, pois, na prevalência contínua e permanente de todos os mecanismos inerentes à atuação do Defensor Público."[99]

De fato, **a atuação da Defensoria Pública da União, de todo modo, não exclui a atuação da Defensoria Pública do Estado perante os Tribunais Superiores.** Esse é o sentido do recente julgado do Superior Tribunal de Justiça. "Os julgamentos dos recursos interpostos pelos defensores públicos estaduais devem ser acompanhados no STJ pela Defensoria Pública da União - DPU, que deve ser intimada das decisões e acórdãos proferidos. Entretanto, a atuação da DPU não é exclusiva. Se houver representação em Brasília de Defensoria Pública estadual, essa pode ser intimada e atuar sem restrições no STJ. Assim, o agravo regimental interposto pela Defensoria Pública estadual não precisa ser ratificado pela Defensoria Pública da União, pois ambas têm capacidade postulatória perante o STJ."[100]

Pois bem. A estrutura administrativa da DPU é composta por órgãos da administração superior; órgãos de atuação e órgãos de execução. Os primeiros ocupam-se de atividades-meio, voltadas à gestão, organização e monitoramento da carreira. São os seguintes: "a) a Defensoria Pública-Geral da União; b) a Subdefensoria Pública-Geral da União; c) o Conselho Superior da Defensoria Pública da União; d) a Corregedoria-Geral da Defensoria Pública da União" (art. 5º, I).

Os órgãos de atuação são unidades de execução, voltados à atividade-fim, porém não personalizados. São: "a) as Defensorias Públicas da União nos Estados, no Distrito Federal e nos Territórios; b) os Núcleos da Defensoria Pública da União; (art. 5º, II).

98 STJ, REsp 1.035.716-MS, Rel. Min. Luiz Fux, julgado em 20/5/2008.

99 GALLIEZ, Paulo. *Princípios Institucionais da Defensoria Pública. Lumen Juris.*

100 AgRg no REsp 802.745-RJ, Rel. Min. Humberto Gomes de Barros, julgado em 3/12/2007.

Os órgãos de execução são membros, os Defensores Públicos Federais, enquanto unidades personificadas (art. 5º, III).

"A Defensoria Pública da União tem por chefe o Defensor Público-Geral Federal (DPGF), nomeado pelo Presidente da República, dentre membros estáveis da Carreira e maiores de 35 (trinta e cinco) anos, escolhidos em lista tríplice formada pelo voto direto, secreto, plurinominal e obrigatório de seus membros, após a aprovação de seu nome pela maioria absoluta dos membros do Senado Federal, para mandato de 2 (dois) anos, permitida uma recondução, precedida de nova aprovação do Senado Federal" (art. 6º).

Destacamos a idade mínima (35 anos), a sabatina do Senado Federal (art. 52, III, "f", CF), que aprova com maioria absoluta, a nomeação presidencial, após a lista tríplice eleita pela carreira, mas não há exigência quanto ao tipo da categoria do cargo do Defensor predisposto a assumi-lo. No entanto, há limitação a uma recondução.

"São atribuições do Defensor Público-Geral, dentre outras: I – dirigir a Defensoria Pública da União, superintender e coordenar suas atividades e orientar-lhe a atuação; II – representar a Defensoria Pública da União judicial e extrajudicialmente; III – velar pelo cumprimento das finalidades da Instituição; IV – integrar, como membro nato, e presidir o Conselho Superior da Defensoria Pública da União; V – submeter ao Conselho Superior proposta de criação ou de alteração do Regimento Interno da Defensoria Pública-Geral da União; VI – autorizar os afastamentos dos membros da Defensoria Pública da União; VII – estabelecer a lotação e a distribuição dos membros e dos servidores da Defensoria Pública da União; VIII – dirimir conflitos de atribuições entre membros da Defensoria Pública da União, com recurso para seu Conselho Superior; IX – proferir decisões nas sindicâncias e processos administrativos disciplinares promovidos pela Corregedoria-Geral da Defensoria Pública da União; X – instaurar processo disciplinar contra membros e servidores da Defensoria Pública da União, por recomendação de seu Conselho Superior; XI – abrir concursos públicos para ingresso na carreira da Defensoria Pública da União; XII – determinar correições extraordinárias; XIII – praticar atos de gestão administrativa, financeira e de pessoal; XIV – convocar o Conselho Superior da Defensoria Pública da União; XV – designar membro da Defensoria Pública da União para exercício de suas atribuições em órgão de atuação diverso do de sua lotação ou, em caráter excepcional, perante Juízos, Tribunais ou Ofícios diferentes dos estabelecidos para cada categoria; XVI – requisitar de qualquer autoridade pública e de seus agentes, certidões, exames, perícias, vistorias, diligências, processos, documentos, informações, esclarecimentos e demais providências necessárias à atuação da Defensoria Pública; XVII – aplicar a pena da remoção compulsória, aprovada pelo voto de dois terços do Conselho Superior da Defensoria Pública da União, assegurada ampla defesa; XVIII – delegar atribuições a autoridade que lhe seja subordinada, na forma da lei. XIX – requisitar força policial para assegurar a incolumidade física dos membros da Defensoria Pública da União, quando estes se encontrarem ameaçados em razão do desempenho de suas atribuições institucionais; XX – apresentar plano de atuação da Defensoria Pública da União ao Conselho Superior" (art. 8º).

"O Defensor Público-Geral Federal será substituído, em suas faltas, impedimentos, licenças e férias, pelo Subdefensor Público-Geral Federal (SPGF), nomeado pelo Presidente da República, dentre os integrantes da Categoria Especial da Carreira, escolhidos pelo Conselho Superior, para mandato de 2 (dois) anos (art. 7º)." Notem que, diversamente do DPGF, o Subdefensor deve integrar a categoria especial, não se exige idade mínima e dispensa-se sabatina do Senado Federal, sem limites para reconduções. Ainda, é possível a criação de outros cargos de Subdefensor Público-Geral Federal, conforme a necessidade (art. 7º, par. único).

"Ao Subdefensor Público-Geral Federal, além da atribuição prevista no art. 7º desta Lei Complementar, compete: I - auxiliar o Defensor Público-Geral nos assuntos de interesse da Instituição; II – desincumbir-se das tarefas e delegações que lhe forem determinadas pelo Defensor Público-Geral" (art. 8º, par. único).

Já o Conselho Superior é o órgão colegiado e deliberativo da Instituição, composto por conselheiros natos e por conselheiros eleitos, sendo dois de cada categoria. "A composição do Conselho Superior da Defensoria Pública da União deve incluir obrigatoriamente o Defensor Público-Geral Federal, o Subdefensor Público-Geral Federal e o Corregedor-Geral Federal, como membros natos, e, em sua maioria, representantes estáveis da Carreira, 2 (dois) por categoria, eleitos pelo voto direto, plurinominal, obrigatório e secreto de todos integrantes da Carreira" (art. 9º, *caput*).[101]

Dentre as atribuições do Conselho Superior, destacamos: "I - exercer o poder normativo no âmbito da Defensoria Pública da União; II - opinar, por solicitação do Defensor Público-Geral, sobre matéria pertinente à autonomia funcio-

---

101 Art. 9º. § 1º O Conselho Superior é presidido pelo Defensor Público-Geral, que, além do seu voto de membro, tem o de qualidade, exceto em matéria de remoção e promoção, sendo as deliberações tomadas por maioria de votos. § 2º As eleições serão realizadas em conformidade com as instruções baixadas pelo Defensor Público-Geral. § 3º Os membros do Conselho Superior são eleitos para mandato de dois anos, mediante voto nominal, direto e secreto. § 4º São elegíveis os Defensores Públicos Federais que não estejam afastados da Carreira, para mandato de 2 (dois) anos, permitida 1 (uma) reeleição. § 5º São suplentes dos membros eleitos de que trata o caput deste artigo os demais votados, em ordem decrescente. § 6º Qualquer membro, exceto os natos, pode desistir de sua participação no Conselho Superior, assumindo, imediatamente, o cargo, o respectivo suplente.

nal e administrativa da Defensoria Pública da União[102]; (...) V – recomendar ao Defensor Público-Geral a instauração de processo disciplinar contra membros e servidores da Defensoria Pública da União; VI - conhecer e julgar recurso contra decisão em processo administrativo disciplinar; VII - decidir sobre pedido de revisão de processo administrativo disciplinar; (...) X - decidir acerca da desti-

102 Súmula nº 1: "Os recursos que visem a impugnar atos de competência exclusiva do Defensor Público--Geral Federal (LC 80, art. 8º) somente serão admitidos em casos de ilegalidade ou desvio de poder" Súmula nº 2: «Para os fins de preenchimento do período mínimo para as hipóteses de pontuação para promoção por merecimento é possível a soma de períodos descontínuos desde que referentes à mesma atividade.» Súmula nº 3: «Não se consideram como atuação em DPU Itinerante, para fins de promoção por merecimento, as atividades exercidas na base territorial de unidade da DPU, ainda que desempenhada por defensor de unidade diversa." Súmula nº 4: «O período trabalhado como estágio não é considerado como cargo ou emprego público para fins de averbação como tempo de serviço." Súmula nº 5: «O período de curso de formação de outras carreiras, ainda que haja recebimento de bolsa e seja fase do concurso público anterior à nomeação, posse e ao exercício, não pode ser considerado como tempo de serviço público.» Súmula nº 6: «O tempo laborado nas Defensorias Públicas Estaduais não é considerado como tempo de serviço na Carreira de Defensor Público Federal, devendo ser averbado como tempo de serviço público geral.» Súmula nº 7: «Considera-se como peça de conteúdo jurídico para fins de avaliação no estágio probatório as manifestações feitas em audiência de instrução e julgamento em que haja desenvolvimento de teses jurídicas.» Súmula nº 8: «O CSDPU carece de atribuição para analisar recurso de assistido contra o indeferimento da assistência jurídica integral e gratuita em razão da renda, sendo a análise de atribuição do DPGF.» Súmula nº 9: «Não havendo interessados na composição dos Conselhos federais, estaduais e municipais afetos às funções institucionais da DPU, na forma do regulamentado na Resolução CSDPU nº 50/2011, a indicação competirá ao DPGF.» Súmula nº 10: «Nos Conselhos federais, estaduais e municipais afetos às funções institucionais da DPU, onde a instituição não tenha assento, é facultativa a aplicação da Resolução CSDPU nº 50/2011, podendo o DPGF fazer a indicação direta do membro para participação». Súmula nº 11: «Cabe à unidade da DPU receber as comunicações de prisão em flagrante, nos termos do art. 306, § 1º do CPP, decorrentes de prisões realizadas pela Delegacia da Polícia Federal sediada no mesmo município, ainda que os fatos tenham ocorrido em município diverso.» Súmula nº 12: «A análise pelo CSDPU dos pedidos de remoção por permuta entre membros da Carreira deve ser precedida de edital publicado pelo DPGF para que seja dada ampla ciência aos demais Defensores, em especial aos das unidades envolvidas. Súmula nº 13: «Havendo Ofício vago, a movimentação na unidade obedecerá à antiguidade na Carreira, sendo ofertadas as vagas a todos os Defensores nela anteriormente lotados.» Súmula nº 14: «Os pedidos de movimentação por troca entre Ofícios de uma mesma unidade da DPU serão processados pela Chefia da unidade, observando-se o critério da antiguidade na Carreira, comunicando-se ao DPGF para homologação.» Súmula nº 15: «O Conselheiro-Relator do processo que recomendou o afastamento para estudos no exterior é prevento para a análise dos relatórios apresentados pelos membros da Carreira afastados, previstos na Resolução vigente.» Súmula nº 16: «A averbação de tempo de serviço público só ocorrerá com a apresentação da certidão, original ou cópia autenticada, do tempo líquido do período efetivamente laborado.» Súmula nº 17: «A análise do pedido de desligamento de membro das Câmaras de Coordenação e Revisão é de atribuição do DPGF." Súmula nº 18: «O Pedido de reconsideração só será conhecido nas hipóteses em que se apresentem fatos novos ou se trate de processo administrativo do qual resulte sanção (Lei nº 9784/99, art. 75, caput).» Súmula nº 19: «Não se configurando as hipóteses legais, o pedido de reconsideração poderá ser conhecido como recurso, se apresentado no prazo deste.» Súmula nº 20: «O tempo trabalhado sob a égide da Lei nº 8.745/93 é considerado tempo de serviço público para fins de apuração de antiguidade.» Súmula nº 21: «Os pedidos de vista nos processos administrativos de cunho sigiloso terão caráter coletivo e deverão ser pautados pela Secretaria do CSDPU na sessão ordinária seguinte.» Súmula nº 22: «A consulta formulada pelo Defensor Público--Geral Federal ao CSDPU, na forma do art. 10, II da LC 80/94, não tem caráter vinculante.» Disponível em: <http://www.dpu.gov.br>.

tuição do Corregedor-Geral, por voto de dois terços de seus membros, assegurada ampla defesa; XIII - recomendar correições extraordinárias" (art. 10).

Merece atenção, nesse ponto, o *quorum* de deliberação, em regra, por maioria simples (art. 9º, § 1º), salvo nas hipóteses de aplicação da pena de remoção compulsória (art. 8º, XVII) e destituição do Corregedor-Geral, cuja aprovação requer adesão de dois terços dos membros.

Nos termos da lei, incumbe ao Corregedor-Geral da Defensoria Pública da União[103] a fiscalização da atividade funcional e da conduta dos membros e dos servidores da Instituição (art. 11), que é "indicado dentre os integrantes da classe mais elevada da carreira pelo Conselho Superior e nomeado pelo Presidente da República para mandato de dois anos" (art. 12).

A Defensoria Pública da União ainda conta com as Câmaras de Coordenação e Revisão[104], instituídas inicialmente pela Resolução nº 33/2009, mas

103 Art. 13. À Corregedoria-Geral da Defensoria Pública da União compete: I – realizar correições e inspeções funcionais; II – sugerir ao Defensor Público-Geral o afastamento de Defensor Público que esteja sendo submetido a correição, sindicância ou processo administrativo disciplinar, quando cabível; III – propor, fundamentadamente, ao Conselho Superior a suspensão do estágio probatório de membros da Defensoria Pública da União; IV – receber e processar as representações contra os membros da Defensoria Pública da União, encaminhando-as, com parecer, ao Conselho Superior; V – apresentar ao Defensor Público-Geral, em janeiro de cada ano, relatório das atividades desenvolvidas no ano anterior; VI – propor a instauração de processo disciplinar contra membros da Defensoria Pública da União e seus servidores; VII – acompanhar o estágio probatório dos membros da Defensoria Pública da União; VIII – propor a exoneração de membros da Defensoria Pública da União que não cumprirem as condições do estágio probatório.

104 Res. 58/2012: Art. 6º. Compete às Câmaras de Coordenação e Revisão, respeitado o princípio da independência funcional (art. 43, I, da Lei Complementar nº 80/94): I – promover a integração e a coordenação dos órgãos institucionais que atuem em ofícios ligados à área de sua competência; II – proporcionar intercâmbios com órgãos ou entidades que atuem em áreas afins; III – dar suporte técnico à atuação dos Defensores Públicos Federais, auxiliando-os na formulação ou no aprimoramento de teses a serem utilizadas na prestação da assistência jurídica, encaminhando informações técnico-jurídicas aos órgãos institucionais que atuem em sua área, visando promover prioritariamente a solução extrajudicial dos litígios; IV – submeter ao Conselho Superior da Defensoria Pública da União propostas de enunciados, de caráter sugestivo, destinados a harmonizar a assistência jurídica prestada pela Defensoria Pública da União; V – manifestar-se sobre hipóteses de não atuação institucional (art. 4º, § 8º e art. 44, XII, da Lei Complementar n° 80/94), inclusive na hipótese do recurso previsto no 4-A, III da Lei Complementar n° 80/94, sugerindo, em caso de discordância, ao Defensor Público-Geral Federal a designação de outro membro para a propositura da ação ou de medida judicial cabível (art. 4º, § 8º da Lei Complementar nº 80/94); VI – manifestar-se sobre os conflitos de atribuição encaminhados pelo Defensor Público-Geral Federal ou a quem este delegar, sugerindo decisão para sua resolução (art. 8º, VIII, da Lei Complementar n° 80/94); VII – subsidiar e auxiliar o Defensor Público-Geral Federal na coordenação nacional da atuação da Defensoria Pública da União em sua área de atuação, apresentando relatório anual sobre as realizações, deficiências e necessidades de aprimoramento; VIII – informar aos integrantes da Administração Superior os eventos e acontecimentos nacionais relevantes em sua área de atribuição, divulgando-os para os membros da carreira, bem como participar destes representando a Defensoria Pública da União, em todas as suas etapas, quando solicitado pelo Defensor Público-Geral Federal; IX – propor à Escola Superior a realização de eventos, palestras a fim de divulgar a Instituição e suas atribuições, além de promover a difusão do conhecimento jurídico para a população (art. 4º, III, da Lei Complementar n° 80/94);

reestruturadas pela Resolução nº 58/2012, ambas do Conselho Superior da DPU, incumbidas da definição das estratégias de atuação nas áreas criminal, cível, previdenciária, trabalhista, direitos humanos e tutela coletiva. "As Câmaras de Coordenação e Revisão da Defensoria Pública da União são órgãos setoriais de padronização e harmonização, bem como de planejamento estratégico e acompanhamento da atuação da instituição em nível nacional, e de assessoramento ao exercício da atividade de prestação da assistência jurídica da Defensoria Pública da União" (art. 1º).

"As Câmaras de Coordenação e Revisão Criminal, Direitos Humanos e Tutela Coletiva e Trabalhista serão compostas por 3 (três) integrantes cada, e as Câmaras de Coordenação e Revisão Cível e Previdenciária serão compostas por 5 (cinco) integrantes cada, preferencialmente dentre os Defensores Públicos Federais com atuação na área correspondente à especialização da Câmara" (art. 4º).

Sobre a questão da independência funcional do Defensor Público da União, a Resolução nº 58/2012, já editada sob os ditames da LC nº 132/09, dispõe: "nas hipóteses de não patrocínio de ação, quando ela for manifestamente incabível ou inconveniente aos interesses da parte sob o seu patrocínio, deverá o Defensor Público, comunicar ao Defensor Público-Geral, com as razões do seu proceder (art. 44, XII, da Lei Complementar nº 80/94), dispensada a comunicação de arquivamento em algumas hipóteses."[105]

Além disso, "todas as hipóteses de não atuação institucional, mesmo aquelas em que não há obrigatoriedade de comunicação para o Defensor Público-Geral devem ser fundamentadas e registradas no processo de assistência" (§ 3º).

X - apresentar ao Defensor Público-Geral Federal e ao Diretor da Escola Superior, anualmente, as principais necessidades dos Defensores Públicos Federais, a fim de subsidiar a elaboração do conteúdo dos cursos de capacitação; XI - promover de forma sistemática a aproximação com a sociedade civil, especialmente com a população que utiliza os serviços da Instituição e associações representativas, por meio de audiências públicas, palestras e eventos, dentre outras formas; XII - planejar e propor ao Defensor Público-Geral Federal a realização de audiências públicas, em nível nacional, na sua área de atribuição, bem como planejar e subsidiar os Defensores Públicos Federais para a realização de audiências públicas nos Estados (art. 4º, XXII, da Lei Complementar nº 80/94).

105 São as hipóteses: "I – não for interposto recurso na esfera cível, previdenciária e trabalhista; II – não for interposto recurso contra decisão parcialmente procedente; III – quando se tratar de despacho, decisão interlocutória ou decisão monocrática de relator em sede recursal, cujo conteúdo pode ser atacado, sem perecimento do direito material objeto da ação, por meio do recurso cabível contra decisão de mérito apta a produzir coisa julgada material; IV – for adotada medida processual apta a substituir de forma eficaz o recurso cabível; V – quando for prestada a assistência devida na hipótese de carta precatória, rogatória e de ordem; VI – quando houver dispensa de atuação autorizada expressamente por ato de órgão da Administração Superior; VII – o processo de assistência jurídica for arquivado em razão da desídia ou desistência do assistido; VIII – o assistido contar ou passar a contar com representação de advogado regularmente constituído; IX – a pretensão do assistido for satisfeita pela via administrativa ou judicial; X – quando houver extinção do processo sem resolução de mérito (art. 267 do CPC) e for possível a propositura de nova ação pela própria Defensoria Pública da União para resguardar o direito do assistido."

Conforme consta no artigo 6º, IV, da Resolução nº 58/2012, cabe à Câmara de Coordenação e Revisão "submeter ao Conselho Superior da Defensoria Pública da União propostas de enunciados, de caráter sugestivo, destinados a harmonizar a assistência jurídica prestada pela Defensoria Pública da União". Porém, na vigência da Resolução nº 33, foram expedidos alguns enunciados, como uma "uma tentativa de conciliação entre a independência funcional de cada Defensor Público e a necessidade de uma resposta uniforme diante das situações que guardem semelhança entre si".

Destacamos, por exemplo, o seguinte entendimento: "a transnacionalidade do crime de tráfico de entorpecentes deve estar demonstrada através de elementos concretos de prova que liguem o denunciado à origem alienígena da droga, de modo a justificar tanto a competência da justiça federal, como a aplicação da causa especial de aumento de pena prevista pelo art. 40, I, da Lei nº 11.343/2006" (Enunciado 21), e que "a caracterização da infração penal como insignificante não abarca considerações de ordem subjetiva, sendo irrelevante, entre outras, a reiteração de condutas" (Enunciado 23).[106]

9. A DEFENSORIA PÚBLICA DO DISTRITO FEDERAL

A Defensoria Pública do Distrito Federal (DPDF) ostenta algumas especificidades decorrentes de sua organização e atribuições específicas. Hodiernamente, o primeiro e mais importante ponto toca sua recente **"desfederalização"**, pois as competências administrativa e legislativa deixaram de ser da União, como o era desde a promulgação da Constituição Federal (art. 21, XIII; art. 22, XVII). Destarte, **a Emenda Constitucional nº 69/2012** alterou essa realidade, mantendo com a União, além da DPU, apenas a competência para organizar a Defensoria Pública dos Territórios.

Hoje, compete à União organizar e manter o Poder Judiciário, o Ministério Público do Distrito Federal e dos Territórios e a Defensoria Pública dos Territórios (art. 21, XIII), bem como, privativamente, legislar sobre organização judiciária, do Ministério Público do Distrito Federal e dos Territórios e da Defensoria Pública dos Territórios, bem como organização administrativa destes (art. 22, XVII). Ao Congresso Nacional restou a seguinte competência legislativa: "organização administrativa, judiciária, do Ministério Público e da Defensoria Pública da União e dos Territórios e organização judiciária e do Ministério Público do Distrito Federal" (art. 48, IX).

A Emenda Constitucional nº 69/2012 ainda determina que, "sem prejuízo dos preceitos estabelecidos na Lei Orgânica do Distrito Federal, **aplicam-se à**

106 Disponível em: <http://www.dpu.gov.br>.

Defensoria Pública do Distrito Federal os mesmos princípios e regras que, nos termos da Constituição Federal, regem as Defensorias Públicas dos Estados" (art. 2º), e que o "Congresso Nacional e a Câmara Legislativa do Distrito Federal, imediatamente após a promulgação desta Emenda Constitucional e de acordo com suas competências, instalarão comissões especiais destinadas a elaborar, em 60 (sessenta) dias, os projetos de lei necessários à adequação da legislação infraconstitucional à matéria nela tratada" (art. 3º).

Conforme fora veiculado, na ocasião, "o plenário do Senado Federal realiza na próxima quinta-feira, dia 29 de março, às 10h, a Sessão Solene do Congresso Nacional para promulgação da Emenda Constitucional 445/2009, que altera os artigos 21, 22 e 48 da Constituição Federal, para transferir da União para o Distrito Federal as atribuições de organizar e manter a Defensoria Pública do DF" e que "o diretor-geral do Centro de Assistência Judiciária do Distrito Federal (CEAJUR), Jairo Lourenço de Almeida, participou ontem, dia 29 de março, da sessão solene do Congresso Nacional que promulgou a EC 69/12 que altera os artigos 21, 22 e 48 da Constituição Federal, que transfere da União para o Distrito Federal as atribuições de organizar e manter a Defensoria Pública da capital do país.

Com a emenda, **a Defensoria Pública do Distrito Federal ficará submetida aos mesmos princípios e às mesmas regras que regem a instituição nos Estados.** De acordo com o diretor-geral do CEAJUR, a importância da mudança está na estabilidade dos serviços efetuados pela categoria, que deixará de ser classificada como Procuradores de Assistência Judiciária para se tornarem legítimos Defensores Públicos. Essa é uma vitória não só da Defensoria, mas de toda a população carente do DF. Nossa instituição é um instrumento de pacificação social. Somos agentes da cidadania empenhados na ampliação do acesso à justiça.'"[107]

Então, podemos concluir que as regras específicas da Defensoria Pública do Distrito Federal, contidas na Lei Complementar nº 80/94, a ela não mais se aplicam. Agora, tais regras têm sua vigência restrita às Defensorias Públicas dos Territórios (DPT). Quanto à DPDF, aplicam-se as regras relativas às Defensorias Públicas dos Estados, especialmente quanto à autonomia prevista no artigo 134, § 2º, da Constituição Federal.

Outra conclusão imediata é que, a partir da Emenda Constitucional nº 69, passamos a conviver, ao menos em tese, com quatro e não mais três tipos de Defensorias Públicas no Brasil: a Defensoria Pública da União, Defensoria Pública dos Estados, Defensoria Pública do Distrito Federal e a Defensoria Pública dos Territórios.

107 Disponível em: <http://www.defensoria.df.gov.br/>

Após a alteração constitucional, segundo foi noticiado: "A Câmara Legislativa (DF) aprovou nesta terça-feira, dia 6 de novembro (2012), em primeiro turno, a Proposta de Emenda à Lei Orgânica nº 47/2012, do Poder Executivo, que transforma o Centro de Assistência Judiciária do Distrito Federal (Ceajur) na Defensoria Pública. A aprovação foi comemorada nas galerias do plenário por cerca de 50 defensores públicos. Desde a Constituição de 1988, cabia à União manter a Defensoria Pública do DF, mas essa atribuição não foi exercida na prática. Em março deste ano, o Congresso Nacional (em sessão conjunta da Câmara e do Senado) promulgou a Emenda Constitucional 69 (PEC 445/09), que transferiu para o Distrito Federal a competência para organizar e manter sua Defensoria Pública. A Emenda também regulamentou a autonomia do órgão. O Centro de Assistência Judiciária do Distrito Federal (Ceajur) presta assistência jurídica e integral gratuita para a população carente do DF desde 1987. Com 208 defensores públicos distribuídos em 26 Núcleos de Assistência Jurídica, efetuou cerca de 500 mil atendimentos em 2011."[108]

Após, dia 21 de novembro de 2012, recebemos a notícia da aprovação do projeto: "Na tarde desta terça-feira (20.11.12), a Câmara Legislativa aprovou em segundo turno, a Proposta de Emenda à Lei Orgânica n° 47/2012, que transforma o Centro de Assistência Judiciária do Distrito Federal (Ceajur) em Defensoria Pública. A proposta deverá ser promulgada ainda nesta semana pela Mesa da Câmara. 'Esse foi um importante passo para garantir aos cidadãos o instrumento necessário para a defesa de seus direitos por meio de um serviço gratuito público e de qualidade.

Criar a Defensoria Pública no DF é essencial para democratizar o acesso à Justiça pela população local", destacou o presidente da ANADEP, André Castro. De acordo com o coordenador da Região Centro-Oeste da ANADEP, Stéfano Borges Pedroso, a criação da defensoria é fundamental. 'A criação da Defensoria é um sonho de mais de 20 anos e representa a transformação da Ceajur em um órgão independente, autônomo e forte. A DP-DF trará muitos avanços no atendimento à população carente', pontuou. Para o defensor público Rildo Paulo da Silva, agora a população do DF terá um órgão estatal forte, bem mais preparado em termos de prerrogativas legais e protegido pela Lei Complementar 80, que estabelece as diretrizes do funcionamento de uma Defensoria Pública. 'Eu acredito que a população estará bem mais amparada com essa transformação', comemorou."[109]

108 Disponível em: <http://www.defensoria.df.gov.br/>.

109 Disponível em: <http://www.anadep.org.br/>.

Após, foi promulgada a Emenda n. 61, que alterou a Lei Orgânica do Distrito Federal, a qual passou a dispor, além de outras regras, no art. 114: "A Defensoria Pública do Distrito Federal é instituição permanente e essencial à função jurisdicional do Estado, incumbindo-lhe a orientação jurídica e a defesa, em todos os graus, dos necessitados, na forma do art. 5º, LXXIV, da Constituição Federal.

§ 1º À Defensoria Pública do Distrito Federal é assegurada, nos termos do art. 134, § 2º, da Constituição Federal, e do art. 2º da Emenda Constitucional nº 69, de 29 de março de 2012, autonomia funcional e administrativa, cabendo-lhe elaborar, nos termos da lei de diretrizes orçamentárias, sua proposta orçamentária e encaminhá-la ao Poder Executivo para consolidação da proposta de lei de orçamento anual e submissão ao Poder Legislativo."

10. AS DEFENSORIAS PÚBLICAS DOS ESTADOS

As Defensorias Públicas Estaduais têm atribuições para atuar perante o Poder Judiciário dos respectivos Estados e das Instâncias Extraordinárias do Poder Judiciário Federal Comum (Superior Tribunal de Justiça e Supremo Tribunal Federal). "A Defensoria Pública do Estado prestará assistência jurídica aos necessitados, em todos os graus de jurisdição e instâncias administrativas do Estado. Parágrafo único. À Defensoria Pública do Estado caberá interpor recursos aos Tribunais Superiores, quando cabíveis" (art. 106, LC nº 80/94). "Aos membros da Defensoria Pública do Estado incumbe, sem prejuízo de outras atribuições estabelecidas pelas Constituições Federal e Estadual, pela Lei Orgânica e por demais diplomas legais, a orientação jurídica e a defesa dos seus assistidos, no âmbito judicial, extrajudicial e administrativo" (art. 108, LC nº 80/94).

No tocante ao *caput* do artigo 106, é crucial a advertência ao leitor mais afoito. Quando o dispositivo impõe que à Defensoria Pública do Estado cabe prestar assistência jurídica aos necessitados, em todos os graus de jurisdição e instâncias administrativas do Estado, ele limita apenas a atuação administrativa ao âmbito estadual, não a atuação junto ao Poder Judiciário, que pode ser, como dissemos, tanto o Estadual, quanto o Federal Comum (STJ e STF), ou seja, junto às instâncias extraordinárias comuns. É, aliás, o que dispõe o artigo 111 da LC nº 80/94: "o Defensor Público do Estado atuará, na forma do que dispuser a legislação estadual, junto a todos os Juízos de 1º grau de jurisdição, núcleos, órgãos judiciários de 2º grau de jurisdição, instâncias administrativas e Tribunais Superiores."

O próprio Superior Tribunal de Justiça corrobora os termos legais, ao dizer que "a atuação da DPU não é exclusiva. Se houver representação em Brasília de Defensoria Pública estadual, essa pode ser intimada e atuar sem restrições no STJ"[110], lógico, desde de que a causa seja originária da Justiça Estadual.

Seus **regimes jurídicos** seguem as regras gerais da legislação nacional[111] e as leis orgânicas estaduais específicas, sem prejuízo das regras contidas nas constituições locais.

Segundo as regras gerais de organização administrativa, "a Defensoria Pública dos Estados compreende: I - órgãos de administração superior: a) a Defensoria PúblicaGeral do Estado; b) a Subdefensoria PúblicaGeral do Estado; c) o Conselho Superior da Defensoria Pública do Estado; d) a CorregedoriaGeral da Defensoria Pública do Estado; II - órgãos de atuação: a) as Defensorias Públicas do Estado; b) os Núcleos da Defensoria Pública do Estado; III - órgãos de execução: a) os Defensores Públicos do Estado; IV – órgão auxiliar: Ouvidoria-Geral da Defensoria Pública do Estado" (art. 98, LC 80/94).

A Defensoria Pública do Estado tem por "chefe" o Defensor Público-Geral, nomeado pelo Governador do Estado, dentre membros estáveis da Carreira e maiores de 35 (trinta e cinco) anos, escolhidos em lista tríplice formada pelo voto direto, secreto, plurinominal e obrigatório de seus membros, para mandato de 2 (dois) anos, permitida uma recondução (art. 99). O Defensor Público-Geral será substituído em suas faltas, licenças, férias e impedimentos pelo Subdefensor Público-Geral, por ele nomeado dentre integrantes estáveis da Carreira, na forma da legislação estadual (§1º). Os Estados, segundo suas necessidades, poderão ter mais de um Subdefensor Público-Geral (§ 2º).

"Ao **Defensor Público-Geral do Estado** compete dirigir a Defensoria Pública do Estado, superintender e coordenar suas atividades, orientando sua atuação, e representando-a judicial e extrajudicialmente" (art. 100).

"A composição do **Conselho Superior da Defensoria Pública do Estado** deve incluir obrigatoriamente o Defensor Público-Geral, o Subdefensor Público-Geral, o Corregedor-Geral e o Ouvidor-Geral, como membros natos, e, em sua maioria, representantes estáveis da Carreira, eleitos pelo voto direto, plurinominal, obrigatório e secreto de seus membros, em número e forma a serem fixados em lei estadual. O Conselho Superior é presidido pelo Defensor Público-Geral, que terá voto de qualidade, exceto em matéria disciplinar (§ 1º). Os membros do Conselho Superior são eleitos para mandato de 2 (dois) anos, permitida uma reeleição (§ 3º). O presidente da entidade de classe de maior representatividade dos membros da Defensoria Pública do Estado terá assento e voz nas reuniões do Conselho Superior (§ 5º)", conforme artigo 101.

110 AgRg no REsp 802.745-RJ, Rel. Min. Humberto Gomes de Barros, julgado em 3/12/2007.

111 LC 80/94, art. 97: A Defensoria Pública dos Estados organizar-se-á de acordo com as normas gerais estabelecidas nesta Lei Complementar.

"Ao Conselho Superior compete exercer as atividades consultivas, normativas e decisórias a serem previstas na lei estadual (art. 102). Caberá ao Conselho Superior decidir sobre a fixação ou a alteração de atribuições dos órgãos de atuação da Defensoria Pública e, em grau de recurso, sobre matéria disciplinar e os conflitos de atribuições entre membros da Defensoria Pública, sem prejuízo de outras atribuições (§ 1º). Caberá ao Conselho Superior aprovar o plano de atuação da Defensoria Pública do Estado, cujo projeto será precedido de ampla divulgação (§ 2º). As decisões do Conselho Superior serão motivadas e publicadas, e suas sessões deverão ser públicas, salvo nas hipóteses legais de sigilo, e realizadas, no mínimo, bimestralmente, podendo ser convocada por qualquer conselheiro, caso não realizada dentro desse prazo (§ 3º)." "A **Corregedoria-Geral**[112] é órgão de fiscalização da atividade funcional e da conduta dos membros e dos servidores da Instituição (art. 103). A Corregedoria-Geral é exercida pelo Corregedor-Geral indicado dentre os integrantes da classe mais elevada da Carreira, em lista tríplice formada pelo Conselho Superior, e nomeado pelo Defensor Público-Geral para mandato de 2 (dois) anos, permitida 1 (uma) recondução (art. 104). O Corregedor-Geral poderá ser destituído por proposta do Defensor Público-Geral, pelo voto de dois terços do Conselho Superior, antes do término do mandato (§ 1º). A lei estadual poderá criar um ou mais cargos de Subcorregedor, fixando as atribuições e especificando a forma de designação (§ 2º)".

---

112 Art. 105. À Corregedoria-Geral da Defensoria Pública do Estado compete:
I - realizar correições e inspeções funcionais;
II - sugerir ao Defensor Público-Geral o afastamento de Defensor Público que esteja sendo submetido a correição, sindicância ou processo administrativo disciplinar, quando cabível;
III - propor, fundamentadamente, ao Conselho Superior a suspensão do estágio probatório de membro da Defensoria Pública do Estado;
IV - apresentar ao Defensor Público-Geral, em janeiro de cada ano, relatório das atividades desenvolvidas no ano anterior;
V - receber e processar as representações contra os membros da Defensoria Pública do Estado, encaminhando-as, com parecer, ao Conselho Superior;
VI - propor a instauração de processo disciplinar contra membros da Defensoria Pública do Estado e seus servidores;
VII - acompanhar o estágio probatório dos membros da Defensoria Pública do Estado;
VIII - propor a exoneração de membros da Defensoria Pública do Estado que não cumprirem as condições do estágio probatório.
IX – baixar normas, no limite de suas atribuições, visando à regularidade e ao aperfeiçoamento das atividades da Defensoria Pública, resguardada a independência funcional de seus membros; (Incluído pela Lei Complementar nº 132, de 2009).
X – manter atualizados os assentamentos funcionais e os dados estatísticos de atuação dos membros da Defensoria Pública, para efeito de aferição de merecimento; (Incluído pela Lei Complementar nº 132, de 2009).
XI – expedir recomendações aos membros da Defensoria Pública sobre matéria afeta à competência da Corregedoria-Geral da Defensoria Pública; (Incluído pela Lei Complementar nº 132, de 2009).
XII – desempenhar outras atribuições previstas em lei ou no regulamento interno da Defensoria Pública. (Incluído pela Lei Complementar nº 132, de 2009).

A **Ouvidoria-Geral**[113] é órgão auxiliar da Defensoria Pública do Estado, de promoção da qualidade dos serviços prestados pela Instituição (art. 105-A). O Ouvidor-Geral será escolhido pelo Conselho Superior, dentre cidadãos de reputação ilibada, não integrante da Carreira, indicados em lista tríplice formada pela sociedade civil, para mandato de 2 (dois) anos, permitida 1 (uma) recondução (art. 105-B)

A Defensoria Pública do Estado poderá atuar por intermédio de **núcleos ou núcleos especializados,** dando-se prioridade, de todo modo, às regiões com maiores índices de exclusão social e adensamento populacional (art. 107). **Os Núcleos Especializados incorporam, com nitidez, a ideia e a importância da adoção do modelo público de assistência jurídica**, pois têm sua atuação voltada aos problemas jurídico-sociais de massa ou estruturais, com prioridades mais preventivas, informativas, que meramente ressarcitórias ou curativas. Como nenhum outro órgão da Defensoria Pública, devem ter atuações estruturais e, porque não, políticas no sentido da defesa dos grupos mais vulneráveis.[114]

---

113 Art. 105-C. Ouvidoria-Geral compete: (Incluído pela Lei Complementar nº 132, de 2009).

I – receber e encaminhar ao Corregedor-Geral representação contra membros e servidores da Defensoria Pública do Estado, assegurada a defesa preliminar; (Incluído pela Lei Complementar nº 132, de 2009).

II – propor aos órgãos de administração superior da Defensoria Pública do Estado medidas e ações que visem à consecução dos princípios institucionais e ao aperfeiçoamento dos serviços prestados; (Incluído pela Lei Complementar nº 132, de 2009).

III – elaborar e divulgar relatório semestral de suas atividades, que conterá também as medidas propostas aos órgãos competentes e a descrição dos resultados obtidos; (Incluído pela Lei Complementar nº 132, de 2009).

IV – participar, com direito a voz, do Conselho Superior da Defensoria Pública do Estado; (Incluído pela Lei Complementar nº 132, de 2009).

V – promover atividades de intercâmbio com a sociedade civil; (Incluído pela Lei Complementar nº 132, de 2009).

VI – estabelecer meios de comunicação direta entre a Defensoria Pública e a sociedade, para receber sugestões e reclamações, adotando as providências pertinentes e informando o resultado aos interessados; (Incluído pela Lei Complementar nº 132, de 2009).

VII – contribuir para a disseminação das formas de participação popular no acompanhamento e na fiscalização da prestação dos serviços realizados pela Defensoria Pública; (Incluído pela Lei Complementar nº 132, de 2009).

VIII – manter contato permanente com os vários órgãos da Defensoria Pública do Estado, estimulando-os a atuar em permanente sintonia com os direitos dos usuários; (Incluído pela Lei Complementar nº 132, de 2009).

IX – coordenar a realização de pesquisas periódicas e produzir estatísticas referentes ao índice de satisfação dos usuários, divulgando os resultados. (Incluído pela Lei Complementar nº 132, de 2009).

Parágrafo único. As representações podem ser apresentadas por qualquer pessoa, inclusive pelos próprios membros e servidores da Defensoria Pública do Estado, entidade ou órgão público. (Incluído pela Lei Complementar nº 132, de 2009).

114 Por exemplo, "cabe ao Núcleo de Direitos Humanos e Cidadania da Defensoria Pública do Estado de São Paulo: I - compilar e remeter informações técnico-jurídicas, sem caráter vinculativo, aos

Propomos, ao leitor, que atente para a atuação muito além de judiciária da Defensoria Pública, mas efetivamente jurídica e social, com certos impulsos políticos, seja de âmbito nacional, seja de continental, o que, por si só, já afasta o mero e retrógrado modelo privado e demandista de assistência.

Defensores Públicos; II - propor medidas judiciais e extrajudiciais, para tutela de interesses individuais, coletivos e difusos, e acompanhá-las, agindo isolada ou conjuntamente com os Defensores Públicos, sem prejuízo da atuação do defensor natural; III - realizar e estimular, em colaboração com a Escola Superior da Defensoria Pública, o intercâmbio permanente entre os órgãos de execução e de atuação da Defensoria Pública do Estado, objetivando o aprimoramento das atribuições institucionais e uniformidade dos entendimentos ou teses jurídicas; IV - representar a instituição perante conselhos e demais órgãos colegiados, por qualquer de seus membros, mediante designação do Defensor Público Geral do Estado; V - prestar assessoria aos órgãos de execução e execução da Defensoria Pública do Estado; VI - coordenar o acionamento de Cortes Internacionais; VII - contribuir para definição, do ponto de vista técnico, das ações voltadas à implementação do Plano Anual de Atuação da Defensoria Pública naquilo que disser respeito às respectivas áreas de especialidade; VIII - informar, conscientizar e motivar a população carente, inclusive por intermédio dos diferentes meios de comunicação, a respeito de seus direitos e garantias fundamentais, em suas respectivas áreas de especialidade, em coordenação com a assessoria de comunicação social e a Escola Superior da Defensoria Pública; IX - estabelecer permanente articulação com núcleos especializados afins de defensorias públicas de outros Estados e da União para definição de estratégias comuns em assuntos de âmbito nacional e para intercâmbio de experiências; X - realizar e manter intercâmbio e cooperação com entidades e órgãos, públicos ou privados, nacionais ou internacionais, de defesa dos direitos humanos; XI - contribuir no planejamento, elaboração e proposição de políticas públicas que visem a erradicar a pobreza e a marginalização e a reduzir as desigualdades sociais, no âmbito de suas áreas de especialidade; XII - apresentar e acompanhar propostas de elaboração, revisão e atualização legislativa afeitas à sua área de especialidade; XIII - solicitar à Administração Superior da Defensoria Pública, por intermédio do Coordenador do Núcleo, os recursos humanos e materiais necessários ao cumprimento pleno das suas atribuições; XIV - seguir as diretrizes estabelecidas, princípios e critérios para o desenvolvimento das ações referentes aos Direitos Humanos no âmbito da Defensoria Pública do Estado; XV - promover investigações e estudos para a eficácia das normas asseguradoras dos Direitos Humanos, consagrados na Constituição Federal, na Declaração Americana dos Direitos e Deveres do Homem (1948) e na Convenção Americana sobre Direitos Humanos – Pacto de *San José da Costa Rica* (1969), bem como demais tratados e convenções ratificadas pelo Brasil; XVI - receber representação que contenha denúncia de violação dos Direitos Humanos de qualquer pessoal ou entidade pública ou privada, apurar sua veracidade e procedência e notificar às autoridades competentes sobre a coação no sentido de fazerem cessar os abusos praticados por particular ou por servidor público; XVII - propor, monitorar e avaliar as questões relativas a Direitos Humanos dentro do âmbito das atribuições da Defensoria Pública e representar às autoridades competentes, no sentido de apurar e fazer cessar qualquer ato de violação de Direitos Humanos; XVIII - encaminhar as autoridades competentes, os pareceres ou relatórios conclusivos das comissões temáticas do Núcleo, em virtude das representações que lhes tenham sido apresentados, sobre violação de Direitos Humanos, solicitando as providências cabíveis ou propondo medidas pertinentes no âmbito de suas atribuições; XIX - coletar e organizar dados relativos de violação dos Direitos Humanos no Estado de São Paulo, bem como promover ou realizar pesquisas sobre as causas de violação desses direitos com vista a subsidiar a proposição de medidas que façam cessar as referidas causas de violação; XX - atuar em conjunto, sempre que houver possibilidades e em parceira com a sociedade civil e órgãos públicos que atuem em favor dos Direitos Humanos; XXI - elaborar parecer e opinar em projetos de Lei que estejam em tramitação no Poder Legislativo que tratem da temática de Direitos Humanos; XXII - promover e incentivar a constante e a efetiva participação da sociedade civil na divulgação e no aperfeiçoamento nas questões inerentes aos Direitos Humanos", conforme artigo 2º do Regimento Interno do Núcleo Especializado em questão. Disponível em <http://www.defensoria.sp.gov.br>

11. PASSO A PASSO DA ATUAÇÃO DO DEFENSOR PÚBLICO NO EXERCÍCIO DE SUAS ATRIBUIÇÕES QUANTO À MELHOR MEDIDA

Nos atendimentos às mulheres vítimas de violência doméstica que comparecem em situações de extrema vulnerabilidade. Muitas vezes, sem documentos, sem recursos, sem família e sem morada. Salvo raras exceções, o único documento é o boletim de ocorrências. Mesmo assim, **deve o Defensor Público prestar o devido atendimento e, se for o caso, pleitear audiência de justificação para a colheita de provas complementares.**

De fato, a depender das circunstâncias de cada caso concreto, não há outra alternativa ao Defensor Público que pleiteia, após análise atenda das possibilidades probatórias liminares, a adoção das medidas protetivas em benefício de vítimas de violência doméstica e familiar, com instrução documental limitada ao Boletim de Ocorrência, juntamente com o rol de testemunhas, se houver.

De fato, em muitas hipóteses, a vítima não possui acesso a outros documentos ou a outras provas, seja em razão de obstáculos impostos pelo próprio agressor, seja por aguda vulnerabilidade psicossocial.

Em outros casos, a urgência da medida de proteção é tão grande que qualquer diligência probatória pode ampliar os riscos à vida e à integridade física da vítima. Nesse caso, a única medida plausível é a imediata propositura da ação protetiva, instruída com os elementos de prova existentes na ocasião, sem mais delongas.

Ademais, caso a prova documental não se mostre suficiente, deve o Magistrado ouvir testemunhas em audiência de justificação, que pode ser realizada no mesmo dia, se possível.

Aliás, esse é o objeto de tese institucional aprovada no IV Encontro Estadual dos Defensores Públicos do Estado de São Paulo, no ano de 2010, pelo subscritor desta apresentada, inclusive.

Segundo defendemos, naquela ocasião, é obrigatória a designação de audiência preliminar de justificação (art. 300 do CPC), nas hipóteses de pedido liminar de qualquer tutela de urgência na defesa de direitos fundamentais, quando o juiz entender por insuficientes as provas documentais apresentadas e a prova oral apresenta-se útil e adequada à apreciação da medida urgente pleiteada.

Entendemos que, nas hipóteses de potencial violação aos direitos fundamentais, como ao direito à vida, à saúde, à liberdade, deve o juiz, antes de indeferir o pedido de tutela de urgência por insuficiência probatória, permitir que o requerente, a partir de provas orais, demonstre o alegado, como garantia de um provimento jurisdicional adequado, pertinente, efetivo e célere, ou seja, como garantia de efetivo acesso à Justiça.

Vale a pena lembrar que deve os membros da Defensoria Pública "racionalizar, simplificar e desburocratizar os procedimentos, evitando solicitar aos usuários documentos ou diligências prescindíveis à prestação do serviço" (Lei Complementar Estadual/SP nº 988/06, art. 164, II).

Se não bastasse, o Defensor Público do Estado possui independência funcional para adotar a melhor e mais adequada medida jurídica ao assistido, considerando todas as circunstâncias que rodeiam o caso concreto, no objetivo de garantir ao ele a maior satisfação possível na tutela dos seus direitos, de forma célere e transparente.

Dessa forma, **o tratamento da vítima da violência deve ser rápido e desburocratizado.** Não é por outro motivo que a própria lei dispensa ação judicial autônoma e formal para a adoção das medidas protetivas. Segundo ela, constatada a prática de violência doméstica e familiar contra a mulher, nos termos desta Lei, o juiz poderá aplicar, de imediato, ao agressor, em conjunto ou separadamente, as seguintes medidas protetivas de urgência (...).

Por derradeiro, vale lembrar que o processo brasileiro adotou os princípios da instrumentalidade das formas; da atipicidade das provas e o do livre convencimento motivado do juiz, o que nos faz concluir que o processo não é um fim em si mesmo, mas serve, em última análise, ao direito material violado e que não há um rol de provas necessárias para cada tipo de ação, salvo mediante expressa e específica previsão legal, senão certa liberdade na produção probatória pela parte, que arcará com os ônus, a depender do material produzido.

Diante desse contexto, concluímos nos seguintes termos:

a) O Boletim de Ocorrência, ainda que unilateral, é prova inicial para fundamentar pedido de adoção de medidas de proteção em benefício de vítimas de violência doméstica;

b) O pedido de decretação de medidas protetivas, instruídos com Boletim de Ocorrência, feito pelo Defensor Público não constitui violação de dever funcional, desde que seja a melhor medida jurídica a ser adotada naquele momento, considerando todas as circunstâncias do caso concreto, especialmente os riscos e o grau de vulnerabilidade, atentando para as seguintes cautelas: 1 – é aconselhável que seja inserido o rol de testemunhas e o pedido de realização de audiência de justificação, caso o Juiz entenda que a prova documental não é suficiente para deferir liminarmente as medidas protetivas em benefício da vítima; 2 – é aconselhável que a audiência de justificação, se necessário, se realize em tempo reduzido ou no mesmo dia, se possível. Nesse caso, é importante que as pessoas que acompanham a vítima sejam orientadas a permanecer em companhia da vítima até o momento do despacho com o Juiz, se possível; 3 – é aconselhável que o Defensor Público exponha à vítima todas as possibilidades jurídicas existentes, o tempo previsto e os riscos e probabilidades de cada uma delas, de forma clara e transparente, especialmente acerca da carga probatória e de seus possíveis efeitos no convencimento do Juiz.

12. FLUXOGRAMA

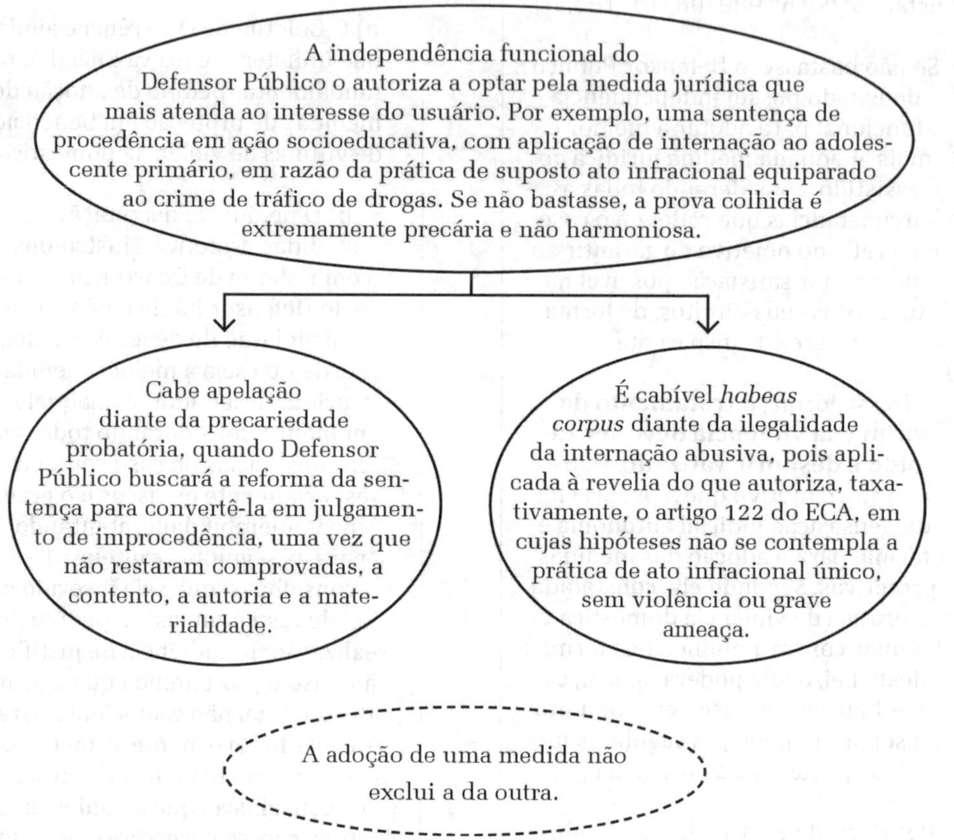

13. MODELO DE PARECER

Parecer do Defensor Público membro de Núcleo Especializado:

Núcleo Especializado da Infância e da Juventude

Processo Administrativo nº .../...

Assunto: Relatório sobre a visita ao Brasil do Subcomitê de Prevenção da Tortura da ONU

Trata-se de procedimento administrativo instaurado perante este Núcleo Especializado para fins de análise e emissão de parecer técnico-jurídico sobre o seu conteúdo que é formado, basicamente, pelo Relatório sobre a visita ao Brasil do Subcomitê de Prevenção da Tortura (SPT) da ONU[115], encaminhado à Defensoria Pública do Estado de ... pela Secretaria Estadual da Justiça e da Defesa da Cidadania, via Ofício GSJDC nº .../...

Pois bem. A citada visita ocorreu entre os dias 19 e 30 de setembro de 2011, em quatro Estados brasileiros, dentre eles, o Estado de ..., onde os esforços foram concentrados nos centros de detenção juvenil.

Além das visitas, foram realizadas reuniões com autoridades e membros da sociedade civil.

De início, cumpre destacar que algumas recomendações outrora feitas ao Brasil não foram atendidas a contento.

Segundo o relatório, o Subcomitê de Prevenção à Tortura verificou problemas semelhantes aos identificados anteriormente, sendo que o Brasil não está atendendo às recomendações expedidas, o que, por si só, é sobremodo preocupante.

Outrossim, dentre outras questões, apurou-se, na ocasião da sobredita visita, que há grande distanciamento entre as imposições legais de proteção aos direitos humanos e sua aplicação prática, o que torna nosso ordenamento jurídico, ainda que denso e garantista no conteúdo, porém pouco efetivo; que a estrutura institucional do país não é segura e eficiente o necessário para a prevenção da tortura; que a assistência jurídica gratuita não chega a todos aqueles que necessitam, por obstáculos inerentes à falta de autonomia e de recursos humanos das Defensorias Públicas, especialmente diante da atual estrutura atribuída ao órgão acusatório, causando uma espécie de disparidade de condições processuais e probatórias que refletem diretamente na qualidade do atendimento aos presos; que o Instituto de Medicina Forense não goza da necessária autonomia para o cumprimento de suas atribuições, pois é vinculado à Secretaria de Segurança Pública, que também controla as polícias; que são precárias as condições de saúde dos presos, em estabelecimentos superlotados, mormente das mulheres e de seus filhos; que a corrupção ainda é sistêmica; e que, lamentavelmente, há graves sinais de violência juvenil, cujos abusos carecem da devida apuração.

No que toca às condições gerais de privação da liberdade dos adolescentes, alguns pontos merecem destaque e causam certa preocupação, mormente porque o Estado que serviu, preponderantemente, de parâmetro para essa análise específica é o de ..., ou seja, é demanda afeta à atribuição desta Defensoria Pública.

De fato, foram visitadas as seguintes Unidades paulistas: Unidade de Internamento de ...; Complexo ... (Unidades de Internamento ... e ...); Unidade de Internamento ... (Internato ...); Instalações judiciárias de detenção provisória no ...; Complexo ... (Unidades de Internamento ... e ...); Unidades femininas de internamento na ... (Anexo II do Relatório).

Nessas ocasiões, apurou-se que adolescentes apreendidos são violentamente agredidos quando da abordagem e da custódia policial, especialmente com tapas, chutes e socos em todo corpo, sem qualquer motivo ou gratuitamente, como espécie de represaria à suposta conduta infracional. Há o relato, aliás, de uma prisioneira que teria sido estuprada por dois policiais (item 80, página 16 do Relatório).

115 Disponível em: <http://www.onu.org.br/relatorio-do-subcomite-de-prevencao-da-tortura-spt-esta-disponivel/>.

Foi detectado ainda que crianças e adolescentes são submetidos às formas mais humilhantes de revistas e abordagens quando em visitas aos estabelecimentos prisionais em geral (item 118, página 22).

Que mães encarceradas são destituídas gratuitamente do poder familiar e sua prole submetida à adoção, subtraindo deles o direito primordial à convivência familiar natural (item 120, página 23 do Relatório).

Sobre as instituições de custódia de adolescentes, indica o sobredito Relatório que elas não diferem muito daquelas destinadas à privação da liberdade de adultos; que a internação não é medida socioeducativa aplicada como último recurso, mas tem seu uso banalizado; que os meios de prevenção da delinquência juvenil ainda são ineficazes, sendo que o sistema é voltado à punição, como se a filosofia menorista da situação irregular ainda dominasse a produção jurisdicional nessa seara; que atos de tortura e abusos físicos ainda ocorrem, especialmente no momento da apreensão pela polícia (itens 130, 131, 133).

Destaca ainda o Subcomitê de Prevenção da Tortura o trabalho que tem sido desenvolvido pela Defensoria Pública, sendo que ele "congratula-se com o completo envolvimento de defensores públicos em centros para crianças e adolescentes", mas tem certa preocupação com relação às reduzidas visitas de promotores e juízes (item 134, página 26).

Lamentavelmente, o Subcomitê concluiu que há sérios casos de tortura contra adolescentes. "Por meio de entrevistas conduzidas com diversas crianças e adolescentes, o SPT recebeu alegações confiáveis e reiteradas de tortura e maus-tratos. Essas alegações envolvem espancamentos – realizados pelos funcionários e aplicados na nuca e em outras partes do corpo – com a mão aberta, bastões de madeira ou metal. A prática inclui ainda despir crianças e adolescentes, forçando-os a ficar em pé em posições desconfortáveis, além de insultá-los e ameaçá-los. Como observação geral, o SPT notou que se recorria a práticas humilhantes como forma de manutenção da disciplina." (item 145, página 27).

Por exemplo, "na Unidade de Internação ..., em ..., o SPT coletou evidências de negação e acobertamento, por parte da equipe médica, de lesões.

Há ainda a preocupação com a excessiva e desnecessária militarização do sistema de disciplina na execução da medida socioeducativa. "Um elemento de extrema preocupação foi o envolvimento das tropas de choque na manutenção da disciplina e na repressão de motins. Comumente, essas tropas permaneceriam do lado de fora dos centros e interviriam somente quando solicitadas a fazê-lo pela administração, em caso de motins. O SPT recebeu, entretanto, uma grande quantidade de alegações confiáveis de que as tropas de choque seriam frequentemente, se não sistematicamente, solicitadas a entrar e a aplicar força de maneira excessiva. As tropas empregariam ainda práticas humilhantes após a revista de uma instituição ou quando da ocorrência de motins, ou mesmo de desentendimentos entre uma criança ou adolescente e funcionários. Em um centro, essas intervenções teriam acontecido três vezes em uma semana. As crianças mostraram ao SPT ferimentos recentes resultantes desses espancamentos. Esse tipo de tratamento era muitas vezes imposto mediante a participação de outros agentes, ou mesmo de diretores da instituição. O SPT recebeu frequentes alegações de que atos de tortura e maus-tratos foram levados acabo contra crianças e adolescentes em salas ou espaços escondidos das câmeras de vídeo existentes" (item 145, página 28).

Se não bastasse, na Unidade Experimental de Saúde, no Estado de ..., seis jovens, de 20 a 22 anos, encontram-se presos por atos infracionais graves cometidos durante a adolescência, com prazos de internação que extrapolam os três anos, mantidos privados de liberdade por tempo indeterminado, sob o fundamento de ostentarem, em tese e abstratamente, elevada periculosidade, em manifesta ilegalidade.

Diante dos fatos acima relatados, cujo contexto dispensa o mínimo de trabalho exegético para concluir que o sistema jurídico construído ainda no século passado, tanto no âmbito internacional como no nacional, repulsa frontalmente a estrutura concreta e real apurada na última visita do Subcomitê de Prevenção da Tortura da ONU ao Brasil.

Diante disso, proponho:

1 – seja realizada imediata visita à Unidade de Internação ..., por este Núcleo ou pelo Defensor Público Natural, para a apuração de eventual prática reiterada de tortura contra adolescentes, cuja equipe médica teria o hábito de acobertar tais práticas quando da realização dos exames de corpo de delito inclusive, oficiando, ainda, a Direção Estadual da Fundação Casa para conhecimento e adoção das providências cabíveis;

2 – seja realizada imediata visita à Unidade Experimental de Saúde de ..., também por este Núcleo ou pelo Defensor Público Natural, para inspeção e a adoção das medidas cabíveis, diante da ilegalidade das internações, sem prazo determinado, de seis jovens, de 20 a 22 anos, supostamente autores de atos infracionais graves, cometidos durante a adolescência, com prazos de internação que extrapolam os três anos, mantidos privados de liberdade sob o fundamento de ostentarem, em tese e abstratamente, elevada periculosidade, em manifesto abuso;

3 – sejam expedidos ofícios, com cópias anexas deste Relatório, ao Presidente do Tribunal de Justiça do Estado de ..., bem como à Presidência do Superior Tribunal de Justiça, com a finalidade de lhes noticiar o contido neste documento da Organização das Nações Unidas, sobre a utilização indiscriminada e ordinária da medida socioeducativa de internação de adolescentes, em direta afronta ao princípio básico da excepcionalidade e brevidade da medida segregatória;

4 – sejam expedidos ofícios, com cópias anexas deste Relatório, à Corregedoria-Geral de Justiça, bem como à Corregedoria-Geral do Ministério Público, ambas de ..., para a transmissão da notícia nele veiculada acerca da insuficiência das visitações feitas pelos membros competentes dos respectivos Órgãos aos estabelecimentos de custódia juvenil, para que adotem as medidas administrativas adequadas;

5 – diante da constatação de insuficiência de recursos humanos da Defensoria Pública para atender a toda demanda, seja expedido ofício à Defensora Pública-Geral, também com cópia deste Relatório, para fins de instruir o processo de direcionamento da política institucional de distribuição dos futuros novos cargos de Defensores Públicos com atenção à área da Infância e da Juventude.

Eis o parecer, ao qual submete à apreciação deste Egrégio Colegiado.

Cidade ..., data .../.../...

Defensor Público

14. QUESTÕES DE CONCURSOS

01. (Defensoria Pública/SP – 2012 – FCC) 1. Constituem instrumentos e mecanismos de participação popular na gestão e controle da Defensoria Pública do Estado de São Paulo, previstos na Lei Complementar no 988/06:

(A) Conferência Estadual e Pré-Conferências Regionais; Plano Anual de Atuação, Ouvidoria-Geral; Encontro anual de Defensores Públicos; e a possibilidade de uso da palavra por qualquer pessoa nas sessões do Conselho Superior, nos termos regimentais.

(B) Conferência Estadual e Pré-Conferências Regionais; Plano Anual de Atuação; Ouvidoria-Geral; e a possibilidade de uso da palavra por qualquer pessoa nas sessões do Conselho Superior, nos termos regimentais.

(C) Conferência Estadual e Pré-Conferências Regionais; Plano Anual de Atuação; Ouvidoria-Geral; e o orçamento participativo.

(D) Conferência Estadual e Pré-Conferências Regionais; Plano Anual de Atuação; Ouvidoria-Geral; e o controle externo pela Corregedoria-Geral da Administração do Estado.

(E) Conferência Estadual e Pré-Conferências Regionais; Plano Anual de Atuação; Ouvidoria-Geral; e o Conselho Nacional de Defensores Públicos-Gerais – CONDEGE.

02. (Defensoria Pública/PR – 2012 – FCC) 2. Quanto aos sistemas de assistência judiciária e jurídica gratuita, é correto afirmar que

(A) o sistema *judicare* é mais eficaz, pois permite que ao lado de servidores públicos atuem advogados em regime *pro bono.*

(B) o sistema público é mais vantajoso, embora não esteja aparelhado para transcender os remédios individuais.

(C) a Constituição Federal de 1988 adotou o sistema *judicare*, que implica no exercício da assistência jurídica por profissionais concursados, sem prejuízo da atuação de advogados *pro bono.*

(D) o sistema público caracteriza-se por permitir às pessoas pobres maior conscientização de seus direitos e a transcendência da esfera individual.

(E) o sistema *pro bono* consiste na atuação caritativa de advogados particulares e é vedado pela Constituição Federal de 1988.

03. (Defensoria Pública/PR – 2012 – FCC) 3. A legitimidade da Defensoria Pública para a propositura de Ação Civil Pública

(A) antecede a Lei Federal no 11.448/07, já sendo anteriormente reconhecida na defesa dos direitos do consumidor e como decorrência da assistência jurídica integral.

(B) apenas surge com o advento da Lei Federal no 11.448/07, não tendo sido reiterada na Lei Orgânica Nacional em vigor (Lei Complementar Federal nº 80/94).

(C) restringe-se aos direitos coletivos e individuais homogêneos de pessoas economicamente necessitadas, excluindo os de natureza difusa.

(D) é ampla e irrestrita, não estando sujeita a análise de compatibilidade com as finalidades institucionais.

(E) exige prévia autorização do Defensor Público-Geral do Estado ou, tratando-se de interesse difuso, do Conselho Superior.

04. (Defensoria Pública/RS – 2011 – FCC) 4. A Defensoria Pública é instituição permanente, essencial à função jurisdicional do Estado, incumbindo-lhe, como expressão e instrumento do regime democrático, fundamentalmente, a orientação jurídica, a promoção dos direitos humanos e a defesa, em todos os graus, judicial e extrajudicial, dos direitos individuais e coletivos, de forma integral e gratuita, aos necessitados, assim considerados na forma do inciso LXXIV do art. 5º da Constituição Federal. São funções institucionais da Defensoria Pública, dentre outras:

I. representar aos sistemas internacionais de proteção dos direitos humanos, ainda que apenas em caráter consultivo, sem poder postulatório aos seus órgãos;
II. exercer, mediante o recebimento dos autos com vista, a ampla defesa e contraditório em favor de pessoas naturais, sendo vedada a sua atuação em defesa de pessoas jurídicas, sob quaisquer circunstâncias;
III. patrocinar a ação penal privada e a subsidiária da pública;
IV. atuar na preservação e reparação dos direitos de pessoas vítimas de tortura, abusos sexuais, discriminação ou qualquer outra forma de opressão ou violência, propiciando o acompanhamento e o atendimento interdisciplinar das vítimas;
V. exercer a curadoria especial nos casos previstos em lei, uma vez comprovada, rigorosamente, a hipossuficiência financeira e o estado de miserabilidade do curatelado.
Está correto o que se afirma em

(A) I, II, III, IV e V.
(B) II e IV, apenas.
(C) II e V, apenas.
(D) III e IV, apenas.
(E) I, II e IV, apenas.

05. (Defensoria Pública/MS – 2008 – VUNESP) 5. Tendo em vista o que disciplina a Constituição Federal a respeito da Defensoria Pública, analise as afirmativas a seguir.
I. A Defensoria Pública é instituição auxiliar à função jurisdicional do Estado, incumbindo-lhe a orientação jurídica e a defesa dos necessitados, na forma da lei.
II. Lei complementar organizará a Defensoria Pública dos Estados, assegurada a seus integrantes a garantia da inamovibilidade e da vitaliciedade e vedado o exercício da advocacia fora das atribuições institucionais.
III. Às Defensorias Públicas da União e dos Estados são asseguradas autonomia funcional e administrativa e a iniciativa de sua proposta orçamentária dentro dos limites estabelecidos na lei de diretrizes orçamentárias.
IV. Os recursos correspondentes às dotações orçamentárias, excluídos os créditos suplementares e especiais, destinados aos órgãos da Defensoria Pública, ser-lhe-ão
entregues, em duodécimos, até o dia 20 de cada mês.
Pode-se afirmar que:

(A) apenas III está correta.
(B) apenas IV está correta.
(C) apenas I e II estão corretas.
(D) nenhuma afirmativa está correta.

06. (Defensoria Pública/RS – 2011 – FCC) 6. Em relação aos Defensores Públicos e às suas prerrogativas e funções institucionais, com esteio nas Leis Complementares Federal e Estaduais que organizam as Defensorias Públicas, considere a seguinte situação hipotética: um membro da Defensoria Pública, no exercício de suas atribuições funcionais, após receber vista dos autos, lança breve manifestação manuscrita, com pedido ao final. Conclusos os autos, o magistrado:

(A) deve determinar o desentranhamento e inutilização da peça, reabrindo o prazo da parte assistida pela Defensoria Pública, para que seja lançada nova manifestação, digitada ou datilografada.
(B) deve conhecer do pedido, examinando o seu mérito.
(C) deve mandar riscar o texto dos autos, deixando de conhecer do pedido.
(D) deve determinar ao escrivão que reduza a termo todo o texto manuscrito, fazendo oportuna conclusão dos autos para exame.
(E) não deve conhecer do pedido, porquanto o membro da Defensoria Pública somente pode dirigir-se ao juiz, de forma manuscrita, em procedimento de habeas corpus.

07. (DPE-AM Prova: FCC - 2018 - DPE-AM - Defensor Público – Reaplicação) 7. De acordo com o Diagnóstico das Defensorias Públicas do País, divulgado pelo Ministério da Justiça em 2014, no que diz respeito

(A) ao perfil da instituição, a média de idade das Defensorias Públicas instaladas nos Estados é de 20 anos.

(B) à universalidade do serviço prestado, considerando apenas os Estados que instalaram a Defensoria Pública, a instituição somente atingiu 42,3% das comarcas existentes.

(C) ao aporte orçamentário e remuneração dos membros, as Defensorias instaladas são extremamente homogêneas, atendendo à organização uniforme traçada em sua normativa.

(D) à universalidade do serviço prestado, o maior percentual de Comarcas não atendidas pela instituição está localizado nos Estados com maior PIB.

(E) ao perfil da instituição, as ações cíveis e criminais ajuizadas ou respondidas pela Defensoria Pública no País, registram volumes bastante próximos, mantendo participação histórica na seara criminal, bem como evolução na garantia de direitos.

08. (DPE-AM Prova: FCC - 2018 - DPE-AM - Defensor Público – Reaplicação) 8. O modelo de assistência judiciária gratuita adotado pela Constituição Federal vigente no país denomina-se

(A) pro bono.

(B) salaried staff model.

(C) misto.

(D) judicare.

(E) não governamental.

09. (DPE-AM Prova: FCC - 2018 - DPE-AM - Defensor Público – Reaplicação) 9. Com a promulgação da Emenda Constitucional nº 45, a Constituição Federal passou a prever a autonomia funcional, administrativa e a iniciativa de proposta orçamentária dentro dos limites estabelecidos na Lei de Diretrizes Orçamentárias

(A) apenas para a Defensoria Pública da União.

(B) apenas para as Defensorias Públicas Estaduais.

(C) apenas para as Defensorias Públicas Estaduais e do Distrito Federal.

(D) para as Defensorias Públicas Estaduais, do Distrito Federal e da União.

(E) apenas para as Defensorias Públicas Estaduais e da União.

10. (DPE-AM Prova: FCC - 2018 - DPE-AM - Defensor Público) 10. Considerando as disposições da Constituição Federal, bem como de suas emendas, relacionadas ao funcionamento das Defensorias Públicas, é correto afirmar:

(A) A Emenda Constitucional n° 45/2014 possibilitou à Defensoria Pública a iniciativa legislativa para temas de sua organização e funcionamento.

(B) A Emenda Constitucional n° 80/2014 tornou a Defensoria Pública instituição autônoma em termos funcionais e administrativos.

(C) A Defensoria Pública não se sujeita aos Poderes Legislativo e Judiciário, mas ao Executivo, em alguns aspectos, haja vista ser órgão público de prestação de serviço público essencial.

(D) A Defensoria Pública passou a contar com Seção própria na Constituição Federal a partir da Emenda Constitucional n° 80/2014.

(E) A lei complementar organizará as Defensorias Públicas dos Estados, segundo previsão do art. 134 da Constituição Federal.

11. (DPE-AM Prova: FCC - 2018 - DPE-AM - Defensor Público) 11. Conforme previsto no ordenamento jurídico federal, as Defensorias Públicas dos Estados devem possuir

(A) Corregedoria-Geral, a qual será responsável pela instauração de processos administrativos disciplinares contra membros da Instituição.

(B) Núcleos Especializados, dando-se prioridade à sua instalação nos locais onde mais existirem cargos de Defensores Públicos, permitindo sua estruturação.
(C) órgãos auxiliares, permitindo a delegação de funções próprias dos Defensores Públicos que não estejam ligadas ao atendimento das demandas mais sensíveis à instituição, mas daquelas de atuação massificada.
(D) Vice-Defensoria Pública-Geral, responsável pelas substituições do Defensor Público-Geral.
(E) Conselho Superior, com garantia de assento e voz em suas reuniões ao Presidente da entidade de classe de maior representatividade dos membros da carreira.

GABARITO

Questão 01	Gabarito: B
Questão 02	Gabarito: D
Questão 03	Gabarito: A
Questão 04	Gabarito: D
Questão 05	Gabarito: D
Questão 06	Gabarito: B
Questão 07	Gabarito: B
Questão 08	Gabarito: B
Questão 09	Gabarito: B
Questão 10	Gabarito: E
Questão 11	Gabarito: E

QUESTÃO COMENTADA

(Defensoria Pública/RS – 2011 – FCC) 4. A Defensoria Pública é instituição permanente, essencial à função jurisdicional do Estado, incumbindo-lhe, como expressão e instrumento do regime democrático, fundamentalmente, a orientação jurídica, a promoção dos direitos humanos e a defesa, em todos os graus, judicial e extrajudicial, dos direitos individuais e coletivos, de forma integral e gratuita, aos necessitados, assim considerados na forma do inciso LXXIV do art. 5º da Constituição Federal. São funções institucionais da Defensoria Pública, dentre outras:

I. representar aos sistemas internacionais de proteção dos direitos humanos, ainda que apenas em caráter consultivo, **sem poder postulatório aos seus órgãos;**

> **Tomem cuidado com as assertivas que limitam as atribuições da Instituição na qual vocês, leitores desejam fazer parte. A parte final da frase indica seu erro. Dificilmente o examinador colocaria uma questão que limita as atribuições na prova objetiva e a consideraria como correta. Mas, lembrem, é mero indicativo.**

II. exercer, mediante o recebimento dos autos com vista, a ampla defesa e contraditório em favor de pessoas naturais, **sendo vedada a sua atuação em defesa de pessoas jurídicas, sob quaisquer circunstâncias;**

> **Remeto, em gênero e em grau, os leitores às observações acima. Também, atentem para os termos absolutos. Indicam erro! No caso, a expressão "sob quaisquer circunstâncias" condena a frase.**

III. patrocinar a ação penal privada e a subsidiária da pública;

IV. atuar na preservação e reparação dos direitos de pessoas vítimas de tortura, abusos sexuais, discriminação ou qualquer outra forma de opressão ou violência, propiciando o acompanhamento e o atendimento interdisciplinar das vítimas;

V. exercer a curadoria especial nos casos previstos em lei, uma vez comprovada, **rigorosamente,** a hipossuficiência financeira e o estado de miserabilidade do curatelado.

> **Da mesma forma, o examinador inseriu a expressão "rigorosamente" para desqualificar a frase. Conforme acima, se a expressão limita a atribuição, fiquem atentos!**

Está correto o que se afirma em

(A) I, II, III, IV e V.
(B) II e IV, apenas.
(C) II e V, apenas.
(D) III e IV, apenas.
(E) I, II e IV, apenas.

CAPÍTULO III

A ATUAÇÃO DA DEFENSORIA PÚBLICA NO CAMPO DOS DIREITOS HUMANOS E NO COMBATE À DISCRIMINAÇÃO

1. UMA QUESTÃO DE IDENTIDADE INSTITUCIONAL

A Defensoria Pública é a instituição responsável pela prestação de uma garantia fundamental (assistência jurídica) que assegura a efetivação de direitos fundamentais, a partir de uma proposta voltada ao que chamamos de "Justiça Afirmativa", a um sistema jurídico especial àqueles grupos historicamente marginalizados e excluídos, não só a partir de um acesso diferenciado (facilitado), mas também de um destino seguro, com meios desburocratizados, formas variadas de participação e de cognição, bem como de condutas ou posturas institucionais razoáveis, abertas e equânimes. Concretiza **um direito público pensado distante e livre dos dogmas liberais-burgueses,** voltados, estes, tradicionalmente a satisfazer o credor, o proprietário, o pai de família, bem como **um direito penal mais atento à prevenção, à tutela da vítima, sem a titulação ou a criminalização prévia dos "inimigos do sistema" e, ainda, mais desmilitarizado e restaurativo.**

Para muitas e muitas pessoas carentes, já descrentes do papel provedor do Estado, da sociabilidade nas relações privadas, da lisura na persecução penal, da ressocialização das prisões, a Defensoria Pública passa a ser apenas uma parte do percurso, árduo e inóspito, de defesa dos direitos fundamentais. Quase uma utopia.

> **ATENÇÃO** Exatamente por isso, **a responsabilidade do Defensor Público é sobremodo elevada,** pois sua atuação representa, em geral, **o último recurso**, os suspiros finais, a derradeira cartada, da já exaustiva caminhada em busca da ainda abstrata cidadania.

O que almejamos é que a Defensoria Pública promova o resgate axiológico da pessoa desamparada e combalida, e a proveja da mínima esperança já renunciada. Destarte, é na Defensoria Pública que escorrem as lágrimas da mãe que tem seu filho morto numa abordagem policial, classificada como "resistência seguida de morte", cujas causas não ficam esclarecidas ou provadas; é na Defensoria Pública que chegam as famílias expulsas de suas moradas, após o cumprimento desastroso do mandado de reintegração de posse, muitas vezes, em regiões aptas à regularização fundiária de interesse social, mas cuja especulação imobiliária das grandes construtoras a impede.

É na Defensoria Pública que há de ascender a luz na vida modesta daquelas famílias subtraídas do acesso aos serviços essenciais de energia elétrica e de água. É aqui que respira, combalido, o crédito daqueles que, por motivos imprevisíveis, não saldaram suas obrigações a contento, e foram excluídos do mercado. Também é na Defensoria Pública que o paciente busca amparo jurídico após resistência de seu plano de saúde a cobrir sua urgente intervenção médica. É aqui que uma mãe se liberta da angústia de ter seu filho adolescente apreendido pelo sistema persecutório juvenil, ainda atrelado aos ditames da doutrina/ditadura menorista.

É no seio da Defensoria Pública que a mulher espancada tenta esconder seus hematomas, mas consegue, a partir de um atendimento multidisciplinar adequado e sensível, se despir de seus medos e angústias. Também é aqui que represam as milhares e milhares de cartas e de *habeas corpus* produzidos no cárcere, por aqueles desprovidos das condições mínimas de sobrevivência humana.

Também batem às portas da Defensoria aqueles pais, de famílias carentes de amparos assistenciais, cujos acessos a creches e a pré-escolas encontram-se cerrados, o que os impede construir seus planos profissionais e os prende aos grilhões da miséria e da exclusão.

Enfim, é aqui que a pessoa carente de cidadania deve encontrar ouvidos pacientes e assistência jurídica eficaz e satisfativa, não meramente retórica e burocratizada. Portanto, **a Defensoria Pública é e está a concretizar direitos**

humanos. Eis sua missão. Certamente, o leitor mais cético está nos rotulando de romântico, ilusionista ou idealista ao extremo. Porém, essa é uma característica importante do Defensor Público: **imbuir do dever de transformação social. Sonhar. "De ver a lua no céu e no mar".**

Realmente, à Defensoria Pública é atribuída a árdua missão de defender aqueles que sempre tiveram seus direitos fundamentais violados, a grande massa de necessitados, a população afrodescendente, as chamadas minorias e os grupos desorganizados. Bem verdade, esta é a parcela da sociedade brasileira não apenas excluída da proteção do Estado, como também mais vulnerável a seus abusos e desmandos. Não é por acaso que os defensores dos direitos humanos sempre denunciaram **a chamada "criminalização racial ou social"**, cuja mira policial sempre esteve voltada contra o setor excluído da sociedade, além dos privilégios às classes mais elevadas. É um problema histórico sim, mas sempre injustificável.

A título de ilustração, a canção "se não fosse o samba", de autoria de Carlinhos Russo e Zezinho do Vale, interpretada por Bezerra da Silva há muito denunciava essa perseguição implacável e, em alguns casos, gratuita. "E toda vez que descia o meu morro do Galo; Eu tomava uma dura; Os homens voavam na minha cintura; Pensando encontrar aquele três-oitão; Mas como não achavam; Ficavam mordidos não dispensavam; Abriam a caçapa e lá me jogavam; Mais uma vez na tranca dura pra averiguação; Batiam meu boletim; O nada consta dizia: ele é um bom cidadão; O cana-dura ficava muito injuriado; Porque era obrigado a me tirar da prisão".

De outra banda, o privilégio, a barganha, o acesso fácil e contraprestacional, o mercado, a corrupção que mantêm e alimentam o sistema de secessão social. Pedimos vênia para citar o longo trecho do livro "Tudo ou nada", do antropólogo Luiz Eduardo Soares, baseado em fatos reais, sobre a prisão e a condenação, por tráfico de drogas, de um brasileiro, da classe média alta carioca (Lukas), na Inglaterra, mas que conseguira sua extradição para o Brasil para gozar, além do contato familiar, de outros **privilégios tupiniquins**, mas não sem antes ser apresentado ao terror e ao medo extremos. Eis a estratégia básica.

"De maio a agosto, a 312ª DP seria a nova morada de Lukas. Foi recebido no estilo *Polinter.* Compreendeu logo o código: pau, porrada e porrete, porra! Os quatro *Ps* assumiam o lugar dos três *As* britânicos.

Mandaram que ele entregasse todos os seus pertences, mas o pouparam da máquina zero, que raspava o cabelo dos demais na mão ágil do barbeiro de plantão. Chamaram-no de senhor. Ele achou aquele tratamento sinal de algum fenômeno excepcional. Não sabia de quê. Esperava que fosse positivo. Achava que era mesmo positivo. Foi logo afastado do grupo pela intervenção providencial de uma boa alma. O homenzinho era franzino, mas parrudo. Depois viria a descobrir de quem se tratava: preso, ex-policial, beneficiado por um regime informal cuja vigência se limitava à circunscrição daquela DP.

O regime muito peculiar lhe facultava transitar livremente conforme lhe apetecesse pelas dependências da delegacia, e para além dela. O sujeito saía quase toda noite e voltava quando lhe dava na veneta. Mandava nos faxinas, presos cuja posição hierárquica era intermediária, situando-se entre o ex-policial e os presos comuns. Tinham liberdade para circular, mas só saíam da DP para comprar alguma coisa no armazém da esquina ou para comer um sanduíche nas redondezas. Prestavam pequenos favores remunerados para presos, que lhes encomendavam comida, bebida, cigarro etc...

Além de executar as missões subalternas como as da limpeza, substituíam com destreza os policiais em funções burocráticas, na eventualidade de uma falta ou um compromisso externo – almoço, encontro com amante, consulta médica, tarefa ligada ao bixo, viagem, doença etc... Arcavam também com a supervisão da segurança das celas, comunicando aos policiais movimentos suspeitos e mobilizando os meios de força, indiretamente, quando necessário.

A boa alma comandava a tropa dos faxinas e sabia ser um profissional de virtude. Trocava solidariedade por reais. Não abusava. Respeitava a tabela.

Antes que Lukas abrisse a boca, os policiais da DP, os faxinas e seu comandante, o boa alma, já estavam de posse de seu *curriculum vitae*. Conheciam seu ponto forte e seu ponto fraco. Ou seja, o bolso e o medo.

Para que Lukas pusesse os pés no chão, o boa alma conduziu-o para a galeria subterrânea, onde os presos se amontoavam. Cicerone paciente, deixou que Lukas caminhasse devagar, suscitando nele a expectativa de que tinha chegado sua hora.

A idealização do calor tropical, cultivada no inverno inglês, despencava, ou melhor, derretia, como todas as outras colunas de seu otimismo. Derretiam todas elas, fervidas por labaredas invisíveis que cuspiam vapores pestilentos. O cheiro de esgoto borrifava as narinas e penetrava os canais como grãos ácidos: acetona, fezes, enxofre, decomposição dos organismos de pequenos roedores, poças de sangue ou de vômito espraiadas em afluentes de urina.

Na medida em que Lukas passava rente às grades, a massa febril o fitava irada, insultando Deus e o diabo, proclamando a cólera coletiva contra tudo que se move. Estavam ali cerca de quinhentas pessoas comprimidas.

Era o *trailer* do Brasil.

O estardalhaço incandescente e fétido gerava um campo magnético que abolia qualquer hipótese de fantasia. Não existia a menor possibilidade de que a imaginação decolasse naquele buraco. Não havia a menor possibilidade de que a fabulação humana sublimasse aquela ode à ruína, aquela involuntária conspiração da matéria deteriorada, aquele consórcio das batalhas perdidas.

Lukas sentiu medo. (...)

Lukas parou, examinou o interior da cela. Não se podia vê-la atrás do enxame de corpos apertados uns contra os outros. Do teto pendiam dezenas e dezenas de redes. Todas habitadas. Esses seres do alto pareciam vampiros sonâmbulos, capturados em ratoeiras aladas. Ele saberia depois que funcionava o sistema de rodízio. A cada duas horas os que estavam de pé, deitavam-se; os que dormiam ou tentavam dormir, punham-se de pé. Espaço era o bem primário cuja escassez sobressaía naquele mundo miserável. Quase todos os outros males derivavam deste.

Lukas preparou-se para entrar. O medo o cegou de tal modo que o fez ignorar o significado daquele passeio pela orla do inferno. O coração disparou. Pensou: a ter um enfarto, melhor naquele instante. Que um raio o partisse ali, antes de virar repasto da alcateia que o fitava com desprezo e visceral antipatia.

Reparou que ao fundo os homens seminus faziam fila. Esforçando-se, percebeu que a fila se movia, mas não diminuía. O que explicava o moto-contínuo era o chuveiro. Havia um chuveiro. O oásis. Os homens punham o corpo debaixo da água fria por alguns segundos. Molhados, arrastavam-se para o final da fila. Em instantes estavam secos e sufocados pelo calor desumano. Aguardavam na fila sua vez para renovar a brevíssima experiência de tornar-se de novo um bicho adaptado a seu ambiente natural. A procissão se espichava ao longo da parede dos fundos da cela. A moenda seguia seu destino circular, indefinidamente.

Lukas suava em abundância e ansiou pela ducha. Perguntou-se, intimamente, se os líderes da cela lhe atribuiriam o direito de refrescar-se, sendo ele neófito, representante de outra classe social – os traços do poder são visíveis mesmo sob as máscaras mais diversas. O medo toma mil e uma formas. Não cessa de metamorfosear-se, inesgotável, como a fila do chuveiro. Uma delas lhe parecia patética e ele se envergonhava enquanto a sentia, mas a sentia, embora envergonhado de seus preconceitos. Seriam preconceitos?

Não queria ser a cobaia da pesquisa empírica sobre a resposta a essa pergunta. Temeu ser o bode expiatório da revanche de classe. Depois de séculos de escravidão, racismo, desigualdades abissais, iniquidades aviltantes, exploração, opressão e brutalidade, autoritarismo e exclusões, tomariam Lukas para Cristo e o imolariam no altar da democratização sacrificial da sociedade brasileira? Um senhor da elite branca não serviria de petisco apetitoso para a festa antropofágica desse tropicalismo das senzalas? Ele não serviria de isca para atrair e saciar a revolta contra o notório "tudo isso que está aí"?

Refletindo retrospectivamente, Lukas entenderia que o pavor tinha sido apenas mais um sintoma do elitismo verde e amarelo. Uma floração intempestiva dos preconceitos atávicos de nossas elites, a cuja linhagem ele não negaria pertencer.

Não ficaria bem desfalecer na porta da cela. Até porque o empurrariam para dentro, provavelmente, e não lhe restariam forças para defender-se, caso houvesse alguma agressão. A menos que o desmaio fosse de estirpe nobre, anunciando nada menos que um ataque cardíaco. Desejou as cardiopatias mais hediondas. Invocou os santos das patologias respeitáveis. Quis a morte digna. Ou um adiamento razoável do encarceramento naquelas condições. Ainda que o preço a pagar lhe roubasse anos de vida.

Antes que a histeria rendesse algum achaque performático, o boa alma interrompeu seus delírios. Puxou-o de volta à terra.

- Tu não precisa ficar aqui.

Lukas ainda demorou um pouco para reconectar. Ele precisava de um tratamento de choque, um *reboot*, um *restart*. As fichas caíam em câmera lenta. Mais devagar que os ralos jatos d'água do chuveiro coletivo. Fuso horário, *Jet lag*, readaptação, emoções fortes, muita informação concentrada. O cérebro deu um *tilt*. Ele encarava o boa alma sem vê-lo. E o ouvia mal.

- Tu não tá montado na grana? Então...

Alô, Mr. Mello, terra chamando.

- Posso ficar em outro lugar?

- Se puder pagar.

- Quanto?

- Depende.

- Quanto você quer?

- Não quero nada. Sigo a tabela. As coisas aqui estão organizadas.

- Quanto?

- No momento, os dois quartos especiais com cama separada e ar-refrigerado estão ocupados. Tem um quarto maior, na ala social. Mas não tem ar-refrigerado, nem cama separada. Só beliche.

- Tudo bem, tudo bem. Só não quero ficar aqui.

- São oito camas, quatro beliches, mas tem oito aparelhos de televisão. Tem um chuveiro e uma geladeira.

- Quanto?

- Dois mil de entrada, mais duzentos por semana.

- Tudo bem.

O boa alma encerrou o passeio. Missão cumprida. Vendeu a vaga. O cliente nem regateou. A tática não falhava nunca. Se o cliente não tivesse o dinheiro, daria um jeito de arranjar. A constatação se aplicava a todo mundo. Não só para *playboy* não. Ou para avô de *playboy*. Todo mundo dava um jeito de escapar da fossa imunda, saturada de gente. Quer dizer, quase todo mundo. Tinha os fodidos, totalmente fodidos. A esses, a fossa.

Outro *trailer* do Brasil. Do outro lado do Brasil."[1]

Perguntamos: "Que país é esse? Que país é esse?"[2] Pelo menos, já sabemos "qual é o seu negócio" e, ainda, "quem paga pra gente ficar assim..."[3]

Notem, Caros leitores, **a clara diferença odiosa de tratamento segundo a classe social.** É apenas um exemplo real que se repete diária e reiteradamente. É um ciclo. Ao pobre e negro, a pocilga. Ao rico e branco o privilégio, embora pago, cuja receita alimenta esse processo.

A Defensoria Pública atua exatamente nesse contexto de combate às discriminações sociais ou de qualquer ordem, sendo obrigatória, ao Poder Público, a sua implementação. "La *protección de la ley* la constituyen, básicamente, los recursos que ésta dispone para la protección de los derechos garantizados por la Convención, los cuales, a la luz de la obligación positiva que el artículo 1.1 contempla para los Estados de respetarlos y garantizarlos, implica, como ya lo dijo la Corte *el deber de los Estados Partes de organizar todo el aparato gubernamental y, en general, todas las estructuras através de las cuales se manifiesta el ejercicio del poder público, de manera tal que sean capaces de asegurar jurídicamente el libre y pleno ejercicio de los derechos humanos (Caso Velásquez Rodríguez, Sentencia de 29 de julio de 1988*. Serie C No. 4, párr. 166; Caso Godínez Cruz, Sentencia de 20 de enero de 1989. Serie C No. 5, párr. 175).

Ese deber de organizar el aparato gubernamental y de crear las estructuras necesarias para la garantía de los derechos está relacionado, en lo que a asistencia legal se refiere, con lo dispuesto en el artículo 8 de la Convención."[4]

Não por acaso, **a Organização dos Estados Americanos, a OEA, expediu a Resolução nº 2714,** que reconhece a importância da Defensoria Pública na efetivação dos direitos humanos, para o que resolveu:

1. Afirmar que el acceso a la justicia, en tanto derecho humano fundamental es, a la vez, el medio que permite restablecer el ejercicio de aquellos derechos que hubiesen sido desconocidos o vulnerados.

---

1 SOARES, Luiz Eduardo. Tudo ou nada. Rio de Janeiro: Nova Fronteira, 2012, p. 147/151.

2 Trechos da música *Que país é esse?,* de Renato Russo.

3 Trechos da música *Brasil,* de Cazuza, Nilo Roméro, George Israel.

4 *Corte Interamericana de Derechos Humanos, Opinión Consultiva OC-11/90, DEL 10 DE AGOSTO DE 1990.*

2. Apoyar el trabajo que vienen desarrollando los Defensores Públicos Oficiales de los Estados del Hemisferio, el cual constituye un aspecto esencial para el fortalecimiento del acceso a la justicia y la consolidación de la democracia.

3. Afirmar la importancia fundamental que tiene el servicio de asistencia letrada gratuita prestada por los Defensores Públicos Oficiales para la promoción y protección del derecho de acceso a la justicia de todas las personas, en particular de aquellas que se encuentran en una situación especial de vulnerabilidad.

4. Reiterar a los Estados Miembros que ya cuentan con el servicio de asistencia letrada gratuita que adopten acciones tendientes a que los defensores públicos oficiales gocen de independencia y autonomía funcional.

5. Alentar a los Estados que aún no cuenten con la institución de la defensa pública, que consideren la posibilidad de crearla en el marco de sus ordenamientos jurídicos.

6. Exhortar a los Estados a promover oportunidades de cooperación internacional para el intercambio de experiencias y buenas prácticas en la materia.

7. Alentar a los Estados y a los órganos del sistema interamericano a promover la celebración de convenios para la realización de capacitaciones y formación de los defensores públicos oficiales.

Pois, afirmou *que los Estados Miembros tienen la obligación de respetar y garantizar el ejercicio de los derechos reconocidos en los tratados internacionales de los que son parte y en sus legislaciones internas, eliminando los obstáculos que afecten o limiten el acceso a la defensa pública, de manera tal que se asegure el libre y pleno acceso a la justicia.*[5]

O **Defensor Público Interamericano Antônio Maffezoli** tem defendido a importante atuação da Defensoria Pública junto ao Sistema Regional de defesa dos direitos humanos.

"A Defensoria Pública atua, por determinação constitucional, na defesa da população mais carente do país. Tradicionalmente, é essa população a que sofre as maiores violações de direitos humanos. É essa população, infelizmente majoritária no Brasil, que jamais teve assegurados, entre outros, seus direitos humanos à educação e saúde públicas de qualidade, a que também sofre violações constantes por parte do aparato de segurança pública do Estado. São cotidianos e geograficamente dispersos pelo Brasil inteiro os relatos de agressões e ofensas em meras revistas pessoais, de torturas a pessoas presas em flagrante e investigadas pela Polícia, de execuções sumárias e de maus tratos e torturas no sistema carcerário.

5 Disponível em: <http//:www.anadep.org.br>.

Se, como diz Guimarães Rosa, 'para os pobres, os lugares são mais longe', cabe à Defensoria Pública encurtar essas distâncias ou, no mínimo, fazer com que elas levem a algum lugar onde se consiga uma solução efetiva para violações, muitas vezes, históricas.

O acesso ao Sistema Interamericano de Direitos Humanos, assim, apresenta-se como uma possibilidade a mais a ser utilizada pelos defensores públicos na defesa e/ou na reparação de violações sofridas pelas pessoas por nós atendidas."[6]

Quanto às competências e ao procedimento nessa Instância continental, já dissemos outrora[7], cabe à **Comissão** receber denúncias ou queixas de pessoas ou grupo de pessoas sobre fatos de violação dos direitos previstos na Convenção, dentre eles, direitos coletivos *lato sensu* (art. 44). Diante disso, a Comissão realiza um juízo de admissibilidade da denúncia e solicita informações ao Governo do Estado respectivo (art. 48).

Após o recebimento das informações ou sem elas, a Comissão ou determina o arquivamento dos autos por entender que não houve violação, ou decide pelo prosseguimento, quando realizará, se necessário, atos investigatórios e, eventualmente, inspeção *in loco*.

Após a colheita de provas, a Comissão tentará uma conciliação entre as partes e, se restar exitoso o acordo, será redigido relatório que será encaminhado ao peticionário e aos Estados (art. 49). Caso não haja solução amistosa, também será lavrado um relatório da situação e encaminhado aos Estados Interessados (art. 50). O Estado onde ocorreu a transgressão tem o prazo de 3 (três) meses para solucionar o problema (art. 51). Caso não seja feito ou a conduta deste Estado não satisfaça os interesses dos prejudicados, a Comissão emitirá seu parecer e submeterá o relatório ao crivo da Corte Interamericana com indicação das provas realizadas e pedido de providências. A Corte, por sua vez, represen-

6 "Não se trata da utilização de uma 'quarta instância recursal', mas, sim, do acionamento de um mecanismo internacional que hoje integra o ordenamento jurídico brasileiro, que deve ser utilizado quando o sistema jurídico interno não fornece respostas adequadas e necessárias para a proteção dos direitos humanos, violando, assim, as obrigações internacionais assumidas pelo Estado brasileiro. Principalmente em casos de graves violações coletivas, quando as conseqüências são mais profundas e os sistemas policial e judicial brasileiros são mais morosos, o acionamento do Sistema Interamericano pode apresentar-se como a única chance efetiva de cessação da violação – inclusive cautelarmente – e de reparação. Além disso, os defensores públicos podem e devem se utilizar da jurisprudência emanada da Comissão e da Corte, fazendo referências, nas suas peças e manifestações jurídicas ordinárias, às decisões, opiniões consultivas e informes emitidos. (...) Para isso, é importante e necessário que cada vez mais defensores públicos tomem conhecimento do funcionamento do Sistema Interamericano de Direitos Humanos e das suas decisões, passando a fazer uso delas e se preparando para eventuais denúncias." MAFFEZOLI, Antônio. *A atuação da Defensoria Pública na promoção e defesa dos direitos humanos e o Sistema Interamericano de Direitos Humanos.* Disponível em <http//:www.defensoria.sp.gov.br>.

7 RÉ, Aluísio Iunes Monti Ruggeri. *O processo civil coletivo e sua efetividade.* Malheiros, 2012.

ta o órgão judiciário da Convenção Americana e tem competência consultiva e contenciosa.

No âmbito da Corte tramita o processo em face do Estado agressor, com contraditório, produção de provas e alegações finais, até a prolação da sentença que tem eficácia cogente para os Estados que reconhecem sua legitimidade. Vale a informação que o Brasil somente reconheceu a competência da Corte Interamericana em 1998, com o decreto legislativo nº 89, de dezembro de 1998.

Por derradeiro, vale esclarecer que o acionamento da Comissão Interamericana, pelo indivíduo ou grupo, somente deve ocorrer, em tese, no caso de esgotamento das instâncias internas. No entanto, e em benefício da efetividade dos instrumentos internacionais, tem-se admitido o acionamento da Comissão caso não sejam viabilizados aos interessados o acesso ao devido processo legal na ordem interna ou na hipótese de demora excessiva da tutela nacional.

Ainda no âmbito da **Comissão (CIDH)**, um relevante instrumento da defesa dos direitos humanos junto ao sistema interamericano trata-se do manejo das **medidas cautelares** nas situações de urgência e de grave risco de danos que, pela própria natureza, dispensam o esgotamento das medidas ou recursos internos. "O mecanismo de medidas cautelares encontra-se previsto no artigo 25 do Regulamento da CIDH. Conforme o que estabelece o Regulamento, em situações de gravidade ou urgência, a Comissão poderá, por iniciativa própria ou a pedido da parte, requerer que o Estado adote medidas cautelares para prevenir danos irreparáveis às pessoas ou ao objeto do processo com base em uma petição ou caso pendente, assim como, à pessoas que se encontrem sob sua jurisdição, independentemente de qualquer petição ou caso pendente. Estas medidas poderão ser de natureza coletiva com o fim de prevenir um dano irreparável às pessoas em razão de vínculo com uma organização, grupo ou comunidade de pessoas determinadas ou determináveis. Consequentemente, o número de medidas cautelares concedidas não reflete o número de pessoas protegidas mediante sua adoção. Como se pode observar, muitas das medidas cautelares adotadas pela CIDH estendem proteção para mais de uma pessoa e, em certas situações, a grupos de pessoas, como comunidades ou povos indígenas. O Regulamento também estabelece que a concessão dessas medidas e sua adoção pelo Estado não constituirá pré-julgamento sobre a violação dos direitos protegidos na Convenção Americana sobre Direitos Humanos e em outros instrumentos aplicáveis."

Segundo o **artigo 25 do Regulamento**, "a Comissão poderá, por iniciativa própria ou a pedido de parte, solicitar que um Estado adote medidas cautelares. Essas medidas, tenham elas ou não conexão com uma petição ou caso, deverão estar relacionadas a situações de gravidade e urgência que apresentem risco de dano irreparável às pessoas ou ao objeto de uma petição ou caso pendente nos órgãos do Sistema Interamericano."

"As medidas cautelares: Sua prática como garantia de respeito aos direitos fundamentais e prevenção de danos irreparáveis: Nos últimos 30 anos, as medidas cautelares têm sido invocadas para proteger milhares de pessoas ou grupos de pessoas, que se encontram em risco em razão de seu trabalho ou associação. Dentre estes grupos, estão os defensores de direitos humanos, jornalistas e sindicalistas, grupos vulneráveis, tais como as mulheres, as crianças, comunidades afrodescendentes, povos indígenas, pessoas desabrigadas, comunidades LGBTI e pessoas privadas de liberdade. Além disso, se tem protegido testemunhas, operadores de justiça, pessoas em via de serem deportadas a um país, onde poderiam ser torturas ou sofrerem tratamento cruel, pessoas condenadas à pena de morte, dentre outras. A CIDH também tem concedido medidas cautelares para proteger o direito à saúde e à família; no caso de situações relacionadas ao meio ambiente, que podem acarretar danos à vida e à saúde das pessoas ou, ainda, em situações relacionadas à vida dos povos indígenas em seu território ancestral, dentre outras.

As medidas cautelares cumprem funções relacionadas com a proteção dos direitos fundamentais consagrados em normas do sistema interamericano. Possuem um papel 'cautelar' no sentido de preservar uma situação jurídica sob o conhecimento da CIDH através de petições ou casos, e de 'tutelar' no sentido de preservar o exercício dos direitos humanos. A prática caracteriza-se por desenvolver a função tutelar com o fim de se evitar danos irreparáveis à vida e à integridade pessoal do beneficiário como sujeito de direito internacional dos direitos humanos. Estas considerações levam à edição de medidas cautelares em uma ampla gama de situações, nas quais não existe caso pendente perante o sistema.

Com relação ao aspecto cautelar, as medidas podem estar destinadas a impedir a execução de medidas judiciais, administrativas ou de outra índole, quando se alega que a execução poderia tornar ineficaz eventual decisão da CIDH no âmbito de uma petição individual. Algumas situações tratadas pela CIDH, que têm o fim de preservar o objeto de uma petição ou caso, incluem pedidos de suspensão de ordens de deportação ou extradição quando se há o risco de que o indivíduo sofra tortura ou tratamento cruel no país receptor; situações em que a CIDH requereu que o Estado suspendesse a aplicação de pena de morte; situações que visam proteger as terras indígenas de incursões que poderiam romper a estreita relação entre o povo e suas terras tradicionais e recursos naturais ou que coloque em risco a sobrevivência da cultura. Ao editar medidas cautelares nestas situações, a CIDH solicita ao Estado que suspenda a atividade que possa produzir tornar vulneráveis os direitos do beneficiário até que os órgãos do Sistema Interamericano se pronunciem sobre o mérito do caso.

CIDH já concedeu também medidas cautelares com o fim de proteger uma gama mais ampla de direitos, tais com o direito à saúde e à família, quando estão presentes os elementos de gravidade, urgência e irreparabilidade. Também se concedeu medidas para evitar danos à vida e à saúde decorrentes de contaminação ambiental.

Ao analisar um pedido de medida cautelar, a Comissão estuda a concorrência de **três condições: i) a "gravidade"; ii) a "urgência" e iii) que se trate de "evitar danos irreparáveis às pessoas".**

A Comissão deseja ressaltar que a análise de pedido de medidas cautelares se realiza levando-se em conta as particularidades de cada caso concreto, o qual não pode se sujeitar a critérios estritos ou gerais, mas que atendem à natureza do risco e do dano que se pretende evitar. Sem prejuízo desse fato, a CIDH indicará, a seguir, alguns elementos que são levados em conta na avaliação de medidas cautelares, sem que estes constituam requisitos necessários para a sua concessão ou que tenham um caráter exaustivo.

No que diz respeito ao caráter de "urgência" da situação objeto do requerimento de medidas, a ameaça ou risco envolvido deve ser iminente, e assim requer que a respostas para remediá-lo seja imediata a ponto que na análise deste aspecto deve-se valorar a oportunidade e o aspecto temporal da intervenção cautelar ou tutelar solicitada. Para valorar este aspecto, a CIDH considera como elementos a) a existência de ciclos de ameaças e agressões que demonstram a necessidade de atuação de forma imediata; e b) a continuidade e proximidade temporal das ameaças, dentre outros.

Já para avaliar os requisitos de gravidade e urgência, a CIDH tem levado em consideração também a informação relacionada com a descrição dos supostos fatos que fundamentam o pedido (ameaças telefônicas, escritas, atentados, acontecimentos violentos, sinais e ultimato); a identificação da origem das ameaças (particulares, particulares com vínculos com o Estado, agentes do Estado e outros); as denúncias formuladas perante as autoridades; as medidas de proteção adotadas e informação sobre sua eficácia; a descrição do contexto necessário para valorar a gravidade das ameaças; a cronologia e proximidade no tempo das ameaças proferidas; a identificação das pessoas afetadas e o grau do risco.

A CIDH também leva em consideração **elementos próprios** do país em relação ao qual se faz o pedido, tais como: a) a existência de um conflito armado; b) a vigência de um estado de emergência; c) os graus de eficácia e de impunidade do sistema judiciário; d) os indícios de discriminação contra grupos vulneráveis, e, e) os controles exercidos pelo Poder Executivo sobre os demais poderes estatais, dentre outros.

Em relação ao requisito de 'irreparabilidade do dano', é necessário que nos fatos que fundamentos o pedido se possa observar uma probabilidade razoável de que se materialize o dano e este não deve recair sobre bens ou interesses jurídicos que possam ser reparados.

É importante destacar que a denúncia prévia do risco perante uma autoridade não constitui um requisito adicional para a concessão de uma medida cautelar, porém é um elemento a ser levado em conta na avaliação do pedido como está estabelecido no artigo 25.4. A esse respeito, quando houver a denúncia a nível interno, a CIDH poderá valorar a eficácia ou ineficácia da resposta do Estado. Além disso, quando o requerente não faz denúncia no âmbito interno, é importante conhecer as razões que não o fizeram a denunciar internamente.

Antes da adoção da decisão final de concessão ou negação de um pedido de medidas cautelares, a CIDH pode requerer informação ao requerente, ao Estado ou a ambos. Grande parte do trabalho realizado pela Comissão consiste em acompanhar o pedido de informações realizado ao Estado e aos peticionários. A falta de resposta tanto do Estado como dos peticionários constitui um elemento a ser valorado pela CIDH no momento de determinar a concessão ou não da medida solicitada.

Cabe ressaltar que se a medida não é concedida, tal fato não obsta que o peticionário apresente novo pedido de proteção, caso considere que existe informação adicional ou se ocorreram novas circunstâncias do fato.

Os Estados, em cumprimentos de suas obrigações internacionais, devem dar proteção efetiva para evitar a situação de risco apresentada. São também as partes que devem indicar o tipo de medida material mais adequada e/ou de outro caráter para atender às situações expostas e prevenir a ocorrência de riscos adicionais.

A CIDH utiliza várias ferramentas à sua disposição para facilitar a continuidade e monitoramento das medidas cautelares, tais como o intercâmbio de comunicações, a convocação de reuniões de trabalho ou audiência durante no período de sessões da CIDH, reuniões de continuidade no que tange à visita "in loco" ou de trabalho da CIDH ou de Relatores dos Países, os comunicados de imprensa; relatórios temáticos ou relatórios sobre determinado país.

A Comissão reconhece a resposta positiva dos Estados às medidas cautelares. Tal fato reflete-se quando: os Estados adotam medidas de proteção concretas em favor dos beneficiários (por exemplo, escoltas, blindagem de escritórios, meios diretos de comunicação com as autoridades, proteção dos territórios ancestrais, dentre outros), levando em conta sua opinião e a de seu representante; quando participam ativamente apresentando informação aos pedidos das CIDH ou nas reuniões de trabalho e audiências de acompanhamento sobre medidas cautelares; quando são criadas mesas de trabalho interinstitucionais dentro dos países para implementar as medidas de proteção requeridas pelos órgãos do Sistema Interamericano; e ao incorporar a sua jurisprudência e legislação o cumprimento de medidas cautelares."

Por exemplo, "Em 31 de julho de 2013, a CIDH concedeu medidas cautelares em favor de meninas privadas de liberdade em centros de detenção para adultos na Jamaica. A solicitação de medidas cautelares alega que as meninas estão detidas com adultos, e em condições que presumivelmente as colocam em risco de dano irreparável. Os solicitantes também alegam que as autoridades pertinentes supostamente deixaram de adotar medidas para evitar que as meninas causem danos a si mesmas ou sofram abusos por parte dos adultos ou de suas companheiras. A CIDH solicitou informações ao Estado em maio e junho de 2013, e posteriormente recebeu informações que mostram que a situação alegada continua. A CIDH concedeu medidas cautelares para proteger a vida e a integridade física das meninas privadas de liberdade em centros de detenção para adultos. Especificamente, a Comissão Interamericana solicitou ao Estado da Jamaica que adote todas as medidas necessárias para proteger a vida e a integridade pessoal das beneficiárias, proporcionando o cuidado médico físico e mental por elas solicitado e investigando as alegações de abusos sexuais e físicos; forneça à CIDH a lista de todas as meninas detidas em centros de adultos, com o respectivo nome, idade, situação judicial atual e estado de saúde; e adote as medidas necessárias para transferir todas as meninas do Horizon Adult Remand Centre, do Fort August Adult Correctional Centre e de todos os demais centros de detenção de adultos para instalações apropriadas, levando em conta sua situação legal e suas necessidades médicas ou psicológicas, e evitando que qualquer criança seja privada de liberdade em centros de detenção para adultos (**MC 137/13 - Meninas privadas de liberdade em centros de detenção para adultos, Jamaica**).

Em outro caso, mais conhecido, "em 23 de julho de 2013 a Comissão Interamericana de Direitos Humano ampliou, por iniciativa própria, o alcance das medidas cautelares em favor das pessoas presas pelos Estados Unidos na base naval na baía de Guantánamo, com o fim de exigir o fechamento do centro de detenção. A ampliação baseou-se em alguns fatores, tais como, o descumprimento por parte dos Estados Unidos das medidas cautelares já vigentes em favor dos presos desde 2002; a persistência de situações de prisão prolongada e indefinida; denúncias de abuso e tratamento ruim generalizado, incluindo a realização de revistas desnecessárias e humilhantes; alimentação forçada de presos, que optaram por participar de uma greve de fome; o aumento da segregação e do isolamento de presos. A Comissão atenta para as normas internacionais que exigem o respeito à autonomia do indivíduo e à dignidade. Tendo em conta as obrigações internacionais de direitos humanos assumidas pelos Estados Unidos como Estado membro da OEA e perante o risco permanente de danos irreparáveis aos direitos dos presos, o qual se agrava com o passar do tempo, a Comissão Interamericana decidiu ampliar o alcance destas medidas cautelares e exigir que o governo dos Estado Unidos feche imediatamente o centro de detenção na base naval da baía de Guantánamo; que transfira os presos a seus países de origem ou a um terceiro país em observância às garantias de direitos humanos, principalmente a obrigação de non-refoulement; que acelere a liberação dos presos, cuja transferência já foi aprovada; e que mantenha os detidos submetidos a julgamento em condições adequadas de detenção de acordo com as garantias do devido processo aplicáveis"(**MC 259/02 – Presos na Base Militar dos Estados Unidos em Guantánamo**).

Ainda, "em 29 de maio de 2013, a CIDH concedeu medidas cautelares em favor de Caleb Orozco, em Belize. O requerimento de medidas cautelares indicava que Caleb Orozco estaria em uma situação de risco em consequência de seu trabalho como defensor dos direitos das lésbicas, gays, bissexuais, trans e intersex em Belize. Especificamente, segundo o requerimento, Caleb Orozco teria sido submetido a assédio e ataques em sua residência e nas ruas, além de ter recebido ameaças de morte por meios sociais. Alega-se também que apesar de haver apresentado denúncias à Polícia, as autoridades não lhe estariam proporcionando medidas de proteção a sua vida e integridade. A CIDH solicitou que o Estado de Belize adotasse as medidas necessárias para garantir a vida e a integridade física de Caleb Orozco, que acordasse com o beneficiário e seus representantes as medidas a serem adotadas e que informasse sobre as medidas adotadas como fim de investigar os fatos que originaram a adoção de medidas cautelares" (**MC 155/13 - Caleb Orozco, Belize**).[8]

Caros Defensores. É preciso lutar contra o sofrimento, a tortura, a morte, ainda muito presentes. "Vou lamentar a perda de milhares de pessoas, mas não vou me alegrar com a morte de alguém, nem mesmo de um inimigo. Voltar-se para o ódio multiplica o ódio, acrescentando profunda escuridão a uma noite já sem estrelas. A escuridão não pode nos livrar da escuridão, **apenas a luz pode fazer isso.** O ódio não pode nos livrar do ódio, **só o amor pode fazer isso**" (**Martin Luther King Jr.**).[9]

Que a Defensoria Pública seja a luz e o amor no Brasil. "É notório que a concretização dos direitos humanos reclama uma tutela dinâmica e condizente com a realidade do Estado social e democrático de Direito, no qual se evidenciam, lado a lado, valores como a liberdade, a igualdade e a solidariedade.

---

8 Disponível em: http://www.oas.org

9 "I will mourn the loss of thousands of precious lives, but I will not rejoice in the death of one, not even an enemy. Returning hate for hate multiplies hate, adding deeper darkness to a night already devoid of stars. Darkness cannot drive out darkness: only light can do that. Hate cannot drive out hate, only love can do that." - Martin Luther King Jr. Disponível em:< http://victorhugoalbernazjr.blogspot.com.br/>.

A Constituição da República de 1988 prestigia a proteção aos direitos difusos e coletivos e a Defensoria Pública, como órgão essencial à função jurisdicional e incumbido de 'integralizar' a Justiça para os hipossuficientes, nos termos do art. 134 da CF, está atenta para atender aos reclamos deste novo século, marcado pela massificação das relações contratuais e pelos efeitos da globalização.

A sociedade contemporânea enfrenta o grande desafio de aprimoramento do sistema Jurisdicional. No âmbito processual procura superar a ideologia liberal-individualista oitocentista, com a preocupação de prestar uma tutela efetiva a todos os direitos, inclusive, através da tutela coletiva, com a evidente redução do custo e tempo no processo."[10]

Em termos práticos, felizes as colocações do Defensor Público paulista Antônio Maffezoli: "os defensores públicos podem e devem se utilizar da jurisprudência emanada da Comissão e da Corte, fazendo referências, nas suas peças e manifestações jurídicas ordinárias, às decisões, opiniões consultivas e informes emitidos. Esses substanciosos e qualificados documentos têm estabelecido claros padrões (*estándares*, no original em castelhano) de respeito e garantia de direitos humanos à luz dos documentos americanos de proteção dos direitos humanos. Já estão amplamente difundidos em vários países latino-americanos padrões estabelecidos pela Corte e pela Comissão para, por exemplo, as garantias judiciais, o encarceramento preventivo e as condições de aprisionamento de adultos e de adolescentes.

A massificação interna dessa jurisprudência terá o condão de, primeiramente, divulgar o Sistema Interamericano de Direitos Humanos e suas decisões para os demais órgãos do sistema de Justiça brasileiro, podendo influenciar suas decisões e, por fim, até mesmo preparar o caso para uma eventual denúncia futura.

Para isso, é importante e necessário que cada vez mais defensores públicos tomem conhecimento do funcionamento do Sistema Interamericano de Direitos Humanos e das suas decisões, passando a fazer uso delas e se preparando para eventuais denúncias."[11]

A seu turno, o Defensor Público paulista Tiago Fensterseifer[12] destaca: "A Defensoria Pública exerce um papel constitucional essencial na tutela e implementação dos direitos fundamentais de todas as dimensões ou gerações, pautando-se, inclusive, pela perspectiva da integral idade, indivisibilidade e interdependência de todas elas. Assim, da mesma forma que a Defensoria Pública

---

10 ALBUQUERQUE, Ana Rita Vieira. Tese. VII Congresso Nacional dos DP, Cuaibá, 2008.

11 MAFFEZOLI, Antônio. Tese. VII Congresso Nacional. Cuiabá/MT, 2008.

12 *A legitimidade da Defensoria Pública para a tutela coletiva dos direitos fundamentais sociais.* Tese, VII Congresso Nacional. Cuiabá, 2008.

atua na tutela dos direitos liberais (ou de primeira dimensão), conforme se verifica especialmente no âmbito da defesa criminal, movimenta-se também, e de forma exemplar, no sentido de tornar efetivos os direitos sociais (ou de segunda dimensão), o que se registra nas defesas em ações possessórias (direito à moradia) e nas ações de medicamentos (direito à saúde) e pedidos de vaga em creche e escola (direito à educação), em vista sempre do objetivo maior de tutelar a dignidade da parcela pobre da população brasileira.

As dimensões de direitos fundamentais, na sua essência, materializam os diferentes conteúdos integrantes do *princípio da dignidade humana,* o qual se apresenta como o pilar central da arquitetura constitucional e objetivo maior a ser perseguido na atuação da Defensoria Pública. Onde houver violação aos direitos fundamentais e à dignidade da população carente, a Defensoria Pública estará legitimada constitucionalmente para fazer cessar tal situação degradadora dos valores republicanos."[13]

---

13 "A falta de acesso da população pobre aos seus direitos fundamentais sociais, infelizmente, tem sido recorrente na nossa história política e realidade socioeconômica, caracterizando, na grande maioria das vezes, a omissão dos entes federativos em atenderem de modo minimamente satisfatório a tais demandas sociais, como ocorre, por exemplo, no caso da saúde, da educação, do saneamento básico, da assistência social e da moradia. O enfrentamento de tal situação é uma das missões constitucionais mais importantes conferidas à 'instituição cidadã', valendo-se, para cumprir com tal objetivo e dever constitucional, tanto de uma atuação jurídico-processual individual quanto coletiva (judicial ou extrajudicial).

Para além das ações individuais de obrigação de fazer ou mandados de segurança, a Defensoria Pública dispõe hoje da ação civil pública para tutelar os direitos sociais da população carente de forma coletiva, potencializando a defesa dos seus direitos e a ampliação do seu acesso à justiça, em sintonia com o caminhar da melhor e mais arejada doutrina processual-constitucional.

A Defensoria Pública, nessa perspectiva, está perfeitamente legitimada a atuar como 'guardiã' dos direito fundamentais sociais na ordem jurídico-constitucional brasileira. Tal papel constitucional conferido à Defensoria Pública possui ainda maior relevância quando está em causa a proteção de um patamar mínimo em termos de prestações sociais, sem o que a vida humana não pode se desenvolver de forma minimamente digna.

Tal 'retrato' de degradação social está presente de forma significativa na realidade brasileira, onde uma massa expressiva da população carente encontra-se sem acesso aos seus direitos sociais básicos *(mínimo existencial),* e, por consequência, a uma vida digna. A Defensoria Pública, diante de tal contexto, deve movimentar-se na defesa de tais cidadãos, fazendo com que seja garantida a eles nada menos que uma vida digna. Esse é o 'espírito constitucional' que fundamenta a atuação da Defensoria e de cada Defensor Público.

Por vezes, o acesso à justiça proporcionado pela Defensoria Pública, especialmente no caso da sua atuação coletiva, servirá de porta de ingresso da população carente ao espaço comunitário-estatal, permitindo a sua inclusão no pacto social estabelecido pela nossa Lei Fundamental. (...)

A garantia constitucional de condições materiais mínimas para uma vida digna em termos de direitos sociais, como é o caso da saúde básica, da assistência social, da educação fundamental, de uma moradia simples e do acesso à justiça, é premissa à própria firmação do contrato social.

Pode-se dizer, de tal sorte, que tais condições materiais elementares constituem-se de premissas ao próprio exercício dos demais direitos (fundamentais ou não), resultando, em razão da sua essencialidade ao quadro existencial humano, em um 'direito a ter e exercer os demais direitos'.

Sem o acesso a tais condições existenciais mínimas, não há que se falar em *liberdade real ou tática,* quanto menos em um padrão de vida compatível com a dignidade humana. Por trás da garantia constitucional do mínimo existencial, subjaz a ideia de respeito e consideração, por parte da sociedade e do Estado, pela vida de cada indivíduo, que, desde o imperativo categórico de Kant, deve ser sempre tomada como

Eis a essencialidade humanitária e a ética da Defensoria Pública.

Aliás, não por outro motivo, a EC 80/14 atribuiu à Defensoria Pública o encargo de promover direitos humanos. Sobre essa inovação, em termos ético-jurídicos pós-modernos, trata-se da principal inclusão constitucional humanitária após 1988. Sobre ela, tivemos a oportunidade de refletir, a começar pelo nosso cárcere, e passando por muitos outros por aí, que vêm e vão:

"Carandiru, Bangu e Pedrinhas, são alguns exemplares do nosso secular padrão de aprisionamento no Brasil. Por décadas e décadas, tínhamos, como na Europa passada, nossas naus de loucos e excluídos. O *holocausto brasileiro* ocorreu nos diversos hospitais psiquiátricos por todos os cantos, onde a exclusão e o abandono eram as marcas evidentes de uma sociedade incapaz de cuidar e proteger os seus próprios membros e, na verdade, a si mesma. (Franco da Rocha/SP, Sorocaba/SP, Barbacena/MG, dentre outras).

E o que fazer com os índios, quilombolas, refugiados, que não integram as cadeias produtivas, nem mesmo formam mercados de consumo ou bolsões de tributação?

---

um *fim em si mesmo,* em sintonia com a dignidade inerente a cada ser humano. O Estado, por sua vez, seguindo a lógica kantiana, deve ser tomado como o meio de realização da dignidade humana.
O fundamento mais importante por trás da formulação do conceito de mínimo existencial reside, sem sombra de dúvida, no *princípio (e valor) da dignidade da pessoa humana,* já que no seu conteúdo normativo está a ideia de conceber um núcleo mínimo de direitos fundamentais (e não é apenas um único direito que está em jogo), sem o qual não é viável um desenvolvimento da vida humana em patamares dignos. À luz também do princípio do Estado Social, o conceito de mínimo existencial está diretamente relacionado à dimensão existencial humana mais elementar, conferindo a todo cidadão a garantia constitucional de acesso a um conjunto mínimo de prestações sociais (direitos fundamentais sociais), que pode tomar tanto a feição de um direito de natureza defensiva quanto prestacional, sem o qual a sua dignidade se encontraria profundamente comprometida ou mesmo sacrificada.
O mínimo existencial, em termos gerais, representa um consenso político-jurídico mínimo formulado pelo pacto constitucional e fundamento básico do Estado Social brasileiro. De tal sorte, pode-se afirmar que o mínimo existencial apresenta uma *eficácia jurídica contramajoritária,* urna vez que o seu conteúdo não se encontra na esfera de discricionariedade do legislador e do administrador, podendo, por conta d isso, ser passível de controle judicial diante da omissão dos demais poderes em garantir a todos os cidadãos tal bem-estar mínimo.
Não conferir ao indivíduo o acesso à garantia do mínimo existencial é forma de alijá-lo da comunidade político-estatal, deixando de reconhecer a sua condição de cidadão e sujeito político. É o mesmo que negar a sua condição política, além de, é claro, também negar a sua condição de ser humano, afrontando de forma direta a sua dignidade. Entre o dever ser da norma constitucional e o ser da realidade social brasileira, o mínimo existencial representa um marco político-jurídico consensual básico a respeito de um conjunto mínimo de direitos, sem o que o próprio contrato social resulta fictício, projetando o indivíduo para uma condição existencial sombria e indigna. O controle judicial de *políticas púbicas sociais* deve ser visto também como um mecanismo conferido ao cidadão, individual ou coletivamente considerado, de controle sobre a atividade política do administrador e do legislador.
Tal se faz possível especialmente no caso da tutela dos direitos sociais, já que há instrumentos processuais, como é o caso, por exemplo, da ação civil pública, da ação popular e das ações individuais de obrigação de fazer e mandados de segurança, conferidos ao indivíduo (nos três últimos casos) e às instituições estatais legitimadas constitucionalmente a tutelar seus direitos, como é o caso da Defensoria Pública e do Ministério Público, que se prestam perfeitamente para canalizar tal fiscalização democrática." FENSTERSEIFER, Tiago. Tese. VII Congresso Nacional dos Defensores Públicos, Cuiabá/MT.

Do Pontal do Paranapanema assistimos a mais tradicional forma de tratar uma questão social séria e relevante do Brasil. De chacina para chacina, o que dizer da Candelária e de seus meninos? Quantas 'resistências seguidas de morte' já registramos? Quantas manifestações já decapitamos?

Enfim, o Brasil é um país que, na prática, nega os direitos humanos, a pessoa, e não reconhece o que passa em seus becos ou vielas, hospitais e suas celas. Quarto sem porta ou janela. Em momentos, locais ou circunstâncias, a Brasil produz essa escuridão. No passado e no presente.

De Canudos, no final do século XIX, a justiça social não veio. O que veio foi o sangue de milhares de miseráveis e desesperados. Do mormaço do sertão ao fogo poderoso do Estado militar. De todas as mortes no sertão nem temos os dados. Mas, uma de suas heranças foi Preto Amaral. José Augusto do Amaral foi desertor e acabou preso ao receber a imputação de uma série de homicídios na capital do Estado de São Paulo. Negro, pobre, infiel ao exército nacional, seria certamente presa fácil do sistema penal brasileiro que, já no início do século XX, demonstrava seus propósitos aristocráticos. Após uma suposta confissão no cárcere, sem nenhuma defesa e na mira de uma burguesia urbana já decadente, seu destino não poderia ser outro: faleceu na prisão mesmo antes de seu julgamento.

Anos antes, no Maranhão, Manoel Francisco, ou Balaio, havia reagido à violência policial e feito a sua revolução ao unir outros tantos desesperados, sertanejos e escravos, todos em uma guerrilha contra as forças agropecuárias e estatais da Região. Não resistiriam por muito tempo.

Já na segunda metade do século passado, na região do Araguaia, não foi nada diferente. Independentemente dos sonhos e ideais que alimentavam aqueles guerrilheiros, e do alinhamento político partidário que tomaram, o fato é que a repressão foi implacável. Após divulgarem o que chamavam de 'perigos do socialismo', o governo militar exterminou os bravos brasileiros, cujos detalhes ainda são desconhecidos por uma cortina de silêncio e censura ainda não desmontadas. Sabe-se que houve a conhecida 'operação limpeza', que visava à ocultação dos restos de corpos, sangue e sonhos dessa luta.

E Carlos Marighella? Herói ou vilão? Um Lampião urbano dos tempos modernos, cujas palavras representaram suas armas mais fortes e irradiantes, mas foi calado em situações ainda hoje não plenamente conhecidas. O Poeta foi preso e torturado por seus escritos ainda na primeira ditadura do século XX (1932). Após uma vida na clandestinidade, mas muito rica nas ideias, foi vítima de emboscada dos agentes do Estado em 1969, na capital paulista.

Aliás, da ditadura militar até os dias de hoje, pessoas vivem clandestinidade, seja pelas perseguições reais, seja pelas grades de suas almas. Somente agora o Brasil assumiu o compromisso de apresentar a verdade, ou melhor, uma verdade. Uma versão já distorcida e forjada pelo tempo e pelo vento de uma lei de anistia fraterna e acolhedora. Mãe gentil. Um direito à memória que não se busca lembrar.

Em 2013, inspirada no movimento 'diretas já', que culminou na redemocratização do país na década de 1980, uma onda de cidadania banhou o cenário político brasileiro. A sociedade estava disposta a participar e não abria mão.

Equivocam-se aqueles que interpretam as recentes manifestações populares como mera mobilização virtual de ativistas do transporte público gratuito, ou contrários à Copa, ou então contra alguns projetos de emenda constitucional.

De fato, a partir de um contexto de ampla diversidade de pleitos, bandeiras, cartazes e lemas, vemos algo que unifica e aproxima tais movimentos pelo país: o sentimento de exclusão, somado à vontade (e ao direito) de acesso, de participação, como forma de democratização dos processos decisórios.

Aliás, não olvidemos que esse sentimento sempre existiu, mas nunca de forma tão integrada e comunicante como hoje. De fato, a expansão da internet e suas redes sociais foram responsáveis pela somatória dessa angústia geral, que agora ganhou corpo, solidez e voz. Eis o efeito acumulado de algo há muito questionado, mas sempre ignorado: a exclusão e a indiferença social.

Contudo, agora, não apenas dos setores mais miseráveis da sociedade e em relação aos bens essenciais à vida digna, mas da classe média e sobre um bem em vertical ascensão na pós-modernidade dos Estados Democráticos: a participação, informada e efetiva, nos processos decisórios. Destarte, a sociedade atual, independentemente da classe, tem sede de informação, fome de transparência e a necessidade de integrar ativamente os trâmites procedimentais relevantes, sejam públicos, sejam privados. É a luta pelo acesso.

O que fica evidente é que a sociedade brasileira há tempo estava excluída, em todos os sentidos e mantinha-se em estado letárgico desde o último processo de redemocratização política do país. Incômodos isolamento e silêncio que, porém, se acumularam no seio social e, agora, afloram. Por isso, tantas indignações, das mais variadas espécies e tons. O fato é que o povo quer participar, quer voz, falar, mas também ser ouvido.

Aliás, foi exatamente esse sentimento de exclusão e de rejeição que tem fomentado a revolta da sociedade contra o Estado. Ela deseja participar, quer ser ouvida e ter sua opinião considerada. O povo brasileiro quer acesso, sob pena de irreversível retrocesso e abalo das instituições democráticas e dos direitos fundamentais já consolidados.

Enfim, o Brasil jamais promoveu direitos humanos. Mas, agora tem quem o faça. A Defensoria Pública.

Não por mero acaso. Defensoria Pública é a Instituição Democrática mais próxima da sociedade e aberta/sensível às suas transformações, principalmente dos seus setores mais vulneráveis, que estão inseridos em contextos sociais, econômicos e jurídicos de contradições e demagogias.

Ademais, vivemos uma crise no sistema de Justiça, ainda excludente, elitista, burocratizado e obsoleto. Os processos, de modo geral, não cumprem seu papel, mas servem para a legitimação de um sistema ineficiente, mas fundado em legalismos e formalismos arcaicos que sustentam o status a quo, marcado pelo 'patrimonialismo' nas relações obrigacionais e pelo 'patriarcalismo' nas relações pessoais, tudo dentro de uma estrutura rígida e imóvel de poder.

Nesse contexto, as forças contra-hegemônicas ainda não possuam a organização e o respaldo necessários para a criação de uma resistência eficiente, o que certamente passa pelo acesso às Instituições Democráticas, em especial por aquela responsável pela prestação da assistência jurídica, a Defensoria Pública, com perfil aberto e objetivos emancipatórios bem definidos e sedimentados.

Por outro lado, temos uma Constituição Federal 'modelo', que prevê um Estado Democrático e Social de Direito, mas que ainda carece de concretização e da devida força normativa. O papel provedor do Estado, não raras vezes, não passa de mera retórica e, em certas ocasiões, de assistencialismos eleitoreiros. O que o Poder Judiciário e todas as Instituições essenciais à Justiça devem necessariamente inserir nas suas pautas e decisões políticas são os objetivos fundamentais da nossa República. Inexoravelmente.

Aliás, tais princípios não são abstratos, distantes e meramente programáticos, mas devem integrar nossa realidade, nosso debate, enfim, todos os processos decisórios de Poder Público, nos três poderes e em todas as esferas, com ampla participação social e transparência, seja no contexto da atividade-fim, seja no âmbito da atividade-meio.

Por outro lado, numa abordagem empírica, nos deparamos com uma sociedade carente de políticas públicas adequadas e efetivas, de planejamento social, de justiça, enfim, de uma estrutura socioeconômica viável para seu progresso e desenvolvimento. E pior, totalmente afastada dos processos decisórios" (Cf. em RÉ, Aluísio. Artigo *A PROMOÇÃO DOS DIREITOS HUMANOS NO BRASIL: DEFENSORIA PÚBLICA.* Disponível em http://www.anadep.org.br).

Por fim, devemos informar que, em 2014, foi publicado o **relatório final da Comissão da Verdade.** Na ocasião, publicou-se que, "após mais de dois anos de funcionamento, a Comissão da Verdade chega ao fim nesta quarta-feira (10) tendo detectado 'graves violações aos direitos humanos' cometidas de 1946 a 1988. Para evitar a repetição de tais atos, 'assegurar sua não repetição e promover o aprofundamento do Estado democrático de direito', o documento final da comissão encaminha 29 propostas que devem ser adotadas pelo governo e por órgãos públicos" (Cf. http://www.noticias.uol.com.br).

Dentre as medidas institucionais propostas, temos: "11 - Fortalecimento das defensorias públicas". O objetivo é garantir o "exercício pleno do direito de defesa e a prevenção de abusos e violações de direitos fundamentais, especialmente tortura e maus-tratos".

2. A IMPLEMENTAÇÃO DOS DIREITOS SOCIAIS

"**Que seja respeitado como gente**. Que viva como gente. Que sonhe como gente. Que sinta o que é ser gente. Que brilhe e não morra de fome. Que sorria e ande vestido como gente. Que não precise sujeitar-se a pedir esmola. Que tenha casa para morar. Escola para estudar. Saúde para dar. Que possa amassar o pão. Que tenha pão para comer. Que sinta como é bom ser gente, porque 'gente é prá brilhar, não prá morrer de fome."[14]

Já dissemos alhures que **a pessoa ostenta uma individualidade única**, produto de sua própria existência, seus sentimentos, sua história, sua família, suas angústias, seus medos e suas expectativas. **Ela é digna de um tratamento não degradante, humilhante ou constrangedor**, mas tolerante e adequado às suas condições e aos riscos conscientemente assumidos. Digna de cuidado e assistência. Porém, antes de tudo e de qualquer ação ou serviço, ela precisa ser muito bem entendida e compreendida.

Evidente, a pessoa requer cuidado. Para Leonardo Boff, tudo que tem vida é digno de atenção e que "o cuidado se encontra na raiz primeira do ser humano, antes que ele faça qualquer coisa."[15]

Nós preferimos o termo **"centro íntimo da pessoa" ao termo "essência"**, por entendermos ser o primeiro mais sugestivo e menos abstrato e geral. Nesse sentido, defendemos que a pessoa possui um centro pessoal axiológico intangível, mas variável conforme as necessidades, as condições e as opções de cada uma.

Aliás, sua proteção é de responsabilidade do Estado, a partir de posturas passivas (direitos civis e políticos) e ativas (direitos sociais, econômicos e culturais). No primeiro caso, ocupam a pauta os direitos à liberdade. Já no segundo contexto, a igualdade tem relevância superior. "Enquanto os direitos de primeira geração (**direitos civis e políticos**) – que compreendem as liberdades clássicas,

14 VELOSO, 1998. Citada em: CAOVILLA, Maria Aparecida Lucca. *Acesso à Justiça e Cidadania*. Editora Universitária Argos, *passim*.

15 BOFF, Leonardo. *Saber cuidar*. 18ª ed. Rio de Janeiro: Editora vozes, 2012, p. 38/39.

negativas ou formais – realçam o princípio da liberdade e os direitos de segunda geração (**direitos econômicos, sociais e culturais**) – que se identifica com as liberdades positivas, reais ou concretas – acentuam o princípio da igualdade, os direitos de terceira geração, que materializam poderes de titularidade coletiva atribuídos genericamente a todas as formações sociais, consagram o princípio da solidariedade e constituem um momento importante no processo de desenvolvimento, expansão e reconhecimento dos direitos humanos, caracterizados, enquanto valores fundamentais indisponíveis, pela nota de uma essencial inexauribilidade."[16]

Para **José Afonso da Silva**, "podemos dizer que **os direitos sociais**, como dimensão dos direitos fundamentais do homem, são prestações positivas proporcionadas pelo Estado direta ou indiretamente, enunciadas em normas constitucionais, que possibilitam melhores condições de vida aos mais fracos, direitos que tendem a realizar a igualização de situações sociais desiguais. São, portanto direitos que se ligam ao direito de igualdade. Valem como pressupostos do gozo dos direitos individuais na medida em que criam condições materiais mais propícias ao auferimento da igualdade real, o que, por sua vez, proporciona condição mais compatível com o exercício efetivo da liberdade."[17]

Bobbio realiza importante resgate histórico dos direitos sociais. "O direito ao trabalho se tornou um dos temas do debate acalorado, apesar de estéril, na **Assembleia Constituinte francesa de 1848**, deixando, todavia, um fraco vestígio no artigo VIII do Preâmbulo. Em sua dimensão mais ampla, os direitos sociais entraram na história do constitucionalismo moderno com a **Constituição de Weimar**. A mais fundamentada razão da sua aparente contradição, mas real complementaridade, com relação aos direitos de liberdade é a que vê nesses direitos uma integração dos direitos de liberdade, no sentido de que eles são a própria condição do seu exercício efetivo. Os direitos de liberdade só podem ser assegurados garantindo-se a cada um o mínimo de bem-estar econômico que permite uma vida digna.

---

16 MS 22.164, Rel. Min. Celso de Mello, julgamento em 30-10-1995, Plenário, DJ de 17-11-1995.

17 "Há, porém, uma classificação dos direitos sociais do homem como produtor e como consumidor, que merece uma referência ligeira, por ser útil à compreensão do leitor e, também, porque vamos intitular o capítulo referente aos direitos sociais previstos no art. 6º com base nela.
Entram na categoria de direitos sociais do homem produtor os seguintes: a liberdade de instituição sindical (instrumento de ação coletiva), o direito de greve, o direito de o trabalhador determinar as condições de seu trabalho (contrato coletivo de trabalho), o direito de cooperar na gestão da empresa (cogestão ou autogestão) e o direito de obter um emprego. São os previstos nos arts. 7º a 11.
Na categoria dos direitos sociais do homem consumidor entram: os direitos à saúde, à segurança social (segurança material), ao desenvolvimento intelectual, o igual acesso das crianças e adultos à instrução, à formação profissional e à cultura e garantia ao desenvolvimento da família, que são, como se nota, os indicados no art. 6º e desenvolvidos no título da ordem social." DA SILVA. José Afonso. *Curso de direito constitucional positivo.* 22ª ed. São Paulo: Malheiros Editores. 2003, *passim.*

Quanto **ao cristianismo social**, no documento já citado da Pontifícia Comissão *Justitia et Pax*, reconhece-se honestamente que 'nem sempre' ao longo dos séculos a afirmação dos direitos fundamentais do homem foi 'constante' e que, especialmente nos últimos dois séculos, houve 'dificuldade', 'reservas' e, às vezes, 'reações' por parte dos católicos à difusão das declarações dos direitos do homem, proclamadas pelo liberalismo e pelo laicismo. São feitas referências especialmente aos 'comportamentos de precaução, negativos e por vezes hostis, de condenação' de Pio VI, Pio VII e de Gregório XVI. Mas, ao mesmo tempo, percebe-se que uma mudança de rumo iniciou-se com **Leão XIII**, em especial com a encíclica *Rerum novarum*, de 1891, na qual, entre os direitos de liberdade da tradição liberal, afirma-se com força o direito de associação, com atenção especial para as associações dos operários – um direito que é a base daquele pluralismo dos grupos sobre o qual repousa e do qual se nutre a democracia dos modernos em contraposição à democracia dos antigos (que chega até Rousseau) e, entre os direitos sociais da tradição socialista, dá-se destaque especial ao direito ao trabalho, que para ser protegido em descanso, à proteção das mulheres e das crianças – invoca a contribuição do Estado.

Através de vários documentos, encíclicas e mensagens natalinas célebres, como os de 1942 e 1944, **de Pio VII, a Constituição Pastoral *Gaudium et spes* do Concílio Vaticano II,** o famoso discurso de Paulo VI dirigido ao Secretário Geral da ONU, cem anos mais tarde chega-se ao documento recentíssimo, datado de primeiro de maio deste ano (1991), a encíclica *Centesimus annus*, que reafirma solenemente a importância que a Igreja atribuiu ao reconhecimento dos direitos do homem, tanto que, como já foi observado, o parágrafo 47 contém uma iluminadora 'carta dos povos que estão reformando os seus ordenamentos deem à democracia um fundamento autêntico e sólido mediante o reconhecimento explícito dos direitos humanos'. O primeiro desses direitos é o direito à vida, ao qual se seguem o direito a crescer em uma família unida, o direito a amadurecer a própria inteligência e a própria liberdade na busca e no conhecimento da verdade, o direito a participar do trabalho, o direito a formar livremente uma família; e, por último, mas fonte de todos os direitos precedentes, o direito à liberdade religiosa."[18]

Aliás, a ligação entre os direitos sociais e a religião é quase que natural, sendo que essa evolução da Igreja Católica teve sua repercussão no Brasil. Em "coletânea de 13 ensaios escritos pelo **teólogo Leonardo Boff (1938)**, no decorrer dos anos 1970 e 1980, 'Igreja: carisma e poder' foi (e continua sendo) considerado pelo Vaticano um livro 'herético'. Frade franciscano à época, Boff sempre

18 BOBBIO, Norberto. *A era dos direitos*. Tradução: Carlos Nelson Coutinho. Nova edição. Rio de Janeiro: Elsevier: 2004, *passim*.

esteve associado ao desenvolvimento da Teologia da Libertação e das Comunidades Eclesiais de Base (as CEBS) na América Latina, numa movimentação ocorrida dentro da Igreja católica que remonta ao papado de João XXIII, entre 1958 e 1963. Nesse período, foram abertas as portas para aquilo que acabou sendo chamado de 'opção preferencial pelos pobres', isto é, a defesa da tese de que os cristãos deveriam assumir um compromisso com os mais necessitados em termos socioeconômicos.

Entretanto, com o retrocesso conservador levado a cabo sob o papado de João Paulo II, as tentativas implementadas por Boff de fazer uso das categorias do pensamento marxista para analisar a realidade histórico-social — elemento fundamental da **Teologia da Libertação** - acabaram sendo vistas como uma operação extremamente perigosa, devendo ser eliminadas o quanto antes. Dessa forma, a oportunidade para que Boff fosse condenado surgiu exatamente com a publicação do livro, tendo sido aberto um processo canônico em meados de 1984. Um ano depois, em 1985, o religioso brasileiro seria condenado ali meses de 'silêncio obsequioso', entre outras coisas, por ter colocado em questão as estruturas de poder da Igreja Católica e a suposta origem divina do Papa, dos cardeais e dos bispos. 'No pós-Concílio a teologia não apenas se viu confrontada com os problemas das sociedades abertas, industriais e secularizadas.

A questão primordial que as Igrejas se sentiam na urgência em responder era: como ser cristão num mundo crítico, adulto, funcionalista? Descobriu-se um desafio ainda maior, vindo das periferias da Ásia, África e especialmente América Latina; emergem os pobres como fenômeno social, das grandes maiorias, marginalizados dos benefícios do processo produtivo e explorados como excedentes de uma sociedade que privilegia soluções técnicas e soluções sociais para os seus problemas."[19]

---

19 "A questão é: como ser cristão num mundo de empobrecidos e miseráveis? O tempo das reformas no sistema já passou; importa um processo de libertação no qual os pobres recuperem sua dignidade aviltada e ajudem a gestar uma sociedade, não necessariamente rica, mas justa e mais fraterna. Os passos metodológicos desta tendência foram já detalhados e ensaiados com êxito: parte-se de uma indignação ética face à pobreza que Deus não quer para seus filhos, ao mesmo tempo que se faz uma experiência religiosa face aos pobres nos quais está presente o Servo Sofredor Jesus Cristo. Em segundo lugar, importa conhecer por que caminhos e mecanismos se produz por um lado gritante miséria e por outro escandalosa riqueza. Aqui cabem as análises históricas, sociais, políticas e econômicas. Em terceiro lugar, cumpre ler esta realidade da miséria, já descodificada com o instrumental sócio-analítico, com os olhos da fé e da teologia, discernindo as sendas da graça e os picadeiros do pecado. Por fim, faz-se mister, apontar pistas de ação pastoral mediante as quais a Igreja e os cristãos ajudem no processo de libertação integral.
A fé cristã traz a sua contribuição específica no processo mais global de libertação dos pobres, privilegiando os meios não violentos, a força do amor, a capacidade inexaurível do diálogo e da persuasão e procurando entender também à luz de critérios éticos, firmados na Tradição, a violência às vezes inevitável porque imposta pelos que não querem nenhuma mudança." BOFF. *In:* MONDAINI, Marco. *Direito humanos no Brasil.* Unicamp, 2011.

Pois bem. O princípio da dignidade da pessoa humana é essencial. **Não basta a liberdade, é crucial sua dignidade, seu bem-estar.** "Princípio fundador dos direitos do homem, o princípio de proteção da dignidade da pessoa humana traduz, por sua vez, a própria essência da concepção humanista da consciência universal originária de uma exigência ética fundamental. Esse princípio está implicitamente contido na Declaração dos Direitos do Homem e do Cidadão de 26 de agosto de 1789.

Ele encontra uma consagração explícita em vários instrumentos internacionais, especialmente na Declaração Universal dos Direitos do Homem, na Convenção Europeia de Proteção dos Direitos do Homem e das Liberdades Fundamentais ou na Declaração Americana dos Direitos e Deveres do Homem."[20]

Conforme já dissemos alhures, **o Brasil pensado em 1988 não é socialista, nem adota uma religião oficial. É fato. Mas possui perfil social, na medida em que se preocupa constantemente com a igualdade das condições entre as pessoas.** "A democracia que o Estado Democrático de Direito realiza há de ser um processo de convivência social numa sociedade livre, justa e solidária (art. 3º, I), em que o poder emana do povo, e deve ser exercido em proveito do povo, diretamente ou por representantes eleitos (art. 1º, parágrafo único); participativa, porque envolve a participação crescente do povo no processo decisório e na formação dos atos de governo; pluralista, porque respeita a pluralidade de ideias, culturas e etnias e pressupõe assim o diálogo entre opiniões e pensamentos divergentes e a possibilidade de convivência de formas de organização e interesses

---

20 "Declaração Universal dos Direitos do Homem adotada e proclamada pela Assembleia Geral das Nações Unidas em 10 de dezembro de 1948 – Fragmentos, Preâmbulo, alínea 1: 'Considerando que o reconhecimento da dignidade inerente a todos os membros da família humana e seus direitos iguais e inalienáveis constitui o fundamento da liberdade, da justiça e da paz no mundo.'
Art. 1°: 'Todos os seres humanos nascem livres e iguais em dignidade e em direitos. São dotados de razão e de consciência e devem agir uns em relação aos outros num espírito de fraternidade.'
Declaração Americana dos Direitos e dos Deveres do Homem adotada em maio de 1948, Preâmbulo, alínea 1: 'Todos os homens nascem livres e iguais do ponto de vista de sua dignidade e de seus direitos, e como eles são dotados pela natureza da razão e de consciên¬cia, devem agir fraternalmente, uns em relação aos outros.'
Esses textos consagram exigências feitas há muito tempo pelas grandes filosofias humanistas e pelas grandes religiões, especialmente o judaísmo, o catolicismo e o protestantismo.
Os horrores da Segunda Guerra Mundial provocaram naturalmente um retorno explícito a essa exigência primeira em vários textos subsequentes e notadamente em várias Constituições nacionais. Na França, o princípio pode ser deduzido do Preâmbulo da Constituição de 27 de outubro de 1946. Tal foi a tentativa do juiz constitucional francês. Ele extraiu esse princípio do texto do Preâmbulo da Constituição de 1946. Preâmbulo, alínea 1: 'No dia seguinte à vitória obtida pelos povos livres sobre os regimes que tentaram escravizar e degradar a pessoa humana, o povo francês proclama novamente que todo ser humano, sem distinção de raça, de religião ou de crença, possui direitos inalienáveis e sagrados. Ele reafirma solenemente os direitos e as liberdades do homem e do cidadão consagrados pela Declaração dos Direitos do Homem e do Cidadão de 1789, e os princípios fundamentais reconhecidos pelas leis da República'."
ISRAEL, Jean Jacques. *Direito das Liberdades Fundamentais.* Barueri: Manole, 2005, *passim.*

diferentes da sociedade; há de ser um processo de liberação da pessoa humana das formas de opressão que não depende apenas do reconhecimento formal de certos direitos individuais, políticos *e* sociais, mas especialmente da vigência de condições econômicas suscetíveis de favorecer o seu pleno exercício. (...)

O certo, contudo, é que a Constituição de 1988 não promete a transição para o socialismo com o Estado Democrático de Direito, apenas abre as perspectivas de realização social profunda pela prática dos direitos sociais, que ela inscreve, e pelo exercício dos instrumentos que oferece à cidadania e que possibilita concretizar as exigências de um Estado de justiça social, fundado na dignidade da pessoa humana."[21]

Portanto, o Direito e seus operadores, especialmente os Defensores Públicos, nesse campo, não podem ser indiferentes. O jurista deve olhar sob o prisma da dignidade da pessoa humana, como valor supremo acolhido pela nossa Constituição Federal. A Ética, influenciada pelas Revoluções Sociais do início do século passado e também pelo renascimento e fortalecimento dos direitos humanos no pós-guerra, "despatrimonializou-se" e sociabilizou/personificou-se.

Nessas hipóteses, através do chamado **"sopesamento de valores"**, devemos deixar para um segundo plano a questão da obrigação pecuniária inadimplida e priorizar a pessoa, como **"valor-fonte"** de todos os valores, nas palavras do mestre Miguel Reale.[22]

Não é por acaso que o Código Civil vigente consagrou os "direitos da personalidade", os quais "são direitos supremos do homem, aqueles que garantem a ele a fruição de seus bens pessoais. Em confronto com os direitos a bens externos, os direitos da personalidade garantem **a fruição de nós mesmos**, asseguram a senhoria de sua pessoa, a atuação das próprias forças físicas e espirituais".[23]

Em suma, **devemos deixar de lado o patrimônio, a herança, o poder, para consagramos a pessoa.** Também não se pode alegar, de forma absoluta, a chamada **"reserva do possível"**, bandeira levantada pelos Poderes Públicos e Concessionários dos Serviços Públicos para justificar suas omissões e negligências. De fato, na **ADPF nº 45**, o Ministro Celso de Mello faz um paralelo entre a "reserva do possível" e o "mínimo existencial" e conclui que em hipótese alguma poderá o primeiro prevalecer sobre o segundo.[24]

---

21 DA SILVA. José Afonso. *Curso de direito constitucional positivo.* 22ª ed. São Paulo: Malheiros Editores. 2003, *passim.*

22 REALE, Miguel. Filosofia do Direito. SARAIVA, 2005.

23 FERRARA, Francesco. *In* TEPEDINO, Gustavo. Temas de direito civil. 3. ed. Renovar, 2004.

24 Com efeito, "o direito à saúde – além de qualificar-se como direito fundamental que assiste a todas as pessoas – representa consequência constitucional indissociável do direito à vida. O Poder Público, qualquer que seja a esfera institucional de sua atuação no plano da organização federativa brasileira, não pode mostrar-se

Aliás, mesmo nas relações particulares, não se pode negar que os direitos fundamentais também incidem, fenômeno este denominado de "**eficácia horizontal dos direitos fundamentais**", cuja aplicação no direito pátrio já foi pacificada pelo Supremo Tribunal Federal, julgamento esse que teve como voto condutor o do Ministro Gilmar Mendes, cujo trecho diz: "entende Hesse que cabe ao legislador e, se este se revelar omisso ou indiferente, ao próprio juiz, **interpretar o direito privado à luz dos direitos fundamentais,** exercendo o dever de proteção que se impõe ao Estado."[25]

Doutra banda, a dignidade humana possui uma série de vertentes ou de aspectos a serem assegurados pelo Poder Público. Nesse ponto, uma questão se impõe. Há o direito fundamental à produção geracional?

"A decisão por uma descendência ou filiação exprime um tipo de autonomia de vontade individual que a própria Constituição rotula como **'direito ao planejamento familiar'**, fundamentado este nos princípios igualmente constitucionais da 'dignidade da pessoa humana' e da 'paternidade responsável'."[26]

Dessa forma, se é direito fundamental, ligado à dignidade humana, deve ser garantido à população mais carente, **mas com ponderação**. É razoável que o Estado custeie o tratamento de fertilização artificial para uma família sem prole ou com um ou dois filhos, desde que isso faça parte do **planejamento familiar sustentável** daquele casal, com vista ao melhor interesse da criança.

Porém, deixa de ser aceitável o custeio público dessa fertilização, por perder o caráter da essencialidade, quando o casal já ostenta farta prole e não dispõe

indiferente ao problema da saúde da população, sob pena de incidir, ainda que por censurável omissão, em grave comportamento inconstitucional. (...) O reconhecimento judicial da validade jurídica de programas de distribuição gratuita de medicamentos a pessoas carentes, inclusive àquelas portadoras do vírus HIV/AIDS, dá efetividade a preceitos fundamentais da Constituição da República (arts. 5º, caput, e 196) e representa, na concreção do seu alcance, um gesto reverente e solidário de apreço à vida e à saúde das pessoas, especialmente daquelas que nada têm e nada possuem, a não ser a consciência de sua própria humanidade e de sua essencial dignidade.» RE 271.286-AgR, Rel. Min. Celso de Mello, julgamento em 12-9-2000, Segunda Turma, Plenário, DJ de 24-11-2000.

25 MENDES, Gilmar. RE nº 201.819/RJ, julgamento em 11/10/2005.

26 "(...) A opção do casal por um processo *in vitro* de fecundação artificial de óvulos é implícito direito de idêntica matriz constitucional, sem acarretar para esse casal o dever jurídico do aproveitamento reprodutivo de todos os embriões eventualmente formados e que se revelem geneticamente viáveis. O princípio fundamental da dignidade da pessoa humana opera por modo binário, o que propicia a base constitucional para um casal de adultos recorrer a técnicas de reprodução assistida que incluam a fertilização artificial ou *in vitro*. De uma parte, para aquinhoar o casal com o direito público subjetivo à 'liberdade' (preâmbulo da Constituição e seu art. 5º), aqui entendida como autonomia de vontade. De outra banda, para contemplar os porvindouros componentes da unidade familiar, se por eles optar o casal, com planejadas condições de bem-estar e assistência físico-afetiva (art. 226 da CF). Mais exatamente, planejamento familiar que, 'fruto da livre decisão do casal', é 'fundado nos princípios da dignidade da pessoa humana e da paternidade responsável' (§ 7º desse emblemático artigo constitucional de nº 226)." ADI 3.510, Rel. Min. Ayres Britto, julgamento em 29-5-2008, Plenário, DJE de 28-5-2010.

de planejamento sólido a atender aos interesses dos filhos, especialmente diante de uma realidade crítica da saúde pública no Brasil. Ou seja, é questão de razoabilidade.

Na mesma senda, não se pode admitir a imposição da esterilização de pessoas fundadas, unicamente, nas suas condições sociais. Trata-se de medida discriminatória, típica de regimes totalitários.

Enfim, o que é relevante, bem verdade, é a ponderação. **Mesmo no uso da expressão "dignidade da pessoa humana", para não banalizá-la.**

Para **Ingo Wolfgang Sarlet**, "mesmo que seja correta a assertiva de que o princípio da dignidade da pessoa humana atua — na sua dimensão objetiva — como elemento informador dos direitos e garantias fundamentais, mas também de toda a ordem jurídico-constitucional, também é certo que isto não significa que todos os direitos fundamentais (até mesmo pelo fato de que sempre poderá haver direitos fundamentais em sentido eminentemente formal ou cuja fundamentalidade encontra-se diretamente lastreada em outros valores e opções do Constituinte) sejam uma decorrência direta da dignidade da pessoa humana. (...)"[27]

---

27 "De outra parte, haverá de se reconhecer um espectro amplo e diversificado no que diz com a intensidade da vinculação dos direitos fundamentais em espécie à dignidade da pessoa humana, aspecto que voltará a ser abordado, naquilo que importa ao foco do presente ensaio.
Embora não se possa aqui enfrentar com maior detalhamento tal aspecto, não há como deixar de registrar, até mesmo para evitar alguma incompreensão, que adotamos o entendimento de que existem diferenças importantes (embora as evidentes e grandes convergências) entre os direitos fundamentais, como direitos (e deveres!) reconhecidos pelo direito constitucional positivo, de modo expresso ou implícito, dotados de um regime jurídico qualificado (reforçado) e os direitos humanos, consagrados no plano do direito internacional — sem prejuízo de sua simultânea (mas nem sempre equivalente) positivação no plano constitucional, neste caso, assumindo a condição de direitos fundamentais, assegurados a qualquer pessoa independentemente de um vínculo jurídico com determinado Estado.
Da mesma forma não se pode negligenciar que tanto os direitos fundamentais, mas especialmente os direitos humanos são o resultado de demandas-concretas, de processos políticos e culturais, que vão encontrando maior ou menor receptividade no plano jurídico-político-institucional, sendo também entendidos como produtos culturais de evidenciada natureza empírica, engendrados no âmbito dos processos de emancipação social, que, embora situados fora que poderia ser designada de pré-jurídica, não podem desprezar — até mesmo para a sua proteção e perenidade — a indispensável garantia e regulação jurídica. Tal circunstância, por sua vez, torna tanto os direitos humanos quanto os direitos fundamentais imunes a qualquer pretensão absolutista de inspiração jusnaturalista (seja qual for o seu fundamento, deísta ou metafísico) visto que os processos sociais têm como horizonte a permanente busca de concretização da dignidade da pessoa humana, formulando e veiculando preferências que mais tarde se congelarão em valores concretos e indispensáveis para uma vida digna, o que, por sua vez, dialoga com a assim designada dimensão histórico-cultural da própria dignidade da pessoa humana, como um conceito, também jurídico, em permanente processo de reconstrução.
Assim, pelo menos, na ausência de maior desenvolvimento, há que enfatizar que especialmente na esfera dos direitos fundamentais, de matriz constitucional, onde nem sempre há correspondência entre o que realmente são as demandas prevalentes no corpo social e as necessidades biofísico-psíquicas mais elementares da(s) pessoa(s) humana(s), a justificação direta e autônoma da fun-damentalidade (aqui no sentido material) de todos os direitos consagrados como fundamentais pelo Constituinte a partir do princípio da dignidade da pessoa humana não se revela como plausível.

Porém, adverte. "Convém, quanto a este ponto, tomar a sério a advertência de Haberle, P. Die Menschenwürde als Grundlage der staatlichen Gemeinschaft". *In:* Isensee, J. & Kirchhof, P. (Orgs.). *Hanbdbuch des Staatsrechts der Bundesrepublik Deutschland, v.* I. Heidelberg: C. F. Müller, 1987, p. 823, **recomendando um uso não inflacionário** da dignidade e repudiando a utilização da dignidade de modo panfletário e como fórmula vazia de conteúdo. Neste sentido, por mais que se possa afirmar que, em matéria de dignidade e direitos fundamentais, seja melhor pecar pelo excesso, não há como desconsiderar o fato de que o recurso exagerado e sem qualquer fundamentação racional à dignidade — tal como vez por outra ocorre também entre nós — efetivamente pode acabar por contribuir para a erosão da própria noção de dignidade como valor fundamentalíssimo da nossa ordem jurídica. Aqui poderiam ser enquadradas, apenas em caráter exemplificativo e respeitando a nobre intenção dos prolatores da decisão — alguns julgados ampliando em demasia o significado da dignidade da pessoa humana, para afastar a impenhorabilidade de alguns bens, como no caso dos aparelhos de televisão, telefones, salvo, é claro, circunstâncias especialíssimas impostas pelo caso concreto.

Pelo menos sujeito a controvérsias é o entendimento sustentado pela 1ª Turma Cível do Tribunal de Justiça do DF, no Julgamento da Apelação Cível n°

Independentemente da possibilidade de se fundar todos os direitos fundamentais (e mesmo os direitos humanos) diretamente na dignidade da pessoa humana, como direitos reconhecidos às pessoas em função de sua dignidade, impõe-se seja ressaltada, pela sua relevância para o nosso propósito, daquilo que tem sido designado de uma função integradora e hermenêutica do princípio (e regra) da dignidade da pessoa humana, no sentido de que este — por força de sua dimensão objetiva — serve de parâmetro para aplicação, interpretação e integração não apenas dos direitos fundamentais e das demais normas constitucionais, mas de todo o ordenamento jurídico.

De modo todo especial, o princípio da dignidade da pessoa humana — como também os demais princípios fundamentais da Constituição — acaba por servir de referencial inarredável no âmbito da indispensável hierarquização axiológica inerente ao processo de criação e desenvolvimento jurisprudencial do Direito. Justamente no âmbito desta função do princípio da dignidade da pessoa humana, afirma-se a existência não apenas de um dever de interpretação conforme a Constituição e os direitos fundamentais, mas acima de tudo de uma hermenêutica que, para além do conhecido postulado do *in dubio pro libertate*, tenha sempre presente 'o imperativo segundo o qual em favor da dignidade não deve haver dúvida (Freitas).' (...)

Assim e por todo o exposto, recolhemos aqui a lição de Menelick de Carvalho Neto, naquilo em que bem lembra que o artigo 5°, parágrafo 2°, da nossa Carta Magna traduz a noção de que a Constituição se apresenta como a 'moldura de um processo de permanente aquisição de novos direitos fundamentais'. Na mesma perspectiva e partindo da premissa de que os direitos fundamentais são variáveis no 'espaço' e no 'tempo', leciona Cristina Queiroz que a necessária abertura material do catálogo constitucional de direitos guarda conexão com a circunstância de que assim como inexiste um elenco exaustivo de possibilidades de tutela, também não existe um rol fechado de riscos para a pessoa humana e os direitos que lhe são inerentes.(...)

Sem que se vá aqui aprofundar todas as facetas da problemática, é nosso propósito nesta quadra, partindo da premissa de que a dignidade da pessoa humana assume uma função de inequívoca relevância no que diz com a justificação, tanto da fundamentalidade de direitos e garantias expressamente positivados no texto constitucional, embora não no Título II, quanto na fundamentação de posições jusfundamentais implícitas (incluindo direitos e deveres), é possível afirmar que a circunstância de se estar em face de uma manifestação inequívoca da dignidade da pessoa humana (e de uma exigência concreta de sua proteção ou promoção) constitui indicativo seguro da fundamentalidade das correspondentes posições jurídicas." SARLET, Ingo Wolfgang. *In: Estudos sobre direito publico e filosofia do direito.* Renovar, 2011.

51.159-99, em Acórdão relatado pelo Des. Valter Xavier, afirmando que a cobrança de juros acima do limite constitucional de 12% ao ano constitui prática ofensiva à dignidade da pessoa humana, notadamente em se generalizando a afirmação. É claro que a prática da usura, em determinado nível, notadamente quando assume cunho extorsivo, poderá, dadas as circunstâncias do caso, configurar ofensa à dignidade. Da mesma forma, não se pretende afastar a viabilidade do argumento de que uma legislação permissiva de juros abusivos possa acarretar situações incompatíveis com as exigências da dignidade. Todavia, acreditamos que se possa questionar a tese de que a simples cobrança de juros acima do limite constitucional seja, em princípio, ofensiva à dignidade, especialmente para o efeito de demonstrar um possível uso inflacionário da dignidade."[28]

De fato, o que defendemos é seu uso moderado, sob pena de prejudicar a sua eficácia quando for realmente preciso, em geral, no campo dos direitos sociais.

3. A DEFESA DAS IGUALDADES E DAS DIFERENÇAS

A pessoa é dotada de certas condições e necessidades. As condições representam os elementos físicos, psicológicos, culturais, jurídicos, sociais e econômicos, ostentados por ela para que seus projetos e planos de vida possam ser desenvolvidos e, consequentemente, suas necessidades supridas.

O conjunto de condições mínimas relativas à saúde, à educação, à moradia, à afetividade, ao trabalho, à paz, à liberdade e ao respeito é indispensável às necessidades básicas da vida digna. Nesse aspecto, todas as pessoas devem ser vistas sob o **prisma da igualdade material.**

Quando deixamos essas condições básicas, preferencialmente equânimes, e passamos para **o campo das necessidades**, considerando o modo de vida escolhido por cada pessoa, segundo suas expectativas, seus sonhos e metas, nos deparamos com **os direitos ligados às diferenças**, que merecem ser respeitadas e muito bem compreendidas.

A grosso modo, a igualdade, especialmente a material, clama pela ação estatal, no sentido afirmativo e promocional de direitos, sendo que a diferença exige, com especial ênfase, a abstenção, a liberdade, o respeito e a tolerância seja pelo Estado, seja pelo particular.

"Somos quem podemos ser. Sonhos que podemos ter"[29]. A primeira frase se refere exatamente às condições possuídas que, se mínimas, devem ser mate-

28 SARLET, Ingo Wolfgang. *In: Estudos sobre direito publico e filosofia do direito.* Renovar, 2011.

29 Composição de Humberto Gessinger, interpretada por Engenheiros do Hawaii: "Um dia me disseram. Que as nuvens não eram de algodão. Um dia me disseram. Que os ventos às vezes erram a direção.//E tudo ficou tão claro. Um intervalo na escuridão. Uma estrela de brilho raro. Um disparo para um cora-

rialmente iguais. A segunda, por sua vez, toca **as necessidades**, as expectativas que cada um pode traçar para sua vida, dentro de um contexto pluralista das diferenças.

> **ATENÇÃO** Em geral, a existência de grupos específicos faz surgir **as chamadas "minorias". A missão do Defensor Público** é outorgar espaço a elas **como forma de realização do almejado pluralismo.**

Tecnicamente, "**a regra da maioria** foi instituída como um mecanismo lógico de solução dos conflitos políticos, compatível com sociedades bastante homogêneas, egressas da Idade Média, para as quais a proteção das minorias ainda não havia se mostrado relevante. Nas sociedades contemporâneas, a regra da maioria pode servir como um instrumento de opressão que, pouco a pouco, acaba por suplantar os princípios fundamentais de tolerância que caracterizam as comunidades democráticas e plurais. Bem por isso, buscam-se novos conceitos de democracia."[30]

Portanto, "**nós devemos abandonar a ideia familiar de que a regra da maioria é a única opção para o processo de decisão coletiva justa**, mesmo na política... a concepção majoritária de democracia é defeituosa porque não

ção.//A vida imita o vídeo. Garotos inventam um novo inglês. Vivendo num país sedento. Um momento de embriaguez.//Nós. Somos quem podemos ser. Sonhos que podemos ter.//Um dia me disseram. Quem eram os donos da situação Sem querer eles me deram. As chaves que abrem essa prisão.//E tudo ficou tão claro. O que era raro ficou comum. Como um dia depois do outro. Como um dia, um dia comum.//A vida imita o vídeo. Garotos inventam um novo inglês. Vivendo num país sedento. Um momento de embriaguez.//Nós. Somos quem podemos ser. Sonhos que podemos ter.//Um dia me disseram. Que as nuvens não eram de algodão. Um dia me disseram Que os ventos às vezes erram a direção.//Quem ocupa o trono tem culpa. Quem oculta o crime também. Quem duvida da vida tem culpa. Quem evita a dúvida também tem.//Somos quem podemos ser. Sonhos que podemos ter."

30 "O direito como *equidade* surge como uma alternativa na filosofia que busca responder a algumas destas questões, tendo a obra seminal de John Rawls fixado dois princípios de grande importância, a partir dos quais se busca resolver problemas de ordem prática. Pelo *princípio da igualdade,* todos os cidadãos têm direito ao acesso imparcial a uma lista de liberdades fundamentais, entre as quais a liberdade política, a liberdade de expressão, a liberdade de consciência, de proteção da propriedade privada e contra a detenção ilegal.
De acordo com o segundo princípio (da diferença), a sociedade pode assegurar melhores condições para os que já se encontram em posição favorável, desde que com isso promova a melhoria das condições dos que se encontram em pior situação na escala social. Em ambos os casos, a teoria pressupõe que a regra da maioria será observada, ou seja, que uma determinada comunidade fixou as condições de convivência a partir da um acordo imparcial - adotado sob um 'véu de ignorância' - que não toma em consideração as preferências e habilidades pessoais dos contratantes que se encontram nesta posição original. (...)
A regra da maioria pode facilmente se converter em ditadura das maiorias, especialmente nas sociedades pós-modernas, imersas em um universo marcado pela tecnologia da informação (comunicação social). *Gays*, mulheres, negros e minorias de uma maneira geral, por ausência de força política suficiente em sua representação no Congresso, seriam reféns permanentes da intolerância das massas. Em uma sociedade que aspira o pluralismo como um dos seus principais objetivos históricos, a regra da maioria deve ser revista, o que significa dizer que o Judiciário tem a missão de preservar um espaço intangível da individualidade humana." APPIO, Eduardo. *Direito das minorias.* São Paulo: RT, p. 37/38.

consegue explicar, por si mesma, o que há de bom sobre a democracia. O simples peso dos números, por si mesmo, em nada contribui para o valor de uma decisão política. Nós precisamos de uma mais profunda e mais bem elaborada teoria que condições devem ser encontradas e protegidas em uma comunidade política antes que a regra da maioria seja considerada apropriada para esta comunidade."[31]

Ronald Dworkin ainda ensina: "segundo o **'princípio da igual importância'**, é relevante que a vida humana, de um ponto de vista objetivo, não seja desperdiçada. Esse princípio demanda que a comunidade política que exerce domínio sobre seus próprios cidadãos, e lhes exige fidelidade e obediência às leis, deve adotar uma postura imparcial, objetiva, em relação a eles, e cada um de seus cidadãos deve votar, e seus representantes devem promulgar leis e elaborar políticas governamentais com essa responsabilidade em mente.

Já segundo o princípio da **'responsabilidade especial'** afirma que, quando é preciso optar com relação ao tipo de vida que a pessoa viva, dentro de qualquer escala de opções que lhe sejam permitidas pelos recursos ou pela cultura, essa pessoa é responsável por suas próprias escolhas. O princípio não endossa nenhuma opção de valor ético. Não despreza a vida que seja tradicional e enfadonha, nem a que seja inovadora e excêntrica, contanto que essa vida não tenha sido imposta a alguém pelo juízo alheio de que é a vida certa para essa pessoa viver".

Enfim, são cruciais ao Estado Democrático a promoção dos excluídos e o respeito aos diferentes.

Contudo, a atual realidade socioeconômica do Brasil, da América Latina e dos países em desenvolvimento ainda não nos permite grande comemoração. Sobre essa desigualdade social, o jornalista e escritor uruguaio Eduardo Lacerda denuncia a inversão de valores promovida pela sociedade de consumo e desfavor da grande massa.

"Curso básico de injusticia. La publicidad manda consumir y la economía lo prohíbe. Las órdenes de consumo, obligatorias para todos pero imposibles para la mayoría, se traducen en invitaciones al delito. Las páginas policiales de los diarios enseñan más sobre las contradicciones de nuestro tiempo que las páginas de información política y económica.

Este mundo, que ofrece el banquete a todos y cierra la puerta en las narices de tantos es, al mismo tiempo, igualador y desigual: igualador en las ideas y en las costumbres que impone, y desigual en las oportunidades que brinda.

La igualación y la desigualdade. (...) No se puede reducir a cifras la igualación cultural impuesta por los moldes de la sociedad de consumo. La desigual-

31 DWORKIN, Ronald. *In:* APPIO, Eduardo. *Direito das minorias.* São Paulo: RT, p. 41.

dad económica, en cambio, tiene quien la mida. La confiesa el Banco Mundial, que tanto hace por ella, y la confirman los diversos organismos de las Naciones Unidas. Nunca ha sido menos democrática la economía mundial, nunca há sido el mundo tan escandalosamente injusto. En 1960, el veinte por ciento de la humanidad, el más rico, tenía treinta veces más que el veinte por ciento más pobre. En 1990, la diferencia era de sesenta veces. Desde entonces, se ha seguido abriendo la tijera: en el año 2000, la diferencia será de noventa veces. En los extremos de los extremos, entre los ricos riquísimos, que aparecen en las páginas pornofinancieras de las revistas Forbes y Fortune, y los pobres pobrísimos, que aparecen en las calles y en los campos, el abismo resulta mucho más hondo. Una mujer embarazada corre cien veces más riesgo de muerte en África que en Europa. El valor de los productos para mascotas animales que se venden, cada año, en los Estados Unidos, es cuatro veces mayor que toda la producción de Etiopía. Las ventas de sólo dos gigantes, General Motors y Ford, superan largamente el valor de la producción de toda el África negra."[32]

4. O COMBATE À DISCRIMINAÇÃO PELA COR DA PELE

Do **modelo de colonização** de exploração lusitano, implementado no Brasil, herdamos a escravidão, que chegou ao Império e, posteriormente, com as leis abolicionistas, a discriminação pela cor, cujos efeitos, infelizmente, ainda são sentidos nos nossos dias.

Aliás, esse preconceito já foi abordado em diferentes ocasiões. Na letra da música "Preto velho", de Tião Carreiro e Pardinho, quando questionado dos motivos de seus lamentos, respondeu: "É meu coração que dói; eu já fui bom candeeiro, fui carreiro e fui peão; já derrubei muito mato, e já lavei muito chão; com carinho carreguei os filhos do meu patrão; em troca do que eu fiz, só recebi ingratidão; (...) sempre chamei de senhor; quem me tratou a chicote; livrei meu patrão de cobra, na hora de dar o bote (...)", e termina dizendo que, já idoso, está sendo dispensado pelo empregador, sem nenhuma gratidão, amparo ou reconhecimento.

Hoje, felizmente, o contexto jurídico foi alterado. Uma legislação específica foi editada. A chama de luta que nos resta manter acesa é para, finalmente, concretizarmos a almejada igualdade.

Destarte, a Lei nº 12.228/2010 institui o **Estatuto da Igualdade Racial**, voltado "a garantir à população negra a efetivação da igualdade de oportunidades, a defesa dos direitos étnicos individuais, coletivos e difusos e o combate à

32 LACERDA, Eduardo. La Escuella Dell Mundo All Revés – A escola do mundo ao avesso. Disponível em: http://www.ateneodelainfancia.org.ar/uploads/galeanoescuela.pdf.

discriminação e às demais formas de intolerância étnica" (art. 1º), e estabelece que "além das normas constitucionais relativas aos princípios fundamentais, aos direitos e garantias fundamentais e aos direitos sociais, econômicos e culturais, o Estatuto da Igualdade Racial adota como diretriz político-jurídica a inclusão das vítimas de desigualdade étnico-racial, a valorização da igualdade étnica e o fortalecimento da identidade nacional brasileira" (art. 3º).

Mas, uma lei apenas não é suficiente. Temos um grande débito a quitar. O famoso caso **"Preto Amaral"** ilustra bem o fenômeno da criminalização racial e social no Brasil. Ele narra uma triste estória de acusação de um sujeito miserável de cor negra, "confesso" no âmbito policial, mas cujos meios de colheita dessa prova jamais foram ou serão esclarecidos, especialmente se considerarmos a recorrente prática da tortura e de outros meios ilegítimos de investigação daquela época, cujo contexto social elitista e dominado, no Sudeste do país, por uma aristocracia em decadência após a queda da República Café com Leite e a crise econômica mundial de 1922, mas ainda com poder político, mostrava-se sobremodo perverso.

Ele morre no cárcere antes do seu julgamento, mas cuja sentença condenatória essa mesma elite incumbiu-se de decretar.

De fato, com a abolição da escravidão e a crise da aristocracia rural no Brasil central, essa elite, já questionada, ainda procurava meios que assegurariam sua hierarquia social. Assim, ela não dispensaria o uso da persecução penal, do cárcere, inclusive, para manter seguros seus interesses, conforme explicou o Defensor Público Renato de Vitto, quando manifesta no Júri simulado, abaixo citado.

Ademais, soma-se a isso o fato de, na década de 20 do século passado, estarem em fase inicial de estruturação tanto a polícia científica, quanto a imprensa escrita, ainda carentes de reconhecimento social e político. Não perderiam a oportunidade diante do clamor público.

O acusado negro morreu na prisão, mas sua responsabilidade foi indicada pelas autoridades da época e ainda permanece viva.

Após décadas, um evento patrocinado pela **Escola Superior da Defensoria Pública de São Paulo** realiza uma releitura dos fatos, com os elementos ainda existentes, cujo resultado indica, ao menos em tese, que o suposto criminoso foi vítima da perseguição racial do início do século finado. Vale a pena a citação, para conhecimento e justa homenagem.

"Em um julgamento simbólico realizado 85 anos após acusações de crimes que chocaram a cidade de São Paulo, Preto Amaral foi absolvido na noite de ontem (21/09/12), **foram 257 votos pela absolvição e 57 pela condenação.**

O Salão Nobre da Faculdade de Direito de USP (Largo São Francisco) foi o palco do Júri Simulado sobre os crimes atribuídos em 1927 a Preto Amaral, retratado por alguns como o primeiro *serial killer* brasileiro.

Cerca de 560 pessoas compareceram ao evento, organizado em parceria pela Defensoria Pública de SP (através da Escola da Defensoria e de seu Núcleo Especializado de Combate à Discriminação, Racismo e Preconceito), a Ouvidoria-Geral da Defensoria, o Instituto de Defesa do Direito de Defesa (IDDD), a Faculdade de Direito da USP e a Companhia de Teatro Pessoal do Faroeste – que já produziu uma peça baseada na história.

Profissionais com larga experiência em tribunais do júri estudaram o inquérito policial e reportagens da época para desempenharem com fidelidade os melhores argumentos de acusação e de defesa. Ao final, as pessoas presentes puderam votar pela culpa ou inocência de Preto Amaral, por meio de cédulas.

José Augusto do Amaral, o 'Preto Amaral', nasceu em Minas Gerais, em 1871. Filho de escravos, ganhou sua liberdade com a Lei Áurea e entrou para o exército, participando da Guerra dos Canudos, em 1897. Provavelmente devido à discriminação e maus tratos, comuns na época, tentou desertar no Rio de Janeiro e foi preso, sendo condenado a sete meses de prisão. Ao ser libertado, não conseguiu um emprego fixo e veio para São Paulo, onde começou a fazer bicos. Em 1927, Amaral foi preso novamente, apontado como autor de três assassinatos brutais, seguidos de violência sexual.

Segundo a versão da Polícia, ele usou sempre um mesmo método: oferecer pequenos serviços ou refeições para meninos ou rapazes pobres, para então levá-los a lugares ermos, onde os atacava e abandonava os corpos.

Por isso, hoje ele é apontado por alguns como o primeiro *serial killer* brasileiro e, nas manchetes da época, além de 'Preto Amaral', ficou conhecido como 'Monstro Negro' e 'Diabo Preto'. Foi capturado após o depoimento de um menino de 9 anos, que conseguiu escapar de um ataque. Sua culpa nunca ficou comprovada, embora a Polícia tenha divulgado que ele confessou os crimes. Ele morreu de tuberculose na cadeia, cinco meses após sua prisão, sem ter sido levado a julgamento."[33]

33 "O júri foi presidido pelo Juiz José Henrique Torres, que preside o Tribunal do Júri em Campinas. A acusação ficou a cargo de Carlos Roberto Talarico (Promotor de Justiça em SP) e Augusto de Arruda Botelho Neto (Advogado que fez o papel de Assistente de Acusação). A defesa foi feita por Antônio Cláudio Mariz de Oliveira (Advogado) e Renato Campos de Vitto (Defensor Público em SP).

A primeira testemunha a depor foi a senhora Jorgina, mãe de uma das vítimas (interpretada pela atriz Neusa Velasco). Lágrimas escorriam em seu rosto, enquanto ela demonstrava a dor de uma mãe que perdeu seu único filho de forma brutal. 'Meu filho saiu de casa e nunca mais voltou. Levei uma fotografia dele para dar conta de seu desaparecimento. No dia 6 de janeiro, me chamaram para um reconhecimento, e as roupas eram do meu filho. Eu queria ver o corpo, mas disseram que não podia. Ele estava decomposto e tinha sido comido por bichos. Estou aqui pedindo Justiça. Quero que o senhor Amaral seja punido por esse crime. Era meu único filho – eu não tenho mais nada'.

A defesa lhe indagou se ela havia sido informada pela Polícia que o laudo necroscópico de seu filho não atestava nem estrangulamento, nem violência, como havia sido relatado a ela – a pergunta foi indeferida pelo Juiz Presidente.

A escritora Ilana Casoy é autora de livros sobre matadores em série e estudou as acusações feitas à época contra Preto Amaral – ela foi a segunda testemunha a ser ouvida. Para Ilana, 'temos com bastante margem de certeza a culpa de Amaral'. Ela apontou que ele deve ser considerado o primeiro serial killer brasileiro, por suas vítimas terem o mesmo perfil e serem mortas sob o mesmo *modus operandi*. 'Todos os meninos se parecem, seja pela idade, pela cor da pele ou pelo trabalho. Ele oferecia comida, conversava e se aproximava desses meninos pobres. Depois, atraia elas para um lugar ermo. Quando estavam desacordadas, ele os agredia sexualmente'.

O Defensor Renato (De Vitto) indagou sobre as comprovações de violência sexual. 'Isso foi possível em apenas um único caso, quando o corpo foi achado logo após o crime. Nos outros, os corpos decompostos impediram qualquer análise'. A defesa indagou, ainda, sobre o fato de cada crime ter sido cometido a mais de 30km um do outro – corpos foram achados no Campo de Marte e na Estrada de São Miguel Paulista. 'São locais distantes, mas são o mesmo tipo de local – ermo e abertos'.

A última testemunha a ser ouvida foi Paulo Fernando de Souza Campos, historiador que pesquisou as acusações contra Preto Amaral para sua tese de doutoramento. Ele buscou investigar como as acusações da época ocorreram sob técnicas que partiam de pressupostos racistas e eugênicos.

' Em 1927, o perito médico ainda era uma profissão em gestação. Essas técnicas eram fundamentadas nos pressupostos da eugenia ou do darwinismo social. Essa é uma questão importante. A técnica ainda era muito incipiente. Amaral foi preso como suspeito - e ele não foi o único. Outros homens foram presos, todos negros. Naquele contexto, entretanto, a mídia foi responsável por fabricar o monstro'. Ele apontou que à época as identificações dos criminosos eram feitas por antropometria e biotipologia. 'A imprensa sempre trazia elogios à Polícia, que tentava demonstrar sua eficiência técnica'.

Antes do interrogatório de Preto Amaral (interpretado pelo ator Rogério Brito), o Juiz José Henrique advertiu à platéia de jurados que o acusado possui o direito de permanecer em silêncio e advertiu, expressamente, que o ditado 'quem cala, consente' não tem lugar em um tribunal.

'Eu não conhecia esses meninos não, senhor. Eu vivia na pensão, senhor', disse o réu, que se expressava com dificuldade e que para a maioria das perguntas respondeu: 'não me *alembro* não, senhor'.

A acusação indagou Amaral sobre seu passado como oficial do Exército. O Promotor Talarico queria saber detalhes sobre ele atuou na Guerra de Canudos, em 1987, no interior da Bahia. 'Lutei em Canudos, senhor. Colocavam a gente na frente das trincheiras, só os pretos, senhor'. A promotoria explicou que, conforme os relatos de Euclides da Cunha sobre a guerra, os combatentes da República costumavam ganhar 'jaguncinhos' (filhos dos combatentes locais), após seus pais serem mortos. 'O que o senhor fez com os seus jaguncinhos? O que o senhor fez com eles', gritava a acusação. O Juiz interveio para indeferir as perguntas. Por fim, a acusação indagou a Amaral se ele já havia feito sexo com uma mesma mulher mais de uma vez. Após a pergunta ter sido refeita por três vezes, pela dificuldade do réu de entendê-la, ele explicou: 'Já me deitei com mulher, senhor. Mas não de novo com a mesma'.

O Advogado Mariz indagou se Amaral sofreu tortura quando detido pela Polícia. 'Os polícia batia muito, senhor'.

Após a oitiva de testemunhas e acusado, seguiram-se as manifestações finais de acusação e defesa: 30 minutos para cada parte, além de réplica e tréplica de 20 minutos cada.

A acusação defendeu que havia provas suficientes para a condenação. 'Por que a polícia iria torturar ele? Por que, de tantos negros presos, apenas ele foi torturado e incriminado?', indagou Arruda Botelho, advogado da assistência de acusação. Ele enfatizou que, durante sua confissão extrajudicial, Amaral teria admitido não apenas os três homicídios consumados, mas também uma tentativa desse crime contra um quarto menino: ele teria dito que, pensando que o garoto já estava morto, afastou-se de seu corpo, mas quando retornou descobriu que ele havia fugido.

A acusação, então, apontou que 24 horas depois dessa confissão da tentativa de homicídio, a Polícia localizou o garoto-vítima, que confirmou todas as acusações em detalhes. Um laudo pericial atestou que ele havia sofrido lesões de esganadura.

Ao final do Júri simulado, mas com forte carga de realidade, a plateia presente pôde votar: 257 votos pela absolvição e 57 pela condenação.

Uma vitória, mas que não deve ser comemorada, senão nos levar à reflexão acerca dos inúmeros fatos, processos, juízos discriminatórios que compõem a história brasileira e que jamais podem ser repetidos.

Um livro todo é pouco para relatarmos o histórico subtratamento dispensado por conta da cor no Brasil. Assim, traremos alguns relatos e obras.

"Se a dona se banhou; Eu não estava lá; Por Deus Nosso Senhor; Eu não olhei Sinhá; Estava lá na roça; Sou de olhar ninguém; Não tenho mais cobiça; Nem enxergo bem; Para que me pôr no tronco; Para que me aleijar; Eu juro a vosmecê; Que nunca vi Sinhá; Por que me faz tão mal; Com olhos tão azuis; Me benzo com o sinal; Da santa cruz; Eu só cheguei no açude; Atrás da sabiá; Olhava o arvoredo; Eu não olhei Sinhá; Se a dona se despiu; Eu já andava além; Estava na moenda; Estava para Xerém; Por que talhar meu corpo; Eu não olhei Sinhá; Para que que vosmincê; Meus olhos vai furar; Eu choro em ioruba; Mas oro por Jesus; Para que que vassuncê; Me tira a luz."[34]

Aliás, o tema da discriminação racial é central também **no campo jurídico--político norte-americano**, sendo que temos notado relevante progresso nos últimos anos.

"***O caso Strauder v. West Virginia (1879):*** O caso tratava de uma explícita discriminação praticada por meio de uma lei que limitava a participação de negros no corpo de jurados do Estado da Virgínia. Strauder, um homem negro que havia sido condenado por assassinato por um júri formado exclusivamente por brancos, alegou já em sede de apelação que sua condenação afetava a cláusula

---

Mariz de Oliveira, em sua manifestação, disse que a sociedade à época 'talvez não admitisse um crime assim praticado por um branco'. Ele criticou a cobertura da imprensa sobre o caso, 'por criar sempre uma expectativa de culpa, nunca de inocência'. Para Mariz, 'a imprensa teve um papel fundamental, porque em nenhum momento deixou em aberto a possibilidade de inocência de Amaral. E a teoria da raça superior aumentou o pedido pela culpa desse homem'.

Em sua réplica, a acusação negou que a suspeita sobre Amaral fosse racista. 'O que está sob julgamento aqui são as ações desse homem, que por acaso é negro. Não é a raça negra que está em julgamento', disse Talarico. 'Ele é um facínora, que por acaso é negro' reiterou Arruda Botelho.

Renato de Vitto iniciou sua tréplica deitando-se ao chão, em uma típica saudação do candomblé. 'Quando chegavam ao Brasil, os negros escondiam suas riquezas sob o chão da Igreja Católica, que era a religião apontada como correta pelos brancos'. Ele desmereceu o trabalho de perícia feito à época: 'no final do laudo, um dos peritos diz que 'por motivos alheios à nossa vontade, não pudemos necropsiar o acusado'. Renato reiterou que não havia provas de necrofilia e que as acusações sequer davam conta de um matador de série: 'Havia três vítimas distintas. Elas tinham 10, 17 e 27 anos! O rapaz de 27 anos era um operário, e não um menino!'. 'Não há assinatura que ligue esses crimes', disse, apontando que o local onde os corpos foram encontrados eram pontos ermos próximos da periferia da cidade. 'Nada das vítimas foi encontrado com Preto Amaral, e sabe-se que *serial killers* costumam guardar esses troféus'." Disponível em < http://www.defensoria.sp.gov.br>.

34 Chico Buarque ("Chico" – 2011).

da igual proteção contida na Emenda 14. Questionava-se, então, se o fato de um acusado negro não contar com pessoas de sua raça no corpo de jurados violaria a Emenda 14 à Constituição norte-americana.

A Suprema Corte dos Estados Unidos, ainda em 1879, afirmou, em voto do Justice Strong, que a lei estadual de Virgínia violava a Emenda 14, uma vez que a emenda havia sido criada com a finalidade de assegurar aos negros libertos os mesmos direitos e garantias outorgados aos brancos. A Corte entendeu que os Estados-membros poderiam estabelecer requisitos para a participação dos cidadãos no júri, desde que não estivessem diretamente relacionados à raça dos jurados."[35]

"*O caso* **McCIeskey v. Kemp** *(J 987)*: Outro caso envolvendo o debate acerca dos efeitos discriminatórios de uma política aparentemente neutra por parte da administração pública é *McCIeskey v. Kemp.* Neste caso, o autor McCIeskey, um homem negro, havia sido condenado à pena capital por ter assassinado um homem branco. Em sua petição de *habeas corpus,* McCIeskey argumentou que o sistema de administração da pena capital no Estado da Geórgia violava a cláusula da igual proteção, uma vez que havia estudos estatísticos da década de 70 que comprovavam que a chance de um homem negro ser condenado à pena de morte quando a vítima fosse um homem branco era 4,3 vezes maior do que se a vítima fosse um negro.

A Suprema Corte - Justice Powell - não aceitou esse argumento, pois competia ao autor da ação a prova da existência de uma intenção claramente discriminatória por parte das autoridades encarregadas da administração da pena capital no Estado da Geórgia.

Segundo o voto vencedor, não existiam provas seguras acerca da intenção discriminatória ou mesmo de uma omissão do Estado-membro de evitar resultados discriminatórios, visto que as decisões em matéria criminal eram tomadas por júris imparciais a partir de um grau necessário de discrição. Durante o julgamento, houve dissensão por parte do Justice Brennan, o qual reputou válidos os argumentos e as estatísticas trazidas à Corte por McCIeskey, pois eram evidentes as intenções e resultados discriminatórios contra os negros. O caso McCIeskey serviu como um importante precedente que demarcou, de modo cla-

35 "Muito embora a Corte não tenha estabelecido um direito de o acusado ter pessoas da mesma raça no corpo de jurados no processo a que responde, restou assegurado que os cidadãos não poderiam ser tratados de forma discriminatória, a partir da cláusula da igual proteção. Existindo o temor de que os governos estaduais impusessem limitações ao exercício dos direitos civis dos negros libertos, o papel da Suprema Corte, enquanto órgão do Judiciário federal, foi de capital importância na luta contra a discriminação. O caso Strauder foi o primeiro relato histórico de tutela judicial da cláusula da igual proteção na Suprema Corte dos Estados Unidos, tendo a Corte anulado o julgamento em favor de Strauder." APPIO, Eduardo. *Direito das minorias.* São Paulo: RT, p. 209/210.

ro, que os Estados-membros não podem apoiar práticas manifestamente discriminatórias por conta da raça."[36]

"O caso Loving v. Virgínia (1967): O caso Loving é especialmente interessante na história da Suprema Corte dos Estados Unidos, pois estabelece um debate acerca da correta interpretação a ser dada à cláusula da igual proteção, tendo a Suprema Corte, neste caso, conferido uma interpretação ampla ao dispositivo constitucional. Tratava-se de um caso de casamento inter-racial – prática na época proibida pelas leis do Estado-membro da Virgínia –, tendo havido a condenação criminal de um casal que se casou no Distrito de Columbia – onde a prática era aceita –, mas que retornou para o Estado da Virgínia, seu Estado de origem.

O casal foi sentenciado a um ano de prisão logo que retornou, tendo o Estado da Virgínia amparado a decisão no fato de que a lei incriminadora havia sido aplicada, com igual rigor, para ambos, muito embora pertencessem a raças diversas. A Suprema Corte invalidou a lei incriminadora, sob o argumento de que estava comprovada uma violação da cláusula da igual proteção."[37]

"O caso *Brown v. Board of Education* (1954): O caso Brown é considerado uma incomum hipótese de consenso na doutrina constitucional norte-americana, a partir da interpretação de que se trata do caso mais importante da história recente da Suprema Corte dos Estados Unidos, um verdadeiro marco histórico da Corte juntamente com *Marbury v. Madison* e *Roe v. Wade.*

Por quais razões o precedente fixado em Brown é tão relevante para o constitucionalismo norte-americano, bem como para a compreensão ' do próprio fenômeno da interpretação judicial? Primeiramente, o caso Brown é paradigmático porque envolve a mais significativa questão moral dos Estados Unidos desde a sua fundação, qual seja a discriminação racial contra os negros.

As diferenças entre os Estados do Sul e do Norte dos Estados Unidos se acentuaram a partir da Guerra Civil norte-americana, e o fim da escravidão,

---

36 APPIO, Eduardo. *Direito das minorias.* São Paulo: RT, p. 214.

37 "Segundo o Justice Warren, a cláusula da igual proteção contida na Emenda 14 era vocacionada a eliminar a discriminação racial, sendo que a lei do Estado da Virgínia, a qual criminalizava o casamento inter-racial, claramente deveria ser submetida ao escrutínio estrito, isto que havia um manifesto intento discriminatório em razão da raça.
A Suprema Corte firmou o entendimento de que a restrição ao direito de casar, baseado em uma discriminação racial, claramente violava o significado da cláusula da igual proteção. Interessante notar que o Estado da Virgínia pretendia uma aplicação restritiva da cláusula a partir de um argumento de natureza histórica, ou seja, o fato de que, quando da edição da Emenda 14 à Constituição dos Estados Unidos, o casamento inter-racial não era aceito e permitido, razão pela qual a Suprema Corte deveria se ater aos motivos e finalidades dos pais da Emenda. A Suprema Corte rejeitou esse argumento, tendo compreendido sua função histórico-política, qual seja a de atualizar a Constituição, na medida em que os valores morais também mudam e evoluem com a sociedade." APPIO, Eduardo. *Direito das minorias.* São Paulo: RT, p. 215.

declarado por Lincoln durante a guerra, parecia um elemento indispensável na formação de um novo país. O que se viu nos anos subsequentes ao fim da Guerra Civil norte-americana foi a grande resistência de alguns dos Estados do Sul - por exemplo, o Mississipi - em fazer cumprir as diretivas do governo federal que determinavam o fim da escravidão. Com esse sentido, alguns Estados do Sul criaram os chamados *black codes,* por meio dos quais reconheciam o fim da escravidão, mas negavam aos homens negros livres determinados direitos inerentes à cidadania.

A Suprema Corte dos Estados Unidos, que em *Dred Scott v. Sanford* (1856) já havia decidido que os negros não eram considerados cidadãos norte-americanos, reafirmou um princípio discriminatório quarenta anos depois, quando em *Plessy v. Ferguson* (1896) decidiu que a cláusula da igual proteção *(equal protection)* não era violada com a segregação em locais públicos, a partir da doutrina do 'separados, mas iguais'.[38]

Já haviam transcorrido cinquenta e oito anos quando a Suprema Corte se inclinou em favor de uma doutrina que punha fim à segregação nas escolas públicas estaduais dos Estados Unidos, revogando o precedente fixado em Plessy. Nesse meio-tempo, aconteceram duas guerras mundiais, bem como o início da Guerra Fria com a União Soviética, sendo certo que a segregação racial se constituía em um item obrigatório de qualquer crítica aos Estados Unidos naquela época. O Caso Brown era importante do ponto de vista moral, já que, até então, a segregação racial havia aumentado nos Estados a partir da decisão da Corte em Plessy. Uma Suprema Corte que havia jurado proteger a Constituição dos Estados Unidos, a qual continha a cláusula da igual proteção, não poderia deixar de apreciar a segregação nas escolas.

Muito embora a questão tenha sido essencialmente de natureza moral, a partir do dever do Estado de tratar todos os cidadãos com igual consideração e

38 "No caso *Plessy,* um homem requereu a aplicação judicial da cláusula da igual proteção contra uma lei do Estado da Louisiana que determinava que as companhias de transporte de trem deveriam providenciar o transporte em acomodações separadas para brancos e negros. Na ocasião, Plessy, um homem negro, havia sido removido pela polícia de um vagão de trem onde se enconrtrava com outros sete homens brancos, sob o argumento de que estariam aplicando a lei estadual de Louisiana. *Plessy* foi preso e depois condenado por violação dessa lei estadual, tendo recorrido ao Poder Judiciário local. A questão acabou chegando à Suprema Corte, tendo sido julgada pelo Justice Brown, o qual reconheceu que os Estados-membros poderiam discriminar pela raça, ao proibirem, por exemplo, casamentos inter-raciais ou mesmo escolas em que brancos e negros convivessem em um mesmo ambiente. O Justice Brown também rejeitou o argumento de Plessy sob o fundamento de que 'o preconceito social não é ignorado pela legislação' e 'se uma raça é socialmente inferior à outra, a Constituição não pode colocá-las no mesmo patamar social'. O Justice Harlan dissentiu desta posição, alegando que "a segregação racial dos cidadãos é totalmente inconsistente com as noções de liberdade civil e igualdade perante a lei" e que "este caso, em algum dia, se mostrará tão pernicioso quanto a decisão da Corte no caso Dred Scott, quando então a Suprema Corte considerou que os negros não eram cidadãos". O entendimento adotado em Plessy permitiu que até 1954, quando revogado o procedente no caso Brown, os locais públicos pudessem ser separados para brancos e negros e, com mais ênfase, proibidos para negros." APPIO, Eduardo. *Direito das minorias.* São Paulo: RT, p. 223.

respeito, a Suprema Corte optou por uma abordagem pragmática, debatendo de que maneira a segregação nas escolas infligia um dano à estrutura psicológica das crianças negras."[39]

Aliás, sobre esse caso das escolas nos EUA (Caso Brown), não deixem, leitores, de assistir ao clássico, mas atual, filme **"Separados mas iguais"**, da "Versátil Produções", com a inesquecível participação de Sidney Poitier.

Portanto, concluímos que é uma bandeira a ser erguida mundialmente. Então, que o Brasil e a sua Defensoria Pública exerçam seus papéis nessa onda de real democratização social.

Nesse contexto, vale registrar que em 19 de novembro de 2014, a Defensoria Pública do Estado de São Paulo, após proposta de sua Ouvidoria-Geral, aprovou o regime de cotas étnicas no concurso de ingresso à carreira de Defensor Público. Foram reservadas 20% das vagas. Na ocasião, foram muitas as discussões e intenso o aprofundamento. Esteve no Conselho Superior e manifestou-se durante o momento aberto o Frei Davi, que "discorreu, por fim, sobre a obra "Justiça – o que é fazer a coisa certa?", de Michael Sandel, que aponta a existência de dois tipos de meritocracia, a justa e a injusta, sendo que os concursos públicos estão relacionados com a meritocracia injusta que desconsidera as diferentes oportunidades dos candidatos. Para ele, ao adotar as cotas étnico-raciais, a Defensoria estaria abrindo portas para a meritocracia justa" (Cf. http://www.defensoria.sp.gov.br).

Na ocasião, nós substituímos a então Corregedora-Geral, e podemos sugerir um sistema ainda mais inclusivo, que previa a reserva das cotas étnicas e de pessoas com deficiência em cada parcela da lista final de aprovados, porém, nesse ponto, sem aprovação. Noticiou-se: "Aluísio Iunes Ré propôs que a lista final a ser publicada mescle os candidatos aprovados pelo sistema regular, pelo sistema de cotas étnico-raciais, e de reserva para pessoas com deficiência. Pela proposta, a cada 5 nomes na lista, um deveria ser de um candidato aprovado pelo sistema de cotas étnico-raciais, e a cada 20 nomes, um do quadro de reserva para pessoas com deficiência" (Cf. http://www.defensoria.sp.gov.br).

5. O COMBATE À VIOLÊNCIA ESTATAL

Angela Maria, mãe de Murilo[40]: "Nunca me passou pela cabeça ter um filho assassinado por policiais. Pela polícia que eu os ensinei a respeitar e acre-

39 APPIO, Eduardo. *Direito das minorias.* São Paulo: RT, p. 246.

40 São de personagens reais todos os nomes citados nesse capítulo.

ditar, dizia-lhes que ela foi criada para nos proteger. Hoje vejo que os ensinei errado, ou não? Quero acreditar na justiça, pois onde iremos parar se não tivermos justiça?

Tudo aconteceu naquele Maio sangrento (2006), mais exatamente no dia 16/05/2006, terça-feira, 2 dias depois do Dia das Mães, às 21h:50. Nesse dia e hora morria metade da minha vida. Tive 2 filhos e sempre disse a eles: Vocês são a minha vida! Vivo em função de vocês, trabalho por vocês, para vê-los felizes e contentes. Fomos muito felizes nós três, todos os dias eu os abraçava, beijava e dizia: Amo vocês!

Me separei do pai deles quando eles ainda eram pequenos, pois ele era viciado em drogas e bebida, e me tratava muito mal. Me separei pensando no bem dos meus filhos.

Logo comecei a trabalhar e fomos muito felizes até o dia 16/05/2006. Quando eu estava terminando de fazer a janta, olhei para o relógio e pensei: O Murilo está chegando. O telefone tocou, era minha amiga Maria me dando a pior notícia que já recebi na minha vida: "Mataram o Pêlo, Angela, venha correndo para cá, o Pêlo está morto Angela" (Pêlo era o apelido dele).

Corremos eu e o Almeida (meu atual companheiro) para a Av. Ramiz Galvão com a Av. Sanatório, em frente ao lava-rápido em que ele (meu filho) trabalhava.

Minha amiga Maria disse que os garotos estavam em uma turma, de 10 a 12 pessoas, sentados na calçada do lava-rápido cantando quando homens em motos passaram atirando neles. Conseguiram matar três: Murilo (meu filho), Marcelo (amigo) e Felipe (amigo). Os outros conseguiram fugir.

(...)

Fomos correndo para o Hospital e pronto socorro São Luis Gonzaga (onde segundo os policiais ali presentes, os corpos seriam levados), aí caiu a ficha, e eu também. O Danilo (meu outro filho) e o Almeida entraram para reconhecer o corpo, confirmar o que não queríamos, era nosso Murilo que estava ali, sem vida, inerte, parado, com o seu corpo já frio, como disse seu irmão Danilo, pois perdeu muito sangue, foram uns 7 tiros.

Eu, Angela, sua mãe e o Danilo, seu irmão, estamos confiantes de que será feita a justiça para que possamos continuar sobrevivendo e acreditando em alguma coisa nesse mundo.

Tiraram um pedaço de nós, sangue do nosso sangue, carne da minha carne.

Meu Filho! Quando podia tocá-lo, cobria-o com cobertores.

Hoje não posso mais tocá-lo, então cubro-o com minhas orações."[41]

41 Depoimento de Angela Maria, Livro *Mães de maio.* Disponível em < http://www.defensoria.sp.gov.br>.

Rita de Cássia, mãe de Rogério: "Vou contar como foi a perda de meu filho Rogério, e como a minha vida mudou.

Na madrugada do dia 17/03/2007, meu filho Rogério estava no Bar do Divas com mais quatro colegas, quando chegaram dois homens encapuzados numa moto, entraram no bar, e dispararam vários tiros. Cinco desses tiros acertaram meu filho Rogério. Ele ainda foi levado para o pronto-socorro e depois transferido para a Santa Casa de Santos, mas não resistiu e veio a falecer. (Detalhe: o 5° Distrito fica na outra esquina de onde ocorreu o assassinato, mas não apareceu nenhuma viatura para socorrê-lo nem para averiguar).

Eu só fiquei sabendo pelo meu filho mais velho, Edson, porque a cunhada dele foi comprar cigarro no Bar do Divas quando as pessoas começaram a falar do tiroteio. Aí falaram do rapaz que tinha levado o tiro, como ele era, foi quando ela foi avisar o Edson. Aí ele me ligou dizendo: 'Mãe, o Rogério levou um tiro'. Foi quando começou meu desespero.

Foi quando chamei a minha filha Daniela, que morava nos fundos da minha casa. Ela acordou e falei o quê estava se passando. Quando meu filho Edson tornou a ligar, ele falou com a minha filha Daniela, que o Rogério tinha levado cinco tiros, e que um desses tiros tinha pegado na nuca dele. Só que a minha filha não falava nada para mim porque eu já não estava nada bem.

A minha filha ligou para o meu outro filho Alexandre, e explicou o quê tinha acontecido com o Rogério, e falou: 'Alexandre, vá para a Santa Casa porque ele foi transferido para lá'.

Quando o meu filho Alexandre chegou no hospital e deu o nome do Rogério, o médico chamou o Alexandre e disse: 'Sinto muito, rapaz: faz cinco minutos que seu irmão veio a falecer'.

Aí meu filho Alexandre ligou para minha filha Daniela, e disse: 'Dani, perdemos nosso irmão Rogério'. Caiu uma parede de nossa casa. Porque eu tinha quatro filhos e eles são muito unidos.

Porém a minha filha ainda não falou para mim, naquele momento, que o Rogério tinha falecido. Ela só mandou eu ir para a casa do pai deles, onde o Rogério morava, que os meus filhos Alexandre e Edson iriam me levar até o hospital. Só que, quando eu cheguei na casa deles, meus filhos disseram que eu tinha que ir para o Pronto Socorro. Eu falei que não queria ir, mas acabei indo assim mesmo.

Quando eu cheguei no Pronto Socorro, o médico me atendeu – o mesmo que atendeu o Rogério. Ele me perguntou: 'Dona Rita, o quê a senhora está sentindo?' Eu falei: 'Doutor, é que meu filho levou um tiro, e meus outros filhos mandaram eu vir para aqui'. Foi quando o médico perguntou qual era o nome de meu filho que tinha levado um tiro, e eu respondi: 'Rogério'. Ele então me disse:

'Dona Rita, eu vou ter que lhe dar um calmante...'. Só que eu não queria tomar remédio nenhum, só queria ver meu filho Rogério.

Aí voltei para casa do pai dos meus filhos, quando o meu genro e os meus dois filhos me falaram: 'Mãe, nós perdemos o Rogério, ele faleceu'.

Nossa, naquela hora eu fiquei no desespero... uma angústia... Não tem como explicar o quê uma mãe e um pai sentem quando ficam sabendo que perderam um filho de uma forma tão brutal e tão estúpida como foi a do meu filho Rogério. A gente fica sem chão.

Bom, aí foi a correria de fazer o velório e depois o enterro, só que eu estava tão dopada de remédio que eu nem me despedi direito do meu filho Rogério.

Só que depois disso tudo eu passei a ser outra pessoa, foi quando me deu depressão, problema de pressão alta, labirintite, foi só problema atrás de problema.

Meu filho Alexandre também ficou um pouco perturbado. Ele foi parar de madrugada no cemitério, na campa do Rogério, só saiu depois das seis horas da manhã. Ele diz que estava conversando com o irmão dele.

Enfim, a minha vida não é mais a mesma. Eu não consigo ser a pessoa que eu era. Sempre está faltando alguma coisa, parece que o Rogério vai chegar a qualquer momento.

Às vezes eu fico me perguntando: por que isso aconteceu com o Rogério? Ele não devia nada para ninguém, todas as pessoas que o conheciam ficaram admiradas: por que aconteceu isso com o Rogério? Ele era uma pessoa brincalhona, se dava com todo mundo. Tomava conta do pai dele com muito cuidado. Todos os domingos ele ia para a minha casa passar o dia comigo. Eu sinto muita falta dele.

Os irmãos e o pai dele também. Até hoje o pai dele não consegue ir até a campa dele, ele fala que não tem forças.

Vou terminando, mas com uma dor muito grande no coração e na minha alma.

Mas aprendendo a viver sem um pedaço da minha vida."[42]

Flávia Gonzaga, mãe de Marcos Paulo:

"A mãe que perde um filho

Mostra nos olhos o tamanho da dor

De tanto chorar não tem mais lágrimas

Permanece pasma, sofrendo, sem acreditar

42 Depoimento de Rita de Cássia, Livro *Mães de maio.* Disponível em < http://www.defensoria.sp.gov.br>.

Parece que Deus lhe arrancou um membro

Parece que a vida lhe furou os olhos

Parece que o punhal lhe atravessou o coração

Parece que a morte lhe enterrou viva, na mesma cova

A mãe que perde um filho

Mostra no peito o tamanho da dor

Mesmo acreditando, chora pro resto da vida

Calada e sofrendo, seu filho ausente vai amar para sempre

A mãe que perde um filho

Talvez nem saiba

O tamanho dessa missão

Só Deus sabe quantos anos ele viveu

E essa mãe saberá quando, lá na frente, chegar o seu dia!

É preciso ter fé para acreditar em Deus

É preciso ter fé para enxergar mesmo com os olhos furados

É preciso ter fé para amar, mesmo com o coração sangrado

É preciso ter fé para, mesmo enterrada viva, continuar a viver

Mas como pode uma mãe perder seu filho, seu menino

Seu anjo, sem que seu coração

Sinta-se vazio

Dos abraços, desertos de dor e proteção...

Quantas recordações tomam nossos corações nesse momento...

Existe um ditado que diz: vale milhões de vezes mais a vida de um único filho

Do que todas as propriedades do homem mais rico da terra.

Com toda propriedade digo: se foi a maior de todas as nossas riquezas..."[43]

São histórias reais vividas por pessoas, cujos fatos remontam ao mês de maio de 2006, quando as forças de segurança paulistas declaram guerra e partiram para a "batalha" contra a suposta organização criminosa que promoveu os primeiros ataques. Incauta represália.

Mas, a violência estatal não é pontual, senão estrutural, quase que uma cultura de enfrentamento fadada ao malogro. Veja **a história de "Neguinho"**, contada por **Drauzio Varella:**

---

43 Depoimento de Flávia Gonzaga, Livro *Mães de maio.* Disponível em < http://www.defensoria.sp.gov.br>.

"Na rua, a alegria durou pouco, como sempre. A polícia cercou a favela, em seu encalço:

– Eu caí, devido que eles tomaram partido da surpresa. Me algemaram, puseram eu no camburão e levaram para um mato ermo. Lá, fizeram eu descer com os braços para trás, na algema, alegaram que eu matei um primo deles, que também era polícia, sendo que nada ficou provado em juízo porque a testemunha não me reconheceu, e, além disso, eu tinha saído da cadeia fazia duas semanas só.

Dessa vez o castigo deixou sequela. Tomou dezoito tiros: nas costas, pernas e braços. Uma bala penetrou através do maxilar superior, passou por trás da órbita e foi parar no cérebro, próximo de outra que entrou direto pela calota craniana:

– As duas estão na minha mente até hoje, mas não me afetam. Graças a Deus, converso normal e penso as ideias certas, onde que eles encostaram a arma, apertaram e falaram: levanta, vagabundo!

Neguinho tentou, mas as pernas não obedeceram. Se não morrer, fica aleijado, disseram.

– Depois, puseram o 22 na minha mão, e apertaram três vezes, como coisa que eu tinha trocado tiro com eles. Aí, agarraram, balançaram meu corpo bambo para lá e para cá, me jogaram de volta na viatura e vieram devagarinho. Eu no esvaimento de sangue, com as pernas mortas, e eles na maior tranquilidade. Só quando chegou nas imediações da vizinhança do Hospital das Clínicas é que ligaram a sirene. Hoje eu interpreto que eles agiram meio na covardia.

(...)

Fico apenas doze dias em liberdade porque, segundo alega, a polícia forjou um flagrante de um quilo e meio de pedra de crack, dez metralhadoras uma PT, arma de treze tiros da Taurus:

– chegou no fórum, provei que não teria condições de eu, paraplégico, deficiente, fazer contato com marginal nenhum, sendo que eu morava na favela e não possuía veiculo para me demover. O juiz, não sei por quê, desconsiderou meus argumentos e me mandou para o distrito. Fiquei perambulando de uma delegacia para outra, da 45 para a 90, com escara nas nádegas, sem ter como fazer curativo, o pus escorrendo na carne morta.

Conheci Neguinho de cadeira de rodas e sonda vesical, condenado a 48 anos, o rosto talhado como estátua africana, olhar de poucos amigos. Tinha as pernas paralisadas e hipotróficas, a pele descamativa e uma escara funda na região glútea, na qual caberiam dois limões galegos, pelo menos. A ferida expunha a anatomia dos feixes musculares profundos e uma parte da articulação coxofemoral."[44]

44 VARELLA, Drauzio. *Estação Carandiru.* São Paulo: Companhia das letras, 1999.

Em "Grande Sertão: veredas", para os mais clássicos: "A gente fazia má minoria pequena, e fechavam para riba de nós o pessoal dum Coronel Adalvino, forte político, com muitos soldados fardados no meio centro, comando do Tenente Reis Leme, que depois ficou capitão. Aguentamos hora mais hora, e já dávamos quase de cercados.

Aí, de bote, aquele Joé Cazuzo – homem muito valente – se ajoelhou giro no chão do cerrado, levantava os braços que nem esgalho de jatobá seco, e só gritava, urro claro e urro surdo: – 'Eu vi a Virgem Nossa, no resplandor do Céu, com seus filhos de Anjos!...' Gritava não esbarrava. – 'Eu vi a Virgem!...' Ele almou?

Nós desigualamos. Trape por meu cavalo – que achei – pulei em meu assento, nem sei em que rompe-tempo desatei o cabresto, de amarrado em pé de pau. Voei, vindo. Bala vinha. O cerrado estrondava. No mato, o medo da gente se sai ao inteiro, um medo propositado.

Eu podia escoicear, feito burro bruto, dá-que, dá-que. Umas duas ou três balas se cravaram na borraina da minha sela, perfuraram de arrancar quase muita a paina do encheio.

Cavalo estremece em pró, em meio de galope, sei: pensa no dono. Eu não cabia de estar mais bem encolhido. Baleado veio também o surrão que eu tinha nas costas, com poucas minhas coisas. E outra, de fuzil, em ricochete decerto, esquentou minha coxa, sem me ferir, o senhor veja: bala faz o que quer – se enfiou imprensada, entre em mim e a aba da jereba! Tempos loucos..." que não se vão, mas persistem, nesse coronelismo urbano."[45]

A canção **Tribunal de Rua, composta pelo grupo O Rappa[46]**, ilustra bem a forma com que as forças de segurança no Brasil procedem nas suas abordagens dirigidas pelos critérios étnico-sociais pré-estabelecidos. "A viatura foi chegando devagar; E de repente, de repente resolveu me parar; Um dos caras saiu de lá de dentro; Já dizendo, ai compadre, você perdeu; Se eu tiver que procurar você tá fodido; Acho melhor você ir deixando esse flagrante comigo; No início eram três, depois vieram mais quatro; Agora eram sete samurais da extorsão; Vasculhando meu carro; Metendo a mão no meu bolso; Cheirando a minha mão.

De geração em geração; Todos no bairro já conhecem essa lição; Eu ainda tentei argumentar; Mas tapa na cara pra me desmoralizar.

Tapa na cara pra mostrar quem é que manda; Pois os cavalos corredores ainda estão na banca; Nesta cruzada de noite encruzilhada; Arriscando a palavra democrata; Como um santo graal; Na mão errada dos homens; Carregada de devoção.

---

45 Grande Sertão: veredas. João Guimarães Rosa.

46 http://www.vagalume.com.br/o-rappa/tribunal-de-rua

De geração em geração; Todos no bairro já conhecem essa lição.

O cano do fuzil, refletiu o lado ruim do Brasil; Nos olhos de quem quer; E me viu o único civil rodeado de soldados; Como seu eu fosse o culpado; No fundo querendo estar; A margem do seu pesadelo; Estar acima do biótipo suspeito; Mesmo que seja dentro de um carro importado; Com um salário suspeito; Endossando a impunidade à procura de respeito.

Mas nesta hora só tem sangue quente; E quem tem costa quente; Pois nem sempre é inteligente; Peitar um fardado alucinado; Que te agride e ofende para te; Levar alguns trocados; Era só mais uma dura; Resquício de ditadura; Mostrando a mentalidade; De quem se sente autoridade; **Nesse tribunal de rua**."

Em matéria jornalística de novembro de 2013, consignou-se infeliz realidade de violência estatal velada e executada pela **política do medo**, que reprime. Verdadeira **espoliação social**: "o estado de guerra, com execuções sumárias por parte da polícia militar de traficantes, bandidos, suspeitos, jovens negros, pobres tem de acabar. Os governos de estado, que têm a polícia sob sua responsabilidade, devem à população a garantia da paz, precisam desfazer-se das heranças da ditadura e de suas políticas de repressão. A política do terror, amplamente potenciada pela mídia, a militarização da gestão pública, a ocupação de territórios e a imposição da lei marcial, toque de recolher, proibição de atividades civis como os bailes funk (o rolezinho), o controle militar de entradas e saídas das favelas, a prisão arbitrárias de milhares de 'suspeitos' que ficam anos nas cadeias sem acusações, sem processos, presos para 'averiguações'; tudo isso faz parte de uma estratégia que visa submeter pelo medo a sociedade e impedir que ela se articule e se revolte contra a espoliação de que é vítima. Espoliação pela privação de políticas socais, serviços e equipamentos públicos indispensáveis para a vida nas cidades".[47]

Por sua vez, o Conectas manifesta: "Dados publicados ontem pela Secretaria de Segurança Pública do Governo do Estado mostram que todos os dias 4 pessoas são mortas na cidade de São Paulo. Só em setembro o número de homicídios cresceu 96% em comparação com o mesmo período do ano passado - sem contar as mortes provocadas pelo que a polícia chama de 'resistência seguida de morte', nem 'latrocínio', que são assaltos seguidos de morte.

Os números do mês de setembro batem o recorde histórico na cidade, desde que a série começou a ser publicada, em janeiro de 2011, e 'revelam um quadro preocupante, onde a violência e o uso da força aparecem como recurso preferencial para a resolução dos impasses na maior cidade do País', disse Lucia Nader, diretora executiva da Conectas.

47 BAVA, Silvio Caccia. *As vítimas da repressão.* Revista *Le monde diplomatique – Brasil.* Número 76.

Postos sobre o mapa, os dados confirmam que as maiores vítimas da violência são os moradores da periferia. As regiões que correspondem aos distritos policiais de Capão Redondo e Parque Santo Antônio, por exemplo, respondem, juntas, por 18 homicídios em um mês. Além da incidência desigual das mortes sobre as comunidades mais afastadas do centro e desassistidas pelo Poder Público, outra particularidade que se desprende dos dados é a da incidência das mortes sobre policiais – em setembro, 5 deles foram mortos."[48]

ATENÇÃO Não constamos, nos relatos e estórias acima, com rigor, as datas ou os períodos dos acontecimentos. Mas, nem importa muito. São constantes no Brasil. Se repetem. É um fenômeno permanente. Cabe à Defensoria Pública fazer parar esse tempo!

Por fim, segundo denuncia o **Informe 2013 da Anistia Internacional**, muito embora haja intensa divulgação dos direitos humanos, a realidade interna de alguns países ainda é preocupante por razões políticas, sociais, institucionais, religiosas, étnicas etc. O fato é que a figura do Estado, em variados pontos do mundo, ainda é violenta e arbitrária. "Um componente essencial na proteção dos direitos humanos é o direito de todas as pessoas a não sofrer violência. Outro elemento crucial é a fixação de limites estritos à capacidade do Estado de interferir em nossa vida privada e familiar, o que inclui a proteção de nossas liberdades de expressão, de associação e de reunião. Inclui ainda a não interferência em nossos corpos ou no uso que fazemos deles – as decisões relativas à nossa reprodução, a nossas identidades sexuais e de gênero, bem como ao nosso modo de vestir.

Nos primeiros dias de 2012, 300 famílias foram deixadas sem teto na capital do Camboja, Phnom Penh, depois de serem despejadas com violência do local

48 "'Os dados em si já são preocupantes. Mas estamos especialmente alarmados com a forma como o governo interpreta esses números e reage a essa realidade. As autoridades da área de Segurança Pública de São Paulo fazem uso recorrente de um vocabulário de guerra para justificar o uso da força letal, como se o gatilho fosse, em última instância, o juiz, o tribunal e a pena que recai na maioria das vezes sobre pessoas pobres, negras e de periferia', disse Lucia, reforçando que 'tanto as chacinas, justiciamentos e execuções por parte de membros do crime organizando, quanto os assassinatos cometidos pelos chamados 'motivos fúteis' como brigas de bar, traição, brigas de trânsito e acertos de contas, mostram o quanto a morte está banalizada e a vida – que é o maior dos direitos humanos – está em risco na cidade.'
De acordo com o jornal O Estado de S. Paulo, o governador de São Paulo, Geraldo Alckmin, afirmou que 'a ordem é ir para cima de criminoso', o que 'só reforça ainda mais a espiral de violência', de acordo com Juana Kweitel, diretora de Programas da Conectas.
Conectas acredita que modelos mais exitosos de Segurança Pública têm mostrado que o uso de ações de prevenção, inteligência, ênfase no aspecto de 'serviço' por parte da polícia, fortalecimento da ouvidoria, proximidade e identificação com os moradores da cidade, respeito aos limites no uso da força e maior permeabilidade às críticas num espaço de diálogo construtivo com acadêmicos, ONGs e movimentos sociais não são um aspecto menor entre os vetores que incidem na redução do número de mortes." Disponível em <http//:www.conectas.org.br>

em que viviam. **Poucos dias depois, cerca de 600 brasileiros que viviam na favela do Pinheirinho, no estado de São Paulo, tiveram o mesmo destino.** Em março, 21 pessoas foram mortas na Jamaica em uma série de tiroteios policiais; músicos azerbaijanos foram espancados, presos e torturados em detenção; e o Mali afundou-se numa crise após um golpe de Estado.

E as violações prosseguiram: mais remoções forçadas na Nigéria; jornalistas assassinados na Somália, no México e em outros lugares; mulheres estupradas ou agredidas sexualmente dentro de casa, nas ruas ou quando exerciam seu direito de protestar; comunidades de lésbicas, gays, bissexuais, transgêneros e intersexuais proibidas de comemorar o Dia do Orgulho e seus integrantes espancados; e ativistas de direitos humanos assassinados ou encarcerados por acusações forjadas. Em setembro, pela primeira vez em mais de 15 anos, o Japão executou uma mulher. Novembro foi marcado por uma nova escalada do conflito Israel/Gaza, enquanto milhares de civis fugiam de suas casas na República Democrática do Congo quando o grupo armado Movimento 23 de Março (M23), apoiado por Ruanda, avançou sobre a capital da província de Kivu-Norte. E então houve a Síria. No fim do ano, segundo a ONU, o número de mortos no país já passava de 60 mil e continuava a subir."

Destacamos a referência ao caso Pinheirinho, em São José dos Campos, que vivenciou grande e arbitrária intervenção do Estado, em especial da Polícia Militar, com relativo respaldo do Poder Judiciário local, que supostamente teria insistido na execução da ordem de reintegração de posse, ainda que houvesse determinação da Justiça Federal de interrupção da intervenção diante da suspensão da liminar possessória.

6. A APLICAÇÃO DA LEI ANTIMANICOMIAL

A chamada **Reforma Psiquiátrica** teve o mérito, no Brasil, de regulamentar a excessiva postura segregatória a partir das internações involuntárias junto aos antigos Hospitais Psiquiátricos.

"O movimento pela Reforma Psiquiátrica tem início no Brasil no final dos anos setenta. Este movimento tinha como bandeira a luta pelos direitos dos pacientes psiquiátricos em nosso país. O que implicava na superação do modelo anterior, o qual não mais satisfazia a sociedade. O processo da Reforma Psiquiátrica divide-se em duas fases: a primeira de 1978 a 1991 compreende uma crítica ao modelo hospitalocêntrico, enquanto a segunda, de 1992 aos dias atuais destaca-se pela implantação de uma rede de serviços extra-hospitalares."[49]

49 MESQUITA, José Ferreira de. NOVELLINO, Maria Salet Ferreira. CAVALCANTI, Maria Tavares. *A reforma psiquiátrica no Brasil: um novo olhar sobre o paradigma da saúde mental.* Disponível em: < http://www.

Porém, **essa revolução iniciou-se na Europa**. "O modelo asilar ou hospitalocêntrico continua predominante até o final do primeiro meado do século XX. Até que em 1961, o médico italiano Franco Baságlia assume a direção do Hospital Psiquiátrico de Gorizia, na Itália. No campo das relações entre a coletividade e a insanidade, ele assumia uma atitude crítica para com a psiquiatria clássica e hospitalar, por esta se centrar no princípio do insulamento do alienado. Ele defendia, ao contrário, que o doente mental voltasse a viver com sua família. Sua atitude inicial foi aperfeiçoar a qualidade de hospedaria e o cuidado técnico aos internos no hospital em que dirigia.

Essas normas e o pensamento de Franco Baságlia influenciam, entre outros, o Brasil, fazendo ressurgir diversas discussões que tratavam da desinstitucionalização do portador de sofrimento mental e da humanização do tratamento a essas pessoas, com o objetivo de promover a reinserção social." Portanto, no Brasil, **"a Lei Federal 10.216/2001** redireciona o amparo em saúde mental, privilegiando o oferecimento de tratamento em serviços de base comunitária, dispõe sobre a proteção e os direitos das pessoas com transtornos mentais."[50]

O artigo 2º, parágrafo único, incisos V e VII, da Lei nº 10.216/01, a partir do pressuposto que a pessoa com transtorno mental é sujeito de direitos e deve ser tratada sem qualquer tipo de discriminação, nos termos do artigo 1º da referida lei, garante a ela o direito de ter a presença médica, em qualquer tempo, para esclarecer a necessidade ou não de sua hospitalização involuntária e o direito de receber o maior número de informações a respeito de sua doença e de seu tratamento.

Pela mesma lei, **há três tipos de internações**. "São considerados os seguintes tipos de internação psiquiátrica: I - internação voluntária: aquela que se dá com o consentimento do usuário; II - internação involuntária: aquela que se dá sem o consentimento do usuário e a pedido de terceiro; e III - internação compulsória: aquela determinada pela Justiça" (art. 6º, parágrafo único).

O mesmo artigo 6º, no *caput,* impõe que "a internação psiquiátrica somente será realizada mediante laudo médico circunstanciado que caracterize os seus motivos."

Portanto, no caso de internação compulsória, deve o Juiz se basear em laudo médico, salvo em situações de extrema necessidade, cujas circunstâncias coloquem em risco a vida e a integridade física do paciente ou de terceiro, hipótese na qual se admitirá a internação sem este laudo, mas com determinação expres-

---

abep.nepo.unicamp.br>

50 MESQUITA, José Ferreira de. NOVELLINO, Maria Salet Ferreira. CAVALCANTI, Maria Tavares. *A reforma psiquiátrica no Brasil: um novo olhar sobre o paradigma da saúde mental.* Disponível em: < http://www.abep.nepo.unicamp.br>

sa de imediata realização pelo Hospital do tratamento, sob pena de multa diária ou horária, além da desinternação.

Isso ocorre, pois o artigo 4º da mesma Lei estabelece a excepcionalidade da internação hospitalar somente será indicada quando os recursos extra-hospitalares se mostrarem insuficientes ao devido tratamento ou à contenção da pessoa em surto psicótioco. Portanto, o Juiz deve, em sua decisão, motivar especificamente a necessidade da internação, ou seja, a ineficácia de outros tratamentos ambulatoriais, sob pena de nulidade, **além de determinar reavaliações médicas periódicas que indiquem a superação do estado crítico.**

Ademais, a mesma decisão há ser o mais específica possível, com a indicação do local e dos períodos nos quais as avaliações devem ser realizadas, pois a internação não deve extrapolar o período do surto. "O tratamento em regime de internação será estruturado de forma a oferecer assistência integral à pessoa portadora de transtornos mentais, incluindo serviços médicos, de assistência social, psicológicos, ocupacionais, de lazer, e outros" (art. 4º, § 2º).

Sobre a questão em tela, na Defensoria Pública do Estado de São Paulo, visando a estabelecer **uma atuação estratégica e coerente**, formou-se uma **comissão interdisciplinar** para aprofundar nessa específica temática e definir a melhor e mais adequada política institucional.

"Participaram do debate a Segunda e Terceira Subdefensorias, a Assessoria Cível da Defensoria Pública-Geral, a Comissão de Estudos Interdisciplinares, o Núcleo Especializado de Cidadania e Direitos Humanos, o Núcleo Especializado de Infância e Juventude, além dos Defensores Públicos Flávio Frasseto (Unidade Santo Amaro), Fabiana Zapata (Unidade Infância e Juventude), o Agente Paulo Keishi I. Kohara (Assessoria Técnica Psicossocial) e a Agente Psicossocial Andrea Saraiva de Barros (Regional Criminal)."

Diante disso, comunicou-se à carreira, em 13 de agosto de 2013, as conclusões colhidas nesse trabalho, cujo texto fora assinado pelos Defensores Públicos **Luiz Rascovski**, Assessor Cível da Defensoria Pública-Geral do Estado, e **Marcos Henrique Caetano do Nascimento**, Coordenador da Comissão de Estudos Interdisciplinares: "Os Defensores participantes reforçaram a importância do esgotamento das vias administrativas em detrimento da propositura de reiteradas ações judiciais, bem como defenderam o robustecimento da interlocução da Defensoria com toda a rede que presta esse atendimento, haja vista que eventual necessidade de internação só é indicada quando todos os recursos extra-hospitalares se mostrarem insuficientes.

Guardadas **duas ressalvas,** quais sejam, (a) as diferentes particularidades de funcionamento e atual estágio de estruturação das Unidades das Defensorias e (b) peculiaridades de funcionamento da rede saúde e assistência social de cada município, ainda assim foi possível desenvolver algumas premissas de atuação institucional, como por exemplo: (...)

2) Nas triagens, é imprescindível a sensibilização de Defensores, Agentes e estagiários sobre a orientação jurídica apta a desconstruir a (des)informação feita pela grande mídia sobre esse tema, fazendo com que muitos de nossos usuários tenham errôneas expectativas sobre a atuação. Assim, é preciso despender certo tempo para corretamente orientar os usuários no sentido de que: **(a) 'não se interna sem laudo médico';** (b) a medida da internação é extrema e por curtos períodos, sempre no bojo de um tratamento médico em que ela é apenas uma das medidas (rompendo-se com a expectativa dos familiares que almejam que o paciente fique por meses internado) etc. (...)

3) Sensibilização dos Defensores e Agentes sobre a necessidade de ir além do mapeamento da rede e visita aos CAPS (Rede de Assistência Social do Município). A DPE poderá atuar na melhor interlocução com toda a rede que presta atendimentos nessa temática, a fim de robustecer soluções extrajudiciais e sensibilização dos profissionais. (...)

5) **Em casos urgentes e excepcionais, com usuário agressivo e em descontrole, alguns Defensores, em seu âmbito de independência funcional, poderão desejar judicializar a demanda.**

A Assessoria Cível, a Comissão de Estudos Interdisciplinares e os demais palestrantes presentes na mesa de debates defendem que, **esgotadas sem êxito as possibilidades de resolução extrajudicial, se houver necessidade de postular judicialmente, a Defensoria não se presta a pedir a internação de cidadãos** e, assim, **recomenda-se o ajuizamento da ação de obrigação de fazer contra o poder público (Estado e Município),** pois, analisadas as normativas sobre o tema, tem-se que a internação compulsória está atrelada a medida de segurança e internação involuntária não carece de ação judicial, admitindo efetivação pelo próprio sistema de saúde, desde que haja seus requisitos.

A DPE é procurada por usuários que almejam tratamento médico para seus parentes e, ao mesmo tempo, não pode descuidar dos legítimos interesses desses pacientes, haja vista que poderão sofrer internações involuntárias.

Assim, se o CAPS se nega a fazer busca ativa; se o familiar não consegue uma avaliação médica do quadro clínico do paciente; se há documento médico indicando a internação como tratamento terapêutico e não há meios para transporte ou vaga, recomenda-se a propositura da ação de obrigação de fazer em face do poder público. Nessa ação, não se pede para internar, mas sim para que o sistema de saúde preste o atendimento de saúde que é direito do usuário.

6) **Não cabe à Defensoria se antecipar e pedir a interdição dos cidadãos e pacientes.** Caso algum juízo da Fazenda Pública condicione o prosseguimento

da ação de obrigação de fazer à comprovação do ajuizamento da interdição do paciente, caberá ao Defensor, dentro de sua independência funcional, recorrer dessa decisão ou ajuizar a competente ação de interdição e, depois, cuidar para proceder ao levantamento da mesma. O que não se recomenda é a Defensoria se antecipar e pedir a interdição, quando nem o paciente nem seus familiares têm essa pretensão.

7) Caberá à DPE ter cuidado com o período pós-internação, garantindo-se ao paciente e seus familiares a inserção e manutenção nos programas que viabilizem a continuidade do tratamento terapêutico, daí a importância do atendimento via CAM pela DPE;

8) Caso haja Defensores Públicos interessados em atuar na fiscalização das Unidades médicas que recebem esses pacientes, a fim de evitar indevida exploração sobre essa atuação, pode-se pedir auxílio à Vigilância Sanitária quando for o caso, haja vista que a mesma possui poder de polícia para aplicar multas e penalidades administrativas quando verificadas irregularidades."

Realmente, o relatório final da **III Conferência Nacional de Saúde Mental, convocada pelo Ministro da Saúde** e organizada pelo Conselho Nacional de Saúde sugere que "no curso do processo de Reforma Psiquiátrica, é necessário que os gestores estaduais e municipais estabeleçam mecanismos efetivos para o controle das internações psiquiátricas. Com este objetivo, foram aprovadas também as seguintes propostas: Estabelecer formas de controle único para a emissão de AIH, assegurando que todas as internações necessárias sejam autorizadas pelo serviço público, preferencialmente de base territorial, constituído por equipe de saúde mental. A internação e a reinternação psiquiátrica deverão ocorrer após avaliação da equipe técnica de saúde mental dos serviços substitutivos. Estimular a criação de centrais de regulação de internação psiquiátrica com o objetivo de evitar internações não indicadas. Rever o critério de tempo de internação e garantir, por meio de supervisões institucionais e fiscalizações, que o tempo de internação seja o mais breve possível, de acordo com avaliação e conduta psiquiátrica e da equipe multiprofissional."

Nossos Tribunais estão atentos a essas transformações. "Interdição. Pretensão da curadora provisória à internação compulsória do interditando. Decisão que indeferiu a antecipação da tutela, determinando a realização de perícia médica. Ausência de dispositivo legal a amparar o pleito. Conveniência de se aguardar a conclusão da perícia, para melhor se aquilatar a necessidade ou não da internação. Agravo improvido".[51]

51 "Segundo o Desembargador Relator: "tendo em vista a exigência legal, ainda não atendida pela requerente, reputa-se conveniente, dada a situação superveniente da alegada piora no estado de saúde do requerido, uma prévia elaboração de perícia médica, com laudo circunstanciado em que constem os elementos

Outrossim, notamos a importância dessa reforma **no âmbito da aplicação das medidas de segurança,** conforme prevê o artigo 17 da Resolução nº 113, de 20 de abril de 2010, do Conselho Nacional de Justiça. "O juiz competente para a execução da medida de segurança, sempre que possível buscará implementar políticas antimanicomiais, conforme sistemática da Lei nº 10.216, de 06 de abril de 2001."

Neste sentido, os artigos 1º e 4º da Resolução nº 4, de 30 de julho de 2010, do Conselho Nacional de Política Criminal e Penitenciária: "Art. 1º – O CNPCP, como órgão responsável pelo aprimoramento da política criminal, recomenda a adoção da política antimanicomial no que tange à atenção aos pacientes judiciários e à execução da medida de segurança. § 1° – Devem ser observados na execução da medida de segurança os princípios estabelecidos pela Lei 10.216/2001, que dispõe sobre a proteção dos direitos das pessoas portadoras de transtornos mentais e redireciona o modelo assistencial de tratamento e cuidado em saúde mental que deve acontecer de modo antimanicomial, em serviços substitutivos em meio aberto; (...)

Art. 4º - Em caso de internação, mediante o laudo médico circunstanciado, deve ela ocorrer na rede de saúde municipal com acompanhamento do programa especializado de atenção ao paciente judiciário. Parágrafo único – Recomenda-se às autoridades responsáveis que evitem tanto quanto possível a internação em manicômio judiciário."

Em suma, a Defensoria Pública deve prezar pela adequada aplicação dessa política psiquiátrica que, de modo geral, incorpora a carta dos direitos humanos contemporâneos à ciência da psiquiatria.

7. UM OLHAR ESPECIAL ÀS PESSOAS EM "SITUAÇÃO DE RUA"

A política de atendimento às pessoas em situação de rua passa necessariamente pela pré-compreensão **de dois princípios básicos**.

---

hábeis a respaldar a medida que, conquanto possa ser salutar ao interdito e à família, se mostra constritiva, em razão da compulsoriedade. A cautela se justifica em virtude de que a Lei n° 10.216/01, em seu art. 4 estabelece um limite temporal para a internação e prevê que só deve ser indicada quando os recursos extra-hospitalares ministrados tenham se revelado insuficientes e, no caso, se revele a conveniência de manter o paciente internado. Acresce, ainda, que o mesmo art. 4º, em seus parágrafos disciplina que o tratamento deve primar pela reinserção social do paciente e oferecer assistência integral através de uma equipe multidisciplinar. Ademais, em face da ausência de dispositivo legal que autorize, de forma automática, ou ao menos, desprovida de melhores elementos, a concessão da tutela pleiteada, determinando a internação do paciente em estabelecimento psiquiátrico, deve ser mantida a r. decisão impugnada, até que ultimada a perícia médica, uma vez que a internação compulsória, embora se destine à preservação da saúde do paciente e bem estar dos que o cercam, não deixa de ser um ato que, ao menos em tese, cerceia sua liberdade, o que revela o cuidado com que agiu o MM. Juiz." TJ/SP; Agravo de Instrumento n° 0162775-16.2010.8.26.0000; Relator (a): Testa Marchi; Órgão julgador: 10ª Câmara de Direito Privado; da Comarca de Bauru; Data do julgamento: 18/01/2011.

Pelo primeiro, a Defensoria Pública deve olhar essa demanda sob um prisma bem particular, a partir da noção de que **a situação de rua**, em muitos casos, seja por necessidade, seja por opção, já integra o contexto social do sujeito, que passa a adotá-la como estilo de vida próprio. Por mais infeliz que seja esta constatação, é uma realidade a ser compreendida. Sem demagogias.

A partir dessa premissa, a Defensoria Pública deve traçar seu plano de atuação voltado para o atendimento das necessidades jurídicas específicas desse público.

A pauta em questão é **diversa e se amolda à noção de pluralismo e de livre-arbítrio,** onde não há espaço para o mínimo de preconceito ou de higienismo. Descartamos a premissa da avaliação patrimonial/laboral das pessoas ou, então, a (pseudo) ética ou moral liberal do poder/direito fundado mais no "ter", em sentido amplo, que no "ser", na essência do humano.

O segundo ponto exige **uma postura mais proativa da Defensoria Pública,** que deve partir ao encontro desse público, dominado por tamanhas exclusões e descréditos, que o afasta das Instituições democráticas, por mais abertas que elas se apresentam.

Nesse ponto, vale a pena o registro do **"Projeto Atendimento Jurídico à População em situação de rua da Cidade de São Paulo"**, realizado pela Defensoria Pública do Estado, idealizado pelo Defensor Público Carlos Weis, em conjunto Defensoria Pública da União, com o apoio do Serviço Franciscano de Solidariedade, do Movimento Nacional de População em Situação de Rua e da Ouvidoria Comunitária da População de Rua. "O projeto nasceu de uma demanda formulada pelo Movimento Nacional de População de Rua no curso do Seminário Nacional sobre Direitos e Garantias em População em Situação de Rua, realizado em Brasília (DF), entre 29 e 30 de novembro de 2010.

Em razão disso, a Comissão de Direitos Humanos do Conselho Nacional dos Defensores Públicos Gerais dos Estados deliberou que, para o ano de 2011, uma das prioridades de atuação seria desenvolver estratégias ligadas à realização dos direitos da população em situação de rua.

Como primeiro fruto dessa preocupação institucional, foi celebrado Acordo de Cooperação entre o Ministério da Justiça e a Defensoria Pública do Estado de São Paulo, tendo por objetivo a conjugação de esforços dos partícipes, com o fim de desenvolver e estruturar o Programa de Atendimento Jurídico da População em situação de rua no Estado de São Paulo, a ser desenvolvida pela Defensoria Pública do Estado de São Paulo com o apoio da Secretaria de Reforma do Judiciário do Ministério da Justiça."[52]

52 "Tal termo foi assinado na presença do Senhor Presidente da República, Luiz Inácio Lula da Silva, em 23 de dezembro de 2010. Assim, a partir de março de 2011 o Núcleo Especializado de Cidadania e Direitos Humanos da Defensoria Pública paulista começou a realizar visitas e a fazer reuniões tendo em vista a

Segundo o primeiro relatório de atividades, são, em média, 60 (sessenta) atendimentos mensais, sendo que mais 20% (vinte por cento) dessas demandas são de pessoas que pernoitam nas ruas da Capital paulista.

ATENÇÃO Uma grande demanda da Defensoria Pública, nesse contexto, é no combate às ações higienistas fundadas em abordagens policiais ilegais e abusivas e em deslocamentos compulsórios.

A livre circulação é manifestação característica do direito de ir, vir, ficar, parar, estacionar. Consiste na opção de escolher onde quer morar, residir, parar ou dormir.

Em consequência, não se poderá impedir que as pessoas escolham onde querem ficar, ainda que de forma precária, salvo em casos excepcionais.

A retirada de moradores de rua de certos locais deve ser expressamente consentida, de modo que qualquer atitude contrária a isso caracterizará o desrespeito ao direito à liberdade de locomoção e circulação, além de constituir crime de constrangimento ilegal (art. 146 do Código Penal).

Por outro lado, pelo sistema processual penal vigente, a busca pessoal somente deve ser feita em caso de fundada suspeita de ocultação de arma e outros

---

estruturação de um serviço de atendimento jurídico, voltado exclusivamente à população em situação de rua, dada sua condição de especial vulnerabilidade e ao fato de que poucas pessoas em tal condição se dirigiam aos polos de atendimento da Defensoria Pública. Na realidade, o primeiro contato do Núcleo Especializado de Cidadania e Direitos Humanos com a temática deu-se ainda em setembro de 2010, quando participamos de reunião na sede da Rede Rua (foto anexa), a convite do senhor Alderon Costa, a partir do que foi aberto o Procedimento Administrativo nº 078/2010, no qual passou-se a acumular fatos, relatórios e normativa afeta ao tema.

Como resultado da inserção da Defensoria Pública na rede de entidades ligadas ao movimento da população em situação de rua, a Defensoria Pública participou da marcha pelo centro de São Paulo, em 25 de maio de 2011, tendo aberto suas portas para os manifestantes em sua sede, no centro da cidade (fotos anexas), ocasião em que foi reafirmado o compromisso institucional com a promoção dos direitos humanos deste grupo.

Em 2011, além de outras reuniões, a Defensoria Pública do Estado mobilizou-se para a realização do I Seminário Estadual Atendimento Jurídico à População em Situação de Rua, que acabou sendo realizado entre 8 e 9 de junho, na sede da Defensoria Pública do Estado de São Paulo, com a presença de 40 Defensores Públicos do Estado de São Paulo, 5 Defensores Públicos de outros Estados do Brasil e da União, além de assistentes socais, psicólogos e estudantes, totalizando cerca de 80 pessoas. (...)

No bojo do referido seminário, foi feita uma caminhada noturna pelo centro de São Paulo, em que Defensores Públicos entrevistaram pessoas em situação de rua para ouvir seus relatos e os principais problemas enfrentados, destacando-se a violência sofrida por parte da Guarda Civil Metropolitana e a situação dos abrigos municipais.

Como decorrência desse trabalho, decidiu-se na Defensoria Pública do Estado de São Paulo pela criação de um serviço que desse conta das demandas, a fim de proteger e promover os Direitos Humanos da população em situação de rua, tendo o Núcleo Especializado de Cidadania e Direitos Humanos formulado uma proposta de criação da atividade dos Defensores Públicos ao Conselho Superior da Instituição, resultando na edição da Deliberação CSDP nº 230, de 20 de maio de 2011, que fixou, como atividade extraordinária, "A prestação de assistência jurídica à população em situação de rua, em centros de atendimento, albergues ou outros estabelecimentos e serviços congênere." Relatório de Atividades: Setembro/ Dezembro 2011. Disponível em <http//:www.defensoria.sp.gov.br>.

objetos ligados ao crime (art. 240, § 2º, CPP). Qualquer outra intervenção policial é ilegal.

Além disso, há indícios de que as forças policiais ainda insistem na persecução criminal pessoal, não factual, ainda que veladamente. Sabe-se que o atual sistema constitucional-penal **não mais permite a criminalização do modo de ser ou modo de vida das pessoas**, mas apenas por suas condutas (princípio da tipificação de condutas). A forma de vida ou a postura social da pessoa jamais pode ser criminalizada. O sistema atual é do "Direito Penal do Fato", e não o "Direito Penal da Pessoa ou do suposto Inimigo" (Cf. Lei nº 11.983/09, que revoga a contravenção penal da vadiagem – art. 60, da Lei das Contravenções Penais).

Ademais, entende-se por democracia "um ideal universalmente reconhecido, baseado em valores que são comuns às pessoas de todas as partes do mundo, independentemente das diferenças culturais, políticas e econômicas. Como ideal, a democracia visa a proteger e a promover a dignidade e os direitos fundamentais do indivíduo, inculcar a justiça social e incrementar os sistemas econômico e social. A democracia é um sistema político que habilita as pessoas a escolherem livremente um governo eficiente, honesto, transparente e responsável."[53]

Infelizmente, em alguns locais ainda se observa **ações estatais de deslocamento compulsório de pessoas**, em regra de baixa renda e sem domicílio fixo, especialmente para atender a interesses econômicos imobiliários. Assim, pessoas são ilegalmente "exportadas" para outras cidades ou para seus locais de origem.

Esse lamentável episódio é uma grande afronta à dignidade da pessoa humana e caracteriza forma inequívoca de discriminação de classes sociais.

Em 2012, tivemos mais um exemplo de ação com esse perfil, levada a efeito na Cidade de São Paulo, em local próximo à Estação da Luz, indevidamente chamada por alguns de "Cracolândia".

Assim são relatados os fatos pelos Defensores Públicos do Estado Carlos Weis e Daniela Skromov de Albuquerque, Coordenadores do Núcleo Especializado da Cidadania e Direitos Humanos, que fizeram o atendimento:

"Como também é fato notório, tão logo foi deflagrada a Operação, a Defensoria Pública do Estado, que já desenvolve atendimento regular aos moradores de rua[54], se deslocou até o local no intuito de cumprir sua função e dever legal de assessoria jurídica e educação em direitos aos pobres.

---

53 *Programa das Nações Unidas para Desenvolvimento.* Relatório do Desenvolvimento Humano 2002: aprofundar a democracia num mundo fragmentado. SIG, 2002. p. 55.

54 http://www.apadep.org.br/news/2011/defensoria-publica-de-sp-inicia-hoje-atendimento-juridico-especializado-para-a-populacao-de-rua-da-capital

Lá estando, finalizou a primeira fase do atendimento, colhendo 70 (setenta) relatos formais entre 04 e 13 de janeiro.

A leitura conjunta dos relatos revela uma grande quantidade de reclamações sobre a atuação policial, algumas isoladas, outras amparadas por fotos e testemunhas, podendo-se perceber que determinados fatos foram recorrentes e permeavam inúmeros depoimentos.

Dentre esses fatos trazidos em profusão, chamou a atenção da Defensoria Pública o impedimento por parte da polícia militar ao exercício do direito de ir, vir e permanecer de que são titulares todos os cidadãos, ainda que em situação de miséria, que não estejam cometendo delito ou sejam procurados pela Justiça."

As forças públicas de segurança manifestam abertamente a postura invasiva e interventora: '*a ideia é abordar sempre*'. "Especial atenção merece o caso de uma adolescente que, segundo relatos dela própria e de testemunhas, recebeu um disparo na boca de um policial militar por ter se recusado a sair da via pública onde se encontrava.

Note-se que a referida adolescente foi atendida pela Defensoria na sexta-feira, 06/01/12, à tarde, momento em que foi orientada sobre seus direitos, dentre os quais o direito de liberdade, ocasião em que se encontrava sem ferimentos; poucas horas depois, na noite de sexta-feira, foi gravemente lesionada na boca, após responder a uma abordagem policial que permaneceria naquele local, resguardada pelo seu direito de locomoção."

Enfim, foi um episódio lamentável, de cunho eleitoreiro e imobiliário, sem qualquer sensibilidade social.

O ilustre jurista André Luis Callegari leciona que "as rápidas mudanças e transformações sociais, decorrentes de uma sociedade que busca cada vez mais a tecnologia e as facilidades que dela decorre, também deixaram um vazio no que diz respeito aos limites de determinadas condutas."[55]

Com fundamento no princípio da igualdade, Eduardo Appio defende que "sempre que as leis (ou atos administrativos) fixarem distinções entre os indivíduos a partir da consideração de que existem determinadas pessoas ou grupos de pessoas que não merecem o mesmo tratamento que os demais, sem que apresente um propósito público racionalmente justificável, a inconstitucionalidade estará presente por conta de clara violação da cláusula de igual proteção."[56]

55 *Constituição, Sistemas Sociais e Hermenêutica:* programa de pós-graduação em Direito da UNISINOS: mestrado e doutorado/Orgs. Lênio Luiz Streck, José Luis Bolzan, et al. Porto Alegre: Livraria do Advogado; São Leopoldo: UNISINOS, 2008, p. 204.

56 APPIO, Eduardo. *Direito das Minorias.* Curitiba: Revista dos Tribunais. p. 199.

Com isso, fica clara a proibição do caráter higienista de qualquer ação governamental com tal tez.

Mais uma vez, no ano de 2017, o Município de São Paulo voltou a intervir, com força policial e violência, na mesma região da Capital paulista, mas sem resultados práticos relevantes e exitosos, já que a ação pública apenas diluiu aquela concentração de pessoas, mas não tocou o problema real e suas causas.

Sobre esse tema, por derradeiro, vale ressaltar que **o Decreto nº 7.053, de 23 de dezembro de 2009, instituiu a Política Nacional para a população em situação de rua e seu Comitê intersetorial de acompanhamento e monitoramento**. "Para fins deste Decreto, considera-se população em situação de rua o grupo populacional heterogêneo que possui em comum a pobreza extrema, os vínculos familiares interrompidos ou fragilizados e a inexistência de moradia convencional regular, e que utiliza os logradouros públicos e as áreas degradadas como espaço de moradia e de sustento, de forma temporária ou permanente, bem como as unidades de acolhimento para pernoite temporário ou como moradia provisória" (art. 1°, parágrafo primeiro).

Segundo o Decreto, "são princípios da Política Nacional para a População em Situação de Rua, além da igualdade e equidade: I – respeito à dignidade da pessoa humana; II – direito à convivência familiar e comunitária; III – valorização e respeito à vida e à cidadania; IV – atendimento humanizado e universalizado; e V – respeito às condições sociais e diferenças de origem, raça, idade, nacionalidade, gênero, orientação sexual e religiosa, com atenção especial às pessoas com deficiência"(art. 5°).

"São diretrizes da Política Nacional para a População em Situação de Rua: I – promoção dos direitos civis, políticos, econômicos, sociais, culturais e ambientais; II – responsabilidade do poder público pela sua elaboração e financiamento; III – articulação das políticas públicas federais, estaduais, municipais e do Distrito Federal; IV – integração das políticas públicas em cada nível de governo; V – integração dos esforços do poder público e da sociedade civil para sua execução; VI – participação da sociedade civil, por meio de entidades, fóruns e organizações da população em situação de rua, na elaboração, acompanhamento e monitoramento das políticas públicas; VII – incentivo e apoio à organização da população em situação de rua e à sua participação nas diversas instâncias de formulação, controle social, monitoramento e avaliação das políticas públicas; VIII – respeito às singularidades de cada território e ao aproveitamento das potencialidades e recursos locais e regionais na elaboração, desenvolvimento, acompanhamento e monitoramento das políticas públicas; IX – implantação e ampliação das ações educativas destinadas à superação do preconceito, e de capacitação dos servidores públicos para melhoria da qualidade e respeito no atendimento deste grupo populacional; e X – democratização do acesso e fruição dos espaços e serviços públicos (art. 6°).

Se não bastasse, mas é sempre bom reiterar diante da histórica omissão do Estado e também da sociedade, "são objetivos da Política Nacional para a População em Situação de Rua: I – assegurar o acesso amplo, simplificado e seguro aos serviços e programas que integram as políticas públicas de saúde, educação, previdência, assistência social, moradia, segurança, cultura, esporte, lazer, trabalho e renda; II – garantir a formação e capacitação permanente de profissionais e gestores para atuação no desenvolvimento de políticas públicas intersetoriais, transversais e intergovernamentais direcionadas às pessoas em situação de rua; III – instituir a contagem oficial da população em situação de rua; IV – produzir, sistematizar e disseminar dados e indicadores sociais, econômicos e culturais sobre a rede existente de cobertura de serviços públicos à população em situação de rua; V – desenvolver ações educativas permanentes que contribuam para a formação de cultura de respeito, ética e solidariedade entre a população em situação de rua e os demais grupos sociais, de modo a resguardar a observância aos direitos humanos; VI – incentivar a pesquisa, produção e divulgação de conhecimentos sobre a população em situação de rua, contemplando a diversidade humana em toda a sua amplitude étnico-racial, sexual, de gênero e geracional, nas diversas áreas do conhecimento; VII – implantar centros de defesa dos direitos humanos para a população em situação de rua; VIII – incentivar a criação, divulgação e disponibilização de canais de comunicação para o recebimento de denúncias de violência contra a população em situação de rua, bem como de sugestões para o aperfeiçoamento e melhoria das políticas públicas voltadas para este segmento; IX – proporcionar o acesso das pessoas em situação de rua aos benefícios previdenciários e assistenciais e aos programas de transferência de renda, na forma da legislação específica; X – criar meios de articulação entre o Sistema Único de Assistência Social e o Sistema Único de Saúde para qualificar a oferta de serviços; XI – adotar padrão básico de qualidade, segurança e conforto na estruturação e reestruturação dos serviços de acolhimento temporários, de acordo com o disposto no art. 8°; XII – implementar centros de referência especializados para atendimento da população em situação de rua, no âmbito da proteção social especial do Sistema Único de Assistência Social; XIII – implementar ações de segurança alimentar e nutricional suficientes para proporcionar acesso permanente à alimentação pela população em situação de rua à alimentação, com qualidade; e XIV – disponibilizar programas de qualificação profissional para as pessoas em situação de rua, com o objetivo de propiciar o seu acesso ao mercado de trabalho" (art. 7°).

Ademais, "o padrão básico de qualidade, segurança e conforto da rede de acolhimento temporário deverá observar limite de capacidade, regras de funcionamento e convivência, acessibilidade, salubridade e distribuição geográfica das unidades de acolhimento nas áreas urbanas, respeitado o direito de permanência da população em situação de rua, preferencialmente nas cidades ou nos centros urbanos" (art. 8º).

Mas a realidade ainda demanda muito trabalho. Atente-se, Defensor: "Qual é o caso? Descaso da sociedade! Pelas ruas sujas e escuras do centro, as pessoas vivem, sobrevivem, comem, defecam, dormem e se consomem. Descaso da sociedade!"[57]

Por fim, merece destaque a entrevista concedida pelo Defensor Público paulista Carlos Weis, que reúne rara experiência nessa temática, à Associação Nacional dos Defensores Públicos – ANADEP:

"As pessoas em situação de rua possuem direitos. Buscar a sua efetividade também faz parte da missão da Defensoria Pública que deve extrapolar sua atuação para além dos temas tradicionais e do modo habitual de funcionamento da Instituição."

Você será palestrante do painel "Desafios da atuação da Defensoria Pública com a população em situação de rua". Na sua opinião e na sua experiência com o tema, quais são os principais desafios do Brasil nesta temática?

O maior desafio é o da integração das políticas sociais voltadas a essa parcela da população, cujas questões talvez sejam as mais complexas e abrangentes a serem enfrentadas no país. As pessoas vão para a rua por diversos motivos como a desestruturação familiar, a falta de moradias, a remoção de assentamentos populares, o uso de substâncias entorpecentes (lícitas ou não), a falta de oportunidades no mercado de trabalho, a existência de algum transtorno psíquico, entre outros.

Daí que as políticas de prevenção são muito importantes pois, uma vez na rua, se torna mais difícil a abordagem e o encaminhamento para que a pessoa consiga reorganizar sua vida de uma forma mais saudável.

A falta de estrutura e de orçamento das Defensorias Públicas são fatores determinantes para que o trabalho de atendimento à população de rua seja prejudicado?

Não creio. Há muitas coisas que podem ser feitas com a estrutura atual, a começar pelo atendimento inicial, que pode ser feito nas ruas ou no espaço da Defensoria, a partir do que é possível propor medidas individuais ou coletivas a fim de garantir os direitos daquelas pessoas. Agora, um ponto me parece fun-

57 Poesia de Tula Pilar e Péricles. Revista Ocas, n. 87.

damental, que é o de designar um defensor para atuar dedicadamente com a demanda, seja para estabelecer os contatos com os movimentos sociais e autoridades, seja para desenhar a política de atuação em sua Defensoria Pública. Esta providência, contudo, tem encontrado algumas dificuldades em ser implementada, mas é preciso que se tenha em mente que o atendimento à população de rua tem igual hierarquia e prioridade em relação aos temas mais comuns como a atuação nas esferas civil e penal.

O Brasil possui atualmente cerca de 50 mil pessoas vivendo em situação de rua. São pessoas em condição de altíssima vulnerabilidade social, com alto grau de violação de seus direitos humanos básicos. Há um perfil traçado dessas pessoas? Ou em cada estado e/ou região brasileira os grupos têm particularidades diferentes?

O Governo Federal caminhou muito em relação a isso e traçou perfis quantitativos e qualitativos nas cidades de médio e grande porte, enquanto que prefeituras e governos estaduais também fizeram levantamentos por conta própria. Em geral, o perfil é parecido no Brasil todo, mas no conjunto de pessoas em situação de rua há grupos bem definidos, com cortes bem definidos – famílias, idosos, homens solteiros, usuários de drogas – que precisam ser tratados de acordo com as suas peculiaridades.

Na sua opinião, quais Defensorias do país têm um trabalho de referência nesta área? E por quê?

Bem, eu não conheço o universo de ações desenvolvidas por todas as Defensorias Estaduais e a da União, de modo que eu poderia cometer uma injustiça. Prefiro indicar políticas de atuação que vêm dando certo. Entre elas estão:

- O atendimento inicial integrado;

- Os atendimentos móveis;

- As visitas de inspeção a albergues;

- A proposição de ACP's para o fechamento ou reforma de albergues;

- As intervenções junto aos gestores públicos para a adoção de políticas públicas;

- A defesa de pessoas de rua contra agressões advindas de policiais ou outros agentes públicos;

- O estabelecimento de mecanismos céleres para a obtenção de benefícios legais em esfera federal;

- A aproximação com pessoas ou entidades do movimento social relativo à população de rua;

- A realização de palestras, mesas de debate e outros mecanismos de educação continuada para defensores/as públicos/as com a participação de pessoas de tais movimentos entre outras medidas.

A falta de documentos pessoais das pessoas em situação de rua prejudica o atendimento na Defensoria Pública? Como funciona nesses casos?

Prejudica, mas não impede. Se a pessoa não possui qualquer documento, vale a sua palavra. É o que tem bastado. Quanto a encontrá-la para dar seguimento ao atendimento, muitas vezes, a pessoa volta na data estipulada; noutras, é fácil encontrá-la em seu local habitual de permanência. O contato com a rede social ajuda bastante.

Em grandes eventos organizados no Brasil, como a Copa do Mundo de 2014, observamos que o tratamento à população em situação de rua foi de exclusão. Em várias capitais que receberam os jogos como Salvador e Rio de Janeiro houve alguns atos que os governos locais ou autoridades policiais retiravam as pessoas das ruas de forma deliberada e até forçada, em alguns casos, até a pedido da comunidade local. Você considera que falta uma maior compreensão da sociedade dos problemas das pessoas em situação de rua?

Sem dúvida. Embora não possamos generalizar, ficou evidente que as medidas de embelezamento das cidades-sede foram apoiadas pela população. Mas o problema é menos esse do que a própria existência de um número tão alto de pessoas nas ruas de nossas cidades, sem políticas efetivas de atendimento.

Faltam campanhas de acolhimento para este grupo?

Eu creio que a sociedade brasileira é relativamente mal informada sobre o que se passa com os grupos vulneráveis em geral. E, lamentavelmente, a curiosidade das pessoas é muito limitada, talvez por uma questão de descrédito em relação à política e às ações do Poder Público.

Além disso, o Estado passou a ser considerado o único responsável por tomar medidas para a resolução dos muito problemas sociais como se a iniciativa individual ou coletiva também não fosse necessária para a melhora do nosso país.

E, por fim, o que os defensores públicos podem esperar do seu painel durante o evento?

Creio que poderão ter acesso a informações e modelos de atuação em relação a esse tema, de modo a fomentar, nas suas instituições a adoção de uma política de atuação ou o seu fortalecimento, se já iniciada.

As pessoas em situação de rua possuem direitos. Buscar a sua efetividade também faz parte da missão da Defensoria Pública que deve extrapolar sua atuação para além dos temas tradicionais e do modo habitual de funcionamento da Instituição. Além disso, o caminho deve ser, a médio prazo, o da inclusão da assistência jurídica à população de rua no dia a dia da Defensoria Pública, a partir do trabalho iniciado por quem tenha sido inicialmente designado para tanto" (Cf. http://www.anadep.org.br).

8. A PROTEÇÃO DA PESSOA COM DEFICIÊNCIA

Todas as pessoas devem gozar das condições mínimas para o desenvolvimento de suas potencialidades. As pessoas com deficiência, particularmente, exigem condições mais específicas e circunstancialmente mais adequadas para poder desenvolvê-las em estado de isonomia com as demais.

E essa responsabilidade é de toda sociedade. Com efeito, podemos afirmar que toda pessoa possui suas condições para a execução de suas metas e o gozo de suas necessidades, que são de toda ordem. O que deve ser assegurado a cada uma é um cardápio mínimo de condições, uma tábua básica de possibilidades físicas, psíquicas, sociais, culturais e econômicas para que ela possa se desenvolver e sua família.

A pessoa com deficiência, de um modo geral, possui um déficit dessas condições, o que a coloca em situação de disparidade na busca por seus objetivos, cujos projetos incluem, em alguns casos, certo grau de competitividade e disputa com outras pessoas que, por variados motivos, têm as mesmas metas, porém em circunstâncias mais favoráveis.

Por isso, **cabe ao Poder Público e à sociedade a responsabilidade de equalizar essas condições** para, finalmente, se garantir a efetiva inclusão social. Nesse campo, a educação adequada na própria rede regular de ensino, o estabelecimento de cotas nas universidades, a reserva de vagas nos cargos públicos e nos empregos privados são apenas algumas medidas de equiparação e de combate à exclusão.

Ora, se o ser humano optou por viver em sociedade é porque essa inclusão é necessária ao progresso de suas potencialidades, não podendo ele dela dispor, pois eventual segregação afetaria o próprio corpo social e sua sustentabilidade.

É com esse prisma que devemos analisar a questão da inclusão escolar da pessoa autista.

O autismo pode manifestar-se a partir de uma série de espectros, sendo o mais importante o chamado Transtorno Global de Desenvolvimento (CID 84.0). Trata-se de pessoa que exige atenção, especialmente quanto à sua eficiente e adequada educação, pois necessita de apoio pedagógico e terapêutico especializado, além do atendimento nas áreas de terapia ocupacional e fonoaudiologia, o que não está disponível na rede pública do Estado ou Município. Inexiste um atendimento público especializado.

De fato, em regra, a rede pública não dispõe de profissionais capacitados para atendimento de pessoas com autismo, sendo que, quando possui professores de educação especial, não dispõe de cuidador e que, em razão disso, o autista fica sem qualquer acompanhamento educacional.

Em geral, a criança com autismo sofre com suas graves crises, chegando a ficar dias sem dormir, em estado de intensa ansiedade. Em regra, não pode permanecer sozinho pois pode colocar em risco sua vida e integridade física.

Sobre isso, vale registrar a incansável atuação da Defensora Pública paulista Renata Flores Tibyriçá e a ação civil pública julgada pelo Juiz de Direito da 6ª Vara da Fazenda Pública da Comarca de São Paulo, autos nº 0027139-65.2000.8.26.0053, cuja sentença, confirmada pelo Tribunal de Justiça, foi de procedência para impor ao Estado de São Paulo a obrigação de providenciar unidades especializados próprias e gratuitas, adequadas ao tratamento educacional de autistas, devendo cumprir com as seguintes obrigações: "I – Arcar com as custas integrais do tratamento (internação especializada ou em regime integral ou não), da assistência, da educação e da saúde específicos; II – Por requerimento dos representantes legais ou responsáveis, acompanhado de atestado médico que comprove a situação de autista, endereçado ao Exmo. Secretário de Estado da Saúde protocolado na sede da Secretaria de Estado da Saúde ou encaminhado por carta com aviso de recebimento, terá o Estado o prazo de 30 (trinta) dias, a partir da data do protocolo ou do recebimento da carta registrada, conforme o caso, para providenciar, às suas expensas, instituição adequada para o tratamento do autista requerente; III – A instituição indicada ao autista solicitante pelo Estado deverá ser a mais próxima possível de sua residência e de seus familiares, sendo que, porém, no corpo do requerimento poderá constar a instituição de preferência dos responsáveis ou representantes dos autistas, cabendo ao Estado fundamentar inviabilidade da indicação, se for o caso, e eleger outra entidade adequada."

Conforme salientado na exordial dessa ação civil pública, "o importante mesmo é a atenção especializada, considerada particularmente para cada autista. Existem, por exemplo, métodos envolvendo educação física, musicoterapia e exercícios aquáticos de coordenação motora. Ainda são usados segundo o caso: tratamento neurossensorial (integração sensorial, estimulação e aplicação de padrões, estimulação auditiva, comunicação facilitada e terapias relacionadas à vida diária); psicodinâmico (terapia dos abraços e psicoterapia); 'condutual' e bioquímico."

Enfim, as crianças com autismo não podem ser submetidos ao mesmo atendimento educacional oferecido aos alunos em geral da rede pública de ensino.

Elas devem ser incluídas nesses programas regulares, mas com atendimento especial e adequado para cada caso, segundo as suas necessidades.

Segundo a Defensora Pública Renata Tibyriçá, "o transtorno do espectro do autismo, como denomina o Manual de Diagnóstico de Psiquiatria V (DSM-V) da American Psychiatric Society, lançado em maio de 2013, é um transtorno do desenvolvimento, cujos indivíduos têm prejuízos na interação social, incluindo comunicação, e comportamentos e interesses repetitivos e estereotipados. Assim, a criança que é diagnosticada com autismo tem um desenvolvimento diferente do típico. Para explicar em palavras simples, as crianças não adquirem determinadas habilidades na mesma fase que as demais. Muitas demoram a falar ou nunca irão desenvolver a linguagem, agem como se fossem surdas, tem alterações sensoriais, tem uma atração muito grande por objetos, que não são brinquedos, não compartilham atenção, tem comportamentos estereotipados e interesses repetitivos, gostam da rotina e, quando esta é alterada, se desorganizam de tal forma, que podem apresentar crises de auto e heteroagressividade."[58]

Enfim, trata-se de uma fatia de pessoas ou famílias em hipervulnerabilidade que, muitas vezes, sequer conhecem seus direitos. Por isso, a relevância da educação em direitos. Nessa seara, conta a Defensora Renata que "foram realizados Seminários como meio de informar a população, mas também estimular a capacitação de profissionais. Os Seminários também contribuíram para discussão de políticas públicas, já que compareceram não só pais e mães de pessoas com autismo, mas profissionais e principalmente gestores. Também foram proferidas palestras de educação em direitos para sociedade civil, profissionais e órgãos públicos, visando justamente propagar informações sobre os direitos das pessoas com autismo. Estas palestras tiveram importância não só para tratar da ação civil pública e a forma de sua execução, mas também para esclarecer sobre **a Lei Berenice Piana (Lei 12.764/12) que instituiu a Política Nacional de Defesa dos Direitos das Pessoas com Autismo** e que foi aprovada no final do ano passado. A referida lei, em seu art. 1.º, parágrafo segundo, deixou claro, para que não houvesse qualquer dúvida, que a pessoa com transtorno do espectro do autismo é considerada pessoa com deficiência, para todos efeitos legais."[59]

Sobre tal tema, vale registrar a atuação da Defensoria Pública paulista: "A Defensoria Pública de SP em Registro (a 188 km da Capital) obteve em 5/12 uma decisão liminar que determinou o acompanhamento por um cuidador es-

---

58 TIBYRIÇA, Renata Flores. Artigo *A atuação da Defensoria Pública do Estado de São Paulo na efetivação de direitos fundamentais das pessoas com transtorno do espectro do autismo. In:* RÉ; REIS. Temas aprofundados da Defensoria Pública, Volume II, *Juspodivm,* 2014.

59 TIBYRIÇA, Renata Flores. Artigo *A atuação da Defensoria Pública do Estado de São Paulo na efetivação de direitos fundamentais das pessoas com transtorno do espectro do autismo. In:* RÉ; REIS. Temas aprofundados da Defensoria Pública, Volume II, *Juspodivm,* 2014.

pecializado a uma criança de nove anos com deficiência, que cursa ensino básico na rede municipal. De acordo com a ação, movida pelo Defensor Público Andrew Toshio Hayama, a criança foi diagnosticada aos quatro anos de idade com 'maturidade psíquica abaixo do esperado para a fase de desenvolvimento cronológico'. Portanto, a presença de alguém que a auxilie durante o período escolar se faz necessária. O Defensor afirma também que durante um período de seis meses de 2013, no qual a criança contou com o apoio profissional especializado, já foi possível observar evoluções cognitivas significativas em seu quadro, comprovadas em relatórios pedagógico e fonoaudiológico. No entanto, o município havia interrompido o tratamento e destinado o profissional para outra aluna, alegando que esta tinha uma deficiência mais severa. O pedido da Defensoria foi atendido pela juíza Barbara Donadio Antunes Chinen, da 3ª Vara do Foro de Registro, que estabeleceu o prazo de dez dias para o seu cumprimento. Ela argumentou que a educação é um direito fundamental previsto na Constituição Federal e de que deve haver 'atendimento especializado aos portadores de deficiência, preferencialmente na rede regular de ensino', segundo Estatuto da Criança e do Adolescente (ECA). As Professoras que acompanharam a menina nos últimos anos relataram a importância da sua permanência em ensino regular para o seu processo de socialização. Além disso, a presença de cuidadores garante um aproveitamento ainda melhor das atividades propostas, segundo o Terapeuta Ocupacional que analisou a situação. A Defensoria Pública argumentou que é de suma importância reconhecer a educação inclusiva como um direito, previsto em lei, e que, além de contribuir para o desenvolvimento da pessoa com deficiência, é uma maneira de promover a valorização da diversidade" (Cf. http://www.defensoria.sp.gov.br).

Por fim, no Estado de São Paulo, vale anotar, houve, em 2008, a promulgação de lei estadual que consolidou todas as leis estaduais sobre os direitos das pessoas com deficiência, **Lei nº 12.907, de 15 de abril de 2008**. Por exemplo, diz a lei: "Artigo 3º – São direitos da pessoa com deficiência, além daqueles decorrentes do direito positivo em geral, que ao Estado incumbe prover: I – acesso específico aos serviços de saúde; II – reabilitação; III – inclusão social; IV – locomoção e acesso aos bens e serviços públicos."

Finalmente, no ano de 2015, foi aprovado **o Estatuto da Pessoa com Deficiência**, cuja proposta é intensificar a humanização e a inclusão, além de atacar todas as formas de preconceito, exclusão e dependência (Lei n. 13.146/15).

Dentre várias novidades, a nova lei define "acessibilidade" e todas as formas de barreiras (artigo 3º):

"I – acessibilidade: possibilidade e condição de alcance para utilização, com segurança e autonomia, de espaços, mobiliários, equipamentos urbanos, edificações, transportes, informação e comunicação, inclusive seus sistemas e tecnologias, bem como de outros serviços e instalações abertos ao público, de uso público ou privados de uso coletivo, tanto na zona urbana como na rural, por pessoa com deficiência ou com mobilidade reduzida;" (...)

"IV – barreiras: qualquer entrave, obstáculo, atitude ou comportamento que limite ou impeça a participação social da pessoa, bem como o gozo, a fruição e o exercício de seus direitos à acessibilidade, à liberdade de movimento e de expressão, à comunicação, ao acesso à informação, à compreensão, à circulação com segurança, entre outros, classificadas em:

a) barreiras urbanísticas: as existentes nas vias e nos espaços públicos e privados abertos ao público ou de uso coletivo;

b) barreiras arquitetônicas: as existentes nos edifícios públicos e privados;

c) barreiras nos transportes: as existentes nos sistemas e meios de transportes;

d) barreiras nas comunicações e na informação: qualquer entrave, obstáculo, atitude ou comportamento que dificulte ou impossibilite a expressão ou o recebimento de mensagens e de informações por intermédio de sistemas de comunicação e de tecnologia da informação;

e) barreiras atitudinais: atitudes ou comportamentos que impeçam ou prejudiquem a participação social da pessoa com deficiência em igualdade de condições e oportunidades com as demais pessoas;

f) barreiras tecnológicas: as que dificultam ou impedem o acesso da pessoa com deficiência às tecnologias;"

Merece sempre a reiteração do óbvio: "Toda pessoa com deficiência tem direito à igualdade de oportunidades com as demais pessoas e não sofrerá nenhuma espécie de discriminação" (artigo 4º).

Outrossim, vale dizer que a nova lei, além de prever uma série de direitos e de crimes, alterou o Código Civil, para fins de retirar as pessoas com deficiência da teoria das incapacidades.

Por fim, a Defensoria Pública do Estado de São Paulo, pelo Núcleo Especializado do Idoso e da Pessoa com Deficiência, tem firmado algumas posições, "as quais, sem qualquer caráter vinculativo, poderão auxiliar no desempenho das atividades da Defensoria Pública por seus órgãos de atuação:

ACESSIBILIDADE. ENTENDIMENTO FIRMADO PELO PLENÁRIO DO NEDIPED: Foi deliberado e aprovado pelo Plenário do NEDIPED parecer de lavra do Exmo. Defensor Público Dr. Joao Guilherme Ponzoni Marcondes, nos autos do PA02/2014, cujo objeto é o acompanhamento de proposta aprovada no IV Ciclo de Conferências, reiterando proposta do III Ciclo, qual seja, 'Atuar em relação à acessibilidade em vias públicas ou particulares (piso tátil, iluminação adequada, sinalização sonora e calçamento), inclusive adequação, exigindo a fiscalização do Poder Público, assim como em relação às demais formas de acessibilidade (informatização, comunicação, dentre outras), garantindo-se que os órgãos responsáveis pela aprovação de plantas e expedição do habite-se, somente o faça se estiverem sendo respeitadas as regras de acessibilidade.', com o seguinte encaminhamentos: (1) Havendo violação de direito envolvendo acessibilidade, em casos individuais ou coletivos, a Defensoria Pública deve promover o atendimento jurídico integral correspondente;(2) A concessão do "habite-se" ou ato administrativo equivalente, cujas balizas são previstas em legislação municipal, deve respeitar as normas de acessibilidade, em especial a NBR 9050 da ABNT;(3) Quanto á legislação do item anterior, a constatação da violação em concreto às regras de acessibilidade reclama atuação desta Instituição, valendo-se dos instrumentos jurídicos à disposição no ordenamento.'

ACESSIBILIDADE. PESSOAS COM DEFICIÊNCIA AUDITIVA. INTÉRPRETES DE LIBRAS. ENTENDIMENTO FIRMADO PELO PLENÁRIO DO NEDIPED: Foi deliberado e aprovado pelo Plenário do NEDIPED entendimento do colegiado em relação ao PA 04/2014, cujo objeto é o acompanhamento de proposta aprovada no IV Ciclo de Conferências ("Garantir profissionais especializados em libras para atendimento em todas as áreas, públicas ou privadas, da educação, saúde, assistência social, poder judiciário, dentre outros, podendo se materializar pela criação de uma Central de Libras ou outra forma que garanta a efetivação do direito"), com o seguinte posicionamento: (1) É dever do Estado, de acordo com a Convenção Internacional sobre os Direitos das Pessoas com Deficiência, norma que compõe formal e materialmente o bloco de constitucionalidade brasileiro (CRFB art. 5º, §3º), tomar medidas apropriadas para oferecer intérpretes profissionais da língua de sinais, para facilitar o acesso aos edifícios e outras instalações abertas ao público ou de uso público (art. 9º, item 2, "e"); (2) Verificada em concreto a violação de tal dever, em casos individuais ou coletivos, bem como estando presentes os demais pressupostos de atuação, a Defensoria Pública deve promover o atendimento jurídico integral correspondente, valendo-se dos instrumentos jurídicos à disposição para a defesa do direito em questão em favor dos necessitados" (Cf. http://www.defensoria.sp.gov.br).

Enfim, são posicionamentos técnicos e bem apresentados, além de acessíveis, que facilitam e otimizam a atuação do Defensor Público nesse campo.

9. O COMBATE À DISCRIMINAÇÃO POR ORIENTAÇÃO SEXUAL

A questão da igualdade dos sexos e do respeito à orientação sexual é um desafio da sociedade moderna.

No ano de 2011, atuamos, eu e o Defensor Público Victor Hugo Albernaz Júnior, cujo envolvimento na causa foi ainda maior, em um caso de discriminação praticada por certa Entidade religiosa na cidade de Ribeirão Preto, Estado de São Paulo, bem às vésperas do movimento de orgulho LGBTT na cidade.

O outdoor trazia os seguintes dizeres: *"Assim diz DEUS: "Se também um homem se deitar com outro homem, como se fosse mulher, ambos praticam coisa abominável..." Levítico 20:13 (RA) "Por causa das coisas que estas pessoas fazem, Deus as entrega a paixões vergonhosas. Pois até as mulheres trocam as relações naturais pelas que são contra a natureza. E também os homens deixam as relações naturais com as mulheres e se queimam de paixão uns pelos outros. Homens têm relações vergonhosas uns com os outros e por isso recebem em si mesmos o castigo que merecem por causa dos seus erros." Rm 1:26-27 (NTLH) "Portanto, arrependam-se e voltem para Deus, a fim de que Ele perdoe os pecados de vocês." Atos 3:19 (NTLH)"*

A mensagem exposta em via pública, que aparentemente veicula simples passagens bíblicas, traz, de fato, não só expressões, mas, também, um contexto discriminatório, preconceituoso e, especialmente homofóbico, gerando ofensa direta à população LGBT (lésbicas, gays, bissexuais, travestis e transexuais) e indignação de boa parte da sociedade onde está inserida, a qual observa e respeita os princípios fundamentais de direitos à dignidade humana, esculpidos na Constituição Federal de 1988 e nos tratados internacionais dos quais o Brasil é signatário.

Expressões usadas, tais como "praticam coisa abominável", "paixões vergonhosas", "relações vergonhosas", "recebem em si mesmos o castigo que merecem por causa de seus erros", remetem os reais e atuais personagens desta mensagem a situação de inferiorização de suas pessoas, como se fossem de segunda categoria ou pior, degradando-os como seres humanos, desrespeitando-os na condição humana em que se inserem a partir de suas orientações sexuais e de suas identidades de gênero.

É possível compreender melhor o contexto da referida mensagem, de natureza discriminatória, quando é sabido que houve, na cidade de Ribeirão Preto e na mesma época, o evento denominado "7ª Parada do Orgulho LGBTT".

ATENÇÃO Enfim, **não é possível admitir que, em pleno século XXI, num Estado Democrático de Direito como é o nosso, comportamentos e atitudes preconceituosas sejam expostas ao público sem qualquer responsabilização.**

A liberdade de expressão de pensamento é, sem dúvida, um direito fundamental, porém, como todo direito, ela tem seu limite junto às margens da ofensa do outro, é dizer, não pode ser alegada a qualquer preço, transpondo e ferindo o direito de terceiro. É por isso que se diz que todo o direito tem seu correspondente dever, que o limita de forma consciente, objetiva e racional, e que estabelece o equilíbrio da balança da Justiça, enfim, o faz verdadeiramente respeitado.

Há que se considerar **o direito ao respeito (e o dever de respeitar)** pertence e cabe a todos os seres humanos, porquanto iguais segundo o princípio primeiro de todas as Declarações de Direitos e Constituições democráticas do mundo. O respeito ao direito de liberdade de orientação sexual e de identidade de gênero não deve ser relegado a categoria inferior, porquanto não o é. Expressar ideias, conceitos e pensamentos, é possível. O que não é possível, nem legal, é usá-los para depreciar e ofender a dignidade de outra pessoa.

Em direito comparado, **"o caso mais recente envolvendo os direitos dos *gays*[60] na Suprema Corte dos Estados Unidos é o caso *Lawrence v. Texas*, de 2003**, no qual, por uma maioria de seis votos contra três, a Suprema Corte decidiu que era inconstitucional a lei do Texas que proibia seus cidadãos de se engajar em atividades sexuais com pessoas do mesmo sexo.

A opinião predominante foi retratada – como no caso anterior em 1996 – pelo Justice Kennedy, o qual sustentou que a lei estadual do Texas violava a cláusula do devido processo legal substantivo. A Justice O'Connor – hoje aposentada da Corte – na época também decidiu que a lei estadual era inconstitucional, mas porque violava a cláusula da igual proteção *(equal protection)*.

O novo precedente serviu para revogar a decisão tomada pela Corte no caso Bowers, em 1986, quando então a Corte havia rejeitado a demanda a partir de uma pretendida aplicação da cláusula do devido processo em sua versão substantiva. A opinião da maioria, retratada pelo Justice Kennedy, considerou que a revogação do precedente anterior se dava porque (i) existiam decisões anteriores da Suprema Corte, bem como (ii) pela história e tradição do país de não interferência em atividades privadas de natureza sexual e consentidas entre adultos livres e que (iii) a crença de que a autonomia pessoal para definir sua própria vida em termos de relacionamento com outros adultos fazia parte de um esquema de 'liberdade ordenada' e de filosofia jurisprudencial que tinha de ser protegido por qualquer sociedade."[61]

Merece citação o interessante estudo sobre **a adoção por casais homossexuais feito por Moira Roma Canalle.** Além dos pressupostos jurídicos do instituto, ela concentrou suas energias na defesa do que, hoje, representa o "melhor interesse da criança" no contexto da temática aqui em tela.

Segundo ela, o homem não mais deve ser educado para se tornar forte e destemido guerreiro, bom jogador de futebol (ou de *MMA*) ou um patriarca e firme "chefe de família". A mulher, por sua vez, não mais tem como objetivo se tornar uma adulta dócil, boa mãe e dedicada esposa. Nada disso.

60 Não desconhecemos a inadequação do uso da expressão, mas a manteremos por fidelidade ao texto citado.

61 APPIO, Eduardo. *Direito das Minorias.* Curitiba: Revista dos Tribunais. p. 257.

Hodiernamente, independentemente do gênero, o que se busca é a felicidade. E, questiona a pesquisadora, "o que é felicidade?"

Para ela, "a felicidade tem a cor que o autor pinta, ou seja, cada um encontra uma palavra pra defini-la, uma fórmula pra alcançá-la, um jeito de senti-la."

A autora cita **"Emmnuel Kant:** 'O princípio da felicidade pode, sem dúvida, fornecer máximas, mas nunca aquelas que serviriam de leis da vontade, mesmo se tomasse por objeto a felicidade universal. Com efeito, porque o conhecimento desta se baseia nos simples dados da experiência, uma vez que todo o juízo a seu respeito **depende muito da opinião de cada um**, a qual é também muito variável, podem certamente dar-se regras gerais, mas nunca regras universais, isto é regras que, em média, são corretas na maior parte das vezes, mas não regras que devem sempre e necessariamente ser válidas'.[62]

Não existem, pois, regras. O conceito de felicidade parece não estar rigidamente definido, até porque não é estático, transformando-se com o passar do tempo e de acordo com a experiência de cada um. Mas se é possível 'fornecer máximas', analisando a maioria das definições, poderíamos caracterizar a felicidade amplamente, como sentimento puro de bem-estar, ou, mais especificamente, como o prazer. (...)

Se o conceito de felicidade pode ser amplo e subjetivo, ainda mais variado é o caminho para a sua conquista. Embora este não possa, igualmente, ser definido, ao menos alguns caminhos já puderam ser identificados e, como foi possível verificar, a felicidade tem sido cada vez mais associada à vivência familiar.

Citando Rosana Fachin, e lembrando o pensamento aristotélico, Paulo Roberto Vecchiatti assevera que '**a família é um 'meio para a realização pessoal de seus membros.'** Um ideal em construção, e completa dizendo que 'é na busca da felicidade que o indivíduo viu-se livre dos padrões estáticos para construir sua família'.[63]

Procurando por essa tão desejada felicidade, nós, seres humanos, encontramos uma nova concepção de família, que não precisa mais seguir modelos tradicionais (patriarcais), bastando apenas que proporcione bem-estar à pessoa.

Aliás, 'ao encontro desse pensamento são as palavras de Rodrigo Cunha Pereira[64]: 'a família é o núcleo estruturante do sujeito, pode ser só com um pai, uma mãe, dois pais, isso não faz diferença, o que faz diferença é a medida

---

62 KANT, Emmanuel, *apud* SANCHES, Patrícia Corrêa, *et al. Diversidade sexual e direito homoafetivo*/coordenação de Maria Berenice Dias. São Paulo: Editora Revista dos Tribunais, 2011. p. 444.

63 VECCHIATTI, Paulo Roberto, *et al. Diversidade sexual e direito homoafetivo*/coordenação de Maria Berenice Dias. São Paulo: Editora Revista dos Tribunais, 2011. p. 147.

64 *Rodrigo Cunha Pereira* é Advogado e Presidente do Instituto Brasileiro de Direito de Família (IBDFAM).

do amor que o sujeito dá e recebe e no caso da criança ela só saberá dar se houver recebido'[65].

Já Patrícia Sanches tece as seguintes considerações: '**O afeto é a tônica da felicidade**, e tal fator é o responsável por toda uma alteração no modo de concepção da moderna família ocidental. Por esta razão, **o núcleo familiar partiu de um meio de desenvolvimento de dogmas religiosos, passando por imposição de um *status* social, até um ambiente de livre realização pessoal.** E nessa trajetória percebe-se que os modelos antigos, impostos primeiramente pela religião e posteriormente pela sociedade, estavam alicerçados na indissolubilidade da sociedade conjugal, ou seja, na total falta de liberdade, o que difere do hodierno modelo familiar, que funciona como o palco da livre expressão do afeto – única imposição de existência da família, que se tornou plural, dissolúvel e igualitária'.[66]

Maria Berenice Dias também fala sobre essa nova concepção de família: '(...) surgiu um novo nome para essa nova tendência de identificar a família pelo seu envolvimento afetivo: família eudemonista, que busca a felicidade individual vivendo um processo de emancipação de seus membros. O eudemonismo é a doutrina que enfatiza o sentido de busca pelo sujeito de sua felicidade. A absorção do princípio eudemonista pelo ordenamento altera o sentido da proteção jurídica da família deslocando-o da instituição para o sujeito, como se infere da primeira parte do art. 8º, do art. 226 da CF: o estado assegurará a assistência a família na pessoa de cada um dos componentes que a integram.'[67]

Diante desse raciocínio, Moira Canalle reconstrói as bases permissivas da adoção por casais homossexuais, **fundadas na simples busca da felicidade**, independentemente do gênero e da orientação sexual.

Mas, ainda há muito que ser feito num contexto sociojurídico ainda primitivo e arcaico. Em bem organizado conjunto de palavras, o Professor da USP Conrado Hübner Mendes coloca com primor essa questão, em âmbito político-legislativo.

"O Brasil tem assistido a surtos agudos de primitivismo político. O fenômeno não é de direita nem de esquerda, não é de oposição nem de situação, não é conservador nem progressista. Merece outro adjetivo porque não aceita, por princípio, a política democrática e as regras do jogo constitucional. Esforça-se em corroê-las o tanto quanto pode. Não está disposto a discutir ideias e propostas à luz de fatos e evidências, mas a desqualificar sumariamente a integrida-

65 PEREIRA, Rodrigo Cunha. I Congresso Nacional de Direito Homoafetivo, realizado no Rio de Janeiro/RJ em 23/03/2011.

66 SANCHES, Patrícia Corrêa, *et al. Diversidade sexual e direito homoafetivo*/coordenação de Maria Berenice Dias. São Paulo: Editora Revista dos Tribunais, 2011. p. 442.

67 DIAS, Maria Berenice. Manual de Direito das Famílias. 4ª ed. São Paulo: Editora Revista dos Tribunais, 2007, pág. 52/53.

de do seu adversário (e, assim, escapar do ônus de discutir propostas e fatos). Cheio de convicções, é surdo a outros pontos de vista e alérgico ao debate. Não argumenta, agride. Dúvidas seriam sinais de fraqueza, e o primitivo quer ser tudo menos um fraco. Suas incertezas ficam enrustidas no fundo da alma.

Há muitos exemplos desse surto. Aos interessados num curso relâmpago sobre essa patologia, serve qualquer entrevista de um folclórico deputado do PP que há pouco mobilizou o seu partido para pleitear, sem sucesso, a presidência da Comissão de Direitos Humanos e Minorias da Câmara dos Deputados (ver YouTube). Ao ser perguntado sobre os seus projetos para o cargo, dispara: 'A minoria tem de se calar e se curvar à maioria!'. E continua: 'Não podemos estimular crianças a serem homossexuais'. Para ele, 'não somos nós que temos de respeitar homossexual, eles é que têm de me respeitar'. (...)

Dessa amostra se pode deduzir o que pensa o deputado sobre tantos outros temas. Ele sabe para quem está falando e por qual breviário deve rezar para se eleger. Suas frases de efeito imoral são combustível para toda sorte de recalque homofóbico, sexista, racista, elitista, policialesco, enfim, para todo o arsenal de recursos opressores estocados na cultura brasileira. A filosofia da discriminação dá voto. Invocada com raiva e fé, ainda elege e reelege.

O parlamentar do PP é a expressão mais caricata, se não repugnante, do primitivismo. Fosse apenas um lembrete pedagógico de um país que um dia existiu, ou representasse só um reduto de filhos bastardos da ditadura, não causaria maior dor de cabeça. Mas quando notamos que ele é somente a versão mais antipática de um Brasil que ainda nos espreita da esquina, ou de uma mentalidade que continua a se manifestar nos jornais, na família e no trabalho, é sinal de que o confronto não pode ser evitado. Há muito em risco para ficar em silêncio.

Onde erra o bolsonarismo? Essa não é uma pergunta retórica. A resposta, afinal, nem sempre está na ponta da língua daqueles que rejeitam, por instinto ou convicção, essa visão de mundo. Construir uma resposta robusta, por todos os ângulos possíveis, é um esforço indispensável para deixar claro o que está em jogo.

Incomodam ao bolsonarismo os padrões de decência política, os direitos fundamentais e os compromissos de mudança social pactuados pela Constituição de 1988. Esse pacto constitucional, entretanto, é um ponto de partida inegociável e não está aberto a reconsideração. Se pensa que nem todos merecem direitos, não entendeu bem o que são direitos. Fala em direitos, mas pensa em privilégios. Se quer ser um servo da maioria, não aprendeu bem o que é democracia, mas definiu perfeitamente a tirania. Se acha que a parada gay deve ser respondida com a marcha dos heterossexuais, não entendeu nada mesmo."[68]

Lamentável. Respeito e reconhecimento. É isso.

10. A IMPLEMENTAÇÃO DOS DIREITOS DA MULHER E O COMBATE À VIOLÊNCIA DE GÊNERO

De início, devemos mencionar que **o Comitê de Direitos Humanos da Organização das Nações Unidas expediu a Recomendação nº 4,** sobre o artigo 3º do Pacto Internacional dos Direitos Civis e Políticos (1966): "Primeiramente, o artigo 3º, como os artigos 2° (1) e 26 que tratam principalmente da prevenção da discriminação fundada em vários motivos, dentro os quais o gênero é um, requer não apenas medidas de proteção, mas também ações afirmativas destinadas a garantir o gozo positivo de direitos. Isso não pode ser feito simplesmente com a promulgação de leis. (...)"[69]

Uma visão mais global. "Considerando a historicidade dos direitos, destaca-se a chamada concepção contemporânea de direitos humanos, que veio a ser introduzida pela Declaração Universal de 1948 e reiterada pela Declaração de Direitos Humanos de Viena de 1993.

Esta concepção é fruto do movimento de internacionalização dos direitos humanos, que constitui um movimento extremamente recente na história, surgindo, a partir do pós-guerra, como resposta às atrocidades e aos horrores cometidos durante o nazismo. Apresentando o Estado como o grande violador de direitos humanos, a era Hitler foi marcada pela lógica da destruição e da descartabilidade da pessoa humana, que resultou no envio de 18 milhões de pessoas a campos de concentração, com a morte de 11 milhões, sendo seis milhões de judeus, além de comunistas, homossexuais e ciganos.

O legado do nazismo foi condicionar a titularidade de direitos, ou seja, a condição de sujeito de direito, à pertença à determinada raça – a raça pura aria-

---

68 MENDES, Conrado Hübner. *Reféns do bolsonarismo.* Jornal O Estado de São Paulo. Disponível em: http://www.estadao.com.br/noticias/impresso,refens-do-bolsonarismo,1140280,0.htm

69 "3. Em segundo lugar, a obrigação positiva contraída pelos Estados-partes perante esse artigo pode ter um impacto inevitável na legislação ou em medidas administrativas, especificamente destinadas para regular outras questões que não as tratadas no Pacto, mas as quais podem, desfavoravelmente, afetar os direitos reconhecidos no Pacto. (...)
5. O Comitê considera, também, que poderá ajudar os Estados-partes na implementação dessa obrigação, se fossem feitos mais usos dos meios de cooperação internacional existentes, com uma visão de trocas de experiências e a organização de uma assistência para a resolução prática de problemas ligados à garantia de igualdade de direitos para homens e mulheres. *In: Código de direito internacional dos direitos humanos – Anotado.* Coordenação geral: Flávia Piovesan. São Paulo: EPJ, 2008.

na. Para Ignacy Sachs, o século XX foi marcado por duas guerras mundiais e pelo horror absoluto do genocídio concebido como projeto político e industrial.

É neste cenário que se vislumbra o esforço de reconstrução dos direitos humanos, como paradigma e referencial ético a orientar a ordem internacional contemporânea. Com efeito, no momento em que os seres humanos se tornam supérfluos e descartáveis, no momento em que vige a lógica da destruição, em que cruelmente se abole o valor da pessoa humana, torna-se necessária a reconstrução dos direitos humanos, como paradigma ético capaz de restaurar a lógica do razoável. A barbárie do totalitarismo significou a ruptura do paradigma dos direitos humanos, pela negação do valor da pessoa humana como valor fonte do direito. Se a Segunda Guerra significou a ruptura com os direitos humanos, o pós-guerra deveria significar a sua reconstrução.

Há um reencontro com o pensamento kantiano, com as ideias de moralidade, dignidade, direito cosmopolita e paz perpétua. Para Kant, as pessoas e, em geral, qualquer espécie racional devem existir com um fim em si mesmo e jamais como um meio, a ser arbitrariamente usado para este ou aquele propósito. Os objetos têm, por sua vez, um valor condicional, enquanto irracionais, por isso, são chamados 'coisas', substituíveis que são por outras equivalentes. Os seres racionais, ao revés, são chamados 'pessoas', porque constituem um fim em si mesmo, têm um valor intrínseco absoluto, são insubstituíveis e únicos, não devendo ser tomados meramente como meios. As pessoas são dotadas de dignidade, na medida em que tem um valor intrínseco. Deste modo, ressalta Kant, trate a humanidade, na pessoa de cada ser, sempre como um fim, nunca como um meio."[70]

Segundo temos defendido, especialmente sobre a questão do gênero, eu e Heloisa Barbosa Pinheiro Rodrigues, a quem consigno minha admiração pelo amor a esta causa, **a violência contra a mulher** é um tema que, não obstante as mudanças político-legislativas ocorridas e a visibilidade que ela tem recebido atualmente, ainda se mostra bastante presente na realidade brasileira. De fato, em uma sociedade na qual a cultura patriarcal é bastante presente e forte, a relação entre homens e mulheres, não somente domésticas, mas em vários outros âmbitos, como na escola e no trabalho, mostra-se ainda delicada, considerando a estrutura de dominação na qual estamos submetidos cultural e socialmente.

O contexto atual, em muitos grupos sociais, ultrapassando estas questões como renda, ainda é aquele em que as mulheres são, em grande parte, vistas como pertencentes ao âmbito doméstico, submissas às vontades e iniciativas da figura masculina, que sobre elas exerce "poder" e a quem deve respeito, podendo este ser marido, pai ou irmão (Bourdieu, 2010).

70 *Código de direito internacional dos direitos humanos – Anotado.* Coordenação geral: Flávia Piovesan. São Paulo: EPJ, 2008.

Tradicionalmente, as mulheres eram educadas para serem dóceis e passivas, enquanto os homens para serem fortes, sendo agressivos e "corajosos". Tal contexto ainda pode ser observado na sociedade, mesmo que não seja a regra, sendo exatamente aí que a violência, não somente a física, mas também as psíquica e moral, surge. Ela é a exteriorização da vontade e imposição de poder que os homens são condicionados a exercer sobre as mulheres[71].

Simultaneamente, algumas mulheres, estando também inseridas nessa estrutura arcaica de dominação, "permitem-se" serem dominadas para, muitas vezes, não admitirem, socialmente, o fracasso de seus relacionamentos, para provarem a suposta dignidade de seus homens, que julgavam ser realmente pessoas de força e espírito de liderança ou, simplesmente, por dependerem econômica ou emocionalmente desses homens.

Realmente, ainda hoje, e não se pode olvidar que muitos homens e mulheres acreditam que tal estrutura é natural, o que faz com que estas últimas aceitem e desejem tais formas de dominação, é o desejo, por exemplo, de que seus homens sejam "bem-vistos" na sociedade (Bourdieu, 2010, p. 48).

Porém, tal conduta manifesta-se, na grande maioria dos casos, de forma extremamente agressiva às mulheres. E embora haja um sistema de tutela, nacional e internacional, este ainda não se mostra suficientemente eficaz.

Nesse contexto, a Lei 11.340/06, Lei Maria da Penha, surge com o escopo de cumprir essa função, qual seja, diminuir as ocorrências de violência contra a mulher, pela previsão de consequências mais severas para a prática de tais crimes e pelo maior controle estatal sobre as relações privadas, especialmente no âmbito familiar. Mostra-se, portanto, como fio condutor dessa atividade legislativa, o interesse em uma prevenção de crimes de tal natureza, de forma a promover maior pacificação social com a defesa da mulher, em sua integridade física e moral, e da família, como ambiente de construção e efetivação de cidadania, de forma a cumprir a igualdade entre os gêneros, o respeito à vida e à saúde dos indivíduos, bem como o pleno exercício da liberdade.

De fato, todas as iniciativas em prol das mulheres agredidas no âmbito familiar buscam "atender aos princípios de ação afirmativa que têm por objetivo implementar ações direcionadas a segmentos sociais, historicamente discriminados, como as mulheres, visando a corrigir desigualdades e a promover a inclusão social por meio de políticas públicas específicas, dando a estes grupos um tratamento diferenciado que possibilite compensar as desvantagens sociais decorrentes da situação de discriminação e exclusão a que foram expostas."[72]

71 SAFFIOTI, 2004, p. 35-58.

72 CAMPOS; CORREA, 2008, p. 111.

Uma das garantias trazidas pela Lei 11.340/06, apta a alcançar alguns desses objetivos, refere-se às medidas protetivas, elencadas no Capítulo II, artigos 18 a 23 da lei. Tais medidas oferecem às vítimas de violência meios idôneos a prevenir sua ocorrência, quando na iminência da agressão, ou a cessar a violência já em andamento e com risco, inclusive, de supressão da vida da mulher ofendida.

No entanto, algumas questões não são pacíficas entre seus aplicadores. Em decisão recente do Supremo Tribunal Federal, na ADI 4424, houve entendimento pela não obrigatoriedade da representação da mulher para que tenha início a ação penal contra o agressor a quem é imputada os delitos de lesão corporal, ou seja, segundo o entendimento a ação é de natureza pública e incondicionada, podendo o Ministério Público propô-la quando entender pela sua necessidade e cabimento.

Uma discussão que era trazida à baila, tanto pelos estudiosos do tema, como pelos Tribunais e delegacias de polícia, anteriormente a essa decisão, era sobre a necessidade de representação da ofendida para a concessão daquelas medidas protetivas. Muitos tentavam, equivocadamente, condicionar a aplicação da medida de proteção ao processo criminal, e defendiam que ela, como sendo uma forma de punir o agressor, não tinha razão de ser quando a vítima não representava de imediato ou renunciava à representação, já que, desta forma, ficava extinta a punibilidade do autor da agressão, ou mesmo quando a vítima não pretendia o prosseguimento do processo criminal.

Porém, tal entendimento não correspondia ao anseio social, bem como ao espírito da lei que, como já destacado anteriormente, não privilegia a função repressiva do Estado relativamente ao agressor, mas a proteção física e psíquica da mulher em situação de violência. Não há que se falar em uma relação direta entre o *ius puniendi* estatal e a aplicação das referidas medidas, pois estas são o meio necessário a evitar um mal maior à vida e à integridade física e psicológica da mulher. A intenção da lei é proteger a mulher, coibindo a violência doméstica, o que, por si só, é suficiente para libertar as medidas protetivas do falido sistema processual penal. A representação, por sua vez, tinha como justificativa a autonomia da mulher, e não poderia ser uma forma de restringir o seu direito à proteção, garantido constitucionalmente.

A Lei Maria da Penha, nos seus artigos já indicados, mostra com clareza o entendimento de que a aplicação das medidas protetivas não dependiam de representação da vítima, estabelecendo que tal proteção seria devida quando do conhecimento da situação de violência pelo juiz. Segundo o art. 22 da referida lei: "Constatada a prática de violência doméstica e familiar contra a mulher, nos termos desta Lei, o juiz poderá aplicar, de imediato, ao agressor, em conjunto ou separadamente, as seguintes medidas protetivas de urgência, entre outras: I - suspensão da posse ou restrição do porte de armas, com comunicação ao órgão competente; II - afastamento do lar, domicílio ou local de convivência com a ofendida; III - proibição de determinadas condutas, entre as quais: a) aproximação da ofendida, de seus familiares e das testemunhas, fixando o limite mínimo de distância entre estes e o agressor."

Neste caso, entende-se que se fosse necessária a representação da ofendida para que a aplicação das medidas fosse legítima, o texto da lei seria claro neste sentido, considerando o princípio da legalidade do direito público, e não somente afirmaria a "constatação de violência" pela autoridade policial e pelo juiz para que se promovesse a proteção. Tal entendimento dialoga, inclusive, com os objetivos da lei aqui já explicitados, quais sejam, não somente a persecução penal do agressor, mas principalmente a cessação ou redução dos casos de violência e a proteção à integridade da vítima. Dessa forma, mostra-se em dissonância com tais objetivos a preocupação em instaurar processo criminal relativamente ao agressor, enquanto a vítima sofre violação aos seus direitos fundamentais, como o direito à vida. Caso contrário, a linha de direito penal adotada pelo Estado teria mera faceta punitivista, segundo os ditames de uma teoria retributiva pura da pena, ao invés de se adotar a posição preventiva e tutelar de análise do Direito Penal, que mais se coaduna com os atuais anseios sociais[73].

Maria Berenice Dias, por seu turno, aborda o problema defendendo que, mesmo sem a ocorrência de fato típico, há o dever da autoridade policial em oferecer proteção a vítima, ou seja, "é a violência doméstica que autoriza a adoção de medidas protetivas, e não exclusivamente o cometimento de algum crime". Infere-se deste entendimento que existe, de fato, a obrigatoriedade de aplicação de medidas protetivas em situações nas quais sequer configura-se crime, caso no qual a representação mostrava-se impossível. Dessa forma, conclui-se que, quando da ocorrência de crime, mesmo se a mulher não quisesse representar contra o agressor, tal desejo deveria ser respeitado, permanecendo, entretanto, o direito à proteção a ser oferecida e concedida, respectivamente, pela autoridade policial e judicial. Nesse aspecto, afirma que "o propósito da lei Maria da Penha é dar um basta à violência doméstica, o que nem sempre é alcançado ao perpetuar-se a situação de conflito mediante a instauração de processo criminal(...)".[74]

Pois bem. A problemática da violência contra a mulher é percebida internacionalmente, resultando na elaboração de diversos tratados sobre a questão. Tais tratados, muitos dos quais o Brasil tenha ratificado, interferem positivamente na legislação interna, sendo determinantes na criação de leis e procedimentos específicos. Entre eles destaca-se a Convenção Interamericana para Prevenir, Punir e Erradicar a Violência contra a Mulher. Relativamente a seu conteúdo, tem-se no art. 7°.

73 Para maior esclarecimento sobre teorias da pena, vide: PRADO, Luiz Regis. Curso de Direito Penal Brasileiro, parte geral: arts. 1º a 120. 8 ed. rev., atual e ampl. São Paulo: Editora Revista dos Tribunais, 2008. P. 488-498.

74 DIAS, Maria Berenice, p.3.

"Os Estados Partes condenam todas as formas de violência contra a mulher e convêm em adotar, por todos os meios apropriados e sem demora, políticas destinadas a prevenir, punir e erradicar tal violência e a empenhar-se em: d. adotar medidas jurídicas que exijam do agressor que se abstenha de perseguir, intimidar e ameaçar a mulher ou de fazer uso de qualquer método que danifique ou ponha em perigo sua vida ou integridade ou danifique sua propriedade; f. estabelecer procedimentos jurídicos justos e eficazes para a mulher sujeitada a violência, inclusive, entre outros, medidas de proteção, juízo oportuno e efetivo acesso a tais processos; (...)"

A preocupação, mais uma vez, mostra-se na direção de que a proteção à mulher e o acesso aos meios judiciais necessários a assegurar a efetivação de seus direitos devem ser priorizados, independentemente do curso do processo criminal. É o que podemos chamar de tutela penal inibitória. De fato, "eficácia" aqui pressupõe a adoção da melhor maneira para que o quadro de violência cesse, não havendo lógica em estabelecer limitações ou condicionantes para o exercício de tal direito. Interpretando tal dispositivo, conclui-se, mais uma vez, pela mitigação da necessidade de processo penal para que a mulher agredida no ambiente doméstico tenha direito às medidas protetivas.

Além disso, Amini Haddad Campos e Lindinalva Rodrigues Corrêa trazem em *Direitos Humanos das Mulheres*[75] uma recomendação da Comissão Interamericana de Direitos Humanos, da OEA, que confirma o entendimento até o presente momento exposto, acrescentando, inclusive, a adoção de medidas, que não as judiciais, para resolução de conflitos. Recomenda a Comissão, dessa forma, "o estabelecimento de formas alternativas às judiciais, rápidas e efetivas de solução de conflitos intrafamiliares, bem como de sensibilização com respeito à sua gravidade e às consequências penais que gera".

No entanto, ainda arraigados aos tradicionais dogmas do direito penal retributivo, os Tribunais ainda têm mantido o caráter eminentemente punitivo das leis penais. Entre as teses mais levantadas está a de que, adotando-se as medidas protetivas sem representação da vítima, há violação dos princípios do contraditório e ampla defesa, já que não há certeza sobre as declarações unilaterais da mulher "agredida" no momento em que informa às autoridades policiais a situação de violência, requerendo as medidas protetivas, que seriam concedidas sem ouvir a parte obrigada. Logicamente, para esses Tribunais, diante da renúncia ou retratação do direito de representar por parte da mulher, extinguia-se a punibilidade relativa ao agressor, não se falando mais em prestação do Estado no sentido de puni-lo, perdendo as medidas protetivas, por sua vez, a razão de ser[76].

75 Ana de 2008, p.112.

76 Como exemplo, vide ementa da apelação crime, JACP, Nº 70019552579/07, Tribunal de Justiça do Rio Grande do Sul: "apelação. VIOLÊNCIA DOMÉSTICA (ARTIGO 129 - § 9º, DO cp). Descabe a manutenção

Porém, tais entendimentos devem ser revistos, pois, no primeiro caso, nota-se que os princípios do contraditório e da ampla defesa são elevados a maior importância, em comparação ao direito à vida e à integridade física, psíquica e moral da mulher, o que se mostra contrário aos princípios trazidos, não somente pelos tratados ratificados pelo Brasil e pela Constituição Federal, mas pelos direitos humanos como um todo. Além disso, as medidas protetivas devem ser interpretadas como medidas *sui generis* de proteção de urgência e não, como a maior parte da doutrina afirma, de natureza cautelar.

Ainda quanto aos princípios do contraditório e da ampla defesa, não se justifica a instauração de processo crime para que o agressor possa, eventualmente, se defender. Há variados meios processuais para tentar cessar tais medidas, inclusive, mais eficazes e menos onerosos que o processo criminal.

Quanto à segunda tese, esta não se sustenta, pois as medidas protetivas não são medidas cautelares, não estando, portanto, atreladas a um processo civil ou criminal, como já explicado *supra*. São, de fato, medidas satisfativas de tutela inibitória ou de remoção do ilícito.

Outro argumento que predominava nos Tribunais é relativo a uma conexão automática que se costuma fazer entre a decisão de renunciar ou retratar-se da representação e a real vontade da mulher agredida de obter proteção estatal. Ignorava-se completamente a realidade de que muitas dessas mulheres que vão até as Delegacias de Polícia informar a ocorrência de violência são extremamente ligadas a seus agressores, não somente emocionalmente, mas pela dependência financeira, devido à existência de filhos e à recusa da família em apoiá-las ou recebê-las em situação de vulnerabilidade. Além desses fatores, havia também o medo de sofrer algum tipo de retaliação por parte dos próprios agressores, pois estes, ao tomarem conhecimento da representação da mulher e posterior início de ação penal, fazem com que as ameaças, a violência e a desconfiança, não raras vezes, aumentem e se intensifiquem.

Assim, quanto à decisão recente do Supremo Tribunal Federal[77], algumas questões podem ser levantadas. Segundo seu Informativo "o Plenário, por maio-

---

de medidas protetivas se já foi extinta a punibilidade do indiciado, eis que a própria vítima renunciou ao direito de representação, na audiência conciliatória".

77 "No mérito, evidenciou-se que os dados estatísticos no tocante à violência doméstica seriam alarmantes, visto que, na maioria dos casos em que perpetrada lesão corporal de natureza leve, a mulher acabaria por não representar ou por afastar a representação anteriormente formalizada. A respeito, o Min. Ricardo Lewandowski advertiu que o fato ocorreria, estatisticamente, por vício de vontade da parte dela. Apontou-se que o agente, por sua vez, passaria a reiterar seu comportamento ou a agir de forma mais agressiva. Afirmou-se que, sob o ponto de vista feminino, a ameaça e as agressões físicas surgiriam, na maioria dos casos, em ambiente doméstico. Seriam eventos decorrentes de dinâmicas privadas, o que aprofundaria o problema, já que acirraria a situação de invisibilidade social. Registrou-se a necessidade de intervenção estatal acerca do problema, baseada na dignidade da pessoa humana (CF, art. 1º, III), na igualdade (CF,

ria, julgou procedente ação direta, proposta pelo Procurador Geral da República, para atribuir interpretação conforme a Constituição aos artigos 12, I; 16 e 41, todos da Lei 11.340/2006, e assentar a natureza incondicionada da ação penal em caso de crime de lesão corporal, praticado mediante violência doméstica e familiar contra a mulher. Preliminarmente, afastou-se alegação do Senado da República segundo a qual a ação direta seria imprópria, visto que a Constituição não versaria a natureza da ação penal — se pública incondicionada ou pública subordinada à representação da vítima. Haveria, conforme sustentado, violência reflexa, uma vez que a disciplina do tema estaria em normas infraconstitucionais.

O Colegiado explicitou que a Constituição seria dotada de princípios implícitos e explícitos, e que caberia à Suprema Corte definir se a previsão normativa a submeter crime de lesão corporal leve praticado contra a mulher, em ambiente doméstico, ensejaria tratamento igualitário, consideradas as lesões provocadas em geral, bem como a necessidade de representação. Salientou-se a evocação do princípio explícito da dignidade humana, bem como do art. 226, § 8º, da CF. Frisou-se a grande repercussão do questionamento, no sentido de definir se haveria mecanismos capazes de inibir e coibir a violência no âmbito das relações familiares, no que a atuação estatal submeter-se-ia à vontade da vítima.

Em que pese a decisão tentar proteger a mulher que, segundo a maioria dos votos, se encontra extremamente vulnerável no momento em que faz a denúncia da violência sofrida, não oferecendo por isso a devida representação, pelos motivos acima expostos, pode-se discutir a real efetividade de tal entendimento,

---

art. 5º, I) e na vedação a qualquer discriminação atentatória dos direitos e liberdades fundamentais (CF, art. 5º, XLI). Reputou-se que a legislação ordinária protetiva estaria em sintonia com a Convenção sobre a Eliminação de Todas as Formas de Violência contra a Mulher e com a Convenção de Belém do Pará. Sob o ângulo constitucional, ressaltou-se o dever do Estado de assegurar a assistência à família e de criar mecanismos para coibir a violência no âmbito de suas relações. Não seria razoável ou proporcional, assim, deixar a atuação estatal a critério da vítima. A proteção à mulher esvaziar-se-ia, portanto, no que admitido que, verificada a agressão com lesão corporal leve, pudesse ela, depois de acionada a autoridade policial, recuar e retratar-se em audiência especificamente designada com essa finalidade, fazendo-o antes de recebida a denúncia. Dessumiu-se que deixar a mulher — autora da representação — decidir sobre o início da persecução penal significaria desconsiderar a assimetria de poder decorrente de relações histórico-culturais, bem como outros fatores, tudo a contribuir para a diminuição de sua proteção e a prorrogar o quadro de violência, discriminação e ofensa à dignidade humana. Implicaria relevar os graves impactos emocionais impostos à vítima, impedindo-a de romper com o estado de submissão. Entendeu-se não ser aplicável aos crimes glosados pela lei discutida o que disposto na Lei 9.099/95, de maneira que, em se tratando de lesões corporais, mesmo que de natureza leve ou culposa, praticadas contra a mulher em âmbito doméstico, a ação penal cabível seria pública incondicionada. Acentuou-se, entretanto, permanecer a necessidade de representação para crimes dispostos em leis diversas da 9.099/95, como o de ameaça e os cometidos contra a dignidade sexual. Consignou-se que o Tribunal, ao julgar o HC 106212/MS (DJe de 13.6.2011), declarara, em processo subjetivo, a constitucionalidade do art. 41 da Lei 11.340/2006, no que afastaria a aplicação da Lei dos Juizados Especiais relativamente aos crimes cometidos com violência doméstica e familiar contra a mulher, independentemente da pena prevista."
ADI 4424/DF, rel. Min. Marco Aurélio, 9.2.2012.

pois se, novamente, a intenção da lei, trazendo a decisão de dar início ao processo penal através da representação para mulher, era dar autonomia de decisão a essa mulher, retirar-lhe agora tal possibilidade aparenta ser um retrocesso nas conquistas relativas ao gênero. Mais uma vez, a mulher não tem autonomia sobre a sua vontade, tomando o Estado uma postura um tanto paternalista sobre o destino daquela mulher violentada.

Vale menção o voto vencido do Min. Cezar Peluso, segundo o qual "o legislador não poderia ter sido leviano ao estabelecer o caráter condicionado da ação penal. Afirmava que eventual existência de vício de vontade da mulher ofendida, ao proceder à retratação, não poderia ser tida como regra."[78]

Por outro lado, **a mulher, quando procura fazer a denúncia da violência sofrida, não deseja, necessariamente, que se inicie um processo criminal**, e sim a proteção que o Estado deve oferecer para que a situação de violência não continue ou se agrave. Vincular, então, esta denúncia ao início da persecução penal pode ter um efeito contrário: a mulher, que não deseja ver seu companheiro ou um parente, muitas vezes o próprio filho, processado criminalmente, furtará do conhecimento das autoridades a violência ocorrida, sequer podendo requerer tais medidas protetivas de sua integridade.

Aqui, com todo respeito à Suprema Corte, que em muitas de suas decisões tem acertado e trazido grandes avanços à sociedade brasileira, faz-se uma crítica no sentido de que, primeiramente, talvez a partir de tal decisão, muitas mulheres deixem de denunciar a violência sofrida, por saber que tal ato poderá gerar um processo penal sem sua concordância e, em segundo lugar, que as medidas protetivas ainda continuarão sendo tratadas com tez de cautelaridade, mantendo-as atreladas ao processo criminal, já que somente serão concedidas se houver persecução penal.

Ocorre que parece claro que a Lei Maria da Penha teria inaugurado, em termos legislativos nacionais, **uma nova fase do Direito Penal, uma terceira via não voltada exclusivamente à retribuição ou à prevenção de crimes, mas preocupada com a proteção da vítima, em todos os seus aspectos**. É o que podemos chamar de **tutela penal inibitória** que, de alguma forma, reflete a importância e a prevalência do princípio nuclear do Direito brasileiro, a dignidade da pessoa humana. Qualquer decisão que retire da mulher o poder de decisão sobre a sua própria vida, além de privá-la, indiretamente, de proteção estatal,

78 "Alertava para a possibilidade de intimidação da mulher em levar a notícia-crime, por saber que não poderia influir no andamento da ação penal, assim como para a excepcionalidade de os crimes serem noticiados por terceiros. Assinalava que a mera incondicionalidade da ação penal não constituiria impedimento à violência familiar, entretanto acirraria a possibilidade dessa violência, por meio de atitudes de represália contra a mulher. Asseverava, por fim, que a decisão do Tribunal estaria concentrada na situação da mulher — merecedora de proteção por parte do ordenamento jurídico —, mas se deveria compatibilizar esse valor com a manutenção da situação familiar, a envolver outros entes." Informativo STF.

mostra-se, no mínimo, questionável e possivelmente em dissonância com os objetivos almejados pela sociedade no presente momento.

Por fim, merece registro que a Defensoria Pública tem divulgado e trabalhado a tese de que a mulher vítima de violência doméstica tenha **direito real de habitação** do imóvel do casal enquanto perdurar a sua dependência econômica, "à luz do princípio constitucional da igualdade de gêneros", conforme defendem as Defensoras Públicas paulistas Ana Carolina de Paula Machado e Ana Paula de Oliveira Castro Meirelles Lewin.

Além disso, merece destaque a edição da Lei nº 13.505/2017, que acrescenta as diretrizes fundamentais para um atendimento mais especializado e humanizado à vítima de violência doméstica. Realmente, a nova lei cria o artigo 10-A com importantes critérios para a qualificação do atendimento à vítima, que normalmente se encontra em estado de extrema vulnerabilidade e fragilidade, visando evitar nova vitimização/agressão, agora, institucional.

Aliás, deve-se compreender que essa vítima já superou variados e reiterados obstáculos até chegar às instituições públicas, quando merece total abertura e sensibilidade.

Assim, as novas regras impõem: "É direito da mulher em situação de violência doméstica e familiar o atendimento policial e pericial especializado, ininterrupto e prestado por servidores - preferencialmente do sexo feminino - previamente capacitados. § 1º A inquirição de mulher em situação de violência doméstica e familiar ou de testemunha de violência doméstica, quando se tratar de crime contra a mulher, obedecerá às seguintes diretrizes: I - salvaguarda da integridade física, psíquica e emocional da depoente, considerada a sua condição peculiar de pessoa em situação de violência doméstica e familiar; II - garantia de que, em nenhuma hipótese, a mulher em situação de violência doméstica e familiar, familiares e testemunhas terão contato direto com investigados ou suspeitos e pessoas a eles relacionadas; III - não revitimização da depoente, evitando sucessivas inquirições sobre o mesmo fato nos âmbitos criminal, cível e administrativo, bem como questionamentos sobre a vida privada. § 2º Na inquirição de mulher em situação de violência doméstica e familiar ou de testemunha de delitos de que trata esta Lei, adotar-se-á, preferencialmente, o seguinte procedimento: I - a inquirição será feita em recinto especialmente projetado para esse fim, o qual conterá os equipamentos próprios e adequados à idade da mulher em situação de violência doméstica e familiar ou testemunha e ao tipo e à gravidade da violência sofrida; II - quando for o caso, a inquirição será intermediada por profissional especializado em violência doméstica e familiar designado pela autoridade judiciária ou policial; III - o depoimento será registrado em meio eletrônico ou magnético, devendo a degravação e a mídia integrar o inquérito."

Na verdade, a nova lei busca livrar essa vítima de preconceitos e concepções conservadoras que ainda sobrevivem nas mentes de agentes e departamentos públicos, mesmo aqueles destinados à tutela dessas vítimas.

Por fim, devemos mencionar que a proteção da mulher, em diferentes esferas, ocupa espaço de destaque na política legislativa brasileira nos últimos anos.

A Lei nº 13.641/2018 tipifica o crime de descumprimento de medidas protetivas de urgência, ao criar o artigo 24-A na própria Lei Maria da Penha. Além disso, diz que, "na hipótese de prisão em flagrante, apenas a autoridade judicial poderá conceder fiança" (§ 2º). A criminalização da conduta de não atender as medidas protetivas vem após a jurisprudência nacional pacificar-se no sentido da inexistência de crime de desobediência, uma vez que a própria lei previa consequências para tal conduta.

Já a Lei nº 13.769/2018 regulamente a prisão domiciliar para gestantes, mães de crianças até 12 anos ou responsáveis por pessoas com deficiência, prevista no artigo 318 do Código de Processo Penal, além de criar forma especial de progressão de regime à mulher em cumprimento de pena. Precisamente, a nova lei organiza "a substituição da prisão preventiva por prisão domiciliar da mulher gestante ou que for mãe ou responsável por crianças ou pessoas com deficiência e disciplina o regime de cumprimento de pena privativa de liberdade de condenadas na mesma situação" (art. 1º). Em resumo, a nova lei traz condições para a concessão do benefício da prisão domiciliar à presa provisória (art. 318-A, CPP) e cria uma forma especial de progressão de regime para a mulher-mãe que já esteja em cumprimento de pena, com a alteração da Lei de Execuções Penais. Vale mencionar que, indiretamente, a nova lei teria excluído a prisão domiciliar nas execuções de penas, compensando a negativa com uma progressão especial. Na verdade, entendemos que a progressão de regime especial não exclui a possibilidade da prisão domiciliar às presas definitivas (em execução de pena), se presentes os requisitos dos arts. 318 e 318-A do CPP, isso em favor da criança e da convivência familiar.

Ademais, a Lei 13.771/2018 estabelece mais uma majorante para o feminicídio (art. 121, § 7º, CP), qual seja, quando ocorrer após descumprimento das medidas protetivas de urgência previstas na Lei Maria da Penha, o que tem ocorrido com frequência. Além disso, a nova lei amplia outras e anteriores majorantes para o feminicídio.

Por fim, a Lei nº 13.772/2018, também com objetivo de ampliar e modernizar a proteção da mulher, especialmente nos ambientes doméstico e virtual, reconhece "que a violação da intimidade da mulher configura violência doméstica e familiar" e criminaliza "o registro não autorizado de conteúdo com cena de nudez ou ato sexual ou libidinoso de caráter íntimo e privado". Assim, a nova lei amplia o conceito de "violência psicológica" (art. 7º, Lei Maria da Penha) e cria o artigo 216-B no

Código Penal ao prever: "produzir, fotografar, filmar ou registrar, por qualquer meio, conteúdo com cena de nudez ou ato sexual ou libidinoso de caráter íntimo e privado sem autorização dos participantes: Pena - detenção, de 6 (seis) meses a 1 (um) ano, e multa. Parágrafo único. Na mesma pena incorre quem realiza montagem em fotografia, vídeo, áudio ou qualquer outro registro com o fim de incluir pessoa em cena de nudez ou ato sexual ou libidinoso de caráter íntimo."

Enfim, são leis que seguem linha punitivista de política criminal na busca pela redução das violências contra a mulher.

11. A DEFESA DA MULHER NO CÁRCERE

A Defensora Pública paulista Juliana Araújo Lemos da Silva Machado tem defendido, com propriedade, que **"a presa gestante ou lactante tem direito à prisão domiciliar especial quando não houver vaga em estabelecimento penal adequado."** Aliás, sua posição já é tese institucional da Defensoria Pública Bandeirante[79].

Seu texto é tão claro e convincente, que não nos atreveríamos a não citá-lo na íntegra, com a vênia do leitor. Segundo ela, "dentre os direitos humanos assegurados expressamente pela Constituição Federal, estão o direito social à proteção da maternidade e da infância e o direito das mulheres encarceradas de permanência com seus filhos durante a fase de amamentação. É o que dispõem o artigo 5º, inciso L, e o artigo 6º, *caput*, da Carta Magna.

'Todos são iguais perante a lei, sem distinção de qualquer natureza, garantindo-se aos brasileiros e aos estrangeiros residentes no País a inviolabilidade do direito à vida, à liberdade, à igualdade, à segurança e à propriedade, nos termos seguintes: às presidiárias serão asseguradas condições para que possam permanecer com seus filhos durante o período de amamentação'. 'São direitos sociais a educação, a saúde, a alimentação, o trabalho, a moradia, o lazer, a segurança, a previdência social, a proteção à maternidade e à infância, a assistência aos desamparados, na forma desta Constituição'.

Em nível infraconstitucional, a Lei n. 11.942/2009 deu nova redação ao parágrafo segundo do artigo 83 e ao artigo 89 da Lei de Execução Penal, para o fim de assegurar, expressamente, às mulheres presas o direito de cuidar e amamentar seus filhos por, no mínimo, 6 (seis) meses, prevendo ainda que as penitenciárias de mulheres deverão obrigatoriamente dispor de espaços adequados ao acolhimento de gestantes e parturientes.[80]

79 Disponível em <http//:defensoria.sp.gov.br>

80 'Art. 83. §2º. Os estabelecimentos penais destinados a mulheres serão dotados de berçário, onde as condenadas possam cuidar de seus filhos, inclusive amamentá-los, no mínimo, até 6 (seis) meses de idade.

E a Lei de Execução Penal é enfática ao prever que as pessoas condenadas ao cumprimento de pena não poderão sofrer nenhuma mitigação de direitos que não tenha sido determinada na própria sentença ou na lei, vale dizer, no caso dos condenados à pena privativa de liberdade, estes conservam todos os demais direitos de que são titulares. É o que preceitua o artigo 3º: '**Ao condenado e ao internado serão assegurados todos os direitos não atingidos pela sentença ou pela lei'.**

A conservação de direitos, com maior razão, é regra que se aplica também aos presos provisórios, havendo na Lei de Execução Penal disposições que asseguram sua aplicação aos presos ainda não definitivamente condenados (artigo 2º, parágrafo único, artigo 42, artigo 82).

Inúmeras, no entanto, são as mulheres presas – em caráter provisório ou definitivo – que se encontram recolhidas em estabelecimentos penais superlotados, insalubres e desprovidos de estrutura física para acolhimento quer de presas em estágio avançado de gravidez, sem condições para um adequado acompanhamento médico pré e perinatal, quer de presas que já deram à luz e assim são privadas da devida assistência pós-natal e, sobretudo, da necessária amamentação de seus filhos, não raras vezes entregues a parentes ou entidades de acolhimento.

Diante de casos concretos é que a jurisprudência pátria vem reconhecendo os direitos das mulheres encarceradas, assegurando-os, sobretudo, quando a presa se encontra recolhida em unidade que não tenha condições estruturais de possibilitar a permanência do recém-nascido com a mãe, aplicando, nestes casos, por analogia com as hipóteses do artigo 117 da LEP, uma espécie de prisão domiciliar especial."

Aliás, a Defensora Pública autora da tese cita a jurisprudência alinhada à sua ideia: "1. Mesmo às presas provisórias devem ser garantidas condições de permanecer com o filho no período de amamentação (artigo 5º, L, CR). Não é razoável que a paciente fique presa em comarca diversa da que residia com a criança, ainda mais se já se encontra condenada em primeiro grau e não mais subsiste qualquer interesse probatório na sua proximidade física com o local dos fatos.

2. É possível a aplicação analógica do artigo 117 da Lei 7.210/84, ao caso ora sob exame, mostrando-se proporcional e razoável que a paciente fique em regime domiciliar para dar maior assistência a seu filho, já que não há estabelecimento adequado para estas circunstâncias na Comarca de Juazeiro. 3. Ordem concedida para que a paciente seja colocada em prisão domiciliar até o trânsito em julgado da ação penal, devendo o juízo de primeiro grau estipular as suas condições."[81]

Art. 89. Além dos requisitos referidos no art. 88, a penitenciária de mulheres será dotada de seção para gestante e parturiente e de creche para abrigar crianças maiores de 6 (seis) meses e menores de 7 (sete) anos, com a finalidade de assistir a criança desamparada cuja responsável estiver presa'.

81 STJ, *Habeas Corpus* Nº 115.941 - PE (2008/0207028-0)

Segundo indica a combativa Defensora, assim se manifesta a Ministra Relatora Maria Thereza de Assis Moura. "Nos termos do artigo 3º da Lei de Execução Penais, 'ao condenado e ao internado serão assegurados todos os direitos não atingidos pela sentença ou lei'. Assim, quanto mais em relação ao preso provisório, deverá ser-lhe assegurado o exercício destes mesmos direitos. No caso, tem a mãe o direito de amamentar e prestar assistência à criança que gerou.

Se não há na Comarca de Juazeiro local adequado para que possa estar perto de sua família e amamentar e cuidar do bebê, ainda que estando recolhida em estabelecimento prisional, penso que deve ser-lhe assegurado o direito de permanecer em prisão domiciliar. Ora, trata-se de direito individual fundamental insculpido no artigo 5º da Constituição da República Federativa do Brasil o direito das presidiárias de 'permanecer com seus filhos durante o período de amamentação'.

Nota-se na Lei de Execução, da mesma forma, uma preocupação do legislador em deixar o preso próximo ao seu meio social e familiar, como forma de integração social, fim máximo da execução penal, nos termos do artigo 1º deste mesmo diploma. Dispõe, ainda, o artigo 103 da Lei de Execução Penal que 'cada comarca terá, pelo menos, uma Cadeia Pública a fim de resguardar o interesse da administração da justiça criminal e a permanência do preso em local próximo ao seu meio social e familiar'. Trata-se de artigo aplicável, por óbvio, também ao preso provisório. Há, é verdade, o interesse da administração da justiça em que a paciente fique na comarca em que cometido o delito (Trindade/PE), como ressaltado pelo juízo de primeiro grau.

Todavia, o interesse da administração da justiça também há que ser sopesado em relação ao interesse do menor lactente em ter a assistência da mãe nestes primeiros anos de vida. Por outro lado, com a prolação da sentença, penso que não se verifica mais qualquer razão para que a paciente seja mantida na Comarca em que teria sido cometida a infração criminal. Considerando que o regime inicial aplicado em sentença condenatória à paciente foi o regime semiaberto, é possível a aplicação analógica do artigo 117 da Lei 7.210/84, ao caso ora sob exame, mostrando proporcional e razoável que a paciente fique em regime domiciliar para dar maior assistência a seu filho, especialmente diante da notícia de que a avó da criança, a quem incumbiam os seus cuidados, ficou viúva recentemente, com a morte de seu marido em 6 de novembro de 2008.

Como bem ressaltado no parecer da Subprocuradoria-Geral da República: 'é notório que a prisão domiciliar só deve ser concedida aos presos condenados no regime aberto (art. 117, da Lei de Execução Penal). Porém, a rigidez da regra deve ser relativizada quando está em jogo o direito da criança. Estabelece o art. 227 da Constituição que 'é dever da família, da sociedade e do Estado assegurar à criança e ao adolescente, com absoluta prioridade, o direito à vida, à saúde, à alimentação, à educação, ao lazer, à profissionalização, à cultura, à dignidade, ao respeito, à liberdade e à convivência familiar e comunitária, além de colocá-

-los a salvo de toda forma de negligência, discriminação, exploração, violência, crueldade e opressão'. (...)

No caso concreto, a criança, que se encontra em outro Estado e sob os cuidados da avó (que também está em situação difícil, em razão da senilidade e da perda recente do esposo), precisa da proteção materna, de modo que, entendo cabível a prisão domiciliar". Esta Sexta Turma tem admitido a concessão da prisão domiciliar mesmo em casos de presos provisórios ou de condenados ao regime semiaberto, quando a medida se mostrar necessária diante das peculiaridades do caso concreto, em nome da dignidade da pessoa humana, fundamento do Estado Democrático de Direito:

(...) 1. Constitui constrangimento ilegal submeter o paciente a condições incompatíveis com a dignidade humana, um dos fundamentos sobre o qual repousa a República Federativa do Brasil, bem como em local mais gravoso que o estabelecido na condenação. 2. Se o sistema prisional mantido pelo Estado não possui meios para manter o detento em estabelecimento apropriado, é de se autorizar, excepcionalmente, que a pena seja cumprida em prisão domiciliar. 3. O cidadão, mesmo condenado e cumprindo pena, é titular de direitos e estes não podem ser desrespeitados pelo próprio Estado que os conferiu. 4. Ordem concedida."[82]

E continua a Defensora Pública Juliana Machado. **"A hipótese se assemelha aos casos em que, ante a falta de vaga em estabelecimento penal adequado ao regime de cumprimento de pena** a que faz jus o sentenciado, a este é concedido o direito de aguardar vaga em regime menos gravoso, no caso, o aberto. Nesse sentido as seguintes decisões, inclusive do Superior Tribunal de Justiça e do Supremo Tribunal Federal:

'O preso não pode ser punido pela falta de estrutura carcerária do Estado. *Habeas corpus* é instrumento apto a sanar tamanha ilegalidade. Se não há vagas no regime de cumprimento de pena adequado - e determinado pelo Juízo da Execução -, assiste ao sentenciado o direito de aguardar em regime aberto pela determinada. Fixado o prazo de 48 horas para a transferência do sentenciado para o regime adequado. Caso não seja cumprido, será expedido alvará de soltura para que aguarde no regime aberto a vaga apropriada.'"[83] (...)

Negar à mulher presa o direito ao devido acompanhamento médico pré, peri e pós-natal e o direito de cuidar e amamentar seus filhos é, sem dúvida alguma, impingir-lhe o cumprimento de uma pena desumana, cruel, que contraria todos os princípios de humanização das sanções penais, de modo que, em última instância, o que está em jogo é a dignidade da pessoa pre-

82 STJ, Sexta Turma, HC 96719/RS, Relator(a) Ministra JANE SILVA (DESEMBARGADORA CONVOCADA do TJ/MG), j. 15/04/2008, DJ de 28/04/2008.

83 TJSP. Habeas Corpus nº. 990.09.297.697-4 7º Câmara de Direito Criminal. Rel. Des. Christiano Kuntz. DJ: 04/02/2010.

sa, violada em seus direitos fundamentais por uma circunstância a que não deu causa e pela qual não pode ser penalizada: a notória falha do Estado na manutenção de um sistema prisional caótico, que não resguarda os mais elementares direitos dos cidadãos encarcerados.

O respeito ao princípio da dignidade da pessoa humana, fundamento do Estado brasileiro constituído em Estado Democrático de Direito, reclama uma solução urgente e eficaz para a situação em que se encontra incontável número de mulheres em nosso País, o que poderá ser alcançado com a concessão, em caráter especial, da prisão domiciliar à mulher presa quando, concretamente, não existir vaga em estabelecimento penal adequado à sua condição de gestante, parturiente ou lactante."

E como sugestão de aplicação da tese, leciona a Defensora: "primeiramente, por meio de simples petição, requerimento dirigido ao juiz da execução criminal pleiteando a concessão de prisão domiciliar especial ante a falta de vaga em estabelecimento penal adequado e, caso indeferido o pedido, a impetração de *habeas corpus* junto ao Tribunal de Justiça do Estado e, caso necessário, sucessivamente, aos Tribunais Superiores.

Em caso de presas gestantes, sugere-se o seguinte pedido: 'Pelo exposto, requer-se seja concedido o benefício da prisão domiciliar, mediante o cumprimento de condições a serem estabelecidas por este r. Juízo, pelo tempo que resta até o parto e, após este, pelo período mínimo de 6 (seis) meses a fim de que possa cuidar e amamentar seu filho.'

E em caso de presas que já tenham dado à luz o filho, sugere-se: 'Pelo exposto, requer-se seja concedido o benefício da prisão domiciliar, pelo período mínimo de 6 (seis) meses, mediante o cumprimento de condições a serem estabelecidas por este r. Juízo, a fim de que possa cuidar e amamentar seu filho.'

Aliás, precisos são os dizeres da autora da tese, em número e em grau. Além disso, se coaduna com a atual filosofia internacional nessa matéria. "A 65ª Assembleia da Organização das Nações Unidas (ONU) traçou normas internacionais para o tratamento de mulheres encarceradas, **chamadas *Regras de Bangkok*.** Trata-se de um importante documento que reconhece a necessidade de atenção diferenciada às especificidades femininas dentro do sistema prisional. O documento constitui-se em um avanço expressivo na construção de diretrizes no atendimento de mulheres, já que as ***Regras Mínimas para o Tratamento de Presos* da ONU**, existente há mais de 50 anos, não davam respostas suficientes para as peculiaridades da mulher. As *Regras de Bangkok* foram elaboradas por representantes da ONU, de governos e da sociedade civil de diversos países, inclusive o Brasil, constituindo- se em uma diretriz legítima para as políticas públicas a serem adotadas pelos países que o ratificaram. Dentre os relevantes aspectos ponderados pelo documento, destacamos a garantia da não utilização das algemas durante o parto e puerpério."[84]

84 "É fundamental que isso seja observado no atendimento cotidiano às mulheres grávidas nos estabelecimentos de saúde, como condição basilar de valorização de sua dignidade. (...) As mencionadas *Regras*

Vale relatar que, em 2011, a sociedade civil aprovou a chamada **Carta de São Paulo**[85], com diretrizes apresentadas às Instituições Democráticas que tratam da questão da mulher no cárcere.

"Os participantes do Seminário 'Mães do Cárcere: Construindo Caminhos para a Garantia da Convivência Familiar de Mulheres e Crianças', organizado e promovido por Defensoria Pública do Estado de São Paulo, Pastoral Carcerária e Tribunal de Justiça do Estado de São Paulo, no Palácio da Justiça, Capital de São Paulo, nos dias 18 e 19 de agosto de 2011, após exposições e debates com ampla participação de representantes da sociedade civil e de órgãos do Poder Público, considerando o crescente encarceramento de mulheres com filhos e a necessidade de implementação de medidas que resguardem de maneira ampla e integral o direito à convivência familiar entre mulheres e crianças, proclamam a Carta de São Paulo, com as seguintes diretrizes e respectivas atribuições aos órgãos participantes:

1- Os órgãos integrantes do sistema de justiça, a saber, Tribunal de Justiça do Estado de São Paulo, Defensoria Pública do Estado de São Paulo e Ministério Público do Estado de São Paulo, devem atuar no sentido de estender a prisão domiciliar (artigo 117 da LEP) a todos os casos em que a unidade prisional não ofereça condições adequadas ao abrigo de pessoa sentenciada e de seu filho em tenra idade ou em período de amamentação, independentemente do regime de cumprimento de pena.

2- Cabe à Secretaria da Administração Penitenciária do Estado de São Paulo garantir o direito à convivência familiar por meio de: (1) oferta de espaços adequados para amamentação nos presídios; (2) promoção de visitas entre mulheres privadas de liberdade e seus filhos; (3) utilização complementar de telefone e do sistema de videoconferência com o fim de estreitar os vínculos afetivos e promover a participação ativa na vida dos filhos.

3- O Tribunal de Justiça do Estado de São Paulo deve orientar os juízes a sempre oficiarem o CREAS com o objetivo de prover assistência social aos filhos de pessoas presas, bem como a tarjar os autos de processos-crimes cuja

---

de Bangkok também garantem de forma expressa o aleitamento materno, estabelecendo que não se impedirá a mulher de amamentar seu filho, a menos que haja razões concretas de saúde para isso. As Regras também dispõem que as mulheres em fase de amamentação devem receber um atendimento médico especial de saúde e também de alimentação. Especificamente em relação à alimentação adequada - fundamental para o desenvolvimento da mãe e da criança - destaca-se a necessidade de maior e melhor quantidade de comida e também destas serem variadas em razão das vitaminas necessárias neste período. No caso das presas estrangeiras, deve-se ter atenção com o fato de que muitas não comem determinados alimentos durante a gestação: grávidas muçulmanas simplesmente não se alimentavam na prisão quando lhes era oferecido carne de porco. É interessante para o sucesso da amamentação que a mãe receba, na sua linguagem, informações sobre a importância da amamentação e os cuidados que deve tomar. Portanto, na perspectiva não apenas do superior interesse da criança, mas também como direito da mulher de cuidar de seu filho, a convivência em tempo integral entre ambos deve ser preservada e defendida nos primeiros meses de vida da criança. Salvo recomendações médicas contrárias, a amamentação deve ser garantida neste período." Cartilha "Mãe no cárcere". Disponível em <http//:www.defensoria.sp.gov.br>.

85 Disponível em: http://carceraria.org.br/wp-content/uploads/2012/09/CARTA-DE-SP-PDF.pdf

pessoa acusada tenha filho(s) a fim de organizá-los em ordem de prioridade. A Defensoria Pública do Estado de São Paulo, por sua vez, deve sempre informar, na primeira oportunidade em que se manifestar nos autos, sobre a existência de filhos que dependam da pessoa presa.

4- Compete à Secretaria da Administração Penitenciária e à Secretaria da Saúde do Estado de São Paulo garantir assistência integral à saúde, por meio de: (1) acompanhamento médico em estabelecimento próximo ao presídio, principalmente em casos de pré-natal, parto e pós-parto, vedada a utilização de algemas durante o atendimento, sobretudo no momento do parto; (2) oferta de atendimento psicológico e social para todas as mulheres durante o período de reclusão, especialmente na gravidez; (3) planejamento familiar àquelas que desejarem; (4) oferta regular e suficiente de materiais de higiene pessoal.

5- A Secretaria da Administração Penitenciária do Estado de São Paulo deve promover formação continuada para profissionais que atuam em unidades prisionais a fim de qualificar a intervenção nas questões afetas à convivência familiar;

6- Cabe à Secretaria da Administração Penitenciária do Estado de São Paulo incluir a equipe técnica dos presídios na formulação dos Planos de Atendimento Individual e Familiar de crianças e adolescentes filhos de mulheres encarceradas, previstos no art. 19, § 1º da Lei Nº. 12.010/2009.

7- Ao Tribunal de Justiça do Estado de São Paulo, à Defensoria Pública do Estado de São Paulo e ao Ministério Público do Estado de São Paulo, instituições que compõe o sistema de justiça, cabe zelar para que as Secretarias Municipais de Assistência Social garantam os meios e recursos necessários para o exercício da visita de crianças e adolescentes acolhidos às suas mães encarceradas. A Secretaria da Administração Penitenciária do Estado de São Paulo, por sua vez, deve assegurar que os presídios disponham de espaços físicos adequados para recepção destas visitas, sem uso de procedimentos vexatórios de revistas ou do uso de algemas pela mãe.

8- A todas as instituições envolvidas cabe elaborar e socializar um diagnóstico social/regional da situação de convivência entre mulheres encarceradas e seus filhos no Estado de São Paulo e articular um fórum permanente para discussão a respeito do tema.

Os participantes do presente Seminário firmam o compromisso de acompanhar, fiscalizar e cobrar perante os órgãos competentes a execução das diretrizes acima elencadas. São Paulo, 19 de agosto de 2011."

Enfim, tanto a mulher presa, quanto a sua prole precisam de um mínimo de condições dignas e saudáveis para que o cumprimento da pena não atinja, de forma irreversível, essa relação maternal e a própria vida e a saúde dos envolvidos, especialmente diante da circunstância lactante, cujas pessoas requerem redobrado cuidado e atenção.

12. A DEFESA DO IDOSO

Da solidariedade familiar decorre o dever de cuidar, de estar presente, enfim, de proteção. E, se o dever de solidariedade é recíproco, o abandono também pode, infelizmente, sê-lo. Com efeito, da mesma forma que pais abandonam seus filhos, estes também podem ignorar seus pais na senilidade e, por isso, devem ser igualmente responsáveis por tal conduta.

O tema do abandono afetivo é sobremodo complexo e permeia os campos da Sociologia, da Psicologia e do Direito. É ainda tema sociocultural e integra nossos contos e cantos. Na música "filho adotivo", composta por Arthur Moreira e Sebastião Ferreira da Silva, interpretada por Sérgio Reis, o tema é trazido à baila: "Com sacrifício; eu criei meus sete filhos; do meu sangue eram seis; e um peguei com quase um mês; fui viajante; fui roceiro, fui andante; e pra alimentar meus filhos; não comi pra mais de vez.... Sete crianças; sete bocas inocentes; muito pobres, mas contentes; não deixei nada faltar; foram crescendo; foi ficando mais difícil; trabalhei de sol a sol; mas eles tinham que estudar (...)".

Após, a letra diz que os filhos abandonaram o pai, já idoso e doente, salvo um deles, que cumpriu seu dever de cuidado: "Hoje estou velho; meus cabelos branqueados; o meu corpo está surrado; minhas mãos nem mexem mais; uso bengala; sei que dou muito trabalho; sei que às vezes atrapalho; meus filhos até demais... Passou o tempo; e eu fiquei muito doente; hoje vivo num asilo; e só um filho vem me ver (...)", que, posteriormente, o leva para residir consigo no seio de sua família, para a alegria daquele pobre idoso.

Porém, na realidade, muitos não têm a mesma sorte e são esquecidos por suas famílias, em frontal violação aos deveres de cuidado e atenção.

No Estado de São Paulo, vale anotar, houve, em 2007, a promulgação de lei estadual que consolidou todas as leis estaduais sobre os direitos dos idosos, a **Lei nº 12.548, de 27 de fevereiro de 2007**. Por exemplo, diz a lei: "Artigo 2º - Ao idoso são assegurados todos os direitos à cidadania, a saber: I - à vida; II - à dignidade; III - ao bem-estar; IV - à participação na sociedade. Artigo 3º - A Política Estadual do Idoso é universal e rege-se pelo princípio da igualdade. Artigo 4º - O processo do envelhecimento deve ser objeto de conhecimento, estudo e informação da sociedade em geral."

Por fim, devemos anotar a tese aprovada pelo Núcleo Especializado do Idoso e da Pessoa com Deficiência – DPESP, a qual reforça nossa ideia da vulnerabilidade circunstancial, especialmente em situações de privação de liberdade: "Encaminhamos abaixo o Enunciado aprovado pela Plenária do Núcleo Especializado dos Direitos do Idoso e da Pessoa com Deficiência no Procedimento Administrativo n.º 07/2014: 'Insere-se entre as prerrogativas dos órgãos de execução da Defensoria Pública (Defensores Públicos e Núcleos Especializados) o ingresso em Instituições de Longa Permanência de Idosos (ILPIs), ainda que tenham natureza jurídica de direito privado. Inteligência dos artigos da Lei 10.741/03 – Estatuto do Idoso, 5.º, VI, e 162, XII, da Lei Complementar estadual 988/06 e 44, VII, 89, VII e 128, VI da Lei Complementar 80/94'".

13. PASSO A PASSO DA ATUAÇÃO DO DEFENSOR PÚBLICO NA PROTEÇÃO DOS DIREITOS HUMANOS

No tocante aos direitos humanos, **deve o Defensor Público prezar pela solução mais rápida e eficiente**, preferencialmente, preventiva. Se possível, recomendamos, inicialmente, a via administrativa, se não gerar riscos de perecimento do direito. Caso **o Defensor decida pela via judicial, deve priorizar a tutela inibitória,** de remoção do ilícito, reintegratória e, excepcionalmente, ressarcitória. Ademais, é crucial que o Defensor Público tenha uma visão estrutural e macro do problema, sempre a cogitar das possíveis ações coletivas. Nas tutelas de urgência, **deve pedir a designação de audiência de justificação**, caso as provas documentais não sejam suficientes, com arrolamento das testemunhas.

Defendemos alhures que é obrigatória a designação de audiência preliminar de justificação (artigo 300 do NCPC) nas hipóteses de pedido liminar de qualquer tutela de urgência na defesa de direitos fundamentais, especialmente quando o juiz entender por insuficientes as provas documentais apresentadas e a prova oral apresenta-se útil e adequada à apreciação da medida urgente pleiteada.

No caso de indeferimento, deve recorrer, em regra, com a interposição do agravo de instrumento. De fato, pensamos que deve o Defensor Público pleitear a concessão da tutela antecipada em ações de conhecimento ou da medida liminar em ações cautelares e, subsidiariamente, caso houver necessidade, diante da urgência do caso concreto, pleitear a designação de audiência preliminar de justificação para a colheita de provas orais para, somente após esse ato, apreciar o pedido da tutela de urgência.

Caso o juiz indefira, de imediato, a tutela pretendida, deve-se utilizar do agravo de instrumento para a reforma desse pronunciamento e concessão da tutela urgente ou, subsidiariamente, requerer a anulação dessa decisão inicial, por cerceamento de defesa e violação do direito de ação, para determinar a realização da audiência preliminar de justificação, tendo em vista o direito à prova e à tutela satisfativa.

14. FLUXOGRAMA

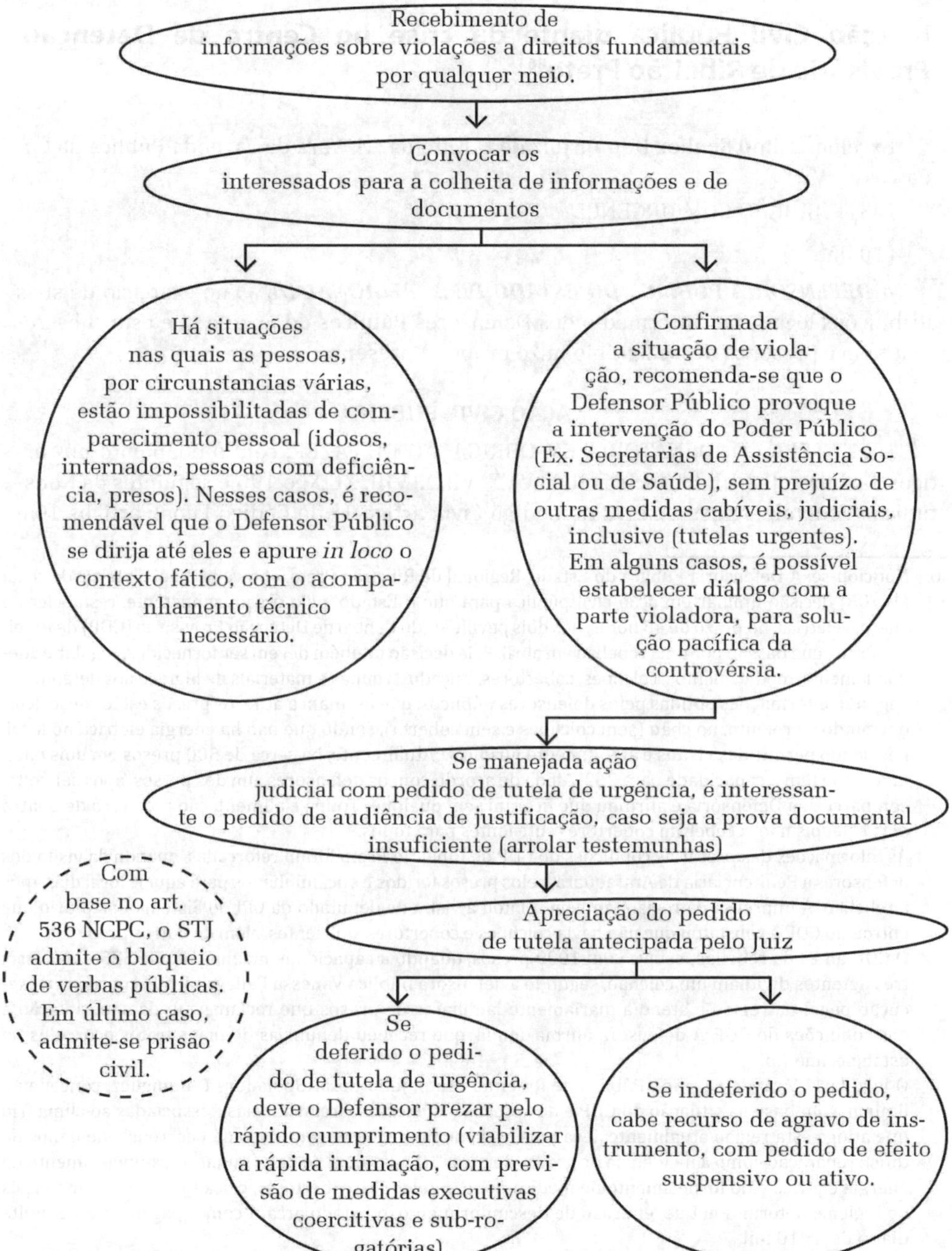

15. MODELOS

I) Ação Civil Pública diante da crise no Centro de Detenção Provisória de Ribeirão Preto[86]

Excelentíssimo Senhor Doutor Juiz de Direito da ...ª Vara da Fazenda Pública da Comarca de .../...

DISTRIBUIÇÃO COM URGÊNCIA

(10 linhas)

A DEFENSORIA PÚBLICA DO ESTADO DE ..., REGIONAL DE ..., no exercício de suas atribuições legais, por intermédio dos Defensores Públicos do Estado que esta subscrevem, vem a presença desse Egrégio Juízo propor a presente

AÇÃO CIVIL PÚBLICA

DE TUTELA CONDENATÓRIA EM OBRIGAÇÃO DE FAZER, com fundamento nos artigos 1º, inciso II e III; 5º, incisos II, XLVI, XLVII, XLVIII, XLIX; e 196 e seguintes da Constituição Federal; artigos 11 e 12 do Código Civil; artigo 1º do Código Penal; artigos 10 e

86 Noticiou-se: A Defensoria Pública do Estado, Regional de Ribeirão Preto, obteve no final da tarde de sexta (16/05) decisão liminar em ação civil pública para que o Estado, pelo órgão competente, restabeleça a energia elétrica, no prazo de 48 horas, nos dois pavilhões do Centro de Detenção Provisória (CDP) de Ribeirão Preto, que passou por uma rebelião em abril. Pela decisão também devem ser fornecidos, regular e adequadamente, medicamentos, colchões, cobertores, calçados, roupas e materiais de higiene aos detentos.
Segundo informações obtidas pelos defensores públicos, que assinam a ação, os presos estão "descalços, dormindo ao relento, no chão (sem colchões e sem coberta), sendo que não há energia elétrica no local, não sendo permitidas visitas e atendimento jurídico". Atualmente, há cerca de 500 presos em dois pavilhões, que têm a capacidade para 262. Ainda de acordo com os defensores, um dos presos, após ser solto, compareceu à Defensoria e afirmou que ficaram sem qualquer roupa e alimentação por cerca de quatro dias e depois não receberam cobertores suficientes para todos.
As informações das precárias condições do CDP de Ribeirão Preto foram reforçadas, quando da visita dos defensores a Penitenciária de Araraquara, pelos presos feridos e encaminhados para aquele local dias após a rebelião. A imprensa da região também relatou a visita de deputado da CPI do Sistema Carcerário que entrou no CDP e constatou que não havia colchões e cobertores suficientes, além de outros problemas.
O CDP, antes da rebelião, estava com 1009 presos, quando a capacidade máxima era de 525 - com isso, três detentos dividiam um colchão, segundo a defensora pública Vanessa Pellegrini, que coordena a execução penal na região e atendia diariamente familiares de presos que reclamavam da superlotação e das condições do CDP. A defensora afirma, ainda, que recebeu denúncias de maus tratos ocorridos no estabelecimento.
O juiz da 1ª Vara da Fazenda Pública de Ribeirão Preto, Julio Cesar Spoladore Dominguez, concedeu a liminar, com base na situação do CDP e dos presos e que essas circunstâncias, "associadas ao clima frio que atinge esta região atualmente, leva uma séria de limitações e gera risco da ocorrência de danos de difícil reparação como a incidência de graves doenças". O juiz, além de determinar o restabelecimento da energia elétrica e do fornecimento de medicamentos, colchões, cobertores, calçados, roupas e materiais de higiene, determinou que, em caso de descumprimento, o Estado arcará com o pagamento de multa diária de R$ 10 mil.
A ação civil pública foi proposta em na última quarta (14/05) e assinada pelos defensores públicos Aluisio Iunes Monti Ruggeri Re, Vanessa Pellegrini Armênio e Victor Hugo Albernaz Junior.
Disponível em << http://www.defensoria.sp.gov.br>

seguintes da Lei nº 7.210/84; e artigos 6º, inciso I, alínea d; 7º, inciso II, da Lei n. 8.080, de 19 de setembro de 1.990; e Lei 7.853/89, nos termos processuais dos artigos 300, 303 e 536 do Novo Código de Processo Civil e na Lei nº 7347/85, em face da ***FAZENDA PÚBLICA DO ESTADO DE ...***, pessoa jurídica de direito público interno, com sede na capital do Estado, na pessoa de seu representante legal, o Procurador Geral do Estado, com domicílio na Rua ..., nº ..., ... º andar, cidade .../Estado ..., pelos motivos de fato e de direito a seguir aduzidos:

Dos fatos

Conforme amplamente noticiado, no dia ... de ... de ..., houve uma rebelião no Centro de Detenção Provisória da cidade de ..., em virtude da qual até a data de hoje os presos encontram-se confinados em dois pavilhões. São 634 (seiscentos e trinta e quatro) presos, conforme lista anexa, espalhados em dois raios, C (325) e D (304), para os quais a capacidade suporta, no máximo, 260 (duzentas e sessenta) pessoas.

Houve uma transferência imediata de presos para a Penitenciária da cidade de ..., anexo do CDP, no dia ... de ... de ... . Vale frisar que para lá foram os mais feridos, certamente, como forma de ocultar eventuais abusos sofridos por aqueles detentos.

A Defensora Pública do Estado, Coordenadora Regional da Execução Penal da cidade de ..., confirmou tal fato em visita feita àquela Penitenciária no dia ... de ... de ..., ocasião em que pôde constatar as condições físicas dos presos para lá transferidos, que receberam toda medicação e tratamento necessários para reparar os traumas sofridos.

Consta ainda que as transferências continuam sendo efetivadas. No entanto, também são várias as denúncias recebidas diariamente pela Defensoria Pública a respeito da dramática situação vivenciada pelos presos que permanecem no CDP da cidade de ..., no qual, anote-se, a Defensoria Pública vem sendo sistematicamente impedida de entrar para constatar a veracidade das denúncias e as reais condições de aprisionamento. De tal fato resulta ainda que os presos encontram-se submetidos à evidente constrangimento ilegal, eis que completamente indefesos.

Ocorre que, tanto os egressos que procuraram a instituição autora, como os presos transferidos à Penitenciária da cidade de ..., ouvidos pela Defensoria Pública, se negam a se identificar, temerosos de represálias. Os fatos acima relatados foram ratificados por um dos egressos que compareceu à Defensoria Pública, no dia ... de ... de ..., mas que se recusou a subscrever o termo, lavrado na presença dos Defensores Públicos, pelo motivo acima mencionado. Naquela ocasião, o declarante relata os motivos da rebelião e a situação que os presos se encontravam até a sua saída. Segundo ele, a entrada dos Policiais Militares foi violenta. Quando saíram, "*os presos ficaram pelados, mais ou menos, por quatro dias*". "*Ficaram também sem cobertores, sem chinelos, sem comidas por todos esses dias*" (termo de declarações anexo).

De fato, conforme relata um dos egressos ao Jornal "..." (matéria em anexo), ficaram, após a rebelião, "três em cada cama e nove deitados no chão".

Como se não bastasse, denuncia o Jornal "...", do dia ... de ... de ..., que *"os presos continuam sem energia elétrica, iluminados à noite apenas por holofotes. Há denúncia, porém, de que a comida é fracionada e que os presos dormem amontoados, boa parte deles no pátio, ao relento"* (cópia da matéria em anexo).

No Jornal "..." do dia ... de ... de ..., fora veiculado que *"organizaram o que chamam de barracas, no pátio. Cada quatro cobertores é uma barraca para até quarenta pessoas. Mas eles não se cobrem, não dá. Os cobertores apenas forram o chão do pátio, tentando amenizar a friagem"*, que, vale frisar, será intensa nos próximos dias, conforme previsão do tempo em anexo.

Em outra reportagem: *"lá dentro está rolando uma epidemia de pneumonia e tuberculose. A cada meia hora um cai no pátio e não levanta mais".*

O fato é que tal situação se perdura com total indiferença das autoridades. No Jornal "..." do dia ... de ... de ...: *"Presos dormindo amontoados no cimento – a maioria sem cobertores -, sem energia elétrica, sem receber visita dos parentes e advogados".*

Em suma, até a data de hoje, passado mais de um mês da data da referida rebelião, a situação no CDP na cidade de ... é LAMENTÁVEL e DRAMÁTICA e a condição de confinamento dos respectivos presos ultrapassa os limites de razoabilidade e humanidade.

Segundo consta eles estão descalços, dormindo ao relento, no chão (sem colchões e sem coberta), sendo que não há energia elétrica no local. As visitas e o atendimento jurídico não são permitidos.

As sanções são infligidas de forma coletiva e indistinta, atingindo não só a liberdade, como também a dignidade e a integridade física dos presos. Além disso, consta que o fornecimento de alimentação está ocorrendo de forma racionada, o mesmo ocorrendo em relação aos medicamentos.

Diante dessa situação, à evidência, as condições mínimas de dignidade da pessoa humana encontram-se violadas, em escandaloso desrespeito aos direitos fundamentais assegurados na Constituição Federal, na Lei de Execução Penal e em tratados internacionais ratificados pelo País.

A tudo isso, soma-se que, há um mês, os familiares dos presos não têm nenhum contato com eles, inteirando-se do inferno em que vivem, única e exclusivamente, através da mídia e de relatos daqueles poucos que, de alguma forma, foram liberados após a rebelião.

Por derradeiro, não há uma afirmação pública categórica, ou no mínimo alentadora, de que tal situação será revertida de forma imediata. O que se diz é que as transferências estão sendo feitas. Nada foi esclarecido, no entanto, sobre a existência de plano e de estabelecimento de prazo para a efetivação de todas as transferências necessárias.

A Defensoria Pública do Estado, ora autora, já encaminhou ofício ao Diretor do CDP da cidade de ..., mas não obteve resposta (cópia anexa). Na data de hoje, ... de ... de ..., a autora encaminhou Pedido de Interdição do CDP ao Juiz Corregedor dos Presídios da Região, porém tal solução da situação demandará algum tempo para ser decidida e a situação atual dos presos é emergencial e grave, sendo de rigor a concessão das medidas ora pleiteadas, como forma de amenizar todo constrangimento e degradação sofridas por aqueles ali recolhidos.

Do Direito

2. I – DA LEGITIMIDADE ATIVA DA DEFENSORIA PÚBLICA

A Defensoria Pública é instituição essencial à função jurisdicional do Estado, incumbindo-lhe a orientação jurídica e a defesa, em todos os graus, dos necessitados, na forma do artigo 5º, LXXIV da Constituição Federal. Ela representa a forma pela qual o Estado Democrático de Direito promove a ação afirmativa, ou discriminação positiva, visando à inclusão jurídica daqueles econômica e culturalmente hipossuficientes, em observância ao disposto no artigo 5º, LXXIV, da Constituição Federal, que prevê o direito fundamental à assistência jurídica, cujos titulares são aqueles que comprovarem insuficiência de recursos.

Portanto, não se pode olvidar que a Defensoria Pública, como instrumento de ação afirmativa, visa à concretização do princípio da isonomia ou igualdade, na medida em que o Estado, por meio dela, trata-se desigualmente os desiguais (necessitados), almejando à igualdade de condições. Nas palavras da professora Carmen Lúcia Antunes Rocha[87], "a definição jurídica objetiva e racional de desigualdade dos desiguais, histórica e culturalmente discriminados, é concebida como forma de promover a igualdade daqueles que foram e são marginalizados por preconceitos encravados na cultura dominante da sociedade. Por esta desigualação positiva promove a igualação jurídica efetiva; por ela afirma-se uma formula jurídica para se provocar uma efetiva igualação social, política e econômica no e segundo o Direito, tal como assegurado formal e materialmente no sistema constitucional democrático. A ação afirmativa é, então, uma forma jurídica para se superar o isolamento ou a diminuição social a que se acham sujeitas as minorias".

Em outras palavras, a Defensoria Pública é o instrumento pelo qual se garante o acesso à Justiça aos necessitados, desprovidos de recursos financeiros para custear os encargos do processo.

Entretanto, a Defensoria Pública não é apenas um órgão patrocinador de causas judiciais. É muito mais. É a Instituição Democrática que promove a inclusão social, cultural e jurídica das classes historicamente marginalizadas, visando à concretização e a efetivação dos direitos humanos, no âmbito nacional e internacional, à prevenção dos conflitos, em busca de uma sociedade livre, justa e solidária, sem preconceitos de origem, raça, sexo, cor, idade, com a erradicação da pobreza e da marginalização, em atendimento aos objetivos fundamentais da República Federativa do Brasil, previstos no artigo 3º da Constituição Federal.

Realmente, nas palavras de Marcio Thomaz Bastos[88], "as instituições sólidas são os instrumentos que as democracias têm para se realizar enquanto tais. E as democracias, para abandonarem o rótulo de democracias formais, se tornando verdadeiras democracias de massas, devem construir instituições que consigam garantir a todos, sem discriminações, os direitos previstos nas constituições democraticamente escritas. (...) Não mais podemos nos preocupar só com o Estado Julgador e com o Estado Acusador, em detrimento do Estado Defensor".

---

87 ROCHA, Carmem Lúcia Antunes. *Ação afirmativa – O conteúdo democrático do princípio da igualdade jurídica.* Revista de Direito Público, n º 15/85.

88 II Diagnóstico da Defensoria Pública no Brasil promovido pelo Ministério da Justiça e pelo Programa das Nações Unidas pelo Desenvolvimento, 2006.

Outrossim, a atuação da Defensoria Pública se torna ainda mais relevante em um Estado como o Brasil, que possui uma Carta Magna de caráter social, mas que carece de efetividade e concretude, em razão das forças neoliberais, que fazem dos princípios constitucionais dispositivos meramente programáticos, despidos de normatividade.

Em suma, a Defensoria Pública apresenta-se como a Instituição garantidora do acesso à Justiça, não apenas no âmbito jurídico, mas também no social e cultural.

Entretanto, para que esta Instituição cumpra satisfatoriamente seu papel, é preciso conquistar de certos meios ou condições de atuação. Dentre tais meios, insere a legitimidade ativa para a propositura de ações coletivas.

Assim, a Lei Complementar nº 988/06 do Estado de ... dispõe que "a Defensoria Pública do Estado é instituição permanente, essencial à função jurisdicional do Estado, e tem por finalidade a tutela jurídica integral e gratuita, individual e coletiva, judicial e extrajudicial, dos necessitados, assim considerados na forma da lei" (artigo 2º).

Estabelece ainda a aludida lei, em seu artigo 4º, como atribuições institucionais da Defensoria Pública do Estado, "representar em juízo os necessitados, na tutela de seus interesses individuais ou coletivos, no âmbito civil ou criminal, perante os órgãos jurisdicionais do Estado e em todas as instâncias, inclusive os Tribunais Superiores (III); promover a tutela individual e coletiva dos interesses e direitos da criança e do adolescente, do idoso, das pessoas com necessidades especiais e das minorias submetidas a tratamento discriminatório (VI, c); promover a tutela individual e coletiva dos interesses e direitos do consumidor necessitado (VI, d); promover a tutela do meio ambiente, no âmbito de suas finalidades institucionais (VI, e); promover ação civil pública para tutela de interesse difuso, coletivo e individual homogêneo (VI, g)".

Nesse processo de positivação legal, a Lei Federal nº 11.448/06 alterou a Lei da Ação Civil Pública (Lei nº 7.347/85) e, em seu artigo 5º, inciso II, passou a prever expressamente a legitimidade ativa da Defensoria Pública, mesmo que tal possibilidade já havia sido reconhecida com certa generalidade.

No tocante à pertinência temática do caso em análise, o nexo entre os fins institucionais de Defensoria Pública e a tutela jurisdicional pretendida é inegável e notório, uma vez que a grande maioria dos detentos que ocupam o Centro de Detenção Provisória da cidade de ... são pessoas economicamente hipossuficientes.

Outrossim, hodiernamente, o juízo de verificação da pertinência temática há de ser o mais flexível e amplo possível, em contemplação ao princípio constitucional do acesso à Justiça, mormente se considerarmos a máxima efetividade dos direitos fundamentais. Aliás, Mauro Cappelleti e Bryant Garth[89] detectam três ondas renovatórias da Era Instrumentalista do Direito Processual, no sentido de assegurar o acesso à Justiça. A segunda onda, especificamente, representa exatamente a consagração das formas coletivas de se promover a tutela jurisdicional. "O acesso à Justiça pode, portanto, ser encarado como o requisito fundamental – o mais básico dos direitos humanos – de um sistema jurídico e igualitário que pretenda garantir, e não apenas proclamar os direitos de todos".

89 CAPPELLETI, Mauro e CARTH, Bryant. Acesso à Justiça. Tradução e revisão: Ellen Gracie Northfleet. Sérgio Antônio Fabris, 1998.

Em suma, é incontestável a legitimidade ativa da Defensoria Pública para pleitear a tutela jurisdicional coletiva ora apresentada.

Aliás, é relevante consignar que a EC 80/14 alterou o artigo 134 da CF para incluir no corpo constitucional a tutela coletiva como função institucional da Defensoria Pública, o que o faz ao se referir aos direitos coletivos (em sentido amplo – é obvio: inclui os interesses individuais homogêneos, coletivos em sentido estrito e difusos). Exatamente da mesma forma fez o legislador infraconstitucional ao aprovar o Novo Código de Processo Civil, cujo artigo 185 replica o texto maior acima referido.

2. II – DA DIGNIDADE DA PESSOA HUMANA

Um dos fundamentos da República Federativa do Brasil, expressa em sua Constituição de 1988, é o da dignidade da pessoa humana. Tal assertiva depreende-se de seu artigo 1º, inciso III, *in verbis:*

Art. 1º - *A República Federativa do Brasil, formada pela união indissolúvel dos Estados e Municípios e do Distrito Federal, constitui-se em Estado Democrático de Direito e tem como fundamentos: III - A dignidade da pessoa humana* (grifamos).

A busca pela vida digna comporta o direito de sobreviver de forma íntegra, devendo o Estado assegurá-lo, tendo em vista os dispositivos constitucionais e infraconstitucionais que servem de espeque ao pedido que ora se faz.

Em se tratando normas que retratam verdadeiros direitos e garantias constitucionais, hão elas de ser aplicadas de forma imediata[90], pois normas de eficácia plena, que independe de qualquer regulamentação.

O Direito e seus operadores, nesses casos específicos, não podem ser indiferentes. Nessas hipóteses, o jurista deve olhar sob o prisma da dignidade da pessoa humana, como valor supremo acolhido pela nossa Constituição Federal. O Direito Moderno, influenciado pelas Revoluções Sociais do início do século passado e também pelo renascimento e fortalecimento dos Direitos Humanos no Pós-Guerra, se sociabilizou/personificou.

No caso em tela, no qual dezenas de pessoas estão sendo submetidas a tratamento desumano e degradante, o intérprete deve priorizar a PESSOA, como "VALOR-FONTE" de todos os valores, nas palavras do mestre Miguel Reale[91].

Não é por acaso que o Código Civil vigente consagrou os "direitos da personalidade", os quais "são direitos supremos do homem, aqueles que garantem a ele a fruição de seus bens pessoais. Em confronto com os direitos a bens externos, os direitos da personalidade garantem a fruição de nós mesmos, asseguram a senhoria de sua pessoa, a atuação das próprias forças físicas e espirituais"[92].

Em suma, a dignidade da pessoa humana apresenta-se como a norma central do sistema jurídico brasileiro e deve ser assegurada em qualquer ocasião, tempo e espaço, uma vez que o ser humano é único e suas necessidades universais.

---

90 CF, art. 5º, § 1º - "As normas definidoras dos direitos e garantias fundamentais têm aplicação imediata".

91 REALE, Miguel. Filosofia do Direito. SARAIVA, 2005.

92 FERRARA, Francesco. In TEPEDINO, Gustavo. Temas de direito civil. 3. ed. Renovar, 2004.

2. III – DO DIREITO À SAUDE

Ademais, fora o princípio da dignidade da pessoa humana (CF, art. 1, III) e do direito à vida (CF, art. 5º, *caput*), há que se ressaltar que, de forma específica, a nossa Carta Magna prescreve de forma expressa o *direito à saúde*, quando assim prescreveu em seu artigo 6º, *caput*: *São direitos sociais a educação, a saúde, o trabalho, o lazer a segurança, a previdência social, a proteção à maternidade e à infância, assistência aos desamparados, na forma desta Constituição* (grifamos).

À guisa de conclusão, o direito à saúde do ser humano não se discute, uma vez a Constituição Federal, ao tratar especificamente da questão, assim reafirmou: Art. 196: *A saúde é direito de todos e dever do Estado, garantido mediante políticas sociais e econômicas que visem à redução do risco de doenças e de outros agravos e ao acesso universal e igualitário às ações e serviços para a sua promoção, proteção e recuperação"*.

Regulamentando a reportada disposição constitucional, editou-se a lei n. 8.080, de 19 de setembro de 1990, que "dispõe sobre as condições para a promoção, proteção e recuperação da saúde, a organização e o funcionamento dos serviços correspondentes e dá outras providências."

A referida lei só vem a corroborar com o todo aqui já exposto, e tem com fundamento não criar o direito, o qual já vem descrito pela Constituição como norma de eficácia plena, mas sim organizar a forma com que tal direito será garantido ao povo brasileiro.

2. IV – DOS DIREITOS DOS PRESOS

Não se pode admitir que essa situação perdure; não é admissível assistir-se o desrespeito efetivado passivamente como se o fato de os presos estarem nessa condição fosse algo natural ou forma de punição decorrente da rebelião ocorrida e que assim ficará por prazo indefinido.

Ora, se é certo que o presídio sofreu danos decorrentes de uma rebelião, também é certo que ao Estado incumbe, incondicionalmente, a preservação da dignidade mínima dos presos, em razão de normas jurídicas a que está inexoravelmente jungido.

Ainda que fosse para argumentar, mesmo que se pretendesse reformar o estabelecimento penal imediatamente, tal medida somente seria possível com a remoção dos presos, sem o que se torna inviável o ingresso de pessoal e material de construção necessário aos trabalhos.

O que não se pode admitir é que a situação perdure como se o passar do tempo bastasse para resolver o "problema", como se inexistissem normas jurídicas que obrigam o Estado a tomar medidas efetivas de proteção da dignidade dos encarcerados.

Este fato nos remete a situações medievais em que presos eram trancafiados em enxovias, barbárie essa descabida numa sociedade minimamente civilizada, balizada por um arcabouço jurídico interno e internacional, ora violado, como a Convenção contra a Tortura e outros Tratamentos ou Penas Cruéis, Desumanos ou Degradantes das Nações Unidas.

A obrigação de o Estado manter condições mínimas de alojamento de condenados é inequívoca e decorre de diversas normas, nacionais e internacionais, que dispõe, com clareza, a esse respeito, a começar pelo Pacto Internacional dos Direitos Civis e Políticos, cujo artigo 10, item 1, determina que: "*Todos os indivíduos privados na sua liberdade devem ser tratados com humanidade e com respeito da dignidade inerente à pessoa humana.*"

De forma análoga, a Convenção Americana de Direitos Humanos ("Pacto de São José da Costa Rica"), adotada pelo Brasil por meio do Decreto nº 678/92, determina que "*toda pessoa tem direito de que se respeite sua integridade física, psíquica e moral*" (artigo 5º, item 1). "*Ninguém deve ser submetido a torturas, nem a penas ou tratos cruéis, desumanos ou degradantes. Toda pessoa privada da liberdade deve ser tratada com o respeito devido à dignidade inerente ao ser humano*" (artigo 5º, item 2).

"*As penas privativas de liberdade devem ter por finalidade essencial a reforma e a readaptação social dos condenados*" (artigo 5º, item 6).

Aliás, segundo Jurisprudência da Corte Interamericana de Direitos Humanos[93]:

"***A garantia da dignidade humana do preso é absoluta e independe da gravidade do fato por ele praticado,*** não admite derrogação nem mesmo em casos de um perigo público que ameace a vida da nação, como é o caso do terrorismo e do crime organizado. 'Todo uso da força que não seja estritamente necessário pelo próprio comportamento da pessoa detida constitui um atentado à dignidade humana".

Para a aludida Corte Internacional, considera-se tortura "*todo ato pelo qual são infringidos, intencionalmente a uma pessoa, penas ou sofrimentos físicos ou mentais, com fins de investigação criminal, como meio de intimidação, como castigo pessoal, como medida preventiva, como pena ou com qualquer outro fim. Entender-se-á também como tortura a aplicação sobre uma pessoa de métodos tendentes a anular a personalidade da vítima, ou a diminuir sua capacidade física ou mental, embora na causem dor física ou angústia psíquica*".

"*É degradante o tratamento dispensado ao detento que gera um sentimento de medo, ansiedade e inferioridade com o fim de humilhar, degradar e destruir a resistência física e moral da vítima*"[94].

Vale lembrar que ambos os tratados internacionais referidos foram devidamente ratificados pela República Federativa do Brasil, gerando direitos públicos subjetivos aos cidadãos brasileiros e gerando obrigações estatais correspondentes, nos termos do parágrafo 2º do artigo 5º da Constituição Federal.

Dispondo no mesmo diapasão, a Constituição Federal, em seu artigo 5º, inciso XLIX, assegura aos presos "*o respeito à dignidade física e moral*".

Por sua vez, a Lei das Execuções Penais dispõe: "*A Assistência ao preso e ao internado é dever do Estado, objetivando prevenir o crime e orientar o retorno à convivência em sociedade*" (artigo 10).

---

93 JAYME, Fernando G. *Direitos Humanos e sua efetivação pela Corte Interamericana de Direitos Humanos.* Del Rey, 2005.*p. 125 e 126.*

94 CORTE INTERAMERICANA DE DERECHOS HUMANOS. *Caso Castilho Petruzzi y otros VS. Peru.* Sentença de 30/05/99.

"A assistência material ao preso e ao internado consistirá no fornecimento de alimentação, vestuário e instalações higiênicas".(artigo 12).

"A assistência à saúde do preso e do internado, de caráter preventivo e curativo, compreenderá atendimento médico, farmacêutico e odontológico" (artigo 14).

"A assistência jurídica é destinada aos presos e aos internados sem recursos financeiros para constituir advogado" (artigo 15).

Dúvida não resta, portanto, de que é do Estado o dever de manter condições minimamente aceitáveis de encarceramento, obrigação essa que não vem sendo cumprida no estabelecimento objeto da presente representação. Ao contrário, a situação de encarceramento vem gerando a dramática piora nas condições de sobrevivência dos presos, chegando-se ao paradoxo de que o ente público não só não cumpre seu mister de criar condições dignas de encarceramento, mas culmina por violar os mais elementares direitos da pessoa presa, como a de ser alimentada, provida de cuidados elementares de saúde e de ter acesso à Justiça através de Defensor.

Outrossim, não se pode alegar, no presente caso, a chamada "Reserva do Possível", bandeira levantada pelos Poderes Públicos para justificar suas omissões e negligências, principalmente quando a questão envolve direitos sociais. De fato, na ADPF nº 45, o Ministro Celso de Mello faz um paralelo entre a "Reserva do Possível" e o "Mínimo Existencial" e conclui que em hipótese alguma poderá o primeiro prevalecer sobre o segundo, nestes termos:

"A meta central das Constituições Modernas, e da Constituição de 1988 em particular, pode ser resumida, como já exposto, na promoção do bem-estar do homem, cujo ponto de partida está em assegurar as condições de sua própria dignidade, que inclui, além da proteção dos direitos individuais, condições materiais mínimas de existência. Ao apurar os elementos fundamentais dessa dignidade (o mínimo existencial), estar-se-ão estabelecendo exatamente os alvos prioritários dos gastos públicos. Apenas depois de atingi-los é que se poderá discutir, relativamente aos recursos remanescentes, em que outros projetos se deverá investir. O mínimo existencial, como se vê, associado ao estabelecimento de prioridades orçamentárias, é capaz de conviver produtivamente com a reserva do possível"[95].

Portanto, a definição das políticas públicas devem estar dirigidas, com prioridade, à efetivação dos direitos fundamentais individuais e coletivos, não se admitindo qualquer escusa de ordem orçamentária, mormente quando se referir ao direito à vida e à integridade física de pessoas privadas da liberdade e que não possuem outras alternativas de fornecimento, mas somente o Estado.

Inclusive, vale a pena colacionar recente decisão do Superior Tribunal de Justiça[96], verdadeiro *"leading case"*, que, em julgamento inédito, autorizou o bloqueio de verbas públicas, quando não for cumprida decisão condenatória à obrigação consistente em prestação de medicamentos aos portadores de doenças graves:

95 MELLO, Celso de. *In* ADPF nº 45, STF.

96 STJ, REsp 887.844-RS.

> RECURSO ESPECIAL – FAZENDA PÚBLICA - FORNECIMENTO DE MEDICAMENTOS - BLOQUEIO DE VERBAS PÚBLICAS - CABIMENTO - ART. 461, § 5º, DO CPC - PRECEDENTES.
>
> 1. Não há, no acórdão recorrido, qualquer omissão, contradição ou obscuridade, pois o Tribunal de origem apreciou toda a matéria recursal devolvida, como se verifica da leitura dos acórdãos da apelação e dos embargos declaratórios. Dessa forma, não foi malferido o artigo 535 do Estatuto Processual Civil.
>
> 2. A hipótese dos autos cuida da possibilidade de bloqueio de verbas públicas do Estado do Rio Grande do Sul, pelo não cumprimento da obrigação de fornecer medicamentos à portadora de doença grave, como meio coercitivo para impor o cumprimento de medida antecipatória ou de sentença definitiva da obrigação de fazer ou de entregar coisa. (arts. 461 e 461-A do CPC).
>
> 3. A negativa de fornecimento de um medicamento de uso imprescindível, cuja ausência gera risco à vida ou grave risco à saúde, é ato que, per si, viola a Constituição Federal, pois a vida e a saúde são bens jurídicos constitucionalmente tutelados em primeiro plano.
>
> 4. Por isso, a decisão que determina o fornecimento de medicamento não está sujeita ao mérito administrativo, ou seja, conveniência e oportunidade de execução de gastos públicos, mas de verdadeira observância da legalidade.
>
> 5. Por seu turno, o bloqueio da conta bancária da Fazenda Pública possui características semelhantes ao sequestro e encontra respaldo no art. 461, § 5º, do CPC, posto tratar-se não de norma taxativa, mas exemplificativa, autorizando o juiz, de ofício ou a requerimento da parte, a determinar as medidas assecuratórias para o cumprimento da tutela específica.

2. V – DA IMPORTÂNCIA DO PODER JUDICIÁRIO COMO GARANTIDOR DOS DIREITOS FUNDAMENTAIS

Vale destacar que a Constituição Federal de 1988 criou um Estado Social e Democrático de Direito, atribuindo principalmente ao Poder Judiciário o poder/dever de concretizá-lo.

Por estas as razões, que deve o juiz eleger as normas jurídicas que coadunam com um desfecho equitativo para o conflito de interesses, individual ou coletivo, em razão dos fins almejados pelo sistema constitucional vigente. Realiza o julgador uma escolha daquelas normas que, concomitantemente, se compatibilizam com os fatos provados e são capazes de fundamentar uma decisão justa perante o caso litigioso. Nesse diapasão, ensina o professor italiano, Mauro Capelletti: *"(...) E assim, não pode mais o juiz se ocultar, tão facilmente, detrás da frágil defesa da concepção do direito como norma preestabelecida, clara e objetiva, na qual pode basear sua decisão de forma neutra. É envolvida sua responsabilidade pessoal, moral e política, tanto quanto jurídica, sempre que haja no direito, abertura para escolha diversa. E a experiência ensina que tal abertura sempre e quase sempre está presente."*

Razão pela qual, não se pode admitir de um julgador que adote posição neutra, despida de valoração e sopesamento, abstendo-se de interpretar, aplicar e julgar litígio, considerando o Direito como um sistema complexo de regras positivas e princípios. O ato de julgar há de ser imparcial, mas nunca neutro.

Como bem ensina Juarez Freitas, "o intérprete precisa considerar, ampliativamente, o inafastável poder-dever de prestar a tutela, de sorte a facilitar, ao máximo, o acesso legítimo do jurisdicionado".

Em suma, o Juiz tem a responsabilidade da Jurisdição, devendo apreciar a tutela jurídica apresentada em Juízo, conformando as regras jurídicas à realidade, dando origem à chamada "norma de decisão", que não se confunde com as regras jurídicas positivadas.

De fato, a norma jurídica "representa o resultado intermédio do processo concretizador, mas não é ainda imediatamente normativa. Para se passar da normatividade mediata para a normatividade concreta, a norma jurídica precisa de revestir o caráter de norma de decisão", que pressupõe um processo de escolhas e sopesamento de valores, com a devida proporcionalidade e razoabilidade, mormente quando a análise acarreta bens jurídicos diversos ou até contrapostos.

Segundo Humberto Ávila, "há casos em que é analisada a correlação entre dois bens jurídicos protegidos por princípios constitucionais, em função dos quais é preciso saber se a medida adotada é adequada para atingir o fim constitucionalmente instituído, (...). A razoabilidade determina que as condições pessoais e individuais dos sujeitos envolvidos sejam consideradas na decisão".

Destarte, essa postura do Magistrado é ainda mais necessária quando os valores envolvidos possuem certo grau de nobreza, como a vida e a integridade física, exigindo do julgador o sopesamento de interesses conforme uma escala de relevância social, fazendo prevalecer aqueles direitos indeclináveis e universais do Ser Humano e consagrados nos estatutos supremos de cada Estado e eleitos como fundamentais para determinada sociedade, em determinado período de sua história. No Brasil, tais valores foram elencados nos primeiros dispositivos da Constituição Federal e o Poder Judiciário tem a responsabilidade de efetivá-los, não podendo se omitir diante das vicissitudes do caso concreto submetido à sua apreciação.

2. VI – DA TUTELA PROVISÓRIA DE URGÊNCIA ANTECIPADA

Conforme se infere dos artigos 300 e 303 do Novo Código de Processo Civil, há que demonstrar, como condição à concessão da tutela provisória de urgência antecipada requerida, o *fumus boni juris* e o *periculum in mora* do caso em tela.

Quanto ao *fumus boni juris*, há que se dispensar demais digressões, face à verossimilhança das alegações acima feitas, bem como os dispositivos constitucionais e infraconstitucionais nos quais se embasa a presente ação.

O *periculum in mora* faz-se presente quando à urgência, eis que os documentos trazidos aos autos comprovam as necessidades dos presos recolhidos no Centro de Detenção Provisória da cidade de ..., atualmente privados das mínimas condições de higiene, acomodação, paz, enfim, de dignidade. Por outro lado, existe grande possibilidade de se disseminar uma epidemia de pneumonia e tuberculose entre os detentos, em virtude das privações pelas quais os presos encontram-se submetidos.

A situação atual no CDP, vale frisar, é lamentável e dramática. Os detentos estão submetidos a tratamento abusivo e degradante. Como se não bastasse, estão incomunicáveis e os órgãos de defesa dos direitos humanos estão impedidos de entrar no local.

Assim sendo, é necessário reconhecer que o perigo da demora para se findar o presente feito é passível de causar danos irreparáveis àqueles presos, o que autoriza a concessão da antecipação da tutela pretendida.

Dos Pedidos

Em face ao exposto, como forma de fazer valer os ditames constitucionais atinentes ao caso, bem como visando a dar cumprimento ao princípio da DIGNIDADE DA PESSOA HUMANA, requer-se de Vossa Excelência:

a) a procedência do pedido, concedendo liminarmente a antecipação da tutela, *inaudita altera parte,* nos termos do artigo 303 do Novo Código de Processo Civil, para os fins de determinar que a FAZENDA PÚBLICA DO ESTADO DE ... faça, por meio do órgão competente, o fornecimento regular e adequado de COLCHÕES, COBERTORES, CALÇADOS, VESTUÁRIOS, ESCOVAS DE DENTES, SABONETES, na quantidade equivalente ao número de presos que se encontram detidos no Centro de Detenção Provisória da cidade de ..., ou seja, no total de 634 (seiscentos e trinta e quatro) de cada um dos produtos acima elencados;

b) a procedência do pedido, concedendo liminarmente a antecipação da tutela, *inaudita altera parte,* nos termos do artigo 303 do Novo Código de Processo Civil, para os fins de determinar que a FAZENDA PÚBLICA DO ESTADO DE ... restabeleça o fornecimento regular e adequado dos MEDICAMENTOS necessários ao tratamento e prevenção de doenças que atingem os detentos, sejam elas eventuais ou permanentes, bem como de ALIMENTAÇÃO suficiente aos presos, nos períodos da manhã, almoço e noite.

c) a procedência do pedido, concedendo liminarmente a antecipação da tutela, *inaudita altera parte,* nos termos do artigo 303 do Novo Código de Processo Civil, para os fins de determinar que a FAZENDA PÚBLICA DO ESTADO DE ... restabeleça o fornecimento regular de ENERGIA ELÉTRICA no Centro de Detenção Provisória da cidade de ... de forma constante e permanente;

d) caso Vossa Excelência entenda que a concessão da tutela antecipada exige maior lastro probatório, requer, com fulcro em seu poder geral de cautela previsto no artigo 297 do Novo Código de Processo Civil, a designação de audiência de justificação prévia, requisitando ao Diretor do CDP a presença de 10 dos detentos elencados na lista em anexo, para que possam informar a este Juízo a atual situação de encarceramento ou determine, com urgência, a realização de uma vistoria pelos órgãos de vigilância sanitária;

e) na hipótese de deferimento dos pedidos "a", "b" e "c", diante do descumprimento da obrigação por parte do Poder Público no prazo de 48 horas, requer seja feito o bloqueio de verbas públicas da Fazenda Pública do Estado de ..., no valor correspondente à quantia apta à aquisição dos produtos acima indicados, conforme autoriza a Jurisprudência acima mencionada;

f) a condenação da ré ao pagamento de multa diária de 20 salários mínimos, de conformidade com o artigo 537 do Novo Código de Processo Civil, caso não haja o adimplemento das obrigações judiciais constantes nos itens "a", "b" e "c";

g) a citação da ré na pessoa de seus representantes legais;

h) a intervenção do ilustríssimo representante do Ministério Público como *custos legis* no presente feito;

i) a concessão dos benefícios de isenção dos ônus de sucumbência, conforme disposto no artigo 18 da Lei nº 7.347/85;

h) a condenação definitiva da ré, confirmando as medidas concedidas em sede de tutela antecipada (item "a" ,"b" e "c").

Requer-se, outrossim, provar o alegado por todos os meios de provas em direito admitidos, principalmente documentos, perícias, depoimentos pessoais dos representantes legais da ré, responsáveis pela Administração do Centro de Detenção Provisória da cidade de ..., do depoimento de testemunhas, devendo Vossa Excelência requisitar o comparecimento de 10 dos detentos que se encontram presos no CDP, conforme lista anexa, e de outras testemunhas oportunamente arroladas, enfim, todas as provas que de qualquer forma possam auxiliar no julgamento do feito com a costumeira justiça.

Dá-se a causa o valor de R$ 5.000,00 (cinco mil reais).

Termos em que,

Pede-se deferimento.

Cidade ..., data .../.../...

Defensor Público

Xª Defensoria Pública da Regional ......

Defensor Público

Coordenador Regional de Execução Penal

Kª Defensoria Pública da Regional ....

II) Ação Civil Pública no caso do *outdoor* homofóbico, sendo coautor o Defensor Público Victor Hugo Albernáz Júnior[97]

Excelentíssimo Senhor Doutor Juiz de Direito da ...ª Vara Cível da Comarca de .../...

DISTRIBUIÇÃO URGENTE

97 Noticiou-se:
A pedido da Defensoria Pública de SP em Ribeirão Preto, por meio do ajuizamento de uma ação civil pública, a 6ª Vara Cível local determinou na noite da última sexta-feira (19/8) a retirada imediata de um *outdoor* considerado homofóbico. A concessão da medida liminar ocorreu dois dias antes da realização da 7ª Parada do Orgulho LGBTT de Ribeirão Preto no domingo. O outdoor foi retirado do painel no sábado.

(10 linhas)

A Defensoria Pública do Estado De ..., Regional de ..., no exercício de suas atribuições legais, por intermédio dos Defensores Públicos do Estado que a esta subscrevem, vem, a presença desse Egrégio Juízo propor a presente

AÇÃO CIVIL PÚBLICA

DE TUTELA CONDENATÓRIA EM OBRIGAÇÃO DE FAZER, com fundamento nos da Constituição Federal de 1988, da Lei nº 7.347/85; da Lei 10.948/2001 e demais legislação afim, em face de

Casa de Oração de ..., representada por Nonononono ou quem atualmente o esteja substituindo, com endereços na Rua ..., nº ... ou Rua ..., nº ..., cidade e comarca de ..., e

Empresa ... Painéis, na pessoa de seu representante legal, com endereço na Rua ..., nº ..., cidade e comarca de ...,

pelos motivos de fato e de direito a seguir :

1. Dos fatos

No dia 17 de agosto do corrente ano, a Organização Não Governamental ..., através de um de seus representantes, o Sr. Gelson Reicher, constatou a instalação de mensagem veiculada em outdoor instalado na Rua ..., nas proximidades da Câmara Municipal de ..., supostamente de responsabilidade da Empresa ... Painéis.

O outdoor publicado com o "apoio da Casa de Oração de ..." traz os seguintes dizeres:

> "Assim diz DEUS:
>
> "Se também um homem se deitar com outro homem, como se fosse mulher, ambos praticam coisa abominável..." Levítico 20:13 (RA)
>
> "Por causa das coisas que estas pessoas fazem, Deus as entrega a paixões vergonhosas. Pois até as mulheres trocam as relações naturais pelas que são contra a natureza. E também os homens deixam

---

O outdoor continha três citações bíblicas. Entre elas, dava-se destaque ao trecho do livro de Levítico: "se também um homem se deitar com outro homem, como se fosse mulher, ambos praticaram coisa abominável...".
De acordo com a decisão do Juiz Aleksander Coronado Braido da Silva, "a Constituição Federal protege a conduta do réu [Casa de Oração de Ribeirão Preto] de expor suas opiniões pessoais, mas, ao mesmo tempo, também protege a intimidade, honra e imagem das pessoas quando violadas". O magistrado levou em consideração a proximidade da realização da Parada LGBTT, determinando uma multa de R$ 10.000,00 para cada ato de descumprimento.
Para os Defensores Públicos Victor Hugo Victor Hugo Albernaz Junior e Aluísio Iunes Monti Ruggeri Ré, responsáveis pela ação, "expressões usadas, tais como 'praticam coisa abominável', 'paixões vergonhosas', 'relações vergonhosas', 'recebem em si mesmos o castigo que merecem por causa de seus erros', remetem os reais e atuais personagens desta mensagem a situação de inferiorização de suas pessoas, como se fossem de segunda categoria ou pior, degradando-os como seres humanos, desrespeitando-lhes a condição humana em que se inserem a partir de suas orientações sexuais e de suas identidades de gênero". A ação civil pública foi proposta perante a Casa de Oração de Ribeirão Preto e a empresa Nóbile Painéis.
Disponível em << http://www.defensoria.sp.gov.br>

> as relações naturais com as mulheres e se queimam de paixão uns pelos outros. Homens têm relações vergonhosas uns com os outros e por isso recebem em si mesmos o castigo que merecem por causa dos seus erros." Rm 1:26-27 (NTLH)
>
> "Portanto, arrependam-se e voltem para Deus, a fim de que Ele perdoe os pecados de vocês." Atos 3:19 (NTLH)

A mensagem exposta em via pública, que aparentemente veicula simples passagens bíblicas, traz, de fato, não só expressões, mas, também, um contexto discriminatório, preconceituoso e, especialmente homofóbico, gerando ofensa direta a população LGBT (lésbicas, gays, bissexuais, travestis e transexuais) e indignação de toda a sociedade onde está inserida, não só no âmbito de cidade de ... e da Região, mas no âmbito nacional, a qual observa e respeita os princípios fundamentais de direitos à dignidade humana, esculpidos na Constituição Federal de 1988 e nos tratados internacionais dos quais o Brasil é signatário.

Expressões usadas, tais como "praticam coisa abominável", "paixões vergonhosas", "relações vergonhosas", "recebem em si mesmos o castigo que merecem por causa de seus erros", remetem os reais e atuais personagens desta mensagem a situação de inferiorização de suas pessoas, como se fossem de segunda categoria ou pior, degradando-os como seres humanos, desrespeitando-lhes a condição humana em que se inserem a partir de suas orientações sexuais e de suas identidades de gênero.

É possível compreender melhor o contexto em que se insere a referida mensagem de natureza discriminatória, quando é sabido que haverá na cidade de ..., no próximo domingo, dia 21 de agosto, o evento denominado "7ª Parada do Orgulho LGBTT", e, quando, ao ser questionado sobre o caráter homofóbico do dizeres de seu painel, o pastor da Casa de Oração de ..., Sr. Enrique Ernesto Ruggia, diz à reportagem do jornal "..." que referida mensagem foi colocada para "denunciar o pecado do homossexualismo".

Não é possível admitir que em pleno século XXI, num Estado Democrático de Direito com é o nosso, comportamentos e atitudes preconceituosas sejam expostos a luz do dia (e da noite) sem qualquer responsabilização.

A liberdade de expressão de pensamento é sem dúvida um direito constitucional, porém, como todo o direito ele tem seu limite às margens da ofensa do outro, é dizer, não pode ser alegado a qualquer preço, transpondo e ferindo o direito do outro. É por isso que se diz que todo o direito tem seu correspondente dever que o limita de forma consciente, objetiva e racional, que estabelece o equilíbrio da balança da Justiça, que o faz verdadeiramente respeitado.

Há que se considerar o direito ao respeito (e o dever de respeitar) pertence e cabe a todos os seres humanos porquanto iguais segundo o princípio primeiro de todas as Declarações de Direitos e Constituições democráticas do mundo. O respeito ao direito de liberdade da expressão e orientação sexual e de identidade de gênero não deve ser relegado a categoria inferior, porquanto não o é. Expressar ideias, conceitos e pensamentos, é possível. O que não o é possível, nem legal, é usá-los para depreciar e ofender a dignidade de outro ser humano.

Portanto, tal outdoor e tantos outros iguais que estiverem espalhados pela cidade, não poderão permanecer onde estão, sob pena de promoverem e difundirem a discriminação e o preconceito, que geram a homofobia, hoje punida por lei, ademais de potencialmente serem causadores de discórdia e conflitos mais graves, o que deve ser evitado com a retirada imediata da mensagem, sob as égides da legalidade.

2. Da Legitimidade Ativa da Defensoria Pública

Para dar corpo à garantia prevista no inciso LXXIV do artigo 5º da Constituição da República, o legislador constituinte ordenou aos Estados, no artigo 134 daquela Carta Política, a criação de órgão estatal próprio para outorgar às pessoas necessitadas o direito básico de acesso, integral e gratuito, à tutela jurisdicional, nominado pela própria Constituição como Defensoria Pública, tida e havida como instituição essencial à função jurisdicional do Estado.

No Estado de ... a Defensoria Pública foi consolidada em janeiro do ano de 2006, através da Lei Complementar Estadual nº 988/2006, que em seu artigo 5º guarneceu a Defensoria Pública com a legitimação para representar em juízo os necessitados, na tutela de seus interesses individuais ou coletivos (inciso III); para promover a tutela dos direitos humanos em qualquer grau de jurisdição, inclusive perante os sistemas global e regional de proteção dos direitos humanos (inc. VI. "b"); para promover a tutela individual e coletiva dos interesses e direitos da criança e do adolescente, do idoso, das pessoas com necessidades especiais e das minorias submetidas a tratamento discriminatório (inc. VI. Letra "c") legitimando-a, por fim, a manejar a Ação Civil Pública para a tutela dos direitos difusos, coletivos ou individuais homogêneos (inciso VI, "g"), visando, em suma, a concretização do princípio básico de esteio da dignidade humana.

Como órgão instrumentalizador da proteção da dignidade humana, a Defensoria Pública do Estado tem ainda sua legitimação para o manejo da tutela de conflitos de trato transindividual consolidado pela conjunção dos artigos 81, 82 e 117 do Código de Defesa ao Consumidor, que emprestou significado novo aos artigos 5º e 21 da Lei nº 7.347/85 – Lei da Ação Civil Pública, *in verbis*:

> *"Art. 81: A defesa dos interesses e direitos dos consumidores e das vítimas poderá ser exercida em juízo individualmente, ou a título coletivo.*
>
> *Parágrafo único: A defesa coletiva será exercida quando se tratar de:*
>
> *I - Interesses ou direitos difusos, assim entendidos, para efeitos deste Código, os transindividuais, de natureza indivisível, de que sejam titulares pessoas indeterminadas e ligadas por circunstâncias de fato:*
>
> *II - Interesses ou direitos coletivos, assim entendidos, para efeitos deste Código, os transindividuais de natureza indivisível de que seja titular grupo, categoria ou classe de pessoas ligadas entre si ou com a parte contrária por uma relação jurídica base;*
>
> *III - Interesses ou direitos individuais homogêneos, assim entendidos os decorrentes de origem comum.*

Nessa mesma normativa, foi introduzido pelo artigo 117 do CDC o artigo 21 à Lei nº 7.347/85, que reza

> *"Art. 21: Aplicam-se à defesa dos direitos e interesses difusos, coletivos e individuais, no que for cabível, os dispositivos do Título III da Lei que instituiu o Código de Defesa do Consumidor".*

Portanto, pelo conjunto de normas trazido, tendente a democratizar a legitimação para a promoção das Ações Coletivas, não resta dúvida acerca da legitimidade *ad causam* também detida pela Defensoria Pública para o patrocínio de Ações Civis Públicas que visem qualquer interesse difuso ou coletivo (inciso IV, do art. 1º da Lei nº 7.347/85).

Assentadas estas premissas, a legitimação da Defensoria Pública para a propositura de Ação Civil Pública encontra-se definitivamente consolidada com a edição da Lei Federal nº 11.448, de 15 de janeiro de 2007, que deu nova redação ao artigo 5º da Lei n° 7.347/85:

> "Art. 5º. Têm legitimidade para propor a ação principal e a ação cautelar:
>
> I - o Ministério Público;
>
> II - a Defensoria Pública;
>
> III - a União, os Estados, o Distrito Federal e os Municípios;
>
> IV - a autarquia, empresa pública, fundação ou sociedade de economia mista; (...)

É incontestável, portanto, a legitimidade ativa da Defensoria Pública para pleitear a tutela jurisdicional coletiva ora apresentada.

Aliás, é relevante consignar que a EC 80/14 alterou o artigo 134 da CF para incluir no corpo constitucional a tutela coletiva como função institucional da Defensoria Pública, o que o faz ao se referir aos direitos coletivos (em sentido amplo – é obvio: inclui os interesses individuais homogêneos, coletivos em sentido estrito e difusos). Exatamente da mesma forma fez o legislador infraconstitucional ao aprovar o Novo Código de Processo Civil, cujo artigo 185 replica o texto maior acima referido.

3. Do Direito

DOS DIREITOS ENVOLVIDOS: do aparente conflito de direitos constitucionais: de um lado, a liberdade de expressão e religiosa, e de outro, a liberdade individual e sexual, bem como o respeito à intimidade e à vida privada:

O presente caso traz em seu bojo um conflito aparente de importantes direitos fundamentais. Se de um lado, posiciona-se a liberdade de manifestação de pensamento e de crença, de outro, não menos importante, temos o direito à liberdade individual e sexual, bem como o respeito à intimidade e à vida privada.

Inicialmente, deve-se destacar que tal conflito é inerente às sociedades democráticas e pluralistas, especialmente à sociedade brasileira que, por razões históricas, carrega forte diversidade cultural, social e religiosa.

Porém, não se pode olvidar que é mero conflito aparente de normas, a exigir certo trabalho exegético de seus operadores, no sentido da adequada compatibilização desses valores diante das situações concretas apresentadas.

Então, por ser apenas aparente o conflito, tais direitos fundamentais não se excluem, mas se harmonizam a partir do caso concreto e por intermédio do importante método hermenêutico da ponderação de valores, que tem em seu âmago a razoabilidade e proporcionalidade.

Antes de iniciarmos essa atividade de ponderação, vale a pena citarmos os dispositivos constitucionais sobre o tema:

Preâmbulo da Constituição Federal de 1988: "Nós, representantes do povo brasileiro, reunidos em Assembleia Nacional Constituinte para instituir um Estado Democrático, destinado a assegurar o exercício dos direitos sociais e individuais, a liberdade, a segurança, o bem-estar, o desenvolvimento, a igualdade e a justiça como valores supremos de uma sociedade fraterna, pluralista e sem preconceitos, fundada na harmonia social e comprometida, na ordem interna e internacional, com a solução pacífica das controvérsias, promulgamos, sob a proteção de Deus, a seguinte CONSTITUIÇÃO DA REPÚBLICA FEDERATIVA DO BRASIL." (grifo nosso).

> "Art. 3º: Constituem objetivos fundamentais da República Federativa do Brasil:
>
> I - construir uma sociedade livre, justa e solidária;
>
> IV - promover o bem de todos, sem preconceitos de origem, raça, sexo, cor, idade e quaisquer outras formas de discriminação." (grifo nosso)
>
> "Art. 5º. Todos são iguais perante a lei, sem distinção de qualquer natureza, garantindo-se aos brasileiros e aos estrangeiros residentes no País a inviolabilidade do direito à vida, à liberdade, à igualdade, à segurança e à propriedade, nos termos seguintes
>
> IV - é livre a manifestação do pensamento, sendo vedado o anonimato;
>
> VI - é inviolável a liberdade de consciência e de crença, sendo assegurado o livre exercício dos cultos religiosos e garantida, na forma da lei, a proteção aos locais de culto e a suas liturgias;
>
> X - são invioláveis a intimidade, a vida privada, a honra e a imagem das pessoas, assegurado o direito a indenização pelo dano material ou moral decorrente de sua violação;
>
> XLI - a lei punirá qualquer discriminação atentatória dos direitos e liberdades fundamentais; (grifos nosso).

Então, a partir da normativa acima exposta, passemos à necessária ponderação de valores.

Inicialmente, deve-se destacar que os direitos e princípios constitucionais, por mais relevantes que sejam, jamais serão absolutos e incondicionais, mais relativos e exercidos com prudência e razoabilidade, sob pena de atingir outros interesses igualmente relevantes.

Pois bem. Se é livre a manifestação de pensamento e de crença religiosa, alguns limites se impõem. Um desses limites é a dignidade da pessoa humana e dos atributos de sua personalidade.

De fato, a manifestação do pensamento pode resultar em ideias ou atribuições. As primeiras são gerais e abstratas, enquanto que, as segundas, são manifestações específicas, dirigidas a determinada pessoa ou a grupo de pessoas.

Em regra, as ideias têm conotações ideológicas e políticas. Visam à expor opiniões gerais e abstratas. Por exemplo, podemos citar as chamadas "marchas da maconha", recentemente autorizadas pelo Supremo Tribunal Federal, pois, em tese, são meras manifestações ideológicas e que não atingem, diretamente, pessoas ou grupos. Em regra, tais manifestações não violam direitos alheios e são isentas de censura.

As chamadas atribuições são manifestações específicas, dirigidas a pessoas ou a grupos, que, em geral, contém em seu bojo adjetivos ou atributos, sejam ligados a fatos supostamente ocorridos ou a própria pessoa ou grupo. Nesse caso, como podem, em potencial, atingir direitos alheios, e, consequentemente, devem sofrer limitações.

Realmente, se a atribuição é de determinado fato, pode ocorrer, no âmbito penal, calúnia ou difamação. Se a atribuição é de certa qualidade pejorativa, pode ser configurado crime de injúria.

Ocorre que, além da tutela penal da honra e imagem das pessoas, não se pode desprezar a tutela civil geral da personalidade.

Aliás, no caso em tela, os direitos da personalidade dos casais homossexuais foram diretamente violados.

A personalidade é um valor inerente à pessoa humana, como ente físico, moral e intelectual, que se fundamenta em dois princípios, são eles, o filosófico e o jurídico.

Pelo primeiro, a personalidade decorre do princípio da pessoa humana como valor-fonte de todos os valores. Segundo leciona Miguel Reale:

O homem não é uma simples entidade psicofísica ou biológica, redutível a um conjunto de fatos explicáveis pela Psicologia, pela Física, pela Anatomia, pela Biologia. No homem existe algo que representa uma possibilidade de inovação e de superamento. A natureza sempre se repete, segundo a fórmula de todos conhecida, segundo a qual tudo se transforma e nada se cria. Mas o homem representa algo que é um acréscimo à natureza, a sua *capacidade de síntese*, tanto no ato inspirador de novos objetos do conhecimento, como no ato constitutivo de novas formas de vida. O que denominamos *poder nomotético* do espírito consiste em sua faculdade de outorgar sentido aos atos e às coisas, faculdade essa de natureza simbolizante, a começar pela instauração radical da linguagem.[98]

Nessa linha de raciocínio, explica Francesco Ferrara que os direitos da personalidade "são direitos supremos do homem, aqueles que garantem a ele a fruição de seus bens pessoais. Em confronto com os direitos a bens externos, os direitos da personalidade garan-

98 REALE, Miguel. op. cit. p. 211, nota 17.

tem a fruição de nós mesmos, asseguram ao indivíduo a senhoria de sua pessoa, a atuação das próprias forças físicas e espirituais"[99] (destaque nosso).

Portanto, com o escopo de proteger esse ente capaz de inovar, produzir e reproduzir valores, sua personalidade é tutelada através do reconhecimento de alguns direitos pelo Código Civil (artigo 11 ao artigo 21 do CC). Aliás, seu artigo 12, *caput,* consagra o princípio da proteção integral da personalidade, contendo, em um único dispositivo, as três espécies de tutela específica, quais sejam, a tutela inibitória, de caráter preventivo; a tutela reintegratória, de natureza desconstitutiva; e a tutela ressarcitória, de cunho condenatório: *Pode-se exigir que cesse a ameaça (tutela inibitória), ou a lesão (tutela reintegratória), a direito da personalidade, e reclamar perdas e danos (tutela ressarcitória), sem prejuízo de outras sanções previstas em lei.*

Vale ressaltar ainda que essas formas de proteção podem ser adotadas de ofício pelo juiz, segundo o princípio do poder geral de efetivação que goza o magistrado para fazer cumprir suas decisões. "A primeira parte do CC 12 refere-se às técnicas de tutela específica, aplicáveis de ofício, enunciadas no CPC 461, devendo ser interpretada com resultado extensivo."[100]

Para concluir essa ideia de efetivação dos direitos da personalidade, vale a pena transcrevermos as palavras dos autores Gustavo Tepedino, Heloisa Helena Barboza e Maria Celina Bodin de Moraes, quando da análise do dispositivo em questão: *A lesão à personalidade humana, por suas peculiaridades, não se coaduna com a recondução ao estado anterior. O dispositivo reforça os mecanismos de proteção no momento patológico da violação: além da possibilidade de recurso às medidas cautelares e ao pedido de antecipação de tutela, há que se observar o artigo 461 e parágrafos do CPC, referente às ações que tenham por objeto o cumprimento de obrigação de fazer, e que, entre outros objetivos, pretende constranger o réu.*[101]

Juridicamente, a personalidade e os direitos a ela correlatos são corolários do princípio constitucional da dignidade da pessoa humana. Destarte, como foi anteriormente expendido, tal princípio inspira outros dois de tutela do homem, quais são, a boa-fé objetiva quando ele se relaciona e a personalidade em relação à sua intimidade e recato. Portanto, é indispensável uma análise conjunta das regras constitucionais com as novas regras do Código Civil para se produzir um bloco de proteção ao ser humano em todos seus campos de atividade. Acerca dessa necessária integração de normas, leciona o professor Eroulths Cortiano Junior: *(...) as normas constitucionais de proteção à personalidade não devem ser vistas apenas como normas programáticas (portanto não dotadas de concretude). Ao contrário. Se todo sistema gravita em torno da Constituição, tudo o que nela se contém forma e informa o direito ordinário. A ordem jurídica de uma sociedade é unitária, o que afasta a tradicional contraposição direito privado/direito público. Como consequência, afasta-se também eventual contraposição direito civil/direito constitucional. A norma constitucional é parte integrante da ordem normativa, não podendo restringir-se a mera*

99 TEPEDINO, Gustavo. op. cit. p. 30, nota 48.

100 JORNADA III STJ 140.

101 TEPEDINO, Gustavo, BARBOZA, Heloisa Helena, BODIN DE MORAIS, Maria Celina. *Código civil interpretado conforme a Constituição da República.* v. 1, Renovar, 2004, p. 34.

diretriz hermenêutica ou regra limitadora da legislação ordinária. Aplica-se (direta ou indiretamente, mesmo porque constituição também é norma) a Constituição ao caso concreto, dando-se vida à norma constitucional.[102]

Note ainda que, embora a personalidade seja inerente à pessoa natural, o ordenamento concede certos direitos dela decorrentes às pessoas jurídicas e a grupo de pessoas como, por exemplo, o direito ao nome, à marca, à honra, ao credito, dentre outros. "Aplica-se às pessoas jurídicas, no que couber, a proteção dos direitos da personalidade" (art. 52 do CC).

Entretanto, essa proteção é fruto de uma construção jurídica, destinada ao atendimento das exigências da sociedade moderna. Assim, "limitou-se o dispositivo a permitir a aplicação, por empréstimo, da técnica da tutela da personalidade, e apenas no que couber, à proteção da pessoa jurídica. Esta, embora dotada de capacidade para o exercício de direitos, não contém os elementos justificadores (fundamento axiológico) da proteção à personalidade, concebida como bem jurídico, objeto de situações existenciais."[103]

De fato, a personalidade propriamente dita é um valor inato ao homem ou a grupos de pessoas, enquanto valor fonte de outros valores e titular de uma dignidade absoluta e irrenunciável.

Nesse diapasão, insere-se a orientação sexual como faculdade pessoal, íntima, inquestionável da pessoa, que, inegavelmente, se coloca como impedimento a qualquer manifestação injuriosa e hostil de pensamento, passível de punição nos termos da Lei Estadual 10.948/2001, cujo conteúdo legal deverá ser observado com rigor na análise do caso *sub judice*.

4. – DA DIGNIDADE DA PESSOA HUMANA

Um dos fundamentos da República Federativa do Brasil, expressa em sua Constituição de 1988, é o da dignidade da pessoa humana. Tal assertiva depreende-se de seu artigo 1º, inciso III, *in verbis:*

> Art. 1º - *A República Federativa do Brasil, formada pela união indissolúvel dos Estados e Municípios e do Distrito Federal, constitui-se em Estado Democrático de Direito e tem como fundamentos:*
>
> *III - A dignidade da pessoa humana* (grifamos).

A busca pela vida digna comporta o direito de sobreviver de forma íntegra, devendo o Estado assegurá-lo, tendo em vista os dispositivos constitucionais e infraconstitucionais que servem de espeque ao pedido que ora se faz.

Em se tratando normas que retratam verdadeiros direitos e garantias constitucionais, hão elas de ser aplicadas de forma imediata[104], pois normas de eficácia plena, que independe de qualquer regulamentação.

102 CORTIANO JUNIOR, Eroulths. *Alguns apontamentos sobre os chamados direitos da personalidade.* In: FACHIN, Luiz Edson (coord.). op. cit., p. 37, nota 58.

103 Ibid, p. 55.

104 CF, art. 5º, § 1º - "As normas definidoras dos direitos e garantias fundamentais têm aplicação imediata".

O Direito e seus operadores, nesses casos específicos, não podem ser indiferentes. Nessas hipóteses, o jurista deve olhar sob o prisma da dignidade da pessoa humana, como valor supremo acolhido pela nossa Constituição Federal. O Direito Moderno, influenciado pelas Revoluções Sociais do início do século passado e também pelo renascimento e fortalecimento dos Direitos Humanos no Pós-Guerra, se sociabilizou/personificou.

No caso em tela, no qual um coletivo de pessoas está sendo submetido a tratamento desumano e degradante, o intérprete deve priorizar a PESSOA, como "VALOR-FONTE" de todos os valores, nas palavras do mestre Miguel Reale[105].

Não é por acaso que o Código Civil vigente consagrou os "direitos da personalidade", os quais "são direitos supremos do homem, aqueles que garantem a ele a fruição de seus bens pessoais. Em confronto com os direitos a bens externos, os direitos da personalidade garantem a fruição de nós mesmos, asseguram a senhoria de sua pessoa, a atuação das próprias forças físicas e espirituais"[106].

Em suma, a dignidade da pessoa humana apresenta-se como a norma central do sistema jurídico brasileiro e deve ser assegurada em qualquer ocasião, tempo e espaço, uma vez que o ser humano é único e suas necessidades universais.

5 – DA IMPORTÂNCIA DO PODER JUDICIÁRIO COMO GARANTIDOR DOS DIREITOS FUNDAMENTAIS

Vale destacar que a Constituição Federal de 1988 criou um Estado Social e Democrático de Direito, atribuindo principalmente ao Poder Judiciário o poder/dever de concretizá-lo.

Por estas as razões, que deve o juiz eleger as normas jurídicas que coadunam com um desfecho equitativo para o conflito de interesses, individual ou coletivo, em razão dos fins almejados pelo sistema constitucional vigente. Realiza o julgador uma escolha daquelas normas que, concomitantemente, se compatibilizam com os fatos provados e são capazes de fundamentar uma decisão justa perante o caso litigioso. Nesse diapasão, ensina o professor italiano, Mauro Capelletti:

"(...) E assim, não pode mais o juiz se ocultar, tão facilmente, detrás da frágil defesa da concepção do direito como norma preestabelecida, clara e objetiva, na qual pode basear sua decisão de forma neutra. É envolvida sua responsabilidade pessoal, moral e política, tanto quanto jurídica, sempre que haja no direito, abertura para escolha diversa. E a experiência ensina que tal abertura sempre e quase sempre está presente."

Razão pela qual, não se pode admitir de um julgador que adote posição neutra, despida de valoração e sopesamento, abstendo-se de interpretar, aplicar e julgar litígio, considerando o Direito como um sistema complexo de regras positivas e princípios. O ato de julgar há de ser imparcial, mas nunca neutro.

Como bem ensina Juarez Freitas, "o intérprete precisa considerar, ampliativamente, o inafastável poder-dever de prestar a tutela, de sorte a facilitar, ao máximo, o acesso legítimo do jurisdicionado".

---

105 REALE, Miguel. Filosofia do Direito. SARAIVA, 2005.

106 FERRARA, Francesco. In TEPEDINO, Gustavo. Temas de direito civil. 3. ed. Renovar, 2004.

Em suma, o Juiz tem a responsabilidade da Jurisdição, devendo apreciar a tutela jurídica apresentada em Juízo, conformando as regras jurídicas à realidade, dando origem à chamada "norma de decisão", que não se confunde com as regras jurídicas positivadas.

De fato, a norma jurídica "representa o resultado intermédio do processo concretizador, mas não é ainda imediatamente normativa. Para se passar da normatividade mediata para a normatividade concreta, a norma jurídica precisa de revestir o caráter de norma de decisão", que pressupõe um processo de escolhas e sopesamento de valores, com a devida proporcionalidade e razoabilidade, mormente quando a análise acarreta bens jurídicos diversos ou até contrapostos.

Segundo Humberto Ávila, "há casos em que é analisada a correlação entre dois bens jurídicos protegidos por princípios constitucionais, em função dos quais é preciso saber se a medida adotada é adequada para atingir o fim constitucionalmente instituído, (...). A razoabilidade determina que as condições pessoais e individuais dos sujeitos envolvidos sejam consideradas na decisão".

Destarte, essa postura do Magistrado é ainda mais necessária quando os valores envolvidos possuem certo grau de nobreza, como a vida e a integridade física, exigindo do julgador o sopesamento de interesses conforme uma escala de relevância social, fazendo prevalecer aqueles direitos indeclináveis e universais do Ser Humano e consagrados nos estatutos supremos de cada Estado e eleitos como fundamentais para determinada sociedade, em determinado período de sua história. No Brasil, tais valores foram elencados nos primeiros dispositivos da Constituição Federal e o Poder Judiciário tem a responsabilidade de efetivá-los, não podendo se omitir diante das vicissitudes do caso concreto submetido à sua apreciação.

6 – DAS TUTELAS JURISDICIONAIS E DA TUTELA DE REMOÇÃO DO ILÍCITO

Da Tutela Inibitória e da tutela de remoção do ilícito

Em termos doutrinários, a tutela inibitória se trata de uma ação de conhecimento de natureza preventiva, destinada a impedir a prática, a repetição ou a continuação de algum ilícito.

Segundo Luiz Guilherme Marinoni, "ela se funda no próprio direito material. Se várias situações de direito substancial, diante de sua natureza, são absolutamente inviolável, é evidente a necessidade de admitir uma ação de conhecimento preventiva. Do contrário não teriam qualquer significação prática, pois poderiam ser violadas a qualquer momento, restando somente o ressarcimento do dano."[107]

Como o direito material depende de um processo adequado, quando pensado na perspectiva da efetividade, é fácil concluir que a ação preventiva é consequência lógica das necessidades circunstanciais do direito material.

Não obstante tudo isso, a Constituição Federal de 1988 fez questão de deixar claro que "nenhuma lei excluirá da apreciação do Poder Judiciário lesão ou ameaça a direito" (art. 5º, XXXV da CF).

107 Técnica Processual e tutela dos direitos. Revista dos Tribunais, 2008.

Ora, se a própria Constituição afirma a inviolabilidade de determinados direitos e, ao mesmo tempo, diz que nenhuma lei poderá excluir da apreciação do Poder Judiciário "ameaça a direito", não pode restar qualquer dúvida de que o direito de acesso à justiça (art. 5º, XXXV da CF) tem como corolário o direito à tutela efetivamente capaz de impedir a violação do direito.[108]

O direito brasileiro possui normas processuais (art. 84 CDC e 536 do NCPC) que autorizam ao juiz não apenas impor um não fazer, como também impor um fazer, e, vale a pena frisar, de forma efetiva e coatora, uma vez que tais dispositivos contêm medidas de coerção ou de sub-rogação que podem, inclusive, serem adotadas de ofício pelo Magistrado.

Porém, se a ação inibitória se destina a impedir a ocorrência do dano que, no presente caso não tem mais utilidade a partir da colocação dos "outdoors", a tutela de remoção do ilícito parece útil e necessária, pois, como o próprio nome indica, dirige-se a remover os efeitos de uma conduta ilícita que já se iniciou e permanece gerando seus efeitos. Afinal, esta ação é voltada a impedir a manutenção do ilícito, bem como de seus efeitos.

No presente caso, a tutela de remoção de ilícito constitui na imediata retirada dos "outdoors" homofóbicos referidos acima, para fins de se evitar a manutenção do constrangimento que ele causa à comunidade homossexual e nos aos adeptos.

Assim como a tutela inibitória, a de remoção do ilícito é decorrência do próprio direito material, especialmente das normas que estabelecem condutas de fazer ou não fazer para proteger os direitos envolvidos, principalmente direitos difusos e coletivos.

Em outras palavras, de nada adiantaria a norma de direito material que proíbe um agir se não existisse a possibilidade de uma ação processual capaz de permitir a remoção dos seus efeitos concretos. Portanto, essa ação também encontra fundamento no art. 5º. XXXV da CF, que consagra o direito fundamental à tutela jurisdicional efetiva.

Por derradeiro, deve-se destacar que a ação de remoção do ilícito possui duas direções. De um lado olha pra trás, mirando um ato que já ocorreu; de outro zela pelo futuro, ainda que indiretamente, impedindo que danos sejam reproduzidos.[109]

Em suma, tais tutelas jurisdicionais vêm a concretizar a garantia ao acesso à Justiça adequada e efetiva.

7 – DA TUTELA ANTECIPADA

Conforme se infere dos artigos 300 e 303 do Novo Código de Processo Civil, há que demonstrar, como condição à concessão da tutela antecipada requerida, o *fumus boni juris* e o *periculum in mora* do caso em tela.

Quanto ao *fumus boni juris*, há que se dispensar demais digressões, face à verossimilhança das alegações acima feitas, bem como os dispositivos constitucionais e infraconstitucionais nos quais se embasa a presente ação.

108 MARINONI, L.G. Técnica Processual e tutela dos direitos. Revista dos Tribunais, 2008.

109 MARINONI, L.G. Técnica Processual e tutela dos direitos. Revista dos Tribunais, 2008.

O *periculum in mora* faz-se presente quando à urgência, eis que os documentos trazidos aos autos comprovam as necessidades de imediata retirada da mensagem exposta no outdoor, sob pena que gerar maiores ofensas e possíveis conflitos mais graves com danos irreparáveis a pessoas e a sociedade em geral, especialmente pelo fato de estar próximo o evento denominado 7ª Parada do Orgulho LGBTT, que mobilizará grande número de pessoas na cidade, o que autoriza a concessão da antecipação da tutela pretendida.

8. Dos Pedidos

Em face ao exposto, como forma de fazer valer os ditames constitucionais atinentes ao caso, bem como visando a dar cumprimento ao princípio da DIGNIDADE DA PESSOA HUMANA, requer-se de Vossa Excelência:

a) a procedência do pedido, concedendo liminarmente a antecipação da tutela, *inaudita altera parte,* nos termos dos artigos 300 e 303 do Novo Código de Processo Civil, para os fins de determinar que as requeridas retirem IMEDIATAMENTE, ou no máximo até as 20:00 horas de hoje, dia 19 de agosto de 2011, a publicação feita no referido outdoor, bem como em todos os demais painéis onde formam veiculados a mesma mensagem na cidade de ... e de ..., e nas demais cidades pertencentes a esta comarca de ..., se houver referida publicação, abstendo-se de fazer publicar ou promovera publicação de novas mensagens iguais ou da mesma natureza, tudo sob pena de multa diária de R$ 10.000,00 para cada uma das requeridas em conformidade com o artigo 537 do Novo Código de Processo Civil;

b) a citação posterior das requeridas na pessoa de seus representantes legais;

c) a intervenção do ilustríssimo representante do Ministério Público como *custos legis* no presente feito;

d) a concessão dos benefícios de isenção dos ônus de sucumbência, conforme disposto no artigo 18 da Lei nº 7.347/85;

e) a condenação definitiva das requeridas, confirmando a medida concedidas em sede de tutela antecipada acima citadas.

Requer-se, outrossim, provar o alegado por todos os meios de provas em direito admitidos, principalmente documentos, perícias, depoimentos pessoais dos representantes legais das requeridas, enfim, todas as provas que de qualquer forma possam auxiliar no julgamento do feito com a costumeira justiça.

Dá-se a causa o valor de R$ 10.000,00 (dez mil reais).

Termos em que, Pede-se deferimento.

Cidade ..., data .../.../...

Defensor Público

Xª Defensoria Pública da Regional

III) Ação individual declaratória de direito ao transporte gratuito

Excelentíssimo Senhor Doutor Juiz de Direito da ...ª Vara da Fazenda Pública da Comarca de ...

(10 linhas)

MARCOS JOSÉ DE LIMA, brasileiro, desempregado, portador da Cédula de Identidade RG nº ..., inscrito no CPF sob nº ..., residente e domiciliado à Rua ..., nº ..., Bairro ..., na cidade de ..., representado pela Defensoria Pública do Estado, por intermédio do Defensor Público que esta subscreve, dispensado da apresentação de procuração a teor do disposto no 128, XI, da Lei Complementar nº 80/94, vem, respeitosamente, à presença de Vossa Excelência, propor a presente

AÇÃO DE OBRIGAÇÃO DE FAZER com PEDIDO DE TUTELA ANTECIPADA

em face da **EMPRESA ... - TRANS...,** cujo endereço é Rua ..., nº ..., Bairro ..., na cidade de ... e da **FAZENDA PÚBLICA DO MUNICÍPIO DE ...,** pessoa jurídica de direito público, com sede no endereço ..., neste Município, na pessoa de seu representante legal, pelos fundamentos fáticos e jurídicos abaixo arrolados.

I – DOS FATOS

O requerente é portador do HIV (exame médico em anexo), tendo que fazer acompanhamento médico no Hospital das Clínicas semanalmente (cartão de atendimento em anexo).

Ocorre que há duas semanas Marcos foi até a Trans..., retirou o formulário do projeto "Cartão eletrônico especial", sendo que seu médico preencheu o respectivo laudo (documento em anexo), que foi levado, devidamente preenchido, ao Conselho Municipal de Promoção e Integração da Pessoa com Deficiência para que pudesse ser analisado o pedido de renovação anual do cartão de integração do transporte especial. Passado alguns dias, o Conselho Municipal de Promoção e Integração da Pessoa com Deficiência negou o pedido e não forneceu a justificativa da negatória.

Diante desta situação, sobremodo vexatória, pois um cidadão que tem direito à isenção da tarifa-passagem do transporte, ter que passar por este procedimento anualmente não se justifica.

Por outro lado, o Conselho Municipal de Promoção e Integração da Pessoa com Deficiência Física e a Trans... deveriam ter procedimentos menos burocráticos para o simples acesso aos titulares aos seus direitos fundamentais.

Ao contrário, as rés estabelecem processos demorados e burocráticos, analisam os pedidos com total discricionariedade e não fornecem qualquer motivação da negatória.

III – DO DIREITO

O ordenamento jurídico como um todo fornece amplo à presente pretensão.

Segundo a Lei Complementar Municipal nº 449 de 17 de maio de 1995, o Conselho Municipal de Promoção e Integração da Pessoa com Deficiência tem atribuições para a análise de casos de exclusão social:

ARTIGO 1º - Para efeitos de concessão de benefícios, tratamentos diferenciados, prioritários e equiparação de oportunidades sociais no âmbito do município, em especial perante aos programas e posturas promovidas pelas instituições e empresa que consagrem a participação de capital público municipal. Somente será reconhecida como pessoa portadora de deficiência para os fins legais pertinentes, o cidadão que, comprovadamente , possua comprometimento, em caráter permanente , de pelo menos um dos itens relacionados com seu papel de sobrevivência, mesmo após toda correção ou auxílio possível.

PARÁGRAFO ÚNICO - O comprometimento de sobrevivência, referido no "caput", de forma concreta e comprova, deverá nortear-se pelos critérios de desvantagens na orientação, independência física , mobilidade, ocupacional, interação social e independência econômica.

(...)

ARTIGO 3º - No caso de dúvidas quanto ao enquadramento dos referidos princípio s legais, bem como, para dirimir possíveis questionamento sobre sua aplicabilidade , fica instituído como órgão capacitado para tanto , o CONSELHO MUNICIPAL DE PROTEÇÃO E INTEGRAÇÃO DAS PESSOAS PORTADORAS DE DEFICIÊNCIA FÍSICA.

A Lei Complementar Municipal nº 2117 de 16 de novembro de 2006, por sua vez, inclui os portadores de HIV aos programas sociais de auxílio e promoção social:

Artigo 1º - Fica, pela presente lei complementar, inserido o artigo 5º à Lei Complementar nº 449, de 17 de maio de 1995, renumerando o já existente artigo 5º para 6º, com a seguinte redação:

"Artigo 5º - Independentemente do enquadramento definido e abrangido pelas desvantagens elencadas no artigo retro, ficam ainda amparados pela presente lei complementar, as pessoas comprovadamente portadoras do vírus da síndrome de deficiência imunológica adquirida - AIDS, neoplasia maligna - câncer, e as que se encontrem em tratamento fisioterápico e que tenham problemas de locomoção."

Fica claro que o portador do vírus da AIDS se enquadra nos programas de benefícios, independente de preencher sequer algum requisito de desvantagem, pois são pessoas consideradas portadoras de deficiência.

A Lei Ordinária Municipal nº 6010, de 06 de junho de 1991, prevê expressamente a concessão do benefício ora pleiteado ao autor: *ARTIGO 1º - Fica assegurado, para os efeitos do artigo 193, "caput", da Lei Orgânica do Município,* **às pessoas portadoras de deficiência**, *de qualquer natureza e condição, o transporte gratuito em todas as linhas urbanas de ônibus e trólebus operados pela Empresa Municipal de Transporte Coletivo Urbanode ... (TRANS...) e empresas particulares, concessionárias e/ou permissionárias de serviços de transporte coletivo.*

O artigo 1º, inciso III do Texto Maior estabelece que a Republica Federativa do Brasil, os Estados, Municípios e Distrito Federal constitui-se em Estado Democrático, e tem como fundamento *" a dignidade da pessoa humana."*

Preleciona o mestre José Afonso da Silva: "*A evolução conduziu à concepção da nossa Constituição de 1988, que declara a saúde "direito de todos e dever do Estado, garantido mediante políticas sociais e econômicas que visem à redução do risco de doença e de outros agravos e ao acesso universal e igualitário às ações e serviços para sua promoção, proteção e recuperação" – serviços e ações que "são de relevância pública" (arts. 196 e 197). A Constituição o submete ao conceito de seguridade social, cujas ações e meios se destinam também a assegurá-lo e torná-lo eficaz*"[110]

A jurisprudência[111] também ampara o presente pedido:

> *APELAÇÃO CÍVEL. AÇÃO ORDINÁRIA. TRANSPORTE INTERMUNICIPAL GRATUITO. PORTADOR DE AIDS EM ESTÁGIO AVANÇADO A INCAPACITAR O DESEMPENHO DE ATIVIDADE LABORAL. CARÊNCIA FINANCEIRA. NECESSIDADE DE DESLOCAMENTO DIÁRIO DE VIAMÃO PARA PORTO ALEGRE PARA REALIZAR TRATAMENTO MÉDICO. EQUIPARAÇÃO A DEFICIENTE FÍSICO. PRINCÍPIO DA DIGNIDADE DA PESSOA HUMANA. NEGARAM PROVIMENTO À APELAÇÃO. ACÓRDÃO Votos: "Como se depreende do atestado médico de fl. 16, o Autor é portador do vírus HIV, já se encontrando a doença em estágio avançado, estando o Demandante, por consequência, com imunidade muito baixa. Na presente ação pretende o Apelado a renovação de sua Carteira de Deficiente que detém desde 1997 (fl. 11), a fim de que possa se deslocar de Viamão para a Capital, onde realiza sessões diárias com nebulização com pentamidina no Hospital de Clínicas de Porto Alegre, eis que não dispõe de recursos financeiros para arcar com os custos do transporte municipal.*
>
> (...) *Neste contexto, mostra-se cabível a extensão do conceito de deficiente ao autor, visto que, além da doença do qual é portador "gerar incapacidade para o desempenho de atividades", o autor depende da gratuidade do transporte intermunicipal para receber o tratamento médico que lhe é disponibilizado junto ao SUS. Nesse sentido, exarou voto o eminente Desembargador Luiz Ari Azambuja Ramos, nos autos da Apelação Cível nº 70003147279: "a dicção 'deficiente' tem sentido amplo, não apenas compreendendo o portador de deficiência física, mas todos aqueles que enfrentam dificuldades de saúde, necessitando se deslocar em busca de tratamento." Modo igual, o acórdão proferido nos autos da Apelação Cível nº 70012944773, de relatoria do eminente Dr. Mário Crespo Brum, junto a esta Terceira Câmara Cível, em 17/11/2005, que restou assim ementado: "DIREITO PÚBLICO NÃO ESPECIFICADO. PASSE LIVRE INTERMUNICIPAL. PRETENSÃO DE EQUIPARAÇÃO À PESSOA PORTADORA DE DE-*

110 JOSÉ AFONSO DA SILVA in Comentário Contextual à Constituição, 5ª. Ed., Malheiros, 2008, pág.185.

111 Apelação Cível nº 666.164.5/3, Relator Desembargador RICARDO DIP, Apelante: Municipalidade de Presidente Prudente, 27.5.2008).

FICIÊNCIA. CARÊNCIA EVIDENCIADA. LIMITAÇÃO FÍSICA APÓS PROCEDIMENTO CIRÚRGICO. USO DE BOLSAS PARA COLETA DE FEZES E URINA. NECESSIDADE DE TROCA PERIÓDICA. HONORÁRIOS ADVOCATÍCIOS AO FADEP. IMPOSSIBILIDADE. CONFUSÃO ENTRE CREDOR E DEVEDOR (CÓDIGO CIVIL, ART. 381). APELAÇÕES DESPROVIDAS."

Porfim, oportuna a transcrição do percuciente parecer do Dr. Roberto Neumann, ilustre Procurador de Justiça atuante no feito, ressaltando a aplicação, in casu, do princípio da dignidade da pessoa humana (fls. 70/74):

"Vale relembrar as peculiaridades do feito.(...) No caso, considerando o fato de o autor estar acometido de uma doença grave (AIDS), em estágio avançado e com a imunidade muito baixa, conforme atestado de fl. 16, necessitando ademais de tratamento diário, merece ser mantida a decisão que concedeu o benefício, reconhecendo ao autor a condição de deficiente. Isto porque, na espécie, prevalece, de qualquer modo, o princípio da dignidade da pessoa humana, constitucionalmente assegurado no art. 1º, III, da Constituição Federal, cuja interpretação preconizada a um decreto estadual não poderia ter o condão de restringir. O Doutor Ingo Sarlet, ao analisar o tema, explicita que "onde não houver respeito pela vida e pela integridade física e moral do ser humano, onde as condições mínimas para uma existência digna não forem asseguradas, onde não houver limitação de poder, enfim, onde a liberdade e a autonomia, a igualdade (em direito e dignidade) e os direitos fundamentais não forem reconhecidos e minimamente assegurados, não haverá espaço para dignidade da pessoa humana e esta (pessoa), por sua vez, poderá não passar de mero objeto de arbítrio e injustiças. Tudo, portanto, converge no sentido de que também para a ordem jurídico-constitucional a concepção do homem-objeto (ou homem instrumento), com todas as consequências que podem e daí devem ser extraídas, constitui justamente a antítese da noção de dignidade da pessoa, embora esta, à evidência, não possa ser, por sua vez, exclusivamente formulada no sentido negativo (de atos degradantes e desumanos, já que assim se estaria a restringir demasiadamente o âmbito de proteção da dignidade", ("in" Dignidade da pessoa humana e direitos fundamentais, 2001, pág. 60). Logo adiante, explicita nosso constitucionalista que a dignidade é a "qualidade intrínseca e distinta de cada ser humano que o faz merecedor do mesmo respeito e consideração por parte do Estado e da comunidade, implicando neste sentido, um complexo de direitos e deveres fundamentais que assegurem a pessoa tanto contra todo e qualquer ato de cunho degradante e desumano, como venham a lhe garantir as condições existenciais mínimas para uma vida saudável, além de propiciar e promover sua participação ativa e corresponsável nos destinos da

própria existência e da vida em comunhão dos demais seres humanos", (opus citatum, pág. 60)."

Portanto, resta plenamente demonstrado, conforme fundamentos fáticos e jurídicos, que o presente pedido merece acolhida.

II – DO PEDIDO

Por derradeiro, restando infrutíferas todas as tentativas para uma saída suasória, não restou ao Requerente outra alternativa senão a propositura da presente ação, e para tanto requer:

a) a citação das Requeridas, nos endereços declinados no introito desta, para responder ao presente pedido, sob pena de decretação de revelia;

b) que seja deferido a Requerente os benefícios da justiça gratuita por ser pobre na acepção jurídica da palavra, não podendo arcar com as despesas processuais sem privar-se do seu próprio sustento e de sua família;

c) que seja concedida a ANTECIPAÇÃO DA TUTELA ora pleiteada, determinando às rés, em solidariedade, que forneçam, imediatamente, o transporte coletivo adequado e gratuito ao autor, eis que presentes os requisitos autorizadores de sua concessão, quais sejam, a prova inequívoca dos fatos alegados (*fumus boni juris)* e o fundado receio de dano irreparável (*periculum in mora)*, sob pena de multa diária de um salário mínimo;

d) que, ao final, seja a ação julgada procedente, para a concessão definitiva do benefício do transporte municipal adequado e gratuito, sendo possível ao requerente a renovação anual do seu cartão integração especial, sem outras solenidades, mas apenas munido dos seus documentos pessoais e o laudo médico;

e) requer ainda que seja as Requeridas condenado ao pagamento da sucumbência;

f) provar o alegado por todos os meios de prova em direito admitidos, além dos documentos que ora junta, notadamente pelo depoimento pessoal das Requeridas, sob pena de confesso e também da oitiva de testemunhas que serão arroladas oportunamente. Requer ainda sejam oficiadas as rés para que apresentem a documentação relativa ao pedido administrativo do autor, sob pena de confissão, nos termos dos artigos 400 e seguintes do NCPC.

À presente demanda atribui-se o valor de R$ 2.000,00 (Dois mil reais)

Nestes termos,

Pede Deferimento

Cidade ..., data .../.../...

Defensor Público

Xª Defensoria Pública da Regional de ......

16. QUESTÕES DE CONCURSOS

01. (DPE-AP Prova: FCC - 2018 - DPE-AP - Defensor Público) 1. A Comissão Interamericana de Direitos Humanos,

(A) em caso de violação a direitos humanos pode ser acionada por petição da própria vítima ou de terceiros, incluindo as organizações não governamentais, não sendo admitida, no entanto, a provocação feita por outro Estado (demanda interestatal).

(B) na hipótese de verificação de violação de direitos humanos, elabora o denominado Primeiro Informe (ou Primeiro Relatório), que possui natureza pública, oportunizando ao Estado Parte cumprir as recomendações expedidas (por exemplo, reparação dos danos à vítima) e evitar o acionamento da Corte Interamericana de Direitos Humanos.

(C) em situações de gravidade e urgência, poderá, por iniciativa própria ou a pedido da parte, solicitar que um Estado Parte adote medidas cautelares para prevenir danos irreparáveis às pessoas ou ao objeto do processo relativo a uma petição ou caso pendente, sendo sempre obrigatório, em tais situações, a oitiva prévia do Estado Parte.

(D) na hipótese de decidir pelo arquivamento de determinado caso por ausência das condições de admissibilidade, não há recurso disponibilizado à vítima.

(E) é formada por sete membros, denominados Comissários, eleitos para o exercício do cargo pelo período de quatro anos, não sendo admitida a sua reeleição.

02. (DPE-MA Prova: FCC - 2018 - DPE-MA - Defensor Público) 2. Podem ser considerados exemplos de direitos humanos de terceira geração o direito

(A) à imigração e refúgio, à participação na economia globalizada e à segurança.

(B) ao trabalho, à paz mundial e à indivisibilidade entre os direitos.

(C) à propriedade imaterial, à privacidade e ao pluralismo.

(D) à bioética, o direito do consumidor e os direitos culturais

(E) ao meio ambiente, ao desenvolvimento e à autodeterminação dos povos.

03. (DPE-MA Prova: FCC - 2018 - DPE-MA - Defensor Público) 3. A convenção sobre a eliminação de todas as formas de discriminação racial,

(A) inclui no âmbito da "discriminação racial", que busca eliminar, aquela baseada em raça, cor, etnia, religião, descendência e origem nacional.

(B) obriga os Estados-Membros a oferecer proteção especial aos grupos étnicos historicamente vitimizados por discriminação violenta, destinando, se as circunstâncias o exigirem, parte de seu território, para assentamento seguro e protegido destas populações.

(C) prevê a criação do Comitê sobre a Eliminação da Discriminação Racial, cuja jurisdição se limita à análise de relatórios periódicos dos Estados-Membros, vedado, em qualquer caso, o recebimento e o exame de denúncias enviadas por indivíduos ou grupos de indivíduos pertencente a algum dos Estados-Membros.

(D) obriga os Estados-Membros, em qualquer circunstância, a adotarem ações afirmativas de caráter permanente que assegurem aos grupos historicamente discriminados, pelo exercício de direitos e privilégios distintos, a igualdade no gozo ou exercício de direitos humanos e liberdades fundamentais.

(E) não se aplica às distinções, exclusões, restrições e preferências feitas por um Estado-Membro entre cidadãos e não-cidadãos.

04. (DPE-MA Prova: FCC - 2018 - DPE-MA - Defensor Público) 4. Todas as pessoas nascem livres e iguais em dignidade e direitos. São dotadas de razão e consciência e devem agir em relação umas às outras com espírito de fraternidade. Tal afirmação, contida no art. 1° da Declaração Universal dos Direitos Humanos

(A) traduz as influências jusnaturalistas presentes na Declaração, especialmente a vertente racionalista da escola do direito natural.
(B) reproduz herança greco-romana de que os direitos humanos estão fundamentados em um dever de agir que decorre da dignidade humana e da liberdade de consciência.
(C) revela, como concepção de fundo, que liberdade é dada com o nascimento, mas a igualdade, a dignidade e a fraternidade são conquistadas historicamente pela humanidade.
(D) incorpora a tradição juscontratualista dos direitos humanos, cujo pacto originário remonta às assembleias populares da revolução francesa nas quais se cunhou a tríade axiológica da liberdade, igualdade e fraternidade.
(E) demonstra sua filiação à concepção aristotélico-tomista de dignidade humana como atributo concedido ao homem por direito divino.

05. (Defensoria Pública/SP – 2009 – FCC) 5. No sistema global, a Convenção sobre Eliminação de Todas as Formas de Discriminação contra a Mulher, ratificada pelo Brasil em 1984, é um marco no tocante ao combate da discriminação contra a mulher e na afirmação de sua cidadania. Sobre essa Convenção é correto afirmar que:
(A) consagrou a possibilidade de adoção de "ações afirmativas", ou seja, de medidas especiais de caráter definitivo destinadas a acelerar a igualdade de fato entre mulheres e homens.
(B) trouxe, quando de sua adoção pela ONU, um completo sistema de monitoramento, permitindo, inclusive, denúncias individuais por mulheres em casos de violação.
(C) a adoção pelo Brasil do Protocolo Facultativo à Convenção, em 2002, aperfeiçoou a sistemática de monitoramento da Convenção, com a possibilidade de apresentação de denúncias por mulheres, individualmente ou em grupos, em casos de violação.
(D) respeitou as diferenças culturais e a diversidade étnica ao permitir diferentes direitos e responsabilidades durante o casamento e por ocasião da sua dissolução, permitindo que cada Estado faça sua regulamentação interna.
(E) ao evitar impor muitas obrigações aos Estados-partes que significassem ruptura imediata com padrões estereotipados de educação de meninas e meninos, logrou obter o maior número de ratificações de uma Convenção da ONU.

06. (Defensoria Pública/GO – 2009 – FCC) 6. A Convenção sobre os Direitos das Pessoas com Deficiência e seu Protocolo Facultativo foram incorporados, com status constitucional, ao nosso ordenamento jurídico. Com base nos conceitos e institutos nela presentes, é correto afirmar:
a) A expressão "Adaptação razoável" designa, no contexto da convenção, quaisquer modificações e ajustes necessários e adequados, quando requeridos em cada caso, a fim de assegurar que as pessoas com deficiência possam gozar ou exercer, em igualdade de oportunidades com as demais pessoas, todos os direitos humanos e liberdades fundamentais.
b) A Convenção prevê a possibilidade de conceder aposentadoria especial às pessoas portadoras de deficiência, com a contagem do tempo ficto inclusive.
c) A Convenção é expressa ao dispor que nenhum de seus dispositivos afetará quaisquer disposições mais propícias à realização dos direitos das pessoas com deficiência, mesmo que estejam contidas na legislação infraconstitucional do Estado Parte.
d) A Convenção estabelece um direito de preferência para o exercício de direitos sindicais por parte da pessoa com deficiência.
e) O Estado brasileiro, ao adotar a Convenção, comprometeu-se, em relação aos direitos econômicos, sociais e culturais, a tomar medidas, a fim de assegurar o pleno e imediato exercício desses direitos, independentemente de quaisquer condicionamentos.

07. (Defensoria Pública/MS – 2008 – VUNESP) 7. Com relação ao Tribunal Penal Internacional, é correto afirmar que:
(A) a competência do Tribunal restringir-se-á ao julgamento dos crimes de genocídio e crimes contra a humanidade.

(B) o Tribunal não terá jurisdição sobre pessoas que, à data da alegada prática do crime, não tenham ainda completado 21 anos de idade.

(C) os crimes da competência do Tribunal não prescrevem.

(D) o Tribunal só terá competência relativamente aos crimes cometidos após 17.07.1998, data da sua criação.

08. (Defensoria Pública/MA – 2009 – FCC) 8. O acesso à Comissão Interamericana de Direitos Humanos é assegurado

(A) a todo e qualquer indivíduo, grupos de indivíduos ou organização não governamental legalmente reconhecida em um ou mais Estados membros da OEA, sendo a Comissão um órgão político do sistema interamericano.

(B) apenas ao Estado-parte, sendo a Comissão um órgão jurisdicional do sistema interamericano.

(C) apenas às organizações não governamentais legalmente reconhecidas em um ou mais Estados-membros da OEA, sendo a Comissão um órgão jurisdicional do sistema interamericano.

(D) apenas às vítimas nacionais do Estado violador, sendo a Comissão um órgão político do sistema interamericano.

(E) às instituições jurídicas, compreendendo a Defensoria Pública e o Ministério Público, sendo a Comissão um órgão jurisdicional do sistema interamericano.

09. (Defensoria Pública/SP – 2006 – FCC) 9. Maria da Penha Maia Fernandez durante anos de convivência matrimonial foi alvo de violência doméstica perpetrada por seu marido, o que culminou em tentativa de homicídio que a tornou paraplégica. Passados quinze anos da agressão, ainda não havia decisão final de condenação do agressor pelos tribunais nacionais e ele se encontrava em liberdade. Em caso semelhante, a medida adequada a tomar em face do Sistema Interamericano de Direitos Humanos, seria

(A) denunciar o caso à Corte Interamericana de Direitos Humanos para que se iniciasse um processo contra o agressor de Maria da Penha.

(B) denunciar o caso à Comissão Interamericana de Direitos Humanos, após o pleno esgotamento dos recursos da jurisdição interna brasileira, para que se iniciasse um processo contra o Brasil.

(C)) denunciar o caso à Comissão Interamericana de Direitos Humanos, para que se iniciasse um processo contra o Brasil, não mais se aguardando o esgotamento dos recursos da jurisdição interna brasileira.

(D) nenhuma, uma vez que o Estado Brasileiro não é responsável internacionalmente pelos atos criminosos de seus cidadãos, relacionados à violência doméstica.

(E) denunciar o caso à Corte Interamericana de Direitos Humanos para que se iniciasse um processo contra o Brasil.

10. (Defensoria Pública/MA – 2009 – FCC) 10. À luz da Convenção Internacional sobre a Eliminação de todas as formas de Discriminação Racial, as ações afirmativas são

(A) proibidas, porque constituem uma forma de discriminação direta positiva, nos termos da Convenção.

(B) permitidas, cabendo aos Estados-partes adotá-las para fomentar a promoção da igualdade étnico-racial.

(C) obrigatórias, devendo os Estados-partes adotá-las no prazo de até cinco anos a contar da data da ratificação da Convenção.

(D) proibidas, porque constituem uma forma de discriminação indireta negativa, nos termos da Convenção.

(E) obrigatórias, devendo os Estados-partes adotá-las no prazo de até dois anos a contar da data da ratificação da Convenção.

GABARITO

Questão 1	Gabarito: D
Questão 2	Gabarito: E
Questão 3	Gabarito: E
Quest]ap 4	Gabarito: A
Questão 5	Gabarito: C
Questão 6	Gabarito: C
Questão 7	Gabarito: C
Questão 8	Gabarito: A
Questão 9	Gabarito: C
Questão 10	Gabarito: B

QUESTÃO COMENTADA

(Defensoria Pública/MA – 2009 – FCC) 6. À luz da Convenção Internacional sobre a Eliminação de todas as formas de Discriminação Racial, as ações afirmativas são

(A) proibidas, porque constituem uma forma de discriminação direta positiva, nos termos da Convenção.

(B) permitidas, cabendo aos Estados-partes adotá-las para fomentar a promoção da igualdade étnico-racial.

> **Apesar de constar essa assertiva como correta, entendemos que as ações afirmativas são instrumentos de efetivação dos direitos sociais e, portanto, têm certo tom de obrigatoriedade.**

(C) obrigatórias, devendo os Estados-partes adotá-las no prazo de até cinco anos a contar da data da ratificação da Convenção.

(D) proibidas, porque constituem uma forma de discriminação indireta negativa, nos termos da Convenção.

(E) obrigatórias, devendo os Estados-partes adotá-las no prazo de até dois anos a contar da data da ratificação da Convenção.

CAPÍTULO IV

A ATUAÇÃO NOS CAMPOS PENAL, PROCESSUAL E DE EXECUÇÃO PENAL

1. AS FUNÇÕES DO DIREITO PENAL E SUA ADEQUAÇÃO CONSTITUCIONAL

Para nós, **o Direito Penal deveria ter duas preocupações centrais**: de um lado, definir a teleologia da pena, se entendermos que ela ainda se justifica, e, doutro, fixar as balizas tendentes a limitar o direito de punir do Estado, em termos formais e materiais.

Porém, ele não tem cumprido, no Brasil, nem um, nem outro a contento. **Na primeira vertente**, o Direito Penal conta com a colaboração da Criminologia, pois ambos cuidam do fenômeno criminológico e dos efeitos da punição no contexto social.

A **criminologia tradicional** adota a causa do crime por objeto, mas peca pela análise pontual e momentânea do fenômeno. A **criminologia crítica**, por sua vez, tem um objeto mais amplo e interdisciplinar, com corte epistemológico atemporal.

Para **Juarez Cirino**, "a Criminologia crítica se desenvolve por oposição à Criminologia tradicional, a ciência etiológica da criminalidade, estudada como realidade ontológica e explicada pelo método positivista de causas biológicas, psicológicas e ambientais. Ao contrário, **a Criminologia crítica é construída**

pela mudança do objeto de estudo e do método de estudo do objeto: o objeto é deslocado da criminalidade, como dado ontológico, para a criminalização, como realidade construída, mostrando o crime como qualidade atribuída a comportamentos ou pessoas pelo sistema de justiça criminal, que constitui a criminalidade por processos seletivos fundados em estereótipos, preconceitos e outras idiossincrasias pessoais, desencadeados por indicadores sociais negativos de marginalização, desemprego, pobreza, moradia em favelas etc. (Hassemer); o estudo do objeto não emprega o método etiológico das determinações causais de objetos naturais empregado pela Criminologia tradicional, mas um duplo método adaptado à natureza de objetos sociais: o método interacionista de construção social do crime e da criminalidade, responsável pela mudança de foco do indivíduo para o sistema de justiça criminal (Becker), e o método dialético que insere a construção social do crime e da criminalidade no contexto da contradição capital/trabalho assalariado, que define as instituições básicas das sociedades capitalistas."[1]

Sobre **as origens da criminologia crítica**, pondera: "o paradigma do *labeling approach,* originário da criminologia fenomenológica americana de meados do século XX, estuda a criminalidade como fenômeno social produzido por normas e valores – e não como coisa explicável por etiologias causais –, dirigindo a atenção para definições institucionais e formas de comunicação intersubjetiva no processo de construção social do crime e da criminalidade (Becker). Esse novo paradigma, definido como verdadeira revolução científica da teoria criminológica, define comportamento criminoso como qualidade atribuída por agências de controle social mediante aplicação de regras e sanções, enquanto criminoso seria 'o sujeito ao qual se aplica com sucesso o rótulo de criminoso' (Becker)."[2]

Além disso, Cirino denuncia como funciona **a política do terror no encrudelecimento da lei penal com suposta legitimação social,** a partir de imagens

---

1 DOS SANTOS, Juarez Cirino, Artigo: *A Criminologia Crítica e a Reforma da Legislação Penal.* Disponível: <http://www.cirino.com.br>.

2 "O *labeling approach* representa condição necessária, mas insuficiente para formação da Criminologia crítica, como dizia Baratta: condição necessária porque mostra o comportamento criminoso como consequência da aplicação de regras e sanções pelo sistema penal – e não como qualidade da ação, segundo a etiologia positivista; mas condição insuficiente, porque incapaz de indicar os mecanismos de distribuição social da criminalidade, identificáveis pela inserção do processo de criminalização no contexto das instituições fundamentais das sociedades modernas – a relação capital/trabalho assalariado –, suscetível de mostrar que o poder de definir crimes e de atribuir a qualidade de criminoso corresponde às desigualdades sociais em propriedade e poder das sociedades contemporâneas. A integração dos processos subjetivos de construção social da criminalidade, estudados pelo *labeling approach*, com os processos objetivos estruturais e ideológicos das relações sociais de produção da vida material, definidos pela teoria marxista – especialmente nas interpretações modernas de Gramsci e de Habermas, por exemplo, lançou as bases de formação da Criminologia crítica na Europa e, depois, na América Latina." DOS SANTOS, Juarez Cirino, Artigo: *A Criminologia Crítica e a Reforma da Legislação Penal.* Disponível: <http://www.cirino.com.br>.

produzidas da realidade, especialmente pela pauta midiática atual, cuja audiência ainda se encontra arraigada à ideia de militarização da relação entre o Estado e a pessoa, não raras vezes colocada sob o prisma maniqueísta do bem contra o mal, respectivamente.

"**Um avanço da criminologia crítica foi descobrir o significado da projeção de imagens ou símbolos na psicologia do povo pelos meios de comunicação de massa**, segundo o célebre **teorema de Thomas**, pelo qual situações definidas como reais produzem efeitos reais, conforme costumava repetir **Baratta:** se imagens da realidade produzem efeitos reais, então é desnecessário agir sobre a realidade para obter resultados práticos; ao contrário, pesquisas mostram a suficiência de ações sobre a imagem da realidade para criar efeitos reais na opinião pública – por exemplo, efeitos de legitimação ou de desestabilização de governos, como ocorre na América Latina; igualmente, são suficientes ações sobre a imagem da criminalidade para criar efeitos reais de alarme social, necessário para campanhas de lei e ordem, desencadeadas para ampliar o poder político e legitimar a repressão penal em épocas de crise social (Baratta).

Assim, o estudo de percepções e atitudes projetadas na **opinião pública** permitiu à Criminologia crítica revelar efeitos reais de imagens da criminalidade difundidas pelos meios de comunicação de massa, que disseminam representações ideológicas unitárias de luta contra o crime – apresentado pela mídia como inimigo comum da sociedade – e, desse modo, introduzem divisões nas camadas sociais subalternas, infundindo na força de trabalho ativa atitudes de repúdio contra a população marginalizada do mercado de trabalho, por causa de potencialidades criminosas estruturais erroneamente interpretadas como defeitos pessoais. No Brasil, um dos efeitos reais da ação do poder político sobre a imagem da realidade através dos meios de comunicação de massa é a legislação penal de emergência dos anos 90, que introduziu os conceitos de crime organizado, de delação premiada, de agente infiltrado, além de suprimir ou reduzir garantias democráticas do processo penal."[3]

Nessa abordagem mais teleológica que puramente causal, com a troca do objeto de análise, especialmente a partir de uma visão mais estrutural, perene e racional que pontual, momentânea e por emoção (ou medo), destaca Cirino "o conceito de negatividade social definido pela Criminologia crítica com base na perspectiva da classe trabalhadora e dos assalariados em geral, tem por objeto principal a violência estrutural das relações de produção capitalistas, que excluem ou reduzem a satisfação de necessidades reais de assalariados e de marginalizados do mercado de trabalho, destacando a contradição entre condi-

3 DOS SANTOS, Juarez Cirino, Artigo*: A Criminologia Crítica e a Reforma da Legislação Penal.* Disponível: <http://www.cirino.com.br>.

ções reais desumanas e condições potenciais humanas de existência, avaliadas conforme o nível de desenvolvimento tecnológico das forças produtivas.

As necessidades reais de assalariados e marginalizados sociais negadas pela violência estrutural do capitalismo são definidas com base nas potencialidades existenciais do estágio tecnológico de produção material da sociedade atual: a satisfação humana das necessidades reais corresponderia à capacidade social de produção, em que os produtores existiriam como senhores dos processos produtivos e a produção teria por objetivo a satisfação das necessidades reais da população – a hipótese utópica; a satisfação desumana das necessidades reais corresponde às relações de desigualdade social em propriedade e poder das sociedades capitalistas contemporâneas, em que a satisfação da necessidade de poucos ocorre às custas da necessidade de muitos – a hipótese real (Baratta)."[4]

Se partirmos para **a análise dos fins da pena e do Direito Penal**, podemos definir uma série de elementos tradicionalmente trazidos à baila.

"É necessário, para a compreensão do injusto, reconhecer a questão social-comunitária e a pluralidade de expectativas, individuais e sociais, antagônicas. Há uma pluralidade de protagonistas diante desse conflito real, com interesses legítimos e expectativas: a vítima (reparação do dano); o delinquente (ressocialização) e a comunidade (a paz social). Daí surgem **modelos ou paradigmas da resposta penal do Estado**: a) dissuasório (prevenir a criminalidade); b) ressocializador (reinserir e reabilitar o condenado); c) integrador (reparação do dano, conciliação e paz social).

O *modelo dissuasório* (a) apresenta sérias limitações pela incompatibilidade estrutural com os princípios informadores do ordenamento jurídico (efeito puramente intimidatório da pena), enquanto **o *modelo ressocializador*** (b), de origem humanística, destaca-se pelo seu realismo, importando-se somente pelo impacto efetivo do castigo, absorvendo a questão social do problema penal; já o ***modelo integrador*** (c), mais completo, teoricamente alcança o objetivo-alvo do modelo estratégico das políticas públicas de segurança macrossocial. Visa a capacitar o recluso para no futuro levar uma vida com responsabilidade social sem o cometimento de delitos.

De outro lado, a execução da pena objetiva proteger a macrossociedade da comissão de novos injustos. O êxito da socialização é o que atende, por óbvio, ao binômio correção do indivíduo e segurança social. O que se espera do egresso não é apenas abster-se da realização de novos injustos, não reincidir, mas sim tornar-se um cidadão pleno de suas responsabilidades perante a comunidade. A *ideologia do tratamento* é objeto do questionamento normativo-doutrinário.

---

4 DOS SANTOS, Juarez Cirino, Artigo: *A Criminologia Crítica e a Reforma da Legislação Penal.* Disponível: <http://www.cirino.com.br>.

García-Pablos de Molina considera que o *conceito de ressocialização* (os condenados sequer foram inscritos na macrossociedade) é ambíguo e impreciso, mas que a polêmica não é vazia ou meramente acadêmica. Sob tal bandeira encontramos o ***antirretribucionismo***, concepção assistencial do Direito Penal, e o ***neorretribucionismo***, versão moderna e atualizada do retribucionismo, que constitui uma faceta pior que a do século XIX, como expressão do Direito Penal liberal.

O descrédito da pena privativa de liberdade é uma secular consequência da crise do sistema prisional que atinge a micro e a macrossociedade, sob o aparato de terror repressivo, questionando na teoria e na prática o *conceito de ressocialização.* Aduza-se que a massa carcerária nem sequer foi inserida no contexto social, vivendo marginalizados das pautas macrossociais. A grande onda de construções de penitenciárias de segurança máxima sufoca qualquer pretensão ressocializadora, pois o mal da prisão é a própria prisão.

Bacigalupo recorda que o *conceito de ressocialização* se converte em sinônimo de execução humanitária do castigo. Os programas ressocializadores máximos não respondem à ideia de autodeterminação, mas só de imposição, assumindo a pena **objetivos autoritários e impróprios** de manipulação do indivíduo com o custo de sua liberdade e de outros direitos fundamentais, constituindo-se em atividade abusiva do Estado.

A questão apresenta facetas ***positivas*** (aspectos humanísticos da função penal: num Estado social-intervencionista, o tratamento é a arma capaz de minorar o fracasso da pena retributiva; a política criminal ressocializadora seria a terceira via para a solução da utopia retribucionista) e ***negativas*** (uma função penal exclusivamente dirigida para a ressocialização comprometeria as exigências da prevenção geral; não se pode olvidar os interesses macrossociais e a vítima do injusto).

Conclui García-Pablos de Molina que **é imprescindível uma noção ampla e integradora de intervenção que supere o conceito tradicional de tratamento**. A execução da pena deve possibilitar a ***(re)inserção futura,*** o que requer uma *intervenção eficaz* (ordem interior, motivação dos apenados etc.). Uma intervenção eficaz exige um sólido modelo conceitual com programas estruturados, claros e duradouros."[5]

5 "(17.García-Pablos Molina, Tratado de Criminologia, tirant lo blanch, 2ª ed., 1999, Cap. 24. 936-985) Hassemer, defensor da *prevenção geral positiva limitadora,* destaca que sobre o conceito de (res)socialização gravita a circunstância da relevante impossibilidade de se poder apontar resultados mensuráveis, não se olvidando que o Direito Penal da resposta social tem a necessidade de buscar uma justificativa, o que aumenta a carga sobre os fins da pena imposta aos condenados para a realização dos objetivos propagados. De outro lado, a ausência de um patamar empírico dificulta a polêmica conceitual sobre o *tratamento* (consistência e possibilidades).

"**Ferrajoli** escreve que o grau de dureza tolerável das penas está diretamente ligado ao grau de desenvolvimento cultural de cada ordenamento, sendo possível a *longo prazo* imaginar-se uma drástica duração do tempo de prisão, impondo-se a sua perpetuidade. A pena privativa de liberdade impõe a *aflição física e psicológica* (solidão, isolamento, disciplina carcerária, perda da sociabilidade e da afetividade, enfim, da *identidade).* Diz Ferrajoli que tais sofrimentos físicos e mentais retiram da pena de prisão os requisitos de igualdade, legalidade e jurisdicionalidade.

A instituição carcerária desmente o caráter 'típico' e 'formal' da moderna pena de prisão, pois *se tem transformado numa sociedade metade selvagem e metade disciplinar.* Conclui que a prisão é *uma instituição ao mesmo tempo antiliberal, desigual, atípica, extralegal e extrajudicial* e, em parte, *lesiva para a dignidade das pessoas, penosa e inutilmente aflitiva.* Arremata que *o projeto de abolição da prisão não se confunde com o projeto de abolição da pena* e que a superação da prisão só poderá ocorrer em um processo gradual ligado às bases culturais e à reação das bases sociais de violência, com a etapa da minimização da duração da pena."[6]

Mas, "é pacífico que, do ponto de vista jurídico, o Direito Penal constitui um sistema pelo qual se regula o injusto, como *pressuposto,* e a pena, como *consequência,* sendo a questão central, que se inicia e se esgota no *fundamento* e *no fim* da pena (efeitos relevantes macro e microssociais). As denominadas *teorias da pena* são pontos de vista que buscam explicar, legitimando ou justificando, a existência do Direito Penal.

Enfatiza que 'a crítica ao Direito Penal começa precisamente com a crítica à ideia de ressocialização'. A macrossociedade corresponsável e atenta aos fins da pena não possui legitimidade para a mera imposição do mal. Em concreto, as penas privativas de liberdade *estigmatizam* e *desassociam,* pois a educação para a liberdade não se realiza através de sua privatização.

Realmente, o sistema prisional isola o condenado da macrossociedade e o neutraliza social e politicamente, constituindo-se em uma instituição de controle e vigilância total. Ressalto a *crise do pensamento ressocializador,* que discursa Barbero Santos, resultante da contradição de que dentro da prisão tradicional se poderá levar avante um programa de tratamento objetivando a futura e harmônica inserção macrossocial do excluído social e estigmatizado por ser egresso do cárcere. Continua-se no início do século XXI a repetir uma inverdade de que ao retirar o indivíduo do convívio macrossocial se deseja *ressocializá-lo* no contexto deletério da microssociedade (Roberto Bergalli, *Readaptação sócia/ por médio de Ia execução penal?, Instituto de Criminologia de la Universidade de Madrid,* 1976)" DA COSTA, Álvaro Mayrink. *Direito Penal – parte geral.* Rio de Janeiro: 2007, p. 16/18.

6 FERRAJOLI, Direito e Razão, Teoria do Garantismo Penal, RT, 2002, 31,2, 330-332. Para Ferrajoli o cárcere é uma instituição ao mesmo tempo não liberal, desigual, atípica, lesiva à dignidade da pessoa humana, penosa e inutilmente aflitiva. Nossa política criminal sempre se caracterizou, no fim do século passado, pela emergência não amparada em qualquer desenho teórico, privada de todas as dimensões axiológicas, tendo como resultado um Direito Penal máximo, inflacionário e inefetivo e uma justiça que golpeia reiteradamente o pequeno desvio (Ferrajoli, "A pena em uma sociedade democrática", in Discursos Sediciosos. Crime, Direito e Sociedade, nº 12, 2- sem., 2002, 36-38) *In:* DA COSTA, Álvaro Mayrink. *Direito Penal – parte geral.* Rio de Janeiro: 2007.

Há basicamente ***três doutrinas*** que procuram explicar a razão existencial das penas:

(a) *as teorias absolutas* (retribuição penal e jurídica);

(b) *as relativas* (prevenção geral, positiva e negativa; prevenção especial, positiva e negativa); e

(c) *de união ou ecléticas* (aditiva e dialética).

As *teorias absolutas* (retribuição, expiação ou justiça) defendem que a pena é unicamente castigo ao delinquente pelo injusto penal cometido e não persegue outra função (pre*ventiva* ou *social)* posterior. Na doutrina, é tradicional explicar as *teorias da justiça* (com a expiação moral se libera o culpável de sua culpa alcançando sua dignidade pessoal) e da *expiação* (restabelecendo a ordem e alcançando a justiça) equiparando-as às *absolutas* ou *retributivas.*

No que tange às **teorias *relativas***, diferem das *absolutas*, em razão do objetivo-fim *preventivo*, objetivando a necessidade de compor a tranquilidade e o equilíbrio da vida social. As *teorias relativas* advogam a imposição da pena *ut ne peccatur,* imaginando que o autor do ato típico reprovável não volta a repeti-lo. Com Feuerbach temos a *coação psicológica*, isto é, a ameaça da pena faria com que o indivíduo ficasse inibido a cometer delitos. Assim, as relativas são punitivas: *punitur ne preccetur*. Acredita-se em uma generalizada mentalidade de prevenção geral. Cumpre, pois, uma função de caráter punitivo e de alcance individual ou especial.

Tais ideias tiveram seu período próspero no Iluminismo, na transição entre o Estado absoluto e o liberal. Caracteriza-se pelas vertentes da *intimidação* ou da *utilização do medo*. Sauer combateu a *prevenção geral* sob a alegação de que *nenhum indivíduo, sob nenhuma justificação, deve ser castigado em beneficio de outros*; seria, pois, o defeito *ético-social da teoria.*

As ***teorias mistas* ou *ecléticas*** são marcadas pelo *endereço retributivo,* sendo concomitantemente um meio de *educação* e *correção.* Compreendem ambos os critérios (a+b), defendendo que a pena deve observar o *passado* e o *futuro,* retribuindo o injusto penal perpetrado e prevendo em seu próprio tempo a realização de outras ilicitudes. O *caráter de intimidação* é uma característica conjuntural. Segue-se o princípio *punitur qui peccatum est et ne peccetur.* Sem dúvida, é o apelo das legislações e posições dogmáticas modernas."[7]

"Atualmente, **a *teoria agnóstica da pena*** sustenta não possuir qualquer função ou justificação jurídica, sendo tão só um *ato político de poder,* visto que não se pode justificar o injustificável. Zaffaroni, ao abordar os elementos orientadores e a teoria negativa da pena, escreve que 'um conceito negativo ou agnós-

7 DA COSTA, Álvaro Mayrink. *Direito Penal – parte geral.* Rio de Janeiro: 2007, p. 42/43.

tico de pena significa reduzi-la a um mero ato de poder que só tem explicação política'. Daí 'o único exercício de poder que o Direito Penal pode programar (decisões das agências jurídicas) não deve exceder o âmbito do reduzido poder jurisdicional exercido sobre a criminalização secundária'. Repetindo Tobias Barreto, 'o conceito de pena não é um conceito jurídico, mas um conceito político'.

Para Zaffaroni 'as teorias manifestas da pena legitimam, junto ao poder punitivo, a orfandade da vítima e o consequente direito do Estado a protegê-la' (mera proteção discursiva). Conclui que isolar as funções reais da pena do poder punitivo é construir uma formalização jurídica artificial: 'o maior poder do sistema penal não reside na pena, mas sim no poder de vigiar, observar, controlar movimentos e ideias, obter dados da vida privada e pública, processá-los, arquivá-los, impor penas privativas de liberdade sem controle jurídico, controlar e suprimir dissidências, neutralizar as coalizões entre desfavorecidos'."[8]

Aliás, sobre essa crise existencial da pena, "Alessandro Baratta, ao escrever sobre funções instrumentais e simbólicas do Direito Penal, declara que a função de preservação quando negativa, que visa à dissuasão dos potenciais infratores, ainda é atuante sob duas formas alternativas:

a) a neutralização do violador da norma (*incapacitation*);

b) a intimidação específica (*specific deterrence*).

A teoria da ressocialização é resumida em transformar o condenado, tornando-o apto a vida em liberdade sem delitos. Conclui o saudoso professor da Universidade de *Sarlando* que a impunidade não é exceção, senão a regra da justiça penal, e que a porcentagem de violadores da norma neutralizados com a intervenção da justiça penal é baixo, pela qual se poderia questionar os custos sociais de sua intervenção. É básico, senão crucial para o aspecto teórico, se ter em conta o sistema de justiça penal e que a coexistência de um neorretributismo constitui um símbolo de fragilidade e até de crise potencial do Direito Penal das consequências."[9]

Atenção. "A ***prisionalização*** é o processo de assimilação que sofre o apenado ***dos valores da subcultura carcerária***. A microssociedade apresenta um processo de aculturação, no qual o apenado vai paulatinamente se adaptando aos usos e costumes próprios para poder sobreviver. Assim, adota novos *hábitos de vida,* ditados pela *subcultura carcerária,* que incontestavelmente modelam a personalidade do condenado constituindo-se em fator adverso à sua reinserção futura na macrossociedade. (...)

8 DA COSTA, Álvaro Mayrink. *Direito Penal – parte geral.* Rio de Janeiro: 2007, p. 57/58.

9 BARATTA, *In:* DA COSTA, Álvaro Mayrink. *Direito Penal – parte geral.* Rio de Janeiro: 2007, p. 67.

Por óbvio que no processo de *prisionalização* muito contribui a *personalidade* e o *status socioeconômico do apenado* diante da submissão dos valores negativos impostos para o convívio carcerário durante longo tempo de reclusão."[10]

Em conclusão: "Como a pena não ressocializa nem proporciona a (re)inserção social futura, opera parcialmente a tutela dos bens jurídicos e o relativo do controle social, sem conseguir reduzir o conflito de interesses, para garantir a paz pública, cabe ao Estado a manutenção do controle social para garantir, diante do conflito, a tutela dos bens jurídicos e a paz social.

Portanto, ainda a finalidade da pena seria em última instância do controle social. Sabe-se que **a prisão é deletéria: não educa, não socializa, não dá condições à inserção social, almejada no passado; portanto, a pena de prisão deve ser substituída por restritivas de direitos em maior escala**, incentivando, pelo mérito, a progressão de regime e o livramento condicional, restringindo o inferno do cárcere tão só em relação aos portadores de comportamentos desviantes de especial gravidade, intolerados pela macrossociedade, como forma de controle direto da segurança e paz social, através de uma intervenção garantista, assegurados os direitos humanos e as assistências diante de um Estado Social e Democrático de Direito."[11]

Para **Zaffaroni e Pierangeli**, "é muito difícil afirmar-se qual é a função que o sistema penal cumpre na realidade social. A Criminologia e a Sociologia do direito penal contemporâneo assinalam diferentes funções. Para uns, por exemplo, o sistema penal cumpre a função de selecionar, de maneira mais ou menos arbitrária, pessoas dos setores sociais mais humildes, criminalizando-as, para indicar aos demais os limites do espaço social. Para outros, cumpre a função de sustentar a hegemonia de um setor social sobre outro. Esta última afirmação – compartilhada por todos os autores marxistas e por outros mais heterodoxos ou diretamente não marxistas – é por demais genérica.

É indiscutível que em toda sociedade existe uma estrutura de poder e segmentos ou setores mais próximos – ou hegemônicos – e outros mais alijados – marginalizados – do poder. Obviamente, esta estrutura tende a sustentar-se atra-

10 "As instituições são, além de organizações formais, sistemas sociais informais, com códigos de comportamento bem definidos, que proporcionam ambiente para a aprendizagem de novas respostas sociais e reforço ou inibição de antigas respostas. Muitos dos comportamentos aprovados pela sociedade em geral e por seus representantes, ou funcionários da prisão, talvez sejam punidos por outros detentos, sendo o oposto também exato. Em suma, o sistema de valores a que os encarcerados são submetidos é inevitavelmente mais criminoso do que o do mundo exterior porque todos os detentos são criminosos. Evidentemente, o *contracontrole* dos delinquentes opera contra os esforços dos terapeutas do comportamento. Não seria causa de surpresa se as atitudes favoráveis à delinquência fossem reforçadas e os talentos e habilidades relevantes para o crime se desenvolvessem após um período em instituição correcional." DA COSTA, Álvaro Mayrink. *Direito Penal – parte geral.* Rio de Janeiro: 2007, p. 79/80.

11 DA COSTA, Álvaro Mayrink. *Direito Penal – parte geral.* Rio de Janeiro: 2007, p. 85.

vés do controle social e de sua parte punitiva, denominada sistema penal. Uma das formas mais violentas de sustentação é o sistema penal, na conformidade da comprovação dos resultados que este produz sobre as pessoas que sofrem os seus efeitos e sobre aquelas que participam nos seus segmentos estáveis.

Em parte, o sistema penal cumpre esta função, fazendo-o mediante a ***criminalização seletiva dos marginalizados***, para conter aos demais. E também em parte, quando os outros meios de controle social fracassam, **o sistema não tem dúvida em *criminalizar pessoas dos próprios setores hegemônicos***, para que estes sejam mantidos e reafirmados no seu rol, e não desenvolvam condutas prejudiciais à hegemonia dos grupos a que pertencem, ainda que tal fenômeno seja menos frequente (criminalização de pessoas ou de grupos contestadores pertencentes às classes média e alta). Também, em parte, pode-se chegar a casos em que a criminalização de marginalizados ou contestadores não atenda a nenhuma função em relação aos grupos a que pertencem, mas unicamente sirvam para levar uma *sensação de tranquilidade aos mesmos setores hegemônicos,* que podem sentir-se inseguros por qualquer razão (geralmente, por causa da manipulação dos meios massivos de comunicação).

Em síntese, **o sistema penal cumpre *uma função substancialmente simbólica*** frente aos marginalizados ou aos próprios setores hegemônicos (contestadores e conformistas). A sustentação da estrutura do poder social através da via punitiva é fundamentalmente *simbólica.*

É possível que esta sustentação simbólica possa se realizar mediante outro meio, menos violento que o sistema penal? Pode-se pensar num modelo de sociedade com uma estrutura de poder tão repartido e igualitário, que não exija o sistema penal. Ou melhor, pode-se pensar em uma estrutura democrática do poder, ainda que não tão longe das características atuais que não obstante mantenham um certo grau de tal racionabilidade para a sua solução. Na primeira hipótese, ao repartir-se de forma igualitária o poder, se reduziriam os conflitos ocorrentes. Na segunda, os conflitos permaneceriam, mas seria aumentada a racionabilidade para a sua solução. A primeira é a proposta extrema do socialismo mais avançado. A segunda é a proposta extremada lançada pela ideologia 'verde' ou 'ecológica' (Hulsman). Ambas constituem vertentes da solução radical de abolir-se o sistema penal *(abolicionismos* socialista e ecológico).

A lógica interna das propostas abolicionistas parece-nos incontestável: se o sistema penal é simbólico, apenas tendo por função assegurar a hegemonia de um setor social, com efeitos, no geral, negativos, melhor é a sua eliminação, suprimindo a própria hegemonia social ou substituindo a forma de sustentação por outro sistema menos negativo (mais racional)."[12]

12 ZAFFARONI, Eugênio Raúl. PIERANGELI, José Henrique. *Manual de direito penal brasileiro.* 3ª ed. São Paulo: RT, 2001, p. 77.

Para eles, "O meio pelo qual se pretende alcançar a prevenção geral é o exemplo e, seguindo a via exemplificativa, se chegará à repressão intimidatória e, por último, à vingança. Quando se elege o caminho da prevenção geral, o passo da repressão exemplar à vingança é muito sutil e muito difícil de identificar. A prevenção geral se funda em mecanismos inconscientes: o homem respeitador do direito sente que reprimiu tendências que outro não reprimiu; que privou-se do que outro não se privou, e experimenta inconscientemente como inútil o sacrifício de uma privação a que o outro não se submeteu. Inconscientemente, quem se reprimiu clama por vingança, e daí que o passo da prevenção geral à vingança nunca seja de todo claro e que a prevenção geral sempre encerre um conteúdo vingativo. Para refrear este conteúdo vingativo se sustenta que a pena 'justa' é a 'retributiva' e por isto, dentro desta linha, deve obedecer à lei do talião: a pena deve importar a mesma quantidade de mal causado pelo delito ('olho por olho e dente por dente').

A prevenção geral opera, pois, baseada nos mecanismos inconscientes da multidão anônima, que são os mesmos mecanismos com que opera a 'lei de Lynch'. Pode o direito penal perseguir seus fins por tais meios? Pode o direito penal ser o instrumento da vingança da multidão anônima? Pode o direito penal alimentar o irracionalismo vingativo para conseguir o controle social?

A resposta a estas perguntas depende do direito penal de que estivermos tratando. O direito penal do Estado autoritário não tem inconveniente em admitir tais meios. O direito penal de um Estado de direito, que aspira a formar cidadãos conscientes e responsáveis, ao contrário, tem o dever de evidenciar todo o irracional, afastá-lo e exibi-lo como tal, para que seu povo tome consciência dele e se conduza conforme a razão. O direito penal que faça isto mostrará uma autêntica aspiração ética e liberadora; o outro será um puro instrumento de dominação."[13]

Arremato essa parte inicial com as palavras do Defensor Público paulista **Gustavo Octaviano Diniz Junqueira**. "O Brasil vive atualmente um conflito entre duas ideologias penais. De um lado, o *law and order*, ainda crente na antiga promessa do Direito Penal de acabar com a criminalidade, tendo como instrumento o incremento da sanção penal. Por outro lado, a ideologia da intervenção mínima, resultado da evolução dos ideais iluministas da primazia da razão e do antropocentrismo.

A partir do princípio da intervenção mínima, temos que em um Estado democrático, a intervenção do Estado na esfera de direitos do cidadão deve ser sempre a mínima possível, com o intuito de permitir seu livre desenvolvimento.

---

13 ZAFFARONI, Eugênio Raúl. PIERANGELI, José Henrique. *Manual de direito penal brasileiro.* 3ª ed. São Paulo: RT, 2001, p. 104.

Por outro lado, como a pena é medida extrema e grave, apenas quando a intervenção estatal realmente diminuir a violência social, impedindo a vingança privada e prevenindo crimes por meio da intimidação ou da ratificação da vigência da norma (não esquecendo da adequação intervenção), será legítima a intervenção da estrutura penal.

Se a violência da pena é superior àquela editada com a aplicação da sanção penal, o Estado subverte sua função primordial, que é permitir o convívio social e o desenvolvimento individual (bem comum), e passa a não ter justificativa racional para a apenação. Conforme ideário iluminista, sendo o Estado produto da razão, não há legitimação possível para a sanção penal justificada pelo sentimento social (carência) de vingança.

Enfim, se é possível medir o avanço político de um povo com base em seu sistema penal, podemos afirmar que quanto mais rígido e amplo seu sistema de penas, mais tem a caminhar na busca da democracia."[14]

Porém, fortes ideologias – expressão aqui usada para se referir ao conjunto de ideias de uma pessoa ou grupo a partir de sua percepção de mundo – determinam os rumos do Direito Penal e das suas penas. Algumas influem até na forma com que muitos agentes penitenciários, policiais, juízes, desembargadores e promotores de justiça olham e tratam os "réus" desse sistema, usado como instrumento de ideologias patrimonialistas-simbólicas-punitivistas.

Nesse ponto, merece atenção o texto do Magistrado carioca Rubens Casara: "Também é ideológica tanto a visão que naturaliza o afastamento de direitos e garantias fundamentais em nome do 'combate à criminalidade' ou da 'guerra à corrupção', quanto o 'primado da hipótese sobre o fato', no qual o juiz, convencido de uma versão, passa a produzir e selecionar provas, de modo a construir uma 'verdade' em detrimento dos fatos. A ideologia também está presente na representação contra a juíza Kenarik Boujikian por, antes do julgamento colegiado, restabelecer a liberdade de indivíduos, presos provisórios, que já estavam encarcerados há mais tempo do que a pena imposta na sentença em primeiro grau (em típico exercício da tutela da liberdade individual – no que vulgarmente se chama de 'habeas corpus de ofício'). Apenas a cegueira imposta pela ideologia (palavra aqui empregada em seu sentido negativo) explica o fato de alguns desembargadores do Tribunal de Justiça de São Paulo não perceberem o ridículo que é pretender a punição administrativa de um magistrado que, em decisão jurisdicional fundamentada, buscou dar concretude a um direito fundamental" (Cf. Artigo *Realidade e Ideologia no Sistema de Justiça Criminal*. Disponível em: http://justificando.com/2016/01/30/realidade-e-ideologia-no-sistema-de-justica-criminal/)

14 JUNQUEIRA, Gustavo O. Dinz. *Direito penal.* 7ª ed. São Paulo: Premier, 2008. p. 35

ATENÇÃO **Doutra banda, cabe ao Direito Penal a tipificação das condutas lesivas aos bens jurídicos mais nobres da sociedade (princípio da fragmentariedade), os elementos subjetivos, as excludentes da ilicitude, as exculpantes, e as causas que extinguem a punibilidade.**

Nesse segundo ponto, destacamos apenas a relação entre a tipicidade e a ilicitude, sob um prisma não estanque, mas conglobante de abordagem: a "tipicidade implica antinormatividade (contrariedade à norma) e não podemos admitir que na ordem normativa uma norma ordene o que outra proíbe.

Uma ordem normativa, na qual uma norma possa ordenar o que a outra pode proibir, deixa de ser ordem e de ser normativa e torna-se uma 'desordem' arbitrária. As normas jurídicas não 'vivem' isoladas, mas num entrelaçamento em que umas limitam as outras, e não podem ignorar-se mutuamente. Uma ordem normativa não é um caos de normas probitivas amontoadas em grandes quantidades, não é um depósito de proibições arbitrárias, mas uma ordem de proibições, uma ordem de normas, um conjunto de normas que guardam entre si uma certa ordem, que lhes vem dada por seu sentido geral: seu objetivo final, que é evitar a guerra civil (a guerra de todos contra todos, *bellum omnium contra omnes)* (Welzel).

Esta ordem mínima, que as normas devem guardar entre si, impede que uma norma proíba o que a outra ordena, como também impede que uma norma proíba o que a outra fomenta. A lógica mais elementar nos diz que o tipo não pode proibir o que o direito ordena e nem o que ele fomenta. Pode ocorrer que o tipo legal pareça incluir estes casos na tipicidade, como sucede com o do oficial de justiça, e no entanto, quando penetramos um pouco mais no alcance da norma que está anteposta ao tipo, nos apercebemos que, interpretada como parte da ordem normativa, a conduta que se adequa ao tipo legal não pode estar proibida, porque a própria ordem normativa a ordena e a incentiva.

Isto nos indica que o juízo de tipicidade não é um mero juízo de *tipicidade legal,* mas que exige um outro passo, que é a comprovação da *tipicidade conglobante,* consistente na averiguação da proibição através da indagação do alcance proibitivo da norma, não considerada isoladamente, e sim *conglobada* na ordem normativa. ***A tipicidade conglobante*** *é um corretivo da tipicidade legal,* posto que pode excluir do âmbito do típico aquelas condutas que apenas aparentemente estão proibidas, como acontece no caso exposto do oficial de justiça, que se adequa ao 'subtrair, para si ou para outrem, coisa alheia móvel' (art. 155 do CP), mas que não é alcançada pela proibição do 'não furtarás'.

A função deste segundo passo do juízo de tipicidade penal será, pois, reduzi-la à verdadeira dimensão daquilo que a norma proíbe, deixando fora da tipicidade penal aquelas condutas que somente são alcançadas pela tipicidade legal, mas que a ordem normativa não quer proibir, precisamente porque as ordena ou as fomenta. Nos Capítulos XIX a XXIII nos ocuparemos da *tipicidade legal* e no Capítulo XXIV trataremos da *tipicidade conglobante.* A tipicidade penal da conduta surge da conjunção de ambas."[15]

Na verdade, para finalizar este tópico, o direito penal e processo penal nunca se livraram de suas misérias. Agora, vive também suas drogas e alucinações. Flagramos, ouvimos, denunciamos, atendemos e sentenciamos quase que apenas drogaditos. São pessoas já ignoradas pelo Estado, que aparece com sua força, mas sem sentido ou razão, pois nada mais intimida aquele que nada pode – ou teme – perder. Para muitos dos nossos "consumidores", a liberdade é mero detalhe diante de um piso existencial quase que nulo.

Nesse contexto, as funções clássicas da pena sequer aparecem, eis que os ajustes sociais e éticos esperados não encontram alicerce humano necessário. E digo "humano" no sentido de uma pauta de valores e de capacidade de valoração protocolarmente estabelecida. "Eu não tenho mais nada na vida Dr." - é o que ouvimos diariamente nas audiências criminais.

Um ser "avalorado" (no sentido de que deixou de alimentar valores há certo tempo) encontra-se julgado por pessoas "valorizadas" (que alimentam e se norteiam por amplos valores). É como se rompêssemos um suposto pacto social – talvez à Rousseau -, mas simultaneamente cobrássemos sua incidência, o seu mais rigoroso cumprimento. São sujeitos que vivem alheios à sociedade, mas que são condenados por ela.

Mas, a condenação em si é, com certo esforço de compreensão, admissível ou tolerável para os padrões devidos de razoabilidade diante de um modo de vida em comum. Agora, o que não se pode compreender é o rigor dessa repreensão estatal. Por exemplo, a reincidência específica. Ela é sempre vista com a maior hostilidade criminal possível, capaz de jogar a dosimetria para os padrões mais elevados de punibilidade. Agora, o que esse sistema não se dá conta é que a reincidência específica, agora considerada como fato social, para essas pessoas "alienadas" é tão natural e automática quanto uma legítima defesa ou uma ação em estado de necessidade. Mas, ainda insistimos na dura e severa punição e no maciço encarceramento.

2. O TRABALHO DEFENSIVO NA DOSIMETRIA DA PENA

O Defensor Público deve dominar muito bem as minúcias do processo de dosimetria da pena, pois várias questões podem ser suscitadas.

15 ZAFFARONI, Eugênio Raúl. PIERANGELI, José Henrique. *Manual de direito penal brasileiro.* 3ª ed. São Paulo: RT, 2001, p. 458.

Para isso, torna-se válido e pertinente um estudo minucioso do passo-a-passo da fixação da pena.

De início, a definição do "quantum" da pena privativa de liberdade passa necessariamente pelo critério trifásico, de Nelson Hungria: CP, Art. 68 - A pena-base será fixada atendendo-se ao critério do art. 59 deste Código; em seguida serão consideradas as circunstâncias atenuantes e agravantes; por último, as causas de diminuição e de aumento.

Aliás, sobre o tema, importante destacar o princípio da individualização da pena, de cunho essencialmente constitucional. Tal diretriz exerce, basicamente, três funções fundamentais na fixação da pena, garantindo a mais pertinente e útil reprimenda a partir do cometimento do crime, pensando nas finalidades da pena. No primeiro aspecto, o princípio volta-se ao legislador ordinário, para que o Direito Penal tutele efetivamente o bem jurídico protegido e atenda às expectativas sociais a partir da ocorrência do crime. De outro giro, aplica-se à atividade judicial que, nos limites legais da pena, deve dosá-la, atendendo às circunstâncias do caso concreto, a partir do sistema trifásico (Nelson Hungria). Por fim, o princípio incide sobre a execução da pena, de modo a viabilizar a ressocialização e a liberdade do condenado.

Assim, inicia-se o trabalho com a fixação da pena-base, em geral, pelo art. 59 do CP: O juiz, atendendo à culpabilidade, aos antecedentes, à conduta social, à personalidade do agente, aos motivos, às circunstâncias e consequências do crime, bem como ao comportamento da vítima, estabelecerá, conforme seja necessário e suficiente para reprovação e prevenção do crime: I - as penas aplicáveis dentre as cominadas; II - a quantidade de pena aplicável, dentro dos limites previstos.

Deve-se dizer que o julgador deve ser extremante cuidadoso e criterioso na fixação da pena-base, devendo promover detida e específica fundamentação.

Assim, deve evitar que elementos do tipo penal – e que já foram considerados pelo legislador para delimitar a pena – sejam novamente utilizados na dosagem dela. Por exemplo, não deve a ameaça, ainda que grave, ser utilizada para elevar a pena-base na condenação por roubo: "Na primeira fase, ponderando a maior reprovabilidade e culpabilidade do réu (pelo fato de ter empunhado sob suas vestes objeto para simular arma de fogo, causando maior temor à vítima), o juiz a quo fixou a basilar acima do piso legal, em 4 anos e 6 meses de reclusão e pagamento de 20 dias-multa, no valor unitário mínimo. Contudo, tal aumento não se mostrou adequado, visto que as circunstâncias em que cometido o delito, apesar de severas, não extrapolaram aquelas inerentes ao grave crime de roubo" (TJSP, Apelação nº 0000265-71.2017.8.26.0530).

Aliás, deve-se frisar que um dos princípios básicos da dosimetria da pena é o "no bis in idem", ou seja, um aspecto jamais pode ser utilizado para elevar a pena em mais de uma fase. Assim, uma elementar do tipo, uma qualificadora ou uma causa de aumento de pena não poderá servir como circunstância judicial desfavorável (art. 59, CP). Por exemplo, no roubo majorado, o uso da arma não pode servir como causa de aumento e também como circunstância judicial desfavorável, nesse caso, para elevar a pena base. Aliás, vale lembrar a Súmula 241 do STJ. A reincidência penal não pode ser considerada como circunstância agravante e, simultaneamente, como circunstância judicial.

Também nesse trabalho inicial, outrora, havia o entendimento de que inquéritos e processos em andamento poderiam configurar maus antecedentes. Contudo, pelo princípio da presunção de inocência, tais inquéritos ou processos não podem interferir na dosimetria da pena. Assim, o STJ editou a Súmula nº 444: É vedada a utilização de inquéritos policiais e ações penais em curso para agravar a pena-base. Em recente julgado do TJSP, o voto vencedor destacou que, "analisando as certidões apontadas pelo MM. Juízo a quo, nota-se que nenhuma delas possui data do trânsito em julgado para a defesa, de modo que não podem ser valoradas como circunstâncias judiais desfavoráveis. Da mesma forma, a simples existência de ações penais em andamento não constituiu elemento apto a valorar a personalidade do acusado. Assim, ausentes outras circunstâncias judiciais desfavoráveis, fixo a pena base no mínimo legal (...)" (TJSP, Apelação nº 0017868-69.2016.8.26.0506).

Nessa mesma liga, condenações criminais não podem servir como "antecedentes" e também como aspecto negativo da "personalidade". Haveria o citado *bis in idem*. Nesse sentido, já decidiu a Corte Paulista: "Ademais, a mera existência de inquéritos policiais e ações penais em curso não demonstra, por si só, conduta social reprovável, porquanto, conforme ensina Júlio Fabbrini Mirabete, a conduta social do agente refere-se 'a sua situação nos diversos papéis desempenhados junto à comunidade, tais como suas atividades relativas ao trabalho, à vida familiar, etc.' (in Manual de Direito Penal, 28ª. Ed., vol. I, p. 286). No mesmo sentido, Guilherme de Souza Nucci: 'Conceito de conduta social: é o papel do réu na comunidade, inserido no contexto da família, do trabalho, da escola, da vizinhança, etc. [...] É natural que a simples folha de antecedentes não presta para afirmar ser a conduta do acusado boa ou ruim.' (in "Código Penal Comentado", Ed. RT, 11ª edição, 2012, pp. 426/427)" (TJSP, Apelação nº 0019064-45.2014.8.26.0506).

Da mesma forma, também para impedir o *bis in idem* a jurisprudência majoritária não admite que a quantidade e variedade de drogas sirva tanto para fixar a pena-base (art. 42 da Lei de Drogas - LD) quanto para autorizar ou dosar a aplicação do redutor legal (art. 33, §4º, LD), conforme será aprofundado abaixo.

Sobre os maus antecedentes e o tempo deles, ainda subsiste divergência quanto à sua caducidade ou não. A Defesa entende que antecedentes anteriores a 5 anos também são atingidos e caducam, como ocorre com a reincidência. Aliás, voto de julgado recente do TJSP ilustra e detalha bem a questão: "É certo que decisões unânimes das duas turmas de competência criminal do Superior Tribunal de Justiça vêm reconhecendo, e nisso à diferença do que se passa com a reincidência técnica, a persistência dos maus antecedentes ainda que decorrido o chamado período depurador (6ª T AgRg no REsp 1.433.878/SP Rel. Maria Thereza de Assis Moura j. 07.04.2015; 5ª T HC 296.738/SP Rel. Newton Trisotto j. 24.03.2015; 6ª T AgRg no HC 296.178/MT Rel. Sebastião Reis Júnior j. 05.03.2015). Também no Supremo Tribunal Federal encontramos julgados igualmente unânimes nesse mesmo sentido (2ª T HC 110.191/RJ Rel. Gilmar Mendes j. 23.04.2013; 2ª T RHC 116.070/RJ Rel. Cármen Lúcia j. 22.04.2014). Contudo, ainda no âmbito da Suprema Corte vêm sendo anotadas decisões, muitas vezes igualmente unânimes, de suas duas turmas, ressalvando que o chamado período depurador elide sim, além da reincidência técnica, também os maus antecedentes criminais do acusado (2ª T HC 128.153/SP Rel. Teori Zavascki j. 10.05.2016; 2ª T HC 132.600/ES Rel. Dias Toffoli j. 19.04.2016; 2ª T HC 130.613/RJ Rel. Dias Toffoli j. 24.11.2015; 2ª T HC 130.500/RJ Rel. Dias Toffoli j. 24.11.2015; 2ª T HC 126.315/SP Rel. Gilmar Mendes j. 15.09.2015; 2ª T HC 125.586/SP Rel. Dias Toffoli j. 30.06.2015; 1ª T RHC 118.977/MS Rel. Dias Toffoli j. 18.03.2014; 2ª T HC 110.191/RJ Rel. Gilmar Mendes j. 23.04.2013; 2ª T HC 126.315/SP Rel. Gilmar Mendes j. 15.09.2015 m. v.). Diante dessa divergência no seio do próprio Supremo Tribunal Federal, é de se aguardar, sobre a matéria, o julgamento da Repercussão Geral reconhecida no RE 593.818/SC, agora sob a relatoria do Min. Roberto Barroso, sem o que não há como afirmar que já esteja definida uma posição jurisprudencial daquela Corte. Temos, de nossa parte, como preferível o segundo desses entendimentos. Ora, se o chamado período depurador tem suficiente carga normativa para afastar a própria reincidência técnica, por irretorquível corolário lógico também não deixaria de tê-la para a elisão dos meros maus antecedentes, aos quais, sabidamente, nosso sistema legal reservou eloquência menos gravosa em face daquela. De outro lado, por decorrência da própria ideia constitucional que recusa a perpetuidade das penas (Constituição Federal, artigo 5º, inciso XLVII, alínea b) ideia esta que, inequivocamente, há de se estender também aos efeitos das penas tem-se que não haveria sentido em admitir a demora do desfavor de uma condenação anterior para além da própria vida do condenado. Como terceira trincheira de argumentos, cabe por derradeiro invocar por modelo normativo o instituto da reabilitação criminal que, por natureza, fulmina desde os registros e até importantes efeitos não penais da condenação a apontar, *data venia* ainda mais nitidamente, a mens legis do nosso sistema legal, no sentido de ver encerrado, pelo tempo, o espectro de eficácia da condenação antecedente (Código Penal, artigo 93 e seu parágrafo único e 94, caput). Por esse conjunto de argumentos, todos trilhando solo já desbravado pelos referidos julgados do Supremo Tribunal Federal, tem-se que também sobre os maus antecedentes incide, portanto, a razão elidente do artigo 64, inciso I do Código Penal (DELMANTO, Celso et al. Código penal comentado. 8ª ed. São Paulo: Saraiva, 2010, p. 299, *ab initio*)." (TJSP, Apelação nº 0004271-38.2013.8.26.0506).

Agora, há leis específicas que definem aspectos próprios para a fixação da pena-base: o art. 42 Lei de Drogas (Lei nº 11.343/06): O juiz, na fixação das penas, considerará, com preponderância sobre o previsto no art. 59 do Código Penal, a natureza e a quantidade da substância ou do produto, a personalidade e a conduta social do agente. Vale citar, a título de exemplo, que recentemente o TJSP entendeu: "impõe-se um ajuste na dosimetria das penas para que a básica seja aplicada no mínimo legal, pois a natureza e a quantidade de droga apreendida com o apelante (peso líquido 35,36 g de maconha e 106,57 de cocaína fls. 70) não são suficientes para majorar a pena-base, nos termos do art. 42, da Lei nº 11.343/06. Ademais, não restaram bem delineadas as outras circunstâncias que determinaram a elevação da pena-base (art. 59 do Código Penal)" (TJSP, Apelação nº 0023391-96.2015.8.26.0506).

Ou ainda o art. 6º Lei Crimes Ambientais (Lei nº 9605/98): Para imposição e gradação da penalidade, a autoridade competente observará: I - a gravidade do fato, tendo em vista os motivos da infração e suas consequências para a saúde pública e para o meio ambiente; II - os antecedentes do infrator quanto ao cumprimento da legislação de interesse ambiental; III - a situação econômica do infrator, no caso de multa.

Pois bem. Nas formas qualificadas, a própria lei fixa limites diversos, considerando circunstâncias especiais do crime.

Por exemplo, no homicídio qualificado (art. 121, § 2º, CP). Sobre ele, devemos lembrar o entendimento acerca da comunicabilidade em concurso de agentes: atualmente, prevalece o entendimento jurisprudencial que entende pela comunicabilidade das qualificadoras objetivas (incisos III e IV), mas não quando ela for subjetiva (incisos I, II e V) e o partícipe ou coautor não souber desses motivos ou finalidades. É que o Direito Penal, no concurso de agentes, adota a teoria monista, ou seja, todos respondem pelo mesmo crime, simples ou qualificado. Ocorre que, por conta do princípio da responsabilidade subjetiva, que veda qualquer forma de responsabilização objetiva, a jurisprudência tem decidido pela não extensão das qualificadoras subjetivas aos demais coautores/partícipes, quando não saibam dos motivos/finalidades, aliás, como forma de aplicação do art. 29, §2º, CP.

Ainda, não se pode deixar de dizer que há a figura do "homicídio qualificado-privilegiado": a doutrina e a jurisprudência têm admitido a aplicação do § 1º, do mesmo artigo 121 (homicídio privilegiado), cujas condições têm natureza subjetiva, às hipóteses de homicídio qualificado por causas objetivas (§2º, incisos III, IV e V).

Temos também a lesão corporal de natureza grava, outra forma de crime qualificado, aqui, pelo resultado (art. 129, § 1º, CP). Aliás, sobre o inciso III, o STJ já entendeu que a lesão corporal que provoca na vítima a perda de dois dentes tem natureza grave (art. 129, § 1º, III, do CP), e não gravíssima (art. 129, § 2º, IV, do CP). Com efeito, deformidade, no sentido médico-legal, ensina doutrina, "é o prejuízo estético adquirido, visível, indelével, oriundo da deformação de uma parte do corpo". Assim, a perda de dois dentes, muito embora possa reduzir a capacidade funcional da mastigação, não enseja a deformidade permanente prevista no art. 129, § 2º, IV, do CP e, sim, debilidade permanente (configuradora de lesão corporal grave). De fato, a perda da dentição pode implicar redução da capacidade mastigatória e até, eventualmente, dano estético, o qual, apesar de manter o seu caráter definitivo - se não reparado em procedimento interventivo -, não pode ser, na hipótese, de tal monta a qualificar a vítima como uma pessoa deformada. Dessa forma, entende-se que o resultado provocado pela lesão causada à vítima (perda de dois dentes) subsume-se à lesão corporal grave, e não à gravíssima. Precedente citado: REsp 1.220.094-MG, Quinta Turma, DJe 9/3/2011. REsp 1.620.158-RJ, Rel. Min. Rogerio Schietti Cruz, julgado em 13/9/2016, DJe 20/9/2016 (Sexta Turma).

Ainda temos a lesão corporal gravíssima (§ 2º), aquela que é seguida de morte (§ 3º) e ainda a lesão corporal de ocorre no contexto de violência doméstica (§ 9º).

Nessa linha, o furto qualificado também é outra forma qualificada: art. 155, § 4º, CP. Sobre ele, destaca-se que o princípio da legalidade veda o agravamento da pena por circunstâncias não previstas em lei. Por isso, a Súmula nº 442, STJ: É inadmissível aplicar, no furto qualificado, pelo concurso de agentes, a majorante do roubo. Entendemos também que algumas das qualificadoras dos incisos I e II (com destruição ou rompimento de obstáculo à subtração da coisa; escalada) exigem a elaboração de laudo pericial, como prova imprescindível, não bastando a demonstração por outras provas. "Em hipóteses tais, ainda que existentes nos autos outros elementos aptos a comprovarem a escalada, entende esta Corte pela necessidade de perícia para a incidência da qualificadora, sob pena de violação do art. 158 do Código de Processo Penal. 4. Agravo regimental desprovido." (AgRg no REsp 1583053/RS, Rel. Ministro REYNALDO SOARES DA FONSECA, QUINTA TURMA, julgado em 16/08/2016, DJe 26/08/2016). Nessa linha, entendeu o TJSP que "Sem prova pericial da altura do obstáculo transposto pelo acusado, não há como reconhecer a qualificadora (...)" - Apelação nº 0031452-14.2013.8.26.0506 - 2ª Câmara de Direito Criminal do Tribunal de Justiça de São Paulo. Lembramos ainda que, se houver mais de uma qualificadora, a jurisprudência admite que uma seja utilizada para qualificar – ou seja, para autorizar a incidência do § 4º, sendo que as demais passariam a serem ponderadas na primeira etapa da dosimetria da pena, via art. 59 CP: "PROCESSUAL PENAL. HABEAS CORPUS SUBSTITUTIVO DE RECURSO ESPECIAL. NÃO CABIMENTO. FURTO QUALIFICADO. DOSIMETRIA. AUMENTO DA PENA-BASE. EXISTÊNCIA DE DUAS QUALIFICADORAS. AUMENTO DA PENA BASE COM UMA DAS QUALIFICADORAS. POSSIBILIDADE. REGIME INICIAL FECHADO PELA PRESENÇA DA REINCIDÊNCIA E DA CIRCUNSTÂNCIA JUDICIAL DESFAVORÁVEL. HABEAS CORPUS NÃO CONHECIDO. (...) II - A jurisprudência desta Corte Superior firmou-se no sentido de que é possível a utilização de uma qualificadora para exasperar a pena-base no crime de furto quando presentes duas ou mais qualificadoras (precedentes). (...). (STJ, HC 367.338/SP, Rel. Ministro FELIX FISCHER, QUINTA TURMA, julgado em 22/11/2016, DJe 30/11/2016)."

Outros exemplos típicos de formas qualificadas estão no latrocínio (art. 157, § 3º, CP), na receptação qualificada (art. 180, § 1º, CP).

Também existem formas qualificadas em leis especiais (Lei de tortura, por exemplo).

Nos crimes culposos, os limites da pena-base também ficam alterados, nesse caso, para baixo. Eles dependem de expressa previsão (art. 18, § ú, CP). São exemplo, o homicídio culposo (art. 121, § 3º, CP), a lesão corporal culposa (art. 129, § 6º, CP), a receptação culposa (art. 180, § 3º, CP), nos crimes de trânsito (arts. 302 e 303 da Lei nº 9.503/97).

As penas também são amenizadas em alguns tipos específicos, por questões de política criminal inclusive. Por exemplo, na posse de drogas para consumo eventual e compartilhado (art. 33, § 3º, LD), na omissão em crimes de tortura.

Na segunda fase da dosimetria da pena, temos as agravantes e as atenuantes. Tais circunstâncias estão tanto no Código Penal, quanto em leis especiais.

No diploma penal, as agravantes estão previstas e regulamentadas nos artigos 61 a 64 do CP. Vale lembrar que, caso alguma agravante esteja prevista como qualificadora (ex. motivo fútil ou torpe), não há o agravamento na segunda fase da dosimetria.

Por outro lado, as atenuantes estão nos artigos 65 (típicas) e 66 (atípicas) do CP. Merece destaque a atenuante da confissão. Para a linha defensiva, ela pode ser total ou parcial, simples ou qualificada que sempre atenuarão a pena. Aliás, o STJ já editou súmula: "Quando a confissão for utilizada para a formação do convencimento do julgador, o réu fará jus à atenuante prevista no art. 65, III, d, do Código Penal" (súmula 545). Também, ainda que o acusado confesse na polícia e negue em juízo, ou vice-versa, se for utilizada pelo julgador para fundamentar a condenação, deverá incidir a atenuante.

As atenuantes podem não estar expressamente previstas em lei, são atípicas (art. 66, CP).

Não é desnecessário dizer que a aplicação das agravantes ou atenuantes não pode reduzir a pena além do mínimo ou elevar para além do máximo (STJ, Súmula nº 231: A incidência da circunstância atenuante não pode conduzir à redução da pena abaixo do mínimo legal).

Mas, o tema das agravantes/atenuantes tem suas complicações. Se houver concorrência, por exemplo, deve-se aplicar aquelas que preponderam. "No concurso de agravantes e atenuantes, a pena deve aproximar-se do limite indicado pelas circunstâncias preponderantes, entendendo-se como tais as que resultam dos motivos determinantes do crime, da personalidade do agente e da reincidência."

Entendemos que a confissão é preponderante, já que demonstra personalidade positiva, consciente. Contudo, prevalece o entendimento de que a reincidência é igualmente preponderante, devendo haver a compensação entre elas: STJ – REsp – em julgamento repetitivo: REsp 1341370/MT: É possível, na segunda fase da dosimetria da pena, a compensação da atenuante da confissão espontânea com a agravante da reincidência. Aliás, já se registrou decisões no sentido da preponderância da reincidência, sobre a confissão inclusive: "A teor do disposto no art. 67 do Código Penal, a circunstância agravante da reincidência, como preponderante, prevalece sobre a confissão. Precedentes. 2. Ordem denegada." (STF, HC 96.061/MT 2ª T. Rel. Min. Teori Zavascki j. 19.03.2013 DJU 03.04.2013).

Como dito acima, leis especiais trazem outras hipóteses de circunstâncias agravantes e atenuantes. A Lei dos crimes ambientais (Lei nº 9.605/98), por exemplo, tem suas atenuantes (art. 14) e agravantes (art. 15).

Na terceira fase da dosimetria da pena, temos as causas de aumento e de diminuição da pena. No Código Penal, elas podem estar na parte geral ou especial.

A tentativa é causa de diminuição de pena, já que o delito não se consuma (art. 14, § ú, CP). Sobre ela, no caso do crime de roubo, o STJ pacificou seu entendimento com edição da Súmula nº 582, contra o entendimento da Defesa. Para o STJ, até pela grave ameaça ou violência, a consumação do roubo não depende da posse mansa e pacífica: "Consuma-se o crime de roubo com a inversão da posse do bem mediante emprego de violência ou grave ameaça, ainda que por breve tempo e em seguida à perseguição imediata ao agente e recuperação da coisa roubada, sendo prescindível a posse mansa e pacífica ou desvigiada".

Aliás, para piorar, no crime de furto, o STJ tem o mesmo entendimento: REsp 1524450/RJ – em julgamento repetitivo: "O Plenário do Supremo Tribunal Federal, superando a controvérsia em torno do tema, consolidou a adoção da teoria da *apprehensio* (ou *amotio*), segundo a qual se considera consumado o delito de furto quando, cessada a clandestinidade, o agente detenha a posse de fato sobre o bem, ainda que seja possível à vítima retomá-lo, por ato seu ou de terceiro, em virtude de perseguição imediata. Desde então, o tema encontra-se pacificado na jurisprudência dos Tribunais Superiores."

Além dela, o arrependimento posterior (art. 16, CP) é outra causa de diminuição de pena, como são as hipóteses de semi-imputabilidade (art. 26, § ú, CP). Aliás, como elas, a Lei de Drogas tem outra causa de diminuição semelhante: Art. 45. É isento de pena o agente que, em razão da dependência, ou sob o efeito, proveniente de caso fortuito ou força maior, de droga, era, ao tempo da ação ou da omissão, qualquer que tenha sido a infração penal praticada, inteiramente incapaz de entender o caráter ilícito do fato ou de determinar-se de acordo com esse entendimento. Parágrafo único. Quando absolver o agente, reconhecendo, por força pericial, que este apresentava, à época do fato previsto neste artigo, as condições referidas no caput deste artigo, poderá determinar o juiz, na sentença, o seu encaminhamento para tratamento médico adequado. Art. 46. As penas podem ser reduzidas de um terço a dois terços se, por força das circunstâncias previstas no art. 45 desta Lei, o agente não possuía, ao tempo da ação ou da omissão, a plena capacidade de entender o caráter ilícito do fato ou de determinar-se de acordo com esse entendimento.

Na volta ao Código Penal, diga-se que a embriagues fortuita também reduz a pena (art. 28, § 2º, CP), além da chamada "participação de menor importância" (art. 29, § 1º, CP).

Já na parte especial do Código Penal, temos algumas formas privilegiadas, que são autênticas causas de diminuição das penas: homicídio privilegiado (art. 121, § 1º, CP). Aliás, deve-se destacar que a doutrina repele a natureza hedionda do homicídio qualificado-privilegiado, porquanto não se compatibiliza a essência do delito objetivamente qualificado, tido como hediondo, com o privilégio de natureza subjetiva.

Há ainda a "lesão corporal privilegiada" (art. 129, § 4º, CP), o "furto privilegiado" (art. 155, § 2º, CP). Aqui, lembramos que é possível a aplicação da causa de diminuição de pena ao furto qualificado. STJ: Súmula 511 - É possível o reconhecimento do privilégio previsto no § 2º do art. 155 do CP nos casos de crime de furto qualificado, se estiverem presentes a primariedade do agente, o pequeno valor da coisa e a qualificadora for de ordem objetiva.

Atenção, nesse caso, se a condenação anterior for apenas à pena de multa apenas, na segunda condenação, mesmo reincidente, se presentes os demais requisitos do art. 77 cp, é possível aplicar o sursis (art. 77, §1º, CP).

Agora, há inúmeras outras causas de aumento, tanto no Código Penal, quanto na legislação especial. No CP, elas aparecem nos artigos 121, §§ 4º, 6º e 7º; 122, § ú; 127; 157, §§ 2º, 2º-A e 3º.

Sobre o roubo majorado, destacamos que a arma de brinquedo (simulacro) não autoriza o aumento de pena, especialmente após a revogação da Súmula nº 174, STJ. Por isso, a falta de laudo pericial da arma, especialmente para que se ateste – ou não – o potencial lesivo é imprescindível, sob pena de, se ausente, impedir a aplicação da causa de aumento, aliás, como aplicação do art. 158, CPP. É que o fundamento da causa de aumento é a elevação de risco à incolumidade física da vítima ou de terceiros provocado pelo emprego de arma. Assim, é indispensável a prova de potencialidade lesiva da arma supostamente empregada.

Por fim, devemos nos atentar ao que diz a Súmula 443, STJ - O aumento na terceira fase de aplicação da pena no crime de roubo circunstanciado exige fundamentação concreta, não sendo suficiente para a sua exasperação a mera indicação do número de majorantes.

Na legislação especial, destacamos a Lei de Drogas, especialmente o § 4º do art. 33. "Nos delitos definidos no caput e no § 1o deste artigo, as penas poderão ser reduzidas de um sexto a dois terços, desde que o agente seja primário, de bons antecedentes, não se dedique às atividades criminosas nem integre organização criminosa". Pois bem, a Defesa entende que, presentes os requisitos legais, a aplicação do redutor legal é direito público subjetivo do réu, não uma faculdade do julgador. É que o Superior Tribunal de Justiça assim já se manifestou: "Verificado que o delito foi cometido sob a égide da nova Lei n.º 11.343/06, e uma vez evidenciado o preenchimento dos requisitos previstos no seu art. 33, § 4.º, é de rigor a aplicação da aludida causa de diminuição, não se tratando de mera faculdade do julgador" (STJ, HC nº 166716/SP, Relatora Ministra Laurita Vaz, 5ª turma, Julgado em 26.08.2014, V.U.). Também o Supremo Tribunal Federal já firmou entendimento neste sentido (HC 121860/SP, Relator Ministro Luiz Fux, 1ª Turma, julgado em 10.06.2014). Ainda, TJSP já entendeu nesta linha: "No caso, e considerando que a quantidade de drogas ilícitas certamente não era grande 5,8 gramas de cocaína e 8,8 gramas de maconha plausível a redução da pena em dois terços, mesmo porque não é papel do Judiciário recusar aquilo que a lei dispôs. Com isso, a pena fixada em desfavor da apelante ficou definitivamente mantida em de um (1) ano e oito (8) meses de reclusão (...)" (Apelação nº 0020702-16.2014.8.26.0506). "Comprovada a primariedade e os bons antecedentes é descabido negar o desconto de penas proporcionado pelo dispositivo em questão apenas presumindo a dedicação do acusado às atividades ou grupos criminosos. (...) O fato do réu ter cometido o crime de tráfico é a razão de sua condenação. É natural que com esta reconheça-se certa proximidade com os meios criminosos. Para não haver espaço para a redução das penas exige-se mais do que isto, ou seja, é preciso provar, não presumir, a imersão em atividades ou organizações criminosas. Como semelhante prova não foi em momento algum produzida nos autos, nem indiciariamente, a causa de diminuição de penas era de rigor. Não deve o Magistrado se esforçar para que, satisfeitas as exigências legais, outras sejam criadas para impedir o favorecimento dos beneficiários identificados pelos critérios do legislador (...)" (Apelação nº 0013415-65.2015.8.26.0506 - 2ª Câmara de Direito Criminal do Tribunal de Justiça de São Paulo).

Aliás, com a aplicação deste redutor, temos a figura do "TRÁFICO PRIVILEGIADO", já considerado pelo STF não hediondo e que admite liberdade provisória. De fato, vale dizer ainda que o Supremo Tribunal Federal entendeu, reafirmando o que já havia dito, que o tráfico primário não é hediondo (Habeas Corpus nº 118.533) e que autoriza a concessão da liberdade provisória (Habeas Corpus nº 135.250).

Também, o Superior Tribunal de Justiça já decidiu, de forma reiterada, no sentido de admitir o regime inicial aberto para os condenados por tráfico: HC nº 184.976, Rel. Min. Og Fernandes, 6ª T., DJe 10.10.2011; HC nº 202.007, Rel. Min. Haroldo Rodrigues, 6ª T., DJe 03.08.2011; AgRg no HC nº 157.642, Rel. Min. Celso Limongi, 6ª T., DJe 22.11.2010.

Aqui, vale a pena citar a decisão do STF que levou à edição da resolução 05 do Senado Federal: "1. O processo de individualização da pena é um caminhar no rumo da personalização da resposta punitiva do Estado, desenvolvendo-se em três momentos individuados e complementares: o legislativo, o judicial e o executivo. Logo, a lei comum não tem a força de subtrair do juiz sentenciante o poder-dever de impor ao delinquente a sanção criminal que a ele, juiz, afigurar-se como expressão de um concreto balanceamento ou de uma empírica ponderação de circunstâncias objetivas com protagonizações subjetivas do fato-tipo. Implicando essa ponderação em concreto a opção jurídico-positiva pela prevalência do razoável sobre o racional; ditada pelo permanente esforço do julgador para conciliar segurança jurídica e justiça material. 2. No momento sentencial da dosimetria da pena, o juiz sentenciante se movimenta com ineliminável discricionariedade entre aplicar a pena de privação ou de restrição da liberdade do condenado e uma outra que já não tenha por objeto esse bem jurídico maior da liberdade física do sentenciado. Pelo que é vedado subtrair da instância julgadora a possibilidade de se movimentar com certa discricionariedade nos quadrantes da alternatividade sancionatória. 3. As penas restritivas de direitos são, em essência, uma alternativa aos efeitos certamente traumáticos, estigmatizantes e onerosos do cárcere. Não é à toa que todas elas são comumente chamadas de penas alternativas, pois essa é mesmo a sua natureza: constituir-se num substitutivo ao encarceramento e suas sequelas. E o fato é que a pena privativa de liberdade corporal não é a única a cumprir a função retributivo-ressocializadora ou restritivo-preventiva da sanção penal. As demais penas também são vocacionadas para esse geminado papel da retribuição-prevenção-ressocialização, e ninguém melhor do que o juiz natural da causa para saber, no caso concreto, qual o tipo alternativo de reprimenda é suficiente para castigar e, ao mesmo tempo, recuperar socialmente o apenado, prevenindo comportamentos do gênero. 4. No plano dos tratados e convenções internacionais, aprovados e promulgados pelo Estado brasileiro, é conferido tratamento diferenciado ao tráfico ilícito de entorpecentes que se caracterize pelo seu menor potencial ofensivo. Tratamento diferenciado, esse, para possibilitar alternativas ao encarceramento. É o caso da Convenção Contra o Tráfico Ilícito de Entorpecentes e de Substâncias Psicotrópicas, incorporada ao direito interno pelo Decreto 154, de 26 de junho de 1991. Norma supralegal de hierarquia intermediária, portanto, que autoriza cada Estado soberano a adotar norma comum interna que viabilize a aplicação da pena substitutiva (a restritiva de direitos) no aludido crime de tráfico ilícito de entorpecentes. 5. Ordem parcialmente concedida tão-somente para remover o óbice da parte final do art. 44 da Lei 11.343/2006, assim como da expressão análoga "vedada a conversão em penas restritivas de direitos", constante do § 4º do art. 33 do mesmo diploma legal. Declaração incidental de inconstitucionalidade, com efeito ex nunc, da proibição de substituição da pena privativa de liberdade pela pena restritiva de direitos; determinando-se ao Juízo da execução penal que faça a avaliação das condições objetivas e subjetivas da convolação em causa, na concreta situação do paciente (HC 97256, Relator(a): Min. AYRES BRITTO, Tribunal Pleno, julgado em 01/09/2010, DJe-247 DIVULG 15-12-2010 PUBLIC 16-12-2010 EMENT VOL-02452-01 PP-00113).

Destaca-se ainda que, como já dito, para impedir o *bis in idem* a jurisprudência majoritária não admite que a quantidade e variedade de drogas sirva tanto para fixar a pena-base (art. 42 da Lei de Drogas - LD) quanto para autorizar ou dosar a aplicação do redutor legal (art. 33, §4º, LD). STF - Recurso extraordinário com agravo. Repercussão Geral. 2. Tráfico de Drogas. 3. Valoração da natureza e da quantidade da droga apreendida em apenas uma das fases do cálculo da pena. Vedação ao *bis in idem*. Precedentes. 4. Agravo conhecido e recurso extraordinário provido para determinar ao Juízo da 3ª VECUTE da Comarca de Manaus/AM que proceda a nova dosimetria da pena. 5. Reafirmação de jurisprudência (STF, ARE 666334 RG / AM, Relator(a): Min. GILMAR MENDES, Julgamento: 03/04/2014, Órgão Julgador: Tribunal Pleno. Decisão tomada por maioria). "A natureza e a quantidade dos entorpecentes foram utilizadas na primeira fase da dosimetria, para a fixação da pena-base, e na terceira fase, para a definição do patamar da causa de diminuição do § 4º do art. 33 da Lei n. 11.343/2006 em um sexto. *Bis in idem*. Patamar de dois terços a ser observado" (STF, RHC 122.684/MG, C. 2ª Turma, Rel. Min. Carmen Lúcia).

Mas, a legislação especial também traz causas de aumento (art. 40, Lei de Drogas; art. 1º, § 4º, Lei de tortura; art. 29, §§ 4º e 5º da Lei dos crimes ambientais).

Para arrematar essa apresentação inicial, além da fixação do regime inicial de cumprimento da pena, o julgador ainda analisa o cabimento da substituição da pena privativa de liberdade por penas restritivas de direito (art. 44, CP) e do *sursis* (art. 77, CP).

Aliás, lembramos duas informações importantes: é possível a substituição da pena privativa de liberdade por penas restritivas de direito ao sentenciado reincidente, desde que a reincidência não seja específica (art. 44, § 3º, CP); e nada impede a concessão do *sursis* nos casos de violência doméstica.

Pois bem, outras questões específicas merecem referência.

Primeiro, no nosso sentir, a **reincidência carece de constitucionalidade** por três motivos básicos. Primeiro, por gerar dupla penalidade, conforme parte da doutrina já indica. De fato, por uma condenação definitiva, a pessoa já cumpriu ou está a cumprir a pena. Na reincidência, aquela condenação anterior gerará nova pena, que se soma à anterior. Um *bis in idem*. Além disso, o fundamento da reincidência é a não ressocialização no cumprimento da pena anterior. Como se o condenado não teria cumprido o projeto de resgate proposto pelo Estado. **Agora, como pode a pena anterior ser individualizada, mas gerar um efeito genérico?**

Ora, se a pena é individualizada, seu fracasso também o é, naturalmente. **Uns ressocializam mais outros menos.** Aquele que matou pode furtar. O estelionatário pode resolver traficar. Em suma, é incompreensível que uma pena individualizada, com efeitos particulares, possa acarretar um resultado padrão, qual seja, a elevação da segunda penalidade. No nosso sentir, **a reincidência viola o princípio individualização da pena.**

Por fim, a reincidência vai de encontro com a finalidade ressocializadora da reprimenda, que, bem verdade, impõe ao Estado prover a pena desse sentido, mas que ele não se desincumbe a contento.

Segundo **Paulo Queiroz**, "apesar de consagrada pela maioria dos Códigos, a reincidência, que encerra uma presunção absoluta de maior periculosidade do réu, é dificilmente compatível com os princípios penais especialmente *ne bis idem.* Inicialmente, é de ver que, com a relativização determinada pelo princípio da presunção de inocência, o instituto perdeu grandemente o seu sentido, uma vez que nem sempre o réu reincidente é mais perigoso do que o não reincidente. Afinal, o agente pode ser primário, não obstante ter praticado diversos delitos, assim, pode ser reincidente, mas em crimes de menor potencial ofensivo. É de reconhecer, portanto, que a reincidência já não constitui uma prova segura de maior periculosidade, não se justificando, também por essa razão, sua existência. Por isso não é exato dizer que a reincidência é um sinal de periculosidade, como a febre é sinal de infecção, como a putrefação é sinal de morte (Hungria).

Além disso, a reincidência não passa, como assinala Muñoz Conde, de uma pena tarifada, na medida em que ela atua como causa de agravamento da pena fundada em fato diverso, gerador de culpabilidade e de responsabilidade próprias, de modo que o *plus* de gravidade decorrente da reincidência equivale à pena sem culpabilidade, estranho ao fato e que importa em dupla valoração da mesma causa constituindo *bis in idem.*

Por isso é que Cobo del Rosal e Vives Antón propõem a abolição pura e simples do instituto, porque, além de incompatível com um direito penal da culpabilidade pelo fato, está evidenciada sua total ineficácia.

Mas se a reincidência for tolerada, como o é ordinariamente, temos que o agravamento que dela decorrer jamais poderá implicar aumento igual ou superior, mas sempre inferior à pena que fora imposta na sentença condenatória precedente que a ensejou, sob pena de violação ao princípio da proporcionalidade, uma vez que o acessório (agravante da reincidência) não pode exceder o principal (a pena imposta).

Assim, se o réu foi condenado anteriormente a uma pena de dois anos por furto, a agravante não poderá acarretar, na condenação (posterior) a seis anos por tráfico, aumento de metade (três anos) e assim fixar a pena definitiva em nove anos de prisão. *Idem,* se a condenação anterior fosse por lesão corporal a pena de um ano, parece evidente que, na nova condenação por latrocínio a vinte anos de prisão, o aumento decorrente da reincidência não poderia ser de metade (dez anos), isto é, dez vezes a pena precedente. O aumento de pena deverá ser fixado proporcionalmente, portanto.

Finalmente, autores há que propõem que a reincidência, em vez de ensejar o agravamento da pena, deve, ao contrário, justificar sua atenuação. Nesse sentido, Juarez Cirino dos Santos, para quem é necessário reconhecer: a) se o novo crime é cometido após a passagem do agente pelo sistema formal de controle social, com efetivo cumprimento da pena criminal, o processo de deformação e embrutecimento pessoal do sistema penitenciário deveria induzir o legislador a incluir a reincidência real entre as circunstâncias atenuantes, como produto específico da atuação deficiente e predatória do Estado sobre sujeitos criminalizados; b) se o novo crime é cometido após a simples formalidade do trânsito em julgado de condenação anterior, a reincidência ficta não indica qualquer presunção de periculosidade capaz de fundamentar circunstância agravante.

Conclui, então, que, no caso de reincidência real (o condenado cumpriu de fato a pena, passando pela experiência carcerária), deve ela ensejar a atenuação da pena; na hipótese de reincidência ficta (o condenado não chegou a cumprir pena alguma, por qualquer motivo, como fuga, por exemplo), tal circunstância é irrelevante, devendo ser ignorada."[16]

Doutra banda, o Defensor Público do Estado de São Paulo Genival Torres Dantas Júnior, há muito defendia **a possibilidade de substituição da pena no crime de tráfico de drogas.** Segundo ele, "cabe ao Defensor Público pleitear a substituição da pena privativa de liberdade pela restritiva de direitos, ao assistido processado pela prática de algum dos delitos previstos de tráfico ilícito de entorpecentes, quando presentes os requisitos objetivos e subjetivos necessários para a concessão desse benefício, em que pese a vedação prevista no artigo 44 da Lei 11.343/2006".

E, para corroborar sua ideia, cita os ensinamentos de **Amaury Silva**. "Inconstitucionalidade da restrição aos outros institutos: 'sursis', liberdade provisória e conversão da pena privativa da liberdade em restritiva de direitos: Sua incidência ofende ao princípio da proporcionalidade e mesmo da ubiquidade do Poder Judiciário, em relação a todos os crimes previstos no art. 44, porque não há encaixe com a regra excepcional da CF, art. 5°, XLIII. A criação legislativa não pode a par de uma generalidade, buscar na primeira fase de individualização da pena, criar mecanismos específicos baseados em presunção de gravidade de delito ou de periculosidade do autor, anestesiar ou restringir a fórmula de julgamentos pelo Poder Judiciário.

O ideal é que cada caso concreto seja analisado com a 'performance' realista que apresentar, cabendo ao magistrado de maneira fundamentada deliberar a respeito da privação da liberdade ou não, utilizando-se as proibições legais se compatíveis e necessárias. A precedente manipulação legislativa da atividade

16 QUEIROZ, Paulo. *Curso de direito penal.* Parte geral. 8ª ed. *Juspodivm,* 2012, p. 462/463.

jurisdicional é uma espécie de dirigismo que leva, se aplicada literalmente, a decisões artificiais como meros conglomerados declaratórios de um absolutismo impróprio ao sistema democrático."[17] Hoje, felizmente, o Supremo Tribunal Federal já reconhece a inconstitucionalidade da restrição.[18]

O **Tribunal de Justiça de São Paulo** também: "Presentes, ainda, os requisitos do artigo 44 do CP, a privativa de liberdade deve ser substituída por duas restritivas de direitos, consistentes em duas prestações de serviços à comunidade, a serem especificadas na fase de execução. Destaque-se que tais medidas se revelam suficientes e socialmente adequadas ao caso concreto, valendo reiterar que, embora haja o envolvimento de adolescentes na prática do crime, esta circunstância específica já foi valorada para fins de aumento da pena na terceira fase da dosimetria. A pena definitiva estabelecida no presente julgamento atinge quantidade que, em consonância com as regras dos artigos 33 e 44 do CP, impõe a aplicação do regime aberto e a substituição da sanção reclusiva por restritivas de direitos."[19]

Na mesma linha defensiva, o Defensor Público Luis Cesar Rossi Francisco, por sua vez, defende que **"o tráfico de drogas, na sua forma privilegiada (art. 33, § 4º, da Lei nº 11.343/06) não é crime equiparado a hediondo** e a pena aplicada pode ser suspensa condicionalmente, se presentes os requisitos do artigo 77 do Código Penal".

Segundo ele, "embora formalmente estejamos diante de uma norma penal sem autonomia típica, podemos lançar mão facilmente de uma interpretação teleológica para o fim de concluir que o legislador, ao reconhecer a menor gravidade do crime de tráfico praticado sob as condições elencadas no parágrafo quarto, criou um tipo privilegiado que exige análise específica e que por diversas razões (a seguir elencadas) não pode ser considerado como crime equiparado a hediondo. Aliás, é tradicional a técnica legislativa brasileira de criar tipos privilegiados através de parágrafos que trazem seus requisitos legais de configuração e, em seguida, uma redução de pena decorrente do seu reconhecimento. É assim com o crime de homicídio privilegiado e com as figuras privilegiadas dos crimes patrimoniais sem violência (furto, apropriação indébita, estelionato, etc.). (...)

Não se pode perder de vista o fato de que o Superior Tribunal de Justiça já afirmou, por diversas vezes, que o homicídio qualificado privilegiado não é crime hediondo (HC 10.446/RS - Sexta Turma, HC 41579/SP - Quinta Turma, HC 43043/MG - Sexta Turma)."

17 SILVA, Amauri. *Lei de Drogas Anotada,* Editora JH Mizuno, 2008, página 279.

18 HC 97256/RS, rel. Min. Ayres Britto, 1º.9.2010.

19 Apelação nº 0002485-65.2011.8.26.0073.

Para corroborar sua tese, cita pertinente manifestação de Moacyr Benedicto de Souza. "O pequeno período de isolamento do delinquente, em geral de escassa ou nula periculosidade, não permite um estudo adequado de sua personalidade para fixação de um plano de reabilitação, pois a terapêutica penal não se opera com efeitos instantâneos. Por outro lado, a convivência deletéria com outros companheiros de presídio, com longa vivência na senda da criminalidade, violadores habituais das normas penais, refletirá de maneira bastante perniciosa em seu espírito, adestrando-o na mecânica da delinquência multiforme. De discípulo, passa a mestre.

E, uma vez em liberdade, fatalmente porá em prática a teoria adquirida, voltando a delinquir. Ele que, via de regra, se situava na área da criminalidade ocasional, passa a integrar-se no cabedal delitivo do habitual. A pena de curta duração não recupera e não atinge, por isso mesmo, os fins visados pela justiça penal. Também não beneficia ninguém em termos de prevenção geral, pois antes que se perceba e avalie as consequências de sua punição, o condenado já terá deixado o presídio, de volta aos seus ambientes familiar e social."[20]

Quanto à pena de multa nos delitos de drogas, **o Núcleo Especializado de Situação Carcerária da DPESP**[21] tem defendido a inconstitucionalidade da previsão abusiva *in abstrato* trazida pela Lei 11.343/2006.

"A Lei 11.343/2006, revogatória das Leis 6.368/76 e 10.409/02, instituiu o SISNAD - Sistema Nacional de Políticas Públicas sobre Drogas, bem como estabeleceu medidas atinentes à prevenção e repressão da produção, distribuição e consumo de substâncias entorpecentes consideradas ilícitas.

Na contramão da elogiada medida despenalizadora dispensada ao crime de porte de drogas para consumo pessoal, previsto no art. 28 da Lei 11.343/2006, a lei especial estabeleceu o aumento do rigor da reação penal ao crime de tráfico ilícito de drogas e condutas a ele equiparadas e associadas (art. 33, *caput* e § 1º, art. 34, art. 35 e art. 37), mediante a elevação do quantum, seja da pena privativa de liberdade, seja da pena de multa cominadas.

No que tange à pena de multa, a Lei 11.343/2006 destaca-se pela desproporcionalidade dos valores cominados aos crimes previstos nos arts. 33, caput e § 1º, 34, 35 e 37, de forma cumulativa à pena privativa de liberdade.

Dessa forma, a nova legislação extrapolou, ao fixar o quantum da pena de multa, o limite máximo de 360 dias-multa previsto, tanto pelo art. 49 do Código Penal, quanto pela revogada Lei 6.368/76.

20 *A influência da Escola Positiva no Direito Penal Brasileiro*, Edição Universitária de Direito, 1982, p. 96.

21 Recomendação nº 22/2009.

Nesse sentido, aos crimes tipificados pelos arts. 33, caput e § 1º, 34,35 e 37 da Lei 11.343/2006, o patamar mínimo da multa passou a variar entre 300 e 1.200 dias-multa, de forma que o mínimo dos (valores) mínimos (300 dias-multa) é praticamente coincidente com o limite máximo (360 dias-multa) previsto pelo Código Penal e adotado pela anterior Lei de Drogas.

O recrudescimento do tratamento penal imposto ao tráfico de entorpecentes e àquelas figuras típicas que, de alguma forma, concorrem para a execução dessa atividade ilícita, ocorre no marco do corrente discurso de "combate ao tráfico de drogas e ao crime organizado".

Nesse sentido, a defesa social é convertida no vetor da política de segurança pública em prejuízo da preservação das garantias fundamentais dos cidadãos.

É o que se depreende dos patamares mínimo e máximo em dias-multa cominados aos crimes previstos nos arts. 33, caput e § 1º, 34, 35 e 37 da Lei 11.343/2006, cujos valores implicam a violação dos princípios constitucionais da individualização da pena (art. 5º, inciso XLVI), da proporcionalidade, da isonomia (art. 5º, caput) e da dignidade da pessoa humana (art. 1º, inciso III). (...)

Os dados revelam que **os capturados pelo sistema criminal são os pequenos traficantes**, dada a quantidade de droga que, via de regra, é apreendida sob seu poder. Por outro lado, a pequena quantidade de droga apreendida impõe a dificuldade de se distinguir, nos casos concretos e de forma inequívoca, o usuário do pequeno traficante de drogas.

Assim, na prática judicial, observa-se a configuração de tratamento penal dúplice: um para aquele que tem dinheiro para manter o próprio vício e que, ao ser flagrado com pequena quantidade de droga é enquadrado como usuário; e outro para o pobre que, ao ser flagrado portando a mesma quantidade de droga, é prontamente enquadrado como traficante.

Portanto, na prática, o elemento central utilizado pelos juízes para distinguir os usuários de drogas dos enquadrados como traficantes não é a natureza e a quantidade de droga apreendida em seu poder, as circunstâncias do crime e o correlato juízo de reprovação social deste, mas tão somente o perfil socioeconômico do autor do delito, vale dizer, a classe social a que pertence.

Sendo assim, a reprovação social da conduta, mediante a cominação de valores elevadíssimos de pena pecuniária para os crimes previstos pelos arts. 33, caput e § 1º, 34, 35 e 37 da Lei 11.343/2006 (para além da já gravosa imposição de pena privativa de liberdade!), não é consoante ao tratamento penal dispensado ao usuário de drogas, nos termos do art. 28 da Lei 11.343/2006. E, **num Estado Democrático de Direito, não se admite que seja conferido**

tratamento penal tão dispare em função de pertencimento a uma ou outra classe social.

Acrescente-se que **o respeito à legalidade**, na fase legislativa de individualização da pena, determina que o legislador, ao incriminar condutas, está sujeito à legalidade estrita e não à mera legalidade formal, tendo o dever de atrelar as leis aos princípios constitucionais.

Nesse sentido, **o princípio da especialidade**, segundo o qual lei especial prevalece sobre lei geral, não implica, necessariamente, na legalidade estrita, isto é, na constitucionalidade dos valores previstos a título de pena de multa pela Lei 11.343/2006, a extrapolar o limite estabelecido pela parte Geral do Código Penal.

Vale dizer também que a imposição de tratamento penal mais rígido relativamente aos crimes de tráfico ilícito de entorpecentes e drogas afins, em razão de ter a Constituição, em seu art. 5º, inciso XLIII, equiparado tais crimes, pela sua 'danosidade social', aos crimes de tortura, terrorismo e aos definidos como hediondos, vedando-lhes a concessão de fiança, indulto e graça, não pode se dar ao completo arrepio dos princípios constitucionais.

Não se está a afirmar, nesse sentido, que ao legislador infraconstitucional é vedado estabelecer condições mais rigorosas para a fruição de direitos e garantias constitucionais, quando da conformação do microssistema de tratamento penal incidente sobre o crime de tráfico ilícito de drogas. Todavia, o legislador ordinário não está autorizado a cominar a determinada tipologia criminal, com base num irracional rigor, patamares de multa penal exorbitantes, tornando a sanção penal impagável pelos pequenos traficantes selecionados pelo sistema de justiça penal e, portanto, inviabilizando a individualização judicial da pena. (...)

Quanto ao limite da proporcionalidade, a sua observância em matéria de Direito Penal implica que a gravidade da pena seja adequada à gravidade da lesão do bem jurídico tutelado pelo tipo penal, desde a cominação penal. Consubstancia, portanto, a adequação entre pena e crime, um limite à individualização judicial de forma a proibir o excesso da reação estatal e proporcionar a exata correspondência entre pena e delito, ação e reação, custo e benefício.

Neste caso, os valores de multa pecuniária impostos extrapolam em muito o limite do necessário para prevenção e reprovação do delito, não apenas porque- repita-se- já foi cominada pena privativa de liberdade, como também pelo fato de que o valor imposto, ainda que aplicado em seu mínimo, não poderá ser adimplido pela maioria dos condenados, em razão de sua hipossuficiência econômica.

Assim é que a imposição de pena pecuniária nos valores previstos pela Lei 11.343/2006 milita no sentido de obstaculizar a reintegração social dos condenados, que terão dívida impagável pendente por anos.

Ressalte-se que o controle de proporcionalidade não constitui apenas critério, técnica ou elemento do juízo invocado para produção de consequências jurídicas, a proporcionalidade é princípio consubstancial ao Estado Democrático e Social de Direito, o qual permite operativamente construir a ponte entre o direito formal e o direito material, entre a igualdade formal e a igualdade material.

Em verdade, quando se trata de matéria penal, o princípio da proporcionalidade equivale ao próprio princípio da isonomia.

E resta inequívoco que a Lei 11.343/2006 viola o princípio da isonomia. Isto porque ao cominar, in abstrato, valores de pena de multa elevadíssimos, pressupõe que todas as pessoas incursas nos crimes por ela tipificados desfrutam de condição econômica privilegiada o suficiente para arcar com o seu pagamento. Nesse sentido, ao generalizar esse patamar econômico elevado, trata igualmente pessoas que não podem ser igualmente tratadas, eis que possuem capacidade econômica diferenciada.

Assim é que a aparente igualdade de tratamento perante a lei se materializa, no caso em discussão, na fase de aplicação judicial da pena, como tratamento desigual, na medida em que permite a execução da pena por uns poucos e inviabiliza-a para a maioria dos sentenciados, o que não é segredo.

Afinal, o valor da pena fixada, no caso da incidência no art. 33, *caput* ou § 1º, ambos da Lei 11.343/2006, mesmo quando adotado o limite mínimo de dias-multa e o valor mínimo para cada dia multa e, ainda, fazendo incidir o redutor máximo previsto pelo § 4º de citado artigo 33, ultrapassa valor médio da renda das famílias em nosso país.

Assim, o pagamento da pena de multa torna-se privilégio de poucos, relativamente aos quais se declara a extinção da punibilidade, enquanto a grande maioria dos sentenciados permanece insolvente e sujeita aos efeitos deletérios que a prática judicial equivocadamente atribui a tal insolvência.

O equívoco reside no fato de que os juízes e tribunais caminham no sentido de atribuir à insolvência os efeitos de uma sanção penal, de forma que mesmo após o cumprimento integral da pena privativa de liberdade, não declaram extinta a punibilidade enquanto não for paga a pena de multa. Como resultado, a insolvência é instrumentalizada para configuração de reincidência, bem como para impedir a geração de certidão negativa de antecedentes.

Aqui se refere, portanto, à violação do princípio da proporcionalidade a partir de um ponto de vista panorâmico, isto é, àquela que decorre da introdução no ordenamento jurídico, por meio de legislação esparsa, de pena de multa que, quer sob o aspecto qualitativo, quer sob o aspecto quantitativo, não guarda relação de proporcionalidade com a reação penal prevista para outros crimes tipificados no ordenamento pátrio, cuja gravidade é semelhante ou mesmo inferior.

Cria-se, assim, uma legislação de efeito simbólico que desconsidera o sistema penal como um todo, tornando-o ilógico, irracional e gritantemente inconstitucional."

Por fim, devemos dizer que o meio social deve influir na dosimetria. **Os autores Zaffaroni e Pierangeli falam em coculpabilidade:**

"Todo sujeito age numa circunstância determinada e com um âmbito de autodeterminação também determinado. Em sua própria personalidade há uma contribuição para esse âmbito de autodeterminação, posto que a sociedade - por melhor organizada que seja nunca tem a possibilidade de brindar a todos os homens com as mesmas oportunidades.

Em consequência, há sujeitos que tem um menor âmbito autodeterminação, condicionado desta maneira por causas sociais. Não será possível atribuir estas causas sociais ao sujeito e sobrecarregá-lo com elas no momento da reprovação de culpabilidade. Costuma-se dizer que há, aqui, uma "coculpabilidade", com a qual a própria sociedade deve arcar. Tem-se afirmado que este conceito de coculpabilidade é uma ideia introduzida pelo direito penal socialista. Cremos que a coculpabilidade é herdeira do pensamento de Marat (n. 118) e, hoje, faz parte da ordem jurídica de todo Estado social de direito, que reconhece direitos econômicos e sociais, e, portanto, tem cabimento no CP mediante a disposição genérica do art. 66."[22]

Para fins de arremate, **entendemos que a realização voluntária do teste do bafômetro equipara à confissão para efeitos de dosimetria da pena.** Certamente, o bom Defensor Público, real ou em potencial, tem os argumentos para a defesa desta tese, o que nos exonera de maiores dilações.

3. POR UM SISTEMA VERDADEIRAMENTE ACUSATÓRIO

Infelizmente, devemos já adiantar, há grande abismo entre a teoria e a prática processual criminal no Brasil. Nos livros, prevalecem os nobres princípios da presunção de inocência e da ampla defesa. Na prática, a justiça criminal é autoritária e exerce, na grande parte dos processos, a função meramente homologatória do que é praticado pela polícia militar nas ruas e versões, pior, legitimando-a.

Realmente, - para ilustrar - é muito improvável que o julgador vá negar verdade a uma versão policial, porque se ele abre um precedente assim ele coloca

22 ZAFFARONI, Eugênio Raúl. PIERANGELI, José Henrique. *Manual de direito penal brasileiro.* 3ª ed. São Paulo: RT, 2001, p. 610/611.

em xeque a credibilidade de toda uma justiça criminal, de todo um sistema que se sustenta e se alimenta da ação policial. Trata-se de sobrevivência. Isso é lamentável, mas é o que se espera e acontece, envolvendo até mesmo os órgãos de acusação, porque raramente um policial militar responde por seus abusos, por falso testemunho, eventual prática de tortura ou abuso de autoridade. Então, é triste constatar, mas é fato que existe um grande pacto entre os operadores da justiça criminal, especialmente entre acusação e juiz, com raras exceções - é verdade -, para que esse sistema seja mantido e alimentado. O problema é que sempre o resultado é a incriminação dessa população de baixa renda, da comunidade periférica, das favelas (favela do brejo, favela do SBT e favela da AIDS).

Agora, algumas vezes, com a colaboração da família, a verdade respira. Em recente caso, a partir de provas obtidas por familiares, restou provada a farsa policial. Divulgou-se: "Após ser acusado pelos crimes de receptação e roubo e ficar cerca de cinco meses preso preventivamente, um morador de Ribeirão Preto de 20 anos, defendido pela Defensoria Pública de SP, foi absolvido pela Justiça no final de 2018. O caso sofreu uma reviravolta depois que foram juntadas ao processo imagens de câmeras de segurança que contradiziam a versão inicialmente apresentada por policiais. Os policiais militares que o prenderam, em março do ano passado, disseram inicialmente em depoimento que haviam abordado Robson (nome fictício) a poucos metros de um carro roubado, com as chaves do veículo no bolso de sua bermuda. No entanto, após o início do processo, a Defensoria Pública juntou aos autos imagens de câmeras de segurança, fornecidas pela família do jovem, que mostram que ele foi abordado por policiais em um bar perto de casa, ao fazer uma compra, a quase 50 metros do local onde estava o carro. O vídeo também deixa claro que ele chega ao estabelecimento de bicicleta, pelo lado oposto da rua onde estava o veículo. O Defensor Público Aluísio Iunes Monti Ruggeri Ré, que atuou no processo, afirma que o caso demonstra a importância de as famílias de acusados em processos criminais colaborarem com a defesa na comprovação da inocência e na prevenção de injustiças. Também trabalhou no caso o Defensor Genival Torres Dantas Junior. A Defensoria Pública frisou que as imagens em vídeo não corroboravam o teor de depoimentos dos policiais, não dando qualquer indicação de que a chave do veículo tivesse sido encontrada com Robson naquele momento da abordagem. As imagens também mostram o jovem sendo levado para o lado da rua onde estava o carro. De acordo com a acusação, a Polícia Militar fora acionada por conta do roubo do carro, supostamente praticado por dois homens, um deles descrito como negro e com aparelho nos dentes. Mais tarde, no mesmo dia, a Polícia foi acionada por duas mulheres que relataram terem sido assaltadas juntas por dois homens, que utilizavam aquele mesmo veículo. Conforme os autos do processo, nem a dona do carro roubado e nem uma vítima do roubo posterior reconheceram Robson como um dos assaltantes. Em setembro, o Juízo da 5ª Vara Criminal de Ribeiro Preto acatou pedido da Defensoria e revogou a prisão preventiva. A decisão ressaltou ter ficado comprovado que Robson foi abordado dentro do bar e que um reconhecimento positivo feito pela terceira mulher baseou-se apenas na cor da pele e no uso de aparelho nos dentes pelo suposto criminoso. A sentença pela absolvição de Robson foi proferida no final de novembro de 2018, por falta de provas, conforme pediram a Defensoria Pública e também o Ministério Público, em alegações finais" (Disponível em https://www.defensoria.sp.def.br, acesso em 15.01.19).

Outras vezes, é o próprio magistrado que não compreende os limites da jurisdição penal. Não pode o julgador investigar ou produzir circunstâncias desfavoráveis ao acusado, cabendo às partes a produção das provas. Ao juiz resta a mera possibilidade de esclarecimentos ao final das inquirições das testemunhas, assumindo as partes um protagonismo natural, reservado ao julgador a função de receber e avaliar as provas, ou então, no máximo, provocar indispensáveis esclarecimentos. Em 2008, o código de processo penal – CPP foi alterado para se aproximar do sistema acusatório. Dentre outras salutares mudanças, alguns limites ao julgador foram impostos, dentre eles, aqueles relativos à inquirição de testemunhas: "art. 212. As perguntas serão formuladas pelas partes diretamente à testemunha, não admitindo o juiz aquelas que puderem induzir a resposta, não tiverem relação com a causa ou importarem na repetição de outra já respondida. Parágrafo único. Sobre os pontos não esclarecidos, o juiz poderá complementar a inquirição. (Redação dada pela Lei nº 11.690, de 2008).

Enfim, "**o magistrado que pratica atos típicos da polícia judiciária torna-se impedido para proceder ao julgamento e processamento da ação penal**, eis que perdeu, com a prática dos atos investigatórios, a imparcialidade necessária ao exercício da atividade jurisdicional. O sistema acusatório regido pelo princípio dispositivo e contemplado pela Constituição da República de 1988 diferencia-se do sistema inquisitório porque nesse a gestão da prova pertence ao Juiz e naquele às partes. No Estado Democrático de Direito, as garantias processuais de julgamento por Juízo imparcial, obediência ao contraditório e à ampla defesa são indispensáveis à efetivação dos direitos fundamentais do homem."[23]

Com precisão, adverte **Auri Lopes Júnior**: "Destarte, fica fácil perceber que o processo penal brasileiro tem uma clara matriz inquisitória, e que isso deve ser severamente combatido, na medida em que não resiste à necessária filtragem constitucional.

23 Superior Tribunal de Justiça, RHC 23945 / RJ, Ministra Jane Silva (Desembargadora Convocada do Tj/Mg) (8145).

Ou seja, a estrutura do Código de Processo Penal de 1941 deve se adequada e, portanto, deve ser conformada à nova ordem constitucional vigente, cujos alicerces demarcam a adoção do sistema acusatório. É uma imposição de conformidade das leis processuais penais à Constituição, e, portanto, ao sistema acusatório como tão bem definiu Geraldo Prado (Na excelência obra Sistema Acusatório. A Conformidade Constitucional das Leis Processuais Penais. Rio de Janeiro, *Lumen Juris*).

Sempre reconheceu o caráter inquisitório da investigação preliminar e da execução penal, encobrindo o problema da inquisição na fase processual. Mas, compreendidos os sistemas e os princípios que os estruturam, a conclusão só pode ser uma, como claramente aponta Jacinto Coutinho: 'O sistema processual penal brasileiro é, na sua essência, inquisitório, porque regido pelo princípio inquisitivo, já que a gestão da prova está, primordialmente, nas mãos do juiz'. (Coutinho, Jacinto Nelson Miranda. Introdução aos Princípios Gerais do processo Penal Brasileiro. Revista de Estudos Criminais, Porto Alegre, Nota Dez Editora, n. 1, 2001, p. 29). (...)

Atribuir poderes instrutório a um juiz - em qualquer fase - é um grave erro, que acarreta a destruição completa do processo penal democrático. Ensina Cordero que tal atribuição (de poderes instrutórios) conduz ao *primato dell'ipotesi sui fatti, gerador de quadri mentali paranoidi.*

Isso significa que se opera um primado (prevalência) das hipóteses sobre os fatos, porque **o juiz que vai atrás da prova primeiro decide (definição da hipótese) e depois vai atrás dos fatos (prova) que justificam a decisão (que na verdade já foi tomada).** O juiz, nesse cenário, passa a fazer quadros mentais paranoicos.

Na mesma linha, **Jacinto Coutinho** (Coutinho, Jacinto Nelson de Miranda. Introdução aos Princípios Gerais do processo Penal Brasileiro. Revista Estudos Criminais, Porto Alegre, Nota Dez Editora, n. 1, 2001, p. 37) afirma que 'abre-se ao juiz a possibilidade de decidir antes e, depois, sair em busca do material probatório suficiente para confirmar a sua versão, isto é, o sistema legitima a possibilidade da crença no imaginário, ao qual toma como verdadeiro'.

É evidente que o recolhimento da prova por parte do juiz antecipa a formação do juízo."[24]

ATENÇÃO Então, **cabe ao Defensor Público tentar impedi-lo de formar esse conjunto fundante por ele desejado e que lhe traria tranquilidade na condenação.** É um **trabalho desconstrutivo** dessa lógica retributiva, mas necessário ao Estado Democrático de Direito que preza pelos princípios do devido processo legal e da presunção de inocência.

24 LOPES JÚNIOR, Auri. *Direito Processual Penal*. 9ª ed. São Paulo: Saraiva, 2012, p. 137/139.

Ou seja, deve o Defensor Público causar-lhe incômodo, no bom e legítimo sentido, para condenar, a partir das criações de contradições no seio do conjunto de provas, tornando-o não harmonioso. Assim, diante do contraste probatório, pode o juiz entender que a imputação não se sustenta.

Aliás, **nem se diga que essa postura do juiz se justifica diante da busca da verdade real.** "Devemos considerar que o processo penal tem por finalidade – através da prova – fazer a reconstituição de um fato histórico (crime) e que a reconstrução de um fato histórico é sempre minimalista e imperfeita.

Não se trata de construir, mas de reconstruir um fato passado no presente. Ora, basta isso para afirmar que não existe um dado de realidade para falar em verdade (muito menos real). É o absurdo de equiparar o real ao imaginário, esquecendo que o passado só existe no imaginário, na memória, e que, por isso, jamais será real. Sem falar que a flecha do tempo é irreversível, de modo que o que foi real, num fugaz presente, nunca mais voltará a sê-lo (sempre necessária leitura, aqui, de Comte-Sponville). (...)

Então, se não pode afirmar que a sentença seja sempre reveladora da 'verdade', ela é o quê?

Um ato de convencimento formado em contraditório e a partir do respeito às regras do devido processo. Se isso coincidir com a 'verdade', muito bem. Importa é considerar que a 'verdade' é contingência, e não fundante. O juiz, na sentença, constrói – pela via do contraditório – a 'sua' história do delito, elegendo os significados que lhe parecem válido, dando uma demonstração inequívoca de crença. **O resultado final nem sempre é (e não precisa ser) a 'verdade', mas sim o resultado do seu convencimento** – construído nos limites do contraditório e do devido processo penal."[25]

Diante dessa constatação, somada ao fato de que está em jogo o direito à liberdade, **toda violação às formas do processo penal gera nulidade absoluta,** pois o prejuízo é notório e patente.

Considerando que o direito à liberdade é pedra de toque do Estado de Direito, sempre que o processo penal puder resultar, mesmo abstrato e hipoteticamente, em condenação à pena privativa de liberdade, a mínima violação às formas do processo adquire a máxima relevância e o prejuízo ao acusado se transforma, com tons absolutos, em efeito direto e presumido dessa transgressão. Disso decorre a evidente e necessária nulidade.

"O primeiro problema surge, novamente, na equivocada transmissão de categorias do processo civil para o processo penal. O fenômeno da relativização das nulidades (absolutas) do processo civil está sendo utilizado (e manipulado) para, no processo penal, negar-se eficácia ao sistema constitucional de garantias.

25 LOPES JÚNIOR, Auri. *Direito Processual Penal.* 9ª ed. São Paulo: Saraiva, 2012, p. 575.

Ainda que não concordemos com a classificação dos atos defeituosos em nulidades absolutas e relativas, importa destacar que a relativização implica negação de eficácia aos princípios constitucionais do processo penal. A título de ausência de prejuízo ou atingimento do fim (?), os tribunais brasileiros, diariamente, atropelam direitos e garantias fundamentais com uma postura utilitarista e que esconde, no fundo, uma manipulação discursiva.

Muitos são os julgados em se invoca o pomposo (mas inadequado ao processo penal) *pas nullité sans grief*, desprezando-se que a violação da forma processual implica grave lesão ao princípio constitucional que ela tutela, constituindo um defeito processual insanável (ou uma nulidade absoluta, se preferirem). O que importa é que a nulidade deve ser reconhecida, e determinada a ineficácia do ato.

Além da imprecisão em torno do que seja 'prejuízo', há um agravamento no trato da questão no momento em que se exige que a parte prejudicada (geralmente a defesa, por evidente) faça prova dele. Como se faz essa prova? Ou ainda o que se entende por prejuízo? Somente a partir disso é que passamos para a dimensão mais problemática: como demonstrá-lo?

Não é necessário maior esforço para compreender que uma nulidade somente será absoluta se o julgador (juiz ou tribunal) quiser... e esse tipo de incerteza é absolutamente incompatível com o processo penal contemporâneo.

Pensamos que a premissa inicial é: no processo penal, forma é garantia. Se há um modelo ou uma forma prevista em lei, e que foi desrespeitado, o lógico é que tal atipicidade gere prejuízo, sob pena de se admitir que o legislador criou uma formalidade por puro amor à forma, despida de maior sentido. Nenhuma dúvida temos de que nas nulidades absolutas o prejuízo é evidente, sendo desnecessário qualquer demonstração de sua existência.

Ainda que não concordemos com essa distinção (nulidade absolutas e relativas), temos de reconhecer que ela é de uso recorrente e, portanto, com ela tentar lidar.

Partindo do que aí está, e, mais especificamente, da teoria do prejuízo, pensamos que há somente uma saída em conformidade com o sistema de garantias da Constituição: não incumbirá ao réu a carga probatória de um tal 'prejuízo'.

Ou seja, não é a parte que alega a nulidade que deverá 'demonstrar' que o ato atípico lhe causou prejuízo, senão que o juiz, para manter a eficácia do ato, deverá expor as razões pelas quais a atipicidade não impediu que o ato atingisse a sua finalidade ou tenha sido devidamente sanado. Trata-se de uma 'inversão de sinais', de liberdade dessa carga probatória por parte da defesa (que nunca poderá tê-la), e atribuição ao juiz, que deverá demonstrar a devida convalidação do ato para legitimar sua validade e permanência no processo."[26]

---

26 "No mesmo sentido, precisa é a lição de Badaró (Gustavo Henrique. Direito Processual Penal, t. II, p.189), que começa corretamente afirmando que se há um modelo, ou uma forma prevista em lei, que foi desrespeitada, o normal é que tal atipicidade gere prejuízo, sob pena de se admitir que o legislador estabeleceu

ATENÇÃO Ou seja, **o Defensor Público deve fazer a função de curador do processo penal, de sua lisura e dialeticidade, bem como da legítima instrução probatória.**

4. A AMPLA DEFESA E O CONTRADITÓRIO: PARTICIPAÇÃO E INFLUÊNCIA

No Brasil, alguns fatos históricos são relevantes ao direito de defesa dos necessitados. A "Lei imperial de 1841 reforma o Código de Processo Criminal e preserva a isenção parcial de custas judiciais para réus pobres, (...) bem como Luiz Gama (1830 – 1882), o advogado dos escravos, ele mesmo cativo liberto, é o precursor da assistência judiciária gratuita, atendendo a clientes em juízo sem cobrar honorários advocatícios."[27]

"**O direito de defesa é incondicional**. Seja qual for a conduta praticada, a pessoa tem direito de defesa. O Defensor Público deve ter isso em mente que, aliás, chega a mitigar sua independência funcional, mas, uma vez absorvido, demonstra vocação.

Como a de Sylvia Helena Steiner, que relata seus primeiros atendimentos junto ao Departamento XI de Agosto (USP): 'foram anos muito importantes para a minha formação. (...) Quando comecei, não sabia ainda em que área atuaria. E lá atendíamos de acordo com a demanda, com o que aparecia. Mas, logo no início passei por um trote, verdadeiro batismo de fogo. A Alice, que eu não conhecia, chegou à minha mesa como cliente, e pôs sobre ela uma faca enorme, dizendo: 'Doutora, acabei de matar o meu marido. O que eu faço?'. A partir daí, comecei a receber preferencialmente os casos criminais, pois perceberam meu interesse por essa área."

Segue sua experiência inicial no campo criminal, que ilustra bem as misérias do processo penal, na prática: "recém-formada, continuei a acompanhar um caso juntamente com o Paranhos. O cliente estava preso por um homicídio e por um latrocínio que garantia não ter cometido. E me dizia, muito seguro: 'Doutora, o homicídio eu assino, mas o latrocínio, não. Não vou pagar pelo que

uma formalidade absolutamente inútil. Evidentemente que eventualmente, segue Badaró (Gustavo Henrique. Direito Processual Penal, t. II, p.190), a violação de uma forma pode não gerar prejuízo, mas não é necessária a demonstração do prejuízo, pois o correto é o inverso: a eficácia do ato ficará na dependência da democratização de que a atipicidade não causou prejuízo algum. Ou seja, não é a parte que alega a nulidade que deverá 'demonstrar' que o ato atípico lhe causou prejuízo. Será o juiz que, para manter a eficácia do ato, deverá expor as razões pelas quais a atipicidade não impediu que o ato atingisse sua finalidade. Somente a partir dessa inversão de sinais é que a teoria do prejuízo poderá ser utilizada, sob pena de grave violação do sistema de garantias constitucionais que fundam o devido processo penal." LOPES JÚNIOR, Auri. *Direito Processual Penal.* 9ª ed. São Paulo: Saraiva, 2012, p. 1129.

27 *Escola de Justiça.* São Paulo: Imprensa Oficial, 2010, p. 336

não fiz, não é justo'. Bom, em relação ao homicídio, fomos a júri, e o cliente foi condenado. Resultado justo. Entretanto, em relação ao latrocínio, diante do juiz singular, tudo o que podia dar errado deu errado. Para começar, quando pedi ao juiz para tirar as algemas do rapaz, ele respondeu: 'Tirar as algemas? Olha bem para a cara da peça!'.

Ou seja, uma situação de intimidação. Quando chegou a testemunha de acusação, um policial que alegadamente o havia torturado para obter a 'confissão', o juiz simplesmente perguntou se confirmava o que estava escrito no relatório. Então, virou-se para a escrevente e, dada a confirmação pela testemunha, determinou o encerramento da audiência. Naquele momento, falei que queria fazer reperguntas, e ele me repeliu: 'Para quê? Já não basta o que está no inquérito?!'. Diante disso, disse-lhe que, se simplesmente bastava o que estava no inquérito, não sabia o porquê de estarmos ali. Indignado, ele pediu minha carteira da OAB, e graças a Deus já tinha. O juiz virou-se e disse: 'A senhora pode perguntar o que quiser direto para a escrevente, pois já está tudo indeferido antecipadamente'. Na segunda audiência, fomos quase 20 advogados do Jurídico, incluindo a Alice (Orientadora). Era para intimidar mesmo. Quando o juiz viu a cena, disse: 'Pode ter 20, 30, não me interessa. Todas as perguntas estão indeferidas'.

Enfim, todas as irregularidades possíveis aconteceram. Lembro-me do conselho da Alice para sempre chegarmos o mais rápido possível aos autos do processo, tirar cópias e mostrar o que estava acontecendo. Tirei cópias de tudo, provando que inclusive não havia defensor público para o corréu, e que havíamos nos recusado a assinar o termo. No final do processo, o juiz acabou absolvendo o acusado, numa sentença de quatro páginas e uma frase definitiva: 'As provas não são suficientes e absolvo-o'."[28]

A Corte Interamericana tem decidido reiteradamente: *Según el artículo 8.1 de la Convención toda persona tiene derecho a ser oída, con las debidas garantías y dentro de un plazo razonable, por un juez o tribunal competente, independiente e imparcial, establecido con anterioridad por la ley, en la sustanciación de cualquier acusación penal formulada contra ella, o para la determinación de sus derechos y obligaciones de orden civil, laboral, fiscal o de cualquier otro carácter.*[29]

---

28 "O Ministério Público apelou da decisão, no mesmo dia. Em decorrência da jurisprudência daquela época (réu absolvido não tinha legitimidade para apelas), eu não podia, em sede de apelação, questionar as irregularidades do processo. E todas as nulidades que havíamos apontado ficariam esquecidas. Me senti de mão atadas, frustrada, arrebentada. A situação de violação dos direitos daquele acusado havia sido tão flagrante... Mas fui assistir ao julgamento pelo Tribunal de Justiça, e os desembargadores, por certo percebendo o que havia acontecido, mantiveram a absolvição, por certo percebemos o que havia acontecido, mantiveram a absolvição. Saí do tribunal com a sensação de que ainda havia esperança." STEINER, Sylvia Helena. Escola de Justiça. São Paulo: Imprensa Oficial, 2010, p. 214/218.

29 *Corte Interamericana de Derechos Humanos, Caso Tibi Vs. Ecuador, Sentencia de 07 de septiembre de 2004.*

De fato, "o art. 5º, XXXV, consagra o direito de invocar a atividade jurisdicional, como direito público subjetivo. Não se assegura aí apenas o direito de agir, o direito de ação. Invocar a jurisdição para a tutela de direito é também direito daquele contra quem se age, contra quem se propõe a ação. Garante-se a plenitude de defesa, agora mais incisivamente assegurada no inc. LV do mesmo artigo: aos litigantes, em processo judicial e administrativo, e aos acusados em geral são assegurados o contraditório e ampla defesa, com os meios e recursos a ela inerentes. Agora a seguinte passagem do magistério de Liebman tem ainda maior adequação ao Direito Constitucional brasileiro: 'O poder de agir em juízo e o de defender-se de qualquer pretensão de outrem representam a garantia fundamental da pessoa para a defesa de seus direitos e competem a todos indistintamente, pessoa física e jurídica, italianos [brasileiros] e estrangeiros, como atributo imediato da personalidade e pertencem por isso à categoria dos denominados direitos cívicos'. (...)

O princípio do devido processo legal entra agora no Direito Constitucional positivo com um enunciado que vem da Carta Magna inglesa: ninguém será privado da liberdade ou de seus bens sem o devido processo legal (art. 5º, LIV). Combinado com o direito de acesso à Justiça (art. 5º, XXXV) e o contraditório e a plenitude de defesa (art. 5º, LV), fecha-se o ciclo das garantias processuais. Garante-se o processo, 'quando se fala em 'processo', e não em simples procedimento, alude-se, sem dúvida, a formas instrumentais adequadas, a fim de que a prestação jurisdicional, quando entregue pelo Estado, dê a cada um o que é seu, segundo os imperativos da ordem jurídica. E isso envolve a garantia do contraditório, a plenitude do direito de defesa, a isonomia processual e a bilateralidade dos atos procedimentais', conforme autorizada lição de Frederico Marques. (...)"[30]

Nesse ponto, merece destaque **o fato do Defensor Público poder pleitear a substituição das testemunhas de defesa**, cujo rol inicial apenas remetia àquelas arroladas pela acusação, mas cujo contato posterior com o acusado pôde permitir a colheita de nomes de pessoas que realmente possuam elementos defensivos relevantes.

30 "*O princípio da legalidade é* nota essencial do Estado de Direito. É, também, por conseguinte, um princípio basilar do Estado Democrático de Direito, como vimos, porquanto é da essência do seu conto subordinar-se à Constituição e fundar-se na legalidade democrática. Sujeita-se ao império *da lei,* mas da lei que realize o principio da igualdade e da justiça não pela sua generalidade, mas pela busca da igualdade das condições dos socialmente desiguais. Toda a atividade fica sujeita à *lei,* entendida como expressão da vontade geral, que só se materializa num regime de divisão de poderes em que ela seja o ato formalmente criado pelos órgãos de representação popular, de acordo com o processo legislativo estabelecido na Constituição. É nesse sentido que se deve entender a assertiva de que o Estado, ou o Poder Público, ou os administradores não podem exigir qualquer ação, nem impor qualquer abstenção, nem mandar tampouco proibir nada aos administradores, senão em virtude de lei." DA SILVA. José Afonso. *Curso de direito constitucional positivo.* 22ª ed. São Paulo: Malheiros Editores. 2003, p

O **Defensor Público Paulista Bruno Bortolucci Baghim** noticia que o Tribunal de Justiça Bandeirante tem sido sensível a essa especificidade da defesa pública: "*Habeas Corpus.* Estelionato - Alega o impetrante que o indeferimento à substituição das testemunhas inicialmente arroladas fere o princípio da ampla defesa. Liminar concedida - suspenso curso da ação penal. Não se vislumbrando que o pedido para substituição das testemunhas se presta a protelar a aplicação da Lei penal e também em respeito à norma esculpida no artigo 5º, inciso LV, da Constituição Federal, concede-se a ordem – Ordem Concedida."

Segundo o Des. Relator "Salienta-se, inicialmente, que embora o artigo 397 do Código de Processo Penal, que rezava que: "Se não for encontrada qualquer das testemunhas, o juiz poderá deferir o pedido de substituição, se esse pedido não tiver por fim frustrar o disposto nos arts. 41, *in fine*, e 395" tenha sido alterado quando da promulgação da Lei nº 11.719/08, não mais contemplando a substituição das testemunhas, subsidiariamente deve-se aplicar o artigo 408 do Código de Processo Civil. (...)" e que "o rol elencado no artigo 408, do Código de Processo Civil não é taxativo e, assim sendo, não impede a autorização judicial para a substituição de testemunha que se fizer necessária para melhor elucidação do caso. Por outro lado, é de se ver que a prova testemunhal é de extrema relevância no processo penal (...)."[31]

Sobre a intimação do Defensor Público da expedição da carta precatória, **o Defensor Público Lucas Pampana Basoli** tem defendido que "a ausência de intimação pessoal do defensor público da expedição de carta precatória, bem como da data designada para realização da audiência no juízo deprecado, é causa de nulidade absoluta."

"A lamentável prática forense, principalmente nos Tribunais de Justiça dos Estados, é no sentido de ser desnecessária a intimação pessoal dos membros da Defensoria Pública, especialmente em relação à data designada para a realização da audiência no juízo deprecado, procedendo-se, quando muito, à cientificação do Defensor Público da expedição da carta precatória, posição com a qual não devemos concordar.

Nessa senda, o Defensor Público, por atuar em elevado número de feitos, não possui condições materiais e humanas de acompanhar pessoalmente o agendamento de audiências designadas por meio de carta precatória, decorrendo daí a necessidade de intimação pessoal, que muito longe de ser uma regalia, constitui verdadeira prerrogativa funcional inerente ao cargo que ocupa, e existe para garantir a efetivação da ampla defesa do assistido e a paridade de armas em relação ao Ministério Público, institutos de estatura constitucional."[32]

---

31 TJSP, *Habeas Corpus* nº: 0045658-33.2012.

32 Tese institucional, IV Encontro Estadual.

Aliás, a **Corte Interamericana** já se pronunciou sobre as garantias processuais: *"El artículo 8 de la Convención en su párrafo 1 señala que: Toda persona tiene derecho a ser oída, con las debidas garantías y dentro de un plazo razonable, por un juez o tribunal competente, independiente e imparcial, establecido con anterioridad por la ley, en la sustanciación de cualquier acusación penal formulada contra ella, o para la determinación de sus derechos y obligaciones de orden civil, laboral, fiscal o de cualquier otro carácter.*

Este artículo, cuya interpretación ha sido solicitada expresamente, es denominado por la Convención " Garantías Judiciales ", lo cual puede inducir a confusión porque en ella no se consagra un medio de esa naturaleza en sentido estricto. En efecto, el artículo 8 no contiene un recurso judicial propiamente dicho, sino el conjunto de requisitos que deben observarse en las instancias procesales para que pueda hablarse de verdaderas y propias garantías judiciales según la Convención.

Este artículo 8 reconoce el llamado "debido proceso legal", que abarca las condiciones que deben cumplirse para asegurar la adecuada defensa de aquéllos cuyos derechos u obligaciones están bajo consideración judicial. Esta conclusión se confirma con el sentido que el artículo 46.2.a) da a esa misma expresión, al establecer que el deber de interponer y agotar los recursos de jurisdicción interna, no es aplicable cuando no exista en la legislación interna del Estado de que se trata el debido proceso legal para la protección del derecho o derechos que se alega han sido violados.

El concepto de debido proceso legal recogido por el artículo 8 de la Convención debe entenderse como aplicable, en lo esencial, a todas las garantías judiciales referidas en la Convención Americana, aun bajo el régimen de suspensión regulado por el artículo 27 de la misma.

Relacionado el artículo 8 con los artículos 7.6, 25 y 27.2 de la Convención, se concluye que los principios del debido proceso legal no pueden suspenderse con motivo de las situaciones de excepción en cuanto constituyen condiciones necesarias para que los instrumentos procesales, regulados por la Convención, puedan considerarse como garantías judiciales. Esta conclusión es aún más evidente respecto del hábeas corpus y del amparo, a los que la Corte se referirá en seguida y que tienen el carácter de indispensables para tutelar los derechos humanos que no pueden ser objeto de suspensión."[33]

Em termos práticos, reputamos relevante a advertência do Advogado Kakay. "Para uma defesa técnica efetiva o defensor não deve ser influenciado pelo mé-

33 *CIDH, CORTE INTERAMERICANA DE DERECHOS HUMANOS, OPINIÓN CONSULTIVA OC-9/87, DEL 6 DE OCTUBRE DE 1987.*

rito da acusação. Ou seja, não deve se preocupar se o acusado é culpado ou inocente, mas sempre considerá-lo inocente e digno de defesa no processo. Ainda que culpado, o defensor é o único responsável pelo trabalho de exclusão da imputação. Se este também se deixar influenciar pela suposta responsabilidade, o réu resta indefeso, ainda que indireta ou imperceptivelmente."[34]

Pois bem, temos defendido a aplicação do ganho defensivo e contraditório do novo processo civil no processo penal. Trata-se da tese do máximo contraditório no processo penal: "O processo penal detém o contraditório máximo, o que lhe remete toda carga garantista do ordenamento processual vigente".

O processo possui uma natural e teleológica unidade (Cf. GRINOVER, Ada Pellegrini. *O processo em sua unidade – II*. Ed. Forense: Rio de Janeiro, 1984). Ele foi concebido para limitar o poder do Estado diante da investida do autor contra o réu, e vice-versa, sendo também pensado para reger a necessária interação entre seus sujeitos. Por isso, pode-se dizer que o processo goza de unidade marcada especialmente pelo contraditório, ao menos modernamente.

A Constituição Federal de 1988 consagrou essa ideia após garanti-lo para todo e qualquer tipo de processo (Cf. FERNANDES, Antônio Scarance. *Processo penal constitucional.* 2. Ed. Revista dos Tribunais: São Paulo, 2000, p. 56), ao impor que "aos litigantes, em processo judicial ou administrativo, e aos acusados em geral são assegurados o contraditório e ampla defesa, com os meios e recursos a ela inerentes" (artigo 5º, inciso LV).

Destarte, o artigo 150 da Constituição Federal de 1967, quando elencava os direitos e garantias individuais, tinha redação mais específica e menos conglobante: "a instrução criminal será contraditória, observada a lei anterior quanto ao crime e à pena, salvo quando agravar a situação do réu" (§ 16). A preocupação pelo rigor dialético preponderava, ao menos em tese, mais no processo penal que nos demais processos.

Por isso, grande parte dos processualistas civis contentava-se com o chamado princípio da bilateralidade, sendo desnecessário o efetivo contraditório. Para essa corrente, bastaria que a parte tivesse ciência da pretensão, a qual poderia simplesmente dispor de sua defesa ou banalizá-la. Contudo, após a Constituição Federal de 1988, tal concepção foi revisitada, para inserir o contraditório no âmago também do processo civil, o que o tornou mais democrático e garantidor dos direitos das partes e afastou a concepção rasa de mera dialética.

Atualmente, essa onda é chamada de "neoprocessualismo", de natureza científica e política, a qual relaciona o modelo de Estado (democrático de Direito), com seus instrumentos, dentre eles o processo.

34 CASTRO, Antonio Carlos de Almeida. Disponível em: <http://www.istoe.com.br>.

Destarte, o "neoprocessualismo" é construído a partir de hermenêutica constitucional, dos próprios valores supremos de cada Estado e sociedade, fazendo com que as Instituições sejam obrigatoriamente vinculadas à axiologia político-social estabelecida.

Em síntese, o processo, como gênero, possui necessariamente contraditório, mas em certa graduação, a qual se funda, em especial, nos direitos ou interesses postos em juízo [ou em risco], inevitavelmente.

Nessa linha, o processo penal é aquele que possui – ou deveria possuir – o mais efetivo, intenso e rico contraditório. De fato, para Antônio Scarance Fernandes (Cf. *Processo penal constitucional.* 2. Ed. Revista dos Tribunais: São Paulo, 2000, p. 52), que também admite tal graduação, o contraditório penal, diferentemente dos demais, há de ser pleno (durante todo o desenrolar da causa) e efetivo (que acarreta todos os meios reais de contradição). Para ele, o processo civil se contentaria com algo mais modesto e formal.

Então, poderíamos dizer que o contraditório seria graduado nos processos na seguinte ordem crescente: processo administrativo comum; processo administrativo disciplinar; processo civil com matéria disponível; processo civil em tema indisponível; processo civil do consumidor; processo do trabalho; processo civil coletivo; processo penal comum; e processo penal de júri (este, responsável pela plenitude da defesa).

Enfim, se adotada essa linha, teríamos um ganho garantista (teórico e prático) enorme ao processo penal, pois ele acumularia toda a carga contraditória dos outros processos, naturalmente, vale repetir, sempre em benefício da defesa. De fato, como o mais assecuratório dos processos, ele trará consigo todo o contraditório processual vigente, de forma cumulativa e razoavelmente lógica.

Pois bem. Aceito isso, passamos a apresentar a renovada carga contraditória do processo civil, decorrente do novo Código (Lei nº 13.105/15 – NCPC). Após sua promulgação, temos dito que vige o princípio do permanente e ininterrupto contraditório: com o NCPC, o contraditório não mais se limita a certos atos ou momentos do processo, mas deve existir durante todo ele, especialmente nas ocasiões decisórias.

Assim, "o juiz não pode decidir, em grau algum de jurisdição, com base em fundamento a respeito do qual não se tenha dado às partes oportunidade de se manifestar, ainda que se trate de matéria sobre a qual deva decidir de ofício" (artigo 10).

Destarte, o novo Código de Processo Civil apresenta o contraditório como algo essencial à existência da própria relação jurídica. Assim, não apenas a citação terá o papel de integralizar essa relação, mas ainda o constante diálogo entre os sujeitos do processo.

Aliás, o próprio fortalecimento da Defensoria Pública no processo civil (artigos 185 e seguintes) demonstra a essencialidade do contraditório e da participação, como forma de democratização dos procedimentos.

Mas, os efeitos são muitos desse novo olhar, sendo que algumas inovações legais já estavam consolidadas na jurisprudência, outras, porém, não. Vejamos:

1) o réu, mesmo revel, poderá produzir as suas provas que, se requeridas, impedirá o julgamento antecipado do mérito (artigos 349 e 355).

2) o NCPC, apesar do espírito colaborativo apresentado aos sujeitos do processo, traz expressamente o "direito da parte de não produzir provas contra si própria" (artigo 379).

3) o NCPC intensifica a participação dos assistentes técnicos das partes quando da realização da prova pericial (artigo 466, parágrafo segundo), que serão comunicados previamente das atividades. Além disso, houve o fomento do contraditório quando da apresentação do laudo em juízo (artigo 477, parágrafo primeiro).

4) o juiz poderá considerar os fatos novos da época da sentença, mas jamais poderá decidir sem a prévia manifestação das partes (artigo 493, parágrafo único).

5) outra grande inovação é aquela que impõe o contraditório também nos tribunais, mesmo em matérias cognoscíveis de ofício, conforme o novo artigo 933.

6) o novo Código prevê expressamente a possibilidade de embargos de declaração com efeitos infringentes, ou seja, que podem alterar o mérito da decisão, mas impõe o necessário contraditório (artigo 1.023, parágrafo segundo).

Também merece especial destaque o princípio da fundamentação específica e individualizada, o que inegavelmente contempla o contraditório, pois, dentre outros efeitos, exigirá o enfrentamento de cada tese apresentada pelas partes, pela defesa em especial (artigo 489). De fato, o que o NCPC exige é a revelação, lógica e articulada, dos critérios jurídicos eleitos pelo julgador ao decidir, pois os outros aspectos (sociais, políticos, pessoais etc.) já são perdidos no sentido de não serem exigidos, ou por não serem legítimos, ou por serem imunes à valoração jurídica.

Enfim, o dever da minuciosa motivação é uma garantia do próprio direito de ação e de defesa. De fato, é por ela que a parte conhecerá os ecos e reflexos de sua empreitada judicial. Nesse ponto, Barbosa Moreira lembra do princípio "*last but not least*", como a forma de "garantir o direito que têm as partes de ser ouvidas e de ver examinadas pelo órgão julgador as questões que houverem suscitados. Essa prerrogativa deve entender-se no direito de ação, que não se restringe, segundo a concepção hoje prevalecente, à mera possibilidade de por em movimento o mecanismo judicial, mas inclui o de fazer valer razões em Juízo de ‹modo efetivo›, e, por conseguinte, de reclamar do órgão judicial a consideração atenta dos argumentos e das provas trazidas aos autos. Ora, é na motivação que se pode averiguar se é em que medida o juiz levou em conta ou negligenciou o material oferecido pelos litigantes; assim essa parte da decisão constitui 'o mais válido ponto de referência' para controlar-se o efetivo respeito daquela prerrogativa" (Cf. Temas de direito processual. Segunda série. Artigo: A motivação das decisões judiciais como garantia inerente ao Estado de Direito. São Paulo, Saraiva, 1980, p. 88).

Por isso, se o novo modelo visa a enaltecer o direito constitucional de ação, bem como a intensificar o não menos relevante direito ao contraditório, deve prezar pela minuciosa motivação, de forma inflexível inclusive.

Enfim, o que se pode exigir é a completa fundamentação jurídica, sendo que "não se considera fundamentada qualquer decisão judicial, seja ela interlocutória, sentença ou acórdão, que se limitar à indicação, à reprodução ou à paráfrase de ato normativo, sem explicar sua relação com a causa ou a questão decidida (I); empregar conceitos jurídicos indeterminados, sem explicar o motivo concreto de sua incidência no caso (II); invocar motivos que se prestariam a justificar qualquer outra decisão (III); não enfrentar todos os argumentos deduzidos no processo capazes de, em tese, infirmar a conclusão adotada pelo julgador (IV); se limitar a invocar precedente ou enunciado de súmula, sem identificar seus fundamentos determinantes nem demonstrar que o caso sob julgamento se ajusta àqueles fundamentos (V); deixar de seguir enunciado de súmula, jurisprudência ou precedente invocado pela parte, sem demonstrar a existência de distinção no caso em julgamento ou a superação do entendimento (VI)", conforme artigo 489, parágrafo primeiro.

Se não bastasse, "no caso de colisão entre normas, o juiz deve justificar o objeto e os critérios gerais da ponderação efetuada, enunciando as razões que autorizam a interferência na norma afastada e as premissas fáticas que fundamentam a conclusão" (artigo 489, parágrafo segundo).

Em suma, o dever de fundamentação, de todas decisões, vale ressaltar, contempla a ideia de contraditório constante e perene que o NCPC pretende implementar, o que também o faz por outros meios e diversificadas vias.

O processo penal tem sido aperfeiçoado nessa última metade de século, no Brasil especialmente pós-88, seja por impulsos político-legislativos internos, seja por influxos internacionais (Convenção Interamericana dos Direitos Humanos – artigo 8º).

A título de exemplo, vale mencionarmos a regra da suspensão do processo e do prazo prescricional caso o réu revel não compareça, nem constitua defesa técnica, sendo excepcionais as hipóteses de antecipação de provas sem a sua presença (artigo 366, CPP – Lei nº 9.271/96), cuja decisão deverá ser fundamentada (súmula nº 455, STJ); o aperfeiçoamento do ato de interrogatório, que deverá contar necessariamente com assistência jurídica (artigo 185, CPP – Lei nº 10.792/03); a lapidação do direito de permanecer calado (artigo 186, CPP – Lei nº 10.792/03); a necessidade da defesa pública ou dativa ser fundamentada (artigo 261, parágrafo único, CPP – Lei nº 10.792/03); a regra da primazia da prova contraditória (artigo 155, CPP – Lei nº 11.690/08); e o interrogatório no final da instrução (artigo 400, CPP – Lei nº 11.719/08).

Entretanto, o novo Código de Processo Civil (Lei nº 13.105/15) promoveu um salto em muitos aspectos do contraditório e da participação dos sujeitos, atribuindo-lhes mais poderes de influência efetivos, mais espaços e responsabilidades.

Então, se adotada a linha da graduação aqui exposta, todo esse novo modelo há de ser estendido, no que couber, ao processo penal, mas de forma direcionada, ou seja, no exclusivo benefício da defesa.

De fato, apesar de previsões específicas de motivação das decisões (artigo 315, CPP, por exemplo), entendemos necessária a aplicação do artigo 489, parágrafo primeiro, ao processo penal, especialmente nas decisões que acarretem restrições de direitos individuais.

Também, além das novas regras já citadas acima, defendemos a possibilidade de antecipação de provas pelo acusado para evitar o recebimento da denúncia ou para a absolvição sumária (artigos 396-A e 397, CPP), ou para fins de concessão da liberdade provisória ou revogação da prisão preventiva, na linha do artigo 381 do novo CPC, com ênfase ao inciso III: "a produção antecipada da prova será admitida nos casos em que (...) III – o prévio conhecimento dos fatos possa justificar ou evitar o ajuizamento da ação".

Ainda se apresenta como novo corolário do contraditório a retirada do juízo de admissibilidade recursal do juízo recorrido (artigo 1010, § 3º, NCPC), o que deverá ser estendido ao processo penal. Da mesma forma, aplicar-se-á a regra do prequestionamento implícito caso apresentados os embargos de declaração, mesmo que inadmitidos ou rejeitados (artigo 1025, NCPC).

Por fim, vale a pena uma **relevante advertência**: o novo Código de Processo Civil, embora tenha intensificado o contraditório, também se preocupou com a operabilidade do modelo e celeridade do rito e das cognições – tendo em vista um ideal de instrumentalidade –, aspectos que, via de regra, não devem ser expandidos ao processo penal, sob pena de retrocessos. Por exemplo, o NCPC ampliou as hipóteses de recurso de apelação sem o efeito suspensivo (artigo 1012), tendência que deve afastar-se cada vez mais do processo penal nas hipóteses de sentenças condenatórias ou de absolvição imprópria.

Outro exemplo na dispensa da prova pericial, quando o NCPC reconhece eventual utilidade na "prova técnica simplificada", que não tem as formalidades da primeira. Então, "de ofício ou a requerimento das partes, o juiz poderá, em substituição à perícia, determinar a produção de prova técnica simplificada, quando o ponto controvertido for de menor complexidade" (artigo 464, parágrafo segundo). Resta evidente que essa permuta não pode ser admitida em prejuízo da defesa.

Enfim, a tese ora apresentada tem por objetivo – certamente sem esgotar o tema - levar ao processo penal todo o ganho democrático e participativo que o processo civil obteve com a nova lei processual, especialmente por conta do seu máximo e mais profundo contraditório, sem prejuízo das regras de garantia já existentes (presunção de inocência, "in dubio pro reo" etc.) e sempre em favor do direito supremo à liberdade, ou seja, sem retrocessos para a defesa.

5. A ATUAÇÃO NA FASE PRÉ-PROCESSUAL

Hoje, **a prisão provisória é excepcional e subsidiária**. Mas, na prática, infelizmente, ela é tida como início de pena, isso quando não é aplicada apenas para assegurar a citação pessoal do denunciado e garantir o curso do processo, mormente quando é pessoa em situação de rua. Como se o processo tivesse um fim em si mesmo e a liberdade individual cedesse em favor da atividade estatal. Em outros termos, há uma inversão axiológica, pois é o indivíduo que arca com o custo de obrigações atribuídas ao Estado-julgador.

"A *prisionalização* é o processo de assimilação que sofre o apenado dos *valores* da *subcultura carcerária.* A microssociedade apresenta um processo de aculturação, no qual o apenado vai paulatinamente se adaptando aos usos e costumes próprios para poder sobreviver. Assim, adota novos *hábitos de vida,* ditados pela *subcultura carcerária,* que incontestavelmente modelam a personalidade do condenado constituindo-se em fator adverso à sua reinserção futura na macrossociedade.

Em minha experiência como diretor de uma penitenciária no Estado do Rio de Janeiro ainda está bem presente a diferença de *valores* entre a macro e a microssociedade.

Por óbvio que no processo de *prisionalização* muito contribui a *personalidade* e o *status socioeconômico do apenado* diante da submissão dos valores negativos impostos para o convívio carcerário durante longo tempo de reclusão."[35]

35 "As instituições são, além de organizações formais, sistemas sociais informais, com códigos de comportamento bem definidos, que proporcionam ambiente para a aprendizagem de novas respostas sociais e refor-

Além dessa "cultura carcerária", deve o Defensor Público refletir muito bem na apreciação de um auto de prisão em flagrante, não apenas pela cultura do cárcere, mas pela sua situação precária e a possível inocência. Pelos mesmos motivos, deve o Juiz ter muita responsabilidade e consciência ao negar um pedido de liberdade provisória ou ao converter uma prisão em flagrante em prisão preventiva.

Sobre as condições do cárcere brasileiro, vale repetir. "A Masmorra fica em frente à gaiola de entrada do pavilhão. É guardada por uma porta maciça, ao lado da qual uma placa avisa que é terminantemente proibida a entrada de qualquer pessoa não autorizada. São oito celas de um lado da galeria escura e seis do outro, úmidas e superlotadas. O número de habitantes do setor não é inferior a cinquenta, quatro ou cinco por xadrez, sem sol, trancados o tempo todo para escapar do grito de guerra do Crime.

– Vai morrer!

Ambiente lúgubre, infestado de sarna, muquirana e baratas que sobem pelo esgoto, durante a noite, ratos cinzentos passeiam pela galeria deserta.

A janela do xadrez é vedada por uma chapa de ferro fenestrada, que impede a entrada de luz. Por falta de ventilação, o cheiro de gente aglomerada é forte e a fumaça de cigarro espalha uma bruma fantasmagórica no interior da cela. Tomar banho exige contorcionismo circense embaixo do cano na parede ou na torneira da pia, com uma caneca."[36]

ço ou inibição de antigas respostas. (...)
Há muito pouca pesquisa registrada sobre os efeitos *pós-prisão* do encarceramento. Bondesen (1969) constatou que o conhecimento da *gíria carcerária* (usada como índice de socialização na cultura dos detentos), por parte de violadores da norma juvenis do sexo feminino, aumentava com o prolongamento da estada numa escola correcional e relacionava-se positivamente com a reincidência nos cinco anos após a libertação.
Bondesen deveria ter estudado a *delinquência autodenunciada dos não detentos* para vencer a objeção de que a vigilância policial e, portanto, a detenção de delinquentes considerados mais socializados seria maior do que a dos considerados menos socializados.
Os detentos privados de contato com o mundo exterior estão literalmente 'isolados', em um universo em que o delito é a regra. Isso será provavelmente exato até mesmo em instituições de finalidades reconhecidamente terapêuticas, tais como as dedicadas aos violadores da norma juvenis. Uma abordagem intermediária é a proporcionada pelos *albergues* situados em cidades pequenas, onde os jovens residem, mas de onde saem durante o dia para exercer empregos comuns, voltando à noite. Assim, teriam algum contato com os *não delinquentes* por designação oficial.
Existe, tipicamente, uma *cultura carcerária,* que fornece um conjunto de comportamentos aprovados pelos demais detentos, o que constitui apoio social. Sua organização é hierárquica, de modo que os que ocupam as posições mais elevadas possam continuar a gozar de considerável autoestima. Muitos detentos tiveram a vivência dessa *cultura* em prisões anteriores e alguns terão conhecido experiências preparatórias em instituições para violadores da norma juvenis." DA COSTA, Álvaro Mayrink. *Direito Penal – parte geral.* Rio de Janeiro: 2007, p. 81.

36 VARELLA, *Estação Carandiru.* Companhia das letras. P. 24.

Não por acaso, "o ministro da Justiça, **José Eduardo Cardozo**, disse que **"se fosse para cumprir muitos anos na prisão em alguns de nossos presídios, preferia morrer"**. Ele reconheceu ainda que "temos um sistema prisional medieval, que não só desrespeita os direitos humanos como também não possibilita a reinserção."[37]

Notem o que diz **José Carlos Dias, ex-Ministro da Justiça. "Encaro a cadeia como um mal;** não se recupera ninguém privando a liberdade. Mas é necessária? Sim, nos casos extremos.

Acho absurdo mandar um garoto para a prisão por fumar maconha ou pela prática de um furto de pequeno valor, por exemplo. Quando fui ministro da Justiça [de julho de 1999 a abril de 2000], desenvolvi a campanha do Direito Penal Mínimo, na tentativa de reformular todo o sistema penal e estabelecer penas alternativas para os crimes mais brandos.

Corri o Brasil em audiências públicas e criei uma comissão de juristas para a tarefa. Mas não consegui que o projeto deslanchasse no Congresso Nacional. E tudo está cada vez mais difícil. Como a violência hoje é enorme, existe reação contrária muito forte por parte da população. Na verdade, o Direito Penal Mínimo é um modelo italiano, que se opõe à proposta da ideologia da lei e da ordem da linha norte-americana, de 'tolerância zero'."[38]

Demais disso, **a prova preliminar que instrui os autos de prisão em flagrante são, em geral, precárias, unilaterais e tendenciosas**. Na verdade, os policiais buscam, ainda que inconscientemente, justificar suas abordagens. Não raras vezes, partem de diretrizes generalizadoras e preconceituosas de abordagem. Colocam na mesma vala os responsáveis e os inocentes, apenas por ocuparem o mesmo espaço na ocasião. Notem o relato trazido na obra "Estação Carandiru", que bem reflete essa postura:

"Os homens entraram com cachorro e metralhadora. Abriram a porta do xadrez e deram voz para a gente sair pelado, colar as mãos na parede da galeria e não olhar direto na cara deles. Acharam uma grinfa ainda com sangue dentro, de baixo da cama do Coça-Coça. **Nem indagaram pelo pai da criança**, já saíram dando paulada em nós todos, com a pastorzada pegando doído."[39]

Por tais motivos, hoje, a prisão provisória é (ou deveria ser) excepcional, somente aplicada nos casos necessários, desde que outras medidas não se apresentem suficientes.

---

37 <http://www.conectas.org>.

38 DIAS, José Carlos. Escola de Justiça. São Paulo: Imprensa Oficial, 2010, p. 194/195.

39 VARELLA, *Estação Carandiru*. Companhia das letras, *passim*.

"Neste terreno, excepcionalidade, necessita e proporcionalidades devem caminhar juntas.

Ademais, a excepcionalidade deve ser lida em conjunto com a presunção de inocência, constituindo um princípio fundamental de civilidade, fazendo com que as prisões cautelares sejam (efetivamente) a *ultima ratio* do sistema, reservadas para os casos mais graves, tendo em vista o elevadíssimo custo que representam. O grande problema é a massificação das cautelares, levando ao que Ferrajoli denomina 'crise e degeneração da prisão cautelar pelo mau uso'.

No Brasil, as prisões cautelares estão excessivamente banalizadas, a ponto de primeiro se prender, para depois ir atrás do suporte probatório que legitime a medida. Ademais, está consagrado o absurdo primado das hipóteses sobre os fatos, pois se prende para investigar, quando, na verdade, primeiro se deveria investigar, diligenciar, para somente após prender, uma vez suficientemente demonstrados *o fumus commissi delicti e o periculum libertatis.*

Com razão, Farrajoli (Luigi, Derecho y Razón, p. 776 e ss) afirma que a prisão cautelar é uma pena processual, em que primeiro se castiga e depois se processa, atuando com caráter de prevenção geral e especial e retribuição. Ademais, diz o autor, se fosse verdade que elas não têm natureza punitiva, deveriam ser cumpridas em instituições penais especiais, com suficientes comodidades (uma boa residência) e não como é hoje, em que o preso cautelar está em situação pior do que a do preso definitivo (pois não tem regime semiaberto ou saídas temporárias).

Na lição de Carnelutti (Francesco. *Lecciones sobre el Proceso Penal. Trad. Santiago Santis Melendo.* Buenos Aires, Editora Bosch, v. II, 1950, p. 75), 'as exigências do processo penal são de tal natureza que induzem a colocar o imputado em uma situação absolutamente análoga ao de condenado. É necessário algo mais para advertir que a prisão do imputado, junto com sua submissão, tem, sem embargo, um elevado custo? O custo se paga, desgraçadamente em moeda justiça, quando o imputado, em lugar de culpado, é inocente, e já sofreu, como inocente, uma medida análoga à pena: não esqueça de que, se a prisão ajuda a impedir que o imputado realize manobras desonestas para criar falsas provas ou para destruir provas verdadeiras, mais de uma vez prejudica a justiça, porque, ao contrário, lhe impossibilita de buscar e de proporcionar provas úteis para que o juiz conheça a verdade.

A prisão preventiva do imputado se assemelha a um daqueles remédios heroicos que devem ser ministrados pelo médico com suma prudência, porque podem curar o enfermo, mas também pode ocasionar-lhe um mal mais grave; queria uma comparação eficaz se possa fazer com a anestesia, e sobretudo com a anestesia geral, a qual é um meio indispensável para cirurgia, mas ah se este abusa dela!'."[40]

Além disso, finalmente a lei adotou **o princípio do paralelismo das prisões,** segundo o qual somente se admite prisão provisória se for possível, em tese, consideradas todas as circunstâncias, a prisão como pena final.

"Significa dizer que o juiz deve sempre atender para a relação existente entre a eventual sanção cominada ao crime em tese praticado, e aquele imposta em sede de medida cautelar, para impedir que o imputado seja submetido a uma medida cautelar que revele mais gravosa do que a sanção porventura aplicada ao final. É inadmissível submeter alguém a uma prisão cautelar quando a sanção penal aplicada não se constitui em pena privativa de liberdade.

E mais, deve ainda o juiz estar atento para evitar uma prisão cautelar em crimes praticados sem violência ou grave ameaça à pessoa, em que a eventual pena aplicada terá de ser, necessariamente, substituída por pena restrita de direitos.

Neste sentido, certeiras são as palavras de Bardaró, quando sintetiza que deverá haver uma proporcionalidade entre a medida cautelar e a pena a ser aplicada. (...) O juiz deverá também verificar a probabilidade de que ao final se tenha que executar uma pena privativa de liberdade. (...) Se a prisão preventiva, ou qualquer outra prisão cautelar, for mais gravosa que a pena que se espera ser ao final imposta, não será dotada do caráter de instrumentalidade e acessoriedade inerentes à tutela cautelar. Mesmo no que diz respeito à provisoriedade, não se pode admitir que a medida provisória seja mais severa que a medida definitiva que a irá substituir e que ela deve preservar."[41]

Em termos de política legislativa, no momento, estamos lutando pela aprovação da lei que impõe **a audiência de custódia**. "Maffezzoli ressaltou também a importância do Projeto de Lei do Senado nº 554/2011, que altera o § 1º do art. 306 do Código de Processo Penal. O projeto visa impor o prazo de 24 horas para que a pessoa presa seja apresentada pessoalmente à autoridade judicial após o flagrante. Denominado audiência de custódia, este momento servirá para que o juiz verifique a legalidade da prisão e a possibilidade de aplicar medidas cautelares alternativas, além de certificar-se de que o acusado não foi torturado.

'Atualmente, uma pessoa acusada de crime é ouvida pela primeira vez pelo juiz do caso em sua audiência, que acontece em média depois de três meses que ela já está presa' afirmou o Defensor.

Como bem esclareceu Maffezzoli, essa situação, além de inconstitucional, está em desacordo com normas internacionais (*Pacto San José da Costa Rica*,

---

40 LOPES JÚNIOR, Auri. *Direito Processual Penal.* 9ª ed. São Paulo: Saraiva: 2012, p. 792.

41 LOPES JÚNIOR, Auri. *Direito Processual Penal.* 9ª ed. São Paulo: Saraiva: 2012, p. 795.

firmado pela Organização dos Estados Americanos - OEA) que asseguram que o preso deve ser levado ao encontro do juiz em prazo razoável.

Ao longo do dia, o tema da Audiência de Custódia esteve presente em diversas discussões. Pela manhã, ao tocar nas dificuldades da atuação da defesa na decisão sobre prisão provisória, o advogado Andre Kehdi, Diretor do IDDD, apontou a importância de garantir, por meio da obrigatoriedade de apresentação da pessoa presa em juízo, o contato também com um advogado de defesa ou defensor público.

Ina Zoon, representante de Open Society Foundations, organização internacional que apoia os projetos da Rede Justiça Criminal, ponderou que é uma proposta interessante para o Brasil replicar medidas que foram adotadas em outros países da América Latina, como Chile e Costa Rica, no sentido de garantir a Audiência de Custória na fase de instrução criminal e privilegiar a aplicação de medidas cautelares, como complemento a isso. 'Vemos que medidas cautelares não se aplicam ou se aplicam muito pouco, então a tendência é recair na lógica de prisão preventiva ou liberdade; não é possível que não haja uma audiência para análise de medidas cautelares, em que os atores discutam um controle de legalidade na detenção - por aí vão os papéis do DIPO, da Defensoria, da defesa em geral, em fluxos que não se completam', observou sobre o Brasil."[42]

De fato, não é prescindível lembrar que normas internacionais que impõem a imediata apresentação da pessoa presa ao sistema de Justiça e aos seus atores. Por oportuno, vale lembrar que o **art. 9º, 3, do Pacto Internacional sobre Direitos Civis e Políticos (Pacto de Nova Iorque)**, ratificado pelo Brasil e incorporado ao ordenamento jurídico interno pelo Decreto nº 592 de 06 de julho de 1992, assim dispõe, o que reafirma o direito de presença: *"ARTIGO 9 [...] 3. Qualquer pessoa presa ou encarcerada em virtude de infração penal* ***deverá ser conduzida, sem demora, à presença do juiz*** *ou de outra autoridade habilitada por lei a exercer funções judiciais e terá o direito de ser julgada em prazo razoável ou de ser posta em liberdade. A prisão preventiva de pessoas que aguardam julgamento não deverá constituir a regra geral, mas a soltura poderá estar condicionada a garantias que assegurem o comparecimento da pessoa em questão à audiência, a todos os atos do processo e, se necessário for, para a execução da sentença."* Na mesma linha, o **art. 7º, 5, da Convenção Americana de Direitos Humanos (Pacto de *San José da Costa Rica*)**, ratificada pelo Brasil e incorporada ao ordenamento jurídico interno pelo Decreto nº 698 de 06 de novembro de 1992, impõe: *"Artigo 7º - Direito à liberdade pessoal. [...] 5. Toda pessoa presa, detida ou retida* ***deve ser conduzida, sem demora, à presença de um juiz*** *ou outra autoridade*

42 Disponível em < http://www.iddd.org.br>

autorizada por lei a exercer funções judiciais e tem o direito de ser julgada em prazo razoável ou de ser posta em liberdade, sem prejuízo de que prossiga o processo. Sua liberdade pode ser condicionada a garantias que assegurem o seu comparecimento em juízo."

Pois bem. Sobre a audiência de custódia, após muita pressão de Instituições (da Defensoria Pública inclusive – a primeira edição desse livro, de 2012, já se referia ao ato) e Entidades de defesa da liberdade individual, o Conselho Nacional de Justiça – CNJ aprovou resolução que regulamenta a atividade em todo Brasil.

Segundo notícia oficial, "as audiências de custódia foram regulamentadas pelo Conselho Nacional de Justiça (CNJ) nesta terça-feira (15/12 – de 2015), durante a 223ª Sessão Ordinária. Aprovada por unanimidade, a Resolução detalha o procedimento de apresentação de presos em flagrante ou por mandado de prisão à autoridade judicial competente e possui dois protocolos de atuação – um sobre aplicação de penas alternativas e outro sobre os procedimentos para apuração de denúncias de tortura. Os tribunais terão 90 dias para implantar em todo território nacional as disposições a partir de 1º de fevereiro de 2016, data em que a resolução entrará em vigor. (...)

Referendando diversos pactos internacionais assinados pelo Brasil, o documento está respaldado por duas decisões recentes do Supremo Tribunal Federal (STF) que confirmaram a legalidade das audiências de custódia durante o julgamento da Ação Declaratória de Preceito Fundamental 347 e da Ação Direta de Inconstitucionalidade 5.240. (...)

O relator da matéria, conselheiro Bruno Ronchetti, destacou o êxito como o projeto do CNJ foi pensado e executado, destacando sua aptidão para o combate à cultura do encarceramento e também visando a efetividade da defesa dos direitos humanos. (...)

A resolução determina a obrigatoriedade da apresentação pessoal do preso em flagrante, como também daquele preso por mandado de prisão, a um juiz no prazo de 24 horas, inclusive em fim de semana e feriado. O texto confirma a necessidade da presença do Ministério Público e do defensor durante a audiência, reafirmando a indispensabilidade do prévio contato entre o preso e seu advogado ou defensor público" (Cf. Portal CNJ: http://www.cnj.jus.br/noticias/cnj/81192-aprovada-resolucao-que-regulamenta-as-audiencias-de-custodia).

Aliás, é o mesmo direito de presença, esse "olho no olho", que inspira a audiência de custódia, mas também a excepcionalidade da audiência por videoconferência, princípio que deve nortear a interpretação do artigo 185 do CPP, recentemente alterado pela Lei nº 11.900/2009.

Ilustrativamente, o TRF da 3ª Região reafirmou taxativamente essa excepcional aplicação: *"(...) 3.* ***O interrogatório por videoconferência é medida excepcional*** *que reclama, para sua realização, motivação idônea calcada na concreta situação apresentada e observação às disposições legais previstas no art. 185, § 2º, do Código de Processo Penal, providências não atendidas* in casu. *4. Ordem concedida em parte apenas e tão somente para garantir que o interrogatório do paciente na ação penal em trâmite perante o juízo impetrado seja realizado pessoalmente, e não por videoconferência. 5. Extensão* ex officio *dos efeitos aos demais corréus em mencionada ação penal, nos termos do art. 580 do Código de Processo Penal."* (TRF3, HC nº 0017168-39.2013.4.03.0000, 1ª T., Rel. Paulo Domingues, DJE 15.10.2013).

Quanto à **visão ainda patrimonialista e seletiva do Poder Judiciário**, especialmente por alguns de seus Órgãos julgadores, vale a pena registrarmos a indignação do Desembargador Relator ao aplicar a lei e, consequentemente, conceder a liberdade provisória ao suposto responsável por um crime de furto, a pedido da Defensoria Pública paulista (Impetrante o Defensor Público Luiz Eduardo de Toledo Coelho), mediante a dispensa da fiança, diante das condições econômicas do preso. Trata-se do habeas corpus nº 0215018-63.2012.8.26.0000, relatado pelo Des. Edison Brandão, que integra a 4º Câmara Criminal do TJSP.

Segundo ele, "a prisão se mostrava cabível como garantia da ordem pública" e que "o furto, ainda que não cometido com violência ou grave ameaça à pessoa, é crime grave, sendo que os delitos contra o patrimônio, sem dúvida, têm sido motivo de insegurança e desassossego para a comunidade, abalando o convívio em sociedade, razão pela qual devem receber das autoridades a necessária repressão."

Além disso, veja desespero de alguém que, além da desgraça econômica que vive, ainda deve permanecer na prisão apenas por esse motivo, ou, segundo o Desembargador, porque "não comprovou vínculo com o distrito da culpa". Acrescentou "a fixação de qualquer medida cautelar diversa da prisão é inócua, posto que exige do beneficiado senso de responsabilidade e disciplina, e não tem como se fiscalizar o seu cumprimento, se a pessoa não tem local certo para ser encontrada e intimada dos atos processuais, como no presente caso."

Ou seja, como o cidadão não tem nada, como vive em um "nadifúndio", é considerado uma ameaça à ordem pública.

Finalmente, quando dispensa a fiança ao pobre homem pobre, conforme o artigo 350 do Código de Processo Penal, lamenta a opção do legislador. "Tentou, portanto, o legislador, tutelar a igualdade, permitindo tanto às pessoas de boas condições financeiras quanto às pessoas pobres, na acepção jurídica do termo, a liberdade. Conseguiu, contudo, a garantia da impunidade aos hipossuficientes financeiros."

Ou seja, em outras palavras, entende o nobre Relator que a sociedade acaba pagando o preço dessa igualdade.

Mas, a esperança resiste. **Em 2013, a Defensoria Pública do Estado de São Paulo aprovou a tese institucional**, de autoria dos Defensores Públicos Bruno Shimizu, Patrick Lemos Cacicedo, Verônica dos Santos Sionti e Bruno Girade Parise, **no sentido de que a decisão de fixa a fiança tem por efeito automático a liberdade do preso, independentemente de seu pagamento**. "A fixação de fiança pelo juízo ou a manutenção da fiança arbitrada pela autoridade policial deve implicar a imediata expedição de alvará de soltura e seu efetivo cumprimento".

Segundo eles, após a Lei n. 12.403/2011, que alterou o Código de Processo Penal, a prisão provisória durante a decisão de fixa a fiança e seu efetivo pagamento carece de título ou justificativa jurídica, "eis que a decisão judicial que concede a liberdade provisória com fiança é fundamentada no sentido de não estarem presentes os requisitos da prisão e, mesmo assim, permanece preso pelo simples fato de ser pobre. Ou seja, trata-se de prisão cautelar atípica, desprovida de mandado judicial e, portanto, ilegal.

A decisão que fixa fiança, pela sistemática do CPP, deve acarretar imediata expedição de alvará de soltura, fixando-se prazo para recolhimento da fiança e, caso não seja paga, tornarem os autos conclusos para que o juiz altere a medida cautelar e, em último caso, decrete a prisão preventiva nos termos do artigo 312, parágrafo único, do CPP. Isso porque, na atual sistemática das medidas cautelares, a fiança passa a ser entendida como uma medida cautelar autônoma, e não como mera contracautela, como era o entendimento anterior à entrada em vigor da lei n. 12.403/11. A prática de condicionar a soltura ao pagamento da fiança é ilegal e, a rigor, constitui crime de abuso de autoridade, na medida em que se mantém uma pessoa presa cautelarmente sem uma decisão judicial que reconheça a presença dos requisitos para tanto e, assim, decrete a prisão. Ninguém pode permanecer preso cautelarmente sem uma decisão judicial fundamentada que decrete a prisão. Isso, contudo, é o que ocorre na manutenção da prisão anômala daquele que não paga a fiança."

Ou seja, arbitrada a fiança, supera-se a prisão em flagrante e afasta-se a prisão preventiva, sendo incabível a manutenção do cárcere enquanto não integralizado pagamento. Perfeita ideia. Mãos à obra.

6. A DEFESA EM BUSCA DA LEGÍTIMA E ISENTA INSTRUÇÃO PENAL

A questão em pauta, agora, **é a prova penal**. A tônica do processo-crime.

A vítima, na grande parte das vezes, busca uma compreensão lógica para os fatos ocorridos. E não raras vezes, ela cria, no seu imaginário, situações explicativas do evento para seu próprio conforto psicológico. Uma paranoia. E isso é maior quando ela tenha concorrido para o ato ilícito ou o delito, mas que, por fatores outros, não reconhece sua falha e atribui ao acusado todas as causas e móveis do fato.

Um exemplo banal: a vítima de uma agressão dificilmente reconhece sua anterior provocação. Para ela, é mais confortável que a conduta lesiva tenha sido alheia ao seu comportamento, pois reconhecer uma inicial provocação sua seria o reconhecimento da culpa. O ser humano, por instinto, não goza de razão diversa.

Isso é muito prejudicial para a defesa, especialmente na dosimetria da pena, na fixação da pena-base. Outras vezes ainda, nessa busca pelas causas e circunstâncias, preferencialmente lógicas, a vítima acaba por escolher certos culpados. Ela não aceita que a lesão aos seus bens reste inexplicável ou destituída de uma autoria bem definida. **Isso também lhe conforta.**

Em fevereiro de 2014, noticiou-se na mídia que um ator de novelas da Rede Globo havia sido confundido com suposto autor de roubo, no Rio de Janeiro. Detalhes: ele era negro, vestia bermuda e caminhava pelas ruas de um bairro carente carioca. Era o suficiente para a vítima reconhecê-lo como o responsável, quando levado à Delegacia de Polícia daquela circunscrição, com o auxílio de um policial civil que passava pelo local. Foram mais de quinze dias de prisão provisória, até que tudo foi esclarecido. Porém, restou a indignação, que fez-me, assim, manifestar no *Facebook*: **A sorte de ser ator global.** Há alguns dias, no Rio de Janeiro, um homem negro foi preso em flagrante e autuado por crime de roubo, situação que já durava mais de 10 dias, período no qual o suposto autor do delito permaneceu no Presídio Patrícia Acioli, em São Gonçalo, numa cela com outros 15 detentos, segundo a notícia. Conforme depoimento da vítima, "o homem estava de camiseta e bermuda preta, era negro e tinha o cabelo estilo *black power*". Um policial confirmou o depoimento dela. Pronto: combinação perfeita para mais uma prisão e, com certeza, uma denúncia, um processo-crime, uma condenação, alguns anos no cárcere e maus antecedentes na sua folha. Mais exclusão e desemprego. Seria um desfecho certo se o preso não fosse um ator da Rede Globo. Sorte! Era um ator que havia contracenado na novela "lado a lado". Agora, a suposta vítima retratou-se e o Tribunal do Estado concedeu a liberdade ao rapaz.

Porém, nem todos têm o mesmo destino. Muitas e muitas pessoas, em geral pobres e negros, são injustamente levados ao nosso prazeroso e agradável cárcere e lá permanecem por anos. Essa é a seletividade do nosso direito penal que mais serve para sustentar o status da elite brasileira, a estagnação social, ou, ainda, apresenta-se como instrumento de poder pelo poder. Pior, contra os mais fracos. No Brasil, inexiste igualdade, não há "lado a lado" de todos, e a maioria permanece como coadjuvantes de uma novela que dia a dia se repete. Amanhã, confiram no "vale a pena ver de novo".

De fato, amanhã esse mesmo sistema seletivo-punitivista faz "a próxima vítima". Para ela, "malhação". Mas, em alguns dias, inicia-se o carnaval na "avenida Brasil". A "Maria do bairro", com seu "corpo dourado", samba e o "rei do gado", por sua vez, sorri. É festa. A solução, a mudança? Nada, jamais, "para além do horizonte". Afinal, tudo isso funciona como um "carrossel".

Portanto, diante de um contexto acusatório já estabelecido, a vítima, quase que inconscientemente, aproveita a ocasião para confirmar e personificar a acusação. Certa vez, em audiência de continuação em processo de apuração de ato infracional, supostamente praticado por dois adolescentes, percebi insegurança na descrição do adolescente ali presente pela vítima e solicitei seu reconhecimento pessoal.

Ainda na sala de audiência, a descrição era genérica de ambos. "Um era alto, moreno e forte e, o outro, franzino e pequeno". Quando entramos na sala de reconhecimento, encontravam-se, doutro lado, o suposto adolescente alto e forte e, ainda, outro, alheio ao processo, mas magro e baixo, colocado ali apenas como paradigma.

Com titubeios, a vítima disse que reconhecia o adolescente alto e forte ("acho que é ele mesmo Doutor"- disse ao juiz). Então, não hesitei e perguntei se ele reconhecia o outro adolescente como sendo o outro responsável pelo ato. Afoito, disse: "acho que ele participou também!".

Nesse momento, consegui a "absolvição". Não posso garantir que o adolescente ali julgado realmente não teria participado, mas o comportamento inconscientemente tendencioso da vítima me fez refletir sobre o seu estado psicológico e optei por utilizá-lo como instrumento de defesa.

Então, quando a vítima disse que reconhecia o adolescente que certamente não participou da empreitada, confirmei minha tese e ganhamos a ação.

Como bem pondera Altavilla, mencionado por Nucci: "A vítima é pessoa diretamente envolvida pela prática do crime, pois algum bem ou interesse seu foi violado, razão pela qual pode estar coberta por emoções perturbadoras do seu processo psíquico, levando-a à ira, ao medo, à mentira, ao erro, às ilusões de percepção, ao desejo de vingança, à esperança de obter vantagens econômicas e à vontade expressa de se desculpar – neste último caso, quando termina contribuindo para a prática do crime."[43]

43 NUCCI, Guilherme de Souza. *Manual de Processo Penal e Execução Penal.* 2ª ed. rev. e atual., Revista dos Tribunais, 2006.

Ainda na seara probatória, a prova da materialidade não se limita à apreensão do objeto material do suposto delito, mas deve indicar, de forma mais que verossímil, a ligação com o suposto crime. **É a materialidade vinculada**.

Com efeito, no desenrolar da dialética processual penal, a defesa, comumente, se restringe a contestar as provas de autoria, quase que desprezando a questão da materialidade do crime imputado.

Não é incomum notarmos certa conformação da defesa com a mera apreensão da droga bem acondicionada, do veículo subtraído, do documento falso ou do material pirata. Às vezes, nos esquecemos de analisar, questionar laudos e perícias, pertinentes ao objeto material que muito bem poderia nos levar à absolvição. De fato, essa prova deve ser sólida e robusta o suficiente para vincular tal objeto com o suposto delito.

Realmente, tais provas devem demonstrar, **além da materialidade física, a materialidade circunstancial.** Por exemplo, no tráfico, é imprescindível a abordagem de questões como o local da apreensão, a forma da embalagem, a quantidade da droga, a existência de dinheiro fracionado (considerando que, de regra, notas elevadas de dinheiro, não indicam a mercancia), a existência da clientela, etc. Em outros termos, a mera apreensão da droga não se mostra suficiente para indicar o tráfico.

Por oportuno, devemos observar que meros depoimentos policiais sobre as circunstâncias da conduta, se isolados nos autos, não é bastante para a condenação. A prática nos demonstra que, segundo eles, qualquer lugar no qual é feita a apreensão do produto se transforma em ponto de venda de drogas, sem muito esforço imaginário.

O veículo apreendido com Tício não deve satisfazer a defesa e o juízo sobre a ocorrência do roubo. Elementos como o local da subtração, o período entre o fato e a apreensão, bem como as condições do objeto são de obrigatória abordagem.

Em suma, **a prova da materialidade ultrapassa, sobremodo, a simples apreensão do objeto, mas sugere robusta e concreta demonstração circunstancial das nuanças de cada crime supostamente praticado.**

Aliás, **a prova meramente indiciária é muito perigosa. Adalberto José Q. T. de Camargo Aranha[44] há muito já advertia:**

"Embora não leve à certeza, a jurisprudência tem admitido a condenação quando a prova indiciária for veemente ou então quando várias pequenas circunstâncias sejam concordes até em detalhes.

44 *Da Prova No Processo Penal.* São Paulo: Saraiva.

Um único indício pode levar à condenação, desde que veemente: foi visto saindo da casa da vítima com a arma na mão; logo após o furto, foi preso dirigindo o automóvel apossado; a erva proibida estava no chão, ao seu pé, quando da batida policial etc.

Por indício veemente entende-se aquele que, dada a sua natureza, permite razoavelmente afastar todas as hipóteses favoráveis ao acusado.

Às vezes uma sucessão de pequenos indícios, coerentes e concatenados, igualmente podem dar a certeza exigida para a condenação. Adquiriu uma arma de fogo, prometeu e tinha razões para eliminar a vítima, esta foi morta a tiros de revólver e, por fim, desapareceu após o crime.

Em tal hipótese não encontramos um indício que possa ser classificado como veemente, porém a sucessão e a coerência indicam a autoria com uma dose de razoabilidade bem marcante.

Partindo-se do princípio de que a sentença condenatória criminal só é admissível e possível mediante uma certeza plena, não sendo admitida pelo possível ou pelo provável, não fornecendo a prova indiciaria uma certeza plena, não serve ela e somente ela como alicerce de uma decisão penal condenatória. Há, sem dúvida, uma profunda incompatibilidade entre a certeza exigida para a sentença e a prova indiciária, que de forma alguma leva à certeza exigida.

Temos para nós, em evidente opinião minoritária, que a prova indiciária, se for a única a incriminar o réu, sem qualquer reforço por qualquer outro tipo de prova, jamais poderá levar a uma decisão de natureza condenatória, e o fazemos por um princípio de lógica, traduzida pelo silogismo: *a)* a sentença condenatória exige certeza; b) a prova indiciaria não conduz a uma certeza; c) logo, a prova indiciaria não serve como fundamento condenatório.

Em resumo: como, através de elementos indiciáveis, não podemos chegar a uma conclusão segura, exigindo a decisão condenatória a certeza, o induvidoso, não há possibilidade de uma decisão condenatória vir baseada unicamente em prova indiciaria. Tal tipo de prova só nos leva ao possível ou ao provável e, portanto, em tal hipótese, a correta solução é a absolvição com fundamento no item VI do art. 386 do Código de Processo Penal.

O Código Criminal do Império (no dizer de muitos, o nosso melhor código penal) em seu art. 36 preceituava: 'Nenhuma presunpção, por mais vehemente que seja, dará motivo para a imposição da pena'. Era a aplicação do que demonstramos."

Após, **o clássico autor discorre sobre os indícios e as situações de azar**.[45]

45 ARANHA, Adalberto José Q. T. de Camargo. *Da Prova No Processo Penal.* São Paulo: Saraiva.

"O que impede se dê à prova indiciária um valor pleno e mesmo exige uma profunda reflexão a respeito é a casualidade ou o azar, esta última expressão preferida e adotada por vários ilustres autores, incluindo-se entre eles Dellepiene, mestre na Universidade de Buenos Aires.

Ocorre **a casualidade ou o azar** quando, numa realidade objetiva, duas ou mais séries fenomênicas, não solidárias, se encontram, interferindo e dando lugar a fatos novos. Quanto maior o grau de afastamento entre as duas ou mais séries, mais improvável será o acontecimento, a ponto da realização constituir profunda surpresa.

Segundo Dellepiene, autor já citado, 'o azar vem a ser no universo algo assim como a desordem, ou, se quiserem, a ausência da ordem. Por tal razão é caprichoso e, por este motivo, imprevisível. Como consequência disto é, em geral, inevitável. Sói ter, também, outro caráter: a rareza. O azar é, em certos casos, raro'.

No exemplo citado neste capítulo[46], a possibilidade de Esmeralda não ter sido a assassina ficou totalmente afastada pela força indiciaria, diante do fato de ter sido encontrada ao lado do cadáver que estava cravado com seu punhal. E na verdade não fora a autora da morte. A situação, profundamente rara, o grau de azaridade, fruto da violação de uma normalidade, foi resultante de casualidade ou azar.

Um outro exemplo nos é remetido pela genialidade de Charles Chaplin, ao que parece inserido no filme 'Tempos modernos'. Carlitos caminhava por uma rua quando viu cair de um poste que um caminhão carregava uma bandeira vermelha, que lá fora colocada porque o objeto ia bem além da carroceria. Apanhou a bandeira vermelha e saiu correndo atrás do caminhão, acenando-a, querendo alertar o motorista de que ela havia caído. Foi então que, repentinamente, ao chegar a uma esquina, viu-se à frente de um grupo de grevistas, agitando a bandeira vermelha. Na mesma hora chegou uma força policial e ele foi o primeiro a ser preso e agredido. Indiciariamente, o fato de agitar uma bandeira vermelha, na frente de um grupo grevista, indicava ser ele o líder dos trabalhadores. E, no entanto, era apenas um vagabundo querendo ajudar. Poderíamos calcular o grau de azaridade ou casualidade em tal cena? Por certo deveria andar bem próximo dos noventa por cento.

46 "A literatura, graças a Victor Hugo, nos remete a um exemplo bem significativo: a cigana Esmeralda, de rara beleza, foi condenada por homicídio porque encontrada ao lado do corpo de Phoebus, cravado com seu punhal. Durante todo o julgamento protestou inocência, porém o indício (estava ao lado do corpo e a arma assassina era sua) era tão veemente que a levou à condenação. E foi salva da forca quando, já no patíbulo, Quasímodo resolveu arrebatá-la do verdugo e levá-la para Notre Dame, um santuário que não poderia ser violado. Era inocente. O verdadeiro assassino usara o punhal para incriminá-la." ARANHA, Adalberto José Q. T. de Camargo. *Da Prova No Processo Penal.* São Paulo: Saraiva.

O azar ou a casualidade deve ser admitido como uma realidade evidente do mundo fenomênico, o que enfraquece a prova indiciaria. Admite graus, e poderíamos usar a expressão remetida por Dellepiene: **'graus de azaridade'**. De acordo com o 'grau de azaridade' podemos afirmar que o fato indiciariamente é possível, é provável, deve ser admitido ou merece ser excluído.

Numa noite, num cassino, numa mesa de roleta, é provável que o número treze saia por seis vezes; contudo, temos de admitir a possibilidade de sair por vinte ou cinquenta vezes, bem como uma repetição sequencial por várias vezes. E se tal fato ocorrer os frequentadores se afastarão da mesa, da mesma forma que o gerente da casa desconfiará de seu *croupier.* O fato pode ser verdadeiro, porém estará em oposição a uma força indiciária que não o admite.

A possibilidade da interferência da casualidade, é o único fator que encontramos enfraquecer a prova indiciária, e quando examinarmos tal tipo de prova deveremos ter sempre em mente tal fator, acompanhado de um raciocínio sobre o 'grau de azaridade do fato analisado. As chamadas 'combinações de pura casualidade' impedem que se dê um valor pleno à prova indiciária, a qual, todavia, não pode ser desprezada.

Todo homem é considerado inocente até prova em contrário: é uma presunção de natureza constitucional.

É preferível absolver um provável culpado do que condenar um possível inocente: é uma presunção fruto de um princípio de direito.

'Ainda que se trate de indivíduo de passado pouco recomendável, inadmissível o reconhecimento de responsabilidade penal com base, tão somente, em presunções decorrentes dos antecedentes do acusado. Os indícios, quando veementes, convergentes e concatenados, não neutralizados por contraindícios ou por álibi comprovados, autorizam condenação" (Ap. 180.881, TACrimSP, Rei. Gonçalves Sobrinho).

"O Direito Penal não opera em conjecturas. Sem a certeza total da autoria e da culpabilidade não pode o juiz criminal proferir condenação" (Ap. 175.637, TACrimSP, ReL Goulart Sobrinho).

Por derradeiro, apresentamo-los a **"teoria das falsas memórias"**, que demonstram que depoimentos convictos podem conter inverdades.

"A prova testemunhal é o meio de prova mais utilizado no processo penal brasileiro e, ao mesmo tempo, o mais perigoso, manipulável e pouco confiável. Esse grave paradoxo agudiza a crise de confiança existente em torno do processo penal e do próprio ritual judiciário. Diante dos limites desta obra, pretendemos aqui apenas "introduzir" o leitor na perspectiva de um pensamento crítico e maduro, que recuse a ingenuidade do senso comum teórico de muitos juristas, ainda adeptos da razão moderna e que preferem, em nome dessa crença, alienar-se da complexidade que marca as sociedades contemporâneas.

Entre as inúmeras variáveis que afetam a qualidade e confiabilidade da prova testemunhal, propomos um recorte pouco comum na doutrina jurídica: as falsas memórias.

As falsas memórias se diferenciam da mentira, essencialmente, porque, nas primeiras, o agente crê honestamente no que está relatando, pois a sugestão é externa (ou interna, as inconsciente), chegando a sofrer com isso. Já a mentira é um ato consciente, em que a pessoa tem noção do seu espaço de criação e manipulação. (E que pese ser essa uma afirmação dos autores citados, pensamos que ela deve ser esclarecida, até porque é um erro pensar as dimensões do consciente como estanques compartimentalizadas. A linha é tênue, se indefinida. Também se deve compreender que a falsa memória pode nascer de uma confusão mental, de uma informação inicial verdadeira, mas que sofre uma poluição em decorrência de um processo de mistura com o imaginário, gerando uma confusão de dados por parte do sujeito, que passa a tomar como verdadeiro o fato distorcido).

Ambos são perigosos para a credibilidade da prova testemunhal, mas as falsas memórias são mais graves, pois a testemunha ou vítima desliza no imaginário sem consciência disso. Daí por que é mais difícil identificar uma falsa memória do que uma mentira, ainda que sejam extremamente prejudiciais ao processo.

Provavelmente a maior autoridade nessa questão das falsas memórias, na atualidade, seja Elizabeth Loftus (Professo de Psicologia e Direito na Universidade de Washington, é Ph.D em Psicologia, com dezenas de trabalhos publicados sobre o tema. Nessa breve apresentação, utilizamos os seguintes trabalhos: - "Criando falsas memórias." Artigo publicado na Scientific American em Setembro de 1997 (tradução pode ser obtida no site www.geocities.com.br/athens/acropolis/6634/falsamemoria.html). - As falsas memórias. Revista Viver, Mente & Cérebro.), cujo método revolucionou os estudos nessa área ao demonstrar a possibilidade de implantação das falsas memórias (procedimento de sugestão de falsa informação).

Em diversos experimentos, Loftus e seus pesquisadores demonstraram que é possível implantar uma falsa memória de um evento que nunca ocorreu. Mais do que mudar detalhes de uma memória - o que não representa grande complexidade -, a autora demonstra que é possível criar inteiramente uma falsa memória (portanto, de um evento que nunca ocorreu). O estudo de 'perdido no shopping' demonstra que é relativamente fácil implantar uma falsa memória de estar perdido, chegando ao preocupante extremo de implantar uma falsa memória de ter sido molestado sexualmente na infância.

No primeiro caso, foi montado um grupo de 24 indivíduos de idade variadas (de 18 a 53 anos), para tentarem recordar de eventos da infância que teriam sido contados aos pesquisadores por pais, irmãos e outros parentes mais velhos. Partindo daí, foi confeccionada uma brochura pelos pesquisadores, construindo uma falso evento sobre um possível passeio ao shopping (que comprovadamente nunca ocorreu) onde o participante teria ficado perdido durante um período prolongado, incluindo choro, ajuda e consolo por uma mulher idosa e finalmente o reencontro com a família. Após lerem o material, foram submetidos a uma série de entrevistas para verificar o que recordavam.

Em suma, sintetizando a experiência de Loftus, ao final, 29% dos participantes lembravam-se tanto parcialmente como totalmente do falso evento construído para eles. Nas duas entrevistas seguintes, 25% continuaram afirmando que eles se lembravam do evento fictício."[47]

Em artigo publicado em 2015, pelo portal *Folha-Uol*, Guilherme Rosa expõe seu estudo: "Israel de Oliveira Pacheco, de 27 anos, está preso há sete anos, acusado de estuprar uma jovem no Rio Grande do Sul. No último 18 de setembro, ele voltou aos tribunais. Em uma decisão inédita no país, a justiça brasileira decidiu rever o caso. Quatro anos antes, exames de DNA atestaram que o material genético de Israel não correspondia à mancha de sangue encontrada na cena do crime. A amostra, concluíram os testes, pertencia a outro homem, suspeito de crimes sexuais no passado.

Ainda assim, na revisão, os desembargadores ignoraram a prova técnica. Baseados apenas no reconhecimento feito pela vítima, os oficiais mantiveram a pena de onze anos e meio de prisão. O argumento foi que o fato de outro homem ter passado pela cena do crime não inocenta Israel. Mesmo que a vítima nunca tenha mencionado outra pessoa, o criminoso poderia ter agido com um comparsa.

Complexo e muito discutido por acadêmicos, o caso de Israel ilustra como, no sistema judiciário brasileiro, as lembranças das testemunhas e das vítimas são levadas mais em conta do que as provas técnicas. O problema dessas situações é um só: confia-se demais em um dos nossos mecanismos mais falhos, a memória.

Psicólogos sabem que criamos lembranças falsas o tempo inteiro. Segundo eles, não importa o grau de escolaridade ou de boa-fé, todo cérebro se ilude ao

---

47 LOPES JÚNIOR, Auri. *Direito Processual Penal.* 9ª ed. São Paulo: Saraiva: 2012, p. 670.

resgatar eventos passados. No setor criminal, como é de imaginar, a situação se torna bem mais delicada.

Nos últimos anos, uma série de estudos se debruça sobre a forma como recordações ilusórias podem incriminar pessoas inocentes. Pesquisadores mostraram que o trabalho de policiais e juízes pode influenciar o depoimento das vítimas de crimes a ponto de elas fabricarem memórias falsas, acreditarem nas mesmas e incriminarem inocentes. 'As provas técnicas são muito importantes, e muitas vezes são ignoradas em favor da memória', diz a psicóloga Lilian Stein, da PUC do Rio Grande do Sul, especialista no assunto e autora do livro Falsas Memórias. 'Assim como o caso de Israel, existem trocentos outros casos no Brasil em que pessoas pegam penas gravíssimas por crimes que podem não ter cometido.'

Uma pesquisa recente liderada pela psicóloga mostrou que, além de privilegiar as provas baseadas nas memórias da vítima e das testemunhas, o sistema de justiça brasileiro usa, durante depoimentos e reconhecimentos de criminosos, métodos obsoletos que podem levar à criação de falsas recordações. 'Não se trata de uma ação deliberada por parte da polícia. Acontece que, em termos de coleta de testemunho, usamos métodos dos anos 1950', frisa a pesquisadora.

O estudo de Lilian foi realizado para o Ministério da Justiça com financiamento do Ipea, o Instituto de Pesquisa Econômica Aplicada. Foram entrevistadas 87 pessoas, entre policiais militares e civis, defensores públicos e privados, promotores de justiça e juízes. Todos deveriam responder questões relacionadas às práticas cotidianas. Os dados mostraram que 90,3% deles dão muita importância ao testemunho durante a condução dos processos, enquanto 69,2% preferem privilegiar o reconhecimento dos criminosos. Esse desequilíbrio, afirma a psicóloga, pode levar os oficiais da lei a se basearem nas falsas recordações que eles mesmos ajudaram a criar.

As memórias falsas existem porque, ao contrário do que prega o senso comum, o cérebro não funciona como uma câmera fotográfica que registra tudo da maneira exata que acontece. Na verdade, a memória é bastante maleável. Está o tempo todo se adaptando, se esquecendo de detalhes e fatos para colocar outras coisas no lugar. 'Isso faz parte do funcionamento normal da memória, acontece com todo mundo o tempo todo', explica Lilian.

Acontece que, com o passar do tempo, a nitidez das memórias mais antigas se perde. Os detalhes vão sumindo. Para relembrar os fatos, o cérebro precisa preencher os buracos e faz isso de maneira criativa. No processo, usa o que tiver à disposição, como fotos, falas de outras pessoas e detalhes de outras lembranças. 'Como um caleidoscópio, as memórias vão se juntando e se alterando a cada vez que são lembradas. Depois de um tempo, elas estão bem diferentes do fato que foi vivenciado', afirma Lilian. 'Para a pessoa, essa memória falsa é tão verdadeira quanto as outras. E é impossível para qualquer um diferenciar uma da outra.'

As memórias falsas podem surgir tanto espontaneamente quanto por sugestões externas. Um estudo clássico de 1974, conduzido pela psicóloga americana Elizabeth Loftus, da Universidade da Califórnia, nos Estados Unidos, mostrou que simples perguntas podem alterar as lembranças de um fato. Ela mostrou para dois grupos de voluntários um mesmo vídeo com a batida de dois carros. Em seguida, perguntou qual a velocidade que os veículos tinham quando se encontraram. Só que usou um verbo diferente a fim de descrever a cena para cada um dos grupos: para um, disse que os carros 'colidiram'; para outro, que 'se esmagaram'.

Apesar de terem visto o mesmo vídeo, os que ouviram a primeira pergunta disseram que os carros estavam a 50 km/h, enquanto o outro grupo apostou em 65 km/h. Mais do que isso, os voluntários que ouviram que os carros se esmagaram se lembravam de ver vidro quebrado pela cena – o que não aconteceu. Desde então, inúmeras outras pesquisas provaram a mesma coisa: que a memória pode ser alterada intencionalmente por algum agente externo.

Do mesmo modo, as questões feitas por um policial ou juiz enquanto colhe um testemunho podem alterar as memórias da pessoa. Perguntas fechadas, nas quais só há algumas possibilidades de respostas – como questionar se a roupa do bandido era vermelha –, podem levar o depoente a duvidar de suas lembranças e reescrevê-las de acordo com a versão do entrevistador. 'As perguntas têm de servir para a vítima descrever exatamente o que viu, e não para confirmar o que o delegado ou o juiz pensa', aponta Gustavo Noronha de Ávila, professor de Criminologia e Direito Penal na Universidade Estadual de Maringá, que também participou do estudo.

'Quando acontece um crime, os peritos isolam a área para evitar contaminar as provas da cena do crime, como a posição do corpo ou as impressões digitais. Com a memória, devia acontecer a mesma coisa', defende Lilian Stein.

Esse tipo de trapalhada da justiça não é exclusividade do Brasil. Nos Estados Unidos, a organização *Innocence Project* se dedica a inocentar pessoas presas injustamente por causa de erros na condução da investigação. O grupo usa exames de DNA que comparam o material genético dos acusados com o material encontrado na cena do crime. Até hoje, a organização já liberou 333 detentos. Desses, 20 estavam no corredor da morte e seriam executados se a organização não provasse sua inocência" (Cf. http://m.folha.uol.com.br).

Outro fenômeno relativamente comum no campo penal é o das **falsas ideias**, especialmente de pessoas psiquiátricas, que exige especial atuação na produção das provas, especialmente em audiência. Destarte, a atenção, a criatividade e o preparo são elementos fundamentais para uma boa atuação de oralidade em audiência criminal. Como é sabido, trata-se de solenidade predisposta à condenação. Se o roteiro desenrola-se como o "sistema" deseja, obtém-se uma conclusão segura e praticamente imune a toda e qualquer revisão pelo Órgão de Segundo Grau. Agora, o Defensor Público, com parcialidade, razoabilidade, ética e inteligência, tem a função de desconstruir todo esse planejamento. E, nessa empreitada, tem a inquirição direta entre ele e a testemunha (artigo 212, CPP), a vítima ou o acusado, como grande aliada. Certa vez, o sujeito resolveu comunicar à polícia que seria a autor de um roubo a veículo de transporte público, um coletivo, ocorrido no seu bairro, com o uso de uma faca. Denunciado, a vítima descreveu a ação, bem como seu autor, mas não reconheceu o réu. Os policiais que procederam à prisão, com detalhes, descreveram a confissão informal. O réu, após entrevista reservada com este Defensor foi informado do não reconhecimento pela vítima, mas surpreendentemente afirmara que seria "réu confesso". Confirmei: era psiquiátrico (pessoa com deficiência psíquica). Certamente soube dos fatos no bairro e decidiu assumir a autoria. Pois bem. Após confessar a autoria em juízo, perguntei, então, a cor da pele do motorista do circular, da vítima, portanto. Foi quando obtivemos a absolvição. O denunciado psiquiátrico indicou cor completamente diversa da real e a absolvição foi o caminho necessário ("Caso Jackson"). Enfim, tem o Defensor Público, especialmente após as últimas reformas do processo penal, algumas chances de defesa efetiva, cuja eficiência dependerá, por óbvio, de um bom estudo do processo, de muita atenção aos depoimentos e também de uma boa dose de perspicácia.

Nas salas criminais de todo Brasil, a grande questão sujeita à prova e que alimenta grandes debates e boas inquirições testemunhais, com contraditas e acareações, refere-se ao destino da droga que se porta. Tráfico de drogas (art. 33, LD) ou porte de drogas para uso (art. 28, LD)? Por isso, alguns aspectos devem ser cuidadosamente analisados tanto pela Defesa, quais sejam: a quantidade de entorpecente, a existência de dinheiro miúdo, anotações, e também atos concretos de tráfico, sob pena de termos condenações elevadas, mas meramente indiciárias. Aliás, há um conhecido e bem divulgado voto da Desembargadora Relatora Kenarik Boujikian: "No caso em tela, observo que a quantidade apreendida (treze porções de crack, com peso bruto de 3,52g) não pode ser considerada um exagero para caracterizar a traficância. Frise-se que as testemunhas inquiridas não presenciaram o réu realizado qualquer ato que indicasse a mercancia ou fornecimento. A prova da destinação à mercancia é obrigatória e caso não seja realizada, a desclassificação para o delito previsto no artigo 28, da Lei 11.343/06, é a solução, como os autos indicam. (...) Estudo realizado através de pacientes da Santa Casa de Misericórdia de Curitiba, constatou que os pacientes viciados em cocaína utilizavam diariamente esta espécie de droga, na forma de sal, em variação de 1 a 10 (um a dez) gramas/dia, com média de 3,8 gramas por dia (ACN Nassif Filho, SG Bettega, S Lunedo, JE Maestri, F Gortz- Repercussões otorrinolaringológicas do abuso de cocaína e/ou crack em dependentes de drogas. Revista das Associação Médica Brasileira, 1999; 45(3): 237-41). Segundo o IC/PR, a médica de uso de cocaína, na forma de crack, é de 15 pedras diárias e de acordo com a *Pesquisa Nacional sobre o Uso de Crack* realizada por meio da parceria entre SENAD/MJ e a Fundação Oswaldo Cruz-FIOCRUZ é de 11 até 16 pedras diárias. A referida pesquisa destaca, no entanto, que não há como definir de forma minimamente precisa o peso em gramas e o conteúdo do que cada usuário denomina 'pedra'. Desse modo, há uma subjetividade intrínseca às definições utilizadas pelos próprios usuários. Inobstante a ressalva feita pela pesquisa, a informação técnica nº 023/2-13 SETEC/SR/DPF/RS (Superintendência Regional da Polícia Federal do Estado do RGS), constata que cada pedra de crack pode variar de 01 a 1,5 gramas. Segundo o estudo realizado na *Santa Casa de Misericórdia de Curitiba*, a quantidade consumida por usuários de crack variava entre 1 a 15 gramas diárias, sendo que a média identificada foi de uso de 5,2 gramas por dia. Ainda, no trabalho *Usuário de drogas ilícitas internados em hospitais psiquiátrico: padrões de uso e aspectos demográficos e epidemiológicos*, de Paulo Borini e outros, publicado pelo Jornal Brasileiro de Psiquiatria, órgão oficial do IPUB Instituto de Psiquiatria da Universidade Federal do RJ, volume 52, mai/jun, 2003, estudo realizado em um hospital psiquiátrico, informa que cerca de 51% são usuários de monodroga e 49% de polidroga. Indica que o consumo diário era igual ou menor de 15 (quinze) gramas de crack, 10 (dez) gramas de maconha e 5 (cinco) gramas de cocaína. A quantidade de entorpecentes apreendida com o réu se adequa àquelas indicadas nas pesquisas referidas. Deste modo, com este conjunto de informações e os fatos que constam dos autos, considero que o mais adequado é considerar o réu como incurso no artigo 28 da Lei de Drogas" (TJSP, Revisão Criminal nº 0025831-60.2017.8.26.0000).

Em outro caso, também do TJSP, a questão da tipificação penal da conduta e as provas judiciais voltou à baila: "A divergência reside, apenas, na destinação das 28 porções individualizadas de cocaína. Os policiais dizem que RICARDO confessou, no momento da abordagem, que a droga se destinava ao tráfico de drogas, sendo a quantia de R$ 20,00 proveniente do comércio ilícito. Já o acusado, declarou tanto na fase inquisitiva quanto em juízo, que o entorpecente se destinava ao uso próprio (fl. 07 e mídia digital). Neste passo, ainda que o tipo legal não exija ato de traficância para sua configuração, uma vez que o crime se aperfeiçoaria com qualquer dos núcleos contidos no tipo, fato é que não se comprovou serem as drogas apreendidas com o réu destinadas ao consumo de terceiros. Isto porque o acusado foi visto em conhecido ponto de venda de drogas, local frequentado tanto por traficantes quanto usuários. A abordagem, por outro lado, se deu de modo imediato sem prévia campana que pudesse revelar se RICARDO assumia um comportamento compatível com a venda de entorpecentes ou não. Ademais, a quantidade de entorpecente apreendida é pequena e não descarta a tese defensiva. Certo que existem indícios a favor da acusação, todavia, tais não se mostram aptos a embasar condenação do réu por tráfico de drogas, razão pela qual desclassifico a imputação para o artigo 28 da Lei de Drogas" (TJSP, Apelação nº 0025589-09.2015.8.26.0506).

Enfim, o que se espera do Defensor Público é um trabalho de legitimação, de solidificação da prova, quando não deve se contentar com pouco, com indícios, com preconceitos e banalizações.

7. O CONVENCIMENTO JUDICIAL

Na obra que tem por tema central o julgamento de *Otto Adolf Eichmann*, **Hannah Arendt adverte para os perigos da "banalidade do mal"**[48]. Segundo ela disserta, o mal se agrava quando se torna aceitável como algo recorrente e comum, aliás, como o era a perseguição aos judeus pelos nazistas. Para estes, a hostilidade àquela raça era quase que natural à purificação racial.

"Em sua obra Arendt relata sobre este tema a partir de uma descrição do julgamento do caso Eichmann, pondo em relevo as limitações assim como os equívocos ocorridos no processo. No seu relato, a autora faz apontamentos sobre a fragilidade do entendimento do mal, e principalmente a distorção daqueles que praticam atos que subentendesse maléficos. Segundo Arendt, no banco dos réus não estava um sádico, mas um homem assustadoramente normal, que cumprindo às vezes de um bom funcionário, e obediente, buscando alcançar metas estabelecidas, desenvolvia, diga-se de passagem, muito bem o seu trabalho."[49]

Para Eichmann, os resultados de sua conduta, ainda que absolutamente censuráveis ao senso comum de nossa época e filosofia humanitária, eram, naquela ocasião, normais e acertados. Ou seja, sob o manto do discurso retórico da purificação racial, o Estado Nazista legitimava sua atuação perversa, mas que, para ele, não passava de mera execução competente do seu burocrático ofício. Uma banalização.

Hoje, **a condenação criminal, mormente aquelas nas quais penas privativas de liberdade são impostas, é quase que banalizada, corriquei-**

48 ARENDT, Hannah. *Eichmann em Jerusalém: um relato sobre a banalidade do mal.* Trad. José Rubens Siqueira São Paulo: Companhia das Letras. 1999.

49 LOPES, Adeilton. *A Banalização do Mal, Segundo Hannah Arendt.* http://filosofiaelogos.blogspot.com.br.

ra. Muitos Juízes e Promotores, burocratas da política do terror, acobertados pelo discurso igualmente retórico da proteção social, especialmente da propriedade, exercem seus misteres voltados à produção de números ("x" condenações ou "x" imputações acolhidas) como se isso fosse salutar e almejado pelo Estado.

Notamos que prisões provisórias são impostas como regra, mormente nos chamados plantões judiciários, ocasiões nas quais muitos juízes não criminais optam pela manutenção da custódia a assumir a responsabilidade (para eles "o risco") de uma liberação em atenção à presunção de inocência, mas que, para eles, seria perniciosa à sociedade. Aliás, como se ela não tivesse nenhuma responsabilidade sobre aquele fato que, mais que um delito, é um fato social produzido por ela.

Eis a odiosa banalização das prisões e das condenações criminais.

Porém, na mesma linha de raciocínio de Hannah, essa banalização é perigosa. De fato, como a morte para um médico, a condenação ou a prisão não pode ser banal ao Juiz e, muito menos, para um Defensor Público.

Ora, se é certo que o médico não pode se abater toda vez que um tratamento não logra êxito, isso não significa que ele não deve, em todo e qualquer caso, buscar o melhor e o mais eficiente recurso da medicina para o paciente, ainda que em grave estado de saúde.

Com o Juiz é a mesma coisa. A prisão provisória pode e deve ocorrer em certos casos, mas de forma excepcional, em hipóteses plenamente justificáveis e dotadas de elementos probatórios suficientes a sua decretação. A condenação, igualmente, é razoável sempre que a prova é robusta e sólida no sentido da confirmação concreta da imputação, dentro de um processo penal efetivamente dialético, informado e participativo.

Em suma, essa condenação não pode ser para o Magistrado ou para o Defensor um ato banal da vida forense, como se algumas pessoas já fossem predestinadas à penalização, como se o Estado pudesse prender e condenar uma cota "x" de pessoas em determinado período e que isso fosse comum e salutar à sociedade.

Hoje, notamos que a condenação é banalizada, processos mal instruídos são julgados, restrições à ampla defesa são toleradas, na grande parte das vezes, à custa dos direitos fundamentais de negros e miseráveis.

Por exemplo, está quase que institucionalizada a condenação fundada apenas em meros depoimentos padronizados de policiais. Dizem "estávamos em patrulhamento de rotina, quando avistamos o meliante em atitude suspeita e resolvemos abordá-lo. Em revista pessoal, nada foi encontrado. Mas, próximo a ele, logramos achar uma sacola com a droga, cuja origem ele não soube explicar. Trazia consigo certa quantia em dinheiro. Então, encaminhamo-lo à Delegacia de Polícia mais próxima, onde ele acabou confessando a prática delitiva". É padrão, praxe. Será que está em algum manual da Corporação?

É pura banalização. Como se a medicina não se preocupasse com várias mortes decorrentes de resfriados ou gripes.

Aliás, é ilusória a sensação de proteção social e de justiça nessa política paranoica de encarceramento, pois, a longo prazo, isso se volta contra a própria sociedade, na medida em que carece de legitimidade. Isso faz surgir forças e organizações paralelas que, em certos momentos, se rebelam, colocando em xeque a própria estrutura da segurança pública do estado-membro ou mesmo do país.

Então, caros Defensores Públicos, que não nos conformemos.

Por oportuno, quanto à valoração judicial das provas, é importante redobrada cautela quando tratar-se de supostos delitos ocorridos no seio familiar, especialmente quando da valoração de depoimentos expedidos por pessoas apaixonadas, por crianças ou por idoso em elevada senilidade. O cuidado deve ser ainda maior se ele estiver isolado no precário contexto probatório.

Por exemplo, **a jurisprudência, inclusive, é constante ao exigir que os depoimentos de crianças e adolescentes devem estar corroborados com outros elementos de prova amealhados nos autos**, uma vez que, nessa fase juvenil da construção da personalidade, não se tem a certeza da responsabilidade e do discernimento de suas declarações. Nesse sentido: "Tratando-se de crimes sexuais, a palavra da vítima tem sentido, pela jurisprudência, acatada como fundamental. Isso, porém, quando trata de pessoa adulta, com discernimento existencial ou ético, o que, evidentemente, falta em uma criança."[50]

"Quando exsurge do elemento probante alta dose de incerteza com relação ao fato criminoso, consistente em depoimento de menores e negativa de infração por parte do acusado, cujo passado não o desabona, cabe absolvição, nos termos do art. 386, inciso IV, do CPP."[51] "É extremamente duvidoso o valor probante do depoimento infantil, máxime se partido da própria vítima. O ditado de que a verdade flui da boca dos pequenos, é bastante desacreditado, não só em vista da imaturidade como, também, pelo temor de sugestionabilidade que possa interferir. Seu valor, pois, depende necessariamente da prova que corrobore a informação infantil."[52]

50 TJSP, Rel. Nelson Fonseca, RT 603/335.

51 TJSP, Rel. Prestes Barros, RT 563/302.

52 TJSP, Rel. Geraldo Gomes, RT 442/377.

Outra cautela, não menos importante, é aquela exigida, nesse contexto, quando amores não correspondidos veem no Direito Penal ou de Família um instrumento de retaliação, mormente se usam crianças em seus planos de vingança.

Nesse ponto, **é interessante o relato do Advogado e Ex-Ministro da Justiça Saulo Ramos** sobre um caso em que atuou em benefício de um pai, chamado Olavo, acusado pela ex-esposa de ter abusado sexualmente dos filhos, por simples ódio e vingança.

"O homem tinha no olhar o brilho típico do desespero, sem lágrima, quase metálico, numa mistura de aflito e determinado. Depois de muitos anos, a gente aprende a distinguir a linguagem dos olhos. Há muita diferença entre os que fingem estar desesperados, ou supõem que estão, esperando convencer o advogado ou comovê-lo, e aqueles que realmente estão em situações que os atormentam, uns com maior, outros com menor intensidade. Somente a experiência capacita o advogado, que não é psiquiatra, a diferenciar um tipo do outro.

Ali, na minha frente, estava realmente um homem em desespero contido, mas forte, pedindo socorro. Olhava para os lados e para trás, como se temesse a entrada de alguém na minha sala fechada. Com a mão trêmula, tirou um cartão de visita e o estendeu para mim. Li. Era presidente de uma empresa, da qual eu nunca havia ouvido falar.

– Separei-me de minha mulher – começou ele – e ela ficou com a guarda das crianças: um menino de nove anos e uma menina de sete. Foi-me assegurado o direito da visita, agora querem me impedir de ver meus filhos pelo resto da vida.

– Isso não existe! – disse eu sem querer, pois, em geral, não faço comentário algum antes que o cliente conclua suas histórias, por mais longas que sejam. Na advocacia, o sofá sempre começa sendo divã. É preciso ouvir tudo, para depois separar as emoções daquilo que possa merecer análise jurídica.

Soluçando menos, contou que o advogado se dispusera a explicar e lhe dissera ter ouvido uma gravação em fita cassete, que era uma excrescência. Falara que as crianças tiveram suas vozes gravadas contando para a mãe, em detalhe, que o pai praticava com elas atos obscenos, sexo oral e mantinha relações sexuais com sua amante na frente delas, convidando-as a tirar a roupa e a deitar-se com o casal. Eram submetidas a carícias e outras barbaridades.

– Tudo gravado, doutor! Com as vozes delas!

– Como o senhor tem certeza de que são delas as vozes?

– Depois que o advogado me disse, fui ao fórum. Quando me identifiquei, os funcionários quase me lincharam. Segredo de Justiça? Todos sabiam. O escrivão não queria deixar-me ouvir a fita. Dizia que não havia aparelho para tocá-la naquele instante. Nesse momento, o juiz estava saindo para ir embora. Eu gritei para ele:

– Doutor, é mentira. Tenho o direito de ouvir essa maldita fita!

– Quem é esse senhor? – perguntou o juiz ao escrivão.

– Aquele cujo direito de visitas Vossa Excelência suspendeu em liminar.

– Por que o senhor não contrata um advogado?

– Contratei, e ele veio aqui, ouviu a fita, desistiu de minha causa e ainda me chamou de monstro.

– Para encurtar a conversa – continuou ele –, o juiz me olhou com certo nojo, mas autorizou o escrivão a permitir-me ouvir a fita. Doutor, eram as vozes das crianças. Autênticas. Eram elas contando aquelas obscenidades. Não sei como fizeram isso com elas. Meus filhos, minhas crianças, falando aquelas coisas horríveis e falando de mim, dizendo que eu as forçara a fazer aquilo.

Àquela altura, já não era somente o homem que estava abalado. Eu mesmo, que, ao longo de minha vida profissional, já ouvira e vira tanta coisa inexplicável, estava chocado com a história. Agora entendia por que meu colega se recusara a continuar na causa. Sua formação moral não tolerava um fato como aquele.

Faltou-lhe, porém, a dúvida: era verdade? Todo acusado merece, de início, o benefício da dúvida.

O homem em minha frente concluiu:

– Por isso, doutor, se o senhor não aceitar minha causa, não tenho outra forma de provar minha inocência, a não ser escrever uma carta dizendo ser tudo mentira e, em seguida, suicidar-me. Não posso viver com essa carga e não quero que meus filhos cresçam convivendo com essa mãe maluca, que as faz contar essas safadezas que elas nem conhecem. São crianças puras, ainda inocentes. O mal maior não está na acusação; está no fato de despertar na cabeça delas esses atos obscenos.

Dito isso, ficou em silêncio, olhando para mim. Um mudo pedido de socorro, que entendi como não sendo para ele, mas para os filhos. No fundo de minha alma, senti que o homem não era culpado."

Crente na versão de seu cliente, o Advogado e autor do livro relata o depoimento da psiquiatra da ex-esposa, que pleiteava a revogação do direito de visitas do pai, Sr. Olavo.

"Afinal, chegou o dia da audiência na Vara de Família, marcada para ouvir a psicanalista da ex-mulher do Sr. Olavo Brás. Quando entrei na sala do juiz, ele me contou uma curiosidade. Disse que, quando o oficial de justiça intimou a médica para depor, informando do que se tratava, a psiquiatra exclamou:

– O que será que ela aprontou desta vez?

A doutora, psicanalista e psiquiatra, foi convidada a se sentar pelo próprio juiz, que, num gesto de gente educada, saiu de sua poltrona e puxou a cadeira, para que a senhora se acomodasse com maior facilidade. Podia ter mandado o escrevente fazer isso. E fez as apresentações:

– Aqui estão o Curador de Família, os advogados das partes, aquele senhor ali é o patrono do Dr. Olavo Brás, e esse doutor, ao seu lado, representa sua cliente.

– Ex-cliente – atalhou desembaraçadamente a médica.

– Agradeço à senhora por atender à intimação para vir depor. Sua obrigação legal já está cumprida. A senhora pode recusar-se a responder às perguntas que, a seu critério, contrariem seus deveres éticos de guardar sigilo sobre a intimidade de sua ex-cliente. Apenas gostaria de enfatizar que estamos tratando de um problema grave, no interesse de dois menores, filhos dela, procurando encontrar a melhor solução para as crianças. E nisso a senhora pode nos ajudar muito.

– No que puder, estou disposta a ajudar – respondeu a doutora.

– A sua ex-cliente fez tratamento com a senhora, segundo temos informações – começou o juiz, usando de sua costumeira habilidade, que se esmerava pela delicadeza e educação. – E gostaríamos de saber qual o tipo de doença diagnosticada pela senhora.

– A princípio, parecia tratar-se de paranoia simples, aquela doença psiquiátrica cuja característica central é um delírio bem organizado. As ideias falsas persistem no tempo e são contraditórias às evidências da realidade, mas não desorganizam completamente a personalidade e o funcionamento do individuo, como a esquizofrenia. Ela apresentava mania de perseguição, e o principal perseguidor era o marido, pois na época, estava casada.

– A senhora disse "a princípio". O que descobriu, além da paranoia simples? – perguntou o magistrado.

– Algo muito mais complicado: além do delírio paranoide, da certeza da perseguição, descobri, logo depois, em sessões continuadas, que cumulava igualmente a paranoia com delírio erotômano.

– A senhora pode nos explicar, todos somos leigos na matéria, o que é delírio erotômano?

– É, igualmente, mania de perseguição, mas por pessoas que, na sua fantasia, desejam ter um caso romântico com ela, viver uma aventura, fazer sexo. Esse aspecto é perigoso, porque o doente, às vezes, conhece uma pessoa na realidade, numa festa, numa reunião, é apenas apresentado e vai para casa com a sensação nítida de que recebeu um convite para a aventura. Torna-se tão real que, no dia seguinte, é capaz de telefonar para a pessoa, ou censurando o desrespeito, ou aceitando a proposta, o que deixa perplexo o alvo de seu desejo.

– Mas, por enquanto – observou o magistrado – estamos no terreno da paranoia. A senhora diagnosticou algum outro tipo de patologia psicótica?

– O pior deles, a esquizofrenia, que, talvez, tenha derivado da paranoia na juventude, mas é muito mais nociva e grave. Não se trata da doença que popularmente é considerada loucura, a esquizofrenia hebefrênica, que desorganiza completamente o cérebro do doente. No caso da minha então cliente, era evidente a esquizofrenia paranoica. Isso quer dizer que sofria todas as fantasias da paranoia com capacidade de dissimulá-las, mas cultivava o ódio e o desejo de vingança, característicos da esquizofrenia.

A perseguição, para o esquizofrênico, é para destruí-lo, matá-lo, fazer mal físico, enquanto para o paranoico, é para bajulá-lo, adorá-lo como um ídolo, que ele se sente, ou porque entende haver despertado grande paixão em alguém. Quando essas duas doenças se manifestam juntas, o problema é grave, embora esse tipo de esquizofrenia encoraje melhor prognóstico, tem tratamento, e com bons resultados em muitos casos, regredindo para a esquizofrenia indiferenciada.

– Ela procurou a senhora espontaneamente para se tratar?

– Não. Esse tipo de doente nunca admite precisar de tratamento, mesmo porque eles se consideram normais. Ela foi levada pelo marido, antes da separação do casal. E a ele expliquei que o apoio da família era fundamental. Depois do desquite, ela me avisou que não iria mais. Talvez quando mais precisasse, pois a separação agrava a esquizofrenia.

O juiz franqueou-nos as perguntas. Começou pelo Curador de Família, membro do Ministério Público respeitado no meio judiciário, jurista de grande talento e estudioso. Formulou uma pergunta que até a mim espantou:

– Devo informar à senhora que os oficiais de justiça, no cumprimento de suas diligências, têm a obrigação de tudo observar e, quando se deparam com o fato de interesse da causa, relatam ao juiz ou fazem constar de um termo especial. No seu caso, o oficial de justiça informou-nos que, ao notificar a senhora, ouviu uma expressão sua de forte significado: "O que será que ela aprontou desta vez?". A senhora pode nos dizer a que fato anterior, praticado por sua ex-cliente, estava se referindo?

– É verdade. Deixei escapar a exclamação. Mas peço desculpas e, conforme me foi assegurado no início da audiência, gostaria de não responder porque interfere no meu dever de segredo profissional.

Todos concordamos, mesmo porque não havia outro jeito.

O advogado da autora formulou uma única pergunta:

– A senhora acha que sua ex-cliente poderia agir por impulso contra alguém, em momento de crise ou de surto da doença, ou seria capaz de planejar algo coerente para prejudicar o ex-marido?

– Ambas as hipóteses são plausíveis. O doente psicótico tem capacidade de planejar ou de explodir, comportando-se como um aldrabão.

Chegou minha vez de perguntar, creio que para alívio geral:

– A senhora me desculpe, mas o que quer dizer aldrabão?

– Pessoa que age com loucura e trapaceia para enganar os outros.

Confesso que não sabia, mas adorei a resposta. Mandei outra pergunta:

– Nas suas sessões de tratamento, a senhora verificou se a ex-cliente odiava o marido?

– Claro! Odiava e muito. Na sua obsessão, o marido era o perseguidor que lhe faria mal. Chegou a ter medo de dormir com ele.

– A senhora soube o motivo?

– Doutor, esse tipo de doença não tem motivo concreto algum na situação presente. O doente cisma, e pronto. O que é preciso saber é a origem da cisma, a causa remota do mal. No caso dela, o próprio marido se preocupou e a trouxe ao meu consultório. E foi várias vezes falar comigo, para saber como ia o tratamento, mostrando-se preocupado por não ver resultados imediatos.

– Agora me diga, doutora – perguntei, olhando fundo nos olhos dela.

– No processo judicial de que estamos tratando aqui, existe uma fita gravada pela sua ex-cliente, em que ela faz perguntas específicas sobre atos obscenos praticados pelo pai com os filhos, e as crianças respondem confirmando. A senhora acha que o ódio dessa mulher forçaria seus próprios filhos a confirmarem tais atos do pai, ainda que não sejam verdadeiros?

– A característica do seu tipo de esquizofrenia paranoica é vingar-se das pessoas que julga suas perseguidoras. Seria bem possível que fizesse isso para vingar-se do ex-marido, mesmo sem ter motivo ou causa para isso. Mas poderia estar transferindo ao marido o ódio e desejo de vingança que tivesse nutrido contra outra pessoa no passado."

Após, relata o autor que as crianças foram ouvidas pelo Juiz e acabaram por relatar que a gravação foi feita por orientação da genitora, e que os supostos abusos não eram verídicos:

"As crianças ficaram à vontade. Correram pela sala, comeram sanduíches, doces, tomaram guaraná e sorvete, sem que ninguém lhes perguntasse nada.

O juiz, de uma sensibilidade extraordinária e muito sagaz, sentou-se em uma das cadeiras da mesa de depoentes e mandou Clotilde fazer as primeiras perguntas. Acabou com a solene distribuição de autoridades no palco da sala judicial. Éramos todos convidados de uma festa informal e totalmente improvisada.

– Vocês conhecem aquele moço ali? – perguntou Clotilde apontando para o próprio juiz.

– Conheço – respondeu o garoto. – Ele esteve lá em casa.

– Por que vocês ficaram com medo dele, quando ele fez perguntas?

– Porque a mamãe fica muito brava, muito brava, quando a gente fala nisso.

– Nisso? Nisso o quê? – interferiu o juiz, tomando a bola para si.

– Nessas coisas do papai – respondeu o menino.

A garota estava muda, abraçada à cintura de Clotilde.

O juiz pegou o gravador e tocou a fita. Quando as crianças ouviram as próprias vozes, espontaneamente disseram quase em dueto:

– É disso. Não podemos falar disso.

– Não há problema algum! – disse o juiz. – Podem falar o que quiserem, mas digam a verdade. Quer mais um sorvete? – perguntou, dirigindo-se à menina, que estava de mãos vazias, pressionando a tecla *stop* do gravador.

– Quero – respondeu ela com expressão feliz.

– Tia Clô! – disse o juiz sorrindo. – Dê mais um sorvete para ela.

O garoto interveio e perguntou:

– Posso também tomar mais um?

– Claro! – disse o juiz. – Tomem sorvete à vontade. Mas, quando chegarem em casa, não se esqueçam de escovar os dentes. O açúcar, o doce, pode dar cárie.

A conversa estava descontraída. As crianças aparentavam absoluta normalidade. Havia desaparecido o medo, esse terrível sentimento que anula o ser humano em todas as idades, desde os povos que se submetem a qualquer política de seus governantes diante de vários tipos de terror, até crianças ameaçadas pelos pais.

O juiz voltou a pressionar a tecla play. As crianças voltaram a ouvir o que diziam na gravação. E o juiz lhes perguntou:

– Isso que vocês falaram de seu pai é verdade?

– Não.

– Seu pai mandou vocês tirarem a roupa para deitarem com a namorada dele?

– Não. Papai não tem namorada.

– Por que então vocês disseram, se não era verdade?

– A mamãe mandou dizer.

O juiz, com extrema habilidade, manobrou o gravador, avançando a fita e retrocedendo quando preciso, de forma a fazê-las ouvir todas as respostas. E perguntava:

– A mamãe mandou dizer isso também?

– Mandou.

– E não é verdade?

– Não.

Até aí, as respostas eram do menino. O juiz olhou para a menina e indagou especificamente para ela:

– Seu irmão está dizendo a verdade?

A menina, mais novinha, mais tímida, nos surpreendeu a todos com a sinceridade inigualável da criança:

– Agora está.

O juiz dirigiu-se para nós, os advogados, e comunicou:

– Vou prolatar a sentença em seguida."[53]

Na sentença o Juiz concede a guarda dos filhos ao genitor Olavo e reconhece a improcedência da versão e da ação movida pela ex-esposa.

Pois bem, o que queremos demonstrar com a extensa citação acima são as particularidades dos casos que envolvem família, paixões, paranoias, e a extrema cautela na apuração dos fatos, seja na ação cível, seja na ação penal. Segundo, que **o Defensor Público deve ser o primeiro a acreditar na versão de seu usuário e explorar todas as formas de provas possíveis a comprovar sua tese de defesa.** E, mesmo assim, caso não a comprove, deve garantir que o réu tenha acesso ao devido processo dialético, participativo e legal.

Por fim, **destacamos a precariedade, muitas vezes, de uma confissão, mas cujo valor probatório é sobremaneira elevado nas condenações.**

"Laranja é o personagem patético que segura bronca alheia.

É ele que se apresenta como culpado quando o carcereiro encontra uma faca escondida, a serpentina para destilar pinga ou o corpo sem vida. Muitos são recrutados ao chegar nas celas de triagem. Para aqueles que a família traz mantimentos, não faltam amigos e um canto para morar; outros, por sorte, encontram desconhecidos e pobres.

53 RAMOS, Saulo, *Código da Vida.* São Paulo: Editora Planeta

– De dez xadrezes que eles pedem vaga, onze negam. Aí, para sair do esgano da triagem, aquele humilde, despojado de condição financeira avantajada, só tem um jeito: virar laranjas, porém, é recrutado nas fileiras do crack. Muitos dependentes assumem delitos de terceiros em troca da droga. O traficante não precisa executar o serviço sujo.

Quando alguém perde a vida na rua Dez, os carcereiros trancam todas as celas até que o culpado apareça. A técnica é infalível, preso nenhum ousa enfrentar o pavilhão inteiro enjaulado por causa dele. No final, quem aparece para assumir a responsabilidade é quase sempre o laranja.

Embora os funcionários saibam que aquele não é o verdadeiro autor do crime ou contravenção, pouco podem fazer contra o código de silêncio que rege a vida no Crime. (...)

Alfinete assinou a confissão quando havia cumprido dois anos e três meses de uma pena de quatro. Quitou a dívida com o traficante, mas custou-lhe doze anos a mais de pena a cumprir. (...)

Seu Lupércio, 82 anos de idade, avalia a situação penal do laranja:

– Juiz não quer saber de laranjice, condena com caneta pesada e manda tirar de ponta. Todo benefício que pede, ele nega.

Se o laranja desce para a Carceragem e assina uma dessas mortes, não tem como voltar atrás. Ao depor, no fórum, se negar o que confessou antes, corre risco de vida ao retornar á cadeia. Mesmo que seja transferido para outro presídio, é perigoso:

– Morre também, que nós tudo se comunicamos. Todo dia chega e sai gente da cadeira, contando as novidades. É a rádio Boca de Ferro.

A potência da rádio Boca de Ferro é de tal ordem que, mesmo libertado, o laranja arrependido não terá sossego na rua:

– Aí é que morre mais ainda!"[54]

8. A EXECUÇÃO DIGNA DA PENA

"Boa Noite. Gostaria de saber como faço pra fazer uma reclamação relacionada ao CDP de XXXXX. Pois meu esposo encontra-se preso e o mesmo é diabético e vive de insulina Nph e a Apidra e a casa não está pagando o medicamento certo. E no decorrer do dia 20/YY/20XX terça-feira ficaram várias vezes sem força e sem água até mesmo para beber, e a casa alegou que a bomba tinha queimado, só que isso durou até o dia 23/YY/20XX ocorrendo várias vezes, E os Detentos ficaram sem água para beber e muito menos para fazer a suas pró-

54 VARELLA, Drauzio. *Estação Carandiru*. Companhia das letras.

prias higiene e isso não vem de hoje. E a alimentação o meu esposo necessita de alimentação especial, pois não pode comer qualquer coisa pelo motivo da doença, e as alimentação que (eles) têm dado aos detentos estão indo todas azedas. Sabemos que eles estão lá por ter errado mais estão pagando por isso, e isso que vem acontecendo é desumano. Se os mesmos encontram-se lá é porque querem correção."

Essa denúncia é apenas um exemplo das milhares comunicações, de variadas formas, que a Defensoria Pública recebe sobre violações aos direitos fundamentais dos presos no Brasil. O contexto é de completo abandono.

Há muito, **o médico Drauzio Varella denunciou a situação calamitosa que ocorria no antigo Carandiru**, antes de sua desativação, mas que ainda persiste, em situação ainda mais grave, aliás. "A Masmorra fica em frente à gaiola de entrada do pavilhão. É guardada por uma porta maciça, ao lado da qual uma placa avisa que é terminantemente proibida a entrada de qualquer pessoa não autorizada. São oito celas de um lado da galeria escura e seis do outro, úmidas e superlotadas. O número de habitantes do setor não é inferior a cinquenta, quatro ou cinco por xadrez, sem sol, trancados o tempo todo para escapar do grito de guerra do Crime: – Vai morrer! Ambiente lúgubre, infestado de sarna, muquirana e baratas que sobem pelo esgoto, durante a noite, ratos cinzentos passeiam pela galeria deserta. A janela do xadrez é vedada por uma chapa de ferro fenestrada, que impede a entrada de luz. Por falta de ventilação, o cheiro de gente aglomerada é forte e a fumaça de cigarro espalha uma bruma fantasmagórica no interior da cela. Tomar banho exige contorcionismo circense embaixo do cano na parede ou na torneira da pia, com uma caneca."[55]

No ano de 2009, a Defensoria Pública Paulista realizou vista à Cadeia Pública Feminina de Cajuru e constatou triste realidade, a qual deu ensejo ao pedido de interdição do estabelecimento, via ação civil pública.[56] Vejam a descrição dos fatos:

"A situação atual da Cadeia Feminina de Cajuru é extremamente precária.

Em visita realizada no estabelecimento pelos Defensores Públicos, em meados de 2009, pode-se constatar uma situação lamentável de acomodação, de saúde e de segurança.

De fato, tal estabelecimento, que deveria ser ambiente de ressocialização das detentas, não ostenta as mínimas condições de higiene, saúde, segurança e comodidade.

55 VARELLA, Drauzio. *Estação Carandiru*. São Paulo: Companhia das letras: 1999, p. 24.

56 Processo nº 111.01.2009.001963-4, Vara Singular da Comarca de Cajuru. Subscreveram a peça, além de mim, os Defensores Públicos Vanessa Pellegrini Armênio e Victor Hugo Albernaz Júnior.

Como relata o Delegado de Polícia Dr. Nononononono, a capacidade da Cadeia de Cajuru é de 20 pessoas, mas abriga atualmente cerca de 91 presas (relatório anexo).

Diante desse excesso de contingente, as instalações do estabelecimento contam atualmente com inúmeras necessidades ignoradas pelo Poder Público Estadual, mas especificamente, pela Secretaria Estadual de Segurança Pública. Destarte, faltam condições básicas de higiene, alimentação suficiente e segurança adequada. Aliás, esta precariedade foi observada pelos Defensores Públicos subscritores que visitaram o estabelecimento e relatada pelo Delegado de Polícia responsável.

Quanto às condições de higiene, há que se destacar a ocorrência de recentes surtos de piolho e sarna, decorrentes das inadequadas instalações locais. De fato, como relata o Delegado de Polícia e constatado pelos Defensores Públicos, há presas que dormem no banheiro, na umidade e em ambiente com odores insuportáveis, sendo tais circunstâncias propícias à proliferação de bactérias e fungos, que, devido ao excesso de pessoas, acabam atingindo todas as presas e até familiares que as visitam, sendo inegavelmente um problema de saúde pública.

Os colchões, apesar de uma recente substituição (cópia de notícia anexa), apresentam-se insuficientes, pois todos os colchões anteriores foram incinerados no combate à epidemia citada.

As celas são abafadas e com pouca iluminação, o que ocasiona problemas respiratórios graves nas detentas.

O excessivo contingente acaba gerando sérios problemas não apenas quanto à saúde das presas. De fato, há acúmulo permanente de lixo nos vasos sanitários e dependências da cadeia. O número de servidores responsáveis pelo encarceramento é mínimo e insuficiente para atender as detentas e manter a segurança local.

Segundo o Delegado de Polícia, a cadeia "é dotada de câmeras nos corredores e nos pátios interno e externo, o que por si só é insuficiente para manter a segurança, isso em razão do reduzido número de funcionários, carcereiros que se revezam em plantão de 12 horas, existindo somente um carcereiro para cada turno de serviço, quando o ideal seria no mínimo dois, principalmente no momento de abrir e fechar as celas para a entrada e saída das presas. Outro problema é existir somente uma carcereira concorrendo à escala de plantão, havendo necessidade de se contar com o auxílio de guardas municipais do sexo feminino para as revistas pessoais. Outro fator que concorre para a insegurança reinante é o número insuficiente de policiais que escoltam as detentas para fóruns e casas de saúde, expondo-os, não raro, a riscos de fugas e resgates."

Em se tratando de alimentação, segundo relato das próprias presas, além da baixa qualidade do produto, há insuficiência no fornecimento.

Em suma, a superlotação é um problema crônico, contudo inadmissível nas condições da unidade aqui mencionada. Apesar de recentes transferências, o número de presas da Cadeia de Cajuru aumenta frequentemente, pois a mesma recepciona detentas de toda região, ou seja, além das presas de Cajuru, recebe detentas de Ribeirão Preto, Serrana, Santa Rosa do Viterbo, São Simão, Cravinhos e Jardinópolis.

E, além de todos os problemas apresentados, a unidade carcerária cajuruense conta ainda com um complexo de infraestrutura precário, com instalações elétricas e hidráulicas comprometidas, face à grande utilização e ao já citado acúmulo de lixo.

Diante dessa situação de ausência total de condições de dignidade da pessoa humana, há patente desrespeito aos direitos fundamentais assegurados na Constituição Federal, na Lei de Execução Penal e em tratados internacionais ratificados pelo País."

Uma tragédia anunciada. Após o indeferimento do pedido de tutela antecipada pelo Juiz de primeira instância e a sua manutenção pelo Tribunal de Justiça, em 2012, a situação ainda permanecia a mesma e o processo ainda não havia sido julgado. Porém, a situação era insuportável e uma revolta, com certeza, inevitável. De fato, as presas se rebelaram no início deste ano, fazendo a Defensoria Pública retornar ao local, quando constatamos[57]:

"Porém, atualmente, a situação se agravou e está insustentável. De fato, desde a propositura da ação, embora o número de presas tenha reduzido (49 presas), a estrutura física do estabelecimento não foi melhorada, ao contrário, degradou-se sobremodo com a inércia do Ente Público Estadual competente, ora requerido. Realmente, nesse período, os novos problemas se somaram aos antigos, tornando o local praticamente inabitável.

A Defensoria Pública do Estado, em visita de inspeção, realizada no dia 10 de março de 2012, detectou os seguintes problemas: Higiene e manutenção totalmente precárias; prédio carece de manutenções corretivas e reformas, sobretudo, das partes elétrica e hidráulica; em termos de higiene, as condições são insuficientes (notou-se: alimentos depositados no chão, tanto dentro das celas quanto nos corredores de acesso às celas; lixo acumulado nos banheiros das celas; limpeza das celas e demais áreas de uso das presas feitas por elas próprias, sem qualquer orientação; não são fornecidos materiais de limpeza pela admi-

57 Comigo realizou a visita e elaborou o relatório a Defensora Pública Juliana Araújo Lemos da Silva Machado, a quem consigno minha admiração por seu trabalho e empenho.

nistração, sendo estes doados por familiares; roupas das presas são por elas lavadas em dois tanques no pátio com a água servida sendo despejada no chão.

Ainda, verificou-se que: iluminação e ventilação extremamente precárias e insuficientes; não há insolação direta; aeração apenas pela janela com grade que dá para o pátio; muita umidade nas paredes e no chão, inclusive debaixo de colchões; condições de higiene totalmente precárias, pois os vasos sanitários são do tipo 'turco' (no chão, sem assento); as presas preparam alimentos e lavam louças no banheiro das celas; alimentos e produtos de higiene e limpeza depositados no chão das celas; roupas são lavadas em dois tanques no pátio, os quais não têm saída de água direto na rede de esgoto, sendo a água servida despejada no chão; as celas não têm nenhum mobiliário, nem mesmo camas; todas as presas dormem em colchões no chão, os quais se encontram em mau estado de conservação; presas relataram casos de sarna em algumas celas; presas reclamaram de infestação por insetos; cada cela tem um aparelho de televisão.

Especialmente em relação à precariedade da estrutura física do imóvel, construído na década de 1970, apurou-se: a estrutura do prédio encontra-se em estado precário. Trata-se de prédio antigo, com instalações hidráulicas e elétricas danificadas, requerendo reforma profunda e ampla. Notou-se durante a inspeção: a existência de fios elétricos expostos, pendurados, muitos desencapados, com ligações diretas sem qualquer critério técnico ou de segurança; presas relatam a ocorrência frequente de curto-circuitos na rede elétrica; no pátio, há tanques cuja saída de água não está ligada na rede de esgoto; a umidade é perceptível nas paredes e chão das celas e as presas dormem em colchões no chão, pois não há camas.

Diante desse agravamento e do completo abandono no qual as presas foram submetidas, em março deste ano, um grupo de detentas, como única forma de manifestação de pensamento, dirigida à opinião pública local e aos órgãos responsáveis, sem qualquer violência ou ameaça, realizou um movimento que traz em seu bojo o convite à reflexão sobre a necessária adoção de medidas urgentes e responsáveis. Nessa ocasião, segundo alguns relatos, emitidos pelas presas, elas "foram vítimas de uma revista de surpresa por parte dos funcionários da delegacia e cadeia, os quais entraram nas celas sem avisar, que muitas foram surpreendidas em trajes íntimos ou nuas, que foram agredidas física e verbalmente, e que, numa atitude de defesa, correram para o pátio e atearam fogo em três colchões que já estavam no pátio.

Porém, não se pode negar que tal evento é uma decorrência lógica e previsível da situação que se mantém. Uma questão de causa e efeito.

Aliás, quanto às precariedades, tal constatação foi devidamente comprovada por laudos emitidos pelo Corpo de Bombeiros (9º Grupamento de Bombeiros –

Ribeirão Preto), pela Vigilância Sanitária Municipal e pela Secretaria Municipal de Obras e Saneamento de Cajuru.

Vela citar que o Corpo de Bombeiros apurou que 'as instalações elétricas estão em precárias condições no interior das celas e sobre o telhado na área de segurança, com grande risco de princípio de incêndio' (anexo).

Por sua vez, a Vigilância Sanitária Municipal verificou que 'os alimentos são transportados em condições precárias de higiene'.

A seu turno, a Secretaria Municipal de Obras e Saneamento indicou que: a) Instalações hidráulicas precárias com vazamentos e válvulas hidráulicas, ocasionando umidade nas paredes; b) Instalações elétricas em péssimo estado, apresentando fiação exposta;' Por fim, recomenda que 'o estabelecimento receba uma profunda readequação das partes hidráulica e elétrica, e adaptando-se para abrigar a população carcerária'."

De fato, **o cárcere brasileiro é assustador**. Notem a descrição feita por um brasileiro, preso e condenado na Inglaterra, por tráfico internacional de drogas, quando chega extraditado ao Brasil, cujos relatos foram divulgados **no livro "Tudo ou nada", do antropólogo Luiz Eduardo Soares**, baseado em fatos reais. Vejam a descrição do cárcere, antes que o classe média pudesse gozar dos privilégios brasileiro: "Seu percurso pelos cárceres brasileiros foi assustador. A mudança de ares correspondeu a um salto entre universos inteiramente distintos. Como se uma narrativa de Kafka fosse substituída por um filme de Tarantino. A emoção incontrolável do Santos Dumont logo daria lugar ao pânico. O terror asséptico dos cofres britânicos foi sucedido por uma viagem no trem fantasma por masmorras subterrâneas fervendo em fogo brando e constante.

Até que ponto o abre e fecha da escotilha na porta de aço a cada quarenta minutos, que quase o enlouqueceu, no começo e depois incorporou-se à rotina, ainda que sempre lhe tenha causado um mal-estar tanto mental quanto físico, até que ponto aquele mecanismo que lhe pareceu o extremo inexcedível do sadismo e da perversão paranoica seria mesmo inexcedível?

Quando lhe ocorreu a hipótese da transferência para o Brasil, pesaram todas as considerações, menos a comparação objetiva e serena entre as condições materiais oferecidas aos prisioneiros nas Inglaterra e em seu país. É verdade que esse aspecto não escapara à mãe de Lukas, que o alertou em cartas para a insalubridade absurda, a superlotação e os riscos permanentes à segurança que o filho encontraria nas prisões brasileiras.

Os cuidados maternos foram solenemente desdenhados. Lukas ria quando imaginava o calor. A carta se referia à temperatura nos cárceres como uma das fontes de martírio. Os sujeitos eram cozidos vivos. O fedor era insuportável. O ambiente, nojento. Fezes e urina se acumulavam entre insetos e ratos. As doenças de pele, as alergias, as doenças contagiosas, as patologia respiratórias, tudo era repulsivo. (...) Meteram-no naquele buraco inverossímil.

Porquinho é cela provisória para preso que deve ser mantido fora da circulação normal da delegacia e fora do cárcere, onde estão os acautelados permanentes ou de estada prolongada. Na Polinter, o porquinho foi o único pedaço que restou do velho claustro purulento; o único lugar disponível quando era preciso manter alguém na coleira por algumas horas.

Na prática, porquinho é uma reserva de espaço para facilitar o trabalho dos guardas no dia a dia. Uma espécie de gaveta em que se metem os papéis em uso, antes que sejam dispensados ou arquivados. Com uma diferença: em vez de papéis, quem a ocupa são os presos. Felizmente para os claustrofóbicos, essa gaveta é vertical e arejada, ainda que o espaço seja mínimo. A distância entre a parede e as grades é de um metro, aproximadamente. Não tem profundidade. Gordos não cabem. Mas é larga. Comporta umas três ou quatro pessoas, lado a lado. Desde que não se virem. A menos que sejam magérrimas e estreitas no quadril. Claro que é impossível sentar-se. Não é uma cela, portanto. Na verdade, é um armário com grades em lugar de portas. Talvez o porquinho tenha sido inspirado nas masmorras medievais em que os condenados eram emparedados vivos. Na Polinter, só faltaria empilhar tijolos e cimentar. Os presos estavam prontos para serem sepultados de pé. Lukas sentiu a barra. Estava mesmo chegando ao Brasil."[58]

Após algumas transferências, a situação melhorou um pouco. "Deram-lhe um cantinho melhor, depois de uma cama num beliche, e assim descobriu que o desafio maior seriam os animaizinhos que atacavam sobretudo no fim da tarde à noite: percevejos, insetos, pulgas, as pragas rastejantes e os roedores. Em resumo: a enciclopédia de perversões da natureza. Doenças de pele eram inevitáveis. A questão era como melhor conviver com elas, e as coceiras, e mantê-las sob relativo controle naquela estufa de microrganismos que odeiam a espécie humana. As coceiras enlouqueciam.

As coceiras eram autossuficientes, porque induziam respostas automáticas que arranhavam a pele, ampliando a extensão das alergias. A tal ponto as coceiras afligiam os presos que já não era possível distinguir se havia mesmo bichos correndo pelas costas, braços, nuca, pernas, axilas e virilhas ou se era o corpo que atazanava seu portador, a má alma que nele encarnara e que agora merecia o martírio.

58 SOARES, Luiz Eduardo. Tudo ou nada. Rio de Janeiro: Nova Fronteira, 2012, p. 133 e 144.

Parte do desespero estava aí: longamente provocado, o corpo rendia-se e passava a mimetizar os ataques inimigos, atacando-se sem interferência externa. A sensação era exatamente igual, houvesse ou não carrapato ou escorpião, barata ou pulga, aranha ou percevejo, desfilando sobre a pele do hospedeiro. Na dúvida, Lukas lanhava as costas com as unhas. Arranhava pernas e braços e virilha até tirar sangue. Melhor corta-se do que resignar-se às picadas."[59]

Na Argentina, a **situação carcerária também é lamentável.** Em levantamento feito no final do século passado, chamou de **"cifra negra"** os casos de tortura e violações aos direitos humanos naquele país, que não restaram apurados pelas autoridades locais. *Esto nos fue dando otra pauta de la gravedad del problema, y la posibilidad de tener un muestreo – por primera vez- de lo que podríamos llamar la cifra negra[60] de la tortura.*

Con fecha 30 de mayo de 2000, mediante la Resolución Nº 37 de la Defensoría de Casación, se impulsaron y solicitaron medidas a la Suprema Corte, al Sr. Procurador General ante la misma, al Tribunal de Casación, a los Sres. Defensores Generales Departamentales y a la Comisión Bicameral de Seguridad de la Legislatura provincial.

Ello ante la constatación de agravamientos ilegítimos en la forma y las condiciones en que se cumplían ciertas privaciones de libertad, constitutivas de tratos inhumanos. En la resolución antes aludida se especificaron numerosas violaciones a la ley, citándose a su vez, distintos informes de la CIDH y sentencias de la Corte Interamericana de Derechos Humanos.

A su vez, se señaló en dicha oportunidad "que la nueva regulación en materia de excarcelaciones en la provincia de Buenos Aires [marzo de 2000] ha provocado y provocará un considerable aumento en el número de detenidos que, en el actual cuadro de situación de alojamiento de personas en unidades penitenciarias y dependencias policiales en las condiciones aludidas, profundiza la crisis ya existente de manera acuciante..."

---

59 SOARES, Luiz Eduardo. Tudo ou nada. Rio de Janeiro: Nova Fronteira, 2012, p. 214.

60 Sabe-se que nem todo delito praticado é tipificado ou investigado pela polícia judiciária, ou mesmo, denunciado, julgado e o seu autor condenado. Nesse sentido, o termo cifra negra (zona obscura, "dark number" ou "ciffre noir") refere-se à porcentagem de crimes não solucionados ou punidos, à existência de um significativo número de infrações penais desconhecidas "oficialmente". Isso traz por consequência uma espécie de eleição de ocorrências e de infratores. O sistema penal, assim, acaba por se "movimentar" apenas em determinados casos, de acordo com a classe social a que pertence o autor do crime. Em se tratando especificamente da criminalidade das classes privilegiadas, surge a cifra dourada. Trata-se dos crimes denominados de "colarinho branco", tais como as infrações contra o meio ambiente, contra a ordem tributária, o sistema financeiro, entre outros, que se contrapõem aos considerados "crimes de rua" (furto, roubo, etc). Escrito por Priscila Santos Rosa, disponível em < http://lfg.jusbrasil.com.br>.

En la actualidad las condiciones de detención en comisarías se ha visto agravada de manera legalmente insostenible: a mediados del mes de noviembre de 1999, había 2100 presos alojados en comisarías mientras que en la actualidad –información obtenida del Ministerio de Seguridad con fecha 16 de abril de 2001– las comisarías alojan a 5797 personas.

Así, en las seccionales policiales de los departamentos judiciales del Conurbano –La Matanza, La Plata, Lomas de Zamora, Morón, Quilmes, San Isidro y San Martín– la capacidad de alojamiento es de 2068 personas, encontrándose encerradas –a la fecha arriba citada– 4603; a la fecha de esta resolución, el número de detenidos ha aumentado. Tal superpoblación es constitutiva de penas o tratos crueles, inhumanos y degradantes.

No se cumple tampoco con lo que establecen los arts. 4º y 5º de la ley 12.256 y cctes. que establecen respecto a los detenidos que: "...el fin último de la presente ley es la adecuada reinserción social de los procesados y condenados a través de la asistencia, tratamiento y control" que "... estarán dirigidos al fortalecimiento de la dignidad humana."[61]

O que se espera, se o objetivo da ressocialização está falido, é um mínimo de dignidade.

Consciente dessa realidade, a Defensoria Pública tem atuado. Em caso que envolvia o direito fundamental à saúde dos presos, a Defensoria Pública de São Paulo cobrou atenção mínima, via "ação civil pública, com pedido de liminar, para que o Estado e o município de Ribeirão Preto (313 km de São Paulo) disponibilizem melhor estrutura de saúde aos detentos da penitenciária da cidade. Segundo o órgão, durante inspeções feitas pela Defensoria e pelo CNJ (Conselho Nacional de Justiça), verificou-se que o número de profissionais de saúde na unidade prisional desrespeita os padrões mínimos estabelecidos. De acordo com a Defensoria, as equipes de assistência à saúde devem estar de acordo com os parâmetros mínimos recomendados pelo Plano Nacional de Saúde no Sistema Penitenciário ou de acordo com o indicado pela Secretaria de Estado do Desenvolvimento Social. A ação pede também que sejam fornecidos medicamentos aos presos.

Ainda segundo a Defensoria, a prefeitura confirmou que não há profissionais do município na unidade prisional. 'A unidade não tem médico desde outubro de 2011 e, à noite e nos finais de semana, não conta com nenhum profissional de saúde. Em casos de urgência, os detentos são encaminhados à Santa Casa da cidade de Serrana', diz a Defensoria, em nota. O órgão incluiu o município de Ribeirão Preto sob o argumento de que o direito à saúde é atribuição concor-

61 CORIOLANO, Mario Luis. *Defensa pública y derechos humanos.* Disponível em <http//:www.defensoria.sp.gov.br>.

rente entre os entes federativos. 'Além disso, os detentos são computados na população municipal para o cálculo do repasse de verbas do governo federal para a área da saúde, mas não recebem os serviços a que se vinculam tais recursos', argumentam os defensores na ação."[62]

Nessa linha, vale lembrar que recente alteração da Lei de Execuções Penais (Lei 7.210/84) atribui à Defensoria Pública a tutela coletiva dos presos. "A Defensoria Pública velará pela regular execução da pena e da medida de segurança, oficiando, no processo executivo e nos incidentes da execução, para a defesa dos necessitados em todos os graus e instâncias, de forma individual e coletiva" (Art. 81-A – Incluído pela Lei nº 12.313, de 2010).

Entretanto, na prática, ainda não são poucos, tampouco simples, os entreveros que ocorrem com os Defensores Públicos que fazem visitas aos estabelecimentos prisionais, pois o próprio sistema carcerário é blindado e duro contra intromissões e fiscalizações externas, sendo que ele promove todas as formas de intimidação, bloqueios a espaços, desinformações, calúnias, dentre outras formas tendentes a afastar o Defensor dessa relevante função.

De fato, deve-se registrar que o sistema penitenciário brasileiro como um todo, e o paulista em especial, estrutura-se segundo as ideias de isolamento, de segregação e da não transparência ou abertura necessária. Destarte, a partir de instrumentos como grandes muros, grades, revistas rigorosas, métodos fiscalizatórios extremamente rígidos e inflexíveis, e o próprio distanciamento dos estabelecimentos prisionais dos centros urbanos, dentre outros, esse sistema se isola e se fecha.

Nesse contexto, qualquer intromissão, provocação ou "crítica" não são recebidas de forma construtiva, mas como tentativas de abalar o próprio sistema, a própria estrutura. Em outros termos, trata-se de um modelo de isolamento e de fechamento, sendo que a pacificação e a calmaria naquele espaço servem ou funcionam como condições de sustentação e manutenção.

Por isso, jamais poderia uma conduta proativa e intervencionista, com olhar defensivo e humanista, ainda que dotada de certa rebeldia, ser censurada ou, muito menos, apenada pelos órgãos correicionais internos. Ou seja, é salutar que o Defensor Público atue, com firmeza e materialmente, no sentido de inspecionar e conhecer esse sistema ainda fechado e blindado aos olhos da sociedade, certamente, com cautela e razoabilidade. Enfim, aqui também, como em nenhuma outra atuação, não são raras as situações que exigem verdadeiras rupturas. Ou seja, às vezes, é salutar uma atuação mais presente, substancial e próxima dos usuários – pessoas "hipervulneráveis" -, além de interventiva,

62 Disponível em: //http:www.folha.gov.br.

características ou virtudes de Defensores Públicos que militam em espaços de segregação de pessoas, com potenciais violações de direitos.

Por fim, vale registrar a ação civil pública proposta recentemente pela Defensoria Pública do Estado – subscrita pelo Defensor Público Marcelo Novaes – e pelo Ministério Público Estadual. Sobre isso, noticiou-se: "A Defensoria Pública de SP, em conjunto com o Ministério Público de SP e a Pastoral Carcerária, ajuizaram no último dia 10/6 um ação civil pública em favor de pessoas presas no Centro de Detenção Provisória de Santo André. Atualmente, o local comporta 1.834 presos, tanto provisórios quanto sentenciados, embora tenha capacidade para 512 pessoas. Segundo consta na ação, a superlotação da unidade é algo constante, e já fora constatada pelo Conselho Nacional de Justiça (CNJ), em inspeção realizada em agosto de 2011. Além desse problema, o CNJ também verificou que os presos condenados ou reincidentes não eram separados dos que ainda não haviam sido julgados, e que a unidade não possuía qualquer atividade laborativa ou educacional. Esse relatório apontou também a realização de racionamento no fornecimento de água e atendimento médico insuficiente. A pedido da Defensoria Pública, a equipe da Vigilância Sanitária da Prefeitura de Santo André também vistoriou o local e verificou que o Centro de Detenção não possui: um colchão suficiente para cada preso; área apropriada para visitas de familiares ou visitas íntimas; vasos sanitários e chuveiros em número compatível com os detentos; roupas pessoais, de cama e banho. Também a pedido da Defensoria, o Departamento da Defesa Civil inspecionou o local e constatou que os presos improvisaram seus leitos com garrafas pet, em razão da falta de camas. Além disso, relatório aponta que sistemas de alimentação elétrica, hidráulica e esgoto estão subdimensionados. De acordo com o Defensor Público Marcelo Novaes – que assina a ação em conjunto com os Promotores de Justiça Roberto Wider Filho e Marcelo Nunes dos Santos e com o Advogado da Pastoral Carcerária José de Jesus Filho – a Constituição Federal condena qualquer tratamento desumano ou degradante e assegura ao preso o respeito à sua integridade física e moral" (Cf. http://www.defensoria.sp.gov.br).

Além disso, "incumbe, ainda, à Defensoria Pública: (Art. 81-B. Incluído pela Lei nº 12.313, de 2010). I - requerer: a) todas as providências necessárias ao desenvolvimento do processo executivo; b) a aplicação aos casos julgados de lei posterior que de qualquer modo favorecer o condenado; c) a declaração de extinção da punibilidade; d) a unificação de penas; e) a detração e remição da pena; f) a instauração dos incidentes de excesso ou desvio de execução; g) a aplicação de medida de segurança e sua revogação, bem como a substituição da pena por medida de segurança; h) a conversão de penas, a progressão nos regimes, a suspensão condicional da pena, o livramento condicional, a comutação de pena e o indulto; i) a autorização de saídas temporárias; j) a internação, a desinternação e o restabelecimento da situação anterior; k) o cumprimento de pena ou medida de segurança em outra comarca; l) a remoção do condenado na hipótese prevista no § 1º do art. 86 desta Lei; II - requerer a emissão anual do atestado de pena a cumprir; III - interpor recursos de decisões proferidas pela autoridade judiciária ou administrativa durante a execução; IV - representar ao Juiz da execução ou à autoridade administrativa para instauração de sindicância ou procedimento administrativo em caso de violação das normas referentes à execução penal; V - visitar os estabelecimentos penais, tomando providências para o adequado funcionamento, e requerer, quando for o caso, a apuração de responsabilidade; VI - requerer à autoridade competente a interdição, no todo ou em parte, de estabelecimento penal. Parágrafo único. O órgão da Defensoria Pública visitará periodicamente os estabelecimentos penais, registrando a sua presença em livro próprio."

Aliás, as regras de experiência demonstram que quanto mais o sujeito primário é mantido em cárcere, maiores são as chances da reincidência, pois a influência interna acaba induzindo-o à reiteração. Vale lembrar aqui que o filme brasileiro "SEM PENA" expõe o grave problema do cárcere no Brasil, que não cumpre suas mais básicas funções e serve, atualmente, para fomentar o ingresso do preso na profissão do crime, sem nenhuma perspectiva de melhoria de vida, isso sem falar no corte étnico e social que esse cárcere promove no país, tema também abordado nessa produção cinematográfica.

Por fim, devemos fazer menção à Lei nº 13. 769/2018 que cria uma forma específica de progressão de regime à mulher-mãe que cumpre pena, ao inserir os §§ 3º e 4º ao art. 112 da Lei de Execuções Penais. "§ 3º No caso de mulher gestante ou que for mãe ou responsável por crianças ou pessoas com deficiência, os requisitos para progressão de regime são, cumulativamente: I - não ter cometido crime com violência ou grave ameaça a pessoa; II - não ter cometido o crime contra seu filho ou dependente; III - ter cumprido ao menos 1/8 (um oitavo) da pena no regime anterior; IV - ser primária e ter bom comportamento carcerário, comprovado pelo diretor do estabelecimento; V - não ter integrado organização criminosa". Como já anotamos, a nova lei pode ser interpretada no sentido de vedar implicitamente a prisão domiciliar à mulher presa provisória. Entendemos, contudo, que a progressão especial de regime não impede a prisão domiciliar à presa-mãe que cumpre pena, já que não são incompatíveis.

9. A EFETIVAÇÃO DOS DIREITOS DO PRESO RUMO À LIBERDADE

A **Convenção Americana de Direitos Humanos ("Pacto de São José da Costa Rica")**, adotada pelo Brasil por meio do Decreto nº 678/92, determina que "toda pessoa tem direito de que se respeite sua integridade física, psíquica e moral" (artigo 5º, item 1). "Ninguém deve ser submetido a torturas, nem a penas ou tratos cruéis, desumanos ou degradantes. Toda pessoa privada da liberdade deve ser tratada com o respeito devido à dignidade inerente ao ser humano" (artigo 5º, item 2). "As penas privativas de liberdade devem ter por finalidade essencial a reforma e a readaptação social dos condenados" (artigo 5º, item 6).

Aliás, segundo **Jurisprudência da Corte Interamericana de Direitos Humanos:** "A garantia da dignidade humana do preso é absoluta e independe da gravidade do fato por ele praticado, não admite derrogação nem mesmo em casos de um perigo público que ameace a vida da nação, como é o caso do terrorismo e do crime organizado. 'Todo uso da força que não seja estritamente necessário pelo próprio comportamento da pessoa detida constitui um atentado à dignidade humana."[63]

Para a aludida Corte Internacional, considera-se **tortura** "todo ato pelo qual são infringidos, intencionalmente a uma pessoa, penas ou sofrimentos físicos ou mentais, com fins de investigação criminal, como meio de intimidação, como castigo pessoal, como medida preventiva, como pena ou com qualquer outro fim. Entender-se-á também como tortura a aplicação sobre uma pessoa de métodos tendentes a anular a personalidade da vítima, ou a diminuir sua capacidade física ou mental, embora na causem dor física ou angústia psíquica"; "É degradante o tratamento dispensado ao detento que gera um sentimento de medo, ansiedade e inferioridade com o fim de humilhar, degradar e destruir a resistência física e moral da vítima."[64]

Vale lembrar que tais tratados internacionais referidos foram devidamente ratificados pela República Federativa do Brasil, gerando direitos públicos subjetivos aos cidadãos brasileiros e gerando obrigações estatais correspondentes, nos termos do parágrafo 2º do artigo 5º da Constituição Federal.

Dispondo na mesma linha, a Constituição Federal, em seu artigo 5º, inciso II, dispõe que "ninguém será submetido a tortura nem a tratamento desumano ou degradante", e no inciso XLIX assegura aos presos "o respeito à integridade física e moral", além de vedar as penas cruéis (inciso XLVII, alínea "e").

Por fim, cabe asseverar que o tratamento que vem sendo dispensado aos presos não atende nem mesmo às **"Regras Mínimas para o Tratamento do preso no Brasil"**, estabelecidas pela Organização das Nações Unidas e aprova-

63 JAYME, Fernando G. *Direitos Humanos e sua efetivação pela Corte Interamericana de Direitos Humanos.* Del Rey, 2005. p. 125 e 126.

64 CORTE INTERAMERICANA DE DERECHOS HUMANOS. *Caso Castilho Petruzzi y otros VS. Peru.* Sentença de 30/05/99.

das pela Resolução n. 14 do Conselho Nacional de Política Criminal e Penitenciária, de 11.11.94, bem como desatende, no particular, as "Regras de Bangkok" (Regras das Nações Unidas para o tratamento das reclusas e medidas não privativas de liberdade para as mulheres delinquentes").

Ou seja, dúvida não resta, portanto, de que é do Estado o dever de manter condições minimamente aceitáveis de encarceramento, obrigação essa que não vem sendo cumprida nos estabelecimentos carcerários no Brasil. Ao contrário, a situação de encarceramento vem gerando a dramática piora nas condições de sobrevivência dos presos, chegando-se ao paradoxo de que o ente público não só não cumpre seu mister de criar condições dignas de encarceramento, mas culmina por violar os mais elementares direitos da pessoa, como a de ser provida de cuidados elementares de saúde, higiene e segurança.

Pois bem, quanto à execução penal, uma questão muito nobre para a Defensoria Pública é a tese de que o não pagamento da multa não impede a declaração de extinção da punibilidade, segundo posição já firmada no Superior Tribunal de Justiça em recurso especial em julgamento de recursos repetitivos – com efeito vinculante, portanto (**Resp nº 1.519.777/SP, julgado em 2015**).

Aliás, após trabalho do Núcleo Especializado de Situação Carcerária - DPESP, a Corregedoria-Geral de Justiça de São Paulo expediu a Recomendação nº 11/2015, que "alterou os artigos 479 e 482 das Normas de Serviço da Corregedoria-Geral da Justiça, trazendo mudanças benéficas no tocante à cobrança de multas penais. De acordo com a nova recomendação, cabe ao juízo do processo de conhecimento, com o trânsito em julgado da condenação, intimar o sentenciado para o pagamento da multa, no mesmo prazo da taxa judiciária. Caso a multa não seja executada, o juízo do conhecimento irá oficiar a Procuradoria Geral do Estado e o juízo das execuções para a tomada das providências administrativas de cobrança ou isenção. A eventual execução da pena de multa tramitará no juízo competente para a execução fiscal. O Núcleo destaca o artigo 482, parágrafo 3º, das Normas Gerais, como a mais importante para a atuação da Defensoria Pública: 'O Juízo das Execuções Criminais competente, quando julgar extinto o processo de execução do sentenciado, poderá declarar extinta a punibilidade da pena de multa, ainda que pendente a sua cobrança, hipótese em que determinará as comunicações de praxe, inclusive para o Tribunal Regional Eleitoral'. A nova recomendação atenua, ou mesmo sana, alguns problemas enfrentados pelo egresso no que tange à expedição de documentos e ao acesso ao mercado de trabalho. Desta maneira, o Núcleo Especializado de Situação Carcerária da Defensoria Pública orienta a todos os

Defensores Públicos com atuação em execução criminal para que formulem pedidos de extinção de punibilidade independentemente do pagamento de multa em todos os casos nos quais tenha havido extinção de pena privativa de liberdade ou restritiva de direitos, mas nos quais a multa ainda não tenha sido adimplida. Nesses pedidos, é importante a citação expressa os artigos 479 e 482 das Normas de Serviço da Corregedoria Geral da Justiça. O descumprimento, por parte do juízo poderá implicar, além do recurso judicial cabível no processo de execução, a representação à Corregedoria-Geral da Justiça por *error in procedendo*. O Núcleo Especializado de Situação Carcerária se coloca à disposição para auxiliar os Defensores Públicos caso haja dificuldades por parte dos Magistrados no cumprimento da recomendação e necessidade de acionamento da Corregedoria-Geral da Justiça" (Cf. http://www.defensoria.sp.gov.br).

Por fim, vale a pena a menção ao recente acórdão do STJ obtido pela Defensoria Pública paulista: "**Defensoria Pública obtém decisão do STJ que reconhece remição de pena por meio da leitura.** A Defensoria Pública de SP obteve no dia 9/6 (2015) junto ao Superior Tribunal de Justiça (STJ) uma decisão que reconheceu a legalidade da remição (desconto) de pena por meio da leitura. O entendimento foi proferido no julgamento de habeas corpus em favor de um ex-policial militar, que cumpre pena de 12 anos e 5 meses de prisão em regime atualmente fechado, no Presídio Romão Gomes (zona norte de São Paulo). A Defensora Pública Camila Galvão Tourinho, responsável pelo caso, pediu que o STJ reconhecesse a possibilidade de remição de quatro dias da pena imposta ao homem, pela leitura de um livro e elaboração de resenha do mesmo. Em primeiro grau, o Juízo das Execuções Criminais havia deferido o pedido, que apresentara atestado de tempo de leitura, declaração de fidedignidade e um formulário de avaliação da resenha com resultado considerado satisfatório.

Porém, o Ministério Público recorreu da decisão, argumentando que não há previsão legal para a referida remição, e o Tribunal de Justiça Militar derrubou a decisão de primeira instância.

No *habeas corpus* ao STJ, a Defensora argumentou que não há ilegalidade na remição pela leitura, pois esta é trabalho intelectual equiparado ao estudo, que, segundo a Lei de Execução Penal (LEP – Lei 7.210/1984), pode ser usado para remir a pena – ou seja, descontar parte do tempo de privação de liberdade a ser cumprido. A Defensoria afirmou também que a remição pela leitura passou a ser estimulada em nível nacional pela Recomendação nº 44/2013 do Conselho Nacional de Justiça.

O suporte jurídico-legal da remição pela leitura, segundo o habeas corpus, está no art. 1º da LEP, segundo o qual a execução penal visa efetivar decisão criminal e propiciar a harmônica integração social do condenado; e no art. 205 da Constituição Federal, que estabelece a educação como direito de todos e dever do Estado e da família, a ser promovida e incentivada para o pleno desenvolvimento da pessoa, exercício da cidadania e qualificação para o trabalho.

A 6ª Turma do STJ reconheceu a possibilidade de forma unânime, seguindo o voto do relator, Ministro Sebastião Reis Júnior. Segundo a decisão, manter o veto à remição seria tornar letra morta a recomendação do CNJ e a Portaria Conjunta nº 276 do CNJ/Departamento Penitenciário Nacional, que disciplina o tema.

'(...) mesmo que se entenda que o estudo, tal como inserido no dispositivo da lei, não inclui a leitura – conquanto seja fundamental à educação, à cultura e ao desenvolvimento da capacidade crítica da pessoa –, em se tratando de remição da pena, é, sim, possível proceder à interpretação extensiva em prol do preso e da sociedade, uma vez que o aprimoramento dele contribui decisivamente para os destinos da execução", escreveu em seu voto o Ministro Sebastião Reis Júnior' (Cf. http://www.defensoria.sp.gov.br).

10. PASSO A PASSO DA ATUAÇÃO DO DEFENSOR PÚBLICO NO PROCESSO PENAL

A função essencial do Defensor Público nesse campo é permitir que o usuário faça o uso de todas as provas que possam ser produzidas no seu interesse, com a contestação daquelas de caráter acusatório, mormente as ilícitas, bem como preservar a oralidade, enfim, a real efetivação do sistema acusatório de persecução. Para que esse desiderato seja cumprido, a primeira medida é viabilizar, ao acusado, **o contato com seu Defensor.** É inconcebível que o primeiro contato entre Defesa e réu seja na audiência, de forma precária e sumária. Além da ampla produção das provas, é crucial que o Defensor monitore sua justa e devida apreciação, seja em primeiro, seja em segundo grau. Ou, se necessário, em nível revisional. No manuseio do sistema acusatório, é importante que a Defesa se coloque como dosador da postura ativa do Juiz, especialmente na instrução, que fomente a prática motivadora das decisões, a qualquer momento, em vista o sagrado direito à liberdade.

11. FLUXOGRAMA – PROCESSO PENAL (Procedimento ordinário)

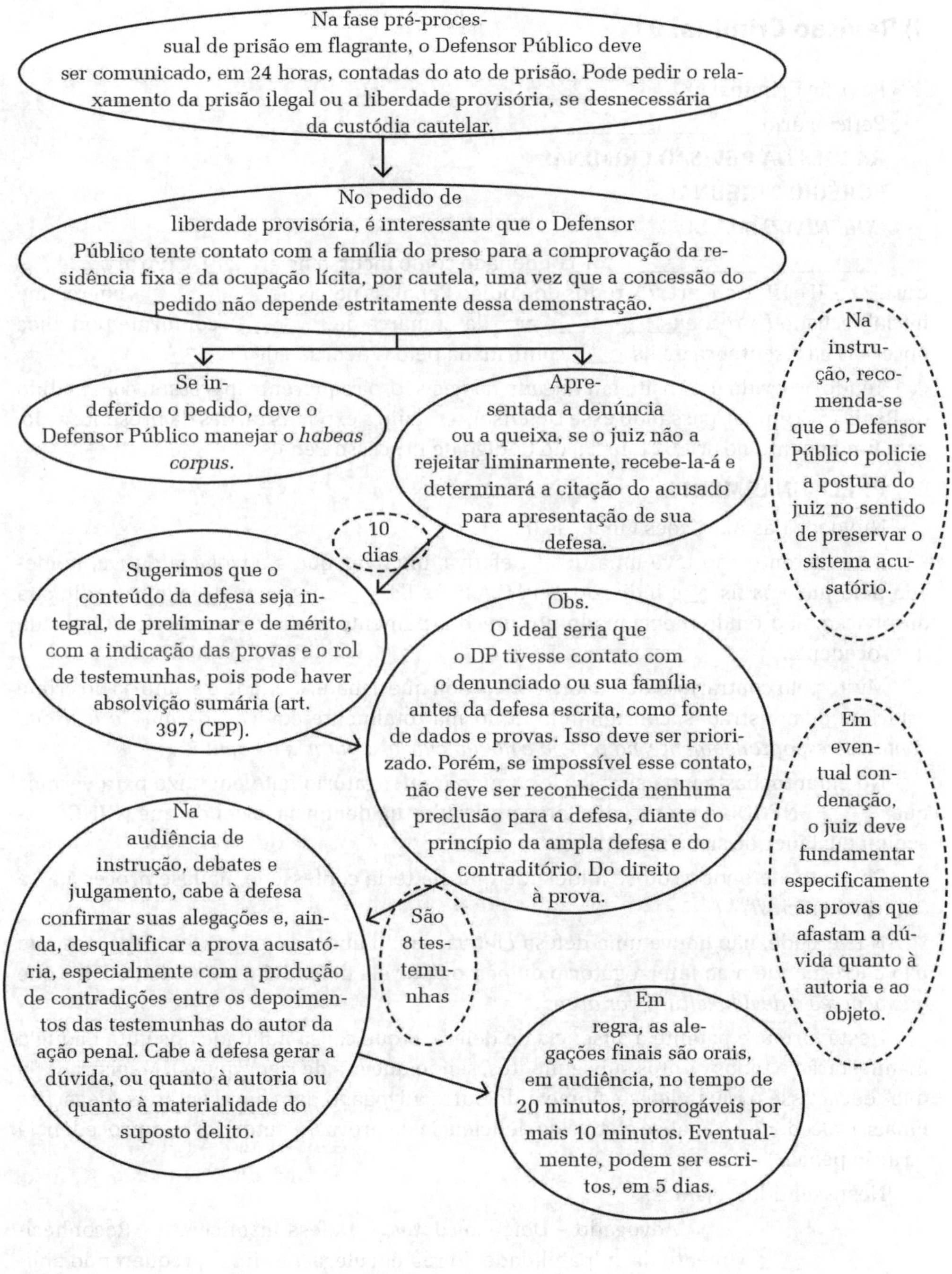

12. MODELOS DE REVISÃO CRIMINAL E DE AGRAVO EM EXECUÇÃO

I) Revisão Criminal 01

Revisão Criminal nº ____________________

Peticionário: ____________________

RAZÕES DA REVISÃO CRIMINAL

EGRÉGIO TRIBUNAL,

COLENDA CÂMARA.

____________________ foi condenado como incurso no art. 214, c.c. o art. 224, "a" e art. 226, II e III, c.c. o art. 71, todos do Código Penal, às penas de__________, em regime inicial fechado (proc. nº ____ - __ Vara da Comarca de ______) , conforme podemos observar na r. sentença de fls. ____, confirmada pelo v. Acórdão de fls. ____.

Tendo ocorrido o trânsito em julgado da decisão, o requerente ingressou com pedido de Revisão Criminal, passando esse Defensor, a seguir, a expor as razões da presente ação, com fundamento no art. 621, inc. I, do Código de Processo Penal.

PRELIMINARMENTE

Nulidade das Alegações Finais de fls.

O requerente não teve uma defesa efetiva, uma vez que a advogada dativa, nomeada pelo Juízo às fls. _ e indicado pela O.A.B. às fls. __, em momento algum pediu sua absolvição, não tendo mencionado um único argumento para que a ação fosse julgada improcedente.

Muito pelo contrário, a defensora concordou que a materialidade e a autoria do crime estariam demonstradas, consignando de forma totalmente equivocada que *"o acusado confessou espontaneamente, na polícia e no judiciário, a autoria do delito"* .

No entanto, basta uma simples leitura do interrogatório feito em Juízo para vermos que _______ NEGOU a prática dos fatos noticiados na denúncia, dizendo que NUNCA assediou qualquer de suas filhas.

Portanto, de onde tirou-se a ideia de que ele teria confessado, na fase processual, a autoria do ilícito???

Na verdade, não houve uma defesa efetiva, sendo que a causídica fez alegações que não correspondem ao interrogatório da pessoa por ela defendida, o que demonstra que *não ocorreu a devida leitura dos autos*.

Desta forma, é patente a ausência de defesa, o que causa nulidade absoluta daquela manifestação e todos os atos subsequentes, sendo que era de rigor que o i. Magistrado "a quo" declarasse o réu indefeso, nomeando outro advogado para apresentar as Alegações Finais, procedendo à análise efetiva da deficiência de provas, a autorizar a improcedência da ação penal.

Neste sentido, vejamos:

> "Advogado - Defensor dativo - Defesa insuficiente - Reconhecimento da culpabilidade do réu em alegações finais, requerendo apli-

cação da pena branda – Equivalência a falta de defesa – Preliminar de nulidade acolhida – Processo anulado a partir de tal fase, devolvendo-se ao acusado o respectivo prazo". (TACRIM – SP – AP – Rel. Gonçalves Nogueira – RT 629/344).

"Direito de defesa – Inteligência do princípio da ampla defesa – Defensor dativo – Falta de defesa prévia e ausência a audiências – Razões finais meramente formais, em que se pede o 'beneplácito do julgador' – Nulidade do processo por não exercício do direito de defesa em seu amplo aspecto – Recurso provido para tal fim ". (TACRIM – SP – AP – Rel. A. C. Mathias Coltro – RJTACRIM 30/52 e RT 727/397)

"Alegações finais – Falta ou apresentação com conteúdo inexpressivo – Ofensa ao princípio constitucional da ampla defesa, posto que a peça traduz a essência do contraditório – Nulidade do processo a partir do ato. As alegações finais são da essência do contraditório penal e sua ausência, ou seu cunho absolutamente inexpressivo, que a tanto equivale, fere o princípio constitucional da ampla defesa, implicando nulidade do processo a partir do ato". (TACRIM- SP – Rev. - Rel. Barbosa de Almeida – RT 671/331).

"Sem defesa efetiva (só 'contemplativa') anula-se o processo. Defesa. Efetividade. O princípio segundo o qual 'nenhum acusado , ainda que ausente ou foragido, será processado ou julgado sem defensor'- art. 261 CPP – há de ter alcance perquirido considerada a realidade. Exsurgindo dos autos que o defensor designado teve desempenho simplesmente formal, em verdadeira postura contemplativa, forçoso é concluir que o réu esteve indefeso. ' A defesa é órgão de administração da Justiça e não mero representante dos interesses do acusado. Isto porque ela se exerce, substancialmente, para a preservação e tutela de valores e interesses do corpo social, sendo assim, , garantia de proteção da própria sociedade.'(Nilo Batista, Defesa Deficiente, Revista de Direito Penal, p. 169). Por outro lado, se estiver evidente a inércia e desídia do defensor nomeado, o réu deve ser tido como indefeso e anulado o processo desde o momento em que deveria ter sido iniciado o patrocínio técnico do juízo penal (Frederico Marques, Elementos do direito processual penal, II, p. 423)". (STF – HC – Rel. Marco Aurélio – DJU 24/2/95, p. 3.678 – Bol. IBCCrim março/95) .

Pelo exposto, porque a sucinta e deficiente Alegações Finais ofendeu o Princípio Constitucional da Ampla Defesa, uma vez que a advogada dativa concordou com a responsabilização penal do réu, não analisando o conjunto probatório de forma a pleitear o pedido absolutório, e dizendo, de forma errônea que teria o acusado confessado o crime em Juízo, requer-se seja decretada a nulidade da manifestação e de todos os atos subsequentes, determinando-se seja nomeado outro defensor para o requerente, realizando-se a costumeira JUSTIÇA.

NO MÉRITO

Caso não adotada a preliminar mencionada, no mérito, o pedido revisional merece ser julgado procedente, para o fim de decretar-se a ABSOLVIÇÃO de __________. Senão, vejamos.

O peticionário, à luz dos Princípios Constitucionais do Contraditório e da Ampla Defesa, negou, com veemência, ter praticado os delitos sexuais a ele imputados. Disse que nunca assediou qualquer de suas filhas, sendo injusta a acusação pela qual restou condenado.

A suposta "confissão" feita na fase policial merece completo repúdio, pois, como é cediço, naquele momento da persecução penal, o indiciado é mero objeto das investigações, estando sujeito a pressões e constrangimentos ilegais.

O depoimento prestado pela esposa do requerente merece reservas. Vejamos:

Disse essa testemunha que as filhas já teriam lhe contado que o acusado delas abusava. Porém, nada fez .

Então, por qual razão, de inopino, resolvera a esposa "denunciar" o marido???

Referida indagação, revela que o depoimento de ________ merece cautelas, pois, pode ser uma forma de vingança por brigas domésticas, podendo não corresponder à verdade.

A condenação de seu marido pode ter sido a forma mais fácil por ela encontrada, para se livrar de uma pessoa com a qual não queria mais conviver.

As declarações das vítimas, diga-se, filhas do casal, também merecem ser olhadas com a devida desconfiança, pois podem ser frutos da influência materna, da devida orientação dada pela genitora, para afastar a presença do pai no dia a dia.

Talvez o peticionário fosse um pai rigoroso, o que pode ter levado as supostas vítimas a mentirem, por raiva e temor.

O depoimento do investigador _______, por sua vez, mostrou-se irrelevante, já que ele nada presenciou, apenas relatou o que "ouvira dizer".

De tudo isso, podemos concluir que as provas dos autos não autorizavam a condenação de ________________.

Pelo exposto, aguarda a Defesa seja desconstituída a coisa julgada, decretando-se a NULIDADE do feito, ou, no mérito, a ABSOLVIÇÃO do peticionário, com fundamento no art. 621, inc. I, do Código de Processo Penal, por ser de Justiça.

Cidade ______, Data _____.

Defensor Público

II) Revisão Criminal 02

RAZÕES DE REVISÃO CRIMINAL

PROPONENTE: ALBERTO ALEIXO

Proc. em 1ª instância: .../... da ...ª Vara Criminal de ../...

Proc. em 2ª instância: .../...

Autos nº .../...

PELO PETICIONÁRIO

EGRÉGIO TRIBUNAL

DOUTOS JULGADORES

ALBERTO ALEIXO foi condenado em 1ª instância à pena de 05 (cinco) anos, em regime prisional inicial fechado, e no pagamento de 13 (treze) dias-multa em seu valor unitário mínimo, por infração ao art. 157, § 2º, incs. I e II c/c art. 65, I, todos do Código Penal, em razão dos fatos ocorridos entre 06 de janeiro de 1997.

Segundo a denúncia descrita nos autos originais, Alberto e um terceiro não identificado, agindo em concurso, mediante grave ameaça exercida com emprego de arma, teriam subtraído o VW/Gol, amarelo, 93, placa letras ... números ..., além de setenta reais em dinheiros, talonário de cheques do banco ..., cartão de crédito, um aparelho de telefone celular e outros bens.

Inconformado com a r. decisão condenatória, o Peticionário interpôs recurso de apelação. Após processamento, decidiu esse E. Tribunal por negar provimento ao recurso e manter a r. sentença recorrida.

Vale registrar que a r. decisão de 2º grau transitou em julgado, consoante certidão de fls. ..., em 24 de novembro de 1997.

Em análise a todo o processado naquela ação penal, em que pese o profundo conhecimento jurídico do MM. Juiz de 1º grau, vê-se que a decisão transitada em julgado restou contrária à evidência dos autos e à texto expresso da lei penal, motivo pelo qual é de todo procedente o presente pedido revisional, com fulcro no que dispõe o art. 621, inciso I, do CPP.

Decerto, mesmo havendo atenuante genérica a ser considerada não foi reduzida a pena.

O Código Penal adotou o sistema trifásico para cálculo da pena, sendo que na primeira fase, fixa-se a pena base de acordo com o art. 59 do CP, na segunda fase são consideradas as circunstâncias atenuantes e agravantes e, por último, as causas de aumento e de diminuição.

Como se verifica a pena base foi fixada no mínimo legal, ou seja, 4 anos em razão da primariedade.

No entanto, com relação à menoridade não foi aplicada a atenuante genérica, embora conste que o peticionário foi condenado nas penas do roubo com dupla causa de aumento de pena combinado com a atenuante da menoridade.

Ocorre, porém, que o peticionário, a época dos fatos com 18 anos, fazia jus à redução da pena em razão da atenuante genérica pela menoridade.

Com efeito, o Código Penal em seu art. 61 é claro em dispor que "são circunstâncias que sempre atenuam a pena...", assim, não há uma faculdade em aplicar ou não, há uma obrigatoriedade, ainda que seja para reduzir aquém do mínimo, já que sempre atenuam a pena.

Além disso, a não consideração da circunstância atenuante para reduzir a pena viola o princípio da individualização da pena, pois acaba se igualando situações desiguais e se despreza circunstâncias que deveriam influir beneficamente na pena em favor do réu.

Dessa forme, deve ser a pena base reduzida dando aplicabilidade ao art. 65, I do CP.

Deve ainda ser excluída a causa de aumento de pena referente ao emprego de arma, pois tal circunstância não restou demonstrada nos autos.

A arma supostamente utilizada pelo Peticionário jamais foi encontrada.

Sem a apreensão do instrumento, impossível o reconhecimento da majorante em questão. Primeiro, porque torna incerta a sua utilização para o crime e, segundo, porque inviabiliza a averiguação da sua capacidade vulnerante.

Vale ressaltar que a razão da causa de aumento de pena em questão consiste na maior probabilidade de ofensa à integridade física da vítima, uma vez que a grave ameaça já se afigura como elementar do tipo básico.

A jurisprudência é farta nesse sentido, como indicam os julgados proferidos abaixo transcritos:

"O reconhecimento da qualificadora prevista no art. 157, § 2º, inciso I, do CP, por seu caráter objetivo, depende da apreensão da arma e de sua submissão a exame que informe sua capacidade vulnerante para se estabelecer, com a certeza necessária, a aptidão para submeter a vítima a perigo real no curso da execução do crime, caso contrário é impossível a tipificação do delito, pois o uso do instrumento apenas caracteriza a f]grave ameaça, elemento intrínseco ao art. 157, caput do Estatuto Repressivo". (TACrimSP, AC, Rel. Breno Guimarães, RJTACrim 31/284).

"É impossível o reconhecimento da qualificadora prevista no inciso I, do § 2º, do art. 157, do CP se a arma não é apreendida, pois se trata de circunstância de natureza objetiva, devendo a vítima ser sujeitada a algum perigo efetivo durante a execução do delito". (TACrimSP, Rel. Breno Guimarães, j. 04.03.98, RJTACrim 38/312).

"Não se provando ter a arma empregada condições de vulnerar, não há como considerar a hipótese de roubo agravado pelo seu uso, ainda que o agente se tenha utilizado para atemorizar a vítima". (TACrimSP, AC 323.235, Rel. Edmeu Carmesini).

Assim requer-se o afastamento da referida causa de aumento com a consequente redução da pena aplicada.

Além disso, não há nenhuma prova efetiva de que o crime tenha sido praticado em concurso de agentes.

Para a configuração de tal causa de aumento, é indispensável a prova do ajuste prévio, da associação para a prática dos atos executórios, do liame subjetivo entre os agentes, bem como a descrição e individualização da conduta de cada um deles, o que não ocorreu.

De fato, o suposto corréu não foi nem localizado, muito menos identificado. Ademais, a vítima não individualiza a conduta de cada um.

A propósito, transcrevo:

"Tanto quanto o concurso de pessoas descrito no art. 29, do Código Penal, a qualificadora prevista no inciso II do § 2º do art. 157, exige, ao seu reconhecimento, a identificação de um nexo subjetivo entre os concorrentes que os vincula, ou seja, a adesão, a vontade de contribuir para o crime, manifestada por atos penalmente relevantes praticados no curso do processo executivo do crime. Assim, afastada a circunstância qualificadora reconhecida". (TACRIM-SP, AC, 784.159/1, Rel, Márcio Bártoli).

Por fim, no que se refere ao regime, tendo em vista a primariedade do Peticionário, bem como a presença de circunstâncias judiciais favoráveis, faz-se necessária a fixação de regime mais brando para início do cumprimento da pena.

Preenchidos os requisitos do art. 33, § 2º, *b* (primariedade e quantidade da pena entre 4 e 8 anos), ou, ainda, do art. 33, § 2.º, *a* (primariedade e quantidade da pena igual ou inferior a 4 anos), a única forma de fixar regime inicial mais gravoso seria com base nas circunstâncias judiciais, como determina o § 3º do dispositivo acima mencionado.

Ora, tendo a pena-base sido fixada em seu mínimo legal em razão da ausência de quaisquer elementos que justificassem sua majoração, o regime inicial deve simplesmente atender aos pressupostos objetivos, sob pena de incoerência do decisum, como ocorreu no presente caso.

Oportuno destacar que, em que a mera gravidade em abstrato do crime nunca pode justificar o estabelecimento de regime prisional mais severo do que aquele previsto de acordo com os requisitos legais (quantidade da pena e reincidência), conforme entendimento do E. Supremo Tribunal Federal expressado na Súmula 718:

"A opinião do julgador sobre a gravidade em abstrato do crime não constitui motivação idônea para a imposição de regime mais severo do que o permitido segundo a pena aplicada".

Por todo o exposto, requer-se o deferimento da presente revisão criminal, afastando-se as causas de aumento de pena e fixando-se o regime conforme exposto acima.

Cidade ..., data .../.../...

Defensor Público

III) Agravo em execução

Excelentíssimo Senhor Juiz de Direito da ...ª Vara das Execuções Criminais da Comarca de .../...

(10 linhas)

Execução n.º ...

Apenso Unificação de Penas

JOSÉ GUIMARÃES, já qualificado nos autos, representado pela Defensoria Pública do Estado, por seu órgão de execução que esta subscreve, inconformado com os termos da r. sentença de fl. ... do apenso Agravo Unificação de Penas, vem, perante Vossa Excelência, com fundamento no artigo 197 da Lei de Execução Penal e artigos 586 e seguintes do Código de Processo Penal, interpor

AGRAVO EM EXECUÇÃO.

Requer o traslado das peças processuais abaixo indicadas e, não havendo retratação, sejam os autos enviados ao E. Tribunal de Justiça para a devida apreciação.

Traslado: Apenso Unificação de Penas: fls. 03/05 e 18/20.

Apenso Execução 03: fls. 03/06, 13/22 e 29/34.

Apenso Execução 04: fls. 02/04, 10/17 e 30/35.

Apenso Execução 05: fls. 02/05, 13/21 e 35/41.

Cidade ..., data .../.../...

Defensor Público

MINUTA DE AGRAVO

AGRAVANTE: JOSÉ GUIMARÃES

AGRAVADO: MINISTÉRIO PÚBLICO DO ESTADO DE ...

EXECUÇÃO nº ...

EGRÉGIO TRIBUNAL

COLENDA CÂMARA

EMÉRITOS JULGADORES

DOS FATOS

O agravante formulou pedido de Unificação das Penas, nos termos do artigo 71 do Código Penal, a fim de reconhecer a continuidade delitiva dos crimes apurados nos processos referentes às execuções 03, 04 e 05.

O MM Juiz *a quo* INDEFERIU o pedido de Unificação, fundamentando, em apertada síntese, que os crimes perpetrados não partiram de um único impulso, mas sim de reiteração criminosa e habitualidade.

DO DIREITO

A r. decisão do Douto Magistrado *"a quo"* merece peremptória reforma.

O art. 71 do Código Penal é claro ao prescrever que, quando o agente, mediante mais de uma ação ou omissão, pratica dois ou mais crimes da mesma espécie e, pelas condições de tempo, lugar, maneira de execução e outras semelhantes, devem os subsequentes ser havidos como continuação do primeiro.

Nos processos acima mencionados, o agravante foi condenado pela prática de crimes de roubo, praticados nas cidades de ... e ..., mesma região socioeconômica, com interstício de poucos dias, tendo sido utilizados em todos os delitos semelhantes métodos de execução (mesmo "*modus operandi*"), tanto é que os delitos praticados são da mesma espécie (art. 157 § 2º, I e II, do Código Penal).

Desta forma, observa-se que o requisito do lugar encontra-se preenchido, visto terem sido praticados na mesma região socioeconômica.

Vale lembrar que sobre o lugar das infrações, o fato de os delitos serem praticados na mesma região socioeconômica já preenche o requisito de lugar expresso no artigo 71 do Diploma Penal. No entanto, mesmo que assim não se entenda, Celso Delmanto, põe em destaque:

Circunstâncias semelhantes: A semelhança ou conexão temporal (período de tempo entre dois crimes), espacial (igualdade de lugares), modal (identidade de métodos ou participantes) e outras, devem ser vistos como circunstâncias cuja presença leva a concluir pela continuidade, embora a ausência de algumas delas não exclua a existência do crime continuado. Entendemos que se deve averiguar a existência ou não da continuidade delituosa pela apreciação daquelas circunstâncias como um todo, pois formam um conjunto, e não pelo exame separado de cada uma delas, porquanto, singularmente, não possuam valor decisivo (Código Penal Comentado, 3ª Ed. Renovar, 1991, p. 116).

E ainda, o Supremo Tribunal Federal já entendeu que: "*o fato de serem diversas as cidades nas quais o agente perpetrou os crimes (São Paulo, Santo André e São Bernardo do Campo) não afasta a reclamada conexão espacial, pois elas são muito próximas uma da outra, e integram, como é notório, uma única região metropolitana*" (RE- Rel. Xavier de Albuquerque – RT 542/455).

Dessa forma, a unificação das penas é medida imperiosa ao agravante.

Nesse sentido, com a máxima vênia, a teoria adotada pelo Código Penal foi a objetiva pura, exigindo-se apenas o enquadramento dos requisitos dispostos no referido artigo. Não se reclama, portanto, a unidade de desígnio para a caracterização da continuidade.

Com efeito, a unidade de desígnios (requisito subjetivo) verifica-se quando os diversos delitos são frutos de um plano único, premeditado pelo agente. A exigência, nesse sentido, deste requisito "*prestigia criminoso audacioso, que realizam um plano antes de atuar, deixando de fora do benefício os delinquentes que atuam sem prévia deliberação, mas que, diante das oportunidades surgidas, não resistem à tentação de delinquir. Sobremais, a prova da unidade de desígnios é muito difícil, o que tornaria o crime continuado, na prática, uma figura meramente decorativa do direito penal*". (Flávio Augusto Monteiro de Barros – Direito Penal – Parte Geral, v. 1, ed. Saraiva, p. 521). Grifo nosso.

No mesmo sentido, a Exposição de Motivos do Código Penal, em seu item 59, estabelece:

"*O critério da teoria puramente objetiva não revelou na prática maiores inconvenientes, a despeito das objeções formuladas pelos partidários da teoria objetivo-subjetiva. O projeto optou pelo critério que mais adequadamente se opõe ao crescimento da criminalidade profissional, organizada e violenta, cujas ações se repetem contra vítimas diferentes, em condições de tempo, lugar, modos de execução e circunstâncias outras, marcadas por evidente semelhança. Estender-lhe o conceito de crime continuado importa em beneficiá-la, pois o delinquente profissional tornar-se-ia passível de tratamento penal menos grave que o dispensado a criminosos ocasionais*".

Assim, os delitos versados são exemplarmente tidos como continuação um do outro.

Vislumbra-se, por outro lado, que não há reiteração de crimes. No caso, ocorreram quatro crimes, não havendo notícias que o Agravante fazia dessa espécie delitiva sua "profissão". Os efeitos jurídico-penais resultantes do reconhecimento da continuidade delitiva estão plenamente configurados em todos os elementos e pressupostos que lhe compõem o perfil legal e a noção conceitual: não houve modificação da maneira de execução delituosa.

A jurisprudência comunga o entendimento do Agravante, vejamos:

Agravo em Execução. Unificação de penas. Continuidade delitiva. Caracterização. Presença dos requisitos exigidos para o reconhecimento da 'fictio iuris' (conexão temporal, espacial e de modo de execução). Prática de dois roubos com curto intervalo entre um e outro, na mesma cidade e mediante semelhante modo de execução. Agravo provido para deferir a unificação de penas [...] A unificação de penas é instituto que, a míngua de disciplina normativa própria a fixar-lhe os contornos, tomou de empréstimo as normas que regem outro instituto que dele se aproxima: a continuidade delitiva. Um e outro encerram uma ficção jurídica que busca beneficiar o agente, ao possibilitar que os delitos subsequentes sejam considerados como desdobramento do primeiro, solução que atende aos mais sadios princípios da política criminal, ao mitigar as possibilidades de cumprimento de penas demasiadamente longas e, por isso mesmo, injustas. Com efeito, do exame das r. sentenças penais condenatórias colacionadas aos autos, extrai-se que as infrações penais em questão guardam correlação de tempo, espaço e modo de execução, como exigido pelo art. 71 do Código Penal [...] (TJSP, AGRAVO DE EXECUÇÃO PENAL N° 990.10.231342-5, RELATOR: DESEMBARGADOR PÉRICLES PIZA, DJ. 27/09/2010)

AGRAVO EM EXECUÇÃO. UNIFICAÇÃO DE PENAS. CONTINUIDADE DELITIVA. CARACTERIZAÇÃO. Presença dos requisitos exigidos para reconhecimento da 'fictio iuris' (conexão temporal espacial e de modo de execução). Prática de dois roubos com curto intervalo entre um e outro (13 dias), na mesma cidade e mediante semelhante modo de execução- em comparsaria e com emprego de arma de fogo. Agravo provido para deferir a unificação de penas. (TJSP, Agravo de Execução Penal n° 990.09.289128-6, RELATOR: DESEMBARGADOR PÉRICLES PIZA, DJ. 10/05/2010)

Dada a evidência da matéria, torna-se necessário a concessão de EFEITO ATIVO ao presente recurso, diante da grave lesão que a manutenção da r. decisão provoca ao Agravante, motivo pelo qual o pleito deve ser concedido antes do julgamento final deste recurso.

Nesse sentido:

> *"Por expressa disposição da lei, das decisões proferidas pelo juiz caberá agravo, sem efeito suspensivo (art. 197, LCP).*
>
> *Possível, contudo, admitir que o relator, com base no art. 558, caput, CPC, quando possa resultar lesão grave ou de difícil reparação, sendo relevante a fundamentação, venha a suspender o cumprimento da decisão até o pronunciamento definitivo da turma ou câmara. Com isso, evita-se o uso do mandado de segurança, com pedido de liminar, para ser obtido o efeito suspensivo.*

> *Nada impede que o sentenciado venha a se utilizar do habeas corpus, caso ocorra manifesto constrangimento ilegal à sua liberdade de locomoção, tendo ele necessidade urgente de suspender a eficácia da decisão" (Ada Pellegrini Grinover et alli, Recursos no Processo Penal, São Paulo: Ed. Revista dos Tribunais, 2001, pág. 205 – destaquei).*

DO PEDIDO

Diante do exposto, requer a concessão do EFEITO ATIVO a este recurso, com o mister de conceder a unificação de penas pleiteada, antes do julgamento final deste Agravo, ao qual requer seja dado provimento, para conceder definitivamente a unificação de penas pelos fundamentos já expostos, visando à redução das penas aplicadas em todas as sentenças na forma estabelecida em lei, tudo como medida de JUSTIÇA.

Cidade ..., data .../.../...

Defensor Público

IV) Modelo de *Habeas Corpus*

EXCELENTÍSSIMO SENHOR DOUTOR DESEMBARGADOR PRESIDENTE DO EGRÉGIO TRIBUNAL DE JUSTIÇA DO ESTADO DE ________________

PESSOA PRIMÁRIA – FURTO TENTADO – BAGATELA – EM SITUAÇÃO DE RUA

(5 linhas)

Origem: Juízo de Direito da Xª Vara da Comarca de ____________

Autos nº 000XXXXX-YY.2016.8.26.05MM

Impetrante: Defensoria Pública do Estado de ________

Paciente: ESCRAVA ISAURA

Autoridade Coatora: Juízo de Direito da Xª Vara da Comarca de __________

(5 linhas)

A DEFENSORIA PÚBLICA DO ESTADO DE __________, por intermédio do Defensor Público que esta subscreve, no desempenho de suas funções, com domicílio para intimação na Rua__________, nº_____, bairro _______, cidade __________________/___, vem à presença de Vossa Excelência, com fundamento no art. 5º, LXVIII, da Constituição Federal, e nos artigos 647 a 667 do Código de Processo Penal, impetrar o presente *HABEAS CORPUS* COM PEDIDO DE LIMINAR em favor de ESCRAVA ISAURA, brasileira, RG nº XXXXXXXX, garçonete, contra ato atribuído ao R. Juízo de direito da Xª Vara Criminal da Comarca de ___________/____, pelos motivos de fato e direito que passa a expor.

DOS FATOS

ESCRAVA ISAURA foi presa e autuada em flagrante pela suposta prática do crime descrito no art. 155, paragrafo 4º, incisos II e IV c.c artigo 14, inciso II, ambos do Código Penal.

A prisão foi formalmente comunicada ao juízo impetrado, que, por decisão datada de 30 de fevereiro de 2016, convolou o flagrante em prisão preventiva, estribado nos arts.

310, II, e 312, do Código de Processo Penal, ressaltando que a paciente é "moradora de rua, não fez prova de identidade, e ocupação lícita e, portanto, se colocada em liberdade, poderá ausentar-se do distrito da culpa" (Cf. r. decisão).

Entretanto, como se demonstrará a seguir, a prisão preventiva da paciente é inadequada e impertinente, razão pela qual imperiosa a sua revogação.

DO DIREITO

Primeiro, deve ser reconhecida a atipicidade da conduta veiculada nos autos impugnados, com o consequente trancamento do inquérito policial, tendo em vista o princípio da insignificância ou bagatela.

Embora não haja dúvida quanto à incidência formalmente típica do fato noticiado nestes autos, tal aspecto corresponde apenas à tipicidade formal. A partir da análise da tipicidade material do crime, é facilmente perceptível a necessidade de se aplicar o princípio da insignificância.

Como se sabe, o direito penal só deve ser aplicado quando estritamente necessário, haja vista sua subsidiariedade e fragmentariedade. De acordo com esta última característica, o direito penal só deve entrar em cena nos casos em que existir relevante lesão ou perigo de lesão ao bem jurídico.

Desta forma, o princípio da insignificância ou bagatela corresponde a um desdobramento do princípio da fragmentariedade e, de acordo com os Tribunais Superiores, pressupõe determinados requisitos. São eles: (1) mínima ofensividade da conduta do agente, (2) mínima periculosidade social da ação; (3) reduzido grau de reprovabilidade do comportamento; (4) inexpressividade da lesão jurídica provocada (cf. HC 84.412/SP, Rel. Min. Celso de Mello, Data de Julgamento: 29/06/2004).

Neste contexto, vale destacar a desnecessidade de estarem presentes, de forma cumulativa, os requisitos reconhecidos pelo Supremo Tribunal Federal, uma vez que se constate a inexistência de ofensa a bem jurídico relevante.

Na realidade, cumpre observar a crítica feita por Paulo Queiroz. De acordo com o autor, os requisitos apresentados como diversos são verdadeiramente tautológicos. Se mínima é a ofensa, então a ação não é socialmente perigosa; e se a ofensa é mínima, a ação não é perigosa, como consectário lógico, a reprovação é mínima ou nenhuma, sendo, portanto, inexpressiva a lesão jurídica.

Em outras palavras, os requisitos, em verdade, repetem a mesma ideia por meio de palavras diferentes, em argumento rigorosamente circular.

Por esta razão, pode-se também afirmar que todos os requisitos estão presentes, desde que um esteja. Como se demonstrará a seguir, a ofensa provocada no caso é mínima e, portanto, não é perigosa socialmente a ponto de exigir atuação do direito penal. Por esta razão, a reprovabilidade da conduta é reduzida e, ainda, a lesão é inexpressiva.

Ademais, a insignificância se torna ainda mais evidente ao se constatar que o custo destes autos e de toda a movimentação do maquinário estatal gera maior prejuízo ao erário do que o ínfimo prejuízo causado pelo réu em sua conduta.

Destaque-se, ainda, a ré é primária e de bons antecedentes, pois não possui nenhum outro registro em sua Folha de Antecedentes.

Vale dizer, se a conduta realmente ocorreu, ela certamente é reprovável, mas não é suficiente para a configuração de um crime, cuja ocorrência deve estar limitada às condutas que verdadeiramente representam ameaça e agressão a bens jurídicos.

Por fim, é imprescindível lembrar que se o valor da rés autoriza a aplica**ção do princípio da insignificância, o simples fato de o crime ser qualificado não é motivação idônea e suficiente para impedir sua aplicação. Neste sent**ido, menciona-se acórdão da Ilustre Min. Laurita Vaz:

HABEAS CORPUS. FURTO QUALIFICADO PELO ROMPIMENTO DE OBSTÁCULO. PRINCÍPIO DA INSIGNIFICÂNCIA. APLICABILIDADE. MÍNIMO DESVALOR DA AÇÃO. VALOR ÍNFIMO DA RES FURTIVA. IRRELEVÂNCIA DA CONDUTA NA ESFERA PENAL. PRECEDENTES DO SUPREMO TRIBUNAL FEDERAL E DESTA CORTE. PRESENÇA DE QUALIFICADORA. POSSIBILIDADE DE APLICAÇÃO.

1. A conduta perpetrada pelo Paciente - furto de um autofalante - insere-se na concepção doutrinária e jurisprudencial de crime de bagatela.

2. O furto não lesionou o bem jurídico tutelado pelo ordenamento positivo, excluindo a tipicidade penal, dado o reduzido grau de reprovabilidade do comportamento do agente, o mínimo desvalor da ação e o fato não ter causado maiores consequências danosas.

3. Conforme iterativa jurisprudência desta Corte Superior, o fato de se tratar de furto qualificado não constitui motivação suficiente para impedir a aplicação do Princípio da Insignificância. (...) (HC 149.392/MG, Rel. Ministra LAURITA VAZ, QUINTA TURMA, julgado em 01/06/2010, DJe 28/06/2010).

Além do julgado acima, cumpre mencionar outro acórdão deste Superior Tribunal de Justiça em que se reconhece o princípio da insignificância em caso análogo, com subtração de bens de valor superior, qualificado pelo concurso de agentes, conforme ementa a seguir:

PENAL E PROCESSUAL PENAL. AGRAVO REGIMENTAL EM AGRAVO EM RECURSO ESPECIAL.FURTO DE DUAS CALOTAS. AGRAVADOS QUE SUBTRAÍRAM CALOTAS SENDO PRESOS EM FLAGRANTE. PRIMARIEDADE. RESTITUIÇÃO DA RES FURTIVA. AVALIADA EM 150,00. PRIMARIEDADE E AUSÊNCIA DE ANTECEDENTES RELATIVAMENTE A UM DOS AGRAVANTES. UM PROCESSO EM ANDAMENTO EM FACE DO OUTRO. CONTUMÁCIA. INEXISTÊNCIA. REQUISITOS PARA A APLICAÇÃO DO PRINCÍPIO DA INSIGNIFICÂNCIA. PRESENTES. (...) 2. O furto de duas calotas, avaliadas em 150,00 embora se amolde à definição jurídica do crime de furto, na modalidade consumada, não ultrapassa o exame da tipicidade material, mostrando-se desproporcional a imposição de pena, uma vez que a ofensividade da conduta se mostrou mínima; não houve nenhuma periculosidade social da ação; a reprovabilidade do comportamento foi de grau reduzido e a lesão ao bem jurídico se mostrou inexpressiva. (AgRg no AREsp 563.385/MG, Rel. Ministro LEOPOLDO DE ARRUDA RAPOSO (DESEMBARGADOR CONVOCADO DO TJ/PE), QUINTA TURMA, julgado em 07/05/2015, DJe 13/05/2015).

Com a atipicidade demonstrada, configura-se a inexistência de condição exigida pela lei para o exercício da ação penal, sendo que, dessa forma, pugna pelo trancamento do inquérito policial ou de eventual ação penal iniciada neste período, com fundamento no artigo 98, inciso I da Constituição Federal, no artigo 43, inciso III do Código de Processo Penal e no artigo 395, inciso III do Código de Processo Penal.

DA INSUBSISTÊNCIA DOS REQUISITOS DA PRISÃO PREVENTIVA OU DA AUSÊNCIA DE PERICULUM LIBERTATIS

Ainda que se entenda que a decisão que decretou a prisão preventiva da imputada é válida, não há motivos para a manutenção do encarceramento cautelar.

Como se sabe, a prisão antes do trânsito em julgado de uma sentença penal condenatória, em nosso sistema processual penal, é a exceção.

Assim, o enclausuramento preventivo somente pode ser levado a cabo quando, presentes os pressupostos da medida (denominados pela doutrina de *fumus comissi delicti* e consistentes na prova da materialidade e nos indícios suficientes de autoria), estiver preenchido ao menos um dos requisitos previstos no art. 312 do CPP, reveladores do *periculum libertatis* do cidadão, quais sejam, a garantia da ordem pública e da ordem econômica, a conveni**ência da instrução criminal ou a segurança da aplicação da lei penal.**

Ademais, após a edição da Lei nº 12.403/2011, a prisão preventiva somente se sustenta se não for cabível nenhuma das medidas cautelares difusas do art. 319 do CPP. É dizer, a prisão preventiva pressupõe que não se mostre adequada ou suficiente nenhuma das outras cautelares descritas no diploma legal acima referido.

Dito isso, conclui-se que não estão preenchidos os requisitos da prisão preventiva.

De fato, nada nos autos originários autoriza inferir que solta, a acusada colocará em risco a ordem pública, mesmo porque a infração penal a ela imputada é leve e não foi cometida com violência ou grave ameaça a quem quer que seja.

A instrução criminal não está desguarnecida. Não há nenhum elemento permitindo concluir que, acaso seja libertada, a paciente coagirá testemunhas ou envidará esforços no sentido de destruir provas que lhes possam prejudicar.

Outrossim, não se pode presumir que, na remota hipótese de condena**ção, a acusada frustrará a aplicação da lei penal, porquanto não há nenhum dado concreto demonstrado no feito que aponte nesse sentido. Quanto ao ponto, é importante mencionar que o simples fato de a paciente estar em s**ituação de rua não obsta sua libertação.

Com a reforma do sistema processual penal levada a efeito por interm**é**dio da Lei nº 12.403/2011 é imperioso que o juízo, antes de decidir pela prisão preventiva, analise a possibilidade de fixação de medida cautelar difusa. No caso, não tendo o crime sido cometido com violência ou grave ameaça, é totalmente desnecessária a segregação da paciente, valendo lembrar que medidas cautelares diversas da prisão poderiam (e deveriam!) ter sido utilizadas pela autoridade impetrada para garantir a vinculação da acusada a eventual processo que venha a ser instaurado, sem a necessidade de mantê-la presa antecipadamente. Cito, como exemplo, a monitoração eletrônica e o comparecimento periódico de em juízo.

De mais a mais, a comprovação de residência fixa e de ocupação lícita não são requisitos da liberdade provisória. *Mutatis mutandis*, a falta de endereço certo não justifica a decretação da prisão preventiva:

"HABEAS CORPUS. FURTO QUALIFICADO. PRISÃO EM FLAGRANTE. LIBERDADE PROVISÓRIA. NEGATIVA FUNDADA NA AUSÊNCIA DE PROVA DE OCUPAÇÃO LÍCITA E DE RESIDÊNCIA FIXA. EXIGÊNCIAS LEGALMENTE INDEVIDAS. PERICULOSIDADE DO AGENTE. MERAS SUPOSIÇÕES. FUNDAMENTAÇÃO INSUFICIENTE À LUZ DO ART. 312 DO CPP. NECESSIDADE DA MANUTENÇÃO DA PRISÃO ANTECIPADA NÃO DEMONSTRADA. COAÇÃO ILEGAL EVIDENCIADA. LIMINAR CONFIRMADA. ORDEM CONCEDIDA. 1. A ausência de prova de ocupação lícita e de residência fixa não se presta para justificar a negativa de concessão de liberdade provisória ao agente flagrado na prática de furto qualificado, visto que se traduzem em exigências legalmente indevidas e dificilmente atendidas pela empobrecida população de nosso país. 2. Suposições acerca da periculosidade do acusado, sem indicação de elementos concretos que apontem eventual risco à ordem pública com a sua soltura, é argumento que se mostra insuficiente para justificar a permanência do sequestro corporal antecipado. 3. Não restando demonstrada concretamente a ocorrência de ao menos uma das hipóteses autorizadoras da prisão preventiva, à luz do art. 312 do CPP, devida a concessão da liberdade provisória. 4. Ordem concedida para, confirmando a liminar anteriormente deferida, conceder a liberdade provisória ao paciente, mediante termo de comparecimento a todos os atos do processo, se por outro motivo não estiver preso." (HC nº 11.568, 5ª Turma, Rel. Min. Jorge Mussi, DJe 23.03.2009) (Grifamos).

Não fosse isso o bastante, a prisão de alguém pelo simples fato de estar em situação de rua não se coaduna, em absoluto, com um Estado que se autoproclama Democrático de Direito, na medida em que constitui duplo apenamento, porquanto o ente estatal, ao tempo em que não fomenta políticas públicas aptas a garantir o direito constitucional à moradia (art. 6º da Constituição Federal), nega a oportunidade de responder processo criminal em liberdade àqueles que, se tivessem onde morar, poderiam aguardar soltos o desfecho de eventual ação penal. Trata-se, portanto, de uma forma de gestão criminal da pobreza.

Com o devido respeito – mas também com igual indignação – o ato estatal de manter uma pessoa presa por conta de sua situação social configura-se, no mínimo:

– Inegável aspecto do já superado e muito combatido **"DIREITO PENAL DO AUTOR"**;

– Uma espécie de **"HIGIENISMO PROCESSUAL"**, na medida em que se busca, a todo e qualquer custo, "limpar" os processos do Cartório para que jamais fiquem suspensos a partir da aplicação do artigo 366 do CPP. Ora, a hipotética possibilidade de suspensão do processo e do prazo prescricional não pode servir de móvel para impedir a liberdade do cidadão caso não encontrado para a citação, pois:

Um, o dispositivo em questão foi alterado para garantir o efetivo contraditório, ou seja, para beneficiar o réu, JAMAIS PARA PREJUDICÁ-LO!;

Dois, a citação é ônus da acusação, que deve adotar todas as medidas cabíveis para a localização do réu – NÃO ÔNUS DO ACUSADO!

Três, o CPP já prevê, como medida cautelar, a colocação de instrumento de monitoramento eletrônico (artigo 319, IX, CPP), o que já seria suficiente para os fins aqui imaginados!

Nesse particular, impende consignar que viver nas ruas não é resultado de livre escolha feita pelos cidadãos desvalidos. Bem por isso, vem muito a calhar o parecer exarado pelo Subprocurador Geral da República Juarez Tavares, ao opinar no sentido de que fosse dado provimento ao RHC nº 24.504 do STJ:

"[...] O que não se pode aceitar é que se lhe imponha a prisão preventiva pelo fato simples de ser morador de rua, do que, por si só, se concluiria, a encampar o entendimento exarado no acórdão, pela necessidade de uma atitude de desconfiança em relação ao indivíduo, como se sua condição fosse produto de uma opção racional, fazendo-se vista grossa aos encaminhamentos derivados da própria estrutura socioeconômica vigente. Nem todos os brasileiros possuem residência fixa, não obstante a todos seja assegurado constitucionalmente o direito à moradia. Se existem os limites do financeiramente possível, não pode o Estado, por outro lado, do resultado de sua inação, pretender extrair argumentos legítimos para a intervenção antecipada do *status libertatis* do indivíduo. O fato de ser morador de rua não redunda em uma personalidade vil e desonesta. Equiparação desse jaez é sobremaneira preconceituosa, a par de seletiva, na medida em que torna menos espessas as franquias das classes miseráveis diante do exercício do poder punitivo do Estado. Em um Estado Democrático, ao menos de discurso o é, não se pode aceitar esse tipo (penal) de gestão da miséria".

Por outro prisma, é de se ver que a prisão cautelar – que não se confunde com a prisão penal (*carcer ad poenam*) – não objetiva infligir punição à pessoa que sofre a sua decretação. Não traduz, em face da estrita finalidade a que se destina, qualquer ideia de sanção. Constitui, ao contrário, instrumento destinado a atuar em benefício da atividade desenvolvida no processo penal. Portanto, sua utilização pelo juízo está condicionada à efetiva necessidade de tutela do processo.

Isso significa que o instituto da prisão cautelar, considerada a função processual que lhe é inerente, não pode ser utilizado com o objetivo de promover a antecipação satisfativa da pretensão punitiva do Estado ou como castigo, pois, se assim fosse lícito entender, subverter-se-ia a finalidade da medida, daí resultando grave comprometimento do princípio da presunção de inocência, plasmado no art. 5º, LVII da CF.

Assim, não há motivos para a manutenção da prisão preventiva, que deve ser revogada.

DA FALTA DE HOMOGENEIDADE ENTRE A PRISÃO CAUTELAR E O DESFECHO DE EVENTUAL AÇÃO PENAL

No caso concreto, verifica-se não haver homogeneidade entre a prisão cautelar e o provável desfecho da ação penal que poderá vir a ser instaurada.

De fato, a prisão em flagrante se deu em razão da suposta prática de crime tipificado no art. 155, c.c. o art. 14, II, ambos do Código Penal. Considerada a pena privativa de liberdade mínima cominada do crime em tela, é possível o oferecimento de proposta de suspensão condicional do processo a paciente.

Ademais, ainda que não se conceda o *sursis* processual, havendo condenação, o que não se acredita, a pena privativa de liberdade tenderá a ser substituída por restritivas de direitos, bem como o regime inicial de cumprimento de eventual reprimenda mais drástica será o aberto.

Desta forma, não há prognose de cumprimento de pena privativa de liberdade em concreto. Logo, não há razão para que a paciente aguarde presa o seu julgamento.

Ora, medida cautelar que se afigure mais gravosa que o pior provimento final provável consiste em odiosa antecipação de pena, violadora, a um só tempo, do devido processo legal, da proporcionalidade, da presunção de inocência, da razoabilidade, da dignidade da pessoa humana e do Estado Democrático de Direito.

Em suma, se a paciente, ainda que definitivamente condenada, não deve ser submetida ao cumprimento de pena privativa de liberdade, não há lógica alguma na manutenção de sua prisão nesta fase da persecução penal, mormente porque ainda pairam dúvidas a respeito de sua culpabilidade.

DO PEDIDO

A presença do *fumus boni iuris* evidencia-se pelo fato imputado a paciente ser materialmente atípico, e, portanto, não há justa causa para o início da ação penal.

No tocante ao *periculum in mora*, a mantença da prisão preventiva em andamento somente fará prolongar-se a ocorrência do constrangimento ilegal a que está submetida a paciente e em consequ**ência os efeitos deletérios dela** decorrentes.

Assim, a concessão de medida liminar é medida que se impõe. Ressalta-se, ainda, a possibilidade de tal medida ser revogada em momento posterior. Requer-se a concessão de medida liminar para o fim de revogar a prisão preventiva decretada (art. 316, CPP) – ou de conceder a liberdade provisória sem fiança (art. 310, CPP) - e, ainda, sustar o trâmite do inquérito policial ou suspender o andamento de eventual ação penal proposta nesse período, até o julgamento da presente ordem.

Por ocasião do julgamento do mérito, requer-se a concessão da ordem, confirmando a liminar, para revogar a prisão preventiva e, ainda, e arquivar o inquérito policial ou trancar eventual ação penal proposta, diante da atipicidade dos fatos apurados.

Local e data.

Defensor Público

V) Modelo de esquema para sustentação oral em apelação (em condenação por latrocínio)

1) saudações iniciais aos Desembargadores, ao Procurador de Justiça e aos demais presentes;

2) breve relatório do processo (objetivo);

- resumo dos atos policiais;
- síntese da denúncia;
- teses da defesa e diligências pleiteadas;
- provas produzidas e não produzidas;
- a sentença combatida;
- o apelo e as teses recursais – breve síntese.

3) teses jurídicas da defesa;

- ausência de provas suficientes à condenação;

- condenação por meros indícios e presunções contra o réu/apelante;

- reconhecimento policial falho e ilegal;

- fragilidade do depoimento-chave (testemunha protegida): não viu o rosto; contradiz-se em relação à vítima. **Não se recorda de suas vestimentas;**

- resposta da empresa de telefonia: o local da morte é próximo ao da residência do réu/apelante;

- a verossimilhança da versão do apelante: é harmoniosa com a versão de outras testemunhas ouvidas durante a instrução;

- por que ele (o apelante/condenado) ficaria com a bicicleta (objeto da subtração), fazendo uso público dela?

- por que usaria o celular (objeto da subtração) da **vítima?**

- a inegável lógica dos horários: em 1 hora é possível realizar um roubo e, nas imediações, vender os objetos (reforça a tese da desclassificação do latrocínio para receptação);

- as vestimentas do acompanhante não foram encontradas com o recorrente;

- existe um vazio, um vácuo fático insuperável, salvo por grande esforço imaginário;

- o Juiz reconhece expressamente a ausência da prova da materialidade. Soma-se a isso a autoria dúbia e meramente indiciária: não pode a simples posse de objetos levar à imputação de uma morte, especialmente diante de um intervalo de 1 hora! Das 8:50 às 9:50, daquele dia.

4) conclusões e pedidos.

13. QUESTÕES DE CONCURSOS

13.1. DIREITO PENAL

01. (DPE-MA Prova: FCC - 2018 - DPE-MA - Defensor Público) 1. A Lei de Contravenções Penais

(A) prevê pena de prisão simples para a mendicância, em nítida violação ao direito penal do autor.

(B) preserva os princípios da intervenção mínima e ultima ratio ao prever condutas cuja gravidade não pode ser suprida por outros campos do direito.

(C) viola o princípio da culpabilidade ao prever que a contravenção pode ser caracterizada sem dolo ou culpa do agente.

(D) infringe a proporcionalidade ao prever punição da tentativa da mesma forma que a consumação.

(E) exige que a importunação ofensiva ao pudor seja praticada em local público ou acessível ao público.

02. (DPE-AP Prova: FCC - 2018 - DPE-AP - Defensor Público) 2. Sobre a finalidade da pena e sua aplicação, é correto afirmar que

(A) a prevenção especial positiva pressupõe que, na sociedade moderna e plural, desenvolvem-se múltiplos subsistemas culturais, que possuem distintos códigos de conduta, muitas vezes contrapostos. O Estado, transformado em um órgão secular desde o Iluminismo, decide qual deve ser o modo de vida mais correto, para em seguida impô-lo por meio do cárcere.

(B) as teorias absolutas da pena tiveram aspectos positivos, como no idealismo alemão, no qual serviram para defender o cidadão da arbitrariedade do poder do monarca. Mas, mesmo atualmente gozando de baixa reputação, por não levarem em consideração o homem como um ser social, possuem previsão legal.

(C) a escola finalista introduz o pensamento de prevenção geral positiva, de que a pena deveria assumir uma missão de proteção de bens jurídicos sem observar os valores ético-sociais, que pressupõe, entre outros objetivos, a conformação dos valores morais da comunidade.

(D) a individualização da pena, prevista no texto constitucional e reconhecida pela jurisprudência, tem como fundamento maior a prevenção geral e especial, afastado o caráter retributivo por expressa definição legal, e permite ao juiz, em qualquer fase da dosimetria, aumentar ou diminuir a pena aquém e além dos marcos da pena prevista no tipo.

(E) a base da teoria unificadora dialética da pena é a de que o direito penal enfrenta o indivíduo de três maneiras: ameaçando com penas, impondo-as e executando-as, e que cada uma dessas três esferas de atividade necessita de justificação em separado, sempre alternando entre retribuição, prevenção geral e especial.

03. (Defensoria Pública/SP – 2012 – FCC) 3. Considere as assertivas abaixo:

I. Os condenados que cumprem pena em regime fechado ou semiaberto e os presos provisórios podem obter, do diretor do presídio, permissão de saída, mediante escolta, nas hipóteses elencadas na LEP.

II. Se o sentenciado receber nova condenação por outro crime, após o início de cumprimento de pena por condenação anterior, o regime prisional de cumprimento será obrigatoriamente determinado pelo resultado da soma das penas, visto que a individualização da pena é tarefa que se impõe ao juiz do processo de conhecimento.

III. Recente alteração legislativa alçou a Defensoria Pública à condição de órgão da execução penal, mas não incumbiu à instituição a visita aos estabelecimentos prisionais, senão como faculdade do defensor público.

IV. A partir da edição da Lei no 10.792/2003, foi proibida a realização do exame criminológico, à vista da constatação de que a providência constituía um dos grandes fatores responsáveis pela morosidade na apreciação do pedido de benefícios em sede de execução penal.

V. A LEP não prevê como condição para o exercício do trabalho no regime semiaberto o prévio cadastramento do empregador no órgão gestor do sistema penitenciário estadual.

Está correto APENAS o que se afirma em

(A) I e II.
(B) I e V.
(C) II e IV.
(D) III e V.
(E) I, III e V.

04. (Defensoria Pública/RS – 2011 – FCC) 4.Sobre a teoria geral do delito, é correto afirmar:

(A) O erro de tipo afeta a compreensão da tipicidade subjetiva culposa, enquanto o erro de proibição afeta o entendimento sobre a ilicitude do agente que praticou o injusto penal, podendo levar à sua exclusão.

(B) O erro de tipo tem como consequência jurídica a exclusão do dolo e, portanto, a exclusão da tipicidade dolosa da conduta, podendo, no caso penal concreto, ser vencível ou invencível.

(C) O fato de um consumidor de uma loja de joias tocar um abajur sem saber que serve de apoio a uma prateleira, que despenca e quebra uma rara peça de arte é exemplo de erro de proibição.

(D) Havendo orientação da Autoridade Administrativa acerca da legitimidade da conduta, a prática da ação realiza-se coberta pela boa-fé de que não é a mesma ilegal, atuando o agente em erro de tipo permissivo.

(E) A partir da adoção da teoria limitada da culpabilidade pelo Código Penal, tanto na hipótese de ser o erro de tipo essencial vencível quanto na hipótese de ser invencível, a consequência jurídica é a exclusão do juízo de culpabilidade do agente que se equivoca em relação às circunstâncias concomitantes do ato praticado.

05. (Defensoria Pública/MG – 2009 – FURMARC) 5. Se a existência de crime depender de solução que o juiz criminal repute séria e fundada, relacionado ao estado civil das pessoas, ficará suspenso o curso do processo até que no juízo civil seja a questão resolvida por sentença transitada em julgado (artigo 92 do CPP). Ocorrendo a situação acima descrita, em relação à prescrição, é CORRETO afirmar:

(A) Não corre a contagem do prazo prescricional.

(B) Não sofre qualquer interrupção ou suspensão, porque o Ministério Público torna-se legitimado para propor a ação civil.

(C) Se não houver recurso da acusação contra a decisão que suspendeu o curso do processo, não haverá suspensão do prazo prescricional.

(D) A responsabilidade civil é independente da criminal, por isso não há a interrupção do prazo prescricional.

(E) As normas de direito processual penal são independentes e não guardam relação com as normas de prescrição que são de direito material.

13.2. DIREITO PROCESSUAL PENAL

06. (Defensoria Pública/PR – 2012 – FCC) 6. Hermes, réu primário, é processado e condenado pelo crime previsto no art. 33, *caput*, da Lei no 11.343/06 à pena de 5 (cinco) anos de reclusão, em regime fechado, por fato praticado em 21/11/2008 e, em outro processo, pelo crime do art. 157, § 2º, I do Código Penal, à pena de 6 (seis) anos de reclusão, em regime fechado, por fato praticado em 29/03/2007. O trânsito em julgado de ambas as condenações ocorreu em 20/04/2011. A família do preso procura a Defensoria Pública e informa que Hermes foi capturado em 22/04/2012 para início do cumprimento de pena e gostaria de informações acerca dos prazos para progressão de regime. Neste caso, a progressão de regime

(A) ocorrerá após o cumprimento de 1/6 da pena unificada das duas condenações.

(B) observará o prazo de 2/5 do cumprimento da pena do crime de tráfico de drogas e o cumprimento de 1/6 da pena do crime de roubo, adotando-se o cálculo diferenciado.

(C) ocorrerá após o cumprimento de 2/5 da pena unificada das duas condenações.

(D) observará o prazo de 1/3 do cumprimento da pena unificada.

(E) observará o prazo de 1/6 do cumprimento da pena do crime de tráfico de drogas e o cumprimento de 2/5 da pena do crime de roubo, adotando-se o cálculo diferenciado.

07. (Defensoria Pública/RS – 2011 – FCC) 7. Sobre o procedimento do Júri, considere as seguintes assertivas:

I. A defesa poderá interpor, no prazo de 20 (vinte) dias, recurso em sentido estrito da decisão que incluir jurado na lista geral ou desta o excluir, sendo de 2 (dois) dias o prazo para o oferecimento das respectivas razões.

II. As nulidades ocorridas posteriormente à pronúncia deverão ser arguidas logo depois de ocorrerem, conforme previsto na norma processual.

III. Segundo o Código de Processo Penal, não será permitida a leitura de qualquer documento que possa influenciar a decisão dos Jurados se este não tiver sido juntado aos autos com antecedência mínima de 5 (cinco) dias, dando-se ciência à outra parte.

Está correto o que se afirma APENAS em:

(A) I.

(B) I e II.

(C) III.
(D) I e III.
(E) II e III.

08. (Defensoria Pública/SP – 2012 – FCC) 8. Analise as assertivas abaixo.
I. O civilmente identificado, indiciado pela prática de homicídio qualificado, deverá ser criminalmente identificado pela autoridade policial.
II. A decisão judicial de arquivamento do inquérito policial com fundamento na atipicidade do fato praticado produz coisa julgada material, impedindo-se a reabertura das investigações preliminares mesmo diante do surgimento de novas provas.
III. É direito do defensor, no interesse do representado, ter acesso amplo aos elementos de prova que, já documentados em procedimento investigatório realizado por órgão com competência de polícia judiciária, digam respeito ao exercício do direito de defesa.
IV. Nos termos da orientação já sumulada pelo Supremo Tribunal Federal, em sede de execução penal a falta de defesa técnica por defensor no processo administrativo disciplinar não ofende a Constituição Federal.
Está correto APENAS o que se afirma em
(A) I e II.
(B) II e III.
(C) III e IV.
(D) I, II e III.
(E) II, III e IV.

GABARITO

Questão 01	Gabarito: C
Questão 02	Gabarito: B
Questão 03	Gabarito: B
Questão 04	Gabarito: B
Questão 05	Gabarito: A
Questão 06	Gabarito: B
Questão 07	Gabarito: A
Questão 08	Gabarito: B

QUESTÃO COMENTADA

(Defensoria Pública/PR – 2012 – FCC) 4. Hermes, réu primário, é processado e condenado pelo crime previsto no art. 33, *caput*, da Lei no 11.343/06 à pena de 5 (cinco) anos de reclusão, em regime fechado, por fato praticado em 21/11/2008 e, em outro processo, pelo crime do art. 157, § 2º, I do Código Penal, à pena de 6 (seis) anos de reclusão, em regime fechado, por fato praticado em 29/03/2007. O trânsito em julgado de ambas as condenações ocorreu em 20/04/2011. A família do preso procura a Defensoria Pública e informa que Hermes foi capturado em 22/04/2012 para início do cumprimento de pena e gostaria de informações acerca dos prazos para progressão de regime. Neste caso, a progressão de regime:
(A) ocorrerá após o cumprimento de 1/6 da pena unificada das duas condenações.
(B) observará o prazo de 2/5 do cumprimento da pena do crime de tráfico de drogas e o cumprimento de 1/6 da pena do crime de roubo, adotando-se o cálculo diferenciado.

No caso em tela, o crime de roubo não é equiparado aos crimes hediondos. Na prática, terá direito à progressão quando vencer o segundo tempo mínimo de cumprimento.

(C) ocorrerá após o cumprimento de 2/5 da pena unificada das duas condenações.
(D) observará o prazo de 1/3 do cumprimento da pena unificada.
(E) observará o prazo de 1/6 do cumprimento da pena do crime de tráfico de drogas e o cumprimento de 2/5 da pena do crime de roubo, adotando-se o cálculo diferenciado.

CAPÍTULO V

A ATUAÇÃO DA DEFENSORIA PÚBLICA NOS CAMPOS CIVIL E PROCESSUAL CIVIL

1. A EFETIVIDADE DOS DIREITOS DA PERSONALIDADE

Os direitos da personalidade são aqueles cujo exercício significa o acesso à própria identidade, seja corporal, seja civil ou cultural, bem como à efetivação das escolhas pessoais do titular, de toda ordem. É uma autofruição, a aproximação da pessoa de si mesma, **um olhar para (e de) você.**

A imagem, o corpo, o nome, a produção intelectual, a sexualidade, a família, a moral, são exemplos de direitos dessa natureza. Em outras palavras, se uma nação tem um povo, uma pessoa goza da personalidade. É o conjunto dos bens imateriais, dignos da maior proteção e cuidado. Primeiro, é indispensável o respeito às personalidades, necessariamente diferentes.

Nessa linha de raciocínio, explica Francesco Ferrara que os direitos da personalidade "são direitos supremos do homem, aqueles que garantem a ele a fruição de seus bens pessoais. Em confronto com os direitos a bens externos, os direitos da personalidade garantem a **fruição de nós mesmos**, asseguram ao indivíduo a senhoria de sua pessoa, a atuação das próprias forças físicas e espirituais"[1] (destaque nosso).

Nesse ponto, por oportuno, vale a pena transcrevermos a estória de uma brasileira, militante contra a ditadura militar, que viveu praticamente toda sua vida na clandestinidade, sem o gozo de sua personalidade integral. Trata-se de Maria Neide de Araújo Moraes. "Telefona para Goiânia. É informada do cerco a todos os familiares e amigos. Aí decide: fim da vida legal. O dia 26 de novembro de 1971 é a marca inaugural de sua vida de clandestina. Faz conta: quase 42 anos de existência clandestina. A AP (ação popular marxista leninista – causa pela qual militava) decide mandá-la para Vitória da Conquista, na Bahia, junho de 1972. (...) Chamava-se agora Maria José Novais. A segunda Maria. (...) Na viagem para Salvador, onde pretendiam se estabelecer, ouviram a notícia do golpe chileno. Toma a pele a terceira Maria – agora Maria José Malheiros, dia 06 de setembro de 1973. Reorganizou a vida em Salvador, já condenada à revelia em São Paulo."[2]

Enfim, a partir de casos como este é que devemos compreender e estudar o instituto dos direitos da personalidade, a importância da tutela do nome, do passado e da identidade das pessoas, pois, em um passado recente, tais bens imateriais foram praticamente aniquilados pelos regimes totalitários, no Brasil e no mundo.

Portanto, com o escopo de proteger esse ente capaz de inovar, produzir e reproduzir valores, sua personalidade é tutelada através do reconhecimento de alguns direitos pelo Código Civil (artigo 11 ao artigo 21 do CC). Aliás, seu artigo 12, *caput,* consagra o princípio da proteção integral da personalidade, contendo, em um único dispositivo, as três espécies de tutela específica, quais sejam, a tutela inibitória, de caráter preventivo; a tutela reintegratória, de natureza desconstitutiva; e a tutela ressarcitória, de cunho condenatório:

Pode-se exigir que cesse a ameaça (tutela inibitória), ou a lesão (tutela reintegratória), a direito da personalidade, e reclamar perdas e danos (tutela ressarcitória), sem prejuízo de outras sanções previstas em lei.

Vale ressaltar ainda que essas formas de proteção podem ser adotadas de ofício pelo juiz, segundo o princípio do poder geral de efetivação que goza o magistrado para fazer cumprir suas decisões. "A primeira parte do CC 12 refere-se às técnicas de tutela específica, aplicáveis de ofício, enunciadas no CPC 461 (artigo 536 do Novo CPC), devendo ser interpretada com resultado extensivo."[3]

Para concluir essa ideia de efetivação dos direitos da personalidade, vale a pena transcrevermos as palavras dos autores Gustavo Tepedino, Heloisa Helena Barboza e Maria Celina Bodin de Moraes, quando da análise do dispositivo em questão:

"A lesão à personalidade humana, por suas peculiaridades, não se coaduna com a recondução ao estado anterior. O dispositivo reforça os mecanismos de

---

2 Artigo de Emiliano José, jornalista e escritor. *A última clandestina.* Caros amigos. Ed. 200/2013.

3 JORNADA III STJ 140.

proteção no momento patológico da violação: além da possibilidade de recurso às medidas cautelares e ao pedido de antecipação de tutela, há que se observar o artigo 461 e parágrafos do CPC (artigo 536 e parágrafos do Novo CPC), referente às ações que tenham por objeto o cumprimento de obrigação de fazer, e que, entre outros objetivos, pretende constranger o réu."[4]

Juridicamente, a personalidade e os direitos a ela correlatos são corolários do princípio constitucional da dignidade da pessoa humana. Destarte, como foi anteriormente expendido, tal princípio inspira outros dois de tutela do homem, quais são, a boa-fé objetiva quando ele se relaciona e a personalidade em relação à sua intimidade e recato.

Portanto, é indispensável uma análise conjunta das regras constitucionais com as novas regras do Código Civil para se produzir um bloco de proteção ao ser humano em todos seus campos de atividade. Acerca dessa necessária integração de normas, leciona o professor Eroulths Cortiano Junior "as normas constitucionais de proteção à personalidade não devem ser vistas apenas como normas programáticas (portanto não dotadas de concretude).

Ao contrário. Se todo sistema gravita em torno da Constituição, tudo o que nela se contém forma e informa o direito ordinário. A ordem jurídica de uma sociedade é unitária, o que afasta a tradicional contraposição direito privado/ direito público. Como consequência, afasta-se também eventual contraposição direito civil/direito constitucional. A norma constitucional é parte integrante da ordem normativa, não podendo restringir-se a mera diretriz hermenêutica ou regra limitadora da legislação ordinária. Aplica-se (direta ou indiretamente, mesmo porque constituição também é norma) a Constituição ao caso concreto, dando-se vida à norma constitucional.[5]

2. A CONCRETIZAÇÃO DA EQUIDADE: A BOA-FÉ OBJETIVA

A boa-fé objetiva, por sua vez, é um valor ético cujo objeto regulamentado é a conduta do homem enquanto sujeito de uma relação jurídica patrimonial.

Do liberalismo burguês do século XIX e XX resultou o individualismo nas relações jurídicas que somente foi mitigado após as injustiças e atrocidades ocorridas na segunda guerra mundial. De fato, após esse lamentável infortúnio, houve um renascimento dos valores éticos, dentre eles, o da boa-fé objetiva que significa um dever de retidão.

4 TEPEDINO, Gustavo, BARBOZA, Heloisa Helena, BODIN DE MORAIS, Maria Celina. *Código civil interpretado conforme a Constituição da República.* v. 1, Renovar, 2004, p. 34.

5 CORTIANO JUNIOR, Eroulths. *Alguns apontamentos sobre os chamados direitos da personalidade.* In: FACHIN, Luiz Edson (coord.). op. cit., p. 37, nota 58.

Destarte, enquanto a boa-fé subjetiva é um estado psicológico de grande relevância na seara do Direito das Coisas, a boa-fé objetiva é um valor que cria deveres de cooperação e lealdade nas relações jurídicas patrimoniais. A boa-fé subjetiva é averiguada internamente, na medida que a objetiva é verificada externamente, é dizer, através de atos concretos.

O Código Civil, eixo central do Direito Privado, acolhe três funções desempenhadas pelo princípio da boa-fé objetiva, quais sejam, a função interpretativa/integrativa, a função de fonte de obrigações e a função de limite dos direitos subjetivos.

Na primeira, como norteador hermenêutico, a boa-fé objetiva constitui um fator axiológico que concorre na produção das normas jurídicas. Assim, como esse valor ético incide precipuamente nas relações jurídicas patrimoniais, dispõe o novel estatuto que "os negócios jurídicos devem ser interpretados conforme a boa fé..." (art. 113 do CC).

Também destacando a importância da ética nas relações privadas, pondera o professor Luiz Edson Fachin, hoje Ministro do Supremo Tribunal Federal. "A revalorização da confiança como valor preferencialmente tutelável no trânsito jurídico corresponde a uma alavanca para repensar o Direito Civil brasileiro contemporâneo e suas categorias fundamentais. Expressando o abrigo jurídico de intenções e negociações tendentes à formação de um contrato, a confiança pode mostrar-se numa configuração jurídica de dupla possibilidade. De um lado, a conclusão de contrato por comportamento concludente, cujo rompimento unilateral afeta o interesse contratual positivo ou de adimplemento mediante a quebra de dever jurídico. De outra parte, ainda mais importante, a violação da confiança pode atingir o interesse negativo ou da boa-fé, gerando em ambas as hipóteses efeitos jurídicos, especialmente indenização, compreendendo danos emergentes e lucros cessantes.[6]

O Código de Defesa do Consumidor, a seu turno, prevê uma regra de interpretação fundada nesse equilíbrio econômico que deve existir entre as partes. Destarte, considerando que o consumidor é a parte hipossuficiente ou vulnerável na relação de consumo, estabelece seu artigo 47 que "as cláusulas contratuais serão interpretadas de maneira mais favorável ao consumidor". Leciona Nelson Nery Junior que "ao dar tratamento diferenciado aos sujeitos da relação de consumo, conferindo maiores prerrogativas ao consumidor, nada mais fez do que aplicar e obedecer ao princípio constitucional da isonomia, tratando de-

6 FACHIN, Luiz Edson. Artigo: *O "aggiornamento" do direito civil brasileiro e a confiança negocial.* In: FACHIN, Luiz Edson (coord.). *Repensando fundamentos do direito civil brasileiro contemporâneo.* Renovar, 2000. p. 115.

sigualmente partes desiguais."[7] Note que, nesse caso, a isonomia ou a parceria dependerá de um tratamento diferenciado. Além disso, dispõe seu artigo 51, inciso IV, que são nulas de pleno direito as cláusulas contratuais que "estabeleçam obrigações consideradas iníquas, abusivas, que coloquem o consumidor em desvantagem exagerada, ou sejam incompatíveis com a boa-fé ou a equidade".

Em segundo, como fonte de obrigações, a boa-fé objetiva representa "um manancial criador de deveres jurídicos para as partes"[8], tanto antes como durante e depois da vigência da relação jurídica. Nesse sentido, dispõe no Código Civil que "os contratantes são obrigados a guardar, assim na conclusão do contrato, como em sua execução, os princípios da probidade e da boa-fé" (art. 422). Aliás, o Projeto de Lei nº 6960/2002 visa alterar o aludido dispositivo acrescentando que tais princípios devem ser observados também nas fases pré e pós-contratual.

Sobre essa função integrativo-normativa, leciona Fernando Noronha. "O segundo comando que se desdobra do princípio da boa-fé estabelece que os direitos e deveres das partes não são, para cada uma, apenas o de realizar a prestação estipulada no contrato (...), eventualmente acrescido de outros deveres previstos pelas partes e ainda os estabelecidos nas leis, supletivas ou interativas, aplicáveis ao negócio celebrado: a boa-fé impõe a observância também de muitos outros deveres de conduta, que vem sendo evidenciados a partir da análise da obrigação de uma perspectiva sistêmica, globalizante.[9]

Nesse sentido, pondera Francisco José Ferreira Muniz que "a boa-fé é responsável por aquela complexidade orgânica presente no contrato, ou seja, aquela realidade composta de deveres afetados à consecução do bom termo da relação contratual."[10]

Daí dizer, António Manuel da Rocha E Menezes que "a complexidade intracontratual traduz a ideia de que o vínculo obrigacional abriga, no seu seio, não um simples dever de prestar, simétrico a uma pretensão creditícia, mas antes vários elementos jurídicos dotados de autonomia bastante para, de um conteúdo unitário, fazerem uma realidade composta."[11]

---

7 NERY JÚNIOR, Nelson. *Da proteção contratual.* In: *Código brasileiro de defesa do consumidor comentado pelos autores do anteprojeto.*7. ed. Forense universitária.

8 ROSENVALD, Nelson. op. cit. passim, nota 47.

9 NORONHA, Fernando. *O direito dos contratos e seus princípios fundamentais: autonomia privada, boa-fé, justiça contratual.* Saraiva, 1994, p. 157.

10 MUNIZ, Francisco José Ferreira. *Textos de direito civil.* Juruá, 1998, p. 35.

11 CORDEIRO, António Manuel da Rocha e Menezes. *Da boa-fé no direito civil.* Coimbra: Almedina, 1997, p. 586.

Outro não é o posicionamento atual de nossos tribunais: "Autor e ré assinaram contrato de participação em intercâmbio, sendo típica avença de consumo (prestação de serviços), submetida às regras do Código de Defesa do Consumidor. Mormente na espécie contratual em tela, elevado deve ser o nível de lealdade e de respeito ao consumidor.

O autor e seus responsáveis depositaram toda a confiança nos serviços prestados pela ré, possuindo expectativas legítimas de que o jovem teria toda a assistência e apoio necessários ao enfrentamento dos problemas que comumente surgem nas viagens da espécie. Todavia, a ré não atendeu aos deveres secundários assumidos por ocasião do contrato, ao adotar uma postura de desconfiança perante o autor, em razão de uma denúncia unilateral de suposto consumo de drogas, sem comprovação nos autos e apresentada por pessoa que supostamente lhe teria feito propostas sexuais não aceitas, culminando com a interrupção insuficientemente motivada do intercâmbio.

A desatenção à boa-fé denota, pois, o descumprimento dos deveres secundários e a *quebra antecipada do contrato.* Assim, a demandada cometeu ato ilícito, consubstanciado no exercício de um direito com total inobservância aos limites impostos pela boa-fé objetiva na execução do contrato. Daí, a necessidade de indenizar os prejuízos materiais, consistentes em 9/12 (nove doze avos) da totalidade da quantia paga pelo programa de intercâmbio, porquanto condiz com o período de tempo em que a ré não prestou os serviços contratados com o autor.[12]

Além disso, a falta de equilíbrio ou cooperação contratual pode acarretar, dentre outros efeitos, a anulação do negócio como ocorre com a lesão (art. 157 c.c. art. 171, II ambos do CC). Por outro lado, nos contratos de execução continuada ou diferida, a onerosidade excessiva causada por fatos extraordinários ou imprevisíveis, enseja resolução da avença por parte do devedor prejudicado (art. 478 do CC).

Além disso, visando à preservação da cooperação e da retidão entre os contratantes, permite o novel estatuto que, nos contratos bilaterais, uma parte, antes de cumprir sua obrigação, pode exigir o implemento da do outro (art. 476).

Em suma, através desses efeitos, podemos destacar três deveres secundários oriundos da boa-fé objetiva, quais sejam, o dever de não exigir uma prestação desproporcional da outra parte, que se obrigou em estado de necessidade ou por inexperiência (lesão); o dever de não exigir o adimplemento de uma prestação que se tornou excessivamente onerosa (art. 478) e o dever de não exigir o cumprimento de uma prestação caso não adimpliu sua prestação (art. 476) ou se não tem condições de adimplir (art. 477).

12 TJRS, 9ª Câmara Cível, Ap. Cível 70012450581, Rel. Odone Sanguiné, julgado em 26/10/2005.

Por derradeiro, exerce a boa-fé objetiva a função de limitar os direitos subjetivos para que sejam exercidos de acordo com suas finalidades sociais. Portanto, é abusivo o exercício de um direito subjetivo que extrapola os ditames da lealdade e da cooperação, ensejando responsabilidade civil de seu titular, independente de dolo ou culpa (art. 187).

Portanto, a boa-fé objetiva, enquanto reflexo da dignidade da pessoa humana nas relações patrimoniais, é um princípio inelidível e inderrogável na luta pela justiça e no combate à desigualdade social, constituindo, dessa forma, um instituto de ordem pública e índole democrática.

3. A ATUAÇÃO NO CONTEXTO DA SOLIDARIEDADE E DA AFETIVIDADE FAMILIAR

Como já dissemos alhures, e merece repetição, **a pessoa requer cuidado de toda espécie.** Porém, não há cuidado mais eficaz e satisfativo que o cuidado familiar, cercado de afeto. **Só** afeto. É o suficiente. É preciso "aliviar a dor e não perder; As crianças de vista; Família, um sonho ter uma família; Família, um sonho de todo dia; Família é quem você escolhe pra viver; Família é quem você escolhe pra você; Não precisa ter conta sanguínea; É preciso ter sempre um pouco mais de sintonia."[13]

De fato, "O cuidado como valor jurídico objetivo está incorporado no ordenamento jurídico brasileiro não com essa expressão, mas com locuções e termos que manifestam suas diversas desinências, como se observa do art. 227 da CF/88. Comprovar que a imposição legal de cuidar da prole foi descumprida implica em se reconhecer a ocorrência de ilicitude civil, sob a forma de omissão. Isso porque o *non facere*, que atinge um bem juridicamente tutelado, leia-se, o necessário **dever de criação, educação e companhia** – de cuidado – importa em vulneração da imposição legal, exsurgindo, daí, a possibilidade de se pleitear compensação por danos morais por abandono psicológico.

Apesar das inúmeras hipóteses que minimizam a possibilidade de pleno cuidado de um dos genitores em relação à sua prole, existe um núcleo mínimo de cuidados parentais que, para além do mero cumprimento da lei, garantam aos filhos, ao menos quanto à afetividade, condições para uma adequada formação psicológica e inserção social."[14]

Com essa decisão, o Superior Tribunal de Justiça finalmente altera sua jurisprudência para amparar a tese do **dano moral por abandono afetivo**.

---

13 Canção "não perca as crianças de vista", de Xandão, Lauro Farias, Falcão e Lobato, interpretada por "O Rappa".

14 STJ, REsp nº 1.159.242 - SP (2009/0193701-9).

Outrora, fizemos a seguinte provocação.[15] Para começarmos a discorrer acerca do tema que ora é trazido a lume, propomos a seguinte reflexão: Será que somos responsáveis pelas pessoas que cativamos?

A resposta não é tão simples.

O projeto de lei de autoria do Deputado Federal Ricardo Fiuza (Projeto de Lei nº 6960/02), hoje arquivado, dentre outros pontos, visava a acrescentar um segundo parágrafo ao artigo 927 do Código Civil, dispondo que "os princípios da responsabilidade civil aplicam-se também às relações de família".

Na justificativa apresentada, o deputado esclarecia que a alteração proposta era de sugestão da Professora Regina Beatriz Tavares da Silva e ainda transcrevia seu pensamento. Segundo ela, "já que a responsabilidade civil avança conforme progride a civilização, há necessidade de constante adaptação desse instituto às novas necessidades sociais. Bem por isso, as leis sobre essa matéria devem ter caráter genérico, como a regra a seguir sugerida, e aos tribunais cabem delas extrair os preceitos para aplicá-los ao caso concreto.

Em suma, não se pode negar a importância da responsabilidade civil, que invade todos os domínios da ciência jurídica, sendo o centro do direito civil e de todos os demais ramos do direito, tanto de natureza pública quanto privada, por constituir-se em proteção à pessoa em suas mais variadas relações. Dentre as relações de caráter privado destacam-se as familiares, em que também devem ser aplicados os princípios da responsabilidade civil, como já reconhecem a doutrina brasileira".[16]

Para melhor compreensão do tema, dividimos a exposição em razão da existência de dois tipos básicos de relações familiares, quais sejam, a relação conjugal (inclusive aquela oriunda de união estável[17]) e a relação filial.

Na primeira, nota-se um vínculo paritário de pessoas presumidamente iguais. Nesse caso, a principal causa de responsabilidade repousa na violação dos deveres conjugais, conforme a jurisprudência transcrita: "O sistema jurídico brasileiro admite, na separação e no divórcio, a indenização por dano moral. Juridicamente, portanto, tal pedido é possível: responde pela indenização o cônjuge responsável exclusivo pela separação; caso em que, diante do com-

15 RÉ, Aluísio Iunes Monti Ruggeri Ré. *A responsabilidade civil como um sistema aberto.* Franca: Lemos e Cruz, 2007.

16 TAVARES DA SILVA, Regina Beatriz. In: FIUZA, Ricardo. *O novo código civil e as propostas de aperfeiçoamento.* Saraiva, 2004, p. 112.

17 Conforme anota o autor Clayton Reis, "seria inconcebível admitir que a responsabilidade civil que incide nas relações contratuais e extracontratuais não fosse possível de aplicação no plano da sociedade não matrimonializada observados os pressupostos para a sua admissibilidade". (*Responsabilidade civil pelo rompimento da união estável,* In: COLTRO, Antônio Carlos Mathias - coord.- *O direito de família após a Constituição de 1988.* Celso Bastos Editora/IBDC)

portamento injurioso do cônjuge varão, a Turma conheceu do Especial e deu provimento ao recurso, por ofensa ao artigo 159 (atual artigo 186) do Código Civil, para admitir a obrigação de se ressarcirem danos morais".[18]

Aliás, segundo pondera Maria Celina Bodin de Moraes: "A superação da visão institucional da família e a crescente valorização dos direitos fundamentais da pessoa humana ensejam uma proteção cada vez mais ampla da esfera individual, em detrimento de antigas 'razões de família'.

Visa-se agora a satisfação de exigências pessoais, capazes de proporcionar o pleno desenvolvimento da personalidade de cada um dos membros da família. Neste sentido, os deveres conjugais passam a se referir à esfera de consciência da pessoa, dependendo, fundamentalmente, de cumprimento espontâneo. A cláusula geral da responsabilidade, prevista no artigo 186, c.c. artigo 927 do CC, apresenta-se mais que suficiente para enfrentar aqueles casos nos quais as relações entre cônjuges atinjam os lindes da responsabilidade aquiliana.[19]

Entretanto, a imputação de uma ilicitude ao cônjuge ou ao companheiro, responsável pela dissolução da relação, há de ser feita com parcimônia. De fato, para que ele seja responsabilizado por danos morais, sua conduta deve ser socialmente reprovável e intolerável.

Destarte, nesses casos, por envolver relações sentimentais, o ser humano não pode responder pelos enigmas do amor e da paixão, até então não desvelados pela ciência e psicologia. Em suma, o fato de uma pessoa deixar de amar outra, não é capaz de fundamentar o dever de reparação, ainda que acarrete muita dor e sofrimento, eis que tal evento é tolerado pela sociedade e comum nas relações afetivas. Nessa linha de raciocínio, leciona Maria Berenice Dias que "ninguém pode ser considerado culpado por deixar de amar. O sonho do amor eterno, quando acaba, certamente traz dor e sofrimento, e a tendência sempre é culpar o outro pelo fim de um amor (...)".[20]

Além disso, nas palavras de Antônio Carlos Mathias Coltro: "Amar ou deixar de amar é próprio à vida e todos disso têm consciência, não sendo permitido pretender que alguém se deva obrigar a manter algo que já não persista".[21]

Aliás, conforme recente decisão do Tribunal de Justiça do Rio Grande do Sul: "A dor e a angústia daquele que ama são consequências do término do consór-

18 STJ, 3ª Turma, REsp. 37.051, Relator Ministro Nilson Naves, julgado em 17/04/2001.

19 BODIN DE MORAES, Maria Celina. Apud: TEPEDINO, BARBOZA, BODIN. op. cit., p. 817, nota 79.

20 DIAS, Maria Berenice. Apud: COLTRO, Antônio Carlos Mathias. Artigo: *A união estável e a responsabilidade por danos morais.*In: DELGADO, Mário Luiz e ALVES, Jones Figueiredo (coord.). op. cit. p. 33, nota 65.

21 COLTRO, Antônio Carlos Mathias. Artigo: *A união estável e a responsabilidade por danos morais.* In: DELGADO e ALVES, op. cit. p. 33, nota 65.

cio, das agruras da vida, não se prestando o Judiciário a vingar a ausência de reciprocidade de afeto e respeito, indenizado aquele que se sentiu traído".[22]

Portanto, no tocante às relações afetivas, vislumbramos a existência de um pressuposto peculiar da responsabilidade civil, qual seja, o desvalor social da conduta, eis que a simples ausência de afeto não se resolve pela via indenizatória.

Nas relações de filiação, por sua vez, a questão é ainda mais delicada e relevante, pois envolve pessoas em patamares de desigualdade, porquanto um dos polos se apresenta em situação de hipossuficiência moral e cultural. Além disso, o abandono material é cada vez mais comum em nossa sociedade, uma vez que, dentre outros motivos, aumenta de forma acelerada a porcentagem de famílias monoparentais e também o número de dissoluções conjugais.

Por isso, esse tema deve ser enfrentado com muita cautela e sensibilidade pelos nossos tribunais. Atualmente, embora ainda haja certa resistência por parte do Poder Judiciário em aceitar a responsabilidade civil fundada no abandono afetivo[23], já existem decisões nesse sentido: "A dor sofrida pelo filho, em virtude de abandono paterno, que o privou do direito à convivência, ao amparo afetivo, moral e psíquico, deve ser indenizável, com fulcro no princípio da dignidade da pessoa humana".[24]

Na doutrina, a tendência não é diferente. Destarte, conforme lembra a professora Regina Beatriz Tavares da Silva: "O Estatuto da Criança e do Adolescente, em seus artigos 3º, 4 º e 5º, estatui o dever da família de assegurar o desenvolvimento físico, mental, moral, espiritual e social do menor, em condições de dignidade, referindo expressamente à convivência familiar como direito da criança e do adolescente e a punição em caso de omissão quanto à preservação de seus direitos da personalidade".[25]

Portanto, finalizando e quiçá respondendo a indagação inicialmente formulada, somos sim responsáveis pelas pessoas que cativamos. Aliás, em respeito ao princípio da dignidade da pessoa humana, toda pessoa tem direito ao pleno

---

22 TJRS, Ap. Cível 7000694711, Relator Desembargador José Carlos Teixeira Giorgis.

23 A 4ª Turma do Superior Tribunal de Justiça, no REsp. nº 757.411, considerou procedentes, por maioria, os argumentos do pai, ora requerido em ação de indenização, para afastar a responsabilidade civil por abandono moral, uma vez que, segundo a defesa, acolhida pela Corte, tal indenização levaria a "monetarização do amor". Segundo o acórdão, "a determinação da perda do poder familiar, a mais grave pena civil a ser imputada a um pai, já se encarrega da função punitiva e, principalmente dissuasória, mostrando eficientemente aos indivíduos que o Direito e a sociedade não se compadecem com a conduta de abandono, com o que cai por terra a justificativa mais pungente dos que defendem a indenização por dano moral". Entretanto, o Ministro Barros Monteiro divergiu da maioria e sustentou que "ao lado da assistência econômica, o genitor tem o dever de assistir moral e afetivamente o filho".

24 TAMG, 7ª Câmara Cível, Apelação Cível nº 408.550.

25 TAVARES DA SILVA, Regina Beatriz. Artigo: *Responsabilidade civil nas relações entre pais e filhos.* In: DELGADO e ALVES, op. cit. p. 467, nota 65.

desenvolvimento físico, moral e afetivo, impondo-se aos responsáveis pela privação de tais direitos, o dever de indenizar.

No tocante à questão da solidariedade, destacamos algumas teses institucionais sobre a prestação alimentícia:

O Defensor Público Danilo Mendes Silva de Oliveira defende que "em execução de alimentos é admissível penhora sobre contas vinculadas de FGTS e PIS/PASEP em nome do devedor, visto que a impenhorabilidade de tais valores não é oponível a créditos de natureza alimentar, em razão da incidência dos princípios constitucionais da proporcionalidade e da dignidade da pessoa humana.

Embora o texto escrito da lei (Lei n. 8.036/90, que dispõe sobre o Fundo de Garantia do Tempo de Serviço, e dá outras providências), preveja a impenhorabilidade da conta vinculada do FGTS do trabalhador (art. 2º, §2º), é de se reconhecer que uma interpretação sistemática do ordenamento jurídico, pautada por princípios constitucionais, indica que em se tratando de execução de alimentos não se mostra oponível tal impenhorabilidade, em razão da prevalência dos alimentos, bem de status constitucional, que autoriza, inclusive, a prisão civil do devedor.

Ocorre que, em casos excepcionais, como na hipótese de execução de alimentos, há mitigação do rol taxativo previsto no art. 20 da Lei 8.036/90, dada a incidência dos princípios constitucionais da proporcionalidade e da dignidade da pessoa humana. Desse modo, versa a proposta sobre a admissibilidade de penhora de valores referentes a contas vinculadas de FGTS e PIS/PASEP em execuções de alimentos."[26]

As Defensoras Públicas Aoun Tannuri e Carolina de Melo Teubl Gagliato dizem que "é cabível a penhora ***on-line*** (artigo 655-A do CPC – artigo 854 do Novo CPC) em ações de execução de alimentos que tramitam pelo rito do artigo 733 do CPC (artigo 528 do Novo CPC). A penhora *on-line* de contas bancárias do executado, efetivada pelo sistema Bacenjud e prevista no artigo 655-A do CPC – artigo 854 do Novo CPC, representa meio à disposição do exequente para a satisfação de seu direito.

Trata-se de providência amplamente adotada em processos de execução, uma vez que o dinheiro é o bem que figura como preferencial na ordem de penhora. Por se tratar de medida que atende aos princípios da efetividade e da celeridade do processo, é razoável que seja adotada nas ações de execução de alimentos que tramitam sob o rito do artigo 733 do CPC (artigo 528 do Novo CPC). A natureza do crédito alimentar (necessário à subsistência do credor) e a necessidade urgente de satisfação do alimentando justificam a adoção do

26 Disponível em <http://www.defensoria.sp.gov.br>.

bloqueio *on-line* de forma compatibilizada com o rito da prisão civil. Ademais, trata-se de medida extremamente eficiente em processos nos quais o paradeiro do executado é desconhecido, ou quando o este se oculta para não ser citado."[27]

Demais disso, tem se defendido a possibilidade de negativação (Serasa e SCPC) do nome do devedor de alimentos inadimplente.

Por fim, o Defensor Público e conterrâneo Luís Gustavo Fontanetti Alves da Silva diz que "é possível o pleito de alimentos gravídicos avoengos, bem como em face dos demais coobrigados previstos nos artigos 1.696 e 1.697 do Código Civil, em caso de ausência, morte ou impossibilidade financeira do futuro pai. Com efeito, visando evitar o *non liquet* quanto à possibilidade de concessão de alimentos gravídicos avoengos, deve-se averiguar, para bem atender o objetivo social da Lei 11.804/08 e os ditames constitucionais que a inspiraram, se é possível usar analogicamente os dispositivos que tratam da matéria relativamente aos alimentos em geral. Então, vejamos. No que tange aos alimentos em geral, o Código Civil é expresso ao asseverar que:

'Art. 1696. O direito à prestação de alimentos é recíproco entre pais e filhos, extensivo a todos os ascendentes, recaindo a obrigação nos mais próximos em grau, uns em falta de outros. Art. 1698. Se o parente, que deve alimentos em primeiro lugar, não estiver em condições de suportar totalmente o encargo, serão chamados a concorrer os de grau imediato; sendo várias as pessoas obrigadas a prestar alimentos, todas devem concorrer na proporção dos respectivos recursos, e, intentada ação contra uma delas, poderão as demais ser chamadas a integrar a lide'."[28]

De fato, a pessoa requer cuidado, especialmente se vulnerável e pela sua família, a primeira responsável.

Já dissemos alhures. A pessoa ostenta uma individualidade única, produto de sua própria existência, seus sentimentos, sua história, sua família, suas angústias, seus medos e suas expectativas. Ela é digna de um tratamento não degradante, humilhante ou constrangedor, mas tolerante e adequado às suas condições e riscos conscientemente assumidos. Digna de cuidado e assistência. Porém, antes de tudo e de qualquer ação ou serviço, ela precisa ser muito bem entendida e compreendida.

Evidente, a pessoa requer cuidado. Para Leonardo Boff, tudo que tem vida (e pode sofrer) é digno de atenção e que "o cuidado se encontra na raiz primeira do ser humano, antes que ele faça qualquer coisa. E, se fizer, ela vem acompanhada de cuidado e imbuída de cuidado. Significa reconhecer o cuidado como um

27 Disponível em <http://www.defensoria.sp.gov.br>.

28 Disponível em <http://www.defensoria.sp.gov.br>.

modo de ser essencial, sempre presente e irredutível a outra realidade anterior. É uma dimensão frontal, originária, ontológica, impossível de ser totalmente desvirtuada. Um modo de ser não é um novo ser. É uma maneira do próprio ser de estruturar-se e dar-se a conhecer. O cuidado entra na natureza e na constituição do ser humano. O modo de ser cuidado revela de maneira concreta como é ser humano. Sem o cuidado, ele deixa de ser humano. Se não receber cuidado, desde o nascimento até a morte, o ser humano desestrutura-se, definha, perde sentido e morre. Se, ao largo da vida, não fizer com cuidado tudo o que empreender, acabará por prejudicar a si mesmo e por destruir o que estiver à sua volta. Por isso, o cuidado deve ser entendido na linha da essência humana."[29]

4. POR UM PROCESSO CIVIL EFETIVAMENTE CONSTITUCIONALIZADO E SATISFATIVO: A QUARTA ONDA RENOVATÓRIA

O ponto central da problemática processual é **a efetividade e a acessibilidade.** "O termo acesso à justiça tem por objetivo alcançar a justiça social, através da conscientização da população de seu real significado, que não pode resumir-se apenas no acesso ao Poder Judiciário. Por ser um valor absoluto, a justiça é um princípio que pretende ser válido sempre e em todas as partes, independente do espaço e do tempo.

Os juristas e os autores que refletiram sobre o assunto estão de acordo, independentemente das conclusões que obtiveram. Cada pessoa, conforme amadurece e adquire um pouco de capacidade intelectual, desenvolve um senso de justiça que a induz a julgar as coisas como justas ou injustas.

Na verdade, o que se quer é um tratamento igual, humano, justo para todas as pessoas. Para que isso aconteça é necessário fazer com que a igualdade saia do papel e passe a fazer parte da realidade dos brasileiros, a fim de exercê-la efetivamente, ou seja, que ela deixe o plano utópico e venha a existir, a ser verdadeira, definitivamente.

O acesso à justiça deveria ser espontâneo, prático, ao alcance de todos. Porém, na prática, o recurso utilizado para ver os direitos respeitados ainda é por meio do processo, que se dá via aparelho estatal. No entanto, essa efetividade é lenta, subalterna, depende da superação da própria estrutura do Estado que está adormecida, cansada, desvirtuada de seu papel social."[30]

A questão é ainda mais central se considerarmos a grave distância entre população brasileira, excluída e carente, e a Justiça, com todas suas mazelas.

29 BOFF, Leonardo. *Saber cuidar.* 18ª ed. Rio de Janeiro: Editora vozes, 2012, p. 38/39.

30 CAOVILLA, Maria Aparecida Lucca. *Acesso à Justiça e Cidadania.* Editora Universitária Argos, p. 31.

"A população brasileira e baixa renda tem dificuldades em concretizar, na prática, o efetivo acesso à justiça. A justiça brasileira parece distanciar-se cada vez mais dos pobres e oprimidos, quando na realidade são eles os que mais precisam dela para a proteção de seus direitos. A morosidade da justiça brasileira é fator preponderante, principalmente quando se fala em cidadão carente, porque é beneficiário da assistência judiciária gratuita, consequentemente um espectador em potencial do restabelecimento da tutela jurisdicional do Estado.

As formalidades e solenidades são outro aspecto que atrapalha a vida da população carente quando se fala em acesso à justiça. Cada vez mais a suntuosidade e a ostentação envolvem os edifícios nos quais se instalam os Fóruns e Tribunais, acarretando em inibição, receio e até mesmo medo de bater às portas do Poder Judiciário para reclamar de seus direitos. O jurisdicionado vive distante da realidade socioeconômica do juiz e não encontra sintonia com o *procedimento* do julgador, muito distante da sua realidade social.

As palavras difíceis, a forma aperfeiçoada, a elegância na maneira de se pronunciar e vestir são fatores que inibem a própria desenvoltura do chamado cidadão de direitos. Essas barreiras criadas causam, no cidadão, o descrédito na justiça, uma vez que a complexidade, o custo e a lentidão no andamento dos processos levam a crer que a justiça não é destinada para os indivíduos pobres, mas somente àqueles que têm poder econômico para custear as despesas judiciais e os honorários de um bom profissional da área jurídica. Para Wolkmer, o Poder Judiciário é elitista e,por ser caro, moroso e de difícil acesso, está cada vez mais inviável:

'O certo é que nos horizontes da cultura positivista e dogmática, predominante nas instituições políticas brasileiras, **o Poder Judiciário**, historicamente, não tem sido a instância marcada por uma postura independente, criativa e avançada em relação aos graves problemas de ordem política e social. Pelo contrário, trata-se de um órgão elitista que, quase sempre, ocultado pelo 'pseudoneutralismo' e pelo formalismo pomposo, age com demasiada submissão aos ditames da ordem dominante e move-se através de mecanismos burocrático-procedimentais onerosos, inviabilizando pelos seus custos o acesso da imensa maioria da população de baixa renda' (Wolkmer, 1994, p. 89-90)."[31]

ATENÇÃO Nesse contexto, **apresentamos a Defensoria Pública, a partir de um novo modelo de assistência jurídica, gerido pelo Estado como seu dever inescusável.**

"O Estado é responsável pela garantia do acesso à justiça, no entanto, não efetiva esse direito aos cidadãos, que não exercem a cidadania plenamente. O

31 CAOVILLA, Maria Aparecida Lucca. *Acesso à Justiça e Cidadania.* Editora Universitária Argos, p. 49/50.

acesso ao Poder Judiciário, por meio do processo judicial, não vem cumprindo sua função. A **morosidade e o custo** são os principais entraves que dificultam o acesso à justiça.

O Poder Judiciário não está acompanhando o aumento das demandas judiciais, por isso novas alternativas devem ser implementadas, buscando a efetividade do processo, que garanta de forma eficiente o restabelecimento dos direitos das pessoas, tornando-as, segundo Dinamarco (1999), mais felizes, eliminando as insatisfações com justiça. Isso só será possível se houver uma mudança de mentalidade dos profissionais da área jurídica, que devem estar atentos para o que está ocorrendo fora do processo. As posturas individualistas devem ser banidas e deve-se desenvolver nos profissionais da área jurídica o espírito de solidariedade e o compromisso em engajar-se numa nova ordem de valores a serem aplicados na interpretação da lei, transformando o processo de instrumento técnico em instrumento ético, social, de efetiva atuação da justiça, atendendo à função sociopolítica a que se destina. O cidadão pobre não pode viver à margem da justiça, pois corre-se o risco de se proliferarem, cada vez mais, as chamadas justiças inoficiais.

O direito de acesso à justiça pressupõe o resgate da cidadania e da dignidade de brasileiros e brasileiras que vivem em situação de pobreza absoluta, gerada pela falta de informação e educação para o exercício de direitos, deveres e garantias que lhes devem ser oportunizadas. Para resgatar a credibilidade, é necessário informar o cidadão e possibilitar-lhe, efetivamente, o acesso à justiça, pois somente com a conscientização da sociedade civil sobre seus direitos é que se consolidará a democracia. **A Defensoria Pública tem um papel fundamental na garantia do exercício da cidadania** nesse país, pois suas funções estão previstas nessa perspectiva democrática de oportunizar uma justiça informativa, mais eficaz, mais rápida, preservando os valores e as garantias preconizadas na Constituição brasileira."[32]

Nessa senda, o Defensor Público Gustavo A. S. dos Reis, com conhecimento de causa, observa. "**Transformação social. Esse é o escopo de uma Defensoria Pública** e é em razão dele que a expressão assistência jurídica integral e gratuita melhor se coaduna com os objetivos da República. Em modelos de assistência judiciária prestada por advogados privados - obviamente que se insiram num sistema de mercado, como hodiernamente - o acesso à justiça limita-se a garantir às pessoas necessitadas os meios para que invoquem a tutela do Estado-juiz.

Aqui, o acesso à justiça, para ser garantido, prescinde da organização de um aparato estatal a quem caiba a prestação do serviço (bastam os recursos pú-

32 CAOVILLA, Maria Aparecida Lucca. *Acesso à Justiça e Cidadania.* Editora Universitária Argos, p. 95/96.

blicos destinados à remuneração dos advogados). Ocorre que – sobretudo em países terceiro-mundistas, em que o índice de analfabetismo e a carência de informações são altíssimos – o sistema de assistência judiciária prestada por advogados privados pressupõe que as pessoas conheçam seus direitos e, diante de eventuais violações, procurem-no.

Quem atua com alguma proximidade com as pessoas desfavorecidas se surpreende a cada dia com o (ditatorial) grau de alijamento intelectual a que são submetidas. (...) Portanto, a Defensoria Pública de modo algum visa garantir apenas o direito de acesso à assistência judiciária. Almeja ainda contribuir, na medida do possível, para a emancipação social, inclusive por meio de atuação extrajudicial. (...) É imperioso dizer que essa atuação extrajudicial, pode-se dizer, abrange tanto a promoção da mediação de conflitos – atividade ligada à chamada terceira onda de acesso à justiça –, que auxilia sobremaneira para o desafogamento do Poder Judiciário, como a orientação jurídica e a educação em direitos.

Note-se que essas três atividades extrajudiciais se imbricam com a noção de cidadania, pois que atuam como uma função pedagógica: auxiliam as pessoas a cada vez mais aprenderem a resolver eventuais conflitos de forma pacífica, o que só pode ser alcançado com a plena consciência de seus direitos, e que viver em sociedade significa respeitar o outro."[33]

A questão, aliás, é complexa e multidisciplinar. "Por seu turno, Sousa Santos entende que: '[...] o tema de acesso à justiça é aquele que mais diretamente equaciona as relações entre o processo civil e a justiça social, entre igualdade jurídico-formal e desigualdade socioeconômica. No âmbito da justiça civil, muito mais propriamente do que no da justiça penal, pode falar-se de procura, real ou potencial da justiça. Uma vez definidas as suas características internas e medido o seu âmbito em termos quantitativos, é possível compará-la com a oferta da justiça produzida pelo Estado (Santos, 1997, p. 167).' Para o autor, o direito de acesso efetivo à justiça é: '[...] um direito charneira, um direito cuja denegação acarretaria todos os demais. Uma vez destituídos de mecanismos que fizessem impor o seu respeito, os novos direitos sociais e econômicos passariam a meras declarações políticas, de conteúdo e funções mistificadores (Santos, 1997, p. 167).'"[34]

ATENÇÃO Portanto, **apresenta a Defensoria Pública como um instrumento forte de acesso aos direitos que, se não substitui o burocrático processo judicial, ao menos, institui uma alternativa segura, célere e eficaz de tutela.**

33 REIS, Gustavo Augusto Soares dos Reis. Artigo: *A importância da Defensoria Pública em um Estado Democrático e Social de Direito.* Disponível em: <http//:www.defensoria.sp.gov.br>.

34 CAOVILLA, Maria Aparecida Lucca. *Acesso à Justiça e Cidadania.* Editora Universitária Argos, p. 60/61.

Tal afirmação não prescinde de detido resgate histórico, bem como de uma não iludida visão do futuro.

O revogado Código de Processo Civil foi promulgado no ano de 1973, mas sua redação original há muito se desfigurou. O código revogado foi promulgado pela Lei nº 5.869, de 11 de janeiro de 1973, a partir de estudos elaborados pelo então professor da Faculdade de Direito da Universidade de São Paulo, posteriormente Ministro da Justiça, Alfredo Buzaid.

Após, tal anteprojeto foi revisto pelos juristas José Frederico Marques, Luís Machado Guimarães e Luís Antônio de Andrade, e encaminhado ao Congresso Nacional pela Mensagem nº 210 de 1972, transformando-se no Projeto de Lei nº 810, de 1972, sendo aprovado e publicado em janeiro do ano seguinte, para entrar em vigor em 1º de janeiro de 1974. Porém, assistimos hoje a um fenômeno de recorte substancial do texto original, o que causou verdadeira deformação da ideia original. De fato, ao todo foram editadas 65 (sessenta e cinco) leis que alteraram o Código.

Nas palavras de Luiz Fux, "a história do processo é uma história de reformas. Mas, não obstante essas reformas magníficas, nós constatamos, para parafrasearmos a obra de Mauro Cappelletti, nós constatamos ainda barreiras que tornam o processo insuficiente, diante da sua função precípua, que é dar razão a quem tem num prazo razoável. Todas as declarações universais dos direitos do homem, a Declaração da ONU, a Declaração da África e de Madagascar, a Declaração dos Povos Mulçumanos, o nosso Pacto de São José da Costa Rica, todas essas declarações fundamentais expõem que, num país em que a justiça não se presta num prazo razoável, é um país que tem uma justiça inacessível."[35]

Como se não bastasse, adveio a Constituição Federal de 1988 que apresenta nova principiologia ao direito processual civil, cuja nova roupagem ganhara novos tons com a Emenda Constitucional nº 45, de 30 de dezembro de 2004 que, além de outras regras, prevê o direito à celeridade processual como uma garantia fundamental, no objetivo de assegurar eficiência à tutela jurisdicional.

Por outro lado, a sociedade brasileira clama por novas diretrizes de processo, para fazê-lo mais dinâmico, concreto, pertinente, enfim, para torná-lo, realmente, um instrumento de acesso e de construção da Justiça. A globalização, o consumo em massa, a atual logística das relações interpessoais e internacionais, a informatização de dados, enfim, a nova ética das relações são, em conjunto, fatores que obrigam uma revisão da filosofia processual vigente, ainda arraigada a ideologia liberal/individual/patrimonialista de processo.

---

35 FUX, Luiz. Mensagem exposta em audiência pública realizada para debater o novo CPC: <www.senado.gov.br>.

Para Mancuso, "a experiência judiciária brasileira passa, por uma crise que se afigura grave e, ao menos a dimensão que veio a alcançar, pode-se dizer historicamente inusitada, contexto em grande parte insuflado pela crescente e acirrada conflituosidade social (a explosão da litigiosidade antes prognosticada pelo saudoso Mauro Cappelletti), a que se agrega a pletora de direitos individuais e coletivos que se vão positivando (muitas vezes desacompanhados dos correspondentes deveres...), tudo a fomentar um demandismo judiciário sem precedentes, a que o Estado tem procurado "atender" sob um formato judiciário massivo, focado mais no obsessivo propósito de eliminar processos, do que, propriamente, em lidar com eles e resolvê-los mediante uma resposta de qualidade.

Com vistas a essa pragmática finalidade reducionista, tem o legislador excogitado e positivado sucessivas técnicas de sumarização de procedimentos, sob diversa terminologia e técnicas diferenciadas. É preciso atentar, porém, que essa opção, desacompanhada das devidas cautelas, induz o risco de se trocar um problema por outro: a morosidade processual, ficando substituída pela injustiça célere. Há algum tempo alertara José Carlos Barbosa Moreira: 'Se uma Justiça lenta demais é decerto uma Justiça má, daí não se segue que uma Justiça muito rápida seja necessariamente uma Justiça boa. O que todos devemos querer é que a prestação jurisdicional venha a ser melhor do que é. Se para torná-la melhor é preciso acelerá-la, muito bem: não, contudo, a qualquer preço'.

Esse contexto tem projetado diversas externalidades negativas, podendo ser lembradas: (i) formação de constantes áreas de atrito com o Executivo, à medida em que este é cada vez mais instado a reforçar as verbas orçamentárias para o custeio do Judiciário; (ii) crescimento das pressões internas junto aos órgãos encarregados do planejamento, execução e disciplina da função judiciária estatal, instâncias essas à sua vez premidas por incessantes reivindicações de ordem funcional, por parte da magistratura e do pessoal de apoio técnico; (iii) frustração dos destinatários da Justiça estatal – os jurisdicionados – ante a reversão de suas expectativas, assim no tocante aos custos projetados ad litem, quanto no que toca à duração dos processos, e, ainda, à própria (im)previsibilidade do resultado."[36]

De fato, com autoridade, pondera Cândido Rangel Dinamarco: "Na realidade, não são só daqui nem só de hoje as tentativas de aperfeiçoar o sistema processual. Nem é necessário mergulhar tão profundamente no passado, para descobrimos nobres iniciativas assim motivadas.

Comecemos com as sadias propostas do austríaco Franz Klein, obcecado inimigo dos formalismos exagerados, em sua luta por "um processo civil simples,

36 MANCUSO, Rodolfo de Camargo. *Acesso à justiça.* São Paulo: Revista dos Tribunais, p. 5.

econômico, rápido e acessível aos pobres"; essa fórmula é do começo do século XX, estava apoiada na reforma legislativa operada em seu país desde o fim do século anterior (*ZPC* austríaca, de 1895), mas até hoje continuamos, um pouco romanticamente, a propugnar por um 'um processo civil simples, econômico, rápido e acessível aos pobres' sem podermos dizer que já tenhamos chegado ou que estejamos chegando a resultados satisfatórios.

Pensemos ainda no histórico e alentador *modelo de Stuttgart,* fruto de autêntica revolução judicial encetada com vista a um processo célere, coexistencial e deformalizado, conduzido com a preocupação pela celeridade e aderência às necessidades do jurisdicionado - do qual muito se falou neste país quando se tratava de implantar o microssistema das pequenas causas, sendo este ardorosamente esperado como a solução definitiva para o endêmico mal da *litigiosidade contida?* Pensemos ainda, em tempos mais recentes, nas *Reformas do Código de Processo Civil,* que começaram como modesto movimento em prol da eliminação dos entraves burocráticos da lei processual e agora se propõem a uma amplíssima revisão de todo o sistema - eis aí a lei n. 11.232, de 22 de dezembro de 2005, instituidora do chamado *cumprimento da sentença,* em uma radical reviravolta sistemática cujos resultados práticos ainda são uma verdadeira incógnita.

Nem podemos deixar no esquecimento a verdadeira revolução legislativa operada neste país em uma verdadeira 'transmigração do individual ao coletivo' mediante a rica legislação voltada à tutela jurisdicional aos titulares de direitos transindividuais - Lei da Ação Civil Pública, Código de Defesa do Consumidor, Estatuto da Criança e do Adolescente *etc.* Ao lado de tudo isso, registra-se o intenso trabalho doutrinário em prol das novas ideias voltadas a um sistema processual fortemente apoiado em pilares político-constitucionais, com realce à tutela jurisdicional do processo e à valorização dos direitos fundamentais mediante uma especialíssima atenção ao arsenal de remédios técnico-processuais integrados na chamada *jurisdição constitucional das liberdades (habeas corpus,* mandado de segurança, *habeas data,* mandado de injunção, ação popular, ações diretas de constitucionalidade ou inconstitucionalidade).

Com tudo isso, todavia, voltemos às perplexidades realçadas ao início. Melhorou o sistema processual? O universo dos jurisdicionalizados está mais feliz? O Poder Judiciário vem resgatando sua credibilidade e legitimidade social? São perguntas que não necessitam de resposta.

E onde residem realmente os males da Justiça, que nos sufocam e não sabemos como debelar?"[37]

---

37 DINAMARCO, Cândido Rangel. *Nova era do processo civil.* 3. Ed. São Paulo: Malheiros, p. 13/14.

Diante desse contexto de preocupações e incertezas, o Senado Federal, por intermédio de sua Presidência, por ato do Senador José Sarney, decidiu formar uma Comissão de juristas renomados e, no ano de 2010, apresentou um projeto de lei para, finalmente, instituir o **novo Código de Processo Civil no Brasil (Projeto de Lei nº 166, de 2010), aprovado pela Lei nº 13.105/15.** Após a tramitação legislativa, em 15 de Dezembro de 2010, o projeto foi aprovado e remetido à Câmara dos Deputados, onde tramitou como **Projeto de Lei nº 8.046, de 2010.**

Em suma, a sociedade brasileira deseja entrar, em definitivo, no espaço de uma Justiça efetiva, satisfativa e célere, dotada de uma nova principiologia e de operadores com mentes e olhos renovados.

De fato, a nova Lei nº 13.105/15 (NCPC) teve o mérito de promover verdadeira oxigenação principiológica e axiológica do processo civil brasileiro, com o reforço do seu prisma constitucional, sendo que podemos indicar, ou como novos princípios ou então como princípios reafirmados e positivados na lei - que funcionam como diretrizes teóricas de interpretação e aplicação desse instrumento do Estado, mas, agora, compartilhado com a sociedade.

De fato, em linhas gerais, podemos afirmar, com certa convicção, que esse Estado promoveu verdadeira transferência de poderes a todos aqueles que integrarão esse novo processo civil, abandonando aquela clássica figura triangular de jurisdição, para assumir uma relação mais circular e horizontal de prestação desse essencial serviço público. A sociedade deixa o papel de mera usuária ou de um sistema, para assumir papéis mais construtivos e participativos, sendo que o novo processo civil renunciou à clássica imposição para reconhecer e valorizar a vontade e a liberdade individuais.

Agora, desde já, deve-se dizer que esse revolucionário projeto dependerá da troca dos prismas hermenêuticos de todos aqueles que analisam e manejam esse instrumento, da revisitação dos tradicionais dogmas do modelo "civil law" e de responsabilidade e maturidade institucionais do Poder Judiciário, do Ministério Público, da Defensoria Pública, da Advocacia – pública e privada -, no sentido de reconhecerem a nova proposta como algo projetado mais para a sociedade e sua emancipação que propriamente mais um instrumento de trabalho.

Nesse sentido, além dos clássicos princípios do processo civil, a nova era agora inaugurada requer novas diretrizes teóricas que, vale adiantar, considerando o que chamamos de "constitucionalização horizontal", aproximam-se sobremodo dos princípios éticos e sociais das recentes legislações, seja em direito privado, seja no direito processual.

Aliás, vale adiantar que o NCPC tem por meta a simplificação, motivo pelo qual temos defendido a ideia de intensa operabilidade.

Destarte, se existe um princípio que já fora utilizado na produção do novo Código Civil e retornou, com toda energia e presença, na redação final desse novo Código de Processo Civil, é o princípio da operabilidade que, em outras palavras, significa simplificação e objetividade.

No direito privado, operabilidade significa "realizabilidade" e efetividade. São virtudes de um sistema apto a interagir com a realidade e com as peculiaridades de cada caso concreto. Em 2002, para assegurar essa concretude ao sistema de direito privado, utilizou o Código Civil de meios diretos e indiretos.

Como forma direta de garantir essa operabilidade, o legislador, em diversos artigos, concedeu ao juiz o poder de decisão em matérias que exigem, para a formulação de uma solução equânime, uma análise apurada das particularidades do caso. Isso ocorre, por exemplo, na lesão, quando a pessoa que estava em perigo não pertence à família do declarante (art. 156, parágrafo único do CC). Nesse caso, "o juiz decidirá conforme as circunstâncias". Note que a lei teve por meta a simplificação da resolução da questão posta em juízo.

Em relação à forma, o legislador civil adotou certas medidas que, indiretamente, asseguram a efetividade do sistema. Por exemplo, em relação à decadência e à prescrição, ele teve o cuidado de reunir, de modo exaustivo, as regras prescricionais na parte geral do Código, enquanto aqueloutras, referentes à decadência, passaram a constar nas próprias matérias especificamente reguladas, ou seja, na parte especial da lei.

Agora, no retorno ao processo civil, o NCPC é recheado de regras de simplificação ou facilitação. Aliás, se a meta é tornar esse processo algo mais democrático e participativo, é de rigor que o sistema seja mais compreensível e acessível às partes.

Dentre os vários pontos, vale mencionar que o NCPC excluiu a já criticada pela doutrina "possibilidade jurídica do pedido", encaminhando tal matéria para o campo do próprio mérito da ação. Assim, para postular em juízo é necessário ter interesse e legitimidade (artigo 17).

Com esse espírito de simplificação, o NCPC, a todo tempo, procurou definir cada espécie de decisão e os recursos cabíveis. Por isso, além dos conceitos específicos de cada decisão, nos procedimentos, o legislador identificou a espécie ou o recurso mais adequado. Vejamos.

Inicialmente, o legislador distinguiu os "pronunciamentos do juiz" das "decisões judiciais", sendo estas espécies daqueles e, ambos, diversos dos chamados "atos meramente ordinatórios", definidos no parágrafo quarto.

Pois bem. "Os pronunciamentos do juiz consistirão em sentenças, decisões interlocutórias e despachos" (artigo 203, caput). Após, pela análise dos parágrafos, conclui-se que somente são decisões as sentenças e as decisões interlocutórias.

Aliás, para superar os dilemas oriundos dos critérios formal e material que concorriam, até aqui, na definição de "sentença", o NCPC contemplou ambas as ideias: "ressalvadas as disposições expressas dos procedimentos especiais, sentença é o pronunciamento por meio do qual o juiz, com fundamento nos artigos 485 e 487, põe fim à fase cognitiva do procedimento comum, bem como extingue a execução" (parágrafo primeiro).

Por sua vez, "decisão interlocutória é todo pronunciamento judicial de natureza decisória que não se enquadre no § 1º" (parágrafo segundo). "São despachos todos os demais pronunciamentos do juiz praticados no processo, de ofício ou a requerimento da parte" (parágrafo terceiro).

Se não bastasse, em alguns casos, o NCPC volta a classificar algumas decisões no sentido de dizimar eventuais dúvidas. Por exemplo, a decisão do incidente de desconsideração da personalidade jurídica é "decisão interlocutória", por expressa previsão legal (artigo 136).

O NCPC, vez ou outra, também já indica os recursos cabíveis. Por exemplo, na extinção parcial do processo, o recurso indicado por ele é o agravo de instrumento (artigo 354, parágrafo único). De fato, além das hipóteses do artigo 1015, caberá agravo de instrumento: contra a decisão que indeferir a gratuidade ou a que acolher pedido de revogação, exceto se a questão for resolvida por sentença (artigo 101); nos casos de extinção parcial do processo, com ou sem julgamento do mérito (artigos 354, parágrafo único, e 356); e no julgamento de recursos extraordinário e especial repetitivos, no tocante à suspensão ou liberação dos demais recursos pendentes (artigo 1037).

Também na linha da redução da complexidade, o NCPC extinguiu algumas exceções ou incidentes defensivos, como por exemplo, a exceção de incompetência e as impugnações ao valor da causa e à justiça gratuita, sendo que tais matérias assumiram as vestimentas de matérias preliminares do mérito, a serem trazidas pelo réu na própria contestação (artigo 337, incisos II, III e VIII).

Ainda em preliminar de mérito, o réu deverá requerer seja reconhecida a sua ilegitimidade passiva, mas indicar o sujeito passivo real da relação jurídica discutida, impondo a lei a sua necessária colaboração (artigos 337, inciso XI e 339): "quando alegar sua ilegitimidade, incumbe ao réu indicar o sujeito passivo da relação jurídica discutida sempre que tiver conhecimento, sob pena de arcar com as despesas processuais e de indenizar o autor pelos prejuízos decorrentes da falta de indicação". Portanto, o NCPC extingue a clássica forma de intervenção de terceiros chamada de "nomeação à autoria", que cumpria exatamente esse papel, mas de forma mais complexa.

Mas, voltando aos aspectos evolutivos do processo civil, nesse contexto revolucionário, o estudo da temática do acesso à Justiça, ou à ordem jurídica justa, ganha tons de fundamentalidade e, ainda, advém da necessidade de salvaguardar os interesses dos jurisdicionados, sejam eles individuais ou coletivos, principalmente no tocante àquela ordem de direito que confere cidadania ao indivíduo ou grupo, tornando-a eficaz ou concretizando-a.

Segundo um breve resgate histórico, inicialmente, como herança do civilismo romano, o processo era tido como um mero procedimento, uma sucessão de atos, e a ação como uma extensão do direito material lesado. Havia uma verdadeira confusão entre os planos materiais e substanciais, levando a doutrina a denominar essa **fase de *sincretismo ou civilismo processual***, que durou desde o direito romano até o final do século XIX.

Posteriormente, por volta do ano de 1868, na Alemanha, Oskar Von Bülow inaugurou **o chamado *processualismo científico***, que pregava a autonomia do processo em relação ao direito material, seguindo a tendência francesa que, desde o início daquele século (1806), na época das codificações napoleônicas, já havia promulgado sua legislação processual autônoma. Essa fase do direito processual é denominada de *autonomista* e se fundamenta na separação das relações jurídicas material e processual.

A partir da metade do século XX, surge na Itália uma nova etapa dessa evolução, como reação ao excesso de autonomia atribuída ao processo. É o ***instrumentalismo processual*** que atribui certa funcionalidade ao processo, ou seja, defende que ele tem uma meta a ser cumprida, qual seja, a efetividade do direito material envolvido, não podendo suas formas solenes prevalecer em detrimento do direito substancial da parte, sob pena de inviabilizar o acesso à Justiça.

Pois bem. Nessa linha, os autores Mauro Cappelletti e Bryant Garth definiram **três ondas renovatórias dessa nova fase processual**. A primeira delas representa o *acesso à Justiça aos necessitados,* a partir da assistência jurídica e da justiça gratuita, no Brasil, instituídas pela Lei nº 1.060/50 e pela criação da Defensoria Pública. A segunda onda representa a *tutela coletiva dos interesses difusos e coletivos,* com inovações na legitimidade ativa e nos efeitos da coisa julgada, com reflexos, aqui, a partir da Lei da Ação Popular (1965) e Lei da Ação Civil Pública (1985). A terceira onda renovatória, por sua vez, visa a atribuir maior efetividade e celeridade à tutela jurisdicional, por meio de institutos de antecipação do provimento, a mitigação dos recursos e dos meios de impugnação e a concentração dos ritos processuais.[38]

---

38 No Brasil, essa onda é muito facilmente identificada com a tutela antecipada (Lei 8952/94), com a previsão de medidas executivas nas sentenças mandamentais (artigos 461 e 461-A alterados e instituídos pela Lei nº 10.444/02), pelas alterações do recurso de agravo (Lei nº 11.187/05), pela improcedência

Portanto, o acesso à Justiça passa a ocupar lugar de destaque nos estudos e nas aspirações da doutrina processualista em todo o mundo.

O acesso à Justiça como direito fundamental é reconhecimento de concepção recente, surgido na década de 60 na Europa e, posteriormente, desenvolvida por Mauro Cappelletti e Bryant Garth na década de 70, quando, em 1978, aqueles concluíram o relatório do *Florence Project*, financiado pela *Ford Fundation.* Em seus estudos[39], eles analisam o significado de um direito ao acesso à Justiça a partir do questionamento dos obstáculos que podem e devem ser atacados para possibilitar sua efetivação.

Em linhas gerais, os estudiosos identificam que tais obstáculos, muitas vezes inter-relacionados, tange às custas judiciais, às possibilidades das partes e a problemas especiais dos interesses difusos, o que revela, respectivamente, a existência de fatores de natureza econômica (pobreza, acesso à informação e representação adequada), organizacional (interesses de grupo de titularidade difusa) e procedimental (instituição de meios alternativos de resolução de conflitos).

Uma vez identificados os problemas, Cappelletti e Garth indicam as soluções práticas que, segundo eles[40], são proposições básicas aplicáveis ao menos nos países do mundo ocidental. Tais soluções seriam identificadas como "ondas renovatórias de acesso à Justiça", em expressão muito difundida e mundialmente aceita, as quais refletiriam os esforços no garantir assistência judiciária aos pobres (primeira onda), a representação dos interesses difusos (segunda onda) e o acesso a uma concepção mais ampla de Justiça, ou seja, com enfoque na efetividade do processo (terceira onda).

Ocorre que essa almejada celeridade/efetividade/coletivização do processo e dos procedimentos não devem ser instituídas a qualquer custo. De fato, o sistema constitucional-processual brasileiro exige a observância do devido, dialético e contraditório processo, bem como o acesso ao duplo grau de jurisdição.

Aliás, tal contexto, aparentemente contraditório, é que nos faz concluir que **a quarta onda renovatória consistirá na era da pacificação/adequação de ideias, princípios, ideais e metas.** Não desconhecemos alguns trabalhos que identificam outros perfis dessa nova era, mas ousamos divergir. Por exemplo, a magistrada pernambucana Higyna Bezerra insere a quarta onda renovatória no

---

prima face em ações repetitivas (Lei nº 11.277/06, que cria o artigo 285-A do CPC), pela instituição do cumprimento de sentença (Lei nº 11.232/05), dentre outras alterações.

39 CAPPELLETTI, Mauro; GARTH, Bryant. *Acesso à Justiça.* Tradução de Ellen Gracie Northfleet. Porto Alegre: Sergio Antonio Fabris Editor, 1988, p.15.

40 CAPPELLETTI, Mauro; GARTH, Bryant. *Acesso à Justiça.* Tradução de Ellen Gracie Northfleet. Porto Alegre: Sergio Antonio Fabris Editor, 1988, p.31.

contexto "Gestão Judiciária", em que a função do juiz assume novas proporções, qual seja, a de gestor, que se preocupa não só em sentenciar e despachar, mas, sobretudo, em entregar uma prestação jurisdicional eficiente e efetiva. A jurista relaciona os fatores acessibilidade, tempo e direito:

"O Estado pressionado a reformular suas instituições jurídico-políticas, passou, então, a empreender reformas a fim de atender aos novos direitos e, consequentemente, os novos sujeitos de direitos, em suas demandas coletivas e difusas. Dentre suas preocupações mais legítimas encontram-se a prestação jurisdicional estatal e a ampliação do direito ao acesso das garantias processuais e dos mecanismos que tornem eficazes ao indivíduo, e a toda comunidade, a cessação da violação do direito e/ou a sua reparação."

No entanto, no nosso sentir, esse estudo não deixa de ser um reforço à terceira onda renovatória, sem dela se distanciar substancialmente. Nota-se que o tema central continua sendo a efetividade do provimento jurisdicional, sem relevante inovação.

O que propomos neste estudo é que, nessa suposta quarta onda renovatória, o foco de análise e debate se concentre nas formas de adequação do dinâmico e célere processo sem que percamos de vista as garantias processuais e constitucionais. Então, serão temas recorrentes as conciliações entre: a celeridade e o contraditório; a concentração de atos e o direito à produção de provas; os julgamentos por amostragem e a necessária equidade (a justiça do caso concreto); a flexibilização da coisa julgada e a segurança jurídica; a coletivização dos procedimentos e o efetivo contraditório (por exemplo, o tema da ação coletiva passiva); o ativismo judicial e a imparcialidade do juiz; dentre outros.

Por exemplo, a Lei nº 8.942/94, que instituiu a possibilidade da antecipação dos efeitos da tutela (celeridade/efetividade), no artigo 273 do revogado Código de Processo Civil, exige, como requisito, a possibilidade da reversão da medida (contraditório/ampla defesa – § 2º): *não se concederá a antecipação da tutela quando houver perigo de irreversibilidade do provimento antecipado.* Podemos dizer que essa ponderação legal de valores, já no final do século XX, começa a preocupar a comunidade jurídica.

Ocorre que, atualmente, esse juízo passa a compor a maior parte da pauta dos debates, o que nos leva a desenhar o que será a chamada quarta onda renovatória. Para ilustrar essa proposta, cito o texto do artigo 9º do projeto de lei em tramitação na Câmara dos Deputados (PL nº 8.046, de 2010): *não se proferirá sentença ou decisão contra uma das partes sem que esta seja previamente ouvida, salvo se se tratar de medida de urgência ou concedida a fim de evitar o perecimento de direito* – trata-se do artigo 9º do NCPC (Lei nº 13.105/15). Realmente, é evidente a preocupação com o contraditório e, paralelamente, com a necessidade de uma tutela oportuna e eficaz.

Em outra parte, o referido projeto faz referência à possível modulação dos efeitos da decisão, como forma de adequar o ideal da uniformização da jurisprudência e a garantia da segurança jurídica: *considera-se também inexigível o título judicial fundado em lei ou ato normativo declarados inconstitucionais pelo Supremo Tribunal Federal, ou fundado em aplicação ou interpretação da lei ou ato normativo tidas pelo Supremo Tribunal Federal como incompatíveis com a Constituição da República em controle concentrado de constitucionalidade ou quando a norma tiver sua execução suspensa pelo Senado Federal* (§ 5º). No caso do § 5º, *a decisão poderá conter modulação dos efeitos temporais da decisão em atenção à segurança jurídica* (§ 6º, do artigo 511).

"Deve o analista da questão judiciária brasileira não se deixar seduzir pelos brilhos falsos de uma singela lógica de resultados (v.g., julgamentos em massa de recursos repetitivos; trancamento liminar de ações replicadas; enfim, redução, a qualquer preço, da pletora de processos), expedientes que, sem embargo do que possam contribuir para aliviar o estoque de processos, não atingem o escopo daquilo que realmente conta para o jurisdicionado, a saber, a qualidade da prestação jurisdicional, a qual, para se legitimar como tal, deve-se revestir de seis atributos: justa, jurídica, econômica tempestiva, razoavelmente previsível e idônea a assegurar a efetiva fruição do bem da vida, valor ou direito reconhecidos na decisão. No limiar do novo milênio não se concebem soluções maniqueístas ou radicais, orientadas pelo único e obsessivo propósito de redução da crise numérica de processos, pragmatismo que desserve a causa da justiça, frustra o jurisdicionado e retrocede ao perverso *fiat justitia et pereat mundus.*"[41]

Enfim, são alguns exemplos da nova temática que se impõe àqueles que se arriscam a estudar e a compreender o processo civil pós-moderno. Um desafio.

Nesse contexto de **crise dialético-axiológica, a Defensoria Pública se apresenta como um caminho seguro a ser seguido e uma proposta concreta a ser fomentada**, pois (re)surge na Constituição Federal e na Lei Complementar nº 132/10 como **um modelo satisfativo e restaurativo** de assistência jurídica que deixa essa crise processual não tão relevante, uma vez que apresenta meios e instrumentos ainda mais eficazes à solução das controvérsias.

Com efeito, a partir de uma proposta multidisciplinar de abordagem do (pré-)litígio; **de uma filosofia de enfrentamento não conflituoso dos interesses opostos** e; enfim, de um foco mais amplo e estrutural dos problemas, a Defensoria Pública traz um potencial pacificador e transformador da realida-

41 MANCUSO, Rodolfo de C. *Acesso à Justiça.* São Paulo, 2012, p. 36.

de nunca antes percebido em outra Instituição Democrática, pois, além de suas mais nobres atribuições constitucionais e legais, está mais próxima da sociedade e, o que mais importa, aberta e sensível a ela.

A Constituição Federal de 1988 possui ao menos dois tipos de normas jurídicas: materiais e processuais. As normas jurídicas materiais fornecem, ao Direito, parâmetros para realização do controle da conduta intersubjetiva, e as normas jurídicas processuais, por seu turno, visam a estabelecer condições para que tais parâmetros tenham congruência com os seus valores e princípios, seja no plano abstrato, seja no plano concreto, para que possam ser efetivados.[42]

Essa ordem processual de normas jurídicas possui feições peculiares quando inseridas na temática da tutela constitucional do processo. Aliás, esse tema é objeto de estudo constante, sendo que pelo menos dois autores merecem ser destacados por trabalharem com rigor a problemática: Nelson Nery Junior e Cândido Rangel Dinamarco.

O magistério de Nelson Nery[43] nos revela a existência do que ele denomina "direito constitucional processual" (conjunto das normas de direito processual que se encontram na Constituição Federal, *v.g.*, o teor do artigo 5º, XXXV, da CF/88) e também do "direito processual constitucional" (reunião dos princípios para o fim de regular a jurisdição constitucional, *v.g.*, Mandado de Segurança). Cândido Rangel Dinamarco, a seu turno, dimensionando o processo na ordem constitucional, afirma que "A *tutela constitucional do processo* tem o significado e escopo de assegurar a conformação dos institutos do direito processual e o seu funcionamento aos princípios que descendem da própria ordem constitucional"[44].

Segundo ele, **o processo precisa refletir as bases do regime democrático.** Para ele, "a visão analítica das relações entre processo e Constituição revela ao estudioso *dois sentidos vetoriais* em que elas se desenvolvem, a saber: a) no sentido Constituição-processo, tem-se a *tutela constitucional* deste e dos princípios que devem regê-lo, alçados ao plano constitucional; b) no sentido processo-Constituição, a chamada *jurisdição constitucional,* voltada ao controle de constitucionalidade das leis e atos administrativos e à preservação de garantias oferecidas pela Constituição (*jurisdição constitucional das liberdades*), mais toda a ideia de instrumentalidade processual em si mesma, que apresenta o processo como sistema estabelecido para a realização da ordem jurídica, constitucional inclusive".[45]

---

42 ALMEIDA, Gregório Assagra de. *Direito Processual Coletivo Brasileiro. Um novo ramo da ciência processual.* São Paulo: Saraiva, 2003, p.31.

43 *Princípios do Processo Civil na Constituição Federal.* São Paulo: Revista dos Tribunais, 2002.

44 *A instrumentalidade do Processo.* 13 ed. São Paulo: Malheiros, 2008, p.25 e seguintes.

45 DINAMARCO, Cândido Rangel. *A instrumentalidade do Processo.* 13 ed. São Paulo: Malheiros, 2008, p. 25.

Isso posto, é possível identificarmos duas situações diversas: aquela das normas constitucionais que funcionam como um sistema de garantias no processo; e aquela dos instrumentos tipicamente processuais no próprio texto constitucional (*jurisdição constitucional*).

É exatamente no primeiro contexto que se situa o tema em pauta: a invasão de princípios constitucionais no processo. Aliás, tal fato é percebido com clareza no projeto de novo código aprovado no Senado Federal, cujos efeitos dão origem a dois fenômenos bem definidos: a constitucionalização vertical e a constitucionalização horizontal do processo civil.

Como é sabido, o ordenamento jurídico se organiza de forma hierárquica/piramidal. Em decorrência disso, normas constitucionais superiores, naturalmente, invadem, verticalmente, os demais ramos (inferiores) do Direito: é o que chamamos de constitucionalização do ordenamento jurídico. Por exemplo, o princípio e valor da dignidade da pessoa humana é, ou deveria ser, a fonte inspiradora de produção/integração/interpretação do restante do ordenamento jurídico.

Um resgate histórico torna-se fundamental para entendermos e efetivarmos essa necessária visão. Antes da promulgação da Constituição Federal de 1988, a sociedade brasileira foi submetida a um regime militar e autoritário, de total supressão dos direitos fundamentais do cidadão. Assim, como não poderia ser diferente, com a reconquista da democracia, a nova Carta Magna teve seu âmago preenchido pela proteção dos direitos fundamentais e valorização do ser humano.

Hoje, com o debate sobre o que se espera de um processo civil condizente com os anseios de uma sociedade democrática, pluralista, solidária e carente de uma Justiça célere e efetiva, propõe nosso Senado Federal (Projeto Câmara nº 8046/2010) que *o processo civil será ordenado, disciplinado e interpretado conforme os valores e os princípios fundamentais estabelecidos na Constituição da República Federativa do Brasil, observando-se as disposições deste Código* (art. 1º), e que *as partes têm direito de obter em prazo razoável a solução integral da lide, incluída a atividade satisfativa* (art. 4º), devendo o juiz *promover o andamento célere da causa e prevenir ou reprimir qualquer ato contrário à dignidade da justiça e indeferir postulações impertinentes ou meramente protelatórias, aplicando de ofício as medidas e as sanções previstas em lei* (art. 118, I e II)

A **"constitucionalização horizontal"**, a seu turno, é a denominação que apresentamos para indicar o fenômeno da aproximação dos ramos infraconstitucionais do Direito, num sistema vetorial uniforme, que se instala a partir da inserção legal, doutrinária e jurisprudencial de valores constitucionais por todo ordenamento jurídico inferior.

Aliás, para a melhor compreensão desse efeito, sugerirmos a seguinte imagem: imaginemos uma toalha quadrada sobre uma superfície plana e horizontal, cuja Constituição se situa no seu centro e a legislação nas suas bordas. Agora, pensemos no ato de pinçar esse centro e elevá-lo gradativamente a uma posição de destaque (constitucionalização vertical). Consequentemente, as suas extremidades se aproximarão num movimento horizontal e centrípeto (constitucionalização horizontal).

Pois bem. A partir dessa imagem, fica fácil compreender o fenômeno exposto. Na medida que o legislador insere valores constitucionais na legislação inferior (elevação do centro), ele atribui certa homogeneidade ao ordenamento jurídico como um todo, causando inevitável aproximação dos mais variados ramos do Direito, fomentando o fenômeno do "diálogo das fontes", ou seja, da comunicação jurídica intermediária.

De fato, isso é fácil de ser notado a partir da análise da incidência do princípio da boa-fé objetiva por todo ordenamento jurídico. No âmbito do direito do consumidor, o fornecedor deve agir eticamente, no sentido de informar o consumidor de todas as circunstancias e propriedades do produto ou serviço. Realmente, ele deve ser munido de toda *informação adequada e clara sobre os diferentes produtos e serviços, com especificação correta de quantidade, características, composição, qualidade e preço, bem como sobre os riscos que apresentem.*[46]

Nas relações jurídicas, os sujeitos devem exercer seus direitos com razoabilidade, sob pena de abuso e responsabilização.[47] No direito civil contratual, *o negócio jurídico deve ser interpretado segundo o princípio da boa-fé.*[48]

Agora, nessa mesma linha, se aprovado o projeto em debate, fica expresso que a parte no processo deve agir com probidade e colaboração. De fato, *as partes e seus procuradores têm o dever de contribuir para a rápida solução da lide, colaborando com o juiz para a identificação das questões de fato e de direito e abstendo-se de provocar incidentes desnecessários e procrastinatórios.*[49]

Em suma, a partir do princípio e valor máximo da dignidade da pessoa humana, o valor do respeito entre os sujeitos de direito transforma-se em máxima de todo ordenamento jurídico, num processo de pulverização ética das relações.

Para bem ilustrar o fenômeno acima, propomos que se observe como os princípios basilares do código civil de 2002 assumem novas roupagens no sistema processo civil vindouro.

---

46 Art. 6º, III, CDC.

47 Código Civil: Art. 187. *Também comete ato ilícito o titular de um direito que, ao exercê-lo, excede manifestamente os limites impostos pelo seu fim econômico ou social, pela boa-fé ou pelos bons costumes.*

48 Código Civil: Art. 113. *Os negócios jurídicos devem ser interpretados conforme a boa-fé e os usos do lugar de sua celebração.*

49 Art. 8º do Projeto de Lei nº 8046/10, da Câmara dos Deputados.

Conforme nossa percepção, **a sociabilidade** cria uma bilateralidade atributiva interna nos direitos subjetivos. Segundo Miguel Reale, o Direito é bilateral-atributivo na medida em que ao atribuir um direito a um sujeito, impõe um dever a outro, tornando garantida a pretensão do credor em virtude da exigibilidade a ser exercitada contra o devedor.[50] Entretanto, essa bilateralidade é externa, ou seja, existente entre os sujeitos da relação jurídica.

O Código Civil de 2002, e agora o nosso código de processo civil, seguindo a sistemática constitucional, procuram inserir o dever de sociabilidade dentro dos direitos subjetivos, originando, portanto, o que podemos chamar de bilateralidade atributiva interna, segundo a qual o exercício de um direito está condicionado ao respeito ao bem comum.

Dessa forma, inaugurou-se uma convivência necessária entre o direito de pretender algo e, concomitantemente, o dever de exercer essa faculdade conforme sua finalidade social, sob pena, por exemplo, de abuso de direito e, portanto, de responsabilidade civil segundo artigo 187, do Código Civil. Para o professor Nelson Rosenvald, por meio de uma metáfora, sintetiza toda sistemática da sociabilidade. Segundo ele, "cada membro da orquestra porta seu instrumento, cada qual com sua finalidade. O maestro deverá reger sem a vaidade de sobrepor-se aos músicos, mas apenas para encaminhar a perfeita execução da harmonia, cujos limites encontram-se na partitura."[51]

O projeto de código de processo civil, nessa linha de sociabilidade, prevê que *ao aplicar a lei, o juiz atenderá aos fins sociais a que ela se dirige e às exigências do bem comum, observando sempre os princípios da dignidade da pessoa humana, da razoabilidade, da legalidade, da impessoalidade, da moralidade, da publicidade e da eficiência* (art. 6º).

Aliás, não é por outro motivo, que defendemos a necessária intimação prévia e liminar da Defensoria Pública nas demandas contra grupo de pessoas necessitadas, despidas de organização associativa ou sindical, sob pena de nulidade do processo. A proposta é no sentido de instituirmos o que Luis Fernando Coelho denomina "dialética da participação"[52] no processo civil, para a partir dessa realidade e da conscientização do papel do direito e das Instituições Democráticas, frente à conflituosidade social, contribuirmos para a implementação de um processo efetivamente democrático, pluralista e participativo.

Ainda com foco social, o princípio em tela serve de fundamento à nossa proposta de ampliarmos as possibilidades do pagamento parcelado, o qual residia

50 REALE, Miguel. op. cit. p. 51, nota 4.

51 ROSENVALD, Nelson. op. cit. p. 20, nota 47.

52 *Teoria crítica do direito.* Porto Alegre: Sergio Antonio Fabris, 1991, p. 63.

no artigo 745-A do atual CPC (corresponde ao artigo 916 do NCPC). De fato, defendemos que o pagamento em frações, independentemente da anuência do credor, configura um verdadeiro direito material e, como tal, pode ser exercido por meio de qualquer ação ou exceção, e não apenas no bojo da ação de execução, desde que justificada sua mora (*Cf. Repro/RT nº 166*). E agora vamos além ao propormos que o juiz poderia melhorar as condições de pagamento, ainda menos onerosas ao devedor que aquelas já previstas, desde que ouvidas as partes.

Então, no artigo 872 do projeto enviado à Câmara dos Deputados, sugerimos a inclusão de outros dois parágrafos: § 4º. O juiz poderá melhorar as condições de pagamento previstas no caput deste artigo, segundo a situação econômica do devedor, ouvidas previamente as partes. § 5º. O direito previsto neste artigo também poderá ser exercido pelo devedor por meio de ação ou de defesa, desde que justificada a sua mora.

No nosso sentir, somente com propostas como tais é que construiremos um processo civil com verdadeira função social e instrumento de redução das desigualdades sociais e da marginalização (no caso, da marginalização/exclusão civil), livre da mera retórica e do patrimonialismo selvagem.

Entretanto, o pagamento parcelado foi positivado no artigo 916 do Novo CPC, mas infelizmente não trouxe as ideias por nós propostas, talvez pela cooptação credor-bancária do legislativo federal.

Pois bem. A expressão **ética não possui um sentido unívoco. No entanto, na presente abordagem, tal termo deve ser entendido como o conjunto de valores selecionados pela experiência cultural de determinada sociedade voltados a regulamentar a conduta de seus membros. A boa-fé objetiva, por sua vez, é um** valor ético cujo objeto regulamentado é a conduta do homem enquanto sujeito de uma relação jurídica material ou processual.

Para Judith Martins, no conceito de boa-fé objetiva "estão subjacentes ideias como: "regra de conduta, fundada na honestidade, na retidão, na lealdade e, principalmente, na consideração para com os interesses do *alter*, visto como membro do conjunto social que é juridicamente tutelado."[53] O Código Civil, por exemplo, acolhera três funções desempenhadas pelo princípio da boa-fé objetiva, quais sejam, a função interpretativa/integrativa, a função de fonte de obrigações e a função de limite dos direitos subjetivos. [54]

53 MARTINS-COSTA, Judith. op. cit. p. 412, nota 49.

54 Na primeira, como norteador hermenêutico, a boa-fé objetiva constitui um fator axiológico que concorre na produção das normas jurídicas. Assim, como esse valor ético incide precipuamente nas relações jurídicas patrimoniais, dispõe o novel estatuto que "os negócios jurídicos devem ser interpretados conforme a boa fé..." (art. 113 do CC). Em segundo, como fonte de obrigações, a boa-fé objetiva representa a fonte criadora de deveres jurídicos conexos para as partes, tanto antes como durante e depois da vigência da

Portanto, a boa-fé objetiva, enquanto reflexo da dignidade da pessoa humana nas relações jurídicas, é um princípio inelidível e inderrogável na luta pela justiça e no combate à desigualdade social, constituindo, dessa forma, um instituto de ordem pública e índole democrática.

Assim, não nos estranhemos se o legislador exigir das partes certa postura colaborativa no processo civil. Assim, dispõe o projeto que *as partes e seus procuradores têm o dever de contribuir para a rápida solução da lide, colaborando com o juiz para a identificação das questões de fato e de direito e abstendo-se de provocar incidentes desnecessários e procrastinatórios* (art. 8º).

Mas, essa exigência ética não se limita às partes, mas atinge o juiz, do qual se espera uma postura ativa, substancial e responsável. Não é mais admissível que o Poder Judiciário se limite a meras questões formais, muitas delas colhidas de uma filosofia liberal-individualista já superada e incompatível com o Estado Democrático de Direito, deixando de enfrentar o mérito, por exemplo, de uma ação coletiva cuja causa de pedir se fundamenta em improbidade administrativa ou em dano a meio ambiente.[55]

Em feliz dizer, Cândido Rangel Dinamarco afirma, em uma de suas obras[56] dedicadas ao estudo das Instituições de Direito Processual Civil, que o "juiz mudo tem também algo de *Pilatos* e, por temor ou vaidade, afasta-se do compromisso de fazer justiça".

No entanto, não nos iludamos. Esse discurso, embora muito lógico e coeso, não navega em águas mansas, especialmente na prática judiciária. Realmente, alguns falsos moralismos ou "eticismos" são levantados a fundamentar posturas mais neutras, omissas e irresponsáveis de parte de nossa magistratura. Aliás, o mais grave é que esse discurso, às vezes, encontra eco em algumas circunstâncias. Por exemplo, militantes do chamado "consequencialismo da decisão" fizeram incluir no texto do Código de Ética da Magistratura Nacional, editado pelo

---

relação jurídica. Nesse sentido, dispõe no Código Civil que "os contratantes são obrigados a guardar, assim na conclusão do contrato, como em sua execução, os princípios da probidade e da boa-fé"(art. 422). Aliás, o Projeto de Lei nº 6960/2002 visa alterar o aludido dispositivo acrescentando que tais princípios devem ser observados também nas fases pré e pós-contratual. Por derradeiro, exerce a boa-fé objetiva a função de limitar os direitos subjetivos para que sejam exercidos de acordo com suas finalidades sociais. Portanto, é abusivo o exercício de um direito subjetivo que extrapola os ditames da lealdade e da cooperação, ensejando responsabilidade civil de seu titular, independente de dolo ou culpa (art. 187).

55 Nos termos do artigo 9º do PL 5.139 de 2009: "Não haverá extinção do processo coletivo por ausência das condições da ação ou de pressupostos processuais, sem que seja dada oportunidade de correção do vício em qualquer tempo ou grau de jurisdição ordinária ou extraordinária, inclusive com a substituição do autor coletivo, quando serão intimados pessoalmente o Ministério Público e, quando for o caso, a Defensoria Pública, sem prejuízo de ampla divulgação pelos meios de comunicação social, podendo qualquer legitimado adotar as providências cabíveis em prazo razoável a ser fixado pelo juiz."

56 DINAMARCO, Cândido Rangel. *Instituições de Direito Processual Civil.* Volume 1. p.224-225.

Conselho Nacional de Justiça (CNJ, Res. 60/2008) que *incumbe ao magistrado atuar de forma cautelosa, atento às consequências de pode provocar* (art. 25).

Ora, não negamos que o juiz deva ser prudente, mas a afoita e desavisada aplicação dessa orientação pode servir de álibi à conduta omissiva do magistrado, o que se agrava quando ele é submetido análise de casos de violação a direitos fundamentais, especialmente em conflitos de massa. Infelizmente, já presenciei um juiz negar um pedido de tutela de urgência para a interdição de uma cadeia pública feminina, em estado de superlotação e de surto epidêmico de sarna entre as presas, pois, segundo ele, o sistema carcerário não está preparado para suportar o "peso" de eventual concessão da medida. Em outra ocasião, um magistrado negara medida de urgência para determinar a concessionária de energia elétrica a restabelecer o fornecimento em imóvel que abrigava uma criança que utilizava de aparelho elétrico de ventilação, pois, segundo ele, sua decisão poderia incitar a inadimplência entre os outros consumidores.

Em suma, o que não podemos admitir é que essa falsa "ética prudencial" possa exonerar o Poder Judiciário de suas responsabilidades.

ATENÇÃO

De fato, **o juiz, no exercício da atividade jurisdicional, possui não só um poder, mas, também, a responsabilidade (dever) da jurisdição**, com a adoção de medidas de ofício, se necessárias.

Por exemplo, o projeto prevê que *em casos excepcionais ou expressamente autorizados por lei, o juiz poderá conceder medidas de urgência de ofício* (art. 277). Em outra parte, quanto trata da sentença, dispõe: *o juiz proferirá sentença de mérito sempre que puder julgá-lo em favor da parte a quem aproveitaria o acolhimento da preliminar* (art. 475), num processo livre dos grilhões do formalismo liberal e concretizado com certa flexibilidade procedimental, podendo o juiz, por exemplo, *dilatar os prazos processuais e alterar a ordem de produção dos meios de prova adequando-os às necessidades do conflito, de modo a conferir maior efetividade à tutela do bem jurídico* (art. 118, V).[57]

Aliás, não é por outro motivo que entendemos que o juiz não pode indeferir uma tutela urgente, por falta de provas dos seus requisitos, sem que antes permita à parte que as produza, ainda que liminarmente. Defendemos que feito o pedido liminar, o juiz deveria designar audiência de justificação, para a produção de provas orais pertinentes, antes de indeferi-lo por insuficiência probatória. É medida de efetividade da tutela jurisdicional. Aliás, pondera José Carlos

57 O Projeto original do Senado (166), continha outra redação: "o juiz dirigirá o processo conforme as disposições deste Código, incumbindo-lhe: V – adequar as fases e os atos processuais às especificações do conflito, de modo a conferir maior efetividade à tutela do bem jurídico, respeitando sempre o contraditório e a ampla defesa (art. 107).

Barbosa Moreira sobre a efetividade do processo: "Qualquer instrumento será bom na medida em que sirva de modo prestimoso à consecução dos fins da obra a que se ordena: em outras palavras, na medida em que seja efetivo. Vale dizer: será efetivo o processo que constitua instrumento eficiente de realização do direito material."[58]

Enfim, **a tese da obrigatoriedade da audiência de justificação**, para a complementação probatória, atende exatamente aos ditames dessa tutela mais efetiva, justa, célere e adequada.

O artigo 300, § 2º, do NCPC (Lei nº 13.105/15) trouxe a possibilidade da audiência prévia, que deve ser interpretada a partir do prisma do direito à prova e à efetividade do processo.

Em resumo, tínhamos, com o texto acima, o objetivo de traçar como vem acontecendo o fenômeno da constitucionalização do processo civil no Brasil, especialmente após a Constituição Federal de 1988 e a sua Emenda nº 45 de 2004, e quais os seus efeitos sobre a atual política legislativa na iminência de um novo código de processo civil. Ainda, aproveitamos a oportunidade para sugerir qual seria a nova etapa da era instrumentalista do processo, a chamada quarta onda renovatória, que também se insere nesse contexto de constitucionalização, vertical e horizontal, esta entendida como a aproximação dos demais ramos do Direito pós-moderno, em especial do Direito Civil e do Direito Processual Civil, ao qual o fizemos com a demonstração dos efeitos da adoção dos princípios da eticidade, da sociabilidade e da operabilidade no campo desta última ciência.

Por fim e de forma lógica, **sugerimos alguns instrumentos que poderiam ser encampados pelo legislador atual para fazer do processo civil um verdadeiro instrumento de realização, dentro e por meio dele, dos objetivos fundamentais do Estado Democrático do Brasil**, cujo conteúdo nada mais possui que uma forte carga de direitos fundamentais.

El artículo 25 de la Convención establece que "toda persona tiene derecho a un recurso sencillo y rápido o a cualquier otro recurso efectivo ante los jueces o tribunales competentes, que la ampare contra actos que violen sus derechos fundamentales reconocidos por la Constitución, la ley o la presente Convención, aun cuando tal violación sea cometida por personas que actúen en ejercicio de sus funciones oficiales."

El artículo 25 de la Convención también consagra el derecho de acceso a la justicia. Al analizar el citado artículo 25 la Corte ha señalado que éste establece la obligación positiva del Estado de conceder a todas las personas bajo su jurisdicci-

---

58 MOREIRA, José Carlos B. Por um processo socialmente efetivo. In Revista Síntese de Direito Civil e Processual Civil. Porto Alegre: Síntese, 2001, nº 11, p.5.

ón un recurso judicial efectivo contra actos violatorios de sus derechos fundamentales. Y ha observado, además, que la garantía allí consagrada se aplica no sólo respecto de los derechos contenidos en la Convención, sino también de aquéllos que estén reconocidos por la Constitución o por la ley.

La Corte ha señalado, asimismo, en reiteradas oportunidades, que la garantía de un recurso efectivo "constituye uno de los pilares básicos, no sólo de la Convención Americana, sino del propio Estado de Derecho en una sociedad democrática en el sentido de la Convención", y que para que el Estado cumpla con lo dispuesto en el artículo 25 de la Convención no basta con que los recursos existan formalmente, sino que los mismos deben tener efectividad, es decir, debe brindarse a la persona la posibilidad real de interponer un recurso que sea sencillo y rápido.

Cualquier norma o medida que impida o dificulte hacer uso del recurso de que se trata constituye una violación del derecho al acceso a la justicia, bajo la modalidad consagrada en el artículo 25 de la Convención Americana. (destaques nossos)[59]

ATENÇÃO Portanto, nesse contexto, **pode a Defensoria Pública desenvolver grande e qualificado papel, como novo paradigma que solucionaria, em parte, a crise instalada.**

Para **Rodolfo de Camargo Mancuso**, que há muito estuda o tema: "A política judiciária obsessivamente focada na padronização/agilização dos procedimentos, embora, a curto prazo, possa contribuir para amenizar a sobrecarga de processos, não parece apta a representar solução permanente ou duradoura, pela boa razão de que por aí se está a combater o efeito da questão judiciária nacional – a crise numérica de processos – deixando em aberto a causa, localizada no demandismo judiciário excessivo, insuflado, de um lado, pela crescente litigiosidade social e, de outro, pela parca oferta e divulgação de outros meios e modos de prevenir ou resolver controvérsias, fora e além da decisão judicial de mérito, dita solução adjudicada estatal.

No ponto, afirma **Cândido Rangel Dinamarco**: 'Constitui tendência moderna o abandono do fetichismo da jurisdição, que por muito tempo fechou a mente dos processualistas e os impediu de conhecer e buscar aperfeiçoamento de outros meios de tutela às pessoas envolvidas em conflitos. Os meios alternativos para solução destes ocupam hoje lugar de muito destaque na preocupação dos processualistas, dos quais vêm recebendo especial ênfase a conciliação e a arbitragem'.

Em decorrência do imperativo lógico de que "onde está a vantagem está o encargo", verifica-se que a inserção de meios aceleratórios/obstativos voltados

59 *Corte Interamericana de Derechos Humanos. Caso Cantos Vs. Argentina. Sentencia de 28 de noviembre de 2002 - Fondo, Reparaciones y Costas.*

ao rápido deslinde de ações de recursos, ou mesmo a impedir/dificultar sua formação ou prosseguimento, atrai perigosamente o risco de infringência ao núcleo duro dos direitos processuais das partes, sinteticamente representados no binômio contraditório – ampla defesa (CF, art. 5º , LV), mas que incluem, também, o respeito à igualdade no processo e perante ele; o direito à prova em simetria com a natureza dos fatos da lide; o direito à congruência entre a decisão e o objeto litigioso; o direito a que a lide, uma vez preenchidas as condições da ação e os pressupostos da relação processual, seja efetivamente dirimida, em modo consistente e com carga cognitiva suficiente para ser, oportunamente, imunizada com a agregação da coisa julgada material. Nesse sentido, o previsto no art. 4.º do antes citado PL da Câmara n. 8.046/2010, sobre o novo CPC: 'As partes têm direito de obter em prazo razoável a solução integral da lide, incluída a atividade satisfativa'.

De fato, não (mais) pode o Estado ser leniente ou tergiversar sobre seu precípuo dever de prestar jurisdição em modo integral – aquela que resolve a lide como um todo e não deixa resíduos conflitivos periféricos – até porque tendo ele mesmo criminalizado a justiça de mão-própria (CP, art. 345), *ipso facto* assumiu o compromisso inarredável de dirimir cabalmente as lides que venham judicializadas, descabendo ofertar uma qualquer resposta, num ponto futuro indefinido, e ainda descompromissada com a efetiva realização/fruição do direito, valor ou bem da vida reconhecidos no julgado.

Tal inaceitável postura, além de não solucionar o conflito, ainda acirra os ânimos das partes, de resto já inflamados pelo lento desenrolar do processo e pela incerteza quanto ao resultado."[60]

ATENÇÃO **Talvez, e insisto nisso, estamos, a ciência processual, perdendo muito tempo e energia com o processo, sendo que a solução está no estabelecimento de sua excepcionalidade.** É dizer, nos **meios alternativos de solução dos conflitos.**

"Não há negar que, em boa medida, o demandismo judiciário excessivo tem sido insuflado por uma leitura ufanista e irrealista do acesso à Justiça, que, descurando o fato de que a prestação jurisdicional deve ser ofertada, mas não estimulada, arrisca converter o direito de ação em... dever de ação; além disso, tal contexto afasta os sujeitos concernentes, polarizando-os como adversários, e assim esgarçando o tecido social; desestimula a busca por outros meios e modos de prevenir e resolver conflitos, e, enfim, cria expectativa e pressão exageradas sobre a capacidade instalada do Poder Judiciário, que já não tem mãos a medir para acolher a demanda exacerbada."[61]

60 MANCUSO, Rodolfo de Camargo. *Acesso à justiça*. São Paulo: RT, p. 8/9.

61 MANCUSO, Rodolfo de Camargo. *Acesso à justiça*. São Paulo: RT, p. 10/11.

De fato, "o conceito de acesso à justiça não pode mais se manter atrelado a antigas e defasadas acepções – que hoje se podem dizer ufanistas e irrealistas – atreladas à vetusta ideia do monopólio da justiça estatal, à sua vez assentado numa perspectiva excessivamente elástica de 'universalidade/ubiquidade da jurisdição' e, também, aderente a uma leitura desmesurada da 'facilitação do acesso', dando como resultado que o direito de ação acabasse praticamente convertido em... dever de ação, assim insuflando a contenciosidade ao interno da sociedade e desestimulando a busca por outros meios, auto ou heterocompositivos."[62]

ATENÇÃO **A Defensoria Pública, nesse ambiente, há de se destacar, pois traz consigo um instrumento seguro e eficaz de acesso a um modelo restaurativo, pacificador e transparente de assistência jurídica e, finalmente, da verdadeira e sustentável Justiça.**

"Uma decepcionante avaliação de desempenho – pese a busca obsessiva pela aceleração dos processos ou pelo seu julgamento massivo – resulta à leitura do prestigiado ICJ Brasil (índice de Confiança na Justiça), pesquisado pela Fundação Getúlio Vargas em São Paulo, com foco no primeiro trimestre de 2010: 'Retratar a confiança do cidadão em uma instituição significa identifica se o cidadão acredita que essa instituição cumpre a sua função com qualidade, e se faz isso de forma em que os benefícios de sua atuação sejam maiores que os seus custos e se essa instituição é levada em conta no dia a dia do cidadão comum'. Às tantas do Relatório, anotam os pesquisadores: 'O que os dados permitem afirmar com a coleta no primeiro trimestre de 2010 é que essa sondagem vem confirmar uma tendência de má avaliação do Judiciário como prestador de serviços públicos, apesar da população buscar os seus serviços para solucionar conflitos do dia a dia."[63]

Aliás, no NCPC, o próprio fortalecimento da Defensoria Pública no processo civil (artigos 185 e seguintes) demonstra a essencialidade do contraditório e da participação, como forma de democratização dos procedimentos, o que justifica a presença constante da Instituição de Justiça mais democrática e aberta aos anseios sociais. Um exemplo claro dessa ideia está na necessária participação da Defensoria Pública, via intervenção institucional, nas ações possessórias que envolvam pessoas em situação de hipossuficiência econômica (artigos 554, parágrafo primeiro, e 565, parágrafo segundo).

Há tempo defendíamos, em tese construída juntamente com o Núcleo Especializado de Cidadania e Direitos Humanos da Defensoria Pública do Estado de São Paulo que é obrigatória a intimação prévia e inicial da Defensoria Pública

62 MANCUSO, Rodolfo de Camargo. *Acesso à justiça.* São Paulo: RT, p. 24.

63 MANCUSO, Rodolfo de Camargo. *Acesso à justiça.* São Paulo: RT, p. 29/30.

nas ações judiciais contra grupo de pessoas "necessitadas", despidas de organização associativa ou sindical, sob pena de nulidade dos atos processuais ou do processo como um todo, numa espécie de "intervenção institucional".

A regra em tela tem por objetivo assegurar uma tutela jurisdicional adequada, segundo o devido processo constitucional e legal, na proteção processual de coletividades de necessitados demandadas, em regra, movimentos sociais urbanos e rurais, para fazer da Defensoria Pública a Instituição indispensável ao desenvolvimento dessas relações jurídicas processuais, cuja intervenção torna-se necessária, sob pena de nulidade.

Então, fica a reflexão.

5. A JUSTIÇA GRATUITA

Como é cediço, os institutos da assistência jurídica e da justiça gratuita não se confundem. De fato, a assistência jurídica representa o serviço público de orientação e atuação jurídica, organizado, no Brasil, pela Defensoria Pública, via avaliação e concessão administrativas.

Já o benefício da justiça gratuita é endoprocessual e concedido judicialmente, consistente na isenção das custas processuais e dos ônus da sucumbência, enquanto permanecer a condição de "necessitado".

Conforme o revogado artigo 4ª da Lei 1060/50 "a parte gozará dos benefícios da "assistência judiciária", mediante simples afirmação, na própria petição inicial, de que não está em condições de pagar as custas do processo e os honorários de advogado, sem prejuízo próprio ou de sua família".

Aliás, vale adiantar que o Código de Processo Civil/2015 regulamenta integralmente o instituto da justiça gratuita.

A Defensoria Pública é o órgão estatal de assistência jurídica. Isso não conduz, obrigatoriamente, à concessão da justiça gratuita, que depende de reconhecimento judicial, muito embora entendemos que a prestação do serviço de assistência jurídica gera a presunção de necessitado para efeitos da gratuidade.

Quanto a ela, basta declaração da pessoa, pois a Lei nº 7510/86 veio a abolir a comprovação documental. Cabe à outra parte impugnar e provar a inverdade da declaração, a partir do incidente de impugnação da justiça gratuita.

Referida Lei alteradora deu a seguinte redação aos parágrafos do artigo 4º, expondo a desnecessidade a qualquer outro documento:

§ 1º. Presume-se pobre, até prova em contrário, quem afirmar essa condição nos termos desta lei, sob pena de pagamento até o décuplo das custas judiciais.

§ 2º. A impugnação do direito à assistência judiciária não suspende o curso do processo e será feita em autos apartados.

A jurisprudência. "Pedido do benefício da gratuidade da Justiça – Pessoa física – Admissibilidade desde que declarada a falta de condições de pagar as custas e despesas processuais – Art. 4° da Lei n° 1.060/50 (revogado pelo CPC/2015) – Presunção 'iuris tantum' da condição de necessitado – Busca da efetividade do direito de acesso à Justiça – Inexistência nos autos de prova a infirmar a declaração de insuficiência de recursos exigida pela lei – Recurso provido"[64]

"Entidade assistencial sem fins lucrativos - Cabimento - Constituição Federal, artigo 5º, inciso LXXIV – Declaração de que não tem condições de arcar com as custas do processo – Presunção "iuris tantum" de veracidade – Garantia de acesso à justiça – Nada obsta a que a parte contrária impugne a concessão – Comprovante de cadastramento e certidão que atestam ser a agravante "Entidade Beneficente de Assistência Social."[65]

Aliás, para o STF "é dever do Poder Judiciário prover gratuitamente a respeito de peças que devam compor instrumento de agravo interposto por beneficiário de gratuidade de justiça."[66]

O STJ, por sua vez, "a Turma reafirmou seu entendimento de que o benefício da justiça gratuita pode ser pleiteado a qualquer tempo, sendo suficiente para sua obtenção que a pessoa física afirme não ter condição de arcar com as custas do processo e honorários advocatícios. Contudo, tal afirmação possui presunção *juris tantum*, podendo o magistrado indeferir a assistência judiciária se não encontrar fundamentos que confirmem o estado de hipossuficiência do requerente. Precedentes citados: AgRg no REsp 1.073.892-RS, DJe 15/12/2008, e REsp 1.052.158-SP, DJe 27/8/2008."[67]

Por súmula, entendeu-se "Faz jus ao benefício da justiça gratuita a pessoa jurídica com ou sem fins lucrativos que demonstrar sua impossibilidade de arcar com os encargos processuais (Súmula nº 481, STJ)".

Em suma, a justiça gratuita distingue da assistência jurídica, muito embora comunicam-se, diante da identidade dos usuários.

Mas, vale uma advertência: a concessão da justiça gratuita não exime a parte da responsabilidade por litigância de má-fé, segundo o Superior Tribunal de Justiça: "Na linha da jurisprudência dominante desta Corte, o deferimento da assistência judiciária gratuita não isenta o beneficiário das penalidades processuais decorrentes de atos procrastinatórios ou litigância de má-fé por ele prati-

64 (Agravo de Instrumento 00457244720118260000, Desembargador Relator J.B. Franco de Godoi, TJSP, 23º Camara de Direito Privado, Julgamento 04/05/2011)

65 RECURSO PROVIDO (Agravo de Instrumento 00710284820118260000, Desembargador Relator Sérgio Shimura, TJSP, 23º Câmara de Direito Privado, Julgamento 18/05/2011).

66 STF: AI 573.444-AgR, Rel. Min. Cezar Peluso, julgamento em 8-9-2009, Segunda Turma, DJE de 9-10-2009.

67 AgRg no REsp 1.122.012-RS, Rel. Min. Luix Fux, julgado em 6/10/2009.

cados no curso do processo, razão pela qual não há como suspender a exigibilidade da multa imposta ao ora embargante pelo Tribunal de origem" (STJ: EDcl no AgRg nos EDcl no Ag 1160679 / SP).

No Novo CPC, a justiça gratuita foi remodelada e regulamentada nos artigos 98 e seguintes, o que exigiu a revogação de vários artigos da Lei nº 1.060/50 (artigos 2º, 3º, 4º, 6º, 7º, 11, 12 e 17 – artigo 1072, inciso III).

6. A EFETIVIDADE DA TUTELA JURISDICIONAL CÍVEL E SUA VARIABILIDADE

Entendemos que a efetividade do processo civil depende do bom manuseio das espécies de ações, dos variados tipos de tutela e das medidas executivas mais eficientes à efetivação do respectivo provimento.

ATENÇÃO

Na verdade, acreditamos que **uma qualificada provocação jurisdicional pelo Defensor Público depende basicamente da combinação das espécies de ações, das tutelas e das medidas executivas disponíveis.**

Pois bem. Propomos a divisão desse estudo **em três tipologias independentes**, mas que se cruzam, cujas combinações inter-relacionais dependerão das necessidades do caso concreto. Dividiremos a análise em espécies de ações, de tutelas e de medidas executivas. As **ações cíveis** podem ser divididas em: de conhecimento, cautelar e de execução. As ações de conhecimento podem ser condenatórias (em obrigações de fazer, não fazer, de dar, entregar, de pagar quantia certa ou incerta), declaratórias, constitutivas, mandamentais (obrigação fazer ou não fazer com ordem) e executivas *lato senso* (obrigação de dar ou entregar coisa com ordem). As ações cautelares podem ser satisfativas ou cautelares em sentido estrito. Já as ações executivas podem ser autônomas ou sincréticas (de cumprimento de sentença).

A tutela jurisdicional, segundo **Marinoni,** se divide em tutela específica e tutela genérica. A primeira se subdivide em tutela inibitória (preventiva – utilizada antes do dano), tutela de remoção do ilícito (utilizada durante a ocorrência para obstá-lo) e em tutela reintegratória (utilizada após o dano, para restituir o estado anterior). A tutela genérica consiste na tutela ressarcitória, utilizada após o dano, quando impossível a restituição ao estado precedente, restando ao prejudicado o recebimento de quantia equivalente às perdas e danos. O Estado Democrático de Direito, com fins sociais e solidários, e não liberais burgueses, preza, primeiramente, pelas tutelas específicas dos direitos, em detrimento das tutelas genéricas, rebaixadas aos casos excepcionais.

De fato, conforme o mesmo Marinoni, em feliz colocação, "a tutela ressarcitória pelo equivalente tem relação com os valores do Estado liberal clássico. Em um Estado preocupado com as liberdades formais e não com as necessidades concretas do cidadão, e que objetivava garantir tais liberdades fingindo não perceber as diferentes posições sociais, nada poderia ser mais adequado – ou conveniente – como forma de proteção jurisdicional do que o ressarcimento em dinheiro. Essa espécie de tutela jurisdicional seguia a lógica de que todos os bens e direitos tinham igual valor, e que assim não só podiam ser medidos através do metro da pecúnia, como possuíam, na expressão monetária, a melhor forma de identificação da necessidade de proteção dos direitos.

Na lógica do Estado liberal havia uma íntima relação entre as ideias de abstração das pessoas e dos bens, de igualdade formal, de autonomia privada e de ressarcimento em pecúnia. Ora, se todos são iguais independentemente das suas diferenças concretas, e para a preservação da liberdade é imprescindível não constranger a autonomia privada, a tutela ressarcitória torna-se ideal, pois, além de igualizar o valor do direito material, não constrange a vontade do obrigado.

Sendo os sujeitos livres para contratar e as regras contratuais estabelecidas a partir da premissa da igualdade formal, basta verificar se elas são observadas, sem qualquer consideração de natureza social. Quando as regras não são cumpridas, a sanção está na nulidade e no ressarcimento em dinheiro, sendo impossível compelir o obrigado a cumprir o que contratou – ainda que isso fosse faticamente possível.

Não se obrigava o sujeito do contrato a adimpli-lo na forma específica não apenas porque a sua obrigação, como qualquer outra, podia ser expressa em dinheiro, as também porque não era possível, diante dos princípios de liberdade e de defesa da tonalidade, que o juiz obrigasse o contratante a fazer ou a não fazer alguma coisa.

Na economia liberal, a função do ressarcimento em dinheiro, ao outorgar um equivalente, muito mais do que dar tutela ao direito violado, visava proteger o "mercado" – para o qual os cidadãos não importavam –, mantendo os seus mecanismos inalterados.

De modo que a tutela ressarcitória pelo equivalente não apenas partia da ideia que todos os direitos eram iguais e de que todas as pessoas tinham as mesmas necessidades, como também a reproduzia, servindo como um meio de igualização das pessoas e dos direitos e de afirmação da economia de mercado – que, sem a outorga de sanção ao descumpridor do contrato, não poderia sobreviver. E isso tudo constranger a liberdade do obrigado, que não se via compelido a cumprir uma ligação, mas tinha contra si imposta apenas uma sanção de natureza negativa, ou já, o pagamento do equivalente ao valor do dano ou da obrigação.

Não há dúvida que o ressarcimento em pecúnia, como forma de proteção jurisdicional dos direitos, não está de acordo com os valores do Estado constitucional. O dever estatal de proteger os direitos, especialmente os direitos fundamentais, obviamente demonstra a preocupação com a proteção da integridade dos direitos. Com a proteção da integridade do meio ambiente, do direito do consumidor, do direito à saúde, do direito à educação etc. Na verdade, tais direitos têm uma natureza que não admite a sua transformação em dinheiro. Bem por isso exigem a proteção jurisdicional na forma específica e não a tutela ressarcitória pelo equivalente."[68]

Por sua vez, **as medidas executivas** podem ser indiretas/coercitivas ou diretas/sub-rogatórias. As primeiras se subdividem em negativas ou cominatórias e em positivas ou premiais. As segundas, as sub-rogatórias podem ser, segundo o caso, reais ou pessoais.

Destarte, **a Organização das Nações Unidas, por sua Assembleia Geral, há muito, expediu a Resolução nº 67-147, de 21 de março de 2006**, onde ela apresenta os contornos do direito ao acesso à Justiça quando violados os direitos fundamentais e impõe a adoção de medidas eficazes e adequadas com vista à adequada proteção.

Acceso a la justicia. La víctima de una violación manifiesta de las normas internacionales de derechos humanos o de una violación grave del derecho internacional humanitário tendrá un acceso igual a un recurso judicial efectivo, conforme a lo previsto en el derecho internacional. Otros recursos de que dispone la víctima son el acceso a órganos administrativos y de otra índole, así como a mecanismos, modalidades y procedimientos utilizados conforme al derecho interno. Las obligaciones resultantes del derecho internacional para asegurar el derecho al acceso a la justicia y a um procedimiento justo e imparcial deberán reflejarse en el derecho interno.

A tal efecto, los Estados deben: a) Dar a conocer, por conducto de mecanismos públicos y privados, información sobre todos los recursos disponibles contra las violaciones manifiestas de las normas internacionales de derechos humanos y las violaciones graves del derecho internacional humanitario; b) Adoptar medidas para minimizar los inconvenientes a las víctimas y sus representantes, proteger su intimidad contra injerencias ilegítimas, según proceda, y protegerlas de actos de intimidación y represalia, así como a sus familiares y testigos, antes, durante y después del procedimiento judicial, administrativo o de outro tipo que afecte a los intereses de las víctimas; c) Facilitar asistencia apropiada a las víctimas que tratan de acceder a la justicia; d) Utilizar todos los medios jurídicos, diplomáticos

68 MARINONI, Luiz Guilherme. *Teoria Geral do Processo.* Vol. 01. São Paulo: Revista dos Tribunais, 2012.

y consulares apropiados para que las víctimas puedan ejercer su derecho a interponer recursos por violaciones manifiestas de las normas internacionales de derechos humanos o por violaciones graves del derecho internacional humanitario.

Además del acceso individual a la justicia, los Estados han de procurar establecer procedimientos para que grupos de víctimas puedan presentar demandas de reparación y obtener reparación, según proceda.

Los recursos adecuados, efectivos y rápidos contra las violaciones manifiestas de las normas internacionales de derechos humanos o las violaciones graves del derecho internacional humanitario han de comprender todos los procedimientos internacionales disponibles y apropiados a los que tenga derecho una persona y no deberían redundar en detrimento de ningún otro recurso interno.

Aliás, essa mesma Resolução expõe um rol amplo de pedidos a serem feitos no contexto dessa variabilidade de tutelas jurisdicionais.

***La restitución**, siempre que sea posible, ha de devolver a la víctima a la situación anterior a la violación manifiesta de las normas internacionales de derechos humanos o la violación grave del derecho internacional humanitario. La restitución comprende, según corresponda, el restablecimiento de la libertad, el disfrute de los derechos humanos, la identidad, la vida familiar y la ciudadanía, el regreso a su lugar de residencia, la reintegración en su empleo y la devolución de sus bienes.*

***La indemnización** ha de concederse, de forma apropiada y proporcional a la gravedad de la violación y a las circunstancias de cada caso, por todos los perjuicios económicamente evaluables que sean consecuencia de violaciones manifiestas de las normas internacionales de derechos humanos o de violaciones graves del derecho internacional humanitario, tales como los siguientes: a) El daño físico o mental; b) La pérdida de oportunidades, en particular las de empleo, educación y prestaciones sociales; c) Los daños materiales y la pérdida de ingresos, incluido el lucro cesante; d) Los perjuicios morales; e) Los gastos de asistencia jurídica o de expertos, medicamentos y servicios médicos y servicios psicológicos y sociales.*

***La rehabilitación** ha de incluir la atención médica y psicológica, así como servicios jurídicos y sociales.*

***La satisfacción** ha de incluir, cuando sea pertinente y procedente, la totalidad o parte de las medidas siguientes: a) Medidas eficaces para conseguir que no continúen las violaciones; b) La verificación de los hechos y la revelación pública y completa de la verdad, en la medida en que esa revelación no provoque más daños o amenace la seguridad y los intereses de la víctima, de sus familiares, de los testigos o de personas que han intervenido para ayudar a la víctima o impedir que se produzcan nuevas violaciones; c) La búsqueda de las personas desaparecidas, de las identidades de los niños secuestrados y de los cadáveres de las personas asesinadas, y la ayuda para recuperarlos, identificarlos y volver a inhumarlos según el deseo explícito o presunto de la víctima o las prácticas culturales de su familia y* *comunidad; d) Una declaración oficial o decisión judicial que restablezca la dignidad, la reputación y los derechos de la víctima y de las personas estrechamente vinculadas a ella; e) Una disculpa pública que incluya el reconocimiento de los hechos y la aceptación de responsabilidades; f) La aplicación de sanciones judiciales o administrativas a los responsables de las violaciones; g) Conmemoraciones y homenajes a las víctimas; h) La inclusión de una exposición precisa de las violaciones ocurridas en la enseñanza de las normas internacionales de derechos humanos y del derecho internacional humanitario, así como en el material didáctico a todos los niveles.*

Las garantías de no repetición *han de incluir, según proceda, la totalidad o parte de las medidas siguientes, que también contribuirán a la prevención: a) El ejercicio de un control efectivo por las autoridades civiles sobre lãs fuerzas armadas y de seguridad; b) La garantía de que todos los procedimientos civiles y militares se ajustan a las normas internacionales relativas a las garantías procesales, la equidad y la imparcialidad; c) El fortalecimiento de la independencia del poder judicial; d) La protección de los profesionales del derecho, la salud y la asistencia sanitaria, la información y otros sectores conexos, así como de los defensores de los derechos humanos; e) La educación, de modo prioritario y permanente, de todos los sectores de la sociedad respecto de los derechos humanos y del derecho internacional humanitario y la capacitación en esta materia de los funcionarios encargados de hacer cumplir la ley, así como de las fuerzas armadas y de seguridad; f) La promoción de la observancia de los códigos de conducta y de lãs normas éticas, en particular las normas internacionales, por los funcionários públicos, inclusive el personal de las fuerzas de seguridad, los establecimientos penitenciarios, los medios de información, el personal de servicios médicos, psicológicos, sociales y de las fuerzas armadas, además del personal de empresas comerciales; g) La promoción de mecanismos destinados a prevenir, vigilar y resolver los conflictos sociales.*

Aliás, é exatamente aí que entra a Defensoria Pública. A assistência jurídica integral é condição inafastável do Estado Provedor, do *Welfare State*, ao qual preza mais pela realização específica dos direitos que por sua satisfação genérica, pelo seu correspondente em pecúnia, tutela típica do Estado Liberal Burguês.

Ora, na medida em que o Estado assume a responsabilidade na efetivação de uma extensa carta de direitos sociais e coletivos, a tutela genérica perde prioridade e a efetividade da tutela específica ganha perfis de fundamentalidade.

ATENÇÃO O **adjetivo "integral"** qualificativo da assistência jurídica indica sua necessária satisfatividade. E a satisfação dos direitos sociais pressupõe sua realização, sendo que a reparação em perdas e danos fica rebaixada à excepcionalidade.

Disso decorre a opção, do Brasil pós-88, pelo modelo público de assistência jurídica, em razão do interesse público, que extrapola campo meramente jurídico, para invadir as searas política, social, cultural e econômica do nosso Estado recém-inaugurado.

Eis o caráter fundamental e essencial da Defensoria Pública. Aliás, essa conclusão não é de difícil ou de complexa construção se o atento intérprete considerar e bem valorar os termos "livre, justa e solidária", "integral", "devido" e "essencial", que qualificam, respectivamente, nossa sociedade ideal, a assistência jurídica a ser moldada, o processo legal como instrumento básico e, por fim, a função ocupada ao lado da Justiça, quando faz referência à Defensoria Pública.

Exatamente por isso é que o direito de ação, sob o prisma constitucional, goza de status público por obrigar o Estado a organizar não apenas um Poder Judiciário acessível, indeclinável, imparcial e célere, mas, com igual relevância, uma Defensoria Pública forte, multidisciplinar, autônoma e democrática.

"Modernamente, os processualistas, preocupados com o fenômeno da efetividade do processo, estão recorrendo ao caminho inverso daquele utilizado pela doutrina processual do início do século, pois enquanto estes perseguiam o afastamento do processo a respeito do direito material, aqueles perseguem uma aproximação entre processo e direito. Esta aproximação se deve, basicamente, a dois fatores: de um lado, o florescimento de novos direitos, nascidos, como é sabido, a partir da revolução tecnológica, onde a economia se expande progressivamente através de 'prestações de fato', e traz consigo, em consequência, o crescimento das atividades econômicas de 'prestações de serviços', que incrementam, sobremaneira, o número de prestações pessoais ou não fungíveis; e de outro lado, a origem do Estado Democrático de Direito, ou *Welfare State*, que cria uma nova ordem de pensamento e concebe o acesso à justiça a partir da perspectiva dos justiciáveis, ou seja, esta nova ordem de pensamento está comprometida com um processo de resultados, onde os consumidores do direito buscam instrumentos adequados à tutela de todos os direitos, com o objetivo de assegurar-se praticamente a utilidade das decisões judiciais, seja no âmbito repressivo ou preventivo."[69]

De fato, não é demais repetir, a efetividade que se busca nos dias atuais é para os direitos sociais e coletivos, não para os direitos indenizatórios que há tempo goza de razoável proteção satisfativa. A previsão secular da ação cautelar de arresto não me deixa mentir. É inerente ao Estado Liberal a ampla tutela do crédito e do credor. Hoje, porém, o que se almeja é ampliar essa efetividade aos direitos sociais e coletivos, cuja satisfatividade depende de boas medidas

69 RIBEIRO, Darci Guimarães. *Da tutela jurisdicional às formas de tutela*. Porto Alegre: Livraria do Advogado, 2010, p. 78/79.

inibitórias e específicas de tutela, naquela ideia de assistência integral. A jurisprudência tem sido muito sensível a essa tendência e tem optado pela proteção dos direitos sociais em detrimento dos direitos econômico-liberais, como o fez no caso da proibição da queima da cana-de-açúcar, ao acolher o direito de menor liquidez pecuniária ligado à saúde e ao meio ambiente, em detrimento do econômico direito ao lucro e à livre produção e industrialização (STJ[70]).

Para **Darci Guimarães Ribeiro**, "a sociedade brasileira vive um momento peculiar de transformação social. A partir dos anos 90, novos fatores sociais passam a destacar-se na sociedade civil organizada, sugerindo, por conseguinte, novas demandas sociojurídicas. Neste início de século XXI, deparamo-nos com várias crises nas sociedades de um modo geral e, em especial, na sociedade brasileira; estas crises evidenciam uma necessidade urgente de revisão de paradigmas, bem como a construção de novos modelos, capazes de atenderem a uma demanda cada vez mais crescente e urgente de prestação de tutela jurisdicional. O acesso à justiça é inevitável e pressupõe um revisionamento nos sistemas jurídicos atuais."[71]

Nesse contexto, sobressaem **as chamadas ações mandamentais** que têm em seus provimentos, além de condenações em obrigação específica, uma ordem a ser cumprida, sob pena de incorrer em crime de desobediência.

"As pretensões mandamentais provêm diretamente dos interditos romanos, uma vez que nestes, segundo destaca Gandolfi, *l' ordeni dei pretore era fondato, come vedremo, sull imperium', quale potere di coercizione, e mirava ad assicurare in modo energico, autoritativo e sollecito l'ordine giuridico.* Nesta espécie de tutela jurisdicional, o praetor ordenava geralmente ao demandado um determinado comportamento que poderia consistir em uma proibição (*interdictum prohibitorium)*, ou restituição (*interdictum restitutorium*), e jamais o condenava, posto que esta função, no período formulário, correspondia sucessivamente ao index privado. Esta origem dos interditos romanos traz consigo algumas consequên-

---

70 "Os estudos acadêmicos ilustram que a queima da palha de cana-de-açúcar causa grandes danos ambientais e que, considerando o desenvolvimento sustentado, há instrumentos e tecnologias modernos que podem substituir tal prática sem inviabilizar a atividade econômica.
A exceção do parágrafo único do artigo 27 da Lei n. 4.771/65 deve ser interpretada com base nos postulados jurídicos e nos modernos instrumentos de linguística, inclusive com observância – na valoração dos signos (semiótica) – da semântica, da sintaxe e da pragmática.
A exceção apresentada (peculiaridades locais ou regionais) tem como objetivo a compatibilização de dois valores protegidos na Constituição Federal/88: o meio ambiente e a cultura (modos de fazer). Assim, a sua interpretação não pode abranger atividades agroindustriais ou agrícolas organizadas, ante a impossibilidade de prevalência do interesse econômico sobre a proteção ambiental quando há formas menos lesivas de exploração.(destaque nosso)." AgRg nos EDcl no REsp 1094873 / SP, relator ministro Humberto Martins, j. 04/08/2009.

71 RIBEIRO, Darci Guimarães. *Da tutela jurisdicional às formas de tutela.* Porto Alegre: Livraria do Advogado, 2010, p. 77.

cias que também caracterizam as sentenças mandamentais, como por exemplo, o *imperium* a realização forçosa da ordem *manu* militar e a *causae cognitio* ou cognição sumária, que define esta pretensão como um processo sumário.

A sentença mandamental foi descoberta por Georg Kuttner, em 1914, através de sua obra *Urteilswirkungen ausserhalb des Zivilprozesses* (Efeitos da sentença fora do processo civil). O autor criou esta outra forma de tutela a partir da análise das eficácias contidas na sentença, já que a classificação por gênero e espécies era insuficiente para explicar aquelas eficácias existentes em algumas sentenças que não se identificavam com a eficácia meramente declarativa, nem com a constitutiva, e tampouco com a condenatória. Por isto, para Kuttner, as sentenças mandamentais (*Anordnungsurteile*) devem ser entendidas como '(...) as sentenças em que o juiz, sem proferir decisão com força de coisa julgada sobre a própria relação jurídica de direito privado, dirige imediatamente a outro órgão estatal, a uma autoridade pública ou a um funcionário público a ordem determinada de praticar ou omitir um ato oficial, mais precisamente designado na sentença e contido no âmbito das atribuições desse órgão, e isso mediante requerimento especial e novo da parte vencedora'."[72]

"As características desta pretensão não se resumem unicamente na identificação do mencionado verbo (ordenar ou mandar), como crê a maioria dos autores, senão que também, se encontram em algumas das peculiaridades herdadas dos interditos romanos com certos matizes modernos. Assim, por exemplo:

a) **O verbo *ordenar* ou *mandar*,** contido na sentença mandamental, traduz atualmente aquilo que antigamente representava o *imperium* para o interdito, pois, como destaca Gandolfi: "In ogni modo sta il fatto che l'interdetto è senza alcun dubbio un ordine del pretore ad una parte, di asservare um certo comportamento positivo o negativo, e pronunciato in forza dell'imperium che è per definizione Il potere di coercizione";

b) **As sentenças mandamentais**, assim como nos interditos romanos, também apresentam como característica uma *cognitio summaria,* que as inclui na categoria dos processos sumários, uma vez que a cognição realizada pelo magistrado nesta forma de tutela jurisdicional é limitada, tanto no plano *horizontal,* já que a cognição do juiz se reduz em sua extensão, como ocorre, por exemplo, com a cognição da pretensão de manutenção da posse, que por sua natureza se limita unicamente a questões fáticas, relacionadas diretamente com a posse, como no plano *vertical,* posto que a cognição do juiz se reduz em sua profundidade, como ocorre, *v.g.,* com a cognição cautelar que não permite ao juiz aprofundar a análise dacognição.

72 RIBEIRO, Darci Guimarães. *Da tutela jurisdicional às formas de tutela.* Porto Alegre: Livraria do Advogado, 2010, p. 83/84.

Também podemos incluir como característica da sentença mandamental a realização forçosa da ordem *manu militari,* independentemente de um processo de execução *ex intervallo.* Esta execução imediata da ordem na mesma relação processual se justifica na necessidade de atender adequadamente, tanto os novos direitos, como a nova forma de pensamento predominante na sociedade que exige um processo de resultados que seja capaz de declarar e realizar o direito em menor tempo possível.

A **sentença se chama mandamental**, porque entre todas as eficácias possíveis, compreendidas no conteúdo da sentença (eficácia meramente declarativa, quando declara existentes os requisitos para a concessão da ordem; eficácia de condenação, que se encontra na criação, tanto do título executivo de condenação em custas como na criação da via executiva para realizar este título; eficácia de execução, que reside na capacidade da ordem emitida pelo juiz realizar-se imediatamente, sem necessidade de um processo sucessivo e autônomo), a eficácia preponderante ou maior, pretendida pela parte, consiste na *ordem* para que o demandado imediatamente realize o mandado da sentença, sob pena de incorrer em delito de desobediência e/ou em multa pecuniária *(astreinte).* Isto é, a desobediência acarreta uma ameaça direta sobre a pessoa do demandado ou indireta sobre seus bens, caso ele resolva não obedecer imediatamente à ordem contida na sentença. Inclusive pode existir a cumulação das ameaças, diretas e indiretas, com a finalidade de dar maior eficácia ao cumprimento da ordem."[73]

Sobre as formas de efetivação das determinações de obrigação de fazer, a multa ocupa um cargo de relevante função. Aliás, "**As *astreintes*** têm como escopo vencer a obstinação do devedor ao cumprimento da obrigação e incide a partir da ciência do obrigado e da sua recalcitrância. O julgamento ultra petita não se verifica quando o juízo fixa a multa diária cominatória (*astreinte*) em valor superior ao postulado pela parte na petição inicial, máxime porquanto poderia fixá-la até mesmo *ex officio*, independente de requerimento, consoante expressamente previsto no Código de Ritos."[74]

"É desnecessário o trânsito em julgado da sentença para que seja executada a multa por descumprimento fixada em antecipação de tutela."[75].

Sendo que "é cabível, mesmo contra a Fazenda Pública, a cominação de multa diária (*astreintes*) como meio executivo para cumprimento de obrigação de fazer (fungível ou infungível) ou entregar coisa."[76]

73 RIBEIRO, Darci Guimarães. *Da tutela jurisdicional às formas de tutela.* Porto Alegre: Livraria do Advogado, 2010, p. 89/90.

74 STJ, REsp nº 780567.

75 STJ, Ag. REsp nº 50816.

76 STJ, REsp nº 893041.

Mas, "A prévia intimação pessoal do devedor constitui condição necessária para a cobrança de multa pelo descumprimento de obrigação de fazer ou não fazer."[77]

Além da multa, que é medida executiva cominatória e coercitiva, temos as medidas executivas sub-rogatórias (art. 461, § 5º - artigo 536 do NCPC) como, por exemplo, o bloqueio de verbas públicas. "O entendimento jurisprudencial sedimentado no âmbito do Superior Tribunal de Justiça é no sentido de ser legítimo o bloqueio de verbas públicas para o fim de garantir o fornecimento de medicamento à pessoa que dele necessite, quando houver o risco de grave comprometimento da saúde do demandante."[78]

Interessante trazermos outras medidas executivas do **Direito Internacional.**

"No direito inglês, a partir do século XIV, se desenvolve ao lado da *commom Law,* uma jurisdição de exceção chamada *equity.* O *equitable remedy* utilizado pela *equity* para tornar efetiva a realização *in natura* de uma obrigação pessoal ou não fungível se denomina *injuncion,* podendo-se definir, de acordo com Bean, como *an order of a court requiring u party either to do a specific act or acts (a 'mandatory' or positive injunction) or to refrain from doing a specif act or acts (a 'prohibitory' or negative injuction).* Esta ordem do juiz, de caráter discricionário, pode ter um conteúdo positivo, mandando a realização de um determinado ato *(mandatory or positive injunction),* ou negativo, quando ordena a abstenção de um determinado ato *(prohibitory or negative injuction).* A mais comum das duas é a *prohibitory injuction.* A *injuction* se divide basicamente em *perpetual injuction* (também denominada *permanent ou final injuction)* e *preliminary injuction* (também conhecida como *interlocutory* ou *interim* ou inclusive *provisional injuction).*

Concedida a *injuction,* a parte é obrigada a cumprir a ordem, sob pena, em caso contrário, de incorrer em um *Contempt of Court,* que pode definir-se, segundo Dangel, como *a disregard of, or desobedience to, the rules or orders of a legislative or judicial body, or an interruption of its proceeding by disorderly bahavior or insolent language, in its presence or so near thereto as to disturb the proceedings or to impair the respect due to such a body.* Assim, o *Contempt of Court* constitui um ato de desprezo pelo tribunal ou de desobediência a uma ordem judicial, que por interferir *with the administration of justice, it is punishable, usually by fine or imprisonment.* Não obstante, devemos recordar que no sistema da *common law* igualmente não existe uma prisão por dívidas, *constitucíonalmente prohibida en los distintos Estados de Ia Unión.* Deste modo, o devedor poderá ser encarcerado, não por não cumprir a obrigação, como no direito alemão, mas por haver desobedecido à ordem do tribunal."[79]

77 STJ, Súmula 410.

78 STJ, RMS 35021.

79 RIBEIRO, Darci Guimarães. *Da tutela jurisdicional às formas de tutela.* Porto Alegre: Livraria do Advogado, 2010, p. 197.

"**Na Itália**, o sentimento constitucional fez com que alguns juristas reagissem contra a inadequação dos instrumentos executórios tradicionais, nascidos, como é sabido, de uma sentença condenatória dirigida principalmente para a promoção da execução patrimonial. A insuficiência destes mecanismos processuais para atender satisfatoriamente a crescente demanda destas novas categorias de interesses, como por exemplo, os do art. 18 do *Statuto dei Lavoratori* impulsionaram alguns juristas a sustentar, já na década dos anos 60 e 70, a utilização da prisão como meio de coação para que o devedor cumprisse a sentença de condenação de obrigações não suscetíveis de execução forçosa.

Parte da doutrina italiana insatisfeita com a ineficiência dos métodos tradicionais da execução forçada para realizar eficazmente as obrigações *in natura*, passou a sustentar, já nas décadas de 60 e 70, a possibilidade da utilização do meio de coação direta sobre a liberdade do devedor a fim de compeli-lo a realizar voluntariamente a obrigação específica. Entre estes autores podemos destacar as opiniões de Molari, Proto Pisani e Frignani.

Molari parte da ideia segundo a *qual I incriminazione penale, in quanto 'extrema ratio', rappresenta il mezzo più adeguato per la protezione di interessi non altrimenti suscetibili di tutela giuridica, e che, di conseguenza, la protezione disposta dall'art. 388 trova la sua più valida ragione d'essere specialmente in relazione ai diritti per i quali – non essendo pensabile un'esecuzione forzata, e non essendo d'altro canto prevista alla stregua del nostro diritto positivo la possibilità di irrogare misure coercitive – altro mezzo di protezione non rimane se non la sanzione penale.* Para ele, *l'intuizione già suggerisce come la validità della teorica relativa ad uma incriminazione penale della disobbedienza attuata con le modalità della simulazione o della frode sia tuttavia condizionata dalla possibilità di far convergere le prime sulla seconda, di modo che l'inottemperanza all'ingiunzione di eseguire la sentenza prevista nell'art. 388 rimanga pur sempre il fulcro della fattispecie.* Daí que para o autor, *la fattispecie contenuta nella prima parte dell'art. 388 c. p. sarebbe posta a tutela dell'autorità della sentenza: intendendo tale termine tuttavia non già come possibilitá di attuazione coatta del provvedimento per il tramite del processo esecutivo, ma come sinonimo di imperatività dello stesso.*

A teoria desenvolvida por Proto Pisani na reconstrução da tutela condenatória, parte da constatação de que em muitos casos, como por exemplo, quando a sentença de condenação tem por objeto o cumprimento de obrigações não suscetíveis de execução forçada, ou quando existe a necessidade de uma tutela inibitória, a sentença condenatória é um remédio insuficiente para resolver de forma eficaz e adequada os interesses dos titulares. Por isso, propõe o autor, que *L'art.24 comma 1° della costituzione, se interpretato alla luce del principio secondo cui il processo debe dare per quanto è possibile praticamente a chi ha ragione tutto quello e proprio quello ch'egli ha diritto di conseguire.* Mais adiante, o professor florentino conclui seu estudo afirmando que: *attraverso la tecnica della incriminazione penale 'diretta' di una determinada condotta l'ordenamento può realizzare quella stessa tutela preventiva di determinate situazioni di vantaggio che si può realizzare attraverso l'intermediazione di un provvedimento civile di condanna la cui attuazione sia sanzionata penalmente attraverso il ricorso alla tecnica delle misure coercitive di cui all'art. 388 c.p. (ed eventualmente all'art. 650 CP).*"[80]

"O direito processual **alemão**, diante da tutela específica, desenvolveu um sistema próprio, contido nos §§ 888 e 890 da ZPO.

Enquanto a coerção contida no § 888 se refere às obrigações de fazer positivas e não fungíveis, a coerção do § 890 se refere às obrigações de fazer negativas. O descumprimento por parte do devedor de uma obrigação de fazer ou de não fazer contida em uma sentença de condenação dá lugar geralmente à aplicação do §890 e, de forma excepcional, ao § 888. Deste modo, se faz evidente a configuração de um sistema misto, já que existe pelo geral a aplicação de uma pena pecuniária *(Zwangsstrafe)* e excepcionalmente a aplicação de uma pena restritiva de liberdade *(Zwangshoft)* por descumprimento da obrigação. O caráter excepcional se justifica em virtude da gravidade da coerção, que pode inclusive alcançar a liberdade do devedor, pelo que, como indica Chiarloni, *possiamo supporre che i giudici tedeschi abbiano fatto e facciano un uso moderato dei potere loro concesso di limitare la liberta personale del debitore.*"[81]

No Brasil, é dever do Estado-Juiz prestar uma tutela satisfativa, especialmente quando for urgente e relativa aos direitos fundamentais. Exatamente por isso, temos defendido que é obrigatória a designação de audiência preliminar de justificação (art. 300, § 2º, do NCPC), nas hipóteses de pedido liminar de qualquer tutela de urgência na defesa de direitos fundamentais, quando o juiz entender por insuficientes as provas documentais apresentadas e a prova oral apresenta-se útil e adequada à apreciação da medida urgente pleiteada.

A tese em tela tem por objetivo assegurar uma tutela jurisdicional adequada, efetiva e célere nas hipóteses de necessária proteção dos direitos fundamentais, mormente quando o decurso do tempo puder agravar os efeitos dessa concreta violação, e as provas documentais contidas nos autos forem insuficientes à demonstração dos pressupostos necessários à concessão das tutelas urgentes

80 RIBEIRO, Darci Guimarães. *Da tutela jurisdicional às formas de tutela.* Porto Alegre: Livraria do Advogado, 2010, p. 200.

81 RIBEIRO, Darci Guimarães. *Da tutela jurisdicional às formas de tutela.* Porto Alegre: Livraria do Advogado, 2010, p. 204.

(tutela antecipada ou tutela cautelar), hipótese em que o juiz, antes de indeferir o pedido, deve designar audiência de justificação, para que a parte demandante, com ou sem a presença da parte contrária, a partir de provas orais, possa justificar a necessidade desse provimento jurisdicional liminar.

Em outras palavras, nas hipóteses de potencial violação aos direitos fundamentais, como ao direito à vida, à saúde, à liberdade, deve o juiz, antes de indeferir o pedido de tutela de urgência por insuficiência probatória, permitir que o requerente, a partir de provas orais, demonstre o alegado, como garantia de um provimento jurisdicional adequado, pertinente, efetivo e célere, ou seja, como garantia de efetivo acesso à Justiça.

Para ilustrar a questão, narramos o atendimento a uma assistida que teve seu plano de saúde extinto por inadimplemento de uma das parcelas mensais, sendo tal consumidora pessoa idosa e doente (mal de *Alzheimer*), que deixara de efetuar o pagamento por simples esquecimento (caso fortuito), fato comum em pacientes desse tipo, mas que necessitava, com urgência, de assistência médica intensiva e constante. Diante desse contexto, propusemos ação judicial para a manutenção do contrato, com fundamento na escusabilidade da mora, e pedimos, em tutela antecipada, a obrigação de prestar assistência médica contra a empresa operadora do plano de saúde. O juiz, por sua vez, sob alegação de falta de provas em relação à ocorrência do caso fortuito (esquecimento em razão dos sintomas causados pelo mal de *Alzheimer*), simplesmente indeferiu o pedido liminar, sem, contudo, buscar outros elementos para sua convicção.

Ora, o caso traz em seu bojo o direito à vida e à saúde e merece uma atenção especial. Se a falta de provas documentais levaria ao indeferimento da tutela urgente, de rigor, como medida de efetivo acesso à Justiça (ou à ordem jurídica justa e efetiva), a busca por outras provas, no caso, provas orais, a partir de audiência específica a ser designada, intimando-se ou não a parte contrária.

Em suma, a proposta em questão sugere que o Defensor Público, diante de violações aos direitos fundamentais, busque a tutela mais adequada e célere, com o esgotamento dos meios de prova, ainda que em fase de cognição sumária.

Pois bem. Em tese, a audiência de justificação foi concebida para a produção de provas orais, em fase liminar, nos processos cautelares, para a comprovação do *fumus boni iuris* e do *periculum in mora*, conforme dispõe o artigo 804 do CPC – corresponde ao artigo 300, § 2º, do NCPC, mas agora com aplicação para toda e qualquer ação -: "É lícito ao juiz conceder liminarmente ou após justificação prévia a medida cautelar, sem ouvir o réu, quando verificar que este, sendo citado, poderá torná-la ineficaz (...)".

Porém, em busca de uma tutela efetiva, propomos a possibilidade/necessidade dessa audiência preliminar em toda e qualquer hipótese de tutela de urgência, seja ela de natureza cautelar (art. 796 e seguintes do CPC – art. 305 do NCPC), seja de natureza de tutela antecipada (art. 273 CPC – art. 303 do NCPC), para a complementação probatória acerca dos pressupostos indispensáveis à sua concessão.

E nessa busca pelo ideal de efetivo acesso à Justiça, nos apoiamos em princípios estruturantes do moderno direito processual: o princípio da primazia da proteção aos direitos fundamentais, o ativismo judicial, princípio da colaboração no processo, princípio da flexibilidade procedimental, princípio da adequação, dentre outros.

No Brasil, o constituinte originário enunciou, já no preâmbulo da CF/88, como elemento formal de aplicabilidade a instituição de um Estado Democrático de Direito destinado a assegurar o exercício dos direitos sociais e individuais, a liberdade, o bem-estar, o desenvolvimento, a igualdade e a justiça. Essa opção em adotar o princípio democrático é reafirmada no artigo 1º do texto constitucional, que o estabelece como fundamento do Estado brasileiro.

O emprego do termo "democracia", já dissemos, como qualificativo de "Estado" possibilita a irradiação dos seus efeitos sobre todos os componentes constitutivos do Estado, inclusive sobre a ordem jurídica estabelecida, que a recebe como componente de transformação do *status quo*. Por ser impossível afirmar o princípio democrático sem permitir que o Direito, por ele imantado, se enriqueça do sentir popular e se ajuste ao interesse coletivo, a CF/88 abre perspectivas para a sua concretização em um Estado de Direito com função prospectiva de modificação social por meio do império da lei comprometida com o ideal de Justiça.

Por oportuno, faz-se imperioso para o presente estudo apontar os contornos principais do Estado Brasileiro que, por suas peculiaridades, revela um Estado Constitucional de Direito *sui generis*. Dentre as notas distintivas que podem ser apresentadas, encontramos os fundamentos deste Estado, que são elencados no artigo 1° da CF/88, a saber: a soberania (inciso I), a cidadania (inciso II), a dignidade da pessoa humana (inciso III), os valores sociais do trabalho e da livre iniciativa (inciso IV) e o pluralismo político (inciso V). Pela leitura dos dispositivos retro, é possível traçar o ponto central de nossa democracia: o respeito à pessoa humana em sentido universal, considerando o homem como o "valor fonte" de todos os valores. Dessa estrutura constitucional decorre a necessidade de proteção dos direitos fundamentais.

Ocorre, porém, que a proteção desses direitos não prescinde de uma tutela jurisdicional acessível, justa, célere e efetiva, cujos contornos são traçados pela própria Constituição Federal. Cândido Rangel Dinamarco, dimensionando o processo na ordem constitucional, afirma que "a tutela constitucional do processo tem o significado e escopo de assegurar a conformação dos institutos do direito processual e o seu funcionamento aos princípios que descendem da própria ordem constitucional."[82]

Nesse sentido, importante citar a contribuição de Nelson Nery Júnior no desenvolvimento dos princípios constitucionais processuais, que poderiam ser assim enumerados: devido processo legal (CF, art. 5º, LIV); isonomia (CF, art. 5º, caput); inafastabilidade do controle jurisdicional (direito de ação) (CF, art. 5º, XXXV); contraditório (CF, art. 5º, LV); proibição de prova ilícita (art. 5º, XII); publicidade dos atos processuais (CF, art. 5º, IX e 93, IX); duplo grau de jurisdição; e motivação das decisões judiciais (CF, art. 93, IX).[83]

É certo que, até mesmo por uma questão terminológica, os princípios estão atrelados à ideia de "início", "fonte", "base" ou "estrutura fundante". Há uma proximidade entre o conceito de princípio e a ideia de Direito: princípios possuem um caráter de fundamentalidade, são fontes primeiras do Direito, externam uma natureza normogenética, na medida em que estão na base ou constituem a *ratio* das regras jurídicas. Pode-se ainda afirmar, que os princípios possuem um caráter de primariedade (porque precedem materialmente às demais normas), originalidade e superioridade. Em uma acepção sistêmica do Direito, pode-se dizer que os princípios "conformam o sistema (...) bases axiológicas estruturantes, positivadas ou não, que delimitam e dotam de racionalidade sistêmica determinado ordenamento jurídico."[84]

Aliás, novos princípios processuais são concebidos nessa busca pela efetiva tutela jurisdicional, quais sejam: o princípio do ativismo judicial, a princípio da adequação e o princípio da efetividade.

Sobre o primeiro, **Cândido Rangel Dinamarco** afirma, em uma de suas obras dedicadas ao estudo das Instituições de Direito Processual Civil, que o "juiz mudo tem também algo de Pilatos e, por temor ou vaidade, afasta-se do compromisso de fazer justiça."[85]

José Roberto Bedaque aponta como precursor doutrinário do embate ao imobilismo judicial Alexandre Gusmão. Já em 1922, o jurista invocava estudos das legislações alemã, austríaca e húngara para defender a possibilidade do juiz ordenar, de ofício, qualquer diligência necessária à apuração dos fatos, sempre que disso dependesse a resolução do processo. Estas ideias foram incorporadas na Exposição de Motivos do Código de Processo Civil de 1939, que afirmou caber ao juiz a direção do processo, podendo, inclusive, intervir no processo de

82 *A instrumentalidade do Processo.* 13ª ed. São Paulo: Malheiros, 2008. p. 25 e seguintes.

83 *Princípios do processo civil na Constituição Federal*, 7ª.ed. Revista dos Tribunais.

84 ROTHENBURG, Walter Claudius. *Princípios Constitucionais.* 2. ed. Porto Alegre: Sérgio Antônio Fabris, 2003.

85 DINAMARCO, Cândido Rangel. *Instituições de Direito Processual Civil.* Volume 1. p.224-225.

maneira que este atinja, pelos meios adequados, o objetivo de investigação dos fatos e descoberta da verdade.[86]

Quanto **ao princípio da adequação**, processo e procedimento devem então ser adequados a amparar os interesses judicializados, sob pena de ter esvaída a sua finalidade. Sobre esse princípio, lembramos estudo realizado por Fredie Didier Júnior, que o divide em dois subprincípios: o da adaptação e o da adaptabilidade.[87] O subprincípio da adaptação se refere à atividade do legislador ao prever procedimentos e ritos diversos para os variados tipos de direitos a serem tutelados. Nesse sentido, identificamos na previsão das tutelas de urgência, cuja cognição sumária atende à necessária urgência do caso concreto. Já o subprincípio da adaptabilidade destina-se ao operador e construtor do direito, vislumbrando hipótese para que ele molde e lapide o rito legal à hipótese concreta, atendendo, assim, às peculiaridades do interesse a ser tutelado e, com isso, garantindo a máxima efetividade da tutela pretendida.

Sobre essa necessária adequação, como decorrência do próprio acesso à Justiça, o Novo Código de Processo Civil promoveu verdadeira reformulação da teoria das tutelas jurisdicionais.

As tutelas, a partir de doutrina capitaneada por Luiz Guilherme Marinoni, são divididas por dois critérios, quais sejam, o critério do objeto e o critério do tempo. Quanto ao primeiro aspecto, as tutelas são específicas (inibitórias, de remoção do ilícito, ou reintegratórias) ou genéricas (ressarcitórias). No tocante ao tempo, as tutelas são ou definitivas (finais ou em julgamento antecipado), ou cautelares, ou então antecipadas.

Podemos dizer que o NCPC adota essa teoria das tutelas jurisdicionais quando regulamenta a sentença judicial nas obrigações de fazer, não fazer, e dar, sendo que deixa expresso o princípio da primazia da tutela específica sobre a tutela genérica, ressarcitória: "na ação que tenha por objeto a prestação de fazer ou de não fazer, o juiz, se procedente o pedido, concederá a tutela específica ou determinará providências que assegurem a obtenção de tutela pelo resultado prático equivalente. Parágrafo único. Para a concessão da tutela específica destinada a inibir a prática, a reiteração ou a continuação de um ilícito, ou a sua remoção, é irrelevante a demonstração da ocorrência de dano ou da existência de culpa ou dolo" (artigo 497, NCPC).

E, "a obrigação somente será convertida em perdas e danos se o autor o requerer ou se impossível a tutela específica ou a obtenção de tutela pelo resultado prático equivalente" (artigo 499, NCPC).

---

86 *Poderes instrutórios do Juiz.* 4ª ed. São Paulo: Revista dos Tribunais, 2009. p.73.

87 DIDIER JÚNIOR, Fredie. *Curso de direito processual civil.* Vol. 01. 11ª ed. Salvador: *Juspodivm,* 2009, p. 40.

Sobre essa variabilidade da tutela, o Superior Tribunal de Justiça já decidiu que: "a possibilidade de concessão da tutela inibitória, para impedir a violação aos direitos autorais de seus titulares, (art. 105 da Lei 9.610/98), está prevista de forma ampla na norma, não havendo distinção entre os direitos morais e patrimoniais de autor. Não se deve confundir a pretensão de recebimento dos valores devidos, a ser obtida por meio da tutela condenatória e executiva, com a pretensão inibitória, que visa cessar ou impedir novas violações aos direitos autorais. Ao mesmo tempo, há que se frisar que uma não exclui a outra. Admitir que a execução das obras possa continuar normalmente, mesmo sem o recolhimento dos valores devidos ao ECAD – porque essa cobrança será objeto de tutela jurisdicional própria –, seria o mesmo que permitir a violação aos direitos patrimoniais de autor, relativizando a norma que prevê que o pagamento dos respectivos valores deve ser prévio (art. 68, caput e §4º da Lei 9.610/98)" (REsp 1190841/SC).

Também, sobre as tutelas jurisdicionais, devemos adiantar que a efetivação ou o cumprimento das tutelas específicas (em regra, nas obrigações de fazer, não fazer e entregar coisa) dispensa requerimento, ao passo que o cumprimento da tutela genérica (obrigação de pagar quantia) requer pedido expresso. Isso fica evidente no parágrafo primeiro do artigo 513, logo quando o NCPC começa a tratar das formas de execução (lato sensu) das decisões: "o cumprimento da sentença que reconhece o dever de pagar quantia, provisório ou definitivo, far-se-á a requerimento do exequente".

Ainda sobre a teoria das ações, com o novo Código de Processo Civil (NCPC), as ações cautelares foram suprimidas pela onda sincretista, iniciada em 2005 (Lei n. 11.232), que manteve a tutela cautelar dentro da ação de conhecimento, a título de tutela provisória de urgência cautelar (antecedente ou incidente).

Doutra banda, a tradicional tutela antecipada foi organizada como ou tutela provisória da evidência, ou tutela provisória de urgência antecipada (antecedente ou incidente).

Sob o prisma desse sincretismo, podemos dizer que, com o NCPC, um mesmo processo acolhe várias ações; que uma ação pode contemplar variadas tutelas; e que uma só tutela pode conter mais de um pedido. Portanto, especialmente com o novo Código, esse ambiente de conteúdo e continente ficou ainda mais forte e evidente.

Com o NCPC, podemos afirmar que adotamos a seguinte classificação das tutelas jurisdicionais:

1) quanto ao grau de cognição:

a) tutela definitiva;

b) tutela provisória.

2) quanto à natureza da decisão, a tutela provisória pode ser:

a) tutela de urgência;

b) tutela da evidência.

3) quanto à satisfação do titular do direito, a tutela provisória de urgência pode ser:

a) tutela antecipada;

b) tutela cautelar.

4) quanto ao momento da decisão, a tutela de urgência pode ser:

a) antecedente;

b) incidental.

A tutela divide-se em definitiva e provisória pelo grau, pela profundidade da cognição. Na tutela definitiva, temos a maior exaustão probatória possível e desejável. Na tutela provisória, o juiz julga com a análise do material sumariamente produzido, ou porque existe o risco da demora (tutela provisória de urgência), ou porque os elementos já são suficientes, diante das circunstâncias, para se obter uma conclusão relativamente segura sobre a pretensão levada ao juízo.

De fato, sobre a classificação acima exposta, o artigo 294 do Novo CPC, que inaugura o Título I (Disposições Gerais) do Livro V (Tutela Provisória), é claro e até didático. Diz que "a tutela provisória pode fundamentar-se em urgência ou evidência", e que "a tutela provisória de urgência, cautelar ou antecipada, pode ser concedida em caráter antecedente ou incidental".

Enfim, trata-se de sensível reformulação das tutelas pela nova Lei nº 13.105/15, com inovações também quanto aos procedimentos (artigos 303 a 311 do NCPC).

Aliás, vale retornar, exatamente naquele segundo sentido (da adaptabilidade), encontramos o fenômeno da flexibilização procedimental, e como exemplo, defendemos a possibilidade/necessidade de realização de audiência de justificação quando da apreciação dos pressupostos da tutela liminar, para a adequada complementação probatória, mormente quando envolver a proteção aos direitos fundamentais:

"O caminho mais seguro é a simplificação do procedimento, com a flexibilização das exigências formais, a fim de que possam ser adequadas aos fins pretendidos ou até ignoradas, quando não se revelarem imprescindíveis em determinadas situações. O sistema jurídico não pode ser concebido como uma camisa de força, retirando do juiz a possibilidade de adoção de soluções compatíveis com as especificidades de cada processo."[88]

No tocante à efetividade, notamos que seu conceito traz em seu bojo a concretização de algo. Este "algo", em processo civil, é a própria tutela jurisdicional do direito material questionado. Para **Luiz Guilherme Marinoni**: "a tutela jurisdicional, quando pensada na perspectiva do direito material, e dessa forma como tutela jurisdicional dos direitos, exige a resposta a respeito do resultado que é proporcionado pelo processo no plano de direito material. A tutela jurisdicional do direito pode ser vista como a proteção da norma que o institui. Trata-se da atuação concreta da norma por meio da efetivação da utilidade inerente ao direito material nela consagrado. Como direito à efetividade da tutela jurisdicional deve atender ao direito material, é natural concluir que o direito à efetividade engloba o direito à pré-ordenação de técnicas processuais capazes de dar respostas adequadas às necessidades que dele decorrem."[89]

Aliás, pondera **José Carlos Barbosa Moreira** sobre a efetividade do processo: "Qualquer instrumento será bom na medida em que sirva de modo prestimoso à consecução dos fins da obra a que se ordena: em outras palavras, na medida em que seja efetivo. Vale dizer: será efetivo o processo que constitua instrumento eficiente de realização do direito material."[90]

Portanto, a tutela jurisdicional dos direitos fundamentais exige do Juiz um ativismo responsável e dos postulantes, incluindo o Defensor Público, uma postura ostensiva e criativa.

O Código de Processo Civil de 1973, ainda influenciado pelo ideal liberal-individualista de proteção ao patrimônio, prevê tal audiência na apreciação da liminar nas ações possessórias: "Se a petição inicial não traz provas suficientes para justificar a expedição de mandado liminar de posse, deve o juiz cumprir o que dispõe a segunda parte do art. 928 do CPC e determinar a realização de audiência de justificação prévia com o fim de permitir ao autor a oportunidade de comprovar suas alegações."[91]

Ocorre que a Constituição Federal estabelece novo plano axiológico, menos vinculado à propriedade e mais focado na dignidade da pessoa humana. Portanto, a tese da obrigatoriedade da audiência de justificação, nos proces-

88 BEDAQUE, José Roberto dos Santos. *Efetividade do Processo e Técnica Processual.* 2 ed. São Paulo: Malheiros, 2007. p. 51.

89 MARINONI, Luiz Guilherme. *Técnica processual e tutela dos diretos.* 2 ed. São Paulo: Revista dos Tribunais, 2008. P.114 e 115.

90 MOREIRA, José Carlos B. *Por um processo socialmente efetivo. In* Revista Síntese de Direito Civil e Processual Civil. Porto Alegre: Síntese, 2001, nº 11, p. 5.

91 STJ, REsp 900534/RS.

sos que veiculam a proteção de direitos fundamentais, para a complementação probatória, atende exatamente aos ditames dessa tutela mais efetiva, justa, célere e adequada do ser humano.

ATENÇÃO Com essa construção, **o Defensor Público, que diariamente atende a casos de violação ou ameaça a direitos fundamentais, deverá, em hipóteses de urgência, pleitear a concessão de tutelas emergências em cognição sumária**, mas não precária.

Em outros termos, **deve o Defensor Público buscar a completude probatória de elementos suficientes à apreciação das tutelas de urgência**, sendo imprescindível à colheita de provas orais, desde que úteis, antes do juiz pronunciar eventual indeferimento dessa medida por simples falta de provas quanto aos seus pressupostos.

Em outras palavras, deve o Defensor Público pleitear a concessão da tutela antecipada em ações de conhecimento ou da medida liminar em ações cautelares e, subsidiariamente, caso houver necessidade, diante da urgência do caso concreto, pleitear a designação de audiência preliminar de justificação para a colheita de provas orais para, somente após esse ato, apreciar o pedido da tutela de urgência.

Caso o juiz indefira, de imediato, a tutela pretendida, deve-se utilizar do agravo de instrumento para a reforma desse pronunciamento e concessão da tutela urgente ou, subsidiariamente, requerer a anulação dessa decisão inicial, por cerceamento de defesa e violação do direito de ação, para determinar a realização da audiência preliminar de justificação.

Por fim, vale dizer que, no NCPC, a ideia de efetividade está muito atrelada ao princípio da cooperação. Aliás, em relação ao magistrado, a cooperação exige certo ativismo em favor do processo e de sua sadia sobrevivência e efetividade. Não por acaso, o NCPC estabelece que "o juiz dirigirá o processo conforme as disposições deste Código, incumbindo-lhe", dentre outros deveres, "velar pela duração razoável do processo" (II); "prevenir ou reprimir qualquer ato contrário à dignidade da justiça e indeferir postulações meramente protelatórias" (III); "determinar todas as medidas indutivas, coercitivas, mandamentais ou sub-rogatórias necessárias para assegurar o cumprimento de ordem judicial, inclusive nas ações que tenham por objeto prestação pecuniária" (IV); "promover, a qualquer tempo, a autocomposição, preferencialmente com auxílio de conciliadores e mediadores judiciais (V)"; e "dilatar os prazos processuais e alterar a ordem de produção dos meios de prova, adequando-os às necessidades do conflito de modo a conferir maior efetividade à tutela do direito" (VI).

Mas, esse valor processual não ficou restrito à previsão geral e abstrata dos dispositivos acima, mas repercutiu por todo texto legal. Começamos pelo novo capítulo da "cooperação nacional", a partir do artigo 67, quando o legislador impõe o dever de recíproca cooperação entre os órgãos do Poder Judiciário no Brasil, o que será executado com a mínima burocratização (artigo 69).

Ademais, o NCPC autoriza, de forma inovadora, a substituição do polo passivo sem comprometer a relação processual já instaurada, a partir da alegação do réu e o reconhecimento do autor: "Alegando o réu, na contestação, ser parte ilegítima ou não ser o responsável pelo prejuízo invocado, o juiz facultará ao autor, em 15 (quinze) dias, a alteração da petição inicial para substituição do réu" (artigo 338).

Mas, um artigo que merece ser enaltecido e festejado é o que institui o saneamento cooperativo do processo, em contexto de oralidade inclusive. De fato, se não ocorrer o "julgamento conforme o estado do processo" (artigos 354 e seguintes), passa-se ao saneamento, antes do início da instrução, conforme o artigo 357.

Então, o seu parágrafo terceiro trouxe uma revolução democrática à relação processual civil no Brasil: "Se a causa apresentar complexidade em matéria de fato ou de direito, deverá o juiz designar audiência para que o saneamento seja feito em cooperação com as partes, oportunidade em que o juiz, se for o caso, convidará as partes a integrar ou esclarecer suas alegações". Ou seja, todos aqueles que compõem a relação participarão da definição do seu destino, do seu trajeto, o que exige ética e humildade de todos esses "cooperados" (juiz, partes e terceiros).

Foi nesse ambiente que o NCPC instituiu os sistemas da distribuição dinâmica e flexível do ônus da prova e da distribuição negocial desse encargo pelas próprias partes. De fato, o artigo 373, após dividir o ônus entre autor e réu, prevê que "nos casos previstos em lei ou diante de peculiaridades da causa relacionadas à impossibilidade ou à excessiva dificuldade de cumprir o encargo nos termos do caput ou à maior facilidade de obtenção da prova do fato contrário, poderá o juiz atribuir o ônus da prova de modo diverso, desde que o faça por decisão fundamentada, caso em que deverá dar à parte a oportunidade de se desincumbir do ônus que lhe foi atribuído" (parágrafo primeiro), sendo que isso "não pode gerar situação em que a desincumbência do encargo pela parte seja impossível ou excessivamente difícil" (parágrafo segundo).

Ademais, "a distribuição diversa do ônus da prova também pode ocorrer por convenção das partes, salvo quando ou recair sobre direito indisponível da parte" (I) ou, então, "tornar excessivamente difícil a uma parte o exercício do direito" (II) – parágrafo terceiro. Aliás, tal convenção "pode ser celebrada antes ou durante o processo" (parágrafo quarto).

Esse sistema traz à lume duas importantes conclusões: primeiro, a lei visa a imputar, à parte, o ônus daquelas provas que estão ao seu alcance, mitigando ou limitando a clássica técnica do julgamento a partir das provas não produzidas pelas partes, o que enaltece o princípio da "verdade real", em evidente censura à "verdade formal" que, é fato, sempre reinou no processo civil clássico e individualista.

Aliás, é com tal olhar que os artigos 378 e 379 do NCPC devem ser interpretados, pois tocam exatamente na questão da cooperação instrutória: "ninguém se exime do dever de colaborar com o Poder Judiciário para o descobrimento da verdade"; e "preservado o direito de não produzir prova contra si própria, incumbe à parte: I - comparecer em juízo, respondendo ao que lhe for interrogado; II - colaborar com o juízo na realização de inspeção judicial que for considerada necessária; III - praticar o ato que lhe for determinado."

Segundo, atribui flexibilidade ao processo e às suas provas, o que fraqueia ao juiz dosar e calibrar o ônus segundo as possibilidades e potencialidades das partes, o que está longe de ser mera faculdade, mas um dever de promover a isonomia material entre os litigantes, ou melhor, entre os "cooperados", aliás, na linha do artigo 139, inciso I.

Também nessa linha participativa, no setor da instrução, o NCPC diz que "cabe ao advogado da parte informar ou intimar a testemunha por ele arrolada do dia, da hora e do local da audiência designada, dispensando-se a intimação do juízo" (artigo 455, caput), o que, por óbvio, não se aplica à Defensoria Pública e ao Ministério Público (parágrafo quarto, inciso IV).

Nessa senda, ao regulamentar a execução "lato sensu", o NCPC contempla o princípio do menor ônus ao devedor, mas, de forma inédita, atribui-lhe o dever de indicar os meios menos gravosos. "Quando por vários meios o exequente puder promover a execução, o juiz mandará que se faça pelo modo menos gravoso para o executado. Ao executado que alegar ser a medida executiva mais gravosa incumbe indicar outros meios mais eficazes e menos onerosos, sob pena de manutenção dos atos executivos já determinados" (artigo 805).

7. A TUTELA DA POSSE, OS ABUSOS E A USUCAPIÃO

A posse é a dimensão espacial de uma pessoa ou grupo. Não é simples ocupação ou detenção. A posse de determinada área, acarreta a formação de laços pessoais, de uma microcultura, um desejo de permanência e desenvolvimento da pessoa, família ou grupo. É uma extensão da própria personalidade. **A posse é um investimento, não financeiro, mas pessoal do sujeito**. É onde ele deposita sua vida e história. Do conjunto de várias posses, nasce a comunidade, a cultura local, os hábitos. A felicidade de um povo tem uma identidade, um território.

Não raras vezes, o Poder Público Municipal não compreende esse viéz, mas trata a questão das ocupações sem a necessária sensibilidade e proximidade, mas é levado a beneficiar grandes imobiliárias e incorporações que agem e atacam por especulação.

Sobre esse tema, convidamos o leitor a cruzá-lo com outros não menos importantes como o direito à moradia, à cidade sustentável e à regularização fundiária.

Para isso, citaremos relevante trabalho do **Núcleo Especializado da Habitação e Urbanismo da DPESP** que, para não corremos o risco de perdermos sua essência, o citaremos sem interrupções. Aproveitamos para consignar nosso respeito e nossa admiração pelo quase sacerdócio cumprido com dedicação e esmero, nessa causa, pelos **Defensores Públicos paulistas Carlos Henrique A. Loureiro, Ana Carvalho Ferreira Bueno de Moraes e Douglas Tadashi Magami:**

Vejam os fatos e parte do direito.

"O Réu, exercendo indevidamente seu poder de autoexecutoriedade, interditou imóveis e iniciou operação de desocupação, por conta da situação de risco geológico, dos moradores da 'Comunidade da Favela do Nononono, situada na Avenida do Nonononmo, que constituem cerca de 140 famílias, sob a qual está demarcada uma Zona Especial de Interesse Social (ZEIS).

Ocorre, porém, por conta disto, violação a ordem urbanística, eis que os ocupantes da referida comunidade, todos de baixa renda, estão deixando de fruir dos benefícios das políticas de desenvolvimento habitacional dos Réus (art. 23, inc. IX da CF/88), eis que o Réu tem o dever de concretizar o direito à cidade, a fim de promover o bem estar de seus habitantes (art. 182 da CF/88).

Decerto ocorre violação a ordem urbanística, eis que os ocupantes do imóvel objeto da área de intervenção, todos de baixa renda, podem vir a deixar de fruir dados benefícios de uma cidade sustentável, pela aplicação dos instrumentos jurídicos da urbanização e regularização fundiária, ainda mais considerando-se o dever de promover a regularização fundiária e urbanística em áreas de ZEIS-1.

Com efeito, tais ocupantes exercem posse sobre o imóvel há mais de 10 anos, ininterruptamente e sem oposição, contando, eventualmente com a dos seus antecessores, em faixas de terreno não identificáveis, mas iguais, ou inferiores, de qualquer modo, a 250 metros quadrados, não sendo proprietários ou concessionários de qualquer outro imóvel urbano ou rural.

O Direito à moradia é um direito fundamental, reconhecido pela Constituição (art. 6º da CF/88) e por diversos Tratados de Direito Internacional dos quais o Brasil é signatário (Declaração Universal de Direitos Humanos, de 1948 – art. XXV, item 01; Pacto Internacional de Direitos Econômicos, Sociais e Culturais, de 1966 – art. 11); Convenção Internacional sobre a Eliminação de Todas as Formas de Discriminação Racial, de 1965 (art. V); Convenção Internacional sobre a Eliminação de Todas as Formas de Discriminação contra a Mulher, de 1979 – art. 14.2, item h; Convenção sobre os Direitos da Criança, de 1989 – art. 21, item 01; Declaração sobre Assentamentos Humanos de Vancouver, de 1976 – Seção III '8' e Capítulo II 'A.3'; Agenda 21 sobre Meio Ambiente e Desenvolvimento, de 1992 – Capítulo 7, item 6), e, como tal, têm dois aspectos: um negativo, que diz com a proibição de políticas públicas que dificultem ou impossibilitem o exercício do direito à moradia, e outro, positivo, que diz com a obrigação do Estado de criar políticas públicas tendentes a promover e proteger o direito à moradia.

Nesse sentido, o art. 6º da CF/88 define o direito fundamental à moradia como direito social, que resta relacionado ao dever do Estado de concretizarem à suas políticas públicas de habitação social, nos termos do art. 23, inc. IX e X da CF/88.

Em particular, o art. 182 da CF/88 trata de relacionar o direito à moradia com o direito à cidade sustentável, estabelecendo, como objetivos das políticas públicas do Poder Público Municipal, o pleno desenvolvimento das funções sociais da cidade, para garantia do bem-estar de seus habitantes.

Assim, cabe, dentro da programação de políticas públicas urbanas, a promoção e a proteção do direito à moradia, com a intervenção do Estado no domínio econômico para a garantia do acesso à propriedade imobiliária, seja através da regulamentação do seu uso, de modo a atender a sua função social, ou pela regulamentação do mercado fundiário, na disposição de sistemas de financiamento de habitação de interesse social ou na disposição de projetos de urbanização que passem pela promoção da regularização dos assentamentos informais.

Os assentamentos informais, de aparelhamento urbanístico precário, tem sido a alternativa de acesso a moradia dada a população de baixa renda, que se revela verdadeira compulsão, eis que se funda numa realidade de profunda exclusão social, que passa basicamente por uma aguda desigualdade na distribuição de renda, tudo de modo a perceber-se tal como ardiloso dispositivo de permanente indisposição com a condição digna da vida humana.

Daí que o art. 183 da CF/88 e a Lei 10.257/01 (Estatuto da Cidade), cuide de estabelecer os instrumentos jurídicos fundamentais da política urbana voltados a regularização fundiária, devem ser entendidos não só como ferramentas de uma reengenharia social vazia, mas plenamente preenchida de valores jurídicos fundamentais.

Impõe-se, então, a intervenção do Estado no domínio econômico, de modo a criar projetos de urbanização que passem pela regularização fundiária dos assentamentos informais, como forma de tentar solucionar o problema do direito à moradia, mais do que encaminhamento a uma questão de justiça social (art. 3º, incs., I e III da CF/88), é um resposta ao desafio de defender a dignidade humana como direito fundamental (art. 1º, inc. III da CF/88).

O Estatuto da Cidade, Lei Federal nº 10.257/01, reconhece um novo direito, a garantia do direito a cidades sustentáveis[92] para todos, entendido como o direito à terra urbana, à moradia, ao saneamento ambiental, à infraestrutura urbana, ao transporte e aos serviços públicos, ao trabalho e ao lazer, para as presentes e futuras gerações (art. 2°, I).

Para alcançar a realização deste, o Estatuto da Cidade cria instrumentos urbanísticos para facilitar o acesso popular à propriedade formal, apostando-se no planejamento como instrumento de intervenção estatal na propriedade, capaz de promover o desenvolvimento das cidades, da distribuição espacial da população e das atividades económicas do Município e do território sob sua área de influência, de modo a evitar e corrigir as distorções do crescimento urbano e seus efeitos negativos sobre o meio ambiente (art. 2°, IV).

A Constituição Federal de 1988, em seu artigo 174, considera que o Poder Público, como agente normativo e regulador da atividade económica, exercerá, na forma da lei, as funções de fiscalização, incentivo e planejamento; em seu Capítulo II, Da Política Urbana, concede ao Município a competência de estabelecer o Plano Diretor.

Apesar de ter a característica de um plano geral, o Plano Diretor - em razão do disposto no artigo 182, parágrafos 2° e 4° da Constituição Federal – transformou-se no instrumento obrigatório para o Município intervir, visando executar a política urbana, como meio de garantir que a propriedade urbana e a cidade tenham uma função social.

Cabe destacar que a implementação do Plano Diretor vigente é uma obrigação da Administração Pública. Suas determinações vinculam tanto os entes públicos como privados, tendo em vista a obrigatoriedade da propriedade urbana, pública ou privada, cumprir sua função social, que é definida no Plano Diretor Municipal. Vejamos, a Constituição Federal:

92 Cf. "1. A ação de conhecimento reconheceu a inexistência de relação jurídica tributária do IPTU, devido o descumprimento, por parte do Município, das disposições contidas no Estatuto da Cidade (Lei n. 10.257/2001). 2. O STJ entende que o efeito da coisa julgada tributária estende-se em relação aos lançamentos posteriores quando a decisão trata de relação de direito material, declarando a inexistência de relação jurídico-tributária. 3. Com efeito, se os exercícios posteriores a 2001 mantêm a ilegalidade constatada pela instância a quo, perpetrando cobrança do tributo pelo regime da tarifa progressiva, sem o cumprimento dos requisitos instituídos - descumprimento das disposições do Estatuto da Cidade (Lei Federal n. 10.257/01) -, fica configurada a violação da coisa julgada, estendendo seus efeitos à ação executiva, visto que não houve modificação nas circunstâncias de fato ou de direito ocorridas na relação jurídica estabelecida." (STJ, AgRg no AREsp 117494 / PR)

'Art. 182. A política de desenvolvimento urbano, executada pelo Poder Público municipal, conforme diretrizes gerais fixadas em lei, tem por objetivo ordenar o pleno desenvolvimento das funções sociais da cidade e garantir o bem-estar de seus habitantes. § 2 – A propriedade urbana cumpre sua função social quando atende às exigências fundamentais de ordenação da cidade expressas no plano diretor.

Importante esclarecer que apesar da regra estabelecida pelo artigo 174 da Constituição Federal não se aplicar ao planejamento urbano instituído pelo Plano Diretor municipal conforme nos ensina o ilustre Professor Carlos Ari Sundfeld:

'É fundamental observar que relativamente aos planos urbanísticos municipais são se aplica a previsão do artigo 174, caput, da Constituição Federal, segundo o qual o planejamento é meramente 'indicativo para o setor privado'. O plano diretor é totalmente 'determinante' para os proprietários privados, que a ele são obrigados a ajustar seus comportamentos, como diz expressamente o artigo 182, § 2.'

Não há dúvida, portanto, que em ambos os casos, seja do planejamento em geral seja do planejamento urbano instituído pelo Plano Diretor, as regras estabelecidas pelo planejamento são determinantes para o setor público e, portanto, devem orientar sua atuação.

Vemos assim que o Plano Diretor é incumbido da tarefa de estabelecer como normas imperativas aos agentes públicos e privados as metas e diretrizes da política urbana, os critérios para verificar se a propriedade atende sua função social, as normas condicionadoras do exercício desse direito, a fim de alcançar os objetivos da política urbana: garantir as condições dignas de vida urbana, o pleno desenvolvimento das funções sociais da cidade e o cumprimento da função social da propriedade.

No entanto, como ensina Márcio Camarosano, sabemos que 'o encarecimento do solo urbano, a ocupação descontrolada e degradadora do meio ambiente, a especulação imobiliária, o estoque de áreas que permanecem não utilizadas, subutilizadas ou utilizadas de forma inadequada, como se não existisse o princípio da função social da propriedade, é situação que se apresenta em descompasso com a ordem jurídica em vigor'.[93]

Com o intuito de enfrentar as situações que se apresentam em descompasso com a ordem jurídica vigente é fundamental que o Município, que tem a função constitucional de executar a política urbana em seu território lance mão

93 Fundamentos Constitucionais do Estatuto da Cidade, Estatuto da Cidade (Comentários à Lei federal 10.257/2001), coord. Adilson Dallari e Sérgio Ferraz, Malheiros, São Paulo, 2002, pg 26.

de ações concretas com a implementações de políticas públicas que garantam a efetividade do cumprimento das funções sociais da cidade e da propriedade urbana.

O fundamento jurídico das políticas públicas é a própria existência dos direitos sociais - aqueles, dentre o rol de direitos fundamentais do homem, que se concretizam por meio de prestações positivas do Estado. Enquanto os direitos individuais, ditos direitos fundamentais de primeira geração, consistem em liberdades, os direitos sociais, ditos de segunda geração, consistem em poderes, que, como ensina Norberto Bobbio, 'só podem ser realizados se for imposto a outros (incluídos aqui os órgãos públicos) um certo número de obrigações positivas.'[94]

Nesse sentido resta clara a necessidade para garantia do direito à moradia (artigo 6° da Constituição Federal) e do direito a cidades sustentáveis (artigo 2°, I, do Estatuto da Cidade) da municipalidade implementar políticas públicas que se concretizam por meio de prestações positivas do Estado.

Ainda quanto ao processo de planejamento a institucionalização constitucional do processo de planejamento este se converteu em um tema do Direito, passando de um instituto técnico a um instituto jurídico, sem perder suas características técnicas.

Assim, uma vez que o planejamento urbano, instituído por meio do Plano Diretor municipal, é determinante para o setor público, em especial para o Município, que tem o dever constitucional de executar a políticas urbanas, que deve enfrentar as situações em descompasso com a ordem jurídica vigente por meio da implementação de políticas públicas como prestações positivas do Estado, é possível afirmar sem qualquer dúvida que a municipalidade deve ser compelida a realizar a regularização fundiária de assentamentos definidos como Zonas Especiais de Interesse Social pelo Plano Diretor municipal como veremos adiante.

A Constituição Federal do Brasil, em seu artigo 182, estabelece que a política de desenvolvimento urbano deve ser executada pelo Poder Público municipal, conforme diretrizes gerais fixadas em lei.

As diretrizes gerais fixadas em lei à que a Constituição Federal se refere, são as preconizadas no artigo 2° do Estatuto da Cidade, Lei Federal n° 10.257/01, dentre as quais a regularização fundiária de áreas ocupadas por população de baixa renda mediante estabelecimento de normas especiais de urbanização, uso e ocupação do solo e edificação, consideradas a situação socioeconômica da população e as normas ambientais.

94 *A era dos direitos.* Rio de Janeiro. Campus, 1992. p. 21: Sobre os fundamentos dos direitos do homem, in: BUCCI, M. P. D.. Direito Administrativo e Políticas Públicas.

Conforme nos ensina o Ilustre Professor Carlos Ari Sundfeld 'a exigência de um ordenamento que conduza à regularização fundiária e urbanística das ocupações populares existentes introduz um condicionamento novo e transformador do nosso direito urbanístico. Até então a incompatibilidade entre as ocupações populares e a ordem urbanística ideal tinha como consequência a ilegalidade daquelas (sendo a superação deste estado um dever dos responsáveis pela irregularidade - isto é, os próprios ocupantes. Com o Estatuto a equação se inverte: a legislação deve servir não para impor um ideal idílico de urbanismo, mas para construir um urbanismo a partir dos dados da vida real. Desse modo, o descompasso entre a situação efetiva das ocupações populares e a regulação urbanística terá como consequência a ilegalidade desta última, e não ao contrário'.[95]

Segundo o ilustre professor o Estatuto da Cidade impede que após qualificar como ilegal certas situações, o Poder Público simplesmente as ignore, para ele 'com a legalização dos estados de fato, entra em pauta um novo tipo de dever estatal: o da atuação positiva para elevar a qualidade urbanística das situações existentes.'[96]

Após traçar esse histórico de relacionamento do direito urbanístico com os assentamentos informais o ilustre professor destaca que 'o Estatuto da Cidade constitui a primeira tentativa de resposta jurídica abrangente a esse impasse, por meio da instituição de um direito urbanístico popular. Ele resulta por um lado, a transferência dos grupos marginalizados para dentro do mundo jus-urbanístico (pela criação de novos instrumentos para o acesso à propriedade formal, bem como de medidas de regularização fundiária urbana e para a regularização fundiária das urbanizações clandestinas) e, por outro, a adequação da ordem urbanística à situação real da população, por meio de normas especiais de urbanização (ordem urbanística popular).'

A partir da brilhante análise do novo marco legal urbanístico instituído pela Constituição Federal de 1988 e pelo Estatuto da Cidade, Lei Federal n°

95 O Estatuto da Cidade e suas Diretrizes Gerais, Estatuto da Cidade (Comentários à Lei federal 10.257/2001), coord. Adilson Dallari e Sérgio Ferraz, Malheiros, São Paulo, 2002, p. 60.

96 "Para o ilustre jurista, 'urbanismo e Pobreza: suas relações oscilam entre o desprezo mútuo e o conflito. A impossibilidade de largas camadas da população terem acesso à propriedade vem sendo tratada como um problema apenas económico, sem solução específica no campo urbanístico - como se a "ordem urbanística " somente fosse possível na abundância. Por óbvio o mesmo urbanismo elitista que ignora a pobreza é ignorado por ela. O solo urbano passa a ser objeto de ações clandestinas (invasão de imóveis públicos e de espaços comuns, construções irregulares, ocupação de glebas não urbanizadas e de áreas protegidas) e de relações informais (transações de "posses ", instalação de serviços e equipamentos públicos em favelas etc). O resultado é a anemia do direito urbanístico, enredado na contradição entre cidade legal e cidade ilegal.' *O Estatuto da Cidade e suas Diretrizes Gerais,* Estatuto da Cidade (Comentários à Lei federal 10.257/2001), coord. Adilson Dallari e Sérgio Ferraz, Malheiros, São Paulo, 2002, p. 60.

10.257/01, feita pelo ilustre professor Carlos Ari Sundfeld, é possível afirmar categoricamente que a regularização fundiária é um dos imperativos da política urbana a ser executada pelo município, bem como que o município tem obrigação de proceder à regularização fundiária de assentamentos ocupados por população de baixa renda por meio de uma atuação positiva do Estado.

O planejamento do desenvolvimento das cidades é instituído legalmente pelo Plano Diretor Municipal, que conforme disposto no parágrafo 1° do artigo 182 da Constituição Federal, é o instrumento básico da política de desenvolvimento e de expansão urbana. Cabe ao Plano Diretor, portanto, estabelecer o planejamento do município com relação as áreas em que há interesse público na regularização fundiária, determinando, portanto, como já vimos, a atuação do Poder Público municipal em proceder a regularização fundiária de áreas ocupadas por população de baixa renda de acordo com as diretrizes gerais da política urbana expressas no artigo 2° do Estatuto da Cidade.

O artigo 182, parágrafo 2° da Constituição Federal estabelece que a propriedade urbana cumpre sua função social quando atende às exigências fundamentais de ordenação da cidade estabelecidas no plano diretor. Nesse sentido o ordenamento territorial e demais regras de uso e ocupação do solo estabelecidas pelo Plano Diretor estabelecem quando a propriedade urbana cumpre sua função social, garantia fundamental prevista no artigo 5°, XXIII da Constituição Federal."

Felizmente, em 2009, "a edição da Lei nº 11.977/2009 abre um novo e promissor momento para a regularização fundiária urbana no Brasil. Pela primeira vez, a regularização é devidamente destacada e definida numa lei federal, que estabelece, ainda, procedimentos, competências, e cria importantes instrumentos para a sua efetivação.

O capítulo III da Lei Federal nº 11.977, de 07 de julho de 2009, alterada pela Lei nº 12.424, de 2011, é o primeiro marco jurídico de caráter nacional a dispor sobre a regularização fundiária em áreas urbanas de maneira abrangente. Além de conceituar, a lei cria novos instrumentos e procedimentos, define competências e responsabilidades, com o objetivo de agilizar e tornar efetivos os processos de regularização, especialmente nos casos em que esteja configurado o interesse social.

As principais novidades introduzidas pela Lei Federal nº 11.977/2009, adiante detalhadas, são: definição de competências e responsabilidades dos atores envolvidos nos processos de regularização, em especial, a atribuição expressa de competência aos municípios para disciplinar os procedimentos de regularização fundiária dentro de seus limites territoriais; diferenciação entre regularização fundiária de interesse social e regularização fundiária de interesse específico; obrigatoriedade da elaboração de projeto de regularização fundiária, instrumento integrador das dimensões social, jurídica, urbanística e ambiental; componentes do processo; possibilidade de compatibilização do direito à moradia e do direito a um meio ambiente saudável, estabelecendo regras para a regularização fundiária de interesse social em Áreas de Preservação Permanente urbanas; criação dos instrumentos demarcação urbanística e legitimação de posse, que agilizam os processos de regularização fundiária de interesse social em situações que anteriormente só podiam ser tratadas por meio de ações judiciais de usucapião.

Regularização fundiária, em termos gerais, é o processo que inclui medidas jurídicas, urbanísticas, ambientais e sociais, com a finalidade de integrar assentamentos irregulares ao contexto legal das cidades.

Os assentamentos apresentam normalmente dois tipos de irregularidade fundiária: irregularidade dominial, quando o possuidor ocupa uma terra pública ou privada, sem qualquer título que lhe dê garantia jurídica sobre essa posse; e, urbanística e ambiental, quando o parcelamento não está de acordo com a legislação urbanística e ambiental e não foi devidamente licenciado. A efetiva integração à cidade requer o enfrentamento de todas essas questões, por isso a regularização envolve um conjunto de medidas. Além disso, quando se trata de assentamentos de população de baixa renda, são necessárias também medidas sociais, de forma a buscar a inserção plena das pessoas à cidade.

A regularização fundiária é também um instrumento para promoção da cidadania, devendo ser articulada com outras políticas públicas.

Nessa perspectiva, para orientar a utilização desse instrumento, a Lei nº 11.977/2009 estabeleceu os seguintes princípios: I – ampliação do acesso a terra urbanizada pela população de baixa renda, com prioridade para sua permanência na área ocupada, assegurados o nível adequado de habitabilidade e a melhoria das condições de sustentabilidade urbanística, social e ambiental; II – articulação com as políticas setoriais de habitação, de meio ambiente, de saneamento básico e de mobilidade urbana, nos diferentes níveis de governo e com as iniciativas públicas e privadas, voltadas à integração social e à geração de emprego e renda; III – participação dos interessados em todas as etapas do processo de regularização; IV – estímulo à resolução extrajudicial de conflitos; e V – concessão do título preferencialmente para a mulher.

A regularização fundiária não deve significar apenas a existência de um título registrado em cartório, que dê a devida garantia ao morador da posse de seu lote, mas deve ser compreendida como uma solução integrada para as questões de degradação ambiental e social, de situações de risco e de falta ou precariedade de infraestrutura, de sistema viário e de áreas públicas.

Para que se tenha uma regularização plena, que contemple as dimensões dominial, urbanística e ambiental, a Lei criou o instrumento denominado "Projeto de Regularização Fundiária."[97]

Da lei, destacamos os dispositivos:

"A regularização fundiária consiste no conjunto de medidas jurídicas, urbanísticas, ambientais e sociais que visam à regularização de assentamentos irregulares e à titulação de seus ocupantes, de modo a garantir o direito social à moradia, o pleno desenvolvimento das funções sociais da propriedade urbana e o direito ao meio ambiente ecologicamente equilibrado (art. 46)."

Para efeitos da regularização fundiária de assentamentos urbanos, consideram-se (art. 47):

I – área urbana: parcela do território, contínua ou não, incluída no perímetro urbano pelo Plano Diretor ou por lei municipal específica;

II – área urbana consolidada: parcela da área urbana com densidade demográfica superior a 50 (cinquenta) habitantes por hectare e malha viária implantada e que tenha, no mínimo, 2 (dois) dos seguintes equipamentos de infraestrutura urbana implantados: a) drenagem de águas pluviais urbanas; b) esgotamento sanitário; c) abastecimento de água potável; d) distribuição de energia elétrica; ou e) limpeza urbana, coleta e manejo de resíduos sólidos;

III – demarcação urbanística: procedimento administrativo pelo qual o poder público, no âmbito da regularização fundiária de interesse social, demarca imóvel de domínio público ou privado, definindo seus limites, área, localização e confrontantes, com a finalidade de identificar seus ocupantes e qualificar a natureza e o tempo das respectivas posses;

IV – legitimação de posse: ato do poder público destinado a conferir título de reconhecimento de posse de imóvel objeto de demarcação urbanística, com a identificação do ocupante e do tempo e natureza da posse;

V – Zona Especial de Interesse Social - ZEIS: parcela de área urbana instituída pelo Plano Diretor ou definida por outra lei municipal, destinada predominantemente à moradia de população de baixa renda e sujeita a regras específicas de parcelamento, uso e ocupação do solo;

VI – assentamentos irregulares: ocupações inseridas em parcelamentos informais ou irregulares, localizadas em áreas urbanas públicas ou privadas, utilizadas predominantemente para fins de moradia;

VII – regularização fundiária de interesse social: regularização fundiária de assentamentos irregulares ocupados, predominantemente, por população de baixa renda, nos casos:

97 Cartilha sobre a regularização fundiária. Disponível em < http://www.defensoria.sp.gov>.

a) em que a área esteja ocupada, de forma mansa e pacífica, há, pelo menos, 5 (cinco) anos; b) de imóveis situados em ZEIS; ou

c) de áreas da União, dos Estados, do Distrito Federal e dos Municípios declaradas de interesse para implantação de projetos de regularização fundiária de interesse social;

VIII – regularização fundiária de interesse específico: regularização fundiária quando não caracterizado o interesse social nos termos do inciso VII.

IX - etapas da regularização fundiária: medidas jurídicas, urbanísticas e ambientais mencionadas no art. 46 desta Lei, que envolvam a integralidade ou trechos do assentamento irregular objeto de regularização.

Art. 48. Respeitadas as diretrizes gerais da política urbana estabelecidas na Lei nº 10.257, de 10 de julho de 2001, a regularização fundiária observará os seguintes princípios:

I – ampliação do acesso à terra urbanizada pela população de baixa renda, com prioridade para sua permanência na área ocupada, assegurados o nível adequado de habitabilidade e a melhoria das condições de sustentabilidade urbanística, social e ambiental;

II – articulação com as políticas setoriais de habitação, de meio ambiente, de saneamento básico e de mobilidade urbana, nos diferentes níveis de governo e com as iniciativas públicas e privadas, voltadas à integração social e à geração de emprego e renda;

III – participação dos interessados em todas as etapas do processo de regularização;

IV – estímulo à resolução extrajudicial de conflitos; e

V – concessão do título preferencialmente para a mulher.

Art. 49. Observado o disposto nesta Lei e na Lei nº 10.257, de 10 de julho de 2001, o Município poderá dispor sobre o procedimento de regularização fundiária em seu território.

Parágrafo único. A ausência da regulamentação prevista no caput não obsta a implementação da regularização fundiária.

Art. 51. **O projeto de regularização fundiária** deverá definir, no mínimo, os seguintes elementos:

I – as áreas ou lotes a serem regularizados e, se houver necessidade, as edificações que serão relocadas;

II – as vias de circulação existentes ou projetadas e, se possível, as outras áreas destinadas a uso público;

III – as medidas necessárias para a promoção da sustentabilidade urbanística, social e ambiental da área ocupada, incluindo as compensações urbanísticas e ambientais previstas em lei;

IV - as condições para promover a segurança da população em situações de risco, considerado o disposto no parágrafo único do art. 3º da Lei nº 6.766, de 19 de dezembro de 1979; e

V – as medidas previstas para adequação da infraestrutura básica.

§ 1º O projeto de que trata o caput não será exigido para o registro da sentença de usucapião, da sentença declaratória ou da planta, elaborada para outorga administrativa, de concessão de uso especial para fins de moradia.

§ 2º O Município definirá os requisitos para elaboração do projeto de que trata o caput, no que se refere aos desenhos, ao memorial descritivo e ao cronograma físico de obras e serviços a serem realizados.

§ 3º A regularização fundiária pode ser implementada por etapas.

Da **Regularização Fundiária de Interesse Social**. Art. 53. A regularização fundiária de interesse social depende da análise e da aprovação pelo Município do projeto de que trata o art. 51.

Art. 54. O projeto de regularização fundiária **de interesse social** deverá considerar as características da ocupação e da área ocupada para definir parâmetros urbanísticos e ambientais específicos, além de identificar os lotes, as vias de circulação e as áreas destinadas a uso público.

§ 1º **O Município poderá, por decisão motivada, admitir a regularização fundiária de interesse social em Áreas de Preservação Permanente**, ocupadas até 31 de dezembro de 2007 e inseridas em área urbana consolidada, desde que estudo técnico comprove que esta intervenção implica a melhoria das condições ambientais em relação à situação de ocupação irregular anterior.

Art. 55. Na regularização fundiária de interesse social, **caberá ao poder público, diretamente ou por meio de seus concessionários ou permissionários de serviços públicos, a implantação do sistema viário e da infraestrutura básica**, previstos no § 6º do art. 2º da Lei nº 6.766, de 19 de dezembro de 1979, ainda que promovida pelos legitimados previstos nos incisos I e II do art. 50.

Parágrafo único. A realização de obras de implantação de infraestrutura básica e de equipamentos comunitários pelo poder público, bem como sua manutenção, pode ser realizada mesmo antes de concluída a regularização jurídica das situações dominiais dos imóveis.

Art. 58. A partir da averbação do auto de demarcação urbanística, o poder público deverá elaborar o projeto previsto no art. 51 e submeter o parcelamento dele decorrente a registro.

§ 1º Após o registro do parcelamento de que trata o caput, o poder público concederá título de legitimação de posse aos ocupantes cadastrados.

§ 2º O título de que trata o § 1º será concedido preferencialmente em nome da mulher e registrado na matrícula do imóvel.

§ 3º Não será concedido legitimação de posse aos ocupantes a serem realocados em razão da implementação do projeto de regularização fundiária de interesse social, devendo o poder público assegurar-lhes o direito à moradia.

Art. 59. A legitimação de posse devidamente registrada constitui direito em favor do detentor da posse direta para fins de moradia.

Nesse ponto, vale destacar que o Novo CPC (Lei nº 13.105/15) regulamentou o procedimento administrativo de usucapião (artigo 1.071), com alterações na Lei de Registros Públicos (artigo 216-A), o que é muito importante, mormente para fins de regularização fundiária, que já anunciava a aquisição originária da propriedade mesmo sem ação judicial.

Pois bem. Agora com o aparato jurídico em mãos. Vamos à obra.

Ainda sobre a defesa da posse, destacamos a tese institucional defendida e aprovada pelos Defensores Públicos paulistas **Ana Carvalho Ferreira Bueno de Moraes, Anaí Arantes Rodrigues, Carlos Henrique Aciron Loureiro e Douglas Tadashi Magami:**[98]

Segundo eles denunciam, "é rotineira, em várias unidades da Defensoria Pública, a vinda de moradores de baixa renda com intimações do Poder Público, especialmente da Prefeitura local, determinando a saída e a demolição do imóvel, em prazo exíguo, sem se fundar em qualquer mandado judicial de reintegração de posse."

Diante disso sugerem que **"é inconstitucional o ato de remoção compulsória de moradias de pessoas baixa renda pelo Poder Público sem autorização judicial, com exceção dos casos de área de risco devidamente comprovado e, neste caso, com o devido atendimento habitacional".**

A presente tese tem como assunto o direito à moradia de pessoas de baixa renda, o poder dever do Poder Público criar políticas públicas tendentes a promoção do direito à moradia, o princípio do devido processo legal, a inviolabilidade do domicílio, o atributo da autoexecutoriedade do ato administrativo.

O direito à moradia é um direito fundamental, reconhecido pela Constituição (art. 6º da CF/88) e por diversos Tratados de Direito Internacional dos quais o Brasil é signatário.

98 Disponível em <http://www.defensoria.sp.gov.br>.

Neste sentido, pode-se dizer que o direito à moradia possui dois aspectos: um negativo, que diz com a proibição de políticas públicas que dificultem ou impossibilitem o exercício do direito à moradia, e outro, positivo, que diz com a obrigação do Estado de criar políticas públicas tendentes a promover e proteger o direito à moradia.

No que concerne aspecto positivo, é certo que o Poder Público, dentro da programação de políticas públicas urbanas, deve promover e proteger o direito à moradia, com a intervenção do Estado no domínio econômico para a garantia do acesso à terra urbana, seja por meio da regulamentação do seu uso, de modo a atender a sua função social, ou pela regulamentação do mercado fundiário, na disposição de sistemas de financiamento de habitação de interesse social ou na disposição de projetos de urbanização que passem pela promoção da regularização fundiária dos assentamentos informais.

O direito à cidade e o direito à moradia devem ser compreendidos no contexto em que o crescimento dos parcelamentos irregulares e clandestinos nas cidades só ocorre, em verdade, por conta de um processo de exclusão territorial impulsionado por um modelo perverso de desenvolvimento econômico: a intensa especulação imobiliária no centro e nos bairros dotados de melhor infraestrutura urbana empurram a população marginalizada para a ocupação de espaços livres em áreas periféricas da cidade, eis que desamparadas da concretização de uma política habitacional de interesse social.

De fato, o fracasso da política habitacional levou a construção de um pequeno holocausto: o *déficit* habitacional no Estado de São Paulo é de 740 mil moradias e a inadequação habitacional de 2,9 milhão de moradias (Fonte: FSEADE/GIBGE/CDHU – SPE/GPS – 2004). No Município de São Paulo, o déficit é de 348 mil moradias (SINDUSCON/FGV), sendo que 3,4 milhão de pessoas habitam em moradia subnormal (favelas, cortiços, loteamentos irregulares).

Desta feita, além de existir o dever do Poder Municipal promover programas de construção de moradias, o Poder Público tem o dever de se abster em realizar atos que violem o direito à moradia, como a remoção compulsória de moradores de baixa renda ocupantes de áreas públicas nos casos de inexistência de risco, mormente quando estiverem presentes os requisitos legais para se promover a regularização fundiária, sob pena se incorrer em abuso de poder, eis que tal medida afrontaria o princípio do devido processo legal, a inviolabilidade do domicílio e configuraria abuso do direito de autoexecutoriedade. (...)

Quando o Poder Público determina a demolição de moradias, não respeita o critério da adequação do princípio da proporcionalidade, decorrente do princípio constitucional do devido processo legal, no aspecto material. Ou seja, não constitui meio adequado para a consecução do fim pretendido, já que não inibe a formação dos loteamentos irregulares ou clandestinos, já que estes se formam por conta do processo econômico de exclusão socioterritorial aliada à falta de uma política de habitação de interesse social eficaz.

Aliás, mesmo que fosse adequada, não respeitaria o critério da necessidade, pois a demolição das moradias é medida mais gravosa que a realização eficaz de uma política habitacional de interesse social.

O problema é que essa opção é mais custosa para o Estado, e aí talvez esteja a razão pela qual se costuma demolir moradias, a pretexto de aumentar o rigor da fiscalização dos assentamentos irregulares, do que realizar uma política habitacional de interesse social que pudesse absorver a demanda por moradia, de modo a, efetivamente, inibir a procura desenfreada da população mais pobre por espaço na cidade, ainda que este espaço seja o da exclusão, em áreas de risco ou de proteção ambiental.

Lamentavelmente, entretanto, é comum observar algumas municipalidades exercerem indevidamente o poder de autoexecutoriedade, ao se permitir iniciar operação de desocupação dos ocupantes da referida comunidade, notificando-os para desocupação imediata, sem qualquer amparo em provimento judicial.

Com efeito, a autoexecutoriedade dos atos administrativos, que nas palavras do Professor Celso Antonio Bandeira de Mello, é a possibilidade de coação material para execução do ato, não é regra dos atos administrativos. Sendo exceção, apenas possuem tal atributo, quando a lei o confere ou quando a autoexecutoriedade é indispensável à eficaz garantia do interesse público ou, ainda, quando se tratar de medida urgente.

Vale mencionar, a título de exemplo, que no caso da Municipalidade de São Paulo, existe um Decreto, Decreto Municipal nº 48.832/2007, que a permite simplesmente despejar famílias que estão em áreas municipais, sem qualquer restrição nem mesmo com relação ao tempo de ocupação dessas áreas.

Tal decreto, a toda evidência, olvida-se que a Lei 11.977/09 ao estabelecer que, nos casos de assentamentos irregulares ocupados predominantemente por população de baixa renda em que a área esteja ocupada de forma mansa e pacífica há pelo menos cinco anos; de imóveis situados em Zonas Especiais de Interesse Social ou de áreas decretadas pelos entes federativos como de interesse social, obriga o Poder Público a, nessas hipóteses, promover a regularização fundiária e urbanística dos assentamentos como forma de dar cumprimento a diretriz da política urbana relativa a regularização fundiária e urbanística de áreas ocupadas por população de baixa renda (art. 2º, inc. XIV da Lei 10.257/01) e da obrigação do Poder Público Municipal de promover o adequado ordenamento territorial na execução da política urbana (art. 30, VIII c.c. 182, ambos da C.F.).

Mesmo deixando de lado, por ora, a já explanada obrigatoriedade do Poder Público, em especial da Municipalidade, de garantir o direito à moradia digna dos cidadãos, observe-se que, se é verdade que a lei permite ao poder Público tomar providências no sentido de desocupar áreas públicas, é também verdade que ela não pode fazê-lo por conta própria, com base tão somente no poder de polícia. Assim como não pode a Prefeitura vender, por conta própria, um imóvel cujo proprietário deve IPTU, para ver sanado o débito, devendo entrar com uma ação de execução fiscal para tanto.

Demais disso, o desfazimento das edificações sem ordem judicial viola, ainda, o art. 5º, inc. XI da CF/88, que garante a inviolabilidade do domicílio.

Ora, se a intimidade deve ser preservada, de modo a se impedir que qualquer pessoa, particular ou pública, penetre na casa, sem consentimento do morador, só podendo ser razoavelmente afastada quando em situação de flagrante delito ou desastre, ou para prestar socorro, ou por determinação judicial, a moradia, que constitui o próprio domicílio, não pode ser demolida sem ordem judicial.

Mas, mesmo que o desfazimento das edificações seja absolutamente necessário, torna-se necessária a intervenção judicial, especialmente para garantir que a população atingida pelo desfazimento decorrente da autoexecutoriedade do poder de polícia, possa ser controlado, de modo a se ter assegurado o direito fundamental a moradia!

Ou seja, antes de se preocupar com a demolição de edificações, o Poder Público deve cuidar de promover uma política habitacional de interesse social que efetivamente dê conta de proporcionar moradia digna a uma grande parcela da população que não escolheu viver na ilegalidade, mas que não teve outra alternativa face a omissão do Estado.

Previsões em legislações municipais, como se verifica no Decreto 48.832/07 acabam criando regras que estabelecem um desvio de poder, a tornar os atos nela fundados nulos. Decerto, a demolição de edificações não vai interromper o processo de assentamentos irregulares, se as causas da exclusão territorial não forem corrigidas, de modo a se constituir uma política de habitação de interesse social eficaz!

Desta feita, é necessário o reconhecimento da inconstitucionalidade e ilegalidade da autoexecutoriedade nos casos de remoção compulsória que não se configurem como área de risco à vida ou à saúde, por violar o disposto nos incisos XI e LIV do artigo 5º da Constituição Federal."[99]

Por oportuno, destacamos que **a posse mansa dá ensejo à aquisição originária da propriedade pela usucapião.**

99 Disponível em <http://www.defensoria.sp.gov.br>.

São modalidades:

Usucapião Extraordinária: Art. 1.238 (CC). Aquele que, por quinze anos, sem interrupção, nem oposição, possuir como seu um imóvel, adquire-lhe a propriedade, independentemente de título e boa-fé; podendo requerer ao juiz que assim o declare por sentença, a qual servirá de título para o registro no Cartório de Registro de Imóveis.

Parágrafo único. O prazo estabelecido neste artigo reduzir-se-á a dez anos se o possuidor houver estabelecido no imóvel a sua moradia habitual, ou nele realizado obras ou serviços de caráter produtivo.

Usucapião Rural *pro labore* (art. 191 CF): Art. 1.239 (CC). Aquele que, não sendo proprietário de imóvel rural ou urbano, possua como sua, por cinco anos ininterruptos, sem oposição, área de terra em zona rural não superior a cinquenta hectares, tornando-a produtiva por seu trabalho ou de sua família, tendo nela sua moradia, adquirir-lhe-á a propriedade.

Usucapião Urbana Individual: Art. 1.240 (CC). Aquele que possuir, como sua, área urbana de até duzentos e cinquenta metros quadrados, por cinco anos ininterruptamente e sem oposição, utilizando-a para sua moradia ou de sua família, adquirir-lhe-á o domínio, desde que não seja proprietário de outro imóvel urbano ou rural.

§ 1º O título de domínio e a concessão de uso serão conferidos ao homem ou à mulher, ou a ambos, independentemente do estado civil.

§ 2º O direito previsto no parágrafo antecedente não será reconhecido ao mesmo possuidor mais de uma vez.

Usucapião familiar: Art. 1.240-A (CC). Aquele que exercer, por 2 (dois) anos ininterruptamente e sem oposição, posse direta, com exclusividade, sobre imóvel urbano de até 250 m^2 (duzentos e cinquenta metros quadrados) cuja propriedade divida com ex-cônjuge ou ex-companheiro que abandonou o lar, utilizando-o para sua moradia ou de sua família, adquirir-lhe-á o domínio integral, desde que não seja proprietário de outro imóvel urbano ou rural. (Incluído pela Lei nº 12.424, de 2011)

§ 1º O direito previsto no caput não será reconhecido ao mesmo possuidor mais de uma vez.

Para o jurista José Fernando Simão[100]: "o imóvel pode pertencer ao casal em condomínio ou comunhão. Se o casal for casado pelo regime da separação total de bens e ambos adquiriram o bem, não há comunhão, mas sim condomínio e o bem poderá ser usucapido. Também, se o marido ou a mulher, companheiro

100 Disponível em: <http://www.flaviotartuce.adv.br>.

ou companheira, cujo regime seja o da comunhão parcial de bens compra um imóvel após o casamento ou início da união, este bem será comum (comunhão do aquesto) e poderá ser usucapido por um deles. Ainda, se casados pelo regime da comunhão universal de bens, os bens anteriores e posteriores ao casamento, adquiridos a qualquer título, são considerados comuns e portanto, podem ser usucapidos nesta nova modalidade. Em suma: havendo comunhão ou simples condomínio entre cônjuges e companheiros a usucapião familiar pode ocorrer.

A posse comum não enseja a aplicação do dispositivo. Não se admite usucapião de imóvel que não seja de propriedade dos cônjuges ou companheiros. Assim, se um casal invadiu um bem imóvel urbano de até 250 metros quadrados, reunidos todos os requisitos para a aquisição da propriedade (seja por usucapião extraordinária, seja por usucapião constitucional), ainda que haja abandono por um deles do imóvel, por mais de 2 anos, o direito à usucapião será de ambos e não de apenas daquele que ficou com a posse direta do bem."

Usucapião Ordinária. Art. 1.242 (CC). Adquire também a propriedade do imóvel aquele que, contínua e incontestadamente, com justo título e boa-fé, o possuir por dez anos.

Parágrafo único. Será de cinco anos o prazo previsto neste artigo se o imóvel houver sido adquirido, onerosamente, com base no registro constante do respectivo cartório, cancelada posteriormente, desde que os possuidores nele tiverem estabelecido a sua moradia, ou realizado investimentos de interesse social e econômico.

Usucapião Urbana Individual: Art. 9º (Estatuto da Cidade): Aquele que possuir como sua área ou edificação urbana de até duzentos e cinquenta metros quadrados, por cinco anos, ininterruptamente e sem oposição, utilizando-a para sua moradia ou de sua família, adquirir-lhe-á o domínio, desde que não seja proprietário de outro imóvel urbano ou rural.

§ 1º O título de domínio será conferido ao homem ou à mulher, ou a ambos, independentemente do estado civil.

§ 2º O direito de que trata este artigo não será reconhecido ao mesmo possuidor mais de uma vez.

§ 3º Para os efeitos deste artigo, o herdeiro legítimo continua, de pleno direito, a posse de seu antecessor, desde que já resida no imóvel por ocasião da abertura da sucessão.

Usucapião Urbana Coletiva: (Estatuto da Cidade). Art. 10. As áreas urbanas com mais de duzentos e cinquenta metros quadrados, ocupadas por população de baixa renda para sua moradia, por cinco anos, ininterruptamente e sem oposição, onde não for possível identificar os terrenos ocupados por cada possuidor, são susceptíveis de serem usucapidas coletivamente, desde que os possuidores não sejam proprietários de outro imóvel urbano ou rural.

§ 1º O possuidor pode, para o fim de contar o prazo exigido por este artigo, acrescentar sua posse à de seu antecessor, contanto que ambas sejam contínuas.

§ 2º A usucapião especial coletiva de imóvel urbano será declarada pelo juiz, mediante sentença, a qual servirá de título para registro no cartório de registro de imóveis.

§ 3º Na sentença, o juiz atribuirá igual fração ideal de terreno a cada possuidor, independentemente da dimensão do terreno que cada um ocupe, salvo hipótese de acordo escrito entre os condôminos, estabelecendo frações ideais diferenciadas.

§ 4º O condomínio especial constituído é indivisível, não sendo passível de extinção, salvo deliberação favorável tomada por, no mínimo, dois terços dos condôminos, no caso de execução de urbanização posterior à constituição do condomínio.

§ 5º As deliberações relativas à administração do condomínio especial serão tomadas por maioria de votos dos condôminos presentes, obrigando também os demais, discordantes ou ausentes.

Art. 11. Na pendência da ação de usucapião especial urbana, ficarão sobrestadas quaisquer outras ações, petitórias ou possessórias, que venham a ser propostas relativamente ao imóvel usucapiendo.

Art. 12. São partes legítimas para a propositura da ação de usucapião especial urbana:

I – o possuidor, isoladamente ou em litisconsórcio originário ou superveniente;

II – os possuidores, em estado de composse;

III – como substituto processual, a associação de moradores da comunidade, regularmente constituída, com personalidade jurídica, desde que explicitamente autorizada pelos representados.

Sobre a usucapião, consignamos que ela pode ser alegada como defesa, sem necessidade de reconvenção, e que a sentença é declaratória, pois "a prescrição aquisitiva, a titularidade do imóvel é concedida ao possuidor desde o início de sua posse, presentes os efeitos *ex tunc* da sentença declaratória, não havendo de prevalecer contra ele eventuais ônus constituídos, a partir de então, pelo anterior proprietário."[101]

---

101 REsp 716.753-RS, Rel. Min. João Otávio de Noronha, julgado em 15/12/2009.

Por fim, coloco a seguinte questão: **Cabe defesa de usucapião em ações possessórias?** Em tese não, pois nelas não se discute o domínio. "Na pendência de ação possessória é vedado, tanto ao autor quanto ao réu, propor ação de reconhecimento do domínio, exceto se a pretensão for deduzida em face de terceira pessoa" (NCPC: art. 557). "Na pendência do processo possessório é vedado tanto ao autor como ao réu intentar a ação de reconhecimento de domínio, nesta compreendida a ação de usucapião" (STJ: REsp 171624/MG).

A **exceção ficou por conta do Estatuto da Cidade**: "A usucapião especial de imóvel urbano poderá ser invocada como matéria de defesa, valendo a sentença que a reconhecer como título para registro no cartório de registro de imóveis (art. 13). Ou seja, aqui, permite discussão sobre o domínio e não requer reconvenção.

Contudo, considerando a regra, é cabível defesa, expressa na contestação – pois a questão possessória não é dúplice (art. 922, CPC – artigo 556 NCPC) - da posse *ad usucapionem*. Aliás, ela será indispensável, sob pena de preclusão, conforme os efeitos preclusivos da coisa julgada: "passada em julgado a sentença de mérito, reputar-se-ão deduzidas e repelidas todas as alegações e defesas, que a parte poderia opor assim ao acolhimento como à rejeição do pedido" (art. 474, CPC – artigo 508 NCPC).

"A sentença de procedência do pedido reivindicatório faz coisa julgada material e impede que em futura ação se declare usucapião, em favor do réu, assentado em posse anterior à ação reivindicatória" (STJ, REsp 332880/DF).

Conclusão, embora as usucapiões comuns não possam ser alegadas nas ações possessórias, como matéria de defesa, deve o réu possuidor alegar a defesa da posse *ad usucapionem,* para fins de ser evitada a preclusão. Nesse caso, por ação própria, o possuidor não estará impedido de ver declarada a aquisição de sua propriedade via usucapião.

8. O RESGATE DO CRÉDITO: O DIREITO AO PAGAMENTO PARCELADO

Nessa temática, defendemos que o ordenamento jurídico brasileiro acolhe o direito material ao pagamento parcelado, na forma prevista pelo artigo 745-A do CPC – hoje artigo 916 do NCPC, independentemente da existência de processo de execução contra o devedor e da anuência do credor, desde que o inadimplemento tenha ocorrido de boa-fé e seja justificado, para purgação da mora.

A tese a ser apresentada rompe com um antigo dogma do direito civil obrigacional, qual seja, "ninguém é obrigado a receber parcelado, se o ajuste foi o pagamento único", corolário do princípio burguês-liberal do *pacta sunt servanda*, que velava pela intangibilidade das convenções privadas.

Aliás, um de seus aspectos restou positivado pelo Código Civil, segundo o qual "não pode o credor ser obrigado a receber, nem o devedor a pagar, por partes, se assim não se ajustou" (artigo 314).

Ocorre que, por questão de política civil legislativa, a regra acima exposta passa a comportar uma importante exceção. De fato, o antigo artigo 745-A do Código de Processo Civil, instituído pela Lei nº 11.382/2006 (hoje artigo 916 NCPC), criou, além de uma faculdade processual, um verdadeiro direito subjetivo e material ao devedor inadimplente de saldar seu débito de forma parcelada.

Porém, defendemos que seu exercício pode se dar tanto no bojo da execução ou do cumprimento de sentença, como também por meio de ação de consignação em pagamento ou como forma de purgação da mora em ação de despejo por falta de pagamento e em ação de busca e apreensão no contrato de alienação fiduciária, cujos pressupostos serão abaixo examinados, tudo em contemplação aos novos princípios da boa-fé objetiva e da função social que passaram a reger as relações privadas.

Em outros termos, com o advento da Lei nº 11.382/2006, o devedor inadimplente de boa-fé, que reconhecer o débito e justificar a mora, poderá purgá-la de forma fracionada, evitando o agravamento de suas consequências gerais, como juros, correções monetárias, cláusulas penais, indenizações, bem como de seus efeitos específicos como rescisão do contrato de locação, a consolidação da propriedade ao credor fiduciário e a interrupção de serviços públicos essenciais como o fornecimento de água e energia elétrica.

Com efeito, o antigo artigo 745-A do Código de Processo Civil, introduzido pela Lei nº 11.382/06 (hoje artigo 916 NCPC), autorizava o devedor executado, no prazo para os embargos à execução, reconhecendo o crédito e depositando a quantia inicial de 30% do valor executado, incluindo as custas e honorários advocatícios, a pagar o restante do débito em 6 (seis) parcelas mensais, com correção monetária e juros de 1% ao mês. Tal proposta será apreciada pelo juiz que poderá deferi-la ou indeferi-la (§ 1º). O não pagamento das prestações implicará em vencimento antecipado do débito, incidindo multa de 10% sobre as prestações não pagas, vedada a apresentação de embargos (§ 2º).

Nestes termos, o legislador criou, naquela ocasião, um verdadeiro direito subjetivo do devedor ao pagamento parcelado, cujo exercício independe da anuência do credor. Ao juiz, por sua vez, somente lhe cabe averiguar se presentes estão os requisitos ao exercício dessa faculdade, não podendo indeferi-la injustificadamente. De fato, é "a melhor interpretação ao artigo 745-A a de entender a iniciativa do executado como vinculante para o exequente e para o próprio juiz, é dizer: desde que sejam observados os pressupostos da lei, não há como o exequente não aceitar a moratória que não poderá ser recusada pelo juízo, que deverá ser deferida. Não se trata de impor um 'acordo' ao exequente. Trata-se, bem diferentemente, de um direito que a lei reconhece, diante de seus respectivos pressupostos, não pode ser afastado por mera vontade pessoal. A atividade a ser prestada no caso concreto é eminentemente jurisdicional."[102]

Ocorre que, conforme a tese ora apresentada, a faculdade acima descrita não é meramente processual, mas constitui um verdadeiro direito subjetivo material. Assim, entendemos autorizado ao devedor inadimplente saldar seu débito de forma parcelada, cujo exercício pode se dar tanto no bojo da ação de execução ou do cumprimento de sentença, como também por meio de ação de consignação em pagamento ou como forma de purgação da mora em ação de despejo por falta de pagamento (artigo 62, II, da Lei nº 8.245/1991) e em ação de busca e apreensão no contrato de alienação fiduciária (artigo 3º, § 2º, do Decreto-lei nº 911/1969), cujos pressupostos serão abaixo examinados, tudo em contemplação aos novos princípios da boa-fé objetiva e da função social que passaram a reger as relações privadas.

Em outras palavras, com o advento da Lei nº 11.382/2006, o devedor inadimplente de boa-fé, que reconhecer o débito e justificar a mora, poderá purgá-la de forma fracionada, evitando o agravamento de suas consequências.

Vale a pena frisar ainda que tal direito poderá ser exercido inclusive por terceiro, interessado ou não na quitação do débito, que utilizará de todos os meios para tal finalidade, desde que presentes os pressupostos abaixo analisados.

ATENÇÃO Aliás, esse direito material goza de **amplo amparo jurídico**. De fato, atualmente, a doutrina civilista moderna elenca como os dois principais pilares do direito privado os princípios da boa-fé objetiva e da função social, sendo indiscutível a compatibilidade da presente tese com tal principiologia.

Realmente, a boa-fé objetiva exige dos sujeitos da relação obrigacional uma postura de parceria e cooperação, dentro de um complexo de diretos e deveres voltados ao adimplemento da prestação. "A concepção da obrigação como um processo e como uma totalidade concreta põe em causa o paradigma tradicional do direito das obrigações, fundado na valorização jurídica da vontade humana, e inaugura um novo paradigma para o direito obrigacional, não mais baseado exclusivamente no dogma da vontade (individual, privada ou legislativa), mas na boa-fé objetiva."[103]

Isso significa que o princípio do *pacta sunt servanda*, que prezava pela intangibilidade da vontade das partes, resta enfraquecido e flexibilizado em contem-

102 BUENO, Cássio Scarpinella. *A nova etapa da reforma do Código de Processo Civil* – v 3. São Paulo: Saraiva, 2007, p. 306.

103 MARTINS-COSTA, Judith. A boa-fé no direito privado. São Paulo: Editora Revista dos Tribunais, 1999, p. 394

plação ao bom desfecho do processo obrigacional, o adimplemento, dentro de um contexto complexo de direitos e deveres impostos às partes, que comportarão com parceria e cooperação. "A colaboração e a tutela da confiança, decorrentes da operatividade do princípio da boa-fé objetiva, orientam, axiologicamente, a complexidade, a dinamicidade e a potencial transformabilidade que caracterizam as obrigações duradouras, na medida em que as situações jurídicas subjetivas complexas são compostas por um dinâmico 'todo' de direitos, deveres, faculdades, ônus, expectativas legítimas, etc., finalisticamente interligados ou coligados", sendo esta finalidade o bom desfecho da obrigação.[104]

Portanto, conclui-se que o direito material ao pagamento parcelado, desde que razoavelmente justificada a mora pelo devedor, condiz com o ideal de parceria e cooperação entre as partes, visando à regular solução da avença, viabilizada com o pagamento fracionado da prestação.

Outro importante fundamento a endossar a tese em tela é a função social dos contratos e das obrigações. É inegável que existe um interesse público ao regular adimplemento da obrigação como forma de pacificação social e prevenção de conflitos. O interesse do credor à permanência dos ônus moratórios não pode prevalecer em detrimento ao interesse público à extinção satisfativa da obrigação. "No sistema atual, a função social amplia para o domínio do contrato a noção de ordem pública. De acordo com o preceito em análise (artigo 421 do CC), a função social é considerada um fim para cuja realização ou preservação se justifica a imposição de preceitos inderrogáveis e inafastáveis pela vontade das partes. Daí a dicção contida no parágrafo único do artigo 2.035, CC, segundo a qual 'nenhuma convenção prevalecerá se contrariar preceitos de ordem pública, tais como os estabelecidos por este Código para assegurar a função social da propriedade e dos contratos'".[105]

Como se não bastasse tais argumentos, o direito material ao pagamento fracionado tem outros respaldos jurídicos igualmente convincentes. De fato, o Direito dos Contratos abriga o princípio da máxima manutenção da avença, segundo o qual a resolução da relação contratual somente é admitida excepcionalmente, ou seja, se esgotadas todos os meios de preservação e manutenção do contrato, até sua natural extinção, com a satisfação dos interesses envolvidos.

Outrossim, a doutrina processualista civil elenca, como princípio da execução, a regra do menor ônus ao devedor, com o escopo de amenizar os efeitos da invasão estatal sobre a esfera privada. "Quando por vários meios o credor puder promover a execução, o juiz mandará que se faça pelo modo menos gravoso para o devedor" (Artigo 620 do Código de Processo Civil – Artigo 805 do

104 MARTINS-COSTA, Judith. *Comentários ao novo código civil* - v. 5. Rio de Janeiro: Forense, 2003, p. 57.

105 TEPEDINO, Gustavo; BARBOZA, Heloisa Helena; BODIN DE MORAES, Maria Celina. *Código civil interpretado conforme a Constituição da República,* v 2. São Paulo: Renovar, 2006, p. 8.

NCPC). Esse dispositivo representa a aplicação do princípio da razoabilidade e proporcionalidade ao processo civil de execução que, segundo a doutrina, possui amparo constitucional, pois representa a faceta substancial do princípio do devido processo legal (Artigo 5º, LIV, da Constituição Federal). Nessa mesma linha, o Código de Defesa do Consumidor prevê a regra da incolumidade moral do devedor submetido à cobrança de dívidas que, considerando o princípio constitucional da dignidade de pessoa humana, não se limita às relações de consumo, mas se aplica a qualquer tipo de relação obrigacional (Artigo 42 do CDC).

Por derradeiro, não podemos nos esquecer da tão almejada efetividade do processo, que atualmente figura como a principal meta da ciência processual, cujos esforços se voltam a garantir a instrumentalidade dos meios e ritos, com a supressão do excesso de formalismo, visando à efetiva realização dos direitos materiais envolvidos.

Em suma, o direito material e subjetivo ao pagamento parcelado goza de amplo amparo constitucional e legal, trilhando os ditames da moderna doutrina civilista que prega a revisitação do direito privado sob o prisma constitucional.

Caso acolhida a presente tese, o Defensor Público, que diariamente atende a pessoas que não conseguem se livrar das dívidas, são "torturadas" pelos ônus de mora e não mais possuem acesso ao crédito, poderá utilizar do direito ao pagamento parcelado, desde que presentes alguns pressupostos.

De fato, o próprio artigo 745-A do Código de Processo Civil (artigo 916, NCPC) requer o prévio reconhecimento do débito pelo executado, o depósito inicial de 30% do valor cobrado e o pedido expresso de parcelamento do restante devido em até 6 (seis) parcelas mensais, no prazo para os embargos.

Ressalte-se que esta faculdade, embora prevista na parte do Novo Código de Processo Civil que regulamenta os embargos à execução (arts. 914 e seguintes NCPC), também se aplica ao cumprimento de título executivo judicial, uma vez que a lei não veda essa aplicação e não há motivos para justificar qualquer impedimento.

Porém, se o exercício desse direito ocorrer por meio de ação própria de consignação em pagamento, ou como forma de defesa em ação de despejo por falta de pagamento ou em ação de busca e apreensão em alienação fiduciária, exige-se, além dos requisitos gerais, a inadimplência e, consequentemente, a incidência dos ônus moratórios, como juros, correção monetária, cláusulas penais e eventuais perdas e danos, para compensar o benefício concedido ao devedor. Ou seja, não se admite que este possa, antes do vencimento da prestação, pagar em parcelas, sem a incidência dos ônus de mora, o que fora convencionado pagar de forma una. Isso é inaceitável.

Requer também, como corolário da boa-fé objetiva, uma justificativa plausível acerca do não adimplemento da prestação no momento adequado, pois, caso contrário, estaríamos admitindo a má-fé e legitimando o "direito ao calote". Portanto, o devedor, ao apresentar a proposta de parcelamento deve justificar os motivos do não pagamento no tempo inicialmente fixado pelas partes, cabendo ao magistrado apreciar o pleito, segundo os critérios da razoabilidade e verossimilhança das alegações, juízo semelhante ao realizado pelo juiz na execução de prestações alimentícias antes regida pelo rito do artigo 733 do CPC, hoje artigo 528 do NCPC, após a defesa do executado alimentante.

Vale frisar que essa justificativa não é necessária no bojo da ação de execução ou do cumprimento de sentença, uma vez que a lei nada diz a esse respeito, mas somente na ação de consignação em pagamento e como forma de defesa nas ações acima citadas.

Como dissemos acima, o direito ao pagamento parcelado pode ser exercido nas seguintes hipóteses: no prazo para embargos no bojo da ação de execução de título extrajudicial ou no prazo para impugnação na fase de cumprimento de sentença; em ação própria de consignação em pagamento (artigos 891 e seguintes do CPC – artigos 539 e seguintes do NCPC); em defesa na ação de despejo por falta de pagamento nas locações urbanas, visando o locatário devedor à manutenção do contrato (artigo 62, II, da Lei nº 8.245/91); e em defesa na ação de busca e apreensão nos contratos de alienação fiduciária, com o fim de evitar que o credor fiduciário consolide sua propriedade sobre o bem, objeto da avença (artigo 3º, § 2º, do Decreto-lei nº 911/69).

Em suma, o direito material em tela não exige uma forma rígida e preconcebida para ser concretizado. Por exemplo, temos pleiteado judicialmente, em benefício de devedores de boa-fé, o reconhecimento do direito ao pagamento fracionado. Na ação de consignação em pagamento, Autos nº 483/2009, em trâmite perante a 5ª Vara Cível da Comarca de Ribeirão Preto/SP, foi comprovado que o requerente E.A. restou inadimplente junto à empresa concessionária do serviço público de fornecimento de energia elétrica em razão de onerosas despesas médicas e com medicamentos, após a descoberta de graves problemas de saúde de seu filho, ainda de tenra idade. Assim, demonstrada a boa-fé do devedor, que assumiu o débito, foi autorizado pelo juiz competente o depósito judicial dos valores, relativos às parcelas da dívida, com correção monetária e juros de 1% ao mês, dando-se por purgada a sua mora.

Em outra ocasião recente, mais especificamente no decorrer do mês de maio de 2010, nos Autos nº 1138/2010, em tramitação perante a 10ª Vara Cível da Comarca de Ribeirão Preto/SP, ficou demonstrado que a autora A.I.P. assumiu uma dívida perante uma instituição financeira em razão de informações errôneas prestadas por representantes do próprio banco. Em decisão liminar, o juiz competente reconhece a boa-fé da requerente e concede a antecipação de tutela para autorizar o pagamento parcelado da dívida, nos termos do artigo 745-A do CPC (artigo 916, NCPC), e determina que o requerido se abstenha de proceder à retenção dos valores que seriam creditados na conta corrente da autora oriundos do pagamento de seus proventos de aposentadoria.

Em resumo, o direito material ora defendido prescinde de uma forma rígida ou de um procedimento específico para sua realização e configura adequado instrumento em defesa dos necessitados, mais especificamente de seu crédito, sua dignidade e sua honra.

Nesse aspecto, o NCPC não trouxe grandes inovações, mas, pior, limitou a aplicação desse importante instrumento, especialmente ao impedir que o pagamento parcelado seja pleiteado no cumprimento de sentença (artigo 916, § 7º, NCPC).

9. PASSO A PASSO DA ATUAÇÃO DO DEFENSOR PÚBLICO NA COLHEITA DE INFORMAÇÕES E NO PROCESSO CIVIL

Na pretensão civil, sempre que possível, **deve o Defensor Público priorizar as formas pacíficas de solução das controvérsias**, com a conscientização da importância da "psicologia da pacificação", com o abandono da "psicologia da guerra". Que o ganho, por vingança, não compensa. Deve esgotar as formas extrajudiciais de resolução, com apoio da equipe multidisciplinar. Mesmo no bojo da ação, sempre resgatar a possibilidade de conciliação, de forma orientada e consciente, jamais impositiva.

É importante que o Defensor promova o acesso da parte a todas as espécies de tutelas jurisdicionais e de medidas executivas possíveis, bem como às provas pertinentes. Ainda, é direito do usuário que todos os recursos cabíveis sejam manuseados, desde que não sejam meramente protelatórios.

Especialmente no campo dos direitos sociais, ganha tez de fundamentalidade o uso das medidas urgentes, impondo ao Defensor o acesso às provas liminares a embasá-las. Tenho dito, aliás, deve o juiz designar audiência de justificação sempre de a concessão de tutelas urgências de direitos fundamentais depender de outras provas que não aquelas meramente documentais, como decorrência do direito de ação, conforme vimos alhures.

10. FLUXOGRAMA – PROCESSO CIVIL (Procedimento comum ordinário)

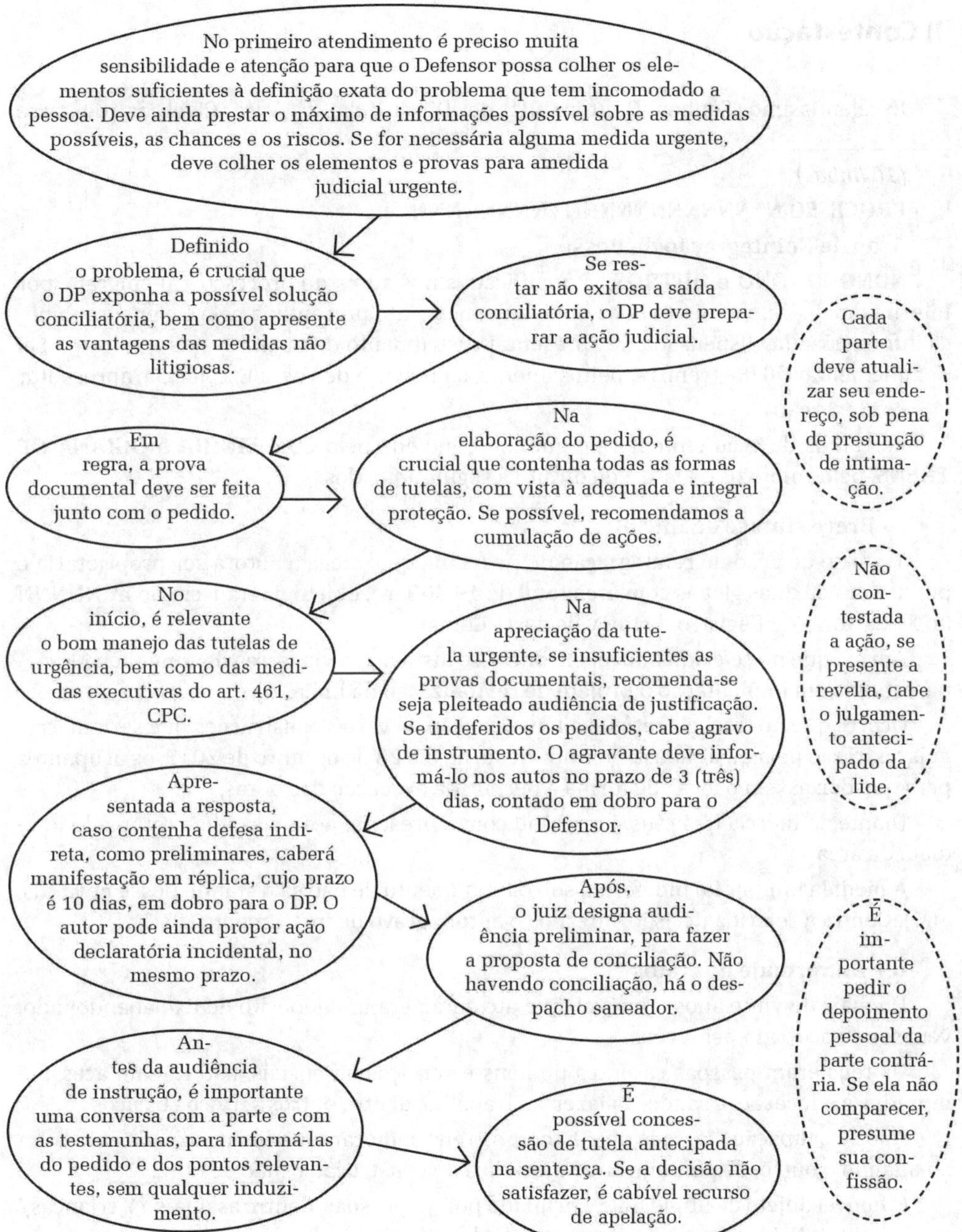

11. MODELOS

I) Contestação

Excelentíssimo Senhor Doutor Juiz de Direito da Xª Vara Cível da Comarca ______________

(10 linhas)

PROCESSO N° NNNNNNNNNNNNNNNNNNN

Ação de Reintegração de Posse

NONONONONO e OUTROS, já qualificados nos autos do processo em epígrafe, por intermédio da Defensoria Pública do Estado, neste ato presentada pela Defensora Pública infra-assinada, dispensada de apresentar instrumento de mandato nos termos da Lei Complementar 90/84, vêm, respeitosamente, à presença de Vossa Excelência, apresentar

contestação

nos autos da ação em epígrafe que lhe é movida pela **COMPANHIA MOGIANA DE TRENS**, pelos motivos de fato e de direito a seguir aduzidos:

I - Breve síntese da inicial

Trata-se de ação de reintegração de posse, na qual alega a autora ser proprietária e possuidora de duas glebas com área total de 19.000 m^2, objeto da transcrição nº NNNNN do Xº Cartório de Registro de Imóveis desta Comarca.

Afirma que no referido imóvel encontra-se instalada a via férrea denominada Mogiana, estando em implantação o projeto de revitalização da linha.

Ocorre que no trecho contíguo à nova estação há várias construções que seriam irregulares, razão pela qual cadastrou e notificou, no dia 23 de outubro de 2012, os ocupantes para que deixassem o local, de forma a permitir a execução das obras.

Diante da inércia dos réus, ingressou com a presente ação visando à retomada imediata da área.

A medida liminar foi indeferida sob o fundamento de não se tratar de posse nova (fls. MM). Contra a referida decisão, interpôs o autor agravo de instrumento (fls. NN).

II - Da verdade dos fatos

Há mais de vinte anos o imóvel, que até então era um depósito de lixo abandonado, vem sendo ocupado pelos réus.

Os réus eram pessoas carentes de bens e serviços essenciais, não tinham acesso à moradia, à educação, à saúde, ao lazer, ao trabalho, dentre outros serviços básicos.

Após a ocupação, há mais de 20 anos, os réus começaram a construção de casas, um auxiliando o outro, disponibilizando materiais de construção e mão de obra.

O imóvel objeto de litígio hoje é ocupado por XX pessoas, dentre as quais YY crianças/adolescentes, NN idosos e XX portadoras de deficiência.

Os réus residem no local há mais de 20 anos, nunca foram informados que o terreno era de propriedade da autora ou que haveria algum impedimento de constituírem sua moradia e de sua família. Eles dedicaram suas vidas, seu trabalho, seu tempo e suas economias para investirem em melhorias no entorno.

No ano de 2005, disponibilizou-se energia elétrica aos imóveis e na rua.

Se não bastasse, já existe idêntica ação possessória anteriormente proposta com os mesmos fins. De fato, trata-se dos mesmos autores e réus, a mesma causa de pedir e o mesmo pedido, com liminar indeferida inclusive.

Ainda, por fim, vale dizer que o imóvel situa-se em outra Comarca, em outro foro.

II – Do direito

Da litispendência

Conforme acima dito, já existe outra ação possessória igual proposta, sendo absolutamente impossível o processamento de nova ação diante dessa preliminar peremptória, sendo de rigor a extinção deste processo sem a resolução do mérito, conforme artigo 485, inciso V, do Novo CPC.

Sabe-se que tal matéria é preliminar de defesa, segundo artigo 337, inciso VI, do Novo CPC.

Da incompetência absoluta

Se não for extinto o processo pela litispendência, conforme acima anunciado, o imóvel cuja posse está em análise localiza-se na Comarca ________________, e não na Comarca da propositura desta ação, o que exige a imediata remessa dos autos ao Juízo Competente, pois a presente preliminar é meramente dilatória – não peremptória –, o que não acarreta a extinção do processo, mas apenas o ajuste de competência necessário, sem possibilidade de prorrogação, diante da natureza absoluta de tal regra, conforme fora expressa e destacadamente indicado pelo Novo CPC: "a ação possessória imobiliária será proposta no foro de situação da coisa, cujo juízo tem competência absoluta" (artigo 47, § 2º).

Do direito fundamental à moradia

O Direito à moradia é um direito fundamental, reconhecido pela Constituição (art. 6º da CF/88) e por diversos Tratados de Direito Internacional dos quais o Brasil é signatário[106], e, como tal, tem dois aspectos: um negativo, que diz com a proibição de políticas públicas que dificultem ou impossibilitem o exercício do direito à moradia, e outro, positivo, que diz com a obrigação do Estado de criar políticas públicas tendentes a promover e proteger o direito à moradia.

Nesse sentido, o art. 6º da CF/88 define o direito fundamental à moradia como direito social, que resta relacionado ao dever do Estado de concretizar às suas políticas públicas de habitação social, nos termos do art. 23, inc. IX e X da CF/88.

106 Declaração Universal de Direitos Humanos, de 1948 – art. XXV, item 01; Pacto Internacional de Direitos Econômicos, Sociais e Culturais, de 1966 – art. 11; Convenção Internacional sobre a Eliminação de Todas as Formas de Discriminação Racial, de 1965, art. V; Convenção Internacional sobre a Eliminação de Todas as Formas de Discriminação contra a Mulher, de 1979 – art. 14.2, item h; Convenção sobre os Direitos da Criança, de 1989 – art. 21, item 01; Declaração sobre Assentamentos Humanos de Vancouver, de 1976 – Seção III "8" e Capítulo II "A.3"; Agenda 21 sobre Meio Ambiente e Desenvolvimento, de 1992 – Capítulo 7, item 6.

Em particular, o art. 182 da CF/88 trata de relacionar o direito à moradia com o direito à cidade sustentável, estabelecendo, como objetivos das políticas públicas do Poder Público Municipal, o pleno desenvolvimento das funções sociais da cidade, para garantia do bem-estar de seus habitantes.

Nesse sentido, o art. 182 da CF/88 e a Lei 10.257/01 (Estatuto da Cidade), que cuidam de estabelecer os instrumentos jurídicos fundamentais da política urbana voltados ao pleno desenvolvimento das funções sociais da cidade, a fim de garantir o bem estar dos seus habitantes, devem ser entendidos não só como ferramentas de uma reengenharia social vazia, mas plenamente preenchida de valores jurídicos fundamentais.

Da usucapião

Como relatado acima, os réus exercem posse mansa, pacífica e ininterrupta sobre o imóvel em tela há mais de 20 (vinte) anos, posse esta exercida em nome próprio, destinando o imóvel, que mede mais que 250 m^2, à sua própria moradia e de sua família, valendo registrar, ainda, que não são proprietários ou possuidores de nenhum outro imóvel urbano ou rural.

Todas as pessoas que ocupam o imóvel objeto da lide o destinam à própria moradia e de suas famílias, valendo registrar, ainda, que não são proprietários ou possuidores de nenhum outro imóvel urbano ou rural.

A posse exercida durante todo este tempo pelos réus é posse desvinculada de qualquer negócio celebrado entre as partes. Decorre, puramente, do simples fato de possuir. E posse é fato, não depende de qualquer título que a justifique.

A posse dos réus, decorrente do fato de possuir, em virtude de suas características, é posse *ad usucapionem.*

Como amplamente explanado acima, os réus exercem posse em nome próprio, de forma mansa, pacífica e ininterrupta, sobre imóvel que ultrapassa duzentos e cinquenta metros quadrados, posse esta exercida com *animus domini.*

Tais características da posse exercida pelos réus, demonstradas pelos documentos que instruem os autos, aliadas às provas orais que serão oportunamente produzidas, demonstram que a autora já não tem mais direito algum sobre o bem, eis que o domínio do mesmo já foi transferido aos réus pela usucapião, usucapião esta prevista pelo artigo 1.228,§ 4º do Código Civil como usucapião coletiva.

Veja-se que o Estatuto da Cidade ampliou seus limites objetivos quando expressamente permitiu em seu art. 13 que: "na usucapião especial de imóvel urbano poderá ser invocada como matéria de defesa, valendo a sentença que a reconhecer como título para registro no cartório de registro de imóveis".

O artigo 10 do Estatuto da Cidade, que está inserido no capítulo da "Dos Instrumentos da Política Urbana", preconiza textualmente o seguinte:

"Art. 10. As áreas urbanas com mais de duzentos e cinquenta metros quadrados, ocupadas por população de baixa renda para sua moradia, por cinco anos, ininterruptamente e sem oposição, onde não for possível identificar os terrenos ocupados por cada possuidor, são susceptíveis de serem usucapidas coletivamente, desde que os possuidores não sejam proprietários de outro imóvel urbano ou rural."

A usucapião coletiva (art. 10, da Lei 10.257/01), enquanto instrumento de política urbana, tem como fim possibilitar o desenvolvimento das funções sociais da cidade e garantir o bem-estar de seus habitantes.

Interessante notar que para a aquisição da propriedade pela usucapião coletiva, não é necessário apresentar justo título, como que reconhecendo o Estatuto da Cidade a lastimável situação contratual da classe menos favorecida, a população de baixa renda, que, como dito acima, vive forçadamente à margem daqueles que possuem condições de serem assessorados por um profissional da área jurídica, não podendo tal fato ser olvidado por Vossa Excelência.

O objetivo é que a usucapião seja reconhecida. Por uma via ou pela outra o direito fundamental à moradia será preservado e garantido.

O que não pode ocorrer é a retirada forçada dos réus do imóvel, na contramão do que determina a Constituição, o Código Civil e o Estatuto da Cidade.

Com a procedência da ação pretendida pela autora, estar-se-ia violando um direito fundamental à moradia de pessoas de baixa renda que não possuem outro lugar para morar, direito este que estaria sendo violado em desrespeito aos próprios objetivos da Constituição.

O resultado da procedência desta ação seria o seguinte: os réus e seus familiares, pessoas necessitadas e que já possuem situação consolidada no imóvel, lá constituindo sua família e lançando suas bases, seriam obrigadas a desocupar o imóvel para a instalação de via férrea.

Não há razão para retirar pessoas necessitadas e colocar uma via férrea, eis que, neste caso, estaria sendo realizada uma injustiça com estas pessoas carentes. Ora, há que se privilegiar a situação consolidada dos réus e seus familiares. A autora, com a retirada destes moradores, persegue interesse exclusivamente econômico, contrariando a própria finalidade do conceito de moradia estabelecida pela Carta Magna, que é a de garantir o direito fundamental à moradia.

O Judiciário, de seu lado, não pode atender o interesse exclusivamente econômico da autora, pois, enquanto Poder do Estado também tem a missão constitucional de zelar e garantir os direitos fundamentais, sobretudo aquele que atualmente é tão violado: a moradia.

Vale observar, ainda, que em se tratando de direito fundamental social, incide a regra da vedação do retrocesso.

A retirada dos réus e de suas famílias do imóvel significa retroceder a uma situação que violaria seus direitos fundamentais à moradia, direitos estes já consolidados pelo transcurso do tempo.

Os direitos fundamentais sociais exigem um "fazer" do Estado que, obviamente, encontra limites em sua capacidade financeira de promovê-los. Entretanto, o que não pode acontecer, em absoluto, é o afastamento e a violação de um direito social já consolidado, pois tal situação configuraria um retrocesso inconstitucional.

De outro lado, vale registrar que a doutrina consagrada dos direitos fundamentais ensina que não há direito algum absoluto. Até mesmo o direito à vida, que parece ser o mais importante direito da pessoa, cede espaço em algumas situações concretas, como a possibilidade de aborto em caso de estupro.

Ora, se nem mesmo os direitos fundamentais podem ser concebidos como direitos absolutos em seu inter-relacionamento, quem dirá um direito que não é fundamental, como aquele previsto pelo artigo 183, § 3º (os imóveis públicos não serão adquiridos por usucapião).

Do direito de retenção e indenização por benfeitorias e acessões

Exercendo posse de boa-fé sobre o imóvel, os réus introduziram benfeitorias necessárias.

Nos termos do art. 1.201 do Código Civil: *"é de boa-fé a posse, se o possuidor ignora o vício ou o obstáculo que impede a aquisição da coisa".*

Os réus, pessoas simples e humildes que são, encontraram a área, ora litigiosa, completamente abandonada.

Frise-se que não houve esbulho, a ocupação não foi clandestina e não houve qualquer tipo de violência pelos réus. Assim que nos termos do artigo 1.219 e 1.255 do Código Civil, os moradores têm direito à indenização pelas benfeitorias e acessões realizadas e o consequente direito de retenção pelo valor das mesmas.

Estando de boa-fé, aquele que benfeitorias fez pode reclamar indenização pelo que investiu, em homenagem ao princípio da vedação do enriquecimento sem causa (art. 884 do CC.).

Indiscutível a negligência da autora, que permitiu por seguidos anos que os réus depositassem as economias de toda uma vida no imóvel onde moram, tornando-as habitáveis e confortáveis na medida de suas posses.

A área encontrava-se abandonada, tendo sida recuperada e dada sua função social pelos réus, que durante todos esses anos não mediram esforços para proporcionar um ambiente agradável para suas famílias.

Neste sentido tem prelecionado a jurisprudência: "POSSESSÓRIA – **Reintegração de posse – Benfeitorias realizadas pelos possuidores de boa-fé – Indenização – Admissibilidade – Valor liquidado com base nos cálculos apresentados pelo perito técnico** – Irresignação da autora que aduz ser imprescindível a incidência dos fatores de obsolescência e abrigo de auto sobre o cálculo da indenização, com consequente redução do montante apurado – Descabimento – Inexistência de irregularidade no mister desenvolvido pelo perito técnico do Juízo, que apreciou com justeza as benfeitorias realizadas pelos possuidores de boa-fé, atribuindo valor equitativo a título de indenização – Recurso improvido. (Apelação Cível n. 194.642-5/0 – São Paulo – 7ª Câmara de Direito Público – Relatora: Constança Gonzaga – 16.4.2007 – V.U. – Voto n. 7.862)."

No que tange às acessões, ou seja, às construções realizadas no terreno, o art. 1255 do CC, expressamente determina que "aquele que semeia, planta ou edifica em terreno alheio perde, em proveito do proprietário, as sementes plantas e construções; **se procedeu de boa-fé, terá direito a indenização.**"

E, ainda, não obstante a ausência de previsão legal, é o entendimento da doutrina e da jurisprudência que às acessões se aplicam os dispositivos das benfeitorias em relação ao direito de retenção, quando de boa-fé os ocupantes da área a ser reintegrada.

Nesse sentido está o enunciado n. 81 do Conselho de Estudos Judiciários do STJ, que dispõe que "o direito de retenção previsto no art. 1.219 do CC, decorrente da realização de benfeitorias necessárias e úteis, também se aplica às acessões (construções e plantações), nas mesmas circunstâncias."

Indiscutível, desta forma, o reconhecimento do direito de indenização e retenção pelas benfeitorias e acessões realizadas na área litigiosa.

III - Do pedido

Ante o exposto, requer-se a Vossa Excelência:

a) a concessão dos benefícios da justiça gratuita, por serem os réus pessoas hipossuficientes na acepção jurídica do termo;

b) a manutenção do indeferimento do pedido liminar para, ao final, julgar a ação improcedente, reconhecendo e, cumulativamente, a exceção de usucapião;

c) na remota hipótese de não acolhimento das matérias alegadas, reconhecer o direito dos réus à indenização e retenção pelas benfeitorias/acessões realizadas no local;

d) condenar a autora nas custas e honorários advocatícios;

Protesta provar o alegado por todos os meios de prova admitidos em direito, especialmente pela oitiva de testemunhas, pela expedição do mandado de constatação e depoimento pessoal dos réus, sob pena de confesso e juntada de novos documentos.

Termos em que,

Pede deferimento.

Local e data

Defensor(a) Público(a)

ROL DE TESTEMUNHAS:

- XXXXXXXXXXXXXXXXXX

II) Contestação com preliminar de incompetência relativa

Excelentíssimo Senhor Doutor Juiz de Direito da 1ª Vara Cível da Comarca de BBBBBBBBBBBBBBBBBBBBB.

Processo nº NNNNNNNNNNNNNNN

(10 linhas)

Margarida MMMMMMMMMM, (qualificação), por intermédio da Defensoria Pública do Estado, vem à presença de Vossa Excelência, com fulcro nos artigos 336 e 337 do Novo Código de Processo Civil, oferecer

CONTESTAÇÃO

aos termos da ação de exoneração que move Antônio FFFFFFFFFFF (qualificação), pelas razões e fundamentos a seguir expostos.

Dos fatos

A requerida foi surpreendida com o recebimento citação, mediante carta precatória, em ação exoneração de alimentos que lhe move Antônio FFFFFFFFFF, tramitando perante essa egrégia 1ª Vara Cível da Comarca BBBBBBBBBBBB nos autos do Processo NNNNNNNNN.

Data venia, a requerida não pode se conformar com o mérito do pedido e com a competência deste douto juízo para processamento do feito, diante das regras legais que a autorizam.

Da preliminar de incompetência relativa

Destarte, a pretensão do autor envolve pensão alimentícia. Nesses casos, deve-se prevalecer a competência do domicílio da alimentada, como forma de se garantir a presumida carência da requerida e o amplo acesso aos órgãos jurisdicionais.

Ocorre que o domicílio da requerida está adstrito ao município de RRRRRRRR, Estado de São Paulo. Dessa forma, a fim de se fazer valer as disposições legais que asseguram a competência da comarca desse município, bem como ampla proteção à alimentada, impende que os autos sejam remetidos ao juízo da família e das sucessões da comarca de RRRRRRRRRRRR, Estado de São Paulo.

A comprovação do domicílio da requerida é evidente. Se não bastassem os documentos acostados à presente, especialmente o comprovante de residência, há de se reconhecer que o próprio autor da demanda indicou endereço no município de RRRRRRRRRRRR.

Ainda, a fim de confirmar o domicílio, o sr. oficial de justiça, mediante cumprimento da carta precatória, encontrou e citou o excipiente na comarca de RRRRRRRRRRRRRRR.

Do direito

Pelo CPC revogado (de 1973), a exceção de incompetência, que era autuada em apartado aos autos principais, tinha por escopo assegurar à parte interessada a inocorrência da prorrogação de foro maculado pela incompetência relativa.

Nessa esteia, o ajuizamento de pretensão em foro diverso daquele indicado pela legislação processual civil como competente, ensejava o oferecimento da exceção, a fim de se garantir a remessa dos autos e o fiel cumprimento às disposições legais.

Mas, com o Novo CPC, dispensa-se a necessidade de exceção para simplificar e admitir a alegação em preliminar de contestação (artigo 337, inciso II, NCPC).

Segundo o artigo 53, inciso II, do Novo Código de Processo Civil, é competente o foro "do domicílio ou da residência do alimentando, para a ação em que se pedem alimentos". O artigo mencionado homenageia a ampla proteção aos necessitados, na medida em que ameniza os altos custos e dissabores das disputas judiciais.

Dessa forma, **a exoneração dos alimentos**, conforme pretendido pelo autor, também deverá ser demandada no foro daquele que, ao menos até o deslinde final da demanda, recebe os alimentos, diante de sua carência econômica. Salienta-se que essa hipossuficiência, certamente, foi reconhecida quando os alimentos foram fixados, uma vez que é condição indispensável para a caracterização dos alimentos a necessidade daqueles que os recebem.

A rejeição desta contestação, admitida hipoteticamente, é de alarmante prejuízo à alimentada, uma vez que, conforme já mencionado alhures, não possui condições de suportar com as despesas e dissabores com o deslocamento a comarca diversa daquela em que possui domicílio.

Do mérito

No mérito, a requerida provará que nada justifica a procedência do pedido, pois as condições socioeconômicas do autor mantêm-se incólumes desde a fixação dos alimentos e, de outra ponta, a situação de ré apenas piorou, uma vez que foi diagnosticada com a síndrome de XXXXXXXX e tem elevados gastos escolares.

Dos pedidos

Em face do exposto, como forma de se fazer valer os direitos do alimentando, especialmente no que tange à competência de foro prevista no artigo 53, inciso II, do NCPC, requer-se de Vossa Excelência:

1) O reconhecimento da incompetência relativa e a consequente remessa dos autos ao Juízo competente;

2) a concessão, ao réu, dos benefícios da Justiça Gratuita;

3) após a regularização da competência, que sejam produzidas as provas aqui pleiteadas e, no fim, seja julgada improcedente a presente ação, condenando-se o autor aos ônus da sucumbência;

4) Provar o alegado por todos os meios de prova admitidos, especialmente depoimento pessoal e prova documental, e a oitiva de testemunhas;

Nestes termos,

Pede deferimento.

Local e data

Defensor(a) Público(a)

II "b" - CONTESTAÇÃO PARA A CORREÇÃO DO POLO PASSIVO

Excelentíssimo Senhor Doutor Juiz de Direito da 1ª Vara Cível da Comarca de BBBBBBBBBBBBBBBBBBBBB.

Processo nº NNNNNNNNNNNNNN

(10 linhas)

Sebastião Gonzalo MMMMMMMMMM, (qualificação), por intermédio da Defensoria Pública do Estado, vem à presença de Vossa Excelência, com fulcro nos artigos 336, 337 e 339 do Novo Código de Processo Civil, oferecer

CONTESTAÇÃO

aos termos da ação de demarcação que lhe move Joaquim FFFFFFFFFFF (qualificação), pelas razões e fundamentos a seguir expostos.

Dos fatos

O requerido foi citado em ação de demarcação pelo autor/confinante do lado esquerdo do imóvel por ele ocupado, mas de propriedade de terceiro, seu empregador.

De fato, o réu, que ora contesta, foi citado como responsável pelo imóvel que reside, mas o faz em nome de outro, pois é empregado de seu proprietário e apenas reside no imóvel para exercer seu ofício ("caseiro" e "agricultor").

Do direito

O Novo CPC extinguiu a intervenção de terceiro consistente na "nomeação à autoria", mas autorizou que a correção do polo passivo seja provocada pelo réu/citado na própria contestação, segundo o artigo 339:

Art. 339. Quando alegar sua ilegitimidade, incumbe ao réu indicar o sujeito passivo da relação jurídica discutida sempre que tiver conhecimento, sob pena de arcar com as despesas processuais e de indenizar o autor pelos prejuízos decorrentes da falta de indicação.

§ 1º O autor, ao aceitar a indicação, procederá, no prazo de 15 (quinze) dias, à alteração da petição inicial para a substituição do réu, observando-se, ainda, o parágrafo único do art. 338.

§ 2º No prazo de 15 (quinze) dias, o autor pode optar por alterar a petição inicial para incluir, como litisconsorte passivo, o sujeito indicado pelo réu.

Enfim, o réu é parte ilegítima e não deve responder à presente ação, sendo de rigor a sua exclusão do polo passivo, com a inclusão do real proprietário do imóvel o Sr. Benedito Silveira MMMMMM (qualificação), que deverá ser citado nos termos da presente demanda.

Dos pedidos

Em face do exposto, requer-se de Vossa Excelência:

1) O reconhecimento da ilegitimidade passiva do réu, nos termos do artigo 339 do Novo CPC, com sua exclusão do polo passivo, incluindo o real proprietário do imóvel;

2) a concessão, ao réu, dos benefícios da Justiça Gratuita;

3) caso não seja reconhecida a ilegitimidade *a prori,* que sejam produzidas as provas aqui pleiteadas e, no fim, seja declarada a inadequação do polo passivo ou, então, no mérito, seja julgada improcedente a presente ação, condenando-se o autor aos ônus da sucumbência;

7) Provar o alegado por todos os meios de prova admitidos, especialmente depoimento pessoal e prova documental, e a oitiva de testemunhas;

Nestes termos,

Pede deferimento.

Local e data

Defensor(a) Público(a)

III) Embargos à execução

EXCELENTÍSSIMO SENHOR DOUTOR JUIZ DE DIREITO DA 9ª VARA CÍVEL DA COMARCA DE RRRRRRRRRRRRRRRRRR - SP

Por dependência ao Processo n.º NNNNNNNNNNNNNNN

(*10 linhas*)

JOSE TTTTTTTTTT, (qualificação), citado por edital nos autos NNNNNNNNN o qual tramita perante esta Vara, vem respeitosamente, perante Vossa Excelência, por intermédio da *DEFENSORIA PÚBLICA DO ESTADO DO ESTADO DE SÃO PAULO, neste ato pela Defensora Pública* ao final desta subscreve, com fulcro nos artigos 914 e seguintes do Novo Código de Processo Civil oferecer

EMBARGOS

à execução de título extrajudicial que lhe move Associação das WWWWWWWWWWWWWWW, pessoa jurídica de direito privado, inscrita no CNPJ/MF sob. N.00000000000000000, com fundamento nas razões de fato e de direito abaixo apresentadas:

1. Salienta-se, inicialmente, que segundo o disposto no art. 4º, inciso VI da Lei Complementar Federal n. 80 de 1994, a Defensoria Pública do Estado de São Paulo, neste ato pela Defensora Pública subscritora, atuará nos presentes autos na função de curadora especial.

2. O embargado da presente ação afirma que é credor da importância de R$ VVVVVVVVVVV (vvvvvvvvvvvvvvvvvvvvvvvvvvvvvvvvvvv).

3. É requisito necessário para realizar qualquer execução o inadimplemento do devedor. É o que se destaca do artigo 786 do Novo Código de Processo Civil, ao ensinar que a execução pode ser instaurada caso o devedor não a satisfaça a obrigação *certa, líquida e exigível*, consubstanciada em *título executivo.*

Sobre a exigência de comprovação do inadimplemento, o Superior Tribunal de Justiça já se manifestou através do REsp 750805 / RS. RECURSO ESPECIAL 2005/0080845-0.

Ainda que o objeto da ação de execução título executivo extrajudicial seja o contrato de prestação de serviços, os cheques juntados – os quais demonstram o eventual inadimplemento – não foram emitidos pelo embargante, ou endossados por este.

Dessa forma, considerando que as cártulas foram expedidas por terceiros sem a autorização do titular da conta, tais negócios jurídicos, representados pelos títulos, são praticamente inexistentes. Não são nulos ou anuláveis, mas inexistentes.

Aos presentes embargos à execução devem ser outorgados os efeitos suspensivos, diante da presença dos requisitos do artigo 919 do NCPC:

Art. 919 Os embargos à execução não terão efeito suspensivo.

§ 1º O juiz poderá, a requerimento do embargante, atribuir efeito suspensivo aos embargos quando verificados os requisitos para a concessão da tutela provisória e desde que a execução já esteja garantida por penhora, depósito ou caução suficientes.

Diante disso, requer o Embargante sejam julgados procedentes os presentes embargos, para declarar inexistente o suposto crédito, extinguindo-se a presente execução.

Saliente-se ainda quanto a observância de prerrogativas atribuídas aos membros da Defensoria Pública Estadual (artigos 128 da Lei Complementar Federal nº 80, de

1994), em especial a contagem de prazo em dobro e intimação pessoal de todos os atos processuais.

Protesta provar o alegado por quaisquer meios de prova em direito admitidos, especialmente pela prova grafotécnica, intimando-se o Embargante para a coleta do material.

Dá-se a causa o valor de R$ VVVVVVVVVVVVVVV (vvvvvvvvvvvvvvvvvvvvvvvvvvvvvv).

Pede deferimento.

Local e data

Defensor(a) Público(a)

IV) Impugnação ao cumprimento de sentença

EXCELENTÍSSIMO (A) SENHOR (A) DOUTOR (A) JUIZ (A) DE DIREITO DA Xª VARA CÍVEL YYYYYYYYYYYYYYYYYYYYYYYYYY COMARCA DE SÃO PAULO - SP

Processo n.º BBBBBBBBBBBBBBBB

(10 linhas)

LAICA MMMMMMMMM, qualificada nos autos em epígrafe, **Ação de Reintegração de Posse**, em fase de cumprimento de sentença, ajuizada por **CIA ITAULEASING PPPPPPPPPPPP**, qualificada, por intermédio da Defensoria Pública do Estado de São Paulo, vem, respeitosamente, à presença de Vossa Excelência, apresentar ***IMPUGNAÇÃO***, aduzindo, para tanto, os relevantes motivos de fato e de direito que seguem:

DA IMPENHORABILIDADE DAS CONTAS BANCÁRIAS DA EXECUTADA – CONTA POUPANÇA E CONTA SALÁRIO:

Trata-se de cumprimento de sentença transitada em julgado que condenou a executada ao pagamento de crédito atualizado de R$ 11.903,60 (fls. 188 e 189).

Foi efetuada penhora *on-line*, via Bacen-jud, em contas da executada mantidas na Caixa Econômica Federal, no valor de R$ 1.126,85 (um mil cento e vinte e seis reais e oitenta e cinco centavos).

A conta n.° CCCCCCCCC, com saldo bloqueado de R$ 343,18 (trezentos e quarenta e três reais e dezoito centavos) é destinada ao depósito de pensão previdenciária da executada.

A conta n.° NNNNNNNNNNNN com saldo bloqueado de R$ 783,67 (setecentos e oitenta e três reais e sessenta e sete centavos) refere-se a conta poupança, conforme demonstra o extrato anexo.

Vê-se, assim, que os valores constritos são **absolutamente impenhoráveis**, posto que provenientes de conta com natureza salarial (pagamento de benefício previdenciário) e conta poupança, em valor inferior ao limite legal, como determina o artigo 833, incisos IV e X, do Código de Processo Civil, vejamos:

Ante a impenhorabilidade dos valores constritos, de rigor a decretação da nulidade das referidas penhoras, como reconhece a jurisprudência: *"PROCESSUAL CIVIL – AGRAVO DE INSTRUMENTO – AÇÃO DE EXECUÇÃO FISCAL – NECESSIDADE DE INTIMAÇÃO PESSOAL DO REPRESENTANTE JUDICIAL DA FAZENDA PÚBLICA – NULIDADE DA PENHORA – ALEGAÇÃO POR SIMPLES PETIÇÃO NOS AUTOS DA EXECUÇÃO – POSSIBILIDADE – PENHORA DE VALORES EM CONTA CORRENTE REFERENTES A SALÁRIO – BEM IMPENHORÁVEL – DECRETAÇÃO DE NULIDADE DA PENHORA COM FUNDAMENTO EM DOCUMENTO APRESENTADO PELO EXECUTADO – VIOLAÇÃO DO ART. 398, DO CÓDIGO DE PROCESSO CIVIL, E DO PRINCÍPIO DO CONTRADITÓRIO – INOCORRÊNCIA – (...)* ***4. Demonstrado que os valores penhorados em conta corrente referem-se a salário, forçoso reconhecer a nulidade da penhora, face a impenhorabilidade dessa verba laboral, a teor do disposto no art. 649, IV, do Código de Processo Civil.*** *5. Recurso conhecido, mas improvido. (TJES – AI 024019000082 – 1ª C.Cív. – Rel. Des. Annibal de Rezende Lima – J. 29.12.2003) JCPC.398 JLEF.25 JCPC.649 JCPC.649.IV (grifo nosso)."*

Por fim, ante a natureza das contas bloqueadas, requer-se que este juízo indefira futuras penhoras *on-line*, que recaiam sobre referidas contas.

Isto posto é a presente para **requerer**:

a) a concessão dos benefícios da Justiça Gratuita, por se tratar de pessoa hipossuficiente que não possui condições financeiras suficientes para arcar com valores a título de custas judiciais, taxa judiciária e honorários advocatícios, sem prejuízo de seu sustento;

b) o reconhecimento das prerrogativas de que goza a Defensoria Pública: contagem em dobro dos prazos processuais e intimação pessoal do Defensor Público;

c) requer-se o reconhecimento da nulidade das penhoras realizadas nas contas do Banco Caixa Econômica Federal, acima indicadas, proibindo-se futuras constrições sobre as mesmas;

Requer provar o alegado por todos os meios de prova em direito admitidos.

Termos em que, pede deferimento.

Local e data

Defensor(a) Público(a)

V) Exceção de pré-executividade

EXCELENTÍSSIMO SENHOR DOUTOR JUIZ DE DIREITO DO JUIZADO ESPECIAL CÍVEL DA COMARCA DE RRRRRRRRRRRR - ESTADO DE SÃO PAULO

Processo nº SSSSSSSSSSSSSSSSSS

EXECUÇÃO DE TÍTULO JUDICIAL

(*10 linhas*)

DANIELA XXXXXXXXXXXXX, já qualificada nos presentes autos, feito em epígrafe, relativo à **EXECUÇÃO DE TÍTULO JUDICIAL – SENTENÇA ARBITRAL** que lhe move **SOLU-**

ÇÕES TTTTT LTDA ME, vem respeitosamente, perante Vossa Excelência, por intermédio do Defensor Público que esta subscrevem, este dispensado da apresentação de procuração a teor do disposto no artigo 128, inciso XI, da LC 80/94, apresentar a

EXCEÇÃO DE PRÉ-EXECUTIVIDADE, nos seguintes termos:

I- DO CABIMENTO DA MEDIDA:

Nelson Nery Júnior e Rosa Maria Andrade Nery conceituam a presente medida da seguinte forma: *É o meio de defesa que prescinde da segurança do juízo para ser exercido,* ***justamente porque versa sobre matérias de ordem pública, a respeito das quais o juiz deve pronunciar-se de ofício.*** *Se a ação de execução não poderia ter sido proposta em virtude de, por exemplo, faltar eficácia executiva ao título, não se pode onerar o devedor com a segurança do juízo para poder se defender*[107]. (grifei)

Portanto, não há dúvidas do cabimento da presente exceção de pré-executividade, tendo em vista a patente nulidade da sentença arbitral em relação de consumo, por ser expressamente considerada cláusula abusiva pelo Código de Defesa do Consumidor a determinação da utilização de arbitragem (**matéria de ordem pública**).

Vale acrescentar que o artigo 803, parágrafo único, do Novo Código de Processo Civil, finalmente regulamentou a exceção de pré-executividade, ao prever que "a nulidade de que cuida este artigo será pronunciada pelo juiz, de ofício ou a requerimento da parte, **independentemente de embargos à execução".**

II- DA NULIDADE DA SENTENÇA ARBITRAL:

O CDC preconiza em seu artigo 51 (Das Cláusulas Abusivas), inciso VII:

Art. 51. São ***nulas de pleno direito****, entre outras, as cláusulas contratuais relativas ao fornecimento de produtos e serviços que:*

VII - determinem a utilização compulsória de arbitragem; (grifei).

Conforme contrato social depreende-se que no polo ativo encontra empresa cujo objetivo é a exploração do ramo de "Prestação de Serviços de cursos livres e técnicos, e, comércio varejista de materiais didáticos e pedagógicos em geral" (fls. 05/12).

Desta feita é notório que no exercício de sua atividade o exequente **é fornecedor de serviços**, visando ministrar cursos para os interessados na área. Na fl. 14, tópico referente "Da Síntese dos fatos e dos Pedidos" constam as seguintes informações: *"(...) existência de débito sob a responsabilidade contratual da requerida, o qual seja decorrente da desistência de curso na área de informática, pactuado pelas partes supraqualificadas através do* ***contrato de prestação de serviços educacionais registrado sob o número 506/10, o qual fora firmado na data de 07 (sete) de janeiro de 2.010*** *(...)*

O trecho acima destacado em cotejo com fl. 15, não deixa dúvidas de que a cláusula (NULA DE PLENO DIREITO) que determinava a utilização compulsória de arbitragem constava no contrato de consumo firmado entra as partes: *"(...)* ***CORTE ARBITRAL MER-***

107 JÚNIOR, Nelson Nery. NERY, Rosa Maria Andrade. **Código de Processo Civil Comentado**. 4ed. rev. e ampl., São Paulo: Revista dos Tribunais, 1999. p. 1185.

CANTIL DO BRASIL**, por meio de **Instrumento Particular registrado sob o n. 506/10 contendo cláusula arbitral assinado em 07 (sete) de janeiro de 2.010, a qual foi reiterada através de Compromisso Arbitral firmado em 08 (oito) de novembro de 2010". (grifei).

Ademais, é notório ser o consumidor a parte vulnerável na relação de consumo, sendo vedada qualquer conduta por parte do fornecedor que dificulte ou obste o acesso do consumidor à justiça. A vulnerabilidade econômica e jurídica do consumidor é presumida, não podendo o fornecedor se valer de cláusulas que dificultam o direito de defesa do consumidor, como no caso de cláusula arbitral.

Nessa senda é o disposto nos incisos VII e VIII: ***Art. 6º São direitos básicos do consumidor**: **VII** - o acesso aos órgãos judiciários e administrativos com vistas à prevenção ou reparação de danos patrimoniais e morais, individuais, coletivos ou difusos, assegurada a proteção Jurídica, administrativa e técnica aos necessitados; **VIII** - a facilitação da defesa de seus direitos, inclusive com a inversão do ônus da prova, a seu favor, no processo civil, quando, a critério do juiz, for verossímil a alegação ou quando for ele hipossuficiente*, segundo as regras ordinárias de experiências;

A respeito do tema em foco, não é outro o entendimento Jurisprudencial senão o de **nulidade** da sentença arbitral. Vejamos: **AÇÃO DE REVISÃO CONTRATUAL - RELAÇÃO DE CONSUMO - POSSIBILIDADE DE REVISÃO DAS CLÁUSULAS CONTRATUAIS - ARBITRAGEM - ONEROSIDADE EXCESSIVA AO CONSUMIDOR.** Em se tratando de relação de consumo, é possível que se modifiquem as cláusulas que destoem das disposições do CDC (art. 6º, V), mormente as que estabeleçam obrigações consideradas iníquas, abusivas, que coloquem o consumidor em desvantagem exagerada ou que sejam incompatíveis com a boa-fé ou a equidade (art. 51, IV do CDC). - Nos de contratos de adesão, **é nula de pleno direito cláusula contratual que prevê arbitragem compulsória (art. 51, VII do CDC). O princípio da autonomia privada, aqui, é mitigado por princípios outros, como o da igualdade, da boa-fé e da função social do contrato, o que se justifica em razão da evidente vulnerabilidade de um dos contratantes, que será obrigado a se sujeitar às cláusulas impostas pelo outro, se com ele quiser contratar.** (TJMG - Número do processo: 1.0702.06.319785-0/002 18ª CÂMARA CÍVEL - Relator: Des. ELPÍDIO DONIZETTI - Data da Publicação: 24/03/2009). (grifei).

AGRAVO DE INSTRUMENTO - CONTRATO DE COMPRA E VENDA - RELAÇÃO DE CONSUMO - POSSIBILIDADE DE REVISÃO DAS CLÁUSULAS CONTRATUAIS - ARBITRAGEM - ONEROSIDADE EXCESSIVA AO CONSUMIDOR. Em se tratando de relação de consumo, é possível que se modifiquem as cláusulas que destoem das disposições do CDC (art. 6º, V), mormente as que estabeleçam obrigações consideradas iníquas, abusivas, que coloquem o consumidor em desvantagem exagerada ou que sejam incompatíveis com a boa-fé ou a equidade (art. 51, IV do CDC). - Nos contratos de adesão, é nula de pleno direito cláusula contratual que prevê arbitragem compulsória (art. 51, VII do CDC).(TJMG-Número do processo: 1.0024.08.058093-9/001 - 11ª CÂMARA CÍVEL - Relator: Des.(a) FERNANDO CALDEIRA BRANT - Data da Publicação: 01/06/2009).

III- DO PEDIDO:

Ante o exposto requer:

a) A nulidade da sentença arbitral de fls. 15/18 e a consequente decretação de extinção do processo de acordo com o artigo 485, inciso IV do CPC;

b) A concessão à executada, os benefícios da Justiça Gratuita, eis que é pessoa pobre na acepção legal do termo;

c) Requer ainda a contagem de prazo em dobro e a forma pessoal de intimações, nos termos da Lei Complementar nº 94/80, eis que a executada será representada pela Defensoria Pública do Estado,

Nestes termos, pede deferimento.

Local e data

Defensor(a) Público(a)

VI) Embargos monitórios

EXCELENTÍSSIMO SENHOR DOUTOR JUIZ DE DIREITO DA VARA ÚNICA DO FORO DISTRITAL DE TTTTTTT DA COMARCA DE SSSSSSSSSSS-SP

Processo autuado sob o nº WWWWWWWWWWWW

10 linhas)

CLERISMAR DDDDDDDDDD, (qualificação), vem, por intermédio da Defensoria Pública do Estado, neste ato pelo Defensor Público subscritor, dispensado da apresentação de procuração de acordo com a Lei Complementar Nacional nº 80/94 e a Lei Complementar Estadual nº 988/06, vem, perante Vossa Excelência, com fundamento no art. 702 do Novo Código de Processo Civil, nos autos da ação em epígrafe que lhe move **ISAIAS PPPPPPPPPPPP**, ajuizar os presentes

EMBARGOS MONITÓRIOS

pelos motivos fáticos e jurídicos a seguir articulados.

Propôs o embargado a mencionada ação monitória, visando ao recebimento da quantia de R$ 894,64 (oitocentos e noventa e quatro reais), representada por dois cheques de emissão da embargante, no valor de R$ 447,32 de nº 000017 e nº 000018, emitidos em 05 de abril de 2011.

Alega ainda que manteve transação com o suplicado e que tentou receber o valor ajustado, porém sem êxito.

Estabelece o art. 702 do Novo do Código de Processo Civil que, no prazo de 15 dias, poderá o réu oferecer embargos, que suspenderão a eficácia do mandado inicial. Nesse sentido, opõem-se os presentes embargos, para demonstrar a total improcedência da ação, como se passa a demonstrar.

Preliminarmente, a embargada deixou de juntar à petição inicial os documentos imprescindíveis à propositura da ação.

Assim, não foram anexadas as planilhas detalhadas do crédito, indicando taxas de juros e demais encargos aplicados, bem como os instrumentos contratuais pertinentes.

O Novo Código de Processo Civil, em seu artigo 700 expõe que "a ação monitória pode ser proposta por aquele que afirmar, com base em prova escrita sem eficácia de título executivo, ter direito de exigir do devedor capaz: I – o pagamento de quantia em dinheiro (...)".

Tais documentos são indispensáveis, pois, na sua falta, torna-se impossível o regular exercício dos direitos fundamentais à ampla defesa e ao contraditório, conforme o art. 5º, inciso LV da Carta Magna.

Ademais, é requisito indispensável à propositura da ação monitória, a instrução de prova documental desde a petição inicial, uma vez que o sistema pátrio não adotou o procedimento monitório puro, que dispensa tal exigência. Havendo assim, com fulcro no artigo 700 do Novo CPC, flagrante carência de ação, como já consagrou nosso Egrégio Tribunal de Justiça: AÇÃO MONITÓRIA – CARÊNCIA DE AÇÃO – ART. 1102 – A - CPC – EMBARGOS INFRINGENTES – ACOLHIMENTO – Embargos Infringentes. Ação monitória. Carência acionária. Fatura emitida unilateralmente pelo credor, sem provir do devedor, ou de quem o represente. **Não tendo o nosso sistema jurídico acolhido o processo monitório puro, mas o documental, como exsurge da norma do art. 1.102-A do CPC**, a prova escrita, sem eficácia de título executivo, há de emanar do devedor, ou de quem o represente. Não revestido o documento ofertado desse requisito, descabe o procedimento monitório intentado. Carência reconhecida. Acolhimento dos Embargos. (CLG) (TJRJ – EIAC 333/98 – (Reg. 260.599) – 4º G.C.Cív. – Rel. Des. Luiz Odilon Bandeira – J. 24.03.1999).

O entendimento acima é o único coerente com o sistema jurídico pátrio, que inadmite o procedimento monitório puro. Afinal, caso fosse aceita simples declaração do autor (embargado) indicando o suposto débito, bastaria àquele que não possui documento escrito, elaborá-lo casuisticamente.

Em razão do exposto, opõe os presentes embargos, com fundamento no art. 702 do Novo Código de Processo Civil, que requer sejam recebidos e providos para julgar improcedente a ação monitória, condenando-se o seu autor em custas processuais, honorários advocatícios e demais cominações legais.

Requer a concessão dos benefícios da justiça gratuita, por ser pessoa pobre, na acepção legal do termo, nos termos do artigo 98 do Novo CPC.

Além disso, requer a intimação pessoal de todos os atos do processo, e também a contagem em dobro de todos os prazos, pois são prerrogativas do Defensor Público, nos termos da LC 80/94.

Protesta demonstrar o alegado por todos os meios de prova em direito admitidos

Nestes termos,

pede e espera deferimento.

Local e data

Defensor(a) Público(a)

VII) Justificativa em execução de alimentos

EXCELENTÍSSIMO SENHOR DOUTOR JUIZ DE DIREITO DA VARA ÚNICA DA COMARCA DE MMMMMMMMMMMMMMM.

(*10 linhas*)

Autos n.º NNNNNNNNNNNNNNNNN

URGENTE

ORIVALDO JJJJJJJJJJJJ, já devidamente qualificado nos autos da **execução de alimentos** promovida por ***ITALO BBBBBBBBBBBBB e VINÍCIUS BBBBBBBBBBBBB,*** representado por ***TATIANA PPPPPPPPP,*** também já devidamente qualificados nos mesmos autos epigrafados, vem, respeitosamente, à presença de Vossa Excelência, por intermédio da Defensoria Pública do Estado, aqui pelo Defensor Público que esta subscreve, dispensado da apresentação de procuração, nos termos do nos termos da Lei Complementar nº. 80/94, apresentar sua

JUSTIFICATIVA

nos termos do disposto no artigo 528 do Novo Código de Processo Civil, passando a expor suas razões.

O executado está empregado, aufere renda mensal de aproximadamente R$ 1000,00 (mil reais). Sempre honrou o pagamento das pensões alimentícias da exequente.

De fato, foi realizado acordo de alimentos em 2005, ocasião em que este se comprometeu a pagar 1 (um) salário mínimo. Porém, naquela época, tinha um salário de R$ 1.500,00 (um mil e quinhentos) e o salário mínimo vigente era no valor de R$ 300,00 (trezentos reais).

Ocorre que, infelizmente, pouco tempo depois do acordo, o executado perdeu o emprego, sendo que pactuou, verbalmente, com a representante legal dos exequentes, que pagaria o valor de R$ 200,00 (duzentos reais), a título de pensão alimentícia. Tal fato é corroborado pelo vasto acervo de comprovantes de pagamentos, ora juntados.

Ademais, **deve ser destacado que o filho mais velho morou com o executado por três anos, de 2008 a 2010,** fato que pode ser confirmado pelos exequentes e sua representante legal, bem como por testemunhas.

Ou seja, até o presente momento, **não há nenhuma parcela em débito por parte do executado**, que sempre honrou com suas obrigações. Afinal, **sempre honrou a quantia fixada verbalmente de R$ 200,00 (duzentos reais), mesmo quando possuiu a guarda de um de seus filhos.**

Por fim, deve-se frisar que, em setembro de 2011, aumentou o valor para R$ 250,00 (conforme comprovantes em anexo) e tal quantia jamais foi contestada pela representante legal dos exequentes. O executado não entende o porquê da presente medida, pois jamais negou auxílio aos seus filhos, sempre arcou com as necessidades destes na medida de sua possibilidade.

Por outro lado, eventual prisão civil só acarretará prejuízo entre as partes, pois o executado certamente será demitido de seu emprego e mesmo que não terá condição alguma de arcar com a pensão dos filhos que tanto ama.

Isso posto, requer:

a intimação dos exequentes para que se manifestem acerca dos termos da presente justificativa;

a) seja colhida manifestação do Ilustre membro do Ministério Público;

b) seja declarado **quitado** o débito ora executado, com a consequente **extinção da presente execução**, nos termos do artigo 924, inciso II, do Novo CPC;

c) A expedição de ofício ao Banco SSSSSSSSSSSSSS para que demonstre os depósitos efetuados na conta €BBBBBBBB0, Agência MMMMM, no ano de 2011, em especial, nos meses ora cobrados.

d) a concessão ao executado dos benefícios da **Justiça Gratuita,** eis que é pessoa pobre na acepção legal do termo, conforme declaração anexo;

Protesta demonstrar o alegado por todos os meios de prova em direito admitidos, em especial, pela juntada de novos documentos e oitiva da testemunha abaixo arrolada além das demais que se fizerem necessárias ao pleno exercício do contraditório.

Requer a observância do disposto na Lei Complementar 80/94, no que tange à intimação pessoal de todos os atos do processo, e também no que se refere à contagem em dobro de todos os prazos.

Termos que, pede deferimento.

Local e data

Defensor(a) Público(a)

ROL DE TESTEMUNHAS

NOME: NNNNNNNNNNNNNNNNNN

VIII) Embargos de terceiro

EXCELENTÍSSIMO SENHOR DOUTOR JUIZ DE DIREITO 5ª VARA CÍVEL DA COMARCA DE RRRRRRRRRRRR – SP

URGENTE

Embargos de Terceiros

Autuação em apenso

aos autos n.º **NNNNNNNNNNNNN**

Ação de Execução

(*10 linhas*)

SÉRGIO BBBBBBBBBBBBBBB, (qualificação), vem, respeitosamente, por intermédio da Defensoria Pública do Estado, aqui pelo Defensor Público que esta subscreve, à presença de Vossa Excelência, apresentar, com fulcro nos artigos 674 e seguintes do Novo Código de Processo Civil, os presentes

EMBARGOS DE TERCEIRO

em face do ora exequente **CARLOS NNNNNNNNNNNNNN,** (qualificação), pelas razões de fato e de direito abaixo esposadas:

DOS FATOS

O embargado, ora exequente, é credor de Cícero VVVVVVVVVVVVVV e Helena BMMMMMMMMMMMM, conforme r. sentença de fls. 195/210.

Em fase de cumprimento de sentença, fora determinado o bloqueio "on-line" de eventuais valores depositados nas contas bancárias dos ora executados.

Ocorre que a executada HELENA possui uma conta bancária conjunta com sua genitora OLÍVIA, junto ao Banco do BBBBBBB, Agência nº MNNNNNN, conta nº UUUUUUU, por meio da qual a primeira autorizou o embargante SÉRGIO a receber prestações decorrentes de um serviço de artesão prestado à empresa CORPORE – Corretores Paulistas Reunidos no valor de R$ 8.290,00 (oito mil, duzentos e noventa reais), conforme declaração e nota fiscal anexas.

Entretanto, no dia 21 de abril de 2008, foi realizado bloqueio judicial da citada conta corrente, através do Banco Central do Brasil, em cumprimento à r. decisão de fls. 223, no qual se penhorou a quantia de R$ 5.090,00 (cinco mil e noventa reais), conforme cópia do extrato bancário em anexo.

Após, fora determinado que tais quantias fossem transferidas para uma conta judicial (fls. 228).

Ocorre que o embargante é artesão e os valores bloqueados decorrem de seu trabalho e, por isso, tem natureza alimentar e são utilizados para custear seus gastos pessoais com alimentação, vestuário, transporte e moradia.

Esclarece o embargante que, apesar da quantia relativamente alta que recebera pela prestação de seu serviço, contratos dessa natureza e desse patamar financeiro raramente é feito por ele, que sobrevive exclusivamente do pequeno artesanato e seus principais clientes são turistas que visitam sua cidade Ilha Bela.

DO DIREITO

Primeiramente, vale ressaltar que o embargante é terceiro em relação às partes do processo e da relação jurídica de direito material e, conforme os preceitos básicos do Direito das Obrigações e Contratos, **ninguém é compelido a cumprir obrigação de outro se assim não se obrigou e não se enquadrar nas exceções previstas no artigo 932 do Código Civil que relaciona as hipóteses de responsabilidade de terceiro.**

Além disso, por serem valores bloqueados decorrentes do trabalho, têm **natureza alimentar**. Sendo assim, gozam de **impenhorabilidade absoluta**, nos termos do artigo 833, inciso IV do Novo CPC. Além disso, o caso não se enquadra na exceção do parágrafo 2º do mesmo artigo, uma vez que a dívida não tem natureza alimentar.

A urgência se justifica, eis que tais valores são destinados ao pagamento de despesas pessoais com alimentação, medicamentos e vestuário.

DO PEDIDO

Isso posto, requer:

a) a **concessão de liminar**, para fins de autorizar, por meio de alvará judicial, o levantamento da quantia de R$ 5.090,00 (cinco mil e noventa reais), seja junto ao Banco do BBBBBBB, seja junto ao Banco no qual for transferido os valores para conta judicial, conforme já fora determinado;

b) caso assim não entenda, requer a expedição de carta precatória para fins de que seja designada **audiência preliminar** para a oitiva das testemunhas abaixo arroladas;

c) a confirmação da medida liminar, com o **acolhimento do presente pedido**, para fins de autorizar o embargante à proceder ao levantamento dos valores bloqueados;

d) a concessão dos benefícios da Justiça Gratuita, por ser pessoa pobre na acepção jurídica do termo;

e) sejam recebidos os presentes embargos de terceiro e autuados em apenso à execução em trâmite, com a consequente suspensão dos autos principais;

f) a citação do embargado para apresentar sua defesa, sob pena de revelia.

Requer sejam concedidos os benefícios da justiça gratuita, nos termos dos artigos 98 e seguintes do Novo CPC;

Pleiteia provar o alegado por todos os meios de prova em direito admitidos, especialmente por depoimento de testemunhas, cujo rol segue anexo, que deverão ser ouvidas por meio de carta precatória.

Atribui à presente valor de R$ 5.090, 00 (cinco mil e noventa reais).

Nestes termos, pede e espera deferimento

Local e data

Defensor(a) Público(a)

ROL DE TESTEMUNHAS:

- NNNNNNNNNNNNNNNNNNNNN

- MODELOS DE RECURSOS E MEIOS DE IMPUGNAÇÃO

IX) Apelação

EXCELENTÍSSIMO SENHOR DOUTOR JUIZ DE DIREITO DA Xª VARA CÍVEL DA COMARCA ________________

PROCESSO N° NNNNNNNNNNNNNNNNNNNN

Ação de rescisão contratual cumulada com reintegração de posse

(*10 linhas*)

NONONONONO e OUTROS, já qualificados nos autos do processo em epígrafe, que lhe move **COMPANHIA DE DESENVOLVIMENTO HABITACIONAL E URBANO DO ESTADO DE SÃO PAULO – CDHU**, por intermédio da Defensoria Pública do Estado, neste ato presentada pela Defensora Pública infra-assinada, dispensada de apresentar instrumento de mandato nos termos da Lei Complementar Estadual nº 988/2006, art. 162, inciso VI, e da Lei Complementar n. 80/94, art. 128, inciso XI, não se conformando com a r. sentença de fls. VVV/UUU, vem respeitosamente à presença de Vossa Excelência interpor recurso de apelação, com fundamento no artigo 1009 do Novo Código de Processo Civil, requerendo a juntada das razões recursais que seguem em anexo; a intimação da apelada para apresentar as contrarrazões e, por fim, a remessa dos autos ao Egrégio Tribunal de Justiça.

Termos em que

Pede deferimento.

Local e data

Defensor Público

Apelante: NONONONONO e OUTROS

Apelada: Companhia de Desenvolvimento Habitacional e Urbano do Estado de São Paulo - CDHU

PROCESSO N° NNNNNNNNNNNNNNNNNNNN

Órgão de origem: MM. Juízo da Xª Vara Cível da Comarca

Razões do Recurso de Apelação

Egrégio Tribunal,

Colenda Câmara,

Nobres Julgadores.

Do trâmite dos autos

Trata-se de ação de rescisão contratual cumulada com pedido de reintegração de posse proposta pela apelada tendo por fundamento a falta de pagamento de prestações relativas a um contrato de aquisição de unidade habitacional.

Sobreveio a r. sentença de fls. VVV/UUU, julgando procedente o pedido inicial, para declarar rescindido o termo de adesão e ocupação provisória com opção de compra celebrado pelas partes (fls. XX/YY), determinando a reintegração da apelada na posse do imóvel objeto do contrato.

Das preliminares

Inicialmente, deve-se consignar que a citação por hora certa é nula pois não estiveram presentes seus pressupostos, previstos no artigo 252 do Novo CPC. De fato, nada ocorreu para que houvesse suspeita de ocultação, sendo indevida essa forma de citação ficta.

Enfim, sabe-se que, com o Novo CPC, questões que estavam sujeitas ao extinto agravo retido, se não estiverem incluídas no rol das hipóteses de agravo de instrumento (artigo 1015, NCPC), devem ser trazidas em preliminares de apelação, nos termos do artigo 1009, § 1º, do Novo CPC.

Dos fundamentos recursais

Do Cerceamento de defesa e da consequente anulação do *decisum*

Registre-se, inicialmente, o trecho da sentença em que o Juízo *a quo* entendeu por bem julgar antecipadamente a lide: *"O processo em tela requer julgamento antecipado, pois sua cognição independe da produção de outras provas além daquelas de natureza documental já anexada aos autos pela apelada"* (fls. VVV).

Constata-se que o Juízo *a quo*, ao compulsar os autos, não verificou a existência de nenhuma matéria fática relevante que demandasse de uma maior dilação probatória para ser julgada, mas, tão somente, a existência de questões estritamente jurídicas, prontas para serem decididas de imediato.

No entanto, até mesmo em razão da natureza da ação, que envolve questões eminentemente fáticas, dependentes de uma larga instrução probatória para serem resolvidas, constata-se que o julgamento antecipado da lide, nos termos do art. 355, I, NCPC, significou para a Apelante um cerceamento do seu direito constitucional de defesa, uma vez que foi tolhida de carrear aos autos material que pudesse comprovar sua tese defensiva, qual seja, aquisição da propriedade por usucapião.

Desse modo, resta claro que o julgamento antecipado da lide, usurpou da Apelante a garantia de valer-se da plenitude de defesa, tendo em vista que ficou alijado da possibilidade de demonstrar que faz jus à aquisição da propriedade do imóvel que a Apelada deseja reaver.

Nessa seara, constata-se que o art. 5º, LV, da Constituição dispõe que: *"aos litigantes, em processo judicial ou administrativo, e aos acusados em geral são assegurados o contraditório e a ampla defesa, com os meios e recursos a ela inerentes"*.

E, nesse caso, a sanção cominada para a violação da referida garantia fundamental é a decretação da nulidade da sentença que cerceou o direito de defesa da Apelante, sendo de extrema justiça a anulação do julgado e a consequente devolução dos autos ao Juízo *a quo* para que proceda à necessária e indispensável instrução do feito.

Da reforma da sentença em caráter subsidiário

Inicialmente, esclarece-se que, apenas de forma subsidiária, na remota hipótese de ser ultrapassada a alegação de nulidade da sentença, caso essa Colenda Câmara entenda que o feito está devidamente instruído, pretende-se que esse Colegiado analise o mérito da causa, de modo a acolher a pretensão da Apelante.

Da usucapião

A apelante exerce posse mansa, pacífica e ininterrupta sobre o imóvel em tela há mais de 10 (dez) anos, posse esta exercida em nome e a título próprios, destinando o imóvel, que não mede mais que 250 m^2, à sua própria moradia e de sua família, valendo registrar, ainda, que não são proprietários ou possuidores de nenhum outro imóvel urbano ou rural.

Importante observar, neste ponto, que a cláusula quinta do termo de adesão e ocupação provisória com opção de compra, veicula cláusula resolutiva expressa, a qual considera rescindido de pleno direito o negócio, "independentemente de qualquer interpelação ou notificação". (OBS. POR ISSO, A POSSE DEIXA DE SER PRECÁRIA).

Sendo assim, o negócio foi rescindido há mais de vinte anos e a posse exercida pelos apelantes, desde então, sequer estava vinculada ao termo de ocupação provisória, eis que o mesmo insista-se, estava rescindido de pleno direito, ou seja, independentemente de qualquer manifestação judicial.

Sem dúvida, pode haver 'direito a possuir', ou direito de possuir, mas esse direito positivamente não é a posse, tanto que o titular daquele *ius possidendi* nem sempre é o possuidor. A posse da apelante, decorrente do fato de possuir, em virtude de suas características, é posse *ad usucapionem*.

Quanto à alegação de que o bem é público, importante registrar que não há nos autos prova da titularidade do bem, o que, considerando o conteúdo do artigo 333, inciso II, do Código de Processo Civil, era ônus do qual a apelada deveria se desincumbir.

Não há nada nos autos que demonstre ser o bem público. O fato de estar no polo ativo desta ação a CDHU, por si só, não faz com que o bem lhe pertença, ou seja bem público, dependendo referida alegação de prova.

O Superior Tribunal de Justiça assim já decidiu, *in verbis: "Processual Civil. Recurso Especial. [...] Usucapião. Terra devoluta. Ônus da prova. [...] Cabe ao Estado o ônus da prova, quando alegar ser pública a área objeto de usucapião"* (STJ, Ac. 3ª T., Resp nº 97634/RS, rel. Min. Castro Filho, DJU 10.2.03).

A alegação de bem público deve fazer-se acompanhar da respectiva prova documental, ônus do qual devia se desincumbir, sob pena de não acolhimento desta alegação.

O Tribunal de Justiça do Rio de Janeiro assim já decidiu, *in verbis: "DIREITO CIVIL.* ***USUCAPIÃO ESPECIAL*** *URBANA. Ação petitória movida por adquirente de imóvel em face dos seus ocupantes. Sentença que, reconhecendo a* ***usucapião especial*** *urbana, julga improcedente o pedido. 1. A teor dos arts. 1.240 do Código Civil e 9.° do Estatuto das Cidades, são requisitos para a aquisição da propriedade pela* ***usucapião*** *neles prevista que o usucapiente não seja dono de outro imóvel,* ***urbano*** *ou rural, possua como sua a área a ser usucapida, e que esta tenha até duzentos e cinquenta metros quadrados. O não preenchimento de qualquer deles impede o reconhecimento da* ***usucapião especial*** *urbana. 2. Quem tem animus domini não ingressa em juízo para pedir indenização por benfeitorias, invocando direito de retenção. Ou seja, não admite não ser dono. 3. A Caixa Econômica Federal é empresa pública que explora atividade econômica e que, portanto, tem personalidade jurídica de direito privado, nos termos do art. 173, II, da Constituição Federal, condição que retira dos seus bens a qualidade de* ***públicos*** *e permite que sejam usucapidos. 4. Provimento do apelo. Unânime."*

Vale ainda observar que, mesmo na existência de prova da titularidade do bem por parte da apelada, o que, vale reforçar, não existe, melhor sorte não lhe assistiria.

O Código Civil em seu artigo 98 assim define os bens públicos: *"Art. 98. São públicos os bens do domínio nacional pertencentes às pessoas jurídicas de direito público interno;* ***todos os outros são particulares, seja qual for a pessoa a que pertencem.****"* (grifo nosso).

Bem público é aquele pertencente a alguma das pessoas jurídicas de direito público interno, a saber: União, Estados, Municípios e suas respectivas autarquias. Todos os demais, seja qual for a pessoa a que pertencem, são particulares.

Pois bem, a apelada não é pessoa jurídica de direito público interno, sendo que qualquer bem de sua titularidade não se enquadra na categoria de bem público, ante o teor do artigo 98 do Código Civil.

O artigo 99 do mesmo *codex* estabelece o seguinte: *"Art. 99. São bens públicos: Os de uso comum do povo, tais como rios, mares, estradas, ruas e praças; Os de uso especial, tais como edifícios ou terrenos destinados a serviço ou estabelecimento da administração federal, estadual, territorial ou municipal, inclusive os de suas autarquias; Os dominicais, que constituem o patrimônio das pessoas jurídicas de direito público, como objeto de direito pessoal, ou real, de cada uma dessas entidades. Parágrafo único. Não dispondo a lei em contrário, consideram-se dominicais os bens pertencentes às pessoas jurídicas de direito público a que se tenha dado estrutura de direito privado."*

Fácil perceber que o bem em tela não é de uso comum do povo, pois não é daqueles a que todos têm acesso gratuito ou retribuído, nos termos do artigo 103 do Código Civil, como são as praças, estradas, ruas etc.

Também não são de uso especial, eis que não destinados ou afetados a estabelecimento das administrações públicas.

Dominicial, dominial ou bem patrimonial disponível, é aquele que, "*embora integrando o domínio público como os demais, deles diferem pela possibilidade sempre presente de serem utilizados em qualquer fim ou, mesmo, alienados pela Administração, se assim o desejar.*" [108]

Poderia o bem em tela ser incluído na categoria de bem dominical. Entretanto, independentemente da classificação feita pelo artigo 99 do Código Civil, não se pode olvidar que para ser bem público o mesmo deve pertencer a uma das pessoas de direito público interno, nos termos do artigo 98 do mesmo regramento, o mesmo acontecendo com o bem dominical, razão pela qual dominical também não é o bem objeto desta ação.

Como visto, não se tratando de bem público não há que se sustentar ser o mesmo insuscetível de usucapião.

(# Se possível, utilizar a tese excepcional de não compensação da indenização pelas benfeitorias (necessárias e úteis – posse de boa-fé) no alegado débito: *CDC: Art. 51. São nulas de pleno direito, entre outras, as cláusulas contratuais relativas ao fornecimento de produtos e serviços que: II – subtraiam ao consumidor a opção de reembolso da quantia já paga, nos casos previstos neste Código*)

Do prequiestionamento:

Aproveita-se para prequestionar a este E. Tribunal a não aplicação de lei federal (ou de dispositivos constitucionais) (...)

Da proposta de conciliação em segundo grau de jurisdição (artigo 139, inciso V, do NCPC)

No mais, a despeito da r. sentença prolatada, considerando o teor do artigo 139, inciso V, do NCPC, que traz a conciliação como diretriz à atividade jurisdicional, e tendo ainda em vista que este Egrégio Tribunal de Justiça criou o Setor de Conciliação em Segundo Grau

108 MEIRELLES, Hely Lopes. **Direito Administrativo Brasileiro.** 32ª ed. São Paulo: Malheiros, 2006. p. 520-521.

de Jurisdição, através do Provimento nº 843/2004, do Conselho Superior da Magistratura, visando a solucionar litígios por meio da transação, valemo-nos da presente para requerer a designação de audiência de tentativa de conciliação visando à composição entre as partes.

O pedido é plenamente justificável, já que, de um lado, os patronos da apelada não aceitaram acordo na audiência de tentativa de conciliação designada em primeiro grau, e de outro lado, a CDHU possui previsão em seus regimentos internos autorizando a realização de acordos judiciais em casos como o presente, desde que haja o pagamento à vista de 10% da totalidade do débito, acrescido de custas e despesas processuais, parcelando-se o restante em até 100 prestações mensais.

Ante o exposto, requer-se:

a) Seja o presente recurso conhecido, sendo levado à apreciação dessa Colenda Câmara;

b) seja designada audiência de tentativa de conciliação, conforme autoriza o artigo 139, inciso V, do NCPC c.c Provimento nº 843/2004, do Conselho Superior da Magistratura;

c) caso resulte infrutífera, requer seja dado provimento ao recurso para anular o julgado, em razão do cerceamento do direito de defesa da Apelante, e a consequente devolução dos autos ao Juízo *a quo* para que proceda à necessária e indispensável instrução do feito;

d) em caráter subsidiário, na remota hipótese de não ser acolhida a nulidade da sentença, seja dado provimento ao recurso para reformar integralmente a r. sentença, para o fim de que seja reconhecida a usucapião constitucional, ou excepcionalmente, que seja reconhecida a impossibilidade de compensar a indenização por benfeitorias no total do débito alegado pela apelada, resguardando o direito de retenção;

e) a inversão do ônus da sucumbência, condenando-se a apelada nos consectários legais de estilo.

Termos em que, Pede deferimento.

Local e data

Defensora Pública

X) Agravo de instrumento

EXCELENTÍSSIMO SENHOR DESEMBARGADOR PRESIDENTE DO EGRÉGIO TRIBUNAL DE JUSTIÇA DO ESTADO DE ...

(*10 linhas*)

MILTON SOARES DE CASTRO, (qualificação completa), vem, respeitosamente, perante Vossa Excelência, representado pela Defensoria Pública do Estado, por intermédio do

Defensor Público que esta subscreve, com fulcro nos artigos 1015, inciso I, e seguintes do Novo Código de Processo Civil, interpor o presente

AGRAVO DE INSTRUMENTO com pedido liminar de antecipação da tutela recursal (efeito ativo),

visando à reforma da r. decisão interlocutória de fls. ..., que denegara o pedido de antecipação de tutela (tutela provisória de urgência antecipada) pleiteado pelo autor, ora agravante, nos autos do processo movido em face da CONCESSIONÁRIA DE FORÇA E LUZ - ..., pessoa jurídica concessionária de direito público (qualificação completa), requerendo seja ele recebido e processado na forma da lei.

Instrui o presente recurso com cópias dos documentos obrigatórios previstos no artigo 1017 do NCPC, a seguir indicados:

a) decisão agravada;

b) a manifestação de ciência do Defensor Público que esta subscreve, que representa sua intimação pessoal, por força do disposto no artigo 128, XI, da LC 80/94, e, por isso, deixa de juntar cópia da certidão de publicação da r. decisão recorrida no Diário Oficial;

c) a declaração de pobreza do agravante, que substitui a outorga de procuração, esclarecendo que, como o agravado ainda não foi citado, não há nos autos procuração de seu patrono;

Além disso, o agravante junta as seguintes cópias facultativas:

a) petição inicial do processo que contém a decisão agravada;

b) o atestado médico do filho do agravante Antônio Teodoro de Castro;

c) documento da Concessionária de Força e Luz - ...

Esclarece que, por ser o agravante beneficiário da Justiça Gratuita, inexistem custas a serem recolhidas.

Outrossim, nos termos do artigo 1016, inciso IV, do NCPC, informa o agravante o endereço da Defensoria Pública do Estado ..., Regional de ...: Rua ..., nº ..., Bairro ..., cidade de .... Com base no mesmo dispositivo, indica os nomes e endereço dos patronos da Agravada: Nomes, OAB e Rua ..., nº ..., Bairro ..., cidade de ...

Esclarece ainda que será regularmente cumprida a determinação prevista no artigo 1018 do NCPC.

Nestes Termos,

Pede Deferimento.

Local e data

Defensor Público

Minuta de Agravo de Instrumento

Agravante: MILTON SOARES DE CASTRO

Agravada: CONCESSIONÁRIA DE FORÇA E LUZ - ...

Origem: Juízo da ...ª Vara Cível da Comarca de ...

Processo n.º .../... – Ação de Consignação em Pagamento cumulada com Obrigação de Fazer com Pedido de Tutela Antecipada.

(10 linhas)

EGRÉGIO TRIBUNAL,

COLENDA CÂMARA,

EMÉRITOS JULGADORES,

Cuida-se de r. decisão denegatória da antecipação dos efeitos da tutela, proferida nos autos da ação de consignação em pagamento cumulada com ação de obrigação de fazer com pedido de tutela antecipada, acima noticiada, promovida pelo Agravante, em face dos ora Agravados, via do qual o Juízo "a quo" indeferiu a tutela pretendida, de modo errôneo e não lógico, data vênia, não restando outra saída ao Agravante senão interpor o presente recuso para ver valer seus direitos mais elementares.

I – DOS FATOS

A mencionada ação foi proposta em razão de ter ocorrido interrupção do fornecimento de energia elétrica, serviço público essencial, na residência do agravante por parte da agravada. Isso ocorreu devido ao fato de o agravante ter deixado de efetuar o pagamento de três boletos vencidos, referentes aos meses de dezembro de 2008, janeiro e fevereiro de 2009.

Ocorre que na casa do agravante residem o agravante, sua esposa e um filho do casal de apenas um ano de idade. É importante destacar que a mesma criança está com problemas de saúde grave e, desta maneira, necessita realizar inalação três vezes por dia, conforme relatório médico em anexo.

Como se não bastasse, a fragilidade da saúde do menor e dos cuidados especiais inerentes ao mesmo em razão de ainda ser um bebê de um ano de idade, o agravante passa por uma crise financeira causada por este mesmo problema de saúde do filho, uma vez que teve gastos extraordinários com medicamentos nos últimos tempos.

Assim sendo, foi deferido pelo Douto Juízo de primeiro grau a possibilidade de o agravante pagar com 30% do total da dívida à vista e o parcelamento do restante em 6 parcelas mensais iguais como adimplemento da dívida perante à empresa agravada, nos moldes do artigo 916 do Novo Código de Processo Civil e, diante disso, o r. juízo proferiu uma decisão interlocutória concedendo esta possibilidade.

Entretanto, o mesmo nobre julgador, de maneira equivocada, indeferiu a antecipação da tutela, não concedendo que a energia elétrica fosse reativada embora, repita-se, ele tenha permitido o adimplemento do débito nos moldes do artigo supracitado. Vale dizer que o agravante já até efetuou o pagamento no valor equivalente a 30% do total da dívida à vista, conforme autorizado, cujo comprovante segue em anexo.

É importante esclarecer que não se pode apegar a pormenores, de que a criança pode realizar o procedimento de inalação diária em algum estabelecimento de saúde perto da casa do agravante, uma vez que este procedimento de inalação é realizado, no mínimo 3 vezes ao dia, conforme documento em anexo e, principalmente porque repita-se, fora concedido que a dívida pudesse ser adimplida nos moldes do artigo 916 do Novo CPC e, posteriormente, não fora autorizado que ocorresse os efeitos deste adimplemento.

Assim, a atitude do r. Magistrado, infringiu a lógica do direito civil, uma vez que, primeiramente, autorizou o adimplemento em conformidade com o texto legal supracitado, purgando-se a mora e, depois, não concedeu os efeitos que a purgação da mora autoriza.

Portanto, tal decisão interlocutória que negou o pedido de restabelecimento do fornecimento de energia elétrica não deve prevalecer e denota-se a urgência e necessidade da concessão da tutela antecipada.

II – DO DIREITO

O artigo 337 do Código Civil dispõe: "O depósito requer-se-á no lugar do pagamento, cessando, tanto que se efetue, para o depositante, os juros da dívida e os riscos, salvo se for julgado improcedente".

Isso posto, conclui que, como houve autorização do adimplemento da dívida nos termos requeridos, é consequência que haja o restabelecimento do fornecimento de energia elétrica ao agravante uma vez que, como fora autorizada a quitação da dívida nos termos requeridos, este adimplemento, deve gerar efeitos jurídicos.

Neste sentido ensina a ilustre jurista Maria Helena Diniz a respeito dos efeitos gerados pelo depósito judicial:

"Se a ação consignatória for julgada procedente, o depósito judicial da coisa ou quantia devida produzirá os efeitos de:

1º) exonerar o devedor, produzindo o mesmo efeito liberatório do pagamento stricto sensu. O depósito judicial equivalerá, portanto, ao pagamento" (DINIZ, Maria Helena; curso de Direito Civil Brasileiro; 2º volume; São Paulo: saraiva; 2004; Ed. 19; p. 258).

Assim sendo, é claro o direito que o agravante possui de que volte a ocorrer o fornecimento de energia elétrica em sua residência, uma vez que a consignação em pagamento fora autorizada de forma parcelada e o agravante já efetuou o primeiro pagamento nos moldes autorizados pelo Douto Magistrado.

Vale salientar que o mesmo julgador determinou que o fornecimento de energia elétrica somente deverá voltar a ser fornecido assim que findar o pagamento das seis parcelas que ainda vencerão.

Entretanto, esta determinação, conforme argumentado anteriormente é, data vênia, equivocada, uma vez que é contrária a própria natureza, finalidade e objetivo da consignação em pagamento concedida, nos moldes do artigo 916 do CPC. Isto porque este dispositivo legal autoriza, e o Douto Juízo autorizou, que o adimplemento da dívida seja efetuado mediante o pagamento de 30% do total da mesma à vista, e o restante parcelado em 6 parcelas mensais.

Assim, logicamente, é consequência que, a partir desta primeira parcela, paga volte o restabelecimento da energia elétrica na casa do agravante, pois, caso contrário, não haveria interesse de agir do mesmo na ação, além de tal decisão estar completamente adversa ao princípio da razoabilidade e do objeto da consignação em pagamento.

O artigo 540 do Novo CPC estabelece: "Requer-se-á consignação no lugar do pagamento, cessando, para o devedor, tanto que se efetue o depósito, os juros e os riscos, salvo se for julgada improcedente...."

Este último dispositivo legal supracitado reforça o que fora argumentado anteriormente, uma vez que estabelece que, quando o devedor efetua o pagamento, o mesmo está isento dos riscos que a inadimplência pode causar. No caso em questão, o pagamento foi concedido nos termos do artigo 916 do Novo CPC, e, nos limites estabelecidos por este, o mesmo pagamento está sendo realizado.

Como se não bastasse, um dos fundamentos da República Federativa do Brasil, expressa em sua Constituição de 1988, é o da dignidade da pessoa humana. Tal assertiva depreende-se de seu artigo 1º, inciso III, *in verbis*:

Art. 1º - A República Federativa do Brasil, formada pela união indissolúvel dos Estados e Municípios e do Distrito Federal, constitui-se em Estado Democrático de Direito e tem como fundamentos: III - A dignidade da pessoa humana (grifamos).

A busca pela vida digna comporta o direito de sobreviver de forma íntegra, tendo em vista os dispositivos constitucionais e infraconstitucionais que servem de espeque ao pedido que ora se faz.

Em se tratando normas que retratam verdadeiros direitos e garantias constitucionais, hão elas de ser aplicadas de forma imediata , pois normas de eficácia plena, que independe de qualquer regulamentação.

De fato, o fornecimento de energia elétrica para a família em tela e em especial para o filho do agravante Antônio Teodoro de Castro adoentado, representa a garantia de um "mínimo existencial digno" (ADPF, nº 45, voto do Ministro Celso de Mello, STF).

O DIREITO E SEUS OPERADORES, nesses casos específicos, não podem ser indiferentes. Não devemos enquadrar esse caso em uma simples relação obrigacional entre um credor e um devedor. Nessas hipóteses, o jurista deve olhar sob o prisma da dignidade da pessoa humana, como valor supremo acolhido pela nossa Constituição Federal. O Direito Moderno, influenciado pelas Revoluções Sociais do início do século passado e também pelo renascimento e fortalecimento dos Direitos Humanos no Pós-Guerra, se "despatrimonializou" e se sociabilizou/personificou.

Por estas as razões, que deve o juiz eleger as normas jurídicas que coadunam com um desfecho equitativo para o caso. Nesse diapasão, ensina o professor italiano, MAURO CAPELLETTI:

"(...) E assim, não pode mais o juiz se ocultar, tão facilmente, detrás da frágil defesa da concepção do direito como norma preestabelecida, clara e objetiva, na qual pode basear sua decisão de forma neutra. É envolvida sua responsabilidade pessoal, moral e política, tanto quanto jurídica, sempre que haja no direito, abertura para escolha diversa. E a experiência ensina que tal abertura sempre e quase sempre está presente." (CAPELLETTI, Mauro. "Juízes legisladores?" Sergio Antonio Fabris Editor, 1990, p. 111.)

Razão pela qual, não se pode admitir de um julgador que adote posição neutra, despida de valoração e sopesamento, abstendo-se de interpretar, aplicar e julgar litígio, considerando o Direito como um sistema complexo de regras positivas e princípios. O ato de julgar há de ser imparcial, mas nunca neutro.

Como bem ensina JUAREZ FREITAS, "o intérprete precisa considerar, ampliativamente, o inafastável poder-dever de prestar a tutela, de sorte a facilitar, ao máximo, o acesso legítimo do jurisdicionado".(FREITAS Juarez, DIREITO CONSTITUCIONAL, Malheiros Editores, 2003, p. 227)

Afirma este autor que "a interpretação jurídica é um processo tópico sistemático, onde é impositivo contribuir para uma solução de equilíbrio, um meio termo, um compromisso entre formalismo e o chamado pragmatismo, evitando-se decisões unilaterais e rígidas, no exame do caso concreto".

De fato, toda vez que ocorre um acento polarizante verificam-se inúmeros malefícios. Deste modo, não se pode, sob qualquer pretexto, hipertrofiar o formalismo a ponto de deixar de lado as legítimas e inafastáveis preocupações materiais e empíricas.

Em suma, o Juiz tem a responsabilidade da Jurisdição, devendo apreciar a tutela jurídica apresentada em Juízo, conformando as regras jurídicas à realidade, dando origem à chamada "norma de decisão", que não se confunde com as regras jurídicas positivadas.

De fato, a norma jurídica "representa o resultado intermédio do processo concretizador, mas não é ainda imediatamente normativa. Para se passar da normatividade mediata para a normatividade concreta, a norma jurídica precisa de revestir o caráter de norma de decisão" (CANOTILHO, J.J. Apud GRAU, Eros R., Ensaio e discurso sobre a interpretação/aplicação do direito, Malheiros, p. 92), que pressupõe um processo de escolhas e sopesamento de valores, com a devida proporcionalidade e razoabilidade, mormente quando a análise acarreta bens jurídicos diversos ou até contrapostos.

Segundo HUMBERTO ÁVILA, "há casos em que é analisada a correlação entre dois bens jurídicos protegidos por princípios constitucionais, em função dos quais é preciso saber se a medida adotada é adequada para atingir o fim constitucionalmente instituído, (...). A razoabilidade determina que as condições pessoais e individuais dos sujeitos envolvidos sejam consideradas na decisão". (A distinção entre princípios e regras e a redefinição do dever de proporcionalidade, RDA 215/151, 1999, p. 169).

É razoável prevalecer um interesse meramente patrimonial (inadimplemento de uma obrigação) em detrimento do direito à vida (integridade física do filho do agravante)?

O fato é que as normas estritas ou regras vêm perdendo, cada vez mais, espaço e relevo para os princípios, despontando estes, por definição, como superiores à aquelas.

CELSO BANDEIRA DE MELLO menciona que: "Violar um princípio é muito mais grave do que transgredir uma norma. A desatenção ao princípio implica ofensa não apenas a um específico mandamento obrigatório, mas a todo o sistema de comandos. É a mais grave forma de ilegalidade ou inconstitucionalidade, (...)" (Elementos de Direito Administrativo, 1994, pág. 230).

CÁRMEN LÚCIA ANTUNES ROCHA, atual ministra do Supremo Tribunal Federal, nos ensina que: "a norma que dita um princípio constitucional não se põe à contemplação, (...) põe-se à observância do próprio Poder Público do Estado e de todos os que à sua ordem se submetem e da qual participam" (Princípios Constitucionais da Administração Pública, Del Rey, 1994, Belo Horizonte)

O Ministro EROS GRAU, assevera que: "o afastamento de um princípio implica perda de efetividade da regra que lhe dá concreção" (A Ordem Econômica na Constituição de 1988, Malheiros Editores, 8ª edição, 2003, pág. 136).

Em observância aos princípios e deveres de ter uma vida digna e a saúde, em sentido amplo, é de rigor o acolhimento do pedido ora apresentado.

Ademais, fora o princípio da dignidade da pessoa humana (CF, art. 1, III) e do direito à vida (CF, art. 5º, caput), há que se ressaltar que, de forma específica, a nossa Carta Magna prescreve de forma expressa o direito à saúde, quando assim prescreveu em seu artigo 6º, caput:

São direitos sociais a educação, a saúde, o trabalho, o lazer a segurança, a previdência social, a proteção à maternidade e à infância, assistência aos desamparados, na forma desta Constituição (grifamos).

No mesmo sentido, o artigo 23, inc. II e artigo 196, caput, ambos da Constituição Federal, dispõem:

À guisa de conclusão, o direito à saúde do ser humano não se discute, uma vez a Constituição Federal, ao tratar especificamente da questão, assim reafirmou:

Art. 196: A saúde é direito de todos e dever do Estado, garantido mediante políticas sociais e econômicas que visem à redução do risco de doenças e de outros agravos e ao acesso universal e igualitário às ações e serviços para a sua promoção, proteção e recuperação" (grifamos).

III – DA ANTECIPAÇÃO DA TUTELA RECURSAL (EFEITO ATIVO)

Nos termos do que dispõe a norma do artigo 558 do Código de Processo Civil, a concessão de antecipação de tutela (efeito ativo), para a determinar o restabelecimento do fornecimento de energia elétrica, bem como determinar a impossibilidade do corte sob pena de multa diária, posto que, dadas as provas apresentadas, presentes a verossimilhança do alegado, bem como o perigo de dano de difícil reparação.

De fato, o parágrafo único desse dispositivo prevê a incidência das normas previstas no artigo 520. Esse último, por sua vez, no inciso VII, estabelece que o recurso não terá efeito suspensivo quando a decisão recorrida "confirmar a antecipação dos efeitos da tutela". Porém, essa regra é insuficiente, e não abrange, de forma expressa, a hipótese de decisão que denega a tutela pretendida. Realmente, de que adiantaria suspender os efeitos de uma decisão denegatória?

Portanto, para que haja prestação da tutela jurisdicional efetiva, nesses casos, interpreta-se o artigo 558 de modo extensivo, fazendo-o acolher a possibilidade de concessão da tutela antecipada quando ela for denegada em primeiro grau.

Outrossim, não podemos olvidar da importância que a tutela inibitória conquistou na Teoria Processual Civil Moderna, como meio apto a garantir a efetividade da tutela jurisdicional e o acesso à justiça, evitando a ocorrência do ato ilícito.

Nesse sentido, os professores Luiz Guilherme Marinoni e Sérgio Cruz Arenhart assim se expressam: "Afirma o artigo 5º, XXXV, da CF brasileira, que nenhuma lei excluirá da apreciação do Poder Judiciário lesão ou ameaça a direito. Tal norma, segundo a doutrina, garante a todos uma tutela jurisdicional adequada e efetiva; por tal razão é correto dizer que essa norma constitucional também garante a tutela jurisdicional inibitória.

(...) Na verdade, se a existência do direito material, em nível de efetividade, depende do processo, não há como negar que a instituição de direitos que não podem ser tutelados através da técnica ressarcitória faz surgir, por consequência lógica, o direito a uma tutela que seja capaz de evitar a violação do direito material" (MANUAL DO PROCESSO DE CONHECIMENTO, 5 ed., RT, 2006).

De fato, além de amparo constitucional, a tutela inibitória se fundamenta no "poder geral de cautela", previsto no artigo 297 do CPC, cláusula geral que atribui ao magistrado o poder-dever de evitar o dano.

IV - Do prequestionamento:

Aproveita-se para prequestionar a este E. Tribunal a não aplicação de lei federal (ou de dispositivos constitucionais) (...)

V – DO PEDIDO

Diante do exposto, é o presente para requerer que o r. Juízo recorrido reconsidere sua decisão de fls. ..., ou que este Colendo Tribunal, por intermédio do Exmo. Desembargador Relator, conceda a tutela antecipada, determinando o restabelecimento imediato do fornecimento de energia elétrica junto a concessionária ..., durante o período que estiver em vigor a concessão do adimplemento da dívida nos moldes do artigo 916 do Novo CPC, sendo tal decisão monocrática confirmada pela respectiva Câmara, pois assim estará rendendo ensejo ao prevalecimento do Direito e, notadamente, da J u s t i ç a!

Nestes Termos,

Pede e Aguarda Deferimento.

Local e data

Defensor Público

XI) Agravo retido (extinto pelo Novo CPC)

XII) Embargos de declaração (para forçar o prequestionamento)

EXCELENTÍSSIMO SENHOR DOUTOR DESEMBARGADOR PRESIDENTE DO EGRÉGIO TRIBUNAL DE JUSTIÇA DO ESTADO ________________

Apelação nº ________________________

Xª Câmara de Direito Público

Des. Relator: Des. ____________________

Assunto: **Tratamento médico hospitalar e/ou fornecimento de medicamentos**

Número de Origem: **XX/11 – Yª Vara da Fazenda Pública da Comarca de Ribeirão Preto**

Apelante: A Defensoria Pública do Estado de São Paulo

Apelado: Fazenda do Estado de São Paulo

(*10 linhas*)

A DEFENSORIA PÚBLICA DO ESTADO DE SÃO PAULO, REGIONAL DE RIBEIRÃO PRETO, pelo Defensor Público que esta subscreve, atuando em favor dos interesses da autora **ARACI PPPPPPPPPPPPPPP**, devidamente qualificada nos autos da **AÇÃO DE OBRIGAÇÃO DE FAZER, COM PEDIDO DE ANTECIPAÇÃO DE TUTELA** que move em face da **FAZENDA PÚBLICA DO ESTADO DE SÃO PAULO** e **FAZENDA PÚBLICA DO MUNICÍPIO DO RIBEIRÃO PRETO**, vem apresentar **EMBARGOS DE DECLARAÇÃO**, diante de omissão contida na r. decisão monocrática proferida pelo Des. Relator, o Dr. ____________, com fundamento nos artigos 1022, II e seguintes do Novo Código de Processo Civil, objetivando a complementação da referida decisão, pelas razões que seguem.

A Embargante apelou da r. sentença monocrática que não condenou a Fazenda Pública Estadual em honorários devidos à Defensoria Pública do Estado.

De fato, embora reconhecesse a obrigação dos honorários advocatícios em relação à Fazenda Pública Municipal, declarou que os honorários de sucumbência não eram devidos pela Fazenda Estadual, por haver confusão entre credor e devedor, já que a autora é representada pela Apelante.

No entanto, ainda que a r. sentença tenha condenado a Fazenda Municipal a arcar com os honorários de sucumbência fixados em R$ 400,00, **a condenação da Fazenda Estadual também é cabível, não havendo que se falar em confusão entre credor e devedor.**

Porém, o Doutor Desembargador Relator, ao proferir a r. decisão monocrática (em anexo), omitiu ponto essencial, de ordem constitucional, qual seja, sobre a não aplicação do artigo 134, § 2º da Constituição Federal, conforme prequestionamento da Apelante.

Prevê a Constituição Federal, na Seção III, da Advocacia e Defensoria Pública, no artigo 134, *in verbis*: *Art. 134.* ***§ 2º Às Defensoria Públicas Estaduais são asseguradas autonomia funcional e administrativa e a iniciativa de sua proposta orçamentária dentro dos limites estabelecidos na lei de diretrizes orçamentárias e subordinação ao disposto no art. 99, § 2º.***

Dessa forma, a Defensoria Pública é entidade essencial à função jurisdicional que é destinada à orientação jurídica e à defesa dos necessitados, nos termos, do artigo 5º, inciso LXXIV, e, como instituição, não se trata de órgão subordinado ou que é parte do próprio Estado. Assim, Estado e Defensoria Pública são entes que não se confundem.

De fato, prequestionou-se nos seguintes termos: *"Prequestiona a apelante, por oportuno, para os devidos fins, a não aplicação a dispositivo constitucional expresso que declara a "autonomia funcional e administrativa" da Defensoria Pública Estadual, contido no artigo 134, § 2º, da Constituição Federal."*

Da conclusão:

Diante do exposto, requer o recebimento dos presentes EMBARGOS DE DECLARAÇÃO, e seu provimento para fins de suprir a omissão contida na r. decisão monocrática, para se manifestar acerca da não aplicação do artigo 134, § 2º, da Constituição Federal.

Requer ainda seja o Defensor Público do Estado intimado pessoalmente das decisões proferidas, bem como seja contado prazo em dobro, no termos do art. 128 da LC 80/94.

Termos em que,

pede e espera deferimento.

Local e data

Defensor Público

XIII) Agravo regimental ou interno

EXCELENTÍSSIMO SR. DOUTOR DESEMBARGADOR RELATOR ______________ DA EGRÉGIA X. CÂMARA DE DIREITO ________ DO TRIBUNAL DE JUSTIÇA DO ESTADO ______________

Ref.: Agravo Instrumento n.

Agravante: __________

Agravado: _________________

Fulano de Tal, (qualificação) + (apresentação da DP), vem à presença deste Ilustre Colegiado, com fulcro no art. 1021 do Novo CPC, e artigos XX do Regimento Interno, interpor

A G R A V O INTERNO

contra v. decisão interlocutória preferida pelo Nobre Desembargador Relator no recurso de Agravo de Instrumento tombado sob o n.___________, requerendo a sua reforma, para fins de receber o citado recurso, conforme as inclusas razões, à luz do art. 1019, I, do Novo CPC e o dever de fundamentar as decisões judiciais, na forma do artigo XX e seguintes do Regimento Interno.

Termos em que,

pede e espera deferimento.

Local e data

Defensor Público

RAZÕES RECURSAIS

Colenda Câmara

(...)

Dos fatos

Do direito (cabimento do AI)

Do pedido (recebimento e regular processamento do agravo de instrumento)

Local e data

Defensor Público

XIV) Agravo nos próprios autos (art. 544, CPC)

Tal recurso tinha sido extinto pelo Novo CPC (Lei nº 13.105/15), pois os Tribunais de Segunda Instância (TJ ou TRF) não mais fariam juízo de admissibilidade de Recurso Especial ou de Recurso Extraordinário, nos termos do original artigo 1030, parágrafo único, do NCPC. Ocorre que esse artigo 1030 foi totalmente reformulado pela Lei nº 13.256/16, a qual ressuscitou o juízo de admissibilidade do Recurso Especial e do Recurso Extraordinário nos Tribunais de Segundo Grau (TJ ou TRF). Além disso, a nova Lei fez pior: ela estabeleceu que do juízo negativo de admissibilidade não caberá agravo para os Tribunais Superiores (STJ ou STF), mas apenas agravo interno! Confira:

> Lei nº 13.256/16:
>
> "Art. 1.030. Recebida a petição do recurso pela secretaria do tribunal, o recorrido será intimado para apresentar contrarrazões no prazo de 15 (quinze) dias, findo o qual os autos serão conclusos ao presidente ou ao vice-presidente do tribunal recorrido, que deverá:
>
> I – negar seguimento:
>
> a) a recurso extraordinário que discuta questão constitucional à qual o Supremo Tribunal Federal não tenha reconhecido a existência de repercussão geral ou a recurso extraordinário interposto contra acórdão que esteja em conformidade com entendimento do Supremo Tribunal Federal exarado no regime de repercussão geral;
>
> b) a recurso extraordinário ou a recurso especial interposto contra acórdão que esteja em conformidade com entendimento do Supremo Tribunal Federal ou do Superior Tribunal de Justiça, respectivamente, exarado no regime de julgamento de recursos repetitivos;
>
> II – encaminhar o processo ao órgão julgador para realização do juízo de retratação, se o acórdão recorrido divergir do entendimento do Supremo Tribunal Federal ou do Superior Tribunal de Justiça exarado, conforme o caso, nos regimes de repercussão geral ou de recursos repetitivos;
>
> III – sobrestar o recurso que versar sobre controvérsia de caráter repetitivo ainda não decidida pelo Supremo Tribunal Federal ou pelo Superior Tribunal de Justiça, conforme se trate de matéria constitucional ou infraconstitucional;
>
> IV – selecionar o recurso como representativo de controvérsia constitucional ou infraconstitucional, nos termos do § 6º do art. 1.036;
>
> V – realizar o juízo de admissibilidade e, se positivo, remeter o feito ao Supremo Tribunal Federal ou ao Superior Tribunal de Justiça, desde que:
>
> a) o recurso ainda não tenha sido submetido ao regime de repercussão geral ou de julgamento de recursos repetitivos;
>
> b) o recurso tenha sido selecionado como representativo da controvérsia; ou
>
> c) o tribunal recorrido tenha refutado o juízo de retratação.

§ 1º Da decisão de inadmissibilidade proferida com fundamento no inciso V caberá agravo ao tribunal superior, nos termos do art. 1.042.

§ 2º Da decisão proferida com fundamento nos incisos I e III caberá agravo interno, nos termos do art. 1.021." (NR)

XV) Embargos infringentes: tal recurso foi extinto pelo Novo CPC, que criou uma forma inovadora de julgamento, quando houver deliberação não unânime, nos termos do artigo 942 do Novo Código de Processo Civil.

XVI) Recurso especial – modelo I

EXCELENTÍSSIMO SENHOR DOUTOR JUIZ PRESIDENTE DO EGRÉGIO TRIBUNAL DE JUSTIÇA DO ESTADO DE ______________________

Apelação nº ____________________

____________CÂMARA DE DIREITO PRIVADO

Ação Negatória de Paternidade

(*10 linhas*)

MARIANA FFFFFFFFFFFF, (qualificação completa), representada neste ato por sua genitora Fulana FFFFFFFFFFFFFF (qualificação) , vem, respeitosamente, à presença de Vossa Excelência, por intermédio da Defensoria Pública do Estado, neste ato presentada pelo Defensor Público, dispensado da apresentação de procuração na forma da Lei Complementar nº 80/94, nos autos supraepigrafados, referentes à **APELAÇÃO** interposta contra decisão proferida pelo r. Juízo da Xª Vara da Família e das Sucessões da Comarca de _____________ nos autos XXXXX/20YY, inconformada com o V. Acórdão proferido por esse E. Tribunal de Justiça do Estado de __________, interpor **RECURSO ESPECIAL**, com fundamento no disposto no artigo 105, inciso III, alínea "c", da Constituição da República, combinado com o preceituado nos artigos 1029 e seguintes do Novo Código de Processo Civil, aguardando seja o mesmo processado na conformidade da lei (artigo 1030, NCPC), e posteriormente, enviado ao Egrégio Superior Tribunal de Justiça.

Por oportuno, requer o recorrente seja reconhecido, pelo Exmo. Des. Relator do r. acórdão recorrido, que este Recurso Especial agora interposto diverge do Recurso Especial nº XXXXXXXX, já afetado no E. Superior Tribunal de Justiça (art. 1037, Novo CPC), pois este REsp (o afetado) trata da paternidade biológica e registral, já aquele (o que se interpõe) refere-se exclusivamente à paternidade socioafetiva, sendo necessário e adequado o seu regular prosseguimento, sem ser sobrestado, nos termos do artigo 1037, §§ 9º e 10, do Novo CPC.

Nestes termos,

pedem deferimento.

Local e data...

Defensor Público

AO EGRÉGIO SUPERIOR TRIBUNAL DE JUSTIÇA

RAZÕES DE RECURSO ESPECIAL

Recorrente: **MARIANA FFFFFFFFFFF**

Recorrido: **JOÃO CCCCCCCCCCCCCCC**

Egrégio Tribunal,

Colenda Turma,

I - DA EXPOSIÇÃO DOS FATOS

Tratam os presentes autos de recurso de apelação interposto contra sentença proferida pelo r. Juízo da Xª Vara da Família e das Sucessões da Comarca de ___________, nos autos XXXX/20YY.

Em março de 20UU, fora ajuizada ação de negatória de paternidade pelo ora recorrido contra a ora recorrente, alegando em síntese ter tido um breve relacionamento amoroso coma genitora da mesma, e que, portanto, haveria indícios de não ser o genitor biológico da mesma.

Assim, houve contestação, onde restou provado tratar-se de um casamento de, aproximadamente, 13 (treze) anos.

Em outubro de 20TT, fora realizado exame de DNA, cujo resultado exclui a paternidade do recorrido em relação à recorrente.

Ademais, foi interposto pela requerida, ora recorrente, agravo de instrumento com pedido de concessão de efeito suspensivo, visando à reforma de r. decisão interlocutória, que encerrou a fase de instrução. O mesmo foi convertido em agravo retido.

Mais adiante, após a apresentação de memoriais finais, foi prolatada sentença, a qual julgou procedente o pedido inicial do requerente, ora recorrido, determinando a exclusão de sua paternidade em relação à ré, anulando o registro de nascimento da mesma por vício do consentimento consistente em erro.

Ocorre que, não se conformando com a r. sentença referida, no que tange ao obstáculo ao direito à prova e ao reconhecimento da procedência da pretensão negatória de paternidade, interpôs a requerida o recurso de apelação, com o fim de anular a r. sentença, bem como os atos posteriores ao encerramento da instrução, **para fins de reiniciar a colheita de provas, permitindo à ré a comprovação de vínculo socioafetivo.**

No entanto, E. Tribunal *"a quo"* negou provimento ao recurso, sob o fundamento de que o processo teve seu trâmite regular: ***"Outrossim, não houve ofensa aos princípios do contraditório e do direito à prestação jurisdicional, seja porque o processo civil se contenta com a verdade formal, seja porque o exame sanguíneo, através da análise***

de DNA, quando excludente da paternidade, é havido como prova conclusiva, peremptória, sendo desnecessária a produção de outra provas". (grifos dos recorrentes).

Porém, *data venia,* não concordamos em razão, em suma, da indiferença com que foi tratada a questão do vínculo socioafetivo, em especial pela impossibilidade de sua devida comprovação, como, aliás, têm sinalizado alguns julgados pelo Brasil.

II - DA ADMISSIBILIDADE DO RECURSO

O art. 105, inciso III, alínea "c", da Constituição Federal estabelece a possibilidade de se interpor o recurso especial, quando a decisão que se recorre der a lei federal interpretação diversa daquela dada por outro Tribunal.

A referida decisão fora proferida em última instância, motivo pelo qual não resta qualquer outra instância ordinária para socorrer o direito da recorrente.

Além disso, a decisão recorrida que não reconheceu o cerceamento de defesa, em síntese, sob o argumento de que o laudo pericial configura prova conclusiva, divergente da que lhe haja atribuído outro Tribunal, que reconhece os efeitos jurídicos da relação socioafetiva e permite à parte sua comprovação, conforme julgados em anexo, em especial do próprio E. Superior Tribunal de Justiça e do E. Tribunal de Justiça do Rio Grande do Sul, nos termos do art. 105, inciso III, alínea "c", da Constituição Federal.

Assim, preenchidos estão os requisitos de admissibilidade do presente recurso.

III – DA DIVERGÊNCIA JURISPRUDENCIAL

Como já exposto, o E. Tribunal *"a quo"* negou provimento ao recurso, sob o fundamento de que ***"Outrossim, não houve ofensa aos princípios do contraditório e do direito à prestação jurisdicional, seja porque o processo civil se contenta com a verdade formal, seja porque o exame sanguíneo, através da análise de DNA, quando excludente da paternidade, é havido como prova conclusiva, peremptória, sendo desnecessária a produção de outra provas".*** (grifos dos recorrentes).

Ora, tal fundamento desconsidera totalmente a figura da paternidade socioafetiva, uma vez que o exame de DNA, sob este aspecto é havido como prova peremptória e absoluta. Ademais, o exame de DNA que nega a paternidade biológica, o faz de modo absoluto, entretanto a paternidade socioafetiva não deve ser vista como uma espécie da paternidade biológica.

Ambas possuem razões distintas, de modo que a paternidade biológica, quando negada, não exclui a paternidade socioafetiva. Esta justamente existe por falta de vínculo biológico, onde o afeto entre pai e filho independe de relação sanguínea entre as partes.

Vejamos, que tal fundamento não é unânime, uma vez que há dissídio entre o E. Tribunal "a quo" e o E. Tribunal de Justiça do Rio Grande do Sul, em relação ao valor absoluto do laudo pericial negativo quanto à existência de paternidade biológica.

No V. Acórdão proferido pelo E. Tribunal de Justiça do Rio Grande do Sul, no Recurso de Apelação n.º 70029832656-RS, pela 7ª Câmara Civil, relatado pelo Desembargador Ricardo Raupp Ruschel, restou expresso o entendimento de que ***"Quando o exame de DNA é negativo e a parte alega a existência de paternidade socioafetiva, pleiteando a produção de prova oral para fazer a prova de tal alegação, o indeferimento da oitiva***

das partes e das testemunhas, por preclusão temporal, consubstancia cerceamento de defesa".

Não há que se deixar de mencionar que, em outro Acórdão, proferido também pelo E. Tribunal de Justiça do Rio Grande do Sul no Recurso de Apelação n.º 70027584036-RS, pela 7º Câmara Civil, Relatado pelo Desembargador André Luiz Planella Villarinho, que também segue o mesmo entendimento, de que ***"Mesmo diante de exame de DNA, em ação negatória de paternidade, excluída a paternidade biológica, impõe-se oportunizar a parte produção de provas acerca do alegado vínculo socioafetivo entre autor e filha, pleiteando nos autos. Julgamento antecipado que prejudicou o direito da parte em provar suas alegações. Cerceamento de defesa caracterizado".***

Veja-se que os V. Acórdãos paradigmas entendem haver cerceamento de defesa, caso não seja oportunizada a parte produzir provas que demonstrem o vínculo socioafetivo entre pai e filha.

Desse modo, **é notório o dissídio jurisprudencial entre o V. Acórdão recorrido e os V. Acórdãos paradigmas.**

IV - DO CERCEAMENTO DE DEFESA

O princípio do contraditório é a democracia do processo, garantindo às partes participar ativamente dos atos processuais e, por fim, influenciar a decisão a ser proferida.

A parte no processo judicial deve ter uma participação efetiva durante todo seu trâmite. Essa participação não é apenas no sentido formal, instrumental, mas também no sentido material.

Como já noticiado, houve o encerramento precoce da instrução, impedindo a produção de provas que pudessem comprovar a filiação socioafetiva.

A referida fase processual é designada para que as partes produzam as provas, que confirmarão o direito por elas alegado.

Negar que uma das partes apresente suas provas, encerrando antecipadamente a fase de instrução, norteia de modo irresponsável, um dos mais céleres princípios constitucionais que é o *contraditório*, mormente sua faceta substancial, qual seja, seu **"poder de influência"**, que representa o direito da parte de intervir por meio de sua participação, na forma do convencimento do juiz, o que se mostrou certo no julgamento de procedência do pedido de negatória de paternidade. Tal julgamento poderia mostrar-se diverso se tivessem sido produzidas provas do vínculo socioafetivo entre as partes.

A cerca do tema, leciona Fredie Didier, em sua obra Curso de Direito Processual Civil. ***"Há o elemento substancial dessa garantia. Há um aspecto, que eu reputo essencial, denominado, de acordo com a doutrina alemã, de 'poder de influência'. Não adianta permitir que a parte, simplesmente, participe do processo; que ela seja ouvida. Apenas isso não é o suficiente para se efetive o princípio do contraditório. É necessário que se permita que ela seja ouvida, é claro, mas em condições de poder influenciar a decisão do magistrado. Se não for conferida a possibilidade de a parte influenciar a decisão do Magistrado – e isso é poder de influência, interferir com ideias, com fatos novos, com argumentos jurídicos novos; se ela não puder fazer isso, a garantia do contraditório estará ferida. É fundamental perceber isso: o contraditório não se im-***

plementa, pura e simplesmente, com a ouvida, com a participação; exige-se a participação com a possibilidade, conferida à parte, de influenciar no conteúdo da decisão". (grifo nosso) (Juspodivm, 2006).

Consoante se verifica, nos ensinamentos de nossa melhor doutrina, a requerida não só tem o direito de ser ouvida, como também deve haver condições para que ela possa influenciar a decisão do magistrado.

Destarte, pelo princípio constitucional do devido processo legal (art. 5º, LIV), da ampla defesa e do contraditório (art. 5º, LV), a parte no processo judicial deve ter uma participação efetiva, durante todo seu trâmite. ***LV - aos litigantes, em processo judicial ou administrativo, e aos acusados em geral são assegurados o contraditório e ampla defesa, com os meios e recursos a ela inerentes;***

O direito à prova é uma das mais importantes formas de garantia ao acesso à Justiça implícita no Contraditório.

Todavia nenhuma prova tem valor absoluto, a ponto de refutar o direito de defesa alheio. A paternidade socioafetiva deverá justamente ser provada quando não há vínculo biológico entre pai e filho, assim sendo negar unilateralmente a produção de provas, fere o contraditório, afastando assim o devido processo legal. Ademais, desconstitui a figura da paternidade socioafetiva do ordenamento jurídico.

V - DA FILIAÇÃO SOCIOAFETIVA

O E. Tribunal recorrido *"a quo",* como visto acima, profere em sua decisão ser dispensável a produção de outras provas diante do laudo pericial que exclui a paternidade do autor em relação à ré, o que, porém, não vale prosperar uma vez que a produção de provas diversas da citada levaria à comprovação do chamado **vínculo socioafetivo** entre as partes, o que impediria a negatória de paternidade.

Ao longo dos anos, o caráter da paternidade genética deixou de ser absoluto. A figura paterna atualmente apresenta aspectos não só biológicos.

Como bem expõe o eminente Rodrigo da Cunha Pereira, em sua obra Direito de Família: uma abordagem psicanalítica, a função paterna não precisa ser ministrada, necessariamente pelo pai biológico, mas por um pai afetivo, isso porque "***... o pai pode ser uma série de pessoas ou personagens: o genitor, o marido da mãe, o amante oficial, o companheiro da mão, o protetor da mulher durante a gravidez, o tio, o avô, aquele que cria a criança, aquele que dá o seu sobrenome, aquele que reconhece a criança legal ou ritualmente, aquele que fez a adoção..., enfim, aquele que exerce uma função de pai.""*** (2. Ed. Belo Horizonte: Del Rey, 1999, p. 36 e 148).

Assim sendo, esta na hora de afastarmos o paradigma biológico, uma vez que o filho precisa da figura de um pai, e não de um genitor, para que assim possa contribuir no desenvolvimento psicológico do mesmo, amparando-o e protegendo.

No caso em tela, o requerente exerceu a função paterna por 10 (anos), desde o nascimento da requerida até propositura da ação negatória de paternidade. Desse modo, a relação ao longo desse tempo se consolidou no reconhecimento de paternidade, sendo que não é razoável revogar os mundos afetivos e ontológicos, como se fossem parte de um negócio jurídico.

A paternidade biológica fora negada pelo laudo pericial. Entretanto, o que a ré almeja no presente caso, é comprovar que a existência um vínculo afetivo entre as partes e desse modo descaracterizar a negatória de paternidade.

Sustenta Belmiro Pedro Welter, em sua obra Teoria Tridimensional do Direito de Família, ao tratar da necessidade da produção de provas na paternidade socioafetiva de maneira rigorosa tal qual na biológica. ***"Na ação de investigação de paternidade socioafetiva, deve ser produzida prova tão rigorosa quanto na biológica, inclusive de ofício, como testemunhal, pericial (assistente social, psicológico etc.), depoimento pessoal e documental, para que seja declarada a paternidade sociológica, e não apenas a mera ficção jurídica do modo de ser-pai-mãe-filho. Todas essas provas são necessárias, tendo em vista que a presunção da paternidade biológica ou afetiva assegura uma dúvida insolúvel do filho quanto à verdadeira paternidade, se genética ou socioafetiva, isso porque o filho reclama o pai biológico ou afetivo, e não um pai presumidamente biológica ou afetivo".*** (1. Ed. Porto Alegre: Livraria do Advogado, 2009, p. 280).

Pelo exposto, vemos que a produção de prova na comprovação da paternidade socioafetiva, independentemente de ação de investigação de paternidade ou negatória de paternidade, deve ser produzida de forma rigorosa, assim como a na biológica, inclusive com depoimento pessoal e documental, testemunha, perícia entre outros.

A alegação da existência desse vínculo socioafetivo foi feita através de cota nos autos, requerendo-se a produção de provas que comprovassem o fato alegado. Todavia, o precoce encerramento da instrução impediu a produção de tais provas. A comprovação da filiação socioafetivo fora negada, mesmo nutrindo há quase 10 anos condição de pai e filha.

Desse modo, mesmo nutrindo por todos esses anos relação afetiva com o requerente, a filha se viu impedida de comprovar tal vínculo, perdendo assim a figura paterna sem que houvesse qualquer forma de se expressar. Assim sendo, resta claro que foi cerceado da defesa da recorrente, não podendo o mesmo prevalecer.

VI - DO PEDIDO

Ante todo o exposto, restando demonstradas as divergências nas interpretações dadas pelos Egrégios Tribunais de Justiça Estaduais à norma referida, em especial pelo dissídio jurisprudencial entre o referido E. Tribuanl *"a quo"* e o E. Tribunal de Justiça do Rio Grande do Sul, aguarda a recorrente seja o presente recurso especial admitido, com fundamento no disposto no artigo 105, III, alínea "c", da Constituição da República, para, no mérito, ser-lhe conferido provimento, para reformar o V. Acórdão recorrido em razão dos fundamentos expostos, bem como para anular a r. sentença de 1º grau, para permitir que a recorrente produza suas provas necessárias à comprovação do vínculo socioafetivo.

Anexam, à presente, cópias dos V. Acórdãos proferidos por esse E. Tribunal (REsp nº 1.000.356-SP), pelo E. Tribunal de Justiça do Rio Grande do Sul nos recursos de apelação n.º 70029832656-RS (7ª Câmara Cível – j. 02.12.2009 – rel. Des. Ricardo Raupp Ruschel) e nº 70027584036-RS (7ª Câmara Cível – j. 26.08.2009 – rel. Des. André Luiz Planella Villarinho) que servem de paradigmas para demonstrar as divergências entre as interpretações dadas pelo E. Tribunal *"a quo"* às normas de leis federais acima mencionadas, bem como dos V. Acórdão recorrido, recurso de apelação nº 0010122-29.2010.8.26.0000 (1ª Câmara de Direito Privado do Tribunal de Justiça de São Paulo – j. 17.05.2011 – rel. Elliot Akel).

O subscritor da presente declara serem autênticas todas as cópias de acórdãos anexos e que são julgados selecionados diretamente dos *sites* oficiais.

Nestes termos,

pedem deferimento.

Local e data...

Defensor Público

XVII) Recurso especial – modelo II

Excelentíssimo Senhor Doutor Desembargador Presidente do Egrégio Tribunal de Justiça do Estado de ...

(10 linhas)

Apelação nº ...

Processo originário nº .../... – Vara da Infância e Juventude da Comarca de .../...

BENEDITO GONÇALVES, já qualificado nos autos, pela DEFENSORIA PÚBLICA DO ESTADO DE ..., dispensado de apresentar instrumento de mandato, nos termos do art. 128 da LC 80/94, inconformado com o vetusto acórdão de fls. ..., que negou provimento à apelação interposta, vem respeitosamente à presença de Vossa Excelência, interpor

RECURSO ESPECIAL

Com fulcro no art. 105, III, *a*, da Constituição da República e nos artigos 1029 e seguintes do Novo CPC.

Requer seja o recurso recebido em seus efeitos devolutivo e suspensivo, este último com fundamento no artigo 198, inciso VI, do Estatuto da Criança e do Adolescente, uma vez que a manutenção da medida socioeducativa em regime de internação trará DANO MORAL IRREPARÁVEL AO ADOLESCENTE, em virtude do cerceamento da liberdade em decorrência de uma sentença injusta.

Requer, após regular recebimento e processamento do recurso, e nos termos do artigo 198, inciso VII do Estatuto da Criança e do Adolescente, seja reconsiderada a decisão, através do juízo de retratação, pelos motivos a seguir expostos.

Requer, por fim, os benefícios da Justiça Gratuita, nos termos dos artigos 98 do Novo CPC.

Nesses termos, pede deferimento.

Cidade ..., data .../.../...

Defensor Público

Recorrente: BENEDITO GONÇALVES

Recorrido: MINISTERIO PÚBLICO

RAZÕES DE RECURSO ESPECIAL

Superior Tribunal de Justiça,

Colenda Turma,

Douto Procurador da República:

1. PRELIMINARMENTE: DO CABIMENTO DO RECURSO ESPECIAL

Das causas decididas em última instância pelos Tribunais dos Estados, dispõe a Constituição da República que cabe Recurso Especial para o Superior Tribunal de Justiça, quando a decisão recorrida "contrariar tratado ou lei federal, ou negar-lhes vigência" (art. 105, III, *a*, da Constituição da República).

In casu, o venerado Acórdão do Egrégio Tribunal de Justiça do Estado de ... infrigiu o disposto nos arts. 121 e 122 do Estatuto da Criança e do Adolescente, pois não deu provimento à Apelação, mantendo a respeitável sentença que determinou a internação de adolescente primário acusado de praticar ato infracional cometido sem violência ou grave ameaça à pessoa, sem que fossem observadas as hipóteses legais taxativas para a aplicação dessa medida socioeducativa excepcional.

A matéria trazida à baila foi plenamente conhecida e debatida no venerando Acórdão, tendo sido expressamente consignada a situação fática discrepante das hipóteses legais, além de inexistir contrariedade, omissão ou obscuridade na citada decisão, de sorte que é cabível o presente Recurso Especial, interposto em tempo útil e forma regular.

Ainda assim, foram interpostos Embargos de Declaração em face do r. acórdão recorrido para fins de pré-questionamento e, embora rejeitados, já servem para os fins a eles propostos, nos termos do artigo 1025 do Novo CPC.

2. BREVE SÍNTESE

A respeitável sentença, ora atacada, julgou procedente a representação movida contra o adolescente Benedito Gonçalves pela prática de ato infracional equiparado a tráfico de drogas, capitulado no art. 33 da Lei n° 11.343/06, do Código Penal, aplicando-lhe a medida socioeducativa de internação por tempo indeterminado.

Posteriormente, houve a interposição de Recurso de Apelação, o qual foi julgado pelo Acórdão (fls. ...), a qual deu provimento, mantendo a imposição de medida socioeducativa de internação, sob a alegação de que a materialidade encontra-se comprovada pelo auto de exibição e apreensão toxicológico.

A decisão de 1ª instância não deve prosperar e, portanto, a medida de internação aplicada ao adolescente deve ser afastada pelas razões que passa a expor.

3. DO NÃO CABIMENTO DA MEDIDA DE INTERNAÇÃO

A medida de internação é a mais severa dentre o rol das socioeducativas, por se tratar em medida privativa de liberdade, devendo ser aplicada somente nos casos mais graves como forma de penalidade e depois de ter tentado ressocializar o menor infrator mediante as outras medidas.

Perceba-se que os argumentos apresentados pelo Órgão Ministerial para fundamentar a aplicação da medida socioeducativa de internação são aberrantes, pois a medida não trará a recuperação e sim danos mais graves ao adolescente. Cumpre destacar a manifestação do *parquet:*

"(...) *as condições pessoais do jovem, somada a quantidade expressiva de entorpecentes apreendidos e a insuficiência de respaldo familiar revelam que sua custódia era mesmo a medida mais adequada visando não só a proteção da sociedade, mas também do próprio infrator tendo por objetivo maior afastá-lo do consumo e do tráfico de drogas, sendo certo que a substituição da medidas imposta por outra mais branda tal qual postulado nas razões recursais não seria suficiente a ressocialização do infrator."*

Afirmar que a internação destina-se à "proteção" do adolescente poderia ter algum fundamento no antigo Código de Menores. O Estatuto da Criança de do adolescente, corrigindo as distorções da doutrina da situação irregular, estabelece que o conceito de proteção envolve reconhecimento e promoção de direitos, sem violá-los ou restringi-los. Por este motivo a proteção não pode significar intervenção estatal coercitiva.

Nesse sentido é o entendimento da doutrina moderna, que utiliza por fundamento a orientação do Supremo Tribunal Federal no acórdão que julgou o RE nº 285571:

"Se o adolescente necessita de proteção, inclusive porque exposto a risco pessoal, tal circunstância recomenda o acionamento da rede protetiva, sua colocação em algum familiar em outra região, em algum abrigo temporariamente em outro Estado, mas por certo, se não satisfeitos os requisitos ensejadores de uma custódia cautelar enquanto mecanismo de defesa social, jamais poderá autorizar sua privação de liberdade sob o pretexto de protegê-lo. Isso sem considerar o toque de humor sádico que lhe emprestam as condições reais do internamento do adolescente infrator no Brasil, como asseverou o Ministro Sepúlveda Pertence em acórdão de sua lavra no STF. (SARAIVA, João Batista Costa. Compêndio de Direito Penal Juvenil. Porto Alegre: Livraria do Advogado, 3ª edição, pg. 44.)

O Relatório Técnico Inicial realizado pela UIP-6, relata sobre o histórico do adolescente que deve ser levado em consideração onde descreve:

"O adolescente demonstra interesse em continuar seus estudos e principalmente em trabalhar, mas necessita ser inserido no Programa de Reorganização da Trajetória Escolar, já que se encontra em defasagem nos estudos. Durante a entrevista pedagógica, Benedito relatou que fez um curso profissionalizante de panificação, sem, no entanto, concluí-lo, pois estava em uma clínica de recuperação de dependentes químicos, fez um mês de curso e não quis continuar os dois meses restantes, devido ao novo envolvimento com drogas após sua desinternação. Relatou que sabe fazer massa de pizza, e já trabalhou como ajudante de pizzaiolo por nove meses, além de ter tido outras experiências profissionais como ajudante em borracharia por seis meses. Alega que trabalha desde os 14 anos de idade, mas quando ficava sem emprego cometia delitos para sustentar seu vício em drogas. Por isso, é necessário reinseri-lo em um tratamento para dependentes químicos e também na realização de um curso profissionalizante que tem interesse, como o de mecânica e auto elétrico para que Benedito se desvincule das drogas e tenha ocupação para reduzir seu tempo ocioso e ajudá-lo a conseguir um emprego com qualificação profissional. "sic" (grifo nosso)

Isso nos mostra que o adolescente não necessita de uma medida sócio educativa de internação e sim de uma MEDIDA DE PROTEÇÃO E ORIENTAÇÃO.

A dependência química e a falta de estudo, bem como a ausência de estímulos positivos é o que acarretou no comportamento do adolescente. Portanto não se pode tratar um adolescente em desenvolvimento no qual teve uma vida desestruturada como um inimigo da sociedade.

Logo não se pode punir alguém por não ter tido, uma estrutura familiar sólida para o seu desenvolvimento pessoal e de caráter. Afim de evitar medidas extremas e descabidas como está, a Carta Magna traz em seu Artigo 227, caput, o seguinte texto:

"É dever da família, da sociedade e do Estado assegurar à criança, ao adolescente e ao jovem, com absoluta prioridade, o direito à vida, à saúde, à alimentação, à educação, ao lazer, à profissionalização, à cultura, à dignidade, ao respeito, à liberdade e à convivência familiar e comunitária, além de colocá-los a salvo de toda forma de negligência, discriminação, exploração, violência, crueldade e opressão"

Logo se observa que Benedito encontra-se na condição de vitima, é bem clara a negligência de seus direitos com relação e este artigo.

Ainda na respeitável sentença recorrida as provas coligidas são insuficientes para embasar a sentença condenatória, vez que embora tenha admitido a pratica do ato infracional, as únicas testemunhas ouvidas em juízo são os responsáveis pela prisão do adolescente, não se podendo se aceitar seu testemunho sem reservas, já que tendem a justificar seus atos.

A única prova que fundamentou a condenação foi o testemunho dos policiais que resulta de suas declarações. Todavia, para eficácia de tal prova é necessário a coerência com outros elementos de convicção, inexistentes nos presentes autos, o que demonstra a fragilidade do conjunto probatório que fundamentou a condenação.

Neste sentido, interessante apontar a jurisprudência:

"Por mais idôneo que seja o policial, por mais honesto e correto, se participou da diligência, servindo de testemunha, no fundo está procurando legitimar a sua própria conduta, o que juridicamente não é admissível. A legitimidade de tais depoimentos surge, pois, com a corroboração por testemunhas estranhas aos quadros policiais" (TACrimSP – AP. 919.001/06 – Rel. Ary Casagrande – j. 31.06.2005)

E o fato do juízo de conhecimento aplicar medida socioeducativa com base apenas na confissão do adolescente, se torna uma medida ilegal.

Tal situação viola sobremaneira o princípio do sistema acusatório, em que compete a acusação o ônus da prova, bem como o devido processo legal.

O superior Tribunal de Justiça, evidenciando as ilegalidades notórias nas representações em que somente a procedência do pedido de representação se baseia na confissão do adolescente, editou a Súmula nº 342, ao dispor que "(...) no procedimento para a aplicação de medida socioeducativa, é nula a desistência de outras provas em face da confissão do adolescente (...)".

Todavia, para eficácia de tal prova é necessário a coerência com outros elementos de convicção, inexistentes nos presentes autos, o que demonstra a fragilidade do conjunto probatório que fundamentou a condenação

Por outro lado, pende em favor do adolescente a circunstâncias atenuante obrigatória do art. 65, III, d, do Código Penal, o que ademais, denota sua criticidade e capacidade reflexiva.

Esse dado deve ser considerado primacialmente para avaliar a adequada medida socioeducativa a ser aplicada, já que a Meritíssima Juíza de primeiro grau entendeu pela internação, o que *data vênia*, não é medida que deve preponderar, porquanto no campo de Direito da Infância e Juventude os aspectos subjetivos do indivíduo tem maior valor que o peso abstrato dos fatos.

Com efeito, se no Direito Penal a objetividade dos fatos prepondera sobre os aspectos subjetivos – os quais vêm a lume no momento de individualização da pena -, naquela seara prevalece a condição especial de pessoas em desenvolvimento, com todas as idiossincrasias próprias da adolescência. Neste sentido, a confirmação da pratica de ato infracional por um jovem torna clara a sua disponibilidade para mudança, reflexão e arrependimento, de modo que o ato anterior perde força, sendo superada pela possibilidade real e concreta de construção de uma personalidade mais forte e responsável.

E é assim, portanto que Benedito deve ser visto, pois não somente é a perspectiva adequada quando se trata de adolescentes, mas também é a conclusão jurídica inevitável, que advém das normas positivas de nosso país.

Além disso, há o seguinte entendimento do Superior Tribunal de Justiça.

CRIMINAL. HC. ATO INFRACIONAL EQUIPARADO AO DELITO DE HOMICÍDIO. APLICAÇÃO DE MEDIDA SOCIOEDUCATIVA DE INTERNAÇÃO SEM TEMPO DETERMINADO. NOVA REPRESENTAÇÃO JULGADA PROCEDENTE RECONHECENDO A PRÁTICA, PELO JOVEM, DE ATO INFRACIONAL EQUIVALENTE A RESISTÊNCIA. ADOLESCENTE QUE JÁ HAVIA SIDO PROGREDIDO PARA O REGIME DE LIBERDADE ASSISTIDA. PRESTAÇÃO DE SERVIÇOS À COMUNIDADE SUBSTITUÍDA POR INTERNAÇÃO POR TEMPO INDETERMINADO. PACIENTE REINSERIDO À SOCIEDADE. AUSÊNCIA DE DESCUMPRIMENTO DE MEDIDA ANTERIORMENTE APLICADA. REITERAÇÃO NÃO DEMONSTRADA. GRAVIDADE DA CONDUTA QUE NÃO JUSTIFICA, ISOLADAMENTE, A APLICAÇÃO DE INTERNAÇÃO POR TEMPO INDETERMINADO. ORDEM CONCEDIDA.I. Hipótese em que o paciente, após ter cumprido medida socioeducativa de internação sem tempo determinado pela prática de ato infracional equivalente a homicídio, foi progredido para a liberdade assistida, tendo, posteriormente, sido reinserido na medida mais gravosa, pelo cometimento de ato infracional equiparado ao delito de resistência. II. Não obstante as passagens anteriores pelo Juizado, o jovem encontrava-se, quando da prolação do acórdão que impôs a sua internação pela prática de ato infracional equivalente a resistência, reinserido à sociedade, sendo que o Tribunal a quo aplicou a medida socioeducativa privativa de liberdade por entender o registro de atos infracionais anteriores, aliadas com a gravidade do referido ato infracional, revelaria seu total desajuste social e necessidade de reeducá-lo. II. O ato infracional equivalente ao delito resistência foi cometido antes do ato infracional equiparado à homicídio simples, tendo a representação sido oferecida pelo Parquet previamente ao recebimento da segunda representação. IV. O Estatuto da Criança e do Adolescente permite a aplicação da medida socioeducativa da internação por prazo indeterminado quando se tratar de ato infracional praticado com grave ameaça ou violência contra pessoa, contudo, também ressalva que em nenhuma hipótese será ela aplicada se houver outra medida adequada. V. A medida extrema de internação só está autorizada nas hipóteses previstas taxativamente nos incisos do art. 122 do ECA, pois a segregação de menor é, efetivamente, medida de exceção, devendo ser aplicada ou mantida somente quando evidenciada sua necessidade – em observância ao próprio espírito do Estatuto da Criança e do Adolescente, o qual visa à reintegração do jovem à sociedade, restando caracterizada a afronta aos objetivos do sistema. VI. A gravidade da conduta imputada ao paciente, bem como a sua suposta periculosidade, não servem, isoladamente, de fundamentação idônea para a estabelecimento da medida mais gravosa. VII. Deve ser cassado o acórdão recorrido e restabelecida a decisão monocrática que fixou a medida socioeducativa de prestação de serviços à comunidade ao adolescente. VIII Ordem concedida, nos termos do voto do Relator. Acordão: Vistos, relatados e discutidos os autos em que são partes as acima indicadas, acordam os Ministros da QUINTA TURMA do Superior Tribunal de Justiça. "A Turma, por unanimidade, concedeu a ordem, nos termos do voto do Sr. Ministro Relator." Os Srs. Ministros Laurita Vaz, Arnaldo Esteves Lima e Felix Fischer votaram com o Sr. Ministro Relator. (PROCESSO: HC 73048 – UF: RS – REFISTRO: 2006/02794463-9 – NUMERO ÚNICO: 0279463-11-2006.3.00.0000 – HABEAS CORPUS) - (*grifo nosso*)

Com tudo vale ressaltar que Benedito, como muitos outros adolescentes, teve seus direito lesados, não sofrendo apenas carências materiais, mais também afetivas; falta de amor, carinho, respeito, atenção, itens que são de grande importância para a formação psicológica e moral de um adolescente. Como cobrar algo de um adolescente no qual viveu em um núcleo familiar totalmente desajustado.

Neste contexto, vale destacar que as menções elencadas acima comprovam que a visão adotada pelo Poder Judiciário é enviesada, sem buscar o contexto maior da vida do adolescente.

Logo, a decisão mais adequada ao caso seria de uma medida-socioeducativa de prestação de serviço à comunidade, (Art. 112 – inciso III da Lei 8.069/90), pois assim o jovem terá a oportunidade de adquirir valores familiares e sociais, se inserindo e interagindo na comunidade exercendo seu direito constitucional de *liberdade e à convivência familiar e comunitária.*

4. DA EXCEPCIONALIDADE DA MEDIDA DE INTERNAÇÃO

Na hipótese de não serem considerados os argumentos acima, é de se notar que a medida de internação, na conformidade com o ordenamento jurídico brasileiro, está reservada para casos muito particulares, nos quais devem convergir não apenas a gravidade do fato, mas também os aspectos pessoais dos adolescentes. Veremos que, no presente caso, tudo aponta para que os adolescentes não sejam colocados em internação.

A medida de internação é regida pelo princípio da excepcionalidade. O art. 122 do Estatuto da Criança e do Adolescente traz um rol taxativo das hipóteses em que é permitida:

Art. 122. A medida de internação só poderá ser aplicada quando:

I – tratar-se de ato infracional cometido mediante grave ameaça ou violência a pessoa;

II – por reiteração no cometimento de outras infrações graves;

III – por descumprimento reiterado e injustificável da medida anteriormente imposta".

Ainda que se entenda ter os adolescentes cometidos o ato infracional, não houve grave ameaça ou violência a pessoa, haja vista tratar-se de tráfico de drogas. Assim, inaplicável o inciso I do art. 122 do ECA.

No que diz respeito à reiteração no cometimento de outras infrações graves, cabe destacar que o conceito de reincidência não se confunde com o de reiteração, já que para caracterização desta é necessária a prática de pelo menos 3 (três) atos infracionais graves e sua condenação por eles, conforme entendimento consolidado do Superior Tribunal de Justiça. Tal não ocorre no caso, portanto, também inaplicável o inciso II do art. 122 do ECA.

"HABEAS CORPUS. ECA. ATO INFRACIONAL ANÁLOGO AO CRIME DE TRÁFICO DE DROGAS. MEDIDA DE INTERNAÇÃO. GRAVIDADE ABSTRATA DA CONDUTA. FUNDAMENTAÇÃO INIDÔNEA. REITERAÇÃO NO COMETIMENTO DE INFRAÇÕES GRAVES. NÃO OCORRÊNCIA.

1. Em razão do princípio da excepcionalidade, a medida de internação somente é possível nas hipóteses previstas no art. 122 da Lei nº 8.069/90, ou seja, quando o ato infracional for praticado com grave ameaça ou violência contra a pessoa, ressalvadas as hipóteses nas quais outras medidas menos severas forem suficientemente adequadas; quando houver o reiterado cometimento de outras infrações graves; ou ainda, quando haja o descumprimento reiterado e injustificável de medida anteriormente imposta.

2. A gravidade abstrata do ato infracional equiparado ao crime de tráfico não constitui fundamentação idônea para a aplicação da medida socioeducativa mais gravosa, conforme reiterada jurisprudência desta Corte.

3. Somente ocorre reiteração, para efeito de incidência da medida de internação, quando são praticadas, no mínimo, três ou mais condutas infracionais graves. Precedentes desta Casa.

4. Ordem concedida para anular o acórdão apenas na parte referente à aplicação da medida socioeducativa, a fim de que seja imposta ao paciente medida diversa da internação, devendo aguardar a nova decisão em regime de semiliberdade. ACÓRDÃO Vistos, relatados e discutidos os autos em que são partes as acima indicadas, acordam os Ministros da Sexta Turma do Superior Tribunal de Justiça, por unanimidade, conceder a ordem de habeas corpus, nos termos do voto do Sr.

Ministro Relator. Os Srs. Ministros Celso Limongi (Desembargador convocado do TJ/SP), Haroldo Rodrigues (Desembargador convocado do TJ/CE) e Maria

Thereza de Assis Moura votaram com o Sr. Ministro Relator. Presidiu o julgamento a Sra. Ministra Maria Thereza de Assis Moura." (HABEAS CORPUS Nº 166.796 - SP (2010/0053213-1)) - (*grifo nosso*).

Dessa forma, constata-se que não há reiteração no cometimento de infrações graves.

Logo, nenhuma das hipóteses contidas no rol taxativo do art. 122 do Estatuto da Criança e do Adolescente está preenchida, de modo que a medida de internação não pode ser aplicada no caso.

É totalmente descabida a internação de um adolescente pelo tão só motivo de se reputar grave o ato infracional cometido. Trata-se de verdadeiro descalabro quando cotejadas as normas informadoras do ordenamento pátrio que cuidam do assunto.

Igualmente, na respeitável sentença recorrida os argumentos trazidos para embasar a necessidade de medida socioeducativa de internação são insuficientes, baseando-se tão somente na gravidade abstrata do ato infracional e em partes isoladas do estudo social.

Logo, pugna-se, subsidiariamente, pela medida socioeducativa de prestação de serviços à comunidade ou de liberdade assistida.

Além disso, há o seguinte entendimento do Superior Tribunal de Justiça que traz a aplicação do acima exposto ao Estatuto da Criança e do Adolescente, afirmando que a simples alusão à gravidade do fato praticado, bem como o argumento de que a segregação seria necessária para que o adolescente pudesse refletir sobre seus atos, é motivação genérica que não se presta para fundamentar a medida de internação, restando caracterizada a afronta aos objetivos do sistema:

"CRIMINAL. HC. ECA. ROUBO QUALIFICADO. AUSÊNCIA DE COMPROVAÇÃO DA AUTORIA. IMPROPRIEDADE DA VIA ELEITA. INTERNAÇÃO POR PRAZO INDETERMINADO. GRAVIDADE DO ATO INFRACIONAL. FUNDAMENTAÇÃO INSUFICIENTE. AFRONTA AOS OBJETIVOS DO SISTEMA. CONSTRANGIMENTO ILEGAL CONFIGURADO. PECULIAR SITUAÇÃO FAVORÁVEL AO MENOR. ORDEM PARCIALMENTE CONCEDIDA. O writ não se presta para a análise das alegações de ausência de comprovação da autoria do ato infracional, em virtude da necessidade do revolvimento de fatos e provas, inviável na via eleita. A medida extrema de internação só está autorizada nas hipóteses previstas taxativamente nos incisos do art. 122 do ECA, pois a segregação do menor é medida de exceção, devendo ser aplicada e mantida somente quando evidenciada sua necessidade, em observância ao espírito do r. Estatuto, que visa à reintegração do menor à sociedade. A simples alusão à gravidade do fato praticado, bem como no argumento de que a segregação seria necessária para que o adolescente pudesse refletir sobre seus atos, é motivação genérica que não se presta para fundamentar a medida de internação, restando caracterizada a afronta aos objetivos do sistema. Peculiar situação do paciente a ser considerada: não ostenta antecedentes criminais, é estudante do ensino médio, trabalha e tem respaldo familiar. Deve ser reformado o acórdão recorrido, tão somente na parte relativa à medida imposta ao paciente, a fim de que outro decisum seja prolatado, afastando-se a aplicação de medida socioeducativa de internação, permitindo-se que o menor aguarde tal desfecho em liberdade assistida. Ordem parcialmente concedida, nos termos do voto do Relator". (HC 31049/SP; HABEAS CORPUS 2003/0183207-0- grifo nosso).

5. DA MEDIDA DE PROTEÇÃO

Ademais, é bom ressaltar que o caso dos autos revela uma hipótese típica de necessidade de aplicação de medida de proteção, e não de medida socioeducativa.

As informações contidas nos autos revelam claramente que a família é necessita das medidas pertinentes aos pais, pois a família é fundamental a criança e ao adolescente, pois é nela que o adolescente receber os primeiros estímulos que contribui de para a formação da personalidade.

Dispõe o Estatuto da Criança e do adolescente em seu artigo 129 o seguinte texto:

Art. 129. São medidas aplicáveis aos pais ou responsável:

I - encaminhamento a programa oficial ou comunitário de proteção à família;

(...)

IV - encaminhamento a cursos ou programas de orientação;

Fazer a internação do adolescente baseados em provas que são insuficientes para uma medida de internação por tempo indeterminado não é fundamento valido, pois o desajuste familiar que sofreu o adolescente no qual estava passando, por situações difíceis para uma criança poder compreender e a falta de uma figura paterna, sentindo uma enorme carência materna, foi o motivo que o levou á uma vida desregrada.

Essa situação pode ser alterada com medida socioeducativas de ressocialização e não de internação, pois a medida de internação não tem um caráter educativo e sim de punição, quando no caso, é necessária uma orientação e proteção que seria facilmente adquirida com a medida adequada.

Promovendo esta medida, o Estado cumprirá seu dever constitucional sanando o "desajuste familiar" além de evitar futuros desvios de condutas do jovem, ao invés de oferecer uma punição sem base corretiva podendo trazer sequelas em seu desenvolvimento

O Estado brasileiro tem o dever de auxiliar o adolescente por meio de medidas protetivas, prevista no art. 101 do Estatuto da Criança e do Adolescente dentre aquelas adequadas ao caso, especialmente a previsão do inciso IV, além das medidas aplicáveis aos pais, previstas no art. 129 do mesmo diploma, destacando-se as dos incs. I, II e IV.

Logo, não há que se falar em aplicação de medida socioeducativa, mas sim no oferecimento de medidas protetivas.

6. DO PEDIDO

Assim, em virtude de todo o exposto, requer-se o provimento do Recurso Especial, julgando improcedente a ação socioeducativa, em virtude da impunibilidade do ato infracional impossível.

E, subsidiariamente:

a aplicação de medida socioeducativa em meio aberto, como prestação de serviços à comunidade ou liberdade assistida;

a aplicação das medidas protetivas e ao pais adequadas ao caso.

Nesses termos, pede deferimento.

Cidade ..., data .../.../...

Defensor Público

XVIII) Modelos específicos criados pelo Código de Processo Civil de 2015

A – petição simples de tutela provisória antecipada e antecedente (artigo 303 do NCPC).

EXCELENTÍSSIMO SENHOR DOUTOR JUIZ DE DIREITO DA X VARA DA FA-ZENDA PÚBLICA DA COMARCA DE RIBEIRÃO PRETO/SP

(10 linhas)

José da Silva e Silva (qualificação completa – artigo 319, II, NCPC), por intermédio da Defensoria Pública do Estado de São Paulo, neste ato presenteada pelo Defensor Público que esta subscreve, vem propor a presente **AÇÃO DE CONHECIMENTO CONDENATÓRIA DE OBRIGAÇÃO DE FAZER, com pedido de tutela provisória de urgência antecipada e antecedente**, via petição simples (art. 303 do NCPC), em face do Município de Ribeirão Preto (qualificação completa), pelos seguintes fundamentos de fato e de direito.

I - Da forma de petição simples (art. 303, NCPC)

O novo CPC autorizou, de forma inovadora, o peticionamento simplificado, quando a tutela provisória de urgência antecipada, pela urgência do caso, deva ser contemporânea à propositura da ação (antecedente). Em síntese, como essa tutela pode se estabilizar (artigo 304), dispensou o legislador do labor exigido na produção de uma petição inicial completa, com todos os fundamentos e pedidos.

II - Dos fatos (da exposição da lide)

O autor sofre de grave doença e não possui condições econômicas de custear o oneroso e urgente tratamento. (DETALHAR OS FATOS).

III - Do direito

(FAZER BREVES COMENTÁRIOS DO DIREITO PÚBLICO À SAUDE E DA RESPONSABILIDADE DA RÉ)

IV - Do perigo de dano ou risco ao resultado útil do processo.

(TRAZER ELEMENTOS ACERCA DA URGÊNCIA DO TRATAMENTO E DOS RISCOS DA DEMORA)

V - Do pedido

Diante do exposto, requer-se:

a) a concessão da tutela antecipada para fins de impor ao Réu a obrigação de custear integralmente o urgente tratamento com o autor, conforme a indicação médica em anexo, intimando-o para que cumpra a determinação em 48 horas, sob pena de incorrer em multa e nos demais efeitos previstos nos artigos 536 e 537 do novo CPC;

b) se Vossa Excelência entender que faltam elementos a serem esclarecidos, que serem e já designada audiência prévia, nos termos do artigo 300, parágrafo segundo, do NCPC;

c) após concedida a tutela antecipada e intimado o Réu para o devido e oportuno cumprimento, que seja intimado o Autor para proceder ao aditamento deste pedido, nos termos do artigo 303, parágrafo primeiro, inciso I, do NCPC;

d) a citação e intimação do Réu para que compareça à audiência de conciliação e, se infrutífero o acordo, para contestar a ação;

e) o Autor manifesta interesse na autocomposição (artigo 319, VII, NCPC);

f) a concessão ao Autor dos benefícios da Justiça Gratuita;

g) a ordenação do Réu nos ônus da sucumbência;

Dá-se à presente causa o valor de R$ __________

Local, data

Defensor Público

II – petição de aditamento após a concessão da tutela antecipada

EXCELENTÍSSIMO SENHOR DOUTOR JUIZ DE DIREITO DA X VARA DA FA-ZENDA PÚBLICA DA COMARCA DE RIBEIRÃO PRETO

Processo n. __________

Ação de obrigação de fazer

José da Silva e Silva, já qualificado nos autos, pela Defensoria Pública do Estado, vem, na presente ação de conhecimento proposta em face do Município de Ribeirão Preto, requer o **ADITAMENTO DA PETIÇÃO INICIAL**, nos termos do artigo 303, parágrafo primeiro, inciso I, do NCPC, após acertada concessão da tutela antecipada, nos termos que seguem.

I - Dos fatos

O autor nasceu em 1981 com a patologia ________, cujos efeitos agravaram-se no decorrer de sua vida. Ocorre que, em 2013, ele sofreu um acidente automotivo e sua situação agravou-se ainda mais (COMPLETAR OS FATOS).

II - Do direito

(COMPLETAR O DIREITO À SAÚDE E A RESPONSABILIDADE DO RÉU)

III - Do pedido

Diante do exposto, requer:

a) a confirmação da tutela antecipada, para julgar procedente a ação e determinar ao Réu que disponibilize o tratamento médico necessário e todos os medicamentos, as próteses, e insumos que forem exigidos, a serem fornecidos com urgência, sob as penas da lei, especialmente das medidas previstas no artigo 536 do NCPC;

b) a juntada de novo documentos;

Local e data

Defensor Público

III – pedido de desconsideração da personalidade jurídica

EXCELENTÍSSIMO SENHOR DOUTOR JUIZ DE DIREITO DA X VARA CÍVEL DA COMARCA DE RIBEIRÃO PRETO

Processo n. __________

(10 linhas)

João de Santo Cristo, já qualificado, na ação condenatória por danos morais proposta em face da MM Transportadora S.A., também qualificada nos autos, requer a instauração do presente **INCIDENTE DE DESCONSIDERAÇÃO DA PERSONALIDADE JURÍDICA**, nos termos do artigo 50 do Código Civil e artigos 133 e seguintes do Novo CPC, em face dos sócios Sebastião de Cordeiro (qualificação completa) e Ricardo Crespo Crispim (qualificação completa), conforme segue.

I - Dos fatos

(Expor os fatos que permitem a desconsideração)

II - Do direito

(Justificar a desconsideração - artigo 50 Código Civil)

III - Do pedido

Diante do exposto, requer:

a) a citação dos sócios para que, se quiserem, respondam ao presente pedido, conforme artigo 135 do Novo CPC;

b) após, que seja acolhido o incidente de desconsideração para fins de incluir os sócios no polo passivo da ação principal e, assim, respondam ao presente pedido;

c) que sejam arrestados os bens dos sócios na quantidade suficiente para garantir o pagamento da obrigação a ser fixada judicialmente;

Local e data

Defensor Público

IV – pedido de instauração de incidente de resolução de demandas repetitivas

EXCELENTÍSSIMO SENHOR DOUTOR PRESIDENTE DO EGRÉGIO TRIBUNAL DE JUSTIÇA DO ESTADO ______________________

(10 linhas)

A DEFENSORIA PÚBLICA DO ESTADO ________________, neste ato presentada pelo Defensor Público subscritor, no exercício das funções institucionais previstas no artigo 134 da Constituição Federal e artigo 4º da Lei Complementar nº 80/94, vem propor o presente **INCIDENTE DE RESOLUÇÃO DE DE-MANDAS REPETITIVAS**, com fulcro nos artigos 976 e 977, inciso III, ambos do Novo Código de Processo Civil, pelos fundamentos de fato e de direito que seguem.

I – Dos fatos

Em muitos Municípios do Estado de São Paulo, as Administrações Públicas locais têm proposto ações de demolição de imóveis, normalmente casas que servem de moradia, localizadas em áreas sem a necessária regularização fundiária e em áreas de preservação permanente (APP's).

Seguem os processos e as respectivas partes:

Processo nº ___________________; Autor; Réu;

Processo nº ___________________; Autor; Réu;

(...)

II – Do direito

Ocorre que os Municípios são responsáveis pelo adequado ordenamento do solo urbano (artigo 30, inciso VIII, CF).

Nesse contexto, deve promover a regularização fundiária, nos termos do artigo 50 da Lei nº 11.977/09, com ênfase à regularização fundiária de interesse social (artigos 53 e seguintes).

Ademais, é possível que a regularização seja promovida em área de preservação permanente (APP), conforme artigo 54, §§ 1º a 3º, da mesma Lei nº 11.977/09.

Aliás, o próprio Código Florestal autoriza a regularização em APP (artigo 8º, § 2º, Lei nº 12.651/12).

(APROFUNDAR A FUNDAMENTAÇÃO JURÍDICA).

III – Do pedido

Diante do exposto, requer:

a) A admissão do incidente e a consequente suspensão de todos os processos do Estado que tratam da citada matéria, nos termos do artigo 982, inciso I, do NCPC;

b) A intimação do Ministério Público, conforme artigo 982, inciso II, do NCPC;

c) Após a suspensão dos processos, a intimação dos Municípios interessados, nos termos da previsão do artigo 983 do NCPC;

d) Que seja julgado procedente o presente incidente para reconhecer a tese jurídica de que é dever dos Municípios procederem à regularização fundiária, mesmo em áreas de preservação permanente, sendo inconstitucional e ilegal a demolição compulsória de imóveis que sirvam de moradia nessas áreas.

Local e data

Defensor Público

12. QUESTÕES DE CONCURSOS

12.1. PROCESSO CIVIL

01. (Defensoria Pública/RS – 2011 – FCC) 1. Do litisconsórcio, da assistência e da intervenção de terceiros no Código de Processo Civil.

(A) Embora recomendável para garantir a eficácia da sentença, não é obrigatória a citação de todos os litisconsortes necessários, diante do fenômeno da substituição processual.

(B) Na nomeação à autoria, se o nomeado, após realizada a citação, negar a qualidade que lhe é atribuída, o processo continuará contra o nomeante, o qual não terá novo prazo para contestar, face ao princípio da eventualidade aplicável no momento da contestação.

(C) Na denunciação da lide feita pelo autor, o denunciado que comparecer poderá aditar a petição inicial, uma vez que assume a posição de litisconsorte do denunciante.

(D) Transitada em julgado a sentença, na causa em que interveio o assistente, este não poderá, em processo posterior, discutir a justiça da decisão, mesmo na hipótese de provar que desconhecia a existência de alegações ou de provas, de que o assistido, por dolo ou culpa, não se valeu.

(E) Na assistência simples, o terceiro tem interesse jurídico em que a sentença seja favorável a uma das partes, sendo considerado, assim, litisconsorte da parte assistida, por também ser titular do direito discutido.

02. (Defensoria Pública/PI – 2009 – CESPE) 2. Um cidadão juridicamente necessitado procurou a DPE/PI para o ajuizamento de ação declaratória de inexistência de relação jurídica em face de determinada empresa de telefonia fixa. No atendimento inicial, o cidadão alegou urgência em razão da possível inclusão de seu nome em cadastros restritivos de crédito e alegou ter pagado toda a dívida. Considerando essa situação hipotética e a jurisprudência do STJ, é correto afirmar que o DP:

(A) não pode pleitear a tutela antecipada, porque a certificação de um direito ou de uma relação jurídica não pode ser antecipada.

(B) não pode pleitear a tutela antecipada, por expressa vedação legal nessa situação.

(C) deve pleitear a tutela antecipada, já que é possível sua concessão em qualquer ação de conhecimento, seja ela declaratória, constitutiva ou mandamental, desde que presentes os requisitos e pressupostos legais.

(D) deve pleitear a tutela antecipada, já que estaria vinculado ao pedido formulado pelo necessitado.

(E) somente poderia pleitear a tutela antecipada caso o necessitado postulasse também a condenação da empresa de telefonia em danos morais.

03. (Defensoria Pública/AM – 2011 – I. Cidades) 3. Entende-se como recurso, no processo civil, o meio ou o poder de provocar o reexame de uma decisão judicial. Sobre os recursos no processo civil é INCORRETO afirmar

(A) O recurso pode ser interposto pela parte vencida, pelo terceiro prejudicado e pelo Ministério Público, na forma da lei.

(B) o julgamento proferido pelo tribunal substituirá a sentença ou a decisão recorrida no que tiver sido objeto de recurso.

(C) a apelação devolverá ao tribunal o conhecimento da matéria impugnada e da que puder conhecer de ofício.

(D) apresentada resposta pelo apelado, é facultado ao juiz, em 5 (cinco) dias, o reexame dos pressupostos de admissibilidade do recurso.

(E) O agravante assistido pela Defensoria Pública está isento de instruir o agravo de instrumento com as peças exigidas em lei.

12.2. DIREITO CIVIL

04. (Defensoria Pública/AM – 2011 – I. Cidades) 4. Os direitos de personalidade ganham expressão no direito contemporâneo como consectário da afirmação histórica dos direitos humanos. Sobre esses direitos é correto afirmar:

(A) os direitos da personalidade são absolutamente indisponíveis, intransmissíveis e irrenunciáveis, não podendo seu exercício sofrer limitação voluntária.

(B) até mesmo o morto é titular desses direitos e, devidamente representado, tem legitimação para reclamar perdas e danos por violação dos seus direitos.

(C) somente a pessoa natural é titular desses direitos, podendo dispor do próprio corpo, vendendo órgãos ou membros dele, considerado o princípio da autonomia privada.

(D) o direito à intimidade da vida privada é inviolável, estando o juiz impedido de adotar medidas para impedir ou fazer cessar o ato de violação, resolvendo-se em perdas e danos.

(E) são atributos específicos da personalidade e seu titular não pode ser constrangido a submeter-se, com risco de vida, a tratamento médico ou intervenção cirúrgica.

05. (Defensoria Pública) 5. Sobre as diretrizes teóricas do Código Civil de 2002, é correto dizer:

(A) a função social é um princípio aplicável a praticamente todos os institutos de direito privado.

(B) a boa-fé objetiva exclui a aplicação da boa-fé subjetiva.

(C) os direitos da personalidades são, todos, irrenunciáveis.

(D) a operabilidade não constitui objetivo da nova ordem privada.

(E) a solidariedade familiar se aplica apenas na linha ascendente.

06. (Defensoria Pública/RS – 2012 – FCC) 6. Sobre o Direito de Família é correto afirmar:

(A) Adolescente de 17 anos, que mantém relação estável com pessoa absolutamente capaz, procura a Defensoria Pública para que haja a supressão judicial da autorização negada pelos seus genitores para a realização do casamento, hipótese na qual será imposto aos nubentes o regime da separação de bens.

(B) O marido não possui direito potestativo ao divórcio, eis que este instituto depende do implemento de requisito temporal.

(C) A paternidade socioafetiva deve ceder à paternidade genética, quando esta restar provada.

(D) A emancipação legal não extingue o poder familiar exercido pelos pais, uma vez que não se trata de hipótese concedida voluntariamente, permanecendo os genitores responsáveis pelos atos ilícitos praticados pelo emancipado até a maioridade.

(E) Irmãos são considerados parentes em linha reta.

GABARITO

Questão 01	Gabarito: C
Questão 02	Gabarito: C
Questão 03	Gabarito: E
Questão 04	Gabarito: E
Questão 05	Gabarito: A
Questão 06	Gabarito: A

QUESTÃO COMENTADA

(Defensoria Pública/AM - 2011 - I. Cidades) 4. Os direitos de personalidade ganham expressão no direito contemporâneo como consectário da afirmação histórica dos direitos humanos. Sobre esses direitos é correto afirmar:

(A) os direitos da personalidade são absolutamente indisponíveis, intransmissíveis e irrenunciáveis, não podendo seu exercício sofrer limitação voluntária.

Tomem muito cuidado com expressões fechadas como "absolutamente", "totalmente", "em toda hipótese", "sem exceções", "jamais", "nunca". Elas podem indicar a inadequação da assertiva.

(B) até mesmo o morto é titular desses direitos e, devidamente representado, tem legitimação para reclamar perdas e danos por violação dos seus direitos.

(C) somente a pessoa natural é titular desses direitos, podendo dispor do próprio corpo, vendendo órgãos ou membros dele, considerado o princípio da autonomia privada.
Atentem para o termo absoluto "somente". Nascituro também tem direitos.

(D) o direito à intimidade da vida privada é inviolável, estando o juiz impedido de adotar medidas para impedir ou fazer cessar o ato de violação, resolvendo-se em perdas e danos.

Lembrem que as medidas do artigo 536, § 1º, do NCPC, podem ser adotadas de ofício pelo juiz.

(E) são atributos específicos da personalidade e seu titular não pode ser constrangido a submeter-se, com risco de vida, a tratamento médico ou intervenção cirúrgica.

CAPÍTULO VI

A ATUAÇÃO DA DEFENSORIA PÚBLICA NOS CAMPOS DO CONSUMIDOR, ADMINISTRATIVO E TRIBUTÁRIO

1. PLANOS DE SAÚDE

A relação jurídica de plano de saúde é complexa e peculiar, uma vez que decorre de um negócio jurídico privado (contrato), mas o objeto é indisponível (a vida, a saúde), sendo ela é regida pela legislação consumerista, com normativa de ordem pública. Diante disso, não temos, aqui, a pretensão de esgotar o tema, mas de citar alguns casos de prestação da assistência jurídica nesse campo. Senão vejamos.

"A **Defensoria Pública do Estado de São Paulo, em Ribeirão Preto**, obteve decisão liminar que garante a uma portadora de grave doença pulmonar a continuidade de tratamento hospitalar realizado em casa por uma empresa de plano de saúde, **mesmo após a rescisão contratual**. A decisão obriga que a empresa mantenha o serviço de modo emergencial à ex-cliente até que o sistema público de saúde absorva o tratamento e determina que os gastos decorrentes da assistência domiciliar nesse período sejam custeados pelo Município e pelo Estado.

Após a rescisão definitiva do contrato de prestação de serviços, a empresa notificou à paciente que os aparelhos seriam retirados de sua casa em um prazo de sete dias. Segundo relatório clínico feito pelo médico que acompanha o caso, 'devido ao quadro de insuficiência respiratória, em hipótese alguma a paciente pode permanecer sem assistência ventilatória'. No dia do vencimento desse prazo, o Defensor Público Aluísio Iunes Monti Ruggeri Ré entrou com um pedido em caráter emergencial, acolhido integralmente pelo Poder Judiciário.

O objetivo foi evitar que a retirada dos equipamentos ocorresse sem que a paciente tivesse tempo hábil de se transferir a uma vaga do sistema público de saúde, sob risco de morte.

Para o Defensor, esse é um caso em que a manutenção dos equipamentos e do atendimento realizados na casa da paciente visa garantir a dignidade da pessoa humana e o direito público à saúde, ambos previstos na Constituição Federal. 'O direito à saúde deve ser encarado com direito fundamental do homem, tendo em vista que preserva o mais fundamental de todos os direitos, o direito à vida', argumentou."[1]

Em outro caso, "**a Defensoria Pública de São Paulo obteve decisão que determina que seguradora de saúde seja obrigada a manter contrato rescindido** por inadimplemento involuntário de idosa com mal de *Alzheimer*. A decisão foi publicada em novembro.

Segundo o Defensor Público Aluísio Iunes Ruggeri, a idosa assistida pela Defensoria em Ribeirão Preto deixou de pagar a mensalidade do mês de julho de 2009 em razão da doença diagnosticada há três anos. Edna não se lembrou se havia quitado a referida parcela ou onde teria guardado o boleto de pagamento.

Em razão disso, em novembro de 2009, a Fundação Waldemar Barnsley Pessoa – São Francisco Clínicas (operadora do plano) rescindiu o contrato sem permitir que as filhas da idosa tivessem acesso a uma segunda via do boleto a fim de quitar a dívida. Na ocasião foi oferecida apenas a opção de contratação de um novo plano, com novos valores e condicionado a outro período de carência.

A **Defensoria propôs então uma ação em favor da idosa, levando em consideração ainda o longo período de adimplemento contratual – em 20 anos** essa havia sido a primeira vez que a idosa deixou de pagar a mensalidade do plano. 'Depois do longo período que permaneceu como contratante do plano **não seria razoável Edna deixar de ser assistida pelo plano de saúde justamente quando, em razão da doença, ela necessita de assistência médica especial'**, disse o Defensor Público.

1 Disponível em < http://www.defensoria.sp.gov.br>

Na sentença, a juíza Natália Assis Mascarenhas decidiu pela irrazoabilidade da cláusula que gerou a rescisão do contrato e aplicou os princípios da função social do contrato, boa-fé objetiva e adimplemento substancial para julgar procedente o pedido da Defensoria."[2]

Temos defendido, outrossim, que **a teoria do adimplemento substancial se aplica aos contratos de plano de saúde.** É aplicável a 'teoria do adimplemento substancial' para a manutenção dos contratos de plano de saúde, ainda que transcorrido o prazo de 60 dias do inadimplemento e mesmo que tenha ocorrido a regular notificação do cliente, desde que não haja reincidência ou má-fé."

A presente tese tem por escopo fornecer um amparo jurídico ao cliente de plano de saúde, em muitos casos pessoa idosa, que por longo tempo pagou regularmente suas prestações, mas que deixara de adimplir uma ou algumas delas e, por tal razão, teve extinto seu contrato de seguro saúde.

Nesse caso, defendemos que o inadimplemento de parte mínima das prestações não deve levar à resolução do contrato de plano de saúde, mas elas devem ser cobradas pelos meios ordinários de execução, salvo se a situação de mora persistir por considerável período, após regular e clara notificação do consumidor, ou se ocorrer reiterados períodos de inadimplência.

Tal instrumento tem relevância considerável, pois o Defensor Público, no seu diário atendimento, se depara, reiteradamente, com situações de pessoas, em geral idosos, que sempre pagaram regularmente seus planos e, no momento de suas vidas que mais necessitam, em razão de eventual inadimplência, não podem gozar dos benefícios de um plano de saúde e são obrigadas a se submeterem a novos contratos, excessivamente onerosos, em razão de suas condições pessoais, além da exigência de novos prazos de carência e da presença de doenças pré-existentes.

Portanto, a manutenção do antigo contrato é, sem dúvida, a medida mais adequada.

Em tese, a Lei nº 9.656/98, no seu artigo 13, permite a rescisão unilateral do contrato de plano de saúde, após período superior a 60 (sessenta) dias de inadimplemento, consecutivos ou não, nos últimos 12 (doze) meses de vigência do contrato, "desde que o consumidor seja comprovadamente notificado até o 50º (quinquagésimo) dia da inadimplência" (art. 13, § único, II):

"Os contratos de produtos de que tratam o inciso I e o § 1º do art. 1º desta Lei têm renovação automática a partir do vencimento do prazo inicial de vigência, não cabendo a cobrança de taxas ou qualquer outro valor no ato da renovação.

2 Disponível em < http://www.defensoria.sp.gov.br>

Parágrafo único. Os produtos de que trata o caput, contratados individualmente, terão vigência mínima de um ano, sendo vedadas: (...)

II - a suspensão ou a rescisão unilateral do contrato, salvo por fraude ou não pagamento da mensalidade por período superior a sessenta dias, consecutivos ou não, nos últimos doze meses de vigência do contrato, desde que o consumidor seja comprovadamente notificado até o quinquagésimo dia de inadimplência";

Porém, em casos de planos com longo tempo de vigência e pagamentos regulares no decorrer dos anos, não é justo que o inadimplemento de parcela mínima das prestações acarrete a rescisão unilateral pela operadora do plano, ainda que cumpridas as determinações da Lei nº 9656/98, acima descritas.

De fato, a função social dos contratos, a boa-fé objetiva, o ideal de manutenção das relações jurídicas para a completude de seus ciclos vitais, e a teoria do adimplemento substancial, são as bases jurídicas para a tese ora apresentada.

Assim, a opção por resolver o contrato em razão de cumprimento tardio não deve ser encarada com excessiva rigidez. Conforme a esclarecida doutrina de Antunes Varela, "a resolução deve ocorrer apenas quando a prestação perca parte substancial de sua utilidade, tornando objetivamente justificada a decisão do credor de se libertar da sua obrigação apenas quando a mora equiparar-se ao seu não cumprimento definitivo."[3]

Por outro lado, o reflexo maior do regramento jurídico moderno dos contratos é justamente conferir a eles uma conotação de cooperação, em que as partes não são apenas credora e devedora uma da outra, mas partícipes de um processo que visa ao adimplemento. O dever de cooperação mútuo inclui o dever de compreensão mútuo, decorrente de uma relação norteada pela boa-fé objetiva entre partes, já que esta "polariza todo o direito das obrigações", conforme previsões do Código Civil (art. 422) e do Código de Defesa do Consumidor (art. 4º, III)."[4]

Por ser a boa-fé objetiva verdadeira fonte de integração do contrato, é necessário que as partes compreendam a situação uma das outras, para que, a partir disso, integrem as lacunas resultantes de uma execução que transcende a previsão seca das cláusulas contratuais e chegue aos reais problemas da vida cotidiana, direcionando os caminhos para que a obrigação possa efetivamente gerar os melhores resultados para ambos.

Mais que entendimento doutrinário, a boa-fé objetiva é acolhida pelos tribunais não apenas como geradora de deveres cujo descumprimento leva à indenização, mas também como verdadeiro elemento de integração do contrato:

---

3 ANTUNES VARELA, João de Matos. *Direito das obrigações*. Rio de Janeiro: Forense, 1978. v. 2. p. 55.

4 MARTINS-COSTA, Judith. *Comentários ao Novo Código Civil: do direito das obrigações, do adimplemento e da extinção das obrigações*. 2. ed. Rio de Janeiro: Forense, 2005. v. 5. t. 1. p. 57.

"Recurso especial. Civil. Indenização. Aplicação do princípio da boa-fé contratual. Deveres anexos ao contrato. O princípio da boa-fé se aplica às relações contratuais regidas pelo CDC, impondo, por conseguinte, a obediência aos deveres anexos ao contrato, que são decorrência lógica deste princípio. O dever anexo de cooperação pressupõe ações recíprocas de lealdade dentro da relação contratual(...)."[5]

Reconhece-se tanto o "dever anexo de proteção dos interesses do outro contratante, derivado da boa-fé objetiva", bem como o dever positivo de cooperar para o bom desenvolvimento do contrato, conforme já decidiu o Tribunal de Justiça do Paraná:

Evidencia Paulo Nalin, quanto à chamada cooperação nas relações: "Não mais se concebe que a relação jurídica obrigacional seja descrita num contexto de subordinação entre sujeitos, mas sim, como uma relação de cooperação entre eles, em razão de um interesse superior da coletividade e da produção. Nesse contexto, mostra-se o liame necessário entre uma relação jurídica individual e a funcionalização do instituto contrato, em que um dos aspectos de projeção é a quebra, ou, ao menos, a mitigação, do princípio da relatividade do contrato, passando uma simples relação contratual a despertar o interesse daqueles que por ela não são diretamente atingidos. Do dever de cooperação imposto ao credor, salienta-se ser tentadora a derivação ou a aproximação a princípios outros, como da boa-fé objetiva e com o intraduzível dever ou princípio de *correttezza* do ordenamento italiano, estando, o último sempre presente em função de qualquer dos obrigados, pois resulta em um específico dever negativo ao credor de não obstaculizar o adimplemento enquanto a cooperação lhe impõe um dever positivo específico de cooperar com cumprimento."[6]

Também albergada pelo direito positivo (art. 421 do Código Civil), a compreensão de que os contratos atendem a uma função social é diferente da ideia liberal de que, satisfazendo os interesses individuais das partes, viria o bem de todos. Entende-se hoje que não basta que um contrato não seja socialmente danoso (ilícito). "Somente se enquadra na sua função social o contrato que, sendo útil, é também justo."[7]

No tocante à sua incidência nas relações particulares, vale a pena citar: "A doutrina liberalista só excepcionalmente fazia referência à função social como parâmetro de interpretação da autonomia negocial, menos ainda como funda-

---

5 STJ. 3ª Turma. REsp 595.631-SC. Rel. Min. Nancy Andrighi, julg. 08 jun. 2004, publ. 02 ago.2004.

6 TJPR. 10ª Câmara Cível. Agravo de instrumento n. 0506745-8. Rel. Des. Astrid Maranhão de Carvalho Ruthes, julg. 10 jul.2008.

7 AGUIAR JÚNIOR, Ruy Rosado de. *Projeto do Código Civil: as obrigações e os contratos.* Revista dos Tribunais, São Paulo, ano 89, v. 775, p. 20, mai. 2000.

mento da liberdade contratual. A função social do contrato, ao contrário, era tratada como um aspecto não jurídico, ligado ao papel que o contrato desempenha no fomento às trocas e práticas. (...)

Anteriormente à Constituição de 1988, à falta de um preceito legal expresso, a função social apresentava-se, em geral, assimilada à função econômica do contrato, tomado este em abstrato. (...) No sistema atual, a função social amplia para o domínio do contrato a noção de ordem pública. De acordo com o preceito em análise, a função social é considerada um fim para cuja realização ou preservação se justifica a imposição de preceitos inderrogáveis e inafastáveis pela vontade das partes."[8]

Consoante as lições acima citadas, assim, a saúde, protegida pela Constituição Federal nos arts. 196 e seguintes, como bem de interesse geral da comunidade, deve ser considerada durante a formação e execução dos contratos, assim como deve ser observada a adequada finalidade econômico-social dos negócios jurídicos que envolvem a saúde das pessoas, especialmente as idosas.

Aliás, a preocupação do legislador com a função social dos contratos foi tão grande que, nas disposições transitórias do Código Civil de 2002, o art. 2.035 estabelece que "nenhuma convenção prevalecerá se contrariar preceitos de ordem pública, tais como os estabelecidos por este Código para assegurar a função social da propriedade e dos contratos".

Importante salientar que em contratos de longa duração, como este de plano e seguro de saúde, incide também o princípio da continuidade. Ou seja, em relações contratuais que se protraem no tempo, a habitualidade gera expectativas nas partes de que o vínculo entre elas, com o passar do tempo, se torne mais forte. Assim, não é qualquer espécie de inadimplemento que conduz à extinção do contrato, mas apenas um inadimplemento qualificado, que rompa a barreira do relacionamento ordinário entre as partes. Não é à toa que a doutrina os denominou de contratos relacionais e cativos.

Conforme lição de Cláudia Lima Marques, "em um contrato de longa duração e cativo como o de plano e seguro-saúde, o que o consumidor almeja é a cobertura dos eventos de saúde do futuro, e não só os do presente. Logo, seu interesse básico (base do negócio, causa inicial e final) é justamente a continuação do vínculo."[9]

Sustenta-se, inclusive, que o princípio da conservação dos contratos está implícito no art. 6º, V, e explícito no art. 51, §2º, do CDC, traduzindo a intenção do

8 TEPEDINO, Gustavo e outros. *Código Civil interpretado conforme a Constituição.* V.2, Renovar, 2006.

9 MARQUES, Cláudia Lima. *Conflito de leis no tempo e direito adquirido dos consumidores de planos e seguros de saúde. In:* MARQUES, Cláudia Lima; LOPES, José Roberto de Lima; PFEIFFER, Roberto Augusto Castellanos (Orgs.). Saúde e responsabilidade: seguros e planos de assistência privada à saúde. São Paulo: RT, 1999. p. 152.

legislador de conservar as relações contratuais sempre que possível, para que a ruptura não traga mais desvantagens do que benefícios ao consumidor. Aliás, esse esforço pela manutenção da relação contratual deve ser maior quando envolve a vida e a saúde dos consumidores:

"Por serem futuros e incertos os riscos e a ocorrência concreta de doenças e a necessidade de amparo médico-hospitalar, pretendendo assegurar a proteção da saúde e de seus familiares, os consumidores contratam as empresas de saúde.

Ocorrido, então, o 'sinistro', surge a obrigação da empresa de prestar ao consumidor e aos seus familiares, ou dependentes, os serviços contratados, quais sejam, a realização de exames e tratamentos médicos, internações hospitalares, intervenções cirúrgicas, partos etc.

Por isso, a vinculação existente entre fornecedor e consumidor é marcada por serviços de trato sucessivo. O consumidor busca a cobertura por um risco futuro à saúde, pagando mensalmente à empresa, para que esta lhe ofereça os serviços pactuados na hipótese da ocorrência de eventos danosos à sua saúde."[10]

Na hipótese em questão, se o interesse no fim do negócio jurídico é unicamente do fornecedor (a operadora de plano de saúde), o consumidor deve ser protegido para que os contratos sejam mantidos, quando o contrário importar em prática que lhe coloque em situação difícil, como ocorre com idosos doentes, já triplamente vulneráveis, em razão da idade (art. 2º da Lei n. 10.741/2003), da saúde debilitada e consumidor (art. 4º, I, do CDC).

Como se não bastasse, a jurisprudência acatou, para solucionar conflitos oriundos de diversos tipos de contrato, a "teoria do adimplemento substancial", que prega que, quando uma das partes está muito próxima de adimplir toda a soma que deve pagar à outra, o contrato não seja resolvido, mas sim que a parte credora se utilize das vias normais de cobrança, sem, contudo, privar a parte devedora do bem jurídico essencial previsto em contrato:

"A teoria do adimplemento substancial atua como instrumento de equidade, impondo que, nas hipóteses em que a extinção da obrigação pelo pagamento esteja muito próxima do final, exclua-se a possibilidade de resolução do contrato, permitindo-se tão somente a propositura da ação de cobrança do saldo em aberto. O adimplemento de 90% das parcelas avençadas no contrato de compra e venda com reserva de domínio conduz à ausência de mora, que, por ser pressuposto de constituição e desenvolvimento válido e regular do

10 LAZZARINI, Andrea; LEFÈVRE, Flavia. *Análise sobre a possibilidade de alterações unilaterais do contrato e descredenciamento de instituições e profissionais da rede conveniada. In:* MARQUES; LOPES; PFEIFFER, op. cit., p. 106-107.

processo de apreensão e depósito, enseja a extinção do feito sem resolução de mérito. Negado seguimento."[11]

Aliás, o **Superior Tribunal de Justiça** já se pronunciou a esse respeito, inclusive, em contrato aleatório, como ocorre com o plano de saúde: "Seguro. Inadimplemento da segurada. Falta de pagamento da última prestação. Adimplemento substancial. Resolução. A companhia seguradora não pode dar por extinto o contrato de seguro, por falta de pagamento da última prestação do prêmio, por três razões: a) sempre recebeu as prestações com atraso, o que estava, aliás, previsto no contrato, sendo inadmissível que apenas rejeite a prestação quando ocorra o sinistro; b) a segurada cumpriu substancialmente com a sua obrigação, não sendo a sua falta suficiente para extinguir o contrato; c) a resolução do contrato deve ser requerida em juízo, quando será possível avaliar a importância do inadimplemento, suficiente para a extinção do negócio. Recurso conhecido e provido."[12]

Segundo recentes pesquisas e escritos sobre o tema, "o suporte fático que orienta a doutrina do adimplemento substancial, como fator desconstrutivo do direito de resolução do contrato por inexecução obrigacional, é o incumprimento insignificante. Isto quer dizer que a hipótese da resolução contratual por inadimplemento haverá de ceder frente ao pressuposto do atendimento quase que integral das obrigações pactuadas, em posição contratual na qual se coloca o devedor, não se afigura razoável, daí, a extinção do contrato."[13]

Por derradeiro, não podemos nos esquecer que a questão envolve o direito fundamental à saúde e à vida. São direitos essenciais do ser humano que também devem ser observados nas relações privadas, segundo a "teoria da eficácia horizontal dos direitos fundamentais."[14]

ATENÇÃO Portanto, **o Defensor Público que se deparar com situações como aquelas acima narradas, pode se valer dessa arquitetura jurídica de direito contratual para resgatar/reconstituir o contrato de plano de saúde extinto unilateral e abusivamente pela respectiva empresa operadora.**

11 TJRS. 14ª Câm. Cível. Apelação Cível nº 70027842699. Rel. Des. Katia Elenise Oliveira da Silva, julg. 16 dez. 2008, publ. 16 jan. 2009.

12 REsp 76362 / MT, Min. Relator Ruy Rosado de Aguiar.

13 ALVES, Jones Figueiredo. *A teoria do adimplemento substancial ("Substancial Performance") do negócio jurídico. In:* Leituras complementares de direito civil. Ed. *Juspodivm*, 2ª ed. 2009.

14 Cf. SARMENTO, Daniel. Direitos fundamentais e relações privadas. 2. Ed. Rio de Janeiro. Lumen Juris, 2006; SARLET, Ingo Wolfgang. A eficácia dos direitos fundamentais. 7. Ed. Porto Alegre, Ed. Livraria do Advogado, 2007.

Isso garante ao consumidor, em geral idoso e doente, a não se submeter a novo contrato, com período de carência e prestações excessivamente onerosas, além das limitações decorrentes das chamadas "doenças pré-existentes".

Em termos operacionais, o direito ao resgate do contrato de plano de saúde pode ser garantido por meio de ação declaratória de manutenção de vínculo contratual, cumulada com ação de obrigação de fazer (restabelecer a cobertura e expedir boletos bancários), com pedido de tutela antecipada, proposta contra a empresa operadora do plano de saúde.

Caso não concedida a antecipação da tutela liminarmente, **deve o Defensor Público recorrer com agravo de instrumento e pleitear, ao Desembargador Relator, a concessão de efeito ativo ao recurso** para restabelecer a cobertura do plano e a expedição de boletos bancários para o pagamento das respectivas prestações, nos valores originalmente contratados.

2. SERVIÇOS PÚBLICOS ESSENCIAIS

Primo cumpre traçar breves apontamentos acerca da natureza dos **serviços públicos essenciais** como de fornecimento de energia e de água e de coleta de esgoto. Trata-se de prestação de interesse geral, o que os classifica como serviços *uti singuli*, porquanto destinado à satisfação, individual ou coletiva, mas direta dos cidadãos.

No tocante ao primeiro, em consonância com o artigo 21, XII, alínea "b", da Constituição Federal de 1988, restou como competência da União "explorar, diretamente ou mediante autorização, concessão ou permissão: b) – os serviços e instalações de energia elétrica e o aproveitamento energético (...)".

O Poder Público, então, entendeu por bem satisfazer a demanda social de referido serviço por meio de uma modalidade contratual específica: a concessão.

Nesse sentido, as concessionárias prestam serviço de natureza pública dito essencial, razão pela qual se submetem à disciplina própria no oferecimento de seus préstimos ao mercado de consumo. O fornecimento de energia elétrica constitui atividade de utilidade ou comodidade material, destinada a satisfazer a coletividade em geral, em que o Estado, considerando ser seu dever assumir o encargo como pertinente a si próprio, coloca-a em regime jurídico peculiar e, assim, resguarda os interesses nela encarnados.

Sob o risco de pecarmos pela exaustão, remetemos à dicção de Celso Antônio Bandeira de Mello, transcrevendo abaixo seu conceito de serviço público, a saber: "toda a atividade de oferecimento de utilidade ou comodidade material destinada à satisfação da coletividade em geral, mas fruível singularmente pelos administrados, que o Estado assume como pertinente a seus deveres e presta por si mesmo ou por quem lhe faça às vezes, sob um regime de Direito Público – portanto, consagrador de prerrogativas de supremacia e de restrições especiais – instituído em favor dos interesses definidos como públicos no sistema normativo."[15]

Revelado seu caráter eminentemente público, a prestação desses serviços deve ser adequada, conforme ditames legislativos específicos, os quais encontram-se dispostos na Lei nº8.987/95 (Lei das Concessões e Permissões de Serviço Público) e também na Lei n°8.078/90 (Código de Defesa do Consumidor).

Dispõe a **Lei das Concessões e Permissões de Serviço Público**: "Toda concessão ou permissão pressupõe a prestação de serviço adequado ao pleno atendimento dos usuários, conforme estabelecido nesta Lei, nas normas pertinentes e no respectivo contrato (art. 6º). Serviço adequado é o que satisfaz as condições de regularidade, continuidade, eficiência, segurança, atualidade, generalidade, cortesia na sua prestação e modicidade das tarifas (§1º).

É nesse contexto que surge o direito ora pleiteado, destacando-se como pertinente à natureza da demanda o dever inescusável do Estado de promover-lhe a prestação; a supremacia do interesse público e coletivo; a continuidade; a transparência de atuação, tudo conforme a Lei em tela (art. 31).

A erição destes princípios remete à natureza imprescindível dos serviços públicos, matéria esta que se reveste de caráter de ordem pública e incute à atuação das concessionárias um *munus* público, a ser mantido em sua integralidade. O fornecimento de energia acaba por ser um direito assegurado implicitamente pela Constituição Federal, remetendo à ordem dos direitos ditos sociais, depreendidos do artigo 1º de nossa *Lex Fundamentalis*, ao expor como fundamentos de nosso Estado Democrático de Direito a cidadania e a dignidade da pessoa humana.

Ora, para que os cidadãos possam viver com dignidade e exerçam sua cidadania é indispensável o acesso a inúmeros direitos: acesso à saúde, à moradia, ao lazer, à educação, enfim. Desse rol de direitos, não taxativo, decorre por óbvio o acesso à energia elétrica e a legalidade em sua distribuição, manutenção e cobrança.

Por mais pueril que seja explicitar, salientamos que é através da energia elétrica e da água que obtemos iluminação, refrigeração, conserva de alimentos, aquecimento, ventilação, entreterimento e informação (televisão e rádio), higiene e limpeza, além de saúde, sendo indiscutível a importância de referidos serviços no cotidiano social. A interrupção em seu fornecimento constitui verdadeiro óbice à manutenção da vida, inclusive em sua qualidade e dignidade.

15 *Curso de direito administrativo.* São Paulo: Malheiros, 2004, *passim.*

A ameaça de corte remete ao âmago do cidadão a limitação à fruição daqueles requisitos indispensáveis a manutenção da vida, principalmente quando se trata de uma sociedade urbana. Ficar sem energia elétrica ou energia é ficar imerso na escuridão e na seca, é não ter meios de conservar alimentos, é ser vedado o acesso à informação, lazer e à higiene. Ficar sem energia elétrica ou água, em tempos atuais, é ficar excluído da sociedade e, de modo desumano, ficar impossibilitado de exercer a cidadania.

Agrava-se a situação o fato de que as concessionárias, normalmente, empresas especializadas no fornecimento, manutenção e fiscalização de energia, extrapola os limites de sua atividade e age de má-fé para com os consumidores, especialmente a partir de procedimentos unilaterais de apuração de fraudes e imposição de multas.

É fato notório que elas possuem o monopólio das informações acerca do consumo de energia ou de água, posto que somente os profissionais qualificados estão aptos a fazer a leitura dos medidores e a calcular, por fórmulas próprias, o consumo neles correspondido.

Deste modo, os cidadãos comuns pagam as contas apresentadas sem saber ao certo se aquela quantia é verdadeiramente por eles devida ou não, e o meio pelo qual comumente se observa indícios de irregularidades na conduta da concessionária é quando da emissão dos chamados "termo de ocorrência de irregularidade (TOI)" e do recebimento dos avisos de cobrança e ameaça de corte.

Não se trata o presente argumento de mera especulação ou acusação infundada. É fato.

Como prestadoras de serviços públicos que são, as concessionárias, no uso de suas atribuições, devem nortear sua atuação segundo os princípios administrativos, dentre os quais destaca-se o da transparência.

A atuação deve ser clara, proba, lícita, reta. Devem confluir para a erição de uma relação de consumo equilibrada, considerando não só o seu poderio econômico, mas também, e principalmente, a vantagem técnica e organizacional que possui sobre o usuário. **Se, por um lado, o Poder Público concede seu poder de exploração sobre tão lucrativo setor empresarial (energia elétrica ou água), por outro, impõe-lhes parâmetros de atuação e regras de conduta,** logrando manter acessível, por todos os cidadãos, a fruição do serviço, posto que essencial.

Portanto, as concessionárias devem proporcionar ao usuário informações adequadas sobre o consumo, medição e procedimentos administrativos de cobrança e suspensão de fornecimento, sob pena de incorrer em desvio da finalidade da concessão.

Contudo, em geral, constatada a suposta irregularidade pelos técnicos de inspeção, o cálculo é confeccionado de modo unilateral pelas concessionárias, que não especificam em suas cobranças e nem junta nos autos prova condizentes com os termos das Resoluções das Agências Reguladoras.

Por outro lado, os consumidores, ao receberem as cartas de cobrança, em sua maioria com dívidas que alcançam as casas do milhar, deparam-se com a advertência do exíguo prazo para quitar o débito ou negociá-lo, sob pena de interrupção. É nesse momento que mais irregularidades acontecem.

Os consumidores, em sua maioria pessoas leigas nos métodos de cálculo e cobrança extrajudicial, de origem humilde e classe menos favorecida, deparam-se de sobremaneira fragilizados na pactuação de parcelamento de dívida e confissão.

São pessoas sumariamente privadas de seus direitos (direito de perícia técnica no medidor, de recorrer administrativamente em seus quatro graus possíveis, de acompanhar a inspeção), hipossuficientes (no caráter financeiro e de conhecimento tecnológico) e que se encontram sob a ameaça de interrupção no fornecimento de energia elétrica. **O que fazer? Negociar.**

O problema é que a negociação é feita de modo abusivo, muitas vezes com vício de vontade (já que os consumidores encontram-se ameaçados de corte) e, portanto, atos eivados de nulidade, destituídos de eficácia.

Para parcelar o débito e ter o fornecimento de energia continuado, os consumidores são obrigados a assinar um "Termo de Confissão de Dívida" que engloba, muitas vezes, dívida irreal, seja por haver erros nos cálculos e não corresponderem ao consumo, seja por estarem prescritas ou corresponderem a consumo anterior à ocupação dos usuários no imóvel. Nesse sentido, é de se reconhecer a nulidade dos termos de confissão de dívida, determinando-se a adoção de critérios lícitos para o cálculo em cobrança.

O Código Civil elenca, em seus artigos 138 seguintes, os defeitos hábeis a anular o negócio jurídico. Dentre eles, chama-nos atenção a hipótese da coação como vício da declaração de vontade, nos seguintes termos, *in verbis*:

"A coação, para viciar a declaração da vontade, há de ser tal que incuta ao paciente fundado temos de dano iminente e considerável à sua pessoa, à sua família, ou aos seus bens" (art.151).

Nesses casos, é notória a ocorrência de tal mácula. Sob o argumento de que sua recusa em pactuar extrajudicialmente ensejaria o corte do serviço como penalidade, as concessionárias, ao compelirem os consumidores, acabam por viciar suas declarações de vontade e, mediante ameaça efetuada, causam-lhes duas sortes de dano: um moral imediato (constrangimento) e outro material mediato (assunção de dívida não exigível).

Nota-se que não há escolha a ser feita: ou os consumidores celebram o negócio jurídico (assunção de dívida) nos termos em que lhes é proposto (pagamento parcelado), ou sofrem as consequências advindas com a imposição de penalidade (interrupção no fornecimento de energia elétrica). Segundo disposição codicilar civil (CC, art.157), "Ocorre lesão quando uma pessoa, sob premente necessidade, ou por inexperiência, se obriga a prestação manifestamente desproporcional ao valor da prestação oposta".

A ereção do negócio jurídico eivada desses dois graves defeitos (coação e lesão) conflui para a anulação dos mesmos, pois é evidente que o acordo não condiz com a real vontade e direito da parte. Tal anulação tem arrimo legal, senão vejamos o artigo 171 do Código Civil: "Além dos casos expressamente declarados na lei, é anulável o negócio jurídico: (...) II - por vício resultante de erro, dolo, coação, estado de perigo, lesão ou fraude contra credores."

Se não bastasse, há a inversão do ônus de prova. Em regra, porém, as concessionárias não submetem os medidores rotulados de irregulares à perícia adequada, incumbência esta que lhe é imposta como ônus da prova. Afinal, quem afirma algo deve provar. Não é outro o entendimento do Tribunal de Justiça de São Paulo. "Declaratória – Fornecimento de energia elétrica – Corte – Termo de Ocorrência de Irregularidade – Fraude do medidor não comprovada – Ilegalidade e abusividade da cobrança – Recurso improvido."[16]

No entender da Relatora Des. Claudia Ravacci, se a concessionária não comprova a alegada fraude "efetivamente nulo se nos mostra o termo de ocorrência de irregularidade, desproporcional ao que efetivamente a apelada consumia de energia elétrica e, consequentemente, inexigível a dívida e ilegal o corte."

Ora, Se o termo é lavrado unilateralmente por funcionário da empresa, sem que tenha sido observado o postulado constitucional do contraditório na apuração da pretensa adulteração, é inservível e inapto para comprovar a irregularidade alegada. Também a 11ª Câmara de Direito Privado do TJ/SP assim se manifesta: "Prestação de Serviços. Fornecimento de energia elétrica. Fraude no relógio medidor imputada ao consumidor. Apuração da dívida de forma unilateral e aleatória. Interrupção de fornecimento apenas com base nessa dívida. Inadmissibilidade. Cálculos da diferença do consumo. Necessidade de observância dos critérios previstos nos artigos 72 e seguintes da Resolução nº 456/2000 da ANEEL. Ação de Inexigibilidade procedente. Recurso não provido. Contestada em juízo dívida apurada unilateralmente e decorrente de suposta fraude no medidor do consumo de energia elétrica, há ilegalidade na interrupção no fornecimento de energia elétrica, uma vez que esse procedimento configura

16 Apelação nº7.135.589-4, Penápolis, voto n.1632, 24ª Câmara.

verdadeiro constrangimento ao consumidor que procura discutir no Judiciário débito que considera indevido."[17]

Na dicção do ilustre Relator, não se há de negar incumbir à concessionária o direito de tomar as devidas providências, no caso de constatada a fraude para desvio de energia, até porque tal fato constitui ilícito penal. No entanto, "conceder-lhe a liberdade irrestrita vai uma distância muito grande".

Nesses casos, é incontroversa **a relação consumerista** que permeia a prestação de serviços essenciais, já que seus usuários utilizam-se daquela atividade colocada no mercado de consumo (CDC, art.3°) como destinatários finais (CDC, art. 2°).

O legislador pátrio, ao elaborar o codicilo consumerista, traçou os objetivos que devem pautar toda relação de consumo, como pressupostos ínsitos da Política Nacional de Consumo, são eles, nos termos do art. 4°, o respeito à dignidade do consumidor, a melhoria de sua qualidade de via, bem como a transparência e harmonia das relações de consumo, *in verbis*: I - reconhecimento da vulnerabilidade do consumidor no mercado de consumo; (...) VI - coibição e repressão eficientes de todos os abusos praticados no mercado de consumo (...)".

Além disso, no exercício de suas atribuições a concessionária, como prestadora de serviços, deve pautar sua atuação em aspectos pré-determinados, a saber. "**São direitos básicos do consumidor** (art.6°):

III - informação adequada e clara sobre os diferentes produtos e serviços, com especificação correta de quantidade, características, composição, qualidade e preço, bem como sobre os riscos que apresentem; (...) V - modificação das cláusulas contratuais que estabeleçam prestações desproporcionais ou sua revisão em razão de fatos supervenientes que as tornem excessivamente onerosas; (...) VIII - a facilitação da defesa de seus direitos, inclusive, com a inversão do ônus da prova, a seu favor, no processo civil, quando (...) for verossímil a alegação ou quando for ele hipossuficiente, segundo as regras ordinárias de experiência; (...) X - a adequada e eficaz prestação dos serviços públicos em geral."

Destaque para o inciso X o qual versa sobre a prestação adequada dos serviços públicos. Deste modo, é plenamente aplicável as prerrogativas e direitos assegurados e previstos no Código de Defesa do Consumidor, evidenciando a matéria de relevância à ordem pública que a tutela ora pleiteada se consubstancia no meio social.

Os consumidores fazem *jus* então, à inversão do ônus da prova, para que a prestadora providencie laudos específicos de consumo efetuado nas residências em que for constatada irregularidade, indicando ainda a base de cálculo e alíquotas aplicadas, mencionando aumentos e estado de funcionamento e mensuração do respectivo medidor.

---

17 TJSP, Apelação nº7.203.402-7. Rel. Des. Gilberto dos Santos.

Nessa senda, há a vedação à cobrança abusiva e constrangedora. Infelizmente, na busca em perceber monta que lhe é devida, o credor vai às últimas consequências, e, face os altos custos e a demora que uma cobrança judicial implica, via de regra, o credor lança mão de táticas extrajudiciais de cobrança. É nesse momento que ocorrem os maiores abusos e ilicitudes. Na inteligência consumerista (CDC, arts. 42 c.c. 71), consiste em práticas proibidas: uso de coação, ameaça, constrangimento físico ou moral, de afirmação falsa, incorreta ou enganosa, a prática de qualquer outro procedimento que exponha o consumidor ao ridículo ou interfira, de algum modo, em seu lazer, trabalho ou descanso.

Deve-se observar ainda as disposições sobre o aumento injustificado do preço ou prestações dos serviços de energia elétrica ou de água (art. 39, inciso X) de modo que sejam revistos, se for o caso, para que não se tornem instrumentos hábeis ao enriquecimento injustificado da empresa e nem onerem excessivamente os cidadãos. Constatando-se a cobrança indevida, esta deverá ser penalizada. "Na cobrança de débitos, o consumidor inadimplente não será exposto a ridículo, nem será submetido a qualquer tipo de constrangimento ou ameaça. Parágrafo único. O consumidor cobrado em quantia indevida tem direito à repetição do indébito, por valor igual ao dobro do que pagou em excesso, acrescido de correção monetária e juros legais, salvo hipótese de engano justificável" (art. 42).

Ademais, entende-se por "dano" toda ação ou omissão ilícita que repercute na esfera jurídica de uma pessoa, em decorrência de eventos alheios à sua vontade, prejudicando-lhe, deteriorando-lhe ou inutilizando-lhe bens ou interesses jurídicos de natureza patrimonial ou extrapatrimonial.

Pois bem. Nesses casos, torna-se oportuno analisar essa dimensão moral humana, constituída por virtudes que impregnam no indivíduo como se fossem sua segunda natureza, tornando-se atributos indissociáveis da condição humana, ínsitos, que são, da pessoa.

Tais atributos revelam a humanidade no ser humano, correspondendo a caracteres que o diferenciam no reino animal, como pressupostos de racionalidade, razão pela qual define-se a pessoa como ser moral por excelência. O não reconhecimento da dignidade humana e o desrespeito aos seus direitos fundamentais são condutas hábeis a configurar o dano moral, e envolve uma conduta omissiva ou comissiva do ofensor causando lesão ou ameaça à valores tais como a vida privada, a honra, a intimidade, a integridade física, psíquica e emocional do indivíduo, a família e a profissão."[18]

Nos casos de abuso, logra-se comprovar a existência de nexo etiológico entre a conduta comissiva da requerida (cobrança mediante coação) e o dano

18 DINIZ, 1998, p. 165.

sofrido (assunção de dívida inexigível e onerosa, causando constrangimento aos consumidores pela ameaça e corte de energia elétrico e assunção de dívida onerosa e/ou inexigível).

O Direito deve seguir evoluindo e amparando as mais diversas relações jurídicas que passam a existir. No entanto, valores há que transcendem os liames legais e tornam-se verdadeiro norte de toda a atividade jurídico-normativa. Tais são os direitos da personalidade.

A presente afirmação logra proteger o mercado de consumo referido nas seguintes nuanças: legalidade, respeito aos direitos do consumidor nos mais diversos aspectos, dentre eles a integridade e dignidade humana. Em nosso ordenamento tais valores prevalecem como direitos da personalidade, e são absolutos, extrapatrimoniais, intransferíveis, imprescritíveis, indisponíveis, vitalícios e necessários.

A indenização é medida salutar "àqueles casos em que é evidente a lesão ou ameaça aos valores humanos indissociáveis e necessários à pessoa natural. No caso em tela, trata-se tal bem lesado a dignidade humana, cuja previsão legal encontra amparo constitucional (CF/88, art. 1°, inc. III). Expor a pessoa a situações vexatórias, humilhantes ou constrangedores consiste em verdadeira lesão à dignidade humana e, como tal, deve ser reparada.

Seguindo lição do douto jurista Miguel Reale[19], entendemos que o Direito, como instrumento de emancipação social e de realização da hipotética fundamental, deve emergir como meio de realização das aspirações e necessidades sociais, nesse sentido, a defesa dos direitos humanos e aqueles atribuídos à sua personalidade são por demais relevantes para serem deixados à mercê de sua própria parte. Antes, deve o operador do direito, o Estado e a Sociedade, lutar pela consecução daqueles valores que considera essenciais à realização humana e da Justiça.

É relevante um resgate axiológico nessa interpretação. Natália Lissere Barruffini assevera que "as certezas devem ceder lugar a incertezas, como forma de provocar o surgimento de desafios na busca de uma nova concepção de hermenêutica jurídica, dotada de normas que traduzam os valores básicos fundamentais, baseados em ética e moral (...) A dificuldade está em aplicar a Constituição dentro dos parâmetros de segurança e justiça. **Os princípios constitucionais cumpriram com a função de reposição da ética,** buscando, com isso, um verdadeiro Estado constitucional, que valoriza os direitos fundamentais, e não se preocupa, tão somente, em garantir a vontade geral expressa na lei."[20]

19 *Filosofia do direito.* São Paulo: Saraiva, 2005.

20 BARRUFFINI, Natália Liserre. *Hermenêutica Constitucional dialética e Transponibilidade das cláusulas pétreas: a busca de um novo constitucionalismo comprometido com os ideais de ética e justiça. In* Revista de Estudos Jurídicos UNESP. N° 12, ano 8, jan-dez/2003. ISSN 1414-3097. P.25-26.

Ora, tal situação de modo algum pode prosperar. Deve-se zelar pela observação da lisura dos procedimentos de cobrança, os quais não adentrar na esfera íntimo e pessoal dos devedores expondo-os a situações constrangedoras, humilhantes, vexatórias. Também é de se observar que nosso sistema legal dispõe regras claras no tocante ao prazo em que a pretensão de cobrança pode ser exercida, em todas essas imposições normativas a requerida foi displicente.

Portanto, uma vez desrespeitado por omissão, o meio jurídico adequado para fazer valer os direitos dos cidadãos é o pedido judicial de condenação da concessionária em obrigação de não fazer (não interromper) ou fazer (manter o fornecimento), conforme o caso concreto (CC, art. 250 e seguintes), pela ameaça de a mesma cumprir prestação a ela só imposta, ou só por ela exequível.

Vale a pena consignar que a nova resolução da Aneel determina que, quando se tratar de débitos antigos, não há plausibilidade alguma na interrupção do fornecimento. Nesse sentido prescreve a Resolução nº 414, de 2010: "é vedada a suspensão do fornecimento após o decurso do prazo de 90 (noventa) dias, contado da data da fatura vencida e não paga, salvo comprovado impedimento da sua execução por determinação judicial ou outro motivo justificável, ficando suspensa a contagem pelo período do impedimento" (Art. 172, § 2º)

Felizmente, segundo o Superior Tribunal de Justiça, "não é legítimo o corte no fornecimento de serviços públicos essenciais quando a inadimplência do consumidor decorrer de débitos pretéritos, o débito originar-se de suposta fraude no medidor de consumo de energia apurada unilateralmente pela concessionária e inexistir aviso prévio ao consumidor inadimplente."[21]

3. A RESPONSABILIDADE CIVIL DO ESTADO

Inicialmente, é crucial entendermos que a Defensoria Pública deve priorizar a sua atuação preventiva. O dano deve, ao máximo, ser evitado ou, ao menos, mitigado. Porém, caso ele se consume, a reparação se torna a medida mais indicada que, indiretamente, acaba surtindo efeitos preventivos às hipóteses equivalentes no futuro.

A Constituição Federal de 1988 prevê um ***super* Estado**, com projeto de onipresença social do Poder Público jamais vista e em quase todos os campos. Podemos dizer que **o Estado Brasileiro é responsável pela garantia de que a pessoa cumprirá seu plano de vida, com bem-estar e dignidade**. Assim, nas suas falhas e omissões, resta a responsabilização. Vejamos algumas hipóteses.

21 STJ, AgRg no AREsp 211.514-SP, Rel. Min. Herman Benjamin, julgado em 18/10/2012.

"A Defensoria Pública de SP obteve, em 7 de agosto de 2012, uma decisão favorável do Tribunal de Justiça do Estado (TJ-SP) que **obriga o Município de São José dos Campos a indenizar uma família removida de favela local, porque seus pertences se deterioraram após serem armazenados pela Prefeitura de maneira imprópria, sem qualquer tipo de cuidado.** A decisão foi divulgada na última quinta (1/11) e confirma uma sentença de primeira instância.

Após uma desocupação ordenada pela Justiça aos moradores da comunidade de Vila Nova Tatetuba, movida no ano de 2003, cerca de 23 famílias tiveram seus pertences levados a um galpão. Devido às péssimas condições do local e da absoluta falta de cuidado apropriado, **os pertences foram deteriorados por completo.**

Em razão desse cenário, a Defensoria Pública ingressou em 2011 com uma ação para cada família pleiteando as indenizações por danos morais e materiais. De acordo com **o Defensor Público Jairo Salvador de Souza**, responsável pelas ações, 'na qualidade de depositário, a obrigação do Município em conservar os bens móveis em sua responsabilidade persiste enquanto persistir tal encargo. Enquanto não restituir os bens, no estado que os recebeu, ou indenizar a família no equivalente, persistirá o dever estatal de guarda e conservação'.

A decisão do TJ-SP é a primeira a confirmar as diversas decisões já favoráveis de primeira instância. O Desembargador Relator José Luiz Gavião de Almeida, da 3ª Câmara de Direito Público, considerou ter sido comprovada a responsabilidade do Município de São José dos Campos pelos danos causados. "Se o Município ficou encarregado de remover e guardar os bens dos cidadãos e estes são pessoas humildes de baixa renda e não poderiam fazê-lo sem ajuda do Estado, este deveria tomar todas as cautelas para que os poucos bens que aqueles possuíam fossem preservados".[22]

A responsabilidade civil do Estado, administração direta ou indireta, bem como das concessionárias de serviço público independe da comprovação da culpa, conforme a Constituição Federal.

No caso dos **atos omissivos**, é crucial maior cautela e um passeio pela obra de **Celso Antônio Bandeira de Mello**:

"Quando o dano foi possível em decorrência de *omissão* do Estado (o serviço não funcionou, funcionou tardia ou ineficientemente) é de aplicar-se a teoria da responsabilidade *subjetiva*. Com efeito, se o Estado não agiu, não pode, logicamente, ser ele o autor do dano. E, se não foi o autor, só cabe responsabilizá-lo

22 Referência: Apelação TJ-SP nº 05644892-95.2008.8.26.0577. Disponível em < http://www.defensoria.sp.gov.br>.

caso esteja *obrigado a impedir* o dano. Isto é: só faz sentido responsabilizá-lo se *descumpriu dever legal* que lhe impunha obstar ao evento lesivo.

Deveras, caso o Poder Público não estivesse obrigado a impedir o acontecimento danoso, faltaria razão para impor-lhe o encargo de suportar patrimonialmente as consequências da lesão.

Logo, a responsabilidade estatal por ato omissivo é sempre responsabilidade por comportamento *ilícito.* E, sendo responsabilidade por *ilícito,* é necessariamente responsabilidade subjetiva, pois não há conduta ilícita do *Estado* (embora do particular possa haver) que não seja proveniente de negligência, imprudência ou imperícia (culpa) ou, então, deliberado propósito de violar a norma que o constituía em dada obrigação (dolo). Culpa e dolo são justamente as modalidades de responsabilidade subjetiva." (...)[23]

"Não há resposta *a priori* quanto ao que seria o padrão *normal* tipificador da obrigação a que estaria legalmente adstrito. Cabe indicar, no entanto, que a normalidade da eficiência há de ser apurada em função do meio social, do estádio de desenvolvimento tecnológico, cultural, econômico e da conjuntura da época, isto é, das possibilidades *reais* médias dentro do ambiente em que se produziu o fato danoso.

Como indício destas possibilidades há que levar em conta o procedimento do Estado em casos e situações análogas e o nível de expectativa comum da Sociedade (não o nível de aspirações) bem como o nível de expectativa do próprio Estado em relação ao serviço increpado de omisso, insuficiente ou inadequado. Este último nível de expectativa é sugerido, entre outros fatos, pelos parâmetros da lei que o institui e regula, pelas normas internas que os disciplinam e até mesmo por outras normas das quais se possam deduzir que o Poder Público, por força delas, obrigou-se, indiretamente, a um padrão mínimo de aptidão.

Por exemplo: se o Poder Público licencia edificações de determinada altura, não poderá deixar de ter, no serviço de combate a incêndio e resgate de sinistrados, meios de acesso compatíveis para enfrentar eventual sinistro. Se o Poder Público despoja os internos em certo presídio de quaisquer recursos que lhes permitam atentar contra a própria vida, não pode eximir-se de responsabilidade em relação ao suicídio de algum ou alguns detentos a respeito dos quais omitiu-se na adoção de igual cautela.

Em síntese: se o Estado, devendo agir, por imposição legal, não agiu ou o fez deficientemente, comportando-se abaixo dos padrões legais que normalmente deveriam caracterizá-lo, responde por esta incúria, negligência ou deficiência,

23 MELLO, Celso Antônio Bandeira de. *Curso de direito administrativo.* 19ª ed. São Paulo: Malheiros, 2005, p. 942/943.

que traduzem um ilícito ensejador do dano não evitado quando, de direito, devia sê-lo. Também não o socorre eventual incúria em ajustar-se aos padrões devidos." (...)[24]

No caso de omissão no serviço público, porém, há presunção de culpa. "Com efeito, nos casos de 'falta de serviço' é de admitir-se uma presunção de culpa do Poder Público, sem o quê o administrado ficaria em posição extremamente frágil ou até mesmo desprotegido ante a dificuldade ou até mesmo impossibilidade de demonstrar que o serviço não se desempenhou como deveria. O administrado não pode conhecer toda a intimidade do aparelho estatal, seus recursos, suas ordens internas de serviço, os meios financeiros e técnicos de que dispõe ou necessita dispor para estar ajustado às possibilidades econômica-administrativas do Estado. Ora, quem quer os fins não pode negar os necessários meios. Se a ordem jurídica quer a responsabilidade pública nos casos de mau funcionamento do serviço, não pode negar as vias de direito indispensáveis para a efetiva responsabilização do Estado — o que, na verdade, só ocorrerá eficientemente com o reconhecimento de uma presunção *juris tantum* de culpa do Poder Público, pois, como regra, seria notavelmente difícil para o lesado dispor dos meios que permitiriam colocá-la em jogo. Razoável, portanto, que nestas hipóteses ocorra inversão ônus da prova.

Ao contrário do que se passa com a responsabilidade do Estado por comportamentos comissivos, na responsabilidade por comportamentos omissivos a questão não se examina nem se decide pelo ângulo passivo da relação (a do lesado em sua esfera juridicamente protegida), mas pelo polo ativo da relação. É dizer: são os caracteres da omissão estatal que indicarão se há ou não responsabilidade"[25]

Avante!

"Em 4 de outubro de 1999, morreu **Damião Ximenes Lopes**, pessoa com doença mental, na instituição psiquiátrica denominada Casa de Repouso Guararapes em Sobral (CE). Então com 30 anos, Damião foi sujeito à contenção física, amarrado com as mãos para trás e a necrópsia revelou que seu corpo sofreu diversos golpes, apresentando escoriações localizadas na região nasal, ombro direito, parte anterior dos joelhos e do pé esquerdo, equimoses localizadas na região do olho esquerdo, ombro homolateral e punho. No dia de sua morte, o médico da Casa de Repouso, sem fazer exames físicos em Damião, receitou-lhe

24 MELLO, Celso Antônio Bandeira de. *Curso de direito administrativo.* 19ª ed. São Paulo: Malheiros, 2005, p. 942/943.

25 MELLO, Celso Antônio Bandeira de. *Curso de direito administrativo.* 19ª ed. São Paulo: Malheiros, 2005, p. 944.

alguns remédios e, em seguida, se retirou do hospital, que ficou sem nenhum médico. Duas horas depois, Damião morreu.

Desde então, sua família luta para que seja feita justiça: sejam os culpados punidos criminalmente e haja o pagamento da devida indenização pelos danos materiais e morais sofridos. Porém, passados quase sete anos da morte de Damião, não há sequer sentença nos autos do processo penal movido pelo Ministério Público cearense contra os responsáveis pela morte ou nos autos da ação de indenização cível interposta pela família.

Seria este mais um caso de dramas pessoais e familiares olvidados pela lentidão e inépcia da máquina judicial pública. Eis que surgiu, no plano internacional, a esperança de justiça que as instâncias internas negaram à família e à memória de Damião Ximenes Lopes: foi publicada a primeira sentença de mérito da Corte Interamericana de Direitos Humanos contra o Brasil, declarando a violação de vários direitos da Convenção Americana de Direitos Humanos (Pacto de San José) e condenando o Estado a reparar os danos causados.

Para que se chegasse a tal sentença, foi necessária a superação de várias etapas. Com efeito, após petição dos familiares e da Justiça Global à Comissão Interamericana de Direitos Humanos (sede em Washington), foi aberto procedimento contra o Brasil na comissão e seu informe conclusivo (1º Informe) não foi cumprido pelo Estado. Sendo assim, a comissão processou o Estado brasileiro perante a **Corte Interamericana de Direitos Humanos.** A corte, em um primeiro momento, não acolheu a alegação do Estado brasileiro de extinção do processo sem julgamento de mérito, por não terem sido esgotados os recursos internos disponíveis.

De fato, o esgotamento prévio dos recursos internos, previsto como requisito de admissibilidade de uma demanda no plano interamericano e que concretiza a chamada subsidiariedade da jurisdição internacional dos direitos humanos, não permite recursos lentos ou ineficientes. Logo, no caso concreto, como poderia o Brasil alegar com sucesso a falta de esgotamento de recursos internos se, nos dias de hoje, ainda não foram prolatadas nem a sentença criminal de primeiro grau nem a cível!

Esperar o esgotamento (trânsito em julgado) de tais ações em curso no Poder Judiciário do Ceará poderia implicar em mais uma dezena de anos sem justiça. Bem decidiu a corte, então, em prosseguir no julgamento do caso. Por outro lado, o Brasil reconheceu parcialmente sua responsabilidade internacional por violação dos direitos à vida (artigo 4º da Convenção Americana de Direitos Humanos) e integridade física (artigo 5º) de Damião. Negou-se, todavia, a reconhecer a violação do direito à integridade psíquica dos familiares da vítima e tampouco o direito à reparação dos danos materiais e morais.

Ouvidas as testemunhas, os peritos e juntados os documentos, a corte, então, prolatou, no dia 4 de julho de 2006, a histórica decisão, por sete votos a zero e com voto concorrente do juiz brasileiro e professor Antônio Augusto Cançado Trindade, como se vê a seguir."[26]

Por derradeiro, cumpre-nos tratar do tema da **responsabilidade civil do Estado diante da violência policial, mesmo que o agente não esteja no exercício de suas atribuições.**

Não importa. A responsabilidade existe. "A Turma iniciou julgamento de recurso extraordinário interposto pelo Estado de São Paulo contra acórdão do tribunal de justiça daquele Estado que, reconhecendo a existência de responsabilidade objetiva, condenara o ente federativo a indenizar vítima de disparo de arma fogo, pertencente à corporação, utilizada por policial durante período de folga. Alega-se, na espécie, ofensa ao art. 37, §6º, da CF, uma vez que o dano fora praticado por policial que se encontrava fora de suas funções públicas. O Min. Carlos Britto, relator, negou provimento ao recurso por entender que a culpa do Estado residiria no fato de ter fornecido arma a um servidor sem condições de usá-la, assumindo um risco, pelo qual responderia civilmente na eventual ocorrência de dano. Asseverou que **não há diferença, para fins de apuração da responsabilidade civil do recorrente, se o dano causado por arma de fogo, pertencente ao Estado e sob a guarda de policial militar, ocorreu quando este estava ou não em serviço.** Ressaltou, ainda, jurisprudência do STF no sentido de que, **mesmo não estando o agente público em exercício efetivo de sua função, há a responsabilidade civil do Estado pela conduta do mesmo.** Após, pediu vista dos autos o Min. Eros Grau. Precedentes citados: RE 160401/SP (DJU de 4.6.99) e RE 213525/SP (DJU de 14.5.2002)."[27]

Defendemos ainda, que **a responsabilização civil permanece incólume mesmo diante de absolvição criminal do agente por legítima defesa putativa.**

Ora, na legítima defesa putativa, se escusável, exclui-se o dolo e a culpa. Tecnicamente, denomina-se **descriminante putativa** (art. 20, § 1º, Código Penal): "É isento de pena quem, por erro plenamente justificado pelas circunstâncias, supõe situação de fato que, se existisse, tornaria a ação legítima. Não há isenção de pena quando o erro deriva de culpa e o fato é punível como crime culposo."

Dessa forma, por razões de política criminal, o agente não responde pelo crime por inexistência de dolo ou culpa, considerando que a responsabilidade

---

26 RAMOS, André de Carvalho. Reflexões sobre as vitórias do caso Damião Ximenes. Disponível em < http://www.conjur.com.br>

27 RE 363423/SP, rel. Min. Carlos Britto, 21.9.2004. (RE-363423). Info/STF nº 362.

penal é necessariamente subjetiva (art. 18, parágrafo único): "Salvo os casos expressos em lei, ninguém pode ser punido por fato previsto como crime, senão quando o pratica dolosamente." As exceções referidas são relativas às condutas puníveis por culpa.

No entanto, **a responsabilidade civil do Estado é objetiva**, ou seja, independe do elemento subjetivo. Diante disso, a partir de uma interpretação lógica e sistemática, **não faz coisa julgada no juízo cível o reconhecimento, no juízo criminal, de legítima defesa putativa, quando a responsabilidade civil for de natureza objetiva!**

De fato, segundo o art. 65 do Código de Processo Penal, "faz coisa julgada no cível a sentença penal que reconhecer ter sido o ato praticado em estado de necessidade, **em legítima defesa**, em estrito cumprimento de dever legal ou no exercício regular de direito".

Porém, **na hipótese da legítima defesa putativa, não há exclusão da ilicitude, mas do elemento subjetivo (dolo e culpa).**

ATENÇÃO **Ora, como a responsabilidade civil do Estado é objetiva, tal absolvição criminal não vinculará o juízo cível.** É o que defendemos.

4. OS LIMITES AO PODER DE TRIBUTAR

Em Ribeirão Preto, atuamos, nós e o **Defensor Público Victor Hugo Albernaz Júnior**, num caso de cobrança ilegal de taxa para o uso do banheiro na Rodoviária Municipal, sem banheiros gratuitos alternativos em condições mínimas de uso.

A concessionária do serviço público que administrada **a Rodoviária cobrava de seus usuários a chamada "taxa de banheiro"**, não bastasse a cobrança da "taxa de embarque" (na verdade, "tarifa de utilização do terminal rodoviário"), do estacionamento rotativo e dos alugueres e condomínio das agências de ônibus e lojas comerciais instaladas no local, o que seria suficiente para manutenção dos referidos banheiros públicos, onerando ainda mais o contribuinte.

Aqueles que frequentam a rodoviária de Ribeirão Preto, quando surpreendidos pelas suas necessidades fisiológicas mais básicas, logo se veem compelidos a desembolsar R$ 1,00 (um real) para fazer uso do banheiro e mais R$ 1,00 (um reais) para tomar banho, se quiser.

A mesma taxa é cobrada no caso da mãe precisar usar, no mesmo banheiro feminino, as instalações do fraldário para promover o asseio de seu filho em local adequado.

Referida cobrança se mostra abusiva e inconstitucional, conforme ficará demonstrado a seguir.

Desde logo, importante abordar a natureza jurídica da cobrança efetuada para permitir a utilização dos sanitários da rodoviária.

A doutrina e a jurisprudência fornecem lições valiosas para desvendar se a cobrança se trata de preço público/tarifa ou tributo na modalidade taxa.

O critério mais difundido para diferenciar taxa e tarifa é a compulsoriedade daquela e a facultatividade desta. Ivens Gandra da Silva Martins[28] agrega os dois critérios para distinguir ambos os institutos quando afirma que "há critério jurídico no ordenamento legal brasileiro para distinguir as taxas de preços públicos, a partir da existência: a) de relação de subordinação no primeiro tipo de remuneração e não no segundo; b) de não possuir o usuário alternativa de não utilização ou de não pagamento para as taxas e possuir tal faculdade quanto aos preços públicos; c) de ser a taxa remuneratória de serviços essenciais ou periféricos específicos e divisíveis, só sendo o preço público, em não ocorrendo as hipóteses enunciadas nos itens 'a' e 'b'."

Sobre esse aspecto, traz-se à colação a magistral lição de Hugo de Brito Machado[29]: "Em síntese, a distinção entre taxa e preço público reside na natureza do serviço que lhe serve de suporte para a instituição e cobrança. E a natureza do serviço, do ponto de vista jurídico, depende do regime jurídico de sua prestação, vale dizer, define-se como serviço público aquele que é imposto ao cidadão. A obrigatoriedade do uso do serviço há de ser entendida em termos jurídicos, isto é, deve decorrer de prescrição jurídica. Não se considera obrigatório o uso de um serviço, portanto, se o cidadão tem alternativa para satisfação da necessidade respectiva, sem violação de nenhuma prescrição jurídica."

No caso em estudo, as circunstâncias envolvidas revelavam que a utilização dos sanitários da rodoviária pelos usuários é obrigatória, uma vez que não há outros banheiros públicos no local ou à razoável proximidade.

Como se vê, a cobrança se dava por serviço, que diante das circunstâncias do caso concreto, se apresentava como de caráter compulsório.

Mais consentâneo com a natureza do serviço, portanto, que fosse cobrado por taxa, desde que respeitados todos os limites ao poder de tributar, inclusive o devido processo legislativo.

---

28 MARTINS, Ivens Gandra da Silva - In "Taxa e Preço Público", obra coletiva, São Paulo: Editora Resenha Tributária, 1985, p. 178

29 MACHADO, Hugo de Brito - In "Taxa e Preço Público", obra coletiva, São Paulo: Editora Resenha Tributária, 1985, p. 143/144.

Estabelecida a natureza jurídica da cobrança como tributo na modalidade taxa, percebe-se, à evidência, a ilegalidade e inconstitucionalidade de sua instituição da forma levada a efeito pelo município de Ribeirão Preto, uma vez que não há qualquer lei que a institua ou mesmo inconcebível decreto do Chefe do Poder Executivo, como ocorreu na cidade de Marília, onde ação semelhante a esta ajuizada pela Defensoria Pública fez cessar a indevida cobrança.

Diante disso, **foi proposta ação civil pública, cujo processo foi extinto com sentença que homologara o termo de ajustamento de conduta firmado entre a Defensoria Pública e a Concessionária do serviço.**

5. PASSO A PASSO DA ATUAÇÃO DO DEFENSOR PÚBLICO NA DEFESA DO CONSUMIDOR E EM FACE DA ADMINISTRAÇÃO

Nas ações de obrigação de fazer para fornecimento de medicamentos, uma questão é tormentosa, qual seja, **o uso da imagem do paciente para sensibilizar o julgador,** que pode ser útil, mas com cautela e parcimônia. Não raras vezes já tivemos a oportunidade de levar ao conhecimento do Juiz dramas vividos pelas partes, para, de alguma forma, tentar comovê-lo na apreciação de tutelas de urgências. Em regra, obtivemos êxito. No entanto, tal prática exige cautela. A parte e os seus representantes devem ser devidamente informados das possibilidades, dos riscos e dos custos (pessoais) dessa conduta.

O interessado deve expressamente autorizar a exibição de imagens, exames ou correspondências que, de alguma forma, possam atingir a personalidade das pessoas.

No campo consumidor, é **importante que o Defensor utilize dos meios administrativos de solução,** com provocações do Procon, da Agência Nacional de Saúde Suplementar, da Ciretran, dentre outros órgãos, salvo, evidente, se o caso exigir imediata empreitada judicial. Nesse âmbito, é relevante o manejo da inversão dos ônus da prova, pois consiste num direito do consumidor.

6. FLUXOGRAMA 05 – ADMINISTRATIVO E CONSUMIDOR

No campo administrativo, a atuação primordial é na implementação dos direitos sociais, da saúde, especialmente, com pleitos de medicamentos, tratamentos médicos, próteses, etc

↓

Mesmo nesses casos, salvo aqueles sobremodo urgentes, é relevante uma tentativa de solução administrativa da controvérsia, com contatos com as Secretarias de Saúde responsáveis.

↓

Na judicialização das demandas de saúde, em grande parte, os casos demandam urgência e atenção. Sugerimos seja pleiteada audiência de justificação para instrução preliminar, se necessário. Quanto, à incerteza científica da medicação, tenho defendido a aplicação do princípio da precaução em prol da vida.

↓

Nesse campo, uma questão complexa diz respeito ao uso da imagem do paciente para fins de sensibilizar o Juiz. Esse uso é eficaz, mas requer cautela. De fato, deve o DP colher autorização expressa do paciente ou de sua família.

↓

Concedida a tutela de urgência, passa o DP a trabalhar pela sua implementação, com a rápida intimação do obrigado, com a inclusão de medidas executivas, da prisão, inclusive.

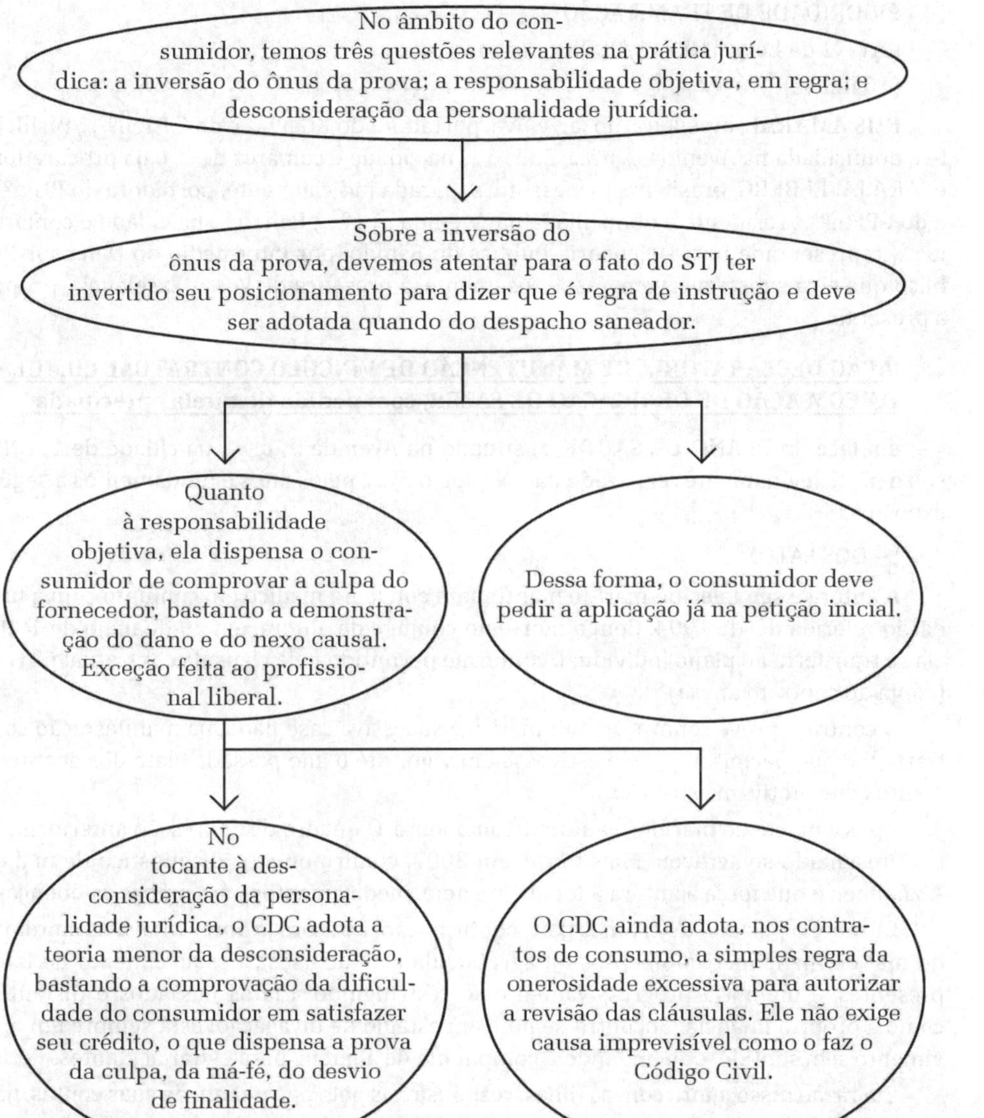

7. MODELOS

I) Ação declaratória sobre planos de saúde

Excelentíssimo Senhor Doutor Juiz de Direito da ...ª Vara da Infância e Juventude e do Idoso da Comarca de .../...

PRIORIDADE DE TRAMITAÇÃO
(art. 71 da Lei nº 10.741/2003)
(10 linhas)

ÍRIS AMARAL, brasileira, do lar, viúva, portadora do RG nº. ... e do C.P.F. nº. ..., residente e domiciliada na Avenida ..., nº ..., Bairro ..., na cidade e comarca de ..., cuja procuradora é IARA IAVELBERG, brasileira, professora, separada judicialmente, portadora do RG nº ... e do CPF nº ..., residente e domiciliada na Avenida ..., nº ..., Bairro ..., na cidade e comarca de ..., representada pela Defensoria Pública do Estado, por intermédio do Defensor Público que esta subscreve, vem, respeitosamente, à presença de Vossa Excelência, propor a presente

AÇÃO DECLARATÓRIA DE MANUTENÇÃO DE VÍNCULO CONTRATUAL CUMULADA COM AÇÃO DE OBRIGAÇÃO DE FAZER, com pedido de tutela antecipada,

em face do **PLANO DE SAÚDE ...**, situado na Avenida ..., nº ..., na cidade de ..., CNPJ sob o nº ..., devidamente registrado na ANS sob o nº ..., pelos fatos e fundamentos a seguir expostos:

I - DOS FATOS

A autora e seu falecido marido mantinham convênio médico em conjunto com a fundação referida desde 1994. Com a morte do cônjuge da autora, em 29 de maio de 1998, ela se transferiu ao plano individual, conforme permitido pela cláusula contratual nº IV-A (cópia do contrato anexa).[30]

O contrato prevê renovação automática e sucessiva caso não haja manifestação contrária,[31] o que permitiu que ele estivesse em vigor até o ano passado, data dos acontecimentos que motivam esta ação.

Após a morte do marido, a autora ficou doente. O quadro de depressão anteriormente apresentado se agravou. Mais tarde, em 2007, confirmou-se o diagnóstico de mal de Alzheimer, o que força a autora a tomar, até hoje, medicamentos para ambas as doenças.

Durante o período de exames para confirmação, a autora já apresentava os sintomas do mal de Alzheimer: momentos de agressividade, alucinações, esquecimento de fatos presentes, e memória progressivamente se restringindo a fatos passados e distantes, como a própria infância. Encontra-se hoje em estágio de divagação: está sempre em movimento sem sentido, demandando a companhia de alguém, para evitar acidentes.

Em razão disso, mora com as filhas, responsáveis pelo pagamento de suas contas, não sem dificuldade, já que a representante legal, Iara, é professora de educação básica e aufere renda mensal no valor de R$ 630,00 (seiscentos e trinta reais), dinheiro com o qual,

30 "No caso de falecimento ou desistência do CONTRATANTE, um CONTRATANTE maior assumirá a condição de CONTRATANTE principal, responsável pelo cumprimento das obrigações contratuais, mantendo-se inalteradas as demais cláusulas do contrato".

31 "O presente contrato vigorará pelo prazo de 30 (trinta) meses. A renovação do contrato far-se-á automaticamente, pelo prazo de 12 (doze) meses, e assim sucessivamente, se não houver manifestação contrária, por escrito, das partes contratantes, até 30 (trinta) dias antes de seu vencimento". No mesmo sentido dessa renovação automática é o art. 13 da Lei n. 9.656/98.

além de tudo, mantém a si própria e a sua filha. A outra filha da autora, Ieda, também é professora, recebe o mesmo salário, e também tem uma filha.

Assim, a renda mensal das filhas da autora não é alta, o que explica suas dificuldades em saldar as contas mensais de sua mãe, isto é, os gastos com água, luz, convênio médico, alimentação, farmácia e condomínio.

Sempre que chegam, as contas são colocadas no mesmo lugar. Porém, ultimamente, as contas têm desaparecido por conduta involuntária da autora, que as guarda e depois não se lembra do local depositado. No mês de julho de 2009, a mensalidade do convênio médico não foi paga porque as filhas da autora não encontravam o boleto. Possivelmente, a autora, em seu estado de confusão mental, guardou o boleto em lugar diferente, fora do local normal de contas a pagar e a mensalidade de julho restou sem pagamento.

Diante da confusão mental e da perda da memória da autora, ela não soube informar se havia quitado a referida parcela ou onde teria colocado o boleto bancário. As filhas da autora cuidam da mãe, mas não conseguem ter domínio de toda situação e controle de todos os documentos que a genitora recebe. Elas têm suas obrigações e não têm condições de custear um serviço de acompanhamento diário para a mãe.

Somente no mês de novembro, quando a autora foi ao médico para sua consulta trimestral regular (conforme cláusula II-A), foi informada que o convênio estava inativo, em razão de inadimplência, conforme descobriu, mais tarde, sua filha e representante legal quando se dirigiu à sede do convênio médico em busca de esclarecimentos.

Segundo a cláusula VII-A, "a contratante em atraso no pagamento não terá direito a nenhum atendimento". E, ainda, de acordo com a cláusula XIII-A, o contrato extingue-se pelo não pagamento das mensalidades no prazo estabelecido no contrato (ou seja, a cada trinta dias, de acordo com a cláusula VII). Em virtude desse inadimplemento, assim, o contrato estaria resolvido, por operação da cláusula resolutiva expressa acima.

A mensalidade faltante, a de julho de 2009, não foi paga em razão da perda do boleto bancário pela autora, com saúde mental debilitada, conforme anteriormente relatado. As filhas da autora tiveram negado seu pedido de pagar a mensalidade em atraso. Segundo a requerida, isso não seria possível, motivo pelo qual deixou-se de expedir a segunda via do boleto bancário. A autora ficou, então, sem a cobertura de seu plano de saúde, embora as parcelas seguintes – agosto, setembro e outubro de 2009 – estivessem todas quitadas.

Diante do inadimplemento da mensalidade de julho, o convênio ofereceu apenas a opção de contratar um novo plano, o que custaria à autora R$ 670,79 (seiscentos e setenta reais e setenta e nove centavos), conforme tabela de valores anexa, valor com o qual a autora e suas filhas não têm condições de arcar.

O convênio não aceitou o pagamento da mensalidade em atraso nem quando o boleto de julho de 2009 foi encontrado pela representante legal da autora, em uma gaveta de documentos antigos, onde teria sido colocado pela autora, em estado de perda de memória. A filha da autora nunca teve a intenção de deixar de pagar qualquer mensalidade, pois sua mãe necessita muito do convênio médico, em razão de sua doença grave e degenerativa. Tentou ela, ainda, todas as medidas ao seu alcance para a regular quitação da mensalidade.

Ressalta a filha da autora que as suspeitas de o ato ter sido praticado por sua mãe devem-se ao estado de extrema confusão mental por que passa sua mãe, que não tem plena consciência de seus atos. Tanto que, por certa vez já ter saído a autora sozinha de casa, sem destino certo, as filhas optaram por vender a casa da autora e investir o dinheiro na compra de um apartamento com porteiro 24 horas, que tem ordens expressas para não deixá-la sair de casa.

Por tudo o que foi narrado fica claro que a saúde mental da autora é delicada, e o ocorrido com o convênio médico foi um incidente cujos maiores prejuízos repercutem não na ré, mas na própria autora, a quem, em razão do estado de saúde delicado e da necessidade constante de acompanhamento médico, a assistência médica prestada pelo convênio é imprescindível.

Não obstante os esforços das filhas da autora, a empresa ré, a partir de novembro de 2009, interrompeu o atendimento médico e não mais emitiu os boletos bancários para pagamento.

Diante da negativa da ré em manter o vínculo contratual e em receber a mensalidade atrasada, não resta à autora alternativa senão a propositura da presente ação para que seja declarada a continuidade da relação contratual entre as partes e que a ré seja obrigada a emitir os boletos dos meses de julho, novembro e dezembro de 2009, assim como o de janeiro de 2010 e seguintes.

II - DO DIREITO

1) Do caso fortuito que causou o inadimplemento

Como exposto acima, a autora tem doenças que afetam sua compreensão da realidade, sendo, por isso, amparada por suas filhas, responsáveis, de uma maneira geral, pela autora, inclusive pelo pagamento de suas contas. A perda do boleto da fatura referente ao mês de julho de 2009 é imputável à saúde mental da autora e, portanto, verdadeiro caso fortuito.

De acordo com o parágrafo único do art. 393 do Código Civil, o caso fortuito, equiparado pelo legislador à força maior, é todo acontecimento necessário, cujos efeitos não era possível evitar ou impedir.

Bem alerta a doutrina que não é caso fortuito o evento que, apesar da força arrasadora, não é imprevisto pela regularidade com que ocorre. A reiteração de um fenômeno natural de intensidade não é sempre força maior, pois, perdido o caráter episódico do fenômeno, ele pode ser prevenido, nos seus efeitos possíveis (como, por exemplo, inundações em decorrência de chuvas de verão).[32]

Tem o fortuito, assim, um caráter episódico. Exatamente assim pode ser caracterizada o incidente da perda do boleto, que ocorreu uma única vez em todos esses anos em que a autora é parte do contrato de plano de saúde. Há tempo que a autora, já doente, recebe a atenção, a supervisão e os cuidados de suas filhas, e uma única vez esse infortúnio ocorreu.

Cuidar de alguém com depressão e mal de Alzheimer é, por si só, algo bastante trabalhoso. Exigir das filhas da autora que nunca ocorressem incidentes é exigir-lhes diligência

32 DIAS, José de Aguiar. *Da responsabilidade civil*. 7. ed. Rio de Janeiro: Forense, 1983. v. 2. p. 765.

extrema, sobre-humana e incompatível com a rotina de duas professoras que, além do mais, têm as próprias filhas para criar, e, infelizmente, não podem contratar o serviço de acompanhante para mãe.

As representantes legais da autora não podiam, e não podem – assim como ninguém pode –, prever todas as condutas de uma pessoa portadora do mal de Alzheimer. É certo que, antes do incidente aqui relatado, a suposta ocultação da fatura nunca havia ocorrido. É certo, ainda, que, após sua recuperação em uma gaveta de documentos, onde as representantes da autora afirmam que nunca colocaram faturas do plano de saúde, elas passaram a se precaver ainda mais com o recebimento das contas. É certo, em suma, que a suposta conduta da autora de esconder coisas que encontra pelo caminho não era esperada, de tal forma a surpreender as representantes da autora, responsáveis por suas contas, como autêntico caso fortuito.

Como já ficou bem demonstrado em uma matéria jornalística:

Fala-se muito sobre o drama enfrentado por pacientes com doenças típicas da velhice. A mais emblemática e terrível delas, o Alzheimer, destrói a capacidade de pensar, de se comunicar e de compreender a realidade. O doente se torna dependente, distante do mundo e de si mesmo. Não bastasse, há outro lado cruel da doença ainda pouco discutido. É vivido pelo parente – em geral, filha ou esposa – designado para cuidar do pai, da mãe ou do cônjuge doente. Trata-se de uma situação dificílima, não só pelas razões práticas como pelas emocionais. Essas pessoas, em um ato de estoica devoção, costumam abdicar de parte de sua vida, de seus sonhos e projetos para cuidar de um paciente que só tende a piorar. Estudos mostram que a maioria delas costuma sofrer da chamada "síndrome do cuidador". Os sintomas mais comuns são depressão e stress em alto grau. Nos casos mais extremos, a ideia de suicídio se torna uma constante. "Enquanto os pacientes, muitas vezes, nem se dão conta de sua doença, os 'cuidadores' se sentem cansados e deprimidos na maior parte do tempo. São batalhadores invisíveis de uma tarefa árdua e muito pesada", afirma o geriatra Norton Sayeg, ex-presidente da Sociedade Brasileira de Geriatria e Gerontologia.

[...]

A maioria dos médicos afirma ser usual entre os responsáveis pelos doentes abandonar a própria rotina. O indivíduo passa a viver como enfermeiro, babá, empregado e se esquece das próprias necessidades. A complexidade de sentimentos vividos nesse período é grave. Ao mesmo tempo em que a pessoa se sente satisfeita por tratar o doente com carinho, a culpa por querer ver-se livre ou dar fim àquela situação é recorrente. Também é comum se sentir negligente com filhos, marido, mulher, que também precisam de sua atenção. Somam-se a isso o fato de ter de enfrentar críticas dos parentes e o peso de executar sozinho tarefas complicadas como dar banho, alimentar, vestir e lidar com a incapacidade do outro de controlar até mesmo as necessidades fisiológicas mais básicas. Sem falar na dolorosa experiência de acompanhar de perto a decadência física do ente querido.[33]

33 PINHEIRO, Daniela. E como fica o resto da família? *VEJA*, edição 1977, 11 de outubro de 2006. Disponível em <http://veja.abril.com.br/111006/p_096.html>. Acesso em 12 fev.2010.

Não se trata, aqui, de ocorrência absolutamente imprevisível e inevitável, mas, neste caso específico, de ocorrência definitivamente não esperada e, por isso, inevitável. Antever este fortuito, e todos os transtornos em que ele implicou, notadamente para a saúde da autora, é juízo sobre hipótese, exercício de futurologia e, acima de tudo, mal valoração da conduta das filhas da autora, para exigir-lhes diligência exacerbada e impraticável a pessoas comuns, e, ainda mais, a duas professoras, mães, com vidas próprias e responsabilidades outras.

A corroborar as afirmações acima, a doutrina destaca que, para valorar algum acontecimento como caso fortuito ou não, devem-se ter em conta as circunstâncias pessoais do devedor, e não apenas o exigível do homem médio.

Como detalha Enzo Roppo: "o conceito de impossibilidade da prestação e o conceito de sua imputabilidade ao devedor não tem conteúdo fixo", previamente determinável, mas, ao contrário, tem um significado variável.[34]

Assim também Agostinho Alvim: "a necessariedade há de ser estudada de acordo com a impossibilidade do cumprimento da obrigação, e não abstratamente".[35]

Desta forma, bem demonstrado que o ocorrido encaixa-se na definição de caso fortuito, de rigor aplicar-se a ele o "caput" do art. 393 do Código Civil, para operar a excludente de responsabilidade, vez que o contrato não prevê responsabilização do devedor por caso fortuito.

Mais que isso, o reconhecimento da qualificação do ocorrido como caso fortuito deve operar no sentido de ser reconhecido que as representantes da autora se depararam com fato imprevisível e de efeitos inevitáveis, justificativa plausível para o inadimplemento da parcela de julho de 2009 e, portanto, acontecimento sem o condão de resolver o vínculo contratual entre as partes.

Reconhecer que o inadimplemento se deu por caso fortuito, ou seja, por evento em que não houve culpa por parte das representantes legais da autora, é reconhecer que "Só quando o não cumprimento resulta de fato que lhe seja imputável se pode dizer, com inteira propriedade, que o devedor falta ao cumprimento".[36]

Isto é: apenas a culpa gera a imputabilidade do obrigado.[37] Contudo, nada impede que o credor opte por manter o contrato, exigindo do devedor o cumprimento da obrigação via ação judicial.

Tal como se demonstrará adiante, esta opção deve ser encarada neste caso concreto como verdadeira decorrência dos deveres anexos ao contrato e de princípios como a continuidade dos contratos e a função social, além da especial proteção conferida ao consumidor e ao idoso.

---

34 ROPPO, Enzo. *O contrato.* Tradução de Ana Coimbra e M. Januário C. Gomes. Coimbra: Almedina, 1988. p. 276-277.

35 ALVIM, Agostinho. *Da inexecução das obrigações e suas consequências.* 3. ed., atual. São Paulo: EJUL, 1965. p. 312 .

36 ANTUNES VARELA, João de Matos. *Direito das obrigações.* Rio de Janeiro: Forense, 1978. v. 2. p. 55.

37 ANTUNES VARELA, op. cit., p. 113.

Assim, a opção por resolver o contrato em razão de cumprimento tardio não deve ser encarada com excessiva rigidez. Conforme a esclarecida doutrina de Antunes Varela, a resolução deve ocorrer apenas quando a prestação perca parte substancial de sua utilidade, tornando objetivamente justificada a decisão do credor de se libertar da sua obrigação apenas quando a mora equiparar-se ao seu não cumprimento definitivo.[38]

Neste caso, o inadimplemento de apenas uma parcela do contrato – caso fortuito, sem ocorrência de culpa – não lhe reduziu substancialmente a utilidade para o convênio médico. A mora em pagar a parcela atrasada não se equipara ao descumprimento definitivo.

Se a resolução do contrato por inadimplemento não deve ser encarada com rigidez, conforme preleciona a doutrina, mais relevante essa constatação se torna quando inserida no contexto de vulnerabilidade da contratante do serviço e de sua necessidade de manutenção do vínculo contratual, tudo como decorrência dos princípios aplicáveis aos contratos e expostos a seguir.

2) O inadimplemento à luz do moderno regramento jurídico dos contratos

Mesmo que não se reconheça o acontecimento como caso fortuito, ou se diga que o ocorrido importa apenas à autora, diversos princípios e normas que regem os contratos, derivados da boa-fé objetiva, justificam plenamente a manutenção do vínculo contratual.

Na verdade, o reflexo maior do regramento jurídico moderno dos contratos é justamente conferir a eles uma conotação de cooperação, em que as partes não são apenas credora e devedora uma da outra, mas partícipes de um processo que visa ao adimplemento. O dever de cooperação mútuo inclui o dever de compreensão mútuo, e aqui se insere o caso em análise.

O ocorrido com a autora, mesmo que não considerado fortuito, deve ser considerado como infortúnio que repercutiu negativamente no vínculo contratual entre ambos, e cujos reflexos negativos principais foram sentidos pela autora. Interessa sobremaneira a ela, portanto, a continuidade do contrato.

Para compreensão disso, devem ser considerados vários fatores, entre os quais destacamos: a boa-fé subjetiva das representantes da autora, a proteção especial conferida à saúde do idoso, a função social dos contratos, o princípio da continuidade dos contratos, a desvantagem exagerada imposta ao consumidor neste caso, e a teoria do adimplemento substancial do contrato, tudo amparado no superprincípio da boa-fé objetiva como elemento integrador dos contratos e seu mais importante vetor interpretativo.

a) Da boa-fé subjetiva

A boa-fé subjetiva das filhas da autora, inclusive de sua representante neste feito, é patente.

Em que pese a dificuldade financeira por que passam, as filhas da requerente realizavam o pagamento de todas as parcelas do convênio. Mesmo o inadimplemento da mensalidade de julho, cuja causa não lhes é diretamente imputável, tentou ser sanado. Dispuseram-se as filhas da autora a pagar o débito de julho assim que encontraram o boleto.

Na melhor demonstração de boa-fé subjetiva, as filhas da autora acreditaram ser possível o pagamento, mesmo que com atraso, já que plausível o motivo do retardamento.

38 ANTUNES VARELA, op. cit., p. 60.

Confiando em suas próprias boas intenções, não encontraram reciprocidade no tratamento dispensado pela ré.

Se boa-fé subjetiva é o estado das pessoas que "confiam na bondade da própria posição jurídica, ou creem não atingir direitos de terceiros",[39] não é outra a denominação que se pode dar ao estado das filhas da autora, na cruzada de restabelecer o tratamento médico de que sua mãe tanto necessita.

b) Da boa-fé objetiva

Não bastasse a convicção das próprias representantes da autora em estar agindo conforme o direito, outra espécie de boa-fé, a objetiva, é também aplicável ao caso, já que esta "polariza todo o direito das obrigações",[40] conforme previsões do Código Civil (art. 422) e do Código de Defesa do Consumidor (art. 4º, III).

A boa-fé em sentido objetivo, princípio de justiça superior, que transcende o regulamento contratual, não atende apenas à situação da pessoa que confiou, mas considera, ao mesmo tempo, a posição de todas as partes da relação.[41]

Por ser a boa-fé objetiva verdadeira fonte de integração do contrato,[42] é necessário que as partes compreendam a situação uma das outras, para que, a partir disso, integrem as lacunas resultantes de uma execução que transcende a previsão seca das cláusulas contratuais e chegue aos reais problemas da vida cotidiana, direcionando os caminhos para que a obrigação possa efetivamente gerar os melhores resultados para ambos.

No presente caso, a regra da boa-fé objetiva consegue, em comunhão com a boa-fé subjetiva, dar arremedo ao infortúnio ocorrido com o boleto da mensalidade de julho levando em conta o pagamento correto das demais mensalidades, a necessidade da autora com relação ao plano de saúde, sua condição de idosa, entre outros fatores, para que o convênio médico permita o adimplemento da mensalidade vencida para o efeito de continuar, da melhor forma possível, o vínculo contratual, não apenas confiando na conduta da contraparte, mas também entendendo sua situação.

Tudo em razão da atual compreensão de que os contratos, necessariamente regidos pelo princípio da boa-fé objetiva, não comportam apenas o conteúdo de suas cláusulas, mas guardam dentro de si importantes deveres anexos, tais como o dever de informar e, principalmente, o dever de concorrer para a legítima satisfação dos interesses da parte oposta, enfatizando a concepção de obrigação como processo. São deveres e consequentes comportamentos que circundam o simples texto do contrato.[43]

---

39 COSTA, Mário Júlio de Almeida; CORDEIRO, António Menezes. *Cláusulas contratuais gerais:* anotações ao Decreto-lei nº 446/85, de 25 de outubro. Coimbra: Almedina, 1987. p. 40.

40 MARTINS-COSTA, Judith. *Comentários ao Novo Código Civil:* do direito das obrigações, do adimplemento e da extinção das obrigações. 2. ed. Rio de Janeiro: Forense, 2005. v.5. t.1. p. 57.

41 NORONHA, Fernando. *O direito dos contratos e seus princípios fundamentais:* autonomia privada, boa-fé, justiça contratual. São Paulo: Saraiva, 1994. p. 136 e 138.

42 ROPPO, op. cit., p. 290.

43 AZEVEDO, Antônio Junqueira de Responsabilidade pré-contratual no Código de Defesa do Consumidor. *Revista de Direito do Consumidor,* São Paulo, n. 18, p. 26, abr./jun. 1996.

Mais que entendimento doutrinário, a boa-fé objetiva é acolhida pelos tribunais não apenas como geradora de deveres cujo descumprimento leva à indenização,[44] mas também como verdadeiro elemento de integração do contrato.

Reconhece-se tanto o "dever anexo de proteção dos interesses do outro contratante, derivado da boa-fé objetiva"[45], bem como o dever positivo de cooperar para o bom desenvolvimento do contrato, conforme já decidiu o Tribunal de Justiça do Paraná:

Evidencia Paulo Nalin, quanto à chamada cooperação nas relações: "Não mais se concebe que a relação jurídica obrigacional seja descrita num contexto de subordinação entre sujeitos, mas sim, como uma relação de cooperação entre eles, em razão de um interesse superior da coletividade e da produção. Nesse contexto, mostra-se o liame necessário entre uma relação jurídica individual e a funcionalização do instituto contrato, em que um dos aspectos de projeção é a quebra, ou, ao menos, a mitigação, do princípio da relatividade do contrato, passando uma simples relação contratual a despertar o interesse daqueles que por ela não são diretamente atingidos. Do dever de cooperação imposto ao credor, salienta-se ser tentadora a derivação ou a aproximação a princípios outros, como da boa-fé objetiva e com o intraduzível dever ou princípio de *correttezza* do ordenamento italiano, estando, o último sempre presente em função de qualquer dos obrigados, pois resulta em um específico dever negativo ao credor de não obstaculizar o adimplemento enquanto a cooperação lhe impõe um dever positivo específico de cooperar com cumprimento."[46]

Como bem ilustra Sérgio Cavalieri Filho, "a boa-fé passou a ser uma espécie de cinto de segurança de toda a ordem jurídica: não é possível ultrapassar o limite da boa-fé, qualquer que seja o direito, por mais absoluto que ele seja"[47] – o que vale especialmente para o caso em análise.

c) Da função social dos contratos

Também albergada pelo direito positivo (art. 421 do Código Civil), a compreensão de que os contratos atendem a uma função social é diferente da ideia liberal de que, satisfazendo os interesses individuais das partes, viria o bem de todos. Entende-se hoje que não

44 "Recurso especial. Civil. Indenização. Aplicação do princípio da boa-fé contratual. Deveres anexos ao contrato. O princípio da boa-fé se aplica às relações contratuais regidas pelo CDC, impondo, por conseguinte, a obediência aos deveres anexos ao contrato, que são decorrência lógica deste princípio. O dever anexo de cooperação pressupõe ações recíprocas de lealdade dentro da relação contratual. A violação a qualquer dos deveres anexos implica em inadimplemento contratual de quem lhe tenha dado causa." (STJ. 3ª Turma. REsp 595.631-SC. Rel. Min. Nancy Andrighi, julg. 08 jun. 2004, publ. 02 ago.2004.)

45 TJRS. 3ª Turma Recursal Cível. Recurso cível n. 71002329308. Rel. Eugênio Facchini Neto, julg. 28 jan.2010, publ. 4 fev.2010.

46 TJPR. 10ª Câmara Cível. Agravo de instrumento n. 0506745-8. Rel. Des. Astrid Maranhão de Carvalho Ruthes, julg. 10 jul.2008.

47 CAVALIERI FILHO, Sérgio. Responsabilidade civil no novo Código Civil. *Revista de Direito do Consumidor,* São Paulo, ano 12, n. 48, p. 76, out./dez. 2003.

basta que um contrato não seja socialmente danoso (ilícito). "Somente se enquadra na sua função social o contrato que, sendo útil, é também justo".[48]

Desse modo, "o interesse fundamental da questão da função social dos contratos está em despertar a atenção para o fato de que a liberdade contratual não se justifica, e deve cessar, quando conduzir a iniquidades, atentatórias de valores de justiça, que igualmente têm peso social".[49]

Esclarecedoras, a respeito, as palavras de Judith Martins-Costa: O exercício das respectivas posições jurídicas há de fazer-se com observação da correta finalidade econômico-social do negócio, tendo ainda em conta o menor gravame à posição de terceiros (determinados ou indeterminados) eventualmente afetados pela relação. [...] Bens de interesse geral da comunidade, tais quais os consagrados na Constituição como informadores da ordem econômica (v.g. o meio ambiente sadio e uma verdadeiramente 'livre concorrência') hão de ser considerados também no adimplemento das obrigações.[50]

Consoante as lições da autora citada, assim, a saúde, protegida pela Constituição Federal nos arts. 196 e seguintes, como bem de interesse geral da comunidade, deve ser considerada durante a formação e execução dos contratos, assim como deve ser observada a adequada finalidade econômico-social dos negócios jurídicos que envolvem a saúde das pessoas, especialmente as idosas.

A preocupação do legislador com a função social dos contratos foi tão grande que, nas disposições transitórias do Código Civil de 2002, o art. 2.035 estabelece que "nenhuma convenção prevalecerá se contrariar preceitos de ordem pública, tais como os estabelecidos por este Código para assegurar a função social da propriedade e dos contratos".

Este dispositivo é aplicável à espécie, pois o contrato que rege o plano de saúde em questão, assinado em 30 de setembro de 1993, sob a égide do Código Civil de 1916, mas em vigor até o ano de 2009, por ser de trato sucessivo, conforme exposto acima, deve ser compatibilizado com as disposições do Código de 2002, inclusive o referido artigo a respeito da ineficácia das convenções anteriormente constituídas que não respeitarem a função social do contrato em que estão inseridas.

Daí porque o dispositivo contratual que ordena a extinção do contrato pelo inadimplemento de qualquer parcela[51] não deve ser considerado eficaz, já que contraria o princípio da função social dos contratos, ao ir de encontro à finalidade econômico-social da avença – a tutela da saúde das pessoas –, gerando situação iníqua e violadora de sentimentos de justiça.

d) Do princípio da continuidade dos contratos

Importante salientar que em contratos de longa duração, como este de plano e seguro de saúde, incide também o princípio da continuidade. Ou seja, em relações contratuais que se protraem no tempo, a habitualidade gera expectativas nas partes de que o vínculo

48 AGUIAR JÚNIOR, Ruy Rosado de. Projeto do Código Civil: as obrigações e os contratos. *Revista dos Tribunais*, São Paulo, ano 89, v. 775, p. 20, mai. 2000.

49 NORONHA, op. cit., p. 81.

50 MARTINS-COSTA, op. cit., p. 131-132.

51 " XIII - DA EXTINÇÃO DO CONTRATO. Extingue-se o contrato: [...] C) Pelo não pagamento das mensalidades no prazo estabelecido neste contrato, por mais de 90 (noventa) dias".

entre elas, com o passar do tempo, se torne mais forte. Assim, não é qualquer espécie de inadimplemento que conduz à extinção do contrato, mas apenas um inadimplemento qualificado, que rompa a barreira do relacionamento ordinário entre as partes. Não é à toa que a doutrina denominou-os de contratos relacionais e cativos.

Conforme lição de Cláudia Lima Marques, em um contrato de longa duração e cativo como o de plano e seguro-saúde, o que o consumidor almeja é a cobertura dos eventos de saúde do futuro, e não só os do presente. Logo, seu interesse básico (base do negócio, causa inicial e final) é justamente a continuação do vínculo.[52]

Sustenta-se, inclusive, que o princípio da conservação dos contratos está implícito no art. 6º, V, e explícito no art. 51, §2º, do CDC, traduzindo a intenção do legislador de conservar as relações contratuais sempre que possível, para que a ruptura não traga mais desvantagens do que benefícios ao consumidor.[53]

A ruptura do contrato implica em graves consequências para a autora, que se veria obrigada a contratar novo plano de saúde, por um valor incompatível com a sua renda. Caso o vínculo se declare mantido, por outro lado, ela apenas voltaria a pagar as mensalidades normais, custos com os quais pode arcar.

Por serem futuros e incertos os riscos e a ocorrência concreta de doenças e a necessidade de amparo médico-hospitalar, pretendendo assegurar a proteção da saúde e de seus familiares, os consumidores contratam as empresas de saúde.

Ocorrido, então, o 'sinistro', surge a obrigação da empresa de prestar ao consumidor e aos seus familiares, ou dependentes, os serviços contratados, quais sejam, a realização de exames e tratamentos médicos, internações hospitalares, intervenções cirúrgicas, partos etc.

Por isso, a vinculação existente entre fornecedor e consumidor é marcada por serviços de trato sucessivo. O consumidor busca a cobertura por um risco futuro à saúde, pagando mensalmente à empresa, para que esta lhe ofereça os serviços pactuados na hipótese da ocorrência de eventos danosos à sua saúde.[54]

O que se visa proteger com a presente ação é precisamente a continuidade da relação contratual entre autora e ré, conforme perceberam, com sensibilidade, os desembargadores do Tribunal de Justiça do Rio de Janeiro ("[...] a continuidade do contrato no momento de sua vida em que mais necessita da utilização do plano de saúde, pois conta com mais de 60 anos [...]"[55]).

Conforme doutrina a respeito,

52 MARQUES, Cláudia Lima. Conflito de leis no tempo e direito adquirido dos consumidores de planos e seguros de saúde. In: MARQUES, Cláudia Lima; LOPES, José Roberto de Lima; PFEIFFER, Roberto Augusto Castellanos (Orgs.). *Saúde e responsabilidade:* seguros e planos de assistência privada à saúde. São Paulo: RT, 1999. p. 152.

53 RIZZATO NUNES, Luiz Antônio. *Comentários ao Código de Defesa do Consumidor.* 2. ed. reform. São Paulo: Saraiva, 2005. p. 126.

54 LAZZARINI, Andrea; LEFÈVRE, Flavia. Análise sobre a possibilidade de alterações unilaterais do contrato e descredenciamento de instituições e profissionais da rede conveniada. In: MARQUES; LOPES; PFEIFFER, op. cit., p. 106-107.

55 TJRJ. 18ª Câm. Cível. Apelação n. 2009.001.17641. Rel. Des. Celia Meliga Pessoa, julg. 05 maio. 2009 (grifos nossos).

Para a realização do cancelamento do contrato basta o fornecedor inserir clausula que permite a ambos fornecedor e consumidor, o cancelamento, mas o que acontece em vários tipos de contrato de consumo, o interesse na resilição é por natureza do fornecedor: por exemplo, para permitir que ele aumente o preço e ofereça o serviço novamente ao consumidor, havendo a proibição legal de aumento unilateral. Seria muita ingenuidade admitir que basta assegurar reciprocidade para a resilição para todo e qualquer contrato pode terminar.[56]

O interesse na extinção do contrato é unicamente da ré, por ser representativo de apenas mais um entre vários clientes do plano de saúde.

O interesse da autora é diametralmente oposto, já que, em razão do vínculo prévio, a manutenção do contrato é a única opção economicamente viável para proteger sua saúde. Se o interesse no fim do negócio jurídico é unicamente do fornecedor, o consumidor deve ser protegido para que os contratos sejam mantidos, quando o contrário importar em prática que lhe coloque em situação difícil, como a da autora, já duplamente vulnerável, como idosa (art. 2º da Lei n. 10.741/2003) e consumidora (art. 4º, I, do CDC).

Tendo a autora um interesse básico na continuidade do contrato, esse interesse deve ser considerado pela ré, não apenas por incidência do princípio da continuidade dos contratos, mas também como mais um reflexo da boa-fé objetiva, de modo que esse interesse fulcral da contraparte seja compreendido e respeitado pela ré.

e) Da desvantagem exagerada imposta ao consumidor

São aplicáveis ao caso as disposições do art. 51 do CDC. Art. 51. São nulas de pleno direito, entre outras, as cláusulas contratuais relativas ao fornecimento de produtos e serviços que:

[...]

IV - estabeleçam obrigações consideradas iníquas, abusivas, que coloquem o consumidor em desvantagem exagerada, ou sejam incompatíveis com a boa-fé ou a equidade;

[...]

§ 1º Presume-se exagerada, entre outros casos, a vontade que:

I - ofende os princípios fundamentais do sistema jurídico a que pertence;

II - restringe direitos ou obrigações fundamentais inerentes à natureza do contrato, de tal modo a ameaçar seu objeto ou equilíbrio contratual;

III - se mostra excessivamente onerosa para o consumidor, considerando-se a natureza e conteúdo do contrato, o interesse das partes e outras circunstâncias peculiares ao caso.

A cláusula contratual n. XIII-C ("Extingue-se o contrato: [...] C) Pelo não pagamento das mensalidades no prazo estabelecido neste contrato, por mais de 90 (noventa) dias"), ao determinar a extinção do contrato pelo inadimplemento de uma única parcela coloca o consumidor em desvantagem exagerada, pois:

56 CONTRATO de consumo: princípios que norteiam a relação entre fornecedor e consumidor. Disponível em: http://www.administradores.com.br/artigos/contrato_de_consumo/30948. Acesso em 3 fev.2010.

I - ofende princípios fundamentais do sistema jurídico a que pertence (função social, boa-fé e continuidade dos contratos, conforme se demonstrou acima);

II – restringe direitos e obrigações fundamentais inerentes à natureza do contrato, já que, sem o status de "ativo", o plano de saúde nada serve à autora, que necessita de periódicas consultas médicas, entre outros serviços hospitalares; e

III – se mostra excessivamente onerosa para o consumidor, considerando-se a natureza do contrato (que envolve a saúde de um idoso), o interesse da parte autora em manter o vínculo contratual, e as circunstâncias peculiares do caso, especialmente as condições psicológicas da autora e a boa-fé subjetiva de suas filhas na tentativa de resolver o problema.

Importante que estas considerações não afetam o todo do contrato, conforme o art. 51, §2º, do CDC e 184 do CC (princípio da incontagiação da nulidade: *utile per inutile non vitiatur*). O contrato como um todo, assim, deve continuar válido e irradiando seus normais efeitos jurídicos, não se prejudicando pela existência desse termo, ora apontado como abusivo, quando da declaração da continuidade do vínculo contratual.

f) Do adimplemento substancial

A jurisprudência acatou, para solucionar conflitos oriundos de diversos tipos de contrato, a teoria do adimplemento substancial, que prega que, quando uma das partes está muito próxima de adimplir toda a soma que deve pagar à outra, o contrato não seja resolvido, mas sim que a parte credora se utilize das vias normais de cobrança, sem, contudo, privar a parte devedora do bem jurídico essencial previsto em contrato.

Veja-se, a respeito:

> APELAÇÃO CÍVEL. AÇÃO DE APREENSÃO E DEPÓSITO. VENDA COM RESERVA DE DOMÍNIO. ADIMPLEMENTO SUBSTANCIAL. A teoria do adimplemento substancial atua como instrumento de equidade, impondo que, nas hipóteses em que a extinção da obrigação pelo pagamento esteja muito próxima do final, exclua-se a possibilidade de resolução do contrato, permitindo-se tão somente a propositura da ação de cobrança do saldo em aberto. O adimplemento de 90% das parcelas avençadas no contrato de compra e venda com reserva de domínio conduz à ausência de mora, que, por ser pressuposto de constituição e desenvolvimento válido e regular do processo de apreensão e depósito, enseja a extinção do feito sem resolução de mérito. Negado seguimento.[57]

> ALIENAÇÃO FIDUCIÁRIA. Busca e apreensão. Falta da última prestação. Adimplemento substancial. O cumprimento do contrato de financiamento, com a falta apenas da última prestação, não autoriza o credor a lançar mão da ação de busca e apreensão, em lugar da cobrança da parcela faltante. O adimplemento substancial do contra-

57 TJRS. 14ª Câm. Cível. Apelação Cível nº 70027842699. Rel. Des. Katia Elenise Oliveira da Silva, julg. 16 dez. 2008, publ. 16 jan. 2009.

> to pelo devedor não autoriza ao credor a propositura de ação para a extinção do contrato, salvo se demonstrada a perda do interesse na continuidade da execução, que não é o caso. Na espécie, ainda houve a consignação judicial do valor da última parcela. Não atende à exigência da boa-fé objetiva a atitude do credor que desconhece esses fatos e promove a busca e apreensão, com pedido liminar de reintegração de posse. Recurso não conhecido.[58]

Considerando que, no caso em análise, a autora pagou todas as parcelas do convênio, com exceção da de julho de 2009, não se vê óbice à aplicação analógica da teoria do adimplemento substancial, ainda mais quando em consonância com toda a principiologia e dispositivos legais apontados acima. De modo que não se entende razoável que a autora se veja privada dos serviços médicos pela inadimplência de uma única parcela. Bastante preferível – e conforme a boa-fé objetiva – que a ré se utilizasse dos meios normais de cobrança, em vez de resolver o contrato, privando a autora da assistência médica de que tanto necessita.

g) Do direito à saúde

A saúde é direito social (art. 6º, "caput") e dever do Estado (art. 196), de modo que, mesmo quando prestada por privados, é assunto de relevância pública (art. 197), eis que a saúde é um bem distinto de outros bens de consumo, "pois não é descartável e não se separa do corpo e da vida da pessoa".[59] Mais ainda: "é um bem cuja defesa não se confunde com a defesa da propriedade ou de outros bens de consumo", e cuja tutela é quase sempre pautada pela irreversibilidade dos danos, em oposição ao interesse patrimonial e, portanto, mais facilmente reparável das administradoras de planos de saúde.[60]

De fato, falar em direito à saúde é falar de "um bem da vida que não convive facilmente com gradações".[61]

Como bem escreveu o Ministro Celso de Mello, do Supremo Tribunal Federal, no Recurso Extraordinário n. 271.286-RS (julgado em 12 set.2000), o direito público subjetivo à saúde representa prerrogativa jurídica indisponível assegurada à generalidade das pessoas pela própria Constituição da República (art. 196). Traduz bem jurídico constitucionalmente tutelado, por cuja integridade deve velar, de maneira responsável, o Poder Público, a quem incumbe formular – e implementar – políticas sociais e econômicas idôneas que visem a garantir, aos cidadãos. [...] O direito à saúde – além de qualificar-se como direito fundamental que assiste a todas as pessoas – representa consequência constitucional indissociável do direito à vida.

---

58 STJ. 4ª Turma. Recurso especial 272.739- MG. Rel. Min. Ruy Rosado de Aguiar, julg. 1º mar. 2001, publ. DJ 02 abr.2001.

59 LOPES, op. cit., p. 25.

60 LOPES, op. cit., p. 27.

61 BARCELLOS, Ana Paula de. O direito a prestações de saúde: complexidades, mínimo existencial e o valor das abordagens coletiva e abstrata. *Revista da Defensoria Pública,* São Paulo, ano 1, n. 1., v. 1, p.133, jul./dez. 2008.

Enfatizou o ministro que, como resultado do conflito entre saúde e patrimônio, aquela irreparável, este ressarcível, há apenas uma escolha possível: "entre proteger a inviolabilidade do direito à vida e à saúde, que se qualifica como subjetivo inalienável assegurado a todos pela própria Constituição da República (art. 5º, caput, e art. 196), ou fazer prevalecer, contra essa prerrogativa fundamental, um interesse financeiro e secundário [no caso,] do Estado, entendo – uma vez configurado esse dilema – que razões de ordem ético-jurídica impõem ao julgador uma só e possível opção: aquela que privilegia o respeito indeclinável à vida e à saúde humana".

Desta forma, o direito à saúde da autora sobreleva-se ao interesse meramente patrimonial da ré. A pretensão da autora, em continuar o vínculo contratual com a ré, não é nada mais que uma atitude destinada a zelar por sua saúde, da maneira que lhe é possível, na defesa de seu direito constitucionalmente garantido.

3) Conclusão

O inadimplemento que motivou a resolução do contrato foi devido a caso fortuito e, portanto, não justifica o rompimento do vínculo obrigacional entre as partes, pois não advém de culpa e, assim, não é imputável à autora. A continuidade do contrato é útil ao convênio de saúde, e, por outro lado, imprescindível à saúde da autora. O fim do liame entre ambos, pois, não é conveniente.

O inadimplemento reveste-se de fatores que devem ser considerados pela contraparte, mesmo que não acolhida sua definição como caso fortuito. Por detrás do contrato de prestação de serviços na área da saúde, há os legítimos interesses e expectativas de uma consumidora idosa, que necessita do convênio como medida de proteção à sua saúde. Além do mais, é de se considerar que as parcelas estavam substancialmente quitadas. As representantes da autora, de boa-fé, desejam o pagamento da única parcela em atraso, tal como já tentaram fazer. A opção pela resolução impõe ônus excessivo ao consumidor, descumpre a função social deste contrato e, finalmente, viola a boa-fé objetiva, que preceitua cooperação e compreensão entre as partes.

III – DA TUTELA ANTECIPADA

Prevê o art. 300 do Novo CPC que o juiz poderá conceder, a requerimento da parte, a antecipação dos efeitos da tutela pretendida no pedido inicial, desde que verossímeis as alegações e que haja fundado receio de dano irreparável ou de incerta reparação.

O cabimento da tutela antecipada neste caso é patente.

Com efeito, a autora não realiza seus exames desde novembro do ano passado – já há três meses, portanto. O adiamento da consulta de rotina implica no desconhecimento do exato estado de saúde da autora, o que é especialmente grave a uma idosa, e mais ainda se considerado o frágil estado de saúde da autora.

Tal provimento, de toda sorte, é perfeitamente reversível, já que envolve patrimônio. A consulta e eventuais exames pretendidos pela autora como resultado último da continuidade do contrato aqui pleiteada, são mensuráveis economicamente, e, mesmo na hipótese de não ser acolhido o pedido formulado pela autora, tal quantia pode ser ressarcida à ré.

A saúde da autora, por outro lado, pode não ser recuperável. Como assinalado anteriormente, a saúde é um bem que não comporta gradação, e sobreleva-se ao interesse meramente patrimonial da ré.

Presentes, pois, os requisitos para a concessão de tutela antecipada, no sentido de declarar, liminarmente, a manutenção do vínculo contratual, de forma a possibilitar a realização de exames na autora, como medida de caráter urgente e passível de surtir efeitos irreparáveis ou de difícil reparação, no contexto verossímil das alegações ora expostas.

IV - DO PEDIDO

Ante o exposto, pede e requer a autora:

a) a citação da ré por via postal com aviso de recebimento para responder à presente demanda, sob pena de confissão e revelia;

b) a antecipação dos efeitos da tutela ora pretendida, no sentido de declarar a manutenção do vínculo contratual entre as partes, para que o contrato desde já volte a ser válido e eficaz entre as partes, e seja permitido à autora a realização de consulta médica e eventuais exames, como medida urgente e protetora de sua saúde, determinando-se a expedição dos boletos bancários nos valores anteriormente devidos, conforme seu antigo plano de saúde;

c) o julgamento de procedência do pedido, com a manutenção e consequente declaração da continuidade do vínculo contratual entre autora e ré, de modo que contrato seja válido e eficaz entre as partes, para produção de todos os efeitos jurídicos pertinentes, observando-se que a declaração da cláusula XIII-C como abusiva e nula, por contrariedade ao art. 51, IV, do CDC, conforme exposto acima, não afetará a validade do restante do contrato (art. 51, §2º, do CDC);

d) sejam emitidos em tempo razoável a ser fixado por Vossa Excelência os devidos boletos bancários para o pagamento das mensalidades de julho, novembro e dezembro de 2009, janeiro de 2010, e assim sucessivamente, nos valores anteriormente devidos, segundo seu antigo plano de saúde, pela irradiação de efeitos do contrato bilateral e oneroso firmado entre as partes, tendo como consequência a igual possibilidade de a autora usufruir dos serviços médicos oferecidos, inclusive consultas e demais tratamentos, desconsiderando-se, por ora, as carências previstas na cláusula n. IV-A do contrato anexo, em razão da urgência da autora em fazer seus exames de rotina;

e) a cominação de multa diária de um salário mínimo caso a ré não cumpra a obrigação de fazer imposta acima no prazo cominado;

f) caso não sejam expedidos os boletos bancários, seja deferido o pagamento das mensalidades atrasadas previamente, por depósito judicial;

g) a condenação da ré em custas e honorários advocatícios;

h) a produção de prova testemunhal e pericial, além da juntada de documentos posteriores a esta inicial, sem prejuízo de outras necessárias e admitidas pelo ordenamento jurídico, arrolando-se desde já as testemunhas que pretende ouvir.

Dá-se à causa o valor de R$ 10.000,00 (dez mil reais).

Termos em que,
pede deferimento.

Cidade ..., data .../.../...

Defensor Público
Xª Defensoria Pública da Regional de ....

TESTEMUNHAS:
Nome ...
Rua ..., nº ...
Bairro ..., CEP nº ...
Cidade .../...

Nome ...
Rua ..., nº ...
Bairro ..., CEP nº ...
Cidade .../.

II) Agravo de instrumento com fundamento no princípio da precaução

Excelentíssimo Senhor Doutor Desembargador Presidente do Tribunal De Justiça do Estado de ...

(10 linhas)

FRANCISCO SEIKO OKAMA, brasileiro, solteiro, vendedor ambulante, portador do RG n.º ..., inscrito sob o CPF nº ..., residente e domiciliado na Rua ..., n.º ..., bairro ..., na cidade e comarca de ..., vem, representado pela Defensoria Pública do Estado, por intermédio do Defensor Público abaixo assinado, classificado na Xª Defensoria Pública de ..., no gozo das prerrogativas contidas no artigo 128 da Lei Complementar nº 80/94, com sede à Rua ..., nº ..., Bairro ..., cidade de ..., *data venia,* inconformado com a r. decisão de fls. ..., proferida pelo Iminente Dr. Juiz de Direito da ...ª Vara da Fazenda Pública da Comarca de ..., nos autos da **AÇÃO DE OBRIGAÇÃO DE FAZER COM PEDIDO DE ANTECIPAÇÃO DE TUTELA** de nº .../..., que move em face da **FAZENDA PÚBLICA DO MUNICÍPIO DE ... E FAZENDA PÚBLICA DO ESTADO DE ...,** com fundamento nos artigos 6, 169 e seguintes da Constituição Federal, artigos 6°, inciso I, alínea d; inciso II, ambos da lei n°8.080, de 19 de setembro de 1990, e lei n° 7.853/89, nos termos processuais do artigo 536 do Novo Código de Processo Civil, dela interpor

AGRAVO DE INSTRUMENTO COM EFEITO SUSPENSIVO ATIVO

a fim de ver reformadas as decisões, pelas razões anexas, requerendo que V. Exª se digne recebê-lo e processá-lo, distribuindo o presente a umas das Colendas Câmaras deste Egrégio Tribunal.

Outrossim, de acordo com o disposto no artigo 1.017 do Novo CPC, anexa os documentos abaixo relacionados, para a formação do devido instrumento, cujas cópias declaro autênticas:

Cópias da decisão agravada (fls. ...);

Cópia da ciência dada à Defensoria, que consiste na sua intimação pessoal, fls. ...;

Cópia da declaração de pobreza do agravante, fls. ... (agravante representado pela Defensoria Pública do Estado, dispensado o Defensor Público da apresentação de procuração, nos termos do artigo 128, XI da Lei Complementar nº 80/94);

Cópia do relatório médico de fls. ...;

Cópia do despacho inicial em que consta o pedido da expedição do fax – fls. ...;

Outros documentos relevantes à análise deste recurso:

- petição inicial e os documentos que a instruem;
- relatórios informando a eficácia dos medicamentos requeridos.

Indica para intimações, na forma da lei, o endereço: Rua ..., nº ..., Bairro ..., CEP ..., Cidade de .../..., bem como os dados completos dos procuradores das requeridas: Rua ..., nº ..., Bairro ..., CEP ..., Cidade de .../...

Nestes termos, pede deferimento.

Cidade ..., data .../.../...

Defensor Público

Xª Defensoria Pública da Regional de ....

MINUTA DE AGRAVO DE INSTRUMENTO

Processo nº .../...

Agravante: Francisco Seiko Okama

Agravado: Fazenda Pública do Município de ... e outro

Egrégio Tribunal,

Colenda Câmara

A Ação principal trata de Obrigação de Fazer, que o agravante move contra a Fazenda Estadual e Municipal, para receber o fornecimento gratuito dos medicamentos indicados para sua patologia, ou seja, o fornecimento de INTERFERON PEGUILADO ALFA 2b (ampola) e RIBAVIRINA de 250mg (comprimido) por 72 semanas, visto que as demais alternativas terapêuticas resultaram infrutíferas.

Ocorre que a r. decisão de fls. ... indefere, por ora, o pedido de antecipação de tutela em razão dos dados fornecidos pela Comissão de Análise de Medicamentos, fls. ..., que traz as informações de que inexiste eficácia cientificamente comprovada dos medicamentos requeridos.

Tal decisão não deve prevalecer tendo em vista que a maior a comprovação da eficácia dos medicamentos em pauta é seu alto índice de indicação para tratamentos de Hepatite C, doença que aflige o agravante, o que pode ser constatado nos relatórios de sites especializados no assunto (em anexo).

Faz-se nítido ressaltar que o agravante já utilizou os medicamentos pedidos e possuiu resultado positivo, ou seja, a regressão de sua doença. Todavia, após algum tempo da interrupção do tratamento, a doença voltou a afligi-lo, o que, segundo os médicos é comum, indicando-se nestes casos a utilização por um período maior de tais medicamentos.

O relatório médico de fls. ... demonstra claramente o que acima está descrito: "Existem dados na literatura, de pacientes genótipo 1 que necessitam de tempo maior de tratamento, por 72 semanas, devido possibilidade de resposta mais tardia (Tapias-Sanchez etal, 2006)

Ainda, merece o presente recurso ter concedido o EFEITO ATIVO, concedendo o tratamento liminarmente.

Conforme demonstrado pelos documentos juntados a esta peça, a decisão judicial se fundamenta nas informações fornecidas pela Comissão de Análise de Medicamentos.

Baseando-se nas conclusões da referida Comissão, foi decretada a decisão aqui agravada, que negou o fornecimento dos medicamentos requeridos de maneira antecipada, alegando haver incerteza científica em tal tratamento, o que manifesta um erro.

A comissão em destaque, embora trate constantemente de casos semelhantes, não possui contato direto com o paciente, o que é indispensável para a indicação ou não de um tratamento. Quem possui esse contato direto com o agravante são seus médicos, que por sua vez, indicaram convictos o tratamento requerido.

Em se tratando de tratamentos medicamentosos é inviável basear uma decisão na simples incerteza científica. Ora, CERTEZA é uma expressão incoerente com tratamentos médicos onde o que se busca é a melhora das condições de vida dos pacientes com base em testes e tratamentos realizados. Até mesmo devido aos vários efeitos colaterais possíveis, nenhum tratamento médico possui certeza absoluta de cura. A medicina não é uma ciência exata. Portanto, negar tratamento a um doente alegando-se incerteza dos resultados seria o equivalente a negar-lhe o direito a tentar manter sua vida.

Ademais, existem sim dados médicos que comprovam EFICÁCIA no tratamento requerido (ver relatórios em anexo), o que é completamente diferente de CERTEZA, palavra inadequada quando se trata de algo tão incerto quanto o organismo humano.

Aliás, devemos, nestes casos, atuar segundo o que chamamos de "PRÍNCIPIO DA PRECAUÇÃO" na saúde. Tal princípio, já consolidado no Direito Ambiental, visa evitar a ocorrência de danos, sustentando que se deve evitar, não apenas o dano que irá inevitavelmente ocorrer, mas também aquele do qual não há prova irrefutável de que ocorrerá.

Verifica-se, no Princípio 15 da Declaração do Rio de Janeiro em Meio Ambiente e Desenvolvimento de 1992:

"Com o fim de proteger o meio ambiente, o princípio da precaução deverá ser amplamente observado pelos Estados, de acordo com suas capacidades. Quando houver ameaça

de danos graves ou irreversíveis, a ausência de certeza científica absoluta não será utilizada como razão para o adiamento de medidas economicamente viáveis para prevenir a degradação ambiental".

A palavra "precaução" vem do latim *prae* (antes) e *cavere* (tomar cuidado), e, sugere cuidados antecipados, cautela, para que uma atitude ou ação não venha a resultar em efeitos indesejáveis.

Assim, mesmo que não exista prova irrefutável de efeitos positivos na utilização dos medicamentos INTERFERON PEGUILADO ALFA 2b (ampola) e RIBAVIRINA de 250mg (comprimido) por 72 semanas para tratamento de Hepatite C, estes devem ser concedidos buscando-se evitar um dano futuro ainda maior, qual seja a necessidade de um transplante de fígado, ou ainda, uma morte.

Além de todo o exposto, destaque-se que a precaução é o meio possível de evitar-se a IRREVERSIBILIDADE, o que no caso aqui exposto, se verificaria em danos irreversíveis à saúde do agravante pela falta de tratamento.

Outrossim, existindo-se incerteza sobre a concessão ou não de liminar para fornecimento de medicamentos, deve-se, indiscutivelmente, concedê-la buscando-se assim decidir-se, sempre em caso de dúvida, a favor da preservação da saúde do paciente, um verdadeiro *"in dubio pro vita"*

Lamentável ver os agravados eximirem-se de suas obrigações, uma vez que se trata de situação tão grave, pois o fornecimento de remédios consiste em obrigação do Poder Público, por força de mandamento constitucional, sendo desnecessários tecer maiores considerações, mas apenas e tão somente consignar o entendimento jurisprudencial a respeito:

"FORNECIMENTO DE MEDICAMENTO - PRESERVAÇÃO DA VIDA - PODER PÚBLICO MUNICIPAL - TUTELA ANTECIPADA - AGRAVO DE INSTRUMENTO - PROCESSO CIVIL E CONSTITUCIONAL ANTECIPAÇÃO DA TUTELA PARA FORNECIMENTO DE MEDICAMENTOS. POSSIBILIDADE. Fornecimento de medicamentos a paciente em risco de vida e saúde. Verossimilhança presente. Regras constantes dos artigos 196, da CF e 287, da CE, que tornam verossímil a tese autoral, de molde a permitir a antecipação dos efeitos práticos da aguardada decisão final positiva. Decisão interlocutória incensurável. Improvimento do recurso". *(*Agr. Instr. – Proc. n.º: 2000.002.11367 - Órgão Julgador: Terceira Câmara Cível - Des. Murilo Andrade de Carvalho - julgado em 22/03/2001). (grifamos).

Nos termos do Código Sanitário de São Paulo, o direito em pauta é qualificado como público subjetivo, insere os serviços de saúde o conceito de qualidade e eficiência, através dos meios adequados, presteza, correção e respeito (Lei Complementar Estadual 791/95, art. 2º, art. 4º, art. 9º, art. II, art. 18 – cf.)

Quanto ao aspecto formal processual, interpretação no sentido de se obstar o pronto atendimento do direito preconizado levaria, por certo, a também expressa violação ao disposto no artigo 5, inciso XXXV da Constituição Federal, que veda a limitado de acesso ao Poder Judiciário para a apreciação de lesão ou ameaça de lesão a direito.

Presente o ***FUMUS BONI IURIS***, pois como já se expôs anteriormente, Constituição da República prevê a saúde como direito social básico de todas as pessoas e dever do Estado, garantindo, dessa forma, o acesso universal e igualitário às ações e aos serviços de saúde:

'Art. 6. *São direitos sociais a educação, a saúde, o trabalho, o lazer, a*

segurança, a previdência social, a proteção à maternidade e ã infância, a assistência aos desamparados, na forma desta constituição.

'Art. 196. *A saúde é direito de todos e dever do Estado, garantindo mediante políticas sociais e econômicas que visem à redução do risco de doença e de outros agravos e ao acesso universal e igualitário às ações e serviços para sua promoção, proteção e recuperação.' "E mais, a constituição Federal assegura especial proteção pessoa portadora de deficiência, garantindo-lhe assistência integral à saúde:*

"Art. 203. *A assistência social será prestada a quem dela necessitar, independentemente de contribuição à seguridade social, e tem por objetivos:*

"V. A habilitação das pessoas portadoras de deficiência e a promoção de sua integração à vida comunitária (art. 219 e parágrafo único).

A respeito do direito constitucional à saúde, escreve JOSÉ AFONSO DA SILVA:

"que a saúde é concebida como direito de todos e dever do Estado, que a deve garantir mediante políticas sociais e econômicas que visem à redução do risco de doença e de outros agravos. O direito à saúde rege-se pelos princípios da universalidade e da igualdade de acesso às ações e serviços que a promovem, protegem e recuperem, sendo que mais adiante assevera que o sistema único de saúde, integrado de uma rede regionalizada e hierarquizada de ações e serviços de saúde, constitui o meio pelo qual o Poder Público cumpre o seu dever na relação jurídica de saúde que tem no polo ativo qualquer pessoa e a comunidade, já que o direito à promoção e à proteção da saúde é também um direito coletivo' "Ressalta, ainda, o renomado constitucionalista que o sistema único de saúde implica ações e serviços federais, estaduais, distritais e municipais, regendo-se pelos princípios da descentralização, com direção única em cada esfera de governo, de atendimento integral, com prioridade para as atividades preventivas, e da participação da comunidade, que confirma seu caráter de direito social pessoal de um lado, e de direito social coletivo, de outro" ("Curso de Direito Constitucional Positivo", ed. Revista dos Tribunais,7aed,pp. 698 e 699).

O ***PERICULUM IN MORA*** também incide na hipótese, por trata-se de uma doença que apresenta uma evolução rápida, e ruim, pois o devido tratamento não comporta nenhum tipo de demora e que exige cuidados especiais, urgentes, necessários, sem os quais a saúde estará comprometida.

Cabe destaque ainda, o fato já apresentado de que a demora no fornecimento dos remédios requeridos pode levar a um comprometimento irreversível do fígado do paciente (órgão diretamente atingido pela Hepatite C), o que o encaminharia à fila de transplantes de tal órgão, procedimento demorado e de difícil acesso do qual dificilmente um pacienta sai com vida.

O laudo médico encartado nos autos principais é absolutamente claro ao explicitar a necessidade e urgência da utilização dos medicamentos INTERFERON PEGUILADO ALFA 2b (ampola) e RIBAVIRINA de 250mg (comprimido) por 72 semanas, como forma de manter a integridade de sua saúde.

Lição de Nelson Nery Júnior: "Não há discricionariedade no ato do juiz, que deve ater-se ao comando emergente da lei. Presentes os pressupostos não pode deixar de conceder a liminar.(grifamos)

Ora, estando caracterizados o "fumus boni iuris" e o "periculum in mora", deve o Magistrado conferir a tutela ADEQUADA, pois sendo urgente e necessária, a *contrario senso*, fica muito claro que não haveria o porquê do indeferimento da tutela antecipada.

Por tutela adequada entende-se a que é provida da efetividade e eficácia que dela se espera. Caso o jurisdicionado necessite de atuação pronta do Poder Judiciário, como no caso a concessão de medida liminar, pelo princípio constitucional do direito de ação, tem ele o direito de obter a tutela adequada e tempestiva. Restrições impostas pela lei à concessão de liminares não podem obstar a incidência do preceito constitucional aqui examinado. Isto é tutela jurisdicional adequada, corolário e desdobramento indissociável do princípio constitucional do direito de ação.

Assim, face a todo o exposto, requer dos Excelentíssimos Desembargadores que seja reformada a decisão agravada, fazendo com que seja recebido **o presente recurso, concedendo-lhe efeito ativo, no sentido de conceder a antecipação da tutela e determinar aos agravados sua regular e urgente efetivação, no sentido de disponibilizar o INTERFERON PEGUILADO ALFA 2b (ampola) e RIBAVIRINA de 250mg (comprimido) por 72 semanas, na quantidade indicada na petição inicial, oficiando-se os órgãos competentes.**

Nestes termos,

Pede deferimento.

Cidade ..., data .../.../...

Defensor Público

Xª Defensoria Pública da Regional de ....

8. QUESTÕES DE CONCURSOS

01. (Defensoria Pública/SP – 2012 – FCC) 1. Em relação às licitações, contratos e demais ajustes da Administração Pública é correto afirmar que

(A) constitui cláusula desnecessária do contrato administrativo a especificação de seu conteúdo, desde que estipulado com clareza o preço e as condições de pagamento.

(B) as minutas de convênios devem ser previamente examinadas por assessoria jurídica dos órgãos públicos, à qual não compete aprová-las.

(C) inexistindo interessado selecionado, em decorrência da inabilitação ou da desclassificação, a licitação deverá ser declarada deserta.

(D) a subcontratação parcial pode ser realizada, desde que haja anterior previsão explicitada no edital da licitação e ratificada no contrato.

(E) as sanções para o caso de inadimplemento não precisam ser indicadas no edital de licitação, mas sim no contrato a ser firmado.

02. (Defensoria Pública/RO – 2012 – CESPE) 2. Assinale a opção correta com relação aos atos administrativos.

(A) Quanto à formação da vontade administrativa, o ato administrativo é classificado em simples, composto ou complexo, sendo a aposentadoria de servidor público, de acordo com o entendimento do STF, exemplo de ato composto.

(B) Permite-se, em caráter excepcional, a avocação temporária de competência atribuída a órgão hierarquicamente inferior, e, sendo a avocação ato discricionário da administração pública, não há necessidade de motivação.

(C) Todo ato administrativo goza do atributo da autoexecutoriedade, a exemplo das obrigações pecuniárias como os tributos, que são exigíveis e autoexecutáveis.
(D) A administração pública, por intermédio de seus órgãos, tem competência para editar atos administrativos ordinatórios com o objetivo de organizar e otimizar a atividade administrativa.
(E) A competência, um dos elementos do ato administrativo, é irrenunciável, salvo os casos de delegação e avocação legalmente admitidos; entre as hipóteses cabíveis de delegação inclui-se a edição de decretos normativos.

03. (Defensoria Pública/SP – 2010 – FCC) 3. Uma grande plantação de soja transgênica é pulverizada, sistematicamente, com herbicida, à base de glifosato, através de aviões pulverizadores. Dispersos no ar, os elementos químicos do agrotóxico atingem fonte d'água que abastece um vilarejo rural, localizado a 5 km, contaminando inúmeras pessoas que ali residem, causando vômitos, convulsões, desmaios, perda de visão, incapacidade laborativa, mortandade de plantas e animais, dentre outros eventos. A Defensoria Pública ajuíza, em prol dos moradores pobres do lugar, ação civil pública, visando indenização pelos danos resultantes, sustentando a demanda em dispositivos encontrados no sistema tutelar dos direitos dos consumidores. O juiz, para o qual a ação fora distribuída, indefere a inicial, alegando a inaplicabilidade do Código de Defesa do Consumidor por não caracterização das vítimas como consumidores. Essa decisão está

(A) correta, posto que a responsabilidade, no caso, é regida pelos dispositivos civilistas que regem a culpa subjetiva.
(B) incorreta, pois sejam quais forem os sistemas, a responsabilidade, no caso, é sempre subjetiva.
(C) incorreta, pois há caracterização das vítimas como consumidores por equiparação.
(D) incorreta, pois há caracterização das vítimas como consumidores por interferência direta na relação de consumo.
(E) correta, posto que a responsabilidade, no caso, é regida pelo sistema de proteção ambiental.

04. (Defensoria Pública/ES – 2009 – CESPE) 4. Com relação aos direitos do consumidor e ao CDC, julgue os itens a seguir.

(1) O consumidor tem direito à informação clara e adequada acerca do produto a ser adquirido, desde o momento pré-contratual até a conclusão do contrato. O momento pós-contratual não é regido pelo CDC.
(2) Todo consumidor é vulnerável por força de lei, porém nem todo consumidor é hipossuficiente, considerando-se que a hipossuficiência é uma noção processual.

05. (Defensoria Pública/RS – 2011 – FCC) 5. Determinado Município ajuizou execução fiscal em relação a certo contribuinte. A Certidão de Dívida Ativa (CDA), que instruiu a inicial da execução, continha erro quanto ao nome do sujeito passivo, consistente no fato de que a pessoa, cujo nome constava na CDA, como sujeito passivo, não era a devedora do crédito tributário em execução, o qual era devido por outra pessoa, diversa daquela nominada na CDA que instruiu a inicial. Houve embargos à execução e, antes da sentença, o juiz da execução possibilitou à Fazenda que substituísse a CDA, sanando-se assim a irregularidade. Dada vista ao antigo e ao novo sujeito passivo agora apontado na CDA que veio aos autos em substituição à originária, este sustentou que a substituição da CDA não era possível nesse caso. Considerando essas circunstâncias e a atual jurisprudência do Superior Tribunal de Justiça, a substituição da CDA

(A) era possível, pois a irregularidade constitui mero erro formal que pode ser sanado nos termos do que dispõem o Código Tributário Nacional e a Lei de Execução Fiscal.
(B) não era possível, pois a certidão somente pode ser substituída quando há interposição de embargos à execução.
(C) era possível, pois pode ser feita mesmo em sede de exceção de pré-executividade.
(D) não era possível, pois, nos casos em que há troca do sujeito passivo da obrigação tributária, a nulidade não pode ser sanada, visto que nessa hipótese trata-se de alteração do lançamento e não de simples erro formal ou material.
(E) era possível porque a irregularidade constitui-se em mero erro material que pode ser sanado nos termos do que dispõem o Código Tributário Nacional e a Lei de Execução Fiscal.

06. (Defensoria Pública/SP – 2012 – FCC) 6. Em relação às espécies de responsabilidade tributária, na responsabilidade

(A) de devedores solidários, por terem eles interesse comum na situação constituinte do fato gerador, cabe o benefício de ordem.

(B) por transferência, o responsável tributário responde por débito próprio, após a ocorrência do fato gerador.

(C) de devedores sucessores, a obrigação é transferida para outro devedor em razão da remissão do devedor original.

(D) por substituição, o não recolhimento do tributo pelo substituto retransmite a responsabilidade das obrigações acessórias para o contribuinte substituído.

(E) de terceiros devedores, o dever em relação ao patrimônio de outrem exsurge, em geral, do vínculo jurídico existente para com incapazes ou entes despersonalizados.

07. (DPE-RS Prova: FCC - 2018 - DPE-RS - Defensor Público) 7. Com relação à defesa do consumidor em juízo, é correto afirmar:

(A) É incabível ação civil pública para veicular pretensões que envolvam tributos.

(B) A estipulação de multa diária pelo juiz depende de pedido expresso do autor, sob pena de nulidade por configurar decisão ultra petita.

(C) A Defensoria Pública tem legitimação extraordinária para defesa coletiva em matéria consumerista, salvo no caso de proteção a direitos individuais homogêneos.

(D) É vedado, em se tratando de direitos coletivos lato sensu, que a liquidação e a execução da sentença sejam propostas por substituto processual diverso do autor da ação de conhecimento.

(E) É imprescindível à Defensoria Pública a demonstração de pertinência temática ou de hipossuficiência econômica do grupo de eventuais beneficiados individuais.

GABARITO

Questão	Gabarito
Questão 01	Gabarito: A
Questão 02	Gabarito: D
Questão 03	Gabarito: D
Questão 04	Gabarito: C
Questão 05	Gabarito: 1 ERRADA, 2 CORRETA
Questão 06	Gabarito: D
Questão 07	Gabarito: E

QUESTÃO COMENTADA

(Defensoria Pública/SP – 2012 – FCC) 1. Em relação às licitações, contratos e demais ajustes da Administração Pública é correto afirmar que

(A) constitui cláusula desnecessária do contrato administrativo a especificação de seu conteúdo, desde que estipulado com clareza o preço e as condições de pagamento.

Conferir comentário abaixo.

(B) as minutas de convênios devem ser previamente examinadas por assessoria jurídica dos órgãos públicos, à qual não compete aprová-las.

Veja o comentário sobre expressões negativas.

(C) inexistindo interessado selecionado, em decorrência da inabilitação ou da desclassificação, a licitação deverá ser declarada deserta.

(D) a subcontratação parcial pode ser realizada, desde que haja anterior previsão explicitada no edital da licitação e ratificada no contrato.

(E) as sanções para o caso de inadimplemento não precisam ser indicadas no edital de licitação, mas sim no contrato a ser firmado.

Uma dica interessante diz respeito às expressões negativas. Elas indicam que a assertiva está errada, por uma questão lógica. Em regra, toda as ciências, doutrinas, experiências constroem-se, preponderantemente, sob afirmações, teses positivas. As verdades. Então, é técnica usada pelos examinadores, para desqualificar a frase, inserir uma expressão negativa: "não", "jamais", "nunca". Mas, atentem é apenas uma dica de probabilidade. Útil apenas como um último recurso.

CAPÍTULO VII

A ATUAÇÃO DA DEFENSORIA PÚBLICA NA TUTELA COLETIVA

1. A LEGITIMIDADE ATIVA DA DEFENSORIA PÚBLICA E SEUS MEIOS DE INFORMAÇÕES

A **legitimidade concorrente nas ações coletivas decorre diretamente dos princípios constitucionais do pluralismo,** da vedação da discriminação e da liberdade de pensamento e de crença, somados ao princípio da autonomia das Instituições Democráticas e das Associações. De fato, cada Ente legitimado atua em sua própria frente social, com realidades, prioridades e objetivos particulares, aliás, muitas vezes contrários àqueles ostentados por outros Entes legitimados, o que outorga ao Poder Judiciário, em última instância, a necessária ponderação e pacificação dos interesses.

"O Estado Democrático de Direito, em que se constitui a República Federativa do Brasil, assegura os valores de uma *sociedade pluralista* (Preâmbulo) e fundamenta-se no *pluralismo político* (art. 1º, V). A Constituição opta, pois, pela *sociedade pluralista* que respeita a pessoa humana e sua liberdade, em lugar de uma *sociedade monista que* mutila os seres e engendra as ortodoxias opressivas. O pluralismo é uma realidade, pois a sociedade se compõe de uma pluralidade de categorias sociais, de classes, grupos sociais, econômicos, culturais e ideológicos. Optar por uma *sociedade pluralista* significa colher uma sociedade conflitiva, de interesses contraditórios e antinômicos.

O problema do **pluralismo** está precisamente em construir o equilíbrio entre as tensões múltiplas e por vezes contraditórias, em conciliar a sociabilidade e o particularismo, em administrar antagonismos e evitar divisões irredutíveis. Aí se insere o papel do poder político: 'satisfazer pela edição de medidas adequadas o pluralismo social, contendo seu efeito dissolvente pela unidade de fundamento da ordem jurídica'.

É imprescindível, contudo, notar que uma sociedade pluralista conduz *à poliarquia,* conforme ressalta Burdeau com as seguintes palavras: 'Politicamente a realidade do pluralismo de fato conduz à poliarquia, ou seja, a um regime onde a dispersão do Poder numa multiplicidade de grupos é tal que o sistema político não pode funcionar senão por uma negociação constante entre os líderes desses grupos. Nesse regime o Poder não é uma potência unitária; ele é o resultado de um equilíbrio incessantemente renovado entre uma pluralidade de forças que são, a um tempo, rivais e cúmplices. Rivais porque cada uma visa fazer prevalecer seus interesses e suas aspirações; cúmplices porque as relações que elas mantêm entre si não vão jamais à ruptura que causaria a paralisia do sistema'.

O que se apresenta, em face disso, lembra Burdeau, são as condições às quais o pluralismo responde para constituir a base efetiva de um sistema de governo: primeira, 'é preciso que exista no grupo um acordo sobre os princípios e as práticas essenciais que facilitem a competição pacífica e sua aceitação pelos cidadãos'; segunda, 'que o pluralismo social resulte da coexistência de organizações sociais autônomas umas em face das outras e cuja razão de ser não seja exclusivamente, nem mesmo principalmente, de ordem política'; terceira, 'existência na sociedade de relativa igualdade dos recursos dos indivíduos; igualdade não significa nivelamento'; 'pode haver ricos e pobres, mas é necessário que a pobreza não revista o caráter de uma irremediável maldição, e que a riqueza exija para conservá-la tanto esforço como para adquiri-la'; enfim, a última, mas fundamental, condição é que as decisões políticas não venham a gerar divisões irredutíveis na sociedade."[1]

Por exemplo, **na comarca de Ribeirão Preto, a Defensoria Pública do Estado** lutava para que as creches e pré-escolas permanecessem abertas nos períodos de recesso escolar, diante da premente necessidade das famílias mais carentes, que não gozavam de meios de cuidado dos filhos durante esses períodos, em regra, épocas de elevada oferta empregatícia.

Na época, relatamos no pedido: "no dia 10 de dezembro de 2008, esta Defensoria Pública, por intermédio dos jornais de grande circulação, tomou conhecimento que a Prefeitura Municipal de Ribeirão Preto tornaria efetivo o ato administrativo municipal, estabelecido através da Resolução SME nº 1, de

1 DA SILVA. José Afonso. *Curso de direito constitucional positivo.* 22ª ed. São Paulo: Malheiros Editores. 2003, p. 117.

22 de janeiro de 2008, que determinou a suspensão do funcionamento das Unidades de Educação Infantil, consistentes em Creches e Pré-Escolas, que atendem crianças de 0 a 5 anos de idade, respectivamente nas datas de 23 de dezembro e 19 de dezembro de 2008, deixando sem atendimento cerca de 17 (dezessete) mil crianças. Com este ato, crianças carentes, de 0 a 5 anos, ficarão fora dos Centros Educacionais Infantil e Pré-Escolas, com flagrante desamparo à infância e à família, cujos pais trabalham em jornada integral e não têm com quem deixar seus filhos durante este período, gerando, em consequência, desarranjos nas estruturas familiares, principalmente nos aspectos econômico-financeiras, gerando despesas extras a quem não possui recursos até para as despesas ordinárias. Tal situação poderá gerar riscos aos infantes, que muitas vezes acabam ficando sozinhos ou sob a guarda de outros parentes igualmente menores, com potenciais prejuízos às suas integridades físicas e morais.

A fim de ilustrar a fonte de conhecimento, colaciona-se a seguir a matéria veiculada na imprensa, com depoimento de uma das mães atingidas pela decisão da Secretaria Municipal de Saúde: 'Meu filho tem 3 anos e não tenho com quem deixar. Estou apavorada e com medo de perder o emprego.' Registra-se que a partir da difusão das notícias jornalísticas atreladas ao tema, um completo sentimento de insegurança eclodiu nas famílias carentes residentes nesta Comarca, na medida em que a suspensão do serviço público em testilha, colocará suas crianças em inevitável situação de risco. Somente na rede de creches, que, conforme a Secretaria Municipal de Educação, engloba 33 entidades (23 municipais e 10 particulares, conveniadas com o Município), cerca de 4 mil crianças ficarão sem o serviço.

O fato é grave e enseja a premente intervenção do Poder Judiciário a fim de que o direito fundamental e absolutamente prioritário à educação das crianças de zero a cinco (e por vez alcançando as de seis) anos de idade, bem como de assistência social de proteção e amparo à criança seja assegurado em caráter contínuo e incondicional. Além do mais, vale ressaltar que a decisão administrativa ora impugnada afronta não só os direitos da criança, mas sim de todo o núcleo familiar. É certo que as famílias carentes dependem do fornecimento de creches e de pré-escolas em caráter ininterrupto, haja vista o dispêndio de quase todo o tempo diário para o trabalho. É importante lembrar que no período em questão verifica-se um incremento extraordinário das vagas oferecidas no mercado de trabalho, o que agrava os efeitos do ato.

Ou seja, neste período, em razão do aumento dos empregos temporários, muitas mães e pais (e outros responsáveis pelas crianças) que estão desempregados ou precisam reforçar o orçamento familiar, vão a busca de trabalho, e a interrupção do serviço público ora questionado, torna-se um obstáculo sem tamanho também ao acesso ao trabalho que pode garantir a segurança e subsistência destas famílias."[2]

Após a concessão do pedido de tutela antecipada pelo Tribunal de Justiça Bandeirante, o Município, finalmente, reconheceu a importância da prestação ininterrupta deste serviço, e firmamos um termo de ajustamento de conduta (TAC), devidamente homologado por sentença. **Porém, surpreendentemente, o Ministério Público** recorreu, sob argumento de que as creches têm exclusiva finalidade pedagógica, não assistencial. Com o devido respeito, trata-se de uma posição monocular e alienada da realidade social, na qual milhares de crianças são praticamente abandonadas nas ruas e submetidas aos mais variados riscos como às drogas, à prostituição, ao tráfico de pessoas, etc.

Mas, nossa intenção aqui é demonstrar o pluralismo das interpretações e dos posicionamentos Institucionais. No caso exposto, **Defensoria Pública e Ministério Público tiveram entendimentos diametralmente opostos** sobre o mesmo tema e realidade. Assim, coube ao Poder Judiciário a pacificação desse conflito ideológico, sendo que felizmente prevaleceu o entendimento no sentido da manutenção ininterrupta do serviço prestado nas creches e pré-escolas do Município.

Diz a ementa: "Ação de obrigação de fazer objetivando compelir o Município a prestar ininterruptamente o serviço público concernente à educação infantil (creches e pré-escolas). Demanda ajuizada pela Defensoria Pública. Legitimidade ativa *ad causam* reconhecida. Acordo homologado pelo Juízo Impugnação ministerial. Descabimento. Serviço público qualificado pela essencialidade, de reconhecido caráter pedagógico e assistencial, a justificar a prestação ininterrupta, sob pena de indevida restrição de seu alcance eficacial, incompatível com a extensão da garantia constitucional Recurso não provido. O direito da criança à educação infantil consubstancia direito subjetivo constitucionalmente reconhecido e explicitado pela legislação infraconstitucional, cujo respeito incumbe ao Poder Judiciário assegurar mediante tutela jurisdicional útil e eficaz, da qual em absoluto se extrai violação à independência dos poderes, por inexistir, no particular, discricionariedade administrativa, inclusive sob o enfoque da prestação ininterrupta, ante a inexorável qualificação de essencialidade a lhe marcar a atuação."

Preciso o voto do Desembargador Relator, ao qual aproveito para consignar nossos cumprimentos: "É certo existirem limitações fáticas, físicas e orçamentárias para a execução e pleno funcionamento dos serviços e equipamentos públicos. Todavia, é igualmente certo o dever do Administrador de cumprir os mandamentos constitucionais relacionados às políticas públicas, cujo descumprimento poderá comprometer a plena realização dos direitos individuais e

2 Processo n.º 3193/08, Ação Civil Pública, Vara da Infância e da Juventude da Comarca de Ribeirão Preto.

sociais, dentre eles, o direito à vida, integridade física, segurança e educação infantil, este último em situação de comprovado risco nos autos, sob o enfoque da quebra da continuidade que lhe é inerente. A este propósito, insta consignar que ao instituir a garantia de atendimento em creche e pré-escola às crianças de zero a cinco anos de idade, reconhecendo a creche como instituição educativa, e não apenas associada à finalidade assistencial, a Constituição Federal (art. 208, inciso IV) em absoluto pretendeu desvincular esse serviço público da referida finalidade, malgrado ora posta em plano secundário. Tanto assim o é que a assistência gratuita aos filhos e dependentes desde o nascimento até os cinco anos de idade em creches e pré-escolas vem expressamente assegurada pelo próprio legislador constituinte, também sob o enfoque dos direitos dos trabalhadores urbanos e rurais (art. 7º, XXV da CF).

Acresce-se a assistência social necessária assegurada às crianças carentes, a teor do disposto no art. 203 da Carta Maior. (...) Nessa quadra, seja sob o enfoque estritamente pedagógico educacional do ensino infantil, à consideração de suas peculiaridades, seja sob a ótica assistencial que se lhe pretende indevidamente negar, na contramão da interpretação sistemática das normas constitucionais, trata-se de serviço público essencial, qualificado, bem por isso, pela marca indeclinável da continuidade de sua prestação (CF, art. 175, parágrafo único, inciso IV, c.c. art. 22 do CDC).

Diz-se essencial, porquanto destinado a atender direito subjetivo fundamental, de prosápia constitucional, cujo atendimento, à consideração de seus destinatários, goza de prioridade absoluta (CF, art. 227). E a prestação ininterrupta, em regime de continuidade, nesse diapasão, emerge como corolário lógico da adequação às necessidades assistenciais a que o serviço público em questão se presta a atender, malgrado reconhecidas como secundárias em relação ao escopo pedagógico educacional. (...) Ora, conforme vem sendo reiteradamente reconhecido por essa C. Câmara Especial, não possui a Administração, sob o manto da discricionariedade, isenção para praticar atos irregulares ou ilícitos ou deixar de executar os serviços públicos de sua competência, a tanto correspondendo, por evidente, sua inadequada execução, inadequação *in casu* decorrente da inaceitável quebra da continuidade que dele é de se exigir."[3]

---

3 TJSP, APELAÇÃO CÍVEL N.º 0065981-93.2011.8.26.0000. Des. Relator Luis Ganzerla. Na ocasião, foi noticiado: O Tribunal de Justiça de São Paulo (TJ-SP) confirmou, em decisão do último dia 1/8, a legalidade de termo de ajustamento de conduta (TAC) realizado entre a Defensoria Pública e a Prefeitura de Ribeirão Preto para garantir, durante o período de férias, a abertura de creches e pré-escolas para atendimento à população. Cerca de 25 mil crianças de até 5 anos devem ser beneficiadas.
Após a homologação do acordo pela Juíza da Vara da Infância e da Juventude e do Idoso de Ribeirão Preto, o Ministério Público insurgiu-se contra sua realização sob o argumento de que a Defensoria Pública não pode tutelar interesses coletivos. A Promotoria de Infância e Juventude da cidade também defendeu perante o TJ-SP que não havia levantamento prévio sobre a necessidade de prestação ininterrupta dos serviços de creches e pré-escolas à população e que não havia sido "considerada a natureza pedagógica do serviço concernente à educação infantil".

A partir do caso acima descrito, simples fica a compreensão da constatação que já dissemos outrora: **"a realidade tem demonstrado que a Defensoria Pública terá atuação de destaque na defesa dos direitos sociais (moradia, saúde e educação), enquanto que o Ministério Público se preocupará, em preponderância, com a defesa do patrimônio público e do meio ambiente**. Essa concentração irá, inevitavelmente, ocorrer em razão de dois importantes fatores. Enquanto que a primeira faz, diariamente, um atendimento ao público com carga, quantitativa e qualitativamente, densa, o segundo legitimado tem se preocupado com a atuação dos administradores públicos, especialmente no trato do orçamento, e com as grandes empresas potencialmente poluidoras e degradantes do ambiente.

ATENÇÃO A **Defensoria Pública tem demonstrado forte diálogo com a sociedade civil, e o Ministério Público, por sua vez, tem muito bem manejado os instrumentos combate à improbidade administrativa e o inquérito civil investigativo.**

Em suma, desenha-se o seguinte panorama: a Defensoria Pública concentraria sua atuação na tutela inibitória e de promoção social, em sentido lato, e o Ministério Público, a seu turno, na busca pela tutela coletiva repressiva e ressarcitória."[4]

Porém, discursos corporativistas ainda existem. Aliás, vale a pena sulcar esse trabalho com o importante relato, citado pela professora **Ada Pellegrini**

Em decisão unânime, a Câmara Especial do TJ-SP considerou que "a destinação prioritária aos hipossuficientes das vagas disponibilizadas para a prestação do serviço público concernente ao ensino infantil constitui fato notório a dispensar qualquer comprovação (CPC, art. 334, inciso I), pondo em evidência, para além de qualquer dúvida, a pertinência temática da atuação da Defensoria Pública na defesa dos interesses transindividuais em disputa nestes autos". O acórdão aponta também que a Lei da Ação Civil Pública (lei nº 7.347/85) passou a contemplar expressamente a atuação da Defensoria Pública, após alteração pela lei nº 11.448 de 2007.

O Tribunal considerou ainda que os serviços oferecidos por creches e pré-escolas possuem caráter essencial, devendo ser contínuos à população. "Tanto assim o é que a assistência gratuita aos filhos e dependentes desde o nascimento até os cinco anos de idade em creches e pré-escolas vem expressamente assegurada pelo próprio legislador constituinte, também sob o enfoque dos direitos dos trabalhadores urbanos e rurais (art. 7º, XXXV da CF). Acrescente-se a tanto a assistência social necessária assegurada às crianças carentes, a teor do disposto no art. 203 da Carta Maior", segundo a decisão.

Para o Defensor Público Aluísio Monti Ruggeri Ré, que atua em Ribeirão Preto, a decisão reveste-se de especial importância, "não apenas pela garantia de abertura de creches durante o período de férias escolares, mas também porque reconhece a legitimidade da Defensoria Pública para ajuizar ações coletivas". Segundo ele, a nova realidade das famílias exige que as creches e pré-escolas fiquem abertas durante o período de férias. "Milhares de famílias carentes necessitam do serviço público em questão, sob pena de seus filhos ficarem nas ruas, sem qualquer amparo, à mercê dos mais variados perigos e vícios", afirmou o Defensor.

Participaram do julgamento os Desembargadores Luis Ganzerla, Maia da Cunha e Moreira de Carvalho.

Referência: Apelação nº 0065981-93.2011.8.26.0000 (TJ-SP).

Disponível em: <http://www.defensoria.sp.gov.br>.

4 RÉ, Aluísio Iunes Monti Ruggeri Ré. *Processo civil coletivo e sua efetividade*. São Paulo: Malheiros Editores: 2012, p. 190.

Grinover, em parecer juntado nos autos da Ação Direta de Inconstitucionalidade promovida pela **Associação Nacional dos Membros do Ministério Público (CONAMP), ADIN nº 3943, Relatora Ministra Cármen Lúcia**, sobre a infeliz, quase que infantil, pretensão do Ministério Público paulista de evidente "reserva de mercado" em detrimento dos interesses da sociedade brasileira. **"Rogério Bastos Arantes** descreve minuciosamente, com o apoio de documentos, a postura do MP paulista quando da preparação do projeto de lei ministerial que resultaria na promulgação da Lei n. 7.347/75. Ouça-se o autor: 'O processo que levou à promulgação da Lei da ação civil pública em 1985, que descreveremos a seguir, mostra claramente que o Ministério Público estava disposto a se transformar no defensor desses novos direitos, nem que para isso tivesse que afastar a própria sociedade civil.' (...) E finalmente, com relação à retirada de legitimação de outros órgãos públicos, complementa Rogério Bastos Arantes:

'O Ministério Público foi audacioso também ao propor a retirada da legitimação para agir da União, Estados, Municípios, autarquias, empresas públicas, fundações e sociedades de economia mista, mas o Ministério da Justiça tratou de reincorporá-los ao projeto que foi encaminhado ao Congresso Nacional. É provável que aqui tenha pesado, da parte do Ministério Público, o receio da concorrência com outras entidades públicas. Como o projeto da comissão de juristas vinculava a participação desses órgãos à existência de finalidade institucional específica, pode-se afirmar que a intenção era abrir terreno para organismos estatais especializados na defesa de certos direitos difusos, na linha do que preconizava Mauro Cappelletti em seu famoso artigo.

Evidentemente, num contexto em que soluções como a do *Ombudsman* sueco ganhavam cada vez mais simpatia, pode-se imaginar que a criação desses organismos públicos altamente especializados introduziria uma indesejável concorrência para o Ministério Público, ameaçando sua posição de poder duramente conquistada ao longo dos anos. Ao contrário, o *Parquet* se constituiria no único órgão público capaz de ajuizar ações coletivas se a legitimidade de agir fosse estendida apenas às associações civis, tal como constava do seu anteprojeto de lei. No final, o Ministério da Justiça fez retomar ao projeto os legitimados que o Ministério Público havia suprimido, contrariando sua intenção de ser o único órgão estatal a ter legitimidade para usar a ação civil pública'." (grifei). Fica claro, assim, que o verdadeiro intuito da requerente, ao propor a presente ADIN, é simplesmente o de evitar a concorrência da Defensoria Pública, como se no manejo de tão importante instrumento de acesso à justiça e de exercício da cidadania pudesse **haver *reserva de mercado.*"**[5]

5 GRINOVER. Ada Pellegrini. Consulta da Associação Nacional de Defensores Públicos. Referências a: ARANTES, Rogério Bastos, Ministério Público e Política no Brasil, Editora Sumaré-IDESP-EDUC, 2002. Parecer disponível em: <http://www.anadep.org.br>.

"Assim sendo, a legitimação do MP não é exclusiva, mas concorrente e autônoma, no sentido de que cada órgão ou entidade legitimados podem mover a demanda coletiva, independentemente da ordem de indicação. Por outro lado, não se percebe como essa legitimação, concorrente e autônoma, poderia afetar aquela do MP, impedindo ao *parquet* exercer plenamente suas atividades, conforme alega a requerente em relação à Defensoria Pública. A inclusão desta no rol dos diversos legitimados em nada interfere com o pleno exercício das atribuições do MP, que continua a detê-las. E tanto assim é, que diversos órgãos públicos que se manifestaram sobre esta demanda chegam até à conclusão de falta de pertinência temática em relação à requerente. A nova norma legal permite, simplesmente, que a Defensoria Pública venha somar esforços na conquista dos interesses ou direitos difusos, coletivos e individuais homogêneos da sociedade, podendo inclusive agir em litisconsórcio com o Ministério Público. Por outro lado, a ampliação da legitimação à ação civil pública representa poderoso instrumento de acesso à justiça, sendo louvável que a iniciativa das demandas que objetivam tutelar interesses ou direitos difusos, coletivos e individuais homogêneos seja ampliada ao maior número possível de legitimados, a fim de que os chamados direitos fundamentais de terceira geração – os direitos de solidariedade – recebam efetiva e adequada tutela."[6]

No mesmo ano de 2007, a crítica à ação proposta pela Associação do Ministério Público foi generalizada, pois, de fato, estava na contramão da tendência mundial de acesso à justiça e de democratização do processo. "No entanto, no dia 20 de agosto, a Conamp (Associação Nacional dos Membros do Ministério Público) ajuizou uma ação no Supremo Tribunal Federal buscando a declaração de inconstitucionalidade dessa nova lei, argumentando que a possibilidade de a Defensoria Pública propor ação civil pública afetaria diretamente atribuição do Ministério Público prevista na Constituição Federal.

O argumento causa estranheza num momento em que a pauta do acesso à Justiça parece ter finalmente entrado na agenda das discussões nacionais. Primeiro, questiona-se por que apenas a legitimidade da Defensoria Pública seria capaz de afetar diretamente as atribuições institucionais do Ministério Público, e não a de outras entidades que também têm legitimidade pela lei, como União, Estados, municípios e associações civis constituídas há pelo menos um ano. Segundo, não faria sentido que a Defensoria Pública propusesse centenas ou milhares de ações idênticas, abarrotando o Judiciário, se existe um meio de atuar em prol das centenas e milhares de pessoas com uma única ação, contribuindo para a celeridade da Justiça. A democratização dos instrumentos de acesso à

6 GRINOVER. Ada Pellegrini. Consulta da Associação Nacional de Defensores Públicos. <http://www.anadep.org.br>

Justiça, antes de dividir, deve ser vista como um fator de soma na busca de uma sociedade mais livre, justa e solidária, efetivando dessa forma um dos mais importantes objetivos fundamentais da República Federativa do Brasil previsto na Constituição Federal.

A Defensoria Pública não busca a exclusividade na propositura da ação civil pública, mas que, isto sim, essa ação seja um meio para atacar e corrigir as violações de direitos, em especial de direitos sociais, sofridas pela população carente. (...) **A Defensoria Pública pretende desempenhar suas atribuições com responsabilidade**, imbuída do senso de que seus membros são servidores públicos que devem salvaguardar os direitos da população pobre brasileira, que representa significativa parcela da população nacional. E, por isso, temos certeza da constitucionalidade da legitimidade conferida à Defensoria para propor ação civil pública."[7]

Bem verdade, o que precisamos, em benefício da sociedade, nosso fim último, **é criarmos um fluxo harmonioso entre as instituições democráticas,** ainda que sem afastarmos as diferenças, mas a partir de da somatória das forças e energias. Conforme noticiado, "Em sua apresentação, Maria Tereza Sadek ressaltou a falta de diálogos interinstitucionais, atentando para o fato de que as instituições são importantes e, assim como alterações legislativas específicas podem fazer a diferença. 'Precisamos pensar em algo no sentido para que haja um *azeitamento* das instituições', afirmou a professora, lembrando que se verifica nos dias de hoje uma tensão das relações entre os atores operadores do sistema."[8]

Pois bem. A legitimidade restou, finalmente, consagrada em lei no ano de 2007. Notemos a empolgação da Defensoria Pública com essa previsão expressa a partir das palavras da então Defensora Pública-Geral do Estado de São Paulo Cristina Guelfi Gonçalves: "Há mais de duas décadas, a legislação brasileira introduziu no nosso sistema processual a ação civil pública. O Código de Processo Civil, marcado por uma concepção notadamente individualista, já não mais se adequava à dinâmica moderna das relações sociais e não satisfazia à complexidade decorrente de uma sociedade de massa.

A defesa coletiva dos direitos dos cidadãos constituiu um verdadeiro marco no movimento universal do acesso à Justiça, permitindo a racionalização dos esforços voltados à garantia de direitos, vez que o instrumento enfeixa, em um único processo, a pretensão de um conjunto de pessoas, permitindo ao Poder Judiciário decidir questões que envolvam centenas ou milhares de pessoas por meio de apenas uma sentença.

7 GONÇALVES, Cristina Guelfi. Artigo: *A democratização do acesso à Justiça*. Tendências e debates. Folha de São Paulo. Disponível em <www.http//:www.anadep.org.br>.

8 Disponível em < http://www.iddd.org.br>

Evita-se, assim, que sejam proferidas decisões contraditórias sobre o mesmo tema e se inibe a reprodução de milhares de processos individuais de idêntico teor, que, de regra, entulham os nossos já sobrecarregados tribunais. No Brasil, após a implementação do novo mecanismo, o Código de Defesa do Consumidor, aprovado no início dos anos 90, aperfeiçoou a sistemática, dando a todas as entidades públicas que atuam na defesa dos interesses e direitos do consumidor, como Defensoria Pública e Procon, a possibilidade de manejo de tal instrumento, a fim de emprestar maior efetividade ao sistema nacional de proteção concebido naquela importante lei. Desde então, a Defensoria Pública tem proposto ações civis públicas, visando otimizar a sua atuação de garantir o acesso à Justiça à população carente, o que vem sendo plenamente admitido pelos tribunais brasileiros. No início deste ano, foi sancionada pelo presidente da República a lei nº 11.448, que atribuiu, de forma expressa e ampla, à Defensoria Pública a legitimidade para uso do instrumento."[9]

Porém, vale destacar, a doutrina e a jurisprudência majoritárias já admitiam a legitimidade ativa da Instituição como órgão (independente) integrado ao Estado.

E foi nessa toada natural da lógica e do bom senso que o Constituinte Derivado, na Emenda Constitucional nº 80/2014, alterou o artigo 134 da Constituição Federal para consagrar, de uma vez por todas, a legitimidade ativa para a defesa dos interesses ou direitos coletivos em sentido amplo. Diz "a Defensoria Pública é instituição permanente, essencial à função jurisdicional do Estado, incumbindo-lhe, como expressão e instrumento do regime democrático, fundamentalmente, a orientação jurídica, a promoção dos direitos humanos e a defesa, em todos os graus, judicial e extrajudicial, dos direitos individuais e coletivos, de forma integral e gratuita, aos necessitados, na forma do inciso LXXIV do art. 5º desta Constituição Federal". Talvez tenha sido a maior inclusão humanista-garantista na CF, no período pós-88.

É evidente, mas registramos aqui apenas para a boa argumentação, que o termo "coletivos" deve ser interpretado como "coletivos em sentido amplo"

Sobre o tema, merece referência aqui a precisa e autorizada fala do Defensor Público paulista Tiago Fensterseifer, no artigo "A Defensoria Pública está legitimada a defender direitos difusos": "Para iniciar, acho insustentável o argumento de que a Constituição, por obra do legislador constituinte derivado, frente a nova redação do artigo 134 insculpida pela Emenda Constitucional 80/2014, quis excluir a atuação da Defensoria Pública em matéria envolvendo ´direitos e interesses difusos' ao utilizar tão somente a expressão 'direitos coletivos'. O

9 GONÇALVES, Cristina Guelfi. Artigo: *A democratização do acesso à Justiça.* Tendências e debates. Folha de São Paulo. Disponível em <www.http//:www.anadep.org.br>

raciocínio empregado para obter tal entendimento está embasado no fato de que, ao assinalar apenas a expressão 'direitos coletivos' no *caput* do referido dispositivo, e não 'interesses difusos e coletivos', como o fez no artigo 127, III, quando dispõe sobre a legitimidade do Ministério Público para propor ação civil pública, o legislador constitucional teria marcado sua posição na matéria. Ou seja, os tais 'direitos coletivos' fariam referência tão somente aos 'direitos coletivos em sentido estrito'. Detalhe: a expressão 'em sentido estrito' não está escrita no dispositivo constitucional citado. Mais um alerta antes de avançar na discussão. À época da promulgação da CF/88, as três categorias de 'direitos coletivos em sentido amplo' (individuais homogêneos, coletivos em sentido estrito e difusos) não estavam aclaradas no plano legislativo, pois a Lei da Ação Civil Pública não trazia tal distinção, o que aconteceu somente por meio do Código de Defesa do Consumidor (artigo 81), portanto, após 1988. Por isso, tenho para mim que o legislador constituinte originário não tivesse tamanha compreensão e precisão conceitual ao tratar da matéria. Por outro lado, hoje a distinção entre as três categorias de direitos coletivos, não obstante as suas limitações, conforme trataremos logo à frente, encontra-se consagrada na legislação, na doutrina e na jurisprudência, e, portanto, faria muito mais sentido que o legislador constitucional ao se servir da expressão 'direitos coletivos' no *caput* do artigo 134 (por inclusão da EC 80/2014) estivesse englobando as três categorias. Do contrário, teria cravado no texto constitucional a 'qualificadora': direitos coletivos 'em sentido estrito'. E quando a mesma norma constitucional (*caput* do artigo 134) incumbe a Defensoria Pública de promover os 'direitos humanos' das pessoas necessitadas, devo interpretar tal dispositivo de modo a excluir do rol dos direitos humanos o 'direito humano ao ambiente' e todos os demais direitos humanos com potencial de serem enquadrados na categoria dos 'direitos difusos'?" (Cf. http://www.conjur.com.br, com acesso em 26 de fevereiro de 2016).

Destarte, os direitos humanos são, por natureza e essência, difusos, pois interessam à toda coletividade, sendo inegável, na sua conotação contemporânea e doutrina internacional, seu universalismo. Outrossim, a doutrina moderna, de forma quase unânime, já se alinhou ao consagrar os "direitos coletivos" como gênero, o qual se opõe aos direitos individuais.

Aliás, em novembro de 2015, o Supremo Tribunal Federal confirmou que a Defensoria Pública tem sim legitimidade para o manejo de direitos/interesses difusos. Destarte, noticiou-se, na ocasião: "O plenário do STF decidiu nesta quarta-feira, 4/11/15, sob o apanágio da repercussão geral, que a Defensoria Pública tem legitimidade para propor ACP na tutela de direitos difusos. Decisão foi proferida por maioria nos termos do voto do relator, ministro Dias Toffoli.

Toffoli votou no sentido de manter o acórdão recorrido, no qual a 7ª câmara Cível do TJ/MG reconheceu a legitimidade da Defensoria Pública, entendendo ser impraticável a necessidade de demonstração de hipossuficiência das pessoas tuteladas, 'porquanto impossível individualizar os titulares dos direitos pleiteados'.

O relator ressaltou que, embora a essa legitimidade da Defensoria esteja vinculada aos hipossuficientes, esta não se perde 'mesmo que, eventualmente, possa transcender ao público dos hipossuficientes para beneficiar no resultado aqueles que não sejam, em concreto, hipossuficientes'.

O ministro ainda afastou as alegadas inconstitucionalidades dos art. 5ª inciso II da lei de ação civil pública (7.347/85) e art. 4º, incisos VII e VIII, da LC 80/94.

No mesmo sentido, o ministro Teori Zavascki destacou que a legitimidade da Defensoria na proteção de interesses difusos 'se estabelece mesmo no caso em que haja possíveis beneficiados não necessitados'. O ministro explicou que direitos difusos e coletivos 'são transidividuais e indivisíveis', por isso, não é possível apurar se abrangem apenas os necessitados.

O ministro Marco Aurélio ficou vencido com relação ao conhecimento do recurso, entendendo ser inadequado, pois 'ataca acórdão simplesmente interlocutório'. Quando ao mérito, porém, também negou provimento ao recurso. Para o ministro, os arts. 129 e 134 da CF não devem ser interpretados de forma limitativa. 'Dou uma interpretação integrativa para entender pela legitimidade da Defensoria Pública quando vincula interesses da população em geral.'

Assim, por maioria, o plenário fixou a seguinte tese:

'A Defensoria Pública tem legitimidade para a propositura da ação civil pública em ordem a promover a tutela judicial de direitos difusos e coletivos de que sejam titulares, em tese, pessoas necessitadas.' **Processo relacionado: RE 733.433**" (Cf. http://www.stf.jus.br).

Por fim, vale registrar que o sistema jurídico de proteção e tutela dos direitos/interesses coletivos alimenta o princípio da máxima e maior proteção, sendo essencial que mais órgãos ou entidades defendam a maior quantidade possível desses direitos, pela própria indisponibilidade e interesse público presentes inclusive.

Também nessa linha, o Supremo Tribunal Federal julgou, em 2015, improcedente a já citada ADI 3943, proposta pela CONAMP. Durante o julgamento "o representante da Conectas Direitos Humanos, Marcos Roberto Fuchs, argumentou que a inclusão da Defensoria no rol dos legitimados é o único desenho capaz de concretizar o acesso à Justiça e de dar amplo direito à defesa dos direitos humanos" (Conferir em http://www.stf.jus.br).

No voto condutor do julgamento, a Ministra Carmen Lúcia, após rica exposição do tema "acesso à Justiça" e as perspectivas de uma nova forma de prestação de serviço jurídico pelo Estado, questionou: "A quem aproveitaria a inação da

Defensoria Pública, negando-se-lhe a legitimidade para o ajuizamento de ação civil pública? A quem interessaria restringir ou limitar, aos parcos instrumentos da processualística civil, a tutela dos hipossuficientes (tônica dos direitos difusos e individuais homogêneos do consumidor, portadores de necessidades especiais e dos idosos)? A quem interessaria limitar os instrumentos e as vias assecuratórias de direitos reconhecidos na própria Constituição em favor dos desassistidos que padecem tantas limitações? Por que apenas a Defensoria Pública deveria ser excluída do rol do art. 5º da Lei n. 7.347/19852? A ninguém comprometido com a construção e densificação das normas que compõem o sistema constitucional de Estado Democrático de Direito".

Sobre ambas as Instituições Democráticas envolvidas, disse a Ministra Relatora ao irmão enciumado: "A despeito das diferenças funcionais e de organização entre essas duas instituições, como vem sendo confirmado pela jurisprudência do Supremo Tribunal Federal, Defensoria Pública e Ministério Público têm atuado harmonicamente sempre em respeito e segundo as respectivas atribuições constitucionais. Representam ambas instituições assecuratórias dos direitos e garantias previstos na Constituição da República".

Após, a Ministra cita o memorável voto do Ministro Celso de Mello na ADI 2903: "Torna-se imperioso proclamar, por isso mesmo, que toda pessoa tem direito a ter direitos, assistindo-lhe, nesse contexto, a prerrogativa de ver tais direitos efetivamente implementados em seu benefício, o que põe em evidência – cuidando-se de pessoas necessitadas (CF, art. 5º, LXXIV) – a significativa importância jurídico-institucional e político-social da Defensoria Pública. É que, Senhor Presidente, sem se reconhecer a realidade de que a Constituição impõe, ao Estado, o dever de atribuir aos desprivilegiados – verdadeiros marginais do sistema jurídico nacional – a condição essencial de titulares do direito de serem reconhecidos como pessoas investidas de dignidade e merecedoras do respeito social, não se tornará possível construir a igualdade, nem realizar a edificação de uma sociedade justa, fraterna e solidária, frustrando-se, assim, um dos objetivos fundamentais da República (CF, art. 3º, I)'".

Enfim, o Supremo Tribunal Federal julgou improcedente aquela ADI, mas, ainda inconformada, a autora CONAMP, por pura vaidade e um perfil corporativo que transborda o razoável e os padrões do bom senso, apresentou embargos de declaração, pendente de julgamento.

2. A DEFESA DO POLO PASSIVO DESORGANIZADO

Temos defendido, em tese construída juntamente com o Núcleo Especializado de Cidadania e Direitos Humanos da Defensoria Pública do Estado de São Paulo que **é obrigatória a intimação prévia e inicial da Defensoria Pública**

nas ações judiciais contra grupo de pessoas "necessitadas", despidas de organização associativa ou sindical, sob pena de nulidade dos atos processuais ou do processo como um todo, numa espécie de **"Intervenção Institucional"**.

A tese em tela tem por objetivo assegurar uma tutela jurisdicional adequada, segundo o devido processo constitucional e legal, na proteção processual de coletividades de necessitados demandadas, em regra, movimentos sociais urbanos e rurais, para fazer da Defensoria Pública a Instituição indispensável ao desenvolvimento dessas relações jurídicas processuais, cuja intervenção torna-se necessária, sob pena de nulidade[10].

Os movimentos sociais, comumente adotados como populares, constituem grupos de pressão democrática, organizados em um delimitado espaço urbano ou rural, geralmente a partir da definição de alguns objetivos ou ideias. Em suma, é decorrência do Estado Democrático e Pluralista de Direito.

Podemos classificar **tais movimentos em ativos e passivos**. Os **primeiros** se formam para a manifestação momentânea de pensamentos e ideologias. São, por exemplo, as chamadas "passeatas", "paradas" ou "marchas", que acontecem em grandes avenidas, praças ou prédios públicos, entre outros.

Por outro lado, **os movimentos sociais passivos** constituem em atos contínuos e permanentes de ocupação de áreas públicas ou privadas, em regra, para fins de moradia ou reforma agrária. Nesse caso, a questão não se limita a uma mera ocupação supostamente irregular, mas representa um verdadeiro movimento social legítimo de manifestação de ideias e ideais.

Em ambos os casos, seja pela necessidade econômica das pessoas envolvidas, seja pela necessidade organizacional do grupo[11], **torna-se indispensável a intervenção institucional prévia da Defensoria Pública,** caso seja tal grupo demandado judicialmente.

Os movimentos sociais, ativos e passivos, têm amplo amparo constitucional. Desde o pluralismo, previsto no seu Preâmbulo, passando pelos fundamentos do Estado Brasileiro (cidadania, art. 1º, II; dignidade da pessoa humana, art. 1º, III; o pluralismo político, art. 1º, V), pelo cerne democrático e republicano de que "todo poder emana do povo ..." (art. 1º, par. único), pelos objetivos fundamentais da República, em especial, o de "construir uma sociedade livre, justa e solidária" (art. 3º, I), até a exauriente previsão de direitos individuais e sociais (art. 5º e 6º), urbanos (art. 182) e rurais (art. 184). Aliás, o direito à manifestação do pensamento e o direito de reunião gozam de forte alicerce constitucional (art. 5º, IV e XVI).

---

10 Vale a pena registrar que o Professor da Universidade de São Paulo (USP/RP), Camilo Zufelato, há muito, defende tese equivalente. (Coisa julgada coletiva. São Paulo: Saraiva, 2011, 1. Ed.).

11 Cf. Parecer de Ada Pellegrini Grinover. Disponível em: http://www.defensoria.sp.gov.br/>.

Sobre o tema, leciona José Afonso da Silva[12], que "reunião é qualquer agrupamento formado em certo momento com o objetivo comum de trocar ideias e de receber manifestação de pensamento político, filosófico, religioso, científico ou artístico. (...) Inclui-se no conceito de reunião as passeatas e manifestações nos logradouros públicos, as quais são ajuntamentos de pessoas que se produzem em certas circunstâncias, para exprimir uma vontade coletiva ou sentimentos comuns, como a celebração de uma festa, a comemoração de um acontecimento, a expressão de uma homenagem ou de uma reivindicação, de um protesto, (...)".

Ocorre que, não raras vezes, **tais movimentos são severa e violentamente reprimidos e, em alguns casos, com ordens judiciais liminares**[13], cujos processos tramitam sem qualquer participação ou contraditório das pessoas e grupos interessados. Nesse sentido, relata o ex-Ouvidor-Geral da Defensoria Pública do Estado de São Paulo Willian Fernandes, após receber um grupo de lideranças: "os militantes sociais relataram que têm sido ajuizadas contra os movimentos sociais ações judiciais de interdito proibitório, objetivando impedir que esses movimentos se aproximem de determinados prédios públicos ou realizem manifestações de protestos, o que, segundo os presentes na reunião referida, criminalizam a atuação dos movimentos sociais e fere o direito à livre manifestação de pensamento."[14]

Dessa forma, torna-se indispensável a presente reflexão. Aliás, as transformações ocorridas no bojo do século XX propiciaram mais do que a mera valorização da solidariedade e do coletivismo, a partir das quais passou-se a almejar não apenas a libertação do indivíduo (direitos civis e políticos), mas também a afirmação da dignidade da pessoa humana (direitos econômicos, sociais e culturais). Referido princípio exprime, em termos jurídicos, o princípio kantiano, segundo o qual o Homem deve ser tratado como um fim em si mesmo e jamais como um meio. Com Daniel Sarmento, afirmamos que o ser humano precede o Direito e o Estado, que apenas se justificam em razão dele.[15]

O princípio da dignidade da pessoa humana, enquanto máxima do Estado constitucional, adquire contornos bem específicos na hipótese brasileira. É que o legislador constituinte originário optou por adjetivar o Estado brasileiro de Democrático de Direito, fazendo, com isso, que tais princípios irradiassem seus

12 *Curso de Direito Constitucional Positivo*, Editora Saraiva. São Paulo, 1990. P.234

13 Por exemplo, assim deferiu a liminar o Juiz da 1ª Vara da Comarca de Itapecerica da Serra/SP: *Desse modo, defiro a liminar, determinando os agentes de autoridade, notadamente a polícia militar, que dêem respaldo ao Município, fazendo cumprir as determinações da Municipalidade em exercer o poder de polícia, procedendo à desocupação do paço Municipal e das demais áreas públicas, consoante requerido na inicial"* (Proc. 791/07).

14 NDHC, P.A. nº 03/2010.

15 *A ponderação de interesses na Constituição Federal.* Rio de Janeiro: *Lumen Juris*, 2003, p.59-60.

efeitos sobre todos os seus elementos constitutivos. Compreender a dimensão desses princípios (dignidade e democracia) contribui de maneira decisiva para a compreensão dos direitos coletivos como categoria dos direitos fundamentais.

Para Pedro Lenza[16], por exemplo, o Estado de Direito possui uma tríplice vertente: a liberal (em que há a evidenciação do indivíduo, intervenção mínima estatal e papel restrito do Estado), a social (em que o Estado adota uma postura ativa, tornando-se grande responsável pela harmonização do grupo e asseguração de alguns direitos que vinham sendo mutilados pela fúria capitalista) e a pós-social (em que surgem novos atores e afloram os interesses transindividuais).

No mesmo sentido, mas já sob o enfoque processual, Elton Venturi[17] atesta a ocorrência de uma "revolução paradigmática" no bojo do processo civil: "a implementação do sistema de tutela jurisdicional coletiva no Brasil, muito mais do que representar um aperfeiçoamento das técnicas de acesso à justiça, caracteriza verdadeira revolução científica no campo do processo civil, na medida em que desafia a descoberta de novos princípios, métodos e objetivos operados por via das ações coletivas."

ATENÇÃO Nesse contexto, os movimentos sociais, em geral formados por pessoas necessitadas economicamente ou, ainda, quando eles próprios mostram-se carentes de organização e estrutura, **reclamam pela intervenção prévia e substancial da Defensoria Pública,** o que deve ser viabilizado pelo Poder Judiciário.

A Defensoria Pública, por sua vez, é a Instituição independente e permanente, incumbida da inclusão jurídica e, reflexamente, ideológica e social, das pessoas necessitadas ou dos grupos por elas formados. É um acesso qualificado à Justiça, que não se resume ao simples patrocínio ou defesa processual. É um instrumento de inclusão democrática.

Entretanto, para que esta Instituição cumpra satisfatoriamente seu papel, é preciso conquistar certos meios ou condições de atuação, aliás, muitas vezes, previstos constitucionalmente. Dentre tais meios, inserimos a legitimidade ativa e, em especial para o tema em tela, a passiva para a intervenção inicial nas ações coletivas. Nesse sentido, configura a Defensoria Pública a Instituição natural de defesa jurídica dos necessitados e de seus grupos, em especial, no âmbito processual, no polo ativo ou passivo da demanda. Nesse último caso, seja na tutela de um conjunto identificado de pessoas, seja na defesa de pessoas indeterminadas.

16 *Teoria Geral da Ação Civil Pública*. 3ª edição. São Paulo: Revista dos Tribunais, 2008, p. 28 a 30.

17 *Processo Civil Coletivo*. São Paulo: Malheiros, 2007, p. 24.

Ademais, esta Instituição é legitima para defender os interesses de grupos sociais urbanos e rurais vulneráveis, os quais não possuem um quadro estrutural organizado, ou seja, **são aqueles movimentos sociais especificamente desorganizados.**

Aliás, a própria Lei Complementar nº 80, de 1994, com redação dada pela Lei Complementar nº 132, de 2009, em seu art. 4º, incisos VII e XI, deixa clara tal necessidade: "São funções institucionais da Defensoria Pública, dentre outras: promover ação civil pública e todas as espécies de ações capazes de propiciar a adequada tutela dos direitos difusos, coletivos ou individuais homogêneos quando o resultado da demanda puder beneficiar grupo de pessoas hipossuficientes; **exercer a defesa** dos interesses individuais e coletivos da criança e do adolescente, do idoso, da pessoa portadora de necessidades especiais, da mulher vítima de violência doméstica e familiar **e de outros grupos sociais vulneráveis que mereçam proteção especial do Estado."** (destaque nosso)

Notem, com atenção, **a diferença dos termos legais** "promover ação civil pública e todas as espécies de ações", contidos no inciso VII, acima citado, daqueles previstos no inciso XI, também referido, segundo o qual é função da Defensoria Pública "exercer a defesa". Com efeito, a segunda função é muito mais ampla que a primeira, pois esta contém atuações ativas e passivas enquanto que aquela se limita às funções ativas de promoção de ações.

Portanto, o instituto da Intervenção Institucional goza de amparo legal, para a satisfação daqueles intérpretes mais legalistas.

Por oportuno, cumpre-nos destacar que a presente intervenção institucional **não se confunde com a chamada ação coletiva passiva**, cuja vigência no Brasil ainda encontra resistência na doutrina e na jurisprudência dominantes. De fato, neste último caso, a ação é intentada contra um único ente ou associação que responderá a pretensão em nome de uma coletividade, sem que haja relação contratual ou legal entre eles. Por exemplo, a associação dos proprietários de postos de gasolina responderia por todos os estabelecimentos em determinada região ou município. Ou seja, sem participação direta no processo, as pessoas ou entidades representadas no polo passivo sofreriam os efeitos da decisão final. Então, diante da omissão da legislação brasileira, a doutrina majoritária ainda reluta em admiti-la. É uma espécie de legitimidade extraordinária passiva, vale destacar, ainda sem guarida no Brasil.

A intervenção ora em defesa, como dissemos, é diferente. Nela, não haverá representação ou substituição processual. É uma espécie de atuação processual em defesa do grupo não organizado e necessitado, que não prejudica ou impede a participação individual ou a citação dos envolvidos.

A presente intervenção também se distingue da participação *custos legis* (fiscal da lei), por ser aquela uma intervenção parcial, ou seja, a Defensoria Pública como "fiscal de direitos" sociais efetivamente violados.

Vale ainda advertirmos que a análise da presente tese demanda um olhar moderno do processo civil, livre dos grilhões do processualismo liberal-individualista dos séculos passados. Clama um olhar sob o enfoque processual-constitucionalista, que maneja o processo como instrumento autônomo de defesa de direitos materiais, sobretudo, de direitos fundamentais/constitucionais. De fato, o tema possui, portanto, problemáticas desafiadoras a serem enfrentadas, especialmente no que tange às estruturas viabilizadoras da tutela coletiva e da adequação do processo civil vigente, de cunho liberal individualista, e às especificidades dos direitos de natureza coletiva. Institutos processuais já consolidados tais como a legitimação para agir, a coisa julgada, o objeto da causa, as regras de competência, as espécies de intervenções de terceiros e, inclusive, os temas estruturantes do direito processual civil[18] precisam ser revisitados para então se conformarem às exigências do tratamento coletivo, seja no polo ativo, seja no polo passivo da demanda, pois os mesmos foram concebidos sob uma ótica individualista, que logra tutelar direitos individuais que, via de regra, são patrimoniais e disponíveis.

Se o processo civil não atende a estes ideais, parece fácil concluir por sua inaptidão em servir às necessidades de um interesse de titularidade difusa, cujos danos ocorrem não só no âmbito patrimonial e cuja reparação geralmente não atende, a contento, ao bem lesado. Então, que comecemos a reflexão.

Em suma, a proposta é que tenhamos, na tutela dos direitos sociais uma postura positiva, ainda que contestando a estrutura legal e o pensamento dogmático vigente, adotando o que Luis Fernando Coelho denomina **"dialética da participação"**[19]: analisamos o contexto fático de construção e violação dos direitos coletivos para, a partir dessa realidade e da conscientização do papel do direito e do jurista frente à conflituosidade social, contribuir para a implementação de uma ciência ou teoria que efetivamente tutelem o direito coletivo de modo satisfatório. Entendemos que este desiderato somente poderá ser alcançado a partir de uma nova hermenêutica processual e constitucional, pautada, sempre, na busca pela efetividade do direito coletivo e dos fundamentos e objetivos do Estado em que se insere.

Aliás, em campos sociológicos, a importância dessa intervenção se multiplica na medida em que reconhecemos que, não raras vezes, movimentos sociais originalmente legítimos se tornam verdadeiras "massas de manobras" políticas ou ideológicas, por pessoas, grupos ou entidades que se aproveitam da circunstancial vulnerabilidade do grupo para se "apossarem" daquela força social, corrompendo-a, ainda que veladamente. Por exemplo, é perceptível o uso de grupos de

---

18 Como "temas estruturantes do direito processual civil", adotamos os estudos de Luiz Guilherme Marinoni: jurisdição, ação, defesa e processo, devido aos esforços contínuos do autor em discutir a adequação do processo civil vigente à tutela dos direitos coletivos (*Teoria Geral do Processo.* 3 ed. São Paulo: Revista dos Tribunais, 2008).

19 *Teoria crítica do direito.* Porto Alegre: Sergio Antonio Fabris, 1991, p. 63.

pessoas "sem-teto" para fins políticos e eleitoreiros, nos períodos que precedem as eleições municipais, especialmente quando ocupantes de espaços públicos.

Portando, de rigor se torna a intervenção de uma Instituição forte e independente, para fins de resgatar suas primeiras aspirações e ideias, especialmente para a recuperação dos direitos, dos valores, enfim, da dignidade daquele grupo.

Portanto, para operacionalização da presente intervenção, nos processos em trâmite, promovidos contra a coletividade de pessoas necessitadas, não organizada em associações ou outros entes, **deve a Defensoria Pública ser intimada, liminarmente, se preferível antes de qualquer deliberação judicial, para intervir em defesa daquele grupo.**

Se isso não ocorrer, o processo é nulo desde a sua origem, ou seja, do ato do qual a Defensoria Pública deveria ter sido pessoalmente intimada para se manifestar, cuja declaração pode-se dar em qualquer momento ou grau de jurisdição, por se tratar de nulidade processual absoluta.

Sugerimos ainda, como forma preventiva de implementação, sejam oficiados todos os Juízos da Comarca para que atendam à presente tese, quando cabível, especialmente para que editam portarias ou ordens de serviço nos respectivos Ofícios, para que estes intimem a Defensoria Pública nas hipóteses em tela. Vale a menção de que o Cartório Judicial da 5ª Vara Cível da Comarca de Ribeirão Preto/SP já possui uma Portaria neste exato sentido, o que pode ser multiplicado para outros Ofícios e Comarcas do Estado.

Em suma, a presente tese propõe uma reflexão do processo civil, bem como de seus princípios, especialmente quando grupos desorganizados integrarem suas relações, como forma de atender ao efetivo devido processo constitucional/legal e ao que podemos chamar de "tutela participativa e democrática" dos direitos sociais.

Para ilustramos a questão, apresentamos a vocês o caso da desocupação do bairro **Pinheirinho, em São José dos Campos**, Estado de São Paulo, de repercussão nacional, cujo grupo de moradores não teve acesso à assistência jurídica integral durante a ação de reintegração, a partir de uma efetiva intervenção institucional da Defensoria Pública, que somente pôde intervir após o cumprimento desastroso do mandado reintegratório.

"A Defensoria Pública de SP em São José dos Campos ajuizou nesta terça-feira (24/1/12) uma ação civil pública pela qual pede à Justiça que determine à Prefeitura local e ao Estado que forneçam **acolhimento emergencial** para a população removida do bairro do Pinheirinho, no último domingo.

Na ação, a Defensoria solicita em caráter liminar que o poder público mantenha as famílias em abrigos com condições de higiene, três refeições diárias, transporte escolar, medicamentos e equipe médica, além da concessão imediata de auxílio-moradia para todos os desabrigados e inclusão em programas de habitação social. Em caso de descumprimento, a ação pede a aplicação de multa diária de R$ 1 mil por morador desatendido.

Depois de saírem de uma área ocupada há oito anos, após reintegração de posse determinada pela Justiça estadual, os moradores do bairro foram encaminhados para abrigos improvisados em igrejas e prédios públicos da região. Defensores Públicos acompanham a situação desde o último domingo e constataram a falta de estrutura dos equipamentos, com pessoas abrigadas de maneira precária em quadras poliesportivas próximas a viveiros de pombos e fezes de animais.

Segundo o Defensor Público Jairo Salvador, a ação pretende garantir a dignidade das pessoas envolvidas. 'Os moradores do Pinheirinho foram desalojados sem que o poder público garantisse condições de alojamento minimamente dignas', disse. Jairo conta que as pessoas estão amontoadas em abrigos e igrejas da região, sem acesso a condições de higiene e comida.

'Vimos 800 pessoas em uma escola que dispõe de apenas um banheiro com duas privadas entupidas e dois chuveiros. Além disso, grande parte do tempo o imóvel fica sem água', conta.

A Defensoria pede também atendimento psicológico para as pessoas desabrigadas, especialmente para as crianças. 'O atendimento psicológico é fundamental para essas pessoas, principalmente após a remoção violenta a que foram submetidas', disse Jairo."[20]

Notem que é uma atuação *a posteriori* e emergencial, que poderia ser evitada com a participação da Defensoria Pública no decorrer do processo relativo à ação reintegratória.

Outro exemplo de atuação posterior da Defensoria Pública, mas cuja desocupação poderia ter sido evitada se nos fosse dada a oportunidade de intervir no processo, ocorreu em Ribeirão Preto, conforme notícia. "A Defensoria Pública de SP em Ribeirão Preto ajuizou na última quinta-feira (7/7/11) uma ação civil pública pela qual pede à Justiça que determine que a Prefeitura de Ribeirão Preto realize um cadastramento integral de todas as famílias que foram retiradas da Favela da Família. A ação pede ainda que as pessoas sejam direcionadas provisoriamente para as dependências de escola municipal próxima ao local da favela, fornecendo-lhes colchões, cobertores, vestuários, escovas de dentes, sabonetes, medicamentos, alimentação diária, água e energia elétrica. Cerca de mil pessoas foram desalojadas em reintegração de posse realizada em 5/7.

Os Defensores Públicos Aluísio Ruggeri Ré e Paulo Fernando de Andrade Giostri, que assinam a ação, também pedem que a Prefeitura promova, em 30 dias, a locação de imóveis adequados ao acolhimento das famílias para acomodação permanente – ou que, alternativamente, pague às famílias uma bolsa de

20 Disponível em: < http://www.defensoria.sp.gov.br>

um salário mínimo até que elas recebam moradia adequada, por meio de programas habitacionais do município.

De acordo com os Defensores, a maior parte das famílias desabrigadas estão atualmente vivendo de forma indigna e irregular em nova área particular. 'A atual situação dessas famílias é preocupante. Ora, se estão ocupando nova área particular, sem qualquer perspectiva de se alojarem de forma digna, está clara a possibilidade de ali permanecerem e instalarem nova posse irregular'.

Para eles, os cidadãos desalojados estão sendo privados dos direitos básicos constitucionais. 'Cerca de mil pessoas de baixa renda que se encontram desamparadas, instaladas em local irregular, em situação de vulnerabilidade extrema, sem observância de qualquer de seus direitos constitucionalmente previstos, especialmente direitos básicos, como alimentação e moradia'."[21]

Felizmente, o Novo CPC (Lei nº 13.105/15) adotou a tese aqui já defendida e acolheu a intervenção institucional da Defensoria Pública nos conflitos possessórios coletivizados: "A propositura de uma ação possessória em vez de outra não obstará a que o juiz conheça do pedido e outorgue a proteção legal correspondente àquela cujos pressupostos estejam provados. § 1º No caso de ação possessória em que figure no polo passivo grande número de pessoas, serão feitas a citação pessoal dos ocupantes que forem encontrados no local e a citação por edital dos demais, determinando-se, ainda, a intimação do Ministério Público **e, se envolver pessoas em situação de hipossuficiência econômica, da Defensoria Pública.** § 2º Para fim da citação pessoal prevista no § 1º, o oficial de justiça procurará os ocupantes no local por uma vez, citando-se por edital os que não forem encontrados. § 3º O juiz deverá determinar que se dê ampla publicidade da existência da ação prevista no § 1º e dos respectivos prazos processuais, podendo, para tanto, valer-se de anúncios em jornal ou rádio locais, da publicação de cartazes na região do conflito e de outros meios" (artigo 554). Além disso, no artigo 556, estabelece que, "no litígio coletivo pela posse de imóvel, quando o esbulho ou a turbação afirmado na petição inicial houver ocorrido há mais de ano e dia, o juiz, antes de apreciar o pedido de concessão da medida liminar, deverá designar audiência de mediação, a realizar-se em até 30 (trinta) dias, que observará o disposto nos §§ 2º e 4º. § 1º Concedida a liminar, se essa não for executada no prazo de 1 (um) ano, a contar da data de distribuição, caberá ao juiz designar audiência de mediação, nos termos dos §§ 2º a 4º deste artigo. § 2º O Ministério Público será intimado para comparecer à audiência, **e a Defensoria Pública será intimada sempre que houver parte beneficiária de gratuidade da justiça.** § 3º O juiz poderá comparecer à área objeto do litígio quando sua presença se fizer necessária à efetivação da tutela jurisdicional. § 4º Os órgãos responsáveis pela política agrária e pela política

21 Disponível em: < http://www.defensoria.sp.gov.br>

urbana da União, de Estado ou do Distrito Federal e de Município onde se situe a área objeto do litígio poderão ser intimados para a audiência, a fim de se manifestarem sobre seu interesse no processo e sobre a existência de possibilidade de solução para o conflito possessório. § 5º Aplica-se o disposto neste artigo ao litígio sobre propriedade de imóvel."

Enfim, de modo geral, pode-se dizer que as novidades acima decorrem, além dos fundamentos acima consignados, do fenômeno da intensificação dos princípios do contraditório e da ampla defesa, os quais deixaram o papel de simples adjetivos em certos atos para assumirem a essência, o cerne do próprio processo, fazendo-os constantes e permanentes durante todo o seu desenrolar.

3. A TUTELA COLETIVA DOS DIREITOS À MORADIA E À URBANIZAÇÃO

Sociologicamente, a regularização fundiária tem uma finalidade crucial, pois ela garante a manutenção da comunidade, da cultura local, dos usos e costumes daquelas pessoas[22]. É **um aspecto da personalidade**. Há uma personalidade coletiva também a ser resguardada, sem preconceitos ou políticas segregatórias e higienistas, muitas vezes, voltadas ao atendimento de interesses econômicos de imobiliárias e empreiteiras que, não por acaso ou coincidência, são as grandes financiadoras das campanhas eleitorais.

Nesse ponto, merece referência a **atuação do Defensor Público Paulo Giostri, que conseguiu impedir uma remoção em massa**. "A Defensoria Pública de SP, em Ribeirão Preto, obteve no último dia 5/10 uma decisão do Tribunal de Justiça do Estado (TJ-SP) que suspende uma ordem de remoção de 50 famílias no Jardim Santa Rita, solicitada pela Prefeitura da cidade, que estava marcada para acontecer nesta terça-feira (18/10). A decisão é liminar e possui eficácia imediata, garantindo a permanência das famílias em suas casas até uma solução definitiva para a situação.

Segundo o Defensor Público Paulo Fernando de Andrade Giostri, que atua no caso, as famílias vivem em uma área pública que deveria servir como praça

22 Por oportuno, deixamos nossa homenagem às comunidades periféricas de todo Brasil com a citação da canção "saudação às favelas", de Pedro Butina e Sergio Fernandes, interpretada por Bezerra da Silva: "Voltei pra falar das favelas que eu não falei, falei; Hoje provo e comprovo que não esqueci de vocês; Morro do juramento, Jorge turco, Babilônia e Adeus; Cabrito, Fubá, Morro Agudo e Cidade de Deus; Lagartixa, Coroa, Formiga e Laboriaux; Favela do Acari, Timóteo da Costa e o Morro do Amor; A querida Cruzada São Sebastião; Antiga Praia do Pinto que deu o Adílio um grande campeão; Morro do Cajueiro, Boca do Mato e Cerro Corá; Nova Holanda, Engenho da Rainha e o famoso Curral; Favela da Guarda, Manguinhos, Varginha e Rato Molhado; Vila Aliança em Bangu, representando o Pasmado; A Cidade Alta que é pra lá de Bom; Parque Proletário da Gávea e o saudoso Parque do Leblon; Morro da Maravilha, Abacaxi, Alvoroço e Sabão; Na Garganta nasceu Viradouro, o pentacampeão; Brasília, Torre, Urubu e Coreia na famosa Engenhoca; Ordem e Progresso em São Paulo e a saudosa Maloca; Sei que sou considerado em qualquer bocada; peço desculpa a vocês, mas não troco meu Morro do Galo por nada."

destinada ao lazer da população – mas que, há quase uma década, está abandonada pelo poder público. Ele defende que a remoção das famílias seja feita apenas quando for providenciado um atendimento habitacional definitivo.

Para Giostri, as famílias só passaram a ocupar a área por falta de políticas públicas de habitação e moradia. 'São pessoas hipossuficientes, que residem onde estão não por opção pessoal, mas em decorrência da omissão do Estado, na falta de políticas públicas de habitação de interesse social', afirma.

Ele argumentou ao Judiciário que a Prefeitura não poderia simplesmente remover as pessoas após diversos anos sem qualquer destinação ao local. 'A Prefeitura abandonou o imóvel, não dando a ele a destinação que, por lei, lhe deveria ter sido dada. Perdeu, portanto, a posse direta desse imóvel, não havendo motivo para retirar aqueles moradores enquanto não tiverem acesso a moradia digna, através de programas de habitação popular'."[23]

Igualmente relevante é a tese dos Defensores Públicos paulistas Douglas Tadashi e Ana Carvalho Ferreira Bueno sobe a distribuição democrática da **mais-valia** da terra urbana. "O Estatuto da Cidade, a Lei n. 10.257/2001, ao regulamentar os artigos os artigos 182 e 183 da Constituição Federal , estabelecendo, dentro das competências constitucionais legislativas concorrentes, normas gerais de direito urbanístico, culminou por consolidar a nova ordem jurídico-urbanística que se propõe a intensificar o controle do desenvolvimento urbano **trazendo diretrizes gerais da política urbana e instrumentos jurídicos, políticos e tributários capazes não só de controlar as falhas do Estado, mas também as injustiças do mercado, criando mecanismos de combate a especulação imobiliária e distribuição dos ônus e benefícios da urbanização. (...)**

Seguindo essa linha, os incisos IX e XI do artigo 2º da Lei nº 10.257/2001, ao estabelecerem, respectivamente, como diretrizes da política urbana, a "justa distribuição dos benefícios e ônus decorrentes do processo de urbanização" e a "recuperação dos investimentos do Poder Público de que tenha resultado a valorização de imóveis urbanos" acabaram por incorporar, na agenda de política urbana pátria, a obrigatoriedade de o Poder Público **não só de recuperar a valorização imobiliária** que é experimentada pelos imóveis em virtude dos investimentos realizados (inciso XI do artigo 2º da Lei nº 10.257/2001), dentro ou não do processo de urbanização, **mas sobretudo de redistribuí-la em prol da coletividade** (inciso IX do artigo 2º da Lei nº 10.257/2001), por meio de instrumentos jurídico-urbanísticos de gestão fundiária. (...)

Existem alguns **instrumentos urbanísticos** que tem por objetivo, dentre outros, captar a valorização experimentada pelos particulares e promover a justa distribuição de ônus e benefícios da urbanização.

---

23 Disponível em <http://www.defensoria.sp.gov.br>.

O mais conhecido deles, e o mais utilizado, é **a contribuição de melhoria** que se consubstancia, em verdade, em um instrumento tributário (artigo 145, inciso III, da CF; artigo 4º, inciso IV, "b", da Lei nº 10.257/2001 e artigo 81 do Código Tributário Nacional).

Trata-se, porém, de um instrumento limitado, tendo em vista que segundo a jurisprudência majoritária, o valor recebido por meio deste instituto tem dois limites: um individual correspondente ao benefício resultante da obra e outro global correspondente ao gasto realizado com a obra. Assim, a contribuição de melhoria se torna, neste aspecto, tributo de difícil implementação prática.

Mas não é só por meio da contribuição de melhoria que se pode recuperar a mais-valia urbanística. Com efeito, **a outorga onerosa do direito de construir e de alteração do uso,** ambos previstos no Estatuto da Cidade, artigo 28 e 29, respectivamente, também possibilitam a recuperação da mais-valia urbanística na medida em que permitem a cobrança de contrapartidas, ainda que de caráter facultativo, por parte dos beneficiários.

O **IPTU**, imposto de competência municipal, também pode ser um grande instrumento de captação de mais valia urbanística se manejado com fim extra-fiscal, ou seja, de modo ordinatório ou sancionatório com vistas a estimular ou desestimular condutas dos particulares, o que se deve dar nas hipóteses do §4º do artigo 182, mas sobretudo na hipótese do § 1º, I e II, do artigo 156, ambos da Constituição Federal."[24]

Ocorre, porém que, na grande maioria dos Municípios, falta regulamentação desses instrumentos no âmbito da legislação municipal. Diante disso, tendo em vista que são instrumentos que concretizam o direito fundamental à cidade sustentável, **não é delírio nenhum pensarmos no manejo do mandado de injunção coletivo.**

Aliás, o próprio legislador federal anda se precavendo contra essa omissão dos governos locais. Na Lei nº 11.977/09, por exemplo, ele diz que ausência de regulamentação legal municipal **não obsta a regularização fundiária**: "Observado o disposto nesta Lei e na Lei nº 10.257, de 10 de julho de 2001, o Município poderá dispor sobre o procedimento de regularização fundiária em seu território (**art. 49**). **Parágrafo único. A ausência da regulamentação prevista no caput não obsta a implementação da regularização fundiária.**"

Aliás, entendemos que esse raciocínio pode ser muito bem aplicado quanto aos instrumentos previstos no Estatuto da Cidade, que não dispõem de regulamentação local.

Ainda sobre essa temática da tutela coletiva do direito à moradia, vale a pena citarmos a recente ação civil pública proposta em litisconsórcio ativo, que

24 *O papel da Defensoria Pública na implementação da gestão social da valorização da terra como instrumento de garantia do direito à cidade.* Disponível em <http//:www.anadep.org.br>.

envolvia os direitos fundamentais à moradia e à informação. De fato, noticiou--se, em 07 de janeiro de 2014, que a "**Defensoria Pública de São Paulo e o Ministério Público Federeal** ajuízam ação civil pública para garantir atendimento habitacional a famílias que vivem em área de obras do trecho norte do Rodoanel. A Defensoria Pública de SP e o Ministério Público Federal, em conjunto com o Instituto Pólis, ajuizaram no último mês de dezembro uma ação civil pública perante a Justiça Federal que busca garantir atendimento habitacional adequado para cerca de 3500 famílias de comunidades atingidas por obras do trecho norte do Rodoanel, na Capital e em Guarulhos. A ação aponta que as alternativas oferecidas aos moradores pela Dersa (Desenvolvimento Rodoviário S/A), empresa responsável pela obra, devem ser aprimoradas. Eles possuem a opção de receber uma indenização pelas benfeitorias dos imóveis que construíram ou se cadastrarem para receberem atendimento por uma unidade habitacional da CDHU (Companhia de Desenvolvimento Habitacional e Urbano). Com relação às indenizações, a ação civil pública pede que o valor de indenização leve em conta o tempo que as famílias vivem no local. Argumenta também que, além de pagas em duas vezes, para que os moradores possam dar entrada em um novo imóvel, as indenizações sejam feitas a todas as pessoas que escolheram essa opção, ainda que não haja anuência do proprietário legal do terreno, já que grande parte das casas foram construídas em áreas ocupadas.

Para as famílias que optaram por uma unidade habitacional do CDHU, a ação aponta que há falta de informações claras e precisas sobre quando e onde tais imóveis serão disponibilizados. Assim, pede-se que a Justiça determine que, antes de optar por outro tipo de atendimento, os moradores tenham acesso a todos esses dados, bem como que, aqueles que escolheram essa alternativa, contem com atendimento provisório efetivo até o reassentamento. A ação é subscrita pelas Defensoras Públicas Anaí Arantes Rodrigues e Ana Bueno de Moraes, do Núcleo Especializado de Habitação e Urbanismo da instituição, e pelo Procurador da República Pedro Antonio de Oliveira Machado. Além da Fazenda do Estado, a ação foi proposta em face da União, pois a obra conta com repasse de recursos federais. Um pedido liminar, que ainda será apreciado, requer que os repasses sejam suspensos caso não sejam observadas as condições de atendimento habitacional."[25]

Por fim, vale a pena acrescentar que, recentemente, especialmente após a tragédia de Pinheirinho, o Tribunal de Justiça de São Paulo criou o GAORP - Grupo de Apoio às Ordens Judiciais de Reintegração de Posse (Gaorp), com o objetivo de "resolver conflitos por meio de alternativas como a conciliação ou amenizar o desgaste causado às partes em decorrência de uma reintegração

25 Disponível em: http://www.defensoria.sp.gov.br.

de posse". (...) O Gaorp, presidido pelo juiz assessor da Presidência do TJSP Kleber Leyser de Aquino, é coordenado pelo Gabinete de Planejamento e Gerenciamento de Riscos e Crises do TJSP e composto por representantes dos governos Federal, Estadual e Municipal. O grupo reúne-se com os magistrados responsáveis pelos processos, com as partes envolvidas e os interessados na causa" (Cf. http://www.tj.jus.br).

Enfim, trata-se de uma boa e salutar iniciativa do TJSP para evitar intervenções "ad hoc" e direcionadas, tornando institucional a questão social que envolve as grandes e complexas reintegrações.

Por fim, se cruzarmos os temas urbanismo e saúde pública, surge a nobre questão do **saneamento básico**, embora tratada, por muito tempo, com desprezo e indiferença pelos responsáveis pelas políticas públicas no Brasil. Bem, a Lei nº 11.445/2007 foi promulgada com o objetivo de definir as diretrizes dessa relevante política. O artigo 2º traça os princípios fundamentais do sistema de prestação do serviço público de saneamento básico, o qual inclui, necessariamente (inciso III) "abastecimento de água, esgotamento sanitário, limpeza urbana e manejo dos resíduos sólidos realizados de formas adequadas à saúde pública e à proteção do meio ambiente".

No que toca aos **resíduos sólidos**, em 2010, foi instituída a nova Política Nacional dos Resíduos Sólidos (Lei nº 12.305/2010). Nesse sistema, além das questões da saúde no espaço urbanizado e da destinação desses resíduos, há clara e evidente preocupação com a organização e o aporte de recursos aos "catadores de materiais recicláveis". Aliás, é princípio (artigo 6º) dessa política "o reconhecimento do resíduo sólido reutilizável e reciclável como um bem econômico e de valor social, gerador de trabalho e renda e promotor de cidadania" (inciso VIII) e um de seus objetivos (artigo 7º) a "integração dos catadores de materiais reutilizáveis e recicláveis nas ações que envolvam a responsabilidade compartilhada pelo ciclo de vida dos produtos" (inciso XII).

Bem, a Defensoria Pública tem se preocupado com esse sensível campo. De fato, assim noticiou-se em certa ocasião: "O lixão de Itapeva, cidade a 290 km da Capital paulista, é a fonte de renda há cerca de 15 anos de Joel Paz de Almeida, de 32. Ele e a esposa trabalham como catadores de materiais recicláveis no local, que na última terça-feira (30/6) recebeu a visita do Núcleo de Cidadania e Direitos Humanos da Defensoria Pública de SP.

O objetivo do Núcleo é avaliar a implementação das Políticas Nacional e Estadual de Resíduos Sólidos. O Defensor Público Rafael Lessa Vieira de Sá Menezes, que é coordenador auxiliar do Núcleo e participou da visita, avaliou como grave a situação no local, pois a cidade não possui plano municipal de resíduos sólidos e quase não há interação entre prefeitura e catadores.

Constatou-se que não estão implementadas no local as diretrizes da Política Nacional de Resíduos Sólidos (Lei nº 12.305/2010), que traz como objetivos a "integração dos catadores de materiais reutilizáveis e recicláveis nas ações que envolvam a responsabilidade compartilhada pelo ciclo de vida dos produtos".

Papelão, latinhas, garrafas PET e plásticos finos são alguns dos materiais buscados todas as manhãs por Joel, que mora no bairro carente de Vila Santa Maria com a esposa e os filhos, duas meninas de 12 e 10 anos e um bebê.

Tudo é estocado e, no fim do mês, vendido para empresas que fazem a reciclagem. Os itens mais valiosos são as garrafas PET, vendidas a R$ 0,55 por quilo. Já papel branco, livros e caixinhas de leite não são procurados porque o valor pago é muito baixo (o quilo do papel branco vale R$ 0,05, por exemplo).

O serviço é feito sem luvas ou qualquer outro material para proteção, exceto uma barra de metal usada para remexer os resíduos. Cacos de vidro já provocaram cortes nas mãos e nos pés de Joel, mas ele diz que os ferimentos são mais comuns em quem está começando no trabalho. Doença provocada pelo trabalho ele diz que nunca teve.

A venda dos recicláveis rende a Joel mensalmente entre R$ 500 e R$ 600, mas o valor já chegou a R$ 1.200 em mês com muitos materiais encontrados e de preço em alta.

O Defensor Rafael Lessa afirma que os trabalhadores do local têm uma auto-organização para o trabalho, mas que ainda não é formalizada como cooperativa. Ele ressaltou que a prefeitura deve fornecer todo o suporte para que os catadores se constituam como cooperativa e para sua contratação, com remuneração, fornecimento de infraestrutura e maquinário adequado.

Durante a tarde, a Defensoria se reuniu com as Secretarias de Coordenação e Planejamento e de Recursos Hídricos e com a Procuradoria do Município, que se comprometeram a discutir a questão e desenvolver uma agenda para uma política municipal de resíduos sólidos que contemple a inclusão social dos catadores. O Município tem reunião marcada dia 14/7 com moradores para apresentar um plano de atuação.

A visita ao lixão foi acompanhada por Marineide Alves Santos, do Movimento Nacional dos Catadores de Materiais Recicláveis, que entregou um diagnóstico do local, elaborado em parceria com a Rede Verde Sustentável, Instituto Ecoar para a Cidadania e Unisol Brasil.

O documento aponta a presença de urubus, trabalhadores atuando em situação de risco, materiais depositados em vala sem proteção do solo e das pessoas, trazendo também vários relatos de catadores. Os textos apontam a baixa renda obtida, a falta de reconhecimento do trabalho, a necessidade de criação de uma cooperativa e de condições de trabalho com equipamentos e segurança" (Cf. http://www.defensoria.sp.gov.br).

Enfim, o importante é o Poder Público entender que tem a responsabilidade socioambiental não apenas de dar destinação adequada e sustentável aos resíduos sólidos, mas também promover a emancipação e o empoderamento sociais desses agentes, especialmente por meio da estruturação de cooperativas e do aporte de recursos. A Defensoria Pública, por sua vez, exerce seu papel ao prestar a adequada e próxima assistência jurídica, mormente quanto à formalização dessas cooperativas e da cobrança das responsabilidades públicas.

4. PASSO A PASSO DA ATUAÇÃO DO DEFENSOR PÚBLICO NA TUTELA COLETIVA

No caso dos conflitos supraindividuais, **é importante que o Defensor Público certifique, inicialmente, se a questão extrapola interesses meramente individuais e isolados.** Após, certo de que se trata de um grupo de pessoas determináveis, **deve ele apurar se parte relevante dessa coletividade é composta por pessoas necessitadas, para fins de pertinência temática, salvo se for caso de interesses difusos, quando os interessados são indetermináveis e, consequentemente, a legitimidade ativa independer desse liame subjetivo**. Posteriormente, certificada a coletividade e a pertinência temática, **impõe ao Defensor se imunizar de pretensões e interesses meramente especulativos, midiáticos ou políticos.**

Após, são recomendáveis provocações extrajudiciais para soluções rápidas e pacificadoras, com elaboração de termos de ajustamento de conduta (TAC), mas não sem incluir medidas coercitivas (multas cominatórias) e, sim, com o monitoramento de seu cumprimento. Nos casos de tutela de urgência contra a Fazenda Pública, **recomendamos o uso da tutela antecipada, com primazia, em detrimento de ações coletivas cautelares, pois a apreciação de medidas liminares requer manifestação prévia da requerida**, o que não se exige, por lei, se o pedido for de tutela antecipada.

De fato, vale destacar que a lei não prevê, na atualidade, a necessidade dessa audiência preliminar na hipótese de tutela antecipada, pois o artigo 1º da Lei nº 9.494/97, que regulamenta a aplicação da tutela antecipada contra a Fazenda Pública, não faz referência ao artigo 2º da Lei nº 8.437/92 que, a seu turno, exige o cumprimento dessa solenidade, ao nosso ver, inconstitucional. Destarte, o artigo 1º da Lei nº 9.494/97 refere apenas aos artigos 1º, 3º e 4º da Lei nº 8.437/92. O artigo 2º da Lei nº 8.437/92, não aplicável à tutela antecipada, por omissão legal, dispõe exatamente sobre a necessidade de intimação prévia, como espécie de prerrogativa outorgada à Fazenda Pública em benefício do suposto interesse público que, em princípio, não se exige na concessão da antecipação da tutela. Portanto, se o Defensor Público puder optar entre um pedido liminar e um pleito de tutela antecipada, recomendamos que opte pelo segundo.

5. FLUXOGRAMA – Tutela Coletiva

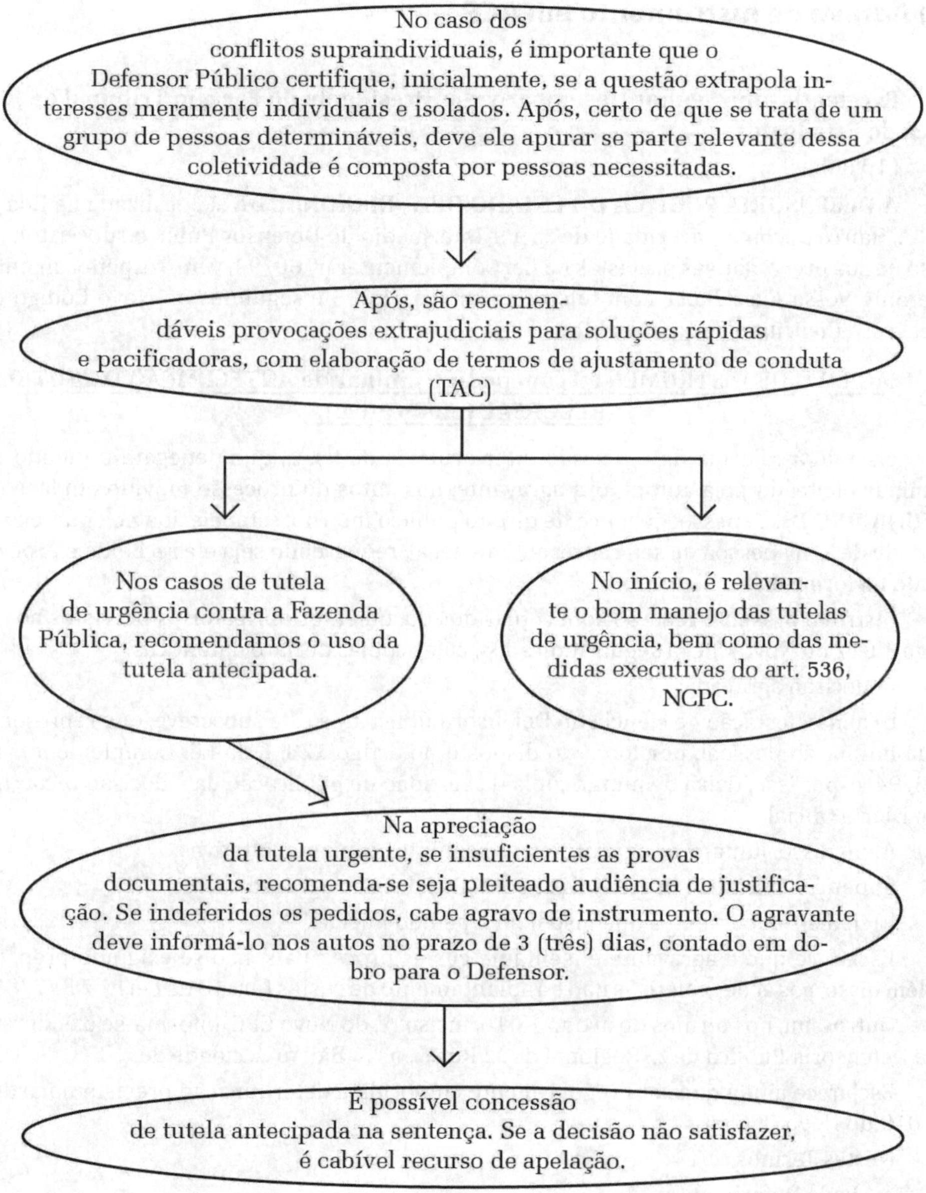

6. MODELOS

I) Agravo de Instrumento em ACP

Excelentíssimo Senhor Desembargador Presidente do Egrégio Tribunal de Justiça do Estado de ...

(10 linhas)

A DEFENSORIA PÚBLICA DO ESTADO DE ..., REGIONAL DE ..., localizada na Rua ..., nº ..., Bairro ..., comarca e cidade de ..., por intermédio do Defensor Público subscritor, no uso de sua prerrogativas previstas na Lei Complementar nº 80/94, vem, respeitosamente, perante Vossa Excelência, com fulcro nos artigos 1.015 e seguintes do Novo Código de Processo Civil, interpor o presente

AGRAVO DE INSTRUMENTO com pedido liminar de ANTECIPAÇÃO DA TUTELA RECURSAL (efeito ativo),

visando à reforma da r. decisão interlocutória de fls. ..., que denegara o pedido de liminar pleiteado pela autora, ora agravante, nos autos do processo movido em face do **MUNICÍPIO DE ...,** pessoa jurídica de direito público interno, estabelecida no endereço ..., cidade de ..., na pessoa de seu representante legal, requerendo seja ele recebido e processado na forma da lei.

Instrui o presente recurso com cópias dos documentos obrigatórios previstos no artigo 1.017 do Novo CPC, a seguir indicados, cujas cópias declaro autênticas:

a) decisão agravada;

b) a manifestação de ciência do Defensor Público que esta subscreve, que representa sua intimação pessoal, por força do disposto no artigo 128, I, da Lei Complementar nº 80/94, e, por isso, deixa de juntar cópia da certidão de publicação da r. decisão recorrida no Diário Oficial

Além disso, juntam, as agravantes, as seguintes cópias facultativas:

a) petição inicial do processo que contém a decisão agravada;

b) demais documentos que instruem o pedido inicial.

Esclarece que a agravante é isenta de custas processuais, não se exigindo preparo. Além disso, nas ações coletivas não há adiantamento de custas (art.18 da Lei nº 7.347/85).

Outrossim, nos termos do artigo 1.016, inciso IV, do Novo CPC, informa-se o endereço da Defensoria Pública de ..., Regional de ...: Rua ..., nº ..., Bairro ..., cidade de ...

Esclarece ainda que será regularmente cumprida a determinação prevista no artigo 1.018 do Novo CPC.

Nestes Termos,

Pede Deferimento.

Cidade ..., data .../.../.....

DEFENSOR PÚBLICO

Xª Defensoria Pública da Regional de........

MINUTA DE AGRAVO DE INSTRUMENTO

Agravante: A DEFENSORIA PÚBLICA DO ESTADO DE ...

Agravado: MUNICÍPIO DE ...

Origem: Juízo da Vara da Infância e da Juventude e do Idoso da Comarca de ...

Processo n.º .../... – Ação Civil Pública com pedido de liminar

EGRÉGIO TRIBUNAL,

COLENDA CÂMARA,

EMÉRITOS JULGADORES,

Cuida-se de r. decisão denegatória do pedido liminar, proferida nos autos da AÇÃO CIVIL PÚBLICA acima noticiada, promovida pela Agravante, em face do ora Agravado, via do qual o Juízo "*a quo*" indeferiu a LIMINAR, de modo errôneo e infundado, não restando outra saída à Agravante senão interpor o presente recuso para ver valer os direitos humanos individuais e sociais das crianças carentes e de suas famílias à prestação do serviço público essencial de atendimento nas creches e pré-escolas.

I – DOS FATOS

A mencionada ação foi proposta em razão da interrupção do atendimento nas Unidades de Educação Infantil, consistentes nas creches e pré-escolas, que atendem crianças de 0 a 5 anos, respectivamente nos dias 23 e 19 de dezembro de 2008, deixando sem atendimento cerca 17 (dezessete) mil crianças carentes.

Tal interrupção decorre da execução da Resolução SME nº 01/2008, que estabelece o calendário escolar anual.

Ocorre que, em razão deste ato administrativo, ora impugnado, crianças carentes de 0 a 5 anos, ficarão fora dos Centros Educacionais Infantil e Pré-Escolas, com flagrante desamparo à infância e à família, cujos pais trabalham em jornada integral e não têm com quem deixar seus filhos durante este período, gerando, em consequência, desarranjos nas estruturas familiares, principalmente nos aspectos econômico-financeiras, gerando despesas extras a quem não possui recursos até para as despesas ordinárias. Tal situação poderá gerar riscos aos infantes, que muitas vezes acabam ficando sozinhos ou sob a guarda de outros parentes igualmente menores, com potenciais prejuízos às suas integridades físicas e morais.

O fato é grave e enseja a premente intervenção do Poder Judiciário a fim de que o direito fundamental e absolutamente prioritário à educação das crianças de zero a cinco (e por vez alcançando as de seis) anos de idade, bem como de assistência social de proteção e amparo à criança seja assegurado em caráter contínuo e incondicional.

Além do mais, vale ressaltar que a decisão administrativa ora impugnada afronta não só os direitos da criança, mas sim de todo o núcleo familiar.

É certo que as famílias carentes dependem do fornecimento de creches e de pré-escolas em caráter ininterrupto, haja vista o dispêndio de quase todo o tempo diário para o trabalho.

É importante lembrar que no período em questão verifica-se um incremento extraordinário das vagas oferecidas no mercado de trabalho, o que agrava os efeitos do ato. Ou seja, neste período, em razão do aumento dos empregos temporários, muitas mães e pais (e outros responsáveis pelas crianças) que estão desempregados ou precisam reforçar o orçamento familiar, vão a busca de trabalho, e a interrupção do serviço público ora questionado, torna-se um obstáculo sem tamanho também ao acesso ao trabalho que pode garantir a segurança e subsistência destas famílias.

Lamentavelmente, em flagrante desrespeito às normas mais basilares assim como princípios consagradores da nossa Constituição, o Douto Magistrado *"a quo"*, que normalmente acerta em suas decisões, indeferiu o pedido liminar por eventuais dificuldades formais de implementação imediata da medida, cujos termos são:

"Processe-se sem a liminar que deixo de conceder por considerar inexequível a tutela antecipada pleiteada.

Com efeito, no apagar das luzes do ano de 2008, quando se encerra o exercício do mandado do Prefeito Municipal, não se conhecem as implicações decorrentes de uma liminar que determinasse o funcionamento ininterrupto das creches e pré-escolas.

Neste momento por certo foram elaboradas escalas de férias e determinada a interrupção, por exemplo, do fornecimento de merenda escolar e pergunta-se: até que ponto é viável do ponto de vista administrativo e orçamentário reverter o que foi planejado com antecedência?

De resto, são dezenas as creches e pré-escolas e milhares os alunos atendidos, o que permite antever as complexas implicações da tutela jurisdicional almejada.

Por estas razões, indefiro a liminar pleiteada.

Cite-se o réu.

Int."

Como se pode notar, o Douto Magistrado, responsável pela prestação da tutela jurisdicional, prevê uma série de impedimentos administrativos e orçamentários que eventualmente obstariam a implementação da liminar ora pleiteada.

Portanto, *data venia,* tal decisão interlocutória não deve prevalecer diante de valores constitucionais tão supremos. Não se pode apegar a pormenores, de natureza meramente formal, diante de princípios e normas constitucionais tão relevantes, mormente quando se trata de casos que envolvem crianças carentes e famílias economicamente vulneráveis.

Portanto, denota-se a urgência e necessidade da concessão da tutela antecipada recursal, determinando ao requerido que se abstenha de fechar os Centros Educacionais Infantis e as Unidades de Pré-Escola (próprias e conveniadas) em qualquer período, principalmente aquele noticiado nos autos (janeiro de 2009), com o reconhecimento de obrigação de não fazer, sob pena de multa diária.

II – DO DIREITO

Realmente, o Juízo *"a quo"* indefere o pedido liminar diante de suposta inexecutibilidade da medida, criando uma espécie de terceiro requisito à concessão das liminares, o que não podemos admitir. De fato, a concessão dessa medida de urgência requer presentes o *periculum in mora* e o *fumus boni iuris.* Uma vez demonstrados, segundo uma cognição sumária, de rigor a concessão da liminar, sob pena de perecimento de direitos, no caso, direitos fundamentais individuais e sociais.

Além disso, a possibilidade da implementação da medida judicial é matéria executiva, cuja análise faz-se impertinente neste momento, qual seja, o início do processo de conhecimento. *Data venia,* notamos que o Douto Magistrado tenha se precipitado no indeferimento da liminar, pois não negou a presença de seus requisitos legais, se limitando a descrever supostos impedimentos de ordem prática, questões extrínsecas ao mérito daquele pedido, sem que, ao menos, fossem alegados pelo ente público requerido.

Como se não bastasse, o juízo cognitivo da decisão ora agravada não procedeu ao necessário sopesamento de princípios que a complexidade do caso requer, mormente se considerarmos a presença de nobres valores constitucionais, considerados verdadeiros "princípios políticos-constitucionais", nos ensinamentos de José Afonso da Silva (*"Direito constitucional positivo",* Malheiros, 2002).

De fato, um dos fundamentos da República Federativa do Brasil, expressa em sua Constituição de 1988, é o da dignidade da pessoa humana.

A busca pela vida digna comporta o direito de sobreviver de forma íntegra, devendo o Poder Público assegurá-lo, tendo em vista os dispositivos constitucionais e infraconstitucionais que servem de espeque ao pedido que ora se faz.

Em se tratando normas que retratam verdadeiros direitos e garantias constitucionais, hão elas de ser aplicadas de forma imediata[26], pois normas de eficácia plena, que independe de qualquer regulamentação.

De fato, o direito à proteção integral das crianças, à dignidade humana, à assistência social, à educação, em suma, o direito ao amparo estatal efetivo, adequado, eficiente e oportuno das crianças carentes não pode ser prorrogado ou se sucumbir diante de meras questões administrativas ou burocráticas que possam aparecer.

Por estas as razões, que deve o juiz eleger as normas jurídicas que coadunam com um desfecho equitativo para o caso, tanto em razão dos fins almejados pelo sistema, como em razão das condições pessoais dos sujeitos envolvidos. Realiza o julgador uma escolha daquelas normas que, concomitantemente, se compatibilizam com os fatos provados e são capazes de fundamentar uma decisão justa perante o caso litigioso. Nesse diapasão, ensina o professor italiano, Mauro Capelletti: "(...) E assim, não pode mais o juiz se ocultar, tão facilmente, detrás da frágil defesa da concepção do direito como norma preestabelecida, clara e objetiva, na qual pode basear sua decisão de forma neutra. É envolvida sua responsabilidade pessoal, moral e política, tanto quanto jurídica, sempre que haja no direito, abertura para escolha diversa. E a experiência ensina que tal abertura sempre e quase sempre está presente." (CAPELLETTI, Mauro. *"Juízes legisladores?"* Sergio Antonio Fabris Editor, 1990, p. 111.)

Razão pela qual, não se pode admitir de um julgador que adote posição neutra, despida de valoração e sopesamento, abstendo-se de interpretar, aplicar e julgar litígio, considerando o Direito como um sistema complexo de regras positivas e princípios. O ato de julgar há de ser imparcial, mas nunca neutro.

Como bem ensina Juarez Freitas, "o intérprete precisa considerar, ampliativamente, o inafastável poder-dever de prestar a tutela, de sorte a facilitar, ao máximo, o acesso legítimo do jurisdicionado". (FREITAS Juarez, DIREITO CONSTITUCIONAL, Malheiros Editores, 2003, p. 227)

---

26 CF, art. 5º, § 1º - "As normas definidoras dos direitos e garantias fundamentais têm aplicação imediata".

Afirma este autor que "a interpretação jurídica é um processo tópico sistemático, onde é impositivo contribuir para uma solução de equilíbrio, um meio termo, um compromisso entre formalismo e o chamado pragmatismo, evitando-se decisões unilaterais e rígidas, no exame do caso concreto".

De fato, toda vez que ocorre um acento polarizante verificam-se inúmeros malefícios. Deste modo, não se pode, sob qualquer pretexto, hipertrofiar o formalismo a ponto de deixar de lado as legítimas e inafastáveis preocupações materiais e empíricas.

Em suma, o Juiz tem a responsabilidade da Jurisdição, devendo apreciar a tutela jurídica apresentada em Juízo, conformando as regras jurídicas à realidade, dando origem à chamada *"norma de decisão"*, que não se confunde com as regras jurídicas positivadas.

De fato, a norma jurídica "representa o resultado intermédio do processo concretizador, mas não é ainda imediatamente normativa. Para se passar da normatividade mediata para a normatividade concreta, a norma jurídica precisa de revestir o caráter de norma de decisão" (CANOTILHO, J.J. Apud GRAU, Eros R., *Ensaio e discurso sobre a interpretação/aplicação do direito,* Malheiros, p. 92), que pressupõe um processo de escolhas e sopesamento de valores, com a devida proporcionalidade e razoabilidade, mormente quando a análise acarreta bens jurídicos diversos ou até contrapostos.

Segundo Humberto Ávila, "há casos em que é analisada a correlação entre dois bens jurídicos protegidos por princípios constitucionais, em função dos quais é preciso saber se a medida adotada é adequada para atingir o fim constitucionalmente instituído, (...). A razoabilidade determina que as condições pessoais e individuais dos sujeitos envolvidos sejam consideradas na decisão". (*A distinção entre princípios e regras e a redefinição do dever de proporcionalidade,* RDA 215/151, 1999, p. 169).

É razoável prevalecer uma questão administrativa ou orçamentária em detrimento do direito de milhares de crianças carentes?

Em resposta ao questionamento feito na r. decisão agravada, apresentamos uma segunda questão: até que ponto é viável, do ponto de vista da Constituição Federal, deixar milhares de crianças carentes sem a adequada proteção, vulneráveis às mais diversas influências e submetidas a total omissão estatal?

Sabemos que o direito moderno, em especial após a Segunda Guerra Mundial, teve por bem traçar normas gerais de proteção do ser humano para toda a humanidade.

Neste sentido, a Declaração Internacional dos Direitos Humanos, firmada em 1948, proclamou que toda pessoa tem direito à segurança social; aos direitos econômicos, sociais e culturais indispensáveis à sua dignidade e ao livre desenvolvimento de sua personalidade (art. XXII); direito ao bem estar e a serviços sociais indispensáveis (art. XXV, item I); direito ao cuidado e assistências especiais quando crianças (art. XXV, item II) e direito à instrução elementar obrigatória (art. XXVI).

Por sua vez, a Convenção Americana sobre Direitos Humanos, prevê em seu art. 19 que: "Toda criança terá direito às medidas de proteção que a sua condição de menor requer, por parte de sua família, da sociedade e do Estado."

Ainda na seara internacional, dispõe a Convenção sobre os Direitos da Criança que:

"Art. 4º. Os Estados partes tomarão todas as medidas apropriadas, administrativas, legislativas e outras, para a implementação dos direitos reconhecidos nesta Convenção. Com relação aos direitos econômicos, sociais, e culturais, os Estados partes tomarão tal medidas no alcance máximo de seus recursos disponíveis e, quando necessário, no âmbito da cooperação internacional."

"art. 28. Os Estados partes reconhecem o direito da criança à educação e, a fim de que ela possa exercer progressivamente e em igualdade de condições esse direito deverão especialmente: Tornar o ensino primário obrigatório e disponível gratuitamente a todos;"

Já no sistema interno, a Constituição Federal traz como fundamentos e objetivos da República Federativa do Brasil:

"Art. 1º. A República Federativa do Brasil, formada pela união indissolúvel dos Estados, Municípios e do Distrito Federal, constitui-se em Estado Democrático de Direito e tem como fundamentos:

I - a soberania;

II - a cidadania;

III - a dignidade da pessoa humana;

Art. 3º. Constituem objetivos fundamentais da República Federativa do Brasil:

I - construir uma sociedade livre, justa e solidária;

II - garantir o desenvolvimento nacional;

III - erradicar a pobreza e a marginalização e reduzir as desigualdades sociais e regionais;

IV - promover o bem de todos, sem preconceitos de origem, raça, sexo, cor, idade e quaisquer outras formas de discriminação."

O art. 6º, por sua vez, dispõe sobre os Direitos sociais: São direitos sociais a educação, a saúde, o trabalho, a moradia, o lazer, a segurança, a previdência social, a proteção à maternidade e à infância, a assistência aos desamparados, na forma da Lei."

Prescreve o art. 203 da Carta Magna: "A assistência social será prestada a quem dela necessitar, independentemente de contribuição à seguridade social, e tem por objetivos:

I - a proteção à família, à maternidade, à infância, à adolescência e à velhice;

II - o amparo às crianças e adolescentes carentes;

III - a promoção da integração ao mercado de trabalho;"

Como não bastasse, o art. 205 e 208 descrevem que:

"Art. 205. A educação, direito de todos e dever do Estado e da família, será promovida e incentivada com a colaboração da sociedade, visando ao pleno desenvolvimento da pessoa, seu preparo para o exercício da cidadania e sua qualificação para o trabalho.

Art. 208. O dever do Estado com a educação será efetivado mediante a garantia de:

IV - educação infantil, em creche e pré-escola, às crianças até 5 (cinco) anos de idade;"

A Constituição Federal consagrou a educação como um direito público subjetivo, significando dizer que o indivíduo pode exigir do Estado uma execução ou omissão para prevalecer tal prerrogativa em detrimento das demais.

Constitucionalizando o direito à educação, o Estado deve torná-la efetiva, pautando-se em políticas públicas aptas a garantir o acesso de toda a população ao ensino, principalmente a sua parcela mais carente.

Assim, deve-se entender que a educação está incluída no instituto jurídico que se convencionou chamar-se "Assistência Social". Conceitualmente, assistência social significa auxiliar as pessoas necessitadas sem delas cobrar por tal prestação.

O instituto da assistência social também foi previsto em nossa Constituição com o idealismo de levar aos mais necessitados recursos mínimos para própria sobrevivência e de sua família, bem como para preparar o indivíduo para o mercado de trabalho e ao exercício da cidadania.

Dentro deste conceito amplo de assistência social infere-se o direito à educação, pois somente com ela teremos pessoas capazes de ingressar no mercado de trabalho e disputar com isonomia a concorrência imposta atualmente.

Como se vê, o efetivo acesso e atendimento em Centros de Educação Infantil e Unidades de Pré-escola, constitui obrigação do poder público em atenção à eficácia vertical dos direitos fundamentais.

Para regulamentar toda essa matéria de proteção absoluta e prioritária da criança, bem como de toda a família, a legislação infraconstitucional, em especial a Lei nº 8069/90 (Estatuto da Criança e do Adolescente) dispõe que:

"Art. 3º. A criança e o adolescente gozam de todos os direitos fundamentais inerentes à pessoa humana, sem prejuízo da proteção integral de que trata esta Lei, assegurando-se-lhes, por lei ou por outros meios, todas as oportunidades e facilidades, a fim de lhes facultar o desenvolvimento físico, mental, moral, espiritual e social, em condições de liberdade e de dignidade.

Art. 4º É dever da família, da comunidade, da sociedade em geral e do poder público assegurar, com absoluta prioridade, a efetivação dos direitos referentes à vida, à saúde, à alimentação, à educação, ao esporte, ao lazer, à profissionalização, à cultura, à dignidade, ao respeito, à liberdade e à convivência familiar e comunitária.

Parágrafo único. A garantia de prioridade compreende:

b) precedência de atendimento nos serviços públicos ou de relevância pública;

Art. 54. É dever do Estado assegurar à criança e ao adolescente:

IV - atendimento em creche e pré-escola às crianças de zero a seis anos de idade;

§ 1º O acesso ao ensino obrigatório e gratuito é direito público subjetivo.

§ 2º O não oferecimento do ensino obrigatório pelo poder público ou sua oferta irregular importa responsabilidade da autoridade competente.

"Art. 208 - Regem-se pelas disposições desta Lei as ações de responsabilidade por ofensa aos direitos assegurados à criança e ao adolescente, referentes ao não oferecimento ou oferta irregular:

I - do ensino obrigatório;

III - de atendimento em creches e pré-escola às crianças de zero a seis anos de idade;

VI - de serviço de assistência social visando à proteção à família, à maternidade, à infância e à adolescência, bem como ao amparo às crianças e adolescentes que dele necessitem;"

Como se não bastasse, **a Resolução CONANDA nº 113/2006**, que regulamente o Sistema de Garantia dos Direitos da Criança e do Adolescente, dispõe que "esse sistema articular-se-á com todos os sistemas nacionais de operacionalização de políticas públicas, especialmente nas áreas da saúde, educação, assistência social, trabalho, segurança pública, planejamento, orçamentária, relações exteriores e promoção da igualdade e valorização da diversidade" (artigo 1º, §1º).

Mais adiante, diz que "compete ao Sistema de Garantia dos Direitos da Criança e do Adolescente promover, defender e controlar a efetivação dos direitos civis, políticos, econômicos, sociais, culturais, coletivos e difusos, em sua integralidade, em favor de todas as crianças e adolescentes, de modo que sejam reconhecidos e respeitados como sujeitos de direitos e pessoas em condição peculiar de desenvolvimento; colocando-os a salvo de ameaças e violações a quaisquer de seus direitos, além de garantir a apuração e reparação dessas ameaças e violações" (artigo 2º, caput).

Outrossim, dispõe que "o desenvolvimento dessa política implica: na satisfação das necessidades básicas de crianças e adolescentes pelas políticas públicas, como garantia de direitos humanos e ao mesmo tempo como um dever do Estado, da família e da sociedade" (Artigo 14, §3º, I).

Além do direito à Educação, o Estado regulamenta, embora infelizmente somente no plano formal, o direito à assistência e desenvolvimento social, conforme dispõe a Lei 8742/93 (LOAS):

"Art. 1º A assistência social, direito do cidadão e dever do Estado, é Política de Seguridade Social não contributiva, que provê os mínimos sociais, realizada através de um conjunto integrado de ações de iniciativa pública e da sociedade, para garantir o atendimento às necessidades básicas.

Art. 2º A assistência social tem por objetivos:

I - a proteção à família, à maternidade, à infância, à adolescência e à velhice;

II - o amparo às crianças e adolescentes carentes;

Parágrafo único. A assistência social realiza-se de forma integrada às políticas setoriais, visando ao enfrentamento da pobreza, à garantia dos mínimos sociais, ao provimento de condições para atender contingências sociais e à universalização dos direitos sociais.

Art. 4º A assistência social rege-se pelos seguintes princípios:

I - supremacia do atendimento às necessidades sociais sobre as exigências de rentabilidade econômica;

II - universalização dos direitos sociais, a fim de tornar o destinatário da ação assistencial alcançável pelas demais políticas públicas;

III - respeito à dignidade do cidadão, à sua autonomia e ao seu direito a benefícios e serviços de qualidade, bem como à convivência familiar e comunitária, vedando-se qualquer comprovação vexatória de necessidade;

Art. 23. Entendem-se por serviços assistenciais as atividades continuadas que visem à melhoria de vida da população e cujas ações, voltadas para as necessidades básicas, observem os objetivos, princípios e diretrizes estabelecidas nesta lei.

Parágrafo único. Na organização dos serviços será dada prioridade à infância e à adolescência em situação de risco pessoal e social, objetivando cumprir o disposto no art. 227 da Constituição Federal e na Lei nº 8.069, de 13 de julho de 1990.

Com efeito, estas crianças e suas respectivas famílias têm direito a usufruir dos serviços de creche, como direito social, fundado na obrigação do Poder Público de concretizar políticas públicas de erradicação da pobreza, marginalização, assistencialismo público e de inclusão social.

Por fim, vale consignar que, além do dever do Estado em colocar a criança fora de qualquer situação de risco, como acima descrito, a família busca, em especial neste período de ânimo do mercado de trabalho, uma melhora em sua vida econômica, o que ficará impossibilitado caso haja a permanência deste ato administrativo inconstitucional.

Neste sentido prescreve o art. 7º, XXV, da Carta Magna:

"art. 7º São Direitos dos Trabalhadores urbanos e rurais, além de outros que visem à melhoria de sua condição social :

XXV – assistência gratuita aos filhos e dependentes desde o nascimento até os seis anos de idade em creches e pré-escolas;" (grifos nossos)

Como se percebe, a Constituição Cidadã buscou em tais dispositivos assegurar aos pais proteção de seus filhos por meio da solidariedade social.

Como ficarão aqueles pais que não têm parentes ou condições de colocar seus filhos em outros locais para que possam trabalhar? Estas crianças ficarão simplesmente ao desabrigo, ao abandono, por custa de uma política municipal desastrosa?

O Poder Judiciário não pode fechar os olhos para esta situação, lembrando-se que o juiz, quando da aplicação da Lei, deve atentar-se aos fins sociais a que ela se dirige e às exigências do bem comum (art. 5º, da Lei de Introdução do Código Civil).

Ora, se é direito social constitucional do trabalhador a garantia de assistência em creches, a municipalidade não pode furtar-se a esta prestação, tendo por base míseros interesses corporativistas.

Quanto à decisão administrativa de suspender o atendimento nas creches e pré-escolas, sustenta Luís Barroso que o princípio da proporcionalidade funciona como um parâmetro hermenêutico que orienta como uma norma jurídica deve ser interpretada e aplicada no caso concreto, mormente na hipótese de incidência dos direitos fundamentais, para a melhor realização dos valores e fins do sistema constitucional. Permite-se, assim, ao Poder Judiciário invalidar atos legislativos ou administrativos nas em que não haja adequação entre o fim perseguido e o instrumento empregado pela norma jurídica (adequação); a medida normativa não seja exigível ou necessária, havendo meio alternativo menos gravoso para chegar ao mesmo resultado (necessidade ou vedação do excesso); e não se manifeste o binômio custo-benefício, pois o que se perde com a medida normativa é de maior relevo do que aquilo que se ganha (proporcionalidade *stricto sensu*).

Como se vê, o princípio da proporcionalidade se destaca como ferramenta disponível aos juízes para decidir com equidade. Trata-se de instrumento apto a legitimar a intervenção rigorosa do Poder Judiciário a fim de corrigir distorções provocadas pelo Poder Público. Ressalte-se que o dito novo Constitucionalismo vigente, trouxe à baila a valorização dos direito fundamentais, em especial à dignidade da pessoa humana, não havendo mais como se falar em magistrados vinculados estritamente aos paradigmas da lei.

Corroborando com tais entendimentos, o Egrégio Supremo Tribunal de Justiça, decidiu reiteradamente que:

"Não há discricionaridade do administrador frente aos direitos consagrados, quiçá, constitucionalmente. Nesse campo a atividade é vinculada sem admissão de qualquer exegese que vise afastar a garantia pétrea. Um país cujo preâmbulo constitucional promete a disseminação das desigualdades e a proteção à dignidade humana, alçadas ao mesmo patamar da defesa da Federação e da República, não pode relegar o direito à educação das crianças a um plano diverso daquele que o coloca, como uma das mais belas e justas garantias constitucionais." (STJ, RESP 575280-SP, 01ª Turma, j.02.09.2004, rel. Min. Luiz Fux) (grifei).

"A situação de inconstitucionalidade pode derivar de um comportamento ativo do Poder público, que age ou edita normas em desacordo com o que dispõe a Constituição, ofendendo-lhe, assim, os preceitos e os princípios que nela se acham consignados. Essa conduta estatal, que importa em um "facere" (atuação positiva), gera a inconstitucionalidade por ação. Se o estado deixar de adotar as medidas necessárias à realização concreta dos preceitos da Constituição, em ordem de torná-los efetivos, operante e exequíveis, abstendo-se, em consequência, de cumprir o dever de prestação que a Constituição lhe impôs, incidirá em violação negativa do texto constitucional. Desse *"non facere ou non praestere"*, resultará a inconstitucionalidade por omissão, que pode ser total, quando é nenhuma a providência adotada, ou parcial, quando é insuficiente a medida efetivada pelo Poder Público." (STF, Pleno, rel. Min. Celso de Mello, RTJ 185/794-796; RTJ 175/1212-1213)

No caso in examine, pretende o Poder Público eximir-se por mais de 30 dias de uma obrigação imposta pela Constituição, particularmente, a educação e a assistência integral para crianças de zero a cinco anos de idade.

A despeito disso, almeja o requerido burlar todo esse influxo constitucional que permeiam os atos da Administração Pública. Em último estágio, espera o requerido criar teratologicamente direitos que não se coadunam com os valores éticos e morais consagrados constitucionalmente. A manutenção de tal ato administrativo somente contribui para o esgarçamento da vontade político-social firmada pelo constituinte de 1988, que aspirou erradicar a miséria intelectual que tanto assola o país.

Por derradeiro, a prestação de serviços efetuados pelas creches e pré-escolas municipais e conveniadas enquadra-se no conceito de serviço público essencial. Segundo Marçal Justen Filho, "serviço público é uma atividade pública administrativa de satisfação concreta de necessidades individuais ou transindividuais, materiais ou imateriais, vinculadas diretamente a um direito fundamental, destinado a pessoas indeterminadas e executadas sob regime de direito público."

Não há como afastar da ideia de que os serviços prestados pelos Centros de Educação Infantil e pelas Unidades de Pré-Escola são serviços públicos essenciais, ou melhor, são serviços sociais, que neste contexto devem ser prestados com eficiência, qualidade e continuidade.

A interrupção na prestação desses serviços sociais colocará as crianças, já sofridas pela exclusão deste Estado desigual, em uma maior situação de risco; sem contar que a família, alicerce da sociedade, será violada nos fundamentos da ordem econômica, baseados na valorização do trabalho humano e na livre iniciativa, tendo por fim assegurar-se uma existência digna, conforme os ditames da justiça social.

Por todas as razões encampadas até então, e pelo fato da Administração Municipal dispor que a interrupção do serviço por férias coletivas, cumuladas com recesso, dar-se-á a partir de 19 de dezembro para as Pré-Escolas e a partir de 23 de dezembro de 2008 para os Centros Educacionais Infantil, até o início de fevereiro de 2009, impõe-se a intervenção, *initio litis,* do Estado-Juiz, concedendo-se a antecipação dos efeitos pretendidos, obrigando o Município de ... a manter a prestação de serviços de creches e pré-escola de forma contínua, desde já, seja através da suspensão das férias coletivas concedidas aos funcionários das creches neste período, seja através da contratação temporária prevista em lei ou de outro mecanismo legal cabível, consolidando-se tal medida para os exercícios e anos letivos futuros.

III – DA ANTECIPAÇÃO DA TUTELA RECURSAL (EFEITO ATIVO)

Segundo o regime jurídico do agravo de instrumento, poderá o relator atribuir efeito suspensivo ao recurso (artigo 1.019, inciso I, Novo CPC), conforme as regras do artigo 995 do Novo CPC.

Nos termos do que dispõe a norma do artigo 995 do Novo do Código de Processo Civil, cabe a concessão de antecipação de tutela recursal (efeito ativo), para determinar ao requerido que se abstenha de fechar os Centros Educacionais Infantis e as Unidades de Pré-Escola (próprias e conveniadas) em qualquer período, principalmente aquele noticiado nos autos, com o reconhecimento de obrigação de não fazer, sob pena de multa diária no valor de R$ 10.000,00 (dez mil reais), posto que, dadas as provas apresentadas, presentes a "fumaça do bom direito", bem como o perigo de dano de difícil reparação.

Portanto, para que haja prestação da tutela jurisdicional efetiva, nos casos de denegação da medida pleiteada, interpreta-se o artigo 995 do Novo CPC de modo extensivo, fazendo-o acolher a possibilidade de concessão da tutela antecipada recursal ou a concessão de efeito ativo ao recurso quando ela for denegada em primeiro grau. "Quando o recorrente pretende a concessão da tutela jurisdicional ao direito, negada pela decisão recorrida, obviamente não se mostra adequado postular a outorga de efeito suspensivo ao agravo, já que suspender uma omissão jurisdicional não produz qualquer efeito no plano concreto" (MARINONI, Luiz Guilherme e MITIDIERO, Daniel. *Código de Processo Civil – Comentado artigo por artigo,* RT, 2008).

Outrossim, não podemos olvidar da importância que a tutela inibitória conquistou na Teoria Processual Civil Moderna, como meio apto a garantir a efetividade da tutela jurisdicional e o acesso à justiça, evitando a ocorrência do ato ilícito.

Nesse sentido, os professores Luiz Guilherme Marinoni e Sérgio Cruz Arenhart assim se expressam: "Afirma o artigo 5º, XXXV, da CF brasileira, que nenhuma lei excluirá da apreciação do Poder Judiciário lesão ou ameaça a direito. Tal norma, segundo a doutrina, garante a todos uma tutela jurisdicional adequada e efetiva; por tal razão é correto dizer que essa norma constitucional também garante a tutela jurisdicional inibitória.

(...) Na verdade, se a existência do direito material, em nível de efetividade, depende do processo, não há como negar que a instituição de direitos que não podem ser tutelados através da técnica ressarcitória faz surgir, por consequência lógica, o direito a uma tutela que seja capaz de evitar a violação do direito material" (*Manual do Processo de Conhecimento,* 5.ed., RT, 2006).

De fato, além de amparo constitucional, a tutela inibitória se fundamenta no "poder geral de cautela", previsto no artigo 798 do CPC, cláusula geral que atribui ao magistrado o poder-dever de evitar o dano.

V – DO PREQUESTIONAMENTO

Questiona-se, desde já, a não aplicação dos artigos 3º, III; 6º; 7º, XXV; 203, I e II e 227 da Constituição Federal.

No âmbito legal, a agravante questiona-se a não aplicação dos artigos 3º; 4º; 54, IV; e 208 do Estatuto da Criança e do Adolescente, bem como artigos 1º; 2º; 4º e 23 da Lei nº 8742/93.

VI - DO PEDIDO

"Ex Positis", **é o presente para requerer que o r. Juízo recorrido reconsidere sua decisão inicial ou que este Colendo Tribunal conceda a tutela antecipada, determinando ao requerido que se abstenha de fechar os Centro Educacionais Infantis e as Unidades de Pré-Escola (próprias e conveniadas) em qualquer período, principalmente aquele noticiado nos autos (janeiro de 2009), com o reconhecimento de obrigação de não fazer, sob pena de multa diária no valor de R$ 10.000,00 (dez mil reais), pois assim estarão rendendo ensejo ao prevalecimento do Direito e, notadamente, da JUSTIÇA !**

Nestes Termos,

Pede e Aguarda Deferimento.

Cidade ..., data .../.../...

DEFENSOR PÚBLICO

Xª Defensoria Pública da Regional de........

II) Termo de Ajustamento de Conduta dentro do Processo, elaborado em conjunto com o Defensor Público Victor Hugo Albernáz Júnior

Excelentíssimo Senhor Doutor Juiz de Direito da Vara da Infância e da Juventude e do Idoso da Comarca de .../...

Processo nº .../...

A DEFENSORIA PÚBLICA DO ESTADO DE ..., por meio dos Defensores Públicos, que esta subscrevem, e o ***MUNICÍPIO DE ...,*** por intermédio da Prefeita Municipal, da Secretária Municipal da Educação e da Procuradora Municipal, também subscritoras, vêm, respeitosamente, à presença de Vossa Excelência, nos autos da **AÇÃO CIVIL PÚBLICA**, feito em epígrafe, expor e requer o que segue.

Recentemente, as partes mantiveram contatos com a intenção de transigirem acerca do objeto desta demanda, após a consideração de todas as variáveis e aspectos relevantes que cercam a questão, com a cautela de não disporem dos interesses coletivos em tela, mas visando à elaboração da melhor forma para sua implementação segundo uma escala progressiva, como abaixo se expõe.

Desse diálogo resultou o presente Termo de Ajustamento de Conduta, cuja homologação se requer, após a indispensável oitiva do representante do Ministério Público, nos seguintes termos:

a) Para o denominado recesso do mês de julho de 2010, compreendido, neste ano, entre os dias 12 e 24, conforme calendário escolar publicado pela Secretaria Municipal da Educação, o Município de ... se obriga a manter o atendimento ininterrupto de todos os Centros de Educação Infantil (CEI's), oficiais e conveniados, considerando o processo de pesquisa de interesse elaborado em maio do corrente ano.

b) As Escolas Municipais de Educação Infantil (EMEI's) não prestarão os respectivos serviços neste período de julho de 2010, denominado recesso, objetivando proporcionar a Administração Municipal maior tempo para elaboração de pesquisa de interesse dos usuários do serviço, nos mesmos moldes do que foi feito em relação aos CEI's no mês de maio de 2010, para sua devida organização e estruturação objetivando a oportuna disposição ininterrupta do serviço em tela.

c) Para o denominado recesso de dezembro de 2010 e nos recessos subsequentes e equivalentes, haverá interrupção dos serviços nas CEI's e EMEI's somente durante o período compreendido entre véspera do Natal (24/12) e o Ano Novo (01/01), permanecendo os serviços disponíveis nos demais dias úteis do referido mês.

d) A partir do mês de janeiro de 2011, a Prefeitura Municipal de ... compromete-se a manter de forma ininterrupta os serviços de todos os Centros de Educação Infantil (CEI's), oficiais e conveniados, independentemente de pesquisa de interesse ou outra condição que suprima ou restrinja o direito constitucional dos cidadãos interessados.

e) Quanto às EMEI's, no mês de janeiro de 2011, o atendimento será mantido nas unidades, oficiais e conveniadas, cujo interesse atingir o percentual mínimo de 20% do contingente regular, após pesquisa junto à população, a ser realizada pela Secretaria Municipal da Educação, até o mês de novembro de 2010, mediante ampla e acessível divulgação, na imprensa local escrita, falada e televisiva, das datas, horários e locais enquete, bem como dos documentos necessários;

f) Ainda quanto às EMEI's, no recesso escolar de julho de 2011, o atendimento será mantido nas unidades, oficiais e conveniadas, cujo interesse atingir igualmente o percentual mínimo de 20% do contingente regular, após pesquisa junto à população, a ser realizada pela Secretaria Municipal da Educação até o mês de maio de 2011, mediante ampla e acessível divulgação, na imprensa local escrita, falada e televisiva, das datas, horários e locais de enquete, bem como dos documentos necessários;

g) Por fim, quanto às EMEI's, e segundo esse processo de implementação progressiva, a partir mês de janeiro de 2012, apenas com a ressalva contida na aliena "c" (ou seja, o período entre Natal e ano Novo), o atendimento será mantido nas referidas unidades oficiais e conveniadas, independentemente de contingente mínimo de alunos ou pesquisa de interesse dos usuários;

h) O não cumprimento das cláusulas acima expostas, pelo Município de ..., acarretará sua condenação em multa diária de R$ 5.000,00 (cinco mil reais), sem prejuízo de eventual majoração, no percentual de 100% a cada período inadimplido, em caso de persistência da mora, e aplicação de outros efeitos legais previstos no ordenamento jurídico pátrio.

Portanto, considerando todos os aspectos relevantes da questão, em especial os fundamentos e argumentos de ambas as partes, <u>requerem, após a oitiva do representante do Ministério Público, a homologação do presente Termo de Ajustamento de Conduta, com a</u>

extinção do presente processo, com a resolução do mérito, conforme determina o artigo 487, inciso III, do Novo Código de Processo Civil.

Cidade ..., data .../.../...

Defensor Público

Defensor Público

Prefeito Municipal de ...

Secretária Municipal da Educação

Procuradora do Município

III) Ação civil pública sobre o caso dos cupins[27]

Excelentíssimo Senhor Doutor Juiz de Direito da ...ª Vara da Fazenda Pública da Comarca de ..., Estado de ...

(10 linhas)

A DEFENSORIA PÚBLICA DO ESTADO DE ..., pelos Defensores Públicos que esta subscrevem vem, respeitosamente à presença desse Egrégio Juízo, com fundamento no

27 Noticiou-se: A Defensoria Pública do Estado em Ribeirão Preto entrou, na última terça (07/04), com ação civil pública para que a Prefeitura e Cohab/RP realizem o combate a cupins em conjunto habitacional, situado no bairro Jardim Presidente Dutra II, e também indenize os moradores pelos prejuízos sofridos. Consta da ação que o problema teve início há 30 anos, quando da construção das casas em terreno que já na época continha uma colônia de cupins. Os moradores do conjunto procuraram a Defensoria em razão dos frequentes prejuízos sofridos, já que os cupins atacam não só os móveis, mas a própria estrutura das casas e árvores da redondeza, colocando em risco à saúde e à vida daqueles que residem no local. A Defensoria buscou uma solução extrajudicial para questão, mas sem sucesso. A ação civil pública foi proposta na última semana e baseia-se na responsabilidade do construtor prevista na legislação federal. Os defensores públicos Aluísio Iunes Monti Ruggeri Ré e Victor Hugo Albernaz Júnior, que assinam a ação, mencionam que foi elaborado laudo pela Secretaria do Meio Ambiente que "demonstra que realmente existe um "cupinzeiro" por debaixo das residências e que a praga está totalmente alastrada no bairro, sobretudo nas residências que cercam a praça Francisco de Assis". Os defensores argumentam que "a COHAB é responsável pela obra, razão pela qual deveria ter analisado com maior cuidado e ter se precavido com relação ao estado do terreno, na qual foi construído o conjunto habitacional. Assim, deve ser responsabilizada pelos danos causados aos moradores nos últimos anos, mesmo porque a construção se mostra defeituosa desde a sua conclusão, permanecendo tal defeito no decorrer do tempo".O pedido liminar é para que a Prefeitura e Cohab/RP realizem o imediato combate aos cupins na região afetada, atacando os ninhos e locais de reprodução do inseto, seja na praça próxima ou no subsolo. E que, quando do julgamento da ação, indenize os moradores por danos morais e materiais sofridos. A ação foi distribuída para a 2.ª Vara da Fazenda Pública de Ribeirão Preto e até a tarde desta segunda (13/04) não havia decisão sobre o pedido liminar. Disponível em: < http://www.defensoria.sp.gov.br>

art. 1º, inc. IV e VI c/c 5º, II da Lei 7.347/85, c/c art. 5º, inc. VI, alínea 'g' da Lei Complementar Estadual 988/06, c/c art. 1.°, Inc. III, e art. 182 da CF/88, propor a

AÇÃO CIVIL PÚBLICA com pedido liminar

DE TUTELA CONDENATÓRIA EM OBRIGAÇÃO DE FAZER COM CONDENAÇÃO DE REPARAÇÃO DE DANOS em face da **COMPANHIA HABITACIONAL REGIONAL DE ...**, sociedade de economia mista, sediada na cidade de ..., na Rua ..., n° ..., inscrita no CGC/MF sob n° ... e

MUNICÍPIO DE ..., pessoa jurídica de direito público, representada pela Prefeita Municipal, com domicílio profissional no endereço ..., pelos motivos de fato e de direito a seguir expostos:

I – DOS FATOS

Foi apurado pela Defensoria Pública do Estado, Regional de ... um grande problema sofrido pelos moradores do bairro ..., na cidade de ..., especialmente nas Ruas ... e ...

O problema que teve origem desde a construção do conjunto habitacional, localizado neste bairro, há aproximadamente 30 anos, e se transformou em um vício de grande magnitude, continuado e permanente, qual seja, a infestação de cupins nas residências locais. Tal problema atinge uma vasta gama de moradores deste bairro, em razão das constantes ocorrências de ataques causados por tal praga em suas residências e móveis.

Tais ataques ocasionam aos moradores prejuízos exorbitantes, tanto de ordem financeira como também riscos à saúde humana e ao ambiente.

Os cupins, além dos problemas que causam ao atacar a madeira do telhado e dos móveis, são também conhecidos como destruidores de outros materiais como tecidos, papéis, bem como causadores de prejuízos à arborização urbana e acidentes, como a queda de árvores atacadas.

Desta forma, os prejuízos são constantes na vida de cada morador que convive com tal inconveniente, pela destruição de todos os móveis que guarnecem suas casas, tais como armários, camas, sofás, mesas, e principalmente os telhados e portas, trazendo grande risco de desabamentos de suas residências.

De acordo com o depoimento de uma moradora do bairro, Sra. ..., residente na Rua ..., n° ..., os imóveis foram construídos, de forma negligente por parte da construtora e do Poder Público, sobre de um "cupinzeiro", explicando assim a grande perturbação que existe até hoje, principalmente os prejuízos que todos tiveram e ainda têm como, por exemplo, os móveis de suas casas deteriorados e os telhados destruídos, afirmando que, no seu caso, resta apenas uma mesa de cozinha incólume.

Outra moradora, Sra. ..., declara que sempre conviveu com este problema, e que mora no imóvel há mais de 30 anos, logo, demonstra que o início do problema não é algo recente, e sim de muitos anos atrás.

Contudo, mesmo o problema ter se iniciado a mais de 30 anos, ainda é um sofrimento presente na vida de cada morador, que sofre ao ver seus móveis comprados com todo esforço, sempre se deteriorando por conta dos ataques de cupim. Em outras palavras, o problema é permanente ou contínuo. Os efeitos e prejuízos também são recorrentes. Os telhados caem e são trocados. No entanto, os novos telhados também não resistem. O móveis, por sua vez, também são atingidos, sejam eles novos ou mais antigos.

Posto isso, demonstra-se que a ocorrência dessas pragas tem-se revelado como um importante aspecto a ser considerado para planejamentos futuros de obras públicas, especificamente nos centros urbanos, tendo em vista que há 30 anos isso não foi levado em consideração seja pela construtora, seja pelo Poder Público, não obstante serem provocados para tanto.

O que ocorreu foi um descuido da correquerida COMPANHIA HABITACIONAL REGIONAL DE ..., que construiu os imóveis em cima de um terreno que acoplava uma colônia de cupins. A amplitude do dano mostra que a COHAB deixou de analisar a viabilidade do terreno antes de construir, ou seja, não houve qualquer precaução por parte desta ao apurar as propriedades do solo na região, razão esta que a faz se responsabilizar pelos danos, materiais e morais, sofridos pelos moradores.

No que tange ao combate do problema, não houve qualquer tentativa de solução pelo Poder Público Municipal, embora provocado inúmeras vezes desde o início do problema, através de sua Secretária do Meio Ambiente. Porém, até hoje os moradores não obtiveram nenhum respaldo eficaz e eficiente.

Após a notícia do problema, a Defensoria Pública do Estado designou uma reunião com representantes da Prefeitura Municipal e da COHAB - ... Esta última negou sua responsabilidade em relação ao evento danoso. A Prefeitura Municipal, através da Secretaria do Meio Ambiente se comprometeu a fazer laudo científico e a contratar uma empresa para combater a praga. O laudo foi elaborado, mas o problema não foi resolvido.

O laudo elaborado pela Secretaria do Meio Ambiente corrobora que o problema na região é antigo e os transtornos são permanentes e contínuos ao longo dos anos. Comprova também que o Poder Público Municipal foi, por diversas vezes, provocado, mas não adotou as medidas necessárias à solução do problema. O laudo ainda demonstra que realmente existe um "cupinzeiro" por debaixo das residências e que a praga está totalmente alastrada no bairro, mormente nas residências que cercam a praça ...

II – DO DIREITO

1) DOS DIREITOS ENVOLVIDOS

O presente conflito de massa é um típico exemplo de um fato que atinge diversos interesses coletivos em sentido amplo, quais sejam, direitos difusos, coletivos em sentido estrito e interesses individuais homogêneos.

Os direitos difusos são interesses relativos a uma parcela indeterminável de sujeitos ligados, por circunstâncias de fato, com objeto indivisível.

De acordo com a definição do Código de Defesa do Consumidor: "São direitos difusos os transindividuais, de natureza indivisível, de que sejam titulares pessoas indeterminadas e ligadas por circunstância de fato" (artigo 81, parágrafo único, I).

Nesse mesmo sentido, o jurista Luiz Manoel Gomes Jr. expõe que o que caracteriza o direito difuso é justamente a impossibilidade de se determinar, com precisão, quem seja o seu titular ou beneficiário, já que se trata de um direito que transcende a um indivíduo, podendo ser exercitado em conjunto em razão de elementos comuns (circunstâncias de fato)[28].

28 Curso de Direito Processual Coletivo. 2. Ed. SRS Editora, 2008.

Isso se verifica no caso em pauta, tendo em vista a natureza extensiva da lesão, na qual o dano atingiu uma grande parte dos moradores, com perigo de se estender ainda mais.

O vínculo entre os titulares deste interesse é claro, em razão daquele ser essencialmente fático, sem uma relação base que una todos os interessados.

Logo, se analisar sob ótica dos direitos difusos, todos tem o direito de afastar quaisquer riscos existentes no bairro e na região atacada pela praga.

Sobre outro prisma, o Código de Defesa do Consumidor também traz a conceituação legal do que seja um interesse individual homogêneo em seu art. 81, par. único, inciso II: "Os direitos individuais homogêneos são os decorrentes de origem comum". O que se diferencia conceitualmente dos direitos difusos é que este é apenas acidentalmente coletivo, individuais em sua essência, mas que recebem tratamento coletivo, considerando a origem comum, bem como a possibilidade de se dividir, o que não ocorre nos interesses difuso.

Quanto a tal classificação, durante o processo de conhecimento, ela não tem maiores efeitos. Porém, a distinção legal e doutrinária acima esboçada tem maiores consequências durante a execução do provimento jurisdicional.

Com efeito, "a execução coletiva tratada no art. 98 do CDC (direitos individuais homogêneos), obedece a uma disciplina própria no tocante à legitimação ativa, competência, prazo para habilitação dos interessados etc. No entanto, para os direitos coletivos e difusos, a lei é parcimoniosa havendo apenas dois dispositivos da execução coletiva (art.13 e 15 da LACP). (...)

De todo modo, perceptível que, ao regular a efetivação dos direitos individuais homogêneos, deu-se preferência à tutela ressarcitória.

Diversamente, no concernente à reparação da lesão aos direitos difusos e coletivos, enfatizou-se a busca do resultado prático igual ou o mais equivalente possível àquele que se teria se a norma não fosse desrespeitada; apenas residualmente a norma remedia com o ressarcimento em pecúnia do dano causado. Vale dizer, muitas vezes tal resultado equivalente não é alcançável, e quando infrutíferas as formas de recomposição, em espécie, da lesão resta a tutela ressarcitória que compense ou, ao menos, atenue as consequências do inadimplemento"[29]

2) DA LEGITIMIDADE ATIVA DA DEFENSORIA PÚBLICA

A Defensoria Pública do Estado de ... tem legitimidade ativa para propor a presente ação, eis que, como Instituição essencial à função jurisdicional, a qual incumbe a defesa dos necessitados (art. 134 da CF/88 e art. 103 da CESP/89), é órgão da administração pública, pelo qual se concretizam objetivos fundamentais da República, como o de construir uma sociedade livre, justa e solidária, e mais especialmente o de erradicar a pobreza e a marginalidade, reduzindo as desigualdades sociais e regionais (art. 3º, incs. I e III da CF/88 c/c art. 3º da Lei Complementar Estadual 988/06).

Neste contexto, constitui atribuição institucional da Defensoria Pública promover ação civil pública para a tutela de qualquer interesse difuso, coletivo e individual homo-

29 SHIMURA, Sérgio. Tutela coletiva e sua efetividade, Editora Método, 2006.

gêneo (art. 5º, inc. VI, alínea 'g' da Lei Complementar Estadual 988/06), sendo que a todo e qualquer Defensor Público cumpre executar referidas atribuições institucionais na defesa judicial, no âmbito coletivo, dos necessitados (art. 50 da Lei Complementar Estadual 988/06).

A legitimidade em tela, outrossim, é conferida à Defensoria Pública pelo próprio artigo 5.° da Lei 7.347/85, *verbis*:

"Art. 5. Têm legitimidade para propor a ação principal e a ação cautelar:

I - o Ministério Público;

II - a Defensoria Pública;

III - a União, os Estados, o Distrito Federal e os Municípios;

IV - a autarquia, empresa pública, fundação ou sociedade de economia mista;

V - a associação que, concomitantemente:

a) esteja constituída há pelo menos 1 (um) ano nos termos da lei civil;

b) inclua, entre suas finalidades institucionais, a proteção ao meio ambiente, ao consumidor, à ordem econômica, à livre concorrência ou ao patrimônio artístico, estético, histórico, turístico e paisagístico........" (NR)

Sobre a legitimidade da Defensoria Pública, Fredie Didier Júnior (Curso de diteito processual civil, V. 01, 2005), afirma que:

"A nova redação do art. 5.° da LACP (Lei 7.347/7985), determinada pela Lei 11.448/2007, prevê expressamente a Defensoria Pública (art. 5.°, II, LACP) entre os legitimados para a propositura da ação civil pública. Atende, assim, a) a evolução da matéria, democratizando a legitimação, conforme posicionamento aqui defendido; b) a tendência jurisprudencial que se anunciava".

Dessa forma, indiscutível a legitimidade da Defensoria Pública para o ajuizamento de Ação Civil Pública, mormente por se tratar especialmente de um bairro cuja população é predominantemente de baixa renda, e seus moradores considerados pobres na acepção legal do termo, de acordo com as declarações de pobreza anexadas.

3) DAS RESPONSABILIDADES

3.1) Da responsabilidade do construtor (COHAB-...)

Segundo apurou-se através de informações prestadas por moradores do bairro Jardim Presidente Dutra II, atingido pela praga dos cupins, toda essa problemática se iniciou com as construções das casas, pela COHAB, em cima uma colônia de cupins, explicando o porquê dos transtornos sofridos pelas pessoas daquele conjunto habitacional.

A COHAB é uma sociedade de economia mista, regida pela lei de sociedade anônima e entidade da administração indireta ligada à Secretaria Municipal de Governo, tendo por finalidade o desenvolvimento de programas habitacionais e promovendo construção de unidades com recursos provenientes do Fundo Municipal de Habitação, e se responsabilizou pela construção e venda de imóveis no bairro Jardim Pres. Dutra II, conforme contratos de compra e venda em anexo.

Segundo o jurista Sérgio Cavaleri filho, "a responsabilidade contratual do construtor decorre do contrato de empreitada. A principal obrigação do construtor é a entrega da obra com uma boa execução, garantindo sua solidez e capacidade, mesmo porque a responsabilidade do construtor é de resultado."[30]

Ademais, cumpre ressaltar que os defeitos na obra, aparentes ou ocultos, que importem sua ruína total ou parcial configuram violação do dever de segurança do construtor, verdadeira obrigação de garantia (ele é quem garante a obra), ensejando-lhe o dever de indenizar independentemente de culpa.

Nesse sentido, a precisão lição de Mario Moacyr Porto: "a obrigação que o construtor assume, em face de lei e do contrato, é de fim ou de resultado, e não, apenas, uma obrigação de meio ou de prudência e diligência."

Destarte, o seu compromisso não é só de executar o serviço da construção, mas executá-los de modo satisfatório, de maneira que a obra contratada e entregue seja sólida, segura e funcional, nos termos do ajuste.

Assim, demonstra-se que a COHAB é responsável pela obra, razão pela qual deveria ter analisado com maior cuidado e ter se precavido com relação ao estado do terreno, na qual foi construído o conjunto habitacional, devendo a mesma ser responsabilizada pelos danos causados aos moradores nos últimos anos, mesmo porque a construção se mostra defeituosa desde a sua conclusão, permanecendo tal defeito no decorrer do tempo.

O artigo 618 do Código Civil regulamenta a responsabilidade do empreiteiro, que se aplica ao construtor, por vícios do solo, bem como de suas propriedades e conteúdo. De fato, o construtor responderá pela "solidez e segurança da obra".

Numa interpretação textual, alguns julgados sustentam que a garantia desse dispositivo não cobre qualquer defeito, mas somente aqueles que põem risco a solidez e segurança da obra, isto é, que por sua gravidade, podem acarretar a ruína do prédio, o que, de fato, ocorreu com a maioria das casas dos moradores do bairro, cujas paredes e telhados estão desabando com o tempo.

Quanto aos vícios redibitórios, dispõe o art.444 do Código Civil: *"A responsabilidade do alienante subsiste ainda que a coisa pereça em poder do alienatário, se perecer por vício oculto, já existente ao tempo da tradição".*

Normalmente, no momento da tradição da coisa, todos os riscos são transferidos do alienante para o adquirente (art. 492 do CC), é o brocardo *res perito domino* – a coisa perece para o seu dono. Todavia, na hipótese de vício oculto, como no caso em concreto, remanesce a responsabilidade para o alienante, no caso a construtora, justamente pelo fato de o vício ser preexistente à entrega da posse – apesar de sua constatação ocorrer em momento posterior à tradição e se manter contínuo até a data presente.

Com a leitura de referido artigo, torna-se claro que a COHAB deve ser responsabilizada pelos prejuízos causados em razão do perecimento das construções, que foram entregues há 30 anos e, embora a origem do problema tenha sido há anos atrás, os prejuízos são permanentes e contínuos, trazendo danos aos moradores até hoje.

3.1.1) Da incidência do Código de Defesa do Consumidor

3.1.1.1) Da responsabilidade civil pelo fato do produto

Inicialmente, vale ressaltar que ao presente caso se aplica o Código de Defesa do Consumidor.

30 CAVALIERI FILHO, Sérgio. Programa de Responsabilidade Civil, Malheiros, 2004.

Segundo a doutrina, a responsabilidade por fato do produto decorre da existência do defeito grave que provoca um acidente que atinge o consumidor, causando-lhe dano moral e material. O defeito compromete a segurança do produto em si.

O fato do produto é um acontecimento externo, que ocorre no mundo exterior, que causa dano material ou moral ao consumidor (ou ambos), mas que decorre de um defeito do produto. Seu fato gerador será sempre o defeito.

Assim, dispõe o art. 12 do CDC que esse defeito é de produção (construção). São os chamados acidentes de consumo, que se materializam através da repercussão externa do defeito do produto, atingindo a incolumidade físico-psíquica do consumidor e seu patrimônio. *"O fabricante, o produtor, o construtor, nacional ou estrangeiro, e o importador respondem, independentemente de existência de culpa, pela reparação dos danos causados aos consumidores por defeitos decorrentes de projeto, fabricação, construção, montagem, fórmulas, manipulação, apresentação ou acondicionamento de seus produtos, bem como por informações insuficientes ou inadequadas sobre sua utilização e riscos.*

Nesse caso, o defeito do produto é a causa adequada de danos externos ao produto. No caso em apreço, os cupins presentes nas casas construídas acabaram gerando danos materiais relativos à destruição dos móveis e danos morais aos prejudicados, que devem ser imputados aos correqueridos.

3.1.1.2) Da responsabilidade civil pelo vício do produto

De acordo com os dispositivos do Código de Defesa do Consumidor, o art. 18 trata sobre a responsabilidade pelo vício do produto, discorrendo que os fornecedores de produtos de consumo duráveis ou não duráveis respondem solidariamente pelos vícios de qualidade ou quantidade que os tornem impróprios ou inadequados ao consumo a que se destinam.

Nesse pensamento, não há a sombra de dúvida de que os moradores daquele bairro não têm condições nenhuma de continuar habitando imóveis nessas condições, onde já não têm mais móveis e que suas residências correm o risco de desabamento.

Logo, torna-se claro que as residências ora mencionadas são inadequadas à função a que se destinam, não cumprindo com a finalidade da moradia digna.

O vício de qualidade, de acordo com a definição deste artigo, é aquele que torna o produto impróprio ao consumo a que se destina ou lhe diminuem o valor, o que no caso em concreto ocorreu com a função de habitação das casas construídas pela COHAB.

Ademais, o que é estabelecido no art. 18 do CDC é um dever jurídico para o fornecedor – o dever de qualidade, isto é, de só inserir no mercado produtos inteiramente adequados ao consumo a que se destinam, dentro do rol exemplificativo existente nesse artigo, encontramos os produtos deteriorados, nocivos à saúde e perigosos, produtos que, por qualquer motivo, se revelem inadequados ao fim a que se destinam.

3.2) Da responsabilidade do Município de ...

3.2.1) Da responsabilidade direta (poder de polícia deficiente)

No que tange à responsabilidade do Poder Público, verifica-se que não houve uma conduta comissiva lesiva por parte da Administração, haja vista que o Município não causou o dano diretamente aos moradores do bairro, mas, por omissão sua, ocorreu um dano que o Poder Público tinha o dever de evitar, no exercício do poder de polícia, que configura a atividade estatal de fiscalização de atividades que têm repercussão social, em benefício do interesse público. Tal poder é exercido através da expedição de alvará e licenças para construir, após uma apuração das circunstancias pelo órgão competente. Portanto, é inegável que há uma prestação de serviço público de fiscalização.

No caso em tela, a negligência do Município configura a chamada "falta de serviço" nas modalidades em que o "serviço não funcionou". Nessa hipótese, pode-se dizer que a conduta do Poder Público foi omissiva ensejadora de dano.

Normalmente o Município responde subsidiariamente pelos entes da administração pública indireta. Contudo, no presente caso, a responsabilidade do Município é também direta e solidária com a COHAB-..., tendo em vista que os danos decorreram da sua conduta omissiva, quais sejam: a não fiscalização quando da emissão das licenças de projeto e construção, da licença de habitação e ausência de providência quando oportunamente provocada pelos moradores através da sua Secretaria do Meio Ambiente.

A omissão por parte do Município de ... gerou e geram, sem dúvidas, danos para os moradores do bairro atacado pelos cupins. Assim, sendo inegável o nexo causal, deve-se aplicar a teoria da responsabilidade objetiva, tendo em vista que o Município deveria ter agido, ou pelo menos tentando impedir que o dano chegasse aonde chegou, tentando obstar o alastramento do evento lesivo, sendo prescindível a demonstração da culpa.

À medida que o Município, devendo agir, por imposição legal, não agiu, comportando-se abaixo dos padrões legais que normalmente deveriam caracterizá-lo, responde por esta deficiência, traduzindo-se em um ilícito ensejador do dano não evitado quando, de direito, devia sê-lo.

No caso em questão, a ausência de adoção de cautelas necessárias para coibir tais prejuízos aos moradores se caracteriza como um ilícito omissivo impróprio, pois o Município deveria ter tomado as providências antes mencionadas e não o fez.

De fato, conforme o laudo apresentado pelo próprio Município de ..., a existência desta praga é algo de seu conhecimento, pois a municipalidade é procurada constantemente com pedido de solução do problema deste bairro. Contudo, nunca foi realizada nenhuma providência eficaz contra os cupins, apenas podas de limpezas de galhos secos, e algumas extrações de árvores danificadas com o vento, mas nunca se deram o trabalho de estudar medidas que aboliriam de vez com este problema, não havendo nenhuma providência de combate aos cupins.

No que tange à Responsabilidade Pública, de acordo com a doutrina de Celso Antônio Bandeira de Melo, seja porque os deveres públicos do Estado o colocam permanentemente na posição de obrigado a prestação multifárias das quais não se pode furtar, pena de ofender o Direito ou omitir-se em sua missão própria, seja porque dispõe do uso normal de força, seja porque seu contato constante com os administrados lhe propicia acarretar prejuízos em escala macroscópica, o certo é que a responsabilidade estatal por danos há de possuir fisionomia própria, que reflita a singularidade de sua posição jurídica.[31]

31 Curso de direito administrativo. Editora Malheiros, 2004.

Diz o autor que, "a ideia de responsabilidade do Estado é uma consequência lógica inevitável da noção de Estado de Direito. A trabalhar-se com categorias puramente racionais, dedutivas, a responsabilidade estatal é simples corolário da submissão do Poder Público de Direito.

A partir do instante em que se reconheceu que todas as pessoas, sejam elas de Direito Privado, sejam de Direito Público, encontram-se, por igual, assujeitadas à ordenação jurídica, ter-se-ia que aceitar, a bem da coerência lógica, o dever de umas e outras – sem distinção- responderem pelos comportamentos violadores do direito alheio em que incorressem.

Ademais, como o Estado Moderno acolhe, outrossim, o princípio da igualdade de todos perante a lei, forçosamente haver-se-á de aceitar que é injusto o comportamento estatal que agrave desigualmente a alguém ao exercer atividades no interesse de todos, sem ressarcir ao lesado."

3.2.2 Da responsabilidade subsidiária

Além da responsabilidade direita do Município, como ente da administração direta, responde subsidiariamente pelos atos e omissões lesivas dos entes da administração indireta.

Ademais, para fins de responsabilidade subsidiária do Estado, discorre o jurista Celso Antônio Bandeira de Mello sobre ações de terceiros que acarretam obrigação da Administração Central, nos seguintes termos, "incluem-se, também, as demais pessoas jurídicas de Direito Público auxiliares do Estado, bem como quaisquer outras, inclusive de Direito Privado, que, inobstante alheias à sua estrutura orgânica central, desempenham cometimentos estatais sob concessão ou delegação explícita (concessionárias de serviço público e delegados de função pública) ou implícita (sociedades mistas e empresas do Estado em geral, quando no desempenho de serviço público propriamente dito)."[32]

Isso porque não faria sentido que o Estado se esquivasse a responder subsidiariamente, ou seja, depois de exaustas as forças da pessoa alheia à sua intimidade estrutural, se a atividade lesiva só foi possível porque o Estado lhe colocou em mãos o desempenho da atividade exclusivamente pública geradora do dano.

Assim, diante de uma situação de atividade genericamente pública, a transmissão a terceiros dessa atividade não exonera o Estado de sua responsabilidade.

4- DAS TUTELAS JURISDICIONAIS PRETENDIDAS

4.1- da Tutela Inibitória

Em termos doutrinários, a tutela inibitória se trata de uma ação de conhecimento de natureza preventiva, destinada a impedir a prática, a repetição ou a continuação de algum ilícito.

Segundo Luiz Guilherme Marinoni, "ela se funda no próprio direito material. Se várias situações de direito substancial, diante de sua natureza, são absolutamente inviolável, é evidente a necessidade de admitir uma ação de conhecimento preventiva. Do contrário

32 Curso de direito administrativo. Editora Malheiros, 2004.

não teriam qualquer significação prática, pois poderiam ser violadas a qualquer momento, restando somente o ressarcimento do dano."[33]

Como o direito material depende de um processo adequado, quando pensado na perspectiva da efetividade, é fácil concluir que a ação preventiva é consequência lógica das necessidades circunstanciais do direito material.

Não obstante tudo isso, a Constituição Federal de 1988 fez questão de deixar claro que "nenhuma lei excluirá da apreciação do Poder Judiciário lesão ou ameaça a direito" (art. 5º, XXXV da CF).

Ora, se a própria Constituição afirma a inviolabilidade de determinados direitos e, ao mesmo tempo, diz que nenhuma lei poderá excluir da apreciação do Poder Judiciário "ameaça a direito", não pode restar qualquer dúvida de que o direito de acesso à justiça (art.5º, XXXV da CF) tem como corolário o direito à tutela efetivamente capaz de impedir a violação do direito.[34]

Isso significa que a prevenção deixou de se contentar apenas com a abstenção, passando a exigir um fazer. Nessa perspectiva, ficou fácil perceber que o ilícito poderia ser, além de comissivo, também omissivo. Se alguém possui dever de fazer para que um direito não seja violado, é evidente que o não fazer implica em ato contrário ao direito, o qual pode ser qualificado de ilícito omissivo, o que acontece no caso em concreto, com a omissão por parte do Poder Público.

Dessa forma, torna-se claro que a ação inibitória não visa somente impor uma abstenção, contentando-se, assim, com um não fazer. O seu objetivo é evitar o ilícito, seja ele comissivo ou omissivo, razão pela qual pode exigir um não fazer ou um fazer, conforme o caso.

O direito brasileiro possui normas processuais (art. 84 CDC e 536 do Novo CPC) que autorizam ao juiz não apenas impor um não fazer, como também impor um fazer, e, vale a pena frisar, de forma efetiva e coatora, uma vez que tais dispositivos contêm medidas de coerção ou de sub-rogação que podem, inclusive, serem adotadas de ofício pelo Magistrado.

De fato, imaginar que a tutela inibitória somente pode impor um não fazer é esquecer que o próprio direito processual (art. 536 do Novo CPC e 84 do CDC) dá ao juiz o poder de exigir um fazer, quando foi pedido um não - fazer, com o objetivo de viabilizar uma tutela jurisdicional mais efetiva, e, mais que isso, que existem normas de direito de material que, com o objetivo de prevenção, impõem condutas positivas.

No caso em concreto, a tutela inibitória traduz-se no combate imediato dos cupins em seu habitat natural, quais sejam o subsolo e praça, onde a colônia se instalou desde o início, para evitar novos danos.

4.2) Da Tutela de Remoção do Ilícito

Se a ação inibitória se destina a impedir a prática, a repetição ou a continuação do ilícito, a ação de remoção do ilícito, como o próprio nome indica, dirige-se a remover os

33 Técnica Processual e tutela dos direitos. Revista dos Tribunais, 2008.

34 MARINONI, L.G. Técnica Processual e tutela dos direitos. Revista dos Tribunais, 2008.

efeitos de uma ação ilícita que já ocorreu. Afinal, esta ação é voltada a impedir a repetição do ilícito, tem por fim evitar a continuação do ilícito.

No presente caso, a tutela de remoção de ilícito constitui no imediato combate aos cupins instalados nas residências atingidas, para fins de se evitar a continuação dos danos decorrentes do ilícito, bem como no dever do Poder Público de trocar todo madeiramento dos imóveis atingidos.

Assim como a ação inibitória, a ação de remoção do ilícito é decorrência do próprio direito material, especialmente das normas que estabelecem condutas de fazer ou não fazer para proteger os direitos envolvidos, principalmente direitos coletivos e difusos.

Em outras palavras, de nada adiantaria a norma de direito material que proíbe um agir se não existisse a possibilidade de uma ação processual capaz de permitir a remoção dos seus efeitos concretos. Portanto, essa ação também encontra fundamento no art. 5º. XXXV da CF, que consagra o direito fundamental à tutela jurisdicional efetiva.

A ação de remoção do ilícito possui duas direções. De um lado olha pra trás, mirando um ato que já ocorreu; de outro zela pelo futuro, ainda que indiretamente, impedindo que danos sejam produzidos.[35]

4.3- Da Tutela ressarcitória

Em relação a essa tutela, o Poder Judiciário é provocado para que as correqueridas sejam condenadas a indenizar os danos materiais e morais, conforme suas respectivas responsabilidades acima especificadas.

5- DOS DANOS

5.1- Dos danos materiais

Em razão das condutas ilícitas acima noticiadas, resultou claramente em todos os danos discutidos nesta exordial, causando perdas e danos aos moradores do bairro.

Segundo o art. 402 do Código Civil de 2002: *Salvo as exceções expressamente previstas em lei, as perdas e danos devidos ao credor abrangem, além do que ele efetivamente perder, o que razoavelmente deixou de lucrar.*

O dano patrimonial ou material representa a diminuição do patrimônio presente, seja por violação de bens materiais ou imateriais que tenham repercussões econômicas. Logo, dano emergente é o desfalque do patrimônio presente, ou seja, aquilo que a vítima efetivamente perdeu. "Será a diferença do valor do bem jurídico entre aquele que ele tinha antes e depois do ato ilícito"[36]

Ora, Excelência, é certo o dever de indenizar dos requeridos, haja vista que com a dominância das pragas em suas residências, oriundas das ações ilícitas, comissivas e omissivas, imputadas aos réus, foram completamente destruídos seus móveis, paredes, tetos, ou seja, o imóvel como um todo e os bens móveis.

Vale ressaltar que os moradores daquele bairro tiveram grande prejuízo financeiro, pois alguns tiveram que comprar móveis novos em razão dos antigos estarem completamente deteriorados. Naturalmente, os bens novos também foram atingidos.

35 MARINONI, L.G. Técnica Processual e tutela dos direitos. Revista dos Tribunais, 2008.

36 CAVALIERI FILHO, Sérgio. Programa de responsabilidade civil. Malheiros.

5.2- Do dano moral

O dano moral é a violação de um bem imaterial inerente à dignidade da pessoa humana, seja ligado a uma pessoa ou a um conjunto de pessoas, tanto no seu aspecto subjetivo como no objetivo, que causa um sofrimento, uma angustia na vítima.

É claro que os moradores do bairro atingido pelos cupins sofrem, diuturnamente, com esta situação, haja vista que, em quase sua totalidade, são moradores de baixa renda e vendo seus patrimônios contraídos com tanto sacrifício se deteriorando de forma contínua traz muito sofrimento aos mesmos.

A angústia é um sentimento diário na vida daqueles moradores, que sentem-se humilhados pela situação degradante de terem seus lares devastados pela praga dos cupins. Vivem um desgosto incessante ao verem seus pertences sendo destruídos e não tendo nenhuma espécie de ajuda de quem deveria fazê-lo.

Afinal, que prazer têm em apresentar suas casas nessas condições às visitas? Que prazer têm de adquirir móveis, se sabem que após alguns meses se destruirão?

Isso sem falar na dor constante de ter que residir num imóvel sem a mínima estrutura para uma vida digna, que tanto lutaram para construir. Trata-se de anos de amargura, ao verem seu patrimônio se dilapidar em razão das condutas ilícitas das requeridas, que nunca se preocuparam ou sequer dispuseram a resolver o problema.

Esse dano deve ser reparado, indenizado, não de forma a se obter a reparação completa, o que é impossível, mas de forma a minorar os seus efeitos.

Segundo Maria Cristina da Silva Carmignani, em trabalho publicado na *Revista do Advogado* nº 49, editada pela conceituada "Associação dos Advogados de São Paulo", ensina que:

"(...)a concepção atual da doutrina orienta-se no sentido de que a responsabilidade de indenização do agente opera-se por força do simples fato das violação(*danun in re ipsa*). Verificado o evento danoso, surge a necessidade da reparação, não havendo que se cogitar de prova do dano moral, se presentes os pressupostos legais para que haja a responsabilidade civil (nexo de causalidade e culpa)".

Nesse diapasão, preceitua o jurista Limongi França: *"Dano moral, é aquele que direta ou indiretamente, à pessoa física ou jurídica, bem assim a coletividade, sofre no aspecto não econômico de seus bens jurídicos."* (*In* Reparação do Dano Moral, RT, Vol. 631, pg. 31, maio/88)

A quantificação do dano moral deve atender a critérios como a extensão do dano, a condição do causador do dano e a da vítima, bem como atentar para o aspecto pedagógico da indenização, isto é, deve ser tal que sirva de advertência para que o causador do dano e seus congêneres se abstenham de praticar tais atos, constituindo uma função preventiva da responsabilidade civil, normalmente nas hipóteses de danos coletivos.

Insta trazer à tona, que a jurisprudência pátria é pacífica no sentido de considerar a acumulação das indenizações por danos materiais e morais, entendimento, inclusive, já sumulado pelo Superior Tribunal de Justiça, *in verbis: "Súmula 37 STJ São cumuláveis as indenizações por dano material e dano moral oriundos do mesmo fato."*

No caso do requerente, o eventual ressarcimento identifica-se como a compensação, pois é uma reparação compensatória, seguindo a doutrina brasileira, que entende que "se um ato ilícito simultaneamente produz dano moral e dano patrimonial, dupla deve ser a indenização, já que o fato gerador teve duplos efeitos".

6 – LIMINAR

Conforme se infere do artigo 12 da Lei da Ação Civil Pública, há a possibilidade da concessão de medida liminar, desde que demonstradas suas condições, quais sejam, o *fumus boni juris* e o *periculum in mora* do caso em tela.

Quanto ao *fumus boni juris*, há que se dispensar demais digressões, face à verossimilhança das alegações acima feitas, bem como os dispositivos constitucionais e infraconstitucionais nos quais se embasa a presente ação, dentre eles o direito à dignidade humana, o direito à moradia, o direito à vida e à integridade física, os direitos dos consumidores, dentre outros.

O *periculum in mora* faz-se presente quando à urgência, eis que os documentos trazidos aos autos comprovam a necessidade de uma imediata intervenção do Poder Público Municipal, o correquerido, para fins de remover o dano contínuo, bem como evitar danos posteriores às residências daquela região afetada, combatendo a praga, seja no seu "habitat" natural (praça e subsolo), seja nas próprias residências, com a imediata troca do madeiramento atingido, para que se evite maior proliferação.

Assim sendo, é necessário reconhecer que o perigo da demora para se findar o presente feito é passível de causar danos irreparáveis àqueles moradores, o que autoriza a concessão da liminar pretendida.

De fato, as tutelas inibitórias e de remoção do ilícito são intimamente ligadas à tutela de urgência (tutela antecipada e liminar), uma vez que a prevenção e remoção do ilícito somente são eficazes se efetivadas oportunamente, sob pena de tornarem-se medidas inúteis. O doutrinador Luiz Guilherme Marinoni pontua que "as ações inibitória e de remoção do ilícito, diante de sua natureza, não podem dispensar a tutela antecipatória (ou liminar). A técnica antecipatória é imprescindível para a estruturação de um procedimento efetivamente capaz de prestar as tutelas inibitórias e de remoção de ilícito."[37]

V – DOS PEDIDOS

Isso posto, REQUER-SE a esse Egrégio Juízo:

a) seja CONCEDIDA A MEDIDA LIMINAR DE TUTELA INIBITÓRIA, para se determinar aos requeridos que procedam ao imediato combate à praga em questão na região afetada, atacando os ninhos e locais de reprodução do inseto, seja na praça próxima ou no subsolo, sob pena de multa diária, nos termos do art. 11, da Lei 7.347/85, no valor de R$ 1.000,00 (mil reais);

b) seja CONCEDIDA A MEDIDA LIMINAR DE TUTELA DE REMOÇÃO DO ILÍCITO, para se determinar aos requeridos que procedam ao imediato combate à praga em questão já instalada nas residências afetadas, para evitar a continuação do dano, bem como à imediata troca do madeiramento atingido, sob pena de multa diária, nos termos do art. 11, da Lei 7.347/85, no valor de R$ 1.000,00 (mil reais);

c) seja JULGADA PROCEDENTE A PRESENTE AÇÃO para confirmar as medidas liminares concedidas, DE TUTELA INIBITÓRIA E DE REMOÇÃO DO ILÍCITO, ou concedê-las na sentença, como espécie de tutela antecipada, e condenar, COMO FORMA DE TUTELA RESSARCITÓRIA, as correqueridas COHAB-... e MUNICÍPIO DE ... a indenizar os moradores prejudicados pelos danos materiais e morais individualmente sofridos pelos atos

37 Técnica processual e tutela dos direitos. 2.ed. RT, 2008.

ilícitos praticados pelas rés, na forma do disposto no artigo 95 do Código de Defesa do Consumidor;

d) a CITAÇÃO das requeridas para que, querendo, respondam os termos da presente ação, sob pena de revelia;

e) a INTIMAÇÃO do D. Representante do Ministério Público, nos termos do art. 7º, § 1º da Lei 7.347/85;

f) a concessão dos benefícios previstos no artigo 18 da Lei nº 7.347/85.

Protesta-se provar o alegado por todos os meios de prova em direito admitidos, em especial, pela juntada de documentos, oitiva pessoal de prepostos das requeridas, oitiva de testemunhas, cujo rol segue anexo, a realização de perícias. Requer ainda sejam as requeridas intimadas a exibir todos os documentos relativos ao caso em questão que tiverem posse, sob pena de confissão, nos termos dos artigos 355 do Código de Processo Civil.

Atribui-se à causa o valor de R$ 20.000,00 (vinte mil reais)

Nestes termos,

P. deferimento.

Cidade ..., data .../.../...

Defensor Público

Xª Defensoria Pública da Regional de ....

ROL DE TESTEMUNHAS:

- Nome ..., Rua ..., nº ..., bairro ..., cidade .../...
- Nome ..., Rua ..., nº ..., bairro ..., cidade .../...
- Nome ..., Rua ..., nº ..., bairro ..., cidade .../...
- Nome ..., Rua ..., nº ..., bairro ..., cidade .../...

7. QUESTÕES DE CONCURSOS

01. (Defensoria Pública/SP – 2010 – FCC) 1. Uma comunidade carente, vitimada pela perda de suas moradias e mobiliários por força de enchentes sucessivas em seu bairro, caracteriza, para fins de tutela metaindividual, qual categoria de direitos?

(A) Direitos individuais homogêneos, com titulares determinados, ligados entre si por relação jurídica base.

(B) Direitos individuais homogêneos, com titulares determinados, ligados entre si por circunstância de fato.

(C) Direitos transindividuais, de natureza indivisível, com titulares de direitos determinados, ligados com a parte contrária por circunstância de fato.

(D) Direitos transindividuais, de natureza indivisível, com titulares indetermináveis, ligadas por circunstância de fato.

(E) Direitos coletivos, com titulares indetermináveis, ligados entre si por relação jurídica base.

02. (Defensoria Pública/MA – 2009 – FCC) 2. A defesa coletiva será exercida quando se tratar de interesses ou direitos

(A) difusos, assim entendidos os transindividuais, de natureza divisível, de que sejam titulares pessoas determinadas e ligadas por circunstâncias de fato.

(B) coletivos, assim entendidos os transindividuais, de natureza divisível de que seja titular grupo, categoria ou classe de pessoas ligadas entre si ou com a parte contrária por uma relação jurídica base.

(C) individuais homogêneos, assim entendidos os transindividuais, de natureza divisível de que seja titular grupo, categoria ou classe de pessoas ligadas entre si ou com a parte contrária decorrentes de origem comum.

(D) coletivos, assim entendidos os transindividuais, de natureza indivisível de que seja titular grupo, categoria ou classe de pessoas ligadas entre si ou com a parte contrária por uma relação jurídica base.

(E) difusos, assim entendidos os transindividuais, de natureza indivisível de que seja titular grupo, categoria ou classe de pessoas ligadas entre si ou com a parte contrária por circunstâncias de fato.

03. (Defensoria Pública/SP – 2010 – FCC) 3. Um Defensor Público da Defensoria Regional de Presidente Prudente ajuíza, na capital do Estado, ação civil pública em face do Estado de São Paulo, visando a supressão de "lista de espera" de centenas de pessoas com deficiência que, há 10 anos, aguardam, em lista do SUS, distribuição de cadeiras de rodas, próteses e órteses, veiculando pleito de imediato fornecimento desses equipamentos de inclusão social. As pessoas, que há anos esperam o fornecimento administrativo desses equipamentos, estão espalhadas por 30 cidades que integram a referida regional. Sob o aspecto da competência, o ajuizamento dessa ação civil pública está

(A) correto, pois é na capital o foro de domicilio do ente demandado.

(B) incorreto, pois a ação coletiva deveria ter sido distribuída na comarca sede da Defensoria Regional.

(C) correto, posto tratar-se de competências concorrentes.

(D) incorreto, pois deveriam ser ajuizadas uma ação civil pública em cada cidade da região.

(E) correto em vista do âmbito regional dos danos.

04. (Defensoria Pública/ES – 2009 – CESPE) 4. No que concerne à defesa judicial dos interesses transindividuais e à ação civil pública, julgue o item seguinte.

A defensoria pública poderá tomar dos interessados compromisso de ajustamento da conduta destes às exigências legais, mediante cominações, tendo esse compromisso eficácia de título executivo extrajudicial.

05. (Defensoria Pública/PR – 2012 – FCC) 5. Um cidadão procura os serviços de assistência jurídica da Defensoria Pública do Paraná em Curitiba, relatando a cobrança da "taxa para procedimentos operacionais", no valor de R$ 5.000,00, pelo Banco Lucrobom, para a expedição da declaração de quitação integral do financiamento imobiliário que havia contratado. Ao pesquisar sobre o assunto, o Defensor Público responsável pelo caso identificou uma ação civil pública ajuizada pela Defensoria Pública do Ceará, na 1a Vara Cível da Comarca de Fortaleza, contra o mesmo banco e questionando a mesma taxa, cuja sentença, ao julgar procedente a demanda, proibiu a cobrança da taxa em novas oportunidades e determinou a devolução em dobro para aqueles que já a haviam custeado. A decisão transitara em julgado um mês antes, após julgamento da apelação, à qual se negou provimento, pelo Tribunal de Justiça do Ceará. Diante desses fatos, a medida a ser adotada pelo Defensor Público é

(A) o ajuizamento de ação individual de conhecimento em Curitiba, já que a eficácia da sentença em ação civil pública limita-se à competência territorial do órgão prolator e apenas os residentes em Fortaleza podem executar aquela decisão.

(B) a execução individual da decisão em Curitiba, já que a eficácia da sentença em ação civil pública não sofre limitação territorial, alcançando todos que dela possam beneficiar-se.

(C) o encaminhamento do caso para a Defensoria Pública do Ceará para que a decisão seja executada em Fortaleza, ainda que o cidadão resida em Curitiba, já que a eficácia da sentença em ação civil pública limita-se à competência territorial do órgão prolator.

(D) o encaminhamento do caso para a Defensoria Pública do Ceará para que a decisão seja executada em qualquer comarca do Ceará, ainda que o cidadão resida em Curitiba, já que a eficácia da sentença em ação civil pública limita-se à competência territorial do órgão prolator, que é o Tribunal de Justiça do Ceará, por ter manifestando-se sobre o mérito da ação no julgamento da apelação.

(E) o ajuizamento de ação individual de conhecimento em Curitiba, já que a eficácia da sentença em ação civil pública limita-se à competência territorial do órgão prolator e como houve manifestação do Tribunal de Justiça do Ceará no caso, apenas os residentes daquele estado podem executar a decisão.

06. (Defensoria Pública/SP – 2012 – FCC) 6. A inversão do ônus da prova em Ação Civil Pública em matéria ambiental, conforme entendimento jurisprudencial do Superior Tribunal de Justiça, consolidado no julgamento do Recurso Especial no 1.060.753/SP, de relatoria da Ministra Eliana Calmon, tem como fundamento normativo principal, além da relação interdisciplinar entre as normas de proteção ao consumidor e as de proteção ambiental e o caráter público e coletivo do bem jurídico tutelado, o princípio

(A) da precaução.
(B) da função ambiental da propriedade.
(C) do usuário-pagador.
(D) do desenvolvimento sustentável.
(E) da cooperação.

GABARITO

Questão 01	Gabarito: B
Questão 02	Gabarito: D
Questão 03	Gabarito: E
Questão 04	Gabarito: CORRETA
Questão 05	Gabarito: B
Questão 06	Gabarito: A

QUESTÃO COMENTADA

(Defensoria Pública/SP – 2010 – FCC) 1. Uma comunidade carente, vitimada pela perda de suas moradias e mobiliários por força de enchentes sucessivas em seu bairro, caracteriza, para fins de tutela metaindividual, qual categoria de direitos?

(A) Direitos individuais homogêneos, com titulares determinados, ligados entre si por relação jurídica base.

(B) Direitos individuais homogêneos, com titulares determinados, ligados entre si por circunstância de fato.

Em termos de tutela de interesses coletivos em sentido amplo, sempre que houver as expressões "vítimas", "vitimadas", "danos", "prejuízos" pensem nos interesses individuais homogêneos, pois eles possuem objeto divisível, que mais se coaduna com prejuízos, danos.

(C) Direitos transindividuais, de natureza indivisível, com titulares de direitos determinados, ligados com a parte contrária por circunstância de fato.

(D) Direitos transindividuais, de natureza indivisível, com titulares indetermináveis, ligadas por circunstância de fato.

(E) Direitos coletivos, com titulares indetermináveis, ligados entre si por relação jurídica base.

CAPÍTULO VIII

A ATUAÇÃO DA DEFENSORIA PÚBLICA NA INFÂNCIA E NA JUVENTUDE

1. A DOUTRINA DA PROTEÇÃO INTEGRAL RESPONSÁVEL

Inicialmente, reputamos essencial um resgate histórico da doutrina juvenil no decorrer do século passado, mas com a advertência inicial de que ainda há muita coisa a ser combatida, não obstante o progresso observado.

Para isso, utilizaremos das precisas colocações da jurista **Janine Borges Soares**, cuja precisão é tamanha que não nos restaram outras opções senão a extensa citação de seu texto. Então, com a *venia* do leitor, ela nos ensina: "das **Ordenações Filipinas**, quando a imputabilidade penal iniciava aos sete anos e as crianças e jovens eram severamente punidos sem muita diferenciação quanto aos adultos, até o atual Estatuto da Criança e do Adolescente, que estabelece um sistema jurídico próprio para o tratamento dos adolescentes autores de atos infracionais, ocorreu uma grande evolução. A imputabilidade penal aos dezoito anos, erigida no Brasil à categoria de preceito constitucional, e a adoção da Doutrina da Proteção Integral são conquistas históricas e sociais, resultado da luta de inúmeros segmentos nacionais e internacionais.

O primeiro Código de Menores do Brasil, conhecido como Código Mello Mattos (Decreto n° 17.943-A, de 12 de outubro de 1927), consolidou as leis de assistência e proteção aos menores, refletindo um profundo teor protecionista e a intenção de controle total das crianças e jovens, consagrando a aliança entre Justiça e Assistência, constituindo novo mecanismo de intervenção sobre a população pobre. Neste momento, constrói-se a categoria do *menor*, que simboliza a infância pobre e potencialmente perigosa, diferente do resto da infância.

O sistema de proteção e assistência do Código de Menores submetia qualquer criança, por sua simples condição de pobreza, à ação da Justiça e da Assistência. A esfera jurídica era a protagonista na questão dos menores, por meio da ação jurídico-social dos Juízes de Menores."[1]

Em texto sobre a questão da violência infanto-juvenil, **o jurista Geraldo Prado** nos relata as diferenças de tratamento segundo a classe social, naquela época. "Vera Malaguti Batista, em pesquisa a respeito da Criminalização da Juventude Pobre no Rio de Janeiro, assinalou com propriedade os aspectos caracteristicamente preconceituosos da atribuição de delitos a jovens, questão claramente inserida no contexto dos estudos vitimológicos contemporâneos, destacando dois exemplos emblemáticos, colhidos na experiência concreta da atuação da Justiça "de Menores" da cidade, que reproduzimos em seguida:

"R.R.D., preto, 15 anos, órfão de pai e mãe, ...começou a trabalhar como vendedor de jornais e engraxate aos dez anos. Roubou, em 16 de julho de 1942, dois queijos (marca Borboleta) em um armazém de secos e molhados, 'para arranjar algum alimento que lhe minorasse a fome'. A alegação de seu trabalho de vendedor de jornais e engraxate já havia aguçado as suspeitas do Comissário de Vigilância, que o vê como 'preguiçoso, hipócrita e dado ao furto'. Seu parecer é de que o 'menor é um indivíduo que necessita de uma adaptação, pois se continuar a trilhar o caminho que seguiu bem cedo se tornará um criminoso e um elemento prejudicial à sociedade'. R.R.D. recebe como sentença uma internação por três anos na Escola de Reforma: um ano e meio por cada queijo.

A. R., branco, 17 anos, ...consegue liberdade vigiada, por ter 'família legítima e bastante unida', com pais que 'vivem em harmonia em um lar organizado' (A.R. havia furtado um carro). É também o caso de J.L.E.P.C. (16 anos, branco, aluno do Colégio São Bento) que provocou um acidente automobilístico dirigindo sem habilitação. 'Apurei tratar-se de um rapaz estudioso, filho de boa família, estudando o 1° Científico do Colégio São Bento' (Comissário de Vigilância)'."[2]

Voltando ao seu detalhado relato histórico, prossegue **Janine Borges**: "Após o Código Penal de 1940 (Decreto-Lei n° 2.848, de 7 de dezembro de 1940) fixar a imputabilidade penal aos 18 anos de idade, adotando o critério puramente

1 SOARES, Janine Borges. Artigo:*O Garantismo no Sistema Infanto-Juvenil.* Disponível em: <http://www.defensoria.sp.gov.br>.

2 PRADO, Geraldo. Artigo: *Violência Infanto-Juvenil e os Processos de Vitimização.* Disponível em: <http://www.defensoria.sp.gov.br>.

biológico, **a Lei nº 6.697, de 10 de outubro de 1979 estabelece o Novo Código de Menores,** consagrando a **Doutrina da Situação Irregular**, mediante o caráter tutelar da legislação e a ideia de criminalização da pobreza. Seus destinatários foram as crianças e os jovens considerados em situação irregular, caracterizados como objeto potencial de intervenção dos Juizados de Menores, sem que fosse feita qualquer distinção entre menor abandonado e delinquente: na condição de menores em situação irregular enquadravam-se tanto os infratores quanto os menores abandonados.

Surgem as figuras jurídicas de 'tipo aberto', tais como 'menores em situação de risco ou perigo moral ou material', ou 'em situação de risco', ou 'em circunstâncias especialmente difíceis', estabelecendo-se o paradigma da ambiguidade. Isto afeta diretamente a função jurisdicional, pois o Juiz de Menores, além das questões jurídicas, será encarregado de suprir as deficiências das políticas públicas na área do menor, para tanto podendo atuar com amplo poder discricionário.

A medida especialmente tomada pelo Juiz de Menores, sem distinção entre menores infratores e menores vítimas da sociedade ou da família, costumava ser a internação, por tempo indeterminado, nos grandes institutos para menores. (...)

Em nome da 'proteção' dos menores, eram-lhes negadas todas as garantias dos sistemas jurídicos do Estado de Direito, praticando-se verdadeiras violações e concretizando-se a criminalização da pobreza e a judicialização da questão social na órbita do Direito do Menor. Com a determinação abstrata do que deve sofrer a ingerência do Juizado de Menores, negavam-se aos menores os direitos fundamentais de liberdade e igualdade (...). Com a Doutrina da Situação Irregular, os menores passam a ser objeto da norma, por apresentarem uma 'patologia social', por não se ajustarem ao padrão social estabelecido. Surgiu uma clara diferenciação entre as crianças das classes burguesas e aquelas em 'situação irregular', distinguindo-se criança de menor, sendo comuns expressões como 'menor mata criança'.

O **Código de Menores de 1979, nos moldes do Código de Menores Mello Mattos,** reflete o pensamento criminológico positivista, adotando o paradigma etiológico ao estabelecer que a criança e o adolescente são objetos da norma que merecem tratamento quando se encontram em situação irregular, o que legitimava práticas autoritárias, repressivas e incriminadoras da pobreza.

Importante salientar que enquanto na Europa, no final da década de 60 e início da década de 70, influenciada pelo *libelling approuch*, pela *antipsiquiatria*, pela *etnometodologia* e pelo marxismo, surgia a Nova Criminologia, que criticava severamente os postulados positivistas, os Códigos de Menores Mello Mattos e o Código de Menores de 1979 adotavam claramente seus preceitos.

Na época da contrarreforma da Criminologia Crítica (meio dos anos setenta e início dos anos 80), no Brasil vigorava o pensamento decorrente do golpe militar de 1964, que inclusive interrompeu o processo de reforma do Código de Menores Mello Mattos, fazendo cessar as discussões que estavam em andamento. Com o golpe, a questão do menor foi elevada à categoria de problema de segurança nacional, prevalecendo o implemento de medidas repressivas que visavam cercear os passos dos menores e suas condutas 'antissociais'. Estavam em pleno vigor os postulados positivistas.

Neste clima de ditadura militar, é aprovada a **Lei n° 4.513, de 01 de dezembro de 1964, que cria a Política Nacional de Bem-Estar do Menor**, estabelecendo uma gestão centralizadora e vertical. O órgão nacional gestor desta política passa a ser a FUNABEM (Fundação Nacional de Bem-Estar do Menor) e os órgãos executores estaduais eram as FEBEM's (Fundações Estaduais de Bem-Estar do Menor).

Durante a crise da criminologia crítica (década de 80), quando ocorreu o fim da NDC (*National Deviance Conference*) e surgiram os realistas de esquerda (*Young*), os abolicionistas (Christie, Mathiesen, Bianchi e Hulsman) e os defensores do direito penal mínimo (Baratta), estava em pleno vigor no Brasil o Código de Menores de 1979, que substituiu o Código Mello Mattos, mas manteve sua postura positivista: o menor, infrator ou abandonado, seguia sendo um objeto que, por apresentar uma 'patologia social', merecia tratamento.

No final da década de oitenta, em plena crise da criminologia crítica, o Brasil retomará o caminho de evolução para a **Doutrina da Proteção Integral**, interrompido pela Ditadura Militar, e iniciado em 20 de novembro de 1959 quando, onze anos depois Declaração Universal dos Direitos do Homem de 1948, a ONU produzira a Declaração dos Direitos da Criança, ratificada pelo Brasil, e que constitui um marco fundamental no ordenamento jurídico internacional relativo aos direitos da criança.

Paralelamente aos movimentos internacionais, no Brasil dos anos 80 foi concebida uma Constituição Federal voltada para as questões, mundialmente debatidas, dos direitos humanos de todos os cidadãos, a conhecida 'Constituição Cidadã', de 1988, destacando-se, nesse contexto, o movimento denominado 'A Criança e o Constituinte', voltado para a defesa dos direitos da criança.

Com o avanço da abertura política no Brasil vozes surgiram de diferentes segmentos para denunciar as injustiças e atrocidades que eram cometidas contra os menores. De acordo com Rizzini, 'as denúncias desnudavam a distância existente entre crianças e menores no Brasil, mostrando que crianças pobres não tinham sequer direito à infância.'

Muitos movimentos questionavam o tratamento dado às crianças em 'situação irregular' e as indiscriminadas internações determinadas pelos Juizados de Menores. A visibilidade crescente dos meninos de rua nos anos 80 também impulsionou a articulação de vários grupos em defesa dos direitos dos menores.

Com a promulgação no Brasil do Estatuto da Criança e do Adolescente (Lei n° 8069, de 13 de julho de 1990) que, nos moldes da Constituição Federal, consagrou a **Doutrina da Proteção Integral**, foi revogada a arcaica concepção tutelar do menor em situação irregular. Estabeleceu-se que a criança e o adolescente são sujeitos de direito, e não mais objetos da norma, sendo totalmente remodelada a Justiça da Infância e da Juventude, abandonando-se o conceito de menor, como subcategoria da cidadania.

A substituição do Código de Menores de 1979 pelo Estatuto da Criança e do Adolescente, em 1990, constituiu uma verdadeira troca de paradigma, uma revolução cultural. Partindo do pressuposto de que as piores atrocidades contra a criança foram cometidas numa época em que, em nome do 'amor', reinavam os ideais de messianismo, subjetivismo e discricionariedade, afirma Mendez que: Tratava-se (e trata-se ainda), sobretudo, de eliminar as 'boas' práticas 'tutelares e compassivas'. (...) Tratava-se (e trata-se ainda) de substituir a má, porém também 'boa' vontade, nada mais – mas também nada menos – pela justiça.

O **Estatuto da Criança e do Adolescente** veio pôr fim às ambiguidades existentes entre a proteção e a responsabilização do adolescente infrator em conflito com a lei, criando a responsabilidade penal dos adolescentes. (...)

Foi criando, então, o modelo da justiça e das garantias para o adolescente em conflito com a lei. Antagonicamente ao subjetivismo e à discricionariedade do Código de Menores, surge uma legislação com caráter garantista, que estabelece o respeito rigoroso ao império da lei.

No sistema de responsabilidade penal do adolescente em conflito com a lei, no qual a medida socioeducativa tem natureza sancionatória, mas com caráter pedagógico, aplicam-se todas as garantidas asseguradas aos maiores de idade que infringem a lei penal, dentre as quais podemos destacar as seguintes: devido processo legal (art. 5º, inciso LIV, da CF, e arts. 110 e 111, incisos I a VI, do ECA); princípio da tipicidade (art. 103, do ECA); necessidade de que o fato, além de típico, seja antijurídico e culpável; predomínio dos princípios do Direito Penal Mínimo, optando a lei juvenil pelas penas restritivas de direitos como alternativas à privação de liberdade; prevalência da máxima de que ninguém deverá ser privado de liberdade se a lei admitir liberdade provisória (art. 5º, inciso LXVI, da CF); gratuidade judiciária (art. 141, parágrafo 2º, do ECA); direito do adolescente de ser ouvido pela autoridade competente (art. 141, "caput", do ECA, e art. 5º, XXXV, da CF), direito à celeridade do processo, ao qual deverá ser dada prioridade absoluta (art. 227, "caput", da CF, e arts. 4º, "caput", art. 108, "caput", e art. 183, do ECA), etc. Somam-se a estas garantias àquelas inerentes às execuções das medidas, dentre as quais destacam-se o princípio da progressividade das medidas (art. 120, § 2º, *in fine,* c/c art. 121, "caput", primeira parte, do ECA, e art. 227, § 3º, da CF) e a aplicação dos direitos constitucionais de ampla defesa e contraditório (art. 5º, LV, da CF). Por fim, cabe dizer que os procedimentos para apuração de ato infracional correm em segredo de justiça, visando assegurar a inviolabilidade física e moral do adolescente (arts. 17 e 143, "caput", do Estatuto da Criança e do Adolescente)."[3]

Porém, mesmo com a força internacional dessa onda garantista e humanista, **a doutrina da proteção integral ainda não está plenamente em vigor no Brasil.**

De fato, segundo advertência há muito feita pelo **Defensor Público paulista Flávio Frasseto**, a quem faço minhas homenagens pelo engajamento nesta causa, "não obstante a nova legislação reconhecer crianças e adolescentes como sujeitos de direitos – titulares das mesmas garantias outorgadas aos adultos e não incompatíveis com a idade (art. 3º do ECA) –, um sem número de decisões e práticas diárias contrariam, nos casos concretos, este comando.

De outro lado, mesmo tendo o ECA reconhecido o caráter coercitivo, sancionatório, da medida socioeducativa, uma invasão do Estado na esfera de autonomia do adolescente autor de conduta descrita em lei penal, muitos operadores ainda, no dia a dia, continuam a tomá-la como um direito do jovem, algo em seu exclusivo favor instituído, destinado a protegê-lo do mal e de si mesmo, a tutelá-lo.

Ainda que dentre as sanções previstas para adolescentes a privação de liberdade seja a menos recomendada por lei e os centros de internação sejam em sua maioria prisões com outro nome na porta de entrada, neles ingressam, diariamente, jovens recomendados, por sentença, a lá ficarem para crescer como cidadãos, para aprenderem a se comportar em sociedade e tornarem-se 'indivíduos úteis'.

O fato de a evidente invasão do Estado na vida do indivíduo ser tomada como necessária, como salutar, em benefício do invadido e não do Estado, encobre as trincheiras abertas por lei para defender o cidadão do controle direto de seus passos pelas instâncias oficiais de poder.

Em outras palavras, as garantias processuais balizadoras da pretensão estatal de controlar a vida do adolescente que infringiu a lei são ainda com frequência vistas como obstáculos à intenção maior e mais nobre de beneficiar este jovem. Obstáculos a serem afastados, desprezados, ignorados. Esta equivocada intelecção do sistema do Estatuto, partilhada pelos mais diversos

3 SOARES, Janine Borges. Artigo:*O Garantismo no Sistema Infanto-Juvenil.* Disponível em: <http//:www.defensoria.sp.gov.br>.

operadores do direito, legitima incontáveis violações dos direitos de nossos adolescentes processados."[4]

Realmente, no dia 12 de novembro de 2009, fizemos, nós e a Dra. Talita Veiga, uma visita ao Anexo Carcerário à Delegacia Seccional de Barretos, localizado na Avenida 17, nº 440, Centro, com o fim de avaliarmos as condições e os períodos de internações de adolescentes em Cadeias Públicas da Região de Ribeirão Preto, cujo projeto de levantamento de dados fora promovido pelo Núcleo Especializado da Infância e da Juventude da DPESP.

Na ocasião, encontramos dois adolescentes apreendidos em local com condições impróprias, ventilação e entrada de sol mínimas, banheiro com infiltração e chuveiro sem água quente, além de odor extremamente forte. O local possuía 9 m^2, um colchão para cada adolescente, vaso sanitário sem descarga e existência de pertences pessoais na cela. Vale constar que não havia pia interna. Além disso, o cárcere era reservado aos adolescentes, mas próximo à parte destinada a receber presos adultos, porém sem contato físico e visual, apenas verbal. A Cadeia oferecia 4 (quatro) vagas para adultos, em casos emergenciais, mas abrigava apenas 1 (um) quando da inspeção, além de 2 (dois) adolescentes. Segundo fomos informados, o tempo médio de permanência dos jovens extrapola os 5 (cinco) dias previsto na lei, sendo aproximadamente de 7 (sete) a 10 (dez) dias.

A verdade é que muitos que laboram na temática da juventude ainda o fazem com a mentalidade menorista. Vejam a conduta até pouco tempo praticada pela Fundação Casa de **raspagem do cabelo dos adolescentes internados, o que lhes causava inegável estigmatização e rotulação marginalizante.**

Aliás, tal prática foi objeto de ação da Defensoria Pública paulista que conseguiu fazê-la cessar.

Merece citação e reverência as inspiradas palavras do Defensor Público **Victor Hugo Albernaz Júnior**, que atuou no citado caso.

"A Fundação Centro de Atendimento Socioeducativo ao Adolescente – Fundação CASA - da cidade de Ribeirão Preto andava raspando de forma indistinta e involuntária a cabeça dos adolescentes que lá eram internados, sob o pretexto de manter a ordem, a disciplina e a higiene no estabelecimento. Com esta atitude marcavam o adolescente física e psicologicamente, expondo sua condição à Sociedade, punindo-o além dos limites da lei e dos princípios democráticos de Direito.

Diante de tal ato inadequado e discriminatório, a Defensoria Pública do Estado de São Paulo ingressou, em agosto de 2008, com uma Ação Civil Pública para

4 FRASSETO. Flávio Américo. *Ato Infracional, Medida Socioeducativa E Processo: A Nova Jurisprudência do Superior Tribunal De Justiça*. Disponível em: < http://www.defensoria.sp.gov.br>.

impedir tal constrangimento e abuso de poder, conseguindo, de imediato, uma ordem liminar para que a Fundação suspendesse referida prática.

Imediatamente a Fundação CASA alegou em sua defesa que nunca houve reclamação dos adolescentes ou de suas famílias! Ora, tratando-se de adolescentes que necessitam cuidados especiais, posto que em situação de risco social, provenientes de famílias geralmente desestruturadas, como esperar que possam eles ou seus familiares contrapor-se a atos de Poder do Estado que percorreu longa trajetória histórica de repressão ao 'menor infrator' e cujos resquícios ainda resvalam nas novas instituições, apesar de todo o esforço de mudança dos últimos anos.

A Administração Pública deve se pautar sempre dentro dos mais estritos limites da legalidade, especialmente na garantia aos direitos fundamentais da pessoa humana, e em especial dos adolescentes por sua condição peculiar, consolidadas nos Tratados e Convenções internacionais e na Constituição Federal, em total sintonia com o Estado Democrático de Direito instalado no Brasil desde 1988.

Cabe, por outro lado, ao Judiciário exercer o controle da legalidade em qualquer momento em que as normas e os princípios constitucionais sejam violados ou ameaçados. Isto nos leva a concluir que todos os atos da Administração são *vinculados* a legalidade, não podendo o administrador utilizar-se do conceito de ato *discricionário* para justificar uma pretensa liberdade de atuação fora do âmbito de controle dos outros Poderes do Estado.

Não há dúvida que a Fundação Casa poderá cuidar da saúde de seus adolescentes, da disciplina e da segurança destes e de seus funcionários, sem ferir os diretos fundamentais dos adolescentes, sem os colocar em situação humilhante ou indigna, tratando-os como seres humanos que são, sem afinal raspar-lhes os cabelos.

Em resposta à Ação Civil Pública promovida pela Defensoria Pública Paulista, o Judiciário, neste ano de 2010, decidiu que a Fundação deverá abster-se da pratica abusiva, afirmando o juiz, em sua sentença, que a raspagem do cabelo 'viola a integridade física, psíquica e moral dos adolescentes porque implica em fazê-los aceitar, mesmo contra sua vontade, a alteração de sua condição física e de sua imagem'.

O cabelo é incontestavelmente parte física da personalidade humana, e historicamente contribui para a formação do *status* do indivíduo na sociedade. O cabelo toma a forma e a atitude de vários símbolos sociais e culturais e pode representar poder e respeito, tradição ou mudança e outros tantos sentimentos e movimentos antropológicos significativos.

A quebra de parâmetros de normalidade da forma de usar os cabelos cria estigmas, preconceitos e indignidade que ferem a imagem física e re-

percute na esfera psicológica do indivíduo. O ato de raspar o cabelo não é um *"singelo ato"* que 'não consiste em afronta a personalidade, e sim, garantia dos fins sociais de saúde, educação e ressocialização previstos nos Estatuto da Criança e do Adolescente' como alegou a Fundação CASA.

O ato de raspar o cabelo dos adolescentes é tratamento desumano, violento, vexatório, aterrorizante e constrangedor, tudo o que é proibido pelo Estatuto da Criança e do Adolescente, conforme se verifica em seu artigo 18, citado nos fundamentos da sentença, que claramente enxergou a equivocada opção administrativa da Fundação Casa em adotar tal identidade visual aos adolescentes sob o pretexto de garantir sua saúde e facilitar a segurança e a disciplina.

Algo parecido com isto poderia ser observado na história da humanidade quando os **guetos de Varsóvia foram esvaziados e seus moradores levados para Treblinka, a 80 km de distância**, para um 'processo de profilaxia'; ao chegarem, eram despidos e tinham seus cabelos raspados por seus próprios pares; 'ninguém reclamava!'; depois, eram encaminhados para o 'banho'; morriam então asfixiados 'na limpeza social' e seus cabelos viravam enchimento de travesseiros.

O exagero aqui é proposital, mas é salutar para lembrarmos que coisas assim podem adquirir significados diversos dependendo do que se quer defender. Até mesmo o indefensável.

Poderíamos também recorrer à história para lembrarmos de outros episódios que envolvem a raspagem do cabelo e que têm significado constrangimento e diminuição ou mesmo punição 'velada' de pessoas. No final da Segunda Guerra Mundial, **após a expulsão dos nazistas da França,** os cidadãos franceses, tomados exclusivamente pela emoção, entoavam a Marselhesa e **raspavam a cabeça de mulheres francesas acusadas de colaborarem com soldados alemães durante a ocupação inimiga**; isso era motivo de vergonha e humilhação diante de todos; várias cenas vexatórias desta natureza foram fotografadas, destacando-se a cena eternizada pelo fotografo húngaro Robert Capa, em Chartres, no ano de 1944.

Enfim, a raspagem do cabelo é medida contrária à lei e aos princípios constitucionais além de ser totalmente desnecessária, podendo a Fundação recorrer a outros métodos mais humanizados de cuidar da saúde de seus internos, bem como ordenar sua disciplina e a segurança daqueles e de seus funcionários. Manter-se tal método é garantir a manutenção de resquícios do autoritarismo que se pretendeu banir desde a extinção da antiga FEBEM e de todos os seus conceitos arcaicos e procedimentos reminiscentes da última era ditatorial no país. Cabelos raspados a força, nunca mais!"[5]

5 Disponível em: <http://victorhugoalbernazjr.blogspot.com.br/>.

Nada mais pertinente que a comparação acima exposta pelo combativo Defensor Público entre o que ocorria na Fundação Casa e as atrocidades do nazismo e da 2ª Guerra Mundial.

Aliás, corrobora a menção histórica o relato feito na **obra "Olga"**, cuja brasileira entregue aos alemães também teve seus cabelos raspados quando chegou à Europa. "Pouco depois do meio-dia o veículo chegou a Berlim sob chuva forte e com a temperatura ainda mais baixa. As portas foram abertas e Olga percebeu onde estava: no prédio número 15 da *Barnimstrasse*, a temida prisão de mulheres da Gestapo, uma construção de mais de um século por onde havia passado, duas décadas antes, sua heroína Rosa Luxemburgo. Avisada pelo pressuroso Moniz de Aragão, a polícia secreta alemã havia preparado um verdadeiro comitê de recepção para a Hamburgo, uma cabeleireira esperava-a na enfermaria da prisão, **de tesoura na mão.** Olga sentou-se numa cadeira, sempre algemada, e ouvi um oficial dizer: Vamos cortar seu cabelo para evitar a propagação de piolhos. Você sabe, isto é muito comum em judeus e comunistas."[6]

Ou seja, o simples corte dos cabelos está sim ligado a um tratamento estigmatizante e humilhante.

Mas, há muito que ser feito.

Em 2011, o Brasil recebeu a visita do Subcomitê de Prevenção da Tortura (SPT) da ONU[7], cujo relatório final encaminhado à Defensoria Pública do Estado de São Paulo pela Secretaria Estadual da Justiça e da Defesa da Cidadania.

Pois bem. A citada visita ocorreu entre os dias 19 e 30 de setembro de 2011, em quatro Estados brasileiros, dentre eles, o Estado de São Paulo, onde os esforços foram concentrados nos centros de detenção juvenil.

Além das visitas, foram realizadas reuniões com autoridades e membros da sociedade civil.

De início, cumpre destacar que algumas recomendações outrora feitas ao Brasil não foram atendidas a contento.

Segundo o relatório, o Subcomitê de Prevenção à Tortura verificou problemas semelhantes aos identificados anteriormente, sendo que o Brasil não está atendendo às recomendações expedidas, o que, por si só, é sobremodo preocupante.

Outrossim, dentre outras questões, apurou-se, na ocasião da sobredita visita, que há grande distanciamento entre as imposições legais de proteção aos direitos humanos e sua aplicação prática, o que torna nosso ordenamento jurídico,

6 MORAIS, Fernando. *Olga*. P. 224.

7 Disponível em: <http://www.onu.org.br>

ainda que denso e garantista no conteúdo, porém pouco efetivo; que a estrutura institucional do país não é segura e eficiente o necessário para a prevenção da tortura; que a assistência jurídica gratuita não chega a todos aqueles que necessitam, por obstáculos inerentes à falta de autonomia e de recursos humanos das Defensorias Públicas, especialmente diante da atual estrutura atribuída ao órgão acusatório, causando uma espécie de disparidade de condições processuais e probatórias que refletem diretamente na qualidade do atendimento aos presos; que o Instituto de Medicina Forense não goza da necessária autonomia para o cumprimento de suas atribuições, pois é vinculado à Secretaria de Segurança Pública, que também controla as polícias; que são precárias as condições de saúde dos presos, em estabelecimentos superlotados, mormente das mulheres e de seus filhos; que a corrupção ainda é sistêmica; e que, lamentavelmente, há graves sinais de violência juvenil, cujos abusos carecem da devida apuração.

No que toca às condições gerais de privação da liberdade dos adolescentes, alguns pontos merecem destaque e causam certa preocupação, mormente porque o Estado que serviu, preponderantemente, de parâmetro para essa análise específica é o de São Paulo, ou seja, é demanda afeta à atribuição desta Defensoria Pública.

De fato, foram visitadas as seguintes Unidades paulistas: Unidade de Internamento de Belém; Complexo Franco da Rocha (Unidades de Internamento Jacarandá e Tapajós); Unidade de Internamento Franco da Rocha (Internato Franco da Rocha); Instalações judiciárias de detenção provisória no Brás; Complexo Vila Maria (Unidades de Internamento Jatobá e Nogueira); Unidades femininas de internamento na Mooca (Anexo II do Relatório).

Nessas ocasiões, apurou-se que adolescentes apreendidos são violentamente agredidos quando da abordagem e da custódia policial, especialmente com tapas, chutes e socos em todo corpo, sem qualquer motivo ou gratuitamente, como espécie de represaria à suposta conduta infracional. Há o relato, aliás, de uma prisioneira que teria sido estuprada por dois policiais (item 80, página 16 do Relatório).

Foi detectado ainda que crianças e adolescentes são submetidos às formas mais humilhantes de revistas e abordagens quando em visitas aos estabelecimentos prisionais em geral (item 118, página 22).

Que mães encarceradas são destituídas gratuitamente do poder familiar e sua prole submetida à adoção, subtraindo deles o direito primordial à convivência familiar natural (item 120, página 23 do Relatório).

Sobre as instituições de custódia de adolescentes, indica o sobredito Relatório que elas não diferem muito daquelas destinadas à privação da liberdade de adultos; que a internação não é medida socioeducativa aplicada como último recurso, mas tem seu uso banalizado; que os meios de prevenção da delinquência juvenil ainda são ineficazes, sendo que o sistema é voltado à punição, como se a filosofia menorista da situação irregular ainda dominasse a produção jurisdicional nessa seara; que atos de tortura e abusos físicos ainda ocorrem, especialmente no momento da apreensão pela polícia (itens 130, 131, 133).

Destaca ainda o Subcomitê de Prevenção da Tortura o trabalho que tem sido desenvolvido pela Defensoria Pública, sendo que ele "congratula-se com o completo envolvimento de defensores públicos em centros para crianças e adolescentes", mas tem certa preocupação com relação às reduzidas visitas de promotores e juízes (item 134, página 26).

Lamentavelmente, o Subcomitê concluiu que há sérios casos de tortura contra adolescentes. "Por meio de entrevistas conduzidas com diversas crianças e adolescentes, o SPT recebeu alegações confiáveis e reiteradas de tortura e maus-tratos. Essas alegações envolvem espancamentos – realizados pelos funcionários e aplicados na nuca e em outras partes do corpo – com a mão aberta, bastões de madeira ou metal. A prática inclui ainda despir crianças e adolescentes, forçando-os a ficar em pé em posições desconfortáveis, além de insultá-los e ameaçá-los. Como observação geral, o SPT notou que se recorria a práticas humilhantes como forma de manutenção da disciplina." (item 145, página 27).

Por exemplo, "na Unidade de Internação Jatobá, em São Paulo, o SPT coletou evidências de negação e acobertamento, por parte da equipe médica, de lesões.

Há ainda a preocupação com a excessiva e desnecessária militarização do sistema de disciplina na execução da medida socioeducativa. "Um elemento de extrema preocupação foi o envolvimento das tropas de choque na manutenção da disciplina e na repressão de motins. Comumente, essas tropas permaneceriam do lado de fora dos centros e interviriam somente quando solicitadas a fazê-lo pela administração, em caso de motins. O SPT recebeu, entretanto, uma grande quantidade de alegações confiáveis de que as tropas de choque seriam frequentemente, se não sistematicamente, solicitadas a entrar e a aplicar força de maneira excessiva. As tropas empregariam ainda práticas humilhantes após a revista de uma instituição ou quando da ocorrência de motins, ou mesmo de desentendimentos entre uma criança ou adolescente e funcionários. Em um centro, essas intervenções teriam acontecido três vezes em uma semana. As crianças mostraram ao SPT ferimentos recentes resultantes desses espancamentos. Esse tipo de tratamento era muitas vezes imposto mediante a participação de outros agentes, ou mesmo de diretores da instituição. O SPT recebeu frequentes alegações de que atos de tortura e maus-tratos foram levados acabo contra crianças e adolescentes em salas ou espaços escondidos das câmeras de vídeo existentes" (item 145, página 28).

Se não bastasse, na Unidade Experimental de Saúde, no Estado de São Paulo, seis jovens, de 20 a 22 anos, encontram-se presos por atos infracionais graves cometidos durante a adolescência, com prazos de internação que extrapolam os três anos, mantidos privados de liberdade por tempo indeterminado, sob o fundamento de ostentarem, em tese e abstratamente, elevada periculosidade, em manifesta ilegalidade.[8]

---

8 Sobre a Unidade Experimental de Saúde, a Defensora Pública Paulista Luciana Jordão há muito denunciara: "A Unidade Experimental de Saúde, localizada na cidade de São Paulo, no bairro do Pari, foi criada no ano de 2006 pelo governo do estado de São Paulo, a fim de atender as determinações judiciais de internação para tratamento psiquiátrico e contenção, de menores que cometeram atos infracionais de natureza grave. A Unidade Experimental foi transferida para a Secretaria da Saúde do Estado de São Paulo através do Decreto n.a 52.519/2007 e conta com gestão tripartite: Secretaria de Justiça e de Defesa da Cidadania, por meio da Fundação Casa, Secretaria de Administração Penitenciária e Secretaria de Saúde do Estado de São Paulo. O quadro e o perfil dos profissionais disponibilizados para o funcionamento da Unidade ainda é provisório e o corpo clínico responsável pela atenção à saúde dos internos é o do Núcleo de Psiquiatria Forense (IMUFOR) do Hospital das Clínicas da Faculdade de Medicina da Universidade de São Paulo (HCFMUSP).Muitos dos jovens que foram internados na Unidade já haviam cumprido 3 anos de medida socioeducativa na Fundação Casa. A demanda atendida é a de adolescentes e jovens adultos do sexo masculino, portadores de distúrbio de personalidade com alto grau de periculosidade, segundo relatórios periciais psiquiátricos, custodiados da Fundação Casa, cuja medida socioeducativa foi substituída, em razão de determinação judicial, por medida protetiva ou por determinações judiciais em ações de interdição. Existem, ao todo, 10 vagas para internos na Unidade. O critério de admissão e de desligamento dos adolescentes e adultos da Unidade Experimental de Saúde é exclusivo do Poder Judiciário, através das Varas da Infância e da Juventude e de Família e Sucessões. Há a presença na Unidade de agentes penitenciários, já que de acordo com as determinações judiciais os pacientes devem permanecer sob regime de contenção e segurança, devido a "grave ameaça" que estas pessoas representam para a sociedade. É de rasa percepção o fato de que não se trata de um "equipamento hospitalar", mas sim de um estabelecimento prisional para adolescentes e jovens adultos.

O governo estadual de São Paulo sustenta que se trata de Unidade Experimental de Saúde justamente pelo fato de que não existem hospitais fechados, com contenção, para pacientes psiquiátricos. A Secretaria de Saúde também se posiciona no sentido de que é majoritário o posicionamento de que em se tratando de diagnóstico de transtorno de personalidade, as várias escolas médicas não vislumbram a possibilidade de melhoria do quatro destes indivíduos por meio de psicoterapia e/ou terapia medicamentosa. Mas o tratamento é imposto pelo Poder Judiciário.

Nesta Unidade Experimental está detido R.A.A.C., alcunhado de "Champinha", O Juízo da Única Vara do Foro Distrital de Embú-Guaçu, Comarca de Itapecerica da Serra decretou a interdição do jovem, com a determinação de que este fosse internado em estabelecimento psiquiátrico compatível com o "tratamento necessário", com a contenção e segurança apropriadas. Nesta esteira, outros juízos no estado de São Paulo também estão se utilizando do expediente da interdição para determinarem a detenção destes jovens. O Juízo da 3ª Vara de Família e Sucessões da Comarca de Sorocaba determinou à Secretaria de Saúde, nos Autos de Interdição proposta pelo Ministério Público do Estado de São Paulo contra M.L.B.S, a internação psiquiátrica com contenção do jovem - que contava com 21 anos e que já havia cumprido 3 anos de medida socioeducativa -, na Unidade Experimental de Saúde. A fundamentação legal para estas internações, aplicadas aos jovens adultos que já completaram 21 anos, ou que já cumpriram 3 anos de medida socioeducativa, é feita com base no previsto no art. 1777 do Código Civil, que prevê a possibilidade de, que os interditos sejam recolhidos em estabelecimentos adequados, quando não se "adaptarem ao convívio familiar. Esta possibilidade é criticada, pois justifica a criminalização da loucura e a banalização do tratamento dispensado aos portadores de transtornos mentais, mas está sendo corriqueiramente utilizada pelo Poder Judiciário do Estado de São Paulo, para fundamentar as internações dos jovens adultos na Unidade Experimental de Saúde cidade de São Paulo." *Concurso de teses.* VII Congresso Nacional, Cuiabá, 2008.

Diante dos fatos acima relatados, cujo contexto dispensa o mínimo de trabalho exegético para concluir que o sistema jurídico construído ainda no século passado, tanto no âmbito internacional como no nacional, repulsa frontalmente a estrutura concreta e real apurada na última visita do Subcomitê de Prevenção da Tortura da ONU ao Brasil.

O Defensor Público com atribuições nessa área há de ter, necessariamente, elevada sensibilidade psicossocial e uma lente multifocal, sob pena de incorrer em aguda frustração.

Aliás, por oportuno, destacamos o maravilhoso trabalho do **Defensor Público paulista Luís Gustavo Fontanetti Alves da Silva** que, juntamente com outros Colegas, conseguiu, no Superior Tribunal de Justiça acabar com **o toque de recolher no Brasil**, a partir de um *habeas corpus* coletivo contra uma Portaria editada na Comarca de Cajuru/SP.

A Portaria nº 01/2011, na qual, frente as considerações ali expostas, a DD. Magistrada resolveu:

"1. Baixar a presente portaria, autuando-a no registro próprio e instaurar procedimento, nos termos do art. 153 do Estatuto da Criança e do Adolescente, com autuação e registros próprios;

2. Encaminhar cópias desta Portaria ao Ministério Público, à Polícia Militar, à Polícia Civil e ao Conselho Tutelar, determinando, conforme as considerações que fundamentam este ato judicial, que efetuem, na medida de suas atribuições, o recolhimento das crianças e adolescentes, em situação de risco, principalmente durante a noite e de madrugada, respeitando-se o comando de cada corporação e a disponibilidade do Conselho Tutelar.

2.1. Considera-se em situação de risco, para fins desta portaria, a permanência de crianças e adolescentes nas ruas desacompanhadas dos pais ou responsáveis após as 23h00min, salvo se retornando às suas respectivas residências de escolas cursos e afins por eles frequentados;

2.2. Consideram-se em situação de risco:

2.2.1. as crianças e os adolescentes, independentemente do horário, que estejam desacompanhados de seus pais ou responsáveis, nas proximidades de prostíbulos e de pontos conhecidos como de venda e de uso de entorpecentes;

2.2.2. as crianças e os adolescentes, se desacompanhados de seus pais ou responsáveis, na companhia de adultos que estejam consumindo bebidas alcoólicas;

2.2.3. as crianças e os adolescentes flagrados consumindo bebidas alcoólicas, ainda que acompanhados de seus pais ou responsáveis;

2.2.4 as crianças ou os adolescentes na companhia de adultos que os estejam consumindo entorpecentes, ainda que acompanhados de seus pais ou responsáveis.

3. Determinar às mesmas autoridades anteriores a remessa de relatórios resumidos, com documentos, se necessários, com as qualificações dos menores e pais, a natureza da situação de risco encontrada e as providências tomadas, para a Vara da Infância e da Juventude, que juntará os respectivos relatórios ao procedimento de inquérito judicial, se necessário;

4. Salvo hipótese de ato infracional ou flagrante de qualquer crime cometido contra crianças e adolescentes, determina-se a adoção, pelas autoridades mencionadas, no caso de situações de risco, das providências previstas em lei, como as do art. 101 do Estatuto da Criança e do Adolescente, sugerindo, como regra geral e subsidiária a todos os casos encontrados, mas não substitutivas das medidas adequadas, aquelas previstas nos inciso I e II do referido artigo, devendo-se encaminhar, para o inquérito judicial, cópia do termo de responsabilidade assinado pelos pais;

5. Para segurança e transparência das operações, sugere-se, que elas sejam realizadas, quando organizadas pelas polícias, com a presença de pelo menos um conselheiro tutelar, ficando autorizada a utilização das dependências das Delegacias de Polícia da cidade e da sede do Conselho Tutelar como locais para que os pais ou responsáveis sejam intimados, por qualquer meio, durante qualquer hora do dia ou da noite, a buscar seus filhos e sejam advertidos, formalmente, nos termos dos art. 101, II, da situação de risco encontrada, quando da aplicação da medida de proteção prevista no art. 101, I, do Estatuto da Criança e do Adolescente, aqui consignada como regra geral;

6. Além das autoridades já mencionadas, nas providências acima determinadas, encaminhem-se cópias desta portaria para conhecimento, recebimento de sugestões, qualquer objeção ou para o recebimento dos recursos previstos em lei, ao Presidente da Subsecção local da Ordem dos Advogados do Brasil, à Câmara de Vereadores da comarca, ao Prefeito Municipal, ao Delegado Seccional de Polícia, ao Tenente Coronel Comandante da Polícia Militar;

7. Nos termos do art. 153 do Estatuto da Criança e do Adolescente, de todos os atos deste procedimento, público e transparente, ciência ao Ministério Público.

8. A presente portaria entra em vigor às <u>00h00min do dia 15 de abril de 2011</u>."

Justifica ele, "**a Doutrina da Proteção Integral**, segundo a qual, as crianças e os adolescentes são considerados como pessoas em desenvolvimento, dotadas, pois, de todos os direitos e garantias conferidos aos adultos e mais daqueles necessários para assegurar seu crescimento saudável."

Nessa doutrina, "ao invés de privar o 'menor incapaz', 'em situação de risco' ou 'em situação irregular' do exercício de seus direitos 'para protegê-lo', o Estado, por força dos novos dispositivos constitucionais e legais, deve adotar postura positiva de criar meios para que a criança e o adolescente, na qualidade de pessoas em desenvolvimento, consigam exercer todos os direitos fundamentais.

Reflete bem este modo positivo de atuar do Estado para zelar pela promoção dos direitos das crianças e adolescentes o artigo 16 da Convenção das Nações Unidas sobre os Direitos da Criança, promulgada no Brasil por meio do Decreto 99.710/90, que determina:

Art. 16. 1. Nenhuma criança será objeto de interferências arbitrárias ou ilegais em sua vida particular, sua família, seu domicílio, ou sua correspondência, nem de atentados ilegais a sua honra e a sua reputação. 2. A criança tem direito à proteção da lei contra essas interferências ou atentados." (g.n.)

Também o ECA, ao regular o exercício da liberdade individual da criança e adolescente, aponta a necessidade de o Estado respeitar e fazer respeitar, nos limites da lei, os direitos individuais dessas pessoas: 'Art. 15. A criança e o adolescente têm direito à liberdade, ao respeito e à dignidade como pessoas humanas em processo de desenvolvimento e como sujeitos de direitos civis, humanos e sociais garantidos na Constituição e nas leis.

Art. 16. O direito à liberdade compreende os seguintes aspectos: I - ir, vir e estar nos logradouros públicos e espaços comunitários, ressalvadas as restrições legais; (g.n.)

Reforçando ainda mais a concepção de que a criança e o adolescente são pessoas dotadas de todos os direitos inerentes à condição humana, não podendo sofrer restrições nesses direitos que não partam exclusivamente da constituição e da lei, o ECA extingue a figura do 'juiz de menores' dotado de gama ilimitada de poderes, traçando o perfil do 'juiz da infância e juventude', que atua para promover os direitos desta parcela da sociedade, respeitando tais direitos, dentro dos limites legalmente fixados para sua atuação."

Após árduo trâmite processual, o Superior Tribunal de Justiça decide por fim à ilegalidade.

Segundo Luís Gustavo, tal julgamento, sem sombra de dúvidas, constitui importante paradigma sobre o tema, valendo transcrever, por isso, a ementa do acórdão lavrado pelo **Douto Ministro Herman Benjamin**:

"1. Trata-se de Habeas Corpus Coletivo "em favor das crianças e adolescentes domiciliados ou que se encontrem em caráter transitório dentro dos limites da Comarca de Cajuru-SP" contra decisão liminar em idêntico remédio proferida pela Câmara Especial do Tribunal de Justiça do Estado de São Paulo.

2. Narra-se que a Juíza da Vara de Infância e Juventude de Cajuru editou a Portaria 01/2011, que criaria um "toque de recolher", correspondente à determinação de recolhimento, nas ruas, de crianças e adolescentes desacompanhados dos pais ou responsáveis: a) após as 23 horas, b) em locais próximos a prostíbulos e pontos de vendas de drogas e c) na companhia de adultos que estejam consumindo bebidas alcoólicas. A mencionada portaria também determina o recolhimento dos menores que, mesmo acompanhados de seus pais ou responsáveis, sejam flagrados consumindo álcool ou estejam na presença de adultos que estejam usando entorpecentes.

3. O primeiro HC, impetrado no Tribunal de Justiça do Estado de São Paulo, teve sua liminar indeferida e, posteriormente, foi rejeitado pelo mérito.

4. Preliminarmente, "o óbice da Súmula 691 do STF resta superado se comprovada a superveniência de julgamento do mérito do habeas corpus originário e o acórdão proferido contiver fundamentação que, em contraposição ao exposto na impetração, faz suficientemente as vezes de ato coator (...)" (HC 144.104/SP, Rel. Min. Jorge Mussi, DJe 2.8.2010; cfr. Ainda HC 68.706/MS, Sexta Turma, Rel. Ministra Maria Thereza de Assis Moura, DJe 17.8.2009 e HC 103.742/SP, Quinta Turma, Rel. Min. Jorge Mussi, DJe 7.12.2009).

5. No mérito, o exame dos *considerandos* da Portaria 01/2011 revela **preocupação genérica**, expressa a partir do "número de denúncias formais e informais sobre situações de risco de crianças e adolescentes pela cidade, especificamente daqueles que permanecem nas ruas durante a noite e madrugada, expostos, entre outros, ao oferecimento de drogas ilícitas, prostituição, vandalismos e à própria influência deletéria de pessoas voltadas à prática de crimes".

6. A despeito das legítimas preocupações da autoridade coatora com as contribuições necessárias do Poder Judiciário para a garantia de dignidade, de proteção integral e de direitos fundamentais da criança e do adolescente, é preciso delimitar o poder normativo da autoridade judiciária estabelecido pelo Estatuto da Criança e do Adolescente, em cotejo com a competência do Poder Legislativo sobre a matéria.

7. **A portaria em questão ultrapassou os limites dos poderes normativos previstos no art. 149 do ECA**. "Ela contém normas de caráter geral e abstrato, a vigorar por prazo indeterminado, a respeito de condutas a serem observadas por pais, pelos menores, acompanhados ou não, e por terceiros, sob cominação de penalidades nela estabelecidas" (REsp 1046350/RJ, Primeira Turma, Rel. Ministro Teori Albino Zavascki, DJe 24.9.2009). 8. Habeas Corpus

concedido para declarar a ilegalidade da Portaria 01/2011 da Vara da Infância e Juventude da Comarca de Cajuru."[9]

Em suma, temos a teoria. Vamos à prática.

Agora, em 2015, foram aprovadas novas teses no Congresso Nacional dos Defensores Públicos da Infância e Juventude.

1. Autora: Renata da Costa Tavares (Defensora Pública no Estado do Rio de Janeiro). Súmula: "Qualquer proposta de redução da maioridade penal, seja por lei ou através de emenda constitucional, gera responsabilidade internacional do Estado Brasileiro por violar o art. 19 da Convenção Americana de Direitos Humanos, arts. 1º e 41, da Convenção sobre os direitos da criança, e os princípios da interpretação *pro homine* e da proibição do retrocesso social."

2. Autor: Bruno César da Silva (Defensor Público no Estado de São Paulo). Súmula: "A criança e o adolescente devem figurar como parte nas ações de acolhimento e de destituição do poder familiar, através da formação de um litisconsórcio necessário unitário passivo, garantindo-se sua condição de sujeito de direitos e seu direito à efetiva participação processual."

3. Autor: Hugo Fernandes Matias (Defensor Público no Estado do Espírito Santo). Súmula: "Os institutos do indulto e da comutação de pena aplicam-se, no que couber, à execução das medidas socioeducativas."

4. Autor: Marcelo Dayrell Vivas (Defensor Público no Estado de São Paulo). Súmula: "A remissão constitui direito subjetivo do adolescente à transação socioeducativa, devendo ser garantido o direito à assistência jurídica antes de sua homologação."

5. Autora: Ligia Marchesi Homem (Defensora Pública no Estado do Espírito Santo). Súmula: "Tratando-se de ato infracional, ainda que o microssistema recursal previsto no art. 198 do ECA seja o do Código de Processo Civil, em respeito aos princípios processuais penais da vedação à reformatio in pejus e da preclusão, não é cabível a interposição de recurso adesivo pelo ministério público visando a reforma da sentença para agravar a situação do adolescente."

6. Autor: Ivan Gomes Medrado (Defensor Público no Estado de São Paulo). Súmula: "O esgotamento do prazo máximo de reavaliação enseja presunção absoluta de cumprimento das metas do PIA, com atingimento da finalidade socioeducativa da medida, na forma do art. 46, II, da Lei n. 12.594/2012."

7. Autor: Bruno Moura de Castro (Defensor Público no Estado da Bahia). Súmula: "Aos atos praticados com violência ou grave ameaça a pessoa, no momento da aplicação da medida socioeducativa mais adequada, bem como na sua execução, deve ser observada a distância entre o local do cumprimento da me-

9 HC 207720/SP, Rel. Ministro HERMAN BENJAMIN, SEGUNDA TURMA, julgado em 01/12/2011, DJe 23/02/2012.

dida e a residência do adolescente, aplicando-se, se for o caso, medida menos gravosa quando inexistir vaga para cumprimento de medida de privação de liberdade próxima a sua residência, preservando, assim, os vínculos familiares e comunitários, princípio norteador de todo o sistema protetivo. "

8. Autor: Eduardo Januário Newton (Defensor Público no Estado do Rio de Janeiro). Súmula: "Por não possuir previsão legal, a imposição de medida socioeducativa em caráter cautelar diversa da internação constitui constrangimento ilegal."

9. Autora: Eufrásia Maria Souza das Virgens (Defensora Pública no Estado do Rio de Janeiro). Súmula: "É ilegal a divulgação de imagens, nomes e abreviações ou quaisquer outros elementos que venham a identificar adolescentes ou crianças a quem se atribui autoria de ato infracional mesmo após alcançada a maioridade em razão do sigilo".

10. Autora: Bruna Rigo Leopoldi Ribeiro Nunes (Defensora Pública no Estado de São Paulo). Súmula: "É cabível o pedido de extinção de medida socioeducativa de internação e semiliberdade ou sua substituição por medidas em meio aberto quando o(a) Defensor(a) Público(a) se deparar com indícios de maus tratos, violência e tortura."

11. Autora: Bruna Rigo Leopoldi Ribeiro Nunes (Defensora Pública no Estado de São Paulo). Súmula: "É ilegal a determinação de expedição de mandado de busca e apreensão para imposição de internação, antes do trânsito em julgado, quando o adolescente respondeu o processo em liberdade."

12. Autora: Eufrásia Maria Souza das Virgens (Defensora Pública no Estado do Rio de Janeiro). Súmula: "É ilegal a colocação em família substituta para fins de adoção em procedimento de acolhimento institucional ou familiar sem prévia sentença de destituição do poder familiar ou concordância dos genitores. É necessária a nomeação de curador especial quando se tratar de genitores adolescentes, com base no artigo 142, parágrafo único, da Lei 8069/90."

13. Autor: Rodrigo Fuly (Defensor Público no Estado do Rio de Janeiro). Súmula: "Adolescente que responde em liberdade ao procedimento deve ter assegurado o direito de aguardar em liberdade o desfecho das vias impugnativas. O art. 9° da Resolução 165 do CNJ é flagrantemente inconstitucional eis que prevê hipótese de execução antecipada de medida socioeducativa. Princípios de presunção de inocência e da atualidade. Aplicação subsidiária do art. 387 § 1° do CPP."

14. Autor: Rodrigo Fuly (Defensor Público no Estado do Rio de Janeiro). Súmula: "A internação provisória só é cabível quando houver efetiva instrumentalidade em relação ao procedimento, não sendo fundamentação idônea simples referências genéricas à gravidade em abstrato do ato infracional imputado, ou a indícios de autoria e materialidade (não demonstrados no caso concreto), sob

pena de nulidade (artigo 93, IX, CRFB). Plena efetividade do princípio da presunção de inocência."

15. Autora: Emilgrietty Silva dos Santos (Defensora Pública no Estado do Pará). Súmula: "Não cabe às partes requerer e ao juiz deferir, no momento da audiência de reavaliação, a realização de outro parecer técnico, pois já ocorreu preclusão, conforme determina o § 1º, do artigo 42 do SINASE."

16. Autores: Gabriel Seifriz e Claudia Barros (Defensores Públicos no Estado do Rio Grande do Sul). Súmula: "É recomendável que a defesa alegue a exclusão da responsabilidade infracional (dupla inimputabilidade) em relação ao adolescente portador de alienação mental em razão de doença mental ou dependência química, requerendo a realização de perícia médica comprobatória após a apresentação do adolescente ou por ocasião da defesa prévia, nada obstando que o pedido seja feito a qualquer tempo antes da sentença. A aplicação de eventual medida protetiva deverá observar a lei 10.216/2001, respeitando o contraditório e a execução sendo acompanhada pelo Defensor Público."

17. Autora: Lívia Martins Salomão Brodbeck (Defensora Pública no Estado do Paraná). Súmula: "É ilegal a decretação de internação provisória seguida de designação de audiência de apresentação para data posterior aos quarenta e cinco dias, devendo ser remediada através do manejo do *habeas corpus*."

18. Autor: Alfredo Honsy (Defensor Público no Estado do Ceará). Súmula: "Não constitui óbice à viabilidade da adoção *intuitu personae* a inobservância da prévia inscrição no Cadastro Nacional de Adotantes ou da ordem cronológica das habilitações nele estabelecida, cabendo a alegação de inconvencionalidade da restrição estabelecida no parágrafo 13 do artigo 50 do ECA, por violação à Convenção sobre os Direitos da Criança da Organização das Nações Unidas."

19. Autora: Carolina Izidoro do Nascimento (Defensora Pública no Estado de Pernambuco). Súmula: "Deverá ser garantido o cumprimento das medidas protetivas e socioeducativas a criança e ao adolescente transexual de acordo com seu sexo psicológico, e não biológico; independente do ajuizamento de ação de retificação do gênero em seu registro de nascimento e de cirurgia de transgenitalização".

Por fim, registramos apenas que é importante a definição de teses institucionais para fins de atuação estratégica dos Defensores Públicos, mormente para que tais teses ganhem ecos nos Tribunais Superiores.

2. A PONTUAÇÃO DAS RESPONSABILIDADES

Infelizmente, **o descumprimento, pelo Estado, das novas regras e princípios trazidos pela doutrina da proteção integral pode se concretizar de duas formas basicamente, quais sejam, por ação e por omissão.** Na **primei-**

ra, como vimos acima, pela excessiva intervenção punitivo-segregatória. Por **omissão**, a partir de uma inércia na educação de qualidade e nas oportunidades, bem como na apresentação de uma pauta axiológica nova e humanizada, livre dos dogmas do capitalismo consumista, do endeusamento do "ter", do ostentar, do exibir. É uma omissão que tolera a concentração do poder e da glória, sem que a carga cultural seja devidamente valorizada.

Esse contexto faz o adolescente sair em busca desse ilusório destaque em seu meio, em sua comunidade. É quando se torna presa fácil do tráfico e das quadrilhas prejacentes no sistema do crime.

Geraldo Prado, com autoridade, denuncia essa triste realidade. "O sentido do abuso de poder no processo de vitimização relacionado à delinquência juvenil é facilmente percebido, para ilustrar, pelo incremento da participação de jovens no tráfico de drogas. Indiscutivelmente, descontada a parcela de registros atribuíveis à intensificação da repressão policial, nota-se que cada vez mais adolescentes das classes socioeconomicamente mais baixas são tentados a oferecer suas vidas em troca do prestígio social, do temor reverencial de que passam a desfrutar, das vantagens econômicas, enfim, de tudo quanto marca o sucesso em nossa sociedade neoliberal, na medida em que os meios tradicionais postos à disposição deles não são eficientes para conduzi-los ao mesmo sucesso.

Deste modo, participam os mais novos de atividades violentas, produzindo vítimas no meio social, mas, ao mesmo tempo, encurtando suas vidas, sem perceber o uso instrumental que o Estado e a criminalidade delas fazem, de tal maneira que a rigor também são vítimas, consoante enfatizamos.

Ao padecimento decorrente da ausência de instituições aptas a fazer valer os direitos fundamentais que, implementados, ofereçam um estatuto valorativo diferenciado, discernimento sobre os papéis sociais desempenhados por cada um de nós nas engrenagens sociais e efetiva oportunidade de um prestígio social compatível com a dignidade humana, juntam-se, de um modo geral, aspectos peculiares ao desenvolvimento nessa faixa etária.

Os jovens são por natureza impulsivos e têm o desejo de conquistar o mundo. Conforme o estatuto de valores prevalecente, o agir dos mais novos se voltará para direções distintas, contudo, a descoberta da força criadora da violência, que nem sempre é negativa – a história da humanidade demonstra que na nossa evolução a 'violência criadora' foi em alguns momentos positiva – os coloca praticamente no olho do furacão e pode ensejar justamente a realização de comportamentos vitimizadores.

Sabemos, por nossa experiência ordinária, que a maior parte dos adolescentes 'descobre' a violência naturalmente e consegue, na medida em que usufrui dos direitos fundamentais, ponderar e direcionar para a veia positiva da sua personalidade a descoberta. Muitos, todavia, evidenciam a força da violência no convívio diário e assustam as pessoas pelo que se supõe sejam capazes de fazer. (...) Não é possível, e nisso acredito sinceramente, evitar a descoberta da violência pelos jovens (e seria hipocrisia imaginar o contrário quando a televisão veicula violência em quase todos os seus programas).

É necessário, portanto, conviver com a descoberta, com a consciência de que o uso indiscriminado da violência faz vítimas inclusive entre os próprios agentes e que somente a implantação de uma rede de execução dos direitos fundamentais de que são portadores pode conspirar para a construção paulatina de um estatuto ético que permita que a passagem pela adolescência seja, também, um instante ímpar de construção na vida do ser humano. De qualquer modo, este parece ser o único caminho viável até porque não se pode penalizar a vítima do abuso de poder, abuso denunciado pela inconcebível omissão estatal, ou esperar que os jovens durmam durante toda a adolescência. Com certeza, eles não dormirão."[10]

Diante disso, a novel legislação pretende resgatar as responsabilidades, do Estado, principalmente, motivo pelo qual defendemos a inauguração, com a Lei nº 12.010/09, da **doutrina da proteção integral responsável**, pois ela, embora não inova, tem a virtude de reafirmar os ideais e os propósitos da Constituição Federal e do Estatuto original, ao especificar, expressamente, as responsabilidades da família, da comunidade e do Poder Público conforme já estabelecia o artigo 227 da Constituição Federal e art. 4º e 73 do ECA.

Nesse contexto, **o Defensor Público deve atuar em várias frentes ou de variadas formas**. Por exemplos, temos defendido o manuseio da tutela coletiva inibitória em face do Poder Público recalcitrante que justifica sua inércia na falta de previsão orçamentária.

Destarte, **entendemos cabível ação civil pública cautelar de interpelação (art. 726 do Novo CPC), em face do Poder Público, para fins evitar a insuficiência orçamentária** em eventual demanda futura, seja ela individual, seja ela coletiva, no tocante à obrigação de implementação de políticas públicas em realização dos direitos da criança e do adolescente.

A tese em tela tem por objetivo evitar a insuficiência orçamentária para a necessária implementação de políticas públicas em benefício das crianças e dos adolescentes, cujas obrigações estatais foram reafirmadas pela Lei nº 12.010/09. De fato, tal norma promove alterações no Estatuto da Criança e do Adolescente e, dentre outras virtudes, ratifica a responsabilidade estatal, das

10 PRADO, Geraldo. Disponível em <http://www.defensoria.sp.gov.br>.

três esferas de governo, em obrigação solidária, no tocante à promoção dos direitos da criança e adolescente.

Ocorre que, muitas vezes, para se eximir dessa responsabilidade, o Poder Público demandado alega falta de previsão orçamentária ou o chamado "princípio da reserva do possível".

Então, caso o Defensor Público apure que, no âmbito de suas atribuições, há grave omissão estatal em detrimento dos direitos das crianças e dos adolescentes, com justificativa na insuficiência orçamentária, **deve-se valer da ação civil pública cautelar de interpelação,** cujo objetivo é advertir o Poder Público para que adéque seu projeto de lei orçamentária anual dos anos seguintes, no sentido de atender às necessidades da infância e da juventude daquela localidade, considerando suas peculiaridades e necessidades.

Uma vez interpelados tempestivamente, não podem o Município, o Estado ou a União justificar ou se eximir de sua responsabilidade em razão da insuficiência de recursos orçamentários, cujos efeitos dessa medida são aplicáveis a qualquer espécie de obrigação de fazer dos interpelados.

Realmente, é função da Defensoria Pública "promover ação civil pública e todas as espécies de ações capazes de propiciar a adequada tutela dos direitos difusos, coletivos ou individuais homogêneos quando o resultado da demanda puder beneficiar grupo de pessoas hipossuficientes (art. 4º, VII, LC 80/94)", bem como "exercer a defesa dos interesses individuais e coletivos da criança e do adolescente, do idoso, da pessoa portadora de necessidades especiais, da mulher vítima de violência doméstica e familiar e de outros grupos sociais vulneráveis que mereçam proteção especial do Estado (art. 4º, XI, LC 80/94).

Em tese, a ação cautelar de interpelação tem por objetivo atentar o devedor ou o obrigado para determinado fato vinculado ao cumprimento de sua obrigação, com o fim de mitigar suas excludentes em eventual inadimplemento ou simplesmente constituí-lo em mora. De fato, "a interpelação tem a finalidade específica de servir ao credor para fazer conhecer ao devedor a exigência do cumprimento da obrigação, sob pena de ser constituído em mora."[11] "A interpelação objetiva a produção de efeito jurídico a partir de uma ação ou omissão do interpelado."[12]

Segundo dispõe o Novo Código de Processo Civil: "Quem tiver interesse em manifestar formalmente sua vontade a outrem sobre assunto juridicamente relevante poderá notificar pessoas participantes da mesma relação jurídica para dar-lhes ciência de seu propósito" (artigo 726).

11 MEDINA, José Miguel Garcia e outros. *Procedimentos cautelares e especiais*. RT, 2009.

12 MARINONI, Luiz Guilherme. *Código de processo civil*, RT.

Por outro lado, a Lei nº 12.010/09 altera o ECA para exigir previsão orçamentária no sentido de viabilizar a execução de políticas públicas em defesa da criança e do adolescente. "Os recursos destinados à implementação e manutenção dos programas relacionados neste artigo serão previstos nas dotações orçamentárias dos órgãos públicos encarregados das áreas de Educação, Saúde e Assistência Social, dentre outros, observando-se o princípio da prioridade absoluta à criança e ao adolescente preconizado pelo caput do art. 227 da Constituição Federal e pelo caput e parágrafo único do art. 4º desta Lei" (art. 90, § 2º, ECA).

Quanto às obrigações estatais, a nova lei reafirmou as responsabilidades, sendo princípio das medidas de proteção: "responsabilidade primária e solidária do poder público: a plena efetivação dos direitos assegurados a crianças e a adolescentes por esta Lei e pela Constituição Federal, salvo nos casos por esta expressamente ressalvados, é de responsabilidade primária e solidária das 3 (três) esferas de governo, sem prejuízo da municipalização do atendimento e da possibilidade da execução de programas por entidades não governamentais"(art. 100, § único, III, ECA).

Vale a pena, por oportuno, expor os dispositivos que exigem a proteção, pelo Poder Público, da criança e adolescente, em todos os seus aspectos. Aliás, a Convenção Americana sobre Direitos Humanos, prevê em seu art. 19, que "toda criança terá direito às medidas de proteção que a sua condição de menor requer, por parte de sua família, da sociedade e do Estado."

Ainda na seara internacional, dispõe a Convenção sobre os Direitos da Criança que: "Os Estados partes tomarão todas as medidas apropriadas, administrativas, legislativas e outras, para a implementação dos direitos reconhecidos nesta Convenção. Com relação aos direitos econômicos, sociais, e culturais, os Estados partes tomarão tal medidas no alcance máximo de seus recursos disponíveis e, quando necessário, no âmbito da cooperação internacional" (Art. 4º). "Os Estados partes reconhecem o direito da criança à educação e, a fim de que ela possa exercer progressivamente e em igualdade de condições esse direito deverão especialmente: tornar o ensino primário obrigatório e disponível gratuitamente a todos" (art. 28).

A Constituição Federal de 1988, também contém importantes dispositivos. O art. 6º, por sua vez, dispõe sobre os Direitos sociais: "são direitos sociais a educação, a saúde, o trabalho, a moradia, o lazer, a segurança, a previdência social, a proteção à maternidade e à infância, a assistência aos desamparados, na forma da Lei."

Como se não bastasse, ainda determina: "é dever da família, da sociedade e do Estado assegurar à criança e ao adolescente, com absoluta prioridade, o direito à vida, à saúde, à alimentação, à educação, ao lazer, à profissionalização, à cultura, à dignidade, ao respeito, à liberdade e à convivência familiar e comunitária, além de colocá-los a salvo de toda forma de negligência, discriminação, exploração, violência, crueldade e opressão.

O Estado promoverá programas de assistência integral à saúde da criança e do adolescente, admitida a participação de entidades não governamentais e obedecendo os seguintes preceitos: I - aplicação de percentual dos recursos públicos destinados à saúde na assistência materno-infantil; II - criação de programas de prevenção e atendimento especializado para os portadores de deficiência física, sensorial ou mental, bem como de integração social do adolescente portador de deficiência, mediante o treinamento para o trabalho e a convivência, e a facilitação do acesso aos bens e serviços coletivos, com a eliminação de preconceitos e obstáculos arquitetônicos (art. 227, § 1º, I e II).

Por outro lado, prescreve o art. 203 da Carta Magna: "a assistência social será prestada a quem dela necessitar, independentemente de contribuição à seguridade social, e tem por objetivos: I - a proteção à família, à maternidade, à infância, à adolescência e à velhice; II - o amparo às crianças e adolescentes carentes."

Como não bastasse, o art. 205 descreve que "a educação, direito de todos e dever do Estado e da família, será promovida e incentivada com a colaboração da sociedade, visando ao pleno desenvolvimento da pessoa, seu preparo para o exercício da cidadania e sua qualificação para o trabalho".

Para regulamentar toda essa matéria de proteção absoluta e prioritária da criança, bem como de toda a família, a legislação infraconstitucional, em especial a Lei nº 8.069/90 (Estatuto da Criança e do Adolescente) dispõe que:

"Art. 3º. A criança e o adolescente gozam de todos os direitos fundamentais inerentes à pessoa humana, sem prejuízo da proteção integral de que trata esta Lei, assegurando-se-lhes, por lei ou por outros meios, todas as oportunidades e facilidades, a fim de lhes facultar o desenvolvimento físico, mental, moral, espiritual e social, em condições de liberdade e de dignidade.

Art. 4º É dever da família, da comunidade, da sociedade em geral e do poder público assegurar, com absoluta prioridade, a efetivação dos direitos referentes à vida, à saúde, à alimentação, à educação, ao esporte, ao lazer, à profissionalização, à cultura, à dignidade, ao respeito, à liberdade e à convivência familiar e comunitária. Parágrafo único.

A garantia de prioridade compreende: b) precedência de atendimento nos serviços públicos ou de relevância pública. Art. 54. É dever do Estado assegurar à criança e ao adolescente: IV - atendimento em creche e pré-escola às crianças de zero a seis anos de idade; § 1º O acesso ao ensino obrigatório e gratuito é direito público subjetivo. § 2º O não oferecimento do ensino obrigatório pelo poder público ou sua oferta irregular importa responsabilidade da autoridade competente.

Quanto à saúde, dispõe a Constituição Federal: "A saúde é direito de todos e dever do Estado, garantido mediante políticas sociais e econômicas que visem à redução do risco de doenças e de outros agravos e ao acesso universal e igualitário às ações e serviços para a sua promoção, proteção e recuperação" (Art. 196).

Em suma, a responsabilidade do Poder Público diante da criança e do adolescente é integral, de forma que é inadmissível a escusa fundada na insuficiência de recursos orçamentários.

Por outro lado, "parece cada vez mais necessária a revisão do vetusto dogma da Separação dos Poderes em relação ao controle dos gastos públicos e da prestação dos serviços básicos do Estado Social, visto que os Poderes Legislativo e Executivo no Brasil se mostraram incapazes de garantir um cumprimento racional dos respectivos preceitos constitucionais.(...) Em geral, está crescendo o grupo daqueles que consideram os princípios constitucionais e as normas sobre direitos sociais como fonte de direitos e obrigações e admitem a intervenção do Judiciário em caso de omissões inconstitucionais."[13]

De outra vertente, é cabível qualquer tipo de pedido em ação civil pública, pois vige o princípio da não taxatividade de seu objeto.[14] Quanto à legitimidade ativa da Defensoria Pública para a tutela coletiva, tal atribuição conta com amplo amparo legal[15] e, ainda, tem recebido majoritário apoio jurisprudencial e doutrinário.

Diante do exposto, a ação civil pública cautelar de interpelação tem por objetivo subtrair do Poder Público a justificativa de sua omissão ou a excludente de sua responsabilidade em razão de eventual insuficiência orçamentária, pois, com a medida, ele foi tempestivamente notificado a fazer as necessárias adequações na proposta de orçamento anual para a implementação de futuras medidas em favor dessa juventude. Se não o fez, não pode se esconder por detrás dessa omissão, pois afinal "ninguém pode se beneficiar de sua torpeza".

Com esse fundamento, pode o Defensor Público, que diariamente atende a casos de negligência estatal no tocante ao atendimento à criança e ao adolescente, manusear esse importante instrumento no combate a essa odiosa e irresponsável omissão.

---

13 KRELL, Andreas Joachim, *In:* ADPF 45/DF, voto do Min. Celso de Mello.

14 Cf. art. 83 CDC: "Para a defesa dos direitos e interesses protegidos por este código são admissíveis todas as espécies de ações capazes de propiciar sua adequada e efetiva tutela". e art. 212 ECA: "Para defesa dos direitos e interesses protegidos por esta Lei, são admissíveis todas as espécies de ações pertinentes".

15 art. 5°, Lei nº 7347/85, LC 80/94, LC Est/SP. 988/2006.

A título de exemplo, trago à baila a questão das drogas na juventude. Segundo dados oficiais, cerca de 100 mil jovens no Brasil são dependentes de drogas. O consumo do *crack* subiu 125 % nos últimos anos e a dependência está ocorrendo cada vez mais cedo na vida das pessoas.

A família não tem o controle da situação e, muitas vezes, entrega o filho ao vício. Por outro lado, o Poder Público em geral assiste a tudo isso inerte. Não trata do tema da forma e com o cuidado que deveria. Praticamente não existe qualquer amparo estatal no sentido da prevenção ao uso ou do tratamento de jovens dependentes. E a justificativa estatal dessa postura omissiva, em geral, passa pela questão da insuficiência orçamentária.

Dessa forma, a ação civil pública cautelar de interpelação, em fase pré-proposta orçamentária (projeto de lei), gera inevitavelmente o efeito de compelir o Poder Público notificado a atentar mais para os problemas e a importância da nossa juventude. Como efeito direto, impede alegações futuras de falta de recursos ou de limitações no orçamento.

Como sugestão de aplicação da tese acima exposta, a ação civil pública cautelar em questão deve ser proposta após apuração de verdadeira omissão estatal no trato com os problemas que envolvem a criança e o adolescente, no âmbito municipal, estadual ou federal. Esse contexto, somado a previsões anuais de recursos orçamentários insuficientes a custear o necessário e adequado enfrentamento, justifica a propositura da ação referida. Ademais, tendo em vista a natureza meramente preventiva da medida e seu caráter satisfativo e não constritivo, entendemos não aplicar o artigo 308 do Novo CPC. Ou seja, não se exige a propositura da ação principal no prazo de 30 dias da efetivação da medida. Então, mãos à obra.

De fato, o Estado deve viabilizar e permitir que o jovem desenvolva seu **projeto de vida,** provendo seu contexto social e cultural dos meios adequados e mínimos para seu desenvolvimento e progresso, sem que esse trajeto seja violentamente obstado.

Interessante julgado da **Corte Interamericana de Direitos Humanos, chamado *Caso de los "Niños de la Calle" (Villagrán Morales y otros) Vs. Guatemala*** resta solidificada essa obrigação estatal, quando aquele Estado foi responsabilizado pelo sequestro e morte de 5 (cinco) jovens.

Vale a pena a análise da decisão. Primeiro, com o testemunhos das mães dos jovens desaparecidos e de uma amiga.

Testimonio ***de Ana María Contreras, madre de Henry Giovanni Contreras.*** *Declaró que durante algunos períodos, durante los años 1989 y 1990, su hijo vivió en las calles de la ciudad de Guatemala, específicamente en las calles 18, 9 y 17.*

En junio de 1990, cuando fue secuestrado, pasaba períodos con ella en su casa y otros en Casa Alianza. En ese tiempo, además, su hijo trabajaba en un taller de serigrafía. El 15 de junio de 1990, entre las nueve y diez de la mañana, Henry Giovanni Contreras salió de su casa para sacar su cédula de identificación, ya que había cumplido 18 años recientemente. Pasados aproximadamente 15 días sin que hubiera regresado, la testigo fue a buscarlo "a las calles". Preguntó en una cafetería ubicada frente a un lugar llamado "el Zócalo", en la 18 calle, mostrando una fotografía de su hijo. La mujer que trabajaba en la cafetería le dijo que "se lo llevaron con otros muchachos en una camioneta". Al día siguiente, fue a la Policía Nacional de Guatemala (en adelante "Policía Nacional"), donde le confirmaron la muerte de Henry Giovanni Contreras y le enseñaron una fotografía de "medio cuerpo [de su hijo] con un balazo". Además, le indicaron que se dirigiera a Mixco, donde podría averiguar más detalles sobre el suceso. En Mixco, le explicaron que Henry Giovanni Contreras había aparecido muerto en los Bosques de San Nicolás y la interrogaron sobre el hecho. Afirmó que también fue citada por un juzgado o tribunal al que sólo se refirió como "corte", donde le "hicieron preguntas" relativas a su hijo, las que no recuerda con exactitud. Expresó que no pudo enterrar a su hijo, porque se requerían muchos trámites burocráticos para retirar su cuerpo y ella "ya estaba un poco enferma de la cabeza y luego empe[zó] a empeorar". Informó a su vez que, como consecuencia de lo sucedido con su hijo, tuvo una parálisis en la cara que le "costó un año en el hospital". Agregó que posteriormente a sus declaraciones ante la justicia, recibió una carta anónima que contenía amenazas. Tuvo miedo en esa oportunidad, y manifestó que también tenía miedo de estar declarando ante la Corte Interamericana sobre los hechos. (...)

Testimonio de ***Matilde Reyna Morales García, madre de Anstraum Aman Villagrán Morales.*** *Declaró que Anstraum Aman Villagrán Morales asistió a la escuela hasta sexto año y, a los 15 años, empezó a trabajar en el mercado "La Parroquia", interrumpiendo sus estudios. A partir de entonces, les ayudaba económicamente y era como el varón de la casa. En 1990 Villagrán Morales "vivía" con ella y sus hermanos. Sin embargo, señaló que dejó de vivir "permanentemente" con ellos, desde que comenzó a trabajar. Además, dijo que fue detenido una vez. En la madrugada del 26 de junio de 1990 su hija le comunicó que había sido informada por empleados de la morgue que Anstraum Aman Villagrán Morales había muerto. Fue a la morgue con su hija e identificó su cadáver. No recibieron información alguna sobre las circunstancias de su muerte. Cuando salía de la morgue, un joven de aproximadamente 17 años se le acercó y le dijo que era amigo de su hijo. Le contó que, cuando estaba tomando una taza de café en un sector de la 18 calle, vio pasar a tres hombres disparando a Anstraum Aman Villagrán Morales y que una de esas balas le dio muerte. En el mes de agosto, prestó declaración ante un juzgado. Allí tampoco le dieron información sobre la muerte de su hijo y nunca fue informada sobre los resultados del proceso judicial. (...)*

*Testimonio de **Rosa Angélica Vega, "niña de la calle"** en la época en la cual se produjeron los hechos. Declaró que era amiga de los cinco jóvenes involucrados en este caso. En 1990 trabajaba de noche en el puesto de venta de Julia Griselda Ramírez López, en la 18 calle. El día de los hechos vio como tres policías secuestraron a los cuatro jóvenes hallados muertos luego en los Bosques de San Nicolás. Afirmó que los encañonaron y se los llevaron en un "pick-up" negro. Los policías estaban vestidos de civil, pero ella sabía que eran policías por el tipo de armas que portaban, de grueso calibre. Posteriormente a los hechos fue al Gabinete de Identificación de la Policía Nacional a ver las fotografías de los cadáveres. (...)*

Após, a **Corte Interamericana** declara provados os fatos imputados ao Estado da Guatemala, que não os contestou especificamente.

En este caso el Estado no controvirtió directamente los hechos alegados por la Comisión ni las imputaciones de violación de los artículos 7, 4 y 5 de la Convención Americana y de los artículos 1, 6 y 8 de la Convención contra la Tortura. Tanto en la contestación de la demanda como en los alegatos finales Guatemala concentró su defensa en el argumento de que los hechos del caso habían sido investigados por los tribunales internos, los cuales habían emitido al respecto un conjunto de decisiones -incluida una sentencia de la Corte Suprema- que no pueden ser discutidas por otros órganos públicos, en virtud del principio de la independencia de la judicatura.

Al respecto, la Corte considera, como ya lo ha hecho en otros casos, que cuando el Estado no contesta la demanda de manera específica, se presumen como verdaderos los hechos sobre los cuales guardó silencio, siempre que de las pruebas existentes se puedan inferir conclusiones consistentes sobre los mismos. No obstante, la Corte procederá a examinar y valorar el conjunto de los elementos que conforman el acervo probatorio del caso. (...)

Del examen de los documentos, de las declaraciones de los testigos y de los informes periciales, así como de las manifestaciones del Estado y de la Comisión en el curso del procedimiento, la Corte considera probados los hechos a los que se va a hacer referencia en este acápite.

Las presuntas víctimas, Henry Giovanni Contreras, de 18 años de edad; Federico Clemente Figueroa Túnchez, de 20 años; Julio Roberto Caal Sandoval, de 15, Jovito Josué Juárez Cifuentes, de 17, y Anstraum Aman Villagrán Morales, también de 17 años, eran "niños de la calle", amigos entre sí y vivían en la 18 calle, entre la 4ª y 5ª avenidas, en la zona 1 de la Ciudad de Guatemala; dentro de ese área frecuentaban particularmente el sector conocido como "Las Casetas", ocupado por puestos de venta de alimentos y bebidas, sector que fue el escenario de los hechos del presente caso.

En el período en que ocurrieron los hechos, la zona de "Las Casetas" era notoria por tener una alta tasa de delincuencia y criminalidad y además abrigaba un gran número de "niños de la calle".

En la época en que sucedieron los hechos, existía en Guatemala un patrón común de acciones al margen de la ley, perpetradas por agentes de seguridad estatales, en contra de los "niños de la calle"; esta práctica incluía amenazas, detenciones, tratos crueles, inhumanos y degradantes y homicidios como medio para contrarrestar la delincuencia y vagancia juvenil (supra, párr. 59.c).

Ao final conclui:

Las necesidades de protección de los más débiles, - como los niños en la calle, - requieren en definitiva una interpretación del derecho a la vida de modo que comprenda las condiciones mínimas de una vida digna. De ahí la vinculación inexorable que constatamos, en las circunstancias del presente caso, entre los artículos 4 (derecho a la vida) y 19 (derechos del niño) de la Convención Americana, tan bien articulada por la Corte en los párrafos 144 y 191 de la presente Sentencia.

Creemos que ***el proyecto de vida es consustancial del derecho a la existencia****, y requiere para su desarrollo condiciones de vida digna, de seguridad e integridad de la persona humana. En nuestro Voto Razonado Conjunto en el caso Loayza Tamayo versus Perú (Reparaciones, 1998) sostuvimos que el daño al proyecto de vida debe ser integrado al universo conceptual de las reparaciones bajo el artículo 63.1 de la Convención Americana. Ahí expresamos que*

'El proyecto de vida se encuentra indisolublemente vinculado a la libertad, como derecho de cada persona a elegir su propio destino. (...) El proyecto de vida envuelve plenamente el ideal de la Declaración Americana [de los Derechos y Deberes del Hombre] de 1948 de exaltar el espíritu como finalidad suprema y categoría máxima de la existencia humana'.

Una persona que en su infancia vive, como en tantos países de América Latina, en la humillación de la miseria, sin la menor condición siquiera de crear su proyecto de vida, experimenta un estado de padecimiento equivalente a una muerte espiritual; la muerte física que a ésta sigue, en tales circunstancias, es la culminación de la destrucción total del ser humano. Estos agravios hacen víctimas no sólo a quienes los sufren directamente, en su espíritu y en su cuerpo; se proyectan dolorosamente en sus seres queridos, en particular en sus madres, que comúnmente también padecen el estado de abandono. Al sufrimiento de la pérdida violenta de sus hijos se añade la indiferencia con que son tratados los restos mortales de éstos.

En circunstancias como las del presente caso, como lo ha reconocido esta Corte (párrs. 174-177), es imposible no incluir, en la noción ampliada de víctima, a las madres de los niños asesinados5. La visión que sostenemos corresponde a creencias profundamente arraigadas en las culturas de los pueblos de América Latina, en el sentido de que la muerte definitiva de un ser humano en el orden espiritual sólo se consuma con el olvido. Los niños asesinados en una calle y en un bosque (irónicamente el bosque de San Nicolás, de tanto simbolismo para muchos niños), no tuvieron la oportunidad de conciliarse con la idea de su entrega a la eternidad; el respeto a los restos mortales de los niños contribuye a proporcionar a las madres, al menos, la oportunidad de mantener viva, dentro de sí, la memoria de sus hijos prematuramente desaparecidos.

Frente al imperativo de la protección de la vida humana, y a las inquietudes y reflexiones suscitadas por la muerte, es muy difícil separar dogmáticamente las consideraciones de orden jurídico de las de orden moral: estamos ante un orden de valores superiores, - substratum de las normas jurídicas, - que nos ayudan a buscar el sentido de la existencia y del destino de cada ser humano. El Derecho Internacional de los Derechos Humanos, en su evolución, en el umbral del año 2000, no debe en definitiva permanecer insensible o indiferente a estas interrogantes (destaque nosso).[16]

Em suma, a Corte Interamericana reconhece a responsabilidade do Estado em garantir que o jovem possa desenvolver seu projeto de vida de forma digna e sadia.

Aliás, **a *Conectas Direitos Humanos*** aprovou uma tese no II Encontro Estadual dos Defensores Públicos Paulista, quando denunciou a desproporção das indenizações fundadas em mortes de crianças e de adolescentes. "Um dos maiores desafios enfrentados em casos envolvendo indenização por danos morais é a fixação do quantum indenizatório. Este desafio é ainda maior em casos em que os danos morais são decorrentes da morte de uma pessoa querida, especialmente filhos menores.

Em sua experiência com casos envolvendo morte de adolescentes mantidos sob custódia do Estado em cumprimento de medida socioeducativa de internação, a *Conectas Direitos Humanos* pôde perceber uma enorme desproporção entre os valores estipulados em casos de morte e em outros casos muito menos graves. De fato, a jurisprudência do Tribunal de Justiça do Estado de São Paulo tem aplicado os seguintes parâmetros de indenização por danos morais: ter sido objeto de referências caluniosas em jornal: 700 salários mínimos (Apelação Cível n. 283.062-1); ter cheques devolvidos sem fundos em razão de uma conta bancária inativa: 500 salários mínimos (Apelação Cível n. 37.620-4); ter recebido exame com diagnóstico equivocado: 300 salários mínimos (Apelação Cível n. 70.837-4).

Os casos de morte, principalmente de crianças e adolescentes, merecem, sem dúvidas, uma reparação maior e mais significativa do que as aplicadas nos casos acima exemplificados. No entanto, os valores aplicados pelo Judiciário

16 Disponível em: < http://www.defensoria.sp.gov.br/dpesp/>.

em casos de indenização por morte de adolescentes privados de liberdade eram fixados em torno de 30 salários mínimos, em flagrante demonstração de desconsideração do valor da vida destes adolescentes.

Diante desta situação fática, a *Conectas Direitos Humanos* desenvolveu parâmetros visando aumentar o valor das indenizações por danos morais fixadas em casos de morte de adolescentes privados de liberdade. O principal destes parâmetros é a utilização do artigo 227 da Constituição Federal, que prevê a prioridade absoluta de crianças e adolescentes. Esta determinação constitucional constitui, em nosso entendimento, critério de majoração da proteção legal conferida à vida de crianças e adolescentes e, portanto, de maior reparação em casos de dano moral decorrente da violação deste direito.

Em suas ações, a *Conectas* tem estabelecido o patamar de 2.000 salários mínimos como valor mínimo capaz de minimizar o dano moral decorrente da morte de um filho mantido sob a custódia do Estado. Este valor foi estabelecido com base nos seguintes critérios: a) o bem jurídico violado é o direito à vida, direito supremo em nosso ordenamento jurídico; b) a vítima é um adolescente, que goza de proteção constitucional especial, sendo o único direito constitucionalmente reconhecido que goza de prioridade em relação aos demais (superproteção constitucional); c) a extensão do dano é enorme, e será sentido pelos membros familiares pelo resto de suas vidas; d) o causador do dano é o próprio Estado, que possui dever jurídico de zelar pela vida daqueles mantidos sob sua custódia; e) necessidade de educar o Estado nos casos de morte de pessoas privadas de liberdade, sendo notórias as violações de direitos humanos perpetradas contra este grupo vulnerável.

Com base nesta argumentação, em dois casos recentes a *Conectas* conseguiu majorar o valor da vida dos adolescentes pelo Poder Judiciário: 400 salários mínimos (recurso de Apelação 053.03.800403-0); 525 salários mínimos (Apelação Cível com revisão n° 683.552-5/9-00)."[17]

Com razão, há vários fatores a serem considerados nessa quantificação. A **Resolução nº 60-147, de 2001, da Assembleia Geral da ONU,** apresenta alguns critérios para **a fixação da indenização** nos casos de violações aos direitos humanos:

La indemnización ha de concederse, de forma apropiada y proporcional a la gravedad de la violación y a las circunstancias de cada caso, por todos los perjuicios económicamente evaluables que sean consecuencia de violaciones manifiestas de las normas internacionales de derechos humanos o de violaciones graves del derecho internacional humanitario, tales como los siguientes: a) El daño físico

17 Disponível em: < http://www.defensoria.sp.gov.br/dpesp/>.

o mental; b) La pérdida de oportunidades, en particular las de empleo, educación y prestaciones sociales; c) Los daños materiales y la pérdida de ingresos, incluido el lucro cesante; d) Los perjuicios morales; e) Los gastos de asistencia jurídica o de expertos, medicamentos y servicios médicos y servicios psicológicos y sociales.

3. A PROTEÇÃO À AMPLA CONVIVÊNCIA FAMILIAR

A **Lei nº 12.010/09 instituiu o processo judicial para o acolhimento institucional. Por isso, impõe-se a judicialização, a oficialidade e, especialmente, o efetivo contraditório.**

Contudo, como deve ser a atuação do Defensor Público nesse novo momento teórico-prático? Como se resolve a questão, de certa forma deontológica, que exige do Defensor a assunção de uma linha funcional: ou de defesa da criança/adolescente individualmente ("Defensor da criança"), ou de defesa da convivência familiar ("Defensor da família")?

Em suma, colocam-se em tela as seguintes questões: deve um Defensor Público atuar exclusivamente em defesa dos interesses da criança ou adolescente? Nessa atuação, deve pautar-se apenas pela vontade do representado, sem nenhum juízo quanto ao seu "melhor interesse"? Nesse caso, seria essa uma representação meramente processual ou também material? Quais os limites dessa representação? Na hipótese de interesses colidentes, quem faria a representação postulatória dos pais ou representantes legais no processo, caso eles sejam beneficiários da assistência jurídica? A quem caberia definir essas atribuições? No âmbito da Defensoria Pública do Estado, quando e com base em quais elementos o Defensor Público estaria autorizado a avaliar essa suposta colidência? Nos casos de incidência do Estatuto da Criança e do Adolescente, deve o Defensor Público atuar como curador especial da criança ou adolescentes? Quais os efeitos do atual posicionamento do Superior Tribunal de Justiça sobre a atuação funcional do Defensor Público? Na hipótese de destituição do poder familiar, como deve proceder o Defensor Público?

Pois bem. Para responder a essas questões, reputamos crucial a análise preliminar do contexto histórico-jurídico que as rodeia.

Historicamente, até as últimas décadas do século passado, as crianças e os adolescentes, chamados "menores" naquele contexto, não eram considerados sujeitos de direitos, mas objetos de intervenção estatal. Consequentemente, a própria família sofria com essa postura invasiva e autoritária do Estado. Destarte, dos pais eram subtraídos os direitos à convivência familiar e à própria paternidade e maternidade por questões meramente sociais e econômicas. A pobreza era considerada, por si só, razão para a suspensão ou a destituição do poder familiar. E pior, sem qualquer processo formal, sem direito de defesa ou de contraditório.

Com efeito, utilizavam dos chamados "procedimentos verificatórios", unilateral e obscuramente manejados pelos antigos Juizados dos Menores e seus operadores, dentre eles, os chamados "comissários de menores"[18]. Enfim, nem os pais, tampouco os filhos gozavam do direito ao contraditório ou à defesa processual técnica.

Segundo a doutrina, "o primeiro **Código de Menores** do Brasil, conhecido como Código Mello Mattos (Decreto n° 17.943-A, de 12 de outubro de 1927), consolidou as leis de assistência e proteção aos menores, refletindo um profundo teor protecionista e a intenção de controle total das crianças e jovens, consagrando a aliança entre Justiça e Assistência, constituindo novo mecanismo de intervenção sobre a população pobre. Neste momento, constrói-se a categoria do menor, que simboliza a infância pobre e potencialmente perigosa, diferente do resto da infância. (...)

Após o Código Penal de 1940 (Decreto-Lei n° 2.848, de 7 de dezembro de 1940) fixar a imputabilidade penal aos 18 anos de idade, adotando o critério puramente biológico, a **Lei n° 6.697, de 10 de outubro de 1979 estabelece o Novo Código de Menores**, consagrando a Doutrina da Situação Irregular, mediante o caráter tutelar da legislação e a ideia de criminalização da pobreza."[19]

Esse contexto começou a mudar com a adoção, em nível internacional e, após, nacionalmente, **da teoria da proteção integral**.

Inicialmente, vale menção às *Regras de Beijing*, também chamadas de "Regras Mínimas das Nações Unidas para a Administração da Justiça de Menores", cuja codificação fora adotada pela Assembleia Geral das Nações Unidas na sua resolução 40/33, de 29 de Novembro de 1985. Segundo o documento:

---

18 "O comissário de menores é um servidor público do quadro de pessoal do Tribunal de Justiça que exercem as suas atribuições, geralmente, na rua, na entrega de intimações, citações, etc. Atribuições: Participar de comissões, quando designado, e de treinamentos diversos de interesse da administração; deter ou apreender menor abandonado ou infrator, apresentando-o de imediato ao Juiz ou a outra autoridade competente; lavrar auto de infração à lei de assistência e proteção ao menor; fiscalizar, nos termos da legislação específica, a entrada e permanência de menor em casas de diversão, bares, emissoras de rádio ou televisão, ginásio esportivo, cabarés ou congêneres; executar atividades afins identificadas pelo superior imediato." Obtida de "http://pt.wikipedia.org/w/index.php?title=Comissário_de_menores&oldid=22921878"

19 "Seus destinatários foram as crianças e os jovens considerados em situação irregular, caracterizados como objeto potencial de intervenção dos Juizados de Menores, sem que fosse feita qualquer distinção entre menor abandonado e delinquente: na condição de menores em situação irregular enquadravam-se tanto os infratores quanto os menores abandonados. O Código de Menores de 1979, nos moldes do Código de Menores Mello Mattos, reflete o pensamento criminológico positivista, adotando o paradigma etiológico ao estabelecer que a criança e o adolescente são objetos da norma que merecem tratamento quando se encontram em situação irregular, o que legitimava práticas autoritárias, repressivas e incriminadoras da pobreza." SOARES, Janine Borges. Artigo: O Garantismo no Sistema Infanto-Juvenil. Disponível em: <http//:www.defensoria.sp.gov.br>.

"1.1. Os Estados membros procurarão, em conformidade com os seus interesses gerais, promover **o bem-estar do menor e da sua família.** (...)

1.4. A Justiça de menores deve ser concebida como parte integrante do processo de desenvolvimento nacional de cada país, **no quadro geral da justiça social para todos os jovens**, contribuindo assim, ao mesmo tempo, para a proteção dos jovens e a manutenção da paz e da ordem na sociedade.

1.5. A aplicação destas regras deve ser feita dentro do contexto das condições econômicas, sociais e culturais existentes em cada Estado membro. (...)

7. Direitos dos menores

7.1. As garantias fundamentais do processo, tais como a presunção de inocência, o direito de ser notificado das acusações, o direito de não responder, **o direito à assistência judiciária,** o direito à presença dos pais ou tutor, o direito de interrogar e confrontar as testemunhas e o direito ao recurso serão asseguradas em todas as fases do processo. (...)

15. Assistência judiciária e direitos dos pais e tutores

15.1. Ao longo de todo o processo, **o menor tem o direito de ser representado pelo seu advogado ou pedir a designação de um advogado oficioso**, quando existam no país disposições legais que prevejam essa assistência.

15.2. Os pais ou o tutor podem participar no processo e a autoridade competente pode, no interesse do menor, requerer que o façam. Esta pode, contudo, recusar essa participação se existirem razões para supor que essa exclusão é necessária no interesse do menor." (grifo nosso)

Em 1989, A Assembleia Geral das Nações Unidas adotou a **Convenção sobre os Direitos da Criança.** Ela representa "o instrumento de direitos humanos mais aceito na história universal. Foi ratificado por 193 países. Somente dois países não ratificaram a Convenção: os Estados Unidos e a Somália - que sinalizaram sua intenção de ratificar a Convenção ao assinar formalmente o documento."[20]

20 http://www.unicef.org/brazil/pt/resources_10120.htm: "Preâmbulo. Os Estados Partes da presente Convenção. Considerando que, de acordo com os princípios proclamados na Carta das Nações Unidas, a liberdade, a justiça e a paz no mundo fundamentam-se no reconhecimento da dignidade inerente e dos direitos iguais e inalienáveis de todos os membros da família humana; Tendo em conta que os povos das Nações Unidas reafirmaram na Carta sua fé nos direitos fundamentais do homem e na dignidade e no valor da pessoa humana, e que decidiram promover o progresso social e a elevação do nível de vida com mais liberdade; Reconhecendo que as Nações Unidas proclamaram e concordaram na Declaração Universal dos Direitos Humanos e nos pactos internacionais de direitos humanos que toda pessoa possui todos os direitos e liberdades neles enunciados, sem distinção de qualquer espécie, seja de raça, cor, sexo, idioma, crença, opinião política ou de outra natureza, seja de origem nacional ou social, posição econômica, nascimento ou qualquer outra condição; Recordando que na Declaração Universal dos Direitos Humanos as Nações Unidas proclamaram que a infância tem direito a cuidados e assistência

De fato, a edição da citada Convenção representou um marco histórico na forma com que os Estados tratavam a sua juventude. De objeto de intervenção, as crianças e adolescentes passam a serem tratados como sujeitos de direitos:

"Art. 2 - 1 – Os Estados Partes respeitarão os direitos enunciados na presente Convenção e assegurarão sua aplicação a cada criança sujeita à sua jurisdição, sem distinção alguma, independentemente de sexo, idioma, crença, opinião política ou de outra natureza, origem nacional, étnica ou social, posição econômica, deficiências físicas, nascimento ou qualquer outra condição da criança, de seus pais ou de seus representantes legais. 2 – Os Estados Partes tomarão todas as medidas apropriadas para assegurar a proteção da criança contra toda forma de discriminação ou castigo por causa da condição, das atividades, das opiniões manifestadas ou das crenças de seus pais, representantes legais ou familiares.

Art. 3 - 1 – Todas as ações relativas às crianças, levadas a efeito por instituições públicas ou privadas de bem-estar social, tribunais, autoridades administrativas ou órgãos legislativos, devem considerar, primordialmente, **o melhor interesse da criança.** 2 – Os Estados Partes comprometem-se a assegurar à criança a proteção e o cuidado que sejam necessários ao seu bem-estar, levando em consideração os direitos e deveres de seus pais, tutores ou outras pessoas responsáveis por ela perante a lei e, com essa finalidade, tomarão todas as me-

---

especiais; Convencidos de que a família, como grupo fundamental da sociedade e ambiente natural para o crescimento e o bem-estar de todos os seus membros, e em particular das crianças, deve receber a proteção e assistência necessárias a fim de poder assumir plenamente suas responsabilidades dentro da comunidade; Reconhecendo que a criança, para o pleno e harmonioso desenvolvimento de sua personalidade, deve crescer no seio da família, em um ambiente de felicidade, amor e compreensão; Considerando que a criança deve estar plenamente preparada para uma vida independente na sociedade e deve ser educada de acordo com os ideais proclamados na Carta das Nações Unidas, especialmente com espírito de paz, dignidade, tolerância, liberdade, igualdade e solidariedade; Tendo em conta que a necessidade de proporcionar à criança uma proteção especial foi enunciada na Declaração de Genebra de 1924 sobre os Direitos da Criança e na Declaração dos Direitos da Criança adotada pela Assembleia Geral em 20 de novembro de 1959, e reconhecida na Declaração Universal dos Direitos Humanos, no Pacto Internacional de Direitos Civis e Políticos (em particular nos artigos 23 e 24), no Pacto Internacional de Direitos Econômicos, Sociais e Culturais (em particular no artigo 10) e nos estatutos e instrumentos pertinentes das Agências Especializadas e das organizações internacionais que se interessam pelo bem-estar da criança; Tendo em conta que, conforme assinalado na Declaração dos Direitos da Criança, "a criança, em virtude de sua falta maturidade física e mental, necessita de proteção e cuidados especiais, inclusive a devida proteção legal, tanto antes quanto após seu nascimento"; Lembrando o estabelecimento da Declaração sobre os Princípios Sociais e Jurídicos Relativos à Proteção e ao Bem-Estar das Crianças, especialmente com Referência à Adoção e à Colocação em Lares de Adoção, nos Planos Nacional e Internacional; as Regras Mínimas das Nações Unidas para a Administração da Justiça e da Juventude (Regras de Beijing); e a Declaração sobre a Proteção da Mulher e da Criança em Situação de Emergência ou do Conflito Armado; Reconhecendo que em todos os países do mundo existem crianças vivendo sob condições excepcionalmente difíceis e que essas crianças necessitam consideração especial; Tomando em devida conta a importância das tradições e os valores culturais de cada povo para a proteção e o desenvolvimento harmonioso da criança; Reconhecendo a importância da cooperação internacional para a melhoria das condições de vida das crianças em todos os países em desenvolvimento".

didas legislativas e administrativas adequadas. 3 – Os Estados Partes certificar-se-ão de que as instituições, os serviços e os estabelecimentos encarregados do cuidado ou da proteção das crianças cumpram os padrões estabelecidos pelas autoridades competentes, especialmente no que diz respeito à segurança e à saúde das crianças, ao número e à competência de seu pessoal e à existência de supervisão adequada."

Não por acaso, mas atendo à tendência internacional, o Constituinte brasileiro de 1988 ampara essa filosofia, sendo imediatamente regulamentada pela edição do Estatuto da Criança e da Juventude, em 1990.

Segundo a Constituição Federal: "Art. 227. É dever da família, da sociedade e do Estado assegurar à criança, ao adolescente e ao jovem, **com absoluta prioridade**, o direito à vida, à saúde, à alimentação, à educação, ao lazer, à profissionalização, à cultura, à dignidade, ao respeito, à liberdade e à convivência familiar e comunitária, além de colocá-los a salvo de toda forma de negligência, discriminação, exploração, violência, crueldade e opressão. (Redação dada Pela Emenda Constitucional nº 65, de 2010)"[21]

---

21 "§ 1º O Estado promoverá programas de assistência integral à saúde da criança, do adolescente e do jovem, admitida a participação de entidades não governamentais, mediante políticas específicas e obedecendo aos seguintes preceitos: (Redação dada Pela Emenda Constitucional nº 65, de 2010)
I - aplicação de percentual dos recursos públicos destinados à saúde na assistência materno-infantil;
II - criação de programas de prevenção e atendimento especializado para as pessoas portadoras de deficiência física, sensorial ou mental, bem como de integração social do adolescente e do jovem portador de deficiência, mediante o treinamento para o trabalho e a convivência, e a facilitação do acesso aos bens e serviços coletivos, com a eliminação de obstáculos arquitetônicos e de todas as formas de discriminação. (Redação dada Pela Emenda Constitucional nº 65, de 2010)
§ 2º - A lei disporá sobre normas de construção dos logradouros e dos edifícios de uso público e de fabricação de veículos de transporte coletivo, a fim de garantir acesso adequado às pessoas portadoras de deficiência.
§ 3º - O direito a proteção especial abrangerá os seguintes aspectos:
I - idade mínima de quatorze anos para admissão ao trabalho, observado o disposto no art. 7º, XXXIII;
II - garantia de direitos previdenciários e trabalhistas;
III - garantia de acesso do trabalhador adolescente e jovem à escola; (Redação dada Pela Emenda Constitucional nº 65, de 2010)
IV - garantia de pleno e formal conhecimento da atribuição de ato infracional, igualdade na relação processual e defesa técnica por profissional habilitado, segundo dispuser a legislação tutelar específica;
V - obediência aos princípios de brevidade, excepcionalidade e respeito à condição peculiar de pessoa em desenvolvimento, quando da aplicação de qualquer medida privativa da liberdade;
VI - estímulo do Poder Público, através de assistência jurídica, incentivos fiscais e subsídios, nos termos da lei, ao acolhimento, sob a forma de guarda, de criança ou adolescente órfão ou abandonado;
VII - programas de prevenção e atendimento especializado à criança, ao adolescente e ao jovem dependente de entorpecentes e drogas afins. (Redação dada Pela Emenda Constitucional nº 65, de 2010)
§ 4º - A lei punirá severamente o abuso, a violência e a exploração sexual da criança e do adolescente.
§ 5º - A adoção será assistida pelo Poder Público, na forma da lei, que estabelecerá casos e condições de sua efetivação por parte de estrangeiros.
§ 6º - Os filhos, havidos ou não da relação do casamento, ou por adoção, terão os mesmos direitos e qualificações, proibidas quaisquer designações discriminatórias relativas à filiação.

O Estatuto, por sua vez, determina: "Art. 3º **A criança e o adolescente gozam de todos os direitos fundamentais inerentes à pessoa humana,** sem prejuízo da proteção integral de que trata esta Lei, assegurando-se-lhes, por lei ou por outros meios, todas as oportunidades e facilidades, a fim de lhes facultar o desenvolvimento físico, mental, moral, espiritual e social, em condições de liberdade e de dignidade. Art. 4º **É dever da família, da comunidade, da sociedade em geral e do poder público assegurar, com absoluta prioridade,** a efetivação dos direitos referentes à vida, à saúde, à alimentação, à educação, ao esporte, ao lazer, à profissionalização, à cultura, à dignidade, ao respeito, à liberdade e à convivência familiar e comunitária. Parágrafo único. A garantia de prioridade compreende: a) primazia de receber proteção e socorro em quaisquer circunstâncias; b) precedência de atendimento nos serviços públicos ou de relevância pública; c) preferência na formulação e na execução das políticas sociais públicas; d) destinação privilegiada de recursos públicos nas áreas relacionadas com a proteção à infância e à juventude.

Art. 5º Nenhuma criança ou adolescente será objeto de qualquer forma de negligência, discriminação, exploração, violência, crueldade e opressão, punido na forma da lei qualquer atentado, por ação ou omissão, aos seus direitos fundamentais. (...)

Art. 23. **A falta ou a carência de recursos materiais não constitui motivo suficiente para a perda ou a suspensão do poder familiar**. (Expressão "pátrio poder" foi substituída pela Lei nº 12.010, de 2009)" (grifos nossos)

Outrossim, para dar concretude ao princípio da personificação jurídica da criança e do adolescente, em especial no âmbito do processo, o ECA impõe a assistência jurídica e fortalece o instituto da curadoria especial:

"Art. 141. É garantido o acesso de toda criança ou adolescente à Defensoria Pública[22], ao Ministério Público e ao Poder Judiciário, por qualquer de seus órgãos. § 1º. A assistência judiciária gratuita será prestada aos que dela necessitarem, através de defensor público ou advogado nomeado." (...)

"Art. 142. **Os menores de dezesseis anos serão representados** e os maiores de dezesseis e menores de vinte e um anos assistidos **por seus pais, tutores**

---

§ 7º - No atendimento dos direitos da criança e do adolescente levar-se- á em consideração o disposto no art. 204.

§ 8º A lei estabelecerá: (Incluído Pela Emenda Constitucional nº 65, de 2010)

I - o estatuto da juventude, destinado a regular os direitos dos jovens; (Incluído Pela Emenda Constitucional nº 65, de 2010)

II - o plano nacional de juventude, de duração decenal, visando à articulação das várias esferas do poder público para a execução de políticas públicas. (Incluído Pela Emenda Constitucional nº 65, de 2010)

22 Aliás, o ECA é uma das primeiras leis nacionais a falar em "Defensoria Pública". Uma grande inovação naquela época, fruto na inovação constitucional (art. 134).

ou curadores, na forma da legislação civil ou processual. Parágrafo único. **A autoridade judiciária dará curador especial** à criança ou adolescente, sempre que os interesses destes colidirem com os de seus pais ou responsável, ou quando carecer de representação ou assistência legal ainda que eventual. (...)

Art. 148. A Justiça da Infância e da Juventude é competente para: (...) Parágrafo único. Quando se tratar de criança ou adolescente nas hipóteses do art. 98[23], é também competente a Justiça da Infância e da Juventude para o fim de: f) **designar curador especial** em casos de apresentação de queixa ou representação, ou de outros procedimentos judiciais ou extrajudiciais em que haja interesses de criança ou adolescente"

Vale destacar que, nesse ponto, o ECA reforça previsão já feita pelo Código de Processo Civil: "Art. 9º O juiz dará **curador especial: I - ao incapaz, se não tiver representante legal, ou se os interesses deste colidirem com os daquele".** (grifo nosso)

Segundo a doutrina, "com a promulgação no Brasil do Estatuto da Criança e do Adolescente (Lei n° 8069, de 13 de julho de 1990) que, nos moldes da Constituição Federal, consagrou a **Doutrina da Proteção Integral,** foi revogada a arcaica concepção tutelar do menor em situação irregular. Estabeleceu-se que a criança e o adolescente são sujeitos de direito, e não mais objetos da norma, sendo totalmente remodelada a Justiça da Infância e da Juventude, abandonando-se o conceito de menor, como subcategoria da cidadania. A substituição do Código de Menores de 1979 pelo Estatuto da Criança e do Adolescente, em 1990, **constituiu uma verdadeira troca de paradigma**, uma revolução cultural."[24] (grifo nosso)

Contudo, sabe-se que toda guinada filosófica requer um período de transição, de reflexão e de incorporação sociojurídica e institucional. Ocorre que, no Brasil, essa concretização da nova filosofia não se desenvolveu conforme se

---

23 Art. 98. As medidas de proteção à criança e ao adolescente são aplicáveis sempre que os direitos reconhecidos nesta Lei forem ameaçados ou violados:
I - por ação ou omissão da sociedade ou do Estado;
II - por falta, omissão ou abuso dos pais ou responsável;
III - em razão de sua conduta.

24 "Partindo do pressuposto de que as piores atrocidades contra a criança foram cometidas numa época em que, em nome do 'amor', reinavam os ideais de messianismo, subjetivismo e discricionariedade. (...) Tratava-se (e trata-se ainda) de substituir a má, porém também 'boa' vontade, nada mais – mas também nada menos – pela justiça. O Estatuto da Criança e do Adolescente veio por fim às ambiguidades existentes entre a proteção e a responsabilização do adolescente infrator em conflito com a lei, criando a responsabilidade penal dos adolescentes. (...) Foi criando, então, o modelo da justiça e das garantias para o adolescente em conflito com a lei. Antagonicamente ao subjetivismo e à discricionariedade do Código de Menores, surge uma legislação com caráter garantista, que estabelece o respeito rigoroso ao império da lei." SOARES, Janine Borges. Artigo: O Garantismo no Sistema Infanto-Juvenil. Disponível em: <http://www.defensoria.sp.gov.br>.

esperava, mas, ao contrário, o sistema ainda se alimentava das diretrizes anteriores, **fundadas na já abandonada, ao menos em termos de legislação, teoria da situação irregular.**

Diante disso, fez-se indispensável a edição de uma nova lei nacional no ano de 2009, a chamada "Lei da adoção", cujo objeto é muito mais extenso que isso, afinal, a novel legislação inaugura um sistema de fixação de responsabilidades, motivo pelo qual defendemos a inauguração, com a Lei nº 12.010/09, **da "doutrina da proteção integral responsável"**, pois ela, embora não tenha inovado substancialmente no sistema, tem a virtude de reafirmar os ideais e os propósitos da Constituição Federal e do Estatuto original, ao especificar, expressamente, as responsabilidades da família, da comunidade e do Poder Público, conforme já estabelecia o artigo 227 da Constituição Federal e os artigos 4º e 73 do ECA.

Vale enaltecer que, dentre outras reafirmações e novidades, **a Lei nº 12.010/09 acaba com os chamados "procedimentos verificatórios" e cria os processos judiciais de acolhimento institucional,** com amplo contraditório e defesa plena dos pais (família natural), ou dos outros parentes responsáveis (família extensa).

Segundo o Defensor Público paulista Rodolfo Marques da Silva, "o advento da Lei 12.010/09 trouxe importantes inovações ao ECA, notadamente no que toca ao direito à convivência familiar da criança e do adolescente. O objetivo do novel diploma legal, ao contrário da indevida denominação utilizada por muitos, não foi prestigiar a adoção ou outras formas de colocação da criança ou adolescente em família substituta, mas sim buscar fortalecer os vínculos familiares naturais ou extensos destas pessoas, de modo a mantê-las, sempre que possível, no seio da família de origem."[25]

Segundo ele, "uma das mais importantes inovações trazidas pelo novo diploma legal é sem dúvida a previsão expressa da impossibilidade do acolhimento institucional ou qualquer outra forma de afastamento da criança ou adolescente da família natural sem a instauração de procedimento judicial contencioso. Antes da Lei 12.010/09, e a despeito dos princípios constitucionais do contraditório e da ampla defesa (art. 5º, inc. LV da Constituição Federal), vários juizados ainda mantinham a prática de instauração dos denominados 'procedimentos verificatórios' ou 'pedido de providências', o que, a partir de agora é expressamente vedado, consoante o parágrafo único, do art. 153 do ECA, com a redação dada pela Lei 12.010/09."[26]

De fato, **a nova lei impõe a judicialização do processo de acolhimento ao dispor:** "Art. 101. Verificada qualquer das hipóteses previstas no art. 98, a

25 http://www.recriaprudente.org.br/site/abre_artigo.asp?c=20

26 http://www.recriaprudente.org.br/site/abre_artigo.asp?c=20

autoridade competente poderá determinar, dentre outras, as seguintes medidas: I - encaminhamento aos pais ou responsável, mediante termo de responsabilidade; II - orientação, apoio e acompanhamento temporários; III - matrícula e frequência obrigatórias em estabelecimento oficial de ensino fundamental; IV - inclusão em programa comunitário ou oficial de auxílio à família, à criança e ao adolescente; V - requisição de tratamento médico, psicológico ou psiquiátrico, em regime hospitalar ou ambulatorial; VI - inclusão em programa oficial ou comunitário de auxílio, orientação e tratamento a alcoólatras e toxicômanos; VII - acolhimento institucional; (Redação dada pela Lei nº 12.010, de 2009); VIII - inclusão em programa de acolhimento familiar; (Redação dada pela Lei nº 12.010, de 2009); IX - colocação em família substituta. (Incluído pela Lei nº 12.010, de 2009).

§ 1º. O acolhimento institucional e o acolhimento familiar são medidas provisórias e excepcionais, utilizáveis como forma de transição para reintegração familiar ou, não sendo esta possível, para colocação em família substituta, não implicando privação de liberdade. (Incluído pela Lei nº 12.010, de 2009).

§ 2º. Sem prejuízo da tomada de medidas emergenciais para proteção de vítimas de violência ou abuso sexual e das providências a que alude o art. 130 desta Lei, o afastamento da criança ou adolescente do convívio familiar **é de competência exclusiva da autoridade judiciária e importará na deflagração, a pedido do Ministério Público ou de quem tenha legítimo interesse, de procedimento judicial contencioso, no qual se garanta aos pais ou ao responsável legal o exercício do contraditório e da ampla defesa.** (Incluído pela Lei nº 12.010, de 2009)" (grifo nosso)

Se não bastasse, a nova lei proíbe a adoção dos antigos procedimentos verificatórios: "Art. 153. Se a medida judicial a ser adotada não corresponder a procedimento previsto nesta ou em outra lei, a autoridade judiciária poderá investigar os fatos e ordenar de ofício as providências necessárias, ouvido o Ministério Público. Parágrafo único. **O disposto neste artigo não se aplica para o fim de afastamento da criança ou do adolescente de sua família de origem e em outros procedimentos necessariamente contenciosos.** (Incluído pela Lei nº 12.010, de 2009)"

De forma mais ampla, a Lei de 2009 **enaltece a primazia da família natural e a importância da convivência familiar**, além de elencar relevantes princípios gerais:

"Art. 19. **Toda criança ou adolescente tem direito a ser criado e educado no seio da sua família e, excepcionalmente, em família substituta**, assegurada a convivência familiar e comunitária, em ambiente livre da presença de pessoas dependentes de substâncias entorpecentes.

§ 1º Toda criança ou adolescente que estiver inserido em programa de acolhimento familiar ou institucional terá sua situação reavaliada, no máximo, a cada 3 (três) meses, devendo a autoridade judiciária competente, com base em relatório elaborado por equipe interprofissional ou multidisciplinar, decidir de forma fundamentada pela possibilidade de reintegração familiar ou pela colocação em família substituta, em quaisquer das modalidades previstas no art. 28 desta Lei. (Incluído pela Lei nº 12.010, de 2009);

§ 2º A permanência da criança e do adolescente em programa de acolhimento institucional não se prolongará por mais de 2 (dois) anos, salvo comprovada necessidade que atenda ao seu superior interesse, devidamente fundamentada pela autoridade judiciária. (Incluído pela Lei nº 12.010, de 2009)

§ 3º A manutenção ou reintegração de criança ou adolescente à sua família terá preferência em relação a qualquer outra providência, caso em que será esta incluída em programas de orientação e auxílio, nos termos do parágrafo único do art. 23, dos incisos I e IV do caput do art. 101 e dos incisos I a IV do caput do art. 129 desta Lei. (Incluído pela Lei nº 12.010, de 2009) (...)

Art. 100. Na aplicação das medidas levar-se-ão em conta as necessidades pedagógicas, preferindo-se aquelas que visem ao fortalecimento dos vínculos familiares e comunitários. Parágrafo único. São também princípios que regem a aplicação das medidas: (Incluído pela Lei nº 12.010, de 2009)

I - **condição da criança e do adolescente como sujeitos de direitos**: crianças e adolescentes são os titulares dos direitos previstos nesta e em outras Leis, bem como na Constituição Federal; (Incluído pela Lei nº 12.010, de 2009)

II - proteção integral e prioritária: a interpretação e aplicação de toda e qualquer norma contida nesta Lei deve ser voltada à proteção integral e prioritária dos direitos de que crianças e adolescentes são titulares; (Incluído pela Lei nº 12.010, de 2009)

III - responsabilidade primária e solidária do poder público: a plena efetivação dos direitos assegurados a crianças e a adolescentes por esta Lei e pela Constituição Federal, salvo nos casos por esta expressamente ressalvados, é de responsabilidade primária e solidária das 3 (três) esferas de governo, sem prejuízo da municipalização do atendimento e da possibilidade da execução de programas por entidades não governamentais; (Incluído pela Lei nº 12.010, de 2009)

IV - interesse superior da criança e do adolescente: a intervenção deve atender prioritariamente aos interesses e direitos da criança e do adolescente, sem prejuízo da consideração que for devida a outros interesses legítimos no âmbito da pluralidade dos interesses presentes no caso concreto; (Incluído pela Lei nº 12.010, de 2009)

V - privacidade: a promoção dos direitos e proteção da criança e do adolescente deve ser efetuada no respeito pela intimidade, direito à imagem e reserva da sua vida privada; (Incluído pela Lei nº 12.010, de 2009)

VI - intervenção precoce: a intervenção das autoridades competentes deve ser efetuada logo que a situação de perigo seja conhecida; (Incluído pela Lei nº 12.010, de 2009)

VII - intervenção mínima: a intervenção deve ser exercida exclusivamente pelas autoridades e instituições cuja ação seja indispensável à efetiva promoção dos direitos e à proteção da criança e do adolescente; (Incluído pela Lei nº 12.010, de 2009)

VIII - proporcionalidade e atualidade: a intervenção deve ser a necessária e adequada à situação de perigo em que a criança ou o adolescente se encontram no momento em que a decisão é tomada; (Incluído pela Lei nº 12.010, de 2009)

IX - responsabilidade parental: a intervenção deve ser efetuada de modo que os pais assumam os seus deveres para com a criança e o adolescente; (Incluído pela Lei nº 12.010, de 2009)

X - prevalência da família: na promoção de direitos e na proteção da criança e do adolescente deve ser dada prevalência às medidas que os mantenham ou reintegrem na sua família natural ou extensa ou, se isso não for possível, que promovam a sua integração em **família adotiva**; (Redação dada pela Lei nº 13.509, de 2017)

A nova Lei nº 13.509, de 2017 teve por objetivo enaltecer e facilitar a adoção no Brasil, com a redução dos prazos, inclusive, mas sem afastar o princípio da prevalência da família natural. Para isso, ela regulamenta o procedimento aplicável nas hipóteses de gestantes que desejem, já na gravidez, entregar o futuro filho para adoção. Os artigos 19-A e seguintes consagram as novas regras. No primeiro, está disposto que "a gestante ou mãe que manifeste interesse em entregar seu filho para adoção, antes ou logo após o nascimento, será encaminhada à Justiça da Infância e da Juventude".

Contudo, a nova Lei teve a preocupação de promover a verificação detida da real pretensão da mãe e de suas condições psicológicas quando de sua manifestação de vontade. "A gestante ou mãe será ouvida pela equipe interprofissional da Justiça da Infância e da Juventude, que apresentará relatório à autoridade judiciária, considerando inclusive os eventuais efeitos do estado gestacional e puerperal" (§ 1º, art. 19-A) e, "de posse do relatório, a autoridade judiciária poderá determinar o encaminhamento da gestante ou mãe, mediante sua expressa concordância, à rede pública de saúde e assistência social para atendimento especializado" (§ 2º, art. 19-A).

XI - obrigatoriedade da informação: a criança e o adolescente, respeitado seu estágio de desenvolvimento e capacidade de compreensão, seus pais ou responsável devem ser informados dos seus direitos, dos motivos que determinaram a intervenção e da forma como esta se processa; (Incluído pela Lei nº 12.010, de 2009)

XII - oitiva obrigatória e participação: **a criança e o adolescente, em separado ou na companhia dos pais, de responsável ou de pessoa por si indicada, bem como os seus pais ou responsável, têm direito a ser ouvidos e a participar nos atos e na definição da medida de promoção dos direitos e de proteção, sendo sua opinião devidamente considerada pela autoridade judiciária competente,** observado o disposto nos §§ 1º e 2º do art. 28 desta Lei. (Incluído pela Lei nº 12.010, de 2009)."

A Defensoria Pública, por sua vez, tem por função precípua a defesa dos interesses das crianças e dos adolescentes, além de assumir a figura da curadoria especial.

A Lei Complementar nº 80/94: "Art. 4º São funções institucionais da Defensoria Pública, dentre outras: XI – **exercer a defesa dos interesses individuais e coletivos da criança e do adolescente**, do idoso, da pessoa portadora de necessidades especiais, da mulher vítima de violência doméstica e familiar e de outros grupos sociais vulneráveis que mereçam proteção especial do Estado; (Redação dada pela Lei Complementar nº 132, de 2009). (...) XVI – **exercer a curadoria especial** nos casos previstos em lei; (Incluído pela Lei Complementar nº 132, de 2009). **§ 5º A assistência jurídica integral e gratuita custeada ou fornecida pelo Estado será exercida pela Defensoria Pública**. (Incluído pela Lei Complementar nº 132, de 2009).

A seu turno, a Lei Complementar Estadual (SP) nº 988/06: Artigo 5º - São atribuições institucionais da Defensoria Pública do Estado, dentre outras: VI - promover: c) **a tutela individual e coletiva dos interesses e direitos da criança e do adolescente,** do idoso, das pessoas com necessidades especiais e das minorias submetidas a tratamento discriminatório"; (...) VIII - atuar como **Curador Especial** nos casos previstos em lei".

Por oportuno, merece destaque, aqui, a atuação da Defensoria Pública paulista voltada a garantir o devido processo legal e o respeito ao grande e reforçado princípio da primazia da família natural, não sem a necessária intervenção da equipe multidisciplinar. Nesse sentido, publicou-se, em fevereiro de 2016, a seguinte notícia: "A Defensoria Pública de SP conseguiu a revogação de uma sentença judicial que havia destituído o poder familiar dos pais de uma menina de nove anos de idade, acusados de abandono e negligência no trato da criança. A decisão, que já havia disponibilizado a menina para adoção, foi revogada devido à falta de indicação de curador especial para defender o pai, que foi citado por edital e não se manifestou no processo.

A menina morava com a mãe, mas foi levada a uma unidade de acolhimento em maio de 2011 após se envolver em um furto em um shopping center com uma prima e um tio, ambos adolescentes. O Ministério Público (MP) moveu a ação de acolhimento, com base em estudos do Setor Técnico do Tribunal de Justiça paulista segundo os quais a criança vivia em situação de risco com a mãe, que seria negligente nos cuidados da filha.

Em fevereiro de 2015, o MP ingressou com a ação de destituição do poder familiar. A mãe, por meio da Defensora Pública Maíra Ferreira Tasso, contestou o pedido argumentando que a situação de suposta negligência já não existia mais. Também pediu que fossem ouvidas como assistentes técnicas da defesa a Assistente Social Soraia Mitie Higuti e a Psicóloga Yamoní Pereira do Lago, do Centro de Atendimento Multidisciplinar (CAM) da Unidade Santana, para produção de prova pericial.

De acordo com a Defensora Maíra Tasso, as únicas provas que havia nos autos eram relatórios da ação de acolhimento, que estavam desatualizados e ignoravam o fato de que a mãe nunca teve intenção de abandonar a filha. No dia do furto – que resultou nos processos – a mãe deixara a criança com a irmã (tia da menina), que a levou ao shopping.

Já o pai fora citado por edital (aviso publicado na imprensa oficial para que o réu se defenda), mas isso não foi suficiente para que ele se manifestasse no processo. Segundo Tasso, não foram esgotadas as possibilidades de localizá-lo, tampouco foi nomeado para ele curador especial (advogado ou Defensoria Pública, nomeados judicialmente para defender a parte que não tenha defensor ou condições de constituí-lo.

No entanto, a sentença foi proferida de forma antecipada pelo Juiz, sem que fosse aberta instrução processual (fase de produção de provas), conforme a mãe havia pedido, e destituiu os pais de seus poderes familiares sobre a criança.

A Defensoria Pública recorreu da decisão e apontou que não havia qualquer situação de abandono: a mãe visitava a filha na instituição de acolhimento sempre que podia e em dias de folga; seguia as orientações de um Centro de Referência em Assistência Social (CRAS) e mantinha vínculos afetivos com a criança. Em agosto de 2014, o abrigo chegou até mesmo a sugerir o desacolhimento da menina, considerando que a mãe a visitava com frequência e já estava empregada.

Também não foram esgotadas as tentativas de colocação da criança sob os cuidados da família extensa (avó ou bisavó), além de não terem sido encontrados pretendentes para adotá-la – inclusive devido à idade da criança e ao fato de ela manter fortes laços com a mãe. A Defensoria também argumentou que o julgamento antecipado violou o direito ao contraditório e à ampla defesa, que a mãe não foi ouvida em juízo e que a ação de destituição de poder familiar, por ser autônoma e ter um rito próprio, deveria ter sua própria instrução processual.

O Ministério Público também recorreu da sentença, apontando nulidades processuais nos fatos de a mãe não ter sido ouvida antes da sentença e de o pai não ter recebido a indicação de um curador especial. No dia 29/1/2016, o Juiz responsável pelo caso reconheceu a nulidade quanto à falta de curador especial, revogou a sentença e determinou que a Defensoria Pública atuasse como curadora especial. 'O trabalho do CAM, com laudos fundamentados, foi essencial para o convencimento do Juízo, uma vez que na área da infância as alegações de nulidades processuais desacompanhadas da prova da situação atual da família são muitas vezes desconsideradas pela Justiça, que se baseia apenas nos estudos desatualizados realizados nos autos da ação de acolhimento', afirmou a Defensora Maíra Tasso" (Cf. http://www.defensoria.sp.gov.br).

Sobre essa atuação institucional, pondera a doutrina: "Adotando-se uma interpretação que melhor protege o interesse de grupos especiais, no caso específico, aquele formado por crianças e adolescentes, a sujeição à assistência por parte da Defensoria Pública deve ser tomada no sentido mais amplo possível, para englobar não só aqueles desprovidos de condições financeiras para arcarem com os custos de um advogado privado, mas também os cidadãos que pertencem às minorias, ou seja, grupos sociais que permanecem marginalizados devido ao fato de ostentarem características especiais, como por exemplo, os idosos, e as crianças e adolescentes. Nesse sentido, teria a Defensoria Pública legitimidade para atuar na defesa de direitos de toda e qualquer pessoas em desenvolvimento, independente de sua condição econômica, em claro atendimento ao metaprincípio da proteção integral, insculpido no art. 1º e no parágrafo único do art. 100, ambos do Estatuto."[27]

Nessa linha, a Deliberação do Conselho Superior da Defensoria Pública do Estado de São Paulo número 144/09, dispõe:

"Art. 1º. **Terão prioridade de atuação jurídico-processual, no âmbito da Defensoria Pública do Estado de São Paulo**, os procedimentos judiciais de competência da Justiça da Infância e Juventude e extrajudiciais a eles relacionados.

Art. 2º. Em cada comarca onde estiver instalada Unidade da Defensoria Pública do Estado **deverá prioritariamente ser promovido o atendimento integral à área da Infância e Juventude**, em conformidade com as atribuições institucionais da Defensoria Pública do Estado.

---

27 ROSSATO, Luciano Alves; LÉPORE, Paulo; CUNHA, Rogério S. Estatuto da criança e do adolescente comentado: Lei 8.069/1990: artigo por artigo, 3ª edição, São Paulo: Editora Revista dos Tribunais, 2012.

§ 1º. O provisionamento ou indicação de advogados conveniados com a Defensoria Pública do Estado **será permitido apenas nas Comarcas onde não houver Unidade da Defensoria Pública.**

§ 2º. As atribuições dos Defensores Públicos com atuação na área da Infância e Juventude serão estabelecidas pelo Conselho Superior da Defensoria Pública em Deliberação própria, em conformidade com a definição das atribuições gerais e específicas."

Ou seja, no âmbito da Defensoria Pública paulista a atuação na defesa dos interesses das crianças e adolescentes é considerada **prioridade institucional** e o repasse dessas demandas a terceiros somente é autorizado nas Comarcas que ainda não contam com Unidade da Instituição.

Pois bem. No que toca, em especial, à atuação da Defensoria Pública como curadora especial, restou aprovada e aplaudida, no **I Congresso Nacional dos Defensores Públicos da Infância e Juventude,** a seguinte tese, de autoria da **Defensora Pública carioca Letícia Adalgisa da Silveira Zecca Schneider:** "O defensor público deverá exercer o *munus* de curador especial na defesa dos interesses individuais e coletivos de crianças e adolescentes, mormente nas hipóteses previstas no parágrafo único do art. 142 e letra "f", do parágrafo único, do art. 148, c/c art. 98, todos da lei 8.069/90, atuando como representante processual do infante nos autos dos processos em trâmite, bem como na qualidade de legitimado extraordinário para deflagrar qualquer ação que assegure os interesses destes sujeitos de direitos, garantindo-lhes o pleno acesso à justiça e igualdade na relação processual."

Por sua vez, o Defensor Público paulista Bruno César da Silva manifestou perante o Conselho Superior da seguinte forma: "Neste sentido deve o Defensor da Infância atuar sempre em pró dos interesses da criança e do adolescente devendo as famílias serem representadas por outro Defensor Público ou advogado conveniado, na forma como for determinado. Impossível a atuação em dois polos processuais, ainda mais em casos que existe grande possibilidade de colidência de interesses. A criança e o adolescente com o advento do ECA e principalmente com a lei 12.010 passou a ter seu direito de ser representeado em juízo garantido, o que vai de encontro com sua posição de sujeito de direitos, devendo a Defensoria garantir o exercício deste direito através da real atuação de um defensor. A prática não pode retirar direitos que no campo teórico demoraram tanto tempo para serem conquistados."

Em sede jurisprudencial, o **Tribunal de Justiça do Rio de Janeiro**, quando de sua uniformização de entendimentos, admitiu essa atuação de curador especial da Defensoria Pública, independentemente da atuação do Ministério Público:

"Registre-se que a função institucional do Ministério Público fica plenamente resguardada, e, principalmente, fortalecida, por isso que sua missão constitucional é inatacável, devendo zelar de forma, intransigente, pela propositura e vigilância das medidas legais pertinentes, para cessar qualquer agressão física, moral, psicológica a menores e adolescentes. Entretanto, não podemos fechar os olhos, que o menor, e principalmente o albergado, é um sujeito de interesses e direitos que merecem ser representados, pois na grande maioria dos casos ocorre uma espécie de vácuo processual, onde o MP, visando protegê-los e adotando medidas cabíveis, não têm aqueles (menores) seus efetivos interesses ouvidos, porquanto a quem cabia representá-lo está completamente omisso, desaparecido, ou afastado da convivência parental ou familiar por determinação judicial, e este responsável é aquele justamente "atacado" pelo "Parquet", que atua como parte e custos legis, por determinação legal, para exatamente expurgar da vida do menor quem lhe prejudicou. Tal circunstância, de cunho meramente processual, demonstra que o representante do MP, mesmo que atuante, não tem a flexibilidade de atender e exercer função de curador do menor, o qual, repito, incansavelmente, precisa que seus direitos sejam representados. (Tribunal de Justiça do Estado do Rio de Janeiro — órgão Especial — uniformização de jurisprudência 0038977-13.2010.8.19.0000 — relatora — desembargadora Elizabeth Gregory — data do julgamento 4/4/2011)"[28]

Vale menção ainda à diretriz nº 4 do **Parecer nº 02/2010, expedido pela Coordenadoria da infância e da juventude do Tribunal de Justiça do Estado de São Paulo**: "É fundamental compreender que o Ministério Público age em nome do que entender ser o interesse superior da criança ou adolescente, devendo in-

28 Seguem outros julgados do TJRJ: ""EMENTA: Agravo de Instrumento. Decisão do juiz da infância e juventude que indefere pedido de nomeação de Curador Especial na pessoa do Defensor Público à criança abrigada nos autos de ação de destituição do poder familiar' movida pelo Ministério Público em relação à mãe daquela e proíbe a visitação da avó paterna à neta do abrigo onde se encontra. Aplicação dos arts. 142 parágrafo único e 148 parágrafo único letra f) da lei 8069/90 (ECA). Obrigatoriedade de nomeação de curador especial a criança ou adolescente e sempre que seus interesses colidam com o de seus pais ou quando carecer de representação. Melhor interesse da criança. Inteligência do art. 227 CF/88. Direito da criança tem que ser ouvido em juízo. Amplo processo de justiça que só se perfaz em caso concreto a partir de um agir proativo da Defensoria Pública nos abrigos. Inexistência de colidência ou usurpação de funções entre a curadoria especial e o Ministério Público. Recurso Provido." (A.I. n.º 2008.002.2591. 5ª Câmara Cível, TJ-RJ) "Agravo de Instrumento - Menores - Curador Especial - Necessidade - Art. 9, I do Código de Processo Civil. A hipótese é de agravo de instrumento ofertado contra decisão de fls. 12/13 que indeferiu a nomeação de curador especial, sob fundamento de que os menores não seriam réus da relação processual e o Ministério Público estaria atuando não só como *custus legis*, mas também em prol dos interesses dos menores. O cerne da questão seria a necessidade da nomeação de Curador Especial para atuar no feito relativo à representação administrativa ajuizada pelo Conselho Tutelar de Jacarepaguá em face da genitora dos menores e de seu marido, tendo em vista a suspeita de abuso sexual por parte deste último. Compete a Defensoria Pública o múnus da Curadoria Especial, nos termos do art. 148, parágrafo único, "f", da lei complementar n.º 06/77. A intervenção do Ministério Público não supre a falta do curador. Agravo provido." (Desembargador Caetano E. da Fonseca Costa, A.I. n.º 39.180/2008, 7.ª Câmara Cível,TJ-RJ)"

terpretá-lo nos termos em que compreendemos esse princípio. Todavia, a criança ou adolescente podem ter uma interpretação diversa do que seja seu interesse, tendo este direito de manifestar sua opinião e velar para que ela seja devidamente considerada, nos termos do art. 12 da Convenção sobre os Direitos da Criança. Portanto, o advogado/defensor da criança/adolescente deverá ouvi-la e procurar defender seus direitos a partir da expressão que a criança e o adolescente querem ver expressa, representando, assim, a voz da criança ou adolescente."

O **Superior Tribunal de Justiça**, em 2009, havia decidido que "não obstante o menor — cujo Ministério Público pretende afastar do âmbito do poder familiar de seus pais, em virtude de supostos maus tratos — não figurar como parte na ação de destituição de poder familiar movida pelo autor, merece ter seus direitos assegurados por **curador especial** posto que a presença do Ministério Público Estadual, por si só, não supre, em tese, a necessidade de nomeação de curador especial à criança, porquanto, embora o polo passivo da ação seja composto apenas pelos pais ou responsáveis da criança, esta se me apresenta como a principal interessada no deslinde da ação, ante a iminente possibilidade de afastamento de sua família natural. Assim, como principal interessada em ações desta espécie, a criança pode ser representada — em virtude da impossibilidade dos pais — por curador especial (artigo 9º, I, do CPC), guardando respeito, dessa forma, aos princípios constitucionais do contraditório e ampla defesa, já que inviável o Ministério Público cumular as funções de autor, fiscal da lei e curador do interesse de incapazes, uma vez que são posições suscetíveis de choque de interesses, ainda que em tese. Aliás, não há que se falar que a Defensoria Pública não dispõe de mandado judicial para atuar no feito, posto que consoante as lições de Luiz Guilherme Marinoni 'a sua autorização vai implícita no próprio ato de nomeação', mesmo porque a criança não dispõe de capacidade para outorgar os poderes de representação." (Medida Cautelar - 016228, Relator Ministro Honildo Amaral de Mello Castro, Publicação 13/11/2009)

Até mesmo o Supremo Tribunal Federal já se manifestou nesse sentido: "**A vulnerabilidade da criança e do adolescente será suprida através da própria defesa estatal e específica dos direitos da criança e do adolescente e o ator processual que exerce tal defesa é a Defensoria Pública no exercício da Curadoria Especial** nos termos dos artigos 142, parágrafo único e 148, parágrafo único, f, Lei 8069/90. Cumpre ressaltar que ao contrário do que ocorre na atuação do Ministério Público como *custus legis* em processos relativos à criança/adolescente, a Curadoria Especial somente pode atuar em estrita observância do direito da criança e do adolescente, jamais contrariando-os em atenção a qualquer outro interesse ainda que público. (STF - Medida cautelar 2280 – Relatora Ministra Cármen Lúcia - D. 01/03/09, conf. voto Des. Elizabeth Gregory – TJ-RJ – UJ 0038977-13.2010.8.19.0000.)"

Parte da **doutrina** se manifesta nessa linha: "A colidência, latente, potencial, oculta na complexidade de um processo tão multifacetado como o de destituição do poder familiar, que busca pôr termo à relação mais elementar do ser humano, qual seja, a relação entre genitor e prole, pode passar despercebida aos atores do processo não comprometidos exclusivamente com a defesa dos interesses da criança ou adolescente.

Por essa razão, ao curador incumbirá perscrutar e discernir, sob o manto da parcialidade institucional, a necessidade de tutela de algum bem jurídico, da adoção de alguma providência, sob o prisma do exclusivo interesse da criança ou adolescente, submetendo o pleito ao imparcial julgador.

Em suma, numa abordagem técnica, a não designação de curador especial para cuidar exclusivamente dos interesses da criança e do adolescente, implica um desequilíbrio na relação entre as partes: o julgador é imparcial; o genitor tem seus interesses cuidados por defensor, constituído ou nomeado; a sociedade e o Estado são protegidos pela atuação do Ministério Público, como custos legis. A criança ou adolescente, se não lhe é nomeado curador, não tem ninguém. Tecnicamente, está desassistido."[29]

Contudo, recentemente, no final do ano passado, o **Superior Tribunal de Justiça** passou a afastar a necessidade de atuação de curador especial para a criança ou o adolescente quando a ação de suspensão ou destituição do poder familiar tiver sido proposta pelo Ministério Público.

"Renovação do Julgamento. Destituição de poder familiar promovida pelo Ministério Público. Nomeação de curador especial da Defensoria Pública aos menores. Desnecessidade. Eca. Art. 201, Incisos III E VIII. Recurso Especial a que se nega provimento. 1. Deve ser renovado o julgamento se da publicação da pauta não foi intimada a recorrente, Defensoria Pública do Estado do Rio de Janeiro. 2. Compete ao Ministério Público, a teor do art. 201, III e VIII da Lei nº 8.069/90 (ECA), promover e acompanhar o processo de destituição do poder familiar, zelando pelo efetivo respeito aos direitos e garantias legais assegurados às crianças e adolescentes. 3. Resguardados os interesses da criança e do adolescente, não se justifica a nomeação de curador especial na ação de destituição do poder familiar. 4. Recurso especial a que se nega provimento." (REsp 1176512/RJ, Rel. Ministra MARIA ISABEL GALLOTTI, QUARTA TURMA, julgado em 28/08/2012, DJe 05/09/2012).[30]

---

29 Por Péricles Batista da Silva: http://www.conjur.com.br/2012-dez-06/pericles-batista-designar-defensor-publico-exclusivo-criancas

30 Também: AgRg no Ag 1404261 / RJ, AGRAVO REGIMENTAL NO AGRAVO DE INSTRUMENTO 2011/0039060-9, Relator(a) Ministro MASSAMI UYEDA (1129), Órgão Julgador, T3 - TERCEIRA TURMA Data do Julgamento 18/09/2012, Data da Publicação/Fonte, DJe 03/10/2012, Ementa AGRAVO REGIMENTAL - PROCESSUAL CIVIL - ART. 557 DO CPC – JULGAMENTO MONOCRÁTICO DO RECURSO - POSSIBILIDADE - INTERPOSIÇÃO DE AGRAVO INTERNO - JULGAMENTO PELA TURMA - AUSÊNCIA DE PRE-

Também: "1.- **Não há obrigatoriedade de intervenção geral da Defensoria Pública em prol de incapazes nos processos em estes que não sejam partes**, ainda que haja alegação de ameaça ou violação de algum direito da criança ou do adolescente. 2.- Já atuando o Ministério Público no processo como "custos legis" não ocorre necessidade da intervenção obrigatória do Defensor Público para a mesma função. 3.- O art. 9º, I, do CPC, dirige-se especificamente à capacidade processual das partes e dos procuradores. Dessa forma, **a nomeação de Curador Especial ao incapaz só ocorre, de forma obrigatória, quando este figurar como parte, não na generalidade de casos que lidem com crianças ou adolescentes**, sem ser na posição processual de partes, ainda que se aleguem fatos graves relativamente a eles." (STJ, REsp 1177636/RJ)

Nesse sentido, **o Voto vencedor do Ministro Sidnei Beneti** contém: "suficiente a rede protetiva dos interesses da criança e do adolescente em Juízo, não há razão para que se acrescente a obrigatória atuação da Defensoria Pública, atuação que, por mais elevados que notoriamente sejam os propósitos da Instituição, viria apenas a complexizar o desenvolvimento do processo, com o acréscimo de mais uma intervenção, e, ainda, de titular de vários privilégios processuais – como já se frisou, quanto a intimações pessoais, por forma ainda não estabilizada em cada unidade, prazos privilegiados e desoneração em diligências, tudo a somar-se a esses mesmos privilégios processuais assegurados ao Ministério Público. **Não se nega, evidentemente, a possibilidade de a Defensoria Pública** (à notícia, por qualquer forma, inclusive comunicação do Juízo, do Ministério Público, do Conselho Tutelar ou, ainda, de conhecimento direto de ocorrência de situação que envolva a criança ou adolescente), vir a usar dos instrumentos processuais disponíveis para atuação, **podendo promover ações e, mesmo, intervir como assistente de algumas das partes em casos específicos em que se legitime concretamente a atuação.** O que a Lei não autoriza é a proclamação de regra de intervenção obrigatória, sob a invocação do disposto nos arts. 9º, I, do Cód. de Proc. Civil, e 148, § único, letra "f", do Estatuto da Criança e do Adolescente, como foi julgado no caso.

A matéria, pelo potencial catastrófico ao andamento de várias espécies de processos em que se envolvam crianças e adolescentes, é extremamente relevante, pois, se proclamada a tese de obrigatoriedade de intervenção da Defensoria toda vez em que haja alegação de ameaça ou violação de algum direito de criança ou adolescente, haverá necessidade de aludida intervenção, pena de nulidade, em qualquer espécie de processo. Daí se segue que se imporá a obrigatória atuação da Defensoria não só em caso em que ambos os genitores são acusados de abuso, mas também em processos como os atinentes a guarda, responsabilidade, adoção, visitas, alienação parental, separação, divórcio, inventários e partilhas,

---

JUÍZO – DEFENSORIA PÚBLICA - NOMEAÇÃO DE CURADOR ESPECIAL - DESNECESSIDADE - ECA - ART. 201, INCISOS III E VIII - RECURSO IMPROVIDO.

ações indenizatórias, enfim, todas as ações em que se entreveja alguma consequência de moléstia, direta ou indireta que seja, a alguma criança ou adolescente.

As consequências para o andamento desses processos certamente virão contra os interesses das próprias crianças ou adolescentes, pois, como já antes se disse, gozando a Defensoria de privilégios processuais específicos da função, como o direito à intimação pessoal, prazo privilegiado, gratuidade de custeio de providências requeridas e outros, certamente daí resultarão ônus suplementares à atividade dos demais participantes do processo – as partes, o Ministério Público, o Juízo, testemunhas e auxiliares da Justiça.

Relembre-se, mais uma vez, que já atuando o Ministério Público, com prerrogativas idênticas, certamente se somarão tempos enormes, os necessários à atuação da Defensoria, à caminhada processual, decorrentes da aparentemente singela inserção, neles, da atuação obrigatória da Defensoria Pública. Ademais, proclamada a obrigatoriedade de integração, certamente emergirão alegações de nulidades de casos passados, alegações essas hibernadas por longo tempo, que serão vitalizadas diante do esgotamento de outros argumentos, daí se antevendo a imposição de duração de processos apenas limitada ao atingimento da maioridade de crianças e adolescentes envolvidos."

O **voto vencido, a seu turno, da Ministra Nancy Andrighi** ponderava: "Essa é exatamente a hipótese dos autos, em que os interesses dos menores estão em franca colidência com os interesses dos seus representantes legais, sob os quais recai suspeita de abuso sexual. Assim, fica evidenciado que os menores não poderão ter seus interesses resguardados e defendidos por intermédio de seus representantes legais, fazendo-se necessária a atuação de um curador especial, nos termos do art. 9º, I, do CPC.

Observe-se que, embora os menores não façam parte da representação administrativa instaurada pelo Conselho Tutelar, **eles são os verdadeiros interessados no resultado do processo, o qual lhes afetará direta e indubitavelmente**. Por isso que esses interesses deverão ser tutelados por quem a lei confere essa incumbência.

Embora o art. 202 do ECA disponha que **o Ministério Público** deverá atuar na defesa dos direitos e interesses dos menores, essa atuação, quando não for na qualidade de parte, propondo ações que visem à tutela da criança e do adolescente, será na qualidade de fiscal da lei, cujo papel vincula-se à defesa da sociedade como um todo, à defesa do ordenamento e à garantia de cumprimento da lei.

Não obstante, essa atuação não supre, nem exclui a atuação do Defensor Público na defesa dos interesses dos menores, na especial situação fática analisada - de suspeita de abuso sexual dos menores pelos pais –, na qual há evidente colidência do interesse dos menores com o de seus representantes legais.

Pelo contrário, o art. 148, parágrafo único, "f", também do ECA, trata exatamente da necessidade de designação de curador especial para a criança ou adolescente nas hipóteses de apresentação de queixa ou representação ou outros procedimento judiciais e extrajudiciais em que seus interesses estejam envolvidos.

Diante da gravidade dos fatos que estão sendo objeto de apuração, a atuação da Defensoria Pública, nessa situação, constitui garantia a mais no resguardo dos interesses dos menores e, conforme já mencionado, essa atuação independe da qualificação jurídica dos menores como parte no processo, bastando que seus interesses estejam envolvidos, como se verifica na hipótese."[31]

O **Tribunal de Justiça do Rio Grande do Sul** tem entendimento alinhado ao voto vencedor (Súmula nº 22, TJERGS): "nas ações de destituição/suspensão do poder familiar, promovidas pelo Ministério Público, não é necessária a nomeação de curador especial ao menor".

Ainda, vale mencionar a aprovação do pedido de providências feito por membros do Ministério Público em Minas Gerais junto à Comissão de Preservação da Autonomia do Ministério Público do **Conselho Nacional do Ministério Público**, de nº 1475/2011-84, no sentido de que os Defensores Públicos daquele Estado deixassem de desempenhar atribuições próprias dos membros do "Parquet".

"Dentre as referidas funções próprias, encontra-se a curadoria especial em favor da criança e adolescente, sobre a qual restou consignado na decisão acima: Por conseguinte, não é possível que a Defensoria Pública ingresse em nome próprio, para a defesa de interesse de criança e adolescente, especialmente diante do fato de que seus direitos individuais indisponíveis já estão sendo defendidos pelo Ministério Público, como substituto processual, na forma prevista no Estatuto da Criança e do Adolescente." (Conselho Superior do Ministério Público, 2012)

Diante do contexto jurídico exposto, com tons de historicidade inclusive, passamos a opinar sobre as atribuições da Defensoria Pública em defesa dos interesses da criança e do adolescente, no objetivo de respondermos a todas as questões inicialmente suscitadas com a maior coerência e solidez possível.

Em termos gerais, entendemos que as atribuições do que chamaremos de **"Defensor Público da criança ou do adolescente"** podem ser resumidas em três frentes de atuação, quais sejam, a) no polo ativo das ações, cujos pretendentes sejam crianças ou adolescentes; b) no contexto do acolhimento institucional ou familiar; ou c) nas ações de suspensão ou destituição do poder familiar propostas pelo Ministério Público em face dos genitores.

No primeiro caso, a questão é mais simples e de aceitação geral, sem entraves de ordem jurídica ou administrativa. O Defensor Público da infância e da ju-

31 Disponível em: www.stj.jus.br.

ventude deve propor todas as ações judiciais ou extrajudiciais necessárias para a tutela dos interesses, individuais e coletivos, das crianças e dos adolescentes, salvo aquelas ações vinculadas às atribuições de outros membros da Instituição como, por exemplos, as ações de alimentos, a serem propostas junto às Varas de Família pelos Defensores Públicos ali atuantes, sendo que nem mesmo essa ressalva é absoluta, cabendo ajuste administrativo visando à equalização das atribuições em cada Unidade, via deliberação do Conselho Superior (CSDP).

Não desconhecemos a tese que prega a desvinculação total das atribuições dos Defensores Públicos da divisão de competência material de cada Juízo ou Foro promovida pelo Tribunal de Justiça. Contudo, tal ideia depende de maior reflexão e amadurecimento institucional. Ou seja, atualmente, as atribuições dos Defensores Públicos ainda estarão ligadas à divisão material de cada Foro feita pelo TJSP, por Varas Judiciais, especializadas ou não.

Voltando à primeira frente de atuação funcional do Defensor Público da criança/adolescente, vale lembrar que a tese aprovada no I Congresso Nacional dos Defensores da Infância já se refere a isso: "O defensor público deverá exercer o *munus* de curador especial na defesa dos interesses individuais e coletivos de crianças e adolescentes, mormente nas hipóteses previstas no parágrafo único do art. 142 e letra "f", do parágrafo único, do art. 148, c/c art. 98, todos da lei 8.069/90, atuando como representante processual do infante nos autos dos processos em trâmite, **bem como na qualidade de legitimado extraordinário para deflagrar qualquer ação que assegure os interesses destes sujeitos de direitos, garantindo-lhes o pleno acesso à justiça e igualdade na relação processual.**" (destaque nosso).

O próprio voto vencedor do Min. **Sidnei Beneti** contém: "**Não se nega, evidentemente, a possibilidade de a Defensoria Pública** (à notícia, por qualquer forma, inclusive comunicação do Juízo, do Ministério Público, do Conselho Tutelar ou, ainda, de conhecimento direto de ocorrência de situação que envolva a criança ou adolescente), vir a usar dos instrumentos processuais disponíveis para atuação, **podendo promover ações e, mesmo, intervir como assistente de algumas das partes em casos específicos em que se legitime concretamente a atuação.** O que a Lei não autoriza é a proclamação de regra de intervenção obrigatória, sob a invocação do disposto nos arts. 9º, I, do Cód. de Proc. Civil, e 148, § único, letra "f", do Estatuto da Criança e do Adolescente, como foi julgado no caso." (**STJ, REsp 1177636/RJ**) (destaque nosso)

No tocante à **segunda frente de atuação**, quando do acolhimento institucional ou familiar (b), o Defensor Público **deve atuar, em regra, em benefício da reintegração e da máxima convivência familiar, em defesa conjunta dos pais ou responsáveis legais e dos filhos ("Defensor Público da família"),** com vista preliminar dos autos inclusive, pois, após a Lei nº 12.010/09, o instituto do acolhimento deve ser interpretado como aquela medida judicial, útil e necessária, que visa a resguardar os direitos da criança ou do adolescente em situações de suposto risco com objetivo de reintegração familiar, junto à família natural ou, se o caso indicar, à família extensa.

Somente se infrutífero o procedimento do acolhimento é que se admitirá a colocação em família extensa e, eventualmente, substituta através das ações próprias e específicas, como as ações de destituição ou suspensão do poder familiar; ações de adoção; ações de guarda ou tutela.

Ou seja, a nova lei impõe um procedimento judicial e contraditório, de ampla participação paterna e materna, com vista à reintegração familiar, mediante um plano individual de atendimento (PIA).

Confira: **ECA, art. 101:** "§ 4º Imediatamente após o acolhimento da criança ou do adolescente, a entidade responsável pelo programa de acolhimento institucional ou familiar elaborará um **plano individual de atendimento, visando à reintegração familiar**, ressalvada a existência de ordem escrita e fundamentada em contrário de autoridade judiciária competente, caso em que também deverá contemplar sua colocação em família substituta, observadas as regras e princípios desta Lei. (Incluído pela Lei nº 12.010, de 2009) § 5º O plano individual será elaborado sob a responsabilidade da equipe técnica do respectivo programa de atendimento e levará em consideração a opinião da criança ou do adolescente e a oitiva dos pais ou do responsável. (Incluído pela Lei nº 12.010, de 2009) § 6º Constarão do plano individual, dentre outros: (Incluído pela Lei nº 12.010, de 2009)

I - os resultados da avaliação interdisciplinar; (Incluído pela Lei nº 12.010, de 2009)

II - **os compromissos assumidos pelos pais ou responsável;** e (Incluído pela Lei nº 12.010, de 2009)

III - a previsão das atividades a serem desenvolvidas com a criança ou com o adolescente acolhido **e seus pais ou responsável, com vista na reintegração familiar** ou, caso seja esta vedada por expressa e fundamentada determinação judicial, as providências a serem tomadas para sua colocação em família substituta, sob direta supervisão da autoridade judiciária. (Incluído pela Lei nº 12.010, de 2009)

§ 7º O acolhimento familiar ou institucional ocorrerá no local mais próximo à residência dos pais ou do responsável e, como parte do processo de reintegração familiar, sempre que identificada a necessidade, a família de origem será incluída em programas oficiais de orientação, de apoio e de promoção social, sendo facilitado e estimulado o contato com a criança ou com o adolescente acolhido. (Incluído pela Lei nº 12.010, de 2009)

§ 8º **Verificada a possibilidade de reintegração familiar, o responsável pelo programa de acolhimento familiar ou institucional fará imediata co-**

municação à autoridade judiciária, que dará vista ao Ministério Público, pelo prazo de 5 (cinco) dias, decidindo em igual prazo. (Incluído pela Lei nº 12.010, de 2009)

§ 9º **Em sendo constatada a impossibilidade de reintegração da criança ou do adolescente à família de origem, após seu encaminhamento a programas oficiais ou comunitários de orientação, apoio e promoção social,** será enviado relatório fundamentado ao Ministério Público, no qual conste a descrição pormenorizada das providências tomadas e a expressa recomendação, subscrita pelos técnicos da entidade ou responsáveis pela execução da política municipal de garantia do direito à convivência familiar, para a destituição do poder familiar, ou destituição de tutela ou guarda. (Incluído pela Lei nº 12.010, de 2009)

§ 10. Recebido o relatório, o Ministério Público terá o prazo de 30 (trinta) dias para o ingresso com a ação de destituição do poder familiar, salvo se entender necessária a realização de estudos complementares ou outras providências que entender indispensáveis ao ajuizamento da demanda. (Incluído pela Lei nº 12.010, de 2009)

§ 11. A autoridade judiciária manterá, em cada comarca ou foro regional, um cadastro contendo informações atualizadas sobre as crianças e adolescentes em regime de acolhimento familiar e institucional sob sua responsabilidade, com informações pormenorizadas sobre a situação jurídica de cada um, **bem como as providências tomadas para sua reintegração familiar ou colocação em família substituta**, em qualquer das modalidades previstas no art. 28 desta Lei. (Incluído pela Lei nº 12.010, de 2009)

§ 12. Terão acesso ao cadastro o Ministério Público, o Conselho Tutelar, o órgão gestor da Assistência Social e os Conselhos Municipais dos Direitos da Criança e do Adolescente e da Assistência Social, aos quais incumbe deliberar sobre a implementação de políticas públicas que permitam reduzir o número de crianças e adolescentes afastados do convívio familiar e abreviar o período de permanência em programa de acolhimento. (Incluído pela Lei nº 12.010, de 2009)" (grifo nosso)

Portanto, **a legislação novel foi clara na sua opção e pretensão: criar um instituto judicializado que tem o objetivo de reintegrar a criança à sua família natural e, excepcionalmente, após esgotadas todas as medidas cabíveis, colocá-la em família substituta** via ações próprias a serem manejadas pelo Ministério Público ou por outro interessado.

Vale dizer que essa opção político-legislativa tem o objetivo de reduzir os índices de institucionalização. Aliás, dados trazidos pela Defensora Pública carioca Letícia Adalgisa da Silveira Zecca Schneider, na sua súmula aprovada e premiada quando do I Congresso Nacional dos Defensores Públicos da Infância e Juventude, sobre o exercício da curadoria especial, indica a realidade do excesso de acolhimentos perenes, o que é condenado e combatido pela nova lei.

A autora da primorosa tese apresenta dados contidos em corte temporal feito de 2003 a 2007, portanto, de período anterior à nova lei de 2009.

Segundo seu trabalho, por exemplo, em 2003, o IPEA (Instituto de Pesquisa Econômica Aplicada) realizou levantamento em 589 abrigos visitados, com informações sobre cerca de 19.400 crianças/adolescentes, quando constatou-se que 86,7% delas possuíam famílias, sendo que: 58,2% mantinha o vínculo com seus familiares, ou seja, embora afastados da convivência, as famílias os visitavam periodicamente; em 22,7% dos casos, a família raramente aparecia para visitar o abrigado, ou seja, embora conhecida e localizada, a criança não mantinha vínculo constante com a família; e em 5,85 dos casos, os familiares estavam impedidos judicialmente de contato com os familiares.

Além disso, "o IPEA constatou que a principal causa que motivava o abrigamento da expressiva parcela das crianças e adolescentes encontradas nas instituições de abrigos estava relacionada à pobreza"[32]

Ou seja, a realidade indicava o sério problema da excessiva institucionalização de crianças e adolescentes de famílias carentes, a partir de dados levantados **anteriormente** a 2009, quando a Lei nº 12.010 foi editada para **trazer a possível solução para a questão, qual seja, o fortalecimento da família, com a eleição do princípio da primazia da convivência familiar**, preferencialmente, no seio da família natural, sendo que isso vem a corroborar a tese aqui defendida da relevância de se fomentar o que chamamos **"Defensor Público da família"**, aliás, com maior energia e intensidade em relação ao que pode ser chamado de **"Defensor Público da criança"**, sem prejuízo das ponderações já trazidas ou a ser apresentadas neste estudo, em especial quando evidente a concreta colidência, cuja essa análise caberá exclusivamente ao Defensor Público natural a partir das diretrizes e dos princípios expostos no presente parecer.

Em outros termos, há nessa linha cronológica uma opção político-legislativa que não pode ser ignorada.

Aliás, nesse processo, a Defensoria Pública deve cumprir seu papel de forma harmoniosa, alinhada a essa opção legislativa. É dizer, **deve atuar, com prioridade, em defesa da convivência familiar, na defesa da família**, com a defesa conjunta de pais e filhos, sendo que somente excepcionalmente, nas hipóteses de evidente colidência, devidamente demonstrada, é que se admitirá a atuação institucional individualizada em defesa da criança ou do adolescente, sendo, portanto, crucial que o Defensor Público seja instado, com vista pessoal dos autos judiciais, para essa específica e fundamental análise.

32 Disponível em: www.defensoria.sp.gov.br.

De fato, **deve ser abandonada a presunção de colidência de interesses decorrente do simples acolhimento,** sendo que esse instituto deverá ser manejado em benefício da reinserção familiar.

Nessa linha, é recomendável que os Defensores Públicos sempre recebam os autos judiciais para análise ou, ainda, que façam visitas periódicas às instituições de acolhimento no sentido de se viabilizar a obtenção dos seus fins, quais sejam, o resgate da estrutura familiar e a reinserção da prole à sua família natural, sem prejuízo de intervenções unilaterais, em defesa das crianças ou adolescentes, contra seus pais, inclusive, quando evidenciada a colidência, quando evidente a omissão e a negligência materna e/ou paterna.

Nessas hipóteses, **a colidência há de ser concretamente demonstrada**, por pareceres e estudos técnicos por profissionais ou do Poder Judiciário ou da própria Defensoria Pública (Centro de Atendimento Multidisciplinar – CAM), além de outros elementos de prova juridicamente admitidos. Nessa específica hipótese, o Defensor Público com atribuições na área da Infância assumiria a defesa da criança ou do adolescente, sem prejuízo do mesmo decidir assumir a defesa dos genitores, diante das necessidades e das especificidades do caso concreto, mas preferencialmente com a manutenção da atuação em benefício da parte cujos interesses foram inicialmente defendidos por ele.

Nesses casos de colidência, a outra parte não contemplada pela atuação do Defensor Público da Infância, se necessitada, carecerá de assistência jurídica, mas a ser prestada por outro Defensor Público da Unidade com atribuições na infância ou, se ele inexistir ali, por Defensor Público com atribuições nas áreas de família ou cível.

Em suma, a nova lei almeja, com prioridade, a reconstrução familiar a partir de esforços conjuntos e alinhados, sendo o Defensor Público peça-chave para o êxito desse projeto político-legislativo, cuja atuação deve visar à pacificação e à união do contexto daquela família em vulnerabilidade, por meio das mais variadas medidas e ações, propostas contra outras pessoas, parentes ou não, ou contra o Estado, para que ela possa se restabelecer, se reestruturar.

Doutra forma, a precipitada atuação do Defensor Público em defesa exclusiva da criança ou do adolescente e contra os pais ou outros responsáveis legais, eventualmente, vai de encontro a essa tendência e opção legislativa, além de ampliar a conflituosidade naquele ambiente familiar, carente, na verdade, de apoio estatal e paz interna.

Além disso, para saldar uma dívida história, a nova lei impõe o direito ao contraditório e à ampla defesa dos pais. Segundo o Defensor Público paulista Rodolfo Marques da Silva: "Hodiernamente, verificada a necessidade de afastamento da criança ou adolescente da sua família de origem, necessariamente deverá ser proposta ação judicial para tal finalidade, abrindo-se oportunidade de defesa aos genitores, que acompanharão todo o procedimento, desde o seu início, podendo manifestar-se sobre os relatórios elaborados, pleitearem o retorno da criança ou adolescente ao convívio familiar, entre outras formas de defesa. Nota-se que a inovação legislativa é fundamental para a garantia de proteção à família de origem, porquanto esta, desde o início do procedimento, tem ciência formal dos motivos que levaram ao acolhimento institucional de seu(s) filho(s), de modo que pode exercer o direito à defesa e empreender esforços para reparar os problemas verificados." (http://www.recriaprudente.org.br/site/abre_artigo.asp?c=20)

Na terceira frente de atuação, por derradeiro, ou seja, nas ações de suspensão ou de destituição do poder familiar propostas pelo Ministério Público ou por outro interessado (art. 155, ECA) em face dos genitores, da mesma forma que acima colocamos, deve o Defensor Público priorizar a atuação conjunta com vista à reinserção da criança ou do adolescente na família, natural ou extensa, ou então à reintegração da convivência familiar, sendo admissível a atuação em benefício exclusivo da prole **("Defensor da criança")**, quando evidente e demonstrada a colidência com os interesses e com a própria conduta dos pais, sem prejuízo do mesmo decidir assumir a defesa dos genitores, diante das necessidades e das especificidades do caso concreto, mas preferencialmente com a manutenção da atuação em benefício da parte cujos interesses foram inicialmente defendidos por ele.

Nesses casos de colidência, da mesma forma que colocamos acima, a outra parte não contemplada pela atuação do Defensor Público da Infância, se necessitada, carecerá de assistência jurídica, mas a ser prestada por outro Defensor Público da Unidade com atribuições na infância ou, se ele inexistir ali, por Defensor Público com atribuições nas áreas de família ou cível.

Vale ressaltar que a principal diferença da atuação do Defensor Público na ação de destituição (3ª frente) daquela realizada no âmbito do acolhimento (2ª frente) é que, aqui, a possibilidade da colidência é menor e o espaço para a reintegração familiar é ainda maior, sendo ainda mais relevante a atuação do **Defensor Público como curador da família,** no sentido de reestruturá-la com o apoio da rede pública de assistência social (art. 101, § 9º).

Já na ação de suspensão ou de destituição, essa forma de atuação é também relevante, mas num ambiente mais conflituoso e de rompimento mais iminente, ou seja, em contexto de maior afastamento de pais e filhos. Mesmo assim, deve o Defensor Público tentar a atuação conjunta e, se evidente a colidência, cuja apuração deve passar pelo crivo multidisciplinar, autoriza-se a assunção da atribuição de **"Defensor da criança/adolescente" (curador especial) ou em sentido oposto, eventualmente**, com o consequente repasse da defesa contrária para terceiros, na forma acima indicada.

Essa posição alinha-se ao recente entendimento do Superior Tribunal de Justiça que não afasta a atuação do curador especial, mas a reserva para os casos realmente necessários, quando patente a colidência.

Nesse sentido, **o Voto vencedor do Ministro Sidnei Beneti** contém: "**Não se nega, evidentemente, a possibilidade de a Defensoria Pública** (à notícia, por qualquer forma, inclusive comunicação do Juízo, do Ministério Público, do Conselho Tutelar ou, ainda, de conhecimento direto de ocorrência de situação que envolva a criança ou adolescente), vir a usar dos instrumentos processuais disponíveis para atuação, **podendo promover ações e, mesmo, intervir como assistente de algumas das partes em casos específicos em que se legitime concretamente a atuação.**

A matéria, pelo potencial catastrófico ao andamento de várias espécies de processos em que se envolvam crianças e adolescentes, é extremamente relevante, pois, se proclamada a tese de obrigatoriedade de intervenção da Defensoria toda vez em que haja alegação de ameaça ou violação de algum direito de criança ou adolescente, haverá necessidade de aludida intervenção, pena de nulidade, em qualquer espécie de processo. Daí se segue que se imporá a obrigatória atuação da **Defensoria não só nos casos em que ambos os genitores são acusados de abuso,** mas também em processos como os atinentes a guarda, responsabilidade, adoção, visitas, alienação parental, separação, divórcio, inventários e partilhas, ações indenizatórias, enfim, todas as ações em que se entreveja alguma consequência de moléstia, direta ou indireta que seja, a alguma criança ou adolescente.

As consequências para o andamento desses processos certamente virão contra os interesses das próprias crianças ou adolescentes, pois, como já antes se disse, gozando a Defensoria de privilégios processuais específicos da função, como o direito à intimação pessoal, prazo privilegiado, gratuidade de custeio de providências requeridas e outros, certamente daí resultarão ônus suplementares à atividade dos demais participantes do processo – as partes, o Ministério Público, o Juízo, testemunhas e auxiliares da Justiça." (STJ, REsp 1177636/RJ) (destaque nosso)

Portanto, propomos que passemos às respostas das questões inicialmente colocadas nos seguintes termos.

Deve um Defensor Público atuar exclusivamente em defesa dos interesses da criança ou adolescente? Sim, na adoção ativa de medidas judiciais e extrajudiciais e, no polo passivo da demanda, nas hipóteses de evidente e demonstrada colidência, é dizer, não em qualquer caso abstratamente. De fato, é absolutamente salutar esse perfil de atuação na propositura de ações e na adoção de medidas extrajudiciais em benefício da criança e do adolescente. Contudo, no polo passivo da ação, seja de acolhimento, seja de suspensão ou de destituição do poder familiar a atuação exclusiva em defesa da prole ou dos pais, eventualmente, dependerá da demonstração multidisciplinar da colidência, de forma concreta e circunstanciada, mas preferencialmente com a manutenção da atuação em benefício da parte cujos interesses foram inicialmente defendidos pelo Defensor Público natural.

Nessa atuação a título de "Defensor da criança", deve pautar-se apenas pela vontade do representado ou proceder a juízos de "melhor interesse"? Nesse caso, como Defensor da criança/adolescente, deve atuar como representante processual na promoção da vontade da criança e do adolescente, desde que essa goze de razoável plausibilidade jurídica, sem nenhum juízo de ordem fática, ideológica ou sentimental. Ou seja, se a pretensão da parte representada gozar do mínimo de viabilidade jurídica, deverá ser promovida, sem que o Defensor Público proceda a questionamentos relativos ao "melhor interesse", uma vez que essa definição deve partir, primordialmente, da vontade do próprio interessado, um sujeito de direitos e dono de seu destino.

Nessa hipótese, seria essa uma representação meramente processual ou também material? Conforme dissemos acima, a representação é processual do Defensor Público, não material. Aliás, deve ele sempre buscar a regularização da representação material da criança ou do adolescente, seja pelos pais, por outros parentes ou por terceiros. De fato, o Defensor Público não tem atribuição de representação material da parte, pois sua função não se confunde com isso, na medida que esse instituto é de direito civil, ligado às relações de família ou contratuais, não de direito público, cuja atuação é norteada, com variados graus de variabilidade e aplicabilidade, pelos princípios da impessoalidade, da primazia do interesse público, e da oficialidade. Além disso, as leis complementares nacional e estadual não preveem atribuição de representação material dos usuários do serviço de assistência jurídica.

Quais os limites dessa representação? Os limites da atuação é a razoabilidade jurídica da pretensão, sem nenhum tipo de renúncia ou mitigação dos seus direitos. Em outros termos, estando a pretensão da criança ou do adolescente amparada por razoável arcabouço jurídico, ela deve ser promovida, sem juízos de "melhor interesse", para que sejam evitadas decisões sobremodo subjetivas e casuísticas.

Na hipótese de interesses colidentes, quem faria a representação postulatória da parte cujos interesses não serão defendidos pela intervenção da Defensoria Pública? A quem caberia definir essas atribuições? Nesse caso, sendo comprovadamente impossível a atuação conjunta pelo Defensor Público (**"Defensor Público da família"**), ou seja, aquela com vista à reinserção da criança ou do adolescente na família, natural ou extensa, ou então à reintegração da convivência familiar, será admissível a atuação em favor exclusivo da prole **("Defensor da criança")**, mas, vale repetir, quando evidente e demonstrada a colidência com os interesses e com a própria conduta dos pais, sem prejuízo do mesmo decidir assumir a defesa dos genitores, diante das necessidades e das especificidades do caso concreto, mas preferencialmente com a manutenção da atuação em benefício da parte cujos interesses foram inicialmente defendidos por ele.

Nesses casos de colidência, a outra parte não contemplada pela atuação do Defensor Público da Infância, se necessitada, carecerá de assistência jurídica, mas a ser prestada por outro Defensor Público da Unidade com atribuições na infância ou, se ele inexistir ali, por Defensor Público com atribuições nas áreas de família ou cível.

No âmbito da Defensoria Pública do Estado, quando e com base em quais elementos o Defensor Público estaria autorizado a avaliar essa suposta colidência? Concretamente, a partir de análise multidisciplinar realizada com apoio técnico e com base em outros elementos probatórios admissíveis em direito, mas nunca abstratamente, a partir de presunções hipotéticas de divergências.

Nos casos de incidência do Estatuto da Criança e do Adolescente, deve o Defensor Público atuar como curador especial da criança ou adolescentes? Quais os efeitos do atual posicionamento do Superior Tribunal de Justiça sobre a atuação funcional do Defensor Público? A própria lei determina a atuação do curador especial quando houver concreta colidência de interesses, aliás, para a adoção das mais variadas medidas em benefício da criança e do adolescente. Isso não contrasta com a atual posição do Superior Tribunal de Justiça. Porém, mesmo se houvesse divergência, nada impediria que a Defensoria Pública assumisse uma posição institucional e passasse a trabalhar estrategicamente visando à alteração desse entendimento. Ocorre que não é o caso, pois o STJ não tem afastado a atuação da Defensoria Pública, a título de curador especial, em toda e qualquer ação de suspensão ou destituição do poder familiar.

Destarte, conforme acima exposto, o Superior Tribunal de Justiça não afasta a possibilidade de atuação do curador especial, mas a reserva para os casos realmente necessários, quando patente a colidência. Nesse sentido, o Voto vencedor do Ministro Sidnei Beneti contém: "Não se nega, evidentemente, a possibilidade de a Defensoria Pública (à notícia, por qualquer forma, inclusive comunicação do Juízo, do Ministério Público, do Conselho Tutelar ou, ainda, de conhecimento direto de ocorrência de situação que envolva a criança ou adolescente), vir a usar dos instrumentos processuais disponíveis para atuação, podendo promover ações e, mesmo, intervir como assistente de algumas das partes em casos específicos em que se legitime concretamente a atuação." (STJ, REsp 1177636/RJ)

Na hipótese de destituição do poder familiar, como deve proceder o Defensor Público? Nesse caso, além do manejo das ações rescisórias, se ainda inexistir adoção definitiva, é possível a ação de reconstituição do poder familiar se o contexto fático houver se alterado após a prolação da sentença, conforme tese institucional nº 01, aprovada em 2010, no IV Encontro Estadual dos Defensores Públicos do Estado: "Diante do princípio da primazia da família natural, é possível a reconstituição do poder familiar, por meio de ação própria, desde que os pais passem a viabilizar melhores condições aos filhos, mesmo após o trânsito em julgado ou após o prazo para ação rescisória da decisão que os destituíram do poder familiar, salvo se já consolidado o regular processo de adoção a terceiros."

4. O DIREITO PENAL JUVENIL

Houve tempo em que não se assegurava, sequer, as garantias mínimas ao adolescente processado. Notem a constatação de **Flávio Frasseto** sobre esse período, bem como a adequação jurisprudencial feita pelo Superior Tribunal de Justiça. "Por incrível que pareça, alguns Tribunais Estaduais costumam entender desnecessário exame pericial, em se tratando de ato infracional, para verificação da materialidade de crimes que na órbita penal nem se imagina cogitar da dispensa da prova técnica.

O pretexto, como já anotado, é de que ao 'menor' não se aplica pena, daí porque o processo de apuração de ato infracional acaba regido pelo princípio da informalidade, dispensando-se o 'rigorosismo' do processo penal. Desnecessário dizer, o STJ rechaça tal entendimento. *HC 17839/RJ* – 'Impõe-se que no procedimento impositivo de sanções seja observada a garantia da ampla defesa, sendo indispensável, nas medidas impostas ao menor acusado de prática de ato infracional equiparado a tráfico de entorpecentes, que a materialidade esteja comprovada pelo laudo toxicológico definitivo, nos termos exigidos pela Lei 6.368/76.

Não prevendo o ECA o exame pericial, há que aplicar-se para os atos infracionais análogos ao crime que o exija, o art. 159 do CPP" (...). Embora as práticas infracionais imputadas a menor sejam reguladas por lei específica, não se poderia descumprir a exigência imposta pela lei de tóxicos, que exige o exame toxicológico definitivo para comprovação da materialidade do delito ao fundamento de que o ECA adota o princípio da celeridade. O descumprimento desta formalidade implica, a toda evidência, cerceamento de defesa, garantia constitucional aplicável também aos menores infratores'."[33]

Com base na doutrina da proteção integral e a partir de um direito penal próprio, os Defensores Públicos, em âmbito nacional, tem editado relevantes súmulas:

"Não cabe medida socioeducativa de internação por ato infracional de tráfico de entorpecentes, exceto nos casos de reiteração em ato infracional grave, ou seja, se ocorrer o cometimento de 3 (três) ou mais infrações graves, conforme ressalta a jurisprudência do STJ."

"A medida socioeducativa de internação só pode ser aplicada nas hipóteses taxativamente previstas no artigo 122 do estatuto da criança e do adolescente."

"Reiteração de atos infracionais e medida socioeducativa de internação. só é cabível a internação quando ocorrer o cometimento de 03 (três) ou mais infrações graves, conforme ressalta a jurisprudência do STJ."

"É vedado à defesa concordar com a aplicação ou manutenção da medida privativa de liberdade em sede de processo de conhecimento e de execução."

"Audiência una – confissão do adolescente (única prova) e aplicação de medida socioeducativa. Tal situação viola sobremaneira o princípio do sistema acusatório, em que compete à acusação o ônus da prova, bem como o devido processo legal, nos termos da súmula 342 do STJ."

"Deve a defesa insurgir-se contra a internação provisória imposta ao adolescente, nas hipóteses em que, em tese, não seria possível a aplicação da medida socioeducativa de internação, nos termos do rol taxativo do art. 122 do ECA."

"O prazo máximo previsto no artigo 108, *caput* e 183, ambos da Lei nº 8.069/90, para a conclusão do procedimento de apuração de ato infracional, estando o adolescente internado provisoriamente, tem como termo *a quo* a data da apreensão do adolescente, sendo tal prazo improrrogável."

"Em caso de descumprimento de medida socioeducativa anteriormente imposta, não cabe, nem em caráter provisório, a internação do adolescente antes de sua oitiva judicial, sob pena de constrangimento ilegal."

"A ausência de laudo toxicológico definitivo deve ser causa de improcedência da representação do ministério público porque inexiste a comprovação da materialidade do ato infracional (Lei 11.343/2006)."

"Não é cabível a internação provisória de adolescente a pedido da autoridade policial."

33 FRASSETO. Flávio Américo. *Ato Infracional, Medida Socioeducativa E Processo: A Nova Jurisprudência do Superior Tribunal De Justiça*. Disponível em: < http://www.defensoria.sp.gov.br>.

"Deve o Defensor Público alegar a ausência de justa causa ou perda superveniente do interesse jurídico de agir do estado para manter em andamento procedimentos relativos a atos infracionais praticados antes do início da medida de internação, uma vez que o adolescente já cumpre a medida mais gravosa (art. 152 do ECA c/c art. 3º do CPP e 485, inc. VI, do NCPC)."

"Recomenda-se ao Defensor Público alegar a inconstitucionalidade do parágrafo único do art. 114, uma vez que o dispositivo permite o sancionamento do adolescente sem prova de autoria, amparado apenas em indícios."

"A medida socioeducativa originária em remissão não poderá ensejar a imposição de internação-sanção, por violar o devido processo legal"

"É necessário que a defesa impugne o reconhecimento que é feito em desobediência às regras da legislação processual penal vigente (art. 226 do CPP)"

"O prazo máximo da internação-sanção (art. 122, § 1º do ECA) é de até três meses, sendo necessário a defesa impugnar a aplicação do prazo máximo no primeiro descumprimento, em observância ao princípio da proporcionalidade".

"É necessária a presença do adolescente na audiência de reavaliação da medida, sob pena de violação ao princípio da ampla defesa. na audiência de reavaliação, deve ser declinado o porquê da não liberação do adolescente e não apenas o motivo pelo qual o adolescente é mantido internado."

"A oitiva informal prevista no art. 179 do ECA é inconstitucional por ofender o princípio da inafastabilidade da jurisdição, devido processo legal, contraditório e ampla defesa. art. 227, §3º, da CF/88."

"Considerando a possibilidade de aplicação subsidiária do código de processo penal prevista no art. 152 do estatuto da criança e do adolescente, é possível o defensor público requerer a substituição da internação provisória pela internação domiciliar contida no artigo 317 do CPP nos casos previstos nos incisos II, III E IV do artigo 318 do CPP."

"**Eventual confissão do adolescente em relação aos fatos a si imputados na representação, em virtude de declarações colhidas no relatório técnico elaborado pela equipe interprofissional, caracteriza prova ilícita**, por ofensa ao devido processo legal, ensejando a nulidade dos atos processuais posteriores."

Esta tese é de autoria do Defensor Público paulista Samir Nicolau Nassralla. Segundo ele, "Ocorre que, muitas vezes, tem-se observado na prática que o relatório técnico da equipe multiprofissional ingressa no mérito do cometimento ou não do ato pelo adolescente, bem como os motivos que o levaram a praticá-lo.

Ao que parece, tal questionamento, fora do âmbito do contraditório e sem a presença da defesa técnica, viola o direito da não autoincriminação, previsto no Pacto de São José da Costa Rica. Saliente-se o fato de não haver previsão expressa no ECA, autorizando tal procedimento, que somente franqueia a livre manifestação 'do ponto de vista técnico'.

A expressão 'livre manifestação do ponto de vista técnico', prevista no artigo 151 do Estatuto, deve ser compreendida em consonância com a finalidade legal, de modo a propiciar a avaliação das atuais condições sociais, psicológicas, físicas, familiares, econômicas do adolescente, que se submete à apuração de ato infracional. Neste sentido, entende-se que pode a equipe técnica, inclusive, recomendar o tipo de medida adequada à ressocialização do adolescente. No entanto, **a análise da Lei não autoriza a interpretação de que tal relatório vá ao ponto de questionar ao representado acerca do cometimento ou não do ato infracional, como verdadeiro meio de prova, assemelhando-se ao interrogatório extrajudicial.**"

Seguimos com as teses restantes:

"Com o advento do art. 42 da lei 12.594/2012, o prazo máximo de reavaliação da medida socioeducativa de liberdade assistida é de no máximo de seis meses, sendo que sua prorrogação deve ser calcada em razões concretas oriundas da realidade psicossocial do adolescente, não podendo ser amparada na gravidade abstrata do ato infracional e em meras conjecturas desprovidas de fundamento fático."

"É direito fundamental do adolescente e do jovem a garantia ao efetivo exercício da ampla defesa e do contraditório. A defesa técnica na apuração de ato infracional não se restringe à verificação da autoria e da materialidade.

"Caso o Ministério Público não represente e não se manifeste pela internação do adolescente apreendido em até 24 horas, conforme dispõe o art. 175, § 2º do ECA, deve o defensor público impetrar habeas corpus, figurando como autoridade coatora o juiz de direito, desde que tenha sido comunicado da apreensão do adolescente."

"Não caracterizam antecedentes infracionais simples anotações constantes da FA (folha de antecedentes), que não tenham sido objeto de sentença transitada em julgado e, portanto, não podem ser valoradas em desfavor dos adolescentes, para fins de caracterizar a reiteração prevista no artigo 122, II da Lei 8.069/90 (Enunciado nº: 444 do STJ)."

"Não cumpre o requisito legal previsto no artigo 186, §4º do ECA a juntada nos autos de relatório de equipe interprofissional elaborado com base em ato infracional diverso do que o adolescente está sendo acusado."

Na verdade, o que precisamos, com urgência, é definirmos e praticarmos um processo judicial infracional verdadeiramente democrático e constitucionalizado. Não há mais espaço para improvisos, tampouco aqueles fundados na clássica fala "é para o bem do adolescente". Não é o Direito, nem os seus operadores – com suas ideologias intangíveis e duras – que terão a possibilidade de ditar o melhor destino "para aqueles *menores* perdidos em suas vidas" – como dizem. Isso é prepotência e puro preconceito. O Estado sequer conhece a realidade e o contexto de vida dessas pessoas e, pelo poder, dispõe-se a defini-las e a remodelá-las.

E o primeiro passo no sentido de rever ou revisitar esse processo é pelo respeito ao contraditório e à ampla defesa. Nessa linha, aprovou-se mais essa tese:

ATENÇÃO

"A Defensoria Pública deve ser comunicada quando o adolescente for apreendido e não indicar Advogado, em até 24 horas, por intermédio da interpretação extensiva em relação ao disposto no art. 306, § 1º do Código De Processo Penal."

5. A APLICAÇÃO DAS MEDIDAS SOCIOEDUCATIVAS

Bem, com esse olhar é que sugerimos a seguinte reflexão: quais as funções da medida socioeducativa? As medidas socioeducativas têm as suas funções essencialmente diversas da pena. Aqui, não visa o Estado à repressão ou à prevenção geral ou especial, mas à inserção de valores no processo de desenvolvimento do adolescente a partir do cometimento de atos infracionais.

Eis aí a grande falha do sistema: ora, se a medida socioeducativa tem fim diverso da pena criminal, jamais poderia a causa ou a justificativa para a intervenção estatal ser a mesma para ambos os sistemas: a tipificação penal.

Realmente, a definição dos tipos penais é feita a partir dos fins da pena. O que deve fazer o Estado, a partir do cometimento de certas condutas, para se atingir certos e bem definidos fins? O Estado prende para ressocializar, reprimir e prevenir quando crimes são cometidos.

Mas, a partir desses mesmos crimes, chamados agora de atos infracionais, o Estado visa a fins de diversos: a socioeducação. No mínimo, deveria então o Estado definir, por lei – com estrita legalidade -, quais as condutas dos adolescentes que justificariam a socioeducação promovida pelo Estado.

Por exemplo, o que exigiria mais a intervenção do Direito Juvenil, a prática de bullying ou a receptação de uma bicicleta?

Enfim, enquanto houver esse descompasso, o processo permanecerá no improviso e tocado à moda senhoral, com discricionariedades e ilegalidades a todo instante.

Entretanto, o ponto animador é que, anteriormente, o sistema era muito pior e mais precário.

Nesse sentido, já denunciava o Defensor Público **Flávio Frasseto**. "Apegados à vigência da legislação anterior, na qual medida privativa de liberdade tinha como pressuposto uma categoria sociológica vaga, 'o ato antissocial', muitos operadores do direito ainda não se deram conta de que, com o advento do ECA, a medida de internação passou a ser regida pelo princípio da legalidade estrita. Vale dizer, somente pode ser aplicada nos casos previstos em lei, nas hipóteses definidas a priori, para situações de fato precisas.

Absurdo que o cidadão não possa saber antecipadamente o que pode fazer ou deixar de fazer para evitar a perda de sua liberdade. Assim, não tem o magistrado, neste terreno, qualquer poder discricionário. Não pode, somente porque assim acha mais adequado aos 'superiores interesses do jovem', ministrar-lhe internação. Os casos de privação de liberdade são somente aqueles previstos no art. 122 (exceto a internação provisória) do Estatuto, sendo absolutamente ilegal a manutenção de jovem internado fora das hipóteses taxativamente descritas."[34]

6. A EXECUÇÃO DAS MEDIDAS SOCIOEDUCATIVAS

Sobre o princípio da necessidade da internação, pondera Flávio Frasseto que **o tempo "cronológico" de cumprimento da medida pouco importa**, pois o relevante é a análise circunstancial e pessoal de cada adolescente. "Se a gravidade do ato infracional não basta para legitimar a aplicação da internação, da mesma forma o tempo supostamente curto de duração deste regime não se põe como obstáculo à progressão para medida mais branda.

A privação de liberdade tem tempo indeterminado (art. 121, parágrafo 2º do ECA) justamente para que se possa respeitar o ritmo de cada pessoa, individualizando-se a reprimenda conforme as necessidade pessoais de cada um. Se lidamos com o universo subjetivo do homem e com o impacto gerado pela segregação e pela intervenção pedagógica em cada indivíduo, nosso tempo é o tempo psicológico. Aquele tempo traduzido no espaço dos relógios e calendários pouco tem, aqui, de significativo."[35]

Sobre **o princípio da atualidade**, já advertia, muito antes da nova lei, o citado Defensor Público: "nos termos do art. 113/100 do ECA a medida socioeducativa se justifica segundo suas necessidades pedagógicas. Tais necessidades se modificam com o passar do tempo e como a vida corre menos lentamente

34 FRASSETO. Flávio Américo. *Ato Infracional, Medida Socioeducativa E Processo: A Nova Jurisprudência do Superior Tribunal De Justiça.* Disponível em: < http://www.defensoria.sp.gov.br>.

35 FRASSETO. Flávio Américo. *Ato Infracional, Medida Socioeducativa E Processo: A Nova Jurisprudência do Superior Tribunal De Justiça.* Disponível em: < http://www.defensoria.sp.gov.br>.

que os processos (sobretudo na Segunda Instância), não é incomum ordenar-se internação por conta de fatores pretéritos totalmente superados pelo passar do tempo e pelo natural desenvolvimento do jovem. O caso mais comum se dá quando o jovem cumpre a medida mais branda fixada em primeiro grau e, após, o Tribunal provê recurso ministerial postulando medida mais severa."[36]

E tal entendimento é baseado na peculiar condição de pessoa em desenvolvimento, pois a demora na aplicação da medida fará com que esta tenha caráter tão somente punitivo, desaparecendo o viés pedagógico, o que é inadmissível.

Além disso, a imposição de medidas socioeducativas deve ocorrer em conformidade com princípios legalmente estabelecidos.

"Art. 100. Na aplicação das medidas levar-se-ão em conta as necessidades pedagógicas, preferindo-se aquelas que visem ao fortalecimento dos vínculos familiares e comunitários.

Parágrafo único. São também princípios que regem a aplicação das medidas:

VIII - proporcionalidade e atualidade: a intervenção deve ser a necessária e adequada à situação de perigo em que a criança ou o adolescente se encontram no momento em que a decisão é tomada;" (g.n.)

Finalmente, sobreveio **a Lei nº 12.594/12**, que dispõe expressamente sobre a matéria aqui alegada.

Toda intervenção estatal no espaço jurídico da pessoa, em um Estado democrático de Direito, deve se dar por um processo legítimo, constitucional, legal e razoável, especialmente quando essa invasão concretiza o exercício e a demonstração do poder que, vale adiantar, jamais pode se apresentar como um fim em si mesmo, de poder pelo poder, mas a partir de um sistema teleológico bem definido e claro, segundo a pauta de valores e bens essenciais, eleitos pela sociedade, a ser constantemente preservada ou almejada.

O processo, nessa linha, passou a ocupar o âmago dos Estados de Direito desde a sua concepção na Europa, durante a onda do liberalismo, que sepulta o modelo de Estado absoluto e estabelece que o poder somente seria exercido pelo crivo da legalidade, cujos Estados ganharam um estatuto supremo que nortearia toda a construção jurídica nacional. Era o constitucionalismo. Agora, especialmente na segunda metade do século XX, após a Segunda Guerra Mundial e seus efeitos para a humanidade, os direitos humanos universalizaram-se e passaram a integrar aquelas cartas supremas políticas dos Estados liberais que, por isso e por outros fatores internos, viveram processos de democratização ou de redemocratização, cujo período passou a ser denominado de neo-

36 FRASSETO. Flávio Américo. *Ato Infracional, Medida Socioeducativa E Processo: A Nova Jurisprudência do Superior Tribunal De Justiça.* Disponível em: < http://www.defensoria.sp.gov.br>.

constitucionalismo, ao qual define o sentido do que hoje denominamos Estado democrático de Direito.

Pois bem. Esse regime e sistema de governo deve, não apenas definir o acesso e o uso do poder político, mas necessariamente nortear toda intervenção do Estado na esfera privada de seus cidadãos. Destarte, para que isso ocorra, o Estado dispõe de um instrumento básico: o processo. Não qualquer um, mas o processo devido e constitucional, que segue a linha democrática estatal[37] e seja norteado por princípios elementares bem definidos e compreendidos.

Então, é nessa lógica que passamos a interpretar a Lei n. 12.594/12, que institui o Sistema Nacional de Atendimento Socioeducativo (Sinase) e cria um processo de execução das medidas socioeducativas, a ser desenvolvido de forma judicializada e dialética.

De fato, se a Lei n. 12.594/12 trouxe uma série de avanços, o principal deles foi instituir o processo - e seus princípios - a ser seguido no curso da execução da medida socioeducativa. Portanto, hoje, tal atividade estatal não pode ser compreendida ou tratada se não pelo prisma do processo democrático, dialético e participativo.

O artigo 39 da Lei n. 12.594/12 determina que "para aplicação das medidas socioeducativas de prestação de serviços à comunidade, liberdade assistida, semiliberdade ou internação, será constituído **processo de execução para cada adolescente** (...)"- destaque nosso. Se não bastasse, o artigo 36 deixa evidente o caráter jurisdicional dessa atividade estatal ao tratar da "**competência para jurisdicionar a execução** das medidas socioeducativas (...)" – com destaque.

Pois bem, processo não é mero procedimento[38], mas o único instrumento apto a intervir e a mitigar os direitos subjetivos dos jurisdicionados. Por isso, ele deve ser, ontologicamente, dialético, multilateral, horizontal, participativo, cooperativo, contraditório, efetivo, com duração razoável. Aliás, toda carga principiológica do processo contida na Constituição Federal[39] deve ser transladada para o campo da execução da medida socioeducativa.

---

37 Conferir em MARINONI, Luiz Guilheme. *Teoria Geral do Processo,* RT, 2012.

38 O procedimento é um conjunto de formas, solenidades. É formal, unilateral, vertical, inquisitivo.

39 Segundo Luiz Guilherme Marinoni, "se a lei passa a se subordinar aos princípios constitucionais de justiça e aos direitos fundamentais, a tarefa da doutrina deixa de ser a de simplesmente descrever a lei. Cabe agora ao jurista, seja qual for a área de sua especialidade, em primeiro lugar compreender a lei à luz dos princípios constitucionais e dos direitos fundamentais. Essa compreensão crítica já é uma tarefa de concretização, pois a lei não é mais objeto, porém componente que vai levar à construção de uma nova norma, vista não como texto legal, mas sim como o significado da sua interpretação e, nesse sentido, como um novo ou outro objeto. A obrigação do jurista não é mais apenas a de revelar as palavras da lei, mas a de projetar uma imagem, corrigindo-a e adequando-a aos princípios de justiça e aos direitos fundamentais. (...)" (*Teoria Geral do Processo. In* Curso de Direito Processual Civil. V. 1. 3 ed. São Paulo: Revista dos Tribunais, 2008, p. 47).

Veja que a nova lei é enfática ao determinar o contraditório e a dialeticidade nesse trabalho. "**A defesa e o Ministério Público intervirão, sob pena de nulidade**, no procedimento judicial de execução de medida socioeducativa, asseguradas aos seus membros as prerrogativas previstas na Lei no 8.069, de 13 de julho de 1990 (Estatuto da Criança e do Adolescente), podendo requerer as providências necessárias para adequar a execução aos ditames legais e regulamentares", e que "a decisão judicial relativa à execução de medida socioeducativa será proferida **após manifestação do defensor e do Ministério Público**" – grifamos.

Contudo, não é despiciendo adiantar que o efetivo contraditório depende da inversão da ordem legal das manifestações. Ou seja, a melhor interpretação, aquela que se coaduna com os ditames constitucionais, impõe, primeiro, a vista ao órgão acusatório e, em seguida, a manifestação defensiva, a qual deve sempre anteceder imediatamente ao julgamento.

Enfim, o processo é garantista por natureza, natural dos regimes democráticos[40] e conta com uma principiologia própria. O artigo 1°, parágrafo primeiro, da lei, em tom explicativo, ensina que se entende "por Sinase o conjunto ordenado de princípios[41], regras e critérios que envolvem a execução de medidas socioeducativas (...)".

Aliás, a autonomia principiológica é fundamental para qualquer tipo de processo, que depende, inevitavelmente, dessa construção como condição *sine qua*

40 DOS DIREITOS INDIVIDUAIS

Art. 49. São direitos do adolescente submetido ao cumprimento de medida socioeducativa, sem prejuízo de outros previstos em lei:

I - ser acompanhado por seus pais ou responsável e por seu defensor, em qualquer fase do procedimento administrativo ou judicial;

II - ser incluído em programa de meio aberto quando inexistir vaga para o cumprimento de medida de privação da liberdade, exceto nos casos de ato infracional cometido mediante grave ameaça ou violência à pessoa, quando o adolescente deverá ser internado em Unidade mais próxima de seu local de residência;

III - ser respeitado em sua personalidade, intimidade, liberdade de pensamento e religião e em todos os direitos não expressamente limitados na sentença;

IV - peticionar, por escrito ou verbalmente, diretamente a qualquer autoridade ou órgão público, devendo, obrigatoriamente, ser respondido em até 15 (quinze) dias;

V - ser informado, inclusive por escrito, das normas de organização e funcionamento do programa de atendimento e também das previsões de natureza disciplinar;

VI - receber, sempre que solicitar, informações sobre a evolução de seu plano individual, participando, obrigatoriamente, de sua elaboração e, se for o caso, reavaliação;

VII - receber assistência integral à sua saúde, conforme o disposto no art. 60 desta Lei; e

VIII - ter atendimento garantido em creche e pré-escola aos filhos de 0 (zero) a 5 (cinco) anos.

§ 1º As garantias processuais destinadas a adolescente autor de ato infracional previstas na Lei no 8.069, de 13 de julho de 1990 (Estatuto da Criança e do Adolescente), aplicam-se integralmente na execução das medidas socioeducativas, inclusive no âmbito administrativo.

41 Celso Antônio Bandeira de Mello delineia os princípios como mandamentos nucleares de um sistema, formando o seu alicerce e atuando como disposição fundamental que se irradia sobre diferentes normas compondo-lhes o espírito e servindo de critério para sua exata compreensão e inteligência (DE MELLO, Celso Antônio Bandeira. Curso de direito administrativo. 17 ed. São Paulo: Malheiros).

non. Além disso, os princípios apresentam algumas funções que lhes impigem traços peculiares, a saber: a) função fundamentadora (eficácia derrogatória e diretiva: todas as normas devem guardar correspondência com os princípios constitucionais); b) função interpretativa; c) função supletiva (realizando a integração do direito); d) função prospectiva (dinamizadora e transformadora, pois impedem o retrocesso e são um convite para a adoção de novas formulações, que mais se aproximem à ideia de direito).

Nessa linha e com essa consciência, o legislador estabeleceu, no artigo 35[42] da Lei, os princípios que regem o processo de execução da medida socioeducativa. Contudo, não nos contentaríamos com a mera exploração ou manejo do rol legal, mas optamos pela apresentação de uma relação própria de princípios que passaram a reger essa atividade, vale repetir, sem prejuízo dos princípios constitucionais que norteiam o desenrolar de todo e qualquer processo.

Ainda, não podemos nos esquecer dos princípios constitucionais e legais (ECA) que já existem sobre o direito infanto-juvenil, além dos recém-promulgados princípios contidos no chamado Estatuto da Juventude (Lei n. 12.852/13), que se aplicam subsidiariamente aos adolescentes[43].

Os princípios em espécie. O princípio da excepcionalidade da internação não pode deixar de ocupar o espaço de princípio primeiro do sistema que rege

42 Art. 35. A execução das medidas socioeducativas reger-se-á pelos seguintes princípios:
I - legalidade, não podendo o adolescente receber tratamento mais gravoso do que o conferido ao adulto;
II - excepcionalidade da intervenção judicial e da imposição de medidas, favorecendo-se meios de autocomposição de conflitos;
III - prioridade a práticas ou medidas que sejam restaurativas e, sempre que possível, atendam às necessidades das vítimas;
IV - proporcionalidade em relação à ofensa cometida;
V - brevidade da medida em resposta ao ato cometido, em especial o respeito ao que dispõe o art. 122 da Lei no 8.069, de 13 de julho de 1990 (Estatuto da Criança e do Adolescente);
VI - individualização, considerando-se a idade, capacidades e circunstâncias pessoais do adolescente;
VII - mínima intervenção, restrita ao necessário para a realização dos objetivos da medida;
VIII - não discriminação do adolescente, notadamente em razão de etnia, gênero, nacionalidade, classe social, orientação religiosa, política ou sexual, ou associação ou pertencimento a qualquer minoria ou status; e
IX - fortalecimento dos vínculos familiares e comunitários no processo socioeducativo.

43 Art. 1. Esta Lei institui o Estatuto da Juventude e dispõe sobre os direitos dos jovens, os princípios e diretrizes das políticas públicas de juventude e o Sistema Nacional de Juventude - SINAJUVE. § 1º Para os efeitos desta Lei, são consideradas jovens as pessoas com idade entre 15 (quinze) e 29 (vinte e nove) anos de idade. § 2. Aos adolescentes com idade entre 15 (quinze) e 18 (dezoito) anos aplica-se a Lei no 8.069, de 13 de julho de 1990 - Estatuto da Criança e do Adolescente, e, excepcionalmente, este Estatuto, quando não conflitar com as normas de proteção integral do adolescente.
Dos Princípios - Art. 2. O disposto nesta Lei e as políticas públicas de juventude são regidos pelos seguintes princípios: I - promoção da autonomia e emancipação dos jovens; II - valorização e promoção da participação social e política, de forma direta e por meio de suas representações; III - promoção da criatividade e da participação no desenvolvimento do País; IV - reconhecimento do jovem como sujeito de direitos universais, geracionais e singulares; V - promoção do bem-estar, da experimentação e do desenvolvimento integral do jovem; VI - respeito à identidade e à diversidade individual e coletiva da juventude; VII - promoção da vida segura, da cultura da paz, da solidariedade e da não discriminação; e VIII - valorização do diálogo e convívio do jovem com as demais gerações.- destacamos.

o processo de execução, ainda que goze de *status* constitucional e já esteja previsto no ECA. Contudo, na execução ele também tem papel relevante especialmente nos momentos de avaliação, reavaliação da medida ou de conversão de medida menos gravosa para outra mais intervencionista.

De fato, o jovem tem o direito de desenvolver o seu projeto de vida, especialmente em fase de elevada carga energética e informativa. Uma intervenção do Estado em face de adolescentes, de cunho segregatório, deve ser mesmo excepcionalíssima.

Em interessante julgado da Corte Interamericana de Direitos Humanos, chamado caso dos "Niños de la Calle" (Villagrán Morales y otros) *Vs.* Guatemala restou solidificada a ideia de direito ao projeto de vida, cujo responsável é exatamente o Estado. *Una persona que en su infancia vive, como en tantos países de América Latina, en la humillación de la miseria, sin la menor condición siquiera de crear* ***su proyecto de vida****, experimenta un estado de padecimiento equivalente a una muerte espiritual; la muerte física que a ésta sigue, en tales circunstancias, es la culminación de la destrucción total del ser humano* - destaque nosso.

Enfim, a Corte Interamericana decidiu, em outros termos, que toda pessoa tem o direito subjetivo de desenvolver o seu projeto de vida que, na adolescência, ainda se encontra em formação, em definição. Por isso, a influência de Estado deve ser a menor possível, apenas no âmbito da extrema necessidade.

Do princípio da excepcionalidade decorre o da brevidade (art. 35, V). De fato, o adolescente não pode perder o seu tempo com intervenções desnecessárias. Ele precisa construir o alicerce de sua vida adulta. Agora, sob o prisma processual da medida, a brevidade adquire ainda mais força se aliada ao princípio constitucional da duração razoável do processo (artigo 5°, CF). Ou seja, os operadores desse processo de execução devem prezar pela duração célere e estritamente necessária da medida socioeducativa, especialmente aquelas mais rigorosas.

Desses princípios, podemos tecer as seguintes conclusões lógicas: I - a medida extrema somente será admitida em casos expressamente previstos em lei, segundo uma interpretação restritiva; II - a internação-sanção (art. 122, III, ECA) somente pode ser adotada nos casos que originalmente admitem internação[44]

44 Vale anotar que o Superior Tribunal de Justiça ainda tem jurisprudência que admite a internação-sanção além dos casos previstos no artigo 122 do ECA. STJ, EDcl no AgRg no HC 252331/PE - EMBARGOS DE DECLARAÇÃO NO AGRAVO REGIMENTAL NO HABEAS CORPUS, Data do Julgamento - 21/03/2013: "Na espécie, estabelecida a semiliberdade ou a liberdade assistida para o caso dos autos, nos moldes da decisão monocrática prolatada, exsurge a proibição de substituição de quaisquer dessas medidas pela internação por prazo indeterminado - que somente ocorre se desde o início era possível a imposição da providência extrema nos casos dos incisos I ou II do art. 122 do ECA. Entretanto, vedação alguma existe para a imposição, pelo juízo da execução, da internação sanção, cujo prazo limite é de 3 (três) meses, motivo pelo qual o acórdão impugnado, nem de longe, coibiu fosse estabelecida esta penalidade em caso de "descumprimento reiterado e injustificável da medida anteriormente imposta" (art. 122, III, do Estatuto da Criança e do Adolescente). Embargos de declaração acolhidos em parte para esclarecer que a medida socioeducativa

e, na forma, após o devido e contraditório processo, com audiência com o adolescente, inclusive; III - a conversão para uma medida mais rigorosa é excepcional e deve ser concretizada após um devido processo legal.

Nesse último caso, a Lei do Sinase determina que "a substituição por medida mais gravosa somente ocorrerá em situações excepcionais, após o devido processo legal, inclusive na hipótese do inciso III do art. 122 da Lei no 8.069, de 13 de julho de 1990 (Estatuto da Criança e do Adolescente), e deve ser: I - fundamentada em parecer técnico; II - precedida de prévia audiência, e nos termos do § 1º do art. 42 desta Lei" (artigo 43, parágrafo quarto).

Além desses, a Lei elegeu o princípio da individualização da medida ou da progressividade pessoal. Ou seja, o cumprimento da medida socioeducativa deve seguir um processo progressivo pessoal, sob o prisma individualizado e segundo as condições de cada adolescente.

Aliás, é esse princípio que justifica a possibilidade da reavaliação a qualquer tempo, bem como a abstração de fatores alheios ao adolescente. "As medidas socioeducativas de liberdade assistida, de semiliberdade e de internação deverão ser reavaliadas no máximo a cada 6 (seis) meses, podendo a autoridade judiciária, se necessário, designar audiência, no prazo máximo de 10 (dez) dias, cientificando o defensor, o Ministério Público, a direção do programa de atendimento, o adolescente e seus pais ou responsável" (art. 42). "**A gravidade do ato infracional, os antecedentes e o tempo de duração da medida não são fatores que, por si, justifiquem a não substituição da medida por outra menos grave** (parágrafo segundo) – destaque nosso.

Ademais, o Superior Tribunal de Justiça já havia se manifestado exatamente nesse sentido: "a simples gravidade abstrata do delito é fundamento insuficiente para negar ao paciente a progressão à medida mais benéfica" (HC 271018 / PE, data do julgamento - 25/06/2013).

E "a reavaliação da manutenção, da substituição ou da suspensão das medidas de meio aberto ou de privação da liberdade e do respectivo plano individual pode ser solicitada **a qualquer tempo,** a pedido da direção do programa de atendimento, do defensor, do Ministério Público, do adolescente, de seus pais ou responsável" (art. 43, *caput*). "Justifica o pedido de reavaliação, entre outros motivos: I - o desempenho adequado do adolescente com base no seu plano de atendimento individual, antes do prazo da reavaliação obrigatória; II - a inadaptação do adolescente ao programa e o reiterado descumprimento das atividades do plano individual; e III - a necessidade de modificação das atividades do plano

diversa da internação a ser imposta ao paciente somente tem o condão de impedir eventual substituição dessa medida por internação por prazo indeterminado, ante o não preenchimento do disposto nos incisos I e II do artigo 122 do Estatuto da Criança e do Adolescente, inexistindo, assim, qualquer empecilho à eventual imposição de internação sanção (art. 122, III, do Estatuto da Criança e do Adolescente)."

individual que importem em maior restrição da liberdade do adolescente" (art. 43, parágrafo primeiro) -destaque nosso.

Por oportuno, não se pode olvidar que as hipóteses trazidas pelo legislador, decorrentes de sua abstrata imaginação, não poderia jamais impedir que outras causas justificassem o pedido de reavaliação, o que nos faz rotular essa relação legal de mera lista exemplificativa de casos, jamais exaustiva.

Pois bem. O plano individual de atendimento é o instrumento mais evidente da individualização da execução. Ou seja, cada adolescente tem o direito subjetivo de sofrer uma intervenção estatal que melhor se adéque às suas necessidades e condições, através de um plano individual, cujos objetivos são "a integração social do adolescente e a garantia de seus direitos individuais e sociais"[45] e que deve ser elaborado no prazo máximo de 45 dias, sob pena ilegalidade da execução[46].

O quarto princípio que merece ser lembrado é o princípio da não retributividade da medida socioeducativa, que tem outros objetivos, tais como: "I - a responsabilização do adolescente quanto às consequências lesivas do ato infracional, sempre que possível incentivando a sua reparação; II - a integração social do adolescente e a garantia de seus direitos individuais e sociais, por meio do cumprimento de seu plano individual de atendimento; e III - a desaprovação da conduta infracional, efetivando as disposições da sentença como parâmetro

45 Art. 1. § 2. Entendem-se por medidas socioeducativas as previstas no art. 112 da Lei no 8.069, de 13 de julho de 1990 (Estatuto da Criança e do Adolescente), as quais têm por objetivos: (...) II - a integração social do adolescente e a garantia de seus direitos individuais e sociais, por meio do cumprimento de seu plano individual de atendimento;

46 DO PLANO INDIVIDUAL DE ATENDIMENTO (PIA) Art. 52. O cumprimento das medidas socioeducativas, em regime de prestação de serviços à comunidade, liberdade assistida, semiliberdade ou internação, dependerá de Plano Individual de Atendimento (PIA), instrumento de previsão, registro e gestão das atividades a serem desenvolvidas com o adolescente.
Parágrafo único. O PIA deverá contemplar a participação dos pais ou responsáveis, os quais têm o dever de contribuir com o processo ressocializador do adolescente, sendo esses passíveis de responsabilização administrativa, nos termos do art. 249 da Lei no 8.069, de 13 de julho de 1990 (Estatuto da Criança e do Adolescente), civil e criminal.
(...)
Art. 54. Constarão do plano individual, no mínimo:
I - os resultados da avaliação interdisciplinar;
II - os objetivos declarados pelo adolescente;
III - a previsão de suas atividades de integração social e/ou capacitação profissional;
IV - atividades de integração e apoio à família;
V - formas de participação da família para efetivo cumprimento do plano individual; e
VI - as medidas específicas de atenção à sua saúde.
(...)
Art. 55. Para o cumprimento das medidas de semiliberdade ou de internação, o plano individual conterá, ainda:
I - a designação do programa de atendimento mais adequado para o cumprimento da medida;
II - a definição das atividades internas e externas, individuais ou coletivas, das quais o adolescente poderá participar; e
III - a fixação das metas para o alcance de desenvolvimento de atividades externas.
Parágrafo único. O PIA será elaborado no prazo de até 45 (quarenta e cinco) dias da data do ingresso do adolescente no programa de atendimento.

máximo de privação de liberdade ou restrição de direitos, observados os limites previstos em lei" (art. 1°, parágrafo segundo).

Vale ressaltar que a reparação de eventual dano não é objetivo da medida, mas uma mera e excepcional forma de responsabilização. De fato, a medida socioeducativa tem objetivos emancipatórios e não pode prender o adolescente à eventual responsabilidade civil, sob pena de comprometer a sua socioeducação. Não raras vezes, o fator que leva o adolescente a se envolver novamente com os atos infracionais, especialmente com o tráfico, é exatamente as suas dívidas. Enfim, a reparação representa algo secundário. Por isso, a lei não impõe a condenação civil, mas apenas prevê seja a reparação incentivada, se compatível com os objetivos da execução.

Na linha desse princípio, as sanções disciplinares igualmente não têm caráter retributivo. Aliás, a nova lei veda o isolamento do adolescente, embora tenha previsto exceções. "É vedada a aplicação de sanção disciplinar de isolamento a adolescente interno, exceto seja essa imprescindível para garantia da segurança de outros internos ou do próprio adolescente a quem seja imposta a sanção, sendo necessária ainda comunicação ao defensor, ao Ministério Público e à autoridade judiciária em até 24 (vinte e quatro) horas" (art. 48, parágrafo segundo).

Porém, não podemos deixar de lamentar o resgate da doutrina menorista, que tratava das internações como medidas benéficas aos adolescentes, nesse dispositivo, que autoriza o isolamento para a preservação da segurança do jovem. Um retrocesso.

O princípio da instrumentalidade do processo executivo indica que a medida não tem um fim em si mesmo, mas deve priorizar a socioeducação específica, a partir de dados concretos, segundo as necessidades do adolescente. É dizer, o cumprimento da medida é instrumental, não tem um fim interno, mas deve atender a um fim específico: socioeducar pessoalmente.

Não por outro motivo, a "medida socioeducativa será declarada extinta pela condição de doença grave, que torne o adolescente incapaz de submeter-se ao cumprimento da medida (art, 46, IV). Além disso, os artigos 60 e seguintes trazem medidas de atenção à saúde do adolescente. De fato, "o adolescente em cumprimento de medida socioeducativa que apresente indícios de transtorno mental, de deficiência mental, ou associadas, deverá ser avaliado por equipe técnica multidisciplinar e multissetorial" (art. 64).

E, "o juiz poderá suspender a execução da medida socioeducativa, ouvidos o defensor e o Ministério Público, com vistas a incluir o adolescente em programa de atenção integral à saúde mental que melhor atenda aos objetivos terapêuticos estabelecidos para o seu caso específico" (parágrafo quarto). Advertimos que suprimimos o termo "excepcionalmente", que abre o parágrafo, pois entendemos, *contra legem*, que essa suspensão não pode ser excepcional, mas sempre determinada, se necessário.

Ainda, merece ser enaltecido o princípio da necessidade, que decorre diretamente da excepcionalidade e da brevidade. Ora, a execução da medida deve ser estritamente necessária à socioeducação. A aplicação e manutenção da internação exige fundamentação idônea e circunstanciada (art. 35, VII).

Além disso, "é vedado à autoridade judiciária aplicar nova medida de internação, por atos infracionais praticados anteriormente, a adolescente que já tenha concluído cumprimento de medida socioeducativa dessa natureza, ou que tenha sido transferido para cumprimento de medida menos rigorosa, sendo tais atos absorvidos por aqueles aos quais se impôs a medida socioeducativa extrema" (art. 45, parágrafo segundo), exatamente por carecer, a segunda medida, de necessidade e utilidade.

Contudo, temos entendido que, pelos mesmos motivos não caberia a aplicação de nenhuma outra medida socioeducativa, pois o adolescente já passou pela medida extrema, de intervenção máxima e, por isso, qualquer medida, ainda que mais específica, não teria utilidade, com exceção da obrigação de reparar o dano (art. 112, II, ECA). Em outras palavras, a extinção da medida de internação impede a aplicação de qualquer outra medida por fato ocorrido anteriormente ou durante a sua execução.

Como decorrência desse ditame, nas desinternações, a aplicação de medidas menos rigorosas estão condicionadas à efetiva necessidade e utilidade, pois não podem decorrer de mera "progressão de regimes", uma vez que as medidas são autônomas e específicas para certas finalidades. Ou seja, se a internação cumpriu a sua finalidade, deve ser declarada extinta e ponto (art. 46, II).

Ainda, não pode deixar de ser citado o princípio da oralidade benéfica. O adolescente tem direito à audiência com o juiz, mas sempre para beneficiá-lo. A audiência não pode ser aplicada de forma prejudicial, ou para fins de advertência ou ameaça. Na linha de todo processo, o depoimento da parte é meio de defesa, uma autodefesa, e não outra coisa.

Assim, ainda que o artigo 42 diga que o juiz poderá designar a audiência, entendemos que ele somente poderá fazê-lo nas hipóteses de laudos psicossociais não conclusivos, ou seja, nos casos em que a equipe técnica ainda não recomenda a extinção da medida. Nos laudos conclusivos, parece ser um retrocesso a condução do adolescente, já considerado apto para retornar à vida em sociedade, para o ambiente forense, o que resgataria toda carga de conflituosidade antes existente.

Ainda, em contemplação à ampla defesa, "a audiência será instruída com o relatório da equipe técnica do programa de atendimento sobre a evolução do plano de que trata o art. 52 desta Lei e com qualquer outro parecer técnico requerido pelas partes e deferido pela autoridade judiciária" (parágrafo primeiro, art. 42), sobre os quais o adolescente deve ter a ciência e as necessárias informações. Enfim, o adolescente tem direito de se manifestar sobre o estudo psicossocial dele e, por isso, deve ter acesso a ele. Ainda, o Defensor deve, sempre que possível, viabilizar a entrevista reservada com os adolescentes.

Vale lembrar que, nas reavaliações das medidas, tal audiência também poderá ser designada. "A reavaliação da manutenção, da substituição ou da suspensão das medidas de meio aberto ou de privação da liberdade e do respectivo plano individual pode ser solicitada a qualquer tempo, a pedido da direção do programa de atendimento, do defensor, do Ministério Público, do adolescente, de seus pais ou responsável. (...) Admitido o processamento do pedido, a autoridade judiciária, se necessário, designará audiência, observando o princípio do § 1º do art. 42 desta Lei" (art. 43, *caput* e parágrafo terceiro).

Outrossim, na linha de um processo executivo democrático, a lei impõe a observância não apenas da legalidade (art. 35, I), mas do princípio da dupla limitação, quais sejam, da sentença e da lei, quando estabelece como objetivo "a desaprovação da conduta infracional, efetivando as disposições da sentença como parâmetro máximo de privação de liberdade ou restrição de direitos, observados os limites previstos em lei" (art. 1°, parágrafo segundo, III).

Ainda, a lei consagra o princípio da imputação disciplinar sistemática ao conceber um verdadeiro direito penal juvenil sancionador, com a previsão de condutas, não de forma típica positiva, mas por deveres. Além disso, exige-se a previsão de um procedimento prévio e de regras de exclusão da responsabilidade administrativa.

Assim, "todas as entidades de atendimento socioeducativo deverão, em seus respectivos regimentos, realizar a previsão de regime disciplinar que obedeça aos seguintes princípios (art. 71): I - tipificação explícita das infrações como leves, médias e graves e determinação das correspondentes sanções; II - exigência da instauração formal de processo disciplinar para a aplicação de qualquer sanção, garantidos a ampla defesa e o contraditório; III - obrigatoriedade de audiência do socioeducando nos casos em que seja necessária a instauração de processo disciplinar; IV - sanção de duração determinada; V - enumeração das causas ou circunstâncias que eximam, atenuem ou agravem a sanção a ser imposta ao socioeducando, bem como os requisitos para a extinção dessa; VI - enumeração explícita das garantias de defesa; VII - garantia de solicitação e rito de apreciação dos recursos cabíveis; e VIII - apuração da falta disciplinar por comissão composta por, no mínimo, 3 (três) integrantes, sendo 1 (um), obrigatoriamente, oriundo da equipe técnica".

Enfim, "não será aplicada sanção disciplinar sem expressa e anterior previsão legal ou regulamentar e o devido processo administrativo" (art. 74), bem como "não será aplicada sanção disciplinar ao socioeducando que tenha praticado a falta: I - por coação irresistível ou por motivo de força maior; II - em legítima defesa, própria ou de outrem" (art. 75), com possibilidade de revisão da sanção (art. 48).

Por fim, não poderíamos deixar de citar o princípio da substitutividade da medida, pois a entidade responsável pela execução deverá criar um ambiente equivalente à realidade social e afetiva vivida pelo adolescente para que haja uma preservação da integridade sociocultural do jovem, o que fomenta a sua socioeducação, sendo indispensável a viabilização de visitas familiares periódicas, além das visitas íntimas.

A título de arremate, vale a pena resgatarmos a importância da judicialização da execução da medida socioeducativa, a ser instrumentalizada num processo de tez constitucional, a partir de um conjunto de princípios específicos que complementam os princípios processuais clássicos, em constante interação.

Nessa linha, destacamos que esse processo de prosseguir de modo dinâmico, com mínimos e excepcionais regressos; dialético; participativo; e finalístico. Enfim, busca-se um verdadeiro e efetivo devido processo legal.

Na prática, o Defensor Público ainda se depara com a seguinte situação: os princípios da excepcionalidade e da brevidade são banalizados com a decretação e a manutenção de internações ilegais e desnecessárias; o cumprimento das medidas socioeducativas não é adequadamente individualizado; os planos individuais são elaborados unilateralmente, sem a participação do adolescente ou da família; as medidas raramente são reavaliadas antes do prazo legal de 06 (seis) meses; o período das medidas é previamente definido segundo a gravidade abstrata do ato infracional supostamente praticado, como uma espécie de tabelamento; sejam os adolescentes, sejam ou pais ou os Defensores Públicos não têm acesso aos prontuários; os adolescentes que possuem laudos psicossociais favoráveis (conclusivos) são novamente levados para audiência com o juiz a título de advertência – que mais se assemelham a ameaças institucionalizadas; diante da morosidade dos trâmites, os Defensores Públicos não conseguem sanar as ilegalidades em tempo hábil, diante da resistência do Poder Judiciário Estadual; etc.

Nesse contexto funcional, para que possamos construir uma efetiva mudança de paradigmas, a presente tese leva-nos às conclusões: o adolescente deve cumprir a medida socioeducativa com irrestrito contraditório e ampla defesa; o cumprimento da medida deve ser individualizado e específico às condições dos adolescentes, considerando o PIA um instrumento fundamental nesse trabalho; a partir do princípio da necessidade, nenhuma medida socioeducativa pode ser aplicada após o cumprimento de internação, por atos infracionais praticados anteriormente à extinção dela; a aplicação de medidas socioeducativas, ainda que menos gravosas e substitutivas da internação, deve ser rigorosamente necessária à socioeducação específica do adolescente; a reavaliação, a qualquer tempo, é um direito público subjetivo do adolescente e a sua decisão judicial deve ser fundamentada; a audiência de execução não pode ser designada nos casos de laudos técnicos favoráveis à extinção da medida de internação (conclusivos); o adolescente e seu Defensor devem ter acesso irrestrito aos prontuários e laudos técnicos referentes ao primeiro, previamente, de modo que possam utilizá-los na sua atuação defensiva; nenhuma medida poderá ser aplicada de forma mais rigorosa que a medida imposta na sentença, que representa o limite máximo de intervenção estatal – princípio da judicialidade; por fim, tratando-se de processo, não de mero procedimento, somente a União tem competência legislativa para produzir leis que alterem essa sistemática, cuja atribuição é privativa (art. 22, I, CF), sendo inconstitucionais eventuais normas expedidas pelos demais entes federativos.

Enfim, são algumas conclusões lógicas para que um novo modelo de execução de medidas seja implementado, via processo judicial efetivo, como forma mais condizente com o Estado democrático de Direito e com os princípios básicos da proteção integral e prioridade absoluta, eleitos constitucionalmente, mas ainda banalizados.

Nessa onda de judicialização da execução, em 2012, **o Conselho Nacional de Justiça editou a Resolução CNJ n° 165/1**2 para regulamentar "o atendimento, pelo Poder Judiciário, ao adolescente em conflito com a lei no âmbito na internação provisória e do cumprimento das medidas socioeducativas." "Nenhum adolescente poderá ingressar ou permanecer em unidade de internação ou semiliberdade sem ordem escrita da autoridade judiciária competente (art. 4°). "O ingresso do adolescente em unidade de internação e semiliberdade, ou serviço de execução de medida socioeducativa em meio aberto (prestação de serviço à comunidade ou liberdade assistida), só ocorrerá mediante a apresentação de guia de execução, devidamente instruída, expedida pelo juiz do processo de conhecimento" (Art. 5°). "Cabe ao Poder Judiciário, sem prejuízo das competências do Ministério Público, fiscalizar a execução dos programas socioeducativos em meio aberto e aqueles correspondentes às medidas privativas de liberdade, zelar pelo efetivo respeito às normas e princípios aplicáveis à modalidade de atendimento prestado e pela qualidade e eficácia das atividades desenvolvidas, (...)" (Art. 21).

Em termos jurisprudenciais, a decisão liminar, emanada desta E. Corte, no Habeas Corpus de nº 0080030-42.2011.8.26.0000, proferida pelo Douto Desembargador Maia da Cunha:

"De acordo com a Doutrina da Proteção Integral o adolescente autor de ato infracional recebe medidas socioeducativas e, portanto, não punitivas, tendentes a interferir no seu processo de desenvolvimento, com vistas à sua integração familiar e social. Ou seja, a medida socioeducativa aplicada deve ser aquela mais adequada às necessidades pedagógicas atuais do adolescente infrator. Assim, considerando o caráter pedagógico das medidas previstas pelo art. 112 do Estatuto da Criança e do Adolescente, não é possível que o adolescente, após ser desinternado por considerado apto ao retorno a vida social, seja novamente inserido em medida de internação em razão da superveniência de decisão que o condenou por ato infracional anteriormente praticado. Por tais razões, defiro a liminar e determino a desinternação do paciente." (g.n.)

7. PASSO A PASSO DA ATUAÇÃO DO DEFENSOR PÚBLICO NO PROCESSO DE APURAÇÃO DOS ATOS INFRACIONAIS

Na infância infracional, o primeiro contato com o adolescente ocorre, geralmente, na audiência de apresentação. Se possível, aconselha-se que o Defensor Público acompanhe a oitiva informal no Ministério Público, ao menos nos casos mais graves. O ideal é que **o Defensor Público permita a entrevista reservada com o adolescente antes de sua oitiva, para adequada orientação**. É recomendável ainda que o adolescente seja contatado previamente, com o fim de indicar, já na sua apresentação, seu rol de testemunhas, sob pena de preclusão, bem como para orientá-lo que, na sua ausência, pode ser decretada sua internação provisória, embora deva a defesa obstar tal prática.

Já na audiência de continuação, quando da oitiva das testemunhas ministeriais, em regra, policiais militares, **é crucial que a defesa se empenhe em plantar contradições em seus relatos, com o fim de fragilizar a instrução acusatória.** Em regra, as alegações finais são feitas oralmente, em audiência. Cabe à defesa indicar os motivos que justificam a improcedência da ação socioeducativa ou, então, que afastam a necessidade da medida extrema, a internação.

Na execução da medida, **à defesa incumbe demonstrar que ela já surtiu o efeito almejado pela decisão, com manuseio dos princípios da excepcionalidade, da brevidade, da atualidade e da máxima convivência familiar**.

Extrajudicialmente, é crucial que o Defensor Público promova a articulação e a aproximação da rede de instituições de aplicação de medidas em meio aberto, para prepará-la a receber os adolescentes desinternados, com eficiência. Isso fomentará o hábito de progressão das medidas pelo Juízo e, ainda, elevará a quantidade de aplicação inicial de medidas não segregatórias. Nas entrevistas com adolescentes internados, é importante que sejam orientados a destacar, junto ao Juiz, em audiência de execução, os benefícios, os acréscimos culturais e a conscientização decorrente da medida aplicada.

8. FLUXOGRAMA – ECA (PROCESSO DE APURAÇÃO DE ATO INFRACIONAL)

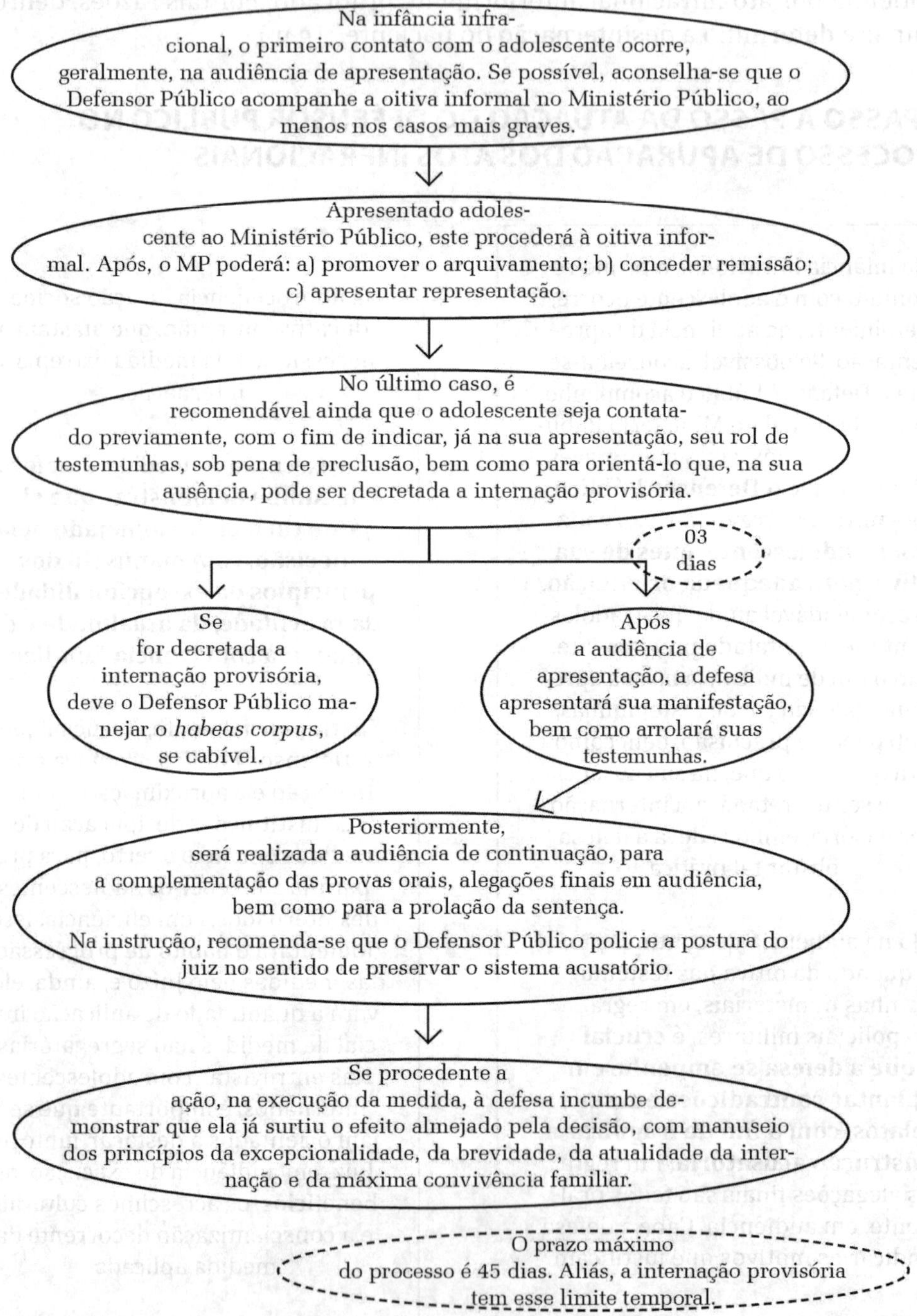

9. MODELOS – MANIFESTAÇÃO NA EXECUÇÃO DA MEDIDA

MM. Juiz,

Em que pesem as ponderações do Ilustre representante do Ministério Público, requer-se a EXTINÇÃO DA MEDIDA DE INTERNAÇÃO.

É que, conforme relatório da equipe técnica da Fundação Casa, o adolescente já possui aptidão para a retomada do convívio familiar (fls. ...).

Por fim, a equipe conclui que a intervenção do Estado foi satisfatória e suficiente para readequar o processo evolutivo do adolescente (fls. ...). Aliás, a equipe diz que o acompanhamento externo do adolescente será mais benéfico a ele do que a internação, pois ele não tem vivência infracional (fls. ...).

O artigo 46, inciso II, da Lei 12.594/12, que instituiu o SINASE – Sistema Nacional de Atendimento Socioeducativo, prevê que a medida socioeducativa deve ser extinta quando cumpriu sua *finalidade.*

Art. 46. A medida socioeducativa será declarada extinta:

II - pela realização de sua finalidade;

Ressalte-se que a gravidade do delito em tese, muito menos seus antecedentes, em face da nova sistemática legal, não pode servir de fundamento para a manutenção da internação do adolescente, sob pena de afronta ao princípio da BREVIDADE e da LEGALIDADE, com base na atual redação da Lei 12.594/12, em seu artigo 42, §2º, que assim dispõe:

§2º A gravidade do ato infracional, os antecedentes e o tempo de duração da medida não são fatores, que por si, justifiquem a não substituição da medida por outra menos grave.

Apesar da natureza do ato infracional, conforme se depreende do relatório emitido pelo setor competente da Fundação Casa, o adolescente cumpre satisfatoriamente as propostas para sua recuperação.

Note-se que a Lei, em especial o Estatuto da Criança e do Adolescente, não prevê prazo mínimo de internação, conforme a gravidade da conduta praticada. Ao contrário, prevê expressamente o princípio da BREVIDADE, princípio há muito contemplado nas Convenções Internacionais de proteção à Criança e ao Adolescente, após, na Constituição Federal, no ECA e, novamente, na Lei 12.594/12. Isso nos leva a questionar: serão precisos mais quantos diplomas normativos, tratados, leis, Constituições para, finalmente, entendermos que o adolescente é pessoa em desenvolvimento e precisa de atenção e orientação adequadas, não de punição ou privação desnecessária de liberdade?

Neste sentido já se posicionou a Jurisprudência do Superior Tribunal de Justiça:

EMENTA: Ato infracional (roubo qualificado). Medida socioeducativa (internação). Brevidade e excepcionalidade (princípios). Parecer técnico favorável. 1. A medida socioeducativa de internação deve ser regida pelos princípios da brevidade, excepcionalidade e observância da condição peculiar de pessoa em desenvolvimento. 2. Carece de legalidade a decisão que, apesar de parecer técnico favorável, mantém, sem motivação, a internação do menor infrator. 3. Ordem concedida. (HC 47030 / SP – Relator Nilson Naves)

Dessa forma, requer a imediata desinternação do adolescente, sob pena de incorrer em constrangimento **ilegal**, com a extinção da medida ou a aplicação de outra em meio aberto.

Termos em que, pede deferimento.

Cidade ..., data .../.../...

Defensor Público

10. QUESTÕES DE CONCURSOS

01. (DPE-AM Prova: FCC - 2018 - DPE-AM - Defensor Público) 7. A comunidade formada pelos pais ou qualquer deles e seus descendentes corresponde, no Estatuto da Criança e do Adolescente, ao conceito de família

(A) biológica.
(B) consanguínea.
(C) natural.
(D) vertical.
(E) parental.

02. (DPE-RS Prova: FCC - 2018 - DPE-RS - Defensor Público) 8. Com relação aos princípios que regem a execução das medidas socioeducativas previstos na Lei n.º 12.594/12, que instituiu o Sistema Nacional de Atendimento Socioeducativo (Sinase), pelo princípio da

(A) não discriminação, não pode o adolescente receber tratamento mais gravoso do que o conferido ao adulto.
(B) brevidade na imposição de medidas, devem-se favorecer os meios de autocomposição de conflitos.
(C) legalidade, não pode o adolescente receber tratamento mais gravoso do que o conferido ao adulto.
(D) individualização, a medida deve ser sempre proporcional à ofensa cometida.
(E) legalidade, não há ato infracional que justifique a imposição de medida socioeducativa sem prévia lei que o defina.

03. (Defensoria Pública/PR – 2012 – FCC) 1. A Lei no 12.010/09, conhecida doutrinariamente como a Lei Nacional de Convivência Familiar e Comunitária, é considerada a maior reforma do Estatuto da Criança e do Adolescente, incorporando novos princípios, procedimentos e institutos. Em relação às inovações, é correto afirmar:

(A) A criança ou adolescente que estiver inserido em programa de acolhimento familiar ou institucional terá sua situação reavaliada, no mínimo, a cada 6 (seis) meses, cabendo aos dirigentes de entidades que desenvolvem programas de acolhimento familiar ou institucional a remessa à autoridade judiciária do relatório circunstanciado acerca da situação de cada criança ou adolescente acolhido e sua família.
(B) Crianças e adolescentes serão encaminhados às instituições que executam programas de acolhimento institucional, governamentais ou não, por meio de uma Guia de Acolhimento expedida pelo Conselho Tutelar através de decisão fundamentada da autoridade judiciária.
(C) Imediatamente após o acolhimento da criança ou do adolescente, a entidade responsável pelo programa de acolhimento institucional ou familiar elaborará um plano individual de atendimento, visando à colocação em família substituta.

(D) O acolhimento familiar ou institucional ocorrerá no local mais próximo à Vara da Infância e Juventude para garantir a tramitação eficiente do processo e a reintegração familiar da criança ou do adolescente com sua família de origem ou extensa, respeitando os laços afetivos.

(E) As entidades que mantenham programa de acolhimento institucional poderão, em caráter excepcional e de urgência, acolher crianças e adolescentes sem prévia determinação da autoridade competente, fazendo comunicação do fato em até 24 horas ao Juiz da Infância e da Juventude, sob pena de responsabilidade.

04. (Defensoria Pública/RO – 2012 – CESPE) 2. No que tange aos direitos fundamentais da criança e do adolescente, assinale a opção correta.

(A) Na hipótese de família com muitos filhos menores e em estado de extrema miséria, cabe ao juiz determinar a suspensão ou a perda do poder familiar.

(B) É proibido trabalho noturno, perigoso ou insalubre a menores de dezoito anos de idade e qualquer trabalho a menores de quatorze anos, salvo na condição de aprendiz, a partir dos doze anos.

(C) Quando uma criança ou um adolescente é internado para tratamento de saúde, em hospital público ou privado, instituição é obrigada a proporcionar condições para que um dos pais ou o responsável os acompanhe.

(D) As gestantes interessadas em entregar seus filhos para adoção poderão, antes do parto, escolher a família substituta, independentemente de comunicar o fato à justiça da infância e da juventude.

(E) É dever do Estado assegurar à criança e ao adolescente os ensinos fundamental e médio, obrigatórios e gratuitos, inclusive para os que a eles não tiveram acesso na idade própria.

05. (Defensoria Pública/SP – 2012 – FCC) 3. Com relação ao conjunto de regras normativas internacionais que modificou a antiga concepção da situação irregular, abandonando o conceito reducionista do menorismo, é correto afirmar, considerando suas especificidades, que

(A) à Convenção sobre os Direitos da Criança coube prever o modelo penal indiferenciado, no trato do adolescente em relação ao adulto, com exceção do direito ao recurso de decisões condenatórias, matéria essa em que se quedou silente.

(B) às Regras de Tóquio coube orientar os casos de jovens tidos como crianças ou adolescentes passíveis de serem responsabilizados pela prática de atos infracionais, prevendo a reação do Estado e a proporcionalidade de sua resposta em relação às circunstâncias do infrator e da infração.

(C) às Regras de Beijing coube promover o uso de medidas não custodiais, orientando a previsão de medidas não privativas de liberdade, desde disposições pré-processuais até pós-sentenciais, evitando o uso desnecessário do encarceramento.

(D) às Diretrizes de Riad coube prever medidas de prevenção à prática do ato infracional, mediante a participação da sociedade e a adoção de uma abordagem voltada à criança, definindo o papel da família, da educação, da comunidade, prevendo cooperação entre todos os setores relevantes da sociedade.

(E) à Declaração Universal dos Direitos das Crianças coube prever, em forma de princípios, dentre outros direitos, o direito à educação e orientação, cabendo tal responsabilidade, em primeiro lugar ao Estado, que deverá se direcionar pelo melhor interesse da criança

06. (Defensoria Pública/SP – 2009 – FCC) 4. Dentre os temas que resultaram na edição de SÚMULAS pelo Superior Tribunal de Justiça a respeito da aplicação e execução de medidas socioeducativas encontram-se:

(A) nulidade da desistência de provas em face da confissão do adolescente, aplicabilidade da prescrição penal às medidas socioeducativas, necessidade de oitiva do adolescente antes da decretação da regressão.

(B) competência exclusiva do juiz para aplicação de medida socioeducativa, improrrogabilidade do prazo de internação provisória, caráter sempre público da ação socioeducativa.

(C) cabimento de medida em meio aberto com remissão, nulidade da desistência de provas em face da confissão do adolescente, aplicabilidade da prescrição penal às medidas socioeducativas.

(D) necessidade de oitiva do adolescente antes da decretação da regressão, competência exclusiva do juiz para aplicação de medida socioeducativa, imporrogabilidade do prazo de internação provisória.

(E) caráter sempre público da ação socioeducativa, cabimento de medida em meio aberto com remissão, nulidade da desistência de provas em face da confissão do adolescente.

07. (Defensoria Pública/BA – 2010 – CESPE) 5. Com relação aos princípios orientadores do ECA bem como aos direitos fundamentais nele previstos, julgue os itens que se seguem.

(1) De acordo com o princípio do melhor interesse da criança e do adolescente, deve-se assegurar a eles condição de se desenvolverem com dignidade, garantindo-se a concretização dos seus direitos fundamentais.

(2) As medidas de proteção mencionadas no ECA serão aplicadas quando os direitos previstos na lei sejam ameaçados ou efetivamente violados, por ação da sociedade, por abuso dos responsáveis, ou em razão de conduta própria.

(3) A CF veda o trabalho ao menor de 16 anos de idade, mas permite que a pessoa maior de 14 anos de idade trabalhe na condição de aprendiz, por isso o contrato de aprendizagem substitui o ensino médio, tendo os certificados de conclusão de um e outro o mesmo valor.

(4) Para a colocação de criança ou adolescente em família substitua, não há necessidade de eles serem ouvidos, bem como é desnecessário o seu consentimento ao fato.

08. (Defensoria Pública/CE – 2008 – CESPE) 6. Acerca de ato infracional e dos crimes praticados contra a criança e o adolescente, julgue os itens subsequentes.

(1) Os crimes praticados contra a criança e o adolescente podem ser realizados por ação ou omissão, não se admitindo, todavia, a forma culposa.

(2) No caso de prática de ato infracional por adolescente, a medida de internação não comporta prazo determinado, devendo sua manutenção ser reavaliada, mediante decisão fundamentada, no máximo a cada seis meses, respeitado o período máximo de internação de três anos.

GABARITO

Questão 01	Gabarito: C
Questão 02	Gabarito: C
Questão 03	Gabarito: E
Questão 04	Gabarito: C
Questão 05	Gabarito: D
Questão 06	Gabarito: A
Questão 07	Gabarito: 1 CORRETA, 2 CORRETA, 3 ERRADA, 4 ERRADA
Questão 08	Gabarito: 1 ERRADA, 1 CORRETA

QUESTÃO COMENTADA

(Defensoria Pública/BA – 2010 – CESPE) 5. Com relação aos princípios orientadores do ECA bem como aos direitos fundamentais nele previstos, julgue os itens que se seguem.

(1) De acordo com o princípio do melhor interesse da criança e do adolescente, deve-se assegurar a eles condição de se desenvolverem com dignidade, garantindo-se a concretização dos seus direitos fundamentais.

CORRETA. Para as provas da Defensoria Pública, é rara uma assertiva correta que contenha a limitação a um direito, mormente se fundamental.

(2) As medidas de proteção mencionadas no ECA serão aplicadas quando os direitos previstos na lei sejam ameaçados ou efetivamente violados, por ação da sociedade, por abuso dos responsáveis, ou em razão de conduta própria.

CORRETA

(3) A CF veda o trabalho ao menor de 16 anos de idade, mas permite que a pessoa maior de 14 anos de idade trabalhe na condição de aprendiz, por isso o contrato de aprendizagem substitui o ensino médio, tendo os certificados de conclusão de um e outro o mesmo valor.

ERRADA

(4) Para a colocação de criança ou adolescente em família substitua, não há necessidade de eles serem ouvidos, bem como é desnecessário o seu consentimento ao fato.

ERRADA. Reiteramos aqui o que já dissemos sobre a negativação da assertiva para torná-la errada.

CAPÍTULO IX

ASPECTOS DA ATUAÇÃO DO DEFENSOR PÚBLICO DA UNIÃO

1. INTRODUÇÃO

A Defensoria Pública da União é a Instituição incumbida de prestar assistência jurídica junto à Justiça e à Administração Pública Federal, porém, em certos casos **sem exclusividade**, conforme entendemos, *data venia*. De fato, as Defensorias Públicas Estaduais devem atuar perante os Tribunais Superiores da Justiça Comum (STF e STJ) quando os processos forem oriundos da Justiça Estadual, a partir de suas atribuições ordinárias.

Nesse ponto, relevante destacarmos as atividades principais da DPU, a partir de seus próprios posicionamentos:

"**Na Saúde:** É obrigação do Governo atender pessoas necessitadas que precisam de assistência médica. Isto é feito através do Sistema Único de Saúde — SUS. Quando o Governo falha ou se omite nesse dever, você pode exigir este direito. A Defensoria Pública da União pode representar você, quando necessitar de um remédio negado pelo Estado (quando o remédio está em falta no posto de saúde, por exemplo) ou de internação e tratamento em hospital público.

Na Educação: A União tem o dever de organizar o sistema federal de ensino. A falta desse serviço ou a deficiência na sua prestação geram o direito de você, ou da coletividade, de exigi-lo. A Defensoria Pública da União pode promover ações judiciais ou intermediar acordos com o Governo para garantir seu acesso, ou de seus dependentes, à educação.

Na Previdência Social: Se você precisa requerer, aposentadoria, pensão por morte, auxílio-doença, auxílio-reclusão, auxílio-maternidade, salário-família ou outro benefício previdenciário, a Defensoria Pública da União vai representá-lo perante o INSS, os Juizados Especiais Federais ou a Justiça Federal, caso o INSS se negue a conceder o benefício, administrativamente.

Na Assistência Social: Em alguns casos, se você nunca se filiou à Previdência Social e, por isso, não tem direito a um dos benefícios previdenciários, terá direito a um benefício assistencial denominado BPC-Benefício de Prestação Continuada. Este benefício (um salário mínimo) é pago pelo INSS independentemente de contribuição à seguridade social e é devido a todo idoso, com 65 anos, ou mais, e ao portador de deficiência, que comprovem não ter meios de prover a própria subsistência ou de tê-la provida por sua família.

Na Moradia: A Defensoria Pública da União atua para garantir, ao cidadão de baixa renda familiar, o direito à moradia, apresentando defesa nas ações de imissão ou reintegração da posse, promovidas pela Caixa Econômica Federal. Pode, ainda, ajuizar ações para evitar leilões de imóveis e promover renegociações dos contratos de financiamento da casa própria, celebrados pelo Sistema Financeiro de Habitação, caso se mostrem abusivos. A Defensoria Pública da União pode promover ações para a regularização fundiária de terras do Governo Federal. Isto é feito regularizando posses consideradas irregulares e garantindo o direito constitucional de moradia às comunidades carentes.

Na Liberdade: A Defensoria Pública da União garante a todos os acusados em processo criminal a mais ampla defesa e o contraditório (direito de resposta ou reação). Se você for preso, processado criminalmente ou estiver ameaçado de lesão, no exercício do seu direito de ir e vir, procure a Defensoria Pública da União para que o Defensor Público Federal tome as medidas cabíveis para a sua liberdade. Os Defensores Públicos Federais atuam na defesa dos acusados perante a Justiça Federal, os Juizados Especiais Federais Criminais, as Auditorias Militares e as Penitenciárias Federais.

Atualmente, é obrigatória a comunicação ao Defensor Público, dentro de 24 horas, da prisão em flagrante de indivíduo que não possui advogado. O Defensor Público Federal analisará a legalidade da prisão e tomará as medidas para a garantia do direito de liberdade do preso.

Nas Ações Coletivas: A Defensoria Pública da União também pode representar, de uma só vez, perante o Poder Judiciário ou fora dele, um grupo de pessoas que tenha interesses comuns, como, por exemplo, todos os consumidores de serviços de energia elétrica, todos os moradores de determinada favela, todos os estudantes que precisem do serviço público federal de ensino. As ações coletivas, como são chamadas, buscam otimizar a atuação da Defensoria Pública, para que várias pessoas consigam obter o mesmo direito ao mesmo tempo.

Outras matérias: Os Defensores Públicos Federais podem atuar para: Garantir ao trabalhador o saque do Fundo de Garantia por Tempo de Serviço – o FGTS; Para a obtenção e a regularização do CPF perante a Receita Federal; Para a garantia dos direitos do consumidor e; Na defesa de estrangeiros, no requerimento de vistos, de regularização de permanência no País, de pedido de asilo político, da defesa contra deportação, expulsão, extradição, etc.

Além disso, a Defensoria Pública da União promove a defesa dos direitos humanos fundamentais das minorias: mulheres e crianças vítimas de tráfico internacional para fins ilícitos, idosos, deficientes, homossexuais, negros e povos indígenas vítimas de preconceitos."[1]

Interessante artigo foi publicado **pela Defensora Pública Federal Viviane Ceolin Dallasta Del Grossi**, sob o título *A atuação da Defensoria Pública da União e a implementação da política pública de assistência social aos refugiados no Brasil.*

A autora inicialmente fundamenta o amparo assistência do refugiado no Brasil. "O Brasil tem a responsabilidade de proteger as pessoas que admite como refugiadas, como afirmado nos memoriais apresentados no RE n° 587.970 acima mencionado: 'A prática do trabalho de assistência humanitária demonstra que, em sua imensa maioria, as pessoas não abandonam seu lar e sua pátria movidas somente por uma questão voluntária. Ao contrário, na migração atual, constata-se muito mais a presença de elementos que forçam as pessoas a saírem de seus países, e, no caso dos refugiados, causas irresistíveis os forçam a sair, com o objetivo primeiro de salvar sua vida. Tendo isto em consideração, **é fundamental que os refugiados que foram acolhidos pelo Governo brasileiro e que não estão em condição de reconstruir sozinhos suas vidas recebam respostas e o apoio básico para tanto**. (...) Faz parte do compromisso de proteger, permitir o acesso destas pessoas às políticas públicas, ressaltando-se, mormente, os casos das pessoas em situação de vulnerabilidade. Muitos, e podemos dizer que é grande maioria, refugiados que vivem hoje no Brasil integraram-se e buscam participar no mercado de trabalho, tornando-se economicamente ativos no país. No entanto, alguns se encontram em condições mais difíceis, são pessoas em situação de vulnerabilidade e com limitações intransponíveis ou próprias de sua condição, como por exemplo, idosos, pessoas com deficiência, mulheres em situação de risco, entre outros."

Após, a Defensora Federal justifica a legitimidade da DPU nessa empreitada: "Assim, com base nos objetivos e nas funções destacadas acima, bem como na preocupação já demonstrada pela Defensoria Pública da União quanto ao dever

1 Disponível em < http://www.dpu.gov.br>

de acesso internacional à justiça, é que se defende a legitimidade da Defensoria Pública da União na atuação em prol dos refugiados, em conformidade com o já estabelecido no **Plano de Ação do México**: *Destacando el papel en materia de protección de los refugiados de las Procuradurías y Comisionados de Derechos Humanos y las Defensorías del Pueblo y de los Habitantes, entendidas en adelante como instituciones nacionales de promoción y protección de derechos humanos, como entidades estatales independientes que velan por el debido ejercicio de la administración pública y la promoción y protección de los derechos fundamentales de la persona.*

De igual modo, ressalta-se a recente aprovação da **Resolução AG/RES. 2714 (XLII-O/12) no âmbito da OEA**, que preceitua: (...) *Afirmar la importancia fundamental que tiene el servicio de asistencia letrada gratuita prestada por los Defensores Públicos Oficiales para la promoción y protección del derecho de acceso a la justicia de todas las personas, en particular de aquellas que se encuentran en una situación especial de vulnerabilidad.*

É desse modo que os serviços prestados pela Defensoria Pública da União devem ser postos à disposição dos refugiados em assuntos concernentes à temática da judicialização do refúgio, de modo que os direitos materiais assegurados na Constituição e na legislação interna sejam efetivamente alcançados pelos estrangeiros que necessitem de assistência jurídica gratuita no Brasil, como mecanismo de acesso amplo e irrestrito à justiça."[2]

Aproveitamos para citarmos alguns **projetos:**

Projeto "DPU Itinerante": O Projeto "DPU Itinerante" leva o Defensor Público Federal, e uma estrutura móvel para apoio, às cidades onde não há Unidades da Instituição. O objetivo é facilitar o acesso da população das mais distantes localidades do Brasil aos serviços da DPU. O objetivo é: "Ir aos mais distantes rincões do País, levando a todos os brasileiros, de forma viva e real, cidadania e justiça". O Projeto já fez mais de vinte mil atendimentos, com assistência jurídica gratuita nas regiões mais afastadas.

Projeto "DPU na Comunidade": Os Defensores Públicos Federais visitam comunidades carentes nas periferias das cidades para difundir e conscientizar a população de seus direitos.

Projeto "DPU nas Escolas": Este projeto leva os Defensores Públicos Federais às escolas públicas, de nível médio e fundamental, para esclarecer os alunos sobre direitos do cidadão. Explicam, também, como obter a assistência gratuita da DPU.

2 GROSSI, Viviane Ceolin Dallasta Del. Artigo: A atuação da Defensoria Pública da União e a implementação da política pública de assistência social aos refugiados no Brasil. In: RÉ; REIS. Temas aprofundados da Defensoria Pública – volume II, Ed. Juspodivm, 2014.

Projeto "Dourados": O Projeto "Dourados" foi desenvolvido para dar assistência jurídica, integral e gratuita, às comunidades indígenas do Município de Dourados, em Mato Grosso do Sul. O problema existe em face dos conflitos locais. Além da assistência jurídica, a Defensoria Pública da União apoia projetos de capacitação e assistência técnica para povos indígenas. Incentiva, também, ações para a segurança alimentar indígena, a recuperação ambiental das áreas indígenas e o aumento de atividades produtivas das comunidades. O projeto é da Defensoria Pública da União com a Universidade Federal da Grande Dourados, o Ministério Público Federal, a FUNAI e o Comitê de Ações Indígenas do Ministério da Assistência Social e Combate à Fome. A Universidade Federal da Grande Dourados contribui através do Núcleo de Prática Jurídica.

Projeto "Escalpelamento na Amazônia". O Projeto "Erradicação do Escalpelamento na Amazônia" é em acordo entre a Defensoria Pública da União e o Departamento de Defesa do Direito do Consumidor do Ministério da Justiça. O objetivo do projeto é erradicar o escalpelamento. O escalpelamento atinge comunidades ribeirinhas da Amazônia, e seus efeitos atingem, além da vítima, sua família, sua comunidade e o serviço público de saúde. A atuação corretiva consiste em mapear os casos de escalpelamento na Região Amazônica, orientar as vítimas acerca dos seus direitos e garantir tratamento médico adequado. Procura-se equiparar o escalpelamento total à invalidez, para efeitos de seguro.

A Defensoria Pública da União faz coleta de informações sobre o acidente e oferece cursos de capacitação aos cidadãos ribeirinhos. Além disso, colabora na implementação de políticas de modernização das embarcações, que não possuem proteção do eixo do motor, e oferece cirurgias plásticas e assistência jurídica e judiciária às vítimas. "Escalpelamento é o arrancamento brusco e acidental do escalpo humano – couro cabeludo, de diversas formas, inclusive por motores dos barcos (<http://pt.wikipedia.org/wiki/Escalpelamento>).[3]

Projeto "Câmara de Conciliação Previdenciária". A "Câmara de Conciliação Previdenciária" é uma parceria entre a Defensoria Pública da União, o Ministério da Previdência Social, o Instituto Nacional de Seguridade Social (INSS) e o Ministério da Justiça. Seu objetivo é garantir seu direito ao recebimento de benefícios previdenciários, sem necessidade de ações judiciais. Nessas câmaras atuam: um Defensor Público, um Procurador do INSS e um Servidor do Instituto. Eles se reúnem, pelo menos uma vez por mês, para encontrar soluções para os casos que chegam à Defensoria, decidindo por não ajuizar a ação. Além de evitar novas ações na Justiça, o projeto contribui para desafogar as varas dos Juizados Especiais Federais, cuja demanda, em sua maior parte, é de natureza Previdenciária.[4]

3 Disponível em < http://www.dpu.gov.br>

4 Disponível em < http://www.dpu.gov.br>

Conforme consta no artigo 6º, IV, da Resolução CSDPU nº 58/2012, cabe à **Câmara de Coordenação e Revisão** "submeter ao Conselho Superior da Defensoria Pública da União propostas de enunciados, de caráter sugestivo, destinados a harmonizar a assistência jurídica prestada pela Defensoria Pública da União". Porém, na vigência da Resolução nº 33, foram expedidos alguns enunciados, como uma "uma tentativa de conciliação entre a independência funcional de cada Defensor Público e a necessidade de uma resposta uniforme diante das situações que guardem semelhança entre si".[5]

São eles:

Enunciado 1. Nos contratos de mútuo bancário que adotem o denominado Sistema Francês de Amortização (Tabela *Price*), sejam eles celebrados ou não no âmbito do Sistema Financeiro da Habitação (SFH), recomenda-se que seja alegada a existência de capitalização de juros e a amortização negativa, bem como que seja pleiteada a produção de prova pericial contábil com a finalidade de comprovar tais alegações.

Enunciado 2. Nas ações judiciais a serem propostas em face da União, como as relativas à tutela da saúde, independentemente do local de domicílio do assistido, deve-se ter em mente, para efeitos de fixação da competência, o disposto no art. 109, § 2º, da Constituição Federal.

Enunciado 3. São responsáveis pelos vícios da construção em imóveis edificados com recursos do Sistema Financeiro da Habitação o agente financeiro, a empresa que realizou a obra e a seguradora.

Enunciado 4. A fixação de limite etário para o provimento de cargo por meio de concurso público, em especial no caso de militares, deve necessariamente ter fundamento em lei em sentido estrito (lei em sentido formal e material) e render observância ao princípio da razoabilidade, guardando, pois, proporcionalidade com a natureza das atribuições do cargo a ser preenchido.

Enunciado 5. As pessoas jurídicas fazem jus à assistência jurídica da Defensoria Pública da União, desde que comprovem documentalmente a insuficiência de recursos econômicos.

Enunciado 6. O cessionário (gaveteiro) tem legitimidade ativa para pleitear judicialmente a revisão e a liquidação do contrato, bem como a suspensão e a anulação do procedimento de execução extrajudicial viciado, dentre outros direitos decorrentes dos contratos de mútuo bancário no âmbito do Sistema Financeiro da Habitação.

Enunciado 7. A existência de doença mental, que gera incapacidade absoluta para os atos da vida civil (Art. 3º, inciso II do CC/2002), contemporânea ao fato

5 Disponível em < http://www.dpu.gov.br>

gerador do direito civil ou trabalhista do assistido, ou iniciada antes de ultimado o decurso do prazo prescricional, impede ou suspende a fluência deste (art. 198, inciso I, do CC/2002), sendo possível propor a ação judicial cabível independentemente do lapso temporal transcorrido.

Enunciado 8. Direito Civil. SFH. Contrato de gaveta. Possibilidade de ajuizamento de ação para declaração de validade de cessão contratual, envolvendo imóvel financiado pelo Sistema Financeiro da Habitação, ainda que sem anuência da CEF.

Enunciado 9. O elenco de hipóteses para saque de PIS, PASEP e FGTS, previsto no art. 9º da Lei Complementar nº 07/70, no art. 4º da Lei Complementar nº 26/75 e no art. 20 da Lei nº 8.036/90 não é taxativo. Possibilidade de ajuizamento de ação para saque dos valores depositados em conta vinculada nas hipóteses de doença grave, idade avançada, desemprego por mais de três anos, miserabilidade, dentre outras hipóteses de vulnerabilidade social.

Enunciado 10. Nos casos em que não houve intimação da defesa para a sessão de julgamento, ou de sua redesignação, recomenda-se que o defensor alegue, na primeira oportunidade, a nulidade absoluta do processo.

Enunciado 11. A apreensão e a perícia técnica na arma de fogo são indispensáveis para a incidência da causa especial de aumento de pena prevista pelo inciso I do § 2º do art. 157 do Código Penal, não sendo supridas pela prova indireta, nem mesmo testemunhal, sob pena de violação aos comandos legais dos artigos 158, 159 e 175 do Código de Processo Penal e aos princípios da legalidade, ofensividade, proporcionalidade da pena e a exclusiva tutela de bens jurídicos.

Enunciado 12. O prequestionamento deve ser feito desde o início da demanda, de forma expressa e com a indicação dos dispositivos legais violados. Enunciado 13 A ausência de prequestionamento não impede, por si só, a interposição de recurso quando a controvérsia puder ser levada ao conhecimento dos Tribunais Superiores e do Supremo tribunal Federal.

Enunciado 14. Nos casos de competência concorrente (§2º do art. 109 da Constituição), ainda que o assistido resida em cidade diversa daquela em que está situada a Unidade da Defensoria Pública da União no estado, não se poderá recusar assistência, ajuizando-se a demanda na sede da Seção Judiciária Federal, sempre que questões de competência absoluta não o impedirem.

Enunciado 15. A apresentação do atestado médico, quando da impossibilidade material do assistido de apresentá-lo imediatamente, deverá ser flexibilizada em virtude dos princípios norteadores dos Juizados Especiais Federais, não devendo ser exigido atestado/exame médico como condição, nestas circunstâncias, para a propositura da ação previdenciária na qual se pleiteia a concessão e/ou restabelecimento de benefício por incapacidade.

Enunciado 16. Não deve ser exigido o prévio requerimento administrativo para a propositura de ações revisionais, bem como para a propositura de ações concessórias nas localidades onde não exista agência da previdência social.

Enunciado 17. É cabível *habeas corpus* sempre que evidenciado constrangimento ilegal ao direito de liberdade do indivíduo, independentemente da não interposição de Recurso Especial e/ou Extraordinário.

Enunciado 18. A pessoa usada para o transporte de drogas ilegais entre fronteiras, mediante pagamento ou coação, faz jus à aplicação da causa especial de diminuição de pena prevista pelo §4º do art. 33 da Lei nº 11.343/2006.

Enunciado 19. A natureza hedionda e a gravidade em abstrato do delito, por si só, não impõem o início do cumprimento da pena no regime fechado, devendo sempre ser observado o disposto no art. 33, §2º e §3º do Código Penal.

Enunciado 20. A vedação contida no art. 44 da Lei nº 11.343/2006 não impede, por si só, a concessão da liberdade provisória no delito de tráfico de drogas.

Enunciado 21. A transnacionalidade do crime de tráfico de entorpecentes deve estar demonstrada através de elementos concretos de prova que liguem o denunciado à origem alienígena da droga, de modo a justificar tanto a competência da justiça federal, como a aplicação da causa especial de aumento de pena prevista pelo art. 40, I, da Lei nº 11.343/2006.

Enunciado 22. O limite de R$ 10.000,00 (dez mil reais), previsto pelo art. 20 da Lei nº 10.522/2002, com a alteração da Lei nº 11.033/04, deve nortear a aplicação do princípio da insignificância no crime de descaminho - art. 334 do Código Penal - (Precedentes: STF - HC 92.438; HC 95.089).

Enunciado 23. A caracterização da infração penal como insignificante não abarca considerações de ordem subjetiva, sendo irrelevante, entre outras, a reiteração de condutas.

2. ATUAÇÃO CÍVEL E PREVIDENCIÁRIA

Como é cediço, a Defensoria Pública atua, com preponderância, nas questões de violação dos direitos humanos, especialmente pelo Poder Público, seja por ação, seja por omissão. Nessa linha, **a tutela da saúde** adquire tons de fundamentalidade nesse conjunto de atribuições.

"A jurisprudência dos Colendos Supremo Tribunal Federal e Superior Tribunal de Justiça é no sentido da responsabilidade solidária da União, dos Estados e dos Municípios quanto ao fornecimento de medicamentos aos hipossuficientes.

Precedentes. - De outra parte, a jurisprudência do C. Superior Tribunal de Justiça consolidou-se no sentido de reconhecer aos portadores de moléstias graves, sem disponibilidade financeira para custear o seu tratamento, o direito de receber gratuitamente do Estado os medicamentos de comprovada necessidade. Precedentes. - *In casu*, consoante o laudo médico, constata-se a necessidade de fornecimento do medicamento indicado ao autor para o controle adequado da doença. - Comprovado nos autos ser o autor hipossuficiente, estando inclusive representado na presente demanda pela Defensoria Pública da União."[6]

Também, "1. Afasta-se a preliminar de ilegitimidade passiva da União. O Sistema Único de Saúde é financiado pela União, Estados-membros, Distrito Federal e Municípios, sendo solidária a responsabilidade dos referidos entes no cumprimento dos serviços públicos de saúde prestados à população. Precedentes.

2. O fornecimento gratuito de medicamentos deve atingir toda a medicação necessária ao tratamento dos necessitados, significando que não só são devidos os remédios padronizados pelo Ministério da Saúde, como todos aqueles que porventura sejam necessários às particularidades de cada paciente. A padronização significa que os medicamentos padronizados serão os habitualmente fornecidos, o que não impede que o SUS forneça outro tipo de medicamento, indispensável ao tratamento.

3. Sob a óptica de princípios constitucionais, como os da dignidade humana, do direito à saúde, da assistência social e da solidariedade, infere-se a lesão grave e de difícil reparação que se mostra, na verdade, na expectativa de vida do paciente, autorizando a antecipação dos efeitos da tutela recursal nos autos de origem, nos termos em que concedida pela decisão ora agravada.

4. O direito ao medicamento pleiteado decorre de garantias constitucionais, como os direitos à vida (art. 5.º, caput, CF) e à saúde (arts. 6.º e 196, CF), entre outros, competindo a todos os entes federativos o seu fornecimento. Precedente. 5. Restou comprovada a necessidade do medicamento nos autos de origem, tendo a autora, ora agravada, juntado receituário médico prescrevendo o tratamento (...)."[7]

Destacamos ainda **o trabalho da Instituição Federal na desconstituição de julgados,** com uma hermenêutica *pro misero* no sentido de **flexibilizar os requisitos da ação rescisória**. Confira a decisão do Tribunal Regional Federal, 3ª Região: "Em razão das condições desiguais vivenciadas no campo, ao rurícola permite-se o manuseio, como novos, de documentos preexistentes à propositu-

6 TRF3, Apelação Cível nº 1614013.

7 TRF3, Agravo de Instrumento nº 442590. Desembargador Federal Nery Junior.

ra da demanda originária. Adoção de solução *pro misero.* Precedentes do Superior Tribunal de Justiça. - A superveniência de elemento então desconhecido, apresentado com o fim de comprovar materialmente o exercício da atividade rural, capaz, por si só, de modificar o resultado do julgamento anterior e garantir ao autor pronunciamento favorável, autoriza a desconstituição da decisão rescindenda com base no inciso VII do artigo 485 do Código de Processo Civil. (...)

Em sede de juízo rescisório, o acolhimento da pretensão à concessão de aposentadoria por idade é de rigor, restando comprovado o exercício da atividade rural, no período exigido, eis que os documentos carreados aos autos, aliados aos depoimentos das testemunhas, conduzem à certeza de que o autor laborou no período de carência, na condição de lavrador. - A aposentadoria deve corresponder ao valor de um salário mínimo mensal, nos termos do artigo 143 da Lei nº 8.213/91.

O termo inicial do benefício previdenciário deve retroagir à data da citação nesta rescisória, tratando-se de pretensão reconhecida a partir da apresentação de documentos novos. - Devida a gratificação natalina, nos termos preconizados no artigo 7º, inciso VIII da Carta Magna. - A correção monetária das parcelas vencidas se dará nos termos da legislação previdenciária, bem como da Resolução nº 134, de 21 de dezembro de 2010, do Conselho da Justiça Federal, que aprovou o Manual de Orientação de Procedimentos para os cálculos na Justiça Federal.

Os juros de mora deverão ser computados nos termos do artigo 406 do novo Código Civil, em 1% (um por cento) ao mês, até 30.06.2009. A partir desta data, incidirá, uma única vez, até a conta final que servir de base para a expedição do precatório, para fins de atualização monetária e juros, os índices oficiais de remuneração básica e juros aplicados à caderneta de poupança, nos termos do art. 1º-F, da Lei nº 9.494/97, com a redação dada pela Lei nº 11.960/2009. - Tendo em vista tratar-se de autarquia federal e litigar o autor sob o pálio da assistência judiciária gratuita, descabe a condenação em custas processuais. - Em se tratando de prestação de natureza alimentar, presentes os pressupostos do artigo 273, c.c. artigo 461, parágrafo 3º, do Código de Processo Civil, concedo, de ofício, a tutela específica, determinando ao INSS, no prazo de 30 (trinta) dias, a imediata implantação do benefício ora concedido, cancelando-se, simultaneamente, o amparo assistencial pago até então, sem que o segurado incorra em qualquer prejuízo, oficiando-se diretamente à autoridade administrativa competente para cumprimento da ordem judicial, enviando-se, inclusive, cópia desta decisão, sendo que a multa diária será fixada, oportunamente, em caso de descumprimento.

Os valores pagos em decorrência do benefício assistencial concedido administrativamente deverão ser objeto de compensação quando da execução do julgado. - Honorários de sucumbência fixados em R$ 550,00 (quinhentos e cinquenta reais), a serem pagos pelo INSS em favor da parte autora, representada pela Defensoria Pública da União, (...)"[8]

Nessa senda, destacamos o julgado abaixo, especialmente no ponto em que diz que **a vedação ao trabalho infantil não deve ser interpretada em seu prejuízo:** "1. A ação rescisória foi proposta com fundamento no Art. 485, IX, do CPC, objetivando rescindir o acórdão que não reconheceu o período de exercício de atividade rurícola do autor, bem como o seu direito à percepção de aposentadoria integral por tempo de serviço. O v. aresto não teria se pronunciado acerca do primeiro registro na Carteira de Trabalho e Previdência Social, que demonstra que o requerente exerceu a função de trabalhador rural, entre 1969 e 1970, o que constituiria razoável início de prova material de seu labor no campo, em regime de economia familiar, no período de 01.02.1958 a 20.08.1969.

2. No feito subjacente, restou incontroverso o tempo anotado em CTPS, dando ensejo ao cômputo de 26 (vinte e seis) anos, 06 (seis) meses e 19 (dezenove) dias de serviço, cuja averbação foi determinada. Entretanto, não houve expressa manifestação sobre a possibilidade de se acolher, como prova indiciária do labor campesino sem registro, o vínculo empregatício do autor junto à empresa Usina Vassouras S/A, como rurícola, no interregno de 28.08.1969 a 14.03.1970, razão por que se reconhece o erro de fato.

3. Na presença de razoável início de prova material (registro em CTPS, no período de 28.08.1969 a 14.03.1970, como trabalhador rural), corroborado por prova testemunhal robusta e harmônica, há que se reconhecer que o autor, nascido em 1948, passou a desempenhar, a partir de seus dez anos de idade (1958), o ofício de cortador de cana, continuando a exercê-lo ao longo da década de 1960, como deduzido na inicial.

4. Anote-se não há óbice para o cômputo do tempo de serviço que, por vedação constitucional, não poderia ter sido exercido por menor de 14 anos de idade, pois a norma editada em benefício do menor não pode ser invocada em seu prejuízo. Tampouco é exigível o recolhimento das contribuições previdenciárias referentes à atividade rurícola desempenhada antes da vigência da Lei 8.213/91, a teor do Art. 55, § 2º. Precedentes do STJ.

5. Consoante o Art. 142 da Lei 8.213/91, o segurado inscrito na Previdência Social Urbana até 24 de julho de 1991, que requereu sua aposentadoria no ano de 2003 (caso dos autos), necessita demonstrar o cumprimento de um período de carência 132 (cento e trinta e dois) meses, ou 11 (onze) anos, de contribuição.

8 TRF3, Ação Rescisória nº 4989, Processo nº 0093672-33.2006.4.03.0000

6. Somado o interstício de 11 (onze) anos, 6 (seis) meses e 21 (vinte e um) dias de atividade rural sem carteira assinada (01.02.1958 a 20.08.1969), com os 26 (vinte e seis) anos, 6 (seis) meses e 19 (dezenove) dias de tempo de serviço já reconhecido pelo julgado, ultrapassa-se o limite de 35 anos de desempenho laboral, fazendo jus o autor ao benefício previdenciário de aposentadoria integral por tempo de serviço, nos termos dos arts. 52 e 53, II, da Lei 8.213/91, desde a data de citação no processo de origem.

7. Consectários de acordo os critérios e percentuais previstos no Manual de Cálculo da Justiça Federal aprovado pela Resolução 34 de 21/12/10 do CNJ, compensando-se os valores já pagos a título dos benefícios auxílio-doença e aposentadoria por invalidez com os valores em atraso a título do benefício previdenciário de aposentadoria por tempo de serviço a que se dá provimento.

8. Condenação do INSS ao pagamento de honorários advocatícios fixados em 10% (dez por cento) sobre o valor das parcelas em atraso desde a data de citação na ação originária até a data da presente decisão.

9. Matéria preliminar rejeitada. Pedido de rescisão do julgado, com fundamento no artigo 485, IX, do CPC, julgado procedente para desconstituir parcialmente o julgado, no que se refere à improcedência dos pedidos de contagem de tempo de atividade rural e concessão de aposentadoria, com fundamento no Art. 485, IX, do CPC. Pedido rescisório julgado procedente para condenar o INSS a conceder ao autor o benefício de aposentadoria integral por tempo de serviço, a partir da data de citação na ação originária, bem como ao pagamento das parcelas em atraso, corrigidas e acrescidas de juros de mora, compensando-se os valores já pagos a título dos benefícios de auxílio-doença e aposentadoria por invalidez; e, ainda, condenar-lhe ao pagamento de honorários advocatícios, nos termos explicitados."[9]

ATENÇÃO

É crucial, outrossim, que o Defensor Público exerça um trabalho hermenêutico não legalista, não positivista, senão com elevada carga sociológica, especialmente no campo previdenciário, cuja vulnerabilidade social se aflora com tamanha clareza.

Notem o julgado abaixo, com esse perfil interpretativo: "1- Os documentos apresentados nos autos são hábeis a comprovar o efetivo exercício da atividade rural, mesmo de forma descontínua, a teor das regras insertas nos artigos 142 da Lei nº 8.213, de 24.07.1991, pois constituem razoável início de prova material corroborado pelos depoimentos testemunhais.

2- Especificamente acerca do trabalho rural que deve ser exercido em período imediatamente anterior ao requerimento do benefício, o Superior Tribunal

9 TRF3, Ação Rescisória nº 6058.

de Justiça decidiu, por unanimidade, que não é necessário que o trabalhador rural continue a trabalhar na lavoura até a véspera do dia em que irá efetuar o requerimento, quando já tiver preenchido o requisito etário e comprovado o tempo de trabalho campesino em número de meses idêntico à carência do benefício.

3- O próprio fato de se admitir período de trabalho descontínuo ilimitado no tempo para o cômputo do prazo necessário para obtenção do benefício, não afasta, assim, de *lege ferenda*, o seu direito, razão pela qual, nessa parte, a lei é incoerente. Se o exercício do trabalho rural pode ser descontínuo, não há necessidade do exercício do labor rural até as vésperas do seu requerimento, e o benefício deve ser reconhecido apesar de transcorrer lapso importante."[10]

No tocante à aposentadoria por invalidez, realçamos **o fato da simples precedência da doença não impedir o benefício**, desde que haja o agravamento, bem como o entendimento de que a concessão retroage à data do pedido administrativo: "Faz *jus* ao benefício de aposentadoria por invalidez quem for considerado incapaz de forma permanente para o trabalho e insuscetível de recuperação para o exercício da atividade que lhe garanta a subsistência. É necessário, ainda, que a incapacidade seja concomitante a condição de segurado. A lesão ou doença que o segurado já era portador antes da filiação ao regime geral conferirá direito ao benefício apenas quando a incapacidade originar da progressão ou agravamento da lesão ou doença acometida. - Soma-se aos pressupostos acima apontados a exigência de carência de 12 (doze) meses de contribuições mensais que será dispensada nos casos de doença profissional ou do trabalho, nos casos de acidente de qualquer natureza ou causa e de doenças e infecções especificadas em lista elaborada pelo Ministério da Saúde e da Previdência Social.

No presente caso, observa-se do conjunto probatório que a autora fora acometida de cegueira e, portanto, não há necessidade de comprovação do período de carência, nos termos do art. 151 da Lei nº 8.213/91. - A manutenção da qualidade de segurada também se fez presente, pois se observa do conjunto probatório que a autora somente deixou de trabalhar em razão da patologia, forte no § 1º, do artigo 102 da Lei nº 8.213/91: - O termo inicial do benefício deve ser fixado na data do requerimento administrativo, pois a autora já estava incapacitada para o trabalho naquela oportunidade."[11]

Ainda merece referência o manuseio **do princípio da boa-fé objetivo no âmbito do direito previdenciário.** No caso julgado baixo, o beneficiário diligente não pode ser prejudicado pela desídia do Poder Público: "O termo ini-

10 TRF3, Apelação Cível nº 1541909.

11 TRF3, Apelação Cível nº 1711473.

cial do benefício previdenciário de pensão por morte deve ser a data do óbito, porquanto a autora não pode ser penalizada em decorrência de retardamento oriundo de falhas do serviço público.

2. O termo inicial do benefício, a teor da previsão expressa no Art. 74, I, da Lei 8.213/91, será a data do falecimento do segurado, quando o requerimento administrativo ocorrer dentro do prazo de 30 dias a contar do óbito.

3. A demora na análise do recurso administrativo e a não formalização do protocolo do requerimento de pensão não se deram por desídia da autora, mas sim por deficiência peculiar aos mecanismos do INSS e a falta de preparo de seus servidores que, ao que parece, desconhecem as próprias normas internas, como as citadas Instruções Normativas."[12]

O presente texto ainda merece ser sulcado com referência **à tutela coletiva bem manuseada pela DPU**. Destacamos no caso abaixo, a interpretação que não limita a possibilidade de ações coletivas e restringe a aplicação do parágrafo único do artigo 1º, da LACP: "1. A Defensoria Pública da União possui legitimidade ativa para promover ação civil pública e todas as espécies de ações capazes de propiciar a adequada tutela dos direitos difusos, coletivos ou individuais homogêneos quando o resultado da demanda puder beneficiar grupo de pessoas hipossuficientes (Art. 4º, VII, LC 80/94. Art. 5º, Lei 7.347/85. Art. 81 do CDC. Art. 134 da CF).

2. São de natureza transindividual os 'direitos individuais homogêneos, ainda que disponíveis e divisíveis, quando na presença de relevância social objetiva do bem jurídico tutelado (a dignidade da pessoa humana, a qualidade ambiental, a saúde, a educação, para citar alguns exemplos) ou diante da massificação do conflito em si considerado. Precedentes', conforme já decidiu o E. STJ.

3. A jurisprudência, em interpretação teleológica, firmou-se no sentido de restringir o alcance do Art. 1º, parágrafo único, da Lei 7.347/85, fazendo-o incidir apenas em pretensões de natureza tributária, já que interesses de contribuintes não se confundem com os de consumidores, e que a ação, nestes casos, assumiria vestes de ação direta de inconstitucionalidade. Precedente do STJ.

4. É vedada a invocação do fundo contábil - FAT (Fundo de Amparo ao Trabalhador) - criado a partir de contribuições, arrecadações e repasses para o exclusivo fim de fazer incidir à espécie o dispositivo que excepciona o manejo da ação civil pública, porquanto não há discussão direta acerca do fundo e das contribuições a ele destinadas. A demanda gira em torno de um dos requisitos do benefício de seguro-desemprego e da validade da sentença arbitral, pouco importando o respectivo custeio.

12 TRF3, Apelação Cível nº 1618612.

5. Afastada a carência da ação, por impossibilidade jurídica do pedido ou inadequação da via e, por conseguinte, anulada a sentença.

6. A indisponibilidade dos direitos trabalhistas e previdenciários, como o seguro-desemprego, é atributo que não se deve invocar com a finalidade de prejudicar os destinatários das normas, no caso, trabalhadores e segurados da Previdência. A natureza do seguro-desemprego é indissociável do interesse público, haja vista que a concessão de referido benefício visa a amparar o cidadão surpreendido pela contingência prevista na lei. Sua negativa, sem motivo outro que não a alegada imprevisão legal da arbitragem de produzir efeitos nessa seara, quando cediço que o árbitro decide a relação posta à sua apreciação com iguais poderes e responsabilidades de um juiz togado, ao contrário do que se pretende induzir, é que prejudica o direito indisponível *sub judice*, e não a arbitragem, realizada sob os ditames legais.

7. A sentença arbitral, tal qual a sentença judicial, produz efeitos em relação a terceiros, sendo facultado a esses discutir eventual prejuízo a seus interesses jurídicos (O efeito intra partes diz respeito tão somente à imutabilidade do provimento). Nos termos do Art. 18 da Lei de Arbitragem, a sentença arbitral não vincula a produção de efeitos a recurso ou homologação pelo Poder Judiciário.

8. Homologada a rescisão contratual por Juízo Arbitral, não cabe à União Federal questionar se aquele juízo poderia ou não ter homologado a rescisão ou se caberia apenas ao sindicato da categoria ou ao órgão do Ministério do Trabalho. A arbitragem pode ser questionada enquanto meio de quitação geral do contrato de trabalho, em respeito ao princípio da proteção do trabalhador, mas não em relação aos efeitos que produz perante a União e seu dever de amparar o trabalhador dispensado sem justa causa.

9. Preenchidos os requisitos previstos no Art. 3º da Lei 7.998/90, terá direito à percepção do seguro-desemprego o trabalhador dispensado sem justa causa, afigurando-se meramente exemplificativo o rol dos documentos aceitos pelo Art. 4º da Resolução 467 do CODEFAT. Precedentes.

10. Preliminar rejeitada. Apelo provido para afastar a carência de ação. Procedência do pedido deduzido pela Defensoria Pública Federal, para determinar que a União Federal reconheça a validade da sentença arbitral para fins de concessão de seguro-desemprego."[13]

Por oportuno, citamos a relevante atuação da Defensoria Pública da União em ações coletivas, **mesmo antes da Lei 11.448/07:** "Entretanto, a jurispru-

13 TRF3, Apelação Cível nº 1771149. PROCESSO CIVIL. APELAÇÃO. AÇÃO CIVIL PÚBLICA PROPOSTA PELA DEFENSORIA PÚBLICA DA UNIÃO. SEGURO-DESEMPREGO. RESCISÕES DE CONTRATO DE TRABALHO HOMOLOGADAS POR SENTENÇA ARBITRAL. LEGITIMIDADE ATIVA DA DEFENSORIA PÚBLICA DA UNIÃO. ART. 4º, VII, DA LC 80/94. ART. 5º DA LEI 7.347/85. ART. 81 DO CDC. SENTENÇA ARBITRAL. POSSIBILIDADE. PRECEDENTES. APELAÇÃO PROVIDA.

dência já agasalhava algumas das atuações da Defensoria no campo da tutela coletiva, mesmo quando não tinha por objeto uma relação de consumo. Exemplo claro disso foi a ação civil pública proposta pelo Núcleo da Defensoria Pública da União em Belém-PA, em face da União, do Estado do Pará e do município de Belém (litisconsórcio passivo), para a defesa coletiva das crianças e dos adolescentes necessitados e em situação de risco que vivem nas ruas da cidade de Belém, tendo sido deduzidos os seguintes pedidos. (Proc. originário nº 2004.39.00.010412-6 (Justiça Federal de Belém): 'a.2) o encaminhamento aos pais ou responsáveis, mediante termo de responsabilidade, das crianças que possuam família nesta cidade; a.3) a inclusão das crianças, ou da família, no Programa do Governo Federal, *FOME ZERO*, *BOLSA FAMILIA*, e outros do gênero de nível estadual e municipal; a.4) o imediato tratamento médico das crianças e adolescentes viciados em substancias entorpecentes e acometidos de algum tipo de moléstia; a.5) a lavratura de assento de nascimento das crianças e dos adolescentes que não possuam registro. a.6) a matrícula e frequência obrigatória das crianças e adolescentes em estabelecimento oficial de ensino fundamental.'

Recebida a inicial na Justiça Federal de primeira instância, logo sobreveio decisão considerando a Defensoria Pública da União parte ilegítima para figurar no polo ativo, uma vez que não estaria contemplada no rol de legitimados do art. 5º da Lei nº7.347/85, sendo determinado o encaminhamento dos autos ao Ministério Público Federal, para, querendo assumir a titularidade da ação, o que de fato foi feito. Irresignada, a Defensoria Pública Federal interpôs agravo de instrumento, com pedido liminar, contestando a sua exclusão da lide por suposta ilegitimidade ativa.

A argumentação da Defensorias Pública restou aceita, tendo sido vazada a decisão monocrática do Tribunal Regional Federal (1ª Região) em 6 de julho de 2006, nos termos do parecer favorável do Ministério Público Federal, *verbis:* 'Ora, sendo a Defensoria Pública o órgão estatal destinado à promoção do direito fundamental à inafastabilidade da jurisdição (CF, art. 5º, XXXV) em relação aos necessitados (CF, art 5º, LXXIV, c/c art. 134) certamente a ela é permitido valer-se de quaisquer medidas judiciais adequadas à defesa dos direitos metaindividuais das pessoas carentes podendo, assim, dispor da ação civil pública como legitimo instrumento de atuação.

Essa, alias, parece ser a orientação adotada no âmbito de nossa Corte Suprema, conforme se pode divisar a partir de manifestações dos Ministros Sepúlveda Pertence e Ellen Gracie, respectivamente na ADI 558 MC/RJ (DJ de 16/08/1991) e RCL 2466/RJ (DJ de 5.12.2003). Assim, em um exame preliminar e superficial, diviso presentes os requisitos autorizantes para a concessão do efeito suspensivo pretendido pelo que o defiro' (Agravo de Instrumento nº 2005.01.00.038978-5/PA, Tribunal Regional Federal da 1ª Região, rel. Juiz federal conv. Carlos Augusto Pires Brandão)."[14]

Em suma, a DPU exerce importante papel na implementação do acesso à Justiça, cujo termo deve ser considerado em sentido amplo, junto às instâncias federais, ainda mais distantes da realidade social brasileira.

3. A ATUAÇÃO CRIMINAL FEDERAL

No âmbito penal, a atuação da Defensoria Pública da União é mais áspera, diante de **uma jurisprudência ainda conservadora e sobremodo recrudescida**.

Porém, podemos destacar alguns pontos favoráveis à defesa.

O primeiro caso traz o trabalho defensivo **na dosimetria da pena**: "1. A r. sentença reconheceu o concurso material entre as condutas a saber: a) receber, ter em depósito e ocultar mercadoria estrangeira introduzida clandestinamente iludindo o pagamento de tributos (CP, art. 334, alíneas "c" e "d"); b) transportar, comercializar esses produtos (art. 15 da Lei 7802/89), porém, bem se observou tratar de concurso formal impróprio, pois, embora os crimes resultem de conduta única, a mesma foi praticada objetivando o atingimento de bens jurídicos distintos.

2. Discussão irrelevante nos autos, uma vez que o valor dos impostos alfandegários é menor que o estipulado pela novel legislação como lesivo à sociedade, absolvendo-se o réu quanto ao primeiro delito.

3. Aplicação do princípio da insignificância, tanto em virtude de farta jurisprudência, quanto do disposto no artigo 543-C do Código de Processo Civil (atual art. 1036 do NCPC) e na Resolução nº 8 do C. Superior Tribunal de Justiça. No caso, o valor do tributo devido é inferior a R$ 10.000,00 (dez mil reais) - artigo 20 da Lei nº 10.522/02, com a alteração dada pela Lei nº 11.033/04 - e a Portaria do Ministério da Fazenda nº 75, de 22 de março de 2012, atualizou o valor para R$ 20.000,00 (vinte mil reais).

4. A pena fixada na sentença para a conduta prevista no art. 15 da Lei nº 7802/89 foi de 2 (dois) anos de reclusão e 30 dias-multa, à razão de 1/30 do salário mínimo vigente no país à época dos fatos, a qual se tornou definitiva na ausência de agravantes ou atenuantes e causas de aumento de pena.

14 ORDACGY, André da Silva. *Primeiras impressões sobre a Lei nº 11.448/07 e a atuação da Defensoria Pública da União na tutela coletiva. In:* A Defensoria Pública e os processos coletivos. Rio de Janeiro: *Lumen Juris*, 2008.

5. O réu era, de fato, policial militar à época dos fatos, tornando forte o reconhecimento de que teria uma maior compreensão sobre a sua ilicitude, esperando-se dele uma conduta totalmente diversa no sentido de coibir a prática delitiva e não reforçá-la.

6. O contexto dos autos não gera dúvidas de que a conduta perpetrada está a merecer uma maior reprovação, porque, como da exordial se extrai, houve busca e apreensão e prisão temporária expedidos pela 1ª Vara de Naviraí, com origem na investigação que se denominou 'Operação Ceres', desvelando a existência de grandes organizações criminosas voltadas a importação de agrotóxicos oriundos do Paraguai, cujo envolvimento do acusado se constatou a partir de interceptações telefônicas pela Polícia Federal.

7. Ademais, a quantidade dos agrotóxicos, com potencial para o dano, conforme acima descrito, é expressiva, contribuindo para o acolhimento da tese acusatória.

8. A pena não pode ser aumentada diante do fato de o réu responder à ação penal nº 2008.60.06.000196-7, pelo delito de facilitação de contrabando ou descaminho. Há, para tanto, o óbice da Súmula nº 444 do Superior Tribunal de Justiça: 'É vedada a utilização de inquéritos policiais e ações penais em curso para agravar a pena-base.'

9. Aumento a pena-base imposta ao réu na sentença em 2/3, para 3 (três) anos e 4 (quatro) meses de reclusão, e 50 (cinquenta) dias multa, a qual, não existindo atenuantes ou agravantes, nem causas de diminuição ou aumento de pena a serem consideradas, tornou-se definitiva.

10. Acolhimento o recurso da acusação no que toca ao regime imposto, para que seja fixado, de início, o semiaberto nos termos do art. 33, §2º, b, do Código Penal, mantendo-se, no mais a sentença, inclusive quanto à impossibilidade de substituição da pena privativa de liberdade, considerando-se as circunstâncias do caso concreto.

11. Afastada, de ofício, a condenação pelo delito de descaminho, absolvendo o réu, nos termos do art. 386, III, do CPP. 12. Apelação da acusação parcialmente provida, para aumentar a pena-base aplicada ao delito previsto no art. 15, da Lei nº 7.802/89, fixando o regime inicial de cumprimento de pena semiaberto."[15]

Merece luz a aplicação do **princípio da insignificância**: "1. Apelação do réu Wellington contra sentença que condenou o condenou como incurso no artigo 334, §1º, "d", c.c. o artigo 62, IV, do Código Penal, e condenou o réu Joaquim como incurso no artigo 334, §1º, "d", do Código Penal.

15 TRF3, Apelação Criminal nº 47116, Desembargador Federal Luiz Stefanini.

2. As provas demonstram que as mercadorias apreendidas são cigarros produzidos no estrangeiro (origem paraguaia), consoante Auto de Infração e termo de Apreensão e Guarda Fiscal.

3. É preciso distinguir a importação de cigarro produzido no Brasil que se destina exclusivamente à exportação - é dizer, de importação proibida - e a importação de cigarro estrangeiro, sem o pagamento de tributos devidos com a internação. O primeiro fato - importação de cigarro produzido no Brasil e destinado exclusivamente à exportação - sujeita-se à tipificação legal do artigo 334 do Código Penal, na modalidade contrabando. O segundo fato - importação de cigarro de origem estrangeira, sem o pagamento de tributos devidos com a internação - amolda-se à tipificação legal do artigo 334 do Código Penal, na modalidade descaminho.

4. O Auto de Infração e Termo de Apreensão e Guarda Fiscal aponta avaliação das mercadorias (13.890 maços) em R$ 5.417,10 (cinco mil, quatrocentos e dezessete reais e dez centavos).

5. O valor dos tributos sonegados, para fins de aplicação do princípio da insignificância, deve ser determinado na forma do artigo 65 da Lei 10.833/2003. Precedentes desta Primeira Turma do Tribunal Regional Federal da 3ª Região.

6. Adotada a orientação jurisprudencial predominante para reconhecer a ausência de lesividade à bem jurídico relevante e aplicar à espécie o princípio da insignificância. Ressalva do ponto de vista pessoal do Relator.

7. A Lei 10.522/2002, em seu artigo 20, com a redação dada pela Lei nº 11.033/2004, afastou a execução de débitos fiscais de valor igual ou inferior a R$ 10.000,00, demonstrando a falta de interesse fiscal da Administração Publica relativo a tributos que não ultrapassem este limite monetário. E a Portaria MF nº 75, de 22/03/2012, majorou o valor anteriormente fixado para R$ 20.000,00.

8. O crime é de bagatela e a incidência do princípio da insignificância leva à atipicidade fática. Precedentes do Supremo Tribunal Federal, do Superior Tribunal de Justiça e desta Primeira Turma do Tribunal Regional Federal da 3ª Região.

9. Adotado o entendimento jurisprudencial dominante no sentido da aplicabilidade do princípio da insignificância, independente das circunstâncias de caráter pessoal, como a habitualidade delitiva. Ressalva do ponto de vista pessoal do Relator.

10. Tratando-se de absolvição do corréu Wellington em razão do reconhecimento da atipicidade da conduta, é de rigor a extensão dos efeitos ao corréu

Joaquim, ainda que este não tenha apelado, nos termos do artigo 580 do CPP - Código de Processo Penal."[16]

Nessa linha, ainda, "1. Apelação da defesa contra sentença que condenou o réu à pena de um ano e dois meses de reclusão, como incurso no artigo 334, "caput", do Código Penal.

2. O Auto de Infração e Termo de Apreensão e Guarda Fiscal aponta avaliação das mercadorias (mochilas, calculadoras, brinquedos, canetas, lápis etc.) em R$ 3.830,00 (três mil, oitocentos e trinta reais), equivalentes a US$ 1.643,49 (mil, seiscentos e quarenta e três dólares norte-americanos e quarenta e nove centavos), conforme laudo de exame merceológico.

3. O valor dos tributos devidos em razão da importação das mercadorias apreendidas é inferior a R$ 20.000,00 (vinte mil reais).

4. O valor dos tributos sonegados, para fins de aplicação do princípio da insignificância, deve ser determinado na forma do artigo 65 da Lei 10.833/2003. Precedentes.

5. A Lei 10.522/2002, em seu artigo 20, com a redação dada pela Lei nº 11.033/2004, afastou a execução de débitos fiscais de valor igual ou inferior a R$ 10.000,00 (dez mil reais), demonstrando a falta de interesse fiscal da Administração Publica relativo a tributos que não ultrapassem este limite monetário, e a Portaria MF nº 75, de 22/03/2012, majorou o valor anteriormente fixado para R$ 20.000,00.

6. O crime é de bagatela e a incidência do princípio da insignificância leva à atipicidade fática. Precedentes.

7. Aplicabilidade do princípio da insignificância, independente das circunstâncias de caráter pessoal, como a habitualidade delitiva."[17]

Além disso, a Defensoria Pública da União tem defendido a descriminalização das chamadas rádios comunitárias. Em artigo publicado no livro *Temas aprofundados da Defensoria Pública* (Juspodivm), o Defensor Público Federal André Carneiro Leão traz relevante reflexão.[18] A realidade: "O avanço da tecnologia da informação não eliminou a comunicação social por intermédio do rádio. A transmissão da voz por meio da radiodifusão continua sendo uma das formas mais democráticas de comunicação entre pessoas no Brasil. Basta sintonizar um aparelho simples em uma das frequências de transmissão para se

16 TRF3, Apelação Criminal nº 49711. Juiz Convocado Márcio Mesquita.

17 TRF3, Apelação Criminal nº 37849. Juiz Convocado Márcio Mesquita.

18 LEÃO, André Carneiro. Artigo: *Rádios comunitárias no Brasil e Defensoria Pública da União: análise dos aspectos político criminais e dogmáticos de uma descriminalização possível.* In: RÉ; REIS. Temas aprofundados da Defensoria Pública – volume II, Ed. Juspodium, 2014.

permitir que o usuário tenha acesso a uma rede de informações, cultura e entretenimento. Até pouco tempo atrás, contudo, a utilização desse meio de comunicação por pessoas de baixa renda limitou-se, na maioria dos casos, a uma participação passiva, isto é, apenas como destinatários da ação comunicativa. Com efeito, ainda hoje, há uma enorme concentração das concessões para exploração do serviço de radiodifusão, o que torna o processo de novas concessões lento, limitado e muitas vezes inacessível para as classes mais baixas da população que desejem produzir elas próprias os seus conteúdos de informação e transmiti-los pelo rádio.

Não obstante a existência de vedação legal à exploração desses serviços sem a devida autorização pública, por desconhecimento ou por resistência, alguns grupos de pessoas têm criado programas voltados para ouvintes locais e, utilizando aparelhos transmissores simples, de baixo custo e de fácil manuseio, têm difundido uma cultura que é própria das comunidades periféricas e que não é costumeiramente divulgada nas programações comuns das emissoras já existentes.

Essa prática de manusear aparelhos de transmissão de informações por rádio, sem a devida autorização, tem sido, contudo, crescentemente criminalizada no Brasil, isto é, as agências estatais de controle social têm cada vez mais taxado como criminosa essa prática e optado por levar a efeito a sanção penal prevista em tipos penais abertos, característicos do direito penal neoliberal."

Posto o problema, o autor, após trabalhar com o direito fundamental à liberdade de expressão e comunicação, bem como com os princípios penais modernos da intervenção mínima e da tipicidade conglobante, pondera: "Se a liberdade de expressão, por qualquer meio de difusão, é elevada pela Constituição, que deveria ser a fonte de onde todas as demais normas do ordenamento jurídico retiram o seu fundamento de validade, e pelas normas internacionais ao patamar de direito humano fundamental, as restrições a esses direitos fundamentais, no regime democrático-constitucional, devem ser mínimas, reduzidas ao estritamente necessário. Acreditamos ser possível, pois, inferir desse raciocínio o princípio da intervenção mínima o qual implica uma política criminal minimalista e não expansionista. A pretensão de expansão desmesurada do Direito Penal vai de encontro, pois, a essa política criminal constitucional. (...) Entendemos, pois, que, seja qual for o tipo penal que se pretenda amoldar formalmente a conduta de exploração de serviços de radiodifusão sonora, o fato é que, tratando-se efetivamente de rádio comunitária, nos termos da lei (com uso de transmissores de baixa potência), seria ela materialmente atípica, diante da incidência do princípio da insignificância."

4. PASSO A PASSO DA ATUAÇÃO DO DEFENSOR PÚBLICO DA UNIÃO

Como todo Defensor Público, o da União deve buscar a solução mais rápida e satisfativa da questão a ele colocada. É importante, sempre, sejam oficiadas as instâncias administrativas para a colheita de informações e de explicações quanto às supostas resistências aos direitos dos usuários, salvo nas hipóteses de demandas urgentes.

No caso de benefícios previdenciários, há a "Câmara de Conciliação Previdenciária", que visa a garantir o direito ao recebimento dos benefícios previdenciários, sem judicialização.

5. FLUXOGRAMA– DEFENSOR PÚBLICO DA UNIÃO

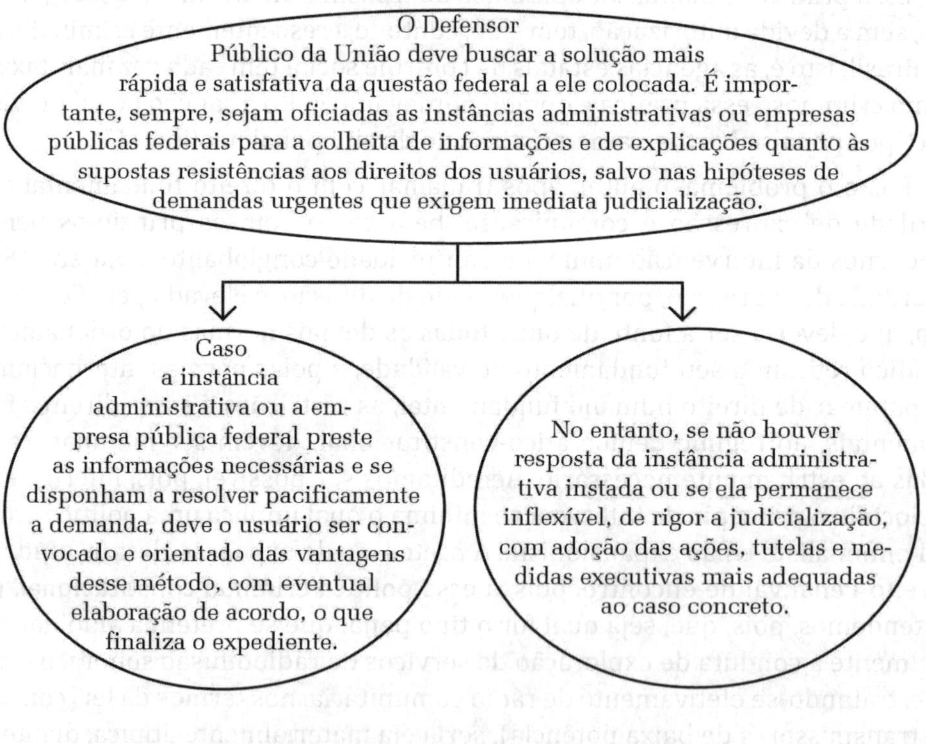

6. MODELO – AÇÃO CIVIL PÚBLICA[19]

Excelentíssimo(a) Senhor(a) Juiz(a) Federal da ___ Vara Cível da Subseção Judiciária de São Paulo

PAJ Nº 2007/020-01695

A **DEFENSORIA PÚBLICA DA UNIÃO**, instituição essencial à função jurisdicional do Estado, incumbindo-lhe a orientação jurídica e a defesa, em todos os graus, no âmbito da Justiça Federal, dos necessitados, que não possam pagar advogado ou não possam arcar com as custas processuais, situada na Rua da Consolação, nº 2005/2009, Consolação, São Paulo/SP, vem, com fulcro nos arts. 1º, II e III, e 5º, LXIX, LXX, LXXIV, LXXVII e 134 da Constituição Federal, na L. 9.265/96, no art. 5º, II, da L. 7.347/85, por intermédio do Defensor Público subscritor, impetrar **MANDADO DE SEGURANÇA COLETIVO COM PEDIDO LIMINAR** contra ato coator do Ilustríssimo **Senhor Delegado Superintendente da Polícia Federal** em São Paulo, com sede na Rua Hugo D'Antola, nº 95, Lapa de Baixo, São Paulo/SP, pela razões de fato e de direito que seguem expostas.

I. DOS FATOS

Compete à impetrante a assistência jurídica integral e gratuita, incluindo a orientação jurídica e a defesa no âmbito da Justiça Federal, de todos os que tenham sua hipossuficiência econômica comprovada, inclusive os estrangeiros que estejam no Brasil, temporária ou definitivamente.

Ao longo do tempo de funcionamento da Defensoria Pública da União em São Paulo vários foram os casos de indeferimento do pedido de isenção de taxas para emissão de Registro Nacional de Estrangeiro para hipossuficientes, fundamentando-se o órgão competente na ausência de previsão legal para isenção.

Já são inúmeros casos, trazidos a essa unidade da DPU, de estrangeiros hipossuficientes aos quais a Polícia Federal, em sua Superintendência em São Paulo, negou a gratuidade de taxa para a emissão da segunda via da Carteira de Identidade de Estrangeiro.

Um de seus assistidos, sr. Manoel de Almeida, impetrou, por intermédio desta Defensoria Pública, mandado de segurança com pedido liminar (doc. 1) com o escopo de obter nova via de seu RNE sem o pagamento das taxas usualmente cobradas, em razão de sua precária situação econômica.

Antecipados os efeitos do provimento jurisdicional, teve autor reconhecido seu direito à isenção das taxa imediatamente. Fundamentou-se assim a douta magistrada, nos autos nº 2007.61.00.001163-7:

"(...) Ressalvando-se que razão assiste à Douta Defensoria Pública ao alegar tratar-se tal concessão de gratuidade, diante da pobreza, modo de garantir-se a cidadania e dignidade da pessoa humana. Ora, o indivíduo residente há décadas no País deseja documento, expedição de segunda via, para realizar atos da vida civil. Dificultar o acesso a este

19 A presente peça foi colhida da *Revista da Defensoria Pública da União nº 3*, 1ª Edição, 2010. A autoria é do Defensor Público da União João Paulo de Campos Doroni.

documento, ainda mais sendo tal dificuldade advinda de caráter econômico-financeiro, infringe, senão a cidadania, pois se trata de brasileiro, com certeza a dignidade humana do indivíduo.

Outros sim, esta espécie de documento reconhece a pessoa no cerne da sociedade, bem como torna sua situação regular, de modo que, ainda que não haja ato civil algum a ser realizado, bastam estas considerações com a tão só potencialidade de em algum momento necessitar-se deste documento, para torná-lo um direito do indivíduo (...).

Em outro caso, fez-se o requerimento administrativo da isenção, em favor do sr. Jorge Ramirez Franco, não atendido pela Polícia Federal sob o argumento de "que não é possível a isenção da taxa de 2ª via de Cédula de Identidade para estrangeiros, tendo em vista a falta de previsão legal nos termos do art. 176 do Código Tributário Nacional. Outros sim entendo que a liminar concedida nos autos do processo nº 2007.61.00.001163-7 apenas beneficia o autor da demanda". (doc. 2)

De se destacar que o número de estrangeiros pobres que precisam regularizar sua situação no país é indubitavelmente maior do que este dos casos apresentados na Defensoria Pública da União.

São, em maioria, pessoas que deixam seu país de origem e aqui se instalam à procura de condições materiais mais favoráveis ao desenvolvimento de suas atividades.

O Departamento de Polícia Federal, responsável pela emissão das guias e o recolhimento das taxas de RNE, indiferente à situação exposta, não faz qualquer previsão, em seu rol de atos normativos, de isenção para os que não tenham como arcar com tais custos.

O pagamento das taxas e multas emitidas pelo Departamento de Polícia Federal é feito por meio de GRU, Guia de Recolhimento da União, normatizada pela Secretaria do Tesouro Nacional utilizada por todos os órgão federais.

As taxa para emissão da primeira via da carteira de estrangeiro é de R$ 124,23 (cento e vinte e quatro reais e vinte e três centavos). Outras vias do mesmo documento custam ao estrangeiro aqui residente R$ 305,03 (trezentos e cinco reais e três centavos), conforme tabela de receitas da Polícia Federal e guias de recolhimento que seguem em anexo (doc. 3).

Grande parte dos estrangeiros que constituem no Brasil novo domicílio não podem despender parte considerável de sua renda para custear os atos necessários para o exercício da cidadania, que lhes é prestados pela Polícia Federal quando da expedição de RNE, maculando-se a dignidade daqueles que se veem obrigados a optar pela manutenção de sua família em detrimento da obtenção de documento indispensável a realização dos atos da vida civil, mesmo havendo previsão constitucional, garantida como direito fundamental, de isenção para esse tipo de documento.

II. PRELIMINARMENTE

Da legitimidade ativa da Defensoria Pública da União

A regra constitucional relativa ao direito material do mandado de segurança, seja impetrado em sua forma individual ou coletiva, está prevista no art. 5º, LXIX, da Constituição Federal, no sentido de que a proteção engloba qualquer direito líquido e certo violado por ato de autoridade pública ou particular no exercício de função pública delegada, praticado com ilegalidade ou abuso de poder.

Os requisitos de admissibilidade de mandado de segurança, tanto individual como coletivo, estão no inciso LXIX do art. 5º, CF, que está em pleno acordo com a garantia constitucional do acesso à justiça. Portanto, o constituinte não criou um instituto independente e isolado no inc. LXX, mas apenas ampliou a legitimação ativa para a impetração do mandado de segurança em sua forma coletiva.

Ora, se o inc. LXIX não dispõe em sua redação a respeito dos legitimados a impetrar mandado de segurança coletivo, qualquer pessoa ou grupo de pessoas que titularize direito líquido e certo, não amparado por habeas corpus ou por habeas data, atingido por ato ilegal ou abusivo de autoridade coatora, pode impetrar mandado de segurança.

De se notar que não é compatível com essa ação interpretação restritiva quanto ao seu campo de aplicabilidade vez que sua natureza é de garantia constitucional fundamental.

Depois da entrada em vigor da Lei 11.448/2007, tem legitimidade para a propositura de Ação Civil Pública também a Defensoria Púbica, órgão ao qual incumbe a prestação de assistência jurídica, judicial e extrajudicial, integral e gratuita, aos necessitados, assim considerados na forma da lei.

Se é reconhecida a legitimidade da Defensoria Pública para propositura de Ação Civil Pública, seria um contrassenso não reconhecer também que, depois do advento da Lei 11.448/2007, tem o este órgão legitimidade para a impetração do Mandado de Segurança Coletivo.

A norma prevista no inciso LXX, do art. 5º, nada tem de direito material, sendo "simplesmente regra processual de legitimação ativa para a causa", conforme ensina Nelson Nery Jr. Assim, tal regra é definidora de apenas algumas das pessoas que possuem legitimação para a impetração do mandado de segurança coletivo. Conclui-se que tal norma traz listagem de legitimados meramente exemplificativa.

Não se olvide que o mandado de segurança coletivo é garantia fundamental, assim insculpido na Constituição da República. Tratando-se de uma garantia fundamental, sua interpretação sempre será extensiva, ou melhor, sempre será a que lhe trouxer a maior efetividade possível.

Nesse sentido, indiscutível a legitimação de partidos políticos, sindicatos, entidades de classe ou associação regularmente constituída e em funcionamento há pelo menos um ano, já que expressamente arrolados no inc. LXX do art. 5º.

Certo é, todavia, que o verdadeiro escopo da norma foi assegurar que esses entes tivessem legitimidade para impetrar o mandado de segurança coletivo. Isso não exclui, portanto, que outros órgãos possam gozar da mesma legitimação. Dar eficácia ao dispositivo constitucional que prevê o mandado de segurança coletivo é garantir que todos aqueles entes que tenham representatividade adequada possam tutelar direitos difusos, coletivos ou individuais homogêneos, alcançando-se, assim, o acesso à justiça.

Note-se que, de outro modo, como estariam protegidos os direitos dos hipossuficientes, se não fosse por intermédio da Defensoria Pública, instituição essencial à função jurisdicional do Estado e responsável pelo direito fundamental à assistência jurídica gratuita, como dispõem o art. 134 e 5º, LXXIV, da CF?

A legitimação da Defensoria Pública da União para o ajuizamento de ação civil pública, como lhe assegura o art. 5º, II, da L. 7.347/85, evidencia a sua representatividade no trato dos direitos coletivos, notadamente em relação àqueles próprios dos necessitados que a ela cabe assistir.

Inviabilizar-se a impetração de mandado de segurança coletivo, neste ponto, é inviabilizar o acesso à justiça e à celeridade processual, direitos fundamentais assegurados nos incs. XXXV e LXXVIII, do art. 5º, CF, ocasionando a impetração de inúmeros mandados de segurança individuais e fatalmente trazendo o risco de decisões conflitantes.

Assim, embora não expressamente enumerado no inicio LXX, do art. 5º, à Defensoria Pública também cabe a interposição de Mandado de Segurança Coletivo para defesa dos direitos coletivos, notadamente dos hipossuficientes.

III. DO FUNDAMENTO JURÍDICO

As disposições constitucionais violadas

Ao impedir que os estrangeiros hipossuficientes tenham acesso ao seu documento de identificação, viola o impetrado dois dos princípios fundamentais da República Federativa do Brasil dispostos no art. 1º, II e III da Constituição Federal: a cidadania e a dignidade da pessoa humana.

O ato coator priva os pacientes do acesso ao seu documento de identificação oficial, cuja utilidade é indispensável para a prática dos mais relevantes atos da vida civil.

Documentos como este fixam as condições jurídicas de cada cidadão e representam uma segurança não só para o indivíduo, como também para aqueles com quem se relaciona e para o próprio Estado, interessado maior na prática regular dos atos emanados daqueles que no Brasil residem, bem como dos negócios que aqui realizam.

Fere-se a dignidade dos pacientes quando privados de identificação por documento oficial pelo único motivo de serem pessoas pobres, na acepção do termo: não têm condições de pagar uma taxa que corresponde a fração considerável de sua baixíssima verba mensal auferida.

É sabido que a dignidade é a qualidade de cada pessoa humana que a faz merecedora de respeito por parte do Estado, implicando vários direitos e deveres fundamentais que lhe assegurem contra todo e qualquer ato de cunho degradante, garantindo-lhe as condições mínimas para uma vida digna. Nesse sentido:

"Considerando que toda Constituição há de ser compreendida como uma unidade e como um sistema que privilegia determinados valores sociais", como ensina Flávia Piovesan, 'pode-se afirmar que a Carta de 1988 elege o valor da dignidade da pessoa humana como um valor essencial que lhe dá unidade de sentido. Isto é, o valor da dignidade da pessoa humana informa a ordem constitucional de 1988, imprimindo-lhe uma feição particular".[20]

Portanto, defende-se a dignidade da pessoa humana para que o indivíduo possa realizar totalmente as suas necessidades básicas, o que já se chamou de piso vital mínimo.

O que de mais grave se observa no ato coator do impetrado é que desconsiderou a qualidade de hipossuficiente dos pacientes, negando-lhes, motivado pelo princípio da

20 *Direitos humanos e o direito constitucional internacional.* 2. ed. São Paulo: Max Limonad, 1997, p. 59.

legalidade dos atos administrativos, o acesso ao principal documento de identificação dos estrangeiros no país.

O princípio da legalidade, contudo, não pode ser interpretado em dissonância ao da dignidade da pessoa humana. Não se pode considerar a ausência de lei específica sobre determinada matéria motivo suficiente para deixar de aplicar, nos casos concretos, o que foi determinado genericamente na Constituição Federal.

Aliás, como se trata de direito fundamental, a norma que garante a gratuidade dos atos necessários ao exercício da cidadania tem aplicabilidade imediata, como dispõe o § 1º do art. 5º da Constituição da República. Como ensina Flávia Piovesan:

"Atente-se ainda que, no intuito de reforçar a imperatividade das normas que traduzem direitos e garantias fundamentais, a Constituição de 1988 institui o princípio da aplicabilidade imediata dessas normas, nos termos do art. 5º, parágrafo 1º. Este princípio realça a força normativa de todos os preceitos constitucionais referentes a direitos, liberdades e garantias fundamentais, prevendo um regime jurídico específico endereçado a estes direitos".[21]

A falta de previsão para isenção de taxas de valor tão considerável, portanto, só faz aumentar os índices de estada irregular de estrangeiro no país, situação indesejável tanto para o particular, que se vê impedido da prática de alguns dos mais importantes atos de sua vida civil, bem como para o Estado, que passa a não mais ter controle dos atos daqueles que acolheu.

Não pode o Estado considerar em situação irregular aqueles que, ainda que dispostos a manterem-se em dia com determinadas obrigações, sejam privados do acesso à regularização de sua situação documental por ação ou omissão ilegal sua.

Se procuram os estrangeiros aqui residentes, ainda que hipossuficientes, o Departamento de Polícia Federal para regularização de sua estada, presumível que agem com o ânimo de estabelecer suas relações dentro da mais estrita legalidade.

O artigo 1º, inciso V, da Lei nº 9.265/1996.

O ato administrativo ora guerreado padece de ilegalidade vez que afronta o determinado pela Lei nº 9.265/1996 em seu artigo 1º, inciso V, que regulamenta o inciso LXXVII do art. 5º da Constituição Federal, *in verbis:*

Art. 1º: São gratuitos os atos necessários ao exercício da cidadania, assim considerados: V – quaisquer requerimentos ou petições que visem as garantias individuais e a defesa do interesse público.

O art. 5º, LXXVII, que se insere no rol dos direitos e garantias fundamentais, estabelece serem gratuitas as ações de habeas corpus e habeas data, na forma da lei, bem como os atos necessários ao exercício da cidadania.

Ao alegar que não há previsão legal de isenção para as taxas relativas à emissão de RNE, cédula de identidade dos estrangeiros no país, desconsiderando que o art. 1°, inc. V, da Lei 9.265/1996 aplica-se ao presente caso, o Delegado de Polícia Federal interpreta de forma demasiado restritiva a lei, não atinando para o fato de que tal cédula de identidade de estrangeiro é fundamental para a prática dos atos de cidadania, incluindo-se no rol das garantias individuais elencadas no art. 5º da Carta Magna.

---

21 *Direitos humanos e o direito constitucional internacional*. 2. ed. São Paulo: Max Limonad, 1997.

Ao contrário do que argumenta a autoridade coatora, não padece do vício de ilegalidade o ato que venha a conferir gratuidade à emissão da segunda via de RNE pois de acordo com o inciso V, art. 1º da referida lei, que regulamenta o inciso LXXVII do art. 5º da Constituição Federal.

O § 1º, artigo 1º da Lei nº 9.534/1997.

Os argumentos acima expostos podem ser corroborados pela aplicação, por analogia, da Lei 9.534/1997 que se destina a disciplinar a gratuidade dos atos necessários ao exercício da cidadania e registros públicos:

Art. 1º: O art. 30 da Lei nº 6.015, de 31 de dezembro de 1973, alterada pela Lei nº 7.844, de 18 de outubro de 1989, passa a vigorar com a seguinte redação: "Art. 30. Não serão cobrados emolumentos pelo registro civil de nascimento e pelo assento de óbito, bem como pela primeira certidão respectiva.

§ 1º Os reconhecidamente pobres estão isentos de pagamento de emolumentos pelas demais certidões extraídas pelo cartório de registro civil.

§ 2º O estado de pobreza será comprovado por declaração do próprio interessado ou a rogo, tratando-se de analfabeto, neste caso, acompanhada da assinatura de duas testemunhas.

Destarte, como se faz indispensável o RNE para que os estrangeiros possam regularmente exercer os atos da vida civil e, sendo pessoas pobres, é-lhes cabível a isenção de taxa de emissão de RNE e suas vias.

VI. DA ANTECIPAÇÃO DE TUTELA

Requer-se antecipação dos efeitos da tutela pretendida para que seja concedida gratuidade de taxa para a emissão de qualquer via do RNE, de imediato, eis que presentes todos os seus requisitos ensejadores dispostos no artigo 273 do Código de Processo Civil, na forma do artigo 12 da Lei nº 7.374/1985.

Há iminente receio de dano irreparável ou de difícil reparação à dignidade dos estrangeiros que vivem no Brasil, privados da prática de vários dos mais importantes atos da vida em sociedade.

Desnecessário taxar os riscos daqueles que transitam sem documento hábil que os identifique, tampouco os constrangimentos e dificuldades a que estão submetidos quando da ausência de sua carteira de identidade. Daí considerar-se o perigo na demora da prestação jurisdicional.

Existe prova inequívoca de que os atos emanados da Polícia Federal, ilegais que são, ferem os princípios constitucionais da cidadania e da dignidade da pessoa humana, vez que indeferem, por várias vezes seguidas, o pedido de isenção da taxa para emissão do documento e outras vias.

A plausibilidade do direito se mostra clara eis que violados os artigos 1º, II e III e 5º, LXXVII da Constituição da República.

Sendo assim, requer seja antecipada a tutela para determinar a gratuidade na emissão da Cédula de Identidade de Estrangeiro, bem como outras de suas vias, independentemente do pagamento das taxas.

V. DO PEDIDO

Pelo exposto, requer-se:

a) a concessão de liminar pleiteada, antecipando-se o provimento jurisdicional final, determinando-se à Polícia Federal que expeça qualquer das vias do Registro Nacional de Estrangeiro independentemente do pagamento de taxas, desde que se trate de pessoa pobre, nos termos da lei, aplicando-se multa diária, em caso de descumprimento, a critério do juízo, conforme o artigo 537 do Novo Código de Processo Civil;

b) a convolação da medida liminar em definitiva, concedendo-se a segurança ora pleiteada;

c) a notificação do coator para que preste informações;

d) a intimação do Ministério Público Federal nos termos do art. 10 da Lei 1.533/1951;

e) a observância do prazo em dobro, da intimação pessoal e da vista pessoal fora de cartório aos membros da Defensoria Pública da União, nos termos do art. 44, I e VI, da Lei Complementar 80/94.

Dá-se à causa o valor de R$ 1.000,00 (mil reais).

São Paulo, 18 de maio de 2007.

João Paulo de Campos Dorini
Defensor Público da União

Danielly Salviano Pereira Silva
Estagiária da DPU

7. QUESTÕES DE CONCURSOS

01. (Defensoria Pública da União – 2010 – CESPE) 1. Com base no direito previdenciário, julgue os itens seguintes.

(1) Caso a CF previsse que determinado benefício previdenciário deveria abranger somente os empregados urbanos, rurais e trabalhadores avulsos, norma infraconstitucional posterior que fosse editada estendendo o benefício aos contribuintes individuais, com a precedente fonte de custeio, deveria ser considerada constitucional.

(2) A qualidade de segurado obrigatório está insitamente ligada ao exercício de atividade remunerada, com ou sem vínculo empregatício, de modo que, para um indivíduo ser considerado segurado obrigatório, a remuneração por ele percebida pelo exercício da atividade deve ser declarada e expressa, e não, meramente presumida.

(3) Suponha que João, servidor público federal aposentado, tenha sido eleito síndico do condomínio em que reside e que a respectiva convenção condominial não preveja remuneração para o desempenho dessa função. Nesse caso, João pode filiar-se ao Regime Geral da Previdência Social (RGPS) na condição de segurado facultativo e formalizar sua inscrição com o pagamento da primeira contribuição.

(4) Considere que Pedro explore, individualmente, em sua propriedade rural, atividade de produtor agropecuário em área contínua equivalente a 3 módulos fiscais, em região do Pantanal mato-grossense, e que, durante os meses de dezembro, janeiro e fevereiro de cada ano, explore atividade turística na mesma propriedade, fornecendo hospedagem rústica. Nessa situação, Pedro é considerado segurado especial.

(5) Considere que Lucas tenha exercido, individualmente, de modo sustentável, durante toda a vida, a atividade de seringueiro na região amazônica, tendo os frutos dessa atividade sido sua única fonte de renda. Após o falecimento dele, os herdeiros — demonstrados os pressupostos de filiação — poderão requerer a inscrição de Lucas, como segurado especial, no RGPS.

02. (Defensoria Pública da União – 2007 – CESPE) 2. Julgue os itens seguintes.

(1) O auxílio-reclusão será devido, nas mesmas condições da pensão por morte, aos dependentes do segurado recolhido à prisão, exceto se esta se deu em decorrência do cometimento de crime hediondo.

(2) De acordo com a legislação previdenciária, salvo no caso de direito adquirido, não é permitido o recebimento conjunto, pelo RGPS, dos seguintes benefícios: mais de uma aposentadoria; salário-maternidade e auxílio-doença; assim como mais de um auxílio-acidente.

(3) Considere que Albertina tenha trabalhado como empregada da empresa FC Máquinas Ltda. durante o período de junho/1992 a dezembro/2003, quando foi demitida. Ainda desempregada, em junho/2006, sofreu um atropelamento que a incapacitou temporariamente para o trabalho. Nessa situação, Albertina não terá direito ao recebimento de auxílio-doença porque já perdeu a qualidade de segurada.

(4) A concessão dos benefícios de pensão por morte, auxílio-reclusão, salário-família e auxílio-acidente independe de carência.

03. (Defensoria Pública da União – 2010 – CESPE) 3. Acerca dos juizados especiais federais cíveis, julgue os itens subsequentes.

(1) Ajuizada ação de consignação em pagamento em juizado especial federal, este será incompetente se, na consignatória, além das prestações vencidas, estiverem sendo cobradas as prestações vincendas que, no curso da lide, possam vir a superar o limite de 60 salários-mínimos.

(2) As leis que disciplinam os juizados especiais vedam o acesso das partes à ação rescisória, mas essa vedação não atinge a possibilidade de ajuizamento de ação declaratória da inexistência de ato processual. Por causa disso, diante de vício grave e de tal natureza, a parte prejudicada terá acesso à *querella nullitatis.*

04. (Defensoria Pública da União – 2007 – CESPE) 4. Julgue o seguinte item:

(1) Nas hipóteses de grave violação de direitos humanos, o Procurador-Geral da República, com a finalidade de assegurar cumprimento de obrigações decorrentes de tratados internacionais de direitos humanos dos quais o Brasil seja parte, poderá suscitar, perante o STJ, em qualquer fase do inquérito ou processo, incidente de deslocamento de competência para a justiça federal.

05. (Defensoria Pública da União – 2010 – CESPE) 5. Acerca do Poder Judiciário, julgue os próximos itens.

(1) Compete ao STF julgar ação civil pública proposta contra ato praticado pelo Conselho Nacional de Justiça.

(2) O credor pode ceder a terceiros, total ou parcialmente, seus créditos em precatórios, de qualquer valor e natureza, independentemente da concordância do devedor.

06. (Defensoria Pública da União – 2007 – CESPE) 6. Com relação à ação civil pública, julgue os itens subsequentes.

(1) Os efeitos da sentença que julga procedente a pretensão aviada em ação civil pública são limitados à competência territorial do órgão prolator, sendo inviável, sob pena de ofensa ao princípio da coisa julgada, a extensão dos efeitos dessa sentença a todo o território nacional. Assim, a execução dessa sentença só poderá ser promovida pelas pessoas atingidas pela ilegalidade reconhecida por ela e desde que domiciliadas na área de abrangência da decisão.

(2) Poderá ocorrer litispendência entre duas ou mais ações coletivas e entre duas ou mais ações individuais, mas não entre uma ação individual e uma coletiva, ainda que essas tenham objeto idêntico. Para que haja litispendência, é necessário identidade de partes, de pedido e de causa de pedir. Não havendo a tríplice identidade, inexiste litispendência.

(3) Como a OAB não tem personalidade jurídica de direito público e não possui qualquer vínculo funcional ou hierárquico com a administração pública, as ações civis públicas por ela ajuizadas, por intermédio de uma de suas seccionais, independentemente da matéria nelas discutida, serão processadas e julgadas pelo juízo cível estadual do local onde se situar a sua sede.

GABARITO

Questão 1	1 CORRETA, 2 ERRADA, 3 ERRADA, 4 CORRETA, 5 CORRETA
Questão 2	1 ERRADA, 2 CORRETA, 3 ERRADA, 4 CORRETA
Questão 3	1 ERRADA, 2 CORRETA.
Questão 4	1 CORRETA
Questão 5	1 ERRADA, 2 CORRETA
Questão 6	1 CORRETA, 2 CORRETA, 3 ERRADA

QUESTÃO COMENTADA

(Defensoria Pública da União – 2007 – CESPE) 6. Com relação à ação civil pública, julgue os itens subsequentes.

(1) Os efeitos da sentença que julga procedente a pretensão aviada em ação civil pública são limitados à competência territorial do órgão prolator, sendo inviável, sob pena de ofensa ao princípio da coisa julgada, a extensão dos efeitos dessa sentença a todo o território nacional. Assim, a execução dessa sentença só poderá ser promovida pelas pessoas atingidas pela ilegalidade reconhecida por ela e desde que domiciliadas na área de abrangência da decisão.

Infelizmente, hoje, ainda prevalece este entendimento no Superior Tribunal de Justiça, que ratifica a plena vigência do artigo 16 da LACP. Apesar dos termos absolutos "todo" e "só", segundo o entendimento atual da jurisprudência, a assertiva está correta.

(2) Poderá ocorrer litispendência entre duas ou mais ações coletivas e entre duas ou mais ações individuais, mas não entre uma ação individual e uma coletiva, ainda que essas tenham objeto idêntico. Para que haja litispendência, é necessário identidade de partes, de pedido e de causa de pedir. Não havendo a tríplice identidade, inexiste litispendência.

(3) Como a OAB não tem personalidade jurídica de direito público e não possui qualquer vínculo funcional ou hierárquico com a administração pública, as ações civis públicas por ela ajuizadas, por intermédio de uma de suas seccionais, independentemente da matéria nelas discutida, serão processadas e julgadas pelo juízo cível estadual do local onde se situar a sua sede.

Está errada, pois, conforme a matéria, a ação deve ser proposta perante a Justiça Federal.

CAPÍTULO X

ÉTICA DO DEFENSOR PÚBLICO

1. INTRODUÇÃO

O dever principal do Defensor Público é prestar **um serviço de assistência jurídica qualificado como integral, satisfativo, eficiente, acessível, informativo e exaustivo.**

De fato, deve ser **integral** no sentido de completo, suficiente, que atenda aos interesses legítimos dos usuários, sem formalismos ou burocracia. Ou seja, o serviço prestado pela Defensoria Pública deve ser o suficiente ao melhor encaminhamento jurídico da questão posta.

Deve ser **satisfativo** na medida em que corresponda às expectativas sociais, mesmo que seja apenas para bem orientar o usuário do não cabimento da medida. De fato, não significa que o Defensor Público deva, em qualquer caso, atender às pretensões a ele apresentadas, senão avaliá-las com cautela e zelo, para se posicionar diante da questão, **segundo sua independência funcional, mas sempre sem perder de vista "a responsabilidade da tutela da chama"**, é dizer, a obrigação de buscar, com toda a energia, a defesa dos direitos viáveis a ele apresentados.

Eficiente no sentido de que esse processo de concretização dos direitos se desenvolva com o mínimo gasto possível das energias temporal, pessoal, institucional, orçamentária e psicológica.

Além disso, o serviço deve **ser acessível**. Para isso, é crucial uma postura paciente, auditiva, serena e gentil do Defensor Público para que o usuário quebre as barreiras prejacentes entre ele e a Instituição, sem maiores esforços, bem como para que, uma vez conquistada a confiança do cidadão, possa o Defensor Público chegar até às realidades social, psíquica e jurídica do cidadão e lhe responder com exatidão e conhecimento de causa.

O atendimento deve ser o mais **claro e esclarecedor possível**, especialmente nos casos de denegação do atendimento por impossibilidade jurídica. De fato, se, em alguns casos, a pretensão do usuário não passa de uma ilusão, uma imaginação jurídica, mesmo assim tem ele o direito à informação circunstanciada, sem rebuscamentos, sobre essa inviabilidade. Apenas isso, na maioria das vezes, o satisfaz e restabelece a credibilidade na Instituição e na Justiça em sentido amplo. Também, é uma forma de respeito à dignidade humana.

Por fim, a assistência jurídica deve ser **exaustiva** no sentido de esgotamento das Instâncias judiciais viáveis. De fato, como já dissemos, **a independência funcional não autoriza o Defensor Público a renunciar ao recurso cabível e viável.** De fato, essa garantia possui certos limites formais e materiais.

De fato, ao Defensor Público não cabe decidir se recorre ou não diante de uma decisão desfavorável sujeita **à impugnação, ao menos, plausível.** É uma garantia do usuário decorrente diretamente do seu direito constitucional de ação ou de defesa.

No mérito, ainda, há certa matérias e teses presumidamente adequadas e úteis, tidas como necessárias a determinadas linhas de defesa. Por exemplo, deve o Defensor Público alegar a ilegalidade da sentença criminal que aplica um regime de pena privativa de liberdade mais rigoroso que o previsto em lei, apenas com base na gravidade abstrata do delito e sem motivação idônea. Por outro lado, é incompreensível que um Defensor Público não alegue a ilegalidade da internação do adolescente primário por suposta prática de ato infracional equiparado ao delito de tráfico de drogas.

Nas palavras de Paulo Galliez: "o Defensor Público investido no cargo tem o dever de patrocinar os interesses de seus assistidos, revelando eficiência e zelo no seu atuar, valendo-se para tanto das prerrogativas funcionais para assim agir.

Pelo princípio da independência funcional, os Defensores Públicos não estão obrigados a se submeter a entendimento de outro colega, tendo a opção de adotar posicionamento próprio.

Mas essa eventual divergência não enfraqueceria a unidade da Defensoria Pública? A indagação é pertinente, posto que o Defensor Público, como agente político do Estado, não pode dispor dos interesses de seus assistidos.

Na realidade, o assistido da Defensoria Pública tem direito à assistência jurídica integral, garantida constitucionalmente, e nessa condição o Defensor Público não poderá deixar de atuar, salvo se ocorrerem as exceções previstas em lei.

A exemplo do que ocorre com a Magistratura em relação à jurisdição e o Ministério Público em face da ação penal, pode-se afirmar que a Defensoria Pública detém a indisponibilidade da defesa da cidadania."[1]

Nessa empreitada, vale registrar ainda que **a Defensoria Pública paulista está prestes a aprovar, via deliberação do seu Conselho Superior, o seu Código de Ética** para os membros da Defensoria Pública do Estado de São Paulo e para todos aqueles que se sujeitam ao mesmo regime disciplinar, a partir das **diretrizes e da minuta aprovadas pelo Conselho Nacional dos Corregedores Gerais das Defensorias Públicas Estaduais, do Distrito Federal e da União (CNCG-DPE/DF/DPU)**, com destacado trabalho da então Corregedora-Geral paulista **Marcia Regina Garutti**, que se engajou nessa espinhosa empreitada de revisão do texto final, cujo resultado foi realmente digno de reconhecimento e divulgação.

Um código de ética mostra-se fundamental para a construção de uma Instituição realmente comprometida com seus valores e princípios, com a prestação de um serviço essencialmente público e necessariamente eficiente. Enfim, "as atividades dos Defensores Públicos exigem comportamentos compatíveis com o decoro e a moralidade pública, dada a natureza e a diversidade das atribuições institucionais." Ainda, reconhece-se "a necessidade de tornar transparentes as regras éticas de conduta dos membros da Defensoria Pública para que a sociedade possa aferir a integridade e a lisura de seus trabalhos e contribuir para o aperfeiçoamento dos padrões éticos" – os considerandos.

Diante disso, propôs-se a seguinte deliberação:

CÓDIGO DE ÉTICA

TÍTULO I

DAS DISPOSIÇÕES PRELIMINARES

Art. 1º - O Código de Ética dos membros da Defensoria Pública do Estado de São Paulo é instrumento de realização dos princípios e normas de conduta da Defensoria Pública e será aplicado extensivamente aos servidores, à Ouvidoria-Geral e demais Órgãos Auxiliares.

Art. 2º - O exercício das funções da Defensoria Pública exige dos integrantes da Instituição essencial à justiça, conduta compatível no exercício do cargo ou, quando a ele relacionado, fora dele, com os princípios constitucionais da legalidade, da moralidade, da publicidade, da eficiência, da efetividade, da independência, da supremacia do interesse público e com os demais preceitos da Constituição Federal, das Leis Orgânicas Nacional e Estadual, das normas regulamentares internas e com os preceitos deste Código.

1 GALLIEZ, Paulo. *Princípios Institucionais da Defensoria Pública. Lumen Juris.*

Art. 3º - O Código de Ética da Defensoria Pública do Estado de São Paulo tem por finalidades:

I – especificar as regras éticas de conduta dos membros da Defensoria Pública e, no que couber, aos seus servidores;

II – contribuir para o aperfeiçoamento dos padrões éticos da Defensoria Pública;

III – preservar a imagem e a reputação dos membros e servidores da Defensoria Pública;

IV - criar mecanismo de consulta na Corregedoria Geral, destinado a possibilitar o prévio e pronto esclarecimento de dúvidas quanto à conduta ética dos membros e servidores da Defensoria Pública;

V – dotar os órgãos correicionais da Defensoria Pública de mecanismos padronizados para atuação na prevenção e correção de condutas atentatórias à ética, no âmbito da Instituição e das atribuições.

TÍTULO II

DOS PRINCÍPIOS GERAIS

Art. 4º - Os membros da Defensoria Pública devem manter conduta compatível com os preceitos da Constituição, da Lei Orgânica, dos atos normativos emanados dos órgãos superiores da Instituição, deste Código e com os princípios da moralidade, notadamente no que se refere aos deveres gerais de probidade, lealdade à Instituição, decoro, urbanidade, impessoalidade, eficiência e publicidade.

§1º. Os padrões éticos de que trata este artigo incidem sobre as atividades públicas e privadas, de modo a prevenir eventuais conflitos de interesses, sem prejuízo das proibições legais.

§2º. Os membros da Defensoria Pública organizarão suas atividades privadas de maneira a prevenir a ocorrência real, potencial ou aparente, de conflito com o interesse público, que sempre prevalecerá sobre o interesse privado, respeitados os direitos da pessoa humana.

TÍTULO III

DA INDEPENDÊNCIA FUNCIONAL

Art. 5º. – A independência funcional constitui garantia ao exercício e ao desempenho das funções de Defensor Público, balizada pelo arcabouço jurídico regente da sua mais eficiente atuação, em prol dos interesses dos necessitados.

Art. 6º - Sem prejuízo da hierarquia administrativa e dos preceitos legais pertinentes, tem o Defensor Público a garantia de atuar com independência técnico-jurídica, desempenhando suas atividades sem receber indevidas influências à convicção, que deve se formar para a melhor e mais eficiente defesa dos casos que lhes sejam submetidos.

Art. 7º - Exige-se do Defensor Público que seja eticamente independente e que não interfira, de qualquer modo, na atuação defensorial de outro membro.

Parágrafo único: Aplica-se o disposto no "caput" ainda quando o Defensor Público estiver em substituição de outro membro.

TÍTULO IV

DOS DEVERES E VEDAÇÕES

CAPÍTULO I

Dos Deveres Fundamentais

Art. 8º - São deveres fundamentais do membro da Defensoria Pública, sem prejuízo daqueles previstos em lei:

I – respeitar e cumprir a Constituição, as leis do País e as normas internas da Instituição;

II – promover o acesso dos hipossuficientes e dos vulneráveis à Justiça, de forma a racionalizar, simplificar e desburocratizar os procedimentos, evitando solicitar aos usuários documentos ou diligências prescindíveis à prestação do serviço;

III – promover e zelar pela autonomia da Defensoria Pública;

IV – zelar pelo prestígio, aprimoramento, valorização e pelas prerrogativas da Defensoria Pública e de seus membros, servidores e órgãos;

V – exercer o cargo com dignidade e respeito à coisa pública e aos valores e princípios da Constituição, agindo com boa fé, zelo e probidade;

VI – respeitar, cumprir e fazer cumprir as decisões da administração superior da Instituição, salvo se manifestamente ilegais; e

VII – tratar com cortesia, respeito e urbanidade os membros, as autoridades e os servidores da Instituição, bem como as pessoas com as quais mantenha contato no exercício do cargo, não prescindindo de recíproco tratamento.

CAPÍTULO II

Dos Deveres Funcionais, Administrativos e Legais.

Art. 9º - Constituem deveres a serem observados pelos membros da Defensoria Pública, dentre outros previstos nas regras e princípios constitucionais e infraconstitucionais:

I – zelar incondicionalmente pela defesa dos cidadãos hipossuficientes e/ ou vulneráveis;

II – denunciar quaisquer atos ou fatos que sofra ou conheça que possam protelar o andamento dos feitos ou limitar sua independência, dignidade, dedicação e prerrogativas;

III – desempenhar com zelo e probidade as suas funções;

IV – cumprir os prazos processuais e de devolução dos autos, bem como zelar pela celeridade da tramitação dos feitos, considerando a razoável defesa dos interesses dos necessitados;

V – comparecer às audiências e sessões para as quais se encontrar intimado;

VI – recusar presentes, doações, benefícios ou cortesias de pessoas físicas, empresas, grupos econômicos, autoridades públicas, ressalvadas aquelas sujeitas às normas de reciprocidade oferecidas às autoridades estrangeiras, bem como às que não tenham valor comercial e as distribuídas por entidades de qualquer natureza, a título de cortesia, propaganda, divulgação habitual, ou por ocasião de eventos especiais ou datas comemorativas, que tenham valor módico;

VII – abster-se de participar de debates e entrevistas em que a discussão envolva fatos atinentes a processos submetidos a segredo de justiça ou de atribuição de outro membro da Instituição, exceto com a concordância deste;

VIII – comunicar à Corregedoria Geral qualquer infração a preceito deste Código da qual tiver conhecimento;

IX – manter boa conduta e decoro, de modo a não comprometer a dignidade da função pública ou, de qualquer forma, depreciar a imagem da Defensoria Pública, afetando a credibilidade institucional;

X – não negligenciar os interesses da Instituição em benefício de qualquer outra atividade, ainda que não vedada expressamente por lei;

XI – exercer as prerrogativas do cargo com dignidade e respeito ao direito do destinatário dos serviços defensoriais;

XII - abster-se de receber salário ou qualquer outra remuneração de fonte privada em desacordo com a lei, bem como de receber transporte, hospedagem ou quaisquer favores de particulares, no exercício de suas atribuições;

XIII – receber respeitosamente partes, autoridades públicas e outros interessados que os procurem em razão do cargo ou função;

XIV – velar por sua reputação profissional e pessoal, de forma a evitar que esta comprometa a dignidade da função ou, de qualquer outra forma, deprecie a imagem da Defensoria Pública;

XV – contribuir para o aprimoramento da Instituição, do Direito e das leis;

XVI – guardar segredo sobre assunto de caráter sigiloso que conheça em razão do cargo ou função;

XVII – prestar as informações requisitadas pelos órgãos da administração superior da Defensoria Pública;

XVIII – atender ao expediente forense e participar dos atos judiciais, quando for obrigatória a sua presença;

XIX – utilizar o e-mail institucional para as comunicações oficiais que realizar;

XX – desempenhar as funções institucionais para as quais for designado;

XXI – residir na sede da unidade em que se encontre lotado, salvo quando devidamente autorizado pelo órgão competente;

XXII - manter assiduidade e frequência em sua unidade de lotação durante o horário de expediente;

XXIII – atuar no processo eletrônico e nos ambientes digitais institucionais, conforme regulamentação específica; e

XXIV – não utilizar dados ou informações prestadas pelos necessitados à Defensoria Pública em seu desfavor.

CAPÍTULO III

Dos Atos Incompatíveis com o Decoro do Cargo

Art. 10 – Constituem atos incompatíveis com o decoro do cargo, sem prejuízo de outras previsões legais ou de recomendações da Corregedoria-Geral:

I – usar de maneira abusiva os poderes e prerrogativas do cargo, ou fazê-lo fora do exercício das suas funções;

II – receber, a qualquer título e sob qualquer pretexto, honorários, porcentagens ou custas processuais;

III – exercer a advocacia fora das atribuições institucionais;

IV – participar de sociedade civil ou comercial sob forma defesa em lei; e

V – exercer, simultaneamente, qualquer outro cargo público, salvo um de magistério.

CAPÍTULO IV

Dos Atos Atentatórios ao Decoro do Cargo

Art. 11 – Constituem atos atentatórios ao decoro do cargo, sem prejuízo de outras previsões legais ou de recomendações da Corregedoria-Geral:

I – perturbar a ordem das reuniões ou sessões dos Órgãos Colegiados da Instituição ou a elas relacionados;

II - praticar ofensas físicas ou morais em locais públicos ou privados, valendo-se da qualidade de Defensor Público, de modo a comprometer a dignidade da função ou, de qualquer outra forma, depreciar a imagem da Defensoria Pública;

III – manifestar-se publicamente por qualquer meio, inclusive eletrônico e mídias sociais, para emitir juízo pejorativo ou ofensivo acerca da Instituição, de seus membros ou servidores, respondendo pelos excessos cometidos;

IV – usar o cargo para ingressar gratuitamente em estabelecimentos privados como bares, boates, estádios e similares;

V – usar os poderes e prerrogativas do cargo para constranger ou assediar membros, servidores ou terceiros;

VI – usar os poderes e prerrogativas do cargo para obter, para si ou terceiro, qualquer tipo de vantagem junto a órgão, autoridade ou servidor público;

VII – usar o cargo para obter, para si ou para outrem, vantagens ou benefícios em negócios privados;

VIII – usar o cargo para eximir-se da ação legal de agentes do poder público;

IX – revelar, mesmo que no âmbito da Instituição, conteúdo de processos, debates ou deliberações do Conselho Superior da Defensoria Pública que esteja coberto por sigilo;

X – revelar publicamente informações ou documentos de que tenha conhecimento por força do exercício de suas funções, de forma a prejudicar os interesses da Instituição, dos seus membros e servidores em geral, bem como dos seus usuários;

XI – revelar publicamente informações ou documentos submetidos a segredo de justiça ou ao sigilo legal;

XII – deixar de atender, sem motivo justo, as pessoas que o procurem em razão de suas atribuições, mediante atendimento pessoal inclusive, quando solicitado pelo usuário, de imediato ou na forma de agendamento, segundo as necessidades de cada caso;

XIII – valer-se, em proveito próprio ou de terceiros, de informação privilegiada, ainda que após seu desligamento do cargo;

XIV – utilizar, para fins privados, servidores, bens ou serviços exclusivos da Administração Pública;

XV – discriminar, no exercício das funções, pessoas por motivo político, ideológico, partidário, religioso, de gênero, étnico, ou qualquer outro;

XVI – praticar conduta escandalosa de forma a comprometer a dignidade da função ou depreciar a imagem da Defensoria Pública;

XVII – descurar-se do interesse público;

XVIII – trajar-se de forma incompatível com o cargo e em desacordo com a praxe forense, inobservando a compostura e o uso adequado em todos os atos defensoriais;

XIX – nomear ou designar para cargos em comissão e para funções comissionadas, cônjuge, companheiro ou parente até o terceiro grau, próprio ou de outro membro da Defensoria Pública, na forma vedada pela lei ou por este Código;

XX – deixar de acatar, no plano administrativo, as decisões dos órgãos superiores da Defensoria Pública;

XXI – não manter o gabinete organizado, deixando de zelar pelo patrimônio e pela documentação sob sua responsabilidade;

XXII – deixar de apresentar a declaração de bens, com indicação das fontes de renda, na forma da lei;

XXIII – deixar de comparecera evento para o qual se inscreveu, sem motivo justificado;

XXIV – não zelar pela impessoalidade e pela razoabilidade nas relações com a imprensa;

XXV – litigar de má-fé ou para satisfazer interesse estritamente pessoal;

XXVI – dar causa a acúmulo injustificado de processos sob sua responsabilidade, bem como não devolvê-los após a devida manifestação, no prazo legal ou razoável;

XXVII – recusar-se a prestar informações sobre processos ou procedimentos, quando solicitadas pelo usuário ou pelo seu representante legal, observada a legislação específica;

XXIX – deixar, injustificadamente, por ocasião de férias, licença prêmio, promoção ou remoção, processos ou procedimentos com prazos vencidos ou sem o devido andamento;

XXX – usar de artifício para provocar a redistribuição de processos e outros feitos a seu cargo.

CAPÍTULO V

Da Integridade Pessoal e Profissional

Art. 12. A integridade de conduta do membro da Defensoria Pública fora do âmbito estrito da atividade defensorial, contribui para uma fundada confiança dos cidadãos na Instituição.

Art. 13. O Defensor Público deve comportar-se na vida privada de modo a dignificar a função, cônscio de que o exercício da atividade defensorial, quando identificada ou a ela relacionada, impõe-lhe restrições e exigências pessoais distintas das acometidas aos cidadãos em geral, desde que respeitadas as garantias e liberdades individuais.

CAPÍTULO VI

Da Cortesia

Art. 14 - O Defensor Público tem o dever de cortesia para com os membros da Defensoria Pública e do Ministério Público, os juízes, os advogados, os servidores, as partes, as testemunhas e todos quantos se relacionem com a Instituição, especialmente os usuários do serviço público prestado .

Parágrafo único. Impõe-se ao membro da Defensoria Pública a utilização de linguagem escorreita, polida, respeitosa e compreensível.

Art. 15. A atividade disciplinar, de correição e de fiscalização, será exercida sem infringência ao devido respeito e consideração pelos correicionados.

TÍTULO VII

DISPOSIÇÕES FINAIS

Art. 16 – Os preceitos deste Código complementam os deveres funcionais dos Defensores Públicos, bem como de todos aqueles que se submetem ao mesmo regime disciplinar, que emanam da Constituição, da Lei Complementar Federal nº 80, de 12 de janeiro 1994, da Lei Complementar Estadual nº 988/06, e das demais disposições legais e será aplicado observando as peculiaridades das legislações locais.

Art. 17 – As violações aos dispositivos deste Código serão apuradas na forma da legislação vigente, quando implicarem prática de infração disciplinar.

§ 1º - Quando não implicarem infração disciplinar prevista em lei, as violações aos preceitos deste Código serão prevenidas e corrigidas pela Corregedoria-Geral, por meio de:

a) oitiva prévia em entrevista orientadora, de caráter individual, cujo teor será registrado no prontuário existente na Corregedoria Geral ou no Departamento de Recursos Humanos; ou

b) recomendação escrita, que pode ser também de caráter geral quando o tema tratado assim comportar.

§ 2º - A violação dos termos da recomendação ou entrevista orientadora citadas no dispositivo anterior será considerada descumprimento do dever legal, a ser apurado através de processo disciplinar próprio.

18 – Este Código de Ética deverá contar com ampla divulgação na carreira e ficará disponível ao público em sítio eletrônico da web de fácil acesso e compreensão.

Art. 19 – Este Código entrará em vigor após a sua publicação.

Eis a proposta, a qual submeto à apreciação deste Egrégio Colegiado.

2. OS DEVERES

Rigorosamente, podemos dizer que os deveres institucionais dos Defensores Públicos se dividem **em deveres éticos funcionais e deveres éticos pessoais.**

Os primeiros dizem respeito diretamente ao serviço público atribuído à Instituição: a assistência jurídica integral, além dos outros qualificativos acima referidos.

Destacamos os deveres de: **"desempenhar, com zelo e presteza, os serviços a seu cargo** (LC 80/94, art. 45, II; art. 129, II); atender ao expediente forense e participar dos atos judiciais, quando for obrigatória a sua presença (LC 80/94, art. 45, V; art. 129, V); **interpor os recursos cabíveis para qualquer instância ou Tribunal e promover revisão criminal, sempre que encontrar fundamentos na lei, jurisprudência ou prova dos autos"** (LC 80/94, art. 45, VII; art. 129, VII).

Ainda sobre eles, merecem destaque as disposições da **Lei Complementar paulista nº 988/2006**, que prescreve: "Artigo 164 - São deveres dos membros da Defensoria Pública do Estado, além de outros previstos em lei: I - prestar aos necessitados atendimento de qualidade, tratando-os com urbanidade e respeito, nos termos do artigo 6º desta lei complementar; II - racionalizar, simplificar e desburocratizar os procedimentos, evitando solicitar aos usuários documentos ou diligências prescindíveis à prestação do serviço; III - atender aos necessitados, nos dias e horários previamente estabelecidos e divulgados, salvo nos casos urgentes; IV - desempenhar com zelo e presteza, dentro dos prazos, os serviços a seu cargo e os que, na forma da lei, lhes sejam atribuídos pelos órgãos da administração superior; V - participar dos atos judiciais, quando necessária a sua presença; VI - esgotar as medidas e recursos cabíveis na defesa dos interesses do necessitado assistido, inclusive promover a revisão criminal e a ação rescisória; (...) XIV - comparecer, em horário normal de expediente, ao local onde exerce suas funções; XV - exercer permanente fiscalização sobre os servidores subordinados; XVI - representar ao Defensor Público-Geral do Estado e ao Corregedor-Geral sobre irregularidades que dificultem ou impeçam o desempenho de suas funções; XVII - prestar as informações solicitadas pelos órgãos da administração superior da Defensoria Pública do Estado; XVIII - zelar pelo recolhimento ou promover a cobrança de honorários advocatícios, sempre que o necessitado for vencedor da demanda ou houver arbitramento judicial, bem como de quaisquer despesas adiantadas pelo Fundo de Assistência Judiciária, tais como honorários periciais; XIX - observar fielmente o plano anual de atuação, aprovado pelo Conselho Superior; XX - encaminhar relatório de suas atividades, na forma e periodicidade estabelecidas pela Corregedoria-Geral."

Vale a pena a citação, nesse ponto, da **Recomendação nº 04, da Corregedoria-Geral da DPESP:**

"Considerando que a Constituição da República **incumbe a Instituição de prestar a defesa dos interesses dos necessitados em todos os graus de jurisdição**; e

Considerando que é dever dos membros da Defensoria Pública esgotar as medidas e recursos cabíveis na defesa dos interesses do necessitado assistido;

A Corregedoria-Geral da Defensoria Pública recomenda aos Defensores Públicos, sempre que se fizer necessário, a interposição de recursos aos Tribunais Superiores, tomando as cautelas devidas, desde o início da ação, tendo em vista os requisitos de admissibilidade daqueles.

Nos casos em que, a critério do Defensor Público, deixar-se de utilizar a via recursal aqui referida, recomenda-se seja feita anotação da justificativa, para eventual análise em sede de correição."[2]

Outra questão diz respeito **à obrigação ou não do Defensor Público substituir Advogado constituído, mas ausente em audiência no processo criminal.**

Alguns juízes, diante da ausência do Advogado constituído, têm intimado o Defensor Público para suprir essa falta, segundo eles, sob pena de prejudicar a instrução do processo.

Porém, entendemos que ele **não tem esse dever,** nos seguintes termos.

Inicialmente, cumpre esclarecer que, se o Advogado foi constituído pelo acusado, presume-se que não se enquadra no perfil de necessitado, o que indica ausência de vulnerabilidade, seja socioeconômica, seja técnico-processual.

A segunda advertência importante toca a questão do campo no qual a presente questão deva ser explorada. Com efeito, o caso narrado extrapola a seara da individual conduta funcional do Defensor Público para tocar na questão da autonomia institucional da Defensoria Pública do Estado, que se divide em autonomia funcional e administrativa. Em suma, a questão em pauta é, sobretudo, Institucional.

Nesse contexto, autonomia funcional significa a faculdade que a Instituição possui para definir sua forma de atuação, sua atividade-meio, para se atingir suas finalidades constitucionais, sua atividade-fim, que é, acima de tudo, a defesa do necessitado, a partir da disponibilização do serviço público de assistência jurídica, integral e gratuita, nos termos do artigo 5º, inciso LXXIV, da Constituição Federal.

Ora, em absoluto, não deve ser interesse da Defensoria Pública, imbuída de atribuições sobremodo nobres, especialmente diante de presentes e agudas desigualdades sociais, a mera atuação suplementar e curativa da Advocacia privada.

2 Disponível em < http://www.defensoria.sp.gov.br>.

De fato, se é certo que cabe à Defensoria Pública a defesa da pessoa acusada criminalmente que não constitui Advogado, independentemente de suas condições socioeconômicas, não é menos correto afirmar que a mera constituição de defesa técnica privada, pelo réu, por si só, já afasta a atuação da Defensoria Pública, uma vez que afastado se está qualquer fator de vulnerabilidade, salvo previsão expressa em contrário.

Portanto, o modelo público de Defensoria Pública visa ao atendimento jurídico de pessoas necessitadas, em termos econômicos ou processuais, as quais não se apresentaram no presente caso.

Em outros termos, a atuação da Defensoria Pública fora deste âmbito implica desvirtuamento de sua vocação oficial, passando o Defensor a intervir em prol de pessoa que não é hipossuficiente, salvo na hipótese de expressa previsão legal como há, por exemplo, no Código de Processo Penal, ao regulamentar o procedimento preparatório para o plenário do júri, a partir de dispositivo de constitucionalidade questionável, que determina:

> "Se a falta, sem escusa legítima, for do advogado do acusado, e se outro não for por este constituído, o fato será imediatamente comunicado ao presidente da seccional da Ordem dos Advogados do Brasil, com a data designada para a nova sessão. Não havendo escusa legítima, o julgamento será adiado somente uma vez, devendo o acusado ser julgado quando chamado novamente (§ 1º). Na hipótese do § 1º deste artigo, o juiz intimará a Defensoria Pública para o novo julgamento, que será adiado para o primeiro dia desimpedido, observado o prazo mínimo de 10 (dez) dias (§ 2º)."[3]

Portanto, inexistindo previsão legal expressa, carece de fundamento a exigibilidade de intervenção suplementar da Defensoria Pública.

Na prática, nas hipóteses de omissão de Advogado constituído, mesmo após intimado, deve o juiz comunicar a desídia do patrono ao Conselho de Ética da OAB, sem prejuízo de intimar o próprio acusado para que ele regularize sua representação. **Somente se ele não o fizer no prazo é que nasce a função institucional da Defensoria Pública de zelar pelo contraditório e ampla defesa**, consequentemente, o dever de atuar do Defensor Público, sem embargo à fixação dos honorários em benefício da Instituição.

Concluímos, então, não ser legalmente admissível, ao menos num primeiro momento, que o Defensor Público tenha o dever funcional de substituir Advogado constituído em audiência à qual este tenha deixado de comparecer, seja perante o Juízo Natural, seja perante o Juízo Deprecado.

Esses são os deveres (e não deveres) ligados diretamente à atividade-fim, à atividade funcional do Defensor Público.

3 Art. 456, com redação dada pela Lei nº 11.689, de 2008.

Nessa seara, também entendemos que **não deve o Defensor Público atuar no processo criminal enquanto o réu tiver sido citado apenas de forma ficta e tenha permanecido revel.**

Aliás, o Defensor Público paulista Bruno Bortolucci Baghim obteve decisão do Tribunal de Justiça nesse sentido:

"Dispõe o artigo 396, § único do Código de Processo Penal que: 'No caso de citação por edital, o prazo para a defesa começará a fluir a partir do comparecimento pessoal do acusado ou do defensor constituído.' Assim, o Código de Processo Penal é expresso quanto a não ter curso o prazo para a defesa preliminar, e, consequentemente, não há necessidade de sua apresentação, enquanto não houver o comparecimento do réu ou de seu defensor constituído no processo.

Esse dispositivo legal é consentâneo com o disposto no artigo 366 do mesmo estatuto de rito, que preceitua a suspensão do processo em que o acusado, citado por edital, não comparece ou não constitui advogado: 'Se o acusado, citado por edital, não comparecer, nem constituir advogado, ficarão suspensos o processo e o curso do prazo prescricional, podendo o juiz determinar a produção antecipada das provas consideradas urgentes e, se for o caso, decretar prisão preventiva, nos termos do disposto no art. 312.'

Diante desses ditames legais a única interpretação possível ao artigo 396-A, § 2º é no sentido de que a nomeação judicial de advogado para apresentação da defesa preliminar só ocorrerá após o feito estar em condições de tramitar, quer porque ocorreu a citação pessoal ou por hora certa, quer porque após a citação por edital compareceu ao feito o réu ou seu defensor constituído.

Eventual realização de prova antecipada ensejará a participação de defensor dativo, cuja atuação não compreenderá a apresentação da defesa preliminar, a cuja oportunidade precede o comparecimento do acusado, ou defensor constituído. Nesse sentido está a doutrina de Gustavo Badaró (Processo Penal, pág. 423/424, ed. Elsevier, São Paulo, 2012)."[4]

Em outras palavras, **não tem, o Defensor Público, o dever de atuar no processo crime, enquanto não comparecer o acusado citado por edital**.

Sobre a questão dos limites da orientação jurídica, de certa forma com tez deontológica, pergunta-se: **pode um Defensor Público orientar o usuário a não se apresentar à autoridade pública mesmo diante da expedição de mandado de prisão?** Pode um Defensor Público orientá-lo a omitir a verdade dos fatos enquanto investigado?

Primeiramente, vale lembrar, o Constituinte atribuiu à Defensoria Pública o dever de prestar orientação jurídica dentro do contexto da assistência jurídica integral. Disse: "A Defensoria Pública é instituição essencial à função jurisdi-

4 TJSP, *Habeas Corpus* n.º 0146685-59.2012.8.26.0000, Relator Des. José Raul Gavião de Almeida.

cional do Estado, incumbindo-lhe a orientação jurídica e a defesa, em todos os graus, dos necessitados, na forma do art. 5º, LXXIV (art. 134)", a partir de um modelo público e autônomo de prestação.

Dessa maneira, o dever principal do Defensor Público é prestar um serviço de assistência jurídica qualificado como integral, satisfativo, e exaustivo.

De fato, deve ser integral no sentido completo e suficiente, que atenda aos interesses legítimos dos usuários. Ou seja, o serviço prestado pela Defensoria Pública deve ser o suficiente ao melhor encaminhamento da questão posta, mas com parcialidade. Deve ser satisfativo na medida em que corresponda às expectativas daquele que dele necessita, lógico, dentro de uma razoabilidade e proporcionalidade.

Além disso, cabe ao Defensor transmitir todas as orientações jurídicas pertinentes ao caso, da forma mais clara e acessível possível.

Aliás, preconiza o artigo 5º, da LCE (SP) n.º 988/2006 que "são atribuições institucionais da Defensoria Pública, dentre outras: I – prestar aos necessitados orientação permanente sobre seus direitos e garantias; II – informar, conscientizar e motivar a população carente, inclusive por intermédio dos diferentes meios de comunicação, a respeito de seus direitos e garantias fundamentais".

Da mesma forma, a LC 80/94: "São funções institucionais da Defensoria Pública, dentre outras (art. 4º): I – prestar orientação jurídica e exercer a defesa dos necessitados, em todos os graus; (Redação dada pela Lei Complementar nº 132, de 2009).

Dessa maneira, conclui-se que a assistência jurídica integral, inclui a orientação jurídica e a atuação da Defensoria Pública deve atender, em primeiro lugar e nos termos da lei, aos interesses dos usuários.

Com respeito à independência funcional, não se nega que o Defensor Público, no encaminhamento do serviço, tem a liberdade para optar pelos melhores caminhos a serem trilhados na tutela do interesse.

A independência funcional, por sua vez, é garantia do Defensor Público e refere-se ao conteúdo de sua atuação no exercício de seu cargo, relacionada à liberdade no exercício da profissão, própria de sua condição de defensor (público), ligada, porém, aos mandamentos legais relativos às atribuições institucionais da Defensoria Pública, órgão independente e autônomo, bem como aos seus posicionamentos institucionais técnicos (teses institucionais) e éticos (recomendações da Corregedoria-Geral).

Assim, as atribuições institucionais da Defensoria Pública por sua vez, consagram-se, especialmente e na prática, na liberdade de convencimento e cognição do Defensor, que adota a conduta que melhor cabe à defesa do usuário no caso concreto.

Contudo, a atribuição de prestar orientação jurídica deve se revestir, na forma, de mínimo formato e, no mérito, da mais ampla e acessível informação, contendo todas as consequências possíveis advindas de uma ou outra opção, além da anuência expressa dos interessados, mediante subscrição.

O artigo 6º da LCE (SP) n. 988/06 estabelece que: "são direitos das pessoas que buscam atendimento na Defensoria Pública: I – a informação; II – a qualidade na execução das funções; V – as decisões proferidas e a respectiva motivação, inclusive opiniões divergentes, constantes dos procedimentos administrativos e dos processos judiciais em que figure como interessado."

A Lei Complementar Nacional nº 80/94, alterada pela LC 132/09 também consignou que: "São direitos dos assistidos da Defensoria Pública, além daqueles previstos na legislação estadual ou em atos normativos internos: I – a informação sobre: b) a tramitação dos processos e os procedimentos para a realização de exames, perícias e outras providências necessárias à defesa de seus interesses; II – a qualidade e a eficiência do atendimento;" (Art. 4º-A - Incluído pela Lei Complementar nº 132, de 2009).

Dessa maneira, deve-se ter em mente que, por ser a Defensoria Pública um órgão público, há que se atender a certa forma na prestação de tais informações, especialmente a partir do viés pedagógico da orientação institucional prestada aos usuários. Porém, vale dizer, tais formalidades não se confundem com a burocratização do atendimento.

Pelo contrário, os Defensores Públicos têm, como um dos deveres funcionais, a desburocratização do acesso à justiça. Diz a LCE (SP) 988/06: "São deveres dos membros da Defensoria Pública do Estado, além de outros previstos em lei: II - racionalizar, simplificar e desburocratizar os procedimentos, evitando solicitar aos usuários documentos ou diligências prescindíveis à prestação do serviço;" (Artigo 164).

Portanto, a desburocratização do atendimento foi diretriz consagrada pela legislação estadual em benefício do usuário, ou seja, para evitar "solicitar aos usuários documentos ou diligências prescindíveis à prestação do serviço", mas não em seu prejuízo. Fosse assim, tal princípio estaria previsto não no campo dos deveres, mas no dispositivo relativo às prerrogativas dos Defensores como ocorre, por exemplo, com a possibilidade de manifestar-se por cota nos autos (art. 162, III, LCE 988/08). Mas, não é essa a interpretação mais condizente com a assistência jurídica integral.

Enfim, o Defensor Público deve pautar a sua conduta na independência funcional, que não é absoluta, mas motivada, responsável e acessível aos usuários do serviço, por natureza e essência, público.

Doutra banda, temos os **deveres éticos pessoais**, ligados à conduta do Defensor Público, seja durante o exercício de suas atribuições, seja em circunstâncias alheias à atividade. São ditames comportamentais que visam a preservar mais a imagem institucional e o prestígio da Instituição, que propriamente a qualidade do serviço em si, muito embora, indiretamente, há repercussões nessa seara. **São os deveres de probidade, decoro, cortesia, serenidade, urbanidade, respeito, não exibicionismo midiático, sigilo profissional, de presença e de comprometimento institucional.**

Em termos legais, "são deveres dos membros da Defensoria Pública: "I - residir na localidade onde exercem suas funções; III - representar ao Defensor PúblicoGeral sobre as irregularidades de que tiver ciência, em razão do cargo; IV - prestar informações aos órgãos de administração superior da Defensoria Pública, quando solicitadas; VI - declararse suspeito ou impedido, nos termos da lei (arts. 45 e 129)."

A **Lei Complementar paulista nº 988/2006** complementa: "Artigo 164 - São deveres dos membros da Defensoria Pública do Estado, além de outros previstos em lei: VII - zelar pelo prestígio da Justiça, por suas prerrogativas e pela dignidade de suas funções; VIII - zelar pelo respeito aos membros da Defensoria Pública do Estado e do Ministério Público, aos magistrados e aos advogados; IX - tratar com urbanidade as partes, testemunhas e auxiliares da Justiça; X - declarar-se suspeito ou impedido, nos termos da lei; XI - manter conduta compatível com o exercício das funções; XII - residir, se titular, no Município onde exerce suas funções, salvo autorização expressa do Defensor Público-Geral do Estado, em caso de justificada e relevante razão; XIII - resguardar o sigilo sobre o conteúdo de documentos ou informações obtidas em razão do cargo ou função e que, por força de lei, tenham caráter sigiloso; XV - exercer permanente fiscalização sobre os servidores subordinados; XVI - representar ao Defensor Público-Geral do Estado e ao Corregedor-Geral sobre irregularidades que dificultem ou impeçam o desempenho de suas funções; XVII - prestar as informações solicitadas pelos órgãos da administração superior da Defensoria Pública do Estado; XIX - observar fielmente o plano anual de atuação, aprovado pelo Conselho Superior; XX - encaminhar relatório de suas atividades, na forma e periodicidade estabelecidas pela Corregedoria-Geral; XXI - zelar pela guarda e boa aplicação dos bens e recursos que lhe forem confiados."

No tocante a esse segundo grupo de deveres, uma celeuma reside no tema **"conduta pessoal"**. Ela consiste no comportamento do Defensor Público quando não se encontra no exercício de suas atribuições.

A questão que se coloca é a seguinte: uma conduta, supostamente escandalosa, está sujeita à correição e à eventual censura ou penalização?

Pensamos que sim, desde que, seja pela identificação formal feita pelo Defensor Público, seja pelas circunstâncias fáticas e locais, possa-se **vincular o Membro à sua Instituição.**

Ou seja, se o público expectador, ouvinte ou passivo de qualquer forma, ligar, sem maiores esforços, a conduta do Defensor Público à sua Instituição, há possibilidade de responsabilização administrativa, pois é seu dever comportamental prezar pela imagem e pelo prestígio da Instituição.

Aliás, essa vinculação pode ocorrer de variadas formas: pela própria identificação do Defensor; pelo conhecimento público sobre ele, especialmente em cidades menores ou quando há grande exposição midiática; pelo local e circunstâncias da conduta; etc.

ATENÇÃO Enfim, **se a conduta do Defensor Público se ligar à Instituição, deve ele prezar pelo prestígio, boa imagem e credibilidade da Defensoria Pública**, sob pena de imputação administrativa.

Outra questão emblemática diz respeito à **independência funcional diante das decisões administrativas.**

De fato, a independência funcional existe no exercício das atribuições, da atividade-fim. No âmbito administrativo e organizacional, da atividade-meio, há uma hierarquia a ser considerada, sob pena de comprometimento da organização e da continuidade do próprio serviço a ser prestado à população.

Sobre o tema, cujo raciocínio é aplicável à Defensoria Pública, assim manifesta Emerson Garcia: "O princípio da independência funcional está diretamente relacionado ao exercício da atividade finalística dos agentes ministeriais, evitando que fatores exógenos, estranhos ou não à Instituição, influam no desempenho de seu *munus*. Evita-se, assim, que autoridades integrantes de qualquer dos denominados 'Poderes do Estado', ou mesmo os órgãos da Administração Superior do próprio Ministério Público, realizem qualquer tipo de censura ideológica em relação aos atos praticados. (...) A estrutura organizacional da Instituição em nada compromete esta última conclusão, pois a superioridade hierárquica do Procurador-Geral, cinge-se ao âmbito administrativo - que é regido pelos princípios gerais que disciplinam essa seara - não guardando qualquer similitude com uma aberrante hierarquia funcional."[5]

É fato que as decisões administrativas devem ser tomadas, no âmbito de uma Instituição Democrática, de forma aberta, participativa e sempre com o fim último de qualificação da assistência jurídica. Porém, uma vez tomada, a decisão deve ser cumprida, sob pena de banalização e desordem.

ATENÇÃO Consequentemente, **devemos considerar que o Defensor Público deve ficar atento às publicações no Diário Oficial e às informações recebidas via mensageria institucional.**

5 GARCIA, Emerson. *Ministério Público. Organização, Atribuições e Regime Jurídico.* Editora Atlas, 2009.

Por fim, vale a pena lembrar que está em pauta no Colégio Nacional dos Corregedores-Gerais das Defensorias Públicas a votação e aprovação do Código de Ética Nacional dos Defensores Públicos, cuja concretização é muito aguardada pela carreira e pela sociedade civil. Fiquemos atentos.

3. AS PROIBIÇÕES E OS IMPEDIMENTOS

O fundamento das proibições e dos impedimentos é garantir a atuação impessoal do Defensor Público, sem favores ou privilégios. A lei veda a autopromoção ou de terceiros e seus efeitos políticos.

Portanto, as **proibições e os impedimentos** têm natureza preventiva. **Nas primeiras**, a prevenção é mediata. **Já nos impedimentos**, a prevenção é imediata, pois trazem processos e expedientes concretos à baila.

"Além das **proibições** decorrentes do exercício de cargo público, aos membros da Defensoria Pública é vedado: I - exercer a advocacia fora das atribuições institucionais; II - requerer, advogar, ou praticar em Juízo ou fora dele, atos que de qualquer forma colidam com as funções inerentes ao seu cargo, ou com os preceitos éticos de sua profissão; III - receber, a qualquer título e sob qualquer pretexto, honorários, percentagens ou custas processuais, em razão de suas atribuições; IV - exercer o comércio ou participar de sociedade comercial, exceto como cotista ou acionista; V - exercer atividade político-partidária, enquanto atuar junto à justiça eleitoral."[6]

Sobre a primeira proibição, entendeu o Supremo Tribunal Federal que ela independe da implementação do regime remuneratório de subsídios: "O § 1º do art. 134[7] da Constituição do Brasil repudia o desempenho, pelos membros da Defensoria Pública, de atividades próprias da advocacia privada. Improcede o argumento de que o exercício da advocacia pelos Defensores Públicos somente seria vedado após a fixação dos subsídios aplicáveis às carreiras típicas de Estado. Os § 1º e § 2º do art. 134 da Constituição do Brasil veiculam regras atinentes à estruturação das Defensorias Públicas, que o legislador ordinário não pode ignorar."[8]

Quanto **aos impedimentos**, "ao membro da Defensoria Pública é defeso exercer suas funções em processo ou procedimento: I - em que seja parte ou, de qual-

6 LC 80/94, artigos 46 e 130.

7 Art. 134. A Defensoria Pública é instituição essencial à função jurisdicional do Estado, incumbindo-lhe a orientação jurídica e a defesa, em todos os graus, dos necessitados, na forma do art. 5º, LXXIV.) § 1º Lei complementar organizará a Defensoria Pública da União e do Distrito Federal e dos Territórios e prescreverá normas gerais para sua organização nos Estados, em cargos de carreira, providos, na classe inicial, mediante concurso público de provas e títulos, assegurada a seus integrantes a garantia da inamovibilidade e vedado o exercício da advocacia fora das atribuições institucionais. (Renumerado pela Emenda Constitucional nº 45, de 2004)

8 STF. Pedido julgado procedente para declarar a inconstitucionalidade do art. 137 da LC 65, do Estado de Minas Gerais. (ADI 3.043, Rel. Min. Eros Grau, julgamento em 26-4-2006, Plenário, DJ de 27-10-2006.)

quer forma, interessado; II - em que haja atuado como representante da parte, perito, Juiz, membro do Ministério Público, Autoridade Policial, Escrivão de Polícia, Auxiliar de Justiça ou prestado depoimento como testemunha; III - em que for interessado cônjuge ou companheiro, parente consanguíneo ou afim em linha reta ou colateral, até o terceiro grau; IV - no qual haja postulado como advogado de qualquer das pessoas mencionadas no inciso anterior; V - em que qualquer das pessoas mencionadas no inciso III funcione ou haja funcionado como Magistrado, membro do Ministério Público, Autoridade Policial, Escrivão de Polícia ou Auxiliar de Justiça; VI - em que houver dado à parte contrária parecer verbal ou escrito sobre o objeto da demanda; VII - em outras hipóteses previstas em lei."[9]

Ademais, "os membros da Defensoria Pública não podem participar de comissão, banca de concurso, ou qualquer decisão, quando o julgamento ou votação disser respeito a seu cônjuge ou companheiro, ou parente consanguíneo ou afim em linha reta ou colateral, até o terceiro grau."[10]

9 LC 80/94, artigos 47 e 131.

10 LC 80/94, artigos 47 e 131.

4. PASSO A PASSO DA ATUAÇÃO SERENA DO DEFENSOR PÚBLICO

A manutenção da conduta ética e da serenidade, em especial, requer reciprocidade. O respeito só se mantém se houver bilateralidade.

Por isso, **é importante que o Defensor Público conheça os deveres éticos** daqueles com quem labora diariamente, dos advogados, dos promotores de justiça e dos magistrados, para que ele possa cobrar, com fundamento, posturas mais civilizadas.

Ademais, **não podemos perder de vista, em absoluto, o fato de que os membros dessas carreiras jurídicas, como a de Defensor Público, prestam verdadeiros serviços públicos e devem prezar, continuamente, pela sua qualidade, normalidade, transparência e cordialidade.**

Por esse motivo, resolvemos trazer os respectivos Códigos de Ética.

Advertimos. Não para que o Defensor se torne um denunciante hostil e gratuito, num contexto de guerra e de embate de egos e vaidades. Mas para que assuma, finalmente, seu papel de garantidor do acesso à uma Justiça mais humana, próxima do povo, desburocratizada e menos elitizada.

"Código de Ética da Magistratura Nacional[11]

(Aprovado na 68ª Sessão Ordinária do Conselho Nacional de Justiça, do dia 06 de agosto de 2008, nos autos do Processo nº 200820000007337)

O CONSELHO NACIONAL DE JUSTIÇA, no exercício da competência que lhe atribuíram a Constituição Federal (art. 103-B, § 4º, I e II), a Lei Orgânica da Magistratura Nacional (art. 60 da LC nº 35/79) e seu Regimento Interno (art. 19, incisos I e II);

Considerando que a adoção de Código de Ética da Magistratura é instrumento essencial para os juízes incrementarem a confiança da sociedade em sua autoridade moral;

Considerando que o Código de Ética da Magistratura traduz compromisso institucional com a excelência na prestação do serviço público de distribuir Justiça e, assim, mecanismo para fortalecer a legitimidade do Poder Judiciário;

Considerando que é fundamental para a magistratura brasileira cultivar princípios éticos, pois lhe cabe também função educativa e exemplar de cidadania em face dos demais grupos sociais;

Considerando que a Lei veda ao magistrado "procedimento incompatível com a dignidade, a honra e o decoro de suas funções" e comete-lhe o dever de "manter conduta irrepreensível na vida pública e particular" (LC nº 35/79, arts. 35, inciso VIII, e 56, inciso II); e

Considerando a necessidade de minudenciar os princípios erigidos nas aludidas normas jurídicas;

RESOLVE aprovar e editar o presente CÓDIGO DE ÉTICA DA MAGISTRATURA NACIONAL, exortando todos os juízes brasileiros à sua fiel observância.

CAPÍTULO I

DISPOSIÇÕES GERAIS

Art. 1º O exercício da magistratura exige conduta compatível com os preceitos deste Código e do Estatuto da Magistratura, norteando-se pelos princípios da independência, da imparcialidade, do conhecimento e capacitação, **da cortesia**, da transparência, do segredo profissional, da prudência, da diligência, da integridade profissional e pessoal, **da dignidade, da honra e do decoro**.

Art. 2º Ao magistrado impõe-se primar pelo respeito à Constituição da República e às leis do País, buscando o fortalecimento das instituições e a plena realização dos valores democráticos.

Art. 3º A atividade judicial deve desenvolver-se de modo a garantir e fomentar a dignidade da pessoa humana, objetivando assegurar e promover a solidariedade e a justiça na relação entre as pessoas.

11 Disponível em <http://www.cnj.jus.br/codigo-de-etica-da-magistratura>, Publicado no DJ, páginas 1 e 2, do dia 18 de setembro de 2008.

CAPÍTULO II

INDEPENDÊNCIA

Art. 4º Exige-se do magistrado que seja eticamente independente e que não interfira, de qualquer modo, na atuação jurisdicional de outro colega, exceto em respeito às normas legais.

Art. 5º Impõe-se ao magistrado pautar-se no desempenho de suas atividades sem receber indevidas influências externas e estranhas à justa convicção que deve formar para a solução dos casos que lhe sejam submetidos.

Art. 6º É dever do magistrado denunciar qualquer interferência que vise a limitar sua independência.

Art. 7º A independência judicial implica que ao magistrado é vedado participar de atividade político-partidária.

CAPÍTULO III

IMPARCIALIDADE

Art. 8º O magistrado imparcial é aquele que busca nas provas a verdade dos fatos, com objetividade e fundamento, mantendo ao longo de todo o processo uma distância equivalente das partes, e evita todo o tipo de comportamento que possa refletir favoritismo, predisposição ou preconceito.

Art. 9º Ao magistrado, no desempenho de sua atividade, cumpre dispensar às partes igualdade de tratamento, vedada qualquer espécie de injustificada discriminação.

Parágrafo único. Não se considera tratamento discriminatório injustificado:

I - a audiência concedida a apenas uma das partes ou seu advogado, contanto que se assegure igual direito à parte contrária, caso seja solicitado;

II - o tratamento diferenciado resultante de lei.

CAPÍTULO IV

TRANSPARÊNCIA

Art. 10. A atuação do magistrado deve ser transparente, documentando-se seus atos, sempre que possível, mesmo quando não legalmente previsto, de modo a favorecer sua publicidade, exceto nos casos de sigilo contemplado em lei.

Art. 11. O magistrado, obedecido o segredo de justiça, tem o dever de informar ou mandar informar aos interessados acerca dos processos sob sua responsabilidade, de forma útil, compreensível e clara.

Art. 12. Cumpre ao magistrado, na sua relação com os meios de comunicação social, comportar-se de forma prudente e equitativa, e cuidar especialmente:

I - para que não sejam prejudicados direitos e interesses legítimos de partes e seus procuradores;

II - de abster-se de emitir opinião sobre processo pendente de julgamento, seu ou de outrem, ou juízo depreciativo sobre despachos, votos, sentenças ou acórdãos, de órgãos judiciais, ressalvada a crítica nos autos, doutrinária ou no exercício do magistério.

Art. 13. O magistrado deve evitar comportamentos que impliquem a busca injustificada e desmesurada por reconhecimento social, mormente a autopromoção em publicação de qualquer natureza.

Art. 14. Cumpre ao magistrado ostentar conduta positiva e de colaboração para com os órgãos de controle e de aferição de seu desempenho profissional.

CAPÍTULO V

INTEGRIDADE PESSOAL E PROFISSIONAL

Art. 15. A integridade de conduta do magistrado fora do âmbito estrito da atividade jurisdicional contribui para uma fundada confiança dos cidadãos na judicatura.

Art. 16. O magistrado deve comportar-se na vida privada de modo a dignificar a função, cônscio de que o exercício da atividade jurisdicional impõe restrições e exigências pessoais distintas das acometidas aos cidadãos em geral.

Art. 17. É dever do magistrado recusar benefícios ou vantagens de ente público, de empresa privada ou de pessoa física que possam comprometer sua independência funcional.

Art. 18. Ao magistrado é vedado usar para fins privados, sem autorização, os bens públicos ou os meios disponibilizados para o exercício de suas funções.

Art. 19. Cumpre ao magistrado adotar as medidas necessárias para evitar que possa surgir qualquer dúvida razoável sobre a legitimidade de suas receitas e de sua situação econômico-patrimonial.

CAPÍTULO VI

DILIGÊNCIA E DEDICAÇÃO

Art. 20. Cumpre ao magistrado velar para que os atos processuais se celebrem com a máxima pontualidade e para que os processos a seu cargo sejam solucionados em um prazo razoável, reprimindo toda e qualquer iniciativa dilatória ou atentatória à boa-fé processual.

Art. 21. O magistrado não deve assumir encargos ou contrair obrigações que perturbem ou impeçam o cumprimento apropriado de suas funções específicas, ressalvadas as acumulações permitidas constitucionalmente.

§ 1º O magistrado que acumular, de conformidade com a Constituição Federal, o exercício da judicatura com o magistério deve sempre priorizar a atividade judicial, dispensando-lhe efetiva disponibilidade e dedicação.

§ 2º O magistrado, no exercício do magistério, deve observar conduta adequada à sua condição de juiz, tendo em vista que, aos olhos de alunos e da sociedade, o magistério e a magistratura são indissociáveis, e faltas éticas na área do ensino refletirão necessariamente no respeito à função judicial.

CAPÍTULO VII

CORTESIA

Art. 22. **O magistrado tem o dever de cortesia para com os colegas, os membros do Ministério Público, os advogados, os servidores, as partes, as testemunhas e todos quantos se relacionem com a administração da Justiça.**

Parágrafo único. Impõe-se **ao magistrado a utilização de linguagem escorreita, polida, respeitosa e compreensível.**

Art. 23. A atividade disciplinar, de correição e de fiscalização serão exercidas sem infringência ao devido respeito e consideração pelos correicionados.

CAPÍTULO VIII

PRUDÊNCIA

Art. 24. O magistrado prudente é o que busca adotar comportamentos e decisões que sejam o resultado de juízo justificado racionalmente, após haver meditado e valorado os argumentos e contra-argumentos disponíveis, à luz do Direito aplicável.

Art. 25. Especialmente ao proferir decisões, incumbe ao magistrado atuar de forma cautelosa, atento às consequências que pode provocar.

Art. 26. O magistrado deve manter atitude aberta e paciente para receber argumentos ou críticas lançados de forma cortês e respeitosa, podendo confirmar ou retificar posições anteriormente assumidas nos processos em que atua.

CAPÍTULO IX

SIGILO PROFISSIONAL

Art. 27. O magistrado tem o dever de guardar absoluta reserva, na vida pública e privada, sobre dados ou fatos pessoais de que haja tomado conhecimento no exercício de sua atividade.

Art. 28. Aos juízes integrantes de órgãos colegiados impõe-se preservar o sigilo de votos que ainda não hajam sido proferidos e daqueles de cujo teor tomem conhecimento, eventualmente, antes do julgamento.

CAPÍTULO X

CONHECIMENTO E CAPACITAÇÃO

Art. 29. A exigência de conhecimento e de capacitação permanente dos magistrados tem como fundamento o direito dos jurisdicionados e da sociedade em geral à obtenção de um serviço de qualidade na administração de Justiça.

Art. 30. O magistrado bem formado é o que conhece o Direito vigente e desenvolveu as capacidades técnicas e as atitudes éticas adequadas para aplicá-lo corretamente.

Art. 31. A obrigação de formação contínua dos magistrados estende-se tanto às matérias especificamente jurídicas quanto no que se refere aos conhecimentos e técnicas que possam favorecer o melhor cumprimento das funções judiciais.

Art. 32. O conhecimento e a capacitação dos magistrados adquirem uma intensidade especial no que se relaciona com as matérias, as técnicas e as atitudes que levem à máxima proteção dos direitos humanos e ao desenvolvimento dos valores constitucionais.

Art. 33. O magistrado deve facilitar e promover, na medida do possível, a formação dos outros membros do órgão judicial.

Art. 34. O magistrado deve manter uma atitude de colaboração ativa em todas as atividades que conduzem à formação judicial.

Art. 35. O magistrado deve esforçar-se para contribuir com os seus conhecimentos teóricos e práticos ao melhor desenvolvimento do Direito e à administração da Justiça.

Art. 36. É dever do magistrado atuar no sentido de que a instituição de que faz parte ofereça os meios para que sua formação seja permanente.

CAPÍTULO XI

DIGNIDADE, HONRA E DECORO

Art. 37. Ao magistrado é vedado procedimento incompatível com a dignidade, a honra e o decoro de suas funções.

Art. 38. O magistrado não deve exercer atividade empresarial, exceto na condição de acionista ou cotista e desde que não exerça o controle ou gerência.

Art. 39. É atentatório à dignidade do cargo qualquer ato ou comportamento do magistrado, no exercício profissional, que implique discriminação injusta ou arbitrária de qualquer pessoa ou instituição.

CAPÍTULO XII

DISPOSIÇÕES FINAIS

Art. 40. Os preceitos do presente Código complementam os deveres funcionais dos juízes que emanam da Constituição Federal, do Estatuto da Magistratura e das demais disposições legais.

Art. 41. Os Tribunais brasileiros, por ocasião da posse de todo Juiz, entregar-lhe-ão um exemplar do Código de Ética da Magistratura Nacional, para fiel observância durante todo o tempo de exercício da judicatura.

Art. 42. Este Código entra em vigor, em todo o território nacional, na data de sua publicação, cabendo ao Conselho Nacional de Justiça promover-lhe ampla divulgação."

O Conselho Nacional do Ministério Público, por sua vez, ainda não editou um Código de Ética nacional, embora isso seja crucial para estabelecer uma pauta ética uniforme ao *Parquet* brasileiro, que também presta um serviço público de ímpar relevância social, sendo direito do povo brasileiro, no exercício de sua cidadania, conhecer e exigir seu cumprimento.

Há uma proposta de Resolução[12], cuja aprovação aguardamos com ansiedade. Nela consta:

"CAPÍTULO I

Dos Deveres Fundamentais

Art. 5º São deveres fundamentais do membro do Ministério Público:

I – respeitar e cumprir a Constituição, as leis do País e as normas internas da Instituição;

II – promover a defesa do interesse público e da autonomia da Instituição;

12 Disponível em <http://s.conjur.com.br/dl/proposta-codigo-etica-mp.pdf>.

III – zelar pelo prestígio, aprimoramento, valorização e pelas prerrogativas do Ministério Público;

IV – exercer o cargo com dignidade e respeito à coisa pública e aos valores e princípios da Constituição, agindo com boa fé, zelo e probidade;

V – examinar todos os processos, procedimentos de investigação e outros submetidos à sua apreciação sob a ótica do interesse público, fundamentando suas manifestações;

VI – tratar com respeito e urbanidade os colegas, as autoridades, os servidores da Instituição, os cidadãos e quaisquer outras pessoas com as quais mantenha contato no exercício do cargo, não prescindindo de igual tratamento;

VII – respeitar e cumprir, no plano administrativo, as decisões dos órgãos da Instituição e do Conselho Nacional do Ministério Público."

Destacamos ainda alguns ditames do Código de Ética da Ordem dos Advogados do Brasil:

"Art. 2º, Parágrafo único. São deveres do advogado:

I – preservar, em sua conduta, a honra, a nobreza e a dignidade da profissão, zelando pelo seu caráter de essencialidade e indispensabilidade;

II – atuar com destemor, independência, honestidade, decoro, veracidade, lealdade, dignidade e boa-fé;

III – velar por sua reputação pessoal e profissional;

IV – empenhar-se, permanentemente, em seu aperfeiçoamento pessoal e profissional;

V – contribuir para o aprimoramento das instituições, do Direito e das leis;

VI – estimular a conciliação entre os litigantes, prevenindo, sempre que possível, a instauração de litígios;

VII – aconselhar o cliente a não ingressar em aventura judicial;

VIII – abster-se de:

a) utilizar de influência indevida, em seu benefício ou do cliente;

b) patrocinar interesses ligados a outras atividades estranhas à advocacia, em que também atue;

c) vincular o seu nome a empreendimentos de cunho manifestamente duvidoso;

d) emprestar concurso aos que atentem contra a ética, a moral, a honestidade e a dignidade da pessoa humana;

e) entender-se diretamente com a parte adversa que tenha patrono constituído, sem o assentimento deste.

IX – pugnar pela solução dos problemas da cidadania e pela efetivação dos seus direitos individuais, coletivos e difusos, no âmbito da comunidade."

5. FLUXOGRAMA – ÉTICA DO DEFENSOR

Basicamente, o Defensor Público tem cinco deveres principais:
- ouvir;
- informar;
- educar;
- pacificar;
- excepcionalmente, judicializar sua atuação, com eficiência, seja no polo passivo, seja no polo ativo da ação.

→ Seu dever do ouvir é muito importante, pois o aproxima do contexto fático do usuário, de sua realidade, de suas expectativas. Além disso, a colheita substancial de dados qualifica seu trabalho e lhe atribui maior eficiência e mais resultados.

→ Além disso, o Defensor Público tem o dever de informar, prestar contas ao usuário do trabalho que lhe foi atribuído. Isso decorre do modelo público de assistência jurídica, de seu caráter essencial ao Estado Democrático de Direito e de sua tez de direito fundamental.

→ O Defensor Público deve educar em direitos. De fato, a ignorância jurídica aprisiona o cidadão e o submete aos mais variados tipos de custódia e de cerceamento. Realmente, a informação precede a cidadania.

→ O Defensor Público deve pacificar, constante e reiteradamente, mas de forma esclarecedora e serena, jamais com coerção ou sem as informações necessárias. Mesmo que a questão já esteja judicializada, cabe a ele resgatar o diálogo voltado à autocomposição.

→ Caso não logre êxito junto às formas alternativas de solução, deve recorrer ao Poder Judiciário, com a adoção das ações necessárias, que contenham as tutelas eficazes e as medidas executivas mais eficientes.

6. MODELOS – RECOMENDAÇÃO DA CORREGEDORIA-GERAL

RECOMENDAÇÃO CGDP/SP Nº XXXXX, de XX de novembro de 20XX

Referência: Atendimento adequado de familiares de presos sentenciados

Considerando a incumbência da Corregedoria-Geral de zelar pela regularidade e aperfeiçoamento das atividades da Defensoria Pública, bem como orientar e fiscalizar a atividade funcional de seus membros, nos termos do artigo 105, inciso IX, da Lei Complementar federal nº 80, de 12 de janeiro de 1994 e do artigo 32, *caput*, da Lei Complementar estadual nº 988, de 9 de janeiro de 2006, respectivamente;

Considerando os deveres do Defensor Público do Estado de racionalizar, simplificar e desburocratizar os procedimentos, evitando solicitar aos usuários documentos ou diligências prescindíveis à prestação do serviço; de prestar aos necessitados atendimento de qualidade; bem como de desempenhar com zelo e presteza, dentro dos prazos, os serviços a seu cargo (artigo 164, incisos I, II e IV, da LCE 988/2006);

Considerando ainda a meta 9.3, inciso V, do Plano de Atuação da Defensoria Pública do Estado de ... para os anos de 2012 e 2013, que almeja facilitar o acesso da família do preso à Instituição, em especial, quando o familiar residir em local distante da Unidade da Defensoria Pública;

Considerando, por fim, o teor da Orientação nº 26/2012, expedida pelo Núcleo Especializado de Situação Carcerária da Defensoria Pública do Estado de ...;

A Corregedora-Geral da Defensoria Pública RECOMENDA aos Defensores Públicos, especialmente aos Coordenadores de VEC ou, se ausentes ou impossibilitados estes, aos Coordenadores Regionais e da Unidade, que disponibilizem atendimento adequado e desburocratizado ao familiar do preso na respectiva Unidade da Defensoria Pública que abrange o seu domicílio ou naquela em que este comparecer, mesmo que o preso esteja custodiado em estabelecimento prisional localizado em área de atribuições de outra Unidade ou Regional da Defensoria Pública, para fins de colheita de todos os dados relevantes e necessários, tanto do usuário, quanto do preso, com as qualificações completas, os contatos e dados processuais, inclusive, com o escopo de serem transmitidos, de imediato, ao Defensor Público Coordenador da VEC com atribuições na área que abrange o estabelecimento prisional, para a adoção das medidas cabíveis e a criação de um fluxo de informações entre ele, os familiares e o próprio preso, por meios diretos ou indiretos.

Caso não seja possível, por qualquer motivo, o comparecimento pessoal do familiar do preso à Unidade da Defensoria Pública, a Corregedora-Geral RECOMENDA aos Defensores Públicos responsáveis que a assistência jurídica será prestada, bem como o fluxo acima referido será instaurado, com base nos dados suficientes prestados por qualquer meio de comunicação, como por cartas, por e-mails, por aerogramas ou por fax, inclusive.

Defensor Público

Corregedor-Geral

7. QUESTÕES DE CONCURSOS

01. (Defensoria Pública/RS – 2011 – FCC) 1. Em relação aos Defensores Públicos e às suas prerrogativas e funções institucionais, com esteio nas Leis Complementares Federal e Estaduais que organizam as Defensorias Públicas, considere a seguinte situação hipotética: o Defensor Público, no uso de suas atribuições funcionais na Comarca de Pelotas-RS, recebe a presença de Oficial de Justiça, munido do mandado judicial e sem a cópia da petição inicial e a carga física dos autos, a fim de intimá-lo de sua constituição, em determinado processo, como curador especial de réu, citado por edital, bem como para apresentação de contestação, no prazo legal.

Neste caso, deve o Defensor Público

(A) recusar-se a receber a intimação, por inobservância de prerrogativa específica conferida aos membros da Defensoria Pública.

(B) aceitar e receber a intimação, porquanto a intimação pessoal é prerrogativa que não depende, em qualquer circunstância, da entrega dos autos com vista.

(C) aceitar e receber a intimação, porquanto a situação não retrata a necessidade da entrega dos autos com vista.

(D) recursar-se a receber a intimação, porquanto não é sua função institucional exercer a curadoria especial, exceto no segundo grau de jurisdição.

(E) aceitar e receber a intimação, porquanto a intimação pessoal, mediante entrega dos autos com vista, quando necessário, é prerrogativa conferida somente ao Defensor Público-Geral.

02. (Defensoria Pública/MS – 2008 – VUNESP) 2. No que se refere à garantia do Defensor Público, é correto afirmar que

(A) após três anos de efetivo exercício, será considerado estável na carreira e somente poderá ser demitido por sentença judicial transitada em julgado.

(B) os mandados de segurança contra atos do Defensor Público-Geral do Estado e do Corregedor-Geral da Defensoria Pública serão processados e julgados, originariamente, pelo Tribunal de Justiça do Estado.

(C) nos crimes comuns e de responsabilidade, o Defensor Público será processado e julgado, originária e respectivamente, pelo juiz de primeira instância e pelo Tribunal de Justiça do Estado.

(D) a prisão ou detenção de membro da Defensoria Pública, em qualquer circunstância, será imediatamente comunicada ao Corregedor-Geral da Defensoria Pública, e só será efetuada em sala ou prisão especial, à disposição de autoridade judiciária competente.

03. (Defensoria Pública/AL – 2009 – CESPE) 3. Julgue os itens subsequentes, acerca da promoção na carreira e dos deveres e penalidades a que se sujeita o DP.

(1) As promoções na carreira de DP do estado são efetivadas por ato do DPG do estado, obedecidos, alternadamente, os critérios de antiguidade e merecimento, sendo defesa recusa à promoção por antiguidade.

(2) Ao contrário dos membros da magistratura, os DPs não estão obrigados a residir na localidade onde exercem suas funções.

(3) Caso um DP do estado do Alagoas esteja respondendo a processo administrativo disciplinar, para se aplicar a pena de remoção compulsória, será necessário prévio parecer do Conselho Superior.

04. (Defensoria Pública/SP – 2012 – FCC) 4. A Lei Complementar nº 988/06 estabelece o rol de direitos das pessoas que buscam atendimento na Defensoria Pública. O direito à qualidade na execução das funções exige dos membros da Defensoria Pública determinadas atividades, EXCETO

(A) o atendimento, pelo mesmo Defensor Público, de todos os processos relativos a determinada pessoa, que tramitam na mesma Comarca.

(B) a urbanidade e respeito no atendimento às pessoas que buscam assistência na Defensoria Pública.

(C) o atendimento por ordem de chegada, assegurada prioridade a pessoas idosas, grávidas, doentes e pessoas com deficiência.
(D) a igualdade de tratamento, vedado qualquer tipo de discriminação.
(E) a adoção de medidas de proteção à saúde ou segurança das pessoas que buscam atendimento na Defensoria Pública.

05. (Defensoria Pública/RS – 2011 – FCC) 5. Entre as inovações advindas da reforma da Lei Orgânica Nacional da Defensoria Pública (Lei Complementar Federal nº 80/94), promovida pela Lei Complementar Federal nº 132, de 07 de outubro de 2009, destaca-se, positivamente, a iniciativa da própria proposta orçamentária, criação e extinção de seus cargos e serviços auxiliares, política remuneratória e plano de carreira. Sobre a proposta orçamentária da Defensoria Pública do Estado do Rio Grande do Sul, considere:

I. A Defensoria Pública do Estado elaborará sua proposta orçamentária anual, encaminhando-a, através do seu Defensor Público-Geral, ao Poder Legislativo para consolidação e encaminhamento ao Chefe do Poder Executivo, a quem caberá a sua apreciação e aprovação final.

II. As decisões da Defensoria Pública do Estado, fundadas em sua autonomia funcional e administrativa, obedecidas as formalidades legais, têm eficácia plena e executoriedade imediata, ressalvada a competência constitucional do Poder Judiciário e do Tribunal de Contas.

III. A Defensoria Pública do Estado elaborará sua proposta orçamentária atendendo aos seus princípios, às diretrizes e aos limites definidos na Lei de Diretrizes Orçamentárias, encaminhando-a ao Chefe do Poder Executivo para consolidação e encaminhamento ao Poder Legislativo.

IV. A proposta orçamentária anual da Defensoria Pública do Estado é aprovada pelo Defensor Público-Geral, após ampla participação popular, através da realização de Conferência Estadual e de Conferências Regionais e possui caráter vinculativo em relação aos Poderes Legislativo e Executivo estaduais.

V. A fiscalização contábil, financeira, orçamentária, operacional e patrimonial da Defensoria Pública do Estado, quanto à legalidade, legitimidade, aplicação de dotações e recursos próprios e renúncia de receitas, será exercida pelo Poder Legislativo, mediante controle externo e pelo sistema de controle interno estabelecido em lei.

Está correto o que se afirma APENAS em
(A) I, II e III.
(B) I, IV e V.
(C) II, III e V.
(D) II, IV e V.
(E) III, IV e V

06. (Defensoria Pública/SP – 2010 – FCC) 6. Quanto à organização da Defensoria Pública do Estado de São Paulo, é correto afirmar:
(A) Os Centros de Atendimento Multidisciplinar são coordenados por Defensor Público designado e possuem representante eleito no Conselho Superior.
(B) Os Núcleos Especializados, ao lado dos Defensores Públicos, são órgãos de execução e possuem representante eleito no Conselho Superior.
(C) A Corregedoria Geral é órgão da administração superior, sem direito a voto no Conselho Superior.
(D) A Escola da Defensoria Pública é órgão da administração superior, sem assento no Conselho Superior.
(E) Os Subdefensores Gerais, vinculados à administração superior, são membros natos do Conselho Superior.

GABARITO

Questão 01	Gabarito: A
Questão 02	Gabarito: B
Questão 03	Gabarito: 1 ERRADA, 2 ERRADA, 3 CORRETA
Questão 04	Gabarito: A
Questão 05	Gabarito: C
Questão 06	Gabarito: B

QUESTÃO COMENTADA

(Defensoria Pública/SP - 2012 - FCC) 4. A Lei Complementar nº 988/06 estabelece o rol de direitos das pessoas que buscam atendimento na Defensoria Pública. O direito à qualidade na execução das funções exige dos membros da Defensoria Pública determinadas atividades, EXCETO

(A) o atendimento, pelo mesmo Defensor Público, de todos os processos relativos a determinada pessoa, que tramitam na mesma Comarca.

Como já dissemos, expressões totais ("todos") indicam a incorreção da assertiva.

(B) a urbanidade e respeito no atendimento às pessoas que buscam assistência na Defensoria Pública.

(C) o atendimento por ordem de chegada, assegurada prioridade a pessoas idosas, grávidas, doentes e pessoas com deficiência.

(D) a igualdade de tratamento, vedado qualquer tipo de discriminação.

(E) a adoção de medidas de proteção à saúde ou segurança das pessoas que buscam atendimento na Defensoria Pública.

CAPÍTULO XI

A FORMAÇÃO HUMANÍSTICA DO DEFENSOR PÚBLICO

1. INTRODUÇÃO

A lógica é simples. O Defensor Público deve ostentar apurada sensibilidade e muita consciência do papel e da responsabilidade social que carrega. Seu trabalho não se limita, em absoluto, à prática, demandista e litigante, da cultura judicializante, mas, sobretudo, tem por meta a pacificação dos conflitos e o combate às suas causas.

ATENÇÃO Em outros termos, o Defensor Público deve buscar a solução mais satisfativa e menos onerosa da crise a ele apresentada e, especialmente via tutela coletiva, combater as causas ou as raízes do problema, sempre com uma visão multifocal que contemple os prismas social, cultural, psicológico, econômico e, ainda, jurídico.

2. A VISÃO AXIOLÓGICA

Como então encontrar a verdadeira e a mais legítima Justiça? Respondo. Ela não advém da mera subsunção do caso concreto à lei, ao tipo, aos limites da pena. A verdadeira justiça vem do âmago da causa posta ao crivo do julgado, com todas as suas peculiaridades. Isso é equidade. A justiça não vem da lei, não vem dos precedentes, nem da opinião pública. Mas, do próprio caso.

O personagem de "Grande sertão: veredas"[1] se depara, em certo momento, com essa busca angustiante, **mas legítima pela Justiça e parece tê-la encontrado, para a sorte do "homem da égua".**

"E o homem da égua o nada de tudo espiava, por mais inteiriço não se ser se forcejava, e um espírito de silêncio ele gemia. Aí onde era que estava o anjo-da-guarda dele? Aí tinha de morrer. Carecia de morrer, porque o diabo, por novas voltas, no nó de compromisso tinha me pegado; e porque outro ao menos remédio não havia. O cachorrinho por sua vez entendia isso, e latiu, cainhava, gania; mais conseguido do que o dono ele sabia dar de gemer. Mas eu estava pensando redobrado. Como era que eu ia matar aquele sujeito, anunciado de pobre, e matar em vez de um outro, sadio em bojo, e rico? Aquilo era justiça? Vai ver, ele nem conhecesse o nhô Constâncio Alves, nem soubesse quem fosse. Era justiça? Era possível? Eu pensei.

(...)

Os outros, parados em volta, esperavam, por apreciar. Ninguém não tinha pena do homem da égua, mirei e vi. Consideravam de espreitar meu procedimento.

(...)

Mas, entre isso, o homem condenável, em cima da égua, amontado sempre, chorava por si mesmo, sensato sério; chorava, decerto, o ter crescido de sua longe meninice. Nem perguntei o nome dele, nem donde era que era. Um naqueles casos, de nada carecia nem necessitava. A cara dele, pelo malaventurar, se quebrava das formas e cor, e perpassava – ele era um ser com a cara desmanchada.

(...)

Ah, não! Somei que tive pena do homem? A cachorrinha se latia. Mas, como era que eu podia atirar numa triste pessoa daquelas, que semelhava com os ombros debaixo de todas ventanias? A cachorrinha perturbava os cavalos.

(...)

Eu pronunciei: - *Rai-a-puta-pô!* Não tenho que matar este desgraçado, porque minha palavra prenhada não foi com ele: quem eu vi, primeiro, e avistei, foi esse cachorrinho!... Só um assarapanto de silêncio. Daí, me vivavam. Todos entenderam, me admiraram."

Em outro momento o autor afirma: "Quem sabe direito o que uma pessoa é? Antes sendo: julgamento é sempre defeituoso, porque o que a gente julga é o passado."[2]

---

1 João Guimarães Rosa escrito em 1956.

2 *Grande Sertão Veredas.* João Guimarães Rosa escrito em 1956.

Bem verdade, o que devemos fazer nesse momento é uma retomada dos valores mais nobres à pessoa. **Um resgate kantiano.**

"O mundo, o nosso mundo, como dito por alguns, chegou a um ponto crítico. E necessário 'apenas' considerar o ódio assassino entre nações e povos, a pobreza e a angústia sofrida por bilhões, e o dano ecológico irreversível infligido ao mundo para justificar essa afirmação. Os povos sempre defenderam suas fronteiras, privilegiaram colegas e não estrangeiros, e exploraram a terra em seu benefício, mas somente recentemente as nações mais poderosas tiveram a capacidade tecnológica para aniquilar os seus inimigos num piscar de olho. Nunca antes na história tantos seres humanos foram banidos e tanta poluição foi lançada no meio ambiente, como os resíduos inúteis do capital global. A tecnologia e o dinheiro não são intrinsecamente ruins; é o modo como eles são usados que os torna assim.

Immanuel Kant[3], em seu artigo original *'Perpetual Peace: A Philosophical Sketch',* apropria-se do núcleo profundo da filosofia estoica — o princípio divino de racionalidade implantado na forma de razão em cada ser humano — e o reformula dentro da sua própria teoria política e moral de cosmopolitismo. Kant estava interessado em impulsionar a causa do progresso humano, elaborando a melhor forma de estrutura global que iria eliminar a ameaça de guerra. Ele concluiu que o mundo deveria constituir-se de uma federação pacífica de estados não vinculados pela convenção contingente (tratado), mas pelo direito cosmopolita *(ius comopoliticus),* tornando, assim, cada indivíduo 'um cidadão de um Estado universal de humanidade'. Enquanto um Estado internacional *(civitas gentium)* de uma República mundial é desejável como o último desembaraço da humanidade da ilegalidade selvagem do estado da natureza, Kant foi igualmente consciente da sacralidade da vontade soberana do Estado-Nação e seu pleno direito de não ser coagido a ingressar numa república mundial.

O compromisso deve limitar o direito cosmopolita à condição da hospitalidade universal, significando 'o direito do estrangeiro a não ser tratado com hostilidade quando ele chega ao território de outra pessoa'. Esse tipo de hospitalidade passa necessariamente a ser um direito universal da humanidade porque os povos da terra 'ingressaram em graus variados numa comunidade universal, e se desenvolveram a tal ponto que uma violação de direitos em uma parte do mundo é sentida em todo lugar'. O direito cosmopolita é um exemplo do modo como Kant insere o seu sistema moral baseado na razão prática pura (princípios de ação individual proveniente exclusivamente do livre uso da razão) no

3 KANT, Immanuel. *"Perpetual Peace: A Philosophical Sketch". In:* REISS, Hans (Ed.). Kant's Political Writings (Trad. H. B. NISBET). Cambridge: Cambridge University Press, 1970, p. 93-130. *In:* LEUNG, Gilbert *Estudos de direito público e filosofia do direito.* São Paulo: Renovar.

plano das considerações políticas e jurídico-positivas. A autoridade do direito cosmopolita deriva da lei moral e, não, da legislação soberana ou da lei natural; os dois últimos sendo considerados uma imposição externa sobre a livre ação do homem. (...)

Para os estoicos, a lei se compatibilizou perfeitamente com a natureza para produzir a ideia da lei natural que pudesse ser buscada na dádiva da natureza da razão verdadeira e que pudesse ser usada como padrão supremo de todos os assuntos humanos.

Para Kant, contudo, a lei é dividida entre a natureza e a liberdade, sendo esta última importante para a moral na tomada de decisão. Liberdade é entendida como uma causalidade que está em conformidade com leis imutáveis de um 'tipo especial' e não é exagero afirmar que esta lei especial da liberdade está subjacente em todo o sistema moral de Kant como pura razão prática. A fim de estabelecer a diferença entre certo e errado, a razão prática tem de ser pura, *a priori* razão, independentemente da experiência material.

Kant trouxe o projeto iluminista da burguesia ao seu ápice, tornando a liberdade o princípio supremo, comparando-a com a razão pura e enquadrando-a dentro de um conceito unificado de autonomia (autolegislação). Da mesma forma, o imperativo categórico, com a sua receita infame — somente agir de acordo com a máxima que você possa e, ao mesmo tempo, deseje que se torne uma lei universal —, aceite a pureza dos conceitos de necessidade e de universalidade contidos na própria razão do indivíduo. Um imperativo é, por isso, categórico somente quando não for contaminado por forças alheias ou inclinações que me associam a algo que não seja eu mesmo e que restrinjam a minha liberdade porque sou dependente dele. (...)

Como **imperativo categórico**, o *ius cosmopoliticum* pode ser agora entendido não apenas como a lei aplicada a todos os seres humanos, mas, mais profundamente, como o direito de fazer a lei do mundo. A lei do mundo, seu originário *nomos*, divide, distribui e desdobra o mundo em múltiplos mundos e segundo a sua própria justiça. Em outras palavras, a lei cosmopolita é a lei da criação 'de outros' mundos *no* mundo e que goza de absoluto respeito pela obrigação de criar a lei. Nesse sentido, o cosmos não é um universo, mas um pluriverso e sua lei pressupõe a liberdade transgressiva de fazer a lei para este tempo e espaço; entretanto, uma vez instituída, essa lei já recebe uma data fixada na vida. É por isso que, como corolário da obrigação de se criar a lei, uma lei cosmopolita profunda nos obriga em direção a uma resistência 'ética' contra a injustiça de determinadas leis; já que sem resistência, não há alteridade e, sem alteridade, não pode haver liberdade que 'é o mesmo *fato* da existência aberta à própria existência (...) o único fato que faz sentido por si mesmo'.

Como, então, essa leitura desconstrutiva de Kant se traduz na prática jurídica e política? Única forma é considerar a noção de cosmopolitismo de baixo para cima ou de cosmopolitismo subalterno, como descrito por Boaventura de Sousa Santos. Boaventura de Sousa Santos argumenta que essa forma da legalidade cosmopolita é um projeto social, político e cultural, cujo espírito está firmemente arraigado na luta contra-hegemônica.

Embora reconhecendo a ambiguidade imperialista nas formas tradicionais (kantianas) de cosmopolitismo, a sua abordagem reside em olhar o cosmopolitismo a partir da perspectiva das pessoas que dele necessitam. Na sua visão, aqueles que precisam dele são 'as vítimas do conceito hegemônico de cosmopolitismo' e, por isso, o cosmopolitismo subalterno é sempre uma 'variedade de oposição'. Não há nenhuma forma fixa de cosmopolitismo subalterno, mas há um sentido comum de luta que une aqueles que são oprimidos em todo o mundo.

Um dos muitos exemplos citados por Boaventura de Sousa Santos é o do papel desempenhado pelo orçamento participativo no Brasil, concebido como nova forma de democracia redistributiva participativa que hoje faz parte do movimento em direção 'à globalização contra-hegemônica', não só porque se repetiu em outras cidades, mas também porque inspirou e mobilizou vários movimentos sociais por todo o mundo. Como sociólogo jurídico, Boaventura de Sousa Santos descreve detalhadamente a mecânica social do orçamento participativo e o defende como um exemplo do cosmopolitanismo subalterno no trabalho."[4]

3. A VISÃO SOCIOLÓGICA

É crucial que **o Defensor Público tenha a consciência de sua importância, muito além da jurídica, senão efetivamente social.** "A população brasileira de baixa renda tem dificuldades em concretizar, na prática, o efetivo acesso à justiça. A justiça brasileira parece distanciar-se cada vez mais dos pobres e oprimidos, quando na realidade são eles os que mais precisam dela para a proteção de seus direitos.

A morosidade da justiça brasileira é fator preponderante, principalmente quando se fala em cidadão carente, porque é o beneficiário da assistência judiciária gratuita, consequentemente um espectador em potencial do restabelecimento da tutela jurisdicional do Estado.

As formalidades e solenidades são outro aspecto que atrapalha a vida da população carente quando se fala em acesso à justiça. Cada vez mais, a suntu-

4 LEUNG, Gilbert. *Estudos de direito público e filosofia do direito.* São Paulo: Renovar.

osidade e a ostentação envolvem os edifícios nos quais se instalam os Fóruns e Tribunais, acarretando em inibição, receio e até mesmo medo de bater às portas do Poder Judiciário para reclamar de seus direitos.

O jurisdicionado vive distante da realidade socioeconômica do juiz e não encontra sintonia com o procedimento do julgador, muito distante da sua realidade social. As palavras difíceis, a forma aperfeiçoada, a elegância na maneira de se pronunciar e vestir são fatores que inibem a própria desenvoltura do chamado cidadão de direitos.

Essas barreiras criadas causam, no cidadão, o descrédito na justiça, uma vez que a complexidade, o custo e a lentidão no andamento dos processos levam a crer que a justiça não é destinada para os indivíduos pobres, mas somente àqueles que têm poder econômico para custear as despesas judiciais e os honorários de um bom profissional da área jurídica.

Para Wolkmer, o Poder Judiciário é elitista e, por ser caro, moroso e de difícil acesso, está cada vez mais inviável: 'O certo é que nos horizontes da cultura positivista e dogmática, predominante nas instituições políticas brasileiras, o Poder Judiciário, historicamente, não tem sido a instância marcada por uma postura independente, criativa e avançada em relação aos graves problemas de ordem política e social. Pelo contrário, trata-se de um órgão elitista que, quase sempre, ocultado pelo 'pseudoneutralismo' e pelo formalismo pomposo, age com demasiada submissão aos ditames da ordem dominante e move-se através de mecanismos burocrático-procedimentais onerosos, inviabilizando pelos seus custos o acesso da imensa maioria da população de baixa renda' (Wolkmer, 1994, p. 89-90)."[5]

Ainda sobre o modelo de Justiça elitizada e burocrática, distante da realidade social e próxima do texto estrito da lei, como se o Julgador exercesse um pseudotrabalho de mera subsunção e silogístico, sem nenhuma responsabilidade social. Nesse contexto, **a Defensoria Pública pode exercer importante papel de democratização e socialização da Justiça,** em um processo inclusão "pelo processo."[6]

Para **Plínio Soares de Arruda Sampaio** "a estrutura montada para ricos aferrava, e ainda hoje afeta, quem tenta fazer algo em prol dos menos favorecidos. Tanto que, por atuar intensamente em mobilização populares, vivi 12 anos de exílio [1964 – 1976]. Até hoje é terrível, dá enorme sensação de impotência. Apesar da nossa responsabilidade pública, a lei é falha.

5 CAOVILLA, Maria Aparecida Lucca. *Acesso à Justiça e Cidadania*. Editora Universitária Argos. *Passim.*

6 GRINOVER, Ada Pellegrini. *Direito Processual Coletivo*, p.304 *Apud* DIDIER Jr, Fredie; ZANETI Jr, Hermes. *Curso de Direito Processual Civil.* Vol.4. Direito Coletivo. Bahia: *Juspodivm*, 2007, p.115.

No Brasil, existem brechas imensas, pontos obscuros que permitem favorecimentos aos que estão acima da lei. No caso da terra, o viés judiciário continua beneficiando o mais abastados.

O livro chamado *Latifúndio e Lei de Terras*, da Lígia Osório Silva, professora da Unicamp, explica que a Lei de Terras foi escrita de forma confusa para facilitar a grilagem. Na Constituinte [*de 1986 a 1988*], lutei para colocar a questão da reforma agrária na Constituição. No último momento, a direita se uniu e acrescentou que a terra produtiva não poderia ser desapropriada. Aí, pronto: a terra do rico é produtiva e não pode ser desapropriada. E a ação contra esse tipo de argumento dura anos. O sem-terra fica desempregado, ocupa terras e passa a ser visto como bandido. Nessa confusão, o juiz, sempre disposto a ajudar o latifundiário, busca um pé de alface na terra do rico, para considerar que se trata de terra produtiva.

Tive experiência muito útil: entrar debaixo da lona de ocupação de uma família acampada para comprovar que não se trata de gente ociosa, que vai fazer piquenique. Não se consegue ficar ali dentro por 15 minutos. Não aguentei!

E o mais incrível foi ver crianças dormindo lá, sob temperatura de 45 graus. Aí, quando os camponeses reagem a uma situação dessas, passam a ser 'invasores', 'formadores de quadrilha'. Esse exemplo dá ideia de como as pessoas são tratadas pela lei no Brasil. Aqui, existem três categorias de pessoas diante da lei: aquelas que estão acima, para as quais lei não existe, pois encontrarão sempre um casuísmo para livrá-las da sanção.

A Justiça brasileira não atua em favor do pobre. É montada para resolver questões patrimoniais dos ricos e 'descer o porrete' nos pobres, criminalizando-os, como sempre faz com os movimentos populares, que tentam cuidar dos direitos dos excluídos. Na Constituinte, fui relator do capítulo sobre o Judiciário, e a instituição da Defensoria Pública entrou aí.

Vencemos, pois coloco isso como o mínimo necessário para que a Justiça chegue ao povo. Junto, colocamos a Justiça Especial, órgão judiciário formado por juízes togados ou togados e leigos, criado para conciliação, julgamento e execução de causas cíveis de menor complexidade e de infrações penais de menor potencial. Assim, **a Defensoria Pública, associada a essa Justiça Especial, dá assistência ajustada às condições do povo.**

A outra, a Justiça pomposa, continua reservada aos ricos, até que tenhamos uma só categoria de cidadãos diante da lei. É uma luta à qual dediquei toda a minha vida. Sou absolutamente fã da Defensoria Pública, porém a desejo mais independente, (...)"[7]

7 SAMPAIO, Plínio Soares de Arruda. Escola de Justiça. São Paulo: Imprensa Oficial, 2010, p. 175/176.

Por sua vez, José Carlos Dias manifesta a importância social da Instituição: "Considero-me um dos padrinhos da Defensoria Pública em São Paulo. A sua criação, também bandeira minha, enfrentou muita resistência por parte da Procuradoria-Geral do Estado, que já tinha um serviço de assistência judiciária. Funcionava bem, mas de forma muito pequena. Recordo que precisei providenciar a contratação de advogados pela Fundação de Amparo ao Trabalhador Preso para dar assistência aos presos. Queria mesmo criar a Defensoria Pública como carreira autônoma, mas isso só aconteceu há alguns anos, apesar de assegurar pela Constituição desde 1988. (...)"[8]

E para corroborar essa relevância social, bem como para atender às expectativas criadas, reputo crucial citarmos o trabalho do saudoso **Defensor Público paulista Bruno Ricardo Miragaia Souza** que, juntamente com seu Colega Carlos Eduardo Targino da Silva, **atuou no combate aos abusos do Poder Público Municipal paulistano contra os vendedores ambulantes que teriam suas licenças cassadas pela municipalidade.**

Logo no início de uma das ações civis públicas subscritas por eles, é citado o pedido escrito de um dos prejudicados: *Eu Severino Jose Bento da Silva tenho 60 anos trabalho em São Miguel desde 1994 como ambulante pago um acordo de 2007-2008-2009 em parcelas de 12 meses. Si os senhores quer me tirar da rua não tenho profição. E não tenho renda neuma vivo do que ganho aqui na rua eu gostaria que vocês como autoridades e execio afunção de adivogados não consigo mais trabalhar por motivo de doenças não tenho como sobreviver. Espero uma soluçaõ de vocês.*[9]

Segue o relato da ação proposta. "Em 06 de março de 2012, foi instaurado pela Subprefeitura de São Miguel Paulista procedimento administrativo (autos 2012.0.065.248-3) para revogação dos Termos de Permissão de Uso-TPUs concedidos a aproximadamente 200 'ambulantes' que se localizam em pontos fixos no Bolsão de Comércio entre as Ruas Capitão Francisco Isaias de Carvalho e Serra Dourada.

Os comerciantes se encontram com ponto fixo na referida área por quase 30 anos, sendo que desde então a localidade teve como função social o desenvolvimento econômico regional por comércio e serviço de ambulantes.

O comércio e serviço são exercidos por permissão em passeio público, conhecido na região por 'calçadão', eis que os pontos dos ambulantes encontram-se sobre uma enorme faixa de calçada entre comércios.

8 DIAS, José Carlos. *Escola de Justiça.* São Paulo: Imprensa Oficial, 2010, p. 196/197.

9 É um ambulante da Rua Capitão Francisco Isaias de Carvalho que teve o Termo de Permissão de Uso revogado.

Pelos termos do procedimento administrativo, o poder público fundamentou sua conduta na necessidade de 'desobstrução das vias públicas para propiciar o acesso de viaturas', melhoria do policiamento no centro comercial de São Miguel, aumentando o campo de visão, 'necessidade de melhoria da limpeza urbana' e conveniência de melhoria de acessibilidade aos imóveis lindeiros.

As partes foram intimadas, por Diário Oficial, para se manifestarem sobre os estudos realizados nos autos do procedimento administrativo, bem como, em especial, sobre a regularidade dos pagamentos das taxas.

Como a conduta do Poder Público produzirá grande impacto no meio urbano, inclusive na economia local, que já é precária ante a segregação socioterritorial, em 5 de março de 2012, diversos ambulantes procuraram a Subprefeitura para tentarem um acordo de permanência no local ou mesmo alternativa de reassentamento econômico em localidade próxima.

Em resposta, o Sr. Subprefeito Luiz Massao Kita afirmou que não há direito líquido e certo sobre a permanência na área. Afirmou que continuaria em contato com a CPTM para a acomodação do comércio ambulante nas futuras dependências da nova estação.

Afirmou, ainda, que estão disponíveis os serviços do Centro de Apoio ao Trabalhador – CAT, bem como existem serviços de empréstimos populares.

Sem ouvir a Comissão Permanente de Ambulantes, como determina a Lei 11039/01, o Sr. Subprefeito decidiu pela revogação de todos os Termos de Permissão de Uso das Ruas Capitão Francisco Isaias de Carvalho e Serra Dourada concedidos para o local há mais de décadas, 'tendo em vista o interesse púbico em desobstruir as citadas vias, para a melhoria de possíveis intervenções em ocorrências de combate a incêndios e salvamento pelo Corpo de Bombeiros; aprimoramento do policiamento ostensivo e melhoria nas intervenções de limpeza pública'.

Ressalta-se que o Bolsão de Comércio (Shopping Popular) está instalado no local há décadas, construído para tanto, não havendo fundamento que sustente tal ato, já que sequer houve mudança estrutural da área, mas tão somente 'elucubrações' abstratas em procedimento administrativo instaurado por Subprefeito que, com todo respeito, chegou à região há aproximadamente 1 ano.

Com referida conduta, dezenas de pessoas vulneráveis passaram a procurar a Defensoria Pública para relatar a violação de diversos direitos fundamentais, como o direito social ao trabalho, à cidade, ao devido processo legal e, entre outros, ao desenvolvimento econômico local.

Neste sentido, foi instaurado procedimento administrativo para apurar a conduta do poder público, sendo, no primeiro momento, em 13 de abril de

2012, expedido ofício à Subprefeitura de São Miguel a fim de prestar informações sobre intervenção urbana de remoção dos ambulantes, bem como cópia de estudos realizados por órgãos, relação cadastral dos comerciantes atingidos, projeto estratégico do programa de desenvolvimento econômico Leste-PRODEL, atas de reuniões, relação de inadimplentes e eventual plano de reassentamento econômico.

O desrespeito ao Estado Democrático de Direito perpetrado por um Município militarizado não para na remoção dos ambulantes sem atenção ao devido processo legal. (...)

Conforme se extrai de algumas entrevistas colhidas na Defensoria Pública, as pessoas se encontram em situação de alta vulnerabilidade social, eis que estão sendo privadas, sem alternativa, de exercer livremente seu trabalho digno.

Vale dizer que muitas se encontram com ponto fixo há mais de 20 anos, por ato do próprio poder público! A vida social e econômica destas pessoas está consolidada na área.

O Sr. Reginaldo ......, com ponto desde 1994, afirma que "nuca eu deixei de pagar minha taxa" (sic).

A Sra. Celecina ...., com 83 anos de idade, há mais de 5 anos com ponto fixo, informa que: "sempre andei em dia. Estive lá na prefeitura para fazer um acordo que eles falam que estava devendo. Abri um processo no dia 10.02 e quando foi dia 14/02 não me deixaram mais trabalhar. Por favor, me ajude. Dependo desse ponto. Não gosto de nada errado. São 30 dias fechado, minha vida é tomar remédios."

O Sr. João ...., desde 1986 no ponto fixo, descreve que: "Dependo integralmente da minha atividade no comércio ambulante no bolsão da Rua Capitão Francisco Isaias de Carvalho para pagar o aluguel da minha casa, pagar o parcelamento da dívida do termo de permissão de uso e a pensão alimentícia dos meus filhos. Como tenho pressão alta, não tenho como passar em exames admicionais (sic) para um emprego formal."

A Sra. Berennice ...., no ponto fixo como ambulante desde 1989 informa que: 'Peço-lhe por gentileza que reveja o nosso caso e não mais remova do nosso local de trabalho, pois somos pessoas carentes e necessitamos do mesmo. Temos famílias que depende dessa ajuda. Sr. Subprefeito declaro que também que estou em dia com os pagamentos dos impostos exigido pela prefeitura'."[10]

Diante desse contexto, ponderaram os combativos Defensores Públicos:

---

10 5ª Vara da Fazenda da Capital, Ação Civil Pública promovida pela Defensoria Pública do Estado, autuada sob o nº0017584-04.2012.8.26.0053.

"O direito fundamental social ao trabalho, como forma de garantia de existência digna do ser humano, é previsto em tratados internacionais, dos quais o Brasil é signatário.

Dispõe a Declaração de Direitos Humanos, da ONU, de 1948: "Artigo XXIII. 1.Toda pessoa tem direito ao trabalho, à livre escolha de emprego, a condições justas e favoráveis de trabalho e à proteção contra o desemprego.

Já o Pacto de Direitos Econômicos, Sociais e Culturais, da ONU, de 1966, prescreve que: "ARTIGO 6º -1. Os Estados Partes do Presente Pacto reconhecem o direito ao trabalho, que compreende o direito de toda pessoa de ter a possibilidade de ganhar a vida mediante um trabalho livremente escolhido ou aceito, e tomarão medidas apropriadas para salvaguarda desse direito. 2. As medidas que cada Estado parte do presente pacto tomará a fim de assegurar o pleno exercício desse direito deverão incluir a orientação e a formação técnica e profissional, a elaboração de programas, normas e técnicas apropriadas para assegurar um desenvolvimento econômico, social e cultural constante e o pleno emprego produtivo em condições que salvaguardarem aos indivíduos o gozo das liberdades políticas e econômicas fundamentais."

Em âmbito interno, a Constituição Federal traz como fundamentos da República Federativa do Brasil a dignidade da pessoa humana e os valores sociais ao trabalho, como forma de atingir o objetivo do país em erradicar a pobreza, a marginalização e promover o bem estar de todos. (arts. 1º e 3º, da CF)

O art. 6º, da Carta Magna, eleva o direito ao trabalho à condição de direito social. Ao tratar dos princípios gerais da ordem econômica, a Constituição Federal prescreve que: 'Art. 170. A ordem econômica, fundada na valorização do trabalho humano e na livre iniciativa, tem por fim assegurar a todos existência digna, conforme os ditames da justiça social, observados os seguintes princípios:

VII - redução das desigualdades regionais e sociais;

VIII - busca do pleno emprego;

IX - tratamento favorecido para as empresas de pequeno porte constituídas sob as leis brasileiras e que tenham sua sede e administração no País'.

Tais princípios fundamentais conformam toda a ordem jurídica, impondo-se sempre, em qualquer caso concreto, seja no momento da produção das regras, seja no momento da sua aplicação.

Por sua vez, a ordem econômica, ou seja, a regulamentação dos processos de produção e distribuição de bens e serviços no mercado, deve se orientar, em especial, também, pela consideração da necessidade de proporcionar uma existência digna, segundo os ditames da justiça social, observada a defesa do meio ambiente, a função social da propriedade, a redução das desigualdades sociais e a busca do pleno emprego (art. 170, incs. III, VI, VII, e VIII da CF/88). São, assim, então, também, princípios conformadores, ligados em especial à disciplina da produção e à distribuição de bens e serviços. (...)

Como regulamentação da atividade econômica dos ambulantes, o Município de São Paulo editou a Lei 11.039/01, onde prevê que:

'Art. 3º - Considera-se Vendedor ou Prestador de serviços nas vias e logradouros públicos, reconhecido como Ambulante, a pessoa física, civilmente capaz, que exerça atividade lícita por conta própria ou mediante relação de emprego, desde que devidamente autorizado pelo Poder Público competente.'

A área onde se localizam os pontos fixos dos comerciantes denomina-se 'Bolsão de Comércio', eis que criado com a função social única e exclusiva para a prestação de serviço e comércio de ambulantes.

Desde sua criação, há mais de 3 décadas, a área é utilizada para o comércio e serviço de ambulantes, como forma de propiciar o desenvolvimento econômico local, diminuindo-se a distância entre moradia e trabalho, bem como garantindo-se o direito à cidade sustentável.

Da década de 1980 para cá, nenhuma mudança estrutural houve no local. A área é formada por comércios dos dois lados da rua, sendo que ao meio foi criado um enorme 'calçadão', onde se localizam os pontos fixos de comércio. Os motivos determinantes para a concessão dos TPUs à época continuam a prevalecer nos dias atuais, já que, presume-se que até hoje o serviço de limpeza e segurança tenha sido prestado, ainda que a contento social.

A interrupção, ou dita revogação, dos TPUs fere o caráter de continuidade das políticas públicas de trabalho e renda e, por conseguinte, do alcance de seus resultados, em especial no que diz respeito à inclusão produtiva destes grupos vulneráveis, que têm na prestação de serviços e comércio local fonte de sobrevivência e renda.

Dar fim aos postos de trabalho pelo próprio Município ao invés da ampliação progressiva da política pública, ainda que de forma alternativa, não só frustraria os objetivos da política pública de fomento ao trabalho e renda e inclusão social ora em comento, como também resultaria no aumento da massa de desempregados de nossa cidade, vez que cerca de 200 trabalhadores e trabalhadoras, diretos, perderiam sua fonte de subsistência, aumentando gravemente a marginalização destas famílias.

Trata-se, pois, de um trabalho desenvolvido por grupos vulneráveis que viviam em alta situação de vulnerabilidade e exclusão social, contribuindo para a sustentabilidade socioambiental e redução das desigualdades sociais, e por conseguinte, dos conflitos urbanos, em uma das maiores cidades do mundo.

Decerto, a política pública de acesso ao trabalho e de geração de emprego e renda, orientado e valorativamente sustentado pelo progressivo refinamento de princípios, objetivos e ações relativas ao desenvolvimento humano e ambiental, cria uma vinculação às ações previstas na regulamentação específica desta política, de modo a se presumir, em absoluto, a conveniência e oportunidade da concretização e manutenção dos TPUs, reconhecendo-se sua atualidade imediata, face a gravidade dos mecanismos de exclusão social, em especial o desemprego, o desperdício nas práticas de consumo, a irrazoabilidade econômica. Diante destes fatos, a administração tem o dever-poder de realizar as ações para concretizar o direito constitucional de acesso ao trabalho."[11]

(...)

"O referido processo administrativo foi instaurado pela Subprefeitura de São Miguel Paulista, a fim de verificar se os ambulantes obstruíam alguns serviços públicos essenciais, como o policiamento ostensivo da polícia militar, o resgate do corpo de bombeiros, a manutenção da rede elétrica e o acesso ao mercado municipal.

Vale destacar que o Bolsão de Comércio, onde se localização os ambulantes, há décadas existe no local, sem mudanças estruturais. Os 'considerandos' do ato administrativo violam os motivos determinantes de sua concessão.

Políticas públicas essenciais como estas de garantia de direito fundamental não podem ficar ao 'cardápio' do gestor público. O factoide se dá dentro de um contexto da chegada de novo Subprefeito na região, há menos de ano. O Shopping Popular foi criado no local há décadas, sendo, inclusive, pelas diretrizes constitucionais (art. 216, da CF), patrimônio cultural da população de São Miguel Paulista.

Após a instauração do procedimento pelo poder público, foi dada a oportunidade 'mascarada' para alguns ambulantes se manifestarem nos autos, não todos – porque não existe nos autos comprovantes de que todos foram notificados para apresentar manifestação prévia.

Há nítida violação ao contraditório e ampla defesa.

Além do que, verifica-se que na notificação não consta aviso, como se manifeste quanto aos laudos, o que ensejou à prejudicialidade da defesa, pois, muitos dos permissionários – apresentaram apenas suas questões pessoais, como a condição de idoso ou deficiente físico.

Como se não bastasse, muitos dos ambulantes foram indagados sobre sua condição de adimplência com o poder público, sendo que a motivação do ato

11 5ª Vara da Fazenda da Capital, Ação Civil Pública promovida pela Defensoria Pública do Estado, autuada sob o nº0017584-04.2012.8.26.0053.

de instauração do procedimento, inclusive de revogação, estava alicerçada na segurança e limpeza pública.

Como era óbvio, o Subprefeito de São Miguel Paulista proferiu decisão administrativa desfavorável a todos os ambulantes, e não deu sequer oportunidade de recurso a outro órgão administrativo que pudesse, de fato, respeitar princípios administrativos caros ao regime democrático.

O processo foi instaurado pela Subprefeitura de São Miguel Paulista, a fim de verificar se os ambulantes obstruíam alguns serviços públicos essenciais.

Após a elaboração dos laudos técnicos, o ente público relata que publicou uma portaria e deu a alguns ambulantes, a oportunidade da manifestação prévia, sem comprovante nos autos de que a notificação foi entregue.

No mais, não consta na notificação – a necessidade de se impugnar os laudos, já que os ambulantes não possuem conhecimento técnico do processo administrativo.

Desse modo, alguns dos ambulantes que se manifestaram levaram a manifestação sem formalidade com o seu caráter pessoal, como a condição de ser deficiente ou idoso.

Nesse ensejo, os laudos técnicos não foram devidamente impugnados, e, em consequência, os TPUS dos mais da 150 ambulantes permissionários foram revogadas.

Convêm frisar, ainda, que ao proferir a decisão, o subprefeito revogou de imediato os TPUS, sem dar oportunidade a qualquer recurso administrativo.

Por nítida violação ao devido processo legal, ante a ausência de contraditório e ampla defesa, o processo administrativo deve ser declarado nulo na íntegra (art. 5º, LIV e LV, da CF).

(...)

A revogação de ato administrativo é a extinção de um ato administrativo ou de seus efeitos por outro ato administrativo, efetuada por razões de conveniência e oportunidade, respeitando-se os efeitos já produzidos.

O que se faz necessário verificar é se a revogação do ato administrativo é livre para o gestor público, ou se esta competência é regulada ou limitada em razão de interesses individuais cristalizados no tempo.

O primeiro aspecto importante é quanto aos motivos elencados pela autoridade para justificar a revogação do ato. Tais motivos são determinantes e caso demonstrado que o ato de revogação é praticado sob o pálio de uma justificativa inidônea, tal ato será reputado nulo. Nesta senda, a vinculação aos motivos opera como limite para que a discricionariedade do administrador não se converta em arbitrariedade.

Veja-se o contido a respeito do tema na obra de Hely Lopes Meirelles: 'A propósito dessa teoria, hoje corrente na prática administrativa dos povos cultos, o Prof. Francisco Campos assim se manifesta: 'Quando um ato administrativo se funda em motivos ou pressupostos de fato, sem a consideração dos quais, da sua existência, da sua procedência, da sua veracidade ou autenticidade, não seria o mesmo praticado, parece-me de boa razão que, uma vez verificada a inexistência dos fatos ou a improcedência dos motivos, deva deixar de subsistir o ato que neles se fundava' (in Direito Administrativo Brasileiro, 17ª edição, p. 182).

Nesta mesma linha, a jurisprudência reconhece a possibilidade de levar ao crivo do Poder Judiciário a análise quanto à validade, subsistência ou veracidade dos motivos alegados pelo gestor público na prática de atos administrativos:

'1. A Administração, ao autorizar a transferência ou a remoção de agente público, vincula-se aos termos do próprio ato, portanto, submete-se ao controle judicial a morosidade imotivada para a concretização da movimentação (Teoria dos Motivos Determinantes).

2. Pela Teoria dos Motivos Determinantes, a validade do ato administrativo está vinculada à existência e à veracidade dos motivos apontados como fundamentos para a sua adoção, a sujeitar o ente público aos seus termos.

3. No caso, em harmonia com a jurisprudência do STJ, o acórdão recorrido entendeu indevida a desvinculação do procedimento administrativo ao Princípio da Razoabilidade, portanto considerou o ato passível ao crivo do Poder Judiciário, *verbis*: "a discricionariedade não pode ser confundida com arbitrariedade, devendo, assim, todo ato administrativo, mesmo que discricionário, ser devidamente motivado, conforme os preceitos da Teoria dos Motivos Determinantes, obedecendo ao Princípio da Razoabilidade.'[12]

Vê-se, portanto, que não se trata de o Poder Judiciário se sub-rogar na função do administrador público, mas exercer legitimamente o controle de atos viciados ou praticados em desacordo com os princípios que devem reger a atuação da administração pública.

No caso em concreto, temos que o exercício da atividade comercial dos ambulantes no local é sustentada a partir de "termos de permissão de uso", mas

---

12 AgRg no REsp 670453 / RJ AGRAVO REGIMENTAL NO RECURSO ESPECIA 2004/0105745-9 Relator Ministro CELSO LIMONGI (DESEMBARGADOR CONVOCADO DO TJ/SP) (8175) Órgão Julgador – SEXTA TURMA Data do Julgamento 18/02/2010 Data da Publicação/Fonte DJe 08/03/2010 - RSTJ vol. 218 p. 599
Ementa
AGRAVO REGIMENTAL. RECURSO ESPECIAL. CONSTITUCIONAL E ADMINISTRATIVO. MILITAR. REMOÇÃO PRINCÍPIO DA RAZOABILIDADE TRANSFERÊNCIA DE LOCAL DE SERVIÇO. DEFERIMENTO. MORA IMOTIVADA PARA EFETIVAÇÃO DA MOVIMENTAÇÃO. DISCRICIONARIEDADE. TEORIA DOS MOTIVOS DETERMINANTES. MATÉRIA CONSTITUCIONAL. STF. ACÓRDÃO CONFORME A JURISPRUDÊNCIA DO STJ. ENUNCIADO 83, DA SÚMULA DO STJ.

nem por isso podemos concluir que tais termos consubstanciam atos unilaterais e precários, passíveis de revogação a qualquer tempo, sem qualquer segurança jurídica ou direito ao permissionário.

Ocorre que, evidentemente, no atual estágio da democracia brasileira, inadmissível possa o cidadão em qualquer modalidade de relação com a administração, ser colocado em estado de sujeição, sujeito à mudanças de humor ou projeto político do momento. Isto porque, mesmo nestas situações, sofre a administração limitação ao seu poder de revogação, decorrentes do princípio da boa-fé, que deve nortear a relação administração-cidadão, do qual é corolário o princípio da proteção da confiança, da lealdade e da vedação a comportamentos contraditórios (*veniri contra factum proprium*).

A boa fé cobra sentido nas relações externas e concretas que vinculam Administração e administrados, segundo um critério de reciprocidade (De Los Mozos), pelo que se espera e exige dela uma conduta normal, sincera e honesta para com o outro sujeito da relação.

O princípio da boa fé realiza a moralidade administrativa no plano da relação administração-administrados. A moralidade administrativa, porém, exige do administrador uma atuação ética tanto em suas relações externas com os administrados, tomados estes como particulares ou com uma coletividade total e inespecífica de homens, quanto nas relações internas relativas ao funcionamento e estruturação do aparato administrativo.

Nas relações com os administrados a boa fé assegura a proteção da confiança, valor fundamental no Estado de Direito, uma vez que oferece vedação a toda atuação contrária à conduta reta, normal e honesta que cabe desejar no tráfego jurídico, assegurando também os efeitos jurídicos esperados justificadamente pelo sujeito que atuou de boa fé.

O dever de agir de boa fé, para manter a confiança mútua entre os sujeitos em relação, além disso, obriga também a um dever de coerência no comportamento (Gonzalez Perez) e de fidelidade às declarações feitas a outrem (Karl Larenz), isto obriga os sujeitos em relação a responderem por todo desvio contrário a uma conduta leal, sincera e fiel nos tratos jurídicos.

No mesmo sentido a lição, vazada em termos sintéticos, do renomado Vicente Rao: 'A boa fé, exerce, nos atos jurídicos, funções e efeitos de suprimento de incapacidade, saneamento de atos nulos e anuláveis, de aquisição de direitos, e, de modo geral, de proteção aos interesses legítimos, ou direitos, de terceiros' (O Direito e a Vida do Direito, p.228.)"[13]

13 5ª Vara da Fazenda da Capital, Ação Civil Pública promovida pela Defensoria Pública do Estado, autuada sob o nº0017584-04.2012.8.26.0053.

Sobre a questão urbanística, assim manifestam os Defensores:

"Ainda que eventuais estudos desenvolvidos pela Subprefeitura de São Miguel Paulista, nos autos do procedimento que culminou na revogação de todos os TPUs pudessem ser caracterizados como planejamento público, tais instrumentos não teriam qualquer validade, pois não foram produzidos a partir da realização do princípio da gestão democrática da cidade (art. 2º, inc. II da Lei 10.257/01 – Estatuto da Cidade), na medida em que, como projeto de intervenção e desenvolvimento urbano, não houve participação popular na sua formulação.

Cumpre ressaltar que a atividade urbanística realizada pelo Poder Público envolve intervenções que afetam diretamente a vida privada das pessoas envolvidas naquele espaço, e por isso é passível de gerar conflitos.

Nesse passo, em consonância com o Estado Democrático e com o intuito de solucionar esses eventuais conflitos de maneira justa, o Direito Urbanístico dispõe de diversos mecanismos que garantem a participação popular como instrumento para a gestão das cidades.

De acordo com Fernando Alves Correia: 'A exigência de formas adequadas de participação do particular nos procedimentos de planificação urbanística tem vindo a ser salientada pela doutrina como compensação da amplitude do poder discricionário na planificação urbanística.' (O plano urbanístico e o princípio da igualdade, p. 259).

A Carta Mundial pelo Direito à Cidade apresenta a gestão democrática da cidade como: 'o controle e a participação da sociedade, através de formas diretas e representativas, no planejamento e governo da cidade, priorizando o fortalecimento e a autonomia das administrações públicas locais'.

Assim, a gestão democrática é aquela em que os cidadãos, aqueles que vivem nas cidades, são também seus gestores, garantindo a diversidade de interesses e ampliando a possibilidade da participação do cidadão na gestão do interesse público.

A participação da população é necessária também para garantir que se minimizem as distorções de poder e de erro na tomada de decisões, uma vez que aproximam as decisões políticas das necessidades reais da população e de seus interesses, tornando-as mais legítimas; que o cidadão se torne corresponsável pelos resultados das decisões, implicando em seu amadurecimento político; e que se lhe confira maior autonomia e maior capacidade de se autodeterminar.

Assim, o processo de planejamento municipal a gestão democrática não é facultativa, pois é requisito indispensável, intrínseco ao próprio conceito de planejamento, uma vez que visa à alteração da realidade local, a qual só poderá ser transformada e organizada com a participação da população que sofrerá os imediatos efeitos dessas mudanças.

E é absolutamente certo que eventual manutenção do Bolsão de Comércio do 'calçadão' de São Miguel Paulista causaria um grande impacto de efeitos negativos em relação ao direito à cidade e ao desenvolvimento econômico sustentável, razão pela qual a realização de audiência pública antes do início dessa remoção é de fundamental importância, conforme previsto no artigo 2º, nos incisos II e XIII, da Lei 10.257/01 - Estatuto da Cidade, *in verbis:*

'Art. 2º A política urbana tem por objetivo ordenar o pleno desenvolvimento das funções sociais da cidade e da propriedade urbana, mediante as seguintes diretrizes gerais:(...)

II – gestão democrática por meio da participação da população e de associações representativas dos vários segmentos da comunidade na formulação, execução e acompanhamento de planos, programas e projetos de desenvolvimento urbano;(...)

XIII – audiência do Poder Público municipal e da população interessada nos processos de implantação de empreendimentos ou atividades com efeitos potencialmente negativos sobre o meio ambiente natural ou construído, o conforto ou a segurança da população.'

Em se tratando da intervenção urbanística que implica em interferência na economia local, bem como, de forma direta, na própria mobilidade da cidade, eis que distancia moradia e trabalho, inserida em suposto projeto de desenvolvimento urbano, este não atendeu ao objetivo de 'ordenar o pleno desenvolvimento das funções sociais da cidade e da propriedade urbana', mediante as diretrizes da gestão democrática previstas no artigo acima referido, uma vez que não realizou audiências públicas de forma prévia.

A audiência pública é efetivamente um instrumento útil e necessário como expressão da participação popular na realização da gestão democrática das cidades e decorre do princípio do devido processo legal (art. 5º, inc. LV da CF/88), eis que o planejamento urbano é um processo administrativo transformador, na medida em que é um procedimento de consulta à sociedade ou a grupos sociais potencialmente afetados por um projeto realizado pelo Poder Público que interfere na realidade, pretendendo transformá-la de modo a se atingirem, em princípio, os objetivos gerais da política constitucional de desenvolvimento urbano: ordenamento das funções sociais da cidade para o bem-estar de seus habitantes.

A remoção total dos ambulantes gerará impactos urbanísticos no bairro, com a consequente exclusão, ou mesmo diminuição, do acesso a serviço e bens pela população local, a violação ao princípio do desenvolvimento sustentável regional, que garante a justa distribuição de riqueza e restringe o fomento de *shopping center* distantes dos centros periféricos, gera a diminuição da eficiência econômica da cidade, com o consequente esvaziamento e degradação dos centros urbanos."[14]

E, felizmente, o pedido liminar é deferido:

"Pretende a autora a declaração de nulidade de procedimento administrativo que revogou os Termos de Permissão de Uso de cerca de 200 vendedores ambulantes que exercem suas atividades no local conhecido como 'Calçadão', em São Miguel Paulista, nesta capital, sendo que um dos fundamentos é o de que a ré não procedeu à oitiva prévia da Comissão Permanente de Ambulantes, conforme preceitua a legislação municipal. Instada a requerida a prestar esclarecimentos sobre os fatos, informou que tal oitiva é desnecessária, porquanto exigida apenas para os casos de cassação dos Termos de Permissão de Uso. Em análise perfunctória, reputo assistir razão à autora.

Com efeito, o artigo 9º, da Lei 13.039/91 estabelece a necessidade de oitiva prévia da Comissão Permanente de Ambulantes em casos como o presente, sendo que o Decreto 42.600/02, de forma ainda mais explícita, assim dispõe: 'Art. 21 - As revogações e as cassações de Termos de Permissão de Uso se darão por despacho fundamentado do Subprefeito, ouvida previamente a Comissão Permanente de Ambulantes nas hipóteses de cassação.' (grifei) Desta feita, embora seja a permissão ato administrativo precário, a sua revogação deve observar estritamente a legislação de regência.

Posto isto, defiro a liminar, para suspender a revogação dos TPUs determinada no processo administrativo nº2012.0.065.248-3, alusivo aos vendedores ambulantes do local conhecido como 'calçadão', em São Miguel Paulista, nesta capital, em decorrência da ausência de requisito formal, a saber, a oitiva prévia da Comissão Permanente de Ambulantes, determinada pela Lei Municipal 13.039/91 e Decreto 42.600/02.Determino, ainda, à ré, que se abstenha de proceder à remoção dos referidos trabalhadores daquele local, bem como de determinar a apreensão de suas mercadorias em razão dos fatos tratados nestes autos, ou seja, da revogação determinada no processo administrativo referido, até decisão final desta ação civil pública, sob pena de incidência de multa diária, que fixo em R$ 50.000,00, e que incidirá, em caso de descumprimento, pelo prazo inicial."

Porém, infelizmente, os abusos começaram a se repetir por toda Capital Paulista, **o que exigiu a ampliação do objeto da ação anterior**, com mais argumentos sociojurídicos:

14 5ª Vara da Fazenda da Capital, Ação Civil Pública promovida pela Defensoria Pública do Estado, autuada sob o nº0017584-04.2012.8.26.0053.

"Não há como negar também que a política de remoção dos ambulantes está alicerçada em condutas higienistas que têm pairado no Município de São Paulo, quiçá Estado.

A Globalização tem elevado o número de desemprego no mundo, em especial em países pobres, eis que a capacidade tecnológica, na busca pela redução de custo do empreendedorismo, reduz e elitiza postos de trabalho na cadeia de produção.

Aos pobres excluídos e condenados da terra, o mercado informal muitas vezes é a única e exclusiva opção de sobrevivência no mundo capitalista. A alegação da Prefeitura que o deslocamento ocupacional dos trabalhadores autônomos ambulantes seria automática no mercado formal de trabalho, é contrariada por Pamplona (2011), a partir da Pesquisa Emprego e Desemprego (PED) do DIEESE.

Segundo Pamplona, três características do perfil socioeconômico do ambulante são barreiras objetivas para a inserção no mercado de trabalho formal: 50% tinham mais de 50 anos, cerca de 70% tem nível máximo de escolaridade o fundamental completo, e são chefes de domicílios pobres. Pamplona levantou, através da PED, que existem em torno de 100.000 ambulantes no município de São Paulo.

No entanto, frente ao estereótipo criado pela sociedade, a mão de obra dos ambulantes é vista por muitos, inclusive em especial pelo Poder Público, como incompatível ao cenário econômico exitoso brasileiro. Se as recentes taxas de crescimento do PIB (7,5% em 2010, projeção de 4,5% em 2012) são comparáveis ao patamar dos principais países do capitalismo central (6ª maior economia do mundo em 2012), o Brasil ainda apresenta índices de desenvolvimento humano (IDH Brasil: 84ª posição entre 187 países em 2012) irrisórios.

Neste contexto, a política de remoção, violando o princípio da impessoalidade, discrimina parcela da sociedade econômica em total desrespeito à Constituição Federal, em nítido estilo Getulista, quando proferiu sua "célebre" frase: 'aos amigos tudo, aos inimigos, o rigor da lei'."

O pedido complementar solicitava:

"a concessão da liminar para suspender todos os procedimentos administrativos, portarias, decretos e demais atos administrativos de todas as Subprefeituras, Secretarias e do próprio Prefeito de São Paulo, tendentes a cassar, revogar ou suspender Termos de Permissão de Uso para o comércio ambulante da cidade ou mesmo a extinção dos pontos fixos, móveis ou de Bolsões de Comércio, sob pena de multa diária de R$ 50.000,00 (cinquenta mil reais) a ser revertida ao Fundo de Defesa dos Direitos Coletivos (artigo 13 da Lei 7347/85), sem prejuízo de outras medidas necessárias à efetivação da tutela específica de obrigação de fazer (artigo 461, § 5º do CPC)"; bem como "a concessão da liminar para que a ré apresente todos os procedimentos administrativos instaurados para revogar e cassar os Termos de Permissão de Uso dos ambulantes da cidade de São Paulo, bem como aqueles que culminaram na extinção de pontos e Bolsões de Comércio Popular, sob as penas do art. 359, do Código de Processo Civil e art. 32 e seguintes da Lei 12527/11 (lei de Acesso à Informação);"

Mais uma vez **assistimos ao êxito da atuação da Defensoria Pública que foi sensível às necessidades sociais desse grupo e corajosa diante da forte investida higienista e militarizada do Município:**

"A revogação em questão alcançou ainda as portarias e decretos que criaram os inúmeros bolsões de comércio popular na cidade, nos quais grande parte destes ambulantes exerciam e em alguns casos ainda exercem suas atividades. Além dos mais de 4.000 trabalhadores diretamente atingidos pelos últimos atos da ré - número este que, frise-se, suplanta a população de várias cidades do interior deste Estado -, inúmeras outras pessoas que estão de alguma forma economicamente conectadas a este comércio também estão sendo atingidas por estes atos, ainda que reflexamente.

E o liame vai mais além, pois todos os moradores da cidade de São Paulo, de alguma forma, são alcançados pelos atos ora em litígio, na medida em que a manutenção, extinção ou remanejamento do local de exercício do comércio ambulante afeta todos que vivem e trabalham na cidade. Neste contexto, à evidência, a questão não pode ser abordada e apreciada sob uma estreita visão individualista, porquanto o gigantismo das consequências e impactos causados por estes atos administrativos gera efeitos difusos e transfere a questão para a seara da política de desenvolvimento urbano, ocupação e uso do solo, e função social da cidade, desbordando os limites da tão propalada precariedade de tais permissões. Sob este aspecto, é cediço que a Constituição Federal de 1.988 introduziu no ordenamento jurídico a democracia participativa, que se estabeleceu não apenas por meio da representação decorrente do voto direto, mas também com a introdução de instrumentos outros, como o plebiscito, o referendo, e os conselhos deliberativos, que se caracterizam pela efetiva participação popular na adoção de políticas públicas com caráter vinculante, ou seja, que obrigam o administrador ou o legislador, e outras que, embora apresentem característica meramente opinativa, exercem forte influência sobre os rumos da administração, como a iniciativa popular, a audiência e a consulta pública, os conselhos consultivos, o orçamento participativo, dentre outros.

(...)

O regime da democracia participativa ou democracia deliberativa é aquele no qual se pretende que existam efetivos mecanismos de controle da sociedade civil sob a administração pública, não se reduzindo o papel democrático apenas ao voto, mas também estendendo a democracia para a esfera social." Não se desconhece que o acórdão em comento trata de declaração de inconstitucionalidade de Lei Municipal de instituiu o plano diretor, justamente em razão da inobservância da participação popular, que no caso, figura expressamente como condição de validade da Lei.

Não obstante, o entendimento referido é igualmente aplicável aos fatos tratados nesta demanda, porquanto, embora o comércio ambulante não esteja regulamentado no Plano Diretor do Município - e talvez fosse o caso de o estar -, trata-se de questão alusiva ao desenvolvimento urbano da cidade de extrema relevância, devendo, pois, ser tratada de forma equivalente. E, como bem obtempera Carrion "... quando se fala em controle social da administração pública, procura-se sugerir a ideia de um controle ao mesmo tempo político e social. Não apenas um controle de legalidade, mas principalmente um controle de mérito, de eficácia, de conveniência e de oportunidade do ato administrativo."

Inquestionável, pois, que embora não caiba ao Poder Judiciário se imiscuir na oportunidade e conveniência das revogações e cassações ora em discussão, certo é que lhe incumbe assegurar a efetiva aplicação das normas constitucionais e ordinárias, inclusive no que se refere à efetiva participação popular na tomada de decisões pelo gestor público que guardam relação com o desenvolvimento urbano da cidade, como a extinção ou o remanejamento do comércio ambulante, porquanto esta interferência popular direta detém poder e legitimidade não conferidos ao Poder Judiciário, a saber, o de exercer sua influência direta sobre o próprio mérito do ato administrativo. E, no caso em exame, há fortes indícios de que os comandos constitucionais e legais suprarreferidos restaram ignorados pela requerida.

Com efeito, não há notícias de que a extinção dos TPUs vigentes na cidade, seja por meio de revogação ou cassação, bem como de todos os bolsões de comércio, tenha sido precedida desta indispensável participação popular. Não há sequer indícios, aliás, de que exista alguma espécie de planejamento nestas ações da administração municipal. Como é notório, porque objeto de reportagens diárias na imprensa escrita e falada, quando do início das revogações/cassações, a única medida adotada para o atendimento dos mais de 4.000 ambulantes que, a partir de então, passariam a ostentar a condição de 'desempregados', era o encaminhamento ao CAT - Centro de Apoio ao Trabalhador, que funciona como uma espécie de agência de empregos, e cuja utilidade se mostra duvidosa no caso específico, eis que, como é cediço, a maioria dos ambulantes detém nenhuma ou pouquíssima instrução, constituindo-se em grande parte de analfabetos, idosos e deficientes.

Com a pressão da imprensa e da sociedade, a administração municipal passou a propagar a ideia de que três 'shoppings' populares seriam construídos na cidade para a recolocação destes ambulantes. Não obstante, o prazo para instalação destes locais era indeterminado. E, por fim, nos últimos dias, verifica-se que houve novo direcionamento da questão, com a decisão de acomodação dos vendedores ambulantes nas feiras livres, notícia que já enseja revolta e insatisfação entre os feirantes. Por outro lado, os documentos acostados à inicial revelam uma suposta pretensão da ré em transformar os vendedores ambulantes em microempreendedores, ou seja, passariam a ser pessoas jurídicas, intento que contraria os ditames da Lei 11.039/91, a qual classifica o vendedor ambulante como sendo pessoa física e profissional autônomo.

Assim, aparentemente, não há planejamento sobre o tema, exsurgindo dúvidas, inclusive, quanto à verdadeira intenção da administração municipal em efetivamente remanejar estes trabalhadores para outros pontos da cidade.

(...)

Contudo, difícil crer que, de um dia para o outro, todos os locais em que há comércio ambulante na cidade passaram a ser inapropriados por alguma razão específica, inclusive os bolsões de comércio, que foram criados para tal finalidade, certamente com a realização de estudos prévios de viabilidade. Há, pois, fortes indícios de que tais motivações sejam de fato irreais, implicando, assim, em desobediência ao Princípio dos Motivos Determinantes.

Observa-se, outrossim, indícios de ilegalidades no que se refere à intimação dos vendedores ambulantes para apresentação de suas manifestações, que na maioria dos casos foi feita em lote pelo Diário Oficial, veículo que sabidamente não os alcança, configurando-se, pois, inegável cerceamento de direito de defesa.

Ora, referidos trabalhadores são cadastrados na Prefeitura, pagam taxas em razão das permissões, de forma que seus endereços residencial e comercial são conhecidos da administração, não se justificando, pois, a utilização desta notificação via imprensa oficial, ao menos não como primeira forma de notificação. Curioso e digno de menção que a administração envia seus agentes em diligências fiscalizatórias ao local de trabalho destes permissionários constantemente, mas não age da mesma forma para notificá-los a exercer seu direito de defesa.

Ainda mais graves são os indícios de ilegalidades que se extraem das cassações destes TPUs. Há inúmeros relatos e, inclusive, decisões judiciais favoráveis aos ambulantes, sob o fundamento de que os motivos destas cassações são falsos ou desproporcionais às condutas praticadas pelo permissionários, o que revela a utilização deste instrumento como forma de viabilizar o intento já predestinado de extinguir estas permissões.

Com efeito, extrai-se dos documentos acostados à inicial que ambulantes tiveram suas permissões cassadas por não terem sido localizados nos endereços em que deveriam estar trabalhando. Posteriormente, comprovou-se que os endereços diligenciados não eram os que constavam da permissão. Estes ambulantes se viram obrigados a recorrer ao Poder Judiciário para obter a manutenção das suas permissões. Houve, ainda, cassações motivadas pelo simples fato de que a distância mínima entre as bancas não havia sido respeitada, ou por não estarem portando os seus TPUs por ocasião da fiscalização, infrações menores que não poderiam implicar em cassação das permissões, porque desproporcional a sanção, situação que igualmente foi restaurada pela justiça.

A administração municipal chegou ao descalabro de revogar o termo de permissão de um ambulante que ausentou-se de seu ponto para se recuperar da amputação de uma perna, sob o fundamento de que ele havia cedido sua permissão a terceiro, que se tratava, contudo, da pessoa que o substituía no local, porquanto, por óbvio, o permissionário dependia da renda do seu comércio para continuar sobrevivendo. Enfim, há inúmeros exemplos nos autos que revelam, ao menos em análise perfunctória, que além de contar com motivações irreais, estas cassações foram utilizadas pela administração municipal com desvio de finalidade, porquanto a intenção inicial sempre foi a de extirpar o comércio ambulante na cidade, sendo que as formas e os meios são irrelevantes para a ré.

(...)

Desta feita, defiro a liminar requerida, para os seguintes fins:

A. Suspender os efeitos de todos os atos administrativos de revogação e cassação de Termos de Permissão de Uso formalizados neste ano de 2.012 na cidade de São Paulo;

B. Suspender os efeitos das portarias e decretos que extinguiram os bolsões de comércio na cidade de São Paulo;

C. Determinar à ré que se abstenha de proceder à remoção dos permissionários da cidade de São Paulo em razão da revogações e cassações procedidas neste ano de 2.012, cuja eficácia foi suspensa nos itens anteriores, bem como para que se abstenha de proceder à apreensão de suas mercadorias;

D. Determinar à ré que se abstenha de impedir o retorno à atividade dos ambulantes que tiveram seus TPUs revogados ou cassados neste ano de 2.012, o que fica desde logo deferido, bem como daqueles cujos prazos de permissão venceram e o pedido de renovação foi negado;

E. Determinar à ré que, no prazo de contestação, traga aos autos cópias integrais de todos os procedimentos administrativos de revogação e cassação de TPUs na cidade de São Paulo neste ano de 2.012; O descumprimento das determinações contidas nos itens "C" a "E" ensejará incidência de multa diária, que fixo em R$ 200.000,00 por dia de descumprimento, sem prejuízo de eventual responsabilização pessoal do Prefeito Municipal por crime de desobediência.

No mais, servindo a presente de mandado, cite-se e intime-se a requerida para contestação, devendo a escrivania, assim que possível, providenciar o apensamento determinado na decisão anterior. Int. e ciência ao Ministério Público"[15]

É com muita admiração pelo trabalho dos Defensores Públicos em questão, bem verdade, um modelo a ser replicado, e com orgulho que resolvemos trazer para a obra **essa atuação que está longe de se limitar ao campo jurídico, mas permeia as áreas da sociologia, economia, política, cujos aspectos principias nesses campos não passaram despercebidos pela Defensoria Pública**, que soube, muito bem, convergi-los e canalizá-los em um trabalho exitoso e sem precedentes.

Agora, declinaremos um pouco para o estudo de criminologia e propomos uma análise **da questão da descriminalização do uso de drogas**. Sem invadirmos as profundezas dos embates teóricos e empíricos sobre a função do Direito Penal na esfera privada da pessoa, **sugerimos a distinção do uso socialmente nocivo daquele uso não nocivo de drogas.** No primeiro, a agressão decorrente do uso pode ser ao indivíduo ou à sociedade. O indivíduo pode ser dependente ou consciente. A agressão à sociedade pode ser dirigida a bens diversos. Também, pode ser abstrata ou concreta.

Entendemos que somente o uso concretamente agressivo à sociedade deve ser objeto da intervenção estatal punitiva. O uso nocivo apenas ao indivíduo jamais pode resultar em punição. Se dependente, faz jus ao tratamento. Se consciente, deve ser visto com indiferença.

De fato, está em ascensão a **teoria da primazia da vontade do indivíduo**, em detrimento da intervenção estatal, ainda quanto a bens indisponíveis. Ora, se o uso atinge apenas o próprio sujeito, deve o Estado respeitar sua opção.

Em 2012, foi editada a **Resolução n º 1995 pelo Conselho Federal de Medicina** que acolhe **o chamado "testamento vital"**, em consagração à livre escolha da pessoa quanto ao seu destino. "Considerando a atual relevância da questão da autonomia do paciente no contexto da relação médico-paciente, bem como sua interface com as diretivas antecipadas de vontade", "nas decisões sobre cuidados e tratamentos de pacientes que se encontram incapazes de comunicar-se, ou de expressar de maneira livre e independente suas vontades, o médico levará em consideração suas diretivas antecipadas de vontade. (art. 2 º)"

15 5ª Vara da Fazenda da Capital, Ação Civil Pública promovida pela Defensoria Pública do Estado, autuada sob o nº0017584-04.2012.8.26.0053.

Destaca ainda que "pesquisas internacionais apontam que aproximadamente 90% dos médicos atenderiam às vontades antecipadas do paciente no momento em que este se encontre incapaz para participar da decisão (Simón-Lorda, 2008; Marco e Shears, 2006). No Brasil, estudo realizado no Estado de Santa Catarina, mostra este índice não difere muito. Uma pesquisa entre médicos, advogados e estudantes apontou que 61% levariam em consideração as vontades antecipadas do paciente, mesmo tendo a ortotanásia como opção (*Piccini et al, 2011*). Outra pesquisa, também recente (*Stolz et al, 2011*), apontou que, em uma escala de 0 a 10, o respeito às vontades antecipadas do paciente atingiu média 8,26 (moda 10). Tais resultados, embora bastante limitados do ponto de vista da amostra, sinalizam para a ampla aceitação das vontades antecipadas do paciente por parte dos médicos brasileiros."[16]

Queremos que fique claro que somos, incondicionalmente, a favor da vida e da saúde, mas indicamos uma tendência de valorização da vontade do indivíduo em relação ao seu destino, à autodeterminação, apenas para refletirmos sobre a legitimidade da criminalização do uso não nocivo de drogas.

Enfim, o fato é que a sociedade não mais pode ficar alheia às decisões políticas fundamentais. "Chegou a hora da sociedade ter sua opinião ponderada", publiquei após a onda de manifestações de junho de 2013.[17] Disse:

Equivocam-se aqueles que interpretam as recentes manifestações populares como mera mobilização virtual de ativistas do transporte público gratuito, ou contrários à Copa, ou então contra a PEC 37. Mas, antes, vale aqui adiantarmos: propomos que nem percamos tempo com os baderneiros e os vândalos nazifascistas, que se aproveitam do contexto para cuspir seus anseios mais primitivos pela violência e barbárie. Sugiro que não falemos desses sujeitos. Na verdade, o que se impõe é interpretarmos esse novo fenômeno social no Brasil — as legítimas manifestações — e procedermos à leitura das suas causas e efeitos.

Pois bem. A partir de um contexto de ampla diversidade de pleitos, bandeiras, cartazes e lemas, vejo algo que unifica e aproxima tais movimentos pelo país: o sentimento de exclusão, somado à vontade (e ao direito) de acesso, de participação, como forma de democratização dos processos decisórios.

Aliás, não olvidemos que esse sentimento sempre existiu, mas nunca de forma tão integrada e comunicante como hoje. De fato, as redes sociais foram responsáveis pela somatória dessa angústia geral, que agora ganhou corpo, solidez e voz. Eis o efeito acumulado de algo há muito questionado, mas sempre ignorado: a exclusão e a indiferença social.

16 Disponível em: <http://www.portalmedico.org.br>

17 Disponível em: http://www.conjur.com.br

Contudo, agora, não apenas dos setores mais miseráveis da sociedade e em relação aos bens essenciais à vida digna, mas da classe média e sobre um bem em vertical ascensão na pós-modernidade dos Estados Democráticos: a participação, informada e efetiva, nos processos decisórios. Destarte, a sociedade atual, independentemente da classe, tem sede de informação, fome de transparência e a necessidade de integrar ativamente os trâmites procedimentais relevantes, sejam públicos, sejam privados.

É a luta pelo acesso. Aliás, não por mero acaso que os manifestantes querem a entrada, o ingresso — em momentos mais tensos — a qualquer custo, como ocorreu na Assembleia Legislativa do Rio de Janeiro, na Prefeitura de São Paulo, no Palácio do Planalto, e em outros vários locais. Condenamos os excessos, mas enquanto não franquearem a entrada, não permitirem o apoderamento do espaço público ao povo, seu legítimo dono, nenhuma repressão terá êxito. Ao contrário, o sentimento de exclusão ganhará vulto e, somado à solidariedade das ruas, atingirá graus de crise institucional jamais vistos no Brasil. Isso fomentará ainda mais a revolta como, por exemplo, ocorreu com o utópico plano de isolamento da Avenida Paulista no último dia 13 de junho, por decisão da Secretaria de Segurança Pública paulista, pior, via tropa de choque. Por isso, cuidado. Não é o momento para mais exclusões.

Afinal, o povo brasileiro sempre esteve excluído, em todos os sentidos, mas mantinha em estado letárgico desde o último processo de redemocratização política do país. Incômodos isolamento e silêncio que, porém, se acumularam no seio social e, agora, afloram. Por isso, tantas indignações, das mais variadas espécies e tons. O fato é que o povo quer participar, quer voz, falar, mas também ser ouvido.

Doutra banda, o Poder Público deve permitir esse acesso, contudo, não casualmente, senão como política pública institucional obrigatória. Alguns órgãos e entidades, por exemplo, já têm promovido essa abertura em certos casos e para determinadas matérias. O Supremo Tribunal Federal, algumas Casas Legislativas, a Defensoria Pública são alguns exemplos de instâncias que, há certo tempo, vêm promovendo audiências públicas ou conferências populares, sendo que o material colhido tem integrado a pauta na definição de suas metas e na tomada das decisões. Contudo, é preciso que isso seja algo comum. Um hábito geral da administração.

Enfim, a sociedade deseja participação e consideração. Respeito. Por exemplo, a chamada Lei da Ficha Limpa, um antigo anseio social que impede a elegibilidade de candidatos condenados, por órgãos colegiados, por certos crimes, teve seu projeto produzido por iniciativa popular. Contudo, uma vez aprovado, teve sua aplicabilidade postergada para as eleições seguintes, não incidindo sobre o processo eleitoral de 2010. Mais uma indigesta espera.

Também, o projeto de lei 5.139 de 2009, decorrente de um vasto e rico, porém oneroso, processo pré-legislativo de aperfeiçoamento técnico-social, cujo objeto era o novo regime jurídico das ações coletivas no Brasil, uma revolução na defesa dos direitos coletivos, não prosperou. Mais que isso, o projeto contou com democrático trâmite legislativo. Destarte, houve audiências públicas, o que viabilizou a discussão por vários segmentos da sociedade sobre as mudanças processuais pretendidas. Quanto à comissão responsável que elaborou o anteprojeto original, esta contou com juristas sérios, renomados, todos preocupados com a efetividade do processo coletivo. Contudo, o anticlímax: a sua rejeição, na Câmara dos Deputados, em razão do velho fenômeno da cooptação política, no caso, bancada por entidades representativas dos interesses das indústrias no Brasil.

Mais recentemente, o município de São Paulo lançou o projeto "nova Luz" com o objetivo, ao menos declarado, de revitalização da região central da cidade que, historicamente, abriga várias comunidades carentes em assentamentos não regularizados. Contudo, o processo contou com audiências públicas, com ampla participação popular, mas cujas propostas foram simplesmente ignoradas pela antiga gestão municipal. Ainda nesse campo habitacional, o Estatuto da Cidade, desde 2001, instituiu a chamada "outorga onerosa da licença para a construção", especialmente em locais de elevada especulação imobiliária, mas cujo instrumento conta com isoladas e raras regulamentações municipais, deixando-o no esquecimento. Em outras palavras, um meio democraticamente aprovado em lei, que serviria para a distribuição das valorizações imobiliárias, se tornou refém da vontade egoística dos gestores municipais que, aliás, têm suas campanhas eleitorais financiadas exatamente pelas próprias empreiteiras e construtoras, refratárias à ideia. Ou seja, é melhor não esperarmos nada dessa sorrateira relação.

Já que tocamos nesse tema, questiono: e o celeuma da reforma política? Por que os Deputados e Senadores não enfrentam esse tema com a imparcialidade e o comprometimento social necessários? Simples, porque muitas das propostas vão de encontro com os interesses da maioria dos partidos políticos e congressistas. Exatamente por esse motivo é que muitos constitucionalistas sugerem a instauração de Assembleia Nacional Constituinte, ainda que para tratar desse exclusivo e sensível, mas crucial tema, que goza de inegável interesse nacional. Se essa é a solução, o momento é agora.

Há não muitos dias, assistimos à verdadeira queda de braços entre as cúpulas dos Poderes Judiciário e Legislativo nacionais. Quase uma briga de egos, de poder pelo poder, ignorando que ele, aliás, todo ele, emana do povo, que não o transfere ou aliena, mas o exerce. Apenas o exerce, vale relembrá-los, sem dele dispor.

Outra exclusão é a tributária. Até hoje, o consumidor não sabia o que pagava: se pelo custo do produto, se pela beleza da atendente, se pelo "couvert", se pelos impostos. Apenas recentemente, uma nova lei veio impor o detalhamento dos tributos que incidirem sobre cada produto. Porém, ainda são iniciativas isoladas e pontuais.

Por fim, destacamos. Para essa Copa, o povo não foi convocado. A festa é da Fifa, que impõe as regras do jogo em direta violação à soberania nacional. A chamada Lei da Copa é um exemplo. Ela exclui e afasta a sociedade dos espaços construídos exatamente à sua custa. Por exemplo, a lei não permite o típico e cultural comércio de ambulantes em vários locais das cidades sedes. Segundo ela, "a União colaborará com os estados, o Distrito Federal e os municípios que sediarão os eventos e com as demais autoridades competentes para assegurar à Fifa e às pessoas por ela indicadas a autorização para, com exclusividade, divulgar suas marcas, distribuir, vender, dar publicidade ou realizar propaganda de produtos e serviços, bem como outras atividades promocionais ou de comércio de rua, nos Locais Oficiais de Competição, nas suas imediações e principais vias de acesso (artigo 11, Lei 12.663/12)." São nossos impostos a serviço da Fifa, e pior, para nos afastar, nos excluir ainda mais.

Aliás, foi exatamente esse sentimento de exclusão e de rejeição que tem fomentado a revolta da sociedade contra o Estado. Ela deseja participar, quer ser ouvida e ter sua opinião considerada. O povo brasileiro quer acesso.

Pois bem. A questão é sobremodo complexa, mas ouso indicar uma saída, talvez por idealismo ou amor à pátria. Acho que é hora de uma ampla revisão constitucional, por motivos supervenientes e atuais, embora não previsíveis pelo Constituinte de 1988. De fato, a Constituição Federal não descartou essa hipótese de alteração, mas a limitou em cinco anos de sua promulgação. Talvez, tenha sido pouco tempo para o Brasil efetivamente amadurecer e o povo definitivamente despertar. Então, para isso, indicamos a formação de uma Comissão Nacional, composta por representantes do Estado e da Sociedade Civil para, juntos, estabelecerem um processo de formação aberta, democrática e apartidária de propostas revisionais da Constituição.

De fato, em termos práticos, tal Comissão seria responsável pela ampla divulgação e gestão de pré-conferências regionais, no primeiro momento, e estaduais, num segundo. Delas, sairiam delegados representativos e defensores das teses pré-aprovadas, sendo elas decorrentes da vontade tanto das maiorias (mais votadas), quanto das minorias (por exemplo, aquelas que atingissem de 20% a 50% da adesão dos participantes). Após, far-se-ia uma grande Conferência Nacional para a elaboração da proposta final de revisão a ser encaminhada ao Congresso Nacional para apreciação e votação, com máxima prioridade, segundo o próprio rito legislativo já existente para as propostas de emendas constitucionais.

De início, sugerimos, desde logo, a alteração do inciso LIV do artigo 5º: "nenhum procedimento ou ato, público ou privado, será desenvolvido sem o devido e participativo processo constitucional e legal." Que tal?

Enfim, chegou a hora da sociedade participar, ser ouvida e, enfim, ter sua opinião finalmente ponderada, sob pena de irreversível retrocesso e abalo das instituições democráticas e dos direitos fundamentais já consolidados.

4. OS MEIOS ALTERNATIVOS DE RESOLUÇÃO DOS CONFLITOS

Apresentamos agora um texto muito interessante **do Juiz de Direito do Estado da Bahia, André Gomma de Azevedo,** sobre a **teoria do conflito:**

"**O conflito** pode ser definido como um processo ou estado em que duas ou mais pessoas divergem em razão de metas, interesses ou objetivos individuais percebidos como mutuamente incompatíveis. Um conflito pode ser experimentado como uma simples discordância ou oposição e como uma percepção de diferença dos outros ou uma competição ou incompatibilidade com outros.

Há autores que sustentam que uma disputa existe quando uma pretensão é rejeitada integral ou parcialmente, tornando-se parte de uma lide quando envolvem direitos e recursos que poderiam ser deferidos ou negados em juízo.

De definições como esta, sugere-se que há uma distinção técnica entre uma disputa e um conflito na medida em que alguns autores sustentam que uma disputa somente existe depois de uma demanda ser proposta. 'Um conflito se mostra necessário para a articulação de uma demanda. Um conflito, todavia, pode existir sem que uma demanda seja proposta. Assim, apesar de uma disputa não poder existir sem um conflito, um conflito pode existir sem uma disputa'.

Em termos coloquiais, conflito refere-se a um desentendimento — a expressão ou manifestação de um estado de incompatibilidade. Nesse sentido, segundo o principal dicionário de resolução de conflitos da atualidade, organizado por Douglas Yarn, conflito seria sinônimo de disputa. Vale ressaltar que há autores de grande destaque internacional, como Morton Deutsch, que tratam os dois conceitos como sinônimos. No entanto, a maior parte da doutrina tende a realizar a distinção acima transcrita, sustentando, como a professora Carrie Menkel-Meadow, que quando ações concretas são direcionadas a um conflito ele torna-se uma disputa.

Em regra, as ações concretas direcionadas a um conflito são substancialmente definidas em função da percepção que se tem quanto ao conflito *per se.* Autores no campo de resolução de disputas indicam que ao se perceber o conflito como **um fenômeno negativo** frequentemente se associa o fato de se estar em um contexto conflituoso com a noção de estar sendo ameaçado de alguma forma. Esta ameaça, por sua vez, desencadeia o chamado m*ecanismo de luta ou fuga* (também denominado de *retorno de luta ou fuga* ou *resposta de estresse agudo).* O retorno de luta ou fuga consiste na teoria de que seres humanos — como outros animais — reagem a *ameaças* com uma descarga do sistema nervoso simpático impulsionando-os a lutar ou fugir.

Em suma, **o mecanismo de luta ou fuga consiste em uma resposta que libera a adrenalina causadora de reações** de natureza fisiológica *(e.g.* taquicardia, ruborização e contração muscular), emocional *(e.g.,* raiva, irritação) e comportamental *(e.g.* hostilidade, elevação do tom de voz e descuido verbal). Destaque-se que essas reações decorrem do simples fato de se perceber o conflito de forma negativa — ao encontrar-se em conflito e perceber este como algo negativo, reage-se como se existisse algum tipo de ataque ou agressão e desencadeia-se o mecanismo de luta ou fuga.

Sob a perspectiva de Deutsch, **ao se presumir que o conflito consiste em um fenômeno negativo nas relações humanas, tende-se a se proceder a uma análise de culpabilidade seguida de uma relação marcantemente competitiva**. Naturalmente, a opção pela adoção de uma conduta de cooperação ou de competição entre pessoas e grupos proporciona consequências significativamente distintas. A competição tende a induzir participantes a disputar o que se percebe como recursos limitados fazendo-se uso de condutas claramente adversariais, belicosas, polarizadoras e que proporciona ao menos um perdedor.

Por outro lado, **ao se perceber o conflito como algo positivo, ou ao menos potencialmente positivo, tem-se que o mecanismo de luta ou fuga tende a não ser desencadeado ante a ausência de percepção de ameaça**. Essa percepção não ameaçadora, por sua vez, proporciona reações *(e.g.,* equilíbrio, serenidade, compreensão, simpatia, consciência verbal) mais propensas a facilitar que processos produtivos de resolução de disputas sejam desencadeados[119].

Nesse sentido, ao se abordar o conflito como **um fenômeno natural** no comportamento humano e por se admitir a possibilidade de que este pode proporcionar ganhos para as partes, **busca-se não mais uma análise de culpabilidade, mas sim uma, de soluções integrativas** *(i.e.* que atendam concomitantemente às expectativas de todas as partes envolvidas). Isto porque se abandona a presunção de que os recursos são limitados para buscarem-se formas de se gerarem recursos para que estes depois sejam compartilhados.

A linha iniciada por Deutsch aborda o conflito como uma oportunidade de elevado valor social e pessoal. De um lado, se o conflito for abordado de forma eficiente prevenir-se-á a estagnação da relação ao mesmo tempo em que se proporcionará oportunidade de crescimento pessoal, profissional, estimulando-se a coesão de indivíduos e grupos.

Processos construtivos e destrutivos de resolução de disputas: Morton Deutsch, em sua obra apresentou importante classificação **de processos de resolução de disputas ao indicar que esses podem ser *construtivos* ou *destrutivos*.** Para ele, **um processo destrutivo** se caracteriza pelo enfraquecimento ou rompimento da relação social preexistente à disputa em razão da forma pela qual esta é conduzida. Em processos destrutivos há a tendência de o conflito se expandir ou se tornar mais acentuado no desenvolvimento da relação processual. Como resultado, tal conflito frequentemente torna-se 'independente de suas causas iniciais', assumindo feições competitivas nas quais cada parte busca 'vencer' a disputa e decorre da percepção, na mais das vezes errônea, de que os interesses das partes não podem coexistir.

Em outras palavras, partes quando em processos destrutivos de resolução de disputas concluem tal relação processual com esmaecimento da relação social preexistente à disputa e acentuação da animosidade decorrente da ineficiente forma de endereçar o conflito.

Por sua vez, **processos construtivos**, segundo Deutsch, seriam aqueles em razão dos quais as partes concluiriam a relação processual com um fortalecimento da relação social preexistente à disputa. Para esse professor, processos construtivos **caracterizam-se**:

a) pela capacidade de estimular as partes a desenvolverem soluções criativas que permitam a compatibilização dos interesses aparentemente contrapostos;

b) pela capacidade das partes ou do condutor do processo *(e.g.* magistrado, conciliador ou mediador) de motivar todos os envolvidos para que *prospectivamente* resolvam as questões sem atribuição de culpa, ou ao menos sem a percepção da existência de um vencido e um vencedor;

c) pelo desenvolvimento de condições que permitam a reformulação das questões diante de eventuais impasses; e d) pela disposição das partes ou do condutor do processo a abordar, além das questões juridicamente tuteladas, todas e quaisquer questões que estejam influenciando a relação (social) das partes.

Em outros termos, **partes quando em processos construtivos de resolução de disputas concluem tal relação processual com fortalecimento da relação social preexistente à disputa e, em regra, robustecimento do conhecimento mútuo e empatia.** Exemplificativamente, mesmo um casal em via de separação pode ser orientado por meio de um processo construtivo a medida que o condutor desse procedimento estiver apto a motivar as partes para que, diante de inevitável ruptura de vínculo conjugai, estas possam desenvolver a melhor relação possível na fase posterior à separação — presumindo-se, no exemplo, que as partes manterão algum vínculo em razão da existência de filhos."[18] (...)

O texto é excelente. Não ousaremos invadi-lo.

"**Teoria de negociação e mecanismos aptos a estimular a solução conciliada dos conflitos:** A abordagem principal na teoria da negociação utilizada na mediação e em outros processos de resolução de disputas consiste em apresentar algumas estruturas de resolução de problemas que podem ser utilizadas durante o processo autocompositivo *(e.g.,* mediação) ou a fase autocompositiva de um processo heterocompositivo *(e.g.,* audiência de conciliação). A proposta dessa teoria de negociação consiste em abandonar, quando possível, formas mais rudimentares de negociação, como a chamada 'negociação posicional', a fim de se buscar resultados mais satisfatórios aos interesses das partes negociação.

A negociação consiste em uma comunicação voltada à persuasão. **A negociação posicional,** por sua vez, consiste naquela cujos negociadores se tratam como oponentes, o que implica pensar na negociação em termos de um ganhar e outro perder (em que quanto mais um ganha mais o outro perde). Dessa forma, em vez de abordar os méritos da questão, o papel do negociador parece ser pressionar ao máximo e ceder o mínimo possível. De fato, quando se negocia com posições *(e.g.* um oferece pagar R$ 10.000,00 enquanto o outro somente aceita receber R$ 15.000,00) o negociador tende a se trancar nesta posição — quanto mais se justifica uma posição e se tenta enfraquecer a da outra parte, mais se está comprometido com sua posição original.

Frequentemente questões pessoais, como honra e respeito, passam a ser identificadas como parte da negociação *(i.e.,* ceder depois de tanta argumentação desmoralizaria o negociador). Começa nesse momento uma preocupação com a preservação da imagem pessoal — a reconciliação de ações futuras com posições assumidas. Esta é a posição de Carrie Menkel-Meadow: **sustentar que a negociação posicional cria incentivos que servem de obstáculo ao entendimento e ao acordo, pois na negociação posicional tenta-se melhorar as chances de um acordo favorável iniciando-se a negociação com posições extremadas**, ou de forma intransigente, mantendo-se preso a uma posição, ou induzindo em erro a outra parte quanto a seus interesses e perspectivas, ou deferindo pequenas concessões apenas para que a negociação continue.

18 AZEVEDO, André Gomma de. *Teoria do conflito e os mecanismos autocompositivos.* Artigo. *In:* Concurso da Magistratura. São Paulo: Saraiva, 2011, p. 104.

Como afirma Menkel-Meadow, a negociação posicional pode se tornar uma prova de determinação dos negociadores cuja raiva e o ressentimento frequentemente proporcionam prejuízo na relação social dos envolvidos, pois uma parte sente-se cedendo à intransigência da outra enquanto suas legítimas preocupações permanecem desatendidas.

Nesse contexto, tem-se a chamada **'negociação baseada em princípios'** ou **'negociação baseada em méritos'** sugerindo que, para a obtenção da negociação de resultados sensatos e justos (com a vantagem de evitar a deterioração do relacionamento entre as pessoas), faz-se necessário que se abordem os interesses reais dos envolvidos (e não suas posições). A negociação baseada em princípios tem como principal obra o livro *Como chegar ao sim,* de Roger Fisher e William Ury, cuja leitura fortemente se recomenda. Nesse livro são separados cinco pontos fundamentais da negociação baseada em princípios, quais sejam: a) separação das pessoas do problema; b) foco nos interesses e não em posições; c) geração de opções de ganhos mútuos; d) utilização de critérios objetivos; e e) melhor alternativa para um acordo negociado.

a) Separar as pessoas do problema

A técnica de separar as pessoas do problema, como sustentam os autores Fisher e Ury, sugere que o revide em uma discussão não encaminhará a questão para uma solução satisfatória para as duas partes. No entanto, mesmo sabendo disso, muitos encontram dificuldade em ouvir de forma atenta o debatedor, reconhecendo os seus sentimentos e estabelecendo uma comunicação ativa que possa conduzir à colaboração. Isto porque as emoções frequentemente se misturam com os méritos da negociação. Assim, antes de presumir que as pessoas interessadas façam parte do problema a ser abordado, recomenda-se que os envolvidos assumam uma postura de "atacar" os méritos da negociação, lado a lado, e não os negociadores. Exemplificativamente, alguém poderia iniciar uma negociação exigindo que seu vizinho se mude, pois sua falta de educação está prejudicando toda a vizinhança; ou poderia iniciar a negociação conversando sobre algumas práticas de vizinhança — como colocar o lixo em latões ou cestos suspensos — como forma de padronizar condutas na vizinhança. Ao se estabelecer que o "problema é o vizinho" o negociador dificulta significativamente sua comunicação.

b) Foco nos interesses e não em posições

O segundo ponto fundamental da negociação baseada em princípios foi concebido para superar as barreiras que se formam quando a negociação se fixa exclusivamente nas posições manifestadas pelas partes. Isto porque a posição manifestada muitas vezes não indica os verdadeiros interesses daquele negociador. Encontrar o ponto médio entre posições também pode não produzir um acordo que efetivamente abordará os verdadeiros interesses que impulsionaram os negociadores a apresentar suas respectivas posições. Exemplificativamente, alguém poderia iniciar uma negociação exigindo que o vizinho compre uma cesta suspensa para lixo ou poderia iniciar a negociação indicando que ambos têm o interesse de relações harmônicas de vizinhança e boa aparência da rua com o acondicionamento apropriado do lixo.

c) Geração de opções de ganhos mútuos

Um dos princípios básicos da negociação baseada em princípios consiste na geração de uma variedade de possibilidades antes de se decidir qual solução será adotada. Naturalmente, sob pressão, muitos negociadores encontram dificuldades de encontrar soluções eficientes especificamente em razão do envolvimento emocional. A busca de uma única solução, especialmente diante de um adversário, tende a reduzir a perspectiva de uma solução aceitável. Uma das formas de endereçar essas restrições emocionais na negociação consiste em separar tempo para a geração de elevado número de opções de ganho mútuo que abordem os interesses comuns e criativamente reconciliem interesses divergentes.

d) Utilização de critérios objetivos

Outro ponto fundamental da negociação baseada em princípios consiste na utilização de padrões objetivos como tabelas de preços de veículos usados, valores médios de metro quadrado construído, ou índices de correção monetária. A proposta de debater critérios objetivos ao invés de posições favorece a despersonificação do conflito (*i.e.*, a ideia de que o conflito existe por culpa da outra parte).

e) Melhor alternativa: a negociação de um acordo

MAANA é a sigla para a melhor alternativa para negociação de um acordo. Em suma, é a medida que os autores propõem para o valor da negociação: compensa negociar enquanto não houver uma alternativa melhor. Não é raro ver longas negociações ocorrerem sem que seus contendores saibam com razoável grau de precisão quais as consequências de não se chegar a um acordo. A obtenção dessa importante informação, a MAANA, resulta na consciência da parte da sua real situação de poder na negociação. Essa informação tem dois efeitos: ao mesmo tempo em que compele as partes a negociar com afinco, no intuito de obter um resultado melhor que a MAANA, induz a que elas busquem saídas que não dependam do outro lado para ficar numa situação mais confortável durante a negociação."[19]

19 AZEVEDO, André Gomma de. *Teoria do conflito e os mecanismos autocompositivos.* Artigo. *In:* Concurso da Magistratura. São Paulo: Saraiva, 2011, p. 106/108.

ATENÇÃO Em suma, **a Defensoria Pública tem assumido essa metodologia de processos (re)construtivos das relações e diálogos, bem como da negociação baseada em princípios, em virtudes e méritos.** Ela manifesta sua preferência pela psicologia da pacificação e abandona a psicologia da guerra.

Como já dissemos, adotamos um modelo público, não demandista e de contenção dos conflitos.

Eis nosso desafio.

Por fim, vale registrar que o Novo CPC entrou nessa onda da autocomposição e empoderamento das partes. Seguindo essa linha de raciocínio, destacam-se dois dispositivos: Art. 139. O juiz dirigirá o processo conforme as disposições deste Código, incumbindo-lhe: (...) V – promover, a qualquer tempo, a autocomposição, preferencialmente com auxílio de conciliadores e mediadores judiciais. Art. 3º, §3º. A conciliação, a mediação e outros métodos de solução consensual de conflitos deverão ser estimulados por juízes, advogados, defensores públicos e membros do Ministério Público, inclusive no curso do processo judicial.

Para alcançar e estimular a autocomposição, o artigo 149, também do Novo Código de Processo Civil, prevê a figura do mediador e do conciliador como auxiliares da justiça: Art. 149. São auxiliares da Justiça, além de outros cujas atribuições sejam determinadas pelas normas de organização judiciária, o escrivão, o chefe de secretaria, o oficial de justiça, o perito, o depositário, o administrador, o intérprete, o tradutor, o mediador, o conciliador judicial, o partidor, o distribuidor, o contabilista e o regulador de avarias.

Além disso, o próprio procedimento passou a integrar o objeto das negociações. Destarte, a teoria dos atos processuais ganhou um importante e inovador ingrediente, qual seja, a negociabilidade das partes dentro de um ambiente cooperativo.

Por isso, o artigo 190 prevê que, "versando o processo sobre direitos que admitam autocomposição, é lícito às partes plenamente capazes estipular mudanças no procedimento para ajustá-lo às especificidades da causa e convencionar sobre os seus ônus, poderes, faculdades e deveres processuais, antes ou durante o processo".

Contudo, a lei, por cautela, impõe o controle pelo magistrado, cujo conteúdo pode ser plenamente imposto ao defensor público no exercício de suas atribuições, pela adoção das medidas cabíveis e ao seu alcance: "de ofício ou a requerimento, o juiz controlará a validade das convenções previstas neste artigo, recusando-lhes aplicação somente nos casos de nulidade ou de inserção abusiva em contrato de adesão ou em que alguma parte se encontre em manifesta situação de vulnerabilidade» (artigo 190, parágrafo único).

Sobre o artigo 190, o Fórum Permanente de Processualistas Civis dedicou-lhe intensa atenção:

- "O negócio jurídico processual não pode afastar os deveres inerentes à boa-fé e à cooperação" (enunciado nº 6).

- "O controle dos requisitos objetivos e subjetivos de validade da convenção de procedimento deve ser conjugado com a regra segundo a qual não há invalidade do ato sem prejuízo" (enunciado nº 16).

- "As partes podem, no negócio processual, estabelecer outros deveres e sanções para o caso do descumprimento da convenção" (enunciado nº 17).

- "Há indício de vulnerabilidade quando a parte celebra acordo de procedimento sem assistência técnico-jurídica" (enunciado nº 18).

- "São admissíveis os seguintes negócios processuais, dentre outros: pacto de impenhorabilidade, acordo de ampliação de prazos das partes de qualquer natureza, acordo de rateio de despesas processuais, dispensa consensual de assistente técnico, acordo para retirar o efeito suspensivo da apelação, acordo para não promover execução provisória" (enunciado nº 19).

- "Não são admissíveis os seguintes negócios bilaterais, dentre outros: acordo para modificação da competência absoluta, acordo para supressão da primeira instância" (enunciado nº 20).

- "São admissíveis os seguintes negócios, dentre outros: acordo para realização de sustentação oral, acordo para ampliação do tempo de sustentação oral, julgamento antecipado do mérito convencional, convenção sobre prova, redução de prazos processuais" (enunciado nº 21).

- "O negócio jurídico celebrado nos termos do art. 190 obriga herdeiros e sucessores" (enunciado nº 115).

- "Aplica-se ao processo do trabalho o disposto no art. 190 no que se refere à flexibilidade do procedimento por proposta das partes, inclusive quanto aos prazos" (enunciado nº 131).

- "Além dos defeitos processuais, os vícios da vontade e os vícios sociais podem dar ensejo à invalidação dos negócios jurídicos atípicos do art. 190" (enunciado nº 132).

- "Salvo nos casos expressamente previstos em lei, os negócios processuais do art. 190 não dependem de homologação judicial" (enunciado nº 133).

- "Negócio jurídico processual pode ser invalidado parcialmente" (enunciado nº 134).

- "A indisponibilidade do direito material não impede, por si só, a celebração de negócio jurídico processual" (enunciado nº 135), dentre outros.

Aliás, nessa linha, o NCPC, no artigo 191, permite a convenção acerca do calendário processual a ser adotado. "De comum acordo, o juiz e as partes podem fixar calendário para a prática dos atos processuais, quando for o caso (caput). O calendário vincula as partes e o juiz, e os prazos nele previstos somente serão modificados em casos excepcionais, devidamente justificados (parágrafo primeiro). Dispensa-se a intimação das partes para a prática de ato processual ou a realização de audiência cujas datas tiverem sido designadas no calendário (parágrafo segundo).

Também aqui houve deliberação no Fórum Permanente de Processualistas Civis: "O juiz pode designar audiência também (ou só) com objetivo de ajustar com as partes a fixação de calendário para fase de instrução e decisão" (enunciado nº 299).

Enfim, o legislador reconheceu, finalmente, que o processo não é e não pode ser um instrumento de poder e de autoridade, mas um espaço de produção da liberdade individual, com diretrizes inflexíveis de eticidade.

5. PASSO A PASSO DA ATUAÇÃO DO DEFENSOR PÚBLICO NO ATENDIMENTO MULTIDISCIPLINAR

Na psicologia da pacificação, especialmente nos conflitos de família, é crucial que o Defensor Público e a equipe multidisciplinar esforcem-se para o isolamento dos sentimentos mais hostis, como a raiva, a vingança, a inveja, a intolerância. Cada forma de atendimento conciliatório, de transação ou de mediação, tem suas fórmulas próprias, mas é essencial um atendimento sobremodo informado, com momentos monólogos e momentos diálogos. De fato, em certos casos, faz-se útil o isolamento da manifestação e, ainda, da orientação, sempre sem qualquer espécie de coação ou subtração de dados. A partir daí se reestabelece o diálogo e se constrói um acordo.

6. FLUXOGRAMA

Formação humanística (psicologia da pacificação)

Na psicologia da pacificação, especialmente nos conflitos de família, é crucial que o Defensor Público e a equipe multidisciplinar se esforçam para o isolamento dos sentimentos mais hostis, como a raiva, a vingança, a inveja, a intolerância. De fato, os interessados recorrem ao Direito (à Defensoria Pública e ao Poder Judiciário), muitas vezes, ou para vingar as mágoas passadas, ou para se aproximarem dos amores distantes ou não correspondidos.

↓

Cada forma de atendimento conciliatório, de transação ou de mediação, tem suas fórmulas próprias, mas é essencial um atendimento sobremodo informado, com momentos monólogos e momentos diálogos.

↓

De fato, em certos casos, faz-se útil o isolamento da manifestação e, ainda, da orientação, sempre sem qualquer espécie de coação ou subtração de dados (transparência e lealdade). A partir daí se reestabelece o diálogo e se constrói um acordo. Conforme a qualidade dos trabalhos, o resultado pode ser de duas ordens:

↓

Acordo, mas sem pacificação. → Nesse caso, os trabalhos devem ser renovados.

Acordo com pacificação.

7. MODELOS

I) Termo de ajustamento de conduta: pacificação coletiva

Termo de Ajustamento de Conduta

A Defensoria Pública do Estado de ..., Regional de ... e **Nonononono Terminais Rodoviários e Representações Ltda., Concessionária da Exploração Comercial do Terminal Rodoviário da cidade de ...,** firmam o presente **TERMO DE AJUSTAMENTO DE CONDUTA**, objetivando por fim à demanda ajuizada através da Ação Civil Pública, em curso perante a ...ª Vara da Fazenda Pública da Comarca de ..., sob o nº .../..., nos termos que seguem articulados:

1. A Nonononono Terminais Rodoviários e Representações Ltda, durante toda vigência do Contrato de Concessão mantido com a Prefeitura Municipal de ..., compromete-se a disponibilizar para uso público, especialmente aos usuários do serviço rodoviário, no Terminal Rodoviário de ..., sanitários masculinos e femininos de uso gratuito, devidamente sinalizados e equipados, às pessoas carentes que necessitem tal serviço sem o pagamento de qualquer tributo ou tarifa.

2. Os sanitários gratuitos, femininos e masculinos, deverão ser mantidos em bom estado de limpeza, higiene e conservação, com o fornecimento gratuito e contínuo de papel higiênico, sabonete, papel toalha para as mãos, devendo ainda estar equipados com assentos sanitários, portas nos sanitários e espelhos.

3. A empresa concessionária, deverá também zelar pela boa prestação do serviço aos usuários mantendo funcionário em tempo integral no recinto.

4. Os banheiros gratuitos também deverão permanecer abertos e a disposição dos usuários durante todo o período de funcionamento do terminal rodoviário.

5. Os banheiros de uso gratuito deverão ser acessíveis por meio dos equipamentos de acessibilidades já existentes no Terminal Rodoviário de ..., como escada rolante, elevador e deverão ser sinalizados com placas fixadas nas entradas dos banheiros e corredores, com expressa indicação de sua existência sinalizada nos sanitários pagos.

6. Os sanitários pagos existentes no piso térreo e no piso superior contarão com placas de sinalização com indicações expressas de que estarão isentos de pagamento de qualquer tributo ou tarifas de utilização os seguintes usuários: (i) os idosos, (cidadãos do sexo masculino ou feminino acima de 65 anos); (ii) os portadores de pessoas com deficiência; e (iii) as crianças com idade de até 05 anos.

7. A Nonononono Terminais Rodoviários e Representações Ltda. terá o prazo de 30 dias para a implemantação das medidas acordadas no presente Termo de Ajustamento de Conduta.

8. O não cumprimento das medidas previstas neste Termo de Ajustamento de Conduta implicará no pagamento pela Nonononono Terminais Rodoviários e Representações Ltda. de multa diária no valor de R$ 1.000,00.

9. Uma vez assinado o presente Termo de Ajustamento de Conduta, nos termos ora apresentados, as partes, em conjunto, com anuência da Prefeitura Municipal de ..., pleitearão a homologação do referido acordo, após o que a Nonononono Terminais Rodoviários e Representações Ltda. poderá voltar a efetuar a cobrança no sanitário masculino tarifado, atualmente suspensa em decorrência de ordem judicial.

10. O presente Termo de Ajustamento de Conduta não isenta, nem prejudica o poder e o dever fiscalizatório da Prefeitura Municipal de ..., na qualidade de poder concedente.

Cidade ..., data .../.../...

Defensor Público **Advogado**

Defensor Público

8. QUESTÕES DE CONCURSOS

01. (Defensoria Pública do Paraná-2012) 01 A vida é direito constitucional fundamental garantindo-se sua inviolabilidade. À luz desse preceito

(A) é possível utilizar a interpretação conforme para não responsabilizar o médico pela eutanásia se considerarmos a autonomia e a dignidade da pessoa humana no mesmo patamar e a vida como direito relativo e disponível pelo titular.

(B) é dever do médico, em casos de doença incurável e terminal, empreender ações diagnósticas ou terapêuticas inúteis ou obstinadas ainda que ocorra a distanásia ou obstinação terapêutica.

(C) a eutanásia ativa direta é admitida pelo ordenamento brasileiro desde que precedida do testamento vital ou procuração de saúde.

(D) somente está autorizada pela norma a eutanásia ativa indireta, na qual se usa meios para evitar a dor ainda que isso provoque a aceleração da morte.

(E) está autorizado pelo ordenamento jurídico apenas a eutanásia passiva ou ortotanásia, quando se omitem ou suspendem os tratamentos médicos com vistas a não adiar a morte.

02. (Defensoria Pública do Paraná-2012) 02. O constitucionalismo fez surgir as Constituições modernas que se caracterizam pela adoção de

(A) rol de direitos civis, políticos, econômicos, sociais e culturais e regime presidencialista de governo.

(B) pactos de poder entre soberanos e súditos que garantem àqueles privilégios, poderes e prerrogativas sem a contrapartida de deveres e responsabilidades exigíveis por estes.

(C) princípio do governo limitado pelas leis, separação de poderes e proteção de direitos e garantias fundamentais.

(D) controle de constitucionalidade difuso das normas realizado por qualquer membro do Poder Judiciário.

(E) cartas constitucionais escritas, formais, dogmáticas, dirigentes, analítica e outorgadas.

03. (Defensoria Pública do Paraná-2012) 03. Defensor Público em visita de inspeção à Cadeia Pública Feminina recebe pleito das presas de recebimento de visita íntima proibida pelo delegado responsável por ausência **de local apropriado e falta de segurança. Ao analisar a reivindicação das presas o Defensor extrai corretamente as seguintes conclusões:**

(A) A mulher presa está privada da liberdade e compete ao Estado zelar para que a pena não passe de sua pessoa, conforme direito constitucional expresso. Não tendo meios para impedir a reprodução, que pode ocorrer, se faz necessário impedir a realização de visita íntima.

(B) Embora legítima, a demanda carece de regulação normativa sob a ótica dos direitos sexuais, o que impede a sua judicialização.

(C) Ainda que seja possível extrair os direitos sexuais do sistema constitucional de proteção dos direitos, no caso específico deve prevalecer o interesse público sobre o privado, já que as visitas não se realizam em virtude de não ser possível garantir a segurança do estabelecimento.

(D) A Constituição foi detalhista ao estabelecer os direitos da pessoa presa prevendo até mesmo o direito da presa de amamentar seus filhos. A visita íntima de mulher presa não está dentre esse rol de direitos não cabendo à Defensoria se revestir de Poder Constituinte Originário.

(E) A demanda se insere na proteção constitucional dos direitos sexuais que podem ser considerados direitos que decorrem do regime e dos princípios constitucionais adotados, em especial, da igualdade, liberdade, intimidade, privacidade e autonomia (parágrafo 2º do art. 5º – direitos implícitos).

04. (Defensoria Pública) 04 Sobre a atuação do Defensor Público, é INCORRETO afirmar:

(A) Deve priorizar a interpretação jurídica que assegure a maior eficácia da dignidade da pessoa humana.

(B) No seu trabalho técnico-jurídico, não deve se limitar à pura interpretação por subsunção.

(C) Deve, sempre e quando possível, possibilitar o diálogo entre as partes, bem como fomentar a solução pacífica da lide.

(D) Tem independência funcional absoluta, podendo se recusar a interpor recurso considerado plausível por parte da doutrina e da jurisprudência.

(E) Deve preservar o prestígio da Instituição.

05. (Defensoria Pública do Paraná-2012) 05 Considere as afirmações abaixo, entre tipicidade e antijuridicidade

I. Para a teoria do "tipo avalorado" (também chamado de "neutro", "acromático"), a tipicidade não indica coisa alguma acerca da antijuridicidade.

II. Para a teoria indiciária (*ratio congnoscendi*), a tipicidade é um indício ou presunção *iuris et iuris* da normatividade da licitude.

III. Para a teoria da identidade, a tipicidade é a *ratio essendi* da antijuridicidade, onde afirmada a tipicidade resultará também afirmada antijuridicidade.

IV. Para a teoria do tipo puro, a tipicidade representa uma valoração subjetiva da normatividade da licitude.

Estão corretas APENAS as afirmações

(A) I e III.

(B) I e II.

(C) II e III.

(D) II e IV.

(E) III e IV.

06. (Defensoria Pública do Paraná-2012) 06. A procura suprimida é relacionada, por Boaventura, aos cidadãos que se sentem impotentes para reivindicar direitos violados. Nesse contexto, é função da Defensoria Pública

(A) o patrocínio da ação penal privada e da subsidiária da pública.

(B) a atuação nos Juizados Especiais e respectivas Turmas Recursais.

(C) promover a difusão e a conscientização dos direitos humanos, da cidadania e do ordenamento jurídico.
(D) exercer a curadoria especial nos casos previstos em lei.
(E) executar e receber as verbas sucumbenciais decorrentes de sua atuação

GABARITO

Questão 01	Gabarito A
Questão 02	Gabarito C
Questão 03	Gabarito E
Questão 04	Gabarito D
Questão 05	Gabarito A
Questão 06	Gabarito C

QUESTÃO COMENTADA

(Defensoria Pública do Paraná-2012) 04 Sobre a atuação do Estado no domínio econômico, é INCORRETO afirmar:

(A) Consta da Constituição Federal o elenco de situações que autorizam o exercício da atividade econômica pelo Estado.
(B) O Estado pode intervir na área econômica para reprimir o abuso do poder econômico, como nas hipóteses de cartéis e trustes.

O verbo "poder" é muito útil na construção de frases corretas. Ele serve para amenizar o "dever".

(C) O Estado pode explorar diretamente atividade econômica quando necessário à segurança nacional ou a relevante interesse coletivo, conforme definidos em lei.
(D) A Constituição Federal não admite hipótese de monopólio estatal.

A presente questão prova a tese que defendemos alhures: expressões negativas são muito usadas por examinadores que buscam tornar inverídica certa assertiva. Há somente um "não" na questão e, justamente, na frase incorreta, a qual deveria ser marcada!

(E) O controle de abastecimento e o tabelamento de preços são modalidades de intervenção do Estado no domínio econômico.

BIBLIOGRAFIA

ALEXY, Robert. *Teoria dos direitos fundamentais.* São Paulo: Malheiros, 2008.

ALMEIDA, Gregório Assagra de. *Codificação do Direito Processual Coletivo Brasileiro: análise crítica das propostas existentes e diretrizes de uma nova proposta de codificação.* Belo Horizonte: Del Rey, 2007.

______. *Direito processual coletivo brasileiro - Um novo ramo do direito processual.* São Paulo: Saraiva, 2003.

ALMEIDA, João Batista de. *Aspectos controvertidos da Ação Civil Pública.* 2. ed. São Paulo: Revista dos Tribunais, 2009.

ALVIM, Arruda. *Manual de direito processual civil.* 12. ed. São Paulo: Revista dos Tribunais, 2008.

ANNONI, Denielle. *O direito humano de acesso à justiça no Brasil.* Porto Alegre: Sérgio Antonio Fabris Editor, 2008.

APPIO, Eduardo. *Direito das minorias.* São Paulo: RT.

ARANHA, Adalberto José Camargo. *Da Prova No Processo Penal.* São Paulo: Saraiva.

ARENDT, Hannah. *A condição humana.* 11ª ed. Tradução: Roberto Raposo. Rio de Janeiro: Forense Universitária, 2010.

ARENHART, Sérgio Cruz. *Perfis da tutela inibitória coletiva. In* Temas Atuais de Direito Processual Civil. São Paulo: Revista dos Tribunais, 2003.

ASSIS, Araken de. *Manual do processo de execução.* 8. ed. São Paulo: Revista dos Tribunais, 2002.

AZEVEDO, André Gomma de. *Teoria do conflito e os mecanismos autocompositivos.* Artigo. *In:* Concurso da Magistratura. São Paulo: Saraiva, 2011.

BARROSO, Luís Roberto. *Ações Coletivas na Constituição Federal de 1988.* RePro 61/190. São Paulo: Revista dos Tribunais, 1991.

BASTOS, Celso Ribeiro. *Curso de direito constitucional.* São Paulo: Saraiva, 1990.

BECCARIA, Cesare. *Dos delitos e das penas.* São Paulo: Editora CD, 2002.

BEDAQUE, José Roberto dos Santos. *Efetividade do Processo e Técnica Processual.* 2. ed. São Paulo: Malheiros, 2007.

______. *Poderes instrutórios do juiz.* 4. ed. São Paulo: Revista dos Tribunais, 2009.

BOBBIO, Norberto. *Teoria do Ordenamento Jurídico.* 10. ed. Basília: UNB, 1999.

BONAVIDES, Paulo. *Curso de Direito Constitucional.* 13. ed. São Paulo: Malheiros, 2007.

________________*Constituição Aberta*. 3ª ed. São Paulo: Malheiros Editores, 2004

BORBA, Joselita Nepomucemo. *Efetividade e Tutela Coletiva.* São Paulo: Revista dos Tribunais, 2008.

BOURDIEU, Pierre. A dominação masculina. 8ª ed. Rio de Janeiro: Bertrand Brasil, 2010.

BUENO, Cassio Scarpinella. *A nova etapa da reforma do código de processo civil.* São Paulo: Saraiva, 2006.

______. *Curso sistematizado de direito processual civil.* São Paulo: Saraiva, 2007.

______. *A legitimidade ativa no mandado de segurança coletivo. In* REPRO. São Paulo: Revista dos Tribunais, 1997, nº 88.

BOFF, Leonardo. *Saber cuidar.* 18ª ed. Rio de Janeiro: Editora vozes, 2012.

BRITTO, Adriana. *A evolução da Defensoria Pública em direção à tutela coletiva. In*: "A Defensoria Pública e os processos coletivos". Rio de Janeiro: *Lumen Juris*, 2008.

CADEMARTORI, Sérgio. *Estado de Direito e Legitimidade. Uma abordagem garantista.* 2. ed. Campinas/SP: Millennium, 2007.

CANOTILHO, J.J. Gomes. *A "principialização" da jurisprudência através da Constituição.* São Paulo: Revista dos Tribunais – REPRO nº 98.

CAMPOS, Amini Haddad; CAMPOS, Lindinalva Rodrigues Corrêa. Direitos humanos das mulheres. Curitiba: Juruá, 2008.

CAPPELLETTI, Mauro; CARTH, Bryant. *Acesso à Justiça.* Porto Alegre: Sérgio Antônio Fabris, 1998.

______. *Formações sociais e interesses coletivos diante da justiça civil.* REPRO 5/130.

CAOVILLA, Maria Aparecida Lucca. Acesso à Justiça e Cidadania. Editora Universitária Argos.

CARDOSO, Luciana Zaffalon Leme Cardoso. *Uma fenda na Justiça.* 1ª. ed. São Paulo: Editora Hucitec, 2010

CARMONA, Carlos Alberto (Coord.). *Reflexões sobre a reforma do código de processo civil.* 1. ed. São Paulo: Editora Atlas, 2007.

CASTRO, André Luís Machado. BERNARDES, Márcia Nina. *Construindo uma nova Defensoria Pública. In:* A Defensoria Pública e os processos coletivos". Rio de Janeiro*: Lumen Juris*, 2008.

_______________DE SOUZA, Rafael Morais Português. Artigo: *Retrocesso e corporativismo.* Agosto de 2012. Disponível em < http://www1.folha.uol.com.br>.

CINTRA, Antônio Carlos de Araújo; GRINOVER, Ada Pellegrini; DINAMARCO, Cândido Rangel. *Teoria Geral do Processo.* 25. ed. São Paulo: Malheiros, 2009.

COELHO, Luis Fernando. *Aulas de Introdução ao Direito.* Barueri/SP: Manole, 2004.

_____. *Teoria crítica do direito.* Porto Alegre: Sergio Antonio Fabris.

COMPANHOLE, Hilton Lobo; COMPANHOLE, Adriano. *Constituições do Brasil.* 12 ed. São Paulo: Atlas, 1998.

COMPARATO, Fábio Konder. Entrevista concedida ao periódico *Caros Amigos*. São Paulo: Ano XIV, Edição nº 163, 2010.

CORIOLANO, Mario Luis. *Defensa pública y derechos humanos-Banco de Datos sobre torturas y otros tratos o penas crueles, inhumanos o degradantes.* Disponível em: <http//:www.anadep.org.br>.

COULANGES, Fustel de. A Cidade Antiga - Estudo sobre o culto, o direito e instituições da Grécia e de Roma. 8ª. ed. Lisboa: Livraria Clássica Editora, 1965.

CRETELLA JUNIOR, José. *Direito Romano*: 20ª. ed. Rio de Janeiro, Editora Forense, 1997.

DA COSTA, Álvaro Mayrink. *Direito Penal – parte geral.* Rio de Janeiro: 2007.

DA SILVA. José Afonso. Comentário Contextual à Constituição. São Paulo: Malheiros Editores.

DA SILVA, Virgílio Afonso. Disponível em: <http//:www.conectas.org.br>

DALARI. Dalmo de Abreu. *In: Escola de Justiça.* São Paulo: Imprensa Oficial, 2010.

DE CARVALHO, Pedro Armando Egydio. *A Defensoria Pública: um novo conceito de assistência judiciária.* Revista dos Tribunais: 1993. Vol. 689.

DE LA TORRE, Wagner Giron. A capacidade postulatória dos Defensores Públicos. Disponível em: < http://www.apadep.org.br>.

DE LIMA, Frederico Rodrigues Viana, Defensoria Pública. 2ª ed. Salvador: Juspodivm, 2012.

DE MORAES, Guilherme Peña. *Instituições da Defensoria Pública.* 1ª. ed. São Paulo: Malheiros Editores, 1999.

DIAS, José Carlos. Disponível em: http://victorhugoalbernazjr.blogspot.com.br/.

DIDIER JR, Fredie. *Curso de Direito Processual Civil.* Direito Coletivo. Bahia: Juspodivm, 2007.

______. JORGE, Flávio Cheim; RODRIGUES, Marcelo Abelha. *A terceira etapa da reforma processual civil.* São Paulo: Saraiva, 2006.

______. *Curso de direito processual civil.* 6 ed. Salvador: Juspodivm, 2006.

______. *Situações Jurídicas Coletivas Passivas: o objeto das ações coletivas passivas. In* Tutela Jurisdicional Coletiva. Salvador/BA: Juspodivm, 2009.

DINAMARCO, Cândido Rangel. *A Instrumentalidade do Processo.* 13. ed. São Paulo: Revista dos Tribunais, 2008.

______. *Instituições de direito processual civil.* 5. ed. São Paulo: Malheiros, 2005.

DINAMARCO, Pedro da Silva. *Ação civil pública.* São Paulo: Saraiva, 2001.

DI PIETRO, Maria Sylvia Zanella. *Direito Administrativo.* 22 ed. São Paulo: Atlas.

DOS SANTOS, Juarez Cirino, Artigo*: A Criminologia Crítica e a Reforma da Legislação Penal.* Disponível: <http://www.cirino.com.br>.

ESPÍNDOLA, Ruy Samuel. *Conceito de princípios constitucionais.* 2 ed. São Paulo: Revista dos Tribunais, 2002.

FAORO, Raymundo. *Os Donos do Poder.* Rio de Janeiro: Globo, 1958.

FARIA, José Eduardo Campos de Oliveira. *Retórica política e ideologia democrática: a legitimação do discurso jurídico liberal.* Tese de Livre-docência apresentada ao Departamento de Filosofia e Teoria Geral do Direito da USP, São Paulo, Capital, 1982.

FENSTERSEIFER, Tiago. Tese. VII Congresso Nacional dos Defensores Públicos, Cuiabá/MT.

FERRARA, Francesco. *In* TEPEDINO, Gustavo. Temas de direito civil. 3. ed. Renovar, 2004.

FERRARESI, Eurico. *Ação Popular, Ação Civil Pública e Mandado de Segurança Coletivo: instrumentos processas coletivos.* Rio de Janeiro: Forense, 2009.

FERRAZ JUNIOR, Tercio Sampaio. *Introdução ao Estudo do Direito. Técnica, Decisão, Dominação.* 4 ed. São Paulo: Atlas, 2003.

______. *Teoria da norma jurídica.* Rio de Janeiro: Forense, 1976.

FERREIRA, Rony. *Coisa Julgada Coletiva.* Porto Alegre: Sergio Antônio Fabris, 2004.

FIDÉLIS DOS SANTOS, Ernane; WAMBIER, Luiz Rodrigues; NERY JÚNIOR, Nelson; FUX, Luiz. *Curso de direito processual civil.* 1 ed. Rio de Janeiro: Editora Forense, 2001.

_____; NERY JÚNIOR, Nelson; WAMBIER, Tereza Arruda Alvim. *Processo e Constituição.* 1 ed. São Paulo: Editora Revista dos Tribunais, 2006.

FIGUEIREDO, Lúcia Valle. *Partidos Políticos e mandado de segurança coletivo.* Revista de Direito Público, São Paulo, n. 95, a. 23, jul/set. 1990, p. 40 e seguintes.

FRASSETO. Flávio Américo. *Ato Infracional, Medida Sócio-Educativa E Processo: A Nova Jurisprudência do Superior Tribunal De Justiça.* Disponível em: < http://www.defensoria.sp.gov.br>.

GAJARDONI, Fernando da Fonseca. *Flexibilização Procedimental: um novo enfoque para o estudo do procedimento em matéria processual, de acordo com as recentes reformas do CPC.* São Paulo: Atlas, 2008.

GALLIEZ, Paulo. *A Defensoria Pública. O estado e a cidadania.* 3 ed. Rio de Janeiro: Lumem Juris, 2006.

GARCIA DE SOUZA, José Augusto. Artigo: *A nova Lei 11.448/07, os escopos extrajurídicos do processo, e a velha legitimidade ativa para ações coletivas.* In: *A Defensoria Pública e os Processos Coletivos.* 1. ed. Rio de Janeiro: Lumen Juris, 2008.

GARCIA, Emerson. *Ministério Público. Organização, Atribuições e Regime Jurídico.* Editora Atlas, 2009.

GONÇALVES, Cristina Guelfi. *In: Escola de Justiça.* São Paulo: Imprensa Oficial, 2010.

GOMES, Luiz Flávio. *O STF está Assumindo um "Ativismo Judicial" sem Precedentes? In* Revista eletrônica Universo Jurídico. Disponível em www.uj.com.br. Acesso aos 02.11.2009.

GRAU, Eros Roberto. *Ensaio e discurso sobre a interpretação/aplicação do direito.* 2 ed. São Paulo: Malheiros.

GRINOVER, Ada Pellegrini. *A tutela dos interesses difusos.* São Paulo: Max Limonad, 1984.

_____. GRINOVER, Ada Pellegrini. *A marcha do processo.* Rio de Janeiro: Forense, 2000.

_____. *A Ação Civil Pública refém do autoritarismo. In* Revista de Processo. Ano 24. Out-dez/2009, nº 96. São Paulo: Revista dos Tribunais.

_____. *Código Brasileiro de Defesa do Consumidor: comentado pelos autores do anteprojeto.* 7 ed. Rio de Janeiro: Forense, 2001.

_____; MENDES, Aluísio Gonçalves de Castro; WATANABE, Kazuo. *Direito Processual Coletivo e o Anteprojeto de Código Brasileiro de Processos Coletivos.* São Paulo; Revista dos Tribunais, 2007.

GROSSI, Viviane Ceolin Dallasta Del. Artigo: *A atuação da Defensoria Pública da União e a implementação da política pública de assistência social aos refugiados no Brasil.* In: RÉ; REIS. *Temas aprofundados da Defensoria Pública* – volume II, Ed. Juspodivm, 2014.

GROSTEIN, Julio. *Lei orgânica da Defensoria Pública do Estado de São Paulo – Comentários à Lei Complementar Estadual n. 988/06.* Editora Juspodivm, 2014.

GUTIÉRREZ, Daniel Mota. *Princípios do Processo Civil Coletivo na Constituição Federal: Análise Baseada na Discussão de Institutos e Questões Polêmicas da Tutela Coletiva.* Dissertação apresentada à Banca Examinadora da Pontifícia Universidade Católica de São Paulo, como exigência parcial para obtenção do grau de MESTRE em Direito das Relações Sociais, sub-área de concentração Direito Processual Civil, sob a orientação da Profa. Dra Teresa Arruda Alvim Wambier. São Paulo: 2006.

HÄBERLE, Peter. *Hermenêutica Constitucional: a sociedade aberta dos intérpretes da Constituição: contribuição para a interpretação pluralista e 'procedimental' da Constituição.* Porto Alegre: Sérgio Antônio Fabris Editor, 1997.

HESSE, Konrad. *A força normativa da constituição.* Porto Alegre: Sérgio A. Fabris, Editor, 1991.

HERMANN, Leda Maria. Maria da Penha Lei com nome de mulher: violência doméstica e familiar. 2ª tiragem. Campinas: Servanda Editora, 2008.

JUNQUEIRA, Gustavo O. Dinz. *Direito penal.* 7ª ed. São Paulo: Premier, 2008.

KUHN, Thomas. *A estrutura das revoluções científicas.* 7 ed. São Paulo: Perspectiva, 2003.

LACERDA, Eduardo. La Escuella Dell Mundo All Revés – A escola do mundo ao avesso. Disponível em: http://www.ateneodelainfancia.org.ar/uploads/galeanoescuela.pdf.

LEÃO, André Carneiro. Artigo: *Rádios comunitárias no Brasil e Defensoria Pública da União: análise dos aspectos político criminais e dogmáticos de uma descriminalização possível.* In: RÉ; REIS. *Temas aprofundados da Defensoria Pública* – volume II, Ed. Juspodivm, 2014.

LENZA, Pedro. *Teoria Geral da Ação Civil Pública.* 3 ed. São Paulo: Revista dos Tribunais, 2008.

LEITE, Carlos Henrique Bezerra. *Curso de Direto Processual do Trabalho.* 4 ed. São Paulo: LTr, 2006.

LOPES JÚNIOR, Auri. *Direito Processual Penal.* 9ª ed. São Paulo: Saraiva, 2012.

MACHADO, Hugo de Brito - *In* "Taxa e Preço Público", obra coletiva, São Paulo: Editora Resenha Tributária, 1985.

MAFFEZOLI, Antônio. Tese. VII Congresso Nacional. Cuiabá/MT, 2008.

MANCUSO, Rodolfo de Camargo. *Ação Popular. Proteção do erário, do patrimônio público, da moralidade administrativa e do meio ambiente.* São Paulo: Revista dos Tribunais, 2008.

_____. *Interesses Difusos. Conceito e legitimação para agir.* São Paulo: Revista dos Tribunais, 2004.

_____. *Ação civil pública.* 10 ed. São Paulo: Editora Revista dos Tribunais, 2007.

_____. *A resolução dos conflitos e a função judicial.* São Paulo: Editora Revista dos Tribunais, 2009.

MARINONI, Luiz Guilherme. *Novas Linhas do Processo Civil.* 4 ed. São Paulo: Malheiros, 2000.

_____. *Coisa julgada inconstitucional.* São Paulo: Revista dos Tribunais, 2008.

_____. *Técnica processual e tutela dos diretos.* 2 ed. São Paulo: Revista dos Tribunais, 2008.

_____. *Teoria Geral do Processo.* 3 ed. São Paulo: Revista dos Tribunais, 2008.

_____. ARENHART, Sergio Cruz. *Manual do Processo de Conhecimento.* 5 edição, revista, atualizada e ampliada. São Paulo: Revista dos Tribunais, 2006. p.731

MARQUES, Cláudia Lima. *Conflito de leis no tempo e direito adquirido dos consumidores de planos e seguros de saúde. In:* MARQUES, Cláudia Lima; LOPES, José Roberto de Lima; PFEIFFER, Roberto Augusto Castellanos (Orgs.). Saúde e responsabilidade: seguros e planos de assistência privada à saúde. São Paulo: RT, 1999.

MAXIMILIANO, Carlos. *Hermenêutica e aplicação do direito.* 13 ed. Rio de Janeiro: Forense, 2008.

MAZZILLI, Hugo Nigro. *A Defesa dos Interesses Difusos em Juízo.* 16 ed. São Paulo: Saraiva, 2003, p.260.

MEDINA, José Miguel Garcia; CRUZ, Luana Pedrosa de Figueiredo; CERQUEIRA, Luís Otávio Sequeira de; GOMES JUNIOR, Luiz Manoel. *Os Poderes do Juiz e o Controle das Decisões Judiciais.* São Paulo: Revista dos Tribunais, 2008.

MEIRELLES, Hely Lopes. *Direito administrativo brasileiro.* São Paulo: Malheiros.

MELLO, Celso Antonio Bandeira de. *Curso de Direito Administrativo.* 8 ed. São Paulo: Malheiros, 1996.

MENDES, Aluísio Gonçalves de Castro. *Ações Coletivas no Direito Comparado e Nacional.* São Paulo: Revista dos Tribunais, 2002.

MENDES, Conrado Hübner. *Reféns do bolsonarismo.* Jornal O Estado de São Paulo. Disponível em: http://www.estadao.com.br/noticias/impresso,refens-do-bolsonarismo,1140280,0.htm

MESQUITA, José Ferreira de. NOVELLINO, Maria Salet Ferreira. CAVALCANTI, Maria Tavares. *A reforma psiquiátrica no Brasil: um novo olhar sobre o paradigma da saúde mental.* Disponível em: < http://www.abep.nepo.unicamp.br>.

MILARÉ, Édis (Coord.). *A ação civil pública após 20 anos.* São Paulo: Editora Revista dos Tribunais, 2005.

_____. *Ação Civil Pública. Lei n. 7.347/1985 – 15 anos.* São Paulo: Revista dos Tribunais, 2002.

MORAIS, Fernando. Olga. 6ª ed. São Paulo: 1986.

MOREIRA, José Carlos Barbosa. *O novo processo civil brasileiro.* 22 ed. Rio de Janeiro: Forense, 2002.

_____. *Comentários ao Código de Processo Civil.* 6 ed. Rio de Janeiro: Forense, 1993.

_____. *O direito à assistência jurídica. Evolução no ordenamento brasileiro de nosso tempo.* Revista *Ajuris nº 55*

MURITIBA, Sérgio Silva. *Ação Executiva lato sensu e Ação Mandamental.* São Paulo: Revista dos Tribunais, 2005.

NERY JUNIOR, Nelson; NERY, Rosa Maria de Andrade. *Princípios do processo civil na Constituição Federal.* 2. ed. São Paulo: Revista dos Tribunais, 1995.

NERY JUNIOR, Nelson. *Princípios do Processo Civil na Constituição Federal.* 9 ed. São Paulo: Revista dos Tribunais, 2009.

NETO, Francisco José Rodrigues de Oliveira; COUTINHO, Jacinto Nelson de Miranda; MEZZAROBA, Orides. Coord. *Constituição e Estado Social. Os obstáculos à concretização da Constituição.* São Paulo: Revista dos Tribunais, 2008.

NUCCI, Guilherme de Souza. *Manual de Processo Penal e Execução Penal.* 2ª ed. rev. e atual., Revista dos Tribunais, 2006.

ORDACGY, André da Silva. *Primeiras impressões sobre a Lei nº 11.448/07 e a atuação da Defensoria Pública da União na tutela coletiva. In:* A Defensoria Pública e os processos coletivos. Rio de Janeiro: *Lumen Juris,* 2008.

PADILHA, Norma Sueli. *Colisão de direitos metaindividuais e a decisão judicial.* Porto Alegre: Sergio Antônio Fabris, 2006.

PINHEIRO, Aline. Artigo *Atrito entre governo inglês e advogados prejudica cidadãos.* Revista Consultor Jurídico, 8 de março de 2014.

PINTO, Djalma. *Direito Eleitoral: Anotações e Temas Polêmicos.* 3 ed. São Paulo: Forense, 2000.

PIZZOL, Patrícia Miranda. *Liquidação nas ações coletivas.* São Paulo: Lejus, 1998.

PONTES, Manuel Sabino. *Inconstitucionalidade da utilização pelo Estado de meios Alternativos à Defensoria Pública.* VII Congresso Nacional dos Defensores Públicos, Cuiabá/MT, 2008.

PRADO, Geraldo. Disponível em <http://www.defensoria.sp.gov.br>.

QUEIROZ, Paulo. *Curso de direito penal.* Parte geral. 8ª ed. *Juspodivm,* 2012.

RAMOS, Saulo, *Código da Vida.* São Paulo: Editora Planeta.

RÉ, Aluísio Iunes Monti Ruggeri. *A titularidade ativa da defensoria pública na tutela coletiva do meio ambiente.* Acesso aos 13.03.2010. Disponível em http://jus2.uol.com.br/doutrina/texto.asp?id=11409&p=2

______. RAMPIN, Talita Tatiana Dias. *A ação civil pública refém do patrimonialismo.* Acesso aos 13.05.2010. Disponível em: http://conjur.com.br.

______.RAMPIN, T. T. D. *Estado de Direito, Cidadania e Políticas Públicas: a fundamentalidade do deferimento judicial de medicamentos.* In: II Congresso Brasileiro das Carreiras Jurídicas do Estado, 2010, Brasília, DF.

______________________.*O processo civil coletivo e sua efetividade.* Malheiros, 2012.

______________________. Artigo: *Chegou a hora da sociedade ter sua opinião ponderada.* Disponível em: http://www.conjur.com.br.

______________________. *Org. Temas aprofundados da Defensoria Pública – Volume I.* Juspodivm, 2013.

______________________. REIS, Gustavo Augusto Soares dos. *Orgs. Temas aprofundados da Defensoria Pública – Volume II.* Juspodivm, 2014.

REALE, Miguel. *O Estado Democrático de Direito e o conflito de ideologias.* 2 ed. São Paulo: Saraiva, 1999.

REIS, Gustavo Augusto Soares dos Reis. Artigo: A importância da Defensoria Pública em um Estado Democrático e Social de Direito. Disponível em: <http//:www.defensoria.sp.gov.br>

__________________________________; ZVEIBIL, Daniel Guimarães; JUNQUEIRA, Gustavo. *Comentários à Lei da Defensoria Pública.* Ed. Saraiva, 2013.

RIBEIRO, Darci Guimarães. *Da tutela jurisdicional às formas de tutela.* Porto Alegre: Livraria do Advogado, 2010.

ROBERT, Henri. *Grandes Julgamentos da História.* Editora Martins Fontes.

ROCHA, Carmen Lúcia Antunes. *Princípios constitucionais dos servidores públicos.* São Paulo: Saraiva, 1999.

______. *Ação afirmativa: O conteúdo democrático do princípio da igualdade jurídica.* Revista de Direito Público, n º 15/85.

ROSSATO, Luciano Alves. LÉPORE, Paulo Eduardo. *Comentários à Lei Nacional da Adoção.* São Paulo: RT, 2009.

ROTHENBURG, Walter Claudius. *Princípios Constitucionais.* 2 ed. Porto Alegre: Sergio Antônio Fabris Editor, 2003.

RODRIGUES, Marcelo Abelha. *Ação civil pública e meio ambiente.* 2 ed. Rio de Janeiro: Forense Universitária, 2004.

SADEK, Maria Tereza. *Acesso à Justiça.* São Paulo: Fundação Konrad Adenauer, 2001.

SALLES, Carlos Alberto de. *Execução judicial em matéria ambiental.* 1 ed. São Paulo: Editora Revista dos Tribunais, 1998.

SAMPAIO, Plínio Soares de Arruda. Escola de Justiça. São Paulo: Imprensa Oficial, 2010.

SANCHES, Patrícia Corrêa, *et al. Diversidade sexual e direito homoafetivo*/coordenação de Maria Berenice Dias. São Paulo: Editora Revista dos Tribunais, 2011.

SANTOS, Marília Lourido dos. *Interpretação constitucional no controle judicial das políticas públicas.* Porto Alegre: Sergio Antonio Fabris, 2006.

SARLET, Ingo Wolfgang. *In: Estudos sobre direito publico e filosofia do direito.* Renovar, 2011.

SARMENTO, Daniel. *A ponderação de interesses na Constituição Federal.* Rio de Janeiro: Lumen Juris, 2003.

SCHWARTZMAN, Simon Schwartzman. *Bases do Patrimonialismo brasileiro.* Rio de Janeiro: Campus, 1988.

SCHUBSKY, Cássio. *Apud* ARRUDA, José Soares de. *Direito de todos. In: Escola de Justiça.* São Paulo: Imprensa Oficial.

SECCHI, Leonardo. Modelos organizacionais e reformas da administração pública. Disponível em < http://www.scielo.br>.

SHIMURA, Sérgio. *Tutela Coletiva e sua efetividade.* São Paulo: Método, 2006.

SILVA, José Afonso da. *Curso de Direito Constitucional Positivo.* São Paulo: Malheiros, 2003.

______. *Ação Popular Constitucional.* 2 ed. São Paulo: Malheiros, 2007.

SOARES, Luiz Eduardo. Tudo ou nada. Rio de Janeiro: Nova Fronteira, 2012.

SOARES, Janine Borges. Artigo: *O Garantismo no Sistema Infanto-Juvenil.* Disponível em: <http://www.defensoria.sp.gov.br>.

STEINER, Sylvia Helena. Escola de Justiça. São Paulo: Imprensa Oficial, 2010.

STRECK, Lênio Luiz. *Hermenêutica jurídica e(m) crise.* 7 ed. São Paulo: Revista dos Tribunais, 2007.

SUPLICY, Eduardo Matarazzo. *Da distribuição de renda e dos direitos à cidadania.* São Paulo: Editora Brasiliense: 1988.

TALAMINI, Eduardo. *Tutela relativa aos deveres de fazer e não fazer.* 2 ed. São Paulo: Editora Revista dos Tribunais, 2003.

TIBYRIÇA, Renata Flores. Artigo *A atuação da Defensoria Pública do Estado de São Paulo na efetivação de direitos fundamentais das pessoas com transtorno do espectro do autismo. In:* Temas aprofundados da Defensoria Pública, Volume II, Juspodivm, 2014.

VARELLA, Drauzio. *Estação Carandiru.* São Paulo: Companhia das letras, 1999.

VENTURI, Elton. *Processo Civil Coletivo.* São Paulo: Malheiros, 2007.

WAMBIER, Luiz Rodrigues. *Liquidação da sentença civil individual e coletiva.* 4. ed. São Paulo: Editora Revista dos Tribunais, 2009.

WEIS, Carlos. *Direitos humanos contemporâneos.* 2. ed. São Paulo: Malheiros, 2010.

ZAFFARONI, Eugênio Raúl. PIERANGELI, José Henrique. *Manual de direito penal brasileiro.* 3ª ed. São Paulo: RT, 2001.

ZAVASCKI, Teori Albino. *Processo Coletivo. Tutela de direitos coletivos e tutela coletiva de direitos.* São Paulo: Revista dos Tribunais, 2008.

ZENNI, Alessandro Severino Valler. *Crise do Direito Liberal na Pós-modernidade.* Porto Alegre: Sergio Antônio Fabris, 2006.

ANOTAÇÕES

ANOTAÇÕES

ANOTAÇÕES

ANOTAÇÕES

ANOTAÇÕES

ANOTAÇÕES

ANOTAÇÕES

ANOTAÇÕES

EDITORA
JusPODIVM
www.editorajuspodivm.com.br

Pré-impressão, impressão e acabamento

GRÁFICA
SANTUÁRIO

grafica@editorasantuario.com.br
www.graficasantuario.com.br
Aparecida-SP